Schweizer Schülerduden
Rechtschreibung

Schweizer Schülerduden
Rechtschreibung

Neuausgabe 2006

7., unveränderte Auflage 2015

Bearbeitet von Afra Sturm
Herausgegeben von Peter Gallmann und Thomas Lindauer

Dudenverlag
Berlin

Lehrmittelverlag Zürich
Zürich

Redaktion Dr. Ralf Osterwinter (Dudenredaktion)

Typografische Gestaltung Horst Bachmann
Herstellung Andreas Preising, Ursula Fürst

Die **Duden-Sprachberatung** beantwortet Ihre
Fragen zu Rechtschreibung, Zeichensetzung, Grammatik u. Ä.
montags bis freitags zwischen 09:00 und 17:00 Uhr.
Aus der Schweiz: **0900 383360** (3,13 CHF pro Minute aus dem Festnetz).
Die Tarife für Anrufe aus den Mobilfunknetzen können davon abweichen.
Den kostenlosen Newsletter der Duden-Sprachberatung können Sie
unter www.duden.de/newsletter abonnieren.

Bibliografische Information der Deutschen Nationalbibliothek
Die Deutsche Nationalbibliothek verzeichnet diese Publikation in der Deutschen Nationalbibliografie; detaillierte bibliografische Daten sind im Internet über http://dnb.d-nb.de abrufbar.

7., unveränderte Auflage 2015 (6. Auflage 2013)

Satz Bibliographisches Institut GmbH, Mannheim
Umschlaggestaltung Sven Rauska, Nieder-Olm
Druckerei GGP Media GmbH, Karl-Marx-Straße 24, 07381 Pößneck

Printed in Germany
ISBN 978-3-411-02730-9

Inhalt

Wörterverzeichnis 9

Regeln zur deutschen Rechtschreibung 479

A Buchstabenregeln 479

1 Die Wortstammregeln 479
2 Ergänzende Regeln für die Schreibung der Konsonanten 481
3 Ergänzende Regeln für die Schreibung der Vokale 484

B Regeln zur Getrennt- und Zusammenschreibung 485

1 Verbindungen mit Verben 486
2 Verbindungen mit Adjektiven und Partizipien (Mittelwörtern) 488
3 Zusammensetzungen mit Nomen (Substantiven) 489

C Regeln zur Schreibung mit Bindestrich 490

1 Der Bindestrich bei Ziffern, Einzelbuchstaben und Abkürzungen 491
2 Der Bindestrich bei unübersichtlichen Zusammensetzungen 492

D Regeln zur Gross- und Kleinschreibung 492

1 Satzanfänge und Überschriften 492
2 Die Grossschreibung der Nomen (Substantive) 494
3 Die Grossschreibung der Eigennamen 501
4 Die höfliche Anrede *Sie* 502

E Regeln zur Zeichensetzung 503

1 Die Satzschlusszeichen 503
2 Das Komma 504
3 Die Anführungszeichen 508
4 Der Apostroph (das Auslassungszeichen) 510
5 Der Ergänzungsstrich 511

F Regeln zur Silbentrennung (Trennung am Zeilenende) 511

1 Einfache und abgeleitete Wörter 511
2 Zusammensetzungen und Wörter mit Vormorphemen (Vorsilben) 512

A

a = Are

das **A** (Buchstabe); des A; die A; ABER: das a in Land; das A-Dur, ABER: das a-Moll (Tonarten); von A bis Z (*umgangssprachlich für:* alles, von Anfang bis Ende)

A = Ampere

@ (Gliederungszeichen in der E-Mail-Adresse)

der **Aal;** des Aals *oder* Aales; die Aale; *Verkleinerungsform:* das Älchen

sich **aalen;** du aalst dich; sie aalt sich; sie aalte sich; sie hat sich geaalt

aalglatt

Aarau (Hauptstadt des Kantons Aargau); *Trennung:* Aar-au

die **Aare** (Hauptfluss des schweizerischen Mittellandes)

die **Aarestadt** (nach dem Fluss Aare, an dessen Ufern die Städte Bern und Solothurn liegen); die Aarestädte

der **Aargau**

der **Aargauer**

die **Aargauerin**

aargauisch

das **Aas;** des Aases; die Aase *und* (als Schimpfwort) die Äser

ab; ab und zu; Jugendliche ab zwölf Jahren; ab morgen; ab Zürich; ab Mitte Woche; ab sein; ab der Welt sein (weitab, fernab); der Knopf ist ab; der Knopf war ab; der Knopf ist ab gewesen; ... weil der Knopf ab ist, ab war

Abb. = Abbildung

der **Abbau;** des Abbaus; die Abbaue *oder* Abbauten

abbauen; er baut das Gerüst ab; er hat es abgebaut; Vorurteile abbauen

abbeissen; sie biss ein Stück Brot ab; sie hat es abgebissen

abbekommen; sie bekam davon ihr *oder* ihren Teil ab

abbestellen; er hat diese Zeitschrift abbestellt

abbiegen; sie bog ab; sie hat das Blech abgebogen; das Auto ist abgebogen

das **Abbild;** des Abbilds *oder* Abbildes; die Abbilder

abbilden; wie oben abgebildet

die **Abbildung**

abbinden; er band das Bein ab; der Gips hat abgebunden (ist fest geworden)

die **Abbitte;** Abbitte leisten (um Verzeihung bitten)

abblenden; du blendest ab; sie blendete ab; sie hat abgeblendet

das **Abblendlicht**

abblitzen; du blitzt ab; er blitzte bei ihm ab; er ist bei ihm abgeblitzt

abbrechen; du brichst ab; sie brach ab; sie hat abgebrochen; brich nichts ab!

abbringen; ich habe ihn von seinem Vorhaben abgebracht

der **Abbruch;** des Abbruchs *oder* Abbruches; die Abbrüche

abbruchreif; abbruchreife Häuser

abbuchen; du buchst ab; sie buchte ab; sie hat den Betrag abgebucht

das **Abc;** des Abc; die Abc

abchecken; er hat alles abgecheckt

der **Abc-Schütze**

die **Abc-Schützin**

abdanken; sie hat abgedankt

die **Abdankung** (Trauerfeier; Verabschiedung; Rücktritt von einem Amt)

abdecken; sie hat den Tisch abgedeckt; deck[e] ihn ab!

abdrehen; er dreht ab; das Flugzeug hat abgedreht

abdriften; du driftest ab; das Boot driftete ab; das Boot ist abgedriftet

der **Abdruck;** die Abdrücke (in Gips, Lehm u. a.); ABER: die Abdrucke (von Bildern, Zeitschriften u. a.)

abdrucken; die Zeitung druckt das Interview ab; sie hat es abgedruckt

abdrücken; sie zielte und drückte ab; die Spur hat sich im Boden abgedrückt

der **Abend, abends** *siehe Kasten Seite 10*

das **Abendbrot** (Nachtessen)

das **Abendessen**

abendfüllend

das **Abendkleid**

das **Abendland** (westlicher Teil Europas; westliche Welt)

das **Abendmahl;** die Abendmahle

das **Abendrot** *oder* die **Abendröte**

abends *vergleiche:* **Abend**

der **Abendverkauf**

das **Abenteuer**

a b c d e f g h i j k l m n o p q r s t u v w x y z

der **Abend, abends**

Das Nomen «Abend» schreibt man gross:

- eines Abends
- gegen Abend
- am Abend
- zu Abend essen
- Guten Abend *oder* guten Abend sagen
- gestern, heute, morgen Abend
- der Dienstagabend; an einem Dienstagabend

Das Adverb «abends» schreibt man klein:

- von morgens bis abends
- [um] 8 Uhr abends
- dienstagabends *oder* dienstags abends
- spätabends; ABER: abends spät

die **Abenteuerin** *oder* **Abenteurerin;** die Abenteuerinnen *oder* Abenteurerinnen

abenteuerlich

abenteuerlustig

der **Abenteurer**

die **Abenteurerin** *oder* **Abenteuerin;** die Abenteurerinnen *oder* Abenteuerinnen

aber; wir waren nicht reich, aber glücklich; du spielst aber gut

das **Aber;** es ist ein Aber dabei; er brachte viele Wenn und Aber vor

der **Aberglaube;** des Aberglaubens; dem/den Aberglauben

abergläubisch

aberhundert; aberhundert *oder* Aberhundert Stechmücken; aberhunderte *oder* Aberhunderte kleiner Vögel; *vergleiche:* hundert

aberkennen; ich erkenne ab, *selten:* ich aberkenne; du erkennst ab, *selten:* du aberkennst; das Gericht erkannte ihm den Doktortitel ab

abermals

abertausend *vergleiche:* aberhundert

abfahren; der Zug fährt ab; der Zug ist abgefahren

die **Abfahrt;** die Abfahrten

der **Abfall;** des Abfalls *oder* Abfalles; die Abfälle

abfallen; die Blätter fallen ab; ein ganzer Ast fiel ab; die verwelkten Blüten sind abgefallen; er ist vom Glauben abgefallen (er hat sich von ihm losgesagt); für sie war nichts abgefallen (sie bekam nichts)

abfällig; abfällige Bemerkungen

der **Abfallkübel;** die Abfallkübel

abfälschen; der Ball wurde von dem Spieler gekonnt abgefälscht

abfangen; die Nachricht wurde abgefangen

abfärben; die Hose färbt beim Waschen ab; der Lack hat abgefärbt

abfertigen; du fertigst ihn ab; sie hat den Zug abgefertigt

abfinden (entschädigen; sich zufrieden geben); sie haben ihn abgefunden; sich mit etwas abfinden müssen

abflauen; der Wind flaut ab; der Wind flaute ab; der Wind ist abgeflaut

abfliegen; sie fliegt ab; sie ist abgeflogen

abfliessen; das Wasser fliesst ab; es floss ab; das Wasser ist abgeflossen

der **Abflug**

der **Abfluss**

abfragen; sie fragt ab; sie hat mich *oder* mir die Wörter abgefragt

die **Abfuhr;** die Abfuhren; man hat ihm eine Abfuhr erteilt

abführen; dieser Weg führt vom Ziel ab; die Gefangenen wurden abgeführt

das **Abführmittel**

abfüllen; die Milch wird in Flaschen abgefüllt

die **Abgabe**

der **Abgang;** des Abgangs *oder* Abganges; die Abgänge

das **Abgas;** die Abgase

abgasarm

abgearbeitet

abgeben; du gibst ab; sie hat den Aufsatz abgegeben

abgebrannt (*auch für:* ohne Geldmittel)

abgebrüht (unempfindlich)

abgedroschen (zu oft gebraucht); eine abgedroschene Redensart

abgefahren (*auch für:* begeisternd, toll; aussergewöhnlich); ein abgefahrener Film

abgefeimt (durchtrieben, schlau)

abgehackt; abgehackt sprechen

abgehen; der Schüler ging von der Schule ab; ein Knopf ist abgegangen

abgehetzt
abgekämpft (müde, erschöpft)
abgekartet (zum Nachteil einer anderen Person heimlich abgesprochen); ein abgekartetes Spiel
abgeklärt (über den Dingen stehend)
abgelegen
die **Abgeltung** (Vergütung, Entschädigung)
abgemacht!
abgeneigt; jemandem, einer Sache abgeneigt sein (jemandem, einer Sache gegenüber ablehnend eingestellt sein)
abgenutzt
der **Abgeordnete;** ein Abgeordneter; die Abgeordneten; zwei Abgeordnete
die **Abgeordnete;** eine Abgeordnete
abgesägt; mit abgesägten Hosen dastehen (sich blamieren)
der **Abgesandte;** ein Abgesandter; die Abgesandten; zwei Abgesandte
die **Abgesandte;** eine Abgesandte
abgeschieden (einsam; abgelegen); ein abgeschiedenes Dorf
abgeschlafft (müde, erschöpft)
abgeschlagen; er war müde und abgeschlagen
abgeschmackt (geschmacklos, platt)
abgesehen; abgesehen davon, dass ...
abgespannt
abgestanden; abgestandene Limonade
abgestumpft
abgetötet; abgetötete Viren
abgetragen; ein abgetragenes Kleid
abgewetzt; abgewetzte Hosen
abgewinnen; wir konnten dem Vorschlag nichts abgewinnen
abgewöhnen; sie gewöhnt es sich ab; sie hat ihm das Rauchen abgewöhnt
abgiessen; sie goss das Wasser ab
der **Abgott;** des Abgotts *oder* Abgottes; die Abgötter
abgöttisch
der **Abgrund;** des Abgrunds *oder* Abgrundes; die Abgründe
abgründig (geheimnisvoll; abgrundtief)
abgrundtief; abgrundtiefer Hass
der **Abguss;** des Abgusses; die Abgüsse
abhacken; sie hat den toten Zweig abgehackt
abhaken; sie hat den Posten in der Liste abgehakt
abhalten; du hältst ab; die Regierung hat Wahlen abgehalten
abhandenkommen; das Buch kam uns abhanden; der Schlüssel ist mir abhandengekommen
die **Abhandlung** (wissenschaftliche Untersuchung); die Abhandlungen
der **Abhang;** die Abhänge
abhängen; es hing vom Wetter ab; die Entscheidung hat von ihr abgehangen
abhängen; sie hängte das Bild ab, sie hat es abgehängt
abhängig
sich **abhärten;** er härtet sich ab; er hat sich abgehärtet
abhauen (*auch für:* davonlaufen); er hieb den Ast ab; er hat den Ast abgehauen; wir hauten ab; wir sind abgehauen
abheben; sie hob den Hörer ab; sie hat Geld [vom Konto] abgehoben; die Rakete hebt ab (erhebt sich in die Luft); sich abheben; die Türme hoben sich vom Himmel ab (zeichneten sich ab)
abheften; sie heftet das Blatt ab; sie hat es abgeheftet
die **Abhilfe** (Beseitigung eines unangenehmen Zustands); Abhilfe schaffen; für Abhilfe sorgen
abholen; sie hat ihn am Bahnhof abgeholt
abholzen; die Wälder wurden abgeholzt
abhorchen; die Ärztin horchte seine Brust ab
abhören; das Telefongespräch wurde abgehört; sie hat mir *oder* mich die Vokabeln abgehört
das **Abitur** (Matura); des Abiturs; die Abiture
der **Abiturient** (Maturand); des/dem/den Abiturienten; die Abiturienten
die **Abiturientin** (Maturandin); die Abiturientinnen
Abk. = Abkürzung
abkanzeln (scharf tadeln); er hat den Schüler abgekanzelt
sich **abkapseln** (verschliessen); sie hat sich von der Umwelt abgekapselt; kapsle *oder* kapsele dich nicht ab!

abkassieren; er kassiert ab; er hat abkassiert
abklären; sie klärt ab; sie hat das Problem abgeklärt
der **Abklatsch** (wertlose Nachahmung); die Abklatsche
abklemmen; sie klemmte die Stromleitung ab; er hat das Gespräch abgeklemmt
abknutschen (heftig küssen); du knutschst mich ab; sie knutschte ihn ab; sie haben sich abgeknutscht; *Trennung:* ab-knut-schen
abkochen; er kochte das Wasser ab
abkommen; sie ist vom Weg abgekommen
das **Abkommen** (Vertrag); ein Abkommen treffen, schliessen
der **Abkömmling** (Nachkomme)
abkühlen; der Tee ist noch nicht abgekühlt
abkürzen; sie hat den Weg abgekürzt
die **Abkürzung**
abladen; sie luden das Gerüst vor dem Haus ab
die **Ablage**
die **Ablagerung**
der **Ablass** (Nachlass von Sündenstrafen); des Ablasses; die Ablässe
ablassen; sie liess ab; sie hat Dampf abgelassen
der **Ablauf;** des Ablaufs; die Abläufe
ablaufen; es ist alles nach Plan abgelaufen
ablecken; du leckst ab; sie leckte ab; sie hat den Deckel abgeleckt; der Hund hat mich abgeleckt
ablegen; er legt den Mantel ab; leg *oder* lege bitte ab!; das Schiff hat abgelegt
der **Ableger** (Pflanzentrieb); des Ablegers; die Ableger
ablehnen; sie lehnt den Vorschlag ab; sie hat es abgelehnt; lehn *oder* lehne das Angebot lieber ab!
ableiten; sie leitete das Wasser ab; ein abgeleitetes Wort
ablenken; er lenkt ihn ab; er hat ihn abgelenkt
ablesen; sie las vom Blatt ab; alle zwei Monate wird der Stromzähler abgelesen
abliefern; wo wurde das Paket abgeliefert?
ablösen; sie löste den Verband vorsichtig ab; sie hat ihn bei der Arbeit abgelöst
die **Ablösesumme** (Geldsumme, für die ein Verein einen Sportler oder eine Sportlerin freigibt)
abluchsen; du luchst mir das Messer ab; sie hat mir das Messer abgeluchst
abmachen; sie macht ab; wir haben nichts abgemacht (vereinbart)
abmagern; du magerst ab; er ist abgemagert
abmalen; er hat das Bild abgemalt
abmelden; das Kind wurde von der Schule abgemeldet
abmildern; du milderst ab; sie hat die Kritik abgemildert
sich **abmühen;** er müht sich ab; er mühte sich ab; er hat sich mit den Aufgaben abgemüht
abmurksen (umbringen); man hat ihn abgemurkst
die **Abnahme**
abnehmen; sie nimmt ab; sie hat mir die Arbeit abgenommen
die **Abneigung**
abnorm (vom Normalen abweichend)
abnormal (nicht normal); ein abnormales Wachstum; sich abnormal verhalten
abnutzen *oder* **abnützen;** der Stoff hat sich schnell abgenutzt *oder* abgenützt; *vergleiche auch:* benutzen
das **Abo** (*Kurzwort für:* Abonnement)
das **Abonnement** (Dauerbezug von Zeitungen, Zeitschriften, Theaterplätzen usw.); die Abonnemente *oder* die Abonnements
der **Abonnent;** des/dem/den Abonnenten; die Abonnenten
die **Abonnentin;** die Abonnentinnen
abonnieren; sie hat die Zeitung abonniert
abordnen; er hat drei Schüler für die Recherche abgeordnet
die **Abordnung** (das Abordnen; Gruppe von abgeordneten Personen)
der **Abort** (*veraltend für:* Toilette); die Aborte
abpfeifen; die Schiedsrichterin pfiff das Spiel ab
der **Abpfiff**

abprallen; das prallt von ihm ab; das ist von ihm abgeprallt
sich **abrackern** (sich abarbeiten); sie rackert sich ab; sie hat sich abgerackert
abräumen; er räumt ab; er hat den Tisch abgeräumt
abreagieren; er hat sich, seinen Ärger an den Kindern abreagiert
abrechnen; er hat mit ihm abgerechnet
abreiben; sie hat das Silber mit einem Tuch abgerieben
die **Abreise**
abreisen; du reist ab; sie reist ab; sie ist abgereist
abreissen; du reisst das Blatt ab; sie reisst das Blatt ab; sie riss das Blatt ab; sie hat das Blatt abgerissen
der **Abreisskalender**
abrichten; er richtet seinen Hund ab
der **Abriss;** des Abrisses; die Abrisse
abrubbeln
der **Abruf;** auf Abruf bereitstehen
abrunden; sie hat die Summe abgerundet; runde die Summe ab!
abrupt (plötzlich)
abrüsten
abrutschen; du rutschst ab; sie rutscht ab; sie ist abgerutscht
das **ABS** = Antiblockiersystem
Abs. = Absatz; Absender
absacken; das Flugzeug sackt ab; er ist in seinen Leistungen abgesackt
die **Absage;** eine Absage erhalten
absagen; sie sagte das Treffen ab; das Treffen ist abgesagt
absägen; er sägt den Ast ab; er hat den Ast abgesägt
der **Absatz;** des Absatzes; die Absätze
abschaffen; man schaffte die Todesstrafe ab; sie hat das Auto abgeschafft
abschalten; sie schaltet den Strom ab; sie hat längst abgeschaltet (hört nicht mehr zu)
abschätzen; du schätzt ab; sie hat den Wert abgeschätzt
der **Abscheu;** des Abscheus *oder* Abscheues; Abscheu erregen
abscheulich
die **Abschiebehaft**
abschieben; sie schoben ihn ab; er hat die Schuld auf ihn abgeschoben
der **Abschied;** des Abschieds *oder* Abschiedes; Abschied nehmen
abschiessen; sie hat den Vogel abgeschossen (alle übertroffen)
der **Abschlag** (Teilzahlung); des Abschlags *oder* Abschlages; die Abschläge
abschlagen; sie schlug den Ast ab; sie hat mir die Bitte abgeschlagen (abgelehnt)
abschlägig; der Antrag wurde abschlägig beschieden (abgelehnt)
abschlecken; sich alle zehn Finger abschlecken (sehr froh sein müssen)
der **Abschleppdienst**
abschleppen; sie schleppt ab; sie hat den Wagen abgeschleppt
abschliessen; du schliesst ab; er schloss ab; er hat die Tür abgeschlossen
der **Abschluss;** des Abschlusses; die Abschlüsse
abschmecken; er schmeckte die Suppe mit Salz und Pfeffer ab
abschnallen; du schnallst ab; sie schnallte ihren Rucksack ab
abschneiden; sie schneidet den Faden ab; sie hat an der Prüfung gut abgeschnitten
der **Abschnitt**
abschnittsweise
abschrecken; du schreckst ab; der Preis hat die Käufer abgeschreckt
abschreckend; das abschreckendste Beispiel
abschreiben; er schreibt ab; er hat abgeschrieben
die **Abschrift**
abschrubben; er schrubbt ab; er hat den Tisch abgeschrubbt
der **Abschuss;** des Abschusses; die Abschüsse
abschüssig (stark abfallend); ein abschüssiger Weg
abschütteln; ich schüttle *oder* schüttele die Verfolger ab; wir haben sie abgeschüttelt
abschwächen; er schwächt seine Behauptung ab; er hat seine Behauptung abgeschwächt
abschweifen; wir schweiften ab; wir sind vom Thema abgeschweift
absehbar; in absehbarer Zeit (bald)

absehen; wir haben von einer Anzeige abgesehen (darauf verzichtet)
abseits; abseits des Weges; der Stürmer war abseits *(Sport);* abseits stehen *oder* abseitsstehen; die Kinder standen abseits; die Stürmerin war abseits gestanden *oder* abseitsgestanden; sie stand im Abseits
das **Abseits;** der Schiedsrichter pfiff Abseits
absenden; sie sendet ab; sie sandte *oder* sendete ab; sie hat einen Brief abgesandt *oder* abgesendet
der **Absender;** des Absenders; die Absender
die **Absenderin;** die Absenderinnen
die **Absenz** (Abwesenheit); die Absenzen
absetzen; du setzt die Tasse ab; sie setzte den Koffer ab; man hat den Direktor abgesetzt
die **Absicht;** die Absichten
absichtlich
absolut; das ist absolut (völlig) unmöglich; ein absoluter (unbeschränkter) Herrscher; der absolute Nullpunkt *(Physik)*
die **Absolution** (Lossprechung, insbesondere von den Sünden); die Absolutionen
der **Absolutismus** (unbeschränkte Herrschaft eines Monarchen oder einer Monarchin)
absolutistisch
der **Absolvent** (Schulabgänger mit Abschlussprüfung); des/dem/den Absolventen; die Absolventen
die **Absolventin;** die Absolventinnen
absolvieren (beenden; bestehen); wir haben einen Lehrgang absolviert
absonderlich (ungewöhnlich, eigentümlich)
absondern; der Baum sondert Harz ab; sie hat sich von der Gruppe abgesondert
absorbieren (aufsaugen); der Filter absorbiert Schadstoffe
die **Absorption**
abspecken; er hat drei Kilo abgespeckt
abspeichern; speichere öfter ab!; speichern Sie die Daten bitte jetzt ab!
abspeisen; du speist ab; er speiste *oder* spies uns ab (gab uns auf lieblose Weise zu essen); sie hat uns mit leeren Versprechungen abgespeist *oder* abgespiesen (abgefertigt)
abspenstig; jemandem einen Freund abspenstig machen
absperren; sie hat die Tür abgesperrt
abspielen; was hat sich abgespielt?; sie spielte die Bänder ab
die **Absprache**
absprechen; sie haben den Plan miteinander abgesprochen
abspringen; sie springt ab; sie ist abgesprungen
der **Absprung**
abstammen; er stammt von einer alten Familie ab
die **Abstammung** (Herkunft)
der **Abstand;** des Abstands *oder* Abstandes; die Abstände
abstatten; sie stattete uns gestern einen Besuch ab
abstauben; er staubt ab; er hat die Möbel abgestaubt
der **Abstecher;** des Abstechers; die Abstecher; einen Abstecher zum See machen
abstehend; abstehende Ohren
absteigen; sie stieg vom Rad ab; der Verein ist abgestiegen
abstellen; stell *oder* stelle bitte das Radio ab!
das **Abstellgleis**
absterben; mir stirbt der Arm ab; der Arm starb ab; abgestorbene Äste
der **Abstieg;** des Abstiegs *oder* Abstieges; die Abstiege
abstimmen; sie stimmt ab; sie hat sich mit ihm abgestimmt
die **Abstimmung**
abstinent (enthaltsam)
die **Abstinenz** (Enthaltsamkeit)
der **Abstoss;** des Abstosses; die Abstösse
abstossen; du stösst ab; sie stiess ab; sie hat das Boot vom Ufer abgestossen
abstossend
abstrahieren (verallgemeinern); wir haben aus den Daten ein Grundmuster abstrahiert
abstrakt (unwirklich, begrifflich, nur gedacht); abstrakter; am abstraktesten; abstrakte Kunst
die **Abstraktion** (Verallgemeinerung; Begriffsbildung); die Abstraktionen
abstreiten; er streitet ab; er hat alles abgestritten
der **Abstrich;** Abstriche machen

abstrus (verworren, schwer verständlich)
abstumpfen; du stumpfst ab; er ist abgestumpft; *Trennung:* ab-stump-fen
der **Absturz;** des Absturzes; die Abstürze
abstürzen; du stürzt ab; mein PC ist abgestürzt (die laufende Anwendung reagiert nicht mehr)
absuchen; du suchst alles ab; sie hat alles abgesucht
absurd (unvernünftig, sinnwidrig, sinnlos); absurder; am absurdesten; absurdes Drama
der **Abszess** (eitrige Geschwulst); des Abszesses; die Abszesse
die **Abszisse** (x-Achse)
der **Abt** (Klostervorsteher); des Abts *oder* Abtes; die Äbte; *weibliche Form:* die Äbtissin, *auch:* Äbtin
Abt. = Abteilung
abtasten; die Ärztin tastete das Gelenk vorsichtig ab; sie hat es abgetastet
die **Abtei;** die Abteien
das **Abteil;** des Abteils *oder* Abteiles; die Abteile
die **Abteilung**
die **Äbtissin** (Klostervorsteherin); die Äbtissinnen, *auch:* die Äbtin; die Äbtinnen
abtöten; alle Keime werden abgetötet
abtragen; er trug den Hügel ab (beseitigte ihn); er hat die Schulden abgetragen (zurückbezahlt)
abträglich; das ist der Gesundheit abträglich (schädlich)
abtreiben; das Boot treibt ab; es ist abgetrieben; sie hat abgetrieben (eine Schwangerschaft abgebrochen)
die **Abtreibung**
abtrennen; sie trennte die Kapuze vom Mantel ab
abtreten; sie trat vom Podium ab (verliess es); er hat mir seinen Platz abgetreten (überlassen)
abtrocknen; er trocknete [das Geschirr] ab; trockne dir die Hände ab!; ich habe mich abgetrocknet
abtrünnig (treulos)
abtun; sie hat den Vorschlag als unsinnig abgetan
Abu Dhabi (Scheichtum der Vereinigten Arabischen Emirate; deren Hauptstadt)
abwägen; sie wägt ab; er wog *oder* wägte ab; sie hat alles gegeneinander abgewogen *oder* abgewägt
abwählen; die Regierung wurde abgewählt
die **Abwärme**
der **Abwart;** des Abwarts; die Abwarte *oder* Abwärte
die **Abwartin**
abwärts; der Fluss ist abwärts dahingeflossen; sich abwärts entwickeln; abwärts gehen *oder* abwärtsgehen; sie geht den Hügel abwärts; seit Jahren ging es abwärts; sie ist diesen Weg abwärts gegangen *oder* abwärtsgegangen
der **Abwasch**
abwaschbar
abwaschen; du wäschst ab; er wusch das Geschirr ab; er hat abgewaschen
das **Abwasser;** die Abwässer
abwechseln; sie wechseln ab; sie haben sich abgewechselt
abwechselnd
die **Abwechslung**
abwechslungsreich
abwegig (seltsam; unbegründet; wahnsinnig); abwegige Ideen
die **Abwehr**
abwehren; sie wehrte den Matchball ab; sie hat ihn abgewehrt
abweichen; er ist vom Plan abgewichen
die **Abweichung**
abweisen; er weist ihn ab; er hat ihn abgewiesen
abwenden; sich abwenden; sie wendet sich ab; sie wandte *oder* wendete sich ab; sie hat sich abgewandt *oder* abgewendet
abwerben; die Firma hat sie abgeworben; wirb sie ab!
abwerfen; sie wirft Ballast ab; die Hochspringerin warf die Latte ab; der Torwart hat abgeworfen; wirf (leg die Karte) ab!
abwerten; die Regierung hat das Geld abgewertet
abwesend
der **Abwesende;** ein Abwesender; die Abwesenden; zwei Abwesende
die **Abwesende;** eine Abwesende

die **Abwesenheit**
abwickeln; sie wickelt das Garn ab; das Verfahren wurde abgewickelt
abwiegeln; ich wiegle *oder* wiegele ab
abwiegen; sie wog ein halbes Pfund Zucker ab
abwimmeln ([mit Ausreden] abweisen); sie hat uns abgewimmelt; wimmle *oder* wimmele ihn ab
abwischen; du wischst ab; ich wischte mir den Schweiss ab; er hat den Tisch abgewischt
abwracken; das alte Schiff wurde abgewrackt (zerlegt und verschrottet)
der **Abwurf;** die Abwürfe
abzahlen; sie zahlt ab; sie hat ihre Schulden abgezahlt
abzählen; sie zählt ab; sie hat abgezählt
der **Abzählreim**
das **Abzeichen**
das **Abziehbild**
abziehen; sie zieht ab; sie zog ab; sie hat den Ring abgezogen; ABER: der Feind ist abgezogen
abzocken (ausnehmen; Geld abnehmen); sie haben abgezockt
der **Abzug**
abzüglich; abzüglich Porto
abzweigen; der Weg zweigt ab; der Weg ist abgezweigt; sie hat ein paar Euro für Süssigkeiten abgezweigt
die **Abzweigung**
das **Accessoire** (modisches Zubehör, zum Beispiel Gürtel, Schmuck); des Accessoires, die Accessoires
das **Acetat** *oder* **Azetat;** des Acetats *oder* Azetats; die Acetate *oder* Azetate
ach!; ach so!
das **Ach;** des Achs; die Ach *oder* Achs; mit Ach und Krach
der **Achat** (ein Halbedelstein); des Achats *oder* Achates; die Achate
die **Achillesferse** (verwundbare Stelle)
die **Achillessehne** (Sehne zwischen Ferse und Wadenmuskel)
die **Achse;** die Achsen
die **Achsel;** die Achseln; er zuckte die Achseln
das **Achselzucken**
achselzuckend; sie wandte sich achselzuckend ab

acht, die **Acht**

Das Zahlpronomen «acht» schreibt man klein:

- wir sind acht *oder* wir sind zu acht
- die ersten acht, die letzten acht
- acht und eins ist neun
- die Zahlen von acht bis zwölf
- acht Millionen Mal
- sie haben acht zu vier (8:4) gespielt
- ein Kind von acht Jahren
- er ist über acht
- es ist acht Uhr
- es schlägt eben acht
- es ist ein Viertel vor acht, halb acht, gegen acht
- wir essen immer Punkt acht
- im Jahre acht
- die Linie acht

Gross schreibt man die Ziffer oder Zahl, wenn sie als Nomen gebraucht wird:

- die Zahl Acht, die Ziffer Acht
- die Achten
- eine Acht schreiben
- eine arabische Acht, eine römische Acht
- eine Acht beim Eislauf fahren
- wir sind mit der Acht (mit der Linie 8) nach Hause gefahren

die **Acht** (Aufmerksamkeit); auf das Kind Acht geben *oder* achtgeben; gib Acht! *oder* gib acht!; auf etwas Acht haben *oder* achthaben; sich in Acht nehmen; etwas [völlig] ausser Acht lassen; ausser aller Acht lassen
die **Acht** (Ächtung); in Acht und Bann tun
achtbar
achte; der achte Mai; ABER: am Achten (des Monats); er war der Achte beim Wettlauf; sie ist die Achte in der Klasse; jeder Achte; Heinrich der Achte
das **Achteck**
achteckig
achtel; ein achtel Zentner; ein achtel Liter; ABER *(wenn das Mass gemeint ist):* ein Achtelliter
der *oder* das **Achtel;** des Achtels; die Achtel; ein Achtel vom Zentner; ein Achtel des Weges; ein Achtel Rotwein; drei Achtel

des Ganzen; ABER: im Dreiachteltakt (*mit Ziffern:* im $^{3}/_{8}$-Takt)

das **Achtelfinale**

die **Achtelnote**

achten; du achtest; sie achtet; sie achtete; sie hat geachtet; achte darauf!

ächten (aus einer Gemeinschaft oder Gruppe ausstossen; verdammen); du ächtest; sie ächtet; sie ächtete; sie hat ihn geächtet

achtens

der **Achter;** des Achters; die Achter

die **Achterbahn**

achtern (*Seemannssprache:* hinten)

die **Achterreihe** (*mit Ziffer:* die 8er-Reihe)

achtfach (*mit Ziffer:* 8fach *oder* 8-fach); die achtfache *oder* 8fache *oder* 8-fache Menge

das **Achtfache** (*mit Ziffer:* 8fache *oder* 8-Fache); um das Achtfache *oder* 8fache *oder* 8-Fache steigen

achtgeben *oder* **Acht geben** *vergleiche:* **Acht** (Aufmerksamkeit)

achthaben *oder* **Acht haben** *vergleiche:* **Acht** (Aufmerksamkeit)

achthundert

achtjährig; (*mit Ziffer:* 8-jährig)

der **Achtjährige** (*mit Ziffer:* 8-Jährige); ein Achtjähriger; die Achtjährigen; zwei Achtjährige

die **Achtjährige** (*mit Ziffer:* 8-Jährige); eine Achtjährige

achtlos

achtmal; (*mit Ziffer:* 8-mal); achtmal so gross wie ...; acht- bis neunmal; ABER: acht mal zwei (*in Ziffern:* 8 mal 2) ist sechzehn; *vergleiche auch:* Mal

achtstöckig

achttägig

achttausend

achtteilig

achtundzwanzig

die **Achtung;** Achtung!

die **Ächtung**

achtzehn; mit achtzehn (im Alter von achtzehn Jahren) kann man den Führerschein machen

achtzig; sie ist achtzig Jahre alt; mit achtzig kannst du das nicht mehr; sie fährt Tempo achtzig; der Mensch über achtzig; Mitte achtzig; in die achtzig kommen

die **Achtzig** (Zahl)

die **Achtziger** (*kurz für:* Achtzigerjahre); Mitte der Achtziger; seit den Achtzigern; in den Achtzigern (über achtzig Jahre alt) sein; *vergleiche:* die Achtzigerjahre

der **Achtziger** (Mann, der über 80 Jahre alt ist; Wein aus dem Jahre achtzig eines Jahrhunderts); des Achtzigers; die Achtziger

die **Achtzigerin** (Frau, die über 80 Jahre alt ist); die Achtzigerinnen

die **Achtzigerjahre;** in den Achtzigerjahren (eines bestimmten Jahrhunderts); sie ist in den Achtzigerjahren (über achtzig Jahre alt); *mit Ziffern:* die 80er-Jahre

der **Achtzylindermotor**

ächzen; du ächzt; sie ächzt; sie ächzte; sie hat geächzt

der **Acker;** des Ackers; die Äcker

der **Ackerbau;** des Ackerbaus *oder* Ackerbaues

ackern; sie ackert; sie ackerte; sie hat geackert

das **Acryl** (eine Chemiefaser)

die **Action** (turbulente, oft von Kämpfen, Verfolgungsjagden, Katastrophen und Ähnlichem geprägte Handlung in Filmen, Romanen, Comics)

der **Actionfilm**

A. D. = Anno Domini (im Jahre des Herrn)

adagio (sanft, langsam)

das **Adagio** (Musikstück in langsamem Tempo); des Adagios; die Adagios

der **Adapter** (Verbindungsstück zum Anschluss von [zusätzlichen] Geräten); des Adapters; die Adapter

addieren (zusammenzählen); sie hat addiert; addiere die Zahlenreihe!

die **Addition** (das Zusammenzählen); die Additionen

ade! (veraltend)

das **Ade;** des Ades; die Ades; Ade *oder* ade sagen

der **Adel;** des Adels

adeln; du adelst; sie adelt; sie adelte; sie hat ihn geadelt

die **Ader;** *Verkleinerungsform:* das Äderchen

das **ADHS** = Aufmerksamkeitsdefizit- und Hyperaktivitätssyndrom

adieu; adieu *oder* Adieu sagen

à discrétion *oder* **à discretion** (nach Belieben); Raclette à discrétion *oder* discretion

das **Adjektiv** (Eigenschaftswort, zum Bei-

spiel «schön»); des Adjektivs; die Adjektive
der **Adjutant** (beigeordneter Offizier); des/dem/den Adjutanten; die Adjutanten
die **Adjutantin;** die Adjutantinnen
der **Adler;** des Adlers; die Adler
adlig
der **Adlige;** ein Adliger; die Adligen; zwei Adlige
die **Adlige;** eine Adlige
die **Administration** (Verwaltung)
administrativ
der **Admiral;** des Admirals; die Admirale, *auch:* Admiräle
die **Admiralin;** die Admiralinnen
adoptieren (als Kind annehmen); sie hat den Jungen adoptiert
die **Adoption;** die Adoptionen
das **Adoptivkind**
Adr. = Adresse
das **Adrenalin** (ein Hormon); des Adrenalins
der **Adressat** (Empfänger); des/dem/den Adressaten; die Adressaten
die **Adressatin;** die Adressatinnen
das **Adressbuch**
die **Adresse;** die Adressen
adressieren; sie hat den Brief adressiert
die **Adria** (das Adriatische Meer)
der **Advent;** des Advents *oder* Adventes
der **Adventskranz**
das **Adverb** (Untergruppe der Partikeln, zum Beispiel «gestern», «vielleicht», «links»); des Adverbs; die Adverbien
adverbial; eine adverbiale Bestimmung (Umstandsbestimmung)
der **Advokat** (Rechtsanwalt); des/dem/den Advokaten; die Advokaten
die **Advokatin** (Rechtsanwältin); die Advokatinnen
das **Aerobic** (tänzerische Gymnastik); des Aerobics; sie macht Aerobic
die **Aerodynamik** (Wissenschaft von den strömenden Gasen, besonders von der strömenden Luft)
die **Affäre** (Angelegenheit, Vorfall, Streitsache); die Affären
der **Affe;** des/dem/den Affen; die Affen; *Verkleinerungsform:* das Äffchen
der **Affekt** (Gemütsbewegung; heftige Erregung); des Affekts *oder* Affektes; die Affekte; im Affekt handeln
affektiert (geziert, gekünstelt)
affenartig
die **Affenhitze** (sehr grosse Hitze)
affig (eitel)
der **Affront** (Beleidigung); des Affronts; die Affronts
der **Afghane** (Einwohner von Afghanistan); des/dem/den Afghanen; die Afghanen
die **Afghanin;** die Afghaninnen
afghanisch
Afghanistan (Staat in Vorderasien)
Afrika
der **Afrikaner;** des Afrikaners; die Afrikaner
die **Afrikanerin;** die Afrikanerinnen
afrikanisch
der **Afroamerikaner** (Amerikaner schwarzafrikanischer Abstammung)
die **Afroamerikanerin**
der **Afroschweizer** (Schweizer mit schwarzafrikanischer Abstammung)
die **Afroschweizerin** (Schweizerin mit schwarzafrikanischer Abstammung)
der **After**
das **Aftershave** (*kurz für:* Aftershavelotion)
die **AG** = Aktiengesellschaft; Arbeitsgemeinschaft
AG = Autokennzeichen und allgemeine Abkürzung für den Kanton Aargau
die **Ägäis** (das Ägäische Meer)
die **Agave** ([sub]tropische Pflanze); die Agaven
die **Agenda** (Termin-, Veranstaltungskalender; Liste mit Gesprächspunkten); der Agenda; die Agenden
der **Agent** (Vermittler; Spion); des/dem/den Agenten; die Agenten
die **Agentin;** die Agentinnen
die **Agentur** (Vertretung; Vermittlungsbüro); die Agenturen
die **Agglo** (Kurzwort *für:* Agglomeration)
die **Agglomeration**
das **Aggregat** (Vereinigung zusammenwirkender Maschinen, Teile); die Aggregate
der **Aggregatzustand** (eine Erscheinungsform eines Stoffes)
die **Aggression** (Angriff, feindseliges Verhalten); die Aggressionen
aggressiv
agieren (handeln; als Schauspieler oder Schauspielerin auftreten); sie agierte selbstständig; 50 Figuren haben in dieser Szene agiert

die **Agitation** (politische Hetze; intensive politische Aufklärungstätigkeit)
der **Agitator;** des Agitators; die Agitatoren
die **Agitatorin;** die Agitatorinnen
agitieren; sie hat agitiert
die **Agrarpolitik** (Politik, die die Landwirtschaft betrifft)
der **Agronom** (akademisch ausgebildete Fachperson für Landwirtschaft); des/dem/den Agronomen; die Agronomen
die **Agronomin;** die Agronominnen
Ägypten (Staat in Nordostafrika)
der **Ägypter;** des Ägypters; die Ägypter
die **Ägypterin;** die Ägypterinnen
ägyptisch
ah!; ah so!
aha!
die **Ahle** (Werkzeug)
der **Ahn;** des Ahns *oder* Ahnes *oder* Ahnen; die Ahnen
ahnden (bestrafen); das Verbrechen wurde geahndet
ähneln; du ähnelst ihr; er ähnelt ihr; er ähnelte ihr; er hat ihr geähnelt
ahnen; du ahnst es schon; ich ahnte nichts Böses; sie hat etwas geahnt
die **Ahnin;** die Ahninnen
ähnlich; ähnliche Gedanken; sie sehen einander ähnlich; das sieht ihm ähnlich; das Ähnliche; Ähnliches und Verschiedenes; etwas, nichts Ähnliches; oder Ähnliches (*Abkürzung:* o. Ä.); und Ähnliches (*Abkürzung:* u. Ä.)
die **Ähnlichkeit**
die **Ahnung**
ahnungslos
ahoi!
der **Ahorn;** des Ahorns; die Ahorne
die **Ähre**
die **AHV** = Alters- und Hinterlassenenversicherung
das **Ai** (Faultier); des Ais; die Ais
AI = Amnesty International
AI = Autokennzeichen und allgemeine Abkürzung für den Kanton Appenzell Innerrhoden
Aids (eine gefährliche Infektionskrankheit)
aidskrank
der **Aidskranke**
die **Aidskranke**
der **Airbag** (Luftkissen im Auto, das sich zum Schutz der Insassen bei einem Aufprall automatisch aufbläst)
die **Aircondition** *oder* **Air-Condition** (Klimaanlage)
der **Airport** (Flughafen); des Airports; die Airports
der **Ajatollah** *oder* **Ayatollah** (Ehrentitel im iranischen Islam); des Ajatollah *oder* Ajatollahs *und* des Ayatollah *oder* Ayatollahs; die Ajatollahs *oder* Ayatollahs
die **Akademie** (gelehrte Gesellschaft; Hochschule); die Akademien
der **Akademiker** (jemand, der eine Universität erfolgreich besucht hat); des Akademikers; die Akademiker
die **Akademikerin;** die Akademikerinnen
akademisch; akademischer Grad (Rang)
die **Akazie;** die Akazien
die **Akelei** (eine Zier- und Wiesenpflanze); die Akeleien
sich **akklimatisieren** (sich an ein verändertes Klima, an veränderte Verhältnisse anpassen); sie hat sich akklimatisiert
der **Akkord** (Zusammenklang; Bezahlung nach Stückzahl); des Akkords *oder* Akkordes; die Akkorde
die **Akkordarbeit**
das **Akkordeon** (Handorgel); des Akkordeons; die Akkordeons
der **Akku** (*Kurzwort für:* Akkumulator); des Akkus; die Akkus
der **Akkumulator** (ein Stromspeicher); des Akkumulators; die Akkumulatoren
akkurat (sorgfältig, ordentlich; genau); akkurater; am akkuratesten
der **Akkusativ** (Wenfall, 4. Fall); des Akkusativs; die Akkusative
die **Akne** (Hautausschlag)
der **Akrobat** (ein Turnkünstler); des/dem/den Akrobaten; die Akrobaten
die **Akrobatik** (Turnkunst)
die **Akrobatin;** die Akrobatinnen
der **Akt;** des Akts *oder* Aktes; die Akte
die **Akte** (Schriftstück; Urkunde); die Akten
aktenkundig (bei einer Behörde registriert)
die **Aktie** (Anteilschein); die Aktien
die **Aktiengesellschaft** (*Abkürzung:* AG)
die **Aktion** (Handlung; Sonderangebot); die Aktionen
der **Aktionär** (Besitzer von Aktien); des Aktionärs; die Aktionäre

die **Aktionärin;** die Aktionärinnen
aktiv (tätig, wirksam); sie ist politisch sehr aktiv; aktive Tierschützer
das **Aktiv** (*Grammatik:* die Tatform, Tätigkeitsform); des Aktivs
die **Aktivität** (Tätigkeit)
die **Aktualität** (Wichtigkeit für die Gegenwart)
aktuell (zeitgemäss)
die **Akupunktur** (Heilbehandlung durch Nadelstiche)
die **Akustik** (Lehre vom Schall, von den Tönen; Klangwirkung)
akustisch
akut (dringlich, brennend); akuter; am akutesten
das **AKW** = Atomkraftwerk
der **AKW-Gegner**
die **AKW-Gegnerin**
der **Akzent** (Betonung; Tonfall); des Akzents *oder* Akzentes; die Akzente
akzeptieren (annehmen, billigen); sie hat den Vorschlag akzeptiert
der **Alabaster** (eine Gipsart); des Alabasters
der **Alarm;** des Alarms *oder* Alarmes; die Alarme
alarmieren; sie hat die Polizei alarmiert
Alaska (Teil Nordamerikas; Staat der USA)
alaskisch; die alaskische Tierwelt
die **Alb** (Gebirge); die Schwäbische Alb; *vergleiche aber:* Alp
der **Albaner;** des Albaners; die Albaner
die **Albanerin;** die Albanerinnen
Albanien (Balkanstaat)
albanisch
der **Albatros** (ein Sturmvogel); des Albatros; die Albatrosse
albern (dumm, kindisch); albernes Geschwätz
albern; du alberst; er alberte; er hat gealbert
die **Albernheit**
der **Albino** (Mensch, Tier, dessen Haut, Haare, Augen keinen Farbstoff bilden; Pflanze ohne Farbstoffbildung); des Albinos; die Albinos
der **Albtraum** *oder* **Alptraum**
das **Album;** des Albums; die Alben
das **Älchen** (kleiner Aal)
die **Alcopops** *oder* **Alkopops**
al dente (nicht ganz weich gekocht)
der **Alemanne;** des/dem/den Alemannen; die Alemannen
die **Alemannin;** die Alemanninnen
alemannisch
die **Alge** (eine Wasserpflanze); die Algen
die **Algebra** (Lehre von den mathematischen Gleichungen)
algebraisch
Algerien (Staat in Nordafrika)
der **Algerier;** des Algeriers; die Algerier
die **Algerierin;** die Algerierinnen
algerisch
der **Algorithmus** (Schema, nach dem ein Rechenvorgang abläuft); des Algorithmus; die Algorithmen
das **Alibi** (Nachweis der Abwesenheit vom Tatort); des Alibis; die Alibis
das **Alkali** (laugenhafte chemische Verbindung); des Alkalis; die Alkalien
alkalisch (laugenhaft)
der **Alkohol;** des Alkohols; die Alkohole
alkoholfrei; alkoholfreie Getränke
der **Alkoholiker;** des Alkoholikers; die Alkoholiker
die **Alkoholikerin;** die Alkoholikerinnen
alkoholisch
die **Alkopops** *oder* **Alcopops** (alkoholhaltige Mischgetränke mit Limonade) *Plural*
all, alle, alles; alle beide; vor allem; allen Ernstes; alle ehrlichen Menschen; alle vier Jahre; alles und jedes; wer alles; all das Schöne; alles Gute, Schöne; alles Mögliche; alles Übrige; alles Beliebige; mein Ein und [mein] Alles
das **All** (das Weltall); des Alls
allabendlich (jeden Abend)
Allah (der Name Gottes im Islam)
die **Allee** (mit Bäumen eingefasste Strasse); die Alleen
die **Allegorie** (Sinnbild, Gleichnis); die Allegorien
allegro (lebhaft, schnell)
das **Allegro** (Musikstück in schnellem, lebhaftem Tempo); des Allegros; die Allegros *oder* Allegri
allein; allein sein, bleiben; allein lassen *oder* alleinlassen; er hat seinen Partner allein gelassen *oder* alleingelassen; er will im Alter nicht allein stehen *oder* alleinstehen; eine allein erziehende *oder* alleinerziehende Mutter
der **Alleinerziehende;** ein Alleinerziehender;

die Alleinerziehenden; zwei Alleinerziehende

die **Alleinerziehende;** eine Alleinerziehende; die Alleinerziehenden

das **Alleinsein**

der **Alleinstehende;** ein Alleinstehender; die Alleinstehenden; mehrere Alleinstehende

die **Alleinstehende;** eine Alleinstehende; die Alleinstehenden

allemal (natürlich, in jedem Fall); das kann sie allemal besser; ABER: ein für alle Mal; ein für alle Male

allenfalls

allenthalben (*gehoben für:* überall)

allerbeste; es ist am allerbesten; es ist das Allerbeste, wenn er schweigt; es ist das Allerbeste, was sie tun kann

allerdings

die **Allergie** (krankhafte Überempfindlichkeit); die Allergien

allergisch

allerhand; allerhand Neues; das ist ja allerhand

Allerheiligen (katholisches Fest zu Ehren aller Heiligen)

das **Allerheiligste;** des Allerheiligsten

das **Allerheilmittel;** *auch:* das Allheilmittel

allerlei; allerlei Wichtiges

das **Allerlei;** die Allerlei

allerletzt; sie kam zu allerletzt; ABER: das ist ja das Allerletzte!

allermeiste; die allermeisten *oder* Allermeisten waren einverstanden; ABER NUR: das freut mich am allermeisten

Allerseelen (katholischer Gedächtnistag zu Ehren aller Verstorbenen)

allerseits *oder* **allseits**

allerwenigste; das ist das allerwenigste *oder* Allerwenigste, was ich tun kann; ABER NUR: das hatte ich am allerwenigsten erwartet

alles *vergleiche:* all

der **Allesfresser**

die **Allesfresserin**

allezeit *oder* **allzeit** (immer); ich werde allezeit *oder* allzeit an dich denken; ABER: du hast alle Zeit der Welt

allfällig (eventuell vorkommend): allfällige Fragen

allgemein; die allgemeine Schulpflicht; allgemein gültige *oder* allgemeingültige Regeln; eine allgemein verständliche *oder* allgemeinverständliche Anleitung; im Allgemeinen (gewöhnlich); etwas Allgemeines

die **Allgemeinbildung**

die **Allgemeinheit**

das **Allgemeinwohl;** ABER: das allgemeine Wohl

das **Allheilmittel** *oder* **Allerheilmittel**

die **Allianz** (Bündnis); die Allianzen; die Heilige Allianz (ein Bündnis zwischen Preussen, Russland und Österreich 1815)

der **Alligator;** des Alligators; die Alligatoren

die **Alliierten** (die gegen Deutschland verbündeten Länder im 1. und 2. Weltkrieg) *Plural*

alljährlich

die **Allmacht**

allmächtig

der **Allmächtige** (Gott)

die **Allmächtige**

allmählich

die **Allmend** (öffentlicher Grund einer Gemeinde); die Allmenden

das **Allotria** (Unfug); des Allotria *oder* Allotrias

allseits *oder* **allerseits**

der **Alltag**

alltäglich

alltags; alltags wie sonntags

allumfassend

die **Allüren** (auffallendes Benehmen) *Plural*

allwissend

allzeit *vergleiche:* **allezeit**

allzu; allzu früh; allzu gern; allzu lang *oder* allzu lange; allzu oft; allzu sehr; allzu selten; allzu viel; allzu weit

die **Alm** (Alp); die Almen

der **Almanach** (Kalender, Jahrbuch); des Almanachs; die Almanache

das **Almosen** ([milde] Gabe, kleine Spende); des Almosens; die Almosen

die **Aloe** (Pflanze mit Wasser speichernden dicken Blättern); die Aloen; Aloe vera

die **Alp** (Bergweide); die Alpen

das **Alpaka** (langhaariges, schwarzbraunes Lama in den Anden); des Alpakas; die Alpakas

die **Alpen** (ein Gebirge) *Plural*

das **Alpenvorland**

das **Alphabet;** des Alphabets *oder* Alphabetes; die Alphabete

alphabetisch; in alphabetischer Ordnung
das **Alphorn;** des Alphorns *oder* Alphornes; die Alphörner
alpin (in den Alpen, im Hochgebirge vorkommend); der alpine Skilauf
der **Alpinist** (sportlicher Bergsteiger im Hochgebirge); des/dem/den Alpinisten; die Alpinisten
die **Alpinistin;** die Alpinistinnen
der **Älpler** (Alpenbewohner)
die **Älplerin**
der **Alptraum** *oder* **Albtraum**
als; sie ist grösser als ihre Schwester; sie ist grösser, als ihre Schwester im gleichen Alter war; als ob; als dass; es ist besser, er fährt langsam, als dass er einen Unfall verursacht; häufiger als auch schon
alsbald (sogleich; bald; demnächst); alsbald in Englisch
alsdann (*gehoben für:* sodann, darauf)
also

alt

- älter, am ältesten
- alt werden; sie ist alt geworden
- alt aussehen

Klein schreibt man das Adjektiv «alt»:

- alte Sprachen (Griechisch, Latein)
- die alten Bundesländer

Gross schreibt man die Nominalisierung:

- der Alte, die Alte
- er ist immer der Alte (derselbe)
- es bleibt alles beim Alten
- das ist etwas Altes
- ein Fest für Alt und Jung (jedermann)
- der Streit zwischen Alt und Jung (alten und jungen Menschen)
- aus Alt mach Neu
- Altes und Neues
- meine Älteste (meine älteste Tochter)

Gross schreibt man auch in Namen und in bestimmten namenähnlichen Verbindungen:

- das Alte Testament (in der Bibel)
- der Alte Fritz (Friedrich der Grosse)
- die Alte Eidgenossenschaft
- die Alte Welt (das Abendland, westlicher Teil Europas)

der **Alt** (tiefe Frauen- oder Knabenstimme; Sängerin mit dieser Stimme)
der **Altar;** des Altars *oder* Altares; die Altäre
altbacken (nicht mehr frisch); altbackenes Brot
der **Altbau;** die Altbauten
Altdorf (Hauptstadt des Kantons Uri)
das **Alter;** des Alters; im Alter von 30 Jahren
altern; er alterte; er ist gealtert
alternativ (wahlweise; eine andere, menschlichere und umweltfreundlichere Lebensweise vertretend)
die **Alternative** (andere Möglichkeit)
alters; seit alters; vor alters; von alters her
das **Altersheim**
das **Altertum;** das klassische Altertum
altertümlich
das **Altglas**
der **Altglascontainer**
althergebracht (seit Langem üblich; gewohnt)
altklug
die **Altlast** (aus der Vergangenheit stammende, noch nicht beseitigte Belastung, Schädigung [bes. der Umwelt]); die Altlasten
altmodisch
das **Altpapier**
die **Altstadt**
das **Alu** (*kurz für:* Aluminium); des Alus
die **Alufolie**
das **Aluminium**
die **ALV**= Arbeitslosenversicherung
die **Alzheimerkrankheit** *oder* **Alzheimer-Krankheit** (Krankheit, bei der die Erkrankten das Gedächtnis verlieren)
am (an dem); am nächsten Sonntag, dem *oder* den 27. März; am besten
die **Amaryllis** (Pflanze mit grossen Blüten auf hohem Stiel); der Amaryllis; die Amaryllen
der **Amateur** (jemand, der eine Tätigkeit aus Liebhaberei, aber nicht berufsmässig ausübt); des Amateurs; die Amateure
die **Amateurin;** die Amateurinnen
die **Ambiance** (stimmungsvolle Atmosphäre)
das **Ambiente** (Umgebung, Milieu, Atmosphäre); des Ambiente
die **Ambition** (der Ehrgeiz); die Ambitionen
ambitioniert (ehrgeizig)
ambitiös (ehrgeizig); ein ambitiöses Projekt

ambivalent (in sich widersprüchlich; zwiespältig)
die **Ambivalenz** (Doppelwertigkeit; Zwiespältigkeit); die Ambivalenzen
der **Amboss;** des Ambosses; die Ambosse
ambulant (wandernd; ohne festen Sitz); ambulante Behandlung (Behandlung, bei der man nicht im Krankenhaus bleiben muss)
die **Ambulanz** (Krankentransportwagen; Klinikabteilung für ambulante Behandlung); die Ambulanzen
die **Ameise**
amen; er sagte zu allem Ja und Amen, *oder* ja und amen
das **Amen;** des Amens; die Amen
Amerika
der **Amerikaner;** des Amerikaners; die Amerikaner
die **Amerikanerin;** die Amerikanerinnen
amerikanisch; amerikanische Musik
die **Aminosäure** (bestimmte organische Säure; Eiweissbaustein)
der **Ammann;** die Ammänner

> Eine weibliche Form zu «Ammann» ist nur in Zusammensetzungen gebräuchlich: Frau Gemeindeammann, Frau Landammann, Frau Stadtammann.

die **Amme** (*früher:* Frau, die ein fremdes Kind stillt und betreut); die Ammen
die, *auch:* der **Ammer** (ein Singvogel); *auch:* des Ammers; die Ammern
das **Ammoniak** (gasförmige Verbindung aus Stickstoff und Wasserstoff); des Ammoniaks
der **Ammonit** (ausgestorbener Kopffüsser oder dessen Versteinerung); des/dem/den Ammoniten; die Ammoniten
die **Amnesie** (Gedächtnisverlust)
die **Amnestie** (Begnadigung, Straferlass); die Amnestien
amnestieren (begnadigen, eine Strafe erlassen); man amnestierte sie; man hat sie amnestiert
Amnesty International (internationale Organisation zum Schutz der Menschenrechte; *Abkürzung:* AI)
die **Amöbe** (ein Einzeller); die Amöben
Amok; Amok laufen (blindwütig [umherlaufen und] töten); er läuft Amok; er ist Amok gelaufen
der **Amokläufer**
die **Amokläuferin**
Amor (römischer Liebesgott); Amors Pfeile
die **Amortisation** (allmähliche Tilgung einer Schuld; Deckung der Anschaffungskosten)
amortisieren; er hat seine Schulden amortisiert; die Investition hat sich amortisiert
die **Ampel;** die Ampeln
das **Ampere** (Einheit der elektrischen Stromstärke); des Ampere *oder* Amperes; die Ampere
die **Amphibie** (Tier, das im Wasser und auf dem Land lebt); die Amphibien
das **Amphibienfahrzeug** (Land-Wasser-Fahrzeug)
das **Amphitheater** (meist dachloses Theatergebäude der Antike in Form einer Ellipse mit stufenweise aufsteigenden Sitzreihen)
die **Amplitude** (grösster Ausschlag einer Schwingung)
die **Ampulle** (Glasröhrchen mit Flüssigkeit [besonders für Injektionsspritzen]); die Ampullen
die **Amputation** (Abtrennung eines Körperteils)
amputieren; das Bein musste amputiert werden
die **Amsel;** die Amseln
Amsterdam (Hauptstadt der Niederlande)
das **Amt;** des Amts *oder* Amtes; die Ämter
die **Amtfrau**
die **Amtleute** (Amtfrauen und -männer)
das **Ämtli** (Aufgabe, die regelmässig zu erledigen ist); des Ämtlis; die Ämtli *oder* Ämtlis
amtlich
der **Amtmann;** die Amtmänner
der **Amtsrichter**
die **Amtsrichterin**
der **Amtsschimmel** (bürokratisches Verhalten einer Behörde)
das **Amulett** (Glücksbringer, Zaubermittel); des Amuletts *oder* Amulettes; die Amulette
amüsant; amüsanter; am amüsantesten
amüsieren; es hat ihn amüsiert; sich amüsieren; du hast dich köstlich amüsiert
an; er stand an dem Zaun; sie stellte sich

an den Zaun; an [und für] sich; an sein; das Licht soll an sein; das Licht ist an; das Licht war an; das Licht ist an gewesen; wenn das Licht an ist

das **Anabolikum** (muskelbildendes Dopingpräparat); des Anabolikums; die Anabolika

analog (ähnlich, entsprechend); ein analoger Fall

die **Analogie** (Entsprechung); die Analogien

der **Analphabet** (jmd., der nie lesen und schreiben gelernt hat); des/dem/den Analphabeten; die Analphabeten; funktionaler Analphabet (jmd., der trotz Schulbesuch nicht gut lesen und schreiben kann); *Trennung:* An-al-pha-bet

die **Analphabetin;** die Analphabetinnen; *Trennung:* An-al-pha-be-tin

die **Analyse** (Zergliederung)

analysieren; sie hat analysiert; analysiere diese Lösung!

analytisch (zergliedernd, zerlegend); analytische Geometrie

die **Ananas;** *Plural:* die Ananas *oder* Ananasse

die **Anarchie** (herrschaftsloser oder gesetzloser Zustand); die Anarchien

der **Anarchist;** des/dem/den Anarchisten; die Anarchisten

die **Anarchistin;** die Anarchistinnen

anarchistisch; anarchistische Zustände

die **Anatomie** ([Lehre von] Form und Körperbau der Lebewesen); die Anatomien

anatomisch; anatomische Besonderheiten

anbaggern (jemanden ansprechen); er hat sie angebaggert

anbändeln (eine Liebesbeziehung anknüpfen; *auch für:* einen Streit anfangen); du bändelst mit ihr an; er bändelte mit ihr an; er hat mit ihr angebändelt

anbeissen; du beisst an; er beisst an; beiss an!; er biss das Stück Kuchen an; der Fisch hat angebissen; ABER: zum Anbeissen (reizend) aussehen

anbeten; du betest an; er betete an; er hat sie angebetet

sich **anbiedern;** du biederst dich an; er biederte sich an; er hat sich angebiedert

anbinden; du bindest den Hund an; sie bindet ihn an; sie band ihn an; sie hat ihn angebunden

der **Anblick;** des Anblicks *oder* Anblickes; die Anblicke

anblicken; du blickst ihn an; er hat den Jungen angeblickt

anbrechen; du brichst an; sie bricht an; brich an!; sie hat eine neue Packung angebrochen; der Tag brach an; der Tag ist angebrochen

anbrennen; das Gemüse brennt an; es brannte an; es ist angebrannt

der **Anbruch;** bei Anbruch des Tages

die **Andacht;** die Andachten

andächtig

andachtsvoll

andante (mässig langsam)

das **Andante** (Musikstück in gemessenem Tempo); des Andante *oder* Andantes; die Andantes

andauernd

die **Anden** (Gebirge in Südamerika) *Plural*

das **Andenken;** des Andenkens

andere *oder* andre

Im Allgemeinen wird «andere, andre» kleingeschrieben – auch nach einem Artikel oder Pronomen:

- der/die/das andere *oder* andre
- alles andere *oder* andre
- kein anderer *oder* keine andere *oder* anderes
- das ist etwas anderes, nichts anderes, andres
- wir sprachen von etwas anderem *oder* andrem
- ich bin anderer *oder* andrer Meinung
- und anderes *oder* andres mehr
- unter anderem *oder* andrem
- sich eines anderen *oder* andren, andern besinnen
- andere *oder* andre ähnliche Fälle

Wenn «andere» oder «andre» kein Adjektiv ist, sondern als Nomen verwendet wird, kann es auch grossgeschrieben werden:

- der, die, das andere, andre *oder* Andere, Andre (Andersartige)
- sie suchte nach dem anderen, andren *oder* Anderen, Andren (nach einer neuen Welt)

andermal; ein andermal; ABER: ein anderes *oder* andres Mal
ändern; du änderst; sie änderte; sie hat ihren Plan geändert; ändere deinen Plan!; wenn das Wetter ändert, fahren wir nicht; sich ändern; sie hat sich sehr geändert
andernfalls, *auch:* **anderenfalls**
anders; jemand, niemand anders; wo anders (wo sonst) soll ich suchen?; ABER: sie lebt jetzt woanders (irgendwo sonst); er ist anders als ich; anders denken; anders geartete *oder* andersgeartete Fehler; anders lautende *oder* anderslautende Texte
andersartig; andersartige Werke
der **Andersdenkende;** ein Andersdenkender; die Andersdenkenden; viele Andersdenkende
die **Andersdenkende;** eine Andersdenkende; die Andersdenkenden
anderseits, andererseits, andrerseits
andersgeartet *vergleiche:* **anders**
andersgläubig
der **Andersgläubige;** ein Andersgläubiger; die Andersgläubigen; zwei Andersgläubige
die **Andersgläubige;** eine Andersgläubige
anderswo (woanders); hier ist es schöner als anderswo
anderthalb; in anderthalb Stunden; anderthalb Pfund
die **Änderung**
andeuten; du deutest an; sie deutete an; sie hat ihre Absicht angedeutet; deute kurz an, was du meinst!
die **Andeutung**
andocken (ein Raumfahrzeug an ein anderes ankoppeln); das Raumschiff hat an der Raumstation angedockt
Andorra (Staat in den Pyrenäen)
der **Andorraner;** des Andorraners; die Andorraner
die **Andorranerin;** die Andorranerinnen
andorranisch
der **Andrang;** des Andrangs *oder* Andranges
das **Andreaskreuz** (Verkehrszeichen an Bahnübergängen)
andrehen; du drehst an; sie drehte an; sie hat das Licht angedreht
anecken (Missfallen erregen); mit diesem Benehmen ist er bei allen angeeckt
sich **aneignen;** sie eignet sich an; sie hat sich dieses Buch angeeignet
aneinander; wir werden aneinander denken *oder* aneinanderdenken; aneinander fügen *oder* aneinanderfügen; aneinander geraten *oder* aneinandergeraten; aneinander grenzen *oder* aneinandergrenzen; ABER NUR: ihr sollt aneinander vorbeigehen
aneinanderfügen; sie fügen die Teile aneinander; sie haben die Teile aneinandergefügt
aneinandergeraten; sie gerieten heftig aneinander; sie sind aneinandergeraten
aneinandergrenzen; aneinandergrenzende Gärten; die Grundstücke grenzen aneinander
die **Anekdote** (eine kurze Geschichte); die Anekdoten
die **Anemone** (Windröschen)
anerbieten (sich zu etwas bereit erklären); du anerbietest dich *oder* du erbietest dich an; er anerbot sich *oder* er erbot sich an; er hat sich anerboten
die **Anerkennung**
anfahren; du fährst an; sie fährt an; sie fuhr mit ihrem Auto an; sie ist mit ihrem Auto angefahren; ABER: er hat eine alte Frau angefahren; er hat ihn kräftig angefahren (zurechtgewiesen); fahre vorsichtig an!
der **Anfall;** des Anfalls *oder* Anfalles; die Anfälle
anfällig
der **Anfang;** des Anfangs *oder* Anfanges; die Anfänge; von Anfang an; Anfang Jahr *oder* Anfang des Jahres
anfangen; sie fängt an; sie hat endlich angefangen
der **Anfänger;** des Anfängers; die Anfänger
die **Anfängerin;** die Anfängerinnen
anfänglich
anfangs; anfangs Winter *oder* anfangs des Winters; anfangs (zuerst) ging alles gut
anfassen; du fasst an; sie hat das Problem geschickt angefasst; fass *oder* fasse mich nicht an!
anfertigen; du fertigst an; sie fertigte an; sie hat angefertigt; fertige bitte das Protokoll an!
anfeuern; ich feuere an; sie hat ihre Mannschaft angefeuert; feuere *oder* feure uns an!

die **Anforderung;** die Anforderungen
die **Anfrage**
anfragen; sie fragt an; sie hat ihn angefragt
sich **anfreunden;** ich freunde mich an; er freundete sich mit dem Nachbarn an; ihr habt euch mit dem Plan angefreundet
anführen; sie führt an; sie hat diese Bande angeführt
der **Anführer**
die **Anführerin**
das **Anführungszeichen**
die **Angabe**
angeben; er gibt mir die Adresse an; er hat gewaltig angegeben (geprahlt)
der **Angeber;** des Angebers; die Angeber
die **Angeberin;** die Angeberinnen
angeberisch; angeberische Typen
angeblich
angeboren; angeborene Muttermale
das **Angebot;** des Angebots *oder* Angebotes; die Angebote
angebracht (sinnvoll, angemessen); etwas für angebracht halten
angefressen (begeistert; *in Deutschland:* wütend, verärgert); sie ist von diesem Spiel total angefressen
angehen; das geht mich nichts an; er ging ihn um Geld an; er ist *oder* hat ihn um Geld angegangen
angehend (zukünftig); der angehende Profifussballer
der **Angehörige;** ein Angehöriger; die Angehörigen; mehrere Angehörige
die **Angehörige;** eine Angehörige; die Angehörigen
der **Angeklagte;** ein Angeklagter; die Angeklagten; viele Angeklagte
die **Angeklagte;** eine Angeklagte; die Angeklagten
die **Angel;** die Angeln
die **Angelegenheit**
der **Angelhaken**
angeln; du angelst; er angelte; er hat geangelt
der **Angelpunkt** (Hauptsache)
der **Angelsachse** (Angehöriger westgermanischer Stämme in England; Person englischer Abstammung und Muttersprache); des/dem/den Angelsachsen; die Angelsachsen
die **Angelsächsin**
angelsächsisch
angemessen; etwas für angemessen halten; etwas in angemessener Weise tun
angenehm
angenommen; angenommen[,] dass
angepasst; er ist sehr angepasst
angeregt (lebhaft, interessant)
angesagt (in Mode, sehr gefragt); solche Hosen sind angesagt; angesagte Musik machen
der **Angeschuldigte** (Angeklagte); ein Angeschuldigter; die Angeschuldigten; mehrere Angeschuldigte
die **Angeschuldigte;** eine Angeschuldigte; die Angeschuldigten
angesehen (geachtet)
das **Angesicht;** die Angesichter *oder* Angesichte
angesichts; angesichts des Todes
angespannt; die angespannte Lage
der **Angestellte;** ein Angestellter; die Angestellten; zwei Angestellte
die **Angestellte;** eine Angestellte
angetan; er ist von ihr sehr angetan (begeistert); der Film hat es ihr angetan
angetrunken
angewandt; angewandte Mathematik
angewiesen; wir sind darauf angewiesen
sich **angewöhnen;** er gewöhnt sich dies an; er hat sich dies angewöhnt
die **Angewohnheit**
angewurzelt; er stand da wie angewurzelt
die **Angina** (Mandelentzündung); die Anginen
der **Angler;** des Anglers; die Angler
die **Anglerin;** die Anglerinnen
Angola (Staat in Afrika)
der **Angolaner;** des Angolaners; die Angolaner
die **Angolanerin;** die Angolanerinnen
angolanisch
die **Angorawolle** (feine, seidige Wolle)
angreifen; er greift an; sie griff an; er hat angegriffen; greif *oder* greife ihn nicht an!
der **Angreifer;** des Angreifers; die Angreifer
die **Angreiferin;** die Angreiferinnen
der **Angriff**
angriffig
angriffslustig
die **Angst;** die Ängste; in Angst sein; Angst

haben; einem Menschen Angst machen; ABER: mir ist, mir wird angst [und bange]
angsterfüllt
der **Angsthase;** des/dem/den Angsthasen; die Angsthasen
die **Angsthäsin**
ängstigen; er ängstigt sie; er hat sie geängstigt; sich ängstigen; er hat sich geängstigt
ängstlich; ängstliche Fragen
anhalten; du hältst die Luft an; das schöne Wetter hält an; er hielt den Wagen an; er hat angehalten; halt an!
anhaltend (andauernd, ununterbrochen); anhaltender Regen
der **Anhalter;** des Anhalters; die Anhalter; per Anhalter fahren
die **Anhalterin;** die Anhalterinnen
anhand; anhand des Buches; anhand von Unterlagen
der **Anhang;** des Anhangs *oder* Anhanges; die Anhänge
der **Anhänger;** des Anhängers; die Anhänger
die **Anhängerin**
anhänglich
das **Anhängsel**
anhauen (um etwas bitten); einen Freund um einen Zehner anhauen
anheimfallen (zufallen); das Erbe fiel der Kirche anheim; es ist der Kirche anheimgefallen
anheimstellen (überlassen); ich stelle das Ihnen anheim; es blieb ihr anheimgestellt, die Aufgabe anzunehmen oder nicht
anheuern (auf einem Schiff in Dienst stellen oder in Dienst treten); er heuert auf einem Frachter an
Anhieb; auf Anhieb (sofort)
anhimmeln; ich himmle *oder* himmele ihn an!; er hat sie angehimmelt
anhin; bis anhin
die **Anhöhe**
anhören; du hörst ihn an; ich habe mir alles angehört
animalisch (tierisch); animalische Triebe
Animation (Unterhaltungsprogramm für Gäste; Belebung von gezeichneten Objekten)
der **Animator** (jemand, der Veranstaltungen und Reisen interessant gestaltet; Trickzeichner beim Film)
die **Animatorin**
animieren (anregen, ermuntern); du animierst; er animierte mich; er hat mich zum Malen animiert
das **Anion** (negativ geladenes elektrisches Teilchen); des Anions; die Anionen
der **Anis** (eine Gewürzpflanze); des Anis *oder* Anises; die Anise
Ankara (Hauptstadt der Türkei)
der **Anker;** des Ankers; die Anker; vor Anker gehen; vor Anker liegen
die **Anklage**
anklagen; er klagt an; sie hat ihn angeklagt
der **Ankläger**
die **Anklägerin**
anklicken; du klickst an; sie klickte an; sie hat das Programm zweimal angeklickt
anklopfen; du klopfst an; er hat angeklopft
anknipsen; sie knipst das Licht an
ankommen; sie kam in Olten an; sie ist gut angekommen; darauf kommt es mir nicht an (das ist nicht wichtig)
ankreuzen; du kreuzt an; er kreuzt an; er hat das Feld angekreuzt
ankünden *oder* **ankündigen;** du kündest an *oder* du kündigst an; er kündet an *oder* er kündigt an; er hat angekündet *oder* er hat angekündigt
die **Ankunft**
die **Anlage**
der **Anlass;** des Anlasses; die Anlässe; ein toller Anlass (Veranstaltung); ohne besonderen Anlass (Grund)
der **Anlasser;** des Anlassers; die Anlasser
anlässlich; anlässlich des Festes

> Nach *anlässlich* steht in der Schriftsprache der Genitiv: «Sie besuchte ihn anlässlich seines Geburtstages.» Ausserhalb der Amts- und Verwaltungssprache sollten aber Formulierungen bevorzugt werden, die weniger förmlich wirken: «Sie besuchte ihn zum Geburtstag.»

der **Anlauf**
der **Anlaut** (erster Laut eines Wortes oder einer Silbe)
sich **anlegen;** er hat sich mit uns angelegt (er hat mit uns Streit gesucht)
anlegen; das Schiff legt an

die **Anlehre** (kurze Ausbildung)
das **Anliegen** (Wunsch); des Anliegens; die Anliegen
der **Anlieger** (Anwohner einer Strasse u. Ä.); des Anliegers; die Anlieger
die **Anliegerin;** die Anliegerinnen
anmachen; du machst das Licht an; einen Salat anmachen (zubereiten); er hat sie angemacht (er hat sie angesprochen oder provoziert); mach mich nicht an!
anmalen; du hast dich angemalt
sich **anmassen;** du masst dir an; er masste sich an; er hat sich ein Urteil angemasst
anmassend (überheblich)
anmelden; sie meldet das Kind beim Arzt an; sie hat es beim Arzt angemeldet; sich anmelden
die **Anmeldung**
anmerken; ich lasse mir nichts anmerken
die **Anmerkung**
anmotzen (beschimpfen, tadeln); du motzt ihn an; sie hat ihn angemotzt
die **Anmut**
anmutig
annähen; du nähst den Knopf an; er hat ihn angenäht
die **Annahme**
annehmen; er nimmt an; er hat dies angenommen
die **Annehmlichkeit**
annektieren (sich gewaltsam aneignen); er hat fremdes Land annektiert
die **Annexion** (gewaltsame und widerrechtliche Aneignung eines fremdes Gebiets)
anno (*veraltet für:* im Jahre); anno elf; anno dazumal
Anno Domini (im Jahre des Herrn)
die **Annonce** (Zeitungsanzeige); die Annoncen
annoncieren; er hat in der Zeitung annonciert
annullieren (für ungültig erklären); er hat den Vertrag annulliert
die **Anode** (positive Elektrode; Pluspol); die Anoden
anöden; sein dummes Gerede ödet mich an; es hat mich angeödet
anomal (unregelmässig, regelwidrig)
anonym (ungenannt)
die **Anonymität** (die Unbekanntheit des Namens)
der **Anorak;** des Anoraks; die Anoraks
anordnen; sie hat die Untersuchung des Falls angeordnet
anorganisch (zur unbelebten Natur gehörend); die anorganische Chemie
anpassen; du passt an; er hat sein Verhalten den Anforderungen angepasst
der **Anpfiff** (Pfiff des Schiedsrichters als Zeichen für den Beginn oder die Fortsetzung eines Spiels)
die **Anrede**
anreden; du redest sie an; er hat ihn mit «Sie» angeredet
anregen; du regst an; er regte an; er hat angeregt
anregend; ein anregendes Gespräch
der **Anreiz**
anrempeln; ich remp[e]le ihn an; sie hat ihren Bruder angerempelt; remple *oder* rempele mich nicht an!
anrichten; er richtet Verwirrung an; er hat das Essen angerichtet
anrüchig (von sehr zweifelhaftem Ruf; unanständig); eine anrüchige Kneipe
der **Anruf;** des Anrufs *oder* Anrufes; die Anrufe
anrufen; er rief mich an; er hat nicht angerufen
ans (an das)
die **Ansage**
der **Ansager;** des Ansagers; die Ansager
die **Ansagerin;** die Ansagerinnen
ansässig; sie ist in Luzern ansässig
anschauen; er schaute uns an; ich habe mir alles angeschaut
anschaulich; eine anschauliche Darstellung
die **Anschauung;** aus eigener Anschauung
der **Anschein;** allem Anschein nach (vermutlich; offenbar); den Anschein machen (einen oberflächlichen oder falschen Eindruck erwecken)
anscheinend; er hört anscheinend aufmerksam zu
anschieben; sie schiebt an; er schob an; sie haben das Auto angeschoben
der **Anschlag;** die Anschläge
das **Anschlagbrett**
anschlagen; er schlägt an; sie schlug an; er hat ein Plakat angeschlagen; sich anschlagen; sie hat sich das Knie angeschlagen

anschliessen; du schliesst den Herd an; er schliesst ihn an; er schloss ihn an; sie hat sich uns angeschlossen
anschliessend (folgend)
der **Anschluss;** die Anschlüsse
anschnallen; er schnallt sein Kind an; ich habe mich angeschnallt
die **Anschrift**
anschwellen; der Fluss schwillt an; er ist angeschwollen
ansehen; du siehst dir das an; er sah sie an; er hat sie angesehen; sieh an!
das **Ansehen;** des Ansehens; ohne Ansehen der Person
ansehnlich; eine ansehnliche (grosse) Menge
die **Ansicht;** meiner Ansicht nach
anspannen; er spannt an; er hat die Pferde angespannt
das **Anspiel**
anspielen; einen Stürmer anspielen; auf etwas anspielen (versteckt hinweisen)
die **Anspielung**
der **Ansporn** (Anreiz); des Ansporns *oder* Anspornes; die Ansporne
anspornen; du spornst an; sie spornte ihn an; sie hat ihn angespornt
die **Ansprache**
ansprechen; sie spricht ihn an; sie sprach ihn an; sie hat ihn auf dem Fest angesprochen
ansprechend (reizvoll, gefällig); er hat sich ansprechend angezogen
anspringen; der Hund hat sie angesprungen; der Motor ist nicht angesprungen
der **Anspruch;** des Anspruchs *oder* Anspruches; die Ansprüche
anspruchslos
anspruchsvoll
anstacheln; ich stachle *oder* stachele an; er hat sie zur Tat angestachelt
die **Anstalt**
der **Anstand**
anständig
die **Anständigkeit**
anstandshalber
anstandslos
anstatt; anstatt dass
anstecken; er steckt die Blume an; er hat die Blume angesteckt; sich anstecken; er hat sich bei mir angesteckt
ansteckend
die **Ansteckung**
anstelle *oder* **an Stelle;** anstelle *oder* an Stelle des Vaters
anstellen; er stellt an; er hat ihn angestellt; sich anstellen; stell dich nicht so an!
anstellig (geschickt)
anstiften; wer hat euch dazu angestiftet?
der **Anstifter;** des Anstifters; die Anstifter
die **Anstifterin;** die Anstifterinnen
der **Anstoss;** des Anstosses; die Anstösse; zum Anstoss pfeifen; ein Grundstück mit Anstoss an einen See
anstossen; er stösst überall an; wir haben miteinander angestossen (uns zugetrunken)
der **Anstösser** (Besitzer eines Grundstücks, das an eine Strasse, einen See usw. angrenzt)
die **Anstösserin;** die Anstösserinnen
anstössig; anstössige Witze
sich **anstrengen;** sie strengt sich an; sie hat sich angestrengt
anstrengend
die **Antarktis** (Südpolgebiet)
antarktisch
der **Anteil;** des Anteils *oder* Anteiles; an etwas Anteil nehmen
die **Anteilnahme**
die **Antenne**
der **Anthrazit** (glänzende Steinkohle)
anthrazitfarben
die **Anthropologie** (Wissenschaft vom Menschen)
die **Anthroposophie** (Lehre, nach der der Mensch höhere seelische Fähigkeiten entwickeln und dadurch übersinnliche Erkenntnisse erlangen kann)
anti... (gegen...)
der **Antialkoholiker** (Alkoholgegner)
die **Antialkoholikerin**
die **Antibabypille** (ein Empfängnisverhütungsmittel)
das **Antibiotikum** (Wirkstoff gegen Krankheitserreger); des Antibiotikums; die Antibiotika
das **Antiblockiersystem;** (*Abkürzung:* ABS)
der **Antichrist** (Gegner des Christentums); des/dem/den Antichristen; die Antichristen
der **Antifaschismus**
antik (altertümlich)

die **Antike** (das klassische Altertum und seine Kultur)
die **Antilope**
die **Antipathie** (Abneigung, der Widerwille); die Antipathien
der **Antipode** (jmd., der auf der gegenüberliegenden Seite der Erdkugel wohnt; Mensch mit anderer Einstellung, anderer Geisteshaltung); des/dem/den Antipoden; die Antipoden
die **Antipodin;** die Antipodinnen
der **Antiquar** (Händler mit Altertümern oder mit alten Büchern); des Antiquars; die Antiquare
das **Antiquariat;** des Antiquariats *oder* Antiquariates; die Antiquariate
die **Antiquarin;** die Antiquarinnen
antiquarisch
die **Antiquität** (altes Möbelstück, alter Kunstgegenstand); die Antiquitäten
der **Antisemitismus** (ablehnende Haltung gegenüber Juden und Jüdinnen)
das **Antlitz;** des Antlitzes; die Antlitze
antönen; sie tönt es an; sie hat es angetönt
antörnen (erregen; berauschen); die Musik törnt mich an; sie hat mich angetörnt
der **Antrag;** des Antrags *oder* Antrages; die Anträge; einen Antrag stellen
antreiben; du treibst an; er trieb ihn zur Eile an; sie hat mich angetrieben
antreten; sie ist gegen die Konkurrentin angetreten; ABER: sie hat eine neue Stelle angetreten (angefangen)
der **Antrieb;** des Antriebs *oder* Antriebes; die Antriebe
der **Antritt;** des Antritts; die Antritte
die **Antwort;** die Antworten; gib Antwort!
antworten; du antwortest; er antwortete; er hat geantwortet; antworte!
der **Anwalt;** des Anwalts *oder* Anwaltes; die Anwälte
die **Anwältin;** die Anwältinnen
der **Anwärter** (aussichtsreicher Bewerber, Kandidat); ein Anwärter auf die Goldmedaille
die **Anwärterin**
die **Anwartschaft**
anweisen; du weist an; er wies an; er hat ihn angewiesen, die Sache sofort zu erledigen
anwenden; er wendet an; sie wendete *oder* wandte an; er hat alle Mittel angewendet *oder* angewandt; ABER NUR: angewandte Mathematik
das **Anwesen** (grösseres bebautes Grundstück)
anwesend; die anwesenden Gäste
der **Anwesende;** ein Anwesender; die Anwesenden; mehrere Anwesende
die **Anwesende;** eine Anwesende
die **Anwesenheit**
anwidern; es widert mich an; es hat mich angewidert
anwinkeln; du winkelst die Arme an; er hat die Arme angewinkelt
die **Anzahl**
die **Anzahlung**
das **Anzeichen**
die **Anzeige**
anzeigen; sie zeigt ihn an; sie hat ihn angezeigt
anziehen; du ziehst dich an; sie zog das Kleid an; sie hat sich angezogen
anziehend (reizvoll)
die **Anziehungskraft**
der **Anzug** (Kleidung aus Hose und Jacke für Männer; Kissen- oder Bettbezug); des Anzugs *oder* Anzuges; die Anzüge
anzüglich (auf etwas anspielend; zweideutig); anzügliche Bemerkungen
anzünden; er zündet an; er hat das Streichholz angezündet
die **Aorta** (Hauptschlagader); die Aorten
der **Apache** (Angehöriger eines Indianerstammes); des Apachen; die Apachen
die **Apachin;** die Apachinnen
apart (reizvoll, schön); aparter; am apartesten; sie trug ein apartes Kleid; ABER: etwas Apartes
die **Apartheid** (völlige Trennung zwischen Weissen und Farbigen in einem Staat)

> Das Wort *Apartheid* stammt aus dem Afrikaans, der Sprache, die in Südafrika gesprochen wird. Deshalb endet es mit einem *d*.

das **Apartment** (kleinere Wohnung); des Apartments; die Apartments; *vergleiche aber:* Appartement
apathisch (teilnahmslos)
der *oder* das **Aperitif** (appetitanregendes alkoholisches Getränk); des Aperitifs; die Aperitifs *oder* Aperitife

der **Apéro** *oder* **Apero** (*kurz für:* Aperitif); des Apéros *oder* Aperos, die Apéros *oder* Aperos
der **Apfel;** des Apfels; die Äpfel
die **Apfelsine** (Orange)
die **Apokalypse** (schreckliches Weltende)
Apollo (ein griechisch-römischer Gott; Name eines amerikanischen Raumfahrtprogramms)
der **Apostel;** des Apostels; die Apostel
apostolisch (nach Art der Apostel); ABER: das Apostolische Glaubensbekenntnis; der Apostolische Nuntius, Stuhl
der **Apostroph** (Auslassungszeichen, zum Beispiel in «so 'n Blödsinn!» für «so ein Blödsinn!»); des Apostrophs; die Apostrophe
die **Apotheke**
der **Apotheker;** des Apothekers; die Apotheker
die **Apothekerin;** die Apothekerinnen
die *oder* das **App** (*EDV:* kleineres Anwendungsprogramm für Mobiltelefone, Tablets oder Computer); der App *oder* des Apps; die Apps
der **Apparat;** des Apparats *oder* Apparates; die Apparate
das **Appartement** (komfortable Wohnung [in einem Hotel]); des Appartements; die Appartements; *vergleiche aber:* Apartment
der **Appell** (Aufruf, Mahnruf; *beim Militär:* Befehlsempfang); des Appells; die Appelle
appellieren (sich wenden an); er hat appelliert
Appenzell (Hauptort des Kantons Appenzell Innerrhoden)
Appenzell Ausserrhoden
der **Appenzeller**
die **Appenzellerin**
Appenzell Innerrhoden
appenzellisch
der **Appetit;** des Appetits *oder* Appetites; die Appetite
appetitlich
die **Appetitlosigkeit**
applaudieren; sie hat applaudiert
der **Applaus;** des Applauses
das **Applet** (*EDV:* kleineres Anwendungsprogramm); des Applets; die Applets
die **Apposition** (Beifügung; meist im gleichen Fall wie das Bezugswort)
die **Appretur** (Glanz, Festigkeit eines Gewebes); der Appretur; die Appreturen
die **Aprikose;** die Aprikosen
der **April;** des April *oder* Aprils
der **Aprilscherz**
der, *auch:* das **Aquädukt** (über eine Brücke geführte antike Wasserleitung); des Aquädukts *oder* Aquäduktes; die Aquädukte
das **Aquarell** (ein mit Wasserfarben gemaltes Bild); des Aquarells; die Aquarelle
das **Aquarium** (Behälter zur Haltung kleiner Wassertiere und -pflanzen); des Aquariums; die Aquarien
der **Äquator** (grösster Breitenkreis); des Äquators
AR = Autokennzeichen und allgemeine Abkürzung für den Kanton Appenzell Ausserrhoden
die **Ära** (Zeitalter); die Ära der Raumfahrt
der **Araber** (Bewohner Arabiens; Pferd einer edlen Rasse); des Arabers; die Araber
die **Araberin;** die Araberinnen
arabisch; arabisches Vollblut
die **Arbeit**
arbeiten; du arbeitest; er arbeitete; er hat gearbeitet; arbeite!
der **Arbeiter;** des Arbeiters; die Arbeiter
die **Arbeiterin;** die Arbeiterinnen
der **Arbeitgeber;** des Arbeitgebers; die Arbeitgeber
die **Arbeitgeberin;** die Arbeitgeberinnen
der **Arbeitnehmer;** des Arbeitnehmers; die Arbeitnehmer
die **Arbeitnehmerin;** die Arbeitnehmerinnen
arbeitslos
der **Arbeitslose;** ein Arbeitsloser; die Arbeitslosen
die **Arbeitslose;** eine Arbeitslose; die Arbeitslosen
das **Arbeitslosengeld**
die **Arbeitslosenversicherung** (*Abkürzung:* ALV)
die **Arbeitslosigkeit**
der **Archäologe** (Altertumsforscher); des/dem/den Archäologen; die Archäologen
die **Archäologie** (Altertumskunde)
die **Archäologin** (Altertumsforscherin); die Archäologinnen
der **Archäopteryx** (Urvogel); des Archäopte-

ryx; die Archäopteryxe *oder* Archäopteryges

die **Arche;** die Arche Noah

der **Architekt;** des/dem/den Architekten; die Architekten

die **Architektin;** die Architektinnen

die **Architektur** (Baukunst; Baustil)

das **Archiv** (Urkundensammlung); des Archivs; die Archive

der **Archivar** (Archivbeamter); des Archivars; die Archivare

die **Archivarin;** die Archivarinnen

die **Are** (Flächenmass; *Zeichen:* a); die Aren

die **Arena** (Kampfplatz, Manege im Zirkus); die Arenen

arg; ärger; am ärgsten; im Argen liegen; zum Ärgsten kommen; vor dem Ärgsten bewahren; das Ärgste verhüten; nichts Arges denken

Argentinien (Staat in Südamerika)

der **Argentinier;** des Argentiniers; die Argentinier

die **Argentinierin;** die Argentinierinnen

argentinisch; argentinische Rinder

der **Ärger;** des Ärgers

ärgerlich

ärgern; er hat ihn geärgert; ärgere ihn nicht!; sich ärgern; er hat sich geärgert

das **Ärgernis;** des Ärgernisses; die Ärgernisse

> Nomen auf *-nis* werden im Nominativ Singular nur mit einem *s* geschrieben, obwohl der Genitiv Singular und die Pluralformen mit Doppel-s gebildet werden.

arglos; argloser; am arglosesten

das **Argument** (Beweis, Begründung); des Arguments *oder* Argumentes; die Argumente

argumentieren; er hat gut argumentiert

der **Argwohn;** des Argwohns *oder* Argwohnes

argwöhnen; du argwöhnst; er argwöhnt; er argwöhnte; er hat geargwöhnt

argwöhnisch

die **Arie** (ein Sologesangsstück mit Instrumentalbegleitung); die Arien

der **Aristokrat** (Angehöriger des Adels; vornehmer Mensch); des/dem/den Aristokraten; die Aristokraten

die **Aristokratie**

die **Aristokratin;** die Aristokratinnen

aristokratisch

die **Arithmetik** (Zahlenlehre)

arithmetisch; das arithmetische Mittel (*Mathematik:* Durchschnittswert aus mehreren Zahlen)

die **Arktis** (Gebiet um den Nordpol)

arktisch; arktische Kälte

arm; ärmer; am ärmsten; Arm und Reich; Arme und Reiche; bei Armen und Reichen; der Arme und der Reiche; wir Armen

der **Arm;** des Arms *oder* Armes; die Arme

die **Armatur** (Bedienungs- und Messgerät an technischen Anlagen); die Armaturen

das **Armaturenbrett**

das **Armband**

die **Armbanduhr**

die **Armbrust;** (eine alte Schusswaffe); die Armbrüste, *auch:* Armbruste

der **Arme;** ein Armer, die Armen, viele Arme

die **Arme;** eine Arme; die Armen

die **Armee;** die Armeen

der **Ärmel;** des Ärmels; die Ärmel

Armenien (Staat in Vorderasien)

der **Armenier;** des Armeniers; die Armenier

die **Armenierin;** die Armenierinnen

armenisch

armlang; ein armlanger Stiel; ABER: der Stiel ist einen Arm lang

ärmlich

armselig (ärmlich; wertlos)

die **Armut**

das **Armutszeugnis;** damit hat er sich selbst ein Armutszeugnis ausgestellt (seine eigene Unfähigkeit bewiesen)

die **Arnika** (eine Heilpflanze); die Arnikas

das **Aroma** (Duft, Geruch); des Aromas; die Aromen *oder* Aromas *oder* Aromata

aromatisch; aromatischer Kaffee

das **Arrangement** (Übereinkunft); des Arrangements; die Arrangements; ein Arrangement treffen

arrangieren (einrichten, zustande bringen); er hat das geschickt arrangiert

der **Arrest** (Haft, Freiheitsentzug); des Arrests *oder* Arrestes; die Arreste

arrogant (anmassend); arroganter; am arrogantesten

die **Arroganz**

der **Arsch** (Gesäss; derbes Schimpfwort); des Arsches; die Ärsche

das **Arsen** (ein Gift); des Arsens
das **Arsenal** (Geräte-, Waffenlager); des Arsenals; die Arsenale
die **Art;** die Arten
die **Arterie** (Schlagader); die Arterien
die **Arthrose** (chronische Gelenkerkrankung)
artig; eine artige Verbeugung machen
der **Artikel;** des Artikels; die Artikel
die **Artillerie** (eine Waffengattung); die Artillerien
die **Artischocke** (eine Zier- und Gemüsepflanze)
der **Artist** (Zirkuskünstler); des/dem/den Artisten; die Artisten
die **Artistin;** die Artistinnen
artistisch; artistische Vorführungen
die **Arve** (ein Nadelbaum)
die **Arznei;** die Arzneien
der **Arzt;** des Arztes; die Ärzte
die **Ärztin;** die Ärztinnen
ärztlich; ein ärztliches Zeugnis
die **A-Saite** (z. B. auf der Geige)
der **Asbest** (ein hitzefestes Mineral); des Asbests *oder* Asbestes
die **Asche**
die **Äsche** (ein Fisch)
die **Aschenbahn** (Laufbahn in einem Leichtathletik-Stadion)
der **Aschenbecher**
das **Aschenbrödel** *oder* **Aschenputtel** (eine Märchengestalt); des Aschenbrödels *oder* Aschenputtels
der **Aschermittwoch**
aschgrau; ABER: bis ins Aschgraue (bis zum Überdruss)
äsen; das Reh äst; das Reh hat geäst
Aserbaidschan (Staat am Kaspischen Meer)
der **Aserbaidschaner;** des Aserbaidschaners; die Aserbaidschaner
die **Aserbaidschanerin;** die Aserbaidschanerinnen
aserbaidschanisch
der **Asiat;** des/dem/den Asiaten; die Asiaten
die **Asiatin;** die Asiatinnen
asiatisch
Asien
die **Askese** (enthaltsame Lebensweise)
der **Asket** (enthaltsam lebender Mensch); des/dem/den Asketen; die Asketen
die **Asketin**
asketisch
asozial (unfähig zum Leben in der Gemeinschaft; am Rand der Gesellschaft lebend)
der **Aspekt** (Gesichtspunkt); des Aspekts *oder* Aspektes; die Aspekte
der **Asphalt** (ein Strassenbelag); des Asphalts *oder* Asphaltes; die Asphalte
asphaltieren; er hat die Strasse asphaltiert
das **Ass** (eine Spielkarte; Spitzenkönner[in]; *Tennis:* unerreichbarer Aufschlagball); des Asses; die Asse
die **Assel** (ein Krebstier); die Asseln
die **Assimilation** (Angleichung)
der **Assistent** (Gehilfe, Mitarbeiter); des/dem/den Assistenten; die Assistenten
die **Assistentin;** die Assistentinnen
der **Assistenzarzt**
die **Assistenzärztin**
assistieren (zur Hand gehen); er hat ihr assistiert; assistiere *oder* assistier mir bitte!
die **Assoziation** (Vereinigung; Vorstellungsverknüpfung)
assoziativ; assoziatives Denken
der **Ast;** des Asts *oder* Astes; die Äste; sich auf die Äste hinauslassen (ein Risiko eingehen)
die **Aster** (eine Zierpflanze); die Astern
die **Ästhetik** (Wissenschaft vom Schönen)
ästhetisch (die Ästhetik betreffend; ausgewogen, schön)
das **Asthma** (Kurzatmigkeit durch eine Erkrankung der Bronchien oder des Herzens)
der **Asthmatiker;** des Asthmatikers; die Asthmatiker
die **Asthmatikerin;** die Asthmatikerinnen
asthmatisch
astrein (sehr gut); eine astreine Party
der **Astrologe** (Sterndeuter); des/dem/den Astrologen; die Astrologen
die **Astrologie**
die **Astrologin;** die Astrologinnen
der **Astronaut** (Weltraumfahrer); des/dem/den Astronauten; die Astronauten
die **Astronautin;** die Astronautinnen
der **Astronom** (Stern-, Himmelsforscher); des/dem/den Astronomen; die Astronomen
die **Astronomie** (Stern-, Himmelskunde)

die **Astronomin;** die Astronominnen
astronomisch (die Astronomie betreffend; *auch für:* riesenhaft, sehr hoch); astronomische Preise
das **Asyl** (Zufluchtsort, Heim); des Asyls; die Asyle; jemandem Asyl gewähren
der **Asylant** (*meist abwertend für:* Asylbewerber)
die **Asylantin** (*meist abwertend für:* Asylbewerberin)
der **Asylbewerber** (jemand, der sich um politisches Asyl bewirbt)
die **Asylbewerberin**
die **Asymptote**
das **A. T.** = Altes Testament
das **Atelier** (Arbeitsraum eines Künstlers oder Fotografen; Raum für Filmaufnahmen; Modegeschäft); des Ateliers; die Ateliers
der **Atem;** Atem holen; ausser Atem sein
atemberaubend; eine atemberaubende Spannung
das **Atemholen**
atemlos
die **Atemnot**
der **Atheist** (jemand, der die Existenz eines Gottes leugnet); des/dem/den Atheisten; die Atheisten
die **Atheistin;** die Atheistinnen
atheistisch; atheistische Strömungen
Athen (Hauptstadt Griechenlands)
der **Äther** (ein Betäubungsmittel); des Äthers; die Äther
Äthiopien (Staat in Ostafrika)
der **Äthiopier;** des Äthiopiers; die Äthiopier
die **Äthiopierin;** die Äthiopierinnen
äthiopisch
der **Athlet** (ein Kraftmensch, ein Wettkämpfer); des/dem/den Athleten; die Athleten
die **Athletin;** die Athletinnen
athletisch; eine athletische Figur
der **Atlantik** (der Atlantische Ozean)
atlantisch; ein atlantisches Tief; ABER: der Atlantische Ozean
der **Atlas** (ein Kartenwerk); des Atlas *oder* Atlasses; die Atlasse *oder* Atlanten
atmen; du atmest; er atmete; er hat geatmet
die **Atmosphäre** (Lufthülle; Druckmass; Stimmung); *Trennung:* At-mo-sphä-re
atmosphärisch; *Trennung:* at-mo-sphä-risch
die **Atmung**
der **Ätna** (Vulkan auf Sizilien); des Ätna *oder* Ätnas
das **Atoll** (ringförmige Koralleninsel); des Atolls; die Atolle
das **Atom** (kleinste Einheit eines chemischen Elements); des Atoms; die Atome
atomar (das Atom, die Atomenergie betreffend; mit Atomwaffen versehen); atomare Waffen
die **Atombombe**
die **Atomenergie**
der **Atomkern**
das **Atomkraftwerk** (*Abkürzung:* AKW)
der **Atommüll**
die **Attacke** (Angriff; *Medizin:* Anfall); die Attacken
attackieren (angreifen); er hat den Feind attackiert
das **Attentat** (Anschlag auf einen politischen Gegner oder eine Gegnerin); des Attentats *oder* Attentates; die Attentate
der **Attentäter**
die **Attentäterin;** die Attentäterinnen
das **Attest** (ärztliche Bescheinigung); des Attests *oder* Attestes; die Atteste
die **Attikawohnung** (luxuriöse Dachterrassenwohnung)
die **Attraktion** (Anziehungskraft; Glanznummer); *Trennung:* At-trak-tion
attraktiv (anziehend, reizvoll); ein attraktives Angebot; *Trennung:* at-trak-tiv
die **Attrappe** (täuschend ähnliche Nachbildung); *Trennung:* At-trap-pe
das **Attribut** (Beifügung); des Attributs *oder* Attributes; die Attribute; *Trennung:* At-tri-but
attributiv; ein attributives Adjektiv; *Trennung:* at-tri-bu-tiv
ätzen; die Säure ätzt; sie hat geätzt
ätzend; ätzender (verletzender) Spott; Hausaufgaben sind ätzend (schrecklich)
au!; auweh!; au Backe!
die **Au** *oder* **Aue** (eine feuchte Niederung); die Auen
die **Aubergine** (Pflanze mit gurkenähnlichen violetten Früchten); die Auberginen
auch; wenn auch; auch wenn
die **Audienz** (Empfang, Unterhaltung); die Audienzen
die **Audiodatei** (*EDV:* Datei zur Speicherung

auf

Rechtschreibung:	Grammatik:
Kleinschreibung:	*Die Präposition «auf» kann mit Dativ oder Akkusativ stehen:*
– auf einmal – auf und ab – auf und nieder – auf und davon gehen – aufs (auf das)	– das Buch liegt (wo?) auf dem Tisch – ich lege das Buch (wohin?) auf den Tisch
Grossschreibung der Nominalisierung:	*Getrenntschreibung in Verbindung mit «sein»:*
– das Auf und Ab – das Auf und Nieder	– auf sein (geöffnet sein) – der Kranke ist auf (er liegt nicht mehr im Bett); er war auf; er ist auf gewesen – ... weil er auf ist; ... weil er auf war
	Zusammen- oder Getrenntschreibung ist möglich bei:
	– aufgrund *oder* auf Grund – aufseiten *oder* auf Seiten

von Musik, gesprochenem Text, Geräuschen u. Ä.)

audiovisuell (Hören und Sehen ansprechend); audiovisuelle Medien

der **Auerhahn**

der **Auerochse**

auf *siehe Kasten*

aufbauen; sie baute auf; sie hat das Zelt aufgebaut

aufbegehren; sie begehrt auf; sie hat aufbegehrt

aufbekommen; er bekommt auf; er bekam auf; er hat das Schloss nicht aufbekommen

aufbewahren; er bewahrte auf; er hat meinen Koffer aufbewahrt

aufbinden; sie band ihre Schnürsenkel auf; man hat dir einen Bären aufgebunden (man hat dir etwas Unwahres erzählt)

aufbleiben; er bleibt noch auf; sie blieb gestern lange auf; er ist bis spät in die Nacht aufgeblieben

aufbrechen; er brach die Tür auf; wir sind früh aufgebrochen (fortgegangen); brich auf!

der **Aufbruch;** des Aufbruchs *oder* Aufbruches; zum Aufbruch drängen

aufbrummen; er brummt dem Schüler viele Hausaufgaben auf; sie hat ihm eine Strafe aufgebrummt

aufdrängen; du drängst dich ihm auf; er hat mir das Geld aufgedrängt; dränge *oder* dräng dich nicht auf!

aufdrehen; sie dreht den Hahn auf; sie hat aufgedreht

aufdringlich

aufeinander; aufeinander achten *oder* aufeinanderachten; aufeinander folgen *oder* aufeinanderfolgen; an zwei aufeinander folgenden *oder* aufeinanderfolgenden Tagen; aufeinander legen *oder* aufeinanderlegen; aufeinander prallen *oder* aufeinanderprallen; aufeinander warten *oder* aufeinanderwarten

der **Aufenthalt;** des Aufenthalts *oder* Aufenthaltes; die Aufenthalte; bei ihrem Aufenthalt in Heidelberg

die **Auferstehung**

aufessen; du isst auf; er isst auf; er ass auf; sie hat alles aufgegessen; iss auf!

die **Auffahrt** (christlicher Feiertag; ansteigender Zufahrtsweg)

der **Auffahrunfall**

auffallen; er fällt auf; sie ist aufgefallen

auffallend

auffällig

die **Auffassung**

auffordern; er fordert ihn auf; er hat ihn aufgefordert

auffressen; du frisst alles auf; er frisst alles auf; er frass alles auf; der Esel hat das Futter aufgefressen

die **Aufführung**
die **Aufgabe;** die Aufgaben
aufgeben; sie gibt das Spiel auf; sie hat ein Telegramm aufgegeben
aufgebracht (gereizt, erbost)
aufgedreht (sehr angeregt)
aufgehen; die Sonne geht auf; sie ist aufgegangen
aufgekratzt (in guter Stimmung)
aufgelöst (verwirrt, ausser sich)
aufgepasst!
aufgeräumt; in aufgeräumter Stimmung sein
aufgeraut; ein aufgerauter Stoff
aufgeregt; aufgeregter; am aufgeregtesten
aufgeschmissen (verloren, hilflos)
aufgestellt (gut gelaunt, fröhlich)
aufgetakelt (übertrieben zurechtgemacht)
aufgeweckt (klug)
aufgleisen (etwas auf die Gleise setzen; in die Wege leiten); sie gleist die Dampflok wieder auf; er hat ein neues Projekt aufgegleist
aufgrund *oder* **auf Grund;** aufgrund *oder* auf Grund einer Anzeige; aufgrund *oder* auf Grund von Zeugenaussagen
aufhaben; er hat einen Hut auf; er hat einen Hut aufgehabt; wir haben für die Schule viel aufgehabt
aufhängen; er hängt den Mantel auf; er hat ihn aufgehängt; hänge *oder* häng die Jacke auf!
der **Aufhänger;** des Aufhängers; die Aufhänger
aufheben; sie hebt den Stein auf; er hob ihn auf; man hat die Strafe aufgehoben
aufhetzen; du hetzt auf; er hetzt ihn auf; er hat ihn aufgehetzt
aufhören; sie hörte auf; er hat damit aufgehört
aufklären; sie klärt ihn auf; sie hat ihn aufgeklärt
die **Aufklärung**
der **Aufkleber;** des Aufklebers; die Aufkleber
aufladen; du lädst auf; er lädt auf; er lud auf; er hat die Säcke aufgeladen
der **Auflauf;** des Auflaufes *oder* Auflaufs; die Aufläufe
auflegen; sie legt auf; er hat eine CD aufgelegt
sich **auflehnen;** die Bauern haben sich gegen den Adel aufgelehnt
auflesen; du liest auf; er las die Scherben vom Boden auf; sie hat eine gefährliche Krankheit aufgelesen
auflösen; sie löste auf; sie hat den Zucker in Wasser aufgelöst; löse *oder* lös die Tablette auf!
aufmachen; sie macht auf; sie hat die Tür aufgemacht
der **Aufmarsch;** des Aufmarschs *oder* Aufmarsches; die Aufmärsche; der Aufmarsch der Polizei
aufmerksam; sie war die aufmerksamste seiner Schülerinnen; er machte ihn auf den Unfall aufmerksam
die **Aufmerksamkeit**
aufmöbeln; (aufmuntern; erneuern); ich möble *oder* möbele den alten Kahn wieder auf; sie hat ihn wieder aufgemöbelt
aufmuntern; sie hat ihn aufgemuntert; muntere ihn ein wenig auf!
aufmüpfig (rebellisch, aufsässig)
die **Aufnahme**
aufnehmen; er nahm uns auf; sie hat es auf Tonband aufgenommen
aufpassen; sie passt auf; sie hat aufgepasst
aufpeppen (schöner, eindrucksvoller machen); sie peppt auf; sie hat ihr altes Velo aufgepeppt
aufrauen; du raust den Stoff auf; er raute auf; sie hat die Oberfläche aufgeraut
aufräumen; er räumt auf; sie hat aufgeräumt
aufrecht; aufrecht sitzen, stehen, stellen; er kann sich nicht aufrecht halten; *vergleiche aber:* aufrechterhalten
aufrechterhalten (weiterhin bestehen lassen); sie erhält aufrecht; er erhielt aufrecht; sie hat ihre Behauptung aufrechterhalten
sich **aufregen;** er regt sich auf; sie hat sich aufgeregt
aufregend; aufregender; am aufregendsten
aufreissen; du reisst auf; sie reisst auf; er riss die Verpackung auf
aufreizend; ein aufreizender Gang
aufrichten; du richtest den Mast auf; sie hat uns aufgerichtet (getröstet)
aufrichtig (ehrlich, offen)

der **Aufriss** (Vorder- oder Seitenansicht); des Aufrisses; die Aufrisse
aufrücken; sie rückte auf; sie ist zur Klassenbesten aufgerückt; rücke *oder* rück auf!
der **Aufruf;** des Aufrufs *oder* Aufrufes; die Aufrufe
aufrufen; die Lehrerin rief den Schüler auf; er hat sie aufgerufen
der **Aufruhr;** des Aufruhrs; die Aufruhre
aufrührerisch (zum Aufruhr anstachelnd; aufsässig)
aufsagen; er sagt auf; sie hat das Gedicht aufgesagt
aufsässig
der **Aufsatz;** des Aufsatzes; die Aufsätze
aufschieben; sie schiebt auf; er schob auf; er hat den Plan aufgeschoben
der **Aufschlag** (*Sport:* Schlag, der das Spiel eröffnet oder fortsetzt); des Aufschlags *oder* Aufschlages; die Aufschläge
aufschlagen; er schlägt auf; sie schlug das Buch auf; wir haben das Zelt aufgeschlagen; du schlägst auf (*Sport:* du führst den Aufschlag aus)
der **Aufschluss;** des Aufschlusses; die Aufschlüsse; Aufschluss erhalten, geben
aufschlussreich (informativ)
aufschneiden; er schneidet die Wurst auf; schneid *oder* schneide nicht so auf! (prahle nicht so!)
der **Aufschneider;** des Aufschneiders; die Aufschneider
die **Aufschneiderin;** die Aufschneiderinnen
der **Aufschnitt;** kalter Aufschnitt
aufschreiben; sie schreibt auf; er schrieb auf; ich habe mir die Nummer aufgeschrieben
der **Aufschub;** des Aufschubs *oder* Aufschubes; die Aufschübe
der **Aufschwung;** des Aufschwungs *oder* Aufschwunges; die Aufschwünge
das **Aufsehen;** des Aufsehens; [grosses] Aufsehen erregen
aufseiten *oder* **auf Seiten;** aufseiten *oder* auf Seiten der Regierung
aufsetzen; du setzt dir eine Mütze auf; er hat einen Brief aufgesetzt
die **Aufsicht**
aufspielen; er spielt sich auf (macht sich wichtig); die Kapelle hat zum Tanz aufgespielt
der **Aufstand;** des Aufstands *oder* Aufstandes; die Aufstände
aufständisch
aufstarten; sie startet auf; sie hat den PC aufgestartet
aufstehen; er steht auf; sie stand auf; sie ist aufgestanden
aufsteigen; du steigst auf; er steigt auf; er stieg auf; der Verein ist aufgestiegen
der **Aufsteiger;** des Aufsteigers; die Aufsteiger
die **Aufsteigerin;** die Aufsteigerinnen
aufstellen; du stellst dich auf; sie hat einen Rekord aufgestellt; diese Musik stellt mich auf (macht mich fröhlich)
der **Aufstieg;** des Aufstiegs *oder* Aufstieges; die Aufstiege
aufstöbern; der Hund stöbert auf; er hat den Hasen aufgestöbert
der **Auftakt** (Beginn; unvollständiger Anfangstakt); des Auftakts *oder* Auftaktes; die Auftakte
auftanken; sie tankt auf; das Flugzeug hat aufgetankt; der Wagen steht aufgetankt in der Einfahrt
der **Auftrag;** des Auftrags *oder* Auftrages; die Aufträge
der **Auftrieb;** des Auftriebs *oder* Auftriebes; die Auftriebe
der **Auftritt;** des Auftritts *oder* Auftrittes; die Auftritte
auftrumpfen; du trumpfst auf; er trumpft auf; er hat aufgetrumpft; *Trennung:* auf-trump-fen
auf und ab; auf und ab gehen; er ging auf und ab
aufwachen; du wachst auf; er wacht auf; sie ist aufgewacht
der **Aufwand;** des Aufwands *oder* Aufwandes
aufwändig *oder* **aufwendig**
aufwärmen; er wärmt das Essen auf; der Sportler hat sich aufgewärmt
aufwärts; auf- und abwärts; aufwärts fahren *oder* aufwärtsfahren; aufwärts gehen *oder* aufwärtsgehen
der **Aufwasch;** des Aufwaschs *oder* Aufwasches; das machen wir in einem Aufwasch (das lässt sich alles zusammen erledigen)
aufwenden; sie wendet viel Zeit auf; er wandte *oder* wendete viel Zeit auf; sie hat viel Zeit aufgewandt *oder* aufgewendet
aufwendig *oder* **aufwändig**

aufwerfen; er wirft eine Frage auf (bringt sie zur Sprache)
aufwerten; eine Währung aufwerten
aufwiegeln; ich wiegle *oder* wiegele niemanden gegen dich auf; er hat die Bevölkerung aufgewiegelt
der **Aufwind** (aufsteigender Wind); des Aufwinds *oder* Aufwindes; die Aufwinde
die **Aufzählung**
aufzeichnen; er zeichnet den Grundriss auf; sie hat die Rede aufgezeichnet (mitgeschnitten)
der **Aufzug;** des Aufzugs *oder* Aufzuges; die Aufzüge
der **Augapfel;** des Augapfels; die Augäpfel; sie behütet die Puppe wie ihren Augapfel (besonders sorgsam)
das **Auge;** des Auges; die Augen
der **Augenarzt**
die **Augenärztin**
der **Augenblick**
augenblicklich (sofort)
die **Augenbraue**
das **Augenlid** *vergleiche auch:* Lid
der **Augenschein;** sie wollte das Bild in Augenschein nehmen (genau betrachten)
der **Augenzeuge;** des/dem/den Augenzeugen; die Augenzeugen
die **Augenzeugin;** die Augenzeuginnen
augenzwinkernd
der **August;** des August *oder* Augusts *oder* Augustes; die Auguste; der erste August; *vergleiche auch:* Erst-August-Feier
die **Augustfeier** *vergleiche:* Erst-August-Feier
die **Auktion** (Versteigerung); die Auktionen
die **Aula** (der Fest-, Versammlungssaal); die Aulen *oder* Aulas
au pair (Arbeit ohne Bezahlung; gegen Kost und Logis)
der **Au-pair-Junge**
das **Au-pair-Mädchen** (junge Frau, die gegen Unterkunft und Verpflegung im Ausland arbeitet, um die Sprache des betreffenden Landes zu lernen)
die **Au-pair-Stelle**
die **Aura** (Ausstrahlung); die Auren
aus; aus dem Haus; aus und ein gehen (verkehren); ABER: aus- und eingehende Waren; weder aus noch ein wissen; das Spiel ist aus (ist zu Ende); das Handy ist aus (ausgeschaltet)
das **Aus** (der Raum ausserhalb des Spielfeldes); der Ball ist im Aus
ausarbeiten; sie arbeitet aus; sie hat ein Konzept ausgearbeitet
ausbessern; ich bessre *oder* bessere aus; du besserst aus; er besserte aus; sie hat den Schaden ausgebessert; bessre *oder* bessere es aus!
ausbeuten; man beutete aus; man hat ihn schamlos ausgebeutet
der **Ausbeuter;** des Ausbeuters; die Ausbeuter
die **Ausbeuterin;** die Ausbeuterinnen
ausbilden; sie hat ihn zum Facharbeiter ausgebildet
der **Ausbildner**
die **Ausbildnerin;** die Ausbildnerinnen
die **Ausbildung**
der **Ausblick;** des Ausblicks *oder* Ausblickes; die Ausblicke
ausbrechen; er bricht aus; ein Krieg brach aus; der Häftling ist ausgebrochen
ausbreiten; sie breitet aus; er hat das Tuch ausgebreitet; breite das Tuch aus!; sich ausbreiten; die Krankheit hat sich rasch ausgebreitet
der **Ausbruch;** des Ausbruchs *oder* Ausbruches; die Ausbrüche
die **Ausdauer**
ausdauernd; ausdauernde Läufer
ausdehnen; die Hitze hat die Geleise ausgedehnt; die Sitzung dehnte sich über mehrere Stunden aus
der **Ausdruck;** des Ausdrucks *oder* Ausdruckes; die Ausdrücke *und* (vom Computer:) Ausdrucke
ausdrücklich (mit Nachdruck; bestimmt)
auseinander; auseinander sein; auseinander gehen *oder* auseinandergehen; auseinander setzen *oder* auseinandersetzen; der Lehrer wird euch auseinandersetzen *oder* auseinander setzen; sie hat sich mit dem Problem auseinander gesetzt *oder* auseinandergesetzt
die **Auseinandersetzung**
die **Ausfahrt;** die Ausfahrten
ausflippen (sich aus der Realität zurückziehen, zum Beispiel durch Drogenkonsum; ausser sich geraten); du flippst aus; er ist total ausgeflippt
die **Ausflucht;** die Ausflüchte

der **Ausflug;** des Ausflugs *oder* Ausfluges; die Ausflüge
die **Ausfuhr;** die Ausfuhren; die Ausfuhr von Käse; die Ausfuhr steigern, drosseln
ausführlich
ausfüllen; sie füllt das Formular aus; fülle *oder* füll das bitte aus!; die Arbeit hat ihn immer ausgefüllt (zufrieden gemacht)
die **Ausgabe;** seine Ausgaben aufschreiben
der **Ausgang;** des Ausgangs *oder* Ausganges; die Ausgänge; in den Ausgang gehen; er hatte bis zehn Ausgang
ausgebucht; die Reise war ausgebucht
ausgedient; ausgediente Turnschuhe
ausgefallen (ungewöhnlich, nicht alltäglich); ausgefallene Ideen
ausgefeilt; eine ausgefeilte (ausgearbeitete) Skizze; eine ausgefeilte (perfekte) Technik
ausgefranst; ausgefranste Jeans
ausgefuchst (sehr erfahren, trickreich)
ausgeglichen; ein besonders ausgeglichener Mensch
ausgehen; sie geht aus; er ist ausgegangen
ausgeklügelt (raffiniert); eine ausgeklügelte Sache
ausgelassen (übermütig; unbeschwert); ein ausgelassener Junge
ausgemergelt (abgemagert, entkräftet)
ausgenommen; alle waren dafür, er ausgenommen
ausgeprägt; er hat einen ausgeprägten Sinn für schwarzen Humor
ausgerechnet; ausgerechnet mir muss das passieren!
ausgeschlafen; er wirkt ausgeschlafen
ausgeschlossen; das ist ganz ausgeschlossen
ausgesprochen (sehr, besonders)
ausgestorben; abends ist die Innenstadt völlig ausgestorben
ausgewogen; ausgewogene Ernährung
ausgezeichnet
ausgiebig (reichlich); wir haben ausgiebig gefrühstückt
der **Ausgleich;** des Ausgleichs *oder* Ausgleiches
ausgraben; du gräbst den Strauch aus; sie gräbt den Strauch aus; er grub einen Graben aus; sie haben die Kiste ausgegraben
ausgrenzen; sie fühlt sich ausgegrenzt
der **Ausguss;** des Ausgusses; die Ausgüsse
aushalten; du hältst die Schmerzen aus; er hält die Schmerzen aus; sie hielt die Schmerzen aus; sie hat das ausgehalten
Aushebung (Einberufung zum Militär)
aushelfen; du hilfst aus; er half aus; sie hat bei uns ausgeholfen; hilf bitte aus!
die **Aushilfe**
auskommen; er kam mit dem Geld nicht aus
das **Auskommen;** sein Auskommen haben
die **Auskunft;** die Auskünfte
auslachen; er lacht ihn aus; sie hat ihn ausgelacht
das **Ausland**
der **Ausländer;** des Ausländers; die Ausländer
die **Ausländerin;** die Ausländerinnen
ausländisch
auslassen; er lässt keine Gelegenheit aus; sie hat einen Buchstaben ausgelassen; lasse *oder* lass das aus!
der **Auslauf;** des Auslaufs *oder* Auslaufes; die Ausläufe
der **Ausläufer** (äusserste Erstreckung eines Gebirges; Bote); die nördlichen Ausläufer des Urals; die Firma sucht einen Ausläufer
die **Ausläuferin** (Botin)
die **Ausleihe**
ausleihen; ich habe mein Velo ausgeliehen; wir leihen uns Bücher aus
sich **ausloggen** (*EDV:* die Verbindung zu einer Datenverarbeitungsanlage beenden); du loggst dich aus; er loggte sich aus; sie hat sich ausgeloggt
auslosen; er lost aus; sie hat den Gewinn ausgelost
auslösen (in Gang setzen); sie löst aus; er hat den Mechanismus ausgelöst
der **Auslöser** (auslösender Mechanismus; Geschehen, das etwas auslöst); des Auslösers; die Auslöser
ausmachen; sie machte das Licht aus; sie hat das Licht ausgemacht
ausmalen; er malte das Bild aus; sie hat sich die Ferien so schön ausgemalt (sie hat sich die Ferien so schön vorgestellt)
ausmarchen (Grundstücke, Rechte abgrenzen; sich auseinander setzen); wir haben es mit ihnen ausgemarcht

ausmerzen; du merzt aus; er merzte aus; sie hat den Fehler ausgemerzt
die **Ausnahme**
der **Ausnahmezustand** (kritische Situation, in der der Staat besondere Vollmachten erhält)
ausnahmslos
ausnahmsweise
ausnehmend (ungewöhnlich); ausnehmend schön
ausnutzen *oder* **ausnützen;** du nutzt *oder* nützt ihn aus; du hast seine Schwächen ausgenutzt *oder* ausgenützt; *vergleiche auch:* benutzen
auspacken; sie hat ausgepackt
auspfeifen; das Publikum hat ihn ausgepfiffen
ausplündern; er hat die Urlauber ausgeplündert
ausposaunen; du posaunst aus; sie hat alles gleich ausposaunt (herumerzählt)
der **Auspuff;** des Auspuffs *oder* Auspuffes; die Auspuffe
ausrechnen; du rechnest aus; sie hat die Entfernung ausgerechnet
die **Ausrede**
ausreden; sie hat endlich ausgeredet; sie hat ihn ausreden lassen; sie hat ihm den Plan ausgeredet (sie hat ihn von seinem Plan abgebracht)
ausreichend
die **Ausreise**
ausreisen; du reist aus; sie ist nach Nepal ausgereist
ausreissen; du reisst aus; er reisst aus; sie riss das Unkraut aus; sie hat das Unkraut ausgerissen; ABER: er ist zu Hause ausgerissen
der **Ausreisser;** des Ausreissers; die Ausreisser
die **Ausreisserin;** die Ausreisserinnen
ausrenken; er renkte den Arm aus; er hat den Arm ausgerenkt; sich den Arm ausrenken; sie hat sich den Arm ausgerenkt
ausrotten; du rottest aus; sie rottete aus; er hat das Unkraut ausgerottet
ausrücken; die Feuerwehr ist zu einem Grosseinsatz ausgerückt; er ist schon dreimal ausgerückt (weggelaufen)
der **Ausruf;** des Ausrufs *oder* Ausrufes; die Ausrufe
das **Ausrufezeichen**
sich **ausruhen;** sie ruht sich aus; sie hat sich ausgeruht
ausrutschen; du rutschst aus; mir ist das Messer ausgerutscht
die **Aussaat** (das Aussäen; das Saatgut); die Aussaaten
aussäen; du säst Getreide aus; sie säte Getreide aus
die **Aussage**
aussagekräftig; aussagekräftige Statistiken
aussagen (ausdrücken; eine Aussage machen); dieses Verhalten sagt etwas über ihre Einstellung aus; sie hat vor der Polizei ausgesagt
der **Aussatz** (Krankheit); des Aussatzes
aussätzig
ausschaffen (ausländische Personen abschieben); sie schaffen ihn aus; sie haben ihn ausgeschafft
ausschalten; du schaltest aus; er hat das Licht ausgeschaltet; schalte *oder* schalt aus!
ausscheiden; das Insekt scheidet einen Duftstoff aus; der Verein schied aus dem Wettbewerb aus; er ist vor dem Ziel ausgeschieden; der Körper hat die Giftstoffe ausgeschieden (von sich gegeben)
ausscheren (sich aus einer Gruppe, Reihe oder Linie lösen); der Läufer scherte aus; er ist ausgeschert
ausschimpfen; du schimpfst ihn aus; er hat mich ausgeschimpft; *Trennung:* aus-schimp-fen
ausschlafen; sie schläft aus, er hat ausgeschlafen
der **Ausschlag;** die Ausschläge; den Ausschlag geben; *vergleiche aber:* ausschlaggebend
ausschlaggebend; die ausschlaggebende Stimme; ihre Stimme war bei der Wahl ausschlaggebend
ausschliessen; man schloss ihn aus dem Verein aus; ein Versehen ist ausgeschlossen; schliess[e] sie nicht aus!
ausschliesslich; das ist ausschliesslich ihr Verdienst; die Kosten ausschliesslich des genannten Betrages
der **Ausschluss;** des Ausschlusses; die Ausschlüsse
der **Ausschuss;** des Ausschusses; die Ausschüsse

ausschweifend (masslos; sittenlos); ein ausschweifendes Leben führen

aussehen; es sieht nach Regen aus; sie sah krank aus; mit ihm hat es schlimm ausgesehen

das **Aussehen**

aussen; von aussen [her]; gegen aussen hin; nach innen und aussen; aussen spielen *(Sport);* die aussen liegenden *oder* aussenliegenden Kabinen

der **Aussenminister**

die **Aussenministerin**

die **Aussenpolitik**

der **Aussenseiter;** des Aussenseiters; die Aussenseiter

die **Aussenseiterin;** die Aussenseiterinnen

der **Aussenstehende;** ein Aussenstehender; der Aussenstehende; zwei Aussenstehende

die **Aussenstehende;** eine Aussenstehende; die Aussenstehenden

ausser

Konjunktion:

- Wir fahren mit dem Fahrrad, ausser [wenn] es regnet
- niemand kann seine Schrift lesen ausser er selbst

Präposition:

- niemand kann seine Schrift lesen ausser ihm selbst
- ich bin ausser mir
- ich gerate ausser mir vor Freude
- etwas ausser Acht lassen
- ausser Haus
- ausser allem Zweifel
- er ist ausser Rand und Band
- ausser Landes gehen

Zusammen- oder Getrenntschreibung ist möglich bei:

- ausserstande *oder* ausser Stande sein
- sich ausserstande *oder* ausser Stande sehen
- ausserstand *oder* ausser Stand setzen

ausserdem; und ausserdem hab ich keine Zeit

äussere; die äussere Tür

das **Äussere;** ihr Äusseres

aussergewöhnlich

ausserhalb; ausserhalb Berns *oder* ausserhalb von Bern; ausserhalb des Campingplatzes

ausserirdisch

ausserkantonal (ausserhalb des eigenen Kantons; aus einem anderen Kanton); ausserkantonale Prüfungen

äusserlich

äussern; du äusserst; er hat diesen Verdacht geäussert; sie hat sich schlecht darüber geäussert

ausserordentlich

ausserorts (ausserhalb einer Ortschaft); sie fuhr ausserorts viel zu schnell

äusserst; das Äusserste befürchten; auf das, aufs Äusserste gefasst sein; auf das, aufs Äusserste (sehr) erschrocken sein; es zum Äussersten kommen lassen; bis zum Äussersten gehen

ausserstande *oder* **ausser Stande** *vergleiche:* **ausser**

die **Äusserung**

aussetzen; sie setzt eine Belohnung aus; sie setzte ein Spiel aus; er hat seinen Hund ausgesetzt; sie hat daran nichts auszusetzen (nichts zu kritisieren)

die **Aussicht**

aussichtslos; aussichtsloser; am aussichtslosesten; ein aussichtsloser Fall

sich **aussöhnen;** sie hat sich mit ihrem Freund ausgesöhnt

aussondern; du sonderst aus; er sonderte aus; sie hat ausgesondert

ausspannen; du spannst die Pferde aus; sie hat ihr den Freund ausgespannt (abspenstig gemacht); er versucht, am Sonntag auszuspannen (er versucht, sich am Sonntag zu erholen)

aussperren; er hat sie (durch Verschliessen der Tür) ausgesperrt; man versucht, die Arbeiter auszusperren (von der Arbeit auszuschliessen)

die **Aussprache**

aussprechen; du sprichst den Laut undeutlich aus; sie sprach [ihm] ihr Mitgefühl aus; sie haben sich [darüber] ausgesprochen; sprich dich aus! (äussere dich unbefangen!)

der **Ausspruch;** des Ausspruchs *oder* Ausspruches; die Aussprüche

ausstaffieren (herausputzen); er staffierte ihn als Indianer aus (er verkleidete ihn als Indianer)

der **Ausstand** (Streik; vorübergehendes Ausscheiden wegen Befangenheit); des Ausstands *oder* Ausstandes; die Ausstände; in den Ausstand treten

ausstatten; viele Autos sind mit Airbags ausgestattet

die **Ausstattung**

aussteigen; sie steigt aus; sie ist ausgestiegen

ausstellen; er stellte mir einen Pass aus; er hat seine Bilder ausgestellt

die **Ausstellung**

aussterben; diese Pflanzenart stirbt aus; die Dinosaurier starben aus; die Dinosaurier sind ausgestorben

die **Aussteuer** (Brautausstattung)

der **Ausstieg;** des Ausstiegs *oder* Ausstieges; die Ausstiege

aussuchen; sie suchte drei Bilder aus; ich habe mir etwas ausgesucht

der **Austausch;** des Austauschs *oder* Austausches

austauschen; er tauschte das Teil aus; sie haben Erinnerungen ausgetauscht (sie haben über ihre Erinnerungen gesprochen)

die **Auster** (essbare Meeresmuschel); die Austern

Australien

der **Australier;** des Australiers; die Australier

die **Australierin;** die Australierinnen

australisch

austricksen; er trickst ihn aus; er hat ihn ausgetrickst

austrinken; ich trinke aus; er trank das Bier aus; er hat sein Glas ausgetrunken

ausufern; der Fluss ist ausgeufert (über das Ufer getreten); die Diskussion uferte aus (verliess das Thema)

aus und ein; aus und ein gehen

der **Ausverkauf;** des Ausverkaufs *oder* Ausverkaufes; die Ausverkäufe

ausverkaufen; die Eintrittskarten sind ausverkauft; wir haben alle Sonnenschirme ausverkauft

die **Auswahl**

auswählen; sie hat ein Buch ausgewählt

auswallen; er wallt den Teig aus; er hat ihn ausgewallt

der **Auswanderer**

die **Auswanderin;** die Auswanderinnen

auswandern; ich wandere demnächst aus; er wandert aus; er ist ausgewandert

auswärtig; auswärtiger Dienst

auswärts; auswärts (in einer Gaststätte) essen; von auswärts kommen

auswärtsgehen (mit auswärtsgerichteten Füssen gehen); sie ging auswärts; er ist auswärtsgegangen

das **Auswärtsspiel** *(Sport)*

auswaschen; sie wusch die Flecken aus; sie hat die Flecken ausgewaschen

auswechseln; ich wechsle *oder* wechsele das Teil aus; der Trainer hat den Torwart ausgewechselt

ausweichen; sie wich aus; sie ist meiner Frage ausgewichen

der **Ausweis;** des Ausweises; die Ausweise

ausweisen; sie weist ihn aus; er wies sie aus; er hat ihn ausgewiesen; sich ausweisen; sie hat sich ausgewiesen (ihren Ausweis gezeigt)

auswendig; etwas auswendig lernen

auswerten; sie wertet aus; sie hat die Zahlen ausgewertet

die **Auswertung**

auswinden; er windet den Putzlumpen aus; er wand ihn aus; er hat ihn ausgewunden

auswischen; du wischst aus; sie hat mir eins ausgewischt

auszeichnen; er zeichnete sich durch Schnelligkeit aus; man hat sie mit einem Preis ausgezeichnet

die **Auszeit** (*Sport:* Spielunterbrechung); die Auszeiten

ausziehen; du ziehst die Schuhe aus; er zog den Mantel aus; er ist aus der Wohnung ausgezogen; sich ausziehen; sie hat sich ausgezogen

der **Auszubildende;** ein Auszubildender; die Auszubildenden; zwei Auszubildende

die **Auszubildende;** eine Auszubildende

der **Auszug** (das Ausziehen; Ausschnitt; ausgewählte Stelle); elektronischer Auszug (Mitteilung über Kontostand)

autark (wirtschaftlich unabhängig)

die **Autarkie**

das **Auto;** des Autos; die Autos; Auto fahren; ich bin Auto gefahren; ABER: das Autofahren; Auto und Rad fahren; Rad und Auto fahren

die **Autobahn**
die **Autobiografie** (Beschreibung des eigenen Lebens); die Autobiografien
der **Autobus;** des Autobusses; die Autobusse
der **Autocar;** des Autocars; die Autocars
der **Autodidakt** (jemand, der etwas im Selbstunterricht lernt); des/dem/den Autodidakten; die Autodidakten
die **Autodidaktin;** die Autodidaktinnen
autodidaktisch
das **Autofahren;** ABER: er kann Auto fahren
der **Autofahrer**
die **Autofahrerin**
das **Autogramm** (eigenhändig geschriebener Name); des Autogramms; die Autogramme
der **Automat;** des/dem/den Automaten; die Automaten
die **Automatik** (Vorrichtung, die einen technischen Vorgang steuert)
automatisch
das **Automobil;** des Automobils; die Automobile
autonom (selbstständig)
die **Autonomie;** die Autonomien
der **Autor** (Verfasser); des Autors; dem/den Autor; die Autoren
die **Autorin;** die Autorinnen
autoritär (unbedingten Gehorsam fordernd); autoritäre Erziehung
die **Autorität** (Ansehen; ein bedeutender Fachgelehrter *oder* eine bedeutende Fachgelehrte); die Autoritäten
der **Autostopp;** Autostopp machen
der **Autoverlad;** (Bahntransport von Autos und Passagieren); des Autoverlads
autsch!
auweh!
die **Avocado** (südamerikanische Baumfrucht); die Avocados
das **Axiom** (nicht ableitbarer Grundsatz); des Axioms; die Axiome
die **Axt;** die Äxte
der **Ayatollah** *vergleiche:* **Ajatollah**
die **Azalee** (eine Zierpflanze); die Azaleen
das **Azetat** *oder* **Acetat** (Salz der Essigsäure; eine Chemiefaser); des Azetats *oder* Acetats; die Azetate *oder* Acetate
die **Azoren** (Inselgruppe im Atlantischen Ozean) *Plural*
der **Azteke** (Angehöriger eines Indianerstamms in Mexiko); des/dem/den Azteken; die Azteken
die **Aztekin;** die Aztekinnen
azurblau (himmelblau); das azurblaue Meer

B

das **B** (Buchstabe); des B; die B; ABER: das b in Abend; das B-Dur, ABER: das b-Moll (Tonarten)
der **BA** *oder* **B. A.** = Bachelor of Arts (akademischer Grad)
das **Baby;** des Babys; die Babys
die **Babypause** (Unterbrechung der Berufstätigkeit durch die Geburt eines Kindes)
der **Babysitter;** des Babysitters; die Babysitter
die **Babysitterin;** die Babysitterinnen
der **Bach;** des Bachs; die Bäche
bachab; die Sache ging bachab (scheiterte); die Initiative wurde bachab geschickt (verworfen)
der **Bachelor** (akademischer Grad); des Bachelor *oder* Bachelors; die Bachelors; Bachelor of Arts (*Abkürzung:* BA, B. A.); einen Bachelor machen
bachnass (sehr nass, durchnässt)
das **Backbord** (die linke Schiffsseite [von hinten gesehen]); des Backbords *oder* Backbordes; die Backborde
die **Backe,** *auch:* der **Backen**
backen; du bäckst *oder* backst; der Bäcker bäckt *oder* backt; die Bäckerin backte; der Bäcker hat das Brot gebacken
der **Backenzahn**
der **Bäcker;** des Bäckers; die Bäcker
die **Bäckerei**
die **Bäckerin;** die Bäckerinnen
der **Backfisch** (*veraltend für:* junges Mädchen)
der **Backofen**
der **Backpacker** (Rucksacktourist); des Backpackers; die Backpacker
die **Backpackerin;** die Backpackerinnen
die **Backpfeife** (Ohrfeige)
das **Backpulver**
der **Backstein**

a b c d e f g h i j k l m n o p q r s t u v w x y z

das **Bad;** des Bads *oder* Bades; die Bäder
baden; du badest; sie hat gebadet; bade jetzt!; baden gehen
die **Badhose** *oder* **Badehose**
das **Badkleid** *oder* **Badekleid**
der **Badmeister** *oder* **Bademeister**
die **Badmeisterin** *oder* **Bademeisterin**
das **Badminton** (ein Federballspiel); des Badminton
die **Badwanne** *oder* **Badewanne**
das **Badzimmer** *oder* **Badezimmer**
baff (verblüfft); sie ist ganz baff
die **Bagage** (Gepäck; *auch für:* Gruppe von Menschen, über die sich jemand ärgert)
die **Bagatelle** (eine unbedeutende Kleinigkeit); die Bagatellen
der **Bagger;** des Baggers; die Bagger
baggern; ich baggere; er hat gebaggert
der **Baggersee**
die *oder* das **Baguette** (französisches Stangenweissbrot); der Baguette *oder* des Baguettes; die Baguetten *oder* die Baguettes
der **Bahamaer;** des Bahamaers; die Bahamaer
die **Bahamaerin;** die Bahamaerinnen
bahamaisch
die **Bahamas** (Inselgruppe und Staat im Karibischen Meer) *Plural*
die **Bahn;** die Bahnen
das **Bahnbillett** *oder* **Bahnbillet** *vergleiche:* Billett
bahnbrechend; die bahnbrechende Erfindung
bahnen; ich bahne mir einen Weg; sie hat sich einen Weg gebahnt
der **Bahnhof**
das **Bahnhofbuffet**
der **Bähnler** (Eisenbahner)
die **Bähnlerin**
der **Bahnsteig** (Perron)
die **Bahre**
die **Bai** (die Bucht); die Baien
die **Bakterie** (einzelliges Kleinstlebewesen); die Bakterien
bakteriell; bakterielle Erkrankungen
die **Balalaika** (russisches Saiteninstrument); die Balalaikas *oder* Balalaiken
die **Balance** (Gleichgewicht); Balance halten
balancieren (das Gleichgewicht halten); du balancierst; sie balancierte; er ist auf dem Seil balanciert; sie hat ein Ei auf dem Kopf balanciert

bald; eher; am ehesten; möglichst bald; so bald als *oder* so bald wie möglich
der **Baldachin** (Traghimmel; Betthimmel); des Baldachins; die Baldachine
baldigst
der **Baldrian** (eine Heilpflanze); des Baldrians; die Baldriane
der **Balg** (die Tierhaut); des Balgs *oder* Balges; die Bälge
der *oder* das **Balg** (ein unartiges Kind); des Balgs *oder* Balges; die Bälger
sich **balgen** (raufen); du balgst dich; er hat sich mit ihm gebalgt
die **Balgerei**
der **Balkan** (Gebirge in Südosteuropa)
die **Balkanhalbinsel**
der **Balken;** des Balkens; die Balken
der **Balkon;** des Balkons; die Balkons *oder* Balkone
der **Ball;** des Balls *oder* Balles; die Bälle; Ball spielen; ABER: das Ballspielen
die **Ballade** (episch-dramatisches Gedicht)
der **Ballast** (tote Last; Bürde); des Ballasts *oder* Ballastes; die Ballaste *Plural selten*
die **Ballaststoffe** (Nahrungsbestandteile, die der Körper nicht verwertet) *Plural*
ballen; sie ballte die Faust; die Wolken haben sich geballt
der **Ballen** (Muskelpolster an Hand und Fuss; Packen); des Ballens; die Ballen; zwei Ballen Baumwolle
die **Ballerina** (Balletttänzerin); die Ballerinen
das **Ballett** (der Bühnentanz; die Tanzgruppe); des Balletts *oder* Ballettes; die Ballette
der **Balletttänzer**
die **Balletttänzerin**
die **Ballistik** (Lehre von der Bewegung geschleuderter oder geschossener Körper)
ballistisch
der **Ballon;** des Ballons; die Ballons *oder* Ballone
das **Ballungsgebiet** (Gebiet mit dichter Besiedlung und Industrie)
der **Balsam;** des Balsams; die Balsame (Linderung, Labsal)
das **Baltikum** (Gebiet an der Ostsee, das aus Estland, Lettland und Litauen besteht)
die **Balustrade** (Brüstung, Geländer); die Balustraden

die **Balz** (Paarungszeit bestimmter Vögel); die Balzen
balzen; der Auerhahn balzt; er hat gebalzt
der **Bambus** (ein Riesengras); des Bambus *oder* Bambusses; die Bambusse
der **Bammel;** des Bammels; Bammel haben (Angst haben)
banal (geistlos; alltäglich)
banalisieren (zu stark vereinfachen); du banalisierst; sie banalisierte; er hat die Sache banalisiert
die **Banalität**
die **Banane**
der **Banause** (Mensch ohne Kunstverständnis); des Banausen; die Banausen
die **Banausin;** die Banausinnen
der **Bancomat** *oder* **Bankomat** (Geldautomat einer Bank); des/dem/den Bancomaten *oder* des Bancomats, dem/den Bancomat *und* des/dem/den Bankomaten *oder* des Bankomats, dem/den Bankomat; die Bancomaten *oder* Bankomaten
das **Band** (Fessel); des Bands *oder* Bandes; die Bande *meist Plural;* sie ist ausser Rand und Band (ausgelassen)
der **Band;** des Bands *oder* Bandes; die Bände; eine Goetheausgabe in zehn Bänden
das **Band** (Streifen; *kurz für:* Messband, Fliessband, Förderband, Tonband usw.); des Bands *oder* Bandes; die Bänder; durchs Band [weg] (ohne Ausnahme); am laufenden Band (in Serie, immer wieder)
die **Band** (eine Gruppe von Musikern, Musikerinnen); der Band; die Bands
die **Bandage;** die Bandagen
bandagieren; sie bandagierte den Knöchel
die **Bande**
der *oder* das **Bändel** ([schmales] Band, Schnur); des Bändels; die Bändel
die **Banderole;** die Banderolen
der **Bänderriss** *(Medizin)*
bändigen; du bändigst; sie hat das Pferd gebändigt
der **Bandit** (Räuber); des/dem/den Banditen; die Banditen
die **Banditin;** die Banditinnen
der **Bandleader** (Leiter einer Jazz- oder Rockgruppe); des Bandleaders; die Bandleader
die **Bandleaderin;** die Bandleaderinnen
das **Bandmass**
die **Bandscheibe** (knorpelige Scheibe zwischen je zwei Wirbeln der Wirbelsäule)
der **Bandwurm**
bang *oder* **bange;** banger *oder* bänger; am bangsten *oder* am bängsten; mir ist angst und bange; mir wird ganz bang; Bange machen; sie hat mir ganz schön Bange gemacht; das Bangemachen
Bangladesch (Staat in Südasien)
der **Bangladescher;** des/dem/den Bangladescher; die Bangladescher
die **Bangladescherin;** die Bangladescherinnen
bangladeschisch
das **Banjo** (Musikinstrument); des Banjos; die Banjos
die **Bank** (Sitzgelegenheit); die Bänke
die **Bank** (Geldinstitut); die Banken
der **Banker** (Bankfachmann); des Bankers; die Banker
die **Bankerin** (Bankfachfrau); die Bankerinnen
das **Bankett** (Festmahl); des Banketts *oder* Bankettes; die Bankette
das **Bankgeheimnis**
der **Bankier** (Inhaber eines Bankhauses); des Bankiers; die Bankiers
die **Bankierin;** die Bankierinnen
der **Bänkler** (Bankfachmann)
die **Bänklerin** (Bankfachfrau); die Bänklerinnen
die **Banknote**
der **Bankomat** *oder* **Bancomat** (Geldautomat einer Bank); des/dem/den Bankomaten *oder* des Bankomats, dem/den Bankomat *und* des/dem/den Bancomaten *oder* des Bancomats, dem/den Bancomat; die Bankomaten *oder* Bancomaten
bankrott; bankrott sein, werden
der **Bankrott** (Zahlungsunfähigkeit); des Bankrotts *oder* Bankrottes; die Bankrotte; Bankrott gehen *oder* bankrottgehen; Bankrott machen *oder* bankrottmachen
bankrottgehen *oder* **Bankrott gehen;** du gehst bankrott *oder* Bankrott; sie ist bankrottgegangen *oder* Bankrott gegangen
der **Bann;** des Banns *oder* Bannes; die Banne; der Magier zog die Zuschauer in seinen Bann (er faszinierte sie)
die **Bannbulle** (Bannurkunde des Papstes)

bannen; du bannst; sie hat die Gefahr gebannt; die Gefahr ist jetzt gebannt
das **Banner** (Fahne); des Banners; die Banner
die **Bannmeile** (Bezirk, in dem Versammlungsverbot herrscht)
der **Bannwald** (Schutzwald im Berggebiet)
der **Baptist** (Anhänger einer evangelischen Lehre, die nur die Erwachsenentaufe zulässt); des/dem/den Baptisten; die Baptisten
die **Baptistin;** die Baptistinnen
bar (bloss); bar aller Vernunft; sie hat viel bares Geld; ABER: sie hat viel Bargeld; bar bezahlen; in bar geben; gegen bar verkaufen; das ist barer Unsinn
die **Bar** (kleines [Nacht]lokal; Theke); die Bars
der **Bär;** des/dem/den Bären; die Bären; der Grosse, der Kleine Bär (Sternbilder); sie hat ihm einen Bären aufgebunden (sie hat ihm glaubhaft etwas Unwahres erzählt)
die **Baracke;** die Baracken
Barbados (Inselstaat in der Karibik)
der **Barbar** (roher Mensch); des/dem/den Barbaren; die Barbaren
die **Barbarei**
die **Barbarin;** die Barbarinnen
barbarisch
die **Barbe** (ein Fisch)
das **Barbecue** (Grillfest im Garten); des Barbecue *oder* Barbecues; die Barbecues
bärbeissig (grimmig; verdriesslich)
der **Bärendienst;** jemandem einen Bärendienst erweisen (in guter Absicht etwas tun, was jemandem aber schadet)
der **Bärendreck** (Süssigkeit)
bärenstark
das **Barett** (eine Mütze); des Baretts *oder* Barettes; die Barette
barfuss; barfuss gehen
barfüssig
das **Bargeld;** des Bargelds *oder* Bargeldes
bargeldlos; bargeldloser Zahlungsverkehr
barhäuptig
der **Bariton** (mittlere Männerstimme; *auch:* Sänger mit dieser Stimme); des Baritons; die Baritone
das **Barium** (chemisches Element, Leichtmetall; *Zeichen:* Ba); des Bariums
die **Barkasse** (ein Motorboot)
die **Barke** (kleines Boot)
der **Barkeeper** (jemand, der in einer Bar [alkoholische] Getränke mixt und ausschenkt); des Barkeepers; die Barkeeper
die **Barkeeperin;** die Barkeeperinnen
barmherzig; barmherzige Leute; ABER: Barmherzige Brüder, Barmherzige Schwestern (religiöse Genossenschaften für Krankenpflege)
die **Barmherzigkeit**
das *oder* der **Barock** (ein Kunststil); des Barocks
das **Barometer** (Luftdruckmesser)
der **Baron** (Freiherr); des Barons; die Barone
die **Baronin;** die Baroninnen; *früher auch:* die Baroness *oder* Baronesse
die **Barrage** (*Sport:* weitere Qualifikationsrunde, die über Teilnahme an einem Turnier, in einer Liga entscheidet); der Barrage; die Barragen
der **Barren** (ein Turngerät); des Barrens; die Barren
der **Barren** (Handelsform der Metalle in Stangen); des Barrens; die Barren; zwei Barren Gold
die **Barriere** (Schranke; Sperre); die Barrieren
die **Barrikade** (Hindernis); die Barrikaden
barsch; barscher; am barschesten
der **Barsch** (ein Raubfisch); des Barschs *oder* Barsches; die Barsche
der **Bart;** des Barts *oder* Bartes; die Bärte
bärtig; bärtige Männer
bartlos
die **Barzahlung**
der **Basalt** (ein Gestein); des Basalts *oder* Basaltes; die Basalte
der **Basar** *oder* **Bazar** (orientalisches Händlerviertel; Wohltätigkeitsverkauf); des Basars *oder* Bazars; die Basare *oder* Bazare
die **Base** (chemische Verbindung; Kusine); die Basen
der **Baseball** (amerikanisches Schlagballspiel); des Baseballs
Basel (Hauptstadt des Kantons Basel-Stadt); *vergleiche:* Basler, baslerisch
das **Baselbiet**
der **Baselbieter**
die **Baselbieterin;** die Baselbieterinnen
das **Baselland** *oder* **Basel-Land**
Basel-Landschaft
der **Basel-Landschäftler**

die **Basel-Landschäftlerin**
basellandschaftlich
die **Baselstadt** *oder* **Basel-Stadt**
der **Basel-Städter**
die **Basel-Städterin**
baselstädtisch
basieren; die Meldung basiert (beruht) auf Tatsachen
die **Basilika** (altrömische Halle; Kirche mit überhöhtem Mittelschiff); die Basiliken
das **Basilikum** (eine Gewürzpflanze); des Basilikums; die Basilikums *oder* Basiliken
die **Basis** (Grundlage, Unterbau); die Basen
die **Basisschrift** (Schulschrift)
der **Basketball** (Korbball[spiel])
der **Basler;** Basler Leckerli
die **Baslerin;** die Baslerinnen
baslerisch
der **Bass;** des Basses; die Bässe
das **Bassin** (künstlich angelegtes Wasserbecken); des Bassins; die Bassins
der **Bassist** (Bassspieler)
die **Bassistin**
der **Basssänger**
der **Bassschlüssel** (ein Notenschlüssel)
der **Bast** (Pflanzenfasern zum Binden und Flechten); des Basts *oder* Bastes; die Baste
basta (genug!); [und] damit basta!
der **Bastard** (ein Mischling); des Bastards; die Bastarde
basteln; ich bastle *oder* bastele; du bastelst; er bastelt; er bastelte; er hat gebastelt
die **Bastille** (befestigtes Schloss, besonders das 1789 erstürmte Staatsgefängnis in Paris)
die **Bastion** (Bollwerk); die Bastionen
der **Bastler;** des Bastlers; die Bastler
die **Bastlerin;** die Bastlerinnen
der *oder* die **Batik** (Textilfärbeverfahren unter Verwendung von Wachs); des Batiks *oder* der Batik; die Batiken
der **Batist** (ein feines Gewebe); des Batists *oder* Batistes; die Batiste
die **Batterie** (eine Stromquelle; eine Artillerieeinheit); die Batterien
der **Batzen** (eine frühere Münze; der Klumpen); des Batzens; die Batzen; das kostet einen Batzen (eine Menge) Geld
der **Bau;** des Baus *oder* Baues; *Plural* (für Gebäude:) die Bauten, (für Tierwohnungen:) die Baue
der **Bauarbeiter**
die **Bauarbeiterin**
die **Baubaracke** (Hütte, in der Bauarbeiter und -arbeiterinnen Pause machen können)
der **Bauch;** des Bauchs *oder* Bauches; die Bäuche; *Verkleinerungsform:* das Bäuchlein
bauchig; eine bauchige Vase
die **Bauchlandung**
der **Bauchnabel**
bauchreden; sie kann bauchreden; er hat bauchgeredet
das **Bauchweh**
bauen; ich baue; du baust; sie baute; er hat gebaut
das *oder* der **Bauer** (der Käfig); des Bauers; die Bauer
der **Bauer;** des Bauern, *selten:* Bauers; die Bauern
die **Bäuerin;** die Bäuerinnen
bauern; er bauert; er hat gebauert
der **Bauernhof**
bauernschlau (pfiffig, gewitzt)
die **Bauernschläue**
baufällig
der **Bauherr** (Auftraggeber eines Bauwerks)
die **Bauherrin**
der **Baukasten**
der **Baum;** des Baums *oder* Baumes; die Bäume
baumeln; ich baumele *oder* baumle; sie baumelt; sie baumelte; sie hat mit den Beinen gebaumelt
die **Baumgrenze**
bäumig (grossartig)
die **Baumkrone**
die **Baumnuss** (Walnuss); die Baumnüsse
die **Baumschule**
der **Baumstamm**
der **Baumstrunk** (Baumstumpf)
die **Baumwolle**
baumwollen; baumwollene Hemden
der **Bauplan**
der **Bauplatz**
der **Bausch;** die Bausche *oder* Bäusche; in Bausch und Bogen (alles in allem)
bauschig
die **Baustelle**
die **Baustoffe** *Plural*
das **Bauwerk**
der **Bayer;** des/dem/den Bayern; die Bayern

die **Bayerin** *oder* **Bayrin;** die Bayerinnen *oder* Bayrinnen
bayerisch *oder* **bayrisch**
Bayern (deutsches Bundesland)
der **Bazar** *vergleiche:* **Basar**
der **Bazillus** (ein Krankheitserreger); des Bazillus; die Bazillen
Bd. = Band (bei Büchern)
Bde. = Bände
die **BDP** = Bürgerlich-Demokratische Partei
BE = Autokennzeichen und allgemeine Abkürzung für den Kanton Bern
beachten; du beachtest; er beachtete; sie hat ihn nicht beachtet
beachtenswert
beachtlich (ziemlich gross; ziemlich wichtig); beachtliche Fortschritte
der **Beachvolleyball** (auf Sand gespielte Variante des Volleyballspiels)
beamen (*EDV:* Daten auf eine Leinwand projizieren); du beamst; er beamte den Film an die Wand; er hat sich auf den Planeten gebeamt
der **Beamer** (*EDV:* Gerät zur Projektion von Daten auf eine Leinwand); des Beamers; die Beamer
der **Beamte;** ein Beamter; die Beamten; zwei Beamte
die **Beamtin;** die Beamtinnen
beängstigend; beängstigende Stille
beanspruchen; du beanspruchst; sie beanspruchte; sie hat meine Zeit beansprucht
beanstanden (bemängeln); du beanstandest; er beanstandete die Rechnung; er hat ihre Schrift beanstandet
beantragen; du beantragst; sie hat beantragt
bearbeiten; du bearbeitest; du hast das Holz bearbeitet
der **Beat** (*im Jazz:* Schlagrhythmus; *kurz für:* Beatmusik); des Beat *oder* Beats
beatmen; du beatmest; er beatmete; er hat den Patienten beatmet
die **Beatmusik** *vergleiche:* **Beat**
beaufsichtigen; du beaufsichtigst; sie hat ihn beaufsichtigt
beauftragen; du beauftragst; sie beauftragte; sie hat ihn beauftragt
bebauen; du bebaust; er bebaute; er hat sein Grundstück bebaut
beben; du bebst; er bebte vor Angst; die Erde hat gebebt
das **Beben** (Erdbeben); des Bebens; die Beben
der **Becher;** des Bechers; die Becher
das **Becken;** des Beckens; die Becken
bedacht; auf eine Sache bedacht sein (sie sehr wichtig nehmen)
der **Bedacht;** mit Bedacht (mit einer bestimmten Überlegung)
bedächtig (langsam; vorsichtig)
sich **bedanken;** du bedankst dich; sie hat sich bedankt
der **Bedarf;** des Bedarfs *oder* Bedarfes; nach Bedarf; sie hat Bedarf daran
bedauerlich
bedauern; ich bedaure *oder* bedauere; du bedauerst; er bedauerte; er hat sie bedauert
das **Bedauern**
bedecken; du bedeckst ihn; sie bedeckt ihn; sie bedeckte ihn; sie hat ihn bedeckt; sich bedecken; sie hat sich mit einem Mantel bedeckt
bedeckt; bedeckter Himmel
bedenken; du bedenkst; sie bedenkt; sie bedachte; sie hat ihn mit einem kleinen Geschenk bedacht; sich bedenken; sie hat sich kurz bedacht
bedenklich (besorgt; fragwürdig; besorgniserregend); die Qualität dieser Wurst ist bedenklich
die **Bedenkzeit**
bedeuten; das bedeutet nichts; das hat ihr viel bedeutet
bedeutend; bedeutender; am bedeutendsten; um ein Bedeutendes zunehmen; das Bedeutendste; etwas, nichts Bedeutendes
bedeutsam
die **Bedeutung**
bedeutungslos
bedienen; du bedienst ihn; er hat ihn bedient; bedien *oder* bediene dich!; sich einer Sache bedienen
die **Bedienung** (das Bedienen; der Kellner, die Kellnerin; der Verkäufer, die Verkäuferin)
bedingen; das eine bedingt das andere; das eine hat das andere bedingt
bedingt (eingeschränkt); dies gilt nur bedingt; er wurde zu zwei Jahren bedingt verurteilt (zwei Jahre auf Bewährung)

die **Bedingung**
bedingungslos; bedingungslose Kapitulation
bedrängen; du bedrängst ihn; er hat ihn bedrängt
die **Bedrängnis;** die Bedrängnisse; sie hat ihn in Bedrängnis (in eine schwierige Lage) gebracht
bedrohen; du bedrohst sie; er hat sie bedroht
bedrohlich
die **Bedrohung**
der **Beduine** (umherziehender arabischer Wüstenbewohner); des/dem/den Beduinen; die Beduinen
die **Beduinin;** die Beduininnen
bedürfen; du bedarfst ihrer; er bedarf ihrer; sie bedurfte seiner; er hat ihrer Hilfe bedurft
das **Bedürfnis;** des Bedürfnisses; die Bedürfnisse
bedürftig; einer Sache bedürftig sein
das **Beefsteak** (gebratenes Rindsstück); des Beefsteaks; die Beefsteaks
sich **beeilen;** du beeilst dich; sie beeilte sich; sie hat sich beeilt
beeindrucken; du beeindruckst mich; er beeindruckte mich; sie hat mich beeindruckt; ich bin beeindruckt
beeinflussbar
beeinflussen; du beeinflusst ihn; sie beeinflusst ihn; sie hat ihn beeinflusst
beeinträchtigen; du beeinträchtigst mich; er beeinträchtigte mich; der Regen hat das Konzert beeinträchtigt
beelenden; es beelendet ihn; es beelendete ihn; es hat ihn beelendet
der **Beelzebub** (oberster Teufel im Neuen Testament); des Beelzebub
beerdigen; man beerdigt sie; man hat sie beerdigt
die **Beerdigung**
die **Beere**
das **Beerenobst**
das **Beet;** des Beets *oder* Beetes; die Beete
befahrbar
befahren; die Strasse ist stark befahren
befangen (schüchtern, gehemmt; parteiisch, einseitig); sie ist befangen
die **Befangenheit**
der **Befehl;** des Befehls *oder* Befehles; die Befehle
befehlen; du befiehlst; er befiehlt; er befahl; sie hat befohlen; befiehl es ihm!
befehligen (das Kommando haben); ich befehlige; du befehligst; er befehligte; er hat eine Division befehligt
der **Befehlshaber;** des Befehlshabers; die Befehlshaber
die **Befehlshaberin;** die Befehlshaberinnen
befestigen; du befestigst; sie befestigte; er hat die Skier auf dem Wagendach befestigt
sich **befinden;** du befindest dich; sie befand sich; die Brille hat sich auf dem Tisch befunden
das **Befinden** (Gesundheitszustand); des Befindens; ihr Befinden ist gut
befindlich (vorhanden); der hinter dem Haus befindliche Garten
die **Befindlichkeit** (Zustand, in dem sich jemand befindet)
beflissen (eifrig bemüht)
befolgen; du befolgst; sie hat meinen Rat befolgt
befördern; ich befördere; du beförderst; sie befördert; er hat ihn befördert
befragen; ich befrage; du befragst; sie befragt; sie befragte ihn; er hat die Zeugen befragt
befreien; du befreist ihn; sie befreite ihn; sie hat ihn befreit; sich befreien; er hat sich daraus befreit
befremden; ihr Brief befremdet mich (erstaunt mich, ist mir unverständlich)
das **Befremden;** des Befremdens; er reagierte mit Befremden (mit Erstaunen)
befremdlich
sich **befreunden;** du befreundest dich mit ihr; sie hat sich mit ihr befreundet
befriedigen; ich befriedige meine Neugier; er befriedigte seine Rachsucht; seine Arbeit hat ihn befriedigt
befriedigend; sie hat die Note «befriedigend» erhalten; er hat mit [der Note] «befriedigend» bestanden
befruchten; sie befruchteten; die Bienen haben die Blüten befruchtet
die **Befugnis** (Berechtigung; Vollmacht); die Befugnisse
befugt; befugt sein; sie ist zum Betreten des Raumes befugt
der **Befund** (*Medizin:* Untersuchungsergebnis); des Befunds *oder* Befundes; die Be-

funde; der Befund ist negativ, positiv; ohne Befund (ohne erkennbare Krankheit)
befürworten (empfehlen, unterstützen); du befürwortest; sie befürwortete; sie hat den Antrag befürwortet
der **Befürworter;** des Befürworters; die Befürworter
die **Befürworterin;** die Befürworterinnen
begabt; begabter; am begabtesten; ein begabtes Mädchen
die **Begabung**
sich **begeben;** du begibst dich; sie begibt sich; sie begab sich nach Hause; es begab sich (es geschah), dass ...; es hat sich begeben
die **Begebenheit** (Ereignis)
begegnen; du begegnest ihm; sie begegnet ihm; er begegnete ihr; sie ist ihm begegnet; sie sind sich gestern begegnet
begehren; ich begehre; du begehrst; sie hat Einlass begehrt; alles, was das Herz begehrt
das **Begehren** (Gesuch, Verlangen)
begeistern; ich begeistere; du begeisterst; sie begeisterte; sie hat die Zuschauer begeistert; ich war begeistert; begeisterte Zustimmung
begeisterungsfähig
die **Begier**
die **Begierde;** die Begierden
begierig
begiessen; sie hat die Pflanzen begossen
der **Beginn;** des Beginns *oder* Beginnes; von Beginn an; zu Beginn
beginnen; du beginnst; sie beginnt; sie begann; er hat begonnen
beglaubigen (amtlich als wahr, echt bestätigen); ich beglaubige; du beglaubigst; sie hat die Kopie beglaubigt
begleichen (bezahlen); du begleichst; er beglich; er hat seine Schulden beglichen; sie hat eine Rechnung zu begleichen
begleiten; du begleitest; sie begleitet; sie begleitete; sie hat ihn begleitet
der **Begleiter;** des Begleiters; die Begleiter
die **Begleiterin;** die Begleiterinnen
die **Begleiterscheinung**
die **Begleitung**
beglücken; du beglückst mich; sie beglückte uns; *ironisch:* er hat uns mit seinem Besuch beglückt
beglückend
beglückwünschen; ich beglückwünsche ihn; du beglückwünschst ihn; sie hat ihn beglückwünscht
begnadet (hochbegabt); eine begnadete Künstlerin
begnadigen; ich begnadige; du begnadigst; sie begnadigte den Verurteilten; das Gericht hat ihn begnadigt
sich **begnügen;** du begnügst dich; sie begnügte sich; sie hat sich damit begnügt
die **Begonie** (eine Zierpflanze); die Begonien
begraben; du begräbst; sie begräbt; sie begrub den toten Hund; sie hat ihre Hoffnung begraben (aufgegeben)
das **Begräbnis;** des Begräbnisses; die Begräbnisse
begreifen; du begreifst; sie begreift; sie begriff; er hat begriffen
begreiflich
begreiflicherweise
begrenzen; du begrenzt; ein Zaun hat die Wiese begrenzt
der **Begriff;** des Begriffs *oder* Begriffes; die Begriffe; im Begriff sein, mit dem Auto wegzufahren
begrifflich
begriffsstutzig (schwer begreifend)
begründen; du begründest; sie begründete ihren Vorschlag; sie hat die Firma begründet (gegründet)
begrüssen; du begrüsst; sie begrüsst; sie begrüsste; sie hat die Gäste begrüsst; einen Entscheid begrüssen (bejahen, gutheissen)
begünstigen; du begünstigst; sie begünstigte; der Schiedsrichter hat den Gastverein begünstigt
begutachten; das Gemälde wurde von einer Expertin begutachtet
begütert (vermögend, reich)
behäbig (beleibt; langsam; schwerfällig)
behaften; alle haben mich darauf behaftet (beim Wort genommen); für diesen Schaden kann er uns nicht behaften (haftbar machen)
behagen; es behagt ihr; es behagte ihr; es hat ihm behagt
das **Behagen;** des Behagens
behaglich (gemütlich; geniesserisch)
behalten; du behältst; sie behält; sie behielt; er hat etwas behalten
der **Behälter;** des Behälters; die Behälter

das **Behältnis;** des Behältnisses; die Behältnisse
behämmert (beschränkt, verrückt)
behände (flink, gewandt); mit behänden Schritten
behandeln; du behandelst; er behandelte; sie hat ihn schlecht behandelt
behändigen (an sich nehmen); der Torhüter behändigte den Ball problemlos; sie hat sein Handy einfach behändigt
die **Behandlung**
beharren; du beharrst; sie beharrte; sie hat auf ihrer Meinung beharrt
beharrlich
die **Beharrlichkeit**
behaupten; du behauptest; sie behauptete; er hat dies behauptet; behaupte nichts Falsches!; sich behaupten (sich durchsetzen)
die **Behauptung**
die **Behausung**
beheben; sie hat den Schaden behoben
der **Behelf** (Notlösung); des Behelfs *oder* Behelfes; die Behelfe
sich **behelfen;** sie hat sich mit einer Decke beholfen
behelfsmässig
behelligen (belästigen); er behelligt ihn; er behelligte ihn; sie hat ihn behelligt
beherbergen; du beherbergst; sie beherbergt; sie hat die Fremde beherbergt
beherrschen; du beherrschst; sie beherrschte drei Sprachen; sich beherrschen (sich zusammennehmen); sie hat sich beherrscht
beherzigen (sich zu Herzen nehmen; ernst nehmen); du beherzigst; sie beherzigt; sie beherzigte; sie hat deine Worte beherzigt
beherzt (mutig)
behilflich
behindern; du behinderst; er behindert; sie hat ihn behindert
behindert; ein behindertes Kind
der **Behinderte;** ein Behinderter; die Behinderten; zwei Behinderte
die **Behinderte;** eine Behinderte
die **Behörde**
behüten; du behütest; sie behütete; er hat ihn behütet; behüt dich Gott!
behutsam
bei; bei Weitem; bei alldem *oder* alledem; bei dem allem/allen; bei diesem allem/allen; bei der Hand sein
beibehalten; du behälst bei; er behält bei; sie hat ihren Lebensstil beibehalten
beibringen; sie bringt ihm etwas bei; sie hat ihm das Kochen beigebracht
die **Beichte**
beichten; du beichtest; sie beichtete; er hat gebeichtet
das **Beichtgeheimnis**
der **Beichtstuhl**
beide, beides; alles beides; beide jungen Leute; alle beide; wir beide *oder* wir beiden; ihr beiden *oder* ihr beide; wir beiden jungen Leute; sie beide; diese beiden; dieses beides; einer von beiden; die beiden; für uns beide; beide Mal; beide Male
beiderlei; beiderlei Geschlechts
beiderseits *oder* **beidseits;** beiderseits *oder* beidseits des Flusses
beides *vergleiche:* beide
beieinander; beieinander (zusammen) sein; gut beieinander sein (gesund sein); er ist noch gut beieinander; beieinander haben *oder* beieinanderhaben; wir haben die Unterlagen beieinander gehabt *oder* beieinandergehabt; beieinander sitzen *oder* beieinandersitzen; beieinander stehen *oder* beieinanderstehen
beieinanderhaben; wir müssen alle Unterlagen beieinanderhaben; wir haben tatsächlich alles beieinandergehabt
der **Beifahrer;** des Beifahrers; die Beifahrer
die **Beifahrerin;** die Beifahrerinnen
der **Beifall;** des Beifalls *oder* Beifalles
beifällig; beifällig klatschen
beifügen; du fügst etwas bei; er fügte etwas bei; sie hat etwas beigefügt
beige (sandfarben); ein beiges Kleid; *vergleiche:* blau
das **Beige** (ein Farbton)
die **Beige** (Stapel); die Beigen
beigefarben *oder* **beigefarbig**
beigen (stapeln); du beigst; sie beigt; sie beigte; sie hat das Holz gebeigt
das **Beil;** des Beils *oder* Beiles; die Beile
die **Beilage;** ein Schnitzel mit Beilage; *in Briefen oder E-Mails:* in der Beilage erhalten Sie ...
beiläufig (nebensächlich, nebenher)
beilegen; du legst ein Foto bei; sie legte

a b c d e f g h i j k l m n o p q r s t u v w x y z

ein Foto bei; sie haben ihren Streit beigelegt (geschlichtet); ihr Streit ist beigelegt

beileibe (bestimmt); beileibe nicht

das **Beileid;** des Beileids *oder* Beileides

beiliegen; der Sendung liegt die Rechnung bei; die beiliegenden Unterlagen

das **Bein;** des Beins *oder* Beines; die Beine

beinah *oder* **beinahe**

der **Beinbruch**

beinhart (unerbittlich; sehr hart); ein beinharter Manager

der **Beipackzettel**

der **Beirat;** des Beirats *oder* Beirates; die Beiräte

beisammen; beisammen sein (zusammen sein; *auch für:* in guter körperlicher und geistiger Verfassung sein); wir sind lange beisammen gewesen; für sein Alter ist er noch gut beisammen

beisammenbleiben; wir sind noch lange beisammengeblieben

das **Beisammensein;** des Beisammenseins

beisammensitzen; wir sassen beisammen; wir haben beisammengesessen

beisammenstehen; wir standen beisammen; wir haben beisammengestanden

der **Beischlaf** (Geschlechtsverkehr)

beiseite; etwas beiseite abstellen; beiseite legen *oder* beiseitelegen; sie hat das Geld beiseite gelegt *oder* beiseitegelegt (gespart); beiseite schaffen *oder* beiseiteschaffen

beisetzen (begraben); sie ist gestern beigesetzt worden; die Angehörigen haben die Verstorbene beigesetzt

das **Beispiel;** des Beispiels *oder* Beispieles; die Beispiele; zum Beispiel

beispielhaft

beispiellos; eine beispiellose Frechheit

beispielsweise (*Abkürzung:* bspw.)

beissen; du beisst; er beisst; er biss; er hat ihn gebissen; der Hund beisst ihn (*auch:* ihm) ins Bein

die **Beisszange**

der **Beistand** (Hilfe; Unterstützung; Beauftragter vom Vormundschaftsgericht); des Beistands *oder* Beistandes; die Beistände; Beistand leisten

die **Beiständin** (Beauftragte vom Vormundschaftsgericht); die Beiständinnen

beistehen; du stehst ihr bei; sie steht ihr bei; sie stand ihr bei; er hat ihr beigestanden

beisteuern (beitragen); sie hat gute Ideen zur Diskussion beigesteuert

der **Beitrag;** des Beitrags *oder* Beitrages; die Beiträge

beitragen; du trägst zur Unterhaltung bei; sie hat ihr Teil dazu beigetragen

beitreten; du trittst der Partei bei; sie trat dem Verein bei; er ist beigetreten; tritt bei!

der **Beitritt;** des Beitritts *oder* Beitrittes; die Beitritte

die **Beiz** (Kneipe, Restaurant); die Beizen

beizeiten (rechtzeitig)

beizen; du beizt; sie beizt; sie beizte; sie hat die Tür gebeizt

der **Beizer** (Wirt)

die **Beizerin**

beiziehen; er zog eine Fachfrau bei; er hat sie beigezogen

bejahen; ich bejahe; du bejahst; sie hat dies bejaht

bejahrt (nicht mehr jung)

bejammern; ich bejammere mein Schicksal; du bejammerst; sie hat den Verlust bejammert

bejubeln; du bejubelst; sie hat den Sieg bejubelt

bekämpfen; du bekämpfst; er hat den Gegner bekämpft

bekannt; bekannter; am bekanntesten; bekannt sein; ich habe meine Schwester mit ihr bekannt gemacht *oder* bekanntgemacht

der **Bekannte;** ein Bekannter; die Bekannten; zwei Bekannte

die **Bekannte;** eine Bekannte

die **Bekanntgabe**

bekanntlich

die **Bekanntmachung**

die **Bekanntschaft**

bekehren; du bekehrst ihn; sie bekehrte ihn; er hat ihn bekehrt

bekennen; du bekennst; sie bekennt; sie bekannte es; er hat sich zu ihr bekannt

das **Bekenntnis;** des Bekenntnisses; die Bekenntnisse

beklagen; du beklagst; er hat den Tod seines Freundes beklagt; sich beklagen; sie hat sich darüber beklagt

der **Beklagte** (Angeklagte); ein Beklagter; die Beklagten; zwei Beklagte
die **Beklagte;** eine Beklagte; die Beklagten
bekleckern; die Tauben bekleckern die Plätze; das Baby bekleckerte sich; es hat sich mit Brei bekleckert
bekleiden; du bekleidest; sie war nur mit einem T-Shirt bekleidet; sie hat ein wichtiges Amt bekleidet
beklemmend (bedrückend); ein beklemmendes Gefühl
beklommen (ängstlich, bedrückt)
die **Beklommenheit**
bekommen; du bekommst; er bekommt; er bekam; er hat Arbeit bekommen; das Essen ist mir gut bekommen
bekömmlich; das Essen war sehr bekömmlich; leicht bekömmlich *oder* leichtbekömmlich
bekränzen; du bekränzt; sie bekränzte; sie hat ihm die Stirn mit Lorbeer bekränzt
sich **bekreuzigen;** du bekreuzigst dich; sie bekreuzigte sich; er hat sich bekreuzigt
bekümmert (traurig)
beladen; du belädst; sie belädt; sie belud; er hat den Wagen beladen
der **Belag;** des Belags *oder* Belages; die Beläge
der **Belagerer;** des Belagerers; die Belagerer *meist Plural*
die **Belagerin;** die Belagerinnen
belagern; du belagerst; er belagert; er belagerte; die Armee hat die Stadt belagert
belämmert (niedergedrückt; scheusslich)
der **Belang** (Bedeutung); des Belangs *oder* Belanges; [nicht] von Belang sein
belangen (verantwortlich machen); du belangst ihn; man hat ihn wegen Diebstahls belangt
belanglos (unwichtig)
belassen (unverändert lassen); du belässt; er belässt; ABER: ihr belasst; sie beliess; sie hat es dabei belassen
belasten; du belastest; sie hat ihn belastet
belästigen; du belästigst; er hat ihn belästigt
belauschen; du belauschst ihn; er belauschte uns; sie hat uns belauscht
beleben; der Tee belebt; er belebte; er hat sie belebt; er hat alte Sitten belebt (aufleben lassen); der Dorfplatz ist sehr belebt (voller Leben)
der **Beleg;** des Belegs *oder* Beleges; die Belege
belegen; du belegst; sie belegte den ersten Platz; er hat einen Fotokurs belegt (besucht); die Leitung ist belegt (besetzt)
die **Belegschaft** (die Gesamtheit der Beschäftigten in einem Betrieb)
belehren; du belehrst ihn; er belehrte ihn; sie hat ihn belehrt; sie belehrte ihn eines anderen *oder* andren *oder* andern; ABER: sie belehrte ihn eines Besseren *oder* Bessern *oder* Bessren
beleidigen; du beleidigst ihn; er hat ihn beleidigt
beleidigt; er ist beleidigt
die **Beleidigung**
beleuchten; du beleuchtest; sie beleuchtete; sie hat den Saal beleuchtet
die **Beleuchtung**
Belgien
der **Belgier;** des Belgiers; die Belgier
die **Belgierin;** die Belgierinnen
belgisch
Belgrad (Hauptstadt Jugoslawiens und Serbiens)
belieben; es beliebt ihr; es beliebte ihr; es hat ihr beliebt
das **Belieben;** nach Belieben; es steht in ihrem Belieben
beliebig; x-beliebig; ein beliebiges Beispiel; alles Beliebige; etwas Beliebiges; jeder Beliebige
beliebt; beliebter; am beliebtesten
bellen; der Hund bellte; der Hund hat gebellt
die **Belletristik** (Unterhaltungsliteratur)
belletristisch
Bellinzona (Hauptstadt des Kantons Tessin)
belobigen (loben, auszeichnen); du belobigst ihn; er belobigte sie; er hat sie belobigt
belohnen; du belohnst ihn; sie belohnte ihn; er hat sie belohnt
belügen; du belügst sie; er belügt sie; er belog sie; sie hat ihn belogen
sich **bemächtigen;** du bemächtigst dich des Geldes; er bemächtigte sich des Geldes; sie hat sich des Geldes bemächtigt
bemalen; du bemalst; er hat die Wand bemalt
bemängeln (tadeln); ich bemängele; du

bemängelst; sie bemängelte; sie hat die Ausführung bemängelt

bemänteln (beschönigen); du bemäntelst; er bemäntelte; er hat seine Fehler bemäntelt

bemerkbar; sich bemerkbar machen

bemerken; du bemerkst; sie bemerkte; er hat den Diebstahl bemerkt

die **Bemerkung**

sich **bemühen;** du bemühst dich; sie bemühte sich; er hat sich bemüht

benachrichtigen; du benachrichtigst ihn; sie benachrichtigte ihn; sie hat ihn benachrichtigt

benachteiligen; du benachteiligst sie; er benachteiligte sie; er hat sie benachteiligt

der **Benediktiner** (Angehöriger eines katholischen Ordens); des Benediktiners; die Benediktiner

sich **benehmen;** du benimmst dich; sie benimmt sich; sie benahm sich; sie hat sich gut benommen

das **Benehmen**

beneiden; du beneidest sie; er beneidet sie; sie beneidete *oder* benied ihn; er hat sie beneidet *oder* benieden; beneide *oder* beneid sie nicht!

beneidenswert

die **Beneluxstaaten** (die in einer Wirtschaftsunion vereinigten Länder Belgien, Niederlande und Luxemburg) *Plural*

benetzen; du benetzt; sie benetzte die Lippen; Tränen haben ihre Wangen benetzt

der **Bengel;** des Bengels; die Bengel

Benin (Staat in Afrika)

der **Beniner;** des Beniners; die Beniner

die **Beninerin;** die Beninerinnen

beninisch

benoten; sie hat die Klassenarbeit benotet

benutzbar *oder* **benützbar**

benutzen *oder* **benützen;** sie benutzte *oder* benützte ein Taschentuch; sie hat die Gelegenheit dazu benutzt *oder* benützt

der **Benutzer** *oder* **Benützer;** des Benutzers *oder* Benützers; die Benutzer *oder* Benützer

die **Benutzerin** *oder* **Benützerin;** die Benutzerinnen *oder* Benützerinnen

die **Benutzeroberfläche** (*EDV:* auf einem Monitor sichtbare Darstellung eines [Computer]programms)

das **Benzin;** des Benzins; die Benzine

beobachten; du beobachtest; sie beobachtet; sie beobachtete; er hat gut beobachtet; beobachte ihn genau!

der **Beobachter;** des Beobachters; die Beobachter

die **Beobachterin;** die Beobachterinnen

bequem

sich **bequemen** (sich endlich zu etwas entschliessen, wozu man keine Lust hat); du bequemst dich; er bequemte sich; sie hat sich bequemt, mir zu helfen

die **Bequemlichkeit**

beraten; du berätst; sie berät; sie beriet; er hat sie beraten; sich beraten; sie hat sich mit ihr beraten; eine beratende Ärztin

der **Berater;** des Beraters; die Berater

die **Beraterin;** die Beraterinnen

berauben; du beraubst sie; er beraubte sie; er hat sie beraubt

berechnen; du berechnest; sie hat die Kosten berechnet

berechtigen; der Ausweis berechtigt dich zu verbilligtem Eintritt

beredsam; ein beredsamer Verkäufer

die **Beredsamkeit**

beredt (redegewandt); eine beredte Verkäuferin; beredtes (vielsagendes) Schweigen

der **Bereich;** des Bereichs *oder* Bereiches; die Bereiche

bereichern; du bereicherst; er hat seine Sammlung bereichert; bereichere dich nicht!

bereifen; du bereifst das Auto; sie hat ihr Auto neu bereift

bereift; die Bäume sind bereift (voll Raureif)

bereit; zu etwas bereit sein; sich zu etwas bereit erklären *oder* bereiterklären; ich habe alles bereit gemacht *oder* bereitgemacht; bereit halten *oder* bereithalten; bereit stellen *oder* bereitstellen

bereiten; du bereitest ein Bad; sie hat mir Freude bereitet

bereiterklären *vergleiche:* **bereit**

bereits

die **Bereitschaft**

bereitwillig

bereuen; du bereust; er bereute; sie hat ihre Tat bereut

der **Berg;** des Bergs *oder* Berges; die Berge

bergab

bergan

bergauf

der **Bergbau;** des Bergbaus *oder* Bergbaues

der **Bergbauer**

die **Bergbäuerin**

bergen; du birgst; sie birgt; sie barg; sie hat den Verschütteten geborgen; birg die Verschütteten!

die **Bergfrau**

der **Bergfried** (Hauptturm von Burgen, Wehrturm); des Bergfrieds *oder* Bergfriedes; die Bergfriede

der **Bergführer**

die **Bergführerin**

der **Berggänger** (Bergsteiger; Wanderer in den Bergen)

die **Berggängerin**

bergig

der **Bergkristall** (ein Mineral); des Bergkristalls; die Bergkristalle

die **Bergleute** (Bergmänner und -frauen)

der **Bergmann;** die Bergmänner

der **Bergschlipf** (Bergrutsch); des Bergschlipfs *oder* Bergschlipfes; die Bergschlipfe

bergsteigen; *nur im Infinitiv:* in den Alpen kann man gut bergsteigen; ABER: das Bergsteigen gefällt ihr sehr

der **Bergsteiger;** des Bergsteigers; die Bergsteiger

die **Bergsteigerin;** die Bergsteigerinnen

die **Berg-und-Tal-Bahn**

die **Bergung**

bergwärts

das **Bergwerk;** des Bergwerks *oder* Bergwerkes; die Bergwerke

der **Bericht;** des Berichts *oder* Berichtes; die Berichte; Bericht erstatten

berichten; du berichtest; sie berichtete; sie hat über den Unfall berichtet

die **Berichterstattung**

berichtigen; du berichtigst; sie berichtigte; sie hat ihn berichtigt; berichtige ihn!; sich berichtigen; er hat sich berichtigt

beriechen; der Hund beriecht ihn; der Hund beroch ihn; er hat sie berochen

berieseln; ich beriesle *oder* beriesele das Feld; sie berieselte das Feld; sie hat es berieselt

Berlin (Hauptstadt und Land der Bundesrepublik Deutschland)

der **Berliner;** des Berliners; die Berliner

die **Berlinerin;** die Berlinerinnen

berlinerisch *oder* **berlinisch**

die **Bermudashorts** (fast knielange Shorts) *Plural*

Bern (Kanton; Hauptstadt des Kantons Bern; Hauptstadt der Schweiz)

das **Bernbiet**

der **Berner;** des Berners; die Berner

die **Berner Alpen** *Plural*

die **Bernerin**

das **Berner Oberland**

der **Bernhardiner** (Schweizer Hunderasse)

der *oder* die **Bernina** (Gebirgsgruppe in Graubünden)

bernisch

der **Bernstein** (Schmuckstein)

der **Berserker** (wilder Krieger; *auch für:* blindwütig tobender Mensch); des Berserkers; die Berserker

die **Berserkerin**

bersten (mit grosser Gewalt plötzlich auseinander brechen); das Eis birst; das Eis barst; das Eis ist geborsten

berüchtigt; ein berüchtigter (weithin bekannter und gefürchteter) Betrüger; die Gegend ist berüchtigt (hat einen schlechten Ruf)

berücksichtigen; du berücksichtigst; sie hat ihn berücksichtigt

der **Beruf;** des Berufs *oder* Berufes; die Berufe

berufen; man hat sie als Schulleiterin nach Basel berufen; sich auf etwas oder jemanden berufen; er berief sich auf seinen Freund (nannte ihn als Zeugen)

berufen (besonders geeignet; vorherbestimmt); sie fühlt sich zur Dichterin berufen

beruflich

das **Berufsattest;** das eidgenössische Berufsattest (Ausweis über zweijährige Grundbildung; *Abkürzung:* EBA)

die **Berufsberatung**

die **Berufserfahrung**

die **Berufslehre**

die **Berufsmatur** *oder* **Berufsmatura;** die Berufsmaturen

die **Berufsschule**

berufstätig; berufstätige Mütter
der **Berufstätige;** ein Berufstätiger; die Berufstätigen; zwei Berufstätige
die **Berufstätige;** eine Berufstätige
die **Berufswahl**
die **Berufung**
beruhen; das beruht; das beruhte; das hat auf einem Gerücht beruht; etwas auf sich beruhen lassen (einer Sache nicht weiter nachgehen)
beruhigen; du beruhigst ihn; sie beruhigt ihn; sie hat ihn beruhigt; sich beruhigen; er hat sich beruhigt
berühmt; berühmter; am berühmtesten
die **Berühmtheit**
berühren; du berührst; er hat ihn berührt
die **Berührung**
bes. = besonders
besammeln; die Spielerinnen besammeln sich; sie besammelten sich; sie haben sich besammelt
die **Besammlung**
besänftigen; er besänftigt; er besänftigte; er hat die erhitzten Gemüter besänftigt
der **Besatz** (Verzierung an Kleidern; Tierbestand); des Besatzes; die Besätze
die **Besatzung** (Personal eines Schiffs oder Flugzeugs)

> Viele Fremdwörter werden ganz anders geschrieben, als sie gesprochen werden. Dazu gehört auch das aus dem Französischen übernommene Farbadjektiv «beige», dessen Aussprache *besch* lautet.

beschädigen; du beschädigst; er hat das Auto beschädigt
beschaffen; sie beschafft; sie beschaffte; sie hat ihr einen Job beschafft
beschaffen (geartet); die Stiefel sind so beschaffen, dass sie die Füsse warm halten
beschäftigen; du beschäftigst ihn; sie beschäftigte ihn; sie hat ihn beschäftigt
beschämen; du beschämst ihn; sie beschämte ihn; er hat ihn beschämt; er ist von ihrer Güte beschämt
der **Bescheid;** des Bescheids *oder* Bescheides; die Bescheide; Bescheid geben, sagen, wissen
bescheiden; er ist bescheiden; in bescheidenen Verhältnissen (einfach) leben; bescheidene (geringe) Leistungen zeigen
die **Bescheidenheit**
die **Bescheinigung** (schriftliche Bestätigung)
bescheissen (betrügen); du bescheisst; er bescheisst; er beschiss; sie hat mich um zehn Franken beschissen
bescheren ([zu Weihnachten] schenken); du bescherst; sie beschert; sie hat den Kindern Spielzeug beschert
die **Bescherung**
bescheuert (dumm, schwer von Begriff)
beschimpfen; du beschimpfst ihn; er beschimpfte ihn; sie hat ihn beschimpft
der **Beschlag;** des Beschlags *oder* Beschlages; die Beschläge; etwas in Beschlag nehmen (ganz für sich beanspruchen)
das **Beschläg** (Metallstück an Möbeln usw.); die Beschläge
beschlagen (kenntnisreich); ein beschlagener Fachmann
beschlagen; du beschlägst; sie beschlägt; sie beschlug; sie hat das Pferd beschlagen
die **Beschlagnahme**
beschleunigen; du beschleunigst; sie beschleunigte; sie hat den Wagen beschleunigt
beschliessen; du beschliesst; sie beschliesst; sie beschloss; sie hat beschlossen
der **Beschluss;** des Beschlusses; die Beschlüsse; einen Beschluss fassen
beschlussfähig; eine beschlussfähige Versammlung
beschmieren; du beschmierst; er hat die Wand beschmiert; sich beschmieren; sie hat sich die Hände beschmiert
beschmutzen; du beschmutzt; sie beschmutzte; er hat seine Jacke beschmutzt; sich beschmutzen; er hat sich die Finger beschmutzt
die **Beschneidung**
beschränkt (dumm, engstirnig)
beschreiben; du beschreibst; sie beschreibt; sie beschrieb; sie hat es gut beschrieben
der **Beschrieb** (Beschreibung); des Beschriebs; die Beschriebe
beschuldigen; du beschuldigst; er beschuldigte; er hat mich beschuldigt

beschützen; du beschützt ihn; sie beschützte ihn; er hat ihn beschützt
die **Beschwerde**
sich **beschweren;** du beschwerst dich; sie beschwerte sich; er hat sich beschwert
beschwerlich
beschwichtigen (beruhigen; besänftigen); du beschwichtigst; er beschwichtigt; er hat beschwichtigt
beschwingt (heiter, schwungvoll)
beschwipst (leicht betrunken)
beschwören; du beschwörst ihn; er beschwor die Vergangenheit; er hat Geister beschworen
beseelt (innerlich erfüllt)
beseitigen; du beseitigst; er hat das Unkraut beseitigt
der **Besen;** des Besens; die Besen
der **Besenstiel**
besessen; sie war von ihren Ideen besessen
besetzen; du besetzt; sie besetzt; er hat den Platz besetzt
das **Besetztzeichen**
die **Besetzung**
besichtigen; du besichtigst; sie besichtigte; sie hat den Dom besichtigt
besiedeln; sie besiedelten das Land
die **Besiedelung** *oder* **Besiedlung**
besiegeln; sie besiegeln; sie besiegelten; sie haben ihre Freundschaft besiegelt (bekräftigt); ihr Schicksal war damit besiegelt (endgültig, nicht mehr zu ändern)
besiegen; du besiegst die Krankheit; sie hat die Krankheit besiegt
sich **besinnen** (nachdenken, überlegen; erinnern); du besinnst dich; sie besinnt sich; sie besann sich; sie hat sich besonnen
besinnlich (nachdenklich)
besinnungslos (benommen, bewusstlos; ausser sich)
der **Besitz;** des Besitzes; die Besitze
besitzen; du besitzt; sie besitzt; sie besass; sie hat ein Auto besessen
der **Besitzer;** des Besitzers; die Besitzer
besitzergreifend; sie hat ein besitzergreifendes Wesen
die **Besitzerin;** die Besitzerinnen
besoffen (betrunken)
besondere; zur besonderen Verwendung; insbesondere *oder* insbesondre; das Besondere *oder* Besondre (Aussergewöhnliche); etwas, nichts Besonderes *oder* Besondres; im Besonderen *oder* im Besondren
besonders
besorgen; du besorgst; sie besorgte; er hat ein Geschenk besorgt
die **Besorgnis;** die Besorgnisse; Besorgnis erregen; ihr Zustand hat grosse Besorgnis ausgelöst
besorgt (von Sorge erfüllt; Sorge tragend); er war ernsthaft besorgt; alle sind für ihre Sachen selber besorgt
besprechen; sie bespricht es; sie besprach es; er hat es mit mir besprochen

besser

Kleinschreibung:

- er hat die besseren Argumente
- es ist besser, wenn du gleich kommst

Grossschreibung der Nominalisierung:

- jemanden eines Besseren, Bessern *oder* Bessren belehren
- sich eines Besseren, Bessern *oder* Bessren besinnen
- sich zum Besseren, Bessern *oder* Bessren wenden
- du hast wohl nichts Besseres *oder* Bessres zu tun?

Getrennt- oder Zusammenschreibung:

- musst du immer alles besser wissen?
- mit diesen Schuhen kann ich besser gehen als mit den alten

bessern; damit kann man ihn nicht bessern; sich bessern; er besserte sich; er hat sich gebessert
die **Besserung** *oder* **Bessrung**
der **Besserwisser;** des Besserwissers; die Besserwisser
die **Besserwisserin;** die Besserwisserinnen
der **Bestand;** des Bestands *oder* Bestandes; die Bestände
bestanden; mit Wald bestanden (bewachsen)
beständig; beständige (gleichbleibende) Leistungen; beständiges (widerstandsfähiges) Material
der **Bestandteil**

bestätigen; du bestätigst; sie bestätigte; sie hat diese Nachricht bestätigt

bestatten (beerdigen); du bestattest sie; er bestattete sie; man hat sie gestern bestattet

die **Bestattung**

bestäuben; Bienen haben die Blüten bestäubt

beste; bestens; bestenfalls; wir fangen am besten gleich an; ABER: ich halte es für das Beste, wenn ...; er ist der Beste in der Klasse; er hat sein Bestes getan; wir arbeiten aufs, auf das Beste zusammen; mit ihrer Gesundheit steht es nicht zum Besten; er hat *oder* er hält ihn zum Besten (zum Narren); es ist nur zu deinem Besten; sie nimmt das erste Beste

bestechen; du bestichst ihn; er besticht ihn; er bestach ihn; er hat ihn mit Geld bestochen

bestechend (hervorragend); eine bestechende Leistung

bestechlich

das **Besteck;** des Bestecks *oder* Besteckes; die Bestecke

bestehen; du bestehst; sie besteht; die Tür bestand aus Holz; sie hat den Test bestanden; besteh *oder* bestehe auf deinem Recht!

bestellen; du bestellst; sie hat ein Buch bestellt

bestenfalls

bestialisch (unmenschlich, grausam)

die **Bestie** (ein wildes Tier; Unmensch); die Bestien

bestimmen; du bestimmst; er bestimmte; sie hat dies bestimmt

bestimmt; der bestimmte Artikel

die **Bestimmtheit**

die **Bestimmung**

die **Bestleistung**

bestmöglich; die bestmögliche Sendezeit

bestrafen; du bestrafst; sie bestrafte; er hat ihn bestraft

sich **bestreben;** sie bestrebt sich; sie bestrebte sich; sie hat sich eifrig bestrebt, alles richtig zu machen

das **Bestreben;** des Bestrebens

bestrebt; er ist bestrebt, den Frieden wiederherzustellen

der **Bestseller** (Buch o. Ä., das sehr gut verkauft wird); des Bestsellers; die Bestseller

bestürzt (fassungslos, ratlos)

der **Besuch;** des Besuchs *oder* Besuches; die Besuche

besuchen; du besuchst sie; sie besuchte ihn; sie hat ihn besucht

der **Besucher;** des Besuchers; die Besucher

die **Besucherin;** die Besucherinnen

besudeln; er besudelt; er besudelte; er hat seinen Anzug mit Kaffee besudelt

betagt (alt)

der **Betagte;** ein Betagter; die Betagten; mehrere Betagte

die **Betagte;** eine Betagte; die Betagten

betäuben; du betäubst; sie betäubte; sie hat ihn betäubt

die **Betäubung**

beteiligen; du beteiligst ihn; sie beteiligte ihn; sie hat ihn beteiligt; beteilige ihn!; sich beteiligen; sie hat sich an diesem Wettbewerb beteiligt

die **Beteiligung**

beten; du betest; sie betete; er hat gebetet

> Das Partizip II des Verbs «beten» heisst *gebetet;* die Form *gebeten* ist das Partizip II des Verbs «bitten».

beteuern ([immer wieder] eindringlich versichern, erklären); du beteuerst; er beteuerte; er hat seine Unschuld beteuert

der **Beton;** des Betons; die Betons *oder* Betone

betonen; du betonst; sie betont; sie betonte; sie hat dies besonders betont

betonieren; du betonierst; er betonierte; er hat den Hof betoniert

die **Betonung**

der **Betracht;** in Betracht kommen, ziehen (berücksichtigen); ausser Betracht bleiben (unberücksichtigt bleiben)

betrachten; du betrachtest; sie betrachtete; sie hat das Bild betrachtet

beträchtlich (gross; enorm; beachtlich); eine beträchtliche Summe; um ein Beträchtliches höher

der **Betrag;** des Betrags *oder* Betrages; die Beträge

sich **betragen;** du beträgst dich; er beträgt sich; er betrug sich; er hat sich schlecht betragen

das **Betragen**
der **Betreff;** des Betreffs *oder* Betreffes; die Betreffs; in Betreff
betreffen; dies betrifft mich; dies betraf mich; dies hat mich betroffen
betreiben; du betreibst; sie betrieb; sie hat ein Hotel betrieben; er wurde für über 8 000 Franken betrieben (zur Zahlung gezwungen)
die **Betreibung**
das **Betreibungsamt**
betreten; du betrittst; sie betritt; sie betrat; sie hat das Zimmer betreten
betreten (peinlich berührt; verlegen); alle machten betretene Gesichter; sie sah ihn betreten an
betreuen; du betreust; er betreute dich; er hat die Kinder betreut
der **Betreuer;** des Betreuers; die Betreuer
die **Betreuerin;** die Betreuerinnen
die **Betreuung**
der **Betrieb;** des Betriebs *oder* Betriebes; die Betriebe; eine Maschinenanlage in Betrieb setzen; die Anlage ist in *oder* im Betrieb; der Fahrstuhl ist ausser Betrieb
betriebsam (sehr beschäftigt)
die **Betriebsanleitung**
betriebsbereit
die **Betriebsferien** *Plural*
das **Betriebssystem** *(EDV)*
der **Betriebsunfall**
sich **betrinken;** er betrinkt sich; er betrank sich; er hat sich betrunken
betroffen; betroffen sein
der **Betroffene;** ein Betroffener; die Betroffenen; viele Betroffene
die **Betroffene;** eine Betroffene; die Betroffenen
betrübt (traurig, bekümmert); sie ist darüber sehr betrübt; zu Tode betrübt sein
der **Betrug;** des Betrugs *oder* Betruges
betrügen; du betrügst; er betrog; er hat sie betrogen; sich betrügen; er hat sich damit selbst betrogen
der **Betrüger;** des Betrügers; die Betrüger
die **Betrügerin;** die Betrügerinnen
betrügerisch
betrunken
das **Bett;** des Betts *oder* Bettes; die Betten; zu Bett gehen
der **Bettag;** der Eidgenössische Dank-, Buss- und Bettag
die **Bettdecke**
betteln; du bettelst; er bettelte; er hat gebettelt
der **Bettelorden**
der **Bettelstab;** *nur in festen Verbindungen:* an den Bettelstab kommen (völlig verarmen); jemanden an den Bettelstab bringen (ruinieren)
die **Bettflasche**
bettlägerig; bettlägerig sein (wegen einer Krankheit im Bett liegen müssen)
der **Bettler;** des Bettlers; die Bettler
die **Bettlerin;** die Bettlerinnen
das **Betttuch**
die **Bettvorlage** *oder* der **Bettvorleger**
die **Bettwäsche**
betucht (reich)
betulich (langsam; etwas umständlich)
beugen; du beugst; sie beugte; sie hat ihren Arm gebeugt
die **Beule**
beunruhigend
beurlauben; sie beurlaubte ihn; sie hat ihn beurlaubt
beurteilen; sie beurteilte es; sie hat ihn beurteilt
die **Beute**
der **Beutel;** des Beutels; die Beutel
das **Beuteltier**
bevölkern; viele Vogelarten bevölkern das Schilf; das Stadion bevölkerte (füllte) sich allmählich
die **Bevölkerung**
die **Bevölkerungsdichte**
die **Bevölkerungspyramide** (grafisch dargestellte Zusammensetzung der Bevölkerung nach Alter und Geschlecht)
bevollmächtigen; ich bevollmächtige; du bevollmächtigst; sie bevollmächtigte ihn; sie hat ihn bevollmächtigt
bevor; bevor du springst, musst du den Sicherheitsgurt überprüfen
bevorzugen; du bevorzugst; sie bevorzugte; sie hat ihn bevorzugt
bewachen; sie bewachte; sie hat den Schatz bewacht
bewahren; du bewahrst; sie bewahrte; sie hat ihn vor Schaden bewahrt
sich **bewähren;** du bewährst dich; sie bewährte sich; sie hat sich bewährt
die **Bewährung**
die **Bewährungsfrist**

der **Bewährungshelfer** (Betreuer während der Bewährungsfrist)
die **Bewährungshelferin**
bewältigen; sie bewältigte; sie hat alle Schwierigkeiten bewältigt
bewandert (erfahren; in einem Gebiet sehr viel wissen); sie ist in Physik sehr bewandert
die **Bewandtnis** (Beschaffenheit; Wesen; wesentliches Merkmal); die Bewandtnisse
bewässern
die **Bewässerung**
bewegen (die Lage ändern); du bewegst den Stuhl; sie bewegte den Stuhl; sie hat den Stuhl bewegt
bewegen (veranlassen); du bewegst ihn; sie bewegt ihn; sie bewog ihn; sie hat ihn bewogen, ihr zu verzeihen
beweglich
bewegt (ergriffen); bewegt sein
die **Bewegung**
der **Bewegungsapparat** (Knochen, Gelenke, Bänder und Skelettmuskeln)
bewegungslos
bewegungsunfähig
der **Beweis;** des Beweises; die Beweise
beweisbar
beweisen; du beweist; sie beweist; sie bewies ihr Können; sie hat es bewiesen
die **Beweisführung**
beweiskräftig
sich **bewerben;** du bewirbst dich; sie bewirbt sich; sie bewarb sich; sie hat sich um diese Stelle beworben
der **Bewerber;** des Bewerbers; die Bewerber
die **Bewerberin;** die Bewerberinnen
die **Bewerbung**
bewerkstelligen (zustande bringen); du bewerkstelligst; sie bewerkstelligte den Verkauf; sie hat das bewerkstelligt
bewerten; du bewertest; er bewertete; er hat seine Leistung bewertet
bewilligen (genehmigen); du bewilligst; sie bewilligte; sie hat mir den Urlaub bewilligt
die **Bewilligung**
bewirten; du bewirtest; er bewirtete; sie hat die Gäste bewirtet
bewohnen; du bewohnst; sie bewohnte; sie hat ein grosses Haus bewohnt
der **Bewohner;** des Bewohners; die Bewohner
die **Bewohnerin;** die Bewohnerinnen
bewölkt; der bewölkte Himmel
die **Bewölkung**
bewundern; sie bewunderte; sie hat die Dichterin bewundert
bewundernswert
die **Bewunderung**
bewusst; ich bin mir keines Vergehens bewusst; bewusst machen *oder* bewusstmachen; er machte das bewusst (mit Absicht); sie hat mir den Grund bewusst gemacht *oder* bewusstgemacht (klar gemacht)
bewusstlos
die **Bewusstlosigkeit**
das **Bewusstsein**
Bez. = Bezeichnung; Bezirk
bezahlen; du bezahlst; sie bezahlte die Rechnung; sie hat dafür bezahlt; jemanden gut bezahlen
bezaubern; du bezauberst; er bezauberte; er hat sie bezaubert
bezaubernd; ein bezauberndes Lächeln
bezeichnen; du bezeichnest; sie bezeichnete; sie hat es als gut bezeichnet
bezeichnend; es ist bezeichnend für ihn
die **Bezeichnung**
bezeugen (Zeugnis ablegen, bestätigen); sie bezeugt, dass ...; sie hat die Wahrheit bezeugt
bezichtigen (beschuldigen); du bezichtigst ihn; sie bezichtigte ihn; sie hat ihn der Tat bezichtigt
beziehen; du beziehst; sie bezieht; sie bezog; sie hat die neue Wohnung bezogen; er hat das Bett frisch bezogen; sich auf eine Sache beziehen
die **Beziehung;** in Beziehung setzen
beziehungsweise (*Abkürzung:* bzw.)
der **Bezirk;** des Bezirks *oder* Bezirkes; die Bezirke
das **Bezirksamt**
der **Bezug;** des Bezugs *oder* Bezuges; die Bezüge; in Bezug auf [Ihren Brief]; mit Bezug auf; auf etwas Bezug nehmen
der **Bezüger** (Person, die eine Rente o. Ä. bezieht; Person, die eine Dienstleistung [Strom o. Ä.] bezieht); des Bezügers; die Bezüger
die **Bezügerin;** die Bezügerinnen
bezüglich; *mit Genitiv:* bezüglich (wegen) des Briefes

die **Bezugsperson** (Person, zu der jemand eine persönliche Beziehung hat, die ihm Halt und Orientierung gibt)

bezweifeln; ich bezweifle *oder* bezweifele das

das **BFS** = Bundesamt für Statistik

der **BH** (*Abkürzung für:* Büstenhalter); des BH *oder* BHs; die BH *oder* BHs

Bhf. = Bahnhof

das *oder* der **Biathlon** (Kombination aus Skilanglauf und Scheibenschiessen); des Biathlons; die Biathlons

bibbern (vor Kälte zittern); ich bibbere; du bibberst; er bibbert; er hat gebibbert

die **Bibel;** die Bibeln

> In einer Reihe von Wörtern wird der lang gesprochene i-Laut ohne anschliessendes -e oder Dehnungs-h geschrieben. Dazu gehören sowohl die *Bibel* als auch der *Biber.*

der **Biber** (ein Nagetier); des Bibers; die Biber

der **Biber;** des Bibers; die Biber; *auch kurz für:* Biberfladen

der **Biberfladen** (Ostschweizer Spezialität)

die **Bibliografie** (Bücherverzeichnis); die Bibliografien

die **Bibliothek** (Bücherei); die Bibliotheken; eine öffentliche Bibliothek

der **Bibliothekar** (Angestellter einer Bücherei); des Bibliothekars; die Bibliothekare

die **Bibliothekarin;** die Bibliothekarinnen

biblisch; eine biblische Geschichte (eine Erzählung aus der Bibel)

der *oder* das **Bidon** (Kanne, Kanister; Trinkflasche); des Bidons; die Bidons

bieder (etwas einfallslos, langweilig; allzu naiv; anständig); eine biedere Stadt

die **Biederfrau**

der **Biedermann;** die Biedermänner

das **Biedermeier** (Kunststil vor 1848)

biegen; du biegst; sie biegt; sie bog; sie hat den Stab gebogen; sich biegen; der Stab hat sich gebogen; ABER: auf Biegen oder Brechen (mit Gewalt, unter allen Umständen)

biegsam

die **Biegung**

Biel (Stadt im Kanton Bern; *französisch:* Bienne)

der **Bielersee**

die **Biene**

die **Bienenkönigin**

Bienne *vergleiche:* Biel

das **Bier;** des Biers *oder* Bieres; die Biere; ABER: 3 [Glas] Bier

der **Bierdeckel** *oder* der **Bierteller**

das **Biest** (Schimpfwort); des Biests *oder* Biestes; die Biester

bieten; du bietest; sie bietet; sie bot; sie hat mehr geboten

die **Bigband** (grosses Jazz- oder Tanzorchester); die Bigbands

der **Big Brother** ([heimlicher] Beobachter, Überwacher); des Big Brothers; die Big Brothers; *auch:* Bigbrother

das **Bijou** (Schmuckstück, Kleinod); des Bijous; die Bijous *oder* Bijoux

die **Bijouterie** (Schmuckwarengeschäft); die Bijouterien

der *oder* das **Bikini;** des Bikinis; die Bikinis

die **Bilanz** (die Gegenüberstellung von Vermögen und Kapital für ein Geschäftsjahr; Ergebnis); die Bilanzen

bilateral (zweiseitig, von zwei Seiten ausgehend); bilaterale Verträge

das **Bild;** des Bilds *oder* Bildes; im Bilde sein (Bescheid wissen)

der **Bildband**

bilden; du bildest; sie bildete; sie hat einen Satz gebildet; die bildende Kunst

das **Bilderbuch**

die **Bildergeschichte**

das **Bilderrätsel**

der **Bildhauer;** des Bildhauers; die Bildhauer

die **Bildhauerin;** die Bildhauerinnen

bildlich

das **Bildnis;** des Bildnisses; die Bildnisse

der **Bildschirm**

die **Bildung**

das **Billard** (ein Kugelspiel; dazugehöriger Tisch); des Billards; die Billarde

das **Billett** *oder* **Billet** (Eintrittskarte; Fahrkarte); die Billette *und* die Billetts *oder* die Billete *und* die Billets

die **Billiarde** (tausend Billionen); die Billiarden

billig; billig einkaufen; ein billiger Film (Film von schlechter Qualität); ein billiger (einfallsloser) Trick; das ist nur recht und billig (gerecht)

billigen (für gut halten); du billigst; sie billigte meinen Entschluss; sie hat meinen Entschluss gebilligt die **Billion** (eine Million Millionen); die Billionen

bimmeln; du bimmelst; sie bimmelte; sie hat mit der Glocke gebimmelt

der **Bimsstein**

binär (aus zwei Einheiten bestehend); binäre Ziffern

die **Binde**

das **Bindegewebe** (umhüllendes und verbindendes Gewebe)

die **Bindehaut** (die durchsichtige Schleimhaut des Auges)

binden; du bindest; er bindet; er band; er hat eine Schleife gebunden

der **Bindestrich**

der **Bindfaden;** des Bindfadens; die Bindfäden

die **Bindung**

binnen; *mit Dativ:* binnen Kurzem; binnen einem Jahr (*gehoben auch mit Genitiv:* binnen eines Jahres); binnen drei Tagen (*gehoben auch:* binnen dreier Tage); binnen Jahr und Tag

der **Binnenhafen** (Hafen im Landesinnern); des Binnenhafens; die Binnenhäfen

das **Binnenland** (Landesteile, die weit entfernt von der Küste liegen; Gebiet ohne direkten Zugang zum Meer); des Binnenlands *oder* Binnenlandes; die Binnenländer

die **Binnenschifffahrt**

das **Binom** (*Mathematik:* Summe oder Differenz aus zwei Gliedern); des Binoms; die Binome

die **Binse;** in die Binsen gehen (verloren gehen)

die **Binsenwahrheit** (allgemein bekannte Wahrheit)

die **Binsenweisheit**

bio (*kurz für:* biologisch); er kauft nur, was bio ist; wir kochen bio *oder* Bio

der **Biobauer**

die **Biobäuerin**

die **Biochemie**

biochemisch

das **Biogas** (Faulgas als Energiequelle)

der **Biograf** (Verfasser einer Biografie); des/dem/den Biografen; die Biografen

die **Biografie** (Lebensbeschreibung); die Biografien

die **Biografin;** die Biografinnen

biografisch

der **Bioladen;** des Bioladens; die Bioläden

der **Biologe;** des/dem/den Biologen; die Biologen

die **Biologie** (Lehre von der belebten Natur)

die **Biologin;** die Biologinnen

biologisch

der *oder* das **Biotop** (durch bestimmte Pflanzen- und Tiergesellschaften gekennzeichneter Lebensraum); des Biotops; die Biotope

das **Birchermüesli;** des Birchermüeslis; die Birchermüesli

die **Birke**

der **Birnbaum**

die **Birne**

der **Birnenweggen** *oder* der **Birnweggen;** *selten auch:* Birenweggen

bis; bis hierher; bis jetzt; bis anhin; bis und mit (bis einschliesslich) Sonntag; bis [nach] Chur; bis auf Weiteres

die **Bisamratte**

der **Bischof;** des Bischofs; die Bischöfe

die **Bischöfin;** die Bischöfinnen

bischöflich

das *oder* der **Biscuit** *oder* **Biskuit** *oder* **Bisquit;** die Biscuits *oder* Biskuits *oder* Bisquits

die **Bise** (Nordostwind)

bisher (bis jetzt)

bisherig; der bisherige Direktor; im Bisherigen (weiter oben); das Bisherige

der **Bison** (nordamerikanischer Büffel); des Bisons; die Bisons

der **Biss;** des Bisses; die Bisse

bisschen; das bisschen; ein bisschen (ein wenig); ein klein bisschen; mit ein bisschen Geduld

der **Bissen;** des Bissens; die Bissen

bissig

das **Bistum;** des Bistums; die Bistümer

bisweilen (manchmal, ab und zu)

der **Biswind** (Bise, Nordostwind)

das **Bit** (Informationseinheit); des Bit *oder* Bits; die Bit *oder* Bits

bitte; du musst Bitte *oder* bitte sagen

die **Bitte**

bitten; du bittest; er bittet; er bat; er hat ihn um [einen] Rat gebeten; bitte ihn um Nachsicht!; *vergleiche auch:* beten

bitter; eine bittere Medizin

bitterböse

bitterernst

bitterkalt; es ist bitterkalt; ein bitterkalter Wintertag
die **Bitterkeit**
bitterlich
das **Biwak** (Feldlager); des Biwaks; die Biwaks *oder* Biwake
bizarr (seltsam); bizarre Formen
der **Bizeps** (Oberarmmuskel); des Bizeps *oder* Bizepses; die Bizepse
BL = Autokennzeichen und allgemeine Abkürzung für den Kanton Baselland
das **Blabla** (leeres Geschwätz); des Blabla *oder* Blablas
die **Blache** (Plane, Abdeckung); die Blachen
die **Blackbox** (Teil eines kybernetischen Systems; Flugschreiber); die Blackboxes
das *oder* der **Blackout** (Erinnerungslücke); des Blackout *oder* Blackouts; die Blackouts
blähen; der Wind bläht die Segel; der Wind hat die Segel gebläht; sich blähen; der Vorhang hat sich im Wind gebläht
die **Blähung**
blamabel; blamabler; am blamabelsten; eine blamable Niederlage
die **Blamage** (Schande, Blossstellung); die Blamagen
sich **blamieren;** du blamierst dich; er blamierte sich; er hat sich blamiert
blank; etwas blank reiben *oder* blankreiben, blank polieren *oder* blankpolieren; die blank polierte *oder* blankpolierte Tasse; er hat die Tasse [ganz] blank poliert; seine Nerven liegen blank (er ist sehr angespannt)
blankreiben *vergleiche:* **blank**
die **Blase**
der **Blasebalg;** die Blasebälge
blasen; du bläst; er bläst; ABER: ihr blast; er blies; er hat die Trompete geblasen
blasiert (hochnäsig)
das **Blasinstrument**
die **Blasphemie** (Gotteslästerung, verletzende Äusserung über Heiliges)
blass; blasser *oder* blässer; am blassesten *oder* blässesten; blass sein; blass werden
die **Blässe** (blasses Aussehen; blasse Farbe) *vergleiche aber:* Blesse
das **Blässhuhn** *oder* **Blesshuhn** (Wasservogel)
das **Blatt;** des Blatts *oder* Blattes; die Blätter; ABER: 5 Blatt Papier

blätterig *oder* **blättrig**
blättern; du blätterst; er blätterte; er hat im Buch geblättert; blättere nicht dauernd in diesem Buch!
die **Blattern** (Windpocken)
der **Blätterteig**
das **Blattgold**
das **Blattgrün**
die **Blattlaus**
blau *siehe Kasten Seite 64*
das **Blau** (die blaue Farbe); des Blaus; die Blau, *selten auch:* Blaus; das Blau des Himmels; er ist in Blau gekleidet; das ist mit Blau bemalt
die **Blaubeere** (Heidelbeere)
bläuen (schlagen); sein Vater hat ihn gebläut
bläuen (blau machen, färben); sie bläute das Kleid
der **Blaufahrer** (alkoholisierter Autofahrer)
die **Blaufahrerin**
der **Blauhelm** (UNO-Soldat *oder* UNO-Soldatin)
bläulich; bläulich grün; bläulich rot
das **Blaulicht;** die Blaulichter
blaumachen (ohne zwingenden Grund nicht zur Arbeit, Schule o. Ä. gehen); er macht heute blau; er hat einen Tag blaugemacht; *vergleiche auch:* blau
die **Blausäure**
die **Blautanne**
der **Blazer** (sportlich-elegante Jacke); des Blazers; die Blazer
das **Blech;** des Blechs *oder* Bleches; die Bleche
blechen (notgedrungen viel Geld bezahlen); du blechst; er blechte; er hat geblecht
blechern (aus Blech)
der **Blechschaden**
blecken; *in der Wendung:* die Zähne blecken; der Hund bleckt; er bleckte; er hat vor Wut die Zähne gebleckt
das **Blei** (ein Metall); des Bleis *oder* Bleies
die **Bleibe**
bleiben; du bleibst; er bleibt; er blieb; er ist noch dort geblieben; er hat es bleiben lassen, *seltener:* bleiben gelassen
bleich
bleichen; die Wäsche bleicht; die Wäsche ist gebleicht (heller geworden); er bleicht; er bleichte; er hat die Wäsche gebleicht (heller gemacht)

blau

blauer; am blausten *oder* blauesten

1. Gross- und Kleinschreibung:

Kleinschreibung:

- das blaue Kleid
- blauer Fleck (Bluterguss)
- sein blaues Wunder erleben (staunen)
- ein blauer Brief (ein Mahn- oder Kündigungsbrief)
- Augen: blau *(in Pässen o. Ä.)*
- blau sein (betrunken sein)

Gross schreibt man das Farbadjektiv «blau», wenn es als Nomen gebraucht wird. Die Nominalisierung erkennt man meist daran, dass dem Adjektiv «blau» ein Artikel vorangeht, ohne dass ein Nomen direkt folgt:

- das Blau des Himmels
- etwas ins Blaue reden
- eine Fahrt ins Blaue
- die Farbe Blau

Auch in Namen schreibt man «blau» gross:

- die Blaue Grotte (von Capri)
- der Blaue Nil (ein Fluss)
- der Blaue Planet (die Erde)

2. Getrennt- oder Zusammenschreibung:

Mehrteilige Adjektive schreibt man zusammen:

- dunkelblau; sie hat das Kleid dunkelblau gefärbt
- grellblau; ein grellblaues Aquarium
- hellblau; hellblaue Stoffe
- den Pullover blau färben *oder* blaufärben
- ein blau gestreifter *oder* blaugestreifter Stoff

Vergleiche auch: blaumachen

In zusammengesetzten Farbbezeichnungen wird ein Bindestrich gesetzt, um das Nebeneinander zweier Farben deutlich zu machen:

- ein blaurotes Kleid (die Farbe des Kleids ist ein bläuliches Rot)
- ein blau-rotes Kleid (das Kleid hat die Farben Blau und Rot)

das **Bleichgesicht;** des Bleichgesichts *oder* Bleichgesichtes; die Bleichgesichter

bleifrei

das **Bleifrei** (bleifreies Benzin); Bleifrei tanken

bleihaltig

der **Bleistift;** des Bleistifts *oder* Bleistiftes; die Bleistifte

die **Blende** (*Optik:* Vorrichtung, die einfallende Lichtstrahlen abschirmt)

blenden; du blendest; er blendete; das Licht hat geblendet; blende *oder* blend ihn nicht!

blendend; ein blendend weisses Kleid; der Schnee war blendend weiss; sie amüsiert sich blendend (ausgezeichnet)

die **Blesse** (weisser Stirnfleck; *auch für:* Tier mit weissem Fleck); *vergleiche aber:* Blässe

das **Blesshuhn** *oder* **Blässhuhn** (Wasservogel)

der **Blick;** des Blicks *oder* Blickes; die Blicke

blicken; du blickst; er blickte; er hat böse geblickt

blind; blind sein; blind werden

der **Blinddarm**

der **Blinde;** ein Blinder; die Blinden; mehrere Blinde

die **Blinde;** eine Blinde

Blindekuh; Blindekuh spielen

die **Blindenschrift**

der **Blindflug**

die **Blindheit**

blindlings (blind; unüberlegt; gedankenlos); blindlings losrennen

die **Blindschleiche**

blindwütig

blinken; du blinkst; er blinkte; er hat mit der Taschenlampe geblinkt

der **Blinker;** des Blinkers; die Blinker

das **Blinkfeuer** (ein Seezeichen)

das **Blinklicht;** die Blinklichter

blinzeln; du blinzelst; er blinzelte; er hat geblinzelt

der **Blitz;** des Blitzes; die Blitze
der **Blitzableiter**
blitzblank
blitzen; es blitzte; es hat geblitzt
blitzgescheit
das **Blitzlicht;** die Blitzlichter
blitzschnell
der **Blizzard** (schwerer Schneesturm in Nordamerika); des Blizzards; die Blizzards
blochen; du blochst; er blocht; er blochte; er hat den Fussboden geblocht (poliert, gebohnert); die Lastwagen sind tagaus, tagein die Strasse entlang geblocht (gefahren, gerast)
der **Blocher** (Gerät zum Polieren von Fussböden; Raser); des Blochers; die Blocher
die **Blocherin** (Raserin)
der **Block;** des Blocks *oder* Blockes; die Blöcke *und* (für Abreissblocks, Häuserblocks u. a.:) die Blocks
die **Blockade** (Sperre, Seesperre)
der **Blockbuster** (erfolgreicher Kinofilm); des Blockbusters; die Blockbuster
die **Blockflöte**
das **Blockhaus;** die Blockhäuser
blockieren; er blockierte die Strasse; er hat die Strasse blockiert
die **Blockschrift**
blöd *oder* **blöde**
blödeln (Unsinn reden); du blödelst; er blödelte; er hat geblödelt; blödle *oder* blödele nicht so!
der **Blödsinn**
blödsinnig

> Viele Fremdwörter werden ganz anders geschrieben, als sie gesprochen werden. Dazu gehört auch das aus dem Englischen übernommene Verb «bluffen», dessen Aussprache «blöffen» lautet.

der **Blog** (Online-Tagebuch; Website, auf der jemand immer wieder über sein eigenes Leben berichtet); des Blogs; die Blogs
der **Blogger** (jemand, der an einem Blog schreibt); des Bloggers; die Bloggers
die **Bloggerin;** die Bloggerinnen
blöken; das Schaf blökte; es hat geblökt
blond; blonde Haare; sie hat blond gefärbtes *oder* blondgefärbtes Haar; sie hat ihr Haar [ganz] blond gefärbt
die **Blondine**
bloss; er fing die Schlange mit der blossen (nackten) Hand; was ist bloss (nur) los mit ihr?; es dauert bloss ein paar Tage
die **Blösse** (Nacktsein, Nacktheit); die Blössen; sich eine Blösse geben (eine schwache Stelle zeigen)
blossstellen; du stellst ihn bloss; er hat ihn blossgestellt
die **Bluejeans** (blaue Hose aus festem Baumwollgewebe) *Plural; auch:* Blue Jeans
der **Blues** (afroamerikanische Musik); des Blues; die Blues
der **Bluff;** des Bluffs; die Bluffs
bluffen; du bluffst; er bluffte; er hat geblufft
blühen; die Blume blüht; sie hat lange geblüht
die **Blume**
der **Blumenkohl**
der **Blumenstrauss**
der **Blumentopf**
die **Blumenvase**
die **Bluse**
der *oder* die **Blust** (Blüte, Blütezeit, Blühen); des Blusts *oder* Blustes
das **Blut;** des Bluts *oder* Blutes; Blut spenden; Blut saugen
blutarm
die **Blutbank** (eine Art Lagerstätte für Blutkonserven); die Blutbanken
blutbeschmiert; ein blutbeschmiertes Hemd; ABER: ein mit Blut beschmiertes Hemd
der **Blutdruck**
die **Blüte**
bluten; du blutest; er blutete; er hat geblutet
der **Blütenstand** (Vereinigung mehrerer Blüten)
der **Blütenstaub**
der **Bluter** (jemand, der zu schwer stillbaren Blutungen neigt); des Bluters; die Bluter
der **Bluterguss**
die **Bluterin;** die Bluterinnen
das **Blutgefäss**
die **Blutgruppe**
blutig
blutjung (sehr jung)
die **Blutkonserve**
das **Blutkörperchen;** die roten, weissen Blutkörperchen
der **Blutkreislauf**

das **Blutplasma** (flüssiger Teil des Blutes)
das **Blutplättchen**
die **Blutrache**
blutrot
die **Blutspende**
blutsverwandt
blutt (nackt)
die **Bluttransfusion**
die **Blutung**
die **Blutvergiftung**
der **BMI** = Body-Mass-Index
das **BMX-Rad** (geländegängiges Fahrrad)
die **Bö** *oder* **Böe** (ein heftiger Windstoss); die Böen
die **Boa** (Riesenschlange); die Boas
boarden (*kurz für:* snowboarden); du boardest; sie boardet, sie boardete; sie ist *oder* hat geboardet
der **Bob** (Rennschlitten); des Bobs; die Bobs
die **Bobbahn**
das *oder* die **Boccia** (ein Kugelspiel); des Boccia *oder* der Boccia; die Boccias; *Trennung:* Boc-cia
der **Bock;** des Bocks *oder* Bockes; die Böcke; Bock springen, ABER: das Bockspringen; keinen, null Bock auf etwas haben (*umgangssprachlich für:* keine Lust zu etwas haben)
bockbeinig (trotzig, störrisch)
bockig (trotzig, störrisch)
das **Bockshorn;** *nur in der Wendung:* sich ins Bockshorn jagen lassen (sich verwirren, einschüchtern lassen)
bockstill (gänzlich regungslos)
der **Boden;** des Bodens; die Böden
die **Bodenschätze** *Plural*
der **Bodensee**
bodenständig (urchig)
das **Bodenturnen**
die **Bodenwichse** (Wachs zur Behandlung von Böden)
bodigen (zu Boden werfen, besiegen); sie bodigt; sie bodigte; sie hat alle gebodigt
der **Body** (eng anliegende, einteilige Unterkleidung); des Bodys; die Bodys
das **Bodybuilding** (Training zur besonderen Ausbildung der Körpermuskulatur); des Bodybuilding *oder* Bodybuildings
der **Bodyguard** (Leibwächter); des Bodyguards; die Bodyguards
die **Bodylotion** (Körperlotion); die Bodylotions
der **Body-Mass-Index** (Formel zur Bestimmung des normalen Körpergewichts; *Abkürzung:* BMI)
der **Bodysuit** (einteiliges, eng anliegendes Kleidungsstück); des Bodysuit *oder* Bodysuits
die **Böe** *vergleiche:* Bö
der **Bogen;** des Bogens; die Bogen *oder* Bögen; in Bausch und Bogen (ganz und gar)
das **Bogenschiessen**
die **Bohle** (dickes Brett)

> Nicht verwechseln: Obwohl beide Wörter gleich ausgesprochen werden, schreibt man die meist als Bauholz verwendete *Bohle* anders als das Getränk aus Wein, Zucker und Früchten (die *Bowle*).

die **Bohne**
der **Bohnenkaffee**
das **Bohnenkraut**
die **Bohnenstange**
bohnern (blocken); ich bohnere; du bohnerst; er bohnerte; er hat den Boden gebohnert
das **Bohnerwachs**
bohren; du bohrst; er bohrte; er hat ein Loch gebohrt; bohre *oder* bohr nicht in der Nase!
der **Bohrer;** des Bohrers; die Bohrer
die **Bohrinsel** (ins Meer gebaute Plattform für Öl- und Erdgasförderung)
böig; böiger Wind
der **Boiler** (Warmwasserbereiter); des Boilers; die Boiler
die **Boje** (schwimmendes Seezeichen)
der **Bolero** (spanischer Tanz; kurze Jacke); des Boleros; die Boleros
der **Bolivianer;** des Bolivianers; die Bolivianer
die **Bolivianerin;** die Bolivianerinnen
bolivianisch
Bolivien (Staat in Südamerika)
das **Bollwerk** (Schutzwall; Festung); des Bollwerks *oder* Bollwerkes; die Bollwerke
bolzen (schnell fahren; *in Deutschland:* derb Fussball spielen); du bolzt; er bolzte; er hat gebolzt
der **Bolzen** (zylindrischer Gegenstand zur Verbindung von Metall- oder Holzteilen); des Bolzens; die Bolzen
bolzengerade
der **Bolzplatz** (Fussballplatz)

bombardieren; du bombardierst; er bombardierte; er hat ihn ständig mit Fragen bombardiert
die **Bombe**
der **Bombenanschlag**
der **Bombenerfolg** (grosser Erfolg)
das **Bombengeschäft** (erfolgreiches, sehr gutes Geschäft)
bombensicher; ein bombensicherer Keller; ABER *mit Doppelbetonung:* bombensicher (sehr sicher); ein bombensicheres Geschäft
der **Bomber;** des Bombers; die Bomber
der **Bon** (Gutschein); des Bons; die Bons
das *oder* der **Bonbon;** des Bonbons; die Bonbons
der **Bonsai** (japanischer Zwergbaum); des Bonsai *oder* Bonsais; die Bonsais
der **Bonze** (reiche oder einflussreiche Person; Funktionär einer Partei); des/dem/den Bonzen; die Bonzen
der **Böögg;** des Bööggen *oder* Bööggs; die Bööggen
der **Boogie-Woogie** (Klavierstil; Tanzform)
der **Boom** (Hochkonjunktur); des Booms; die Booms
der **Boot** (hoher [Wildleder]schuh); des Boots; *meist Plural:* die Boots
das **Boot;** des Boots *oder* Bootes; die Boote; *Verkleinerungsform:* das Bötchen
der **Bord** (Schiffsrand, Schiffsdeck); des Bords *oder* Bordes; die Borde; an, von Bord gehen; Mann über Bord!
das **Bord** (Ablagebrett an der Wand; Abhang, Böschung); des Bords *oder* Bordes; die Borde
bordeaux (weinrot); ein bordeaux Hemd
das **Bordell** (Haus, in dem Prostituierte ihr Gewerbe ausüben); des Bordells; die Bordelle
der **Bordstein** (am Bürgersteig)
borgen; du borgst ihm Geld; er borgte ihm Geld; er hat ihm Geld geborgt
die **Borke** (Rinde); die Borken
der **Borkenkäfer**
Borneo (Insel in Südostasien)
borniert (geistig beschränkt)
die **Börse**
die **Borste**
borstig
die **Borte** (Band zur Verzierung an Kleidern oder Vorhängen); die Borten

bös *vergleiche:* böse
bösartig
die **Böschung** (Abhang, Bord)
böse; ein böser Blick; jenseits von Gut und Böse; das Gute und das Böse; im Guten wie im Bösen
der **Bösewicht;** die Bösewichte
die **Bösewichtin;** die Bösewichtinnen
boshaft
die **Bosheit**
Bosnien (Gebiet im Norden von Bosnien und Herzegowina)
Bosnien und Herzegowina (Staat in Südosteuropa)
der **Bosnier;** des Bosniers; die Bosnier
die **Bosnierin;** die Bosnierinnen
bosnisch
der **Boss** (Chef); des Bosses; die Bosse
die **Bossin;** die Bossinnen
der **Bostitch** (Gerät zum Heften von Papier mittels Büroklammern; Hefter); des Bostitchs; die Bostitch *oder* Bostitchs
bostitchen; du bostitchst; er bostitcht; er bostitchte; er hat die Blätter gebostitcht
böswillig
die **Botanik** (Pflanzenkunde)
botanisch; botanische Gärten; ABER: der Botanische Garten in Zürich
das **Bötchen**
der **Bote;** des/dem/den Boten; die Boten
die **Botin;** die Botinnen
die **Botschaft**
der **Botschafter;** des Botschafters; die Botschafter
die **Botschafterin;** die Botschafterinnen
Botswana (Staat in Afrika)
der **Botswaner;** des Botswaners; die Botswaner
die **Botswanerin;** die Botswanerinnen
der **Böttcher** (Bottichmacher); des Böttchers; die Böttcher
die **Böttcherin;** die Böttcherinnen
der **Bottich** (grosse Holzwanne); des Bottichs *oder* Bottiches; die Bottiche
die **Bouillon;** die Bouillons
das **Bouquet** (Blumenstrauss; Duft des Weines); des Bouquets; die Bouquets
die **Boutique;** die Boutiques *oder* Boutiquen
die **Bowle** (Getränk aus Wein, Sekt und Früchten); die Bowlen; *vergleiche aber:* Bohle

das **Bowling** (amerikanische Art des Kegelspiels); des Bowlings; die Bowlings
die **Box** (abgeteilter Raum; einfache Kamera; Behälter); die Boxen
boxen; ich boxe; du boxt; er boxte; er hat geboxt; boxe *oder* box mit ihm!
der **Boxer;** des Boxers; die Boxer
die **Boxerin**
der **Boxkampf**
der **Boy** (Junge; [Hotel-]Diener); des Boys; die Boys
die **Boygroup** (Popgruppe aus jungen attraktiven Männern); die Boygroups
der **Boykott** (Verweigerung; Ausschluss); des Boykotts; die Boykotte
boykottieren; ich boykottiere; du boykottierst; sie boykottierte; sie hat dieses Geschäft boykottiert
brabbeln (undeutlich reden); er brabbelt; er brabbelte; er hat etwas in seinen Bart gebrabbelt
brach (unbestellt, unbebaut)
die **Brache** (Brachfeld); die Brachen
das **Brachfeld;** des Brachfelds *oder* Brachfeldes; die Brachfelder
brachial; brachiale (rohe) Gewalt
die **Brachialgewalt** (rohe körperliche Gewalt)
brachliegen; der Acker lag brach; er hat brachgelegen
brackig (schwach salzig und daher ungeniessbar)
das **Brackwasser** (Gemisch aus Süss- und Salzwasser in den Flussmündungen); die Brackwasser
die **Branche** (Wirtschaftszweig); die Branchen
der **Brand;** des Brands *oder* Brandes; die Brände; in Brand stecken
die **Brandblase**
brandeilig (sehr eilig)
brandmager (sehr mager, spindeldürr)
das **Brandmal** (durch Verbrennung entstehendes Mal, Zeichen); des Brandmals; die Brandmale, *selten auch:* Brandmäler
brandmarken (öffentlich blossstellen); du brandmarkst; man brandmarkte ihn; man hat ihn gebrandmarkt
brandneu
die **Brandstätte**
der **Brandstifter;** des Brandstifters; die Brandstifter
die **Brandstifterin;** die Brandstifterinnen
die **Brandung**
die **Brandwunde**
der **Branntwein**
der **Brasilianer;** des Brasilianers; die Brasilianer
die **Brasilianerin;** die Brasilianerinnen
brasilianisch
Brasilien (Staat in Südamerika)
das **Brät;** des Bräts
die **Bratbutter**
braten; du brätst; sie brät; sie briet; sie hat den Fisch gebraten
der **Braten;** des Bratens; die Braten
die **Bratkartoffel;** die Bratkartoffeln
die **Bratsche** (ein Streichinstrument); *Trennung:* Brat-sche
der **Bratscher** *oder* **Bratschist** (Bratschenspieler); des Bratschers *oder* Bratschisten; die Bratscher *oder* Bratschisten; *Trennung:* Brat-schist
die **Bratscherin** *oder* **Bratschistin;** die Bratscherinnen oder Bratschistinnen; *Trennung:* Brat-schis-tin
die **Bratwurst**
der **Brauch;** des Brauchs *oder* Brauches; die Bräuche
brauchbar
brauchen; du brauchst einen neuen Mantel; er hat einen neuen Hut gebraucht; ABER: er hat es nicht zu tun brauchen (nicht tun müssen)
das **Brauchtum;** des Brauchtums; die Brauchtümer; ländliches Brauchtum
das **Brauchwasser** (für Gewerbe und Industrie)
brauen; ich braue; du braust; er braute; er hat Bier gebraut
die **Brauerei**
braun; eine braun gebrannte *oder* braungebrannte Frau; *vergleiche auch:* blau
der **Braunbär**
bräunen; die Sonne bräunte ihn, hat ihn gebräunt; sich bräunen lassen
die **Braunkohle**
bräunlich
die **Brause**
brausen; das Wasser brauste; es hat gebraust; sich brausen; er hat sich gebraust
die **Brausetablette**
die **Braut;** die Bräute

der **Bräutigam;** des Bräutigams; die Bräutigame
das **Brautkleid**
bräutlich
brav (gehorsam, artig); ein braver Junge
bravo!
die **Bravour** *oder* **Bravur** (Tapferkeit; Meisterschaft)
die **BRD** = Bundesrepublik Deutschland
der *oder* das **Break** (*Tennis:* Durchbrechen des gegnerischen Aufschlags); des Breaks; die Breaks
der **Breakdance** (akrobatischer Tanz zu Popmusik); des Breakdance *oder* Breakdances
brechen; der Ast bricht; der Ast brach; der Ast ist gebrochen; brich nicht den Stab über ihn! (moralisch verurteilen)
der **Brecher** (Sturzwelle); des Brechers; die Brecher
die **Brechstange**
der **Brei;** des Breis *oder* Breies; die Breie
breiig
breit; breiter; am breitesten; eine breite Strasse; weit und breit ist niemand zu sehen; er hat die Geschichte des Langen und Breiten (umständlich) erzählt; ins Breite gehen, fliessen; die Strasse breit, breiter machen; sich breitmachen (viel [Platz] in Anspruch nehmen, sich immer weiter ausbreiten)
die **Breite;** die Breiten; nördliche, südliche Breite
der **Breitengrad**
der **Breitenkreis**
sich **breitmachen** (viel [Platz] in Anspruch nehmen, sich immer weiter ausbreiten); sie hat sich auf dem Sofa breitgemacht
die **Bremse**
bremsen; du bremst; er bremste; er hat gebremst
die **Bremsspur**
brennen; die Kerze brennt; sie brannte; es hat gebrannt; er hat eine CD gebrannt
der **Brenner;** des Brenners; die Brenner
das **Brennglas**
die **Brennnessel;** die Brennnesseln
der **Brennpunkt** *(Optik, Geometrie)*
der **Brennsprit** (Alkohol zu technischen Zwecken)
der **Brennstab** (von einer stabförmigen Hülse umgebener Kernbrennstoff, der in den Kernreaktor eingebracht wird)
der **Brennstoff;** die Brennstoffe *meist Plural*
die **Brennweite** *(Chemie)*
brenzlig (gefährlich); eine brenzlige Situation
die **Bresche** (grosse Lücke); eine Bresche schlagen
das **Brett;** des Bretts *oder* Brettes; die Bretter
die *oder* der **Bretzel** *oder* **Brezel;** der Bretzel *oder* des Bretzels *und* der Brezel *oder* des Brezels; die Bretzeln *oder* Bretzel *und* die Brezeln *oder* Brezel
das **Brevet** (Prüfungsausweis, z. B. zum Segeln, Fliegen usw.); des Brevets; die Brevets
das **Brevier** (ein Gebetbuch); des Breviers; die Breviere
die **Brezel** *oder* **Bretzel;** die Brezeln *oder* Bretzeln
die **Bride** (Teil zum Befestigen von Kabeln); die Briden
das **Bridge;** des Bridge; Bridge spielen
der **Brief;** des Briefs *oder* Briefes; die Briefe
der **Briefkasten**
brieflich; brieflich abstimmen
die **Briefmarke**
die **Brieftaube**
der **Briefträger**
die **Briefträgerin**
der **Brienzersee**
die **Brigade** (Truppenabteilung)
das **Brikett;** des Briketts; die Briketts *oder* Brikette
brillant (glänzend, fein); brillanter; am brillantesten
der **Brillant** (geschliffener Diamant); des Brillanten; die Brillanten
die **Brille**
die **Brillenschlange**
bringen; ich bringe; du bringst; er bringt; er brachte; er hat den Korb gebracht
die **Brise** (ein gleichmässiger Segelwind)
die **Brissago** (lange, schlanke Zigarre); die Brissagos
der **Brite** (Einwohner von Grossbritannien); des Briten; die Briten
die **Britin;** die Britinnen
britisch
der **Broccoli** *oder* **Brokkoli** (ein Gemüse)
bröckelig *oder* **bröcklig**
bröckeln; der Putz bröckelte; der Putz ist

von der Wand gebröckelt; er hat das Brot in die Suppe gebröckelt

der **Brocken;** des Brockens; die Brocken

das **Brockenhaus**

bröcklig *oder* **bröckelig**

brodeln; das Wasser brodelt; es brodelte; es hat gebrodelt

der **Brokkoli** *oder* **Broccoli** (ein Gemüse)

die **Brombeere**

die **Bronchie** (Luftröhrenast); die Bronchien

die **Bronchitis** (Entzündung der Bronchien)

der **Brontosaurier** *oder* **Brontosaurus** (ausgestorbene Riesenechse); des Brontosauriers *oder* Brontosaurus; die Brontosaurier

die **Bronze** (eine Metallmischung)

die **Bronzemedaille**

bronzen; eine bronzene Vase

die **Bronzezeit** (vorgeschichtliche Epoche)

die **Brosche**

die **Broschüre** (leicht geheftete Druckschrift); die Broschüren

das **Brösmeli** (kleinstes Brotstückchen); des Brösmelis; die Brösmeli

das **Brot;** des Brots *oder* Brotes; die Brote

das **Brötchen**

das **Brötli;** des Brötlis; die Brötli; belegte Brötli

die **Brotzeit** (Znünipause); die Brotzeiten

der **Browser** (*EDV:* Software fürs Internet); des Browsers; die Browser

der **Bruch;** des Bruchs *oder* Bruches; die Brüche; in die Brüche gehen

der *oder* das **Bruch** (Sumpfland); des Bruchs *oder* Bruches; die Brüche, *auch:* Brücher

brüchig

die **Bruchlandung**

bruchrechnen; *nur im Infinitiv:* sie kann gut bruchrechnen; ABER: das Bruchrechnen

der **Bruchteil**

die **Bruchzahl**

die **Brücke**

der **Bruder;** des Bruders; die Brüder; die Brüder Grimm

brüderlich

die **Brüderlichkeit**

die **Bruderschaft** (religiöse Vereinigung)

die **Brüderschaft;** Brüderschaft trinken

die **Brühe**

brühen; du brühst; er brühte; er hat die Tomaten gebrüht

brühwarm

brüllen; du brüllst; er brüllte; er hat gebrüllt

brummen; du brummst; er brummte; er hat gebrummt

brummig

der **Brunch** (reichhaltiges, das Mittagessen ersetzendes Frühstück); des Brunchs *oder* Brunches; die Brunchs *oder* Brunches *oder* Brunche

brunchen (einen Brunch einnehmen, ausgiebig frühstücken); du brunchst; er brunchte; wir haben gebruncht

brünett (braunhaarig, braunhäutig)

die **Brunft** *vergleiche:* Brunst

das **Brünneli** (Waschbecken); des Brünnelis; die Brünneli

der **Brunnen;** des Brunnens; die Brunnen

die **Brunst** (Paarungszeit bei einigen Tierarten); die Brünste

brünstig (paarungsbereit); brünstige Hirsche

brüsk (abrupt; schroff); eine brüske Antwort

Brüssel (Hauptstadt Belgiens)

die **Brust;** die Brüste

sich **brüsten;** du brüstest dich; er brüstete sich; er hat sich mit seinem Mut gebrüstet

der **Brustkorb**

brustschwimmen; *nur im Infinitiv:* er kann gut brustschwimmen; ABER: das Brustschwimmen

die **Brüstung** (Geländer)

die **Brut;** die Bruten

brutal (roh; gewalttätig)

die **Brutalität**

brüten; das Huhn brütete; es hat gebrütet

der **Brüter** (Kernreaktor, der mehr spaltbares Material erzeugt, als er verbraucht); schneller Brüter

die **Bruthitze**

brutto (mit Verpackung; ohne Abzüge)

das **Bruttogehalt**

das **Bruttogewicht**

das **Bruttoinlandsprodukt** (*Wirtschaft:* Gesamtwert aller Dienstleistungen und Produkte, die innerhalb eines Jahres in einem Land erwirtschaftet werden)

der **Bruttolohn** (Lohn ohne Abzüge)

brutzeln; das Schnitzel brutzelte; es hat gebrutzelt; sich etwas brutzeln

BS = Autokennzeichen und allgemeine Abkürzung für den Kanton Basel-Stadt
BSE = bovine spongiforme Enzephalopathie (Rinderwahnsinn)
bspw. = beispielsweise
der **Bub** *oder* der **Bube** (Junge; Spielkarte); des Bubs *oder* Buben; die Buben
das **Buch;** des Buchs *oder* Buches; die Bücher; Buch führen (Einnahmen und Ausgaben verzeichnen); über die Bücher gehen (noch einmal überdenken)
die **Buche**
die **Buchecker** (Frucht der Rotbuche); die Bucheckern
buchen; du buchst; sie buchte einen Flug nach London; sie hat die Einnahmen gebucht
die **Bücherei** (öffentliche Bibliothek); die Büchereien
der **Buchfink** (ein Vogel); des/dem/den Buchfinken; die Buchfinken
der **Buchhalter**
die **Buchhalterin**
die **Buchhaltung**
der **Buchhandel**
der **Buchhändler**
die **Buchhändlerin**
die **Buchhandlung**
die **Buchse** (Rohr, das genau zu einem Gegenstück passt); die Buchsen
die **Büchse**
der **Buchstabe;** des Buchstabens; die Buchstaben
buchstabieren; du buchstabierst; sie buchstabierte; sie hat buchstabiert
buchstäblich (regelrecht, im wahrsten Sinne [des Wortes]); das Kind ist buchstäblich verhungert
die **Bucht;** die Buchten
das **Buchzeichen** (Lesezeichen)
der **Buckel;** des Buckels; die Buckel
buckelig *oder* **bucklig**
sich **bücken;** du bückst dich; er bückte sich; er hat sich gebückt
der **Bückling** (geräucherter Hering)
der **Bückling** (Verbeugung)
Budapest (Hauptstadt Ungarns)
buddeln (graben); ich buddle *oder* buddele; du buddelst; er buddelte; sie hat im Sand gebuddelt
der **Buddha** (Bild, Verkörperung des indischen Religionsstifters); die Buddhas; *Trennung:* Bud-dha
der **Buddhismus;** des Buddhismus; *Trennung:* Bud-dhis-mus
der **Buddhist;** des/dem/den Buddhisten; die Buddhisten; *Trennung:* Bud-dhist
die **Buddhistin;** die Buddhistinnen; *Trennung:* Bud-dhis-tin
die **Bude**
das **Budget** (Haushaltsplan); des Budgets; die Budgets; *Trennung:* Bud-get
das **Budo** (Sammelbezeichnung für Judo, Karate u. Ä.); des Budos
die **Büez** (anstrengende, harte Arbeit; Schufterei)
der **Büezer** (Arbeiter); des Büezers; die Büezer
die **Büezerin** (Arbeiterin); die Büezerinnen
der **Büffel;** des Büffels; die Büffel
büffeln (*umgangssprachlich für:* angestrengt lernen); ich büffle *oder* büffele; du büffelst; sie büffelte; er hat für den Test gebüffelt
das **Buffet** *oder* **Büffet** *und* **Buffett** *oder* **Büffett;** des Buffets *oder* Büffets *und* des Buffetts *oder* Büffetts; die Buffets *oder* Büffets *und* die Buffetts *oder* Büffetts; ein kaltes, warmes Buffet *oder* Büffet *und* Buffett *oder* Büffett
der **Bug** (Schulterstück, z. B. des Pferdes oder Rindes; Schiffsvorderteil); des Bugs *oder* Buges; die Buge *oder* Büge
der **Bügel;** des Bügels; die Bügel
das **Bügeleisen**
bügeln; ich bügle *oder* bügele; du bügelst; er bügelte; er hat die Hose gebügelt
der **Buggy** (zusammenklappbarer Kinderwagen); des Buggys; die Buggys
bugsieren (ins Schlepptau nehmen; mühsam an einen Ort befördern); ich bugsiere; du bugsierst; er bugsierte den Dampfer; er hat mich ins Vorzimmer bugsiert
die **Buhfrau** (böse Frau)
der **Buhmann** (böser Mann; Prügelknabe); die Buhmänner
die **Bühne**
Bukarest (Hauptstadt Rumäniens)
der **Bulgare;** des/dem/den Bulgaren; die Bulgaren
Bulgarien
die **Bulgarin;** die Bulgarinnen

bulgarisch
das **Bullauge** (rundes Schiffsfenster)
die **Bulldogge** (eine Hunderasse)
der **Bulldozer** (Planierraupe)
der **Bulle;** des/dem/den Bullen; die Bullen
die **Bulle** (päpstlicher Erlass)
bullig
der **Bumerang** (ein gekrümmtes Wurfholz); des Bumerangs; die Bumerangs *oder* Bumerange
der **Bummel;** des Bummels; die Bummel
bummeln; ich bummmle *oder* bummele; du bummelst; sie bummelte; sie hat gebummelt (gefaulenzt); ABER: er ist durch die Strassen gebummelt (geschlendert)
der **Bummler;** des Bummlers; die Bummler
die **Bummlerin;** die Bummlerinnen
bumsvoll
der **Bund** (Vereinigung; Gurtband eines Rockes, einer Hose; *kurz für:* schweizerischer Bundesstaat); des Bunds *oder* Bundes; die Bünde
der *oder* das **Bund** (Gebinde); des Bunds *oder* Bundes; die Bunde; ABER: 5 Bund Stroh
das **Bündel;** des Bündels; die Bündel
bündeln; ich bündle *oder* bündele; du bündelst; er bündelte; er hat die Zeitungen gebündelt
Bünden (*kurz für:* Graubünden); *vergleiche:* Bündner, bündnerisch, Graubünden
das **Bundesamt**
die **Bundesbahnen** *Plural;* die Schweizerischen Bundesbahnen (*Abkürzung:* SBB)
das **Bundesgericht**
das **Bundeshaus**
der **Bundeskanzler**
die **Bundeskanzlerin**
die **Bundeslade** (im Alten Testament)
das **Bundesland;** die neuen Bundesländer
der **Bundespräsident**
die **Bundespräsidentin**
der **Bundesrat**
die **Bundesrätin**
die **Bundesregierung**
die **Bundesrepublik Deutschland**
der **Bundesstaat**
die **Bundesverfassung**
bündig; kurz und bündig
der **Bündner**
das **Bündnerfleisch**
die **Bündnerin;** die Bündnerinnen
bündnerisch
das **Bündnerland**
das **Bündnis;** des Bündnisses; die Bündnisse
der **Bungalow** (eingeschossiges Haus); des Bungalows; die Bungalows
das **Bungeejumping** (Springen aus grossen Höhen, wobei der Springer durch ein starkes Gummiseil gesichert ist); des Bungeejumpings
der **Bunker;** des Bunkers; die Bunker
der **Bunsenbrenner** (Gasbrenner)
bunt; bunter; am buntesten; ein bunter Abend; bunt bemalen; bunt schillernde *oder* buntschillernde Fische; ein bunt gemischtes *oder* buntgemischtes Programm; *vergleiche aber:* buntscheckig
buntscheckig (bunt gefleckt); buntscheckige Kühe
der **Buntstift**
der **Bünzli** (Spiesser); des Bünzlis; die Bünzli
bünzlig (spiessig; provinziell)
die **Bürde**
der **Bure** (Nachkomme der niederländischen und deutschen Ansiedler und Ansiedlerinnen in Südafrika); des/dem/den Buren; die Buren
die **Burg**
der **Bürge;** des/dem/den Bürgen; die Bürgen
bürgen (mit seiner eigenen Person für etwas einstehen, Gewähr bieten; eine Bürgschaft leisten); ich bürge; du bürgst; er bürgte; er hat für dich gebürgt
der **Burger** (*in den Kantonen BE, FR, VS:* alteingesessener Ortsbürger)
der **Bürger;** des Bürgers; die Bürger
die **Burgerin**
die **Bürgerin;** die Bürgerinnen
der **Bürgerkrieg**
bürgerlich; bürgerliche Politik; bürgerliche (einfache) Küche
der **Bürgermeister**
die **Bürgermeisterin**
der **Bürgerort**
der **Bürgersteig** (Trottoir)
die **Bürgin**
die **Bürgschaft** (Garantie, Gewähr; Betrag, mit dem gebürgt wird)
die **Burin** (Nachkommin der niederländischen und deutschen Ansiedler und Ansiedlerinnen in Südafrika); die Burinnen
die **Burleske** (Posse); die Burlesken
das **Bürli**
das **Büro;** des Büros; die Büros

die **Büroklammer**
die **Bürokratie**
bürokratisch
der **Bursche;** des/dem/den Burschen; die Burschen; *Verkleinerungsform:* das Bürschchen
die **Bürste**
bürsten; du bürstest; er bürstete; er hat die Schuhe gebürstet
der **Bus;** des Busses; die Busse

> *Bus* wird im Nominativ Singular nur mit einem *s* geschrieben, obwohl Genitiv Singular und Pluralformen mit Doppel-s gebildet werden.

der **Busch;** des Buschs *oder* Busches; die Büsche
das *oder* der **Büschel;** des Büschels; die Büschel
büscheln; du büschelst; er büschelte; er hat gebüschelt; Gras büscheln (zu einem Büschel zusammenfassen); nach Datum büscheln (ordnen)
buschig
der **Busen;** des Busens; die Busen
die **Bushaltestelle**
das **Büsi;** des Büsis; die Büsi *oder* Büsis; *auch:* das Büseli
das **Business** (Geschäft; Geschäftsleben); des Business
der **Bussard;** des Bussards; die Bussarde
die **Busse**
büssen; du büsst; sie büsste; sie hat die Tat gebüsst; er wurde mit 100 Franken gebüsst
der **Bussenzettel** (Strafzettel)
das **Bussgeld**
der **Busstag**
der **Buss- und Bettag**
die **Büste**
der **Büstenhalter;** des Büstenhalters; die Büstenhalter; *Abkürzung:* BH
der **Butt** (ein Fisch); des Butts *oder* Buttes; die Butte
die **Butter**
das **Butterbrot**
die **Buttermilch**
buttern (Butter herstellen); ich buttere; du butterst; er butterte; er hat gebuttert
butterweich
der **Button** (Ansteckplakette); des Buttons; die Buttons

BV = Bundesverfassung
BVG = Bundesgesetz über die berufliche Vorsorge
das **Byte** (*EDV:* Zusammenfassung von acht Bits); des Byte *oder* Bytes; die Byte *oder* Bytes
bzw. = beziehungsweise

C

das **C** (Buchstabe); des C; die C; ABER: das c in Licht; das C-Dur, ABER: das c-Moll (Tonarten)
C = Celsius
ca. = circa *oder* zirka
das **Cabaret** (Kleinkunst; Kleinkunstbühne); des Cabarets; die Cabarets; *vergleiche auch:* Kabarett
das **Cabrio** (*Kurzform von:* Cabriolet); des Cabrio *oder* Cabrios; die Cabrios
das **Cabriolet** (Auto mit zurückklappbarem Verdeck); des Cabriolets; die Cabriolets
das **Cachet** (angenehme Eigenart); des Cachets; die Cachets; eine Wohnung mit Cachet (mit dem gewissen Etwas)
das **Café** (Kaffeehaus, Kaffeestube); des Cafés; die Cafés; *vergleiche aber:* Kaffee
der **Café complet;** des Café complet; die Cafés complets
der **Café crème;** des Café crème; die Café crème
die **Cafeteria** (Café oder Restaurant mit Selbstbedienung); die Cafeterias *oder* Cafeterien
der **Cake** (länglicher Kuchen); des Cakes; die Cakes
der **Calvinismus** (Glaubenslehre des Genfer Reformators Calvin)
der **Camembert** (ein Weichkäse); des Camemberts; die Camemberts
der **Camion** (Lastwagen); des Camions; die Camions
die **Camionnage** (Transportunternehmen); die Camionnagen
der **Camionneur** (Transportunternehmer; *auch für:* Lastwagenchauffeur); des Camionneurs; die Camionneure
die **Camionneuse** *oder* **Camionneurin;** die Camionneusen *oder* Camionneurinnen

das **Camp** (Zeltlager, Ferienlager); des Camps; die Camps

campieren *oder* **kampieren** (im Zelt oder Wohnwagen leben); du campierst *oder* kampierst; sie campierte *oder* kampierte; sie hat campiert *oder* kampiert

das **Camping;** des Campings

der **Campingplatz**

das **Canapé** (belegtes Brötchen); des Canapés; die Canapés

Canberra (Hauptstadt Australiens)

der **Cannabis** (Hanf, Haschisch)

der **Cañon** (steilwandiges Tal); des Cañons; die Cañons

das **Cape** (ärmelloser Umhang); des Capes; die Capes

der **Cappuccino** (ein Kaffeegetränk); des Cappuccino *oder* Cappuccinos; die Cappuccino *oder* Cappuccinos; zwei Cappuccino bestellen

der **Captain** (Sprecher einer Mannschaft); des Captains; die Captains

das **Caquelon** (feuerfeste Pfanne für Fondue); des Caquelons; die Caquelons

der **Car;** des Cars; die Cars

das *oder* der **Caramel** *oder* **Karamell** (gebrannter Zucker); des Caramels *oder* Karamells

der **Caravan** (Wohnwagen); des Caravans; die Caravans

die **Carrosserie** *oder* **Karosserie** (Oberteil eines Autos); die Carrosserien *oder* Karosserien

der *oder* das **Cartoon** (Karikatur, Witzzeichnung; kurzer Comicstrip); des Cartoon *oder* Cartoons; die Cartoons

carven (mit Ski oder dem Snowboard auf der Kante fahren); ich carve; du carvst; sie carvte; sie ist gecarvt

das **Carving;** des Carving *oder* Carvings

der **Carvingski** *oder* **Carving-Ski** *vergleiche:* Ski

der **Casanova** (Frauenheld, -verführer); des Casanova *oder* Casanovas; die Casanovas

cash (bar); cash bezahlen

das **Cash** (Kasse, Bargeld; Barzahlung); des Cash

der **Cassis** (Saft oder Sirup aus schwarzen Johannisbeeren); des Cassis

das **Casting** (Rollenbesetzung); des Casting *oder* Castings; die Castings

catchen (ringen); ich catche; du catchst; er catchte; er hat gecatcht

der **Catcher** (Berufsringer); des Catchers; die Catcher

die **Catcherin**

der **Caterer** (Partyservice); des Caterers; die Caterer

die **CD** = Compactdisc; die CDs

der **CD-Brenner**

der **CD-Player** (Abspielgerät für CDs); des CD-Players; die CD-Player

die **CD-ROM** (CD, die nicht überschrieben oder gelöscht werden kann); die CD-ROM *oder* CD-ROMs

der **Cellist;** des/dem/den Cellisten; die Cellisten

die **Cellistin;** die Cellistinnen

das **Cello** (ein Streichinstrument); des Cellos; die Cellos *oder* Celli

das **Cellophan** *vergleiche:* **Zellophan**

die **Cellulose** *vergleiche:* **Zellulose**

Celsius (Temperaturgrad auf der Celsiusskala; Zeichen: C); die Wassertemperatur beträgt 5° C (*fachsprachlich:* 5 °C)

das **Cembalo** (ein altes, dem Klavier ähnliches Tasteninstrument); des Cembalos; die Cembalos *oder* Cembali

der **Cent** (Untereinheit von Dollar und Euro; *Abkürzung:* c *oder* ct); des Cent *oder* Cents; die Cent *oder* Cents; das kostet 80 Cent

das **Center** (Einkaufszentrum); des Centers; die Center

der **Centrecourt** (Hauptplatz grosser Tennisanlagen); des Centrecourts; die Centrecourts

der *oder* die **Cervelat** *oder* **Servela;** des Cervelats *oder* Servelas *und* der Cervelat *oder* der Servela; die Cervelats *oder* Servelas

die **Cervelatprominenz** (nur lokal oder regional bekannte Persönlichkeiten)

die **Cevapcici** *oder* **Ćevapčići** (gegrillte Hackfleischrollen) *Plural*

CH = Confoederatio Helvetica

der **Cha-Cha-Cha** (ein Tanz); des Cha-Cha-Cha *oder* Cha-Cha-Chas; die Cha-Cha-Chas

das **Chalet** (Wohnhaus aus Holz); des Chalets; die Chalets

die **Challenge League** (zweithöchste Spielklasse im Schweizer Fussball) das **Chamäleon** (Echse, die ihre Farbe ändert); des Chamäleons; die Chamäleons

> Bei Fremdwörtern hängt die Aussprache des «ch» am Wortanfang von der Herkunftssprache ab: In Wörtern aus dem Griechischen wird es wie «k» ausgesprochen (zum Beispiel in *Chamäleon, Charakter, Chlor, chronisch*), in französischen Ausdrücken wie «sch» *(charmant, Chefin, Chiffre)* und in Wörtern aus der englischen Sprache wie «tsch» *(chatten, checken, Chip).*

der **Champagner** (ein Schaumwein); des Champagners; die Champagner
der **Champignon** (ein Edelpilz); des Champignons; die Champignons
der **Champion** (Meister in einer Sportart); des Champions; die Champions
die **Champions League** (internationaler Wettbewerb im Handball, Tischtennis etc.; *Fussball:* jährlicher Wettbewerb um den Europapokal der Landesmeister)
die **Chance** (günstige Gelegenheit); die Chancen
die **Chancengleichheit**
das **Chaos** (Durcheinander); des Chaos
der **Chaot** (unordentlicher, verwirrter Mensch; gewalttätiger Demonstrant); des/dem/den Chaoten; die Chaoten
die **Chaotin**
chaotisch; chaotische Zustände
der **Charakter;** des Charakters; die Charaktere
charakterfest
charakterisieren (treffend schildern); du charakterisierst; sie charakterisierte; sie hat die beiden gut charakterisiert
die **Charakteristik** (treffende Schilderung); die Charakteristiken
charakteristisch
charakterlich
charakterlos
die **Charcuterie** (Wurstwaren; Wurstwarenabteilung)
charmant
der **Charme;** des Charmes; Charme haben; sie erlag seinem Charme
die **Charta** ([Verfassungs]urkunde); der Charta; die Chartas
der **Charterflug**
chartern (ein Schiff oder Flugzeug mieten); ich chartere; du charterst; sie charterte; sie hat ein Flugzeug gechartert
die **Charts** (Hitparade) *Plural*
das **Chassis** (Fahrgestell eines Autos); die Chassis
der **Chat** ([zwanglose] Kommunikation im Internet); des Chats; die Chats
die **Chatiquette** (Umgangsformen in einem Chat)
der **Chatraum** (Internetdienst, der das Chatten ermöglicht); des Chatraums; die Chaträume
chatten (sich über Tastatur und Bildschirm im Internet unterhalten); du chattest; er chattete; er hat gechattet; chatte nicht wieder stundenlang!
der **Chauffeur** (jemand, der berufsmässig andere Personen im Auto fährt); des Chauffeurs; die Chauffeure
die **Chauffeurin** *oder* **Chauffeuse;** die Chauffeurinnen *oder* Chauffeusen
chauffieren (als Chauffeur oder Chauffeurin arbeiten); ich chauffiere; du chauffierst; er chauffierte; er hat ihn jahrelang chauffiert
die **Chaussee** (ausgebaute Landstrasse); die Chausseen
der **Chauvi** (Mann, der sich Frauen überlegen fühlt); des Chauvis; die Chauvis
der **Chauvinismus** (übersteigertes Nationalbewusstsein; übertriebenes männliches Selbstwertgefühl); des Chauvinismus
der **Check** *oder* **Cheque** *oder* **Scheck** (bargeldloses Zahlungsmittel); des Checks *oder* Cheques *oder* Schecks; die Checks *oder* Cheques *oder* Schecks
checken (prüfen; *auch für:* begreifen); ich checke; du checkst; er checkte die Anlage; er hat das noch immer nicht gecheckt
das *oder* der **Checkin** *oder* **Check-in** (Abfertigung der Reisenden vor Beginn des Flugs); des Checkins *oder* Check-ins
die **Checkliste** (Kontrollliste)
das **Cheerleading** (turnerisch-tänzerische Anfeuerung bei Sportwettkämpfen); des Cheerleading *oder* Cheerleadings
der **Cheeseburger** (mit Käse überbackener Hamburger); des Cheeseburgers; die Cheeseburger
der **Chef;** des Chefs; die Chefs
der **Chefarzt**
die **Chefärztin**

a b c d e f g h i j k l m n o p q r s t u v w x y z

die **Chefin;** die Chefinnen
die **Chemie**
die **Chemikalie** (industriell hergestellter chemischer Stoff); die Chemikalien
der **Chemiker;** des Chemikers; die Chemiker
die **Chemikerin;** die Chemikerinnen
das **Cheminée;** des Cheminées; die Cheminées
chemisch; die chemische Reinigung; chemisches Element; chemische Waffen
der **Cheque** *vergleiche:* **Check**
CHF = Schweizer Franken; *auch:* Fr.
chic *oder* **schick** (elegant, modisch); das Kleid ist chic *oder* schick; der chice *oder* schicke Hut
der *oder* die **Chicorée** (ein Gemüse); des Chicorées
die **Chiffre** (Ziffer, Geheimzeichen; Kennwort); die Chiffren
chiffrieren (verschlüsseln, in Geheimschrift umsetzen); ich chiffriere; du chiffrierst; sie chiffrierte; sie hat den Text chiffriert
die **Chilbi** (Kirchweih); die Chilben *oder* Chilbenen
Chile (Staat in Südamerika)
der **Chilene;** des/dem/den Chilenen; die Chilenen
die **Chilenin;** die Chileninnen
chilenisch
chillen (sich ausruhen); du chillst; er chillte; sie hat gechillt
die **Chimäre** (Trugbild; Hirngespinst); die Chimären
China
der **Chinese;** des/dem/den Chinesen; die Chinesen
die **Chinesin;** die Chinesinnen
chinesisch
das **Chinin** (ein Fiebermittel); des Chinins
der **Chip** (Spielmarke; Plättchen mit elektronischen Schaltelementen; *meist Plural:* gebackene Kartoffelscheibe); des Chips; die Chips
die **Chipkarte** (Karte mit einem elektronischen Chip, die als Ausweis, Zahlungsmittel usw. verwendet wird)
der **Chirurg** (Facharzt, der operiert); des/dem/den Chirurgen; die Chirurgen
die **Chirurgie** (Heilung durch Operation)
die **Chirurgin;** die Chirurginnen
chirurgisch; chirurgische Instrumente

der **Chitinpanzer** (stabile Körperhülle von Insekten, Krebsen und anderen Tieren)
das **Chlor** (ein chemisches Element); des Chlors
das **Chloroform** (ein Betäubungsmittel); des Chloroforms
chloroformieren (betäuben); ich chloroformiere; du chloroformierst; er chloroformierte; der Arzt hat ihn chloroformiert
das **Chlorophyll** (Blattgrün); des Chlorophylls
die **Cholera** (eine Infektionskrankheit)
der **Choleriker** (jähzorniger Mensch); des Cholerikers; die Choleriker
die **Cholerikerin;** die Cholerikerinnen
cholerisch; ein cholerischer Typ
das **Cholesterin** (fettähnlicher Stoff im menschlichen und tierischen Körper); des Cholesterins
der **Chor** (Singgruppe; Kirchenraum mit Altar); des Chors *oder* Chores; die Chöre
der **Choral;** des Chorals; die Choräle
die **Choreografie** (künstlerische Gestaltung, Einstudierung eines Balletts); die Choreografien
der **Christ;** des/dem/den Christen; die Christen
der **Christbaum**
die **Christenheit**
das **Christentum**
die **Christin;** die Christinnen
christkatholisch
das **Christkind;** des Christkinds *oder* Christkindes
christlich; die christliche Seefahrt; ABER: die Christlich-demokratische Volkspartei (*Abkürzung:* CVP)
Christus; vor/nach Christo *oder* Christus; vor/nach Christi Geburt (*Abkürzung:* v. Chr./n. Chr.); Christi Himmelfahrt
das **Chrom** (ein Metall); des Chroms
das **Chromosom** (Kernschleife im Zellkern); des Chromosoms; die Chromosomen *meist Plural*
die **Chronik** (Aufzeichnung geschichtlicher Ereignisse nach ihrer Zeitfolge); die Chroniken
chronisch (langsam verlaufend, langwierig); eine chronische Krankheit
der **Chronist** (Verfasser einer Chronik); des/dem/den Chronisten; die Chronisten
die **Chronistin;** die Chronistinnen
die **Chronologie** (Zeitrechnung; zeitliche Folge); die Chronologien

chronologisch (zeitlich geordnet)

der **Chronometer** (Uhr, die besonders genau geht, z. B. für die Astronomie, Schifffahrt usw.); des Chronometers; die Chronometer

die **Chrysantheme** (eine Zierpflanze); die Chrysanthemen

die *oder* der **CIA** = Central Intelligence Agency (US-amerikanischer Geheimdienst); der *oder* des CIA

ciao! *oder* **tschau!** (Abschiedsgruss)

der **Cidre** (französischer Apfelwein); des Cidre *oder* Cidres; die Cidres

das **Cinéma;** des Cinémas; die Cinémas

circa *oder* **zirka** (ungefähr); circa *oder* zirka 15 Franken; *Abkürzung:* ca.

die **City** (Innenstadt); die Citys

das **Citybike** (Fahrrad vor allem für die Stadt); des Citybikes; die Citybikes

clean (nicht mehr [drogen]abhängig)

die **Clementine** *oder* **Klementine** (kernlose Mandarine); die Clementinen *oder* Klementinen

clever *oder* **klever** (klug, gewitzt); ein cleveres *oder* kleveres Kerlchen

die **Cleverness**

der **Clinch** (Umklammerung beim Boxen); des Clinches *oder* Clinchs; sie liegt mit seinen Eltern im Clinch (sie hat Streit mit seinen Eltern)

der **Clip** (Klemme, Schmuckstück am Ohr; *auch:* Videoclip); des Clips; die Clips

die **Clique** (Freundeskreis; Klüngel); die Cliquen

der **Clochard** (Obdachloser); des Clochard *oder* Clochards; die Clochards

der **Clog** (Holzpantoffel); des Clogs; die Clogs *meist Plural*

der **Clou** (Höhepunkt, Kernpunkt); des Clous; die Clous

der **Clown;** des Clowns; die Clowns

die **Clownin**

der **Club** *oder* **Klub;** des Clubs *oder* Klubs; die Clubs *oder* Klubs

der *oder* das **Cluster** (Zusammenschluss von Firmen, Personen oder Computern; Ideennetz); des Clusters; die Cluster

cm = Zentimeter

der **Coach** (Sportlehrer, Trainer; Betreuer); des Coach *oder* Coachs; die Coachs

coachen (trainieren, betreuen); du coachst; er coachte; er hat den Goalie gecoacht

die **Coachin**

das **Cockpit** (Pilotenkabine; Fahrersitz im Rennsport); des Cockpits; die Cockpits

der **Cocktail** (alkoholisches Mischgetränk); des Cocktails; die Cocktails

der **Code** *oder* **Kode** (System verabredeter Zeichen); des Codes *oder* Kodes; die Codes *oder* Kodes

codieren *oder* **kodieren** (verschlüsseln); du codierst *oder* kodierst; sie codierte *oder* kodierte; sie hat die Mitteilung codiert *oder* kodiert

das **Coffein** *vergleiche:* **Koffein**

der **Cognac** (*Markenbezeichnung:* ein französischer Weinbrand); des Cognacs; die Cognacs

der **Coiffeur;** des Coiffeurs; die Coiffeure

die **Coiffeurin** *oder* **Coiffeuse;** die Coiffeurinnen *oder* Coiffeusen

die **Collage** (durch Zusammenfügen verschiedener Materialien hergestelltes Kunstwerk); die Collagen

das **Collier** (Halskette); des Colliers; die Colliers

der **Colt** (*Markenbezeichnung:* ein Revolver); des Colts; die Colts

die **Combo** (kleines Jazz- oder Tanzmusikensemble); die Combos

das **Comeback** (erfolgreiches Wiederauftreten nach einer längeren Pause); des Comeback *oder* Comebacks; die Comebacks

die **Comestibles** (Delikatessen; oft als Geschäftsbezeichnung) *Plural*

der **Comic** (*kurz für:* Comicstrip); des Comics; die Comics

das **Comicheft**

der **Comicstrip** (Bildgeschichte [mit Sprechblasentext]); des Comicstrips; die Comicstrips

das **Communiqué** *oder* **Kommuniqué** (schriftliche Mitteilung für Presse und Öffentlichkeit); des Communiqués *oder* Kommuniqués; die Communiqués *oder* Kommuniqués

die **Compact Disk** *oder* **Compact Disc** (durch Laserstrahl abtastbare Speicherplatte; *Abkürzung:* CD); die Compact Disks *oder* Compact Discs

der **Computer** (elektronische Rechenanlage); des Computers; die Computer

die **Computeranimation** (durch Computer erzeugte bewegte Bilder)
computergesteuert; ein computergesteuertes Trainingsprogramm
der *oder* das **Computervirus** (Computerprogramm, das unbemerkt in einen Rechner eingeschleust wird mit der Absicht, die vorhandene Software zu manipulieren oder zu zerstören); des Computervirus; die Computerviren
die **Confiserie** *oder* **Konfiserie** (Geschäft, das Süssigkeiten herstellt und verkauft); die Confiserien *oder* Konfiserien
Confoederatio Helvetica (Schweizerische Eidgenossenschaft; *Abkürzung:* CH)
der **Container** (Grossbehälter); des Containers; die Container
contra *oder* **kontra** (gegen, entgegengesetzt); sie ist immer contra *oder* kontra; ABER: jemandem Contra *oder* Kontra geben (heftig widersprechen); das Pro und Contra *oder* Kontra (Für und Wider)
cool (überlegen, gelassen; hervorragend); cool bleiben; ein cooler Typ
das **Copyright** (Urheberrecht; Zeichen: ©); des Copyrights; die Copyrights
die **Cordhose** *vergleiche:* **Kordhose**
der **Corner** (Eckball); des Corners; die Corner
das **Cornet** (tütenförmiges Gebäck mit Glacé); des Cornets; die Cornets
das **Cornett** *oder* **Kornett** (Blechblasinstrument); die Cornette *oder* Kornette *und* die Cornetts *oder* Kornetts
die **Cornflakes** *Plural*
cos = Kosinus
Costa Rica (Staat in Mittelamerika)
der **Costa-Ricaner** *oder* **Costa Ricaner**
die **Costa-Ricanerin** *oder* **Costa Ricanerin**
costa-ricanisch
die **Côte d'Azur** (französische Riviera)
der *oder* die **Couch** (Liegesofa); des Couchs *oder* der Couch; die Couches *oder* die Couchs
der **Countdown** (das Rückwärtszählen bis zum Startzeitpunkt; letzte Kontrollen und Vorbereitungen); des Countdown *oder* Countdowns; die Countdowns
die **Countrymusic** (Volksmusik in den Südstaaten der USA)
der **Coup** (kühnes, erfolgreiches Unternehmen); des Coups; die Coups
der *oder* die **Coupe** (Becher mit Glace); des Coupes *oder* der Coupe; die Coupes *oder* Coupen
das **Coupé** (Auto mit sportlicher Karosserie); die Coupés
der **Coupon** (abtrennbarer Zettel; Zinsschein); des Coupons; die Coupons
die **Courage** (Mut); Courage zeigen
couragiert (beherzt, mutig); couragierter; am couragiertesten
der **Cousin** (Vetter, Sohn des Bruders oder der Schwester eines Elternteils); des Cousins; die Cousins
die **Cousine** *oder* **Kusine** (Tochter des Bruders oder der Schwester eines Elternteils); die Cousinen *oder* Kusinen
das **Couvert;** des Couverts; die Couverts; *auch:* Kuvert
das **Cover** (Titelbild; Hülle von CDs, Büchern u. a.); des Covers; die Cover *oder* Covers
der **Cowboy** (berittener amerikanischer Rinderhirt); des Cowboys; die Cowboys
das **Cowgirl**
der **Crack** (*Sport:* aussichtsreicher Spitzensportler); des Cracks; die Cracks
das **Crack** (Kokain enthaltendes synthetisches Rauschgift); des Cracks
der **Cracker** (Kleingebäck); des Crackers; die Cracker *oder* Crackers
der **Crash** (Zusammenstoss; Zusammenbruch); des Crashs; die Crashs
der **Crashkurs** (Lehrgang, in dem der Unterrichtsstoff besonders konzentriert und in kurzer Zeit vermittelt wird)
das **Crawl** *vergleiche:* **Kraul**
crawlen *vergleiche:* **kraulen**
das **Credo** *oder* **Kredo** (Glaubensbekenntnis); die Credos *oder* Kredos
die **Creme** *oder* **Crème;** die Cremes *oder* Crèmes
cremefarben *oder* **crèmefarben**
cremefarbig *oder* **crèmefarbig**
cremen; du cremst; er cremte; er hat die Hände gecremt
die **Cremeschnitte** (mit Creme gefülltes Gebäck aus Blätterteig); die Cremeschnitten
cremig; eine cremige Substanz
die **Crêpe** (dünne Omelette); die Crêpes
crescendo (*Musik:* anschwellend)
die **Crevette** (ein Krebstier); die Crevetten
die **Crew** (Mannschaft [eines Schiffes, eines Flugzeugs]); die Crews

das **Croissant** (Gipfeli); des Croissant *oder* Croissants; die Croissants

der **Croupier** (Bankhalter beim Glücksspiel in einem Spielkasino); des Croupiers; die Croupiers

die **Croupière;** die Croupièren

der **Cup** (Pokal); des Cups; die Cups

der **Cupfinal;** des Cupfinals; die Cupfinals

der *oder* das **Curry** (ein indisches Gewürz); des Currys

der **Cursor** (*EDV:* Zeichen auf dem Bildschirm, das die Eingabestelle anzeigt); des Cursors; die Cursors

der **Cutter** (Schnittmeister bei Film und Funk); des Cutters; die Cutter

die **Cutterin;** die Cutterinnen

der *oder* das **CV** = Curriculum Vitae (Lebenslauf)

die **CVP** = Christlich-demokratische Volkspartei

der **Cyberspace** (*EDV:* virtueller Raum); des Cyberspace; die Cyberspaces

D

das **D** (Buchstabe); des D; die D; ABER: das d in Wild; der Buchstabe D; das D-Dur, ABER: das d-Moll (Tonarten)

da; hier und da; da und dort; da (weil) sie krank war, fehlte sie; da sein (dort sein); er will um 5 Uhr da (an jener Ecke) sein; ich bin schon oft da (an dieser Stelle) gewesen; da sein (anwesend sein); wir sind alle rechtzeitig da gewesen; etwas noch nie Dagewesenes (Vorgekommenes); *vergleiche aber:* das Dasein; dableiben, dalassen usw.

dabei; ohne sich etwas dabei zu denken; dabei sein; er wollte dabei sein; er ist dabei gewesen; *vergleiche aber:* dabeibleiben, dabeisitzen, dabeistehen

dabeibleiben (bei einer Gesellschaft); er ist an diesem Abend dabeigeblieben; ABER: **dabei bleiben** (bei seiner Meinung bleiben); trotz aller Einwände will er dabei bleiben

dabeisitzen; er hat während der Unterhaltung dabeigesessen; ABER: **dabei sitzen** (nicht stehen); er muss dabei (bei dieser Arbeit) sitzen

dabeistehen (stehend zugegen sein); er hat bei dem Unfall dabeigestanden; ABER: **dabei stehen;** er musste dabei (bei dieser Arbeit) stehen

dableiben (nicht weggehen); er ist noch eine Weile dageblieben; ABER: **da bleiben;** er ist da (dort) geblieben, wo er war

da capo (*Musik:* noch einmal von Anfang an)

das **Dach;** des Dachs *oder* Daches; die Dächer

der **Dachdecker;** des Dachdeckers; die Dachdecker

die **Dachdeckerin;** die Dachdeckerinnen

das **Dachgeschoss**

der **Dachkännel** (Regenrinne); des Dachkännels; die Dachkännel

die **Dächlikappe;** die Dächlikappen

die **Dachlukarne** (aus dem Dachbereich vorspringendes Dachfenster); die Dachlukarnen

die **Dachluke** (kleines Klappfenster in einem Dach); der Dachluke; die Dachluken

die **Dachrinne**

der **Dachs;** des Dachses; die Dachse

der **Dachstock** (Dachgeschoss); des Dachstocks *oder* Dachstockes; die Dachstöcke

die **Dachterrasse**

der **Dachziegel**

der **Dackel;** des Dackels; die Dackel

der **Daddy** (*englisch für:* Papa); des Daddys; die Daddys

dadurch; dadurch, dass er zu spät kam, verpassten wir das Schiff

dafür; das Auto ist gebraucht, dafür aber billig; ich kann nicht dafür sein (kann nicht zustimmen)

dafürsprechen; weil vieles dafürspricht

dagegen; dagegen sein; wenn Sie nichts dagegen haben; es spricht nichts dagegen

daheim; daheim sein; von daheim kommen; ABER: das **Daheim;** unser Daheim

daheimbleiben; sie ist daheimgeblieben

daher; daher (von da) ist er; er meint daher (deshalb), dass ...; das kommt daher, weil ...

daherkommen; sieh nur, wie er daherkommt (herbeikommt)!; ABER: **daher kommen;** das kommt daher (ist darin begründet), dass ...

daherreden; er hat dumm dahergeredet

dahin; wie weit ist es bis dahin?; dahin (an ein bestimmtes Ziel) fahren, gehen, kommen
dahinab; der Weg führt dahinab
dahinauf; der Weg geht dahinauf
dahinaus; der Balkon geht dahinaus
dahinein; die Gläser gehören dahinein
dahinfallen (wegfallen); die geplante Velotour ist dahingefallen; ABER: da hinfallen; er ist da (an dieser Stelle) hingefallen
dahingestellt; es ist, bleibt dahingestellt (fraglich), ob sie gelogen hat
dahinraffen (den [plötzlichen] Tod verursachen); die Seuche hat viele dahingerafft
dahinsiechen (lange sehr krank und dem Tod nahe sein); er ist dahingesiecht
dahinten; dahinten steht mein Bruder
dahinterkommen; wir werden bald dahinterkommen (wir werden es bald erfahren); ABER: **dahinter kommen;** dahinter [hinter dem Wald] kommen Wiesen
dahinterstecken; was mag dahinterstecken (was mag das bedeuten)?; ABER: **dahinter stecken;** der Zettel, der dahinter [hinter dem Scheibenwischer] steckt
dahinterstehen *(umgangssprachlich);* es geht nur, wenn alle dahinterstehen (es unterstützen); ABER: **dahinter stehen;** der Stuhl sollte dahinter [hinter dem Tisch] stehen
die **Dahlie** (eine Zierpflanze); die Dahlien
dalassen; sie lässt mir etwas Geld da; sie hat ihren Mantel dagelassen (zurückgelassen); ABER: **da lassen;** du kannst deinen Mantel da (an dieser Stelle) lassen, wo er jetzt hängt
der **Dalmatiner** (Hund, dessen weisses Fell kleine dunkle Flecken hat); des Dalmatiners; die Dalmatiner
damalig; der damalige Rektor
damals
der **Damast** (ein Gewebe); des Damasts *oder* Damastes; die Damaste
die **Dame**
damenhaft; damenhaftes Benehmen
die **Damenriege** (Frauenabteilung eines Turnvereins); die Damenriegen
der **Damhirsch**
damit; was soll ich damit tun?
dämlich (dumm)
der **Damm** (künstlich errichteter Wall); des Damms *oder* Dammes; die Dämme
dämmen; man dämmt; man dämmte; man hat die Fluten gedämmt (mit einem Damm aufgehalten); ein Haus dämmen (isolieren)
dämmern; es dämmerte; der Abend hat gedämmert; ihm dämmerte (ihm wurde klar), dass ...; sie hat vor sich hin gedämmert (sie war nicht klar bei Bewusstsein, in einem Dämmerzustand)
die **Dämmerung**
der **Dämon** (Teufel, böser Geist); des Dämons; die Dämonen
die **Dämonin**
dämonisch (teuflisch, unheimlich)
der **Dampf;** des Dampfs *oder* Dampfes; die Dämpfe
der **Dampfabzug;** des Dampfabzugs *oder* Dampfabzuges; die Dampfabzüge
dampfen; es dampfte; die Suppe hat gedampft
dämpfen; du dämpfst; sie dämpfte; sie hat das Gemüse gedämpft
der **Dampfer;** des Dampfers; die Dampfer
der **Dämpfer;** des Dämpfers; die Dämpfer; sie hat einen Dämpfer bekommen (eine Rüge einstecken müssen)
der **Dampfkessel**
die **Dampfmaschine**
die **Dampfwalze**
das **Damwild**
danach; sich danach richten
der **Däne** (Bewohner von Dänemark); des/dem/den Dänen; die Dänen
daneben; daneben steht ein Regal; die Rechnung liegt direkt daneben; sein Benehmen war völlig daneben (unpassend, unangebracht)
danebenfallen; die Äpfel sind danebengefallen (neben den Korb gefallen)
danebengehen; es ist danebengegangen (misslungen)
danebenhauen; er hat mit dem Hammer danebengehauen; er hat mit seiner Antwort wieder danebengehauen (er hat sich wieder getäuscht)
danebenliegen (*auch für:* sich irren); er hat mit seiner Vermutung völlig danebengelegen
Dänemark
die **Dänin;** die Däninnen
dänisch
dank; *mit Dativ:* dank deinem Hinweis

konnte Schlimmeres verhindert werden; *auch mit Genitiv:* dank deines Hinweises

der **Dank;** Gott sei Dank!; vielen Dank!; tausend Dank!; habt Dank!; er schuldet, sagt ihm Dank; *vergleiche auch:* danksagen

dankbar

die **Dankbarkeit**

danke; Danke *oder* danke sagen; danke schön!; er sagte «Danke schön!»; *vergleiche aber:* Dankeschön

danken; du dankst; sie dankte; sie hat ihm herzlich gedankt

das **Dankeschön;** sie sagte ein herzliches Dankeschön

danksagen *oder* **Dank sagen;** er danksagte *oder* er sagte Dank; er hat dankgesagt *oder* er hat Dank gesagt; ABER NUR: ich sage vielen Dank

dann; was machen wir dann?; zuerst machen wir das, dann ...; das funktioniert nur dann, wenn ...; dann und wann (gelegentlich, hin und wieder)

dannen; *nur in:* von dannen gehen (weggehen)

dannzumal (dereinst)

daran, *auch:* **dran;** daran denken, teilnehmen, zweifeln; daran sein; es wird schon etwas daran sein; du wirst gut daran tun, dir das zu merken; ABER: darangehen, daransetzen

darauf, *auch:* **drauf;** darauf vertrauen, dass ...; darauf (auf das Ziel) losgehen; *vergleiche aber:* draufgehen, drauflosreden

daraufhin (aus diesem Grund; danach); daraufhin wurde er verhaftet; ABER: darauf hindeuten; alles deutet darauf hin

daraus, *auch:* **draus;** daraus trinken; es wird wohl nichts daraus

darben (Not leiden); du darbst; er darbte; er hat zeitlebens gedarbt

die **Darbietung** (Auf-, Vorführung)

darbringen; sie bringt dar; sie brachte dar; sie hat ein grosses Opfer dargebracht

darein *vergleiche:* **drein**

darin, *auch:* **drin;** darin sitzen, wohnen

darinnen, *auch:* **drinnen**

darlegen; sie hat ihm ihre Gründe dargelegt

das **Darlehen** (geliehenes Geld); des Darlehens; die Darlehen

der **Darm;** des Darms *oder* Darmes; die Därme

darstellen; sie hat es sehr anschaulich dargestellt; die darstellende Kunst (Schauspiel- und Tanzkunst)

die **Darstellung**

das **Darts** (Wurfspiel); des Darts

darüber, *auch:* **drüber;** sie ist darüber sehr böse; wir haben uns darüber gestritten; darüber hinaus (ausserdem) habe ich keine Fragen

darum, *auch:* **drum;** er lässt darum bitten; nicht darum herumkommen; es geht darum, dass ...; sie spielt nicht darum, weil ...

darunter, *auch:* **drunter;** sie hat sehr darunter (unter dieser Sache) gelitten; darunter legen *oder* darunterlegen; er hat eine Zeitung darunter gelegt *oder* daruntergelegt

das; das Schiff, das (welches) heute kommt; ich glaube, das (dieses) Schiff kommt heute; ABER: ich glaube, dass das Schiff heute kommt; alles das, was ich gesagt habe

das/dass

Mit nur einem «s» schreibt man das Relativpronomen «das». Es lässt sich durch «welches» ersetzen:

- Er betrachtete das Bild, das [welches] an der Wand hing.

Ebenfalls mit nur einem «s» schreibt man das Demonstrativpronomen «das»; es lässt sich durch «dies» oder «dieses» ersetzen:

- Das [dies] habe ich nicht gewollt.

Schliesslich wird auch der sächliche Artikel mit nur einem «s» geschrieben:

- das Krankenhaus, das Bild usw.
- Sie hoffte, das Krankenhaus bald verlassen zu können.

In allen anderen Fällen handelt es sich um die mit zwei «s» zu schreibende Konjunktion «dass». Sie folgt meist auf Hauptsätze, die mit Verben wie «denken, «meinen», «sagen», «glauben» usw. eingeleitet sind:

- Ich weiss, dass es heute schon ziemlich spät ist.

a b c d e f g h i j k l m n o p q r s t u v w x y z

das **Dasein** (Existenz); des Daseins; ABER: ich werde da sein; *vergleiche:* da

der **Daseinskampf**

dasjenige; *Genitiv:* desjenigen; *Plural:* diejenigen

dass; auf dass; so dass *oder* sodass; ohne dass; ich glaube, dass ...; *vergleiche:* das

dasselbe; *Genitiv:* desselben; *Plural:* dieselben; es ist ein und dasselbe

die **Datei** (gespeicherte Datensammlung); die Dateien

die **Daten** *(Plural von* Datum; Zahlenwerte; Angaben)

die **Datenbank** (technische Anlage, in der Daten zentral gespeichert sind); die Datenbanken

der **Datenschutz** (gesetzlicher Schutz vor unbefugter Erhebung, Speicherung und Weitergabe persönlicher Daten); des Datenschutzes

die **Datenverarbeitung**

datieren (mit einem Datum versehen); du datierst; sie datierte; sie hat den Brief falsch datiert

der **Dativ** (Wemfall, 3. Fall); des Dativs; die Dative

die **Dattel;** die Datteln

das **Datum** (Zeitangabe; Zeitpunkt; Zahlenwert; Angabe); des Datums; die Daten

die **Dauer**

der **Dauerfrost**

dauerhaft

der **Dauerlauf;** des Dauerlaufs *oder* Dauerlaufes; die Dauerläufe

dauern; die Versammlung hat zwei Stunden gedauert

dauernd; dauernde Störungen

die **Dauerwelle**

der **Daumen;** des Daumens; die Daumen; am Daumen lutschen; *Verkleinerungsform:* das Däumchen; Däumchen drehen (unbeschäftigt sein)

der **Däumling;** des Däumlings; die Däumlinge

die **Daune** (Daunenfeder, Flaumfeder)

davon; es ist viel, nichts davon übrig; davon, dass ...; auf und davon gehen

davonkommen (Glück haben); sie ist noch einmal davongekommen; ABER: **davon kommen;** davon (daher) kommt dein Husten

davonlaufen (weglaufen); er ist davongelaufen; ABER: auf und davon laufen

davor; ich fürchte mich davor; davor war alles gut; davor (vor dem Haus) stehen viele Blumen

dazu; er singt und sie spielt dazu Gitarre; er ist stark und dazu (darüber hinaus) auch noch klug; das führte dazu, dass ...

dazugehören; sie hat immer dazugehört; ABER: **dazu gehören;** dazu gehören immer zwei

dazugehörig

dazukommen (hinzukommen); einige Gäste sind noch dazugekommen; ABER: **dazu kommen;** sie ist nicht dazu gekommen (hat keine Zeit gefunden), ihren Wagen zu waschen; dazu kommt, dass ...

dazutun (hinzufügen); sie hat viele Äpfel dazugetan; ABER:

das **Dazutun;** ohne sein Dazutun (ohne seine Hilfe, Beteiligung) **dazu tun;** was kann ich dazu (in dieser Sache) tun?

dazwischen; drei Tage liegen dazwischen; dazwischen befand sich das Heft

dazwischenkommen; mir ist etwas dazwischengekommen; ABER: **dazwischen kommen;** dazwischen (zwischen diesen Vorträgen) kommt eine Pause

die **DB** = Deutsche Bahn *(Markenbezeichnung)*

die **DDR** = Deutsche Demokratische Republik (1949–1990)

der **DDR-Bürger**

die **DDR-Bürgerin**

dealen (illegal mit Drogen handeln); er hat gedealt

der **Dealer** (Drogenhändler); des Dealers; die Dealer

die **Dealerin;** die Dealerinnen

das **Debakel** (Zusammenbruch; Niederlage); des Debakels; die Debakel

die **Debatte** (Diskussion; Streitgespräch); die Debatten

debattieren (erörtern, diskutieren); ich debattiere; du debattierst; sie debattierte; sie haben stundenlang debattiert

das **Debüt** (erstes öffentliches Auftreten); des Debüts; die Debüts

die **Décharge** *oder* **Decharge** (Entlastung von einer Verantwortung); die Déchargen *oder* Dechargen; dem Verwaltungsrat wurde Décharge *oder* Decharge erteilt

dechiffrieren (entschlüsseln); ich dechiffriere; er dechiffrierte; er hat die Geheimschrift dechiffriert

das **Deck** (waagrechte Fläche, die den Schiffsrumpf oben abschliesst; Stockwerk in einem Schiff oder Bus); des Decks *oder* Deckes; die Decks
das **Deckblatt;** des Deckblatts *oder* Deckblattes; die Deckblätter
die **Decke**
der **Deckel;** des Deckels; die Deckel
decken; ich decke; du deckst; er deckte; er hat das Dach gedeckt
die **Deckung;** in Deckung gehen
der **Decoder** (*Elektronik:* Datenentschlüssler); des Decoders; die Decoder
Décolleté *oder* **Dekolleté,** *auch:* **Dekolletee** (tiefer Ausschnitt an Kleidern); des Décolletés *oder* Dekolletés, *auch:* Dekolletees; die Décolletés *oder* Dekolletés, *auch:* Dekolletees
das *oder* der **Décor** (Muster, Verzierung [auf Glas- und Porzellanwaren]); des Décors; die Décors; *auch:* Dekor
decrescendo (*Musik:* schwächer, leiser werdend)
defekt (schadhaft)
der **Defekt** (der Schaden); des Defekts *oder* Defektes; die Defekte
defensiv (verteidigend); defensives (rücksichtsvolles) Fahren
die **Defensive** (Verteidigung); die Defensiven
defilieren (parademässig oder feierlich vorbeiziehen); die Soldaten sind *oder* haben vor dem Präsidenten defiliert
definieren (einen Begriff bestimmen); ich definiere; sie definierte; sie hat den Begriff genau definiert
die **Definition;** die Definitionen
definitiv (endgültig)
das **Defizit** (fehlende Geldsumme); des Defizits; die Defizite
defizitär; ein defizitäres Geschäft
die **Deflation** (*Wirtschaft:* allgemeiner Rückgang des Preisniveaus); *Gegensatz:* Inflation
deformieren (verformen; entstellen); bei dem Unfall wurde das Fahrzeug völlig deformiert; ein deformiertes Gesicht
deftig (kräftig); ein deftiges Essen
der **Degen;** des Degens; die Degen
degradieren (im Rang herabsetzen); man hat ihn zum Gefreiten degradiert
die **Degustation** (Kostprobe; das Kosten)
degustieren (kosten, probieren); sie degustiert; sie degustierte; sie hat den Wein degustiert
dehnbar
dehnen; du dehnst; sie dehnte; sie hat das Gummi gedehnt; sich dehnen; der Stoff hat sich gedehnt
die **Dehnung**
das **Dehnungs-h**
der **Deich;** des Deichs *oder* Deiches; die Deiche
die **Deichsel** (Zugvorrichtung an gezogenen Fahrzeugen oder Anhängern); die Deichseln
deichseln (geschickt bewerkstelligen); das hast du prima gedeichselt

dein

- dein Tisch, deine Brille, dein Haus
- Wessen Buch ist das? Ist es deins *oder* deines?
- Liebe Petra, vielen Dank für deinen Brief

Wird «dein» als Nomen gebraucht, schreibt man es gross:

- Mein und Dein verwechseln; ein Streit über Mein und Dein
- Denkst du oft an die Deinen (deine Angehörigen)?
- du musst das Deine tun

deinesgleichen
deinetwegen
dekadent (im Verfall begriffen)
die **Dekadenz**
der **Dekan** (der Vorsteher der Fakultät einer Universität; eine Amtsbezeichnung für Geistliche); des Dekans; die Dekane
das **Dekanat** (Amt des Dekans); des Dekanats *oder* Dekanates; die Dekanate
die **Dekanin;** die Dekaninnen
die **Deklamation** (der kunstgerechte Vortrag)
deklamieren; du deklamierst; sie deklamierte; sie hat ein Gedicht deklamiert
deklassieren (herunterstufen; *Sport:* in überlegener Weise besiegen); das Team hat den Gegner deklassiert
die **Deklination** (die Beugung, Flexion der Nomen, Adjektive und Pronomen)
deklinieren; ich dekliniere; du deklinierst; er deklinierte; er hat das Adjektiv dekliniert

das **Dekolleté,** *auch:* **Dekolletee** *vergleiche:* **Décolleté**
der *oder* das **Dekor** (Verzierung, Muster; Ausschmückung, Dekoration); des Dekors; die Dekors *oder* Dekore; *auch:* Décor
der **Dekorateur;** des Dekorateurs; die Dekorateure
die **Dekorateurin;** die Dekorateurinnen
dekorieren (ausschmücken); ich dekoriere; du dekorierst; sie dekorierte; sie hat dekoriert
das **Dekret** (Beschluss; Verordnung; behördliche oder richterliche Verfügung); des Dekrets *oder* Dekretes; die Dekrete
die **Delegation** (Abordnung von Bevollmächtigten)
der **Delegierte;** ein Delegierter; die Delegierten; mehrere Delegierte
die **Delegierte;** eine Delegierte
Delémont (Hauptstadt des Kantons Jura; *deutsch:* Delsberg)
der **Delfin** *oder* **Delphin;** des Delfins *oder* Delphins; die Delfine *oder* Delphine
das **Delfinschwimmen** *oder* **Delphinschwimmen**
delikat (lecker; *auch für:* heikel); delikater; am delikatesten; delikates Gebäck; die Angelegenheit war delikat
die **Delikatesse** (Leckerbissen); die Delikatessen
das **Delikt** (Vergehen, Verbrechen); des Delikts *oder* Deliktes; die Delikte
die **Delle** (eine Vertiefung, Beule)
Delphi (altgriechische Orakelstätte)
der **Delphin** *oder* **Delfin;** des Delphins *oder* Delfins; die Delphine *oder* Delfine
Delsberg *vergleiche:* **Delémont**
das **Delta** (Schwemmland an mehrarmigen Flussmündungen); des Deltas; die Deltas *oder* Delten
der **Deltasegler** (Hängegleiter, deltaförmiges Fluggerät); des Deltaseglers; die Deltasegler
dem
der **Demagoge** (jemand, der andere aufhetzt; Volksverführer); des/dem/den Demagogen; die Demagogen
die **Demagogin;** die Demagoginnen
demagogisch; demagogische Reden
demaskieren (entlarven); sie hat den Heuchler demaskiert
dementieren (etwas offiziell als unrichtig bezeichnen, zurückweisen); du dementierst; er dementierte; die Regierung hat die Meldung dementiert
dementsprechend; sie war müde und dementsprechend ungehalten
demgegenüber; die Industrie fuhr demgegenüber hohe Verluste ein; ABER: dem gegenüber (dem Mann gegenüber) sass ...
demgemäss; er hat demgemäss glaubhaft ausgesagt
demnach (folglich, also); es gibt demnach nur noch eine Möglichkeit
demnächst (bald, in nächster Zeit); der Film wird demnächst gezeigt
die **Demo** (*kurz für:* Demonstration); die Demos
der **Demokrat** (Anhänger der Demokratie; Mitglied einer sich als demokratisch bezeichnenden Partei); des/dem/den Demokraten; die Demokraten
die **Demokratie;** die Demokratien
die **Demokratin;** die Demokratinnen
demokratisch
die **Demokratisierung**
demolieren (zerstören); du demolierst; er demolierte; er hat alles demoliert
der **Demonstrant;** des/dem/den Demonstranten; die Demonstranten
die **Demonstrantin;** die Demonstrantinnen
die **Demonstration** (Protestkundgebung; Veranschaulichung); die Demonstrationen
demonstrativ (betont auffällig); demonstrative Gelassenheit
demonstrieren; die Jugend demonstrierte; sie hat für den Tierschutz demonstriert; der Politiker demonstrierte (bekundete deutlich) Härte
demoralisieren (jemandes Moral schwächen); der Misserfolg hat ihn demoralisiert
die **Demut** (grosse Bescheidenheit, Anspruchslosigkeit; Ergebenheit)
demütig
demütigen; du demütigst; er demütigte ihn; er hat ihn gedemütigt
demzufolge (demnach); demzufolge ist die Angelegenheit geklärt; ABER: das Vertragswerk, dem zufolge die Staaten sich zur Abrüstung verpflichtet haben
dengeln (durch Hämmern glätten und schärfen); sie dengelt; sie dengelte; sie hat die Sense gedengelt

denkbar; denkbare Folgen
denken; ich denke; du denkst; sie denkt; sie dachte; sie hat an alles gedacht
das **Denken**
das **Denkmal;** des Denkmals *oder* Denkmales; die Denkmäler *oder* Denkmale
der **Denkzettel;** einen Denkzettel geben (einen deutlichen Hinweis in Form einer Warnung oder Bestrafung geben)
denn; es sei denn, dass ...; wir liebten ihn, denn er war besonders freundlich
dennoch; billig und dennoch gut
der **Dentalhygieniker** (Person, die berufsmässig auf dem Gebiet der Mundhygiene arbeitet)
die **Dentalhygienikerin**
der **Denunziant** (jemand, der andere aus persönlichen, niedrigen Beweggründen anzeigt oder verrät); des/dem/den Denunzianten; die Denunzianten
die **Denunziantin;** die Denunziantinnen
denunzieren (anzeigen; brandmarken); er hat ihn bei der Polizei denunziert
das **Deo** (*Kurzwort für:* Deodorant); des Deos; die Deos
das **Deodorant** (Mittel gegen Körpergeruch); des Deodorants; die Deodorants *oder* Deodorante
das **Departement** (höchste Verwaltungsabteilung; Ministerium); des Departements *oder* Departementes; die Departemente
die **Depeschenagentur** (Nachrichtenbüro)
deplatziert (fehl am Platz, unangebracht); eine deplatzierte Bemerkung; diese Bemerkung war völlig deplatziert
die **Deponie** (zentraler Müll-, Schuttabladeplatz); die Deponien
deponieren (hinterlegen; legen, ablegen); sie hat den Schlüssel auf der Fensterbank deponiert
die **Deportation** (Zwangsverschickung, Verschleppung, Verbannung)
deportieren; man hat ihn deportiert
das **Depot** (Aufbewahrungsort; Sammelstelle; Flaschenpfand); des Depots; die Depots
der **Depp** (dummer, ungeschickter Mensch); des Deppen *oder* Depps; die Deppen *oder* Deppe
die **Deppin;** die Deppinnen
die **Depression** (Niedergeschlagenheit; traurige Stimmung; wirtschaftlicher Rückgang); die Depressionen
deprimiert (bedrückt); ein deprimierter Gesichtsausdruck
der
derart (so); es hat schon lange nicht mehr derart geschneit
derartig; etwas derartig Schönes; wir haben Derartiges, etwas Derartiges noch nie erlebt
derb; derbes Leder; derbe Witze
der **der Bezüger;** des Bezügers
die **der Bezügerin;** die Bezügerinnen
das **Derby** (Pferderennen; Fussballspiel zwischen Mannschaften aus derselben Region); des Derbys; die Derbys
dereinst (künftig); *Trennung:* der-einst
deren; ihre Nachbarin und deren kleine Tochter; die Menschen, deren ich mich erinnere; die Regeln, aufgrund deren entschieden wurde
derentwillen; eine Sache, um derentwillen sie ihren Laden verkauft hat
derer; die Zahl derer, die verletzt wurden; die Regeln, aufgrund derer entschieden wurde
dergestalt (so); dergestalt, dass ...
dergleichen (solch); nichts dergleichen geschah
derjenige; *Genitiv:* desjenigen; *Plural:* diejenigen
dermassen (so, so sehr); er war dermassen verblüfft, dass ...
derselbe; *Genitiv:* desselben; *Plural:* dieselben; ein und derselbe; mit ein *oder* einem und demselben; ein *oder* einen und denselben
derweil (während, unterdessen); sie spielten derweil Schach; er kochte, derweil sie schlief
der **Derwisch** (Mitglied eines islamischen religiösen Ordens); des Derwischs *oder* Derwisches; die Derwische
des; das Büro des Chefs
das **Desaster** (schweres Unglück; Zusammenbruch); des Desasters; die Desaster
der **Deserteur** (Fahnenflüchtiger, Überläufer); des Deserteurs; die Deserteure
die **Deserteurin**
desertieren; er ist desertiert
desgleichen (ebenso, ebenfalls)
deshalb; die Katze ist hungrig und miaut deshalb; ausgewandert ist sie deshalb, weil ...

das **Design** (Formgebung, Entwurf, Muster); des Designs; die Designs

der **Designer** (Formgestalter für Gebrauchs- und Verbrauchsgüter); des Designers; die Designer; *Trennung:* De-si-gner

die **Designerin;** die Designerinnen; *Trennung:* De-si-gne-rin

designiert (für ein Amt vorgesehen); die designierte Ministerin; *Trennung:* de-signiert

die **Desinfektion** (Entkeimung, Entseuchung); *Trennung:* Des-in-fek-tion

desinfizieren; er hat den Raum desinfiziert; *Trennung:* des-in-fi-zie-ren

das **Desinteresse** (Gleichgültigkeit, Uninteressiertheit); des Desinteresses; *Trennung:* Des-in-te-res-se

desinteressiert; ein desinteressierter Mitschüler; *Trennung:* des-in-te-res-siert

desolat (trostlos, traurig); eine desolate Situation

der **Despot** (Gewaltherrscher; herrische Person); des/dem/den Despoten; die Despoten

die **Despotin;** die Despotinnen

despotisch

dessen; der Schüler, dessen Fahrrad gestohlen wurde ...; das Gutachten, aufgrund dessen sie befördert wurde ...; wir haben uns dessen ungeachtet (trotzdem) für etwas anderes entschieden

das *oder* der **Dessert** (Nachtisch); des Desserts; die Desserts

destillieren (Flüssigkeiten durch Verdampfen und Kondensieren trennen); du destillierst; sie hat destilliert; destilliertes (chemisch reines) Wasser

desto; desto besser; desto grösser; desto mehr; desto weniger; ABER *(in einem Wort):* nichtsdestoweniger

destruktiv (zersetzend, zerstörend); destruktive Kritik; *Trennung:* de-struk-tiv

deswegen; genau deswegen mag ich keine Hunde; und zwar deswegen, weil ...

das **Detail** (Einzelheit, Einzelteil); des Details; die Details

detailgetreu

der **Detailhandel** (Geschäft, das Waren in kleinen Mengen verkauft)

detailliert (in allen Einzelheiten)

der **Detaillist** (Händler im Detailhandel); des/dem/den Detaillisten; die Detaillisten

die **Detaillistin;** die Detaillistinnen

die **Detektei** (Detektivbüro); die Detekteien

der **Detektiv;** des Detektivs; die Detektive

die **Detektivin;** die Detektivinnen

die **Detonation** (Knall, Explosion)

detonieren (mit heftigem Knall explodieren); die Bombe ist detoniert

deuten; du deutest; sie deutet; sie hat auf ihn gedeutet

deutlich; auf das, aufs Deutlichste; etwas deutlich machen

deutsch, Deutsch *siehe Kasten Seite 87*

das **Deutsche** (die deutsche Sprache allgemein); sie hat aus dem Deutschen ins Englische übersetzt; *Trennung:* Deut-sche

der **Deutsche;** des/dem/den Deutschen; die Deutschen; ein Deutscher; mehrere Deutsche; wir Deutschen, *auch:* wir Deutsche; alle [berufstätigen] Deutschen; *Trennung:* Deut-sche

die **Deutsche;** eine Deutsche; die Deutschen; *Trennung:* Deut-sche

Deutschland

die **Deutschschweiz**

der **Deutschschweizer**

die **Deutschschweizerin**

deutschschweizerisch (die Deutschschweiz betreffend)

deutschsprachig; die deutschsprachigen Länder

der **Deutschunterricht**

die **Devise** (Wahlspruch); die Devisen

die **Devisen** (Zahlungsmittel in ausländischer Währung) *Plural*

devot (unterwürfig)

die **DEZA** = Direktion für Entwicklung und Zusammenarbeit

der **Dezember;** des Dezember *oder* Dezembers

dezent (taktvoll; unaufdringlich)

das **Dezernat** (Dienststelle oder Abteilung einer Behörde); des Dezernats *oder* Dezernates; die Dezernate

der **Dezi** (*kurz für:* Deziliter); ein Dezi Milch

das **Dezibel** (Mass der relativen Lautstärke); des Dezibels; die Dezibel

der **Deziliter** ($^{1}/_{10}$ Liter)

dezimal (auf die Grundzahl 10 bezogen)

deutsch, Deutsch

1. Kleinschreibung:
- das deutsche Volk
- die deutsche Sprache
- die deutsche Einheit
- die deutsche Schweiz (*vergleiche auch:* die Deutschschweiz)

Klein schreibt man das Wort «deutsch» auch, wenn es in Verbindung mit Verben mit «wie?» erfragt werden kann:
- der Redner hat deutsch (wie?) gesprochen; ABER: er hat Deutsch (was?) gesprochen
- der Brief ist deutsch (in deutscher Sprache oder Schrift) geschrieben
- sich deutsch unterhalten; ABER: *mit Präposition:* sie haben sich auf Deutsch unterhalten; *vergleiche unter* «Grossschreibung»
- deutsch mit jemandem reden (*auch für:* jemandem unverblümt die Wahrheit sagen)

2. Grossschreibung:

Grossgeschrieben wird das Wort «deutsch», wenn ihm eine Präposition wie «auf», «in» usw. vorangeht:
- etwas auf Deutsch sagen
- das heisst auf gut Deutsch ...
- zu Deutsch heisst das ...
- der Brief ist in Deutsch abgefasst

Vergleiche auch: das Deutsch

In Namen wird «deutsch» grossgeschrieben:
- die Deutsche Bahn AG
- Deutsche Demokratische Republik (1949–1990)
- der Deutsche Schäferhund
- der Tag der Deutschen Einheit (3. Oktober)
- Anita Müller, Deutsche Meisterin (als Titel); ABER: sie ist deutsche Meisterin [im Eiskunstlauf]

das **Deutsch**

(die deutsche Sprache, besonders als Sprache eines Einzelnen oder einer Gruppe)
- des Deutschs *oder* Deutsch
- mein, dein, sein Deutsch ist gut
- sie kann, lernt, schreibt, spricht, versteht (kein, nicht, gut, schlecht) Deutsch (was?); ABER: sie spricht deutsch (wie?)
- das ist gutes Deutsch
- eine Deutsch (was?) sprechende *oder* eine deutsch (wie?) sprechende Ausländerin
- sie kann kein Wort Deutsch

der **Dezimalbruch** (ein Bruch, dessen Nenner mit 10, 100, 1 000 usw. gebildet wird)

die **Dezimale** (eine der Stellen hinter dem Komma einer Dezimalzahl); die Dezimalen

das **Dezimalsystem** (Zahlensystem mit der Grundzahl 10)

die **Dezimalzahl**

der **Dezimeter** ($^{1}/_{10}$ Meter); *selten auch:* das Dezimeter

dezimieren (stark verringern); der Brand hat die Bestände dezimiert

d. Gr. = der Grosse (z. B. Karl d. Gr.) *oder* die Grosse (z. B. Katharina d. Gr.)

d. h. = das heisst

d. i. = das ist

das **Dia** (Diapositiv); des Dias; die Dias

der **Diabetes** (Zuckerkrankheit); des Diabetes

der **Diabetiker** (Person, die an Zuckerkrankheit leidet); des Diabetikers; die Diabetiker

die **Diabetikerin;** die Diabetikerinnen

diabolisch (teuflisch)

das **Diadem** (kostbarer [Stirn]reif, Kopfschmuck); des Diadems; die Diademe

die **Diagnose** (Krankheitserkennung); die Diagnosen

diagnostizieren (einen Befund ermitteln); sie diagnostizierte; die Ärztin hat Scharlach diagnostiziert

diagonal (schräg laufend; eine Diagonale bildend)

die **Diagonale** (eine Gerade, die zwei nicht benachbarte Ecken eines Vielecks miteinander verbindet); die Diagonalen

das **Diagramm** (zeichnerische Darstellung

von Zahlenwerten); des Diagramms; die Diagramme

der **Diakon** (in der katholischen Kirche: Geistlicher, der um einen Weihegrad unter dem Priester steht; in der evangelischen Kirche: ein Pfarrhelfer); des Diakons *oder* Diakonen; die Diakone *oder* Diakonen

die **Diakonie** (in der evangelischen Kirche: Pflegedienst, Gemeindedienst)

die **Diakonin;** die Diakoninnen

die **Diakonisse** (eine evangelische Krankenschwester); der Diakonisse; die Diakonissen

die **Diakonissin;** die Diakonissinnen

der **Dialekt** (die Mundart); des Dialekts *oder* Dialektes; die Dialekte

der **Dialer** (Computerprogramm, das eine Telefonverbindung [zum Internet] herstellt)

der **Dialog** (Zwiegespräch); die Dialoge

die **Dialyse** (*Medizin:* Blutwäsche)

der **Diamant** (ein Edelstein); des/dem/den Diamanten; die Diamanten

diamanten (aus einem Diamanten; mit einem Diamanten besetzt); ein diamantenes Armband

das **Diapositiv** (durchscheinendes fotografisches Bild); die Diapositive; *Kurzform:* Dia

die **Diaspora** (religiöse oder nationale Minderheit; Gebiet, in dem eine solche Minderheit lebt)

die **Diät** (Schonkost; spezielle Ernährungsweise); Diät halten; Diät leben

dich

dicht; dichter; am dichtesten; seine dicht behaarte *oder* dichtbehaarte Brust; Indien ist ein dicht bevölkerter *oder* dichtbevölkerter Staat; *vergleiche aber:* dichthalten, dichtmachen

die **Dichte** (dichte Folge, dichte Verteilung, Verhältnis von Masse zu Volumen)

dichten (Verse machen); du dichtest; sie dichtete; sie hat ein Sonett gedichtet

dichten (dicht machen); du dichtest; sie dichtete; sie hat die Leitung gedichtet

der **Dichter;** des Dichters; die Dichter

die **Dichterin;** die Dichterinnen

dichthalten (nichts verraten); sie hat dichtgehalten; *vergleiche auch:* dicht

dichtmachen (schliessen); sie haben die Fabrik dichtgemacht

die **Dichtung**

dick; durch dick und dünn; ABER: er ist der Dickste in der Klasse

der **Dicke;** ein Dicker; die Dicken; viele Dicke

die **Dicke;** eine Dicke

die **Dicke** (ein Mass); die Dicke einer Stange

das **Dickicht** (undurchdringliches Gebüsch; Gestrüpp; Wald mit dichtem Unterholz); des Dickichts; die Dickichte

der **Dickkopf;** des Dickkopfs; die Dickköpfe

dickköpfig

die; die Frau, die (welche) heute hier war; die Frauen, die Männer, die Kinder

der **Dieb**

die **Diebin;** die Diebinnen

diebisch; die diebische Elster; er hat sich diebisch gefreut

der **Diebstahl;** des Diebstahls *oder* Diebstahles; die Diebstähle

diejenige; *Genitiv:* derjenigen; *Plural:* diejenigen

die **Diele** (Fussbodenbrett; Flur)

dienen; du dienst; er hat gedient

der **Diener;** des Dieners; die Diener

die **Dienerin;** die Dienerinnen

der **Dienst;** des Diensts *oder* Dienstes; die Dienste; im Dienst sein; ausser Dienst (*Abkürzung:* a. D.)

der **Dienstag, dienstags**

Das Nomen «Dienstag» schreibt man gross:

- des Dienstags; es geschah eines Dienstags
- wir treffen uns am [nächsten] Dienstag

Das Adverb «dienstags» schreibt man dagegen klein:

- sie kommt [immer] dienstags
- dienstags habe ich keine Zeit

Verbindungen aus Wochentag und Tageszeitangabe:

- [am] Dienstag früh um sechs Uhr treffen wir uns wieder; [am] Dienstag abens um neun Uhr; ABER: am [nächsten] Dienstagabend spielen wir Schach
- dienstagabends *oder* dienstags abends spielen wir Schach

der **Dienstagabend;** meine Dienstagabende sind alle belegt; am Dienstagabend hat sie frei

dienstags *vergleiche:* **Dienstag**

das **Dienstbüchlein** (Ausweis über die Erfüllung der Militärdienstpflicht und des Zivildienstes)

der **Dienstgrad**

die **Dienstleistung**

dienstlich

dienstpflichtig (zu Militärdienst verpflichtet)

die **Dienstreise**

der **Dienstverweigerer**

dies, dieses

der **Diesel** (*kurz für:* Dieselmotor oder Auto mit Dieselmotor)

dieselbe; ein und dieselbe

der **Dieselmotor**

dieser; in diesem selben Augenblick; im August dieses Jahres

diesig (neblig)

diesjährig

diesmal; ABER: dieses Mal; dieses *oder* dies eine, letzte Mal

diesseits; diesseits des Flusses

das **Diesseits** (die Welt; das irdische Leben); im Diesseits

der **Dietrich** (Nachschlüssel); des Dietrichs; die Dietriche

diffamieren (verleumden); er hat ihn als Betrüger diffamiert

das **Differential** *vergleiche:* **Differenzial**

die **Differenz** (der Unterschied); die Differenzen

das **Differenzial** *oder* **Differential** (*Mathematik:* unendlich kleine Differenz); des Differenzials *oder* Differentials; die Differenziale *oder* Differentiale

differenzieren (genauer unterscheiden); sie hat differenziert

digital (*Technik:* in Ziffern dargestellt, verschlüsselt); digitale Daten

die **Digitalkamera**

die **Digitaluhr** (Uhr, die die Zeit nur mit Ziffern angibt)

das **Diktat;** des Diktats *oder* Diktates; die Diktate

der **Diktator** (Alleinherrscher eines Staates; Gewaltherrscher); des Diktators; die Diktatoren

die **Diktatorin;** die Diktatorinnen

die **Diktatur** (Allein-, Gewaltherrschaft); die Diktaturen

diktieren; du diktierst; sie hat den Einkaufszettel diktiert

das **Dilemma** (Zwangslage); des Dilemmas; die Dilemmas *oder* Dilemmata

der **Dilettant** (Nichtfachmann; Stümper); des/dem/den Dilettanten; die Dilettanten

die **Dilettantin;** die Dilettantinnen

dilettantisch (laienhaft; stümperhaft); ein dilettantisches Vorgehen

der **Dill** (eine Gewürzpflanze); des Dills

die **Dimension** (Ausdehnung; Bereich); die Dimensionen

DIN = Deutsche Industrie-Norm[en] *(Markenbezeichnung)*

das **Ding;** des Dings *oder* Dinges; die Dinge, *umgangssprachlich auch:* die Dinger; guter Dinge (froh, optimistisch) sein; unverrichteter Dinge

das **Dingi** (kleines Beiboot; kleines Segelboot); des Dingis; die Dingis

der **Dino** (*kurz für:* Dinosaurier); des Dinos; die Dinos

der **Dinosaurier** (ausgestorbene Riesenechse); des Dinosauriers; die Dinosaurier

die **Dioptrie** (Masseinheit für die Brechkraft von Linsen); die Dioptrien; *Trennung:* Di-op-tri-en

das **Dioxin** (hochgiftige Verbindung von Chlor und Kohlenwasserstoff); des Dioxins; die Dioxine

die **Diözese** (Amtsgebiet des Bischofs); die Diözesen

die **Diphtherie** (eine Infektionskrankheit); die Diphtherien; *Trennung:* Diph-the-rie

der **Diphthong** (Doppellaut, z. B. ei); die Diphthonge; *Trennung:* Diph-thong

das **Diplom** (Urkunde; Fähigkeitsausweis); des Diploms *oder* Diplomes; die Diplome; *Trennung:* Dip-lom

der **Diplomat** (der beglaubigte Vertreter eines Landes bei einem anderen Land); des/dem/den Diplomaten; die Diplomaten

die **Diplomatie** (politische Kunst des Verhandelns mit fremden Mächten; verbindliches, taktisch kluges Verhalten)

die **Diplomatin;** die Diplomatinnen

diplomatisch (staatsmännisch; verbindlich und taktisch klug)

dir

direkt; direkte Rede (wörtliche Rede)
die **Direktion**
der **Direktor;** des Direktors; die Direktoren
die **Direktorin;** die Direktorinnen
der **Dirigent** (Person, die ein Orchester dirigiert, leitet); des/dem/den Dirigenten; die Dirigenten
die **Dirigentin;** die Dirigentinnen
dirigieren; du dirigierst; sie hat den Chor dirigiert
die **Dirne** (Prostituierte)
Discjockey *vergleiche:* **Diskjockey**
die **Disco;** die Discos
das **Discountgeschäft** (Geschäft, das Waren zu sehr niedrigen Preisen verkauft)
discrétion; à discrétion *oder* discretion
die **Diskette** (als Datenträger dienende Magnetplatte); die Disketten
der **Diskjockey** *oder* **Discjockey;** des Diskjockeys *oder* Discjockeys; die Diskjockeys *oder* Discjockeys; *Abkürzung:* DJ
die **Diskothek** (Disko; Schallplattensammlung); die Diskotheken
die **Diskrepanz** (Missverhältnis); die Diskrepanzen; *Trennung:* Dis-kre-panz
diskret (taktvoll; vertraulich; *Physik, Mathematik:* abgegrenzt, getrennt); eine diskrete Andeutung; *Trennung:* dis-kret
die **Diskretion;** *Trennung:* Dis-kre-ti-on
diskriminieren (herabsetzen und benachteiligen); er wurde wegen seiner Hautfarbe diskriminiert; *Trennung:* dis-kri-mi-nie-ren
diskriminierend; diskriminierende Äusserungen; *Trennung:* dis-kri-mi-nie-rend
die **Diskriminierung;** *Trennung:* Dis-kri-mi-nie-rung
der **Diskus;** des Diskus; die Disken *oder* Diskusse
die **Diskussion** (Erörterung; Meinungsaustausch); die Diskussionen
diskutabel (erwägenswert, strittig); ein diskutabler Vorschlag
diskutieren; du diskutierst; sie diskutierte; sie hat gern diskutiert
dislozieren (an einen anderen Ort verlegen; zügeln); die Firma ist nach Basel disloziert
Disneyland (*Markenbezeichnung:* ein Vergnügungspark)
die **Dispersion** (feinste Verteilung schwebender Teilchen)
die **Dispersionsfarbe**
das **Display** (Gerät, Vorrichtung zur Anzeige von Daten, Signalen usw.); des Displays; die Displays
disponieren (verfügen, planen); sie hat gut disponiert
die **Disposition** (Gliederung, Plan; Veranlagung, Empfänglichkeit; freie Verwendung)
der **Disput** (Streitgespräch); des Disputs *oder* Disputes; die Dispute
die **Disqualifikation**
disqualifizieren (aus einem Wettbewerb ausschliessen); die Jury hat ihn disqualifiziert
der **Dissident** (Mensch, der sich zu einer abweichenden Religion oder politischen Meinung bekennt); des/dem/den Dissidenten; die Dissidenten
die **Dissidentin;** die Dissidentinnen
die **Dissonanz** (Missklang); die Dissonanzen
die **Distanz** (Abstand, Entfernung; *Sport:* Strecke); die Distanzen; auf Distanz gehen (kritische, eher ablehnende Haltung einnehmen)
die **Distel;** die Disteln
der **Distelfink;** des/dem/den Distelfinken; die Distelfinken
der **Distrikt** (Bereich, Bezirk); des Distrikts *oder* Distriktes; die Distrikte
die **Disziplin** (Fach einer Wissenschaft; Teilbereich des Sports; *nur im Singular:* Zucht, Ordnung); die Disziplinen
die **Diva** (gefeierte Sängerin oder Schauspielerin); die Divas *oder* Diven
divers (verschieden); diverse Sorten
der **Dividend** (Zähler eines Bruchs); des/dem/den Dividenden; die Dividenden
die **Dividende** (der auf eine Aktie entfallende Gewinn); die Dividenden
dividieren (teilen); du dividierst; sie hat durch 3 dividiert; zehn dividiert durch fünf ist, macht, gibt zwei
die **Division** (die Teilung; die Heeresabteilung); die Divisionen
der **Divisionär** (Befehlshaber einer Division); die Divisonäre
die **Divisionärin**
der **Divisor** (Nenner eines Bruchs); des Divisors; die Divisoren
der **Diwan** (Liegesofa); die Diwane

der **DJ** = Diskjockey; des DJ *oder* DJs; die DJs; *weibliche Form:* DJane *oder* She-DJ
die **DJane** (weiblicher DJ); die DJanes; *auch:* She-DJ
die **DNS** = Desoxyribonukleinsäure
der **Dobermann** (eine Hunderasse); die Dobermänner
doch; ja doch; nicht doch!
der **Docht** (Faden in Kerzen, Öllampen usw.); des Dochts *oder* Dochtes; die Dochte
das **Dock** (Anlage zum Ausbessern von Schiffen); des Docks; die Docks
die **Dogge** (eine Hunderasse); die Doggen
das **Dogma** (Glaubenssatz); des Dogmas; die Dogmen
dogmatisch (die [Glaubens]lehre betreffend; lehrhaft; streng [an Lehrsätze] gebunden)
der **Dogmatismus** (starres Festhalten an einer Anschauung, Lehrmeinung)
die **Dohle** (ein Vogel)
der **Doktor;** des Doktors; die Doktoren; *Abkürzung:* Dr.; *z. B.* Dr. phil. = Doktor der Philosophie; Dr. med. = Doktor der Medizin; Dr.-Ing. = Doktoringenieur; Dr. h. c. = Doktor ehrenhalber (honoris causa)
die **Doktorin;** die Doktorinnen; *Abkürzung:* Dr., *vergleiche auch:* Doktor
die **Doktrin** (Lehrmeinung; politischer Grundsatz); die Doktrinen
das **Dokument** (Urkunde, Schriftstück; Beweis); des Dokuments *oder* Dokumentes; die Dokumente
der **Dokumentarfilm**
dokumentarisch
die **Dokumentation** (Zusammenstellung von Dokumenten und Materialien jeder Art); die Dokumentationen
dokumentieren (beurkunden; belegen; bekunden); diese Entscheidung hat seinen Friedenswillen dokumentiert
das **Dolby-System** (*Markenbezeichnung:* Verfahren zur Rauschunterdrückung bei Tonaufnahmen)
der **Dolch;** des Dolchs *oder* Dolches; die Dolche
die **Dolde** (Blütenstand); die Dolden
die **Dole** (Abflussschacht)
der **Dollar;** des Dollars; die Dollars; ABER: 30 Dollar
dolmetschen (Gesprochenes übersetzen); du dolmetschst; sie dolmetschte; sie hat bei dem Gespräch gedolmetscht
der **Dolmetscher;** des Dolmetschers; die Dolmetscher
die **Dolmetscherin;** die Dolmetscherinnen
die **Dolomiten** (Teil der Südalpen) *Plural*
der **Dom;** des Doms *oder* Domes; die Dome
die **Domäne** (Staatsgut; besonderes Arbeitsgebiet); die Domänen
dominieren (vorherrschen; beherrschen); helle Farben dominierten; sie hat die politische Szene dominiert; dominierendes Verhalten
der **Dominikaner** (Angehöriger eines Mönchsordens); des Dominikaners; die Dominikaner
der **Dominikaner** (Einwohner der Dominikanischen Republik)
die **Dominikanerin** (Angehörige eines Nonnenordens); die Dominikanerinnen
die **Dominikanerin** (Einwohnerin der Dominikanischen Republik); die Dominikanerinnen
dominikanisch
die **Dominikanische Republik** (Staat in Mittelamerika)
das **Domino** (Spiel, bei dem rechteckige Spielsteine aneinandergelegt werden); des Dominos; die Dominos
das **Domizil** (Wohnsitz, Wohnung); des Domizils; die Domizile
der **Dompteur** (Tierbändiger); des Dompteurs; die Dompteure
die **Dompteurin** *oder* **Dompteuse;** die Dompteurinnen *oder* Dompteusen
die **Donau** (europäischer Strom)
der **Döner** (*kurz für:* Dönerkebab); des Döners; die Döner
der **Dönerkebab** *oder* **Dönerkebap** (eine türkische Fleischspezialität); des Dönerkebab *oder* Dönerkebabs *und* des Dönerkebap *oder* Dönerkebaps; die Dönerkebabs *oder* Dönerkebaps
der **Donner;** des Donners; die Donner
donnern; es hat gedonnert
der **Donnerstag;** schmutziger Donnerstag (Donnerstag vor Aschermittwoch; Beginn der Fasnacht); *vergleiche:* Dienstag
donnerstags *vergleiche:* **dienstags**
der **Donut** *oder* **Doughnut** (ein ringförmiges Gebäckstück aus Hefeteig); des Donuts

oder Doughnuts; die Donuts *oder* Doughnuts

doof (dumm; einfältig); eine doofe Nuss

dopen (durch [verbotene] Anregungsmittel zu sportlicher Höchstleistung bringen); du dopst; er dopte; er hat das Pferd gedopt; er ist gedopt

das **Doping;** des Dopings; die Dopings

die **Dopingkontrolle**

das **Doppel;** im Doppel (in doppelter Ausführung)

das **Doppelbett**

der **Doppelbürger** (Person, die die Staatsbürgerschaft von zwei Staaten besitzt)

die **Doppelbürgerin**

doppeldeutig

der **Doppelgänger;** des Doppelgängers; die Doppelgänger

die **Doppelgängerin;** die Doppelgängerinnen

der **Doppelmeter** (zusammenklappbarer Meter); des Doppelmeters; die Doppelmeter

der **Doppelpass** *(Fussball)*

der **Doppelpunkt**

doppelspurig

die **Doppelstunde** (Unterrichtsstunde, die doppelt so lange dauert wie eine einfache)

doppelt; die doppelte Buchführung; doppelt so gross; doppelt so viel; sie ist doppelt so reich wie ich; sie ist doppelt so reich, wie ich es bin

das **Doppelte;** des Doppelten; um das Doppelte, ums Doppelte grösser sein

das **Dorf;** des Dorfs *oder* Dorfes; die Dörfer

dörflich

der **Dorn;** des Dorns *oder* Dornes; die Dornen, *in der Technik:* die Dorne

die **Dornenkrone**

dornig

das **Dornröschen** (Märchenfigur)

dörren; er dörrte; er hat das Obst gedörrt

das **Dörrobst**

der **Dorsch** (ein Fisch); des Dorschs *oder* Dorsches; die Dorsche

dort; dort drüben; von dort aus

dorther

dorthin; da- und dorthin

die **Dose;** *Verkleinerungsform:* das Döschen

dösen (wachend träumen); du döst; sie döst; sie hat gedöst; döse nicht!

der **Dosenöffner**

dosieren; sie hat das Medikament richtig dosiert

die **Dosis** (zugemessene Menge); die Dosen

das **Dossier** (Zusammenstellung von Akten, Dokumenten zu einem Thema oder Fall); des Dossiers; die Dossiers

der *oder* das **Dotter** (Eigelb); des Dotters; die Dotter

das **Double** (*Film:* Ersatzspieler oder Ersatzspielerin [ähnlichen Aussehens]); des Doubles; die Doubles

der **Doughnut** *oder* **Donut** (ein ringförmiges Gebäckstück aus Hefeteig); des Doughnuts *oder* Donuts; die Doughnuts *oder* Donuts

der *oder* das **Download** (*EDV:* das Herunterladen von Daten, Programmen); des Downloads; die Downloads

downloaden (*EDV:* Daten, Programme von einem Computer, aus dem Internet herunterladen); ich habe mir das Spiel downgeloadet

> Die gebeugten Formen von *downloaden* klingen für viele Menschen merkwürdig oder unschön, weil hier ein englisches Wort nach deutschem Muster gebeugt wird. Deshalb verwendet man besser das deutsche Verb *herunterladen*.

der **Dozent** (Lehrer [an einer Hochschule]); des/dem/den Dozenten; die Dozenten

die **Dozentin;** die Dozentinnen

dozieren; du dozierst; sie doziert; sie dozierte; sie hat doziert

die **dpa** = Deutsche Presse-Agentur

Dr. = Doktor *oder* Doktorin, *vergleiche dort*

der **Drache** (ein Fabeltier); des/dem/den Drachen; die Drachen

der **Drachen** (ein Fluggerät); des Drachens; die Drachen

Dracula (Titelfigur eines Vampirromans)

das **Dragée** *oder* **Dragee** (mit Zucker überzogene Süssigkeit oder Tablette); des Dragées *oder* Dragees; die Dragées *oder* Dragees

der **Dragoner** (*früher:* Reiter einer Reitertruppe); des Dragoners; die Dragoner

der **Draht;** des Drahts *oder* Drahtes; die Drähte; auf Draht (wachsam) sein

drahtig (sehnig, schlank)

drahtlos; drahtlose Fernbedienungen
der **Drahtzieher** (jemand, der im Hintergrund das Geschehen steuert); des Drahtziehers; die Drahtzieher
die **Drahtzieherin;** die Drahtzieherinnen
drakonisch (streng); drakonische Strafe
drall (derb, stramm)
das **Drama;** des Dramas; die Dramen
der **Dramatiker** (Dramendichter); des Dramatikers; die Dramatiker
die **Dramatikerin**
dramatisch (erregend, spannend); dramatische Entwicklungen
dran (*für:* daran); du bist dran; ABER: das Drum und Dran; des Drum und Dran
dranbleiben; sie blieb dran; sie ist an der Sache drangeblieben
der **Drang;** des Drangs *oder* Dranges
drangehen; sie ging dran (fing an), die Koffer zu packen; es ist keiner drangegangen (es hat keiner den Hörer abgenommen)
die **Drängelei**
drängeln; ich drängle *oder* drängele; du drängelst; er hat gedrängelt
drängen; du drängst; sie drängte; sie hat auf eine Änderung gedrängt; dränge nicht!; sich drängen; sie haben sich um das Feuer gedrängt
drangsalieren (quälen); er hat ihn mit seinen Fragen drangsaliert
drankommen (an die Reihe kommen, aufgerufen werden); er ist endlich drangekommen
drannehmen (abfertigen; aufrufen); sie hat diesen Schüler häufig drangenommen
drastisch (sehr deutlich; wirksam); drastische Massnahmen
drauf (*kurz für:* darauf); drauf und dran (nahe daran) sein; drauf sein (*auch für:* [gut/schlecht] gelaunt sein)
draufgehen (verbraucht werden, sterben); sein ganzes Geld geht dabei drauf; sie ist dabei draufgegangen
drauflosreden (ohne Überlegung reden); er redet einfach drauflos; sie hat drauflosgeredet
draufsetzen; noch eins draufsetzen (nachdoppeln)
draus (*kurz für:* daraus)
draussen; draussen im Garten; nach draussen gehen; von draussen kommen

das **Dreamteam** (*besonders Sport:* ideal besetzte Mannschaft); des Dreamteams; die Dreamteams
drechseln; ich drechsle *oder* drechsele; du drechselst; sie drechselte; sie hat die Figur gedrechselt
der **Drechsler** (Handwerker, der Holz v. a. mit Drehbank bearbeitet); des Drechslers; die Drechsler
die **Drechslerin;** die Drechslerinnen
der **Dreck**
dreckig; dreckige Schuhe
der **Dreh** (Einfall, Kunstgriff); die Drehs *oder* Drehe
die **Drehbank;** die Drehbänke
das **Drehbuch** (Textvorlage mit Anweisungen für einen Film)
drehen; sie hat gedreht; drehe!; sich drehen; der Schlüssel hat sich gedreht
der **Dreher;** des Drehers; die Dreher
die **Dreherin;** die Dreherinnen
die **Drehorgel** (Leierkasten)
die **Drehung**
die **Drehzahl** (Anzahl der Umdrehungen pro Zeiteinheit)
drei; wir sind zu dreien *oder* zu dritt; herzliche Glückwünsche von uns dreien; er kann nicht bis drei zählen (er ist sehr dumm); er ist schon drei [Jahre alt]; aller guten Dinge sind drei; der Saal war erst drei viertel voll; *vergleiche auch:* acht, dritte
die **Drei** (Ziffer, Zahl); die Dreien; eine Drei würfeln; er schrieb in Deutsch eine Drei; *vergleiche auch:* die Acht
das **Dreieck;** des Dreiecks; die Dreiecke
dreieckig
die **Dreieinigkeit** *(christliche Relgion)*
dreifach
die **Dreifaltigkeit** *(christliche Religion)*
dreijährig *vergleiche:* **achtjährig**
dreiköpfig; ein dreiköpfiger Vorstand
das **Dreiländereck** *und* die **Dreiländerecke** (Gebiet, in dem die Grenzen dreier Länder aneinander stossen); des Dreiländerecks *oder* Dreiländereckes *und* der Dreiländerecke; die Dreiländerecke *und* die Dreiländerecken
dreimal *vergleiche:* achtmal
das **Dreimeterbrett** (*mit Ziffer:* 3-Meter-Brett *oder* 3-m-Brett)
drein (*kurz für:* darein)

dreinblicken (in bestimmter Weise blicken); sie hat düster dreingeblickt
die **Dreingabe** (Zugabe; Begleiterscheinung)
der **Dreisatz** *(Mathematik)*
dreissig *vergleiche:* achtzig
der **Dreissiger** *vergleiche:* Achtziger
dreissigjährig; eine dreissigjährige Frau; ABER: der Dreissigjährige Krieg
dreist (frech, unverschämt); dreister; am dreistesten
dreistellig; ein dreistelliger Betrag
dreistöckig; ein dreistöckiges Haus
dreitägig; eine dreitägige Reise
dreiteilen; das Land wurde dreigeteilt; ein dreigeteiltes Bild; ABER: die durch drei geteilte Zahl
dreiteilig; ein dreiteiliges Pfannenset
die **Dreiviertelstunde**
der **Dreivierteltakt** ($^3/_4$-Takt)
dreizehn; die verhängnisvolle Dreizehn; *vergleiche auch:* acht
der **Dreizehnte** (dreizehnter Monatslohn); des Dreizehnten; die Dreizehnten
die **Dreizimmerwohnung** (*mit Ziffer:* die 3-Zimmer-Wohnung)
die **Dresche** (*umgangssprachlich für:* Prügel); Dresche bekommen
dreschen; du drischst; sie drischt; sie drosch; sie hat das Korn gedroschen
der **Dreschflegel** (bäuerliches Werkzeug)
die **Dreschmaschine**
der **Dress** (Sportkleidung); des Dress *oder* Dresses; die Dresse
der **Dresscode** (Kleiderordnung)
dressieren (abrichten); du dressierst; sie hat den Affen dressiert
der **Dressiersack** (Spritzbeutel); des Dressiersacks *oder* Dressiersackes; die Dressiersäcke
der **Dressman** (Mann, der an einer Modeschau Herrenkleider vorführt); des Dressmans; die Dressmen; *weibliche Form:* Mannequin; *vergleiche auch:* Model
die **Dressur** (das Dressieren; Kunststück eines dressierten Tiers); die Dressuren
das **Dressurreiten**
dribbeln (*Sport:* den Ball durch kurze Stösse vorwärts treiben); du dribbelst; sie dribbelte in den Strafraum; sie hat zu viel gedribbelt
die **Drift** (durch Wind erzeugte Strömung an der Meeresoberfläche); die Driften
der **Drill;** des Drills
drillen (hart schulen); du drillst ihn; er drillte ihn; er hat ihn gedrillt; drille ihn!
der **Drillich** (ein Gewebe); des Drillichs; die Drilliche
drin (*kurz für:* darin); drin sein (*auch für:* möglich sein); heute war nicht mehr drin
dringen; du dringst; sie drang; die Sonne ist durch die Wolken gedrungen
dringend; dringender; am dringendsten; auf das, aufs Dringendste *oder* dringendste
der **Drink** (alkoholisches Getränk; Mischgetränk); des Drinks; die Drinks
drinliegen (möglich sein); das liegt bei ihm sicher drin
drinnen; ich möchte lieber drinnen spielen
dritt; sie waren zu dritt; *vergleiche auch:* drei

dritte

Kleinschreibung:

- das dritte Kapitel
- der dritte Stand (Bürgerstand)

Wird «dritte» als Nomen gebraucht, schreibt man es gross:

- er ist der Dritte im Bunde
- sie ist die Dritte in der Reihe
- der Dritte von dreien
- jeder Dritte
- zum Dritten

Gross schreibt man «dritte» auch, wenn es Bestandteil eines Namens oder Titels ist:

- der Dritte Oktober (Tag der Deutschen Einheit)
- das Dritte Reich (Deutschland während des Nationalsozialismus)
- die Dritte Welt (die Entwicklungsländer)
- Friedrich der Dritte (Friedrich III.)

der *oder* das **Drittel;** des Drittels; die Drittel; *vergleiche:* Achtel
drittens
drittletzte; die drittletzte Seite; der/die/das Drittletzte
die **Drittperson** (Dritter, dritte Person)
der **Drittweltladen**

droben (da oben)
die **Droge** (Rohstoff für Heilmittel; *auch für:* Rauschgift); die Drogen
der **Drögeler** (Drogenabhängiger); des Drögelers; die Drögeler
die **Drögelerin** *oder* **Dröglerin**
drogenabhängig
drogensüchtig
die **Drogerie;** die Drogerien
der **Drogist;** des/dem/den Drogisten; die Drogisten
die **Drogistin;** die Drogistinnen
drohen; du drohst; sie drohte; er hat ihm gedroht
die **Drohne** (männliche Biene; Nichtstuer)
dröhnen (sehr laut und dumpf tönen); es dröhnt; es hat gedröhnt
die **Drohung**
drollig; ein drolliges Kerlchen
das **Dromedar** (das einhöckerige Kamel); des Dromedars; die Dromedare
der *oder* das **Drops** (Fruchtbonbon); des Drops; die Drops *meist Plural*
die **Drossel** (ein Singvogel); die Drosseln
drosseln; du drosselst; sie drosselte; sie hat den Motor gedrosselt; drossele *oder* drossle den Motor!
drüben (auf der anderen Seite)
drüber (*kurz für:* darüber); *vergleiche auch:* drunter
der **Druck;** des Drucks *oder* Druckes; *(in der Technik:)* die Drücke *und* (für Bücher, Bilder u. Ä.:) die Drucke; die Drücke im Sterninnern sind sehr hoch; in der Bibliothek liegen viele alte Drucke
der **Drückeberger;** des Drückebergers; die Drückeberger
die **Drückebergerin;** die Drückebergerinnen
drucken; du druckst; sie druckt; sie hat das Buch gedruckt
drücken; du drückst; sie drückte den Knopf; sie hat gegen die Tür gedrückt
der **Drucker;** des Druckers; die Drucker
die **Druckerei**
die **Druckerin;** die Druckerinnen
druckfrisch (soeben gedruckt)
drucksen (nicht recht mit der Sprache herauskommen); du druckst; er hat gedruckst
drum (*kurz für:* darum); es ist schade drum; ABER: das [ganze] Drum und Dran; des Drum und Dran
der **Drummer** (Schlagzeuger in einer Band); des Drummers; die Drummer
die **Drummerin**
drunten (da unten)
drunter (*kurz für:* darunter); es geht drunter und drüber; ABER: das Drunter und Drüber; des Drunter und Drüber
drunterstellen; sie stellt eine Stütze drunter; er hat etwas druntergestellt
die **Drüse**
der **Dschungel;** des Dschungels; die Dschungel
die **Dschunke** (chinesisches Segelschiff); die Dschunken
Dtzd. = Dutzend

du

- du bist im Recht
- Leute wie du und ich
- Liebe Petra, wie du bestimmt bemerkt hast ...

Wird «du» als Nomen gebraucht, schreibt man es gross:

- jemandem das Du anbieten
- jemanden mit Du anreden
- mit jemandem auf Du und Du stehen (vertraut sein)
- Du *oder* du zueinander sagen
- mit jemandem per Du *oder* per du sein

der **Dübel** (Pflock, Zapfen, worin Schrauben, Haken usw. verankert werden); des Dübels; die Dübel
dübeln; ich düble *oder* dübele; sie dübelte; sie hat das Regal an die Wand gedübelt
dubios (zweifelhaft, fragwürdig); dubiose Machenschaften
Dublin (Hauptstadt der Republik Irland)
sich **ducken;** du duckst dich; sie hat sich geduckt
der **Duckmäuser** (jemand, der seine Meinung nicht zu sagen wagt); des Duckmäusers; die Duckmäuser
der **Dudelsack** (ein Blasinstrument); die Dudelsäcke
das **Duell** (Zweikampf); des Duells; die Duelle
das **Duett** (Zwiegesang); des Duetts *oder* Duettes; die Duette
der **Duft;** des Dufts *oder* Duftes; die Düfte

dufte (ausgezeichnet); einfach dufte!
duften; die Blume duftet; die Blume duftete; die Blume hat geduftet
duftig; duftige Stoffe
dulden; du duldest; er duldet; er duldete; er hat still geduldet
der **Dulder;** des Dulders; die Dulder
die **Dulderin;** die Dulderinnen
duldsam
dumm; dümmer; am dümmsten; ABER: er ist der Dümmste unter uns; dumm und dämlich (sehr dumm)
dummdreist; dummdreiste (dumme und zugleich dreiste, freche) Antworten
die **Dummheit**
der **Dummkopf**
dumpf; ein dumpfer Klang
der **Dumpingpreis** (Preis, der deutlich unter dem Warenwert liegt)
die **Düne;** die Dünen
der **Dung** (als Dünger verwendeter Mist); des Dungs *oder* Dunges
düngen; du düngst; sie düngt; sie düngte; sie hat den Boden gedüngt
der **Dünger;** des Düngers
dunkel; dunkler; am dunkelsten; etwas dunkel färben; jemanden im Dunkeln (im Ungewissen) lassen; im Dunkeln ist gut munkeln; im Dunkeln tappen; ein Sprung ins Dunkle
das **Dunkel;** des Dunkels; im Dunkel des Waldes
der **Dünkel** (Eingebildetheit); des Dünkels
dunkelblau
dunkelhaarig; ein dunkelhaariges Mädchen
dünkelhaft; dünkelhafter; am dünkelhaftesten
die **Dunkelheit**
dunkelrot
die **Dunkelziffer** (offiziell nicht bekannte Anzahl von bestimmten Erscheinungen oder Ähnlichem); die Dunkelziffer bei Drogenmissbrauch
dünken; mich *oder* mir dünkte; mich *oder* mir hat gedünkt
dünn; dünner; am dünnsten; durch dick und dünn; diese dünn besiedelte *oder* dünnbesiedelte Gegend; das dünn bevölkerte *oder* dünnbevölkerte Land; gute Freunde sind dünn gesät (selten, spärlich vorhanden); ihr sollt euch dünn machen (weniger Platz in Anspruch nehmen); sie soll den Teig ganz dünn machen
der **Dünndarm**
dünnflüssig; dünnflüssiger Brei
der **Dunst;** des Dunsts *oder* Dunstes; die Dünste
dünsten; du dünstest; sie dünstete; sie hat das Fleisch gedünstet; dünste es!
die **Dunstglocke** (Ansammlung verunreinigter Luft über Industriegebieten und Städten)
dunstig; ein dunstiger Herbstmorgen
die **Dünung** (Seegang mit gleichmässigen Wellen); die Dünungen
das **Duo** (Musikstück für zwei Instrumente; *auch für:* die zwei Ausführenden); des Duos; die Duos
das **Duopack** (Doppelpack); des Duopacks; die Duopacks
das **Duplikat** (Abschrift); des Duplikats *oder* Duplikates; die Duplikate
das **Dur** (Tongeschlecht mit grosser Terz); des Dur; in Dur; A-Dur; die A-Dur-Tonleiter; *vergleiche auch:* Moll
durch; durch ihn; durch und durch; nach diesem Streit wird er bei allen Freunden unten durch sein (sich unbeliebt gemacht haben); das Fleisch muss durch sein; durch Planen zum Ziel kommen
durcharbeiten (pausenlos arbeiten; sorgsam bearbeiten; *Betonung auf:* durch); sie hat die ganze Nacht durchgearbeitet; der Teig ist tüchtig durchgearbeitet; ABER: **durcharbeiten** (*Betonung auf:* arbeiten); eine durcharbeitete Nacht
durchaus
durchblättern; er hat das Buch durchgeblättert *oder* durchblättert
der **Durchblick** (Blick durch etwas hindurch; Überblick); des Durchblicks *oder* Durchblickes; die Durchblicke
durchblicken; sie hat durchgeblickt
die **Durchblutung**
durchbrechen (einbrechen; in zwei Teile brechen; *Betonung auf:* durch); er bricht die Tafel Schokolade durch; sie hat den Stock durchgebrochen; ABER: **durchbrechen** (gewaltsam durchdringen; *Betonung auf:* brechen); der Demonstrant durchbricht die Absperrung;

das Flugzeug hat die Schallmauer durchbrochen

der **Durchbruch;** die Durchbrüche

durchdringen (durch etwas hindurchkommen; *Betonung auf:* durch); die Kälte dringt durch die Kleider durch; sie ist mit ihrer Idee durchgedrungen; ABER: **durchdringen** (durch etwas dringen; *Betonung auf:* dringen); sein Gesang durchdrang die Nacht; die Idee hat ihn völlig durchdrungen

durcheinander; durcheinander (verwirrt) sein; durcheinander bringen *oder* durcheinanderbringen; durcheinander essen *oder* durcheinanderessen; durcheinander reden *oder* durcheinanderreden

das **Durcheinander**

die **Durchfahrt**

der **Durchfall;** des Durchfalls *oder* Durchfalles; die Durchfälle

die **Durchführung**

der **Durchgang**

der **Durchgangsverkehr**

durchgehend; das Geschäft ist durchgehend geöffnet

durchgreifen; er greift durch; sie griff durch das Gitter durch; der Lehrer hat streng durchgegriffen

durchhalten; du hältst durch; er hält durch; sie hielt durch; er hat durchgehalten

durchkreuzen (mit einem Kreuz durchstreichen; *Betonung auf:* durch); er hat die umstrittene Textstelle durchgekreuzt; ABER: **durchkreuzen** (verhindern, vereiteln; *Betonung auf:* kreuzen); sie hat seine Pläne durchkreuzt

durchlassen; du lässt ihn durch; er liess mich durch; sie hat ihn nicht durchgelassen; lasse *oder* lass mich durch!

durchlässig; durchlässige Schuhe

der **Durchlauferhitzer** (Gerät, das Wasser beim Durchlaufen erhitzt); des Durchlauferhitzers; die Durchlauferhitzer

durchleuchten; der Arzt durchleuchtete die Lunge; er hat sie durchleuchtet

der **Durchmesser;** des Durchmessers; die Durchmesser

durchnummerieren; er nummerierte das Heft durch; die Seiten waren durchnummeriert

die **Durchsage**

durchschauen (durch etwas hindurchsehen; *Betonung auf:* durch); sie haben durchs Fenster durchgeschaut; ABER: **durchschauen** (erkennen; *Betonung auf:* schauen); er hat sie durchschaut

der **Durchschnitt;** im Durchschnitt

durchsetzen (erreichen; *Betonung auf:* durch); sie setzt es durch; sie hat sich durchgesetzt (Erfolg gehabt); ABER: **durchsetzen** (in etwas verteilen; *Betonung auf:* setzen); der Lehm ist mit Steinen durchsetzt

durchsichtig

durchstieren (gegen Widerstand durchsetzen); sie stierte durch; sie hat ihre Idee durchgestiert

durchsuchen; er durchsuchte die Wohnung; er hat sie durchsucht

die **Durchsuchung**

der **Durchsuchungsbefehl**

durchweg *oder* **durchwegs** (ausnahmslos; gänzlich); ein durchweg *oder* durchwegs guter Schüler

der **Durchzug**

dürfen; du darfst; sie darf; sie durfte; sie hat gedurft; sie hat [es] nicht gedurft; ABER: das hätte sie nicht tun dürfen

dürftig (ärmlich; kümmerlich)

dürr; dürres Land

die **Dürre**

der **Durst**

dürsten; du dürstest; sie dürstete; sie hat gedürstet; mich dürstet nach Rache

durstig

die **Dusche**

duschen; du duschst; er duschte; er hat geduscht; sich duschen; sie hat sich geduscht

die **Düse**

der **Dusel** (unverdientes Glück); Dusel haben

das **Düsenflugzeug**

düster; düstrer *oder* düsterer; am düstersten

der **Dutt** (Haarknoten); des Dutts *oder* Duttes; die Dutte *oder* Dutts

der **Duty-free-Shop** (Laden, in dem zollfreie Waren verkauft werden)

das **Dutzend** (Menge von zwölf Stück); des Dutzends; die Dutzende; zwei Dutzend Eier; es gab Dutzende (eine grosse Anzahl) von Fehlern; [viele] Dutzend *oder* Dutzende Mal; ein halbes Dutzend Mal

dutzendfach

dutzendweise

das **Duvet** (Federdecke); des Duvets; die Duvets

duzen; du duzt ihn; sie duzte ihn; sie hat ihn geduzt

das **Duzis** (Anrede per Du); des Duzis; mit jemandem Duzis sein, machen

die **DVD** = digital versatile disc (einer CD ähnlicher, vielseitig verwendbarer Datenträger); die DVDs

der **DVD-Player** (Abspielgerät für DVDs); des DVD-Players; die DVD-Player

die **Dynamik** (Kräftelehre; Schwung)

dynamisch; eine dynamische Entwicklung

das **Dynamit** (ein Sprengstoff)

der **Dynamo** (ein Stromerzeuger); des Dynamos; die Dynamos

die **Dynastie** (Herrschergeschlecht); die Dynastien

E

das **E** (Buchstabe); des E; die E; ABER: das e in Berg; das E-Dur, ABER: das e-Moll (Tonarten)

easy (*umgangssprachlich für:* leicht); das ist doch easy!

das **EBA** = eidgenössisches Berufsattest

der **E-Bass** (*kurz für:* Elektrobass)

die **Ebbe** (Sinken des Meeresspiegels bei den Gezeiten)

eben; ebenes (flaches) Land; eine ebene Fläche; eben sein; eben (soeben) kam sie an; das ist nun eben (einmal) so

das **Ebenbild**

ebenbürtig (gleichwertig); ein ebenbürtiger Gegner

ebenda (genau, gerade dort)

die **Ebene**

ebenfalls

das **Ebenholz** (sehr hartes und dunkles Edelholz); die Ebenhölzer

das **Ebenmass** (gleichmässige, regelmässige Beschaffenheit); des Ebenmasses

ebenmässig; ebenmässige Strukturen

ebenso

ebenso wie

Man schreibt «ebenso» immer getrennt vom folgenden Adjektiv oder Adverb:

- sie hätte ebenso gut zu Hause bleiben können; sie spielte ebenso gut Klavier wie ich; ebenso gute Leute
- das dauert ebenso lang *oder* lange wie gestern; er hat ebenso lange Beine wie ich
- ich habe den Film ebenso oft gesehen wie du
- ebenso viel *oder* viele sonnige Tage; er hat zwei Autos, sie hat ebenso viele
- wir laufen ebenso weit; eine ebenso weite Entfernung
- ebenso wenig *oder* ebenso wenige reife Birnen

der **Eber** (männliches Schwein); des Ebers; die Eber

die **Eberesche** (ein Laubbaum)

ebnen; sie ebnet den Weg; sie ebnete ihn; sie hat ihn geebnet; ebne ihn!

das **E-Book** (*Kurzwort aus:* «electronic book» [elektronisches Buch]); des E-Book *oder* E-Books; die E-Books

EC = Eurocityzug

das **Echo;** des Echos; die Echos

das **Echolot** (Gerät zur Tiefen- oder Höhenmessung mithilfe von Schallwellen)

die **Echse** (ein Kriechtier)

echt; echte Perlen; das ist echt gut; echt golden; echt silbern

die **Echtheit**

die **EC-Karte** (Bancomatkarte)

die **Ecke;** der Ecke; die Ecken

eckig; eine eckige Form

der **Eckzahn**

der **E-Commerce** (Verkauf von Waren oder Dienstleistungen über das Internet); des E-Commerce

die **Ecstasy** (eine Droge); die Ecstasys; Ecstasy nehmen

Ecuador (Staat in Südamerika)

der **Ecuadorianer;** des Ecuadorianers; die Ecuadorianer

die **Ecuadorianerin;** die Ecuadorianerinnen

ecuadorianisch

das **EDA** = Eidgenössisches Departement für auswärtige Angelegenheiten
Edamer (aus Edam); Edamer Käse
edel; edler; am edelsten
das **Edelgas**
das **Edelmetall**
der **Edelmut** (edle Gesinnung, Güte); des Edelmuts *oder* Edelmutes
der **Edelstein**
das **Edelweiss** (eine Gebirgspflanze); die Edelweisse
Eden (Paradies); der Garten Eden
das **EDI** = Eidgenössisches Departement des Innern
das **Edikt** (Verordnung); des Edikts *oder* Ediktes; die Edikte
editieren (*EDV:* Daten eingeben, löschen, verändern); du editierst; sie editierte; sie hat editiert
die **EDV** = elektronische Datenverarbeitung
das **EDV-Programm**
das **EFD** = Eidgenössisches Finanzdepartement
der **Efeu;** des Efeus
Effeff; etwas aus dem Effeff (*umgangssprachlich für:* hervorragend) können
der **Effekt** (Wirkung); des Effekts *oder* Effektes; die Effekte
die **Effekten** (Wertpapiere) *Plural;* persönliche Effekten (persönlicher beweglicher Besitz)
effektiv (tatsächlich, wirksam); effektive Massnahmen
effizient (wirksam, erfolgreich)
die **EFTA** = European Free Trade Association (Europäische Freihandelszone)
egal (gleichgültig); das ist mir egal
die **Egge** (landwirtschaftliches Gerät); die Eggen
eggen; du eggst; sie eggte; sie hat den Acker geeggt
die **E-Gitarre** (*kurz für:* Elektrogitarre)
der **Egli** (ein Fisch); des Egli *oder* Eglis; die Egli; *selten auch:* das Egli
der **Egoismus** (Selbstsucht); des Egoismus; die Egoismen
der **Egoist** (selbstsüchtiger Mensch); des/dem/den Egoisten; die Egoisten
die **Egoistin;** die Egoistinnen
egoistisch
ehe; ehedem; ehe denn; seit eh und je
die **Ehe**
ehebrechen; *fast nur im Infinitiv gebräuchlich:* du sollst nicht ehebrechen; *sonst:* sie brach die Ehe; er hat die Ehe gebrochen
der **Ehebruch**
die **Ehefrau**
die **Eheleute** *Plural*
ehelich; eheliches Güterrecht
ehemalig; seine ehemalige Wohnung
ehemals; ein ehemals guter Sportler
der **Ehemann**
das **Ehepaar**
eher; je eher, je lieber; je eher, desto besser; er wird es umso eher (lieber) tun, als …
ehern (aus Erz); eherne Rüstungen
ehestens (frühestens); ehestens in einer Stunde
ehrbar; ehrbare Leute
die **Ehre**
ehren; du ehrst ihn; er hat ihn geehrt; ehre ihn!
das **Ehrenamt**
ehrenamtlich
der **Ehrenbürger**
die **Ehrenbürgerin**
ehrenvoll
das **Ehrenwort;** die Ehrenworte
ehrerbietig (ehrfürchtig, respektvoll)
die **Ehrfurcht** (hohe Achtung, Respekt)
ehrfürchtig
der **Ehrgeiz;** des Ehrgeizes
ehrgeizig
ehrlich; eine ehrliche Antwort
die **Ehrung**
ehrwürdig; eine ehrwürdige alte Dame
das **Ei;** des Eis *oder* Eies; die Eier
die **Eibe** (ein Nadelbaum); die Eiben
die **Eiche**
die **Eichel;** die Eicheln
der **Eichelhäher** (ein Vogel)
eichen (das gesetzliche Mass geben; prüfen); du eichst die Waage; sie hat die Waage geeicht
das **Eichhörnchen**
der **Eid;** des Eids *oder* Eides; die Eide; einen Eid leisten; an Eides statt [erklären]
die **Eidechse**
eidesstattlich (an Eides statt); eine eidesstattliche Versicherung
der **Eidgenosse;** des/dem/den Eidgenossen; die Eidgenossen

die **Eidgenossenschaft**
die **Eidgenossin;** die Eidgenossinnen
eidgenössisch; eine eidgenössische Initiative; ABER: die Eidgenössische Technische Hochschule (*Abkürzung:* ETH); das Eidgenössische Finanzdepartement (*Abkürzung:* EFD) usw.
der *oder* das **Eidotter**
der **Eierschwamm** (Pilzart); des Eierschwamms *oder* Eierschwammes; die Eierschwämme
der **Eierstock** (Geschlechtsorgan, das die weiblichen Keimzellen bildet); die Eierstöcke *meist Plural*
der **Eifer;** des Eifers
die **Eifersucht**
eifersüchtig
der **Eiffelturm** (in Paris)
eifrig; eifrige Bemühungen
das **Eigelb;** die Eigelbe; ABER: 3 Eigelb
eigen; meine eigne *oder* eigene Tochter; das ist ihr eigen (für sie typisch); ABER: das ist mein, sein Eigen (Besitz); etwas Eigenes besitzen
die **Eigenart;** die Eigenarten
eigenartig; eine eigenartige Mischung
der **Eigenbrötler;** des Eigenbrötlers; die Eigenbrötler
die **Eigenbrötlerin;** die Eigenbrötlerinnen
das **Eigengoal** (*Sport:* Eigentor); des Eigengoals; die Eigengoals
der **Eigenname**
der **Eigennutz;** des Eigennutzes
eigennützig
eigens (besonders); ich habe es eigens erwähnt
die **Eigenschaft**
eigentlich; wie heisst du eigentlich?; eigentlich wollten wir abreisen, aber ...
das **Eigentor** *(Sport)*
das **Eigentum;** des Eigentums
der **Eigentümer;** des Eigentümers; die Eigentümer
die **Eigentümerin;** die Eigentümerinnen
eigentümlich (typisch; merkwürdig); eigentümliche Gerüche
die **Eigentumswohnung**
eigenwillig; ein eigenwilliger (ausgefallener) Stil; er ist sehr eigenwillig (störrisch, trotzig)
sich **eignen;** es eignet sich; sie hat sich dazu geeignet

die **Eignung**
das **Eiland** (Insel); des Eilands *oder* Eilandes; die Eilande
die **Eile**
eilen; du eilst; sie eilte; sie ist geeilt; eile mit Weile!
eilends (schleunigst); eilends kommen
eilig; er hat es wohl sehr eilig; eine eilige Sache; etwas Eiliges (Wichtiges) besorgen; nichts Eiligeres zu tun haben, als ...
der **Eimer;** des Eimers; die Eimer
eimerweise
ein; nicht ein noch aus wissen (ratlos sein); wer bei dir ein und aus geht (verkehrt); ABER: ein- und aussteigen (einsteigen und aussteigen)
ein *siehe Kasten Seite 101*
einander; sie lieben einander; einander in die Augen blicken
einäschern; er äscherte die Tote ein; der Leichnam wurde eingeäschert
die **Einbahnstrasse**
der **Einband** (der Bucheinband); des Einbands *oder* Einbandes; die Einbände
einbändig; einbändige Wörterbücher
der **Einbaum** (Boot aus einem ausgehöhlten Baumstamm)
einbezahlen; er hat das Geld auf das Bankkonto einbezahlt
einbeziehen; diesen Umstand hat sie in ihre Überlegungen [mit] einbezogen
der **Einbezug;** des Einbezugs *oder* Einbezuges; unter Einbezug von (unter Berücksichtigung von)
einbiegen; sie ist in eine Seitenstrasse eingebogen
sich **einbilden;** er bildet sich viel ein; er hat sich viel eingebildet; bild *oder* bilde dir bloss nichts ein!
die **Einbildung**
einbläuen (mit Nachdruck einschärfen); sie hat ihm die neuen Vokabeln eingebläut
einblenden (in eine Sendung, in einen Film einschalten); sie blendete ein Interview in die Reportage ein; sie hat ein Interview eingeblendet
einbrechen; der Dieb brach in ihr *oder* ihrem Haus ein; er ist auf dem Eis eingebrochen
der **Einbrecher;** des Einbrechers; die Einbrecher

ein

1. *«ein» ist unbestimmter Artikel:*	*Wenn bei [hinweisender] Gegenüberstellung das Pronomen als Nomen aufgefasst wird, ist auch Grossschreibung möglich:*
– es ist ein Kind und kein Erwachsener – es war ein Mann, nicht eine Frau	– der/die/das eine *oder* Eine – vom einen *oder* Einen zum anderen *oder* Anderen *und* andren *oder* Andren
2. *klein schreibt man «ein» auch, wenn es als Pronomen oder Adjektiv gebraucht wird:*	
– wenn einer (irgendeiner) das nicht versteht, dann soll er nachfragen – da kann einer doch verrückt werden – eins *oder* eines (etwas) fehlt ihm: Gelassenheit – eins kommt nach dem anderen *oder* andren – sie ist eine von uns – da hat eine ihre Tasche vergessen – die einen [diese Zuschauer] klatschten, die anderen *oder* andren [jene Zuschauer] pfiffen	– wenn auch nur einer (ein einziger) davon erfährt – eins *oder* eines der beiden Pferde – einer nach dem anderen – zum einen ..., zum anderen – zwei Pfund Wurst in einem [Stück] – ein und dieselbe Sache – ein für alle Mal – ein bis zwei Tage – sie ist sein Ein und [sein] Alles – in einem fort – es läuft auf eins (ein und dasselbe) hinaus

die **Einbrecherin;** die Einbrecherinnen

der **Einbruch;** die Einbrüche

einbruchsicher *oder* **einbruchssicher**

einbürgern; sie wurde in die/in der Schweiz eingebürgert

die **Einbürgerung**

einbüssen (verlieren); du büsst ein; er büsst ein; er hat seinen guten Ruf eingebüsst

eindeutig; eine eindeutige Aussage

eindringen; du dringst ein; sie drang ein; sie ist eingedrungen

eindringlich; er bat sie auf das, aufs Eindringlichste

der **Eindruck;** des Eindrucks *oder* Eindruckes; die Eindrücke

eindrücklich (beeindruckend); eindrückliche Fotos

eindrucksvoll

eindunkeln (dunkel werden am Abend); es dunkelte ein; es hat heute früh eingedunkelt

eineinhalb, einundeinhalb; eineinhalb Tage, ABER: ein und ein halber Tag; ein[und]einhalbmal so viel

einer *vergleiche:* ein

der **Einer** (letzte Stelle einer mehrstelligen Zahl; einsitziges Sportruder- oder -paddelboot); des Einers; die Einer

einerlei (gleichgültig); das kann dir doch einerlei sein

das **Einerlei** (Eintönigkeit); des Einerleis

einerseits; einerseits war er neugierig, andererseits ängstlich

das **Einerzimmer**

einfach; ein einfacher Bruch; es ist am einfachsten, wenn du früher kommst; ABER: das Einfachste ist, wenn du gehst; sich etwas Einfaches wünschen

die **Einfachheit;** der Einfachheit halber; ABER: **einfachheitshalber;** einfachheitshalber duzen wir uns alle

einfädeln; sie fädelte das Garn ein; sie hat es eingefädelt

die **Einfahrt;** die Einfahrten

der **Einfall;** die Einfälle

einfallen; was fällt dir ein?; das Haus ist eingefallen

einfallsreich

die **Einfalt** (Arglosigkeit; Einfachheit)

einfältig

der **Einfaltspinsel** (Dummkopf)

das **Einfamilienhaus**

einfangen; er fängt das Tier ein; er fing es ein; er hat es eingefangen

einflössen; du flösst ein; sie flösst ein; sie hat mir Vertrauen eingeflösst

der **Einfluss;** die Einflüsse

einflussreich; einflussreiche Aktionäre

a b c d **e** f g h i j k l m n o p q r s t u v w x y z

der **Einfränkler;** des Einfränklers; die Einfränkler

einfrieren; du frierst ein; er fror ein; die Wasserleitung ist eingefroren; er hat das Gemüse eingefroren

die **Einfuhr;** die Einfuhren

einführen; wir führen Erdöl (aus dem Ausland) ein; sie hat neue Lehrbücher eingeführt

die **Einführung**

die **Eingabe** (Gesuch; das Eingeben von Daten usw. in einen Computer)

der **Eingang;** die Eingänge; Ein- und Ausgang

eingangs; die eingangs gestellte Frage; eingangs der Kurve

eingeben; sie hat die Daten [in den Rechner] eingegeben

eingebildet; ein eingebildeter (stolzer, überheblicher) Mensch; eingebildete (ausgedachte, nicht wirkliche) Schmerzen

eingeboren (ansässig); die eingeborene Bevölkerung

der **Eingeborene;** ein Eingeborener; die Eingeborenen; zwei Eingeborene

die **Eingeborene;** eine Eingeborene

Manche Menschen empfinden diese Bezeichnungen heute als diskriminierend. Deshalb ist es besser, die Wörter *Ureinwohner/Ureinwohnerin* oder *Urbevölkerung* zu verwenden.

die **Eingebung** (plötzlicher Einfall)

eingehend; auf das, aufs Eingehendste

das **Eingeklemmte** (Sandwich); des Eingeklemmten; die Eingeklemmten

das **Eingemachte** (in Flüssigkeit eingelegte und haltbar gemachte Lebensmittel); des/dem Eingemachten; Eingemachtes; mit Eingemachtem; das geht ans Eingemachte (das zehrt an den Kräften)

eingemeinden; man gemeindete den Vorort in die Stadt ein; der Ort ist 1996 eingemeindet worden

eingeschnappt (beleidigt)

das **Eingeständnis;** des Eingeständnisses; die Eingeständnisse

eingestehen; er gesteht ein; du gestandest *oder* gestandst deine Schuld ein; er gestand es ein; er hat es eingestanden

das **Eingeweide** (inneres Organ); des Eingeweides; die Eingeweide *meist Plural*

der **Eingeweihte** (Person, die in Geheimnisse, Pläne usw. eingeführt wurde); ein Eingeweihter; die Eingeweihten; viele Eingeweihte

eingreifen; sie griff in den Streit ein; die Polizei hat eingegriffen

der **Eingriff** (das Eingreifen; Operation)

einhalten; du hältst ein; sie hat die Vorschriften eingehalten

einheimisch; die einheimische Bevölkerung

der **Einheimische;** ein Einheimischer; die Einheimischen; mehrere Einheimische

die **Einheimische;** eine Einheimische

die **Einheit;** die Einheiten

einheitlich; einheitliches Vorgehen

einhellig (einstimmig)

das **Einhorn** (ein Fabeltier); die Einhörner

einig; [sich] einig sein; einig werden

einige; einige Stunden später; einige Mal, einige Male; einige hundert Schüler; da fehlt noch einiges; einige Beamte; mit einigen Beamten; bei einigem guten Willen; die Taten einiger guter (*seltener:* guten) Menschen

einigeln (sich wie ein Igel einrollen; sich ganz zurückziehen); ich igele *oder* igle mich ein; er hat sich eingeigelt

sich **einigen;** sie einigen sich; sie haben sich geeinigt

einigermassen; sie hat sich wieder einigermassen erholt

einiges *vergleiche:* einige

die **Einigkeit**

einjährig; einjährige Pflanzen

einkassieren ([einen zur Zahlung fälligen Betrag] einziehen; wegnehmen); du kassierst ein; er kassierte ein; er hat zu viel einkassiert

der **Einkauf;** die Einkäufe

einkaufen; er kauft ein; er kaufte ein; er hat Gemüse eingekauft; sich einkaufen; sie hat sich eingekauft (das Schweizer Bürgerrecht erworben)

einkehren; sie kehrte ein; sie ist eingekehrt

das **Einkommen**

die **Einkünfte** *Plural*

einladen; sie lädt mich ein; sie hat mich eingeladen

die **Einladung**

die **Einlage**

der **Einlass;** des Einlasses; die Einlässe; Einlass [ist] um 15 Uhr
einlassen; sie lässt die Kinder ein; sie liess das Badewasser ein; sie hat sich auf nichts eingelassen; lass *oder* lasse dich nicht mit ihm ein!
der **Einlauf;** die Einläufe
einlegen; sie legte ein; sie hat einen neuen Film eingelegt; eine Pause einlegen; ein Ja einlegen (bei einer Abstimmung den mit Ja ausgefüllten Stimmzettel abgeben)
die **Einleitung**
einlenken; er lenkt ein; er hat bei den Verhandlungen eingelenkt
einleuchten; das leuchtet mir ein; das hat mir eingeleuchtet
sich **einloggen** (*EDV:* eine Verbindung zu einer Datenverarbeitungsanlage herstellen); du loggst dich ein; sie loggte sich in das Netz ein; sie hat sich eingeloggt; logg *oder* logge dich mit meinem Passwort ein!
einlösen; du löst ein; sie löste ein; sie hat den Gutschein eingelöst; er hat sein Versprechen eingelöst
einmachen; er macht Obst ein; er hat es eingemacht
einmal; auf einmal; noch einmal; ein- bis zweimal (*mit Ziffern:* 1- bis 2-mal); *vergleiche:* mal, Mal
das **Einmaleins;** des Einmaleins
einmalig; eine einmalige Gelegenheit
einmütig; sie beschlossen einmütig (übereinstimmend), ihm zu helfen
einnachten (Nacht werden); es nachtet ein; es nachtete ein; es hat eingenachtet
die **Einnahme**
die **Einnahmequelle**
einnehmen; er nimmt Tabletten ein; sie hat viel Geld eingenommen
einnicken; du nickst ein; er nickte ein; er ist über der Zeitung eingenickt
die **Einöde;** die Einöden
einprägen; das musst du dir einprägen; sie hat mir eingeprägt, dass ...
einprägsam; einprägsame Verse
einrahmen; sie rahmt ein; sie hat das Bild eingerahmt
die **Einreise**
einreisen; er reist nach Spanien ein; er ist in die USA eingereist
einreissen; du reisst die Mauer ein; sie riss das Blatt ein; sie hat es eingerissen
einrichten; sie hat das Zimmer neu eingerichtet
die **Einrichtung**

eins, die **Eins**

Das Pronomen «eins» schreibt man klein:

- es ist, schlägt eins (ein Uhr)
- [ein] Viertel vor eins; halb eins; gegen eins
- eins und zwei macht *oder* ist drei
- eins (einig) sein; es ist mir alles eins (gleichgültig)

Gross schreibt man «eins», wenn es als Nomen gebraucht wird:

- die Einsen
- sie hat in der Schule noch nie eine Eins geschrieben
- er würfelt drei Einsen

Vergleiche auch: acht, Acht

einsam; einsame Herzen
die **Einsamkeit**
der **Einsatz;** des Einsatzes; die Einsätze
einsatzbereit
einschalten; du schaltest ein; er hat das Radio eingeschaltet
die **Einschaltquote** (bei Fernsehsendungen)
einschenken; sie schenkt ein; sie hat mir eingeschenkt; das schenkt ein (lohnt sich)
einschlafen; sie schläft ein; sie schlief ein; sie ist eingeschlafen
einschlagen; er schlägt die Scheibe ein; er schlug sie ein; der Blitz hat eingeschlagen
einschliesslich; einschliesslich des Kaufpreises; einschliesslich Porto; einschliesslich Getränken
sich **einschmeicheln;** ich schmeichle mich ein; du schmeichelst dich ein; er hat sich bei ihr eingeschmeichelt
sich **einschränken;** du schränkst dich ein; er hat sich eingeschränkt
einschreiben; er schrieb sich in die Warteliste ein; sie hat sich an der Universität eingeschrieben; ein eingeschriebener Brief
das **Einschreiben** (Postsendung, die der Empfänger beim Erhalt bestätigen muss)
einschüchtern; ich schüchtere sie ein; sie

hat ihn eingeschüchtert; schüchtere die Kinder nicht ein!
einschweissen; du schweisst ein; sie schweisste ein; sie hat das Buch in Folie eingeschweisst; [in Folie] eingeschweisste Bücher
einsehen; er sieht seinen Fehler ein
einsenden; sie sendet ein; sie sandte *oder* sendete ein; sie hat die Papiere eingesandt *oder* eingesendet; sende sie ein
der **Einsendeschluss**
einsetzen; er setzt den Flicken ein; sie hat sich für die Kinder eingesetzt
die **Einsicht;** die Einsichten; in etwas Einsicht nehmen
einsichtig; einsichtige Eltern
der **Einsiedler** (einsam lebender Mensch); des Einsiedlers; die Einsiedler
die **Einsiedlerin**
einsilbig (aus einer Silbe bestehend; wortkarg); er hat nur einsilbig geantwortet
der **Einsitz** (Mitgliedschaft); des Einsitzes; Einsitz nehmen (Eintritt als neues Mitglied z. B. im Vorstand)
einsperren; er sperrt ihn ein; er hat ihn eingesperrt
die **Einsprache;** die Einsprachen; Einsprache gegen etwas erheben
der **Einspruch;** die Einsprüche; Einspruch erheben
einspurig; eine einspurige Strasse
einst (vor langer Zeit; später einmal)
der **Einstand** (Dienstantritt; kleine Feier zum Dienstantritt); die Einstände
einsteigen; sie stieg in den Bus ein; steig ein!; sie ist in die Politik eingestiegen
einstellen; die Firma stellt niemanden ein; sie haben die Suche eingestellt (sie haben mit der Suche aufgehört)
einstellig; einstellige Zahlen
der **Einstieg;** die Einstiege
die **Einstiegsdroge** (Droge, deren ständiger Genuss meist zur Einnahme stärkerer Drogen führt)
einstimmig; ein einstimmiges Lied
einstmals (einst)
einstöckig; die neue S-Bahn wird wieder einstöckig
der **Einsturz;** die Einstürze
einstürzen; das Haus stürzt ein; das Haus ist eingestürzt
einstweilen (vorläufig; inzwischen)
eintägig; eine eintägige Wanderung
eintausend; eintausend Jahre
einteilig; ein einteiliger Pyjama
eintönig; eine eintönige Arbeit
die **Eintönigkeit**
der **Eintopf;** die Eintöpfe
die **Eintracht**
einträchtig
der **Eintrag;** des Eintrags *oder* Eintrages; die Einträge
eintragen; du trägst dich in die Liste ein; er trug den Namen ein; sie hat ihren Namen eingetragen
einträglich (lohnend); ein einträgliches Geschäft
eintreten; sie tritt ein; sie ist in das Zimmer eingetreten; er hat die Tür eingetreten; die Doktorin ist auf sein Gesuch eingetreten
der **Eintritt**
das **Eintrittsgeld**
einundeinhalb *vergleiche:* **eineinhalb**
die **Einvernahme** (Verhör)
einvernehmen; die Polizei vernimmt den Täter ein; sie vernahm ihn ein; sie hat ihn einvernommen
das **Einvernehmen** (Übereinstimmung); im Einvernehmen
einverstanden
das **Einverständnis;** die Einverständnisse
der **Einwand;** die Einwände
der **Einwanderer**
die **Einwanderin**
einwandern; ich wandere ein; du wanderst ein; sie ist eingewandert
einwandfrei; in einwandfreiem Zustand
sich **einwärmen** (sich aufwärmen); sie haben sich eingewärmt; ABER: beim Einwärmen; zum Einwärmen
einwärts (nach innen); die Füsse einwärts aufsetzen
die **Einwegflasche** (Flasche, in die nur einmal etwas abgefüllt wird)
einweihen; du weihst ein; sie weihte ein; sie hat ihn in ihre Pläne eingeweiht
einwenden; du wendest ein; sie wandte, *auch:* wendete ein; sie hat eingewandt, *auch:* eingewendet
der **Einwohner;** des Einwohners; die Einwohner
die **Einwohnerin;** die Einwohnerinnen
die **Einwohnerkontrolle**

die **Einwohnerzahl**
der **Einwurf** (das Einwerfen; eingeworfene Bemerkung; *Sport:* das Einwerfen des Balls, Pucks); die Einwürfe
die **Einzahl** (Singular)
einzahlen; sie zahlt den Betrag ein
die **Einzahlung**
der **Einzahlungsschein** (Teil eines Formulars, um Geld auf ein Post- oder Bankkonto einzahlen zu können); des Einzahlungsscheins *oder* Einzahlungsscheines; die Einzahlungsscheine
einzeilig; (*mit Ziffer:* 1-zeilig); ein einzeiliger Text
das **Einzel** (*Sport:* Einzelspiel)
der **Einzelhandel;** des Einzelhandels
die **Einzelheit**
der **Einzeller** (einzelliges Lebewesen); des Einzellers; die Einzeller
einzellig; einzellige Lebewesen
einzeln; jeder einzelne Baum; bitte einzeln eintreten; der/die/das Einzelne; ich als Einzelne; ich als Einzelner; jeder Einzelne; jede Einzelne; die Dinge müssen im Einzelnen noch geklärt werden; vom Einzelnen zum Allgemeinen
das **Einzelzimmer**
einziehen; sie hat den Kopf eingezogen; sie ist in das neue Haus eingezogen
einzig; wir waren die einzigen Gäste; das ist einzig und allein deine Schuld; der/die/das Einzige; kein Einziger; er als Einziger; sie als Einzige
einzigartig (unvergleichlich; einmalig); einzigartige Farben; das Einzigartige ist, dass …
das **Eis;** des Eises; Eis (Glace) essen; ich habe drei Eis gegessen; ABER: eislaufen
die **Eisbahn**
der **Eisbär;** des/dem/den Eisbären; die Eisbären
der **Eisberg;** des Eisbergs *oder* Eisberges; die Eisberge
das **Eisen;** des Eisens
die **Eisenbahn;** die Eisenbahnen
die **Eisenzeit** (letzte Epoche der Vor- und Frühgeschichte)
eisern; eiserner Wille; die eiserne Hochzeit (65. Hochzeitstag); der eiserne Vorhang (der feuersichere Abschluss der Theaterbühne gegen den Zuschauerraum); ABER: der Eiserne Vorhang (die frühere undurchlässige Grenze zwischen Ost und West während des Kalten Krieges); das Eiserne Kreuz (ein Orden)
die **Eisheiligen** (bestimmte Tage im Mai mit erhöhter Frostgefahr) *Plural*
das **Eishockey**
der **Eishockeyaner;** des Eishockeyaners; die Eishockeyaner
die **Eishockeyanerin;** die Eishockeyanerinnen
eisig; ein eisiger Blick; eisig kalte Tage; die Tage waren eisig kalt
eiskalt; eiskaltes Wasser; ein eiskalter (gefühlloser) Mensch
der **Eiskunstlauf**
eislaufen; sie läuft eis; sie ist eisgelaufen; es ist zu dunkel, um eiszulaufen
der **Eisprung** (Ausstossung des reifen Eis aus dem Eierstock)
die **Eisscholle**
der **Eistanz**
der **Eistee** (ein Erfrischungsgetränk)
der **Eisvogel**
der **Eiszapfen**
die **Eiszeit**
eitel; eitler; am eitelsten; ein eitler Mensch
die **Eitelkeit**
der **Eiter;** des Eiters
eitern; der Finger eiterte; der Finger hat geeitert
eitrig *oder* **eiterig**
das **Eiweiss;** des Eiweisses; die Eiweisse; ABER: 2 Eiweiss dazugeben
eiweissarm; eiweissarme Nahrung
die **Eizelle**
die **Ejakulation** (Samenerguss); die Ejakulationen
das **EJPD** = Eidgenössisches Justiz- und Polizeidepartement
der **Ekel;** des Ekels; Ekel erregen; Ekel erregend *oder* ekelerregend; eine Ekel erregende *oder* ekelerregende Brühe; ABER NUR: eine äusserst ekelerregende, noch ekelerregendere Brühe
das **Ekel** (unverträglicher, unsympathischer Mensch); des Ekels; die Ekel
ekelerregend
ekelhaft; ekelhafter; am ekelhaftesten
sich **ekeln;** du ekelst dich; er ekelt sich; er hat sich geekelt; es ekelt mich *oder* mir sehr
das **EKG** = Elektrokardiogramm

der **Eklat** (Skandal, Aufsehen); des Eklats; die Eklats
eklatant (Aufsehen erregend; offensichtlich, deutlich)
eklig *oder* **ekelig;** eine eklige *oder* ekelige Brühe
die **Ekstase** (rauschhafte Begeisterung); die Ekstasen; *Trennung:* Eks-ta-se *oder* Ek-sta-se
ekstatisch (ausser sich, berauscht); *Trennung:* eks-ta-tisch *oder* ek-sta-tisch
das **Ekzem** (eine Entzündung der Haut); des Ekzems; die Ekzeme
der **Elan** (Schwung); des Elans
elastisch (dehnbar); elastische Bänder
die **Elastizität** (Spannkraft)
der **Elch** (eine Hirschart); des Elchs *oder* Elches; die Elche
das **E-Learning** (elektronisch unterstütztes Lernen); des E-Learnings
der **Elefant;** des/dem/den Elefanten; die Elefanten
elegant (geschmackvoll; vornehm); eleganter; am elegantesten
die **Eleganz**
elektrifizieren (auf elektrischen Betrieb umstellen); die Bundesbahnen haben die Strecke elektrifiziert
der **Elektriker;** des Elektrikers; die Elektriker
die **Elektrikerin;** die Elektrikerinnen
elektrisch; ein elektrischer Zaun; *Trennung:* elek-trisch *oder* elekt-risch
elektrisieren (unter Strom setzen; Aufmerksamkeit erregen; begeistern); das Spiel elektrisierte; das Spiel hat die Fans nicht elektrisiert
die **Elektrizität;** *Trennung:* Elek-tri-zi-tät *oder* Elekt-ri-zi-tät
das **Elektrizitätswerk**
der **Elektrobass;** des Elektrobasses; die Elektrobässe
die **Elektrode** (Teil eines Stromkreises); die Elektroden; *Trennung:* Elek-tro-de *oder* Elekt-ro-de
die **Elektrogitarre**
der **Elektroherd**
das **Elektron** (negativ geladenes Elementarteilchen); des Elektrons; die Elektronen
das **Elektronenmikroskop** (sehr starkes Mikroskop, das mit Elektronenstrahlen arbeitet)
die **Elektronik** (Zweig der Elektrotechnik; elektronische Ausstattung); die Elektroniken; *Trennung:* Elek-tro-nik *oder* Elekt-ro-nik
elektronisch; elektronische Datenverarbeitung (*Abkürzung:* EDV)
das **Elektropiano**
der **Elektroschock** (durch Stromstösse erzeugter Schock); des Elektroschocks *oder* Elektroschockes; die Elektroschocks, *selten:* Elektroschocke
die **Elektrotechnik**
das **Element** (Urstoff, Grundbestandteil; chemischer Grundstoff; Naturgewalt); des Elements *oder* Elementes; die Elemente; er fühlt sich in seinem Element
elementar (naturhaft; einfach); eine elementare Gewalt; elementare Kenntnisse
das **Elementarteilchen** (Atombaustein)
elend; elender; am elendsten *oder* elendesten
das **Elend;** des Elends *oder* Elendes
elendig (jämmerlich); ein elendiges Problem
elendiglich (elend, jämmerlich); sie sind elendiglich verhungert
das **Elendsviertel**
elf; wir sind zu elfen *oder* zu elft; *vergleiche auch:* acht
die **Elf** (Zahl; Sportmannschaft mit elf Spielern oder Spielerinnen); die Elfen
die **Elfe** (ein Naturgeist); die Elfen
das **Elfenbein;** des Elfenbeins *oder* Elfenbeines
Elfenbeinküste (Staat in Westafrika)
elfjährig; elfjährige Schülerinnen
elfmal *vergleiche:* achtmal
der **Elfmeter** (*Fußball:* Strafstoss vom Elfmeterpunkt); des Elfmeters; die Elfmeter
das **Elfmeterschiessen**
elfstöckig; ein elfstöckiges Hochhaus
elfteilig; eine elfteilige Krimi-Serie
das **Elftel;** die Elftel
elftens
eliminieren (beseitigen); sie hat alle Fehler eliminiert
elitär (einer Elite angehörend); eine elitäre Minderheit
die **Elite** (Auslese der Besten); die Eliten
das **Elixier** (Zaubertrank, Heiltrank)
ellbögeln; er ellbögelt; er ellbögelte; sie haben sich einen Weg durch die Menschenmenge geellbögelt

der **Ellbogen** *oder* **Ellenbogen;** des Ellbogens *oder* Ellenbogens; die Ellbogen *oder* Ellenbogen *und* Ellbögen *oder* Ellenbögen
ellenlang; ellenlange Gespräche
die **Ellipse** (ein Kegelschnitt); die Ellipsen
elliptisch (in Form einer Ellipse; unvollständig)
El Salvador (Staat in Mittelamerika; *Personenbezeichnungen:* Salvatorianer, Salvatorianerinnen)
das **Elsass;** des Elsass *oder* Elsasses
die **Elster;** die Elstern
elterlich; die elterliche Fürsorge
die **Eltern** *Plural*
die **EM** = Europameisterschaft
das **Email** (Schmelzüberzug); des Emails; die Emails
die *oder* das **E-Mail** (elektronische Post); die E-Mails
die **E-Mail-Adresse**
emaillieren; emailliertes Geschirr
die **Emanze** (Frauenrechtlerin; emanzipierte Frau)
die **Emanzipation**
emanzipiert (mündig; gleichberechtigt)
das **Embargo** (staatliches Verbot, mit einem bestimmten Staat Handel zu treiben); des Embargos; die Embargos
das **Emblem** (Symbol; Hoheitszeichen); des Emblems; die Embleme
die **Embolie** (Verstopfung eines Blutgefässes); die Embolien
der **Embryo** (noch nicht geborenes Lebewesen); des Embryos; die Embryos *oder* Embryonen
das **Emd** (Heu aus zweitem oder drittem Grassschnitt); des Emdes *oder* Emds
emden (heuen; zweiten oder dritten Grassschnitt machen); du emdest; er emdet; er emdete; er hat geemdet
der **Emigrant** (Auswanderer); des/dem/den Emigranten; die Emigranten
die **Emigrantin;** die Emigrantinnen
emigrieren; sie emigriert; sie emigrierte; sie ist emigriert
der **Emir** (arabischer Fürst); des Emirs; die Emire
das **Emirat** (arabisches Fürstentum); Vereinigte Arabische Emirate
die **Emission** (das Ausströmen luftverunreinigender Stoffe); die Emissionen
das **Emmental;** das Obere Emmental; das Untere Emmental
der **Emmentaler** (Bewohner des Emmentals; ein Käse); des Emmentalers; die Emmentaler
die **Emmentalerin**
die **Emotion** (Gemütsbewegung); die Emotionen
emotional (gefühlsmässig); emotionale Intelligenz
der **Empfang;** des Empfangs *oder* Empfanges; die Empfänge
empfangen; ich empfange; du empfängst; er empfängt; er empfing; er hat sie empfangen
der **Empfänger;** des Empfängers; die Empfänger
die **Empfängerin;** die Empfängerinnen
empfänglich
die **Empfängnis** (das Schwangerwerden)
die **Empfängnisverhütung**
empfehlen; du empfiehlst; sie empfiehlt; sie empfahl; sie hat ihm einen Krimi empfohlen
empfehlenswert
die **Empfehlung**
empfinden; ich empfinde; du empfindest; sie empfand; sie hat Reue empfunden
empfindlich; eine empfindliche Haut; es war empfindlich (sehr) kalt; ein empfindlicher (harter) Verlust
die **Empfindung**
empor
emporblicken (hinaufblicken); er blickte empor; er hat emporgeblickt
die **Empore** (erhöhter Sitzraum [in der Kirche]); die Emporen
empören; es empört ihn; es hat ihn empört
emporsteigen; der Rauch steigt empor; er stieg empor; er ist emporgestiegen
die **Empörung**
emsig (sehr eifrig, fleissig)
der **Emu** (australischer Laufvogel); die Emus
die **Emulsion** (Flüssigkeitsgemisch); die Emulsionen
die **E-Musik** (*kurz für:* ernste Musik)
der **Endbahnhof** (Zielbahnhof; Endstation)
das **Ende;** die Enden; am Ende sein; zu Ende sein, gehen, kommen; Ende Januar; letzten Endes; Ende Woche *oder* Ende der

a b c d e f g h i j k l m n o p q r s t u v w x y z

Woche; Ende letzter Woche *oder* Ende der letzten Woche

enden; du endest; sie endete; der Streit hat geendet; nicht enden wollende Hitze

en détail (im Kleinen; einzeln; im Einzelverkauf)

endgültig; die endgültige Fassung

> Nicht verwechseln: Obwohl beide Wortbestandteile gleich ausgesprochen werden, schreibt man die Zusammensetzungen und die Ableitungen vom Wort *Ende* mit *d,* den Wortbestandteil *ent-,* der einen Gegensatz oder eine Trennung bezeichnet, dagegen mit *t,* z. B. *entdecken.*

die **Endivie** (eine Salatpflanze); die Endivien

der **Endiviensalat**

die **Endlagerung** (endgültige Lagerung, besonders von radioaktivem Abfall)

endlich

endlos; ein endloses Band; ABER: bis ins Endlose

die **Endmoräne** (eine Aufschüttung von Gesteinsmaterial am Ende eines Gletschers)

der **Endspurt**

die **Endstation**

die **Endung**

die **Energie** (die Tatkraft; die Fähigkeit, Arbeit zu leisten); die Energien

energisch (tatkräftig, von Energie erfüllt; entschlossen)

der **Energydrink** (Energie spendendes, alkoholfreies Mischgetränk); des Energydrinks; die Energydrinks

eng; ein eng anliegendes Kleid; eng befreundete Familien; wir sind auf das, aufs Engste befreundet

das **Engagement** (persönlicher Einsatz; Anstellung); des Engagements; die Engagements

engagieren (verpflichten, binden); die Schauspielerin wurde nach München engagiert; du hast dich politisch engagiert (eingesetzt)

die **Enge;** die Engen

der **Engel;** des Engels; die Engel

der **Engerling** (die Maikäferlarve); die Engerlinge

England; die Geschichte Englands

der **Engländer;** des Engländers; die Engländer

die **Engländerin;** die Engländerinnnen

englisch *vergleiche:* deutsch, Deutsch

Engpass; des Engpasses; die Engpässe

en gros (im Grossen)

der **Engroshandel**

engstirnig (sehr einseitig denkend)

der **Enkel;** des Enkels; die Enkel

die **Enkelin;** die Enkelinnen

das **Enkelkind**

ennet (jenseits); ennet des Bachs *oder* dem Bach

enorm (ausserordentlich; ungeheuer); enorme Ausmasse

das **Ensemble** (feste Gruppe von Musikern, Schauspielern usw., die bei Aufführungen gemeinsam auftreten); des Ensembles; die Ensembles

entbehren (vermissen; verzichten); du entbehrst; sie entbehrte das Buch; sie hat früher viel *oder* vieles entbehrt

entbehrlich (überflüssig)

entbinden; sie ist von einem Mädchen entbunden worden (sie hat ein Mädchen geboren)

die **Entbindung**

entblössen; du entblösst; er entblösste den Arm; er hat den Arm entblösst

entdecken; du entdeckst; sie entdeckt; sie hat es entdeckt

der **Entdecker;** des Entdeckers; die Entdecker

die **Entdeckerin;** die Entdeckerinnen

die **Entdeckung**

die **Ente**

enteignen; du enteignest; sie wurde enteignet

enteisen (von Eis befreien); du enteist; er enteiste; die Tragflächen wurden enteist; enteiste Scheiben

enterben; ich enterbe dich; seine Eltern haben ihn enterbt

der **Enterich;** des Enterichs; die Enteriche

entern; die Piraten enterten das Schiff (nahmen es gewaltsam in Besitz); sie haben das Schiff geentert

entfallen; der letzte Abschnitt entfiel; mir ist das Datum entfallen (ich habe es vergessen)

entfernen; du entfernst; er entfernte; er hat das Etikett von der Flasche entfernt; sich entfernen; sie hat sich heimlich entfernt

die **Entfernung**
entführen; er hat das Kind entführt
der **Entführer**
die **Entführerin**
die **Entführung**
entgegen; entgegen meinem Vorschlag
entgegengesetzt; in die entgegengesetzte Richtung fahren; entgegengesetzter Meinung sein
entgegenkommen; sie kommt mir entgegen; sie ist mir entgegengekommen; ABER: wir danken Ihnen für Ihr Entgegenkommen
entgegnen (antworten); du entgegnest; sie entgegnet; sie entgegnete; sie hat ihm entgegnet, dass ...
entgehen; er entging seinen Verfolgern; das ist mir entgangen (ich habe es nicht bemerkt); sie hat sich nichts entgehen lassen
das **Entgelt** (Bezahlung, Vergütung); des Entgelts *oder* Entgeltes; die Entgelte; gegen, ohne Entgelt arbeiten

Das Nomen *Entgelt* gehört nicht zu «Geld», sondern zum Verb *entgelten.* Es endet deshalb mit einem *t.*

entgelten; du entgiltst; sie entgilt; sie entgalt; sie hat mir meine Mühe entgolten (sie hat sie belohnt)
entgleisen; der Zug entgleist; der Zug ist entgleist
die **Entgleisung**
enthalten; das Wasser enthält Mineralien; es enthielt Bakterien; das Wasser hat Sauerstoff enthalten; sich enthalten; sie hat sich der Stimme enthalten
enthaltsam (massvoll; bescheiden; anspruchslos); ein enthaltsames Leben
die **Enthaltsamkeit**
die **Enthaltung**
enthüllen; sie enthüllte das Denkmal; sie hat mir ihre Pläne enthüllt
die **Enthüllung**
der **Enthusiasmus** (Begeisterung)
enthusiastisch; ein enthusiastischer Applaus
entkalken; du entkalkst; er entkalkte; er hat das Gerät entkalkt
entkommen; du entkommst; sie entkam; sie ist ihm entkommen
entkorken; du entkorkst die Flasche; du hast sie entkorkt
entlang; entlang dem Fluss (*selten:* des Flusses); am Ufer entlang; am Ufer *oder* das Ufer entlang laufen (nicht fahren); ABER: **entlanglaufen;** am, das Ufer entlanglaufen
entlarven; du entlarvst den Betrüger; sie entlarvte ihn; wir haben ihn entlarvt
entlassen; du entlässt die Belegschaft; er entlässt sie; er entliess sie; er hat sie fristlos entlassen
entlaufen; der Hund ist entlaufen
entledigen; sie hat sich ihres Gegners entledigt (ist ihn losgeworden)
entleeren; du entleerst; er entleerte; er hat den Eimer entleert
entlegen (weit weg, abgelegen); die entlegenen Gebirgsdörfer
entlöhnen; du entlöhnst; sie entlöhnte; sie hat ihn entlöhnt
die **Entlöhnung**
entmachten; der Diktator wurde entmachtet
entmutigen; der Rückschlag hat uns nicht entmutigt
entnehmen; du entnimmst eine Probe; die Ärztin hat eine Probe entnommen; ich entnehme deinen Worten, dass ...
sich **entpuppen;** sie entpuppte sich als Betrügerin
entrahmen; entrahmte Milch
das **Entrecôte;** des Entrecôtes; die Entrecôtes
das **Entrée** (Vorraum; Vorspeise)
der **Entreissdiebstahl** (Diebstahl auf offener Strasse durch Entreissen der Beute); des Entreissdiebstahls *oder* Entreissdiebstahles; die Entreissdiebstähle
entrichten (zahlen); sie hat eine Gebühr entrichtet
entrümpeln; ich entrümple *oder* entrümpele; du entrümpelst; sie hat den Keller entrümpelt
sich **entrüsten;** du entrüstest dich; er hat sich entrüstet
entschädigen; du entschädigst ihn; sie hat ihn entschädigt
entschärfen; man hat die Mine entschärft
der **Entscheid;** des Entscheids *oder* Entscheides; die Entscheide

entscheiden; du entscheidest; sie entscheidet; sie entschied; sie hat den Streit entschieden; sich entscheiden; er hat sich für sie entschieden
entschieden; auf das, aufs Entschiedenste
die **Entschiedenheit**
sich **entschliessen;** du entschliesst dich; sie entschliesst sich; sie entschloss sich; sie hat sich schnell entschlossen
entschlossen; sie ist zu dieser Tat entschlossen; entschlossenes Handeln
die **Entschlossenheit**
der **Entschluss;** des Entschlusses; die Entschlüsse
entschlüsseln; sie hat die Nachricht entschlüsselt
entschuldigen; du entschuldigst; sie entschuldigte unsere Verspätung; sie hat ihren Sohn entschuldigt; entschuldige dich!; sich entschuldigen; er hat sich wegen seines Fehlens entschuldigt
die **Entschuldigung**
entsetzen; dieser Anblick hat ihn entsetzt; du entsetzt dich; sie entsetzt sich; sie hat sich entsetzt; entsetz *oder* entsetze dich doch nicht so!
das **Entsetzen;** voller Entsetzen; bleich vor Entsetzen
entsetzlich; ein entsetzliches Unglück
entsetzt; entsetzt sein; entsetzte Gesichter
entsichern; ich entsichere das Gewehr; ich habe es entsichert
sich **entsinnen** (sich erinnern); du entsinnst dich; sie entsann sich; sie hat sich entsonnen
entsorgen (von Müll, Abfallstoffen befreien; beseitigen); du entsorgst; sie entsorgte ihr Altöl; sie hat es entsorgt
entspannen; du entspannst; sie hat den Körper entspannt; sich entspannen; sie hat sich entspannt
entsprechend; entsprechend seinem Vorschlag *oder* seinem Vorschlag entsprechend; ABER: Entsprechendes, das Entsprechende gilt für ihn
entstehen; etwas entsteht; etwas entstand; etwas ist entstanden
entstellen; Narben entstellten sein Gesicht
entstören; das Telefon wurde entstört
enttäuschen; du enttäuschst ihn; er hat sie enttäuscht
enttäuscht; enttäuscht sein; ein enttäuschtes Gesicht machen
die **Enttäuschung**
entthronen; sie hat die Meisterin des Vorjahres entthront
entwaffnen; die Soldaten wurden entwaffnet
entwaffnend; sein Lächeln ist entwaffnend
die **Entwarnung**
entwässern; sie entwässerten das Sumpfgebiet
entweder ... oder; du musst dich entweder für [uns] oder gegen uns entscheiden; entweder du kommst mit, oder du bleibst zu Hause
das **Entweder-oder;** des Entweder-oder; die Entweder-oder
entweichen; es entwich Gas; der Dieb ist entwichen
entwenden; sie entwendete ihm die Brieftasche; sie hat Geld entwendet
entwerfen; du entwirfst; sie entwirft; sie entwarf; sie hat Pläne entworfen
entwerten; der Postbeamte entwertete die Briefmarke; sie hat es entwertet
entwickeln; du entwickelst; sie hat den Film entwickelt
die **Entwicklung**
der **Entwicklungsexperte** (Entwicklungshelfer)
die **Entwicklungsexpertin**
das **Entwicklungsland** (Land mit vergleichsweise unterentwickelter Wirtschaft); die Entwicklungsländer
die **Entwicklungszusammenarbeit** (Entwicklungshilfe; *Abkürzung:* EZA)
entwinden; sie entwand dem Angreifer das Messer; sie hat es ihm entwunden
entwischen; du entwischst; sie ist entwischt
entwürdigend; eine entwürdigende Situation
der **Entwurf;** die Entwürfe
entziehen; er entzog ihm das Vertrauen
die **Entziehungskur**
entziffern; ich entziffere; du entzifferst; sie hat das Schreiben entziffert
entzückend; ein entzückendes Kind
der **Entzug**

entzünden; du entzündest; er hat das Feuer entzündet
die **Entzündung**
entzwei; entzwei sein
entzweibrechen; der Spiegel bricht entzwei; der Spiegel brach entzwei; der Spiegel ist entzweigebrochen
entzweien; du entzweist sie; er hat sie entzweit
der **Enzian** (eine Alpenpflanze; ein Schnaps); des Enzians; die Enziane
enzianblau
die **Enzyklopädie** (umfassendes Nachschlagewerk); die Enzyklopädien
enzyklopädisch (umfassend)
das **Enzym** (vom Körper gebildetes Eiweiss, das den Stoffwechsel steuert); des Enzyms; die Enzyme
die **Epen** *vergleiche:* Epos
das **E-Piano** (*kurz für:* Elektropiano)
die **Epidemie** (Seuche, Massenerkrankung); die Epidemien
epidemisch (seuchenartig auftretend)
die **Epik** (erzählende Dichtkunst)
die **Epilepsie** (Krankheit, bei der plötzliche Krämpfe auftreten)
der **Epileptiker;** des Epileptikers; die Epileptiker
die **Epileptikerin;** die Epileptikerinnen
epileptisch; ein epileptischer Anfall
episch; das epische Theater
die **Episode** (Geschehnis ohne bleibende Bedeutung); die Episoden
das **Epizentrum** (Punkt der Erdoberfläche, der senkrecht über dem Erdbebenherd liegt); die Epizentren
die **Epoche** (Zeitabschnitt)
das **Epos** (erzählende Versdichtung; Heldengedicht); des Epos; die Epen
der **Equalizer** (Zusatzgerät an Hi-Fi-Anlagen zur Klangverbesserung); des Equalizers; die Equalizer
die **Equipe** (Mannschaft, Einsatztruppe, Team); die Equipen
er; er kommt; ABER: es war ein Er
erachten; du erachtest die Lösung als falsch; ABER: meinem Erachten nach *oder* meines Erachtens ist die Lösung falsch
sich **erbarmen;** du erbarmst dich; er hat sich meiner erbarmt
das **Erbarmen;** des Erbarmens; zum Erbarmen; habt Erbarmen!
erbärmlich; eine erbärmliche (klägliche, verwerfliche) Lüge; ein erbärmlicher (sehr grosser) Gestank
erbarmungslos
erbauen; sie hat den Turm erbaut; sie war wenig erbaut (erfreut) davon
das **Erbe;** das kulturelle Erbe
der **Erbe;** des/dem/den Erben; die Erben; der gesetzliche Erbe
erben; du erbst; sie erbt; sie erbte; sie hat ein Vermögen geerbt
erbeuten; du erbeutest einen Schatz; er hat einen Schatz erbeutet
die **Erbfolge**
die **Erbin;** die Erbinnen
erbitten; du erbittest; er erbittet; er erbat; er hat eine Auskunft erbeten
erbittert; ein erbitterter Streit
erblassen; du erblasst; er erblasste; er ist vor Neid erblasst
erbleichen; du erbleichst; er erbleichte; er ist erbleicht
erblich; eine erbliche Krankheit
erblicken; sie erblickte ihn; sie hat ihn erblickt
erblicken (herausfinden; begreifen); du erblickst; sie erblickt; sie erblickte; sie hat es erblickt
erblinden; sie erblindete; sie ist im Alter erblindet
erbrechen; er erbricht; er erbrach; sich erbrechen; das Kind hat seinen Brei wieder erbrochen; ich musste mich erbrechen
das **Erbrechen**
die **Erbschaft**
die **Erbse**
die **Erbsensuppe**
das **Erbstück** (geerbter Gegenstand)
die **Erbsünde** (*christliche Religion:* angeborene Sündhaftigkeit)
das *oder* der **Erbteil** (Anteil an der Erbschaft)
die **Erdanziehung**
erdauern (reifen lassen; durch Warten verdienen); der Sieg musste erdauert werden
das **Erdbeben**
die **Erdbeere**
der **Erdboden;** des Erdbodens; die Erdböden
die **Erddrehung**
die **Erde;** zu ebener Erde (im Erdgeschoss); am liebsten wäre sie in der Erde versunken

a b c d e f g h i j k l m n o p q r s t u v w x y z

(es war ihr sehr peinlich); seltene Erde (ein Metall)

das **Erdgas**

das **Erdgeschoss;** des Erdgeschosses; die Erdgeschosse

erdig; ein erdiger Boden

die **Erdkunde**

die **Erdnuss;** gesalzene Erdnüsse

die **Erdoberfläche**

das **Erdöl**

erdrosseln; ich erdrossele *oder* erdrossle ihn; er erdrosselte ihn; er hat ihn erdrosselt

erdrücken; der Bär hat ihn erdrückt

erdrückend; eine erdrückende (sehr grosse) Übermacht

der **Erdrutsch;** des Erdrutsches *oder* Erdrutschs; die Erdrutsche

der **Erdschlipf** (Erdrutsch); des Erdschlipfs *oder* Erdschlipfes; die Erdschlipfe

der **Erdteil;** des Erdteils *oder* Erdteiles; die Erdteile

erdulden; du erduldest viel Leid; er erduldete es; er hat es erduldet

sich **ereignen;** etwas ereignet sich; etwas hat sich ereignet

das **Ereignis;** des Ereignisses; die Ereignisse

die **Erektion** (Anschwellung und Aufrichtung [des Penis]); die Erektionen

der **Eremit** (Einsiedler, einsam lebender Mensch); des/dem/den Eremiten; die Eremiten

die **Eremitin;** die Eremitinnen

erfahren; du erfährst; sie erfährt; sie erfuhr etwas Wichtiges; sie hat etwas Wichtiges erfahren; eine erfahrene Frau

die **Erfahrung**

erfahrungsgemäss

erfassen; er erfasste die Daten; er hat sie erfasst

erfinden; du erfindest; sie erfindet; sie erfand; sie hat eine neue Maschine erfunden; erfinde neue Wörter!

der **Erfinder;** des Erfinders; die Erfinder

die **Erfinderin;** die Erfinderinnen

erfinderisch

die **Erfindung**

der **Erfolg;** des Erfolgs *oder* Erfolges; die Erfolge; Erfolg haben; Massnahmen, die Erfolg versprechen

erfolgen; es ist keine Reaktion erfolgt

erfolglos; erfolglose Versuche

erfolgreich

die **Erfolgsaussichten** *Plural*

erforderlich; die erforderlichen Voraussetzungen

erfordern; das hat viel Mut erfordert

erforschen; du erforschst; sie hat das Gebiet erforscht; erforsche den Wald!

erfreuen; du erfreust sie; er hat sie damit erfreut; sich an etwas erfreuen; sie hat sich bester Gesundheit erfreut

erfreulich; erfreuliche Ergebnisse; ABER: manches Erfreuliche

erfreulicherweise

erfrieren; du erfrierst; sie erfror; sie ist erfroren; sie hat sich die Füsse erfroren

erfrischen; du erfrischst; ich habe mich erfrischt

erfrischend; erfrischende Getränke

die **Erfrischung**

erfüllen; du erfüllst dein Versprechen; sie erfüllte es; sie hat es erfüllt

ergänzen; du ergänzt; sie ergänzte; sie hat das Lager ergänzt; ergänze den Satz!

ergattern (sich durch Geschick verschaffen); ich ergattere; sie hat noch eine Karte ergattert

ergeben; die Zählung ergibt einen Verlust; sie ergab einen Verlust; sie hat einen Verlust ergeben; sich ergeben; er hat sich ins Unvermeidliche ergeben

das **Ergebnis;** des Ergebnisses; die Ergebnisse

ergebnislos

ergehen; es erging ihm schlecht; wie ist es dir ergangen?

ergiebig; ergiebige (starke) Niederschläge; das Thema war nicht ergiebig (lohnend)

die **Ergiebigkeit**

ergötzen; du ergötzt mich; sie hat alle ergötzt

ergrauen (grau werden; graues Haar bekommen); sein Haar ergraute; es ist ergraut; er ist früh ergraut; ergrautes Haar

ergreifen; du ergreifst; sie ergreift; sie ergriff; sie hat den Stock ergriffen

ergreifend (sehr bewegend, aufwühlend); eine ergreifende Rede

ergriffen; sie war tief ergriffen (bewegt)

die **Ergriffenheit**

der **Erguss;** des Ergusses; die Ergüsse

erhaben (erhöht); erhabene Stellen einer Druckplatte; erhabene (grosse) Gedanken;

sie ist über jeden Verdacht erhaben (sie steht darüber)
erhalten; du erhältst; sie erhält; sie erhielt; sie hat einen Brief erhalten; erhalten bleiben; etwas frisch erhalten; sich gesund erhalten
erhältlich; Tickets sind jetzt erhältlich
sich **erhängen;** er hat sich beim Turnen beinahe erhängt
erheben; du erhebst; sie erhebt; sie erhob; sie hat das Glas auf sein Wohl erhoben; sich erheben; an den Ufern des Sees erheben sich mehrere Hügel
erhebend (feierlich; bewegend); ein erhebender Augenblick
erheblich (beträchtlich, gross); erhebliche Einbussen
die **Erhebung** (Hügel, Berg; Aufstand; Sammeln und Zusammenstellen von Daten für Statistiken)
erheitern; das hat ihn erheitert
erhitzen; du erhitzt das Wasser; er hat es erhitzt
erhoben; [hoch] erhobenen Hauptes (stolz)
erhöhen; die Firma erhöht die Preise; sie hat die Preise erhöht
sich **erholen;** du erholst dich; er erholte sich; er hat sich erholt; erhol *oder* erhole dich gut!
die **Erholung**
erhören; du erhörst ihn; sie hat ihn erhört
erinnern; du erinnerst ihn; sie erinnert ihn; sie erinnerte ihn; sie hat ihn an sein Versprechen erinnert; erinnere *oder* erinnre ihn daran!; sich erinnern; er hat sich erinnert
die **Erinnerung**
Eritrea (Staat in Afrika)
der **Eritreer;** des Eritreers; die Eritreer
die **Eritreerin;** die Eritreerinnen
eritreisch
sich **erkälten;** du erkältest dich; sie erkältete sich; sie hat sich erkältet
die **Erkältung**
erkennbar; ein erkennbarer Unterschied
erkennen; du erkennst ihn; sie erkennt ihn; sie erkannte ihn; sie hat ihn erkannt; sich zu erkennen geben
erkenntlich; sich erkenntlich zeigen (seinen Dank ausdrücken)
die **Erkenntnis;** der Erkenntnis; die Erkenntnisse
der **Erker;** des Erkers; die Erker
erklären; du erklärst; sie hat es erklärt; erkläre es ihm!; ein erklärter Gegner von Tierversuchen
die **Erklärung**
erklecklich (beträchtlich)
erklingen; ein Lied erklang; die Glocken sind erklungen
erkranken; sie ist erkrankt
die **Erkrankung**
erkunden; du erkundest; sie hat den Weg erkundet
sich **erkundigen;** du erkundigst dich; sie erkundigte sich; sie hat sich nach dem Weg erkundigt
erlahmen; du erlahmst; er ist in seinen Bemühungen erlahmt
der **Erlass;** des Erlasses; die Erlasse
erlassen; du erlässt; sie erlässt; sie erliess; sie hat ihm die Strafe erlassen
erlauben; du erlaubst; sie hat es erlaubt
die **Erlaubnis**
erläutern; du erläuterst; sie hat diesen Plan erläutert
die **Erle;** die Erlen
erleben; ich erlebe; du erlebst; sie erlebte; sie hat etwas erlebt
das **Erlebnis;** des Erlebnisses; die Erlebnisse

> Nomen auf *-nis* werden im Nominativ Singular nur mit einem *s* geschrieben, obwohl der Genitiv Singular und die Pluralformen mit Doppel-s gebildet werden.

erledigen; du erledigst; sie hat etwas erledigt
erleichtern; du erleichterst; er hat sein Gewissen erleichtert
erleiden; du erleidest es; er erlitt eine Niederlage; sie haben den Tod erlitten
erlernen; sie hat ein Handwerk erlernt
erlesen (ausgesucht); erlesene Weine
die **Erleuchtung**
erliegen (besiegt werden; an etwas sterben); sie erlag der Krankheit; sie ist ihr erlegen
der **Erlös** (eingenommener Geldbetrag); des Erlöses; die Erlöse
erlöschen; die Flamme erlischt *oder* erlöscht; die Flamme erlosch *oder* erlöschte; sie ist erloschen *oder* erlöscht; ABER: das Erlöschen der Flamme
erlösen; du erlöst; sie erlöste; sie hat ihn erlöst; erlöse *oder* erlös sie!

der **Erlöser;** des Erlösers; die Erlöser
die **Erlöserin;** die Erlöserinnen
die **Erlösung**
ermächtigen (mit einer Vollmacht ausstatten); das Parlament hat ihn ermächtigt, Gesetze zu erlassen
ermahnen; du ermahnst; er hat ihn ermahnt; ermahne ihn, künftig pünktlich zu sein!
ermässigen; die Beiträge wurden ermässigt; Eintritt zu ermässigtem Preis
die **Ermässigung**
das **Ermessen** (Einschätzung, Beurteilung); nach meinem Ermessen; nach menschlichem Ermessen (mit grösster Wahrscheinlichkeit)
ermitteln; ich ermittle; du ermittelst; sie ermittelte; sie hat den Täter ermittelt
die **Ermittlung**
ermöglichen; du ermöglichst; sie ermöglichte ihm das Studium; sie hat es ihm ermöglicht
ermorden; er hat ihn ermordet
ermüden; du ermüdest; sie ermüdete; sie ist ermüdet (müde geworden); die Arbeit hat sie ermüdet (müde gemacht)
ermuntern; sie hat ihn dazu ermuntert
ermutigen; du ermutigst ihn; sie ermutigte ihn; sie hat ihn dazu ermutigt, sich zu wehren
ernähren; ich ernähre dich; du ernährst ihn; sie ernährte ihn; sie hat ihn ernährt
die **Ernährung**
ernennen; er ernannte ihn zu seinem Stellvertreter; er hat ihn ernannt
erneuerbar; erneuerbare Energien
erneuern; ich erneuere; du erneuerst deinen Eid; sie hat die Tapete erneuert
erneut (wiederholt, abermals)
erniedrigen; er hat sie erniedrigt
ernst; ernster; am ernstesten; ernst sein, werden, nehmen; ein ernst gemeinter *oder* ernstgemeinter Vorschlag
der **Ernst;** des Ernstes; jetzt machen wir Ernst; im Ernst; allen Ernstes
der **Ernstfall;** des Ernstfalls *oder* Ernstfalles; die Ernstfälle; im Ernstfall
ernsthaft; mit ernsthafter Miene; ernsthafte (starke, gefährliche) Verletzungen
ernstlich (ernst; folgenschwer; gefährlich); er ist ernstlich erkrankt

die **Ernte**
das **Erntedankfest**
ernten; du erntest; sie erntete; sie hat die Tomaten geerntet
die **Ernüchterung**
erobern; ich erobere; du eroberst; er hat die Stadt erobert
eröffnen; sie hat ein Geschäft eröffnet; glänzende Aussichten eröffnen sich ihr
die **Eröffnung**
erörtern; ich erörtere das Thema; sie erörterte das Thema; sie hat es erörtert
die **Erosion** (Erdabtragung durch Wasser oder Wind); die Erosionen
die **Erotik** (sinnliche Liebe, Sexualität)
erotisch
der **Erpel** (männliche Ente); des Erpels; die Erpel
erpicht; auf etwas erpicht (begierig) sein
erpressen; du erpresst ihn; er erpresste ihn; er hat ihn damit erpresst
der **Erpresser;** des Erpressers; die Erpresser
die **Erpresserin;** die Erpresserinnen
die **Erpressung**
erproben; man hat verschiedene Möglichkeiten erprobt
erquicken; du erquickst den Durstigen
erraten; du errätst es; sie errät es; sie erriet es; sie hat es erraten; errate es!
erregen; du erregst Aufsehen; sie hat Aufsehen erregt; sich erregen; er erregt sich wegen jeder Kleinigkeit
der **Erreger** (Krankheitserreger); des Erregers; die Erreger
die **Erregung**
erreichen; du erreichst etwas; sie hat erreicht, was sie wollte
erretten; du errettest ihn; sie errettete ihn; sie hat ihn errettet; jemanden von *oder* vor etwas erretten
errichten; du errichtest; sie hat das Haus errichtet; errichtet eine Barrikade!
erringen; sie errang eine Medaille; sie hat sie errungen
erröten; du errötest; er ist errötet
die **Errungenschaft;** die Errungenschaften
der **Ersatz;** des Ersatzes
die **Ersatzbank** *(Sport);* die Ersatzbänke
die **Ersatzfrau**
der **Ersatzmann;** die Ersatzmänner
der **Ersatzspieler** *(Sport)*
die **Ersatzspielerin**

das, *seltener* der **Ersatzteil**
ersaufen (ertrinken); er ersäuft; er ersoff; er ist ersoffen
erschaffen; Gott erschuf den Menschen; die Künstlerin hat sich eine eigene Welt erschaffen
erscheinen; du erscheinst; sie erschien; sie ist pünktlich erschienen
die **Erscheinung**
erschiessen; du erschiesst; er erschiesst; er erschoss; er hat ihn erschossen; erschiess *oder* erschiesse ihn nicht!
erschlagen; du erschlägst; er erschlägt; er erschlug; er hat ihn erschlagen
erschliessen; du erschliesst; man erschloss die reichen Bodenschätze; die Gemeinde hat Bauland erschlossen (für die Bebauung vorbereitet)
erschöpft; alle Mittel sind erschöpft (verbraucht); er war erschöpft (kraftlos)
die **Erschöpfung**
erschrecken (in Schrecken versetzen); du erschreckst; er erschreckte sie; er hat sie erschreckt; erschreck *oder* erschrecke sie nicht!
sich **erschrecken** (einen Schreck bekommen); du erschreckst dich; sie hat sich erschreckt/erschrocken; erschrecke *oder* erschreck dich nicht!
erschrecken (einen Schreck bekommen); du erschrickst; er erschrickt; er erschrak; er ist erschrocken; erschrick nicht!
erschüttern; ich erschüttere; das Erdbeben erschütterte die Häuser; das Erdbeben hat die Häuser erschüttert
erschütternd; erschütternde Bilder
die **Erschütterung**
erschweren; das hat [mir] die Arbeit sehr erschwert; erschwere mir die Arbeit nicht!; das kommt erschwerend hinzu
die **Erschwernis;** die Erschwernisse
ersetzen; du ersetzt mir das; er hat es uns ersetzt
ersichtlich; es geschah ohne ersichtlichen Grund
erspähen; du erspähst ihn; sie erspäht ihn; sie erspähte ihn; sie hat ihn erspäht
ersparen; er hat sich ein Häuschen erspart; es ist ihm nichts erspart geblieben; erspare dir diesen Ärger!
die **Ersparnis;** die Ersparnisse
erspriesslich (nützlich)
erst; erst recht; erst einmal; erst mal; das ist erst noch (zudem, ausserdem) besser
erstarren; er erstarrte vor Entsetzen; die Lava ist erstarrt
erstatten; die Firma erstattete [ihr] das Fahrgeld; sie hat Meldung erstattet
die **Erst-August-Feier** *oder* die **1.-August-Feier**
die **Erst-August-Rede** *oder* die **1.-August-Rede**
erstaunen; du erstaunst; sie ist erstaunt (in Staunen geraten); sie hat mich erstaunt (in Staunen versetzt)
erstaunlich; eine erstaunliche Leistung
erstbeste; die erstbeste Gelegenheit; ABER: wir nehmen nicht gleich den Erstbesten, den ersten Besten

erste

1. Kleinschreibung:
- der erste Schnee; das erste Kind
- das erste Mal; beim, zum ersten Mal
- die erste Hilfe, *fachsprachlich auch:* die Erste Hilfe
- erster *oder* erste Klasse fahren

2. Grossschreibung:

Wird «erste» als Nomen gebraucht, wird es grossgeschrieben:
- sie kam als Erste (zuerst) ins Ziel
- er war der Erste, der das erwähnte
- vom nächsten Ersten an
- der Erste des Monats
- die Ersten werden die Letzten sein
- die beiden Ersten; ABER: die ersten beiden

Grossgeschrieben wird «erste» auch als Bestandteil von Namen:
- Otto der Erste (Otto I.)
- der Erste Weltkrieg
- der Erste Mai (Feiertag); ABER: der erste Januar

erstehen; du erstehst; er ersteht; er erstand; er hat ein altes Velo billig erstanden
ersteigen; sie hat den Berg erstiegen
ersteigern (bei einer Versteigerung erwerben); ich ersteigere; sie ersteigerte das Gemälde; sie hat es ersteigert
erstens; erstens, zweitens, drittens

der **Erstgeborene** *oder* **Erstgeborne;** ein Erstgeborener *oder* Erstgeborner; die Erstgeborenen *oder* Erstgebornen; mehrere Erstgeborene *oder* Erstgeborne

die **Erstgeborene** *oder* **Erstgeborne;** eine Erstgeborene *oder* Erstgeborne

ersticken; du erstickst; er erstickte; er ist erstickt (an Luftmangel gestorben); er hat ihn erstickt (getötet)

die **Erstickungsgefahr**

das **Erstklassabteil**

das **Erstklasshotel** (sehr gutes Hotel)

erstklassig; eine erstklassige Leistung

der **Erstklässler** (Schüler der ersten Klasse); des Erstklässlers; die Erstklässler

die **Erstklässlerin;** die Erstklässlerinnen

der **Erstklasswagen**

der **Erstkommunikant** (*katholische Religion:* jemand, der erstmals die Kommunion empfängt); des/dem/den Erstkommunikanten; die Erstkommunikanten

die **Erstkommunikantin;** die Erstkommunikantinnen

die **Erstkommunion**

erstmalig; die erstmalige Aufführung

erstmals (zum ersten Mal)

erstrahlen; der Raum erstrahlte; er ist im Licht vieler Kerzen erstrahlt

erstreben; er hat etwas erstrebt

erstrebenswert

erstrecken; der Wald erstreckt sich bis zum Fluss; sie hat die Frist erstreckt (verlängert)

ersuchen; sie hat um Geduld ersucht (gebeten)

ertappen; du ertappst ihn; sie ertappte ihn; sie hat ihn ertappt

erteilen; sie erteilte Unterricht; er hat mir den Befehl erteilt; erteile *oder* erteil einen Rat!

der **Ertrag;** des Ertrags *oder* Ertrages; die Erträge

ertragen; du erträgst; sie erträgt; sie ertrug das Leid; wir haben ihn jahrelang ertragen

erträglich

ertränken; er hat den Hund ertränkt

ertrinken; du ertrinkst; er ertrank; er ist ertrunken

die **Eruption** (vulkanischer Ausbruch); die Eruptionen

erwachen; sie ist erwacht; ABER: es gab ein böses Erwachen

erwachsen; er ist erwachsen; erwachsene Menschen

die **Erwachsene;** eine Erwachsene; die Erwachsenen

der **Erwachsene;** ein Erwachsener; die Erwachsenen; mehrere Erwachsene

erwägen (prüfen; durchdenken; in Betracht ziehen); du erwägst; sie erwägt; sie erwog; sie hat den Plan erwogen

erwähnen; du erwähnst es; sie hat den Vorfall erwähnt

erwähnenswert

erwärmen; er hat das Wasser erwärmt

die **Erwärmung**

erwarten; du erwartest ihn; er hat ihn erwartet

erwartungsvoll

erweisen; du erweist ihr eine Gefälligkeit; sie erwies ihre Unschuld; sie hat es erwiesen; seine Schuld ist erwiesen

erweitern; er hat sein Haus erweitert; einen Bruch erweitern (*Mathematik:* Zähler und Nenner mit derselben Zahl multiplizieren)

der **Erwerb;** des Erwerbs *oder* Erwerbes

erwerben; du erwirbst etwas; er erwirbt etwas; er erwarb grosses Wissen; er hat etwas erworben

erwerbslos (arbeitslos)

der **Erwerbslose;** ein Erwerbsloser; die Erwerbslosen; viele Erwerbslose

die **Erwerbslose;** eine Erwerbslose; die Erwerbslosen

erwerbstätig

der **Erwerbstätige;** ein Erwerbstätiger; die Erwerbstätigen; mehrere Erwerbstätige

die **Erwerbstätige;** eine Erwerbstätige; die Erwerbstätigen

erwerbsunfähig (invalide)

erwidern; du erwiderst; er erwiderte; er hat erwidert

die **Erwiderung**

erwischen; du erwischst ihn; er hat ihn erwischt

erwünscht; die erwünschte Wirkung

erwürgen; er hat sein Opfer erwürgt

das **Erz** (metallhaltiges Mineral); des Erzes; die Erze

erzählen; du erzählst; sie erzählte, was sie

erlebt hatte; sie hat eine Geschichte erzählt

der **Erzähler;** des Erzählers; die Erzähler

die **Erzählerin;** die Erzählerinnen

die **Erzählung**

der **Erzbischof;** die Erzbischöfe

erzeugen; der Film hat Spannung erzeugt

der **Erzeuger;** des Erzeugers; die Erzeuger

die **Erzeugerin;** die Erzeugerinnen

das **Erzeugnis;** des Erzeugnisses; die Erzeugnisse

erzfaul (sehr faul)

erziehen; du erziehst ihn; sie erzog ihn; sie hat ihn zu einem selbstbewussten Menschen erzogen

der **Erzieher;** des Erziehers; die Erzieher

die **Erzieherin;** die Erzieherinnen

erzieherisch; erzieherischer Rat

die **Erziehung**

der **Erziehungsberechtigte;** ein Erziehungsberechtigter; die Erziehungsberechtigten; zwei Erziehungsberechtigte

die **Erziehungsberechtigte;** eine Erziehungsberechtigte; die Erziehungsberechtigten

erzielen; du erzielst; er erzielte ein Tor; sie hat hohe Gewinne erzielt

erzürnen; er ist erzürnt (zornig geworden); er hat ihn erzürnt (zornig gemacht)

erzwingen; du erzwingst; sie erzwang ein Geständnis; sie hat es erzwungen

es; es sei denn, dass ...; er ists *oder* ist's; sie sprachs *oder* sprach's; ABER: das unbekannte Es

die **Eschalotte** (Zwiebelsorte); *auch:* die Schalotte

die **Esche** (ein Laubbaum); die Eschen

der **Esel;** des Esels; die Esel; wie der Esel am Berg dastehen (ratlos, überfordert sein)

die **Eselei;** die Eseleien

die **Eselsbrücke**

das **Eselsohr**

die **Eskalation** (stufenweise Verschärfung der Situation)

der **Eskimo;** des Eskimo *oder* Eskimos; die Eskimo *oder* Eskimos

> «Eskimo» ist eine Sammelbezeichnung für die arktischen Völker im nördlichen Polargebiet und wird teilweise als abwertend empfunden. Eine Teilgruppe bezeichnet sich als «Inuit».

die **Eskimo;** die Eskimo *oder* Eskimos

die **Eskorte** (begleitende Schutzwache; Geleit); die Eskorten

die **Esoterik** (rationalem Denken nicht zugängliche Lehren und Ideologien)

esoterisch; esoterische Lehren

die **Espe** (ein Laubbaum); die Espen

das **Espenlaub;** zittern wie Espenlaub

das **Esperanto** (eine künstliche Weltsprache); des Experanto *oder* Esperantos

der **Espresso** (ein Kaffeegetränk); des Espresso *oder* Espressos; die Espressos *oder* Espressi

essbar; essbare Pilze

das **Essbesteck;** des Essbestecks *oder* Essbesteckes; die Essbestecke

die **Esse** (der Schornstein); die Essen

essen; du isst; er isst; er ass; er hat gegessen; iss!; zu Mittag essen

das **Essen;** des Essens; die Essen

die **Essenz** (Auszug aus pflanzlichen oder tierischen Stoffen); die Essenzen

essenziell (wesentlich; lebensnotwendig); essenzielle Fettsäuren

der **Esser;** des Essers; die Esser

die **Esserin;** die Esserinnen

der **Essig;** des Essigs; die Essige

die **Essiggurke**

essigsauer; essigsaure Tonerde

der **Esslöffel**

der **Esstisch**

das **Esszimmer**

der **Este** (Einwohner von Estland); des Esten; die Esten

die **Estin;** die Estinnen

Estland (nordosteuropäische Republik)

der **Estländer;** des Estländers; die Estländer

die **Estländerin;** die Estländerinnen

estländisch

estnisch

der **Estrich** (Dachboden); des Estrichs; die Estriche

sich **etablieren** (sich fest niederlassen; einen sicheren Platz gewinnen); du etablierst dich; sie etablierte sich; er hat sich schnell etabliert; etabliert sein

die **Etage** (Stockwerk, Obergeschoss); die Etagen

die **Etagere** (Gestell für Bücher, Geschirr usw.); die Etageren

die **Etappe** (Teilstrecke); die Etappen

der **Etappensieg**
etappieren (in bewältigbare Abschnitte einteilen); sie etappierte; sie hat das Bauprojekt etappiert
der **Etat** (Haushaltsplan; Geldmittel); des Etats; die Etats
etc. = et cetera
etepetete (geziert; zimperlich)
die **ETH** = Eidgenössische Technische Hochschule
die **Ethik** (Sittenlehre)
ethisch; ethische Werte
ethnisch (ein Volk oder eine Volksgruppe betreffend)
die **Ethnologie** (Völkerkunde)
das **Etikett** (Zettel mit Preisaufschrift, Schildchen); die Etikette *oder* Etiketten, *auch:* Etiketts
die **Etikette** (Gesamtheit der gesellschaftlichen Umgangsformen; Zettel mit Preisaufschrift, Schildchen); die Etiketten
etliche; etliche Tage; ich weiss etliches (manches); die Taten etlicher guter (*selten:* guten) Menschen; etliche Mal, Male
die **Etüde** (*Musik:* Übungsstück)
das **Etui** (die Schutzhülle); des Etuis; die Etuis
etwa; in etwa (annähernd)
etwas; etwas Auffälliges, Derartiges, Passendes; ABER: etwas anderes *oder* Anderes, etwas weniges *oder* Weniges
das **Etwas;** des Etwas; die Etwas; sie hat ein gewisses Etwas
die **EU** = Europäische Union
euch
die **Eucharistie** (Abendmahl in der katholischen Kirche); die Eucharistien

euer

- euere *oder* eure Gedanken

- ich gedenke euer
- viele Grüsse sendet eure Jessica

Wird «euer» als Nomen gebraucht, schreibt man es gross:

- die Euern, Euren (eure Angehörigen)
- das Euere *oder* Eure (euer Besitz)
- ihr müsst das Euere *oder* Eure tun

In Titeln wird «euer/eure» ebenfalls grossgeschrieben:

- Euer, Eurer Hochwürden

euerseits, eurerseits
euertwegen, euretwegen
der **EU-Gipfel** (europäisches Gipfeltreffen)
der **Eukalyptus** (in Australien heimischer Baum); des Eukalyptus; die Eukalyptus *oder* Eukalypten
die **Eule**
der **Eulenspiegel** (Titelgestalt einer Geschichte)
die **Euphorie** (gesteigertes Hochgefühl)
euphorisch; euphorischer Jubel
Eurasien (Europa und Asien umfassende Landmasse)
der **Euro** (europäische Währungseinheit; *Zeichen:* €; *Währungscode:* EUR); des Euro *oder* Euros; die Euros; ABER: das kostet zehn Euro
Europa
der **Europäer;** des Europäers; die Europäer
die **Europäerin;** die Europäerinnen
europäisch; das europäische Gleichgewicht; ABER: die Europäische Union
die **Europameisterschaft** (*Abkürzung:* EM)
die **Eurovision** (europäische Organisation zur gemeinsamen Veranstaltung von Fernsehsendungen)
das **Euter;** des Euters; die Euter
ev. = evangelisch
evakuieren (vorübergehend aussiedeln); sie haben die Einwohner evakuiert
die **Evakuierung**
evangelisch; die evangelische Kirche; ABER: die Evangelisch-Reformierte Kirche des Kantons Bern
der **Evangelist;** des/dem/den Evangelisten; die vier Evangelisten
das **Evangelium;** die Evangelien
der *oder* das **Event** (Veranstaltung); des Events; die Events
eventuell (vielleicht; gegebenenfalls; unter Umständen; *Abkürzung:* evtl.)
evident (offensichtlich)
die **Evolution** (fortschreitende Entwicklung); die Evolutionen
die **EVP** = Evangelische Volkspartei
evtl. = eventuell
ewig; auf ewig; für immer und ewig; ein ewiges Einerlei; das ewige Leben; ewiger Schnee; ABER: die Ewige Stadt (Rom)
die **Ewigkeit**
exakt (genau; sorgfältig; pünktlich); exakter; am exaktesten; die exakten Wis-

senschaften (Naturwissenschaften und Mathematik)

das **Examen** (Prüfung); die Examen *oder* Examina

die **Exekution** (Vollstreckung eines Urteils; Hinrichtung)

die **Exekutive** (vollziehende Gewalt im Staat)

das **Exempel** ([warnendes] Beispiel); des Exempels; die Exempel

das **Exemplar** (Einzelstück; *Abkürzung:* Expl.); des Exemplars; die Exemplare

exemplarisch (musterhaft; warnend)

exerzieren (militärische Übungen machen; *auch für:* einüben); du exerzierst; er hat exerziert

das **Exil** (Verbannung); des Exils; die Exile

existent (wirklich, vorhanden)

die **Existenz** (Dasein; Auskommen); die Existenzen

existieren (vorhanden sein, leben); du existierst; die Gefahr existierte; sie hat für mich nicht mehr existiert

exklusiv (ausschliesslich einem bestimmten Personenkreis vorbehalten); eine exklusive Veranstaltung; ein exklusives (vornehmes) Restaurant

exklusive (ohne); exklusive Trinkgeld; *Abkürzung:* exkl.

die **Exkommunikation** (*katholische Religion:* Ausschluss aus der kirchlichen Gemeinschaft)

exkommunizieren; er wurde exkommuniziert

die **Exkremente** (Ausscheidung, Kot) *Plural*

die **Exkursion** (Ausflug zu Forschungszwecken)

der **Exodus** (das Aufgeben und Verlassen); des Exodus; die Exodusse

der **Exorzist** (Geisterbeschwörer); des/dem/den Exorzisten; die Exorzisten

die **Exorzistin;** die Exorzistinnen

exotisch (fremdländisch, fremdartig); exotische Speisen

der **Expander** (Trainingsgerät zur Stärkung der Arm- und Oberkörpermuskulatur); des Expanders; die Expander

expandieren (sich ausdehnen); das Gas ist expandiert; die Wirtschaft hat expandiert

die **Expansion** (Ausdehnung); die Expansionen

die **Expedition** (Forschungsreise; Versandabteilung, Abfertigungsabteilung); die Expeditionen

das **Experiment** (Versuch); des Experiments *oder* Experimentes; die Experimente

experimentieren; du experimentierst; sie hat experimentiert

der **Experte** (Fachmann); des/dem/den Experten; die Experten

die **Expertin** (Fachfrau); die Expertinnen

Expl. = Exemplar

explodieren; es explodierte; die Bombe ist explodiert

die **Explosion;** die Explosionen

explosiv (leicht explodierend); ein explosives Gemisch

der **Exponent** (Hochzahl; herausragender Vertreter); des/dem/den Exponenten; die Exponenten

die **Exponentin;** die Exponentinnen

exponiert (Angriffen oder bestimmten Wirkungen ausgesetzt)

der **Export** (Ausfuhr); die Exporte; Ex- und Import

exportieren; du exportierst; sie exportierte; die Firma hat Autos exportiert

der **Express** (Schnellzug; Eilbrief); per Express

das **Expressgut**

die **Expressstrasse**

exquisit (ausgesucht, vorzüglich); ein exquisites Hotel

> Viele Fremdwörter werden ganz anders geschrieben, als sie ausgesprochen werden, oder ganz anders als vergleichbare Fremdwörter. Dazu gehört das Nomen *Ekstase,* das mit *x* ausgesprochen, aber mit *ks* geschrieben wird.

extern (draussen befindlich; auswärtig); eine externe Festplatte

extra (ausserdem, besonders, eigens); ein extra dickes Seil; sie ist extra wegen dir gekommen

das **Extra** (Sonderleistung, zusätzliches Zubehör); des Extras; die Extras

die **Extrafahrt**

der **Extrakt** (Auszug aus Büchern; Auszug aus tierischen oder pflanzlichen Stoffen); des Extrakts *oder* Extraktes; die Extrakte

extraterrestrisch (ausserirdisch)

die **Extrawurst;** jemandem eine Extrawurst braten (jemanden bevorzugt behandeln)
der **Extrazug**
extrem (äusserst; auffällig; übertrieben); extreme Temperaturen; er ist extrem geizig; sie hat extreme (radikale) Ansichten
der **Extremismus;** des Extremismus; die Extremismen
der **Extremist** (Radikaler); des/dem/den Extremisten; die Extremisten
die **Extremistin;** die Extremistinnen
die **Extremitäten** (Gliedmassen) *Plural*
exzellent (hervorragend); ein exzellenter Kundendienst
exzentrisch (ausserhalb des Mittelpunktes liegend; überspannt)
der **Exzess** (Ausschreitung); des Exzesses; die Exzesse
der **Eyeliner** (Flüssigkeit, mit der der Lidstrich aufgetragen wird)
die **EZA** = Entwicklungszusammenarbeit

F

f = forte
das **F** (Buchstabe); des F; die F; ABER: das f in Schaf; das F-Dur, ABER: das f-Moll (Tonarten)
die **Fabel** (Tiererzählung); die Fabeln
fabelhaft (alle Erwartungen übertreffend; aussergewöhnlich); eine fabelhafte Freundin
das **Fabeltier**
die **Fabrik;** die Fabriken
der **Fabrikant** (Hersteller); des/dem/den Fabrikanten; die Fabrikanten
die **Fabrikantin;** die Fabrikantinnen
das **Fabrikat** (fabrikmässig hergestelltes Erzeugnis); des Fabrikats *oder* Fabrikates; die Fabrikate
fabrikneu
fabrizieren (herstellen); du fabrizierst; fabriziere *oder* fabrizier keinen Schrott!
fabulieren (Geschichten erfinden); sie hat gern fabuliert; fabuliere *oder* fabulier nicht!
das **Facettenauge** (Netzauge bei Insekten)
facettenreich (viele Teilaspekte aufweisend); facettenreiche Themen

das **Fach;** des Fachs *oder* Faches; die Fächer
der **Fachausdruck**
das **Fachbuch**
fächeln; ich fächle; du fächelst; er fächelte; er hat sich Kühlung gefächelt
der **Fächer;** des Fächers; die Fächer
die **Fachfrau**
das **Fachgebiet**
fachgerecht; fachgerechte Montage
das **Fachgeschäft**
die **Fachhochschule**
die **Fachleute** (Fachmänner und -frauen)
fachlich
der **Fachmann;** die Fachmänner
fachmännisch
fachsimpeln (sich über fachliche Dinge unterhalten); du fachsimpelst; sie fachsimpelte; sie haben gefachsimpelt
die **Fachsprache**
das **Fachwerkhaus**
das **Fachwissen** (Wissen auf einem bestimmten Gebiet); des Fachwissens
die **Fachzeitschrift;** die Fachzeitschriften
die **Fackel;** die Fackeln
fackeln; du fackelst; er fackelte; er hat nicht lange gefackelt
der **Fackelzug;** des Fackelzugs *oder* Fackelzuges; die Fackelzüge
fad *oder* **fade** (geschmacklos; langweilig); fader; am fadesten
der **Faden;** die Fäden, *aber für das Längenmass:* die Faden; 4 Faden tief; zu Faden schlagen (vorläufig zusammennähen; grob ausarbeiten)
das **Fadenkreuz;** des Fadenkreuzes; die Fadenkreuze; im Fadenkreuz (unter scharfer Beobachtung) der Ermittler
fadenscheinig (nicht sehr glaubhaft); eine fadenscheinige Ausrede
das **Fagott** (ein Holzblasinstrument); des Fagotts *oder* Fagottes; die Fagotte
die **Fähe** (Weibchen bei hundeartigen Tieren)
fähig; er ist keines Betruges fähig; er ist zu allem fähig
die **Fähigkeit**
fahl (von blasser Farbe)
fahnden; du fahndest; sie fahndete; man hat nach dem Mörder gefahndet
der **Fahnder;** des Fahnders; die Fahnder
die **Fahnderin;** die Fahnderinnen
die **Fahndung**

die **Fahne;** der Fahne; die Fahnen; *Verkleinerungsform:* das Fähnchen *oder* Fähnlein
die **Fahnenflucht** (unerlaubtes Sichentfernen oder Fernbleiben von der Truppe); die Fahnenfluchten
die **Fahnenstange**
der **Fähnrich** (Offiziersanwärter); des Fähnrichs; die Fähnriche
der **Fahrausweis** (Fahrkarte, Fahrschein)
die **Fahrbahn;** die Fahrbahnen
die **Fähre**
fahren; du fährst; sie fährt; ABER: ihr fahrt; sie fuhr; sie hat diesen Wagen gefahren; sie ist über das Trottoir gefahren; Auto fahren; ich fahre Auto; Rad fahren; ich fahre Rad; ABER: das Autofahren; beim Radfahren; er hat seine Pläne fahren lassen (aufgegeben); sie hat ihn mit ihrem Auto fahren lassen
die **Fahrenden** (offiziell anerkannte nationale Minderheit der Schweiz)
Fahrenheit; Grad Fahrenheit (Temperaturgrad auf der 180-teiligen Skala; *Zeichen:* °F); 32 Grad Fahrenheit (32 °F)
der **Fahrer;** des Fahrers; die Fahrer
die **Fahrerflucht**
die **Fahrerin;** die Fahrerinnen
die **Fährfrau**
der **Fahrgast;** die Fahrgäste
das **Fahrgeld**
fahrig (unkontrolliert; unkonzentriert); fahrige Bewegungen
die **Fahrkarte**
die **Fahrkosten** *oder* **Fahrtkosten** *Plural*
fahrlässig; fahrlässige Tötung
der **Fahrlehrer**
die **Fahrlehrerin**
der **Fährmann;** die Fährmänner
der **Fahrplan**
fahrplanmässig; die fahrplanmässige Ankunft
das **Fahrrad;** Fahrrad fahren; ABER: beim Fahrradfahren
die **Fahrspesen** *oder* **Fahrtspesen** *Plural*
der **Fahrstuhl** (Lift; *auch für:* Rollstuhl); des Fahrstuhls *oder* Fahrstuhles; die Fahrstühle
die **Fahrt;** die Fahrten; eine Fahrt ins Blaue (mit unbekanntem Ziel)
die **Fährte** (Spur)
die **Fahrtkosten** *oder* **Fahrkosten** *Plural*
die **Fahrtrichtung**
die **Fahrtüchtigkeit**
das **Fahrwasser**
das **Fahrwerk** (eines Flugzeugs)
das **Fahrzeug;** des Fahrzeugs *oder* Fahrzeuges; die Fahrzeuge
das **Faible** (Vorliebe, Neigung); er hat ein Faible für alte Bücher
fair (einwandfrei; anständig); ein faires Spiel
die **Fairness**
die **Fäkalien** (Kot) *Plural*
der **Fakir** (Asket; Zauberer); des Fakirs; die Fakire
die **Fakirin**
der **Fakt** (Tatsache); des Fakts *oder* Faktes; die Fakten, *auch:* Fakts; das ist [der] Fakt
faktisch (tatsächlich)
der **Faktor** (Vervielfältigungszahl; Grund, Umstand); des Faktors; die Faktoren
das **Faktum** (Tatsache); des Faktums; die Fakten
die **Fakultät** (Abteilung einer Hochschule); die Fakultäten
falb (graugelb); ein falbes Pferd
der **Falbe** (graugelbes Pferd); des/dem/den Falben; die Falben
der **Falke;** des Falken; die Falken
der **Falkner** (jemand, der Greifvögel abrichtet); des Falkners; die Falkner
die **Falknerin;** die Falknerinnen
der **Fall;** des Falls *oder* Falles; die Fälle; für den Fall, dass ...; gesetzt (angenommen) den Fall, dass ...; im Fall, dass ... *oder* im Falle, dass ...; von Fall zu Fall; zu Fall bringen; erster Fall (Nominativ); ABER: bestenfalls, jedenfalls, keinesfalls u. a.
die **Fallbrücke**
die **Falle**
fallen; du fällst; sie fällt; ABER: ihr fallt; sie fiel; sie ist gefallen; sie hat den Plan fallen lassen, *seltener:* fallen gelassen
fällen; du fällst; er fällte; er hat den Baum gefällt; fälle *oder* fäll die Tanne!; ein Urteil fällen
fällig; eine fällige Rechnung; fällig sein
die **Fallmasche**
das **Fallobst**
falls; kommen Sie bitte, falls möglich, etwas früher
der **Fallschirm;** des Fallschirms *oder* Fallschirmes; die Fallschirme
falsch; falscher; am falschesten; Falsch

und Richtig unterscheiden können; falsche Zähne; falsch spielen *oder* falschspielen (betrügerisch spielen); er hat falsch gespielt *oder* falschgespielt
fälschen; du fälschst; er fälschte; er hat den Scheck gefälscht
der **Fälscher;** des Fälschers; die Fälscher
die **Fälscherin;** die Fälscherinnen
das **Falschgeld**
fälschlich; eine fälschliche Behauptung
die **Falschmeldung**
die **Fälschung**
das **Falsett** (*Musik:* Kopfstimme); des Falsetts *oder* Falsettes; die Falsette
das **Faltboot** (zerlegbares Paddelboot)
die **Falte;** *Verkleinerungsform:* das Fältchen
falten; du faltest; sie faltete; sie hat das Blatt gefaltet
der **Falter** (Schmetterling); des Falters; die Falter
faltig; faltige Haut
der **Falz;** des Falzes; die Falze
falzen; du falzt; sie falzte; sie hat den Bogen gefalzt
Fam. = Familie
familiär (vertraut, eng verbunden); eine familiäre Atmosphäre
die **Familie;** die Familien
familienfreundlich; familienfreundliche Politik
der **Familienname**
famos (ausgezeichnet, prächtig); ein famoser Auftritt
der **Fan** (begeisterter Anhänger, begeisterte Anhängerin); des Fans; die Fans
der **Fanartikel** (für Fans produzierter Gegenstand, der einen Bezug zum verehrten Idol herstellt)
der **Fanatiker** (Eiferer); des Fanatikers; die Fanatiker
die **Fanatikerin;** die Fanatikerinnen
fanatisch (sich unbedingt, rücksichtslos einsetzend); fanatischer; am fanatischsten; ein fanatischer Sammler
der **Fanatismus;** des Fanatismus
der **Fanclub** *oder* **Fanklub**
die **Fanfare** (Trompetengeschmetter; ein Blasinstrument)
der **Fang;** des Fangs *oder* Fanges; die Fänge
der **Fangarm**
fangen; du fängst; sie fängt; sie fing; sie hat den Ball gefangen; ABER: wir wollen Fangen spielen
die **Fangfrage**
das **Fangis;** des Fangis; Fangis machen
das **Fanionteam** (Team der besten Spieler oder Spielerinnen eines Vereins); des Fanionteams; die Fanionteams
der **Fanklub** *oder* **Fanclub**
die **Fantasie** (Wunschbild, Vorstellungskraft); die Fantasien
fantasieren (sich ausmalen, sich vorstellen; wirr reden); du fantasierst; er fantasiert; er hat vom Reichtum fantasiert; als er hohes Fieber hatte, fantasierte er die ganze Nacht
fantasievoll
fantastisch (unwirklich; grossartig; unglaublich); eine fantastische Geschichte
die **Fantasy** (Roman- und Filmgattung, die märchenhafte, mythische Fantasiewelten darstellt)
die **Fantasyfigur**
der **Fantasyroman**
die **Farbe;** eine blaue Farbe; die Farbe Blau
färben; du färbst; er hat den Stoff gefärbt
farbenblind
farbenfroh
die **Färberei**
das **Farbfernsehen**
der **Farbfernseher;** des Farbfernsehers; die Farbfernseher
der **Farbfilm**
farbig
der **Farbige;** ein Farbiger; die Farbigen; zwei Farbige
die **Farbige;** eine Farbige; die Farbigen
der **Farbkasten** *oder* **Farbenkasten;** des Farbkastens *oder* Farbenkastens; die Farbkästen *oder* Farbenkästen
farblich
farblos; farbloser; am farblosesten
der **Farbstift;** des Farbstifts *oder* Farbstiftes; die Farbstifte
der **Farbstoff;** des Farbstoffs *oder* Farbstoffes; die Farbstoffe
der **Farbton;** des Farbtons *oder* Farbtones; die Farbtöne
die **Färbung**
die **Farm;** die Farmen
der **Farmer;** des Farmers; die Farmer
die **Farmerin;** die Farmerinnen
der **Farn;** des Farns *oder* Farnes; die Farne

das **Farnkraut**
die **Färse** (Kuh, die noch nicht gekalbt hat); die Färsen

> Nicht verwechseln: Obwohl beide Wörter gleich ausgesprochen werden, schreibt man die Bezeichnung für das weibliche Rind mit *ä,* während der Name des hinteren Fussteils mit *e* geschrieben wird.

der **Fasan** (ein Hühnervogel); des Fasans; die Fasane *oder* Fasanen
der **Fasching** (Fasnacht in Deutschland und Österreich); die Faschinge *oder* Faschings
der **Faschismus** (eine antidemokratische Staatsauffassung); des Faschismus
der **Faschist;** des/dem/den Faschisten; die Faschisten
die **Faschistin;** die Faschistinnen
faschistisch
faseln; du faselst; er faselte; er hat dummes Zeug gefaselt
die **Faser;** die Fasern
faserig; eine faserige Struktur
die **Fasnacht** *oder* **Fastnacht**
der **Fasnächtler;** des Fasnächtlers; die Fasnächtler
die **Fasnächtlerin;** die Fasnächtlerinnen
das **Fass;** des Fasses; die Fässer; zwei Fass Bier
die **Fassade** (Vorderseite, Schauseite)
fassen; du fasst; er fasste; er hat den Dieb gefasst; sich fassen; er hat sich jetzt wieder gefasst
die **Fassung**
fassungslos (entsetzt; sprachlos; völlig verwirrt); sie starrten ihn fassungslos an
fast (beinahe)
fasten; du fastest; sie fastete; sie hat gefastet
die **Fastenzeit**
das **Fastfood** (schnell zubereitete und verzehrte billige Gerichte); des Fastfood *oder* Fastfoods
die **Fastnacht** *oder* **Fasnacht**
die **Faszination** (bezaubernde Wirkung, Anziehungskraft)
faszinieren (fesselnd, bezaubernd wirken); du faszinierst ihn; er hat mich fasziniert; ein faszinierendes Lächeln
fatal (verhängnisvoll; peinlich); ein fataler Fehler
die **Fata Morgana** (Luftspiegelung, Trugbild); die Fata Morganen *oder* Fata Morganas
fauchen; die Katze faucht; sie fauchte; sie hat gefaucht
faul; faule Ausreden; ein fauler Zauber; auf der faulen Haut liegen

> Viele Fremdwörter werden ganz anders geschrieben, als sie gesprochen werden. Dazu gehören auch die aus dem Englischen übernommenen Ausdrücke für regelwidriges Verhalten beim Sport: *foul,* das *Foul* und *foulen* schreibt man nicht mit *au,* sondern mit *ou.*

faulen; das Holz faulte; das Obst ist *oder* hat gefault
faulenzen; du faulenzt; sie faulenzte; sie hat gefaulenzt
der **Faulenzer;** des Faulenzers; die Faulenzer
die **Faulenzerin;** die Faulenzerinnen
die **Faulheit**
die **Fäulnis**
der **Faulpelz;** des Faulpelzes; die Faulpelze
der **Faulschlamm** (stinkender Schlamm, der durch Fäulnis entstanden ist); des Faulschlamms *oder* Faulschlammes; die Faulschlämme *oder* Faulschlamme
das **Faultier**
der **Faun** (Waldgeist; lüsterner Mensch); des Fauns *oder* Faunes; die Faune
die **Fauna** (Tierwelt)
die **Faust;** die Fäuste
der **Faustball**
faustdick; eine faustdicke (dreiste) Lüge
fausten; du faustest; sie faustete; sie hat den Ball über die Latte gefaustet
der **Fäustling** (Fausthandschuh); des Fäustlings; die Fäustlinge
das **Faustpfand** (Machtmittel, um Forderungen durchzusetzen)
das **Faustrecht** (Selbsthilfe durch Gewalt)
die **Faustregel**
der **Fauteuil** (Polstersessel); des Fauteuils; die Fauteuils
favorisieren (bevorzugen; als Sieger oder Siegerin erwarten); du favorisierst; er favorisierte eine schnelle Lösung; sie gehört zu den favorisierten Teilnehmerinnen
der **Favorit** (Günstling; erwarteter Sieger im Wettkampf); des/dem/den Favoriten; die Favoriten

die **Favoritin;** die Favoritinnen
das *oder* der **Fax** (*kurz für:* Telefax); des Fax; die Faxe
faxen; du faxt; sie faxte; sie hat die Nachricht gefaxt
die **Faxen** (Grimassen; Albernheiten) *Plural*
das **Faxgerät**
das **Fazit** (Ergebnis; Schlussfolgerung); des Fazits; die Fazite *oder* Fazits
das *oder* der **FBI** = Federal Bureau of Investigation (Kriminalpolizei der USA)
das **FCKW** = Fluorchlorkohlenwasserstoff
die **FDP** = Die Liberalen (*früher:* Freisinnig-Demokratische Partei)
der **Februar;** des Februar *oder* Februars
fechten; du fechtest *oder* fichtst; sie fechtet *oder* ficht; sie fechtete *oder* focht; sie hat gefechtet *oder* gefochten; fechte *oder* ficht gegen ihn!
der **Fechter;** des Fechters; die Fechter
die **Fechterin;** die Fechterinnen
die **Feder**
der **Federball;** des Federballs *oder* Federballes; die Federbälle
das **Federgewicht**
der **Federhalter** (Füllfeder, Füllfederhalter); des Federhalters; die Federhalter
federleicht
federn; etwas federte; das Brett hat gefedert
die **Federzeichnung**
die **Fee** (eine weibliche Märchengestalt); die Feen
das **Feeling** (Gefühl; Empfindung)
feenhaft; feenhafte Kleider
das **Fegefeuer** *oder* **Fegfeuer**
fegen; du fegst; er fegt; er fegte; er hat die Strasse gefegt; der Sturm ist übers Land gefegt
die **Fehde** (mittelalterlicher Kampf oder Privatkrieg); die Fehden
der **Fehdehandschuh;** jemandem den Fehdehandschuh hinwerfen (jemandem zum Kampf, Streit herausfordern)
fehl; fehl am Platz sein
die **Fehlanzeige**
fehlbar (schuldig); der fehlbare Lastwagenchauffeur
der **Fehlbetrag;** des Fehlbetrags *oder* Fehlbetrages; die Fehlbeträge
die **Fehlbildung** (fehlerhafte Ausbildung eines Organs oder Körperteils)
fehlen; du fehlst; er fehlte; er hat in der Schule gefehlt
der **Fehler;** des Fehlers; die Fehler
fehlerfrei
fehlerhaft
fehlerlos
die **Fehlerquelle**
die **Fehlgeburt**
fehlgreifen (etwas Falsches tun); er greift fehl; er hat fehlgegriffen
der **Fehlgriff;** des Fehlgriffs *oder* Fehlgriffes; die Fehlgriffe
der **Fehlpass** (*Sport:* missglückter Pass); des Fehlpasses; die Fehlpässe
der **Fehlschlag;** die Fehlschläge
fehlschlagen; der Versuch schlug fehl; er ist fehlgeschlagen
die **Feier**
der **Feierabend**
feierlich; die feierliche Eröffnung
feiern; du feierst; sie hat ihren Geburtstag gefeiert
der **Feiertag;** des Feiertags, ABER: **feiertags;** sonn- und feiertags geschlossen
feig *oder* **feige**
die **Feige** (Frucht des Feigenbaumes)
die **Feigheit**
der **Feigling;** des Feiglings; die Feiglinge
feilbieten; er bietet feil; er hat seine Ware feilgeboten
die **Feile**
feilen; du feilst; sie hat noch etwas an ihrem Aufsatz gefeilt
feilschen; ich feilsche; du feilschst; sie feilschte; sie hat gefeilscht; feilsche *oder* feilsch nicht!
fein; fein gemahlenes *oder* feingemahlenes Mehl; das Mehl ist ganz fein gemahlen; sich für das Fest fein machen *oder* feinmachen
feind *(veraltend);* jemandem feind sein, bleiben, werden
der **Feind;** des Feindes; die Feinde; jemandes Feind sein, bleiben, werden
die **Feindin;** die Feindinnen
feindlich; feindliche Blicke; feindlich gesinnte Menschen; menschenfeindlich, fremdenfeindlich, theoriefeindlich usw.
die **Feindschaft**
feindselig (feindlich gesinnt, hasserfüllt); sie warfen sich feindselige Blicke zu
feinfühlig

das **Feingefühl**
die **Feinheit;** die Feinheiten
der **Feinmechaniker**
die **Feinmechanikerin**
der **Feinschmecker;** des Feinschmeckers; die Feinschmecker
die **Feinschmeckerin;** die Feinschmeckerinnen
feiss (fett, feist); feisser, am feissesten
feist (wohl genährt, fett); feister; am feistesten
feixen (grinsend lachen); du feixt; er feixte; er hat gefeixt
die **Felche** (ein Fisch)
das **Feld;** des Felds *oder* Feldes; die Felder; ein elektrisches Feld
die **Feldflasche**
die **Feldfrucht;** die Feldfrüchte *meist Plural*
der **Feldherr** (Heerführer; Oberbefehlshaber); des Feldherrn; die Feldherren
die **Feldherrin;** die Feldherrinnen
die **Feldmaus;** die Feldmäuse
der **Feldmauser** (Mäuse- oder Maulwurffänger); des Feldmausers; die Feldmauser
die **Feldmauserin;** die Feldmauserinnen
das **Feldschiessen** (Wettschiessen); des Feldschiessens; die Feldschiessen; Eidgenössisches Feldschiessen
der **Feldspat** (ein Mineral); des Feldspats *oder* Feldspates; die Feldspate
der **Feldstecher** (Fernglas); des Feldstechers; die Feldstecher
der **Feldweg**
der **Feldweibel** (militärischer Dienstgrad); des Feldweibels; die Feldweibel
die **Feldweibelin;** die Feldweibelinnen
der **Felgaufschwung** (Turnübung); des Felgaufschwungs *oder* Felgaufschwunges; die Felgaufschwünge
die **Felge** (Teil des Rades; Turnübung); die Felgen
die **Felgenbremse**
das **Fell;** des Fells *oder* Felles; die Felle; ein dickes Fell haben (unempfindlich sein)
der **Fels;** des Felsens; die Felsen; ein Fels in der Brandung
der **Felsblock;** die Felsblöcke
der **Felsen** (Felsblock); des Felsens; die Felsen
felsenfest; sie waren felsenfest davon überzeugt
felsig; ein felsiges Gelände
die **Felswand**

die **Feme** (heimliches Gericht); die Femen
der **Fememord** (Mord, der durch geheimes Gericht angeordnet wurde); des Fememords *oder* Fememordes; die Fememorde
das **Femgericht** *oder* **Femegericht** (Sondergericht im Mittelalter)
feminin (weiblich)
das **Femininum** (weibliches Nomen)
der **Feminist;** des/dem/den Feministen; die Feministen
die **Feministin** (Vertreterin einer vollen Gleichstellung von Mann und Frau); die Feministinnen
der **Fenchel** (eine Heil- und Gemüsepflanze); des Fenchels
das **Fenster;** des Fensters; die Fenster
der **Fensterladen;** die Fensterläden, *selten:* Fensterladen
die **Fensterscheibe**
die **Ferien** *Plural;* die grossen Ferien
das **Ferkel;** des Ferkels; die Ferkel
das **Ferment** (eine organische Verbindung); des Ferments; die Fermente
fermentieren (durch Fermente veredeln); er hat den Tabak fermentiert

fern

Kleinschreibung:

- ferne Länder
- in der fernen Umgebung
- von [nah und] fern

Grossschreibung der Nominalisierung und in Namen:

- das Ferne suchen
- der Ferne Osten

Schreibung in Verbindung mit Verben:

Vergleiche: fernbleiben, fernhalten, fernliegen, fernsehen

die **Fernbedienung**
fernbleiben; er ist dem Unterricht ferngeblieben; fernzubleiben
die **Ferne;** die Fernen
ferner (in Zukunft; ausserdem)
der **Fernfahrer**
die **Fernfahrerin**
das **Ferngespräch**
ferngesteuert
das **Fernglas;** die Ferngläser

fernhalten; sie hat uns ferngehalten
fernliegen; Gedanken, die mir fernliegen
das **Fernrohr;** des Fernrohrs *oder* Fernrohres; die Fernrohre
fernschauen; er schaut fern; er hat ferngeschaut
der **Fernsehapparat**
fernsehen; sie sieht fern; sie hat ferngesehen
das **Fernsehen;** Fernsehen gucken (fernsehen)
der **Fernseher;** des Fernsehers; die Fernseher
das **Fernsehgerät**
das **Fernsehquiz;** des Fernsehquiz; die Fernsehquiz
die **Fernwärme** (aus der Fernheizung)
das **Fernweh**
die **Ferse** (hinterer Teil des Fusses); *vergleiche aber:* Färse
das **Fersengeld;** Fersengeld geben (fliehen, davonrennen)
fertig; mit der Arbeit fertig sein; fertig machen *oder* fertigmachen; fertig werden *oder* fertigwerden; fertig bringen *oder* fertigbringen; fertig lustig (jetzt gilt es aber ernst)
das **Fertiggericht**
das **Fertighaus**
die **Fertigkeit**
fesch (*österreichisch für:* schick, flott); ein fescher Hut
die **Fessel;** die Fesseln
fesseln; du fesselst ihn; er fesselte ihn; er hat ihn gefesselt
fest; fester; am festesten; ein fester (ständiger) Wohnsitz; die fest angestellten *oder* festangestellten Mitarbeiter; sie hat sich das ganz fest gewünscht; *vergleiche aber:* festbinden, festhaken, festlegen, festmachen, festnehmen usw.
das **Fest;** des Fests *oder* Festes; die Feste
der **Festakt**
festbinden; er bindet die Kuh fest; er hat die Kuh festgebunden; ABER: **fest binden;** du sollst die Schleife ganz fest binden
festen (feiern); sie festet; sie festete; sie hat letzten Samstag gefestet
festhalten; sie hält ihn fest; sie hat ihn festgehalten; halte *oder* halt ihn fest!
festigen; du festigst; sie festigte; sie hat ihren Ruf gefestigt; festige deinen Ruf!
das **Festival** (künstlerische Grossveranstaltung); des Festivals; die Festivals
das **Festland;** des Festlands *oder* Festlandes
festlegen; sie hat die Hausordnung festgelegt; sich festlegen; mit dieser Äusserung hast du dich festgelegt
festlich; festliche Kleidung
festmachen (befestigen); ich habe das Bild an der Wand festgemacht
die **Festnahme;** die Festnahmen
festnehmen; die Polizei nahm ihn fest; sie hat ihn vorläufig festgenommen
die **Festplatte**
das **Festspiel;** die Salzburger Festspiele
feststehen (festgelegt sein; sicher, gewiss sein); fest steht, dass ...; es hat festgestanden, dass ...
feststellen; sie stellte fest, dass ...; sie hat festgestellt, dass ...
die **Feststellung**
der **Festtag;** des Festtags; ABER: **festtags;** sonn- und festtags
die **Festung**
der **Feta** (griechischer Schafskäse); des Fetas
die **Fete** (Fest); die Feten
der **Fetisch** (magischer Gegenstand, Götzenbild); des Fetischs *oder* Fetisches; die Fetische
fett; fetter; am fettesten; fette Kost; ein fett gedrucktes *oder* fettgedrucktes Wort
das **Fett;** des Fetts *oder* Fettes; die Fette
fettig; fettige Haare
das **Fettnäpfchen;** ins Fettnäpfchen treten (durch eine unbedachte Äusserung Unwillen erregen)
die **Fettsäure** *(Chemie)*
die **Fettsucht**
der **Fetzen;** des Fetzens; die Fetzen
fetzig (toll, mitreissend); fetzige Musik
feucht; feuchter; am feuchtesten
das **Feuchtbiotop** (an das Vorhandensein von Wasser gebundenes Biotop); des Feuchtbiotops; die Feuchtbiotope
die **Feuchtigkeit**
feuchtwarm; feuchtwarmes Klima
feudal; feudal (vornehm) wohnen; feudale (reaktionäre, nicht fortschrittliche) Ansichten
der **Feudalismus** (Gesellschaftsform des Mittelalters)
das **Feuer;** des Feuers; die Feuer; ein offenes

Feuer; ein Feuer speiender *oder* feuerspeiender Vulkan
die **Feuerbestattung** (Einäscherung)
feuerfest; feuerfestes Glas
der **Feuerlöscher** (Gerät); des Feuerlöschers; die Feuerlöscher
der **Feuermelder** (Anlage für Feueralarm); des Feuermelders; die Feuermelder
feuern (heizen; Feuer geben; heftig werfen; entlassen); ich feuere; du feuerst; sie feuerte; sie haben ihn gefeuert
die **Feuersbrunst** (Brand von grossem Ausmass); die Feuersbrünste
feuerspeiend *vergleiche:* **Feuer**
der **Feuerstein**
die **Feuerwehr;** die Feuerwehren
das **Feuerwehrauto**
die **Feuerwehrfrau**
die **Feuerwehrleute** *Plural*
der **Feuerwehrmann;** die Feuerwehrmänner
das **Feuerwerk**
der **Feuerwerkskörper**
das **Feuerzeug;** die Feuerzeuge
das **Feuilleton** (Kulturteil der Zeitung); des Feuilletons; die Feuilletons
feurig; ein feuriger (anregender) Wein
der **Fez** (Fest); des Fezes
ff = sehr fein; fortissimo
ff. = folgende (Seiten)
das **Fiasko** (Misserfolg); des Fiaskos; die Fiaskos
die **Fibel** (Abc-Buch); die Fibeln
die **Fiber** (Faser, Kunstfaser); die Fibern
die **Fiche** (Karteikarte); die Fichen
fichieren (über jemanden unerlaubt Informationen sammeln und auf Karteikarte notieren); er fichierte; er hat die Nachbarin fichiert
die **Fichte**
fidel (lustig, heiter)
die **Fidelisuppe**
Fidschi (Inselstaat im Südpazifik)
der **Fidschianer;** des Fidschianers; die Fidschianer
die **Fidschianerin;** die Fidschianerinnen
fidschianisch
die **Fidschiinseln** *Plural*
das **Fieber;** des Fiebers; *vergleiche aber:* Fiber
fieberhaft; eine fieberhafte Erkältung
fiebern; ich fiebere; du fieberst; er hat gefiebert
das **Fieberthermometer**
fiebrig *oder* **fieberig;** eine fiebrige *oder* fieberige Erkältung
die **Fiedel** (Geige); die Fiedeln
fiedeln; ich fiedle; du fiedelst; sie fiedelte; sie hat den ganzen Tag gefiedelt
fies (widerwärtig; gemein); ein fieser Kerl
fifty-fifty (zu gleichen Teilen)
die **Figur;** die Figuren
figürlich
die **Fiktion** (Einbildung; etwas Erdachtes); die Fiktionen; *vergleiche:* Sciencefiction
fiktiv (frei erfunden); eine fiktive Welt
das **Filet** (Netzstoff; Lenden-, Rückenstück; entgrätetes Stück vom Fisch; entbeinte Hähnchenbrust); des Filets; die Filets
filetieren; der Kellner filetierte den Fisch
die **Filiale** (Zweigstelle); die Filialen
filigran (sehr feingliedrig); ein filigranes Schmuckstück
der **Film;** des Films *oder* Filmes; die Filme
filmen; du filmst; sie filmte; sie hat das Ereignis gefilmt
die **Filmkamera**
der **Filmstar;** des Filmstars; die Filmstars
der **Filou** (Spitzbube); des Filous; die Filous
der, *auch:* das **Filter;** des Filters, die Filter
filtern; ich filtere; du filterst; er hat den Kaffee gefiltert
der **Filz;** des Filzes; die Filze
filzen (durchsuchen); du filzt ihn; sie filzte ihn; man hat ihn an der Grenze gefilzt
filzig; filzige Wolle
der **Filzstift;** des Filzstifts *oder* Filzstiftes; die Filzstifte
der **Fimmel** (übertriebene Vorliebe; Tick); des Fimmels; die Fimmel
der **Final** *oder* das **Final** (*Sport:* Endspiel); des Finals *oder* des Finales; die Finals; *vergleiche auch:* das Finale
das **Finale** (glanzvoller Abschluss; *Musik:* Schlusssatz; *Sport:* Endkampf; Endspurt); des Finales; die Finale, *im Sport auch:* Finals
der **Financier** (Geldgeber); des Financiers; die Financiers
die **Finanzen** (die Geldmittel) *Plural*
finanziell; finanzielle Probleme
finanzieren; du finanzierst; sie finanzierte; sie hat dieses Unternehmen finanziert
das **Findelkind**

a b c d e f g h i j k l m n o p q r s t u v w x y z

finden; du findest; sie findet; sie fand; sie hat es gefunden
der **Finderlohn;** des Finderlohns *oder* Finderlohnes; die Finderlöhne
findig; findige (einfallsreiche) Köpfe
der **Findling** (grosser Stein, der durch Gletscher transportiert wurde; *selten auch:* Findelkind); des Findlings; die Findlinge
die **Finesse** (Feinheit; Kniff)
der **Finger;** des Fingers; die Finger; der kleine Finger; jemanden um den kleinen Finger wickeln; etwas mit spitzen Fingern (vorsichtig) anfassen; lange Finger machen (stehlen)
der **Fingerabdruck;** des Fingerabdrucks *oder* Fingerabdruckes; die Fingerabdrücke
fingerbreit; ein fingerbreiter Spalt; ABER: der Spalt ist keinen Finger breit, drei Finger breit
der **Fingerhut**
die **Fingerkuppe**
der **Fingernagel;** des Fingernagels; die Fingernägel
die **Fingerspitze**
fingieren (vortäuschen, erdichten); du fingierst den Überfall; sie fingierte den Überfall; sie hat den Überfall fingiert
das **Finish** (Endkampf, Endspurt); des Finishs; die Finishs
der **Fink;** des/dem/den Finken; die Finken
der **Finken** (Hausschuh); des Finkens; die Finken
die **Finne** (Bandwurmlarve; Mitesser); die Finnen
der **Finne** (Einwohner von Finnland); des/dem/den Finnen; die Finnen
die **Finnenbahn** (speziell angelegte Strecke vor allem für Jogger und Joggerinnen); die Finnenbahnen
die **Finnin;** die Finninnen
finnisch
Finnland
finster; finstrer *oder* finsterer; am finstersten; eine finstere Nacht; im Finstern tappen (nicht Bescheid wissen)
die **Finsternis;** die Finsternisse
die **Finte** (Täuschungsmanöver); die Finten
der **Firlefanz** (Flitterkram; Unsinn); des Firlefanzes; die Firlefanze
die **Firma;** die Firmen
das **Firmament** (Himmelsgewölbe); des Firmaments *oder* Firmamentes
firmen (die Firmung erteilen); du firmst sie; er firmte sie; er hat sie gefirmt
der **Firmling;** des Firmlings; die Firmlinge
die **Firmung** (ein katholisches Sakrament)
der **Firn** (Altschnee; Gletscher); des Firns *oder* Firnes; die Firne
der **Firnis** (ein Schutzanstrich); des Firnisses; die Firnisse
firnissen; du firnisst; sie firnisst; sie firnisste; sie hat das Gemälde gefirnisst
der **First** (oberste waagerechte Dachkante; Berggipfel); des Firsts *oder* Firstes; die Firste, *in der Bedeutung «Berggipfel» auch:* die Firsten
der **Fisch;** frische Fische; faule Fische (Ausreden); kleine Fische (Kleinigkeiten)
fischeln (unangenehm nach Fisch riechen); frische Fische fischeln nicht
fischen; du fischst; sie fischte; sie hat gefischt
der **Fischer;** des Fischers; die Fischer
die **Fischerin;** die Fischerinnen
der **Fischotter;** die Fischotter
die **Fisimatenten** (Ausflüchte) *Plural*
der **Fiskus** (Steueramt); des Fiskus
die **Fistelstimme** (Kopfstimme)
fit (leistungsfähig); fitter; am fittesten; sich fit halten, machen; ein fitter Bursche
die **Fitness** (gute körperliche Verfassung)
das **Fitnesscenter;** des Fitnesscenters; die Fitnesscenter
der **Fitnessparcours;** des Fitnessparcours; die Fitnessparcours
der **Fittich** (Flügel); des Fittichs *oder* Fittiches; die Fittiche; jemanden unter seine Fittiche nehmen (sich um jemanden kümmern)
das **Fitzelchen** (kleines Stückchen, kleines Endchen von etwas); des Fitzelchens; die Fitzelchen; ein Fitzelchen Stoff
fix (fest, sicher; schnell; gewandt); fixer; am fixesten; eine fixe Idee (eine Zwangsvorstellung, eine törichte Einbildung); ein fixer (fester) Preis; ein fixes Gehalt; fixe Kosten; er ist fix und fertig
fixen (sich Drogen spritzen); ich fixe; du fixt; sie fixte; sie hat gefixt
der **Fixer;** des Fixers; die Fixer
die **Fixerin;** die Fixerinnen
fixfertig; wir waren fixfertig; ein fixfertiges Fondue
fixieren (festlegen, haltbar machen;

scharf ansehen); du fixierst ihn; sie fixierte ihn; sie hat ihn fixiert

das **Fixleintuch**

der **Fixstern** (scheinbar unbeweglicher Stern)

der **Fjord** (schmale Meeresbucht mit Steilküsten); des Fjords *oder* Fjordes; die Fjorde

FL = Autokennzeichen und allgemeine Abkürzung des Fürstentums Liechtenstein

flach; ein flaches Dach; flaches Wasser

der **Flachbildschirm**

die **Fläche**

der **Flächeninhalt**

das **Flachland** (ebenes Land)

der **Flachs;** des Flachses

flachsen (spotten); du flachst; sie flachst; sie flachste; sie hat geflachst

die **Flachzange**

flackern; die Kerze flackerte; das Licht hat geflackert

der **Fladen** (flacher Kuchen; Kot); des Fladens; die Fladen

das **Fladenbrot;** des Fladenbrots; die Fladenbrote

die **Flädlisuppe**

die **Flagge**

flaggen (eine Flagge hissen); du flaggst; sie flaggt; sie flaggte; sie hat geflaggt

das **Flair** (Gespür); des Flairs; sie hat ein Flair für seltene alte Platten

die **Flak** (*Kurzwort für:* Flugzeugabwehrkanone, Flugabwehrartillerie); die Flak, *auch:* Flaks

flambieren (Speisen mit Alkohol übergiessen, den man anzündet); er hat das Steak flambiert; flambiere *oder* flambier das Eis!

der **Flamenco** (ein Tanz); des Flamenco *oder* Flamencos

der **Flamingo** (ein Wasservogel); des Flamingos; die Flamingos

die **Flamme;** *Verkleinerungsform:* das Flämmchen

der **Flanell** (ein Gewebe); des Flanells; die Flanelle

die **Flanke**

flanken *(Sport);* sie flankte; sie hat [den Ball vor das Tor] geflankt

flankieren (zu beiden Seiten stehen); Bäume flankieren die Strasse; sie haben die Strasse flankiert; flankierende (unterstützende) Massnahmen

flapsig (flegelhaft, keine guten Manieren zeigend); eine flapsige Bemerkung

die **Flasche;** *Verkleinerungsform:* das Fläschchen

der **Flaschenöffner;** des Flaschenöffners; die Flaschenöffner

der **Flaschenzug** (Vorrichtung zum Heben von Lasten); die Flaschenzüge

flatterhaft (unbeständig; oberflächlich); flatterhafter; am flatterhaftesten

flattern; ich flattere; der Vogel flatterte; der Vogel ist durch die Luft geflattert; der Vogel hat noch lange geflattert

flattieren (schmeicheln); du flattierst; er flattiert; er flattierte; er hat ihr flattiert

flau (schlecht, übel); flauer; am flausten *oder* flauesten

der **Flaum** (weiche Federn); des Flaums *oder* Flaumes

der **Flaumer** (Mopp); des Flaumers; die Flaumer

die **Flaumfeder**

der **Flausch** (ein weiches Wollgewebe); des Flauschs *oder* Flausches; die Flausche

flauschig; ein flauschiges Handtuch

die **Flause** (törichter Einfall); die Flausen *meist Plural;* Flausen im Kopf haben

die **Flaute** (Windstille; Zeit schlechter Geschäfte); die Flauten

sich **fläzen** (sich hinlümmeln); du fläzt dich; sie fläzte sich; sie hat sich aufs Sofa gefläzt

die **Flechte** (eine Pflanze; ein Hautausschlag; ein Zopf)

flechten; du flechtest *oder* flichtst; er flechtet *oder* flicht; er flechtete *oder* flocht; er hat einen Kranz geflechtet *oder* geflochten; flechte *oder* flicht mir die Zöpfe!

der **Fleck;** des Flecks *oder* Fleckes; die Flecke *oder* Flecken; einen Fleck haben; sie hat blaue Flecke *oder* Flecken

der **Flecken** (Fleck; Dorf); des Fleckens; die Flecken

fleckig; fleckige Kleidung

die **Fledermaus;** die Fledermäuse

das **Fleece** (Flausch); des Fleece

der **Fleecepullover;** des Fleecepullovers; die Fleecepullover

der **Flegel;** des Flegels; die Flegel

haft; flegelhafter; am flegelhaftes-

ahre *Plural*

…n; du flehst; er flehte; er hat um Gnade gefleht

flehentlich; flehentliches Bitten

das **Fleisch;** des Fleischs *oder* Fleisches; Fleisch fressende *oder* fleischfressende Pflanzen

der **Fleischer** (Metzger); des Fleischers; die Fleischer

die **Fleischerin;** die Fleischerinnen

der **Fleischesser** (jemand, der [gern] Fleisch isst); des Fleischessers; die Fleischesser

die **Fleischesserin**

fleischfressend *vergleiche:* **Fleisch**

der **Fleischfresser** (Tier, das vor allem Fleisch frisst); des Fleischfressers; die Fleischfresser

fleischig; fleischige Hände

der **Fleischkäse;** des Fleischkäses

der **Fleiss;** des Fleisses

die **Fleissarbeit**

fleissig; sie ist fleissig; fleissige Bienen; ABER: das Fleissige Lieschen (eine Blume)

flektieren (ein Wort beugen); du flektierst; er flektierte; er hat das Verb flektiert

flennen (weinen); du flennst; er flennte; er hat geflennt

fletschen; du fletschst die Zähne; er fletschte die Zähne; er hat die Zähne gefletscht

flexibel (biegsam); flexibler; am flexibelsten; ein flexibler Einband

die **Flexibilität**

die **Flexion** (Deklination und Konjugation)

der **Flick** *oder* **Flicken;** des Flicks *oder* Flickes *und* des Flickens; die Flicke *oder* Flicken

flicken; du flickst; sie flickte; sie hat den Reifen geflickt

der **Flickflack** (in schneller Folge geturnter Handstandüberschlag rückwärts); des Flickflacks; die Flickflacks

der **Flieder;** des Flieders; die Flieder

der **Fliederstrauch;** des Fliederstrauchs *oder* Fliederstrauches; die Fliedersträuche

die **Fliege**

fliegen; du fliegst; sie fliegt; sie flog; sie ist geflogen; die fliegende Untertasse; ABER: Fliegende Fische (eine Tiergattung); der Fliegende Holländer (eine Sagengestalt; eine Oper)

das **Fliegengewicht** (leichteste Körpergewichtsklasse in der Schwerathletik); des Fliegengewichts *oder* Fliegengewichtes; die Fliegengewichte

der **Flieger;** des Fliegers; die Flieger

die **Fliegerin;** die Fliegerinnen

fliehen; du fliehst; sie flieht; sie floh; sie ist geflohen

die **Fliehkraft**

> Viele Fremdwörter werden anders geschrieben, als sie gesprochen werden. Dazu gehört auch das Nomen «Fleecepullover», das als Fliespullover gesprochen, aber mit *Fleece* geschrieben wird.

die **Fliese** (eine Wand- oder Bodenplatte)

der **Fliesenleger;** des Fliesenlegers; die Fliesenleger

die **Fliesenlegerin;** die Fliesenlegerinnen

das **Fliessband;** des Fliessbands *oder* Fliessbandes; die Fliessbänder

fliessen; der Bach fliesst; der Sekt floss in Strömen; Tränen sind geflossen

das **Fliesspapier**

der **Flight-Attendant** (Betreuer in Flugzeugen); des Flight-Attendants; die Flight-Attendants

die **Flight-Attendant;** die Flight-Attendants

flimmern; etwas flimmert; etwas flimmerte; etwas hat geflimmert

flink

die **Flinte**

der **Flipper** (ein Spielautomat); des Flippers; die Flipper

der **Flipperkasten;** des Flipperkastens; die Flipperkästen

flippern; du flipperst; sie flipperte; sie hat geflippert

der **Flirt** (Liebelei); des Flirts; die Flirts

flirten; du flirtest; sie flirtete; sie hat mit ihm geflirtet

das **Flittchen** (*gehoben für:* Schlampe)

der **Flitter;** des Flitters; die Flitter

die **Flitterwochen** *Plural*

flitzen; du flitzt; sie ist zum Bäcker geflitzt

die **Flocke**

flockig; eine flockige Füllung

der **Floh;** des Flohs *oder* Flohes; die Flöhe

der **Flohmarkt;** des Flohmarkts *oder* Flohmarktes; die Flohmärkte
das **Flohnerleben** (Leben ohne Anstrengung); ein Flohnerleben führen
der **Flop** (Hochsprung in Rückenlage; [geschäftlicher] Misserfolg); des Flops; die Flops
die **Flora** (die Pflanzenwelt); die Floren
das **Florett** (leichte Stosswaffe); des Floretts; die Florette
das **Florettfechten**
florieren (blühen, gedeihen); das Geschäft florierte; der Handel hat floriert
der **Florist** (Blumenbinder; Kenner der Pflanzenwelt); des/dem/den Floristen; die Floristen
die **Floristin;** die Floristinnen
die **Floskel** (leere Redensart); die Floskeln
floskelhaft
das **Floss;** des Flosses; die Flösse
die **Flosse;** die Flossen
flössen; du flösst; er flösste; er hat Baumstämme geflösst (als Floss oder mit einem Floss transportiert)
die **Flöte;** Flöte spielen; ABER: er ist beim Flötespielen
flöten; du flötest; er flötete; er hat geflötet; flöten gehen (verloren gehen); mein ganzes Geld geht flöten; alles ist flöten gegangen
der **Flötist** (Flötenspieler); des/dem/den Flötisten; die Flötisten
die **Flötistin;** die Flötistinnen
flott; flotter; am flottesten; ein flottes Tempo; flott machen *oder* flottmachen
die **Flotte** (Gesamtheit von Schiffen, Flugzeugen oder Fahrzeugen)
flott machen (sich beeilen); wenn wir flott machen, schaffen wir es noch
das *oder* der **Flöz** (abbaubare Nutzschicht im Gestein, vor allem Kohle); des Flözes; die Flöze
der **Fluch;** des Fluchs *oder* Fluches; die Flüche
fluchen; du fluchst; sie hat geflucht
die **Flucht;** die Fluchten
flüchten; du flüchtest; sie flüchtete; sie ist geflüchtet
flüchtig; ein flüchtiger Täter
der **Flüchtling;** des Flüchtlings; die Flüchtlinge
der **Flug;** des Flugs *oder* Fluges; die Flüge
das **Flugblatt;** des Flugblatts *oder* Flugblattes; die Flugblätter
der **Flügel;** des Flügels; die Flügel
flügge (das Fliegen gelernt habend); flügge werden
der **Flughafen;** des Flughafens; die Flughäfen
der **Fluglotse;** des/dem/den Fluglotsen; die Fluglotsen
die **Fluglotsin;** die Fluglotsinnen
der **Flugplatz**
flugs (schnell)
der **Flugsand**
das **Flugzeug**
die **Fluh** (Felswand; rauer Fels); die Flühe
die **Flunder** (ein Fisch); die Flundern
flunkern; du flunkerst; er flunkerte; er hat geflunkert
das **Fluor** (ein Gas, ein chemisches Element); des Fluors
die **Fluoreszenz** (Aufleuchten unter Strahleneinwirkung)
fluoreszieren; das Mineral hat fluoresziert
die **Flur** (nutzbare Landfläche); die Fluren
der **Flur** (Hausflur); des Flurs *oder* Flures; die Flure
der **Fluss;** des Flusses; die Flüsse
das **Flussbett;** des Flussbetts *oder* Flussbettes; die Flussbetten, *selten auch:* Flussbette
flüssig; flüssige Kristalle; flüssig schreiben, sprechen; flüssig machen *oder* flüssigmachen
die **Flüssigkeit**
das **Flusspferd**
flüstern; du flüsterst; sie flüsterte; sie hat geflüstert
die **Flüsterpropaganda** (mündliche Propaganda)
die **Flut** (Überschwemmung; Steigen des Meeresspiegels bei den Gezeiten); die Fluten; eine Flut (eine grosse Menge) von Bettelbriefen
fluten; das Wasser flutete in die Keller; das Wasser ist in die Keller geflutet; das U-Boot hat die Tanks geflutet
das **Flutlicht**
flutschen; die Seife flutschte aus der Hand; sie ist mir aus der Hand geflutscht; die Arbeit hat nur so geflutscht (ist schnell vorangegangen)
der **Flyer** (Informationszettel); des Flyers; die Flyer
die **FMH** = Foederatio Medicorum Helveti-

corum (Verbindung der Schweizer Ärzte und Ärztinnen)

der **Föderalismus** (Selbstständigkeit der Länder innerhalb eines Staatsganzen); des Föderalismus

föderalistisch; eine föderalistische Struktur

die **Föderation** (Bund; Staatenbund; Bundesstaat)

das **Fohlen** (ein junges Pferd); des Fohlens; die Fohlen

der **Föhn** (warmer, trockener Fallwind); des Föhns *oder* Föhnes; die Föhne

der **Föhn** (elektrischer Haartrockner); des Föhns *oder* Föhnes; die Föhne

föhnen; du föhnst; sie föhnte; sie hat ihre Haare geföhnt

föhnig

die **Föhre** (Kiefer)

der **Fokus** (*Optik:* Brennpunkt); des Fokus; die Fokusse

fokussieren (in den Blick nehmen; [sich] konzentrieren auf); sie fokussierte den Trainer; er fokussierte sich aufs Schreiben

die **Folge;** Folge leisten; etwas zur Folge haben; in der Folge; demzufolge; infolge; zufolge; infolgedessen

folgen; du folgst; er folgte; er ist mir gefolgt (nachgekommen); er hat mir gefolgt (Gehorsam geleistet)

folgend

- die folgende Seite
- folgende lange (*seltener:* langen) Ausführungen

Wird «folgend» als Nomen gebraucht, schreibt man es gross:

- der Folgende (der einem anderen Nachfolgende)
- alle Folgenden (anderen)
- das Folgende (das später Erwähnte, Geschehende)
- im Folgenden (weiter unten)
- durch das Folgende
- aus, in, mit, nach, von dem Folgenden (den folgenden Ausführungen)

folgendermassen

folgenschwer; eine folgenschwere Tat

folgerichtig; eine folgerichtige Entscheidung

folgern; ich folgere; du folgerst; er folgerte; er hat daraus gefolgert, dass ...

die **Folgerung**

folglich (also, demzufolge)

folgsam; folgsame Kinder

der **Foliant** (ein grosses Buch); des/dem/den Folianten; die Folianten

die **Folie** (dünnes Metallblatt); die Folien

das **Folio** (hohes Buchformat); in Folio

der **Folk** (an englischsprachige Volksmusik anknüpfende Popmusik); des Folks

die **Folklore** (Volksüberlieferungen; Volksmusik)

folkloristisch

die **Folter;** der Folter; die Foltern; jemanden auf die Folter spannen (in qualvolle Spannung versetzen)

foltern; du folterst; er folterte; er hat ihn gefoltert

das **Fon** *oder* **Phon** (Masseinheit für die Lautstärke); des Fons *oder* Phons; die Fons *oder* Phons; ABER: 50 Fon *oder* Phon

der **Fond** (Rücksitz; konzentrierter Fleisch- oder Gemüsesaft für Sossen); des Fonds; die Fonds

der **Fonds** (Geldvorrat); des Fonds; die Fonds; à fonds perdue (ohne Rückzahlung)

das **Fondue;** des Fondues; die Fondues

die **Fonetik** *oder* **Phonetik** (Lehre von der Lautbildung)

fonetisch *oder* **phonetisch**

die **Fonothek** *oder* **Phonothek** (Archiv mit Tonbändern, Schallplatten)

die **Fontäne** (Springbrunnen)

föppeln (necken, verspotten); du föppelst; er föppelt; er föppelte; er hat sie geföppelt

foppen (necken, hänseln); du foppst ihn; sie foppte ihn; sie hat ihn gefoppt

die **Fopperei**

forcieren (verstärken, erzwingen); du forcierst; er forcierte; er hat das Tempo forciert

förderlich (nützlich)

fordern; du forderst; er forderte; er hat Respekt gefordert

fördern; du förderst; sie förderte; sie hat ihn gefördert; Kohle fördern

die **Forderung**

die **Förderung**
die **Forelle**
das **Forfait;** des Forfaits; die Forfaits; Forfait geben, erklären (einen Wettkampf nicht antreten)
die **Form;** die Formen; [gut] in Form sein
formal (die äussere Form betreffend; nur der Form nach); formale Logik
die **Formalie** (Formalität); die Formalien
die **Formalität** (Formsache; formale Vorschrift); die Formalitäten
das **Format** (Papiergrösse; ausgeprägte Persönlichkeit); des Formats *oder* Formates; die Formate; das Format des Buches; Format (Persönlichkeit) haben
formatieren (zum Speichern vorbereiten; in Texten die Schrift und Absatzmerkmale festlegen); sie formatiert; sie formatierte die Speicherkarte; sie hat den Text formatiert
die **Formation** (Anordnung, Aufstellung; Gruppe, Verband; Folge von Gesteinsschichten; geologischer Zeitabschnitt); die Formationen
die **Formel;** die Formeln
formell (offiziell; förmlich; der Form nach, äusserlich); ein formeller Brief
formen; du formst die Schale; er formte sie; er hat sie geformt
förmlich (offiziell, formell; steif, unpersönlich); ein förmlicher Antrag; eine förmliche Begrüssung
das **Formular** (Formblatt, Vordruck); des Formulars, die Formulare
formulieren (in Worte fassen); du formulierst; sie formulierte; sie hat den Text formuliert
forsch (schneidig, kühn; kräftig); forscher; am forschesten; forsch sein
forschen; du forschst; sie forschte; sie hat geforscht
der **Forscher;** des Forschers; die Forscher
die **Forscherin;** die Forscherinnen
die **Forschung**
der **Forst** (bewirtschafteter Wald); des Forsts *oder* Forstes; die Forste *oder* Forsten
der **Förster;** des Försters; die Förster
die **Försterei**
die **Försterin;** die Försterinnen
die **Forstwirtschaft**
die **Forsythie** (ein Zierstrauch); die Forsythien
fort; fort sein; fort mit dir!; und so fort; in einem fort; weiter fort; immerfort
das **Fort** (Festungswerk); die Forts
fortan; sie lebte fortan vegetarisch
fortbewegen; er bewegt den Stein fort; sich fortbewegen; er hat sich fortbewegt
die **Fortbildung**
forte (stark, laut); *Abkürzung:* f
fortfahren; sie fährt morgen fort; sie hat *oder* ist in ihrer Rede fortgefahren
fortfliegen; der Vogel ist fortgeflogen
fortgehen; er ist fortgegangen
fortgeschritten; fortgeschrittene Lerner; ABER: Latein für Fortgeschrittene
fortissimo (sehr laut); *Abkürzung:* ff
fortjagen; er jagt den Hund fort; er hat den Hund fortgejagt
fortlaufen; sie ist fortgelaufen
sich **fortpflanzen;** der Schall pflanzt sich fort; die Kaninchen haben sich fortgepflanzt (Junge bekommen)
der **Fortschritt;** des Fortschritts *oder* Fortschrittes; die Fortschritte
fortschrittlich; fortschrittliches Denken
fortsetzen; er setzt die Arbeit fort; er hat die Arbeit fortgesetzt
die **Fortsetzung**
fortwährend (andauernd)
das **Forum** (öffentlicher Kreis von Sachverständigen); des Forums; die Foren
der **Fosburyflop** (Hochsprung, bei dem man die Latte in Rückenlage überquert); des Fosburyflops; die Fosburyflops
fossil (urzeitlich versteinert); fossile Brennstoffe (Kohle, Erdöl, Erdgas)
das **Fossil** (versteinerter Pflanzen- oder Tierrest); des Fossils; die Fossilien
das **Foto** (kurz für: Fotografie); des Fotos; die Fotos
der **Fotograf;** des/dem/den Fotografen; die Fotografen
die **Fotografie;** die Fotografien
fotografieren; du fotografierst; er fotografierte; er hat fotografiert; fotografiere *oder* fotografier die Kirche!
die **Fotografin;** die Fotografinnen
die **Fotokopie;** die Fotokopien
fotokopieren; er hat die Urkunde fotokopiert
der **Fötzel** (Fetzen Papier); des Fötzels; die Fötzel; der fremde Fötzel (*abschätzig für:* der Fremde)

foul (*Sport:* unfair); foul spielen; *vergleiche aber:* faul

das **Foul** (Regelverstoss); des Fouls; die Fouls

das **Foulard** (Halstuch aus Seide); des Foulards; die Foulards

foulen (regelwidrig spielen); du foulst; er foulte; er hat den Gegner gefoult

sich **foutieren** (sich nicht um etwas kümmern); du foutierst dich; sie foutierte sich; sie hat sich um den Test foutiert

der **Foxterrier** (eine Hunderasse); des Foxterriers; die Foxterrier

der **Foxtrott** (ein Tanz); des Foxtrotts *oder* Foxtrottes; die Foxtrotte *oder* Foxtrotts

das **Foyer** (Eingangshalle; Empfangshalle; Wandelgang im Theater); des Foyers; die Foyers

FR = Autokennzeichen und allgemeine Abkürzung für den Kanton Freiburg

Fr. = Franken; *auch:* CHF

die **Fracht;** die Frachten

der **Frachtbrief** (Begleitbrief für eine Fracht)

der **Frachter** (Frachtdampfer); des Frachters; die Frachter

der **Frack;** des Fracks *oder* Frackes; die Fräcke *oder* Fracks

die **Frage;** das kommt nicht infrage *oder* in Frage; etwas infrage *oder* in Frage stellen; ABER: das Infragestellen

der **Fragebogen;** des Fragebogens; die Fragebogen *oder* Fragebögen

fragen; du fragst; er fragte; er hat sie gefragt

der **Fragesatz**

das **Fragezeichen**

fraglich (unsicher; zweifelhaft); zum fraglichen Zeitpunkt

das **Fragment** (Bruchstück); des Fragments *oder* Fragmentes; die Fragmente

fragmentarisch (bruchstückhaft)

fragwürdig; ein fragwürdiges Angebot

die **Fraktion** (Vereinigung von Parteivertretern im Parlament); die Fraktionen

die **Fraktur** (Knochenbruch; deutsche Druckschrift); die Frakturen

die **Franchise** (Selbstbehalt); die Franchisen

frank (frei, offen); frank und frei

Franken (Land)

der **Franken** (*Abkürzung:* Fr. *oder* CHF); des Frankens; die Franken

frankieren (mit Briefmarken versehen); du frankierst den Brief; er hat den Brief frankiert

der **Fränkler;** des Fränklers; die Fränkler

Frankreich

die **Franse**

der **Franziskaner** (Angehöriger eines Mönchsordens); des Franziskaners; die Franziskaner

die **Franziskanerin** (Angehörige eines Nonnenordens); die Franziskanerinnen

der **Franzose;** des/dem/den Franzosen; die Franzosen

die **Französin;** die Französinnen

französisch; die französische Schweiz; ABER: die Französische Republik; die Französische Revolution (1789); *vergleiche:* deutsch

frappant (verblüffend, überraschend); eine frappante Ähnlichkeit

das **Frappe** *oder* **Frappé** *oder* **Frappee;** die Frappes *oder* Frappés *oder* Frappees

frappieren (überraschen, verblüffen); ihre Schlagfertigkeit frappiert mich immer wieder; ein frappierendes Beispiel

fräsen; du fräst; er fräste; er hat das Gewinde gefräst

der **Frass;** des Frasses; die Frasse

die **Fratze;** eine Fratze schneiden

die **Frau**

Frauenfeld (Hauptstadt des Kantons Thurgau)

die **Frauenrechtlerin** (Kämpferin für die Gleichberechtigung der Frau)

die **Frauenriege** (Frauenabteilung eines Turnvereins)

das **Fräulein;** die Fräulein

> Früher war es üblich, junge, unverheiratete Frauen mit *Fräulein* anzureden. Heute wird grundsätzlich nur noch die Anrede *Frau* benutzt.

der **Freak** (jemand, der sich [in übertriebener Weise] für etwas begeistert); des Freaks; die Freaks

frech; er ist frech

der **Frechdachs;** des Frechdachses, die Frechdachse

die **Frechheit**

das **Freeclimbing** (Bergsteigen ohne Hilfsmittel); des Freeclimbings

die **Fregatte** (Kriegsschiff für den Geleitschutz); die Fregatten

frei

freier; am freisten *oder* freiesten

1. Klein- und Grossschreibung

Kleinschreibung:

- der freie Mitarbeiter; die freie Mitarbeiterin
- die freie (nicht staatlich gelenkte) Marktwirtschaft
- freie Hand haben (tun können, was man will)
- einen Gefangenen auf freien Fuss setzen (frei lassen)
- etwas frei Haus (ohne Zusatzkosten) liefern

Grossschreibung der Nominalisierung und in Eigennamen:

- das Freie, im Freien, ins Freie

2. Getrennt- und Zusammenschreibung

Schreibung in Verbindung mit Verben und Partizipien:

- frei sein; frei werden; frei bleiben
- frei lebende *oder* freilebende Tiere
- frei haben *oder* freihaben;
- frei halten *oder* freihalten;
- frei lassen *oder* freilassen
- frei machen *oder* freimachen
- frei sprechen *oder* freisprechen; *vergleiche aber:* freisprechen (jemanden für unschuldig erklären)

das **Freibad;** des Freibads *oder* Freibades; die Freibäder

der **Freibeuter** (Seeräuber); des Freibeuters; die Freibeuter

die **Freibeuterin**

Freiburg (Kanton; dessen Hauptstadt; *auch:* Freiburg im Üechtland; *französisch:* Fribourg; Freiburg im Breisgau [Deutschland])

der **Freiburger**

die **Freiburgerin;** die Freiburgerinnen

freiburgisch

der **Freier;** des Freiers; die Freier

die **Freierin;** die Freierinnen

die **Freifrau** (Adelstitel)

freigebig (grosszügig)

die **Freigebigkeit**

freihändig; freihändig Velo fahren

die **Freiheit**

der **Freiherr** (Adelstitel); des Freiherrn; die Freiherren

der **Freilauf;** die Freiläufe

freilich (jedoch, allerdings); das wusste ich freilich nicht

die **Freilichtbühne**

der **Freimaurer** (Mitglied eines Männerbundes); des Freimaurers; die Freimaurer

die **Freinacht** (Nacht ohne Polizeistunde)

der **Freipass** (Passierschein; Freibrief); des Freipasses; die Freipässe

freisprechen; sie wurde von aller Schuld freigesprochen; *vergleiche:* frei

der **Freispruch;** des Freispruchs *oder* Freispruches; die Freisprüche

der **Freistoss;** des Freistosses; die Freistösse

der **Freitag** *vergleiche:* Dienstag

freitags *vergleiche:* dienstags

der **Freitod** (Selbstmord); des Freitods *oder* Freitodes; die Freitode

freiwillig; freiwillig teilen; die freiwillige Feuerwehr

die **Freizeit**

freizügig; ein freizügiges (viel Freiheit lassendes) Leben

die **Freizügigkeit**

fremd; eine fremde Sprache; ABER: eine Fremdsprache

der **Fremde;** des/dem/den Fremden; die Fremden

die **Fremde** (*auch für:* das Ausland); eine Fremde; die Fremden; in der Fremde leben

fremdenfeindlich; fremdenfeindliches Verhalten

die **Fremdenlegion** (Verband freiwilliger Soldaten aus verschiedenen Nationen, die für Frankreich Dienst leisten)

die **Fremdenpolizei**

der **Fremdenverkehr**

fremdgehen (untreu sein); sie geht fremd; er ist fremdgegangen

der **Fremdkörper**

die **Fremdsprache**

das **Fremdwort;** die Fremdwörter

frenetisch (rasend, begeistert); frenetischer Beifall

die **Frequenz** (Schwingungszahl); die Frequenzen

die **Freske** *oder* das **Fresko** (Wandmalerei); der Freske *oder* des Freskos; die Fresken

die **Fressalien** (Esswaren) *Plural*
fressen; die Kuh frisst; sie frass; sie hat gefressen; friss endlich!
das **Fressen;** des Fressens
der **Fresser;** des Fressers; die Fresser
die **Fresserei**
die **Fresserin;** Fresserinnen
das **Frettchen** (halbzahmer Iltis); des Frettchens; die Frettchen
die **Freude;** in Freud und Leid zusammenhalten
freudestrahlend; freudestrahlende Augen; ABER: vor Freude strahlende Augen
freudig; ein freudiges Ereignis
freudlos, ein freudloses Wiedersehen
sich **freuen;** du freust dich; er freute sich; er hat sich gefreut
der **Freund;** des Freunds *oder* Freundes; die Freunde; jemandes Freund sein, bleiben, werden; mit jemandem gut Freund sein; das Freund-Feind-Schema
der **Freundeskreis;** des Freundeskreises; die Freundeskreise
die **Freundin;** die Freundinnen
freundlich; freundliche Grüsse; freundlich gesinnte Menschen
die **Freundschaft**
freundschaftlich
der **Frevel** (verwerfliche, schlechte Handlung); des Frevels; die Frevel
frevelhaft; frevelhafter; am frevelhaftesten
der **Frevler;** des Frevlers; die Frevler
die **Frevlerin;** die Frevlerinnen
Fribourg *vergleiche:* **Freiburg**
der **Friede;** des Friedens; die Frieden; in Fried und Freud zusammen sein
der **Frieden;** des Friedens; die Frieden
die **Friedenspfeife**
der **Friedensrichter** (Laienrichter für kleinere Streitigkeiten)
die **Friedensrichterin**
der **Friedensvertrag**
friedfertig (friedlich; umgänglich); ein friedfertiger Mensch
der **Friedhof;** des Friedhofs *oder* Friedhofes; die Friedhöfe
friedlich
frieren; du frierst; sie fror; sie hat gefroren (Kälte empfunden); das Wasser ist gefroren (vor Kälte erstarrt); ich friere an den Füssen; mich friert an den Füssen

der **Fries** (der Gesimsstreifen); des Frieses; die Friese
die **Friesin;** die Friesinnen
der *oder* das **Frisbee** (*Markenbezeichnung:* Wurfscheibe aus Plastik); des Frisbee; die Frisbees
frisch; frischer; am frischesten; etwas frisch halten; sich frisch machen *oder* frischmachen; die frisch gestrichene *oder* frischgestrichene Wand; sie waren frisch verliebt *oder* frischverliebt
der **Frischling** (das Junge vom Wildschwein); des Frischlings; die Frischlinge
sich **frischmachen** *vergleiche:* **frisch**
frischweg (munter; ohne Hemmungen)
der **Friseur;** des Friseurs; die Friseure
die **Friseurin** *oder* **Friseuse;** der Friseurin *oder* Friseuse; die Friseurinnen *oder* Friseusen
frisieren; du frisierst; er frisierte; er hat sie frisiert; sich frisieren; er hat sich frisiert
die **Frist;** die Fristen; in *oder* innert nützlicher Frist
fristgerecht; fristgerecht kündigen
fristlos; die fristlose Kündigung
die **Frisur;** die Frisuren
die **Fritteuse** (elektrisches Gerät zum Frittieren)
frittieren (in schwimmendem Fett braten); er hat den Fisch frittiert
frivol (leichtfertig; schlüpfrig); ein frivoler Witz
die **Frivolität;** die Frivolitäten
froh; ein frohes Ereignis; ABER: die Frohe Botschaft (das Evangelium)
fröhlich
frohlocken (jubeln; Schadenfreude empfinden); du frohlockst; er frohlockte; er hat zu früh frohlockt
der **Frohsinn;** des Frohsinns *oder* Frohsinnes
fromm; frommer *oder* frömmer; am frommsten *oder* frömmsten
die **Frömmigkeit**
die **Fron** (*früher:* Arbeit unter Zwang; der Herrendienst); die Fronen
die **Fronarbeit** (freiwillige, unbezahlte Arbeit); die Fronarbeiten
der **Frondienst** (freiwillige, unbezahlte und gemeinnützige Arbeit; Zwangsarbeit); des Frondiensts *oder* Frondienstes; die Frondienste

frönen (sich einer Leidenschaft hingeben); du frönst; er frönte; er hat seinem Hobby gefrönt

der **Fronleichnam** (ein katholisches Fest)

die **Front** (Vorderseite; *Militär:* vorderste Kampflinie); die Fronten; Front machen gegen etwas (sich einer Sache widersetzen)

frontal ([von] vorn); ein frontaler Zusammenstoss

der **Frontantrieb** (Vorderradantrieb); des Frontantriebs *oder* Frontantriebes; die Frontantriebe

die **Frontseite** (Vorderseite; Titelseite einer Zeitung oder Zeitschrift)

der **Frosch;** des Froschs *oder* Frosches; die Frösche

die **Froschfrau** (Taucherin)

der **Froschlaich**

der **Froschmann** (Taucher); die Froschmänner

der **Frost;** des Frosts *oder* Frostes; die Fröste

frösteln; ich fröstle; du fröstelst; er fröstelte; er hat gefröstelt; mich fröstelt

frostfrei; eine frostfreie Nacht

frostig; frostige (unfreundliche) Blicke

das *oder* der **Frottee** *oder* **Frotté** (ein Gewebe mit gekräuselter Oberfläche); des Frottee *oder* Frottees *und* des Frotté *oder* Frottés; die Frottees *oder* Frottés

das **Frotteehandtuch** *oder* **Frottéhandtuch**

frottieren (abreiben); ich frottiere; du frottierst; er frottierte; er hat seine schmerzenden Beine frottiert

das **Frottiertuch**

die **Frotzelei** (spöttische Bemerkung)

frotzeln; du frotzelst; sie frotzelte; sie hat mich nur gefrotzelt

die **Frucht;** die Früchte

fruchtbar

die **Fruchtbarkeit**

die **Fruchtblase** (Hülle des Embryos)

das **Fruchtfleisch**

der **Fruchtknoten** (Teil der Blüte)

fruchtlos (nutzlos); fruchtlose Versuche

der **Fruchtsaft;** des Fruchtsafts *oder* Fruchtsaftes; die Fruchtsäfte

das **Fruchtwasser** (Flüssigkeit in der Fruchtblase)

der **Fruchtzucker**

früh; früher; am frühsten *oder* frühesten; frühstens *oder* frühestens; von früh bis spät; von morgens früh bis abends spät; morgen früh; allzu früh; von früh auf

der **Frühaufsteher;** des Frühaufstehers; die Frühaufsteher

die **Frühaufsteherin;** die Frühaufsteherinnen

die **Frühe;** in der Frühe; in aller Frühe; bis in die Frühe

die **Frühgeburt**

das **Frühjahr;** die Frühjahre

der **Frühling;** die Frühlinge

frühmorgens; ABER: morgens früh

das **Frühstück;** die Frühstücke

frühstücken; ich frühstücke; du frühstückst; er frühstückte; er hat erst spät gefrühstückt

frühzeitig; frühzeitig aufstehen

der **Frust** (*kurz für:* Frustration); des Frusts *oder* Frustes

die **Frustration** (*Psychologie:* anhaltende Enttäuschung); die Frustrationen

frustrieren; er ist frustriert; das Erlebnis hat sie frustriert

der **Fuchs;** des Fuchses; die Füchse

der **Fuchsbau;** die Fuchsbaue

fuchsen (sehr ärgern); es fuchst dich; die Sache fuchste ihn; es hat ihn gefuchst; sich fuchsen (sich ärgern); er hat sich gefuchst

die **Fuchsie** (eine Zierpflanze); die Fuchsien

fuchsig (fuchsrot; *auch für:* wütend); fuchsig werden

der **Fuchsschwanz** (*auch:* eine Säge)

fuchsteufelswild

fuchteln (etwas in der Luft hin und her bewegen); du fuchtelst; er fuchtelte; er hat mit den Armen gefuchtelt; fuchtle *oder* fuchtele nicht mit den Händen!

das **Fuder** (Wagenladung, z. B. Heu); des Fuders; die Fuder

der **Füdlibürger** (Bünzli)

die **Füdlibürgerin**

der **Fug;** *nur noch in:* mit Fug und Recht (mit vollem Recht)

die **Fuge** (Zwischenraum); die Fugen

die **Fuge** (ein mehrstimmiges Musikstück); die Fugen

fügen; ich füge; du fügst; er fügte; er hat Stein auf Stein gefügt; sich fügen (sich unterordnen); er hat sich seinem Willen gefügt

fügsam (gehorsam); fügsame Kinder

die **Fügung** (schicksalhaftes Ereignis)
fühlen; ich fühle; du fühlst; er fühlte; er hat es gefühlt; er hat das Fieber kommen fühlen *oder* gefühlt; sich fühlen; er hat sich wohl gefühlt
der **Fühler;** des Fühlers; die Fühler
die **Fuhr** *oder* **Fuhre** (Ladung; Fahrt, bei der etwas transportiert wird); eine Fuhr *oder* Fuhre Holz
führen; ich führe; du führst; er führte; er hat ihn geführt; Buch führen
führend (bestimmend; massgebend); ein führender Politiker
der **Führerausweis**
die **Fuhrfrau**
die **Fuhrleute** (Fuhrfrauen und Fuhrmänner) *Plural*
der **Fuhrmann;** die Fuhrmänner
die **Führung**
die **Führungsriege** (Leitung; Präsidium)
das **Fuhrwerk;** die Fuhrwerke
die **Fülle**
füllen; ich fülle; du füllst; sie füllte; sie hat das Glas gefüllt
das **Füllen** (*gehoben für:* Fohlen); des Füllens; die Füllen
der **Füller** (Füllfederhalter); des Füllers; die Füller
die **Füllfeder** (Füllfederhalter)
der **Füllfederhalter**
füllig (rundlich; üppig); fülliges Haar
das **Füllsel** (etwas Kleines und Wertloses, das eine Lücke ausfüllt); des Füllsels; die Füllsel
der **Fulltimejob** (Ganztagsbeschäftigung)
die **Füllung**
der **Fummel** (schlechtes Kleid); des Fummels; die Fummel
die **Fummelei**
fummeln (sich mit den Händen zu schaffen machen); ich fummle; du fummelst; sie fummelte; sie hat an der Maschine gefummelt
der **Fun** (Spass; Freude); des Funs
der **Fund;** des Funds *oder* Fundes; die Funde
das **Fundament** (Grundlage; Unterbau); des Fundaments *oder* Fundamentes; die Fundamente
fundamental (grundlegend, entscheidend); eine fundamentale Frage
der **Fundamentalist** (jemand, der kompromisslos an seinen Grundsätzen festhält); des/dem/den Fundamentalisten; die Fundamentalisten
die **Fundamentalistin;** die Fundamentalistinnen
das **Fundbüro**
die **Fundgrube**
fundiert (gefestigt, gesichert; solide); eine solide Ausbildung
fündig; fündig werden
der **Fundus** (Grundlage; Bestand [an Ausstattungsmitteln]); des Fundus; die Fundus
fünf; die fünf Sinne beisammenhaben; wir sind heute zu fünfen *oder* zu fünft; fünf gerade sein lassen (etwas nicht so genau nehmen); *vergleiche auch:* acht
die **Fünf** (Zahl); die Fünfen; eine Fünf würfeln, eine Fünf schreiben; die Note Fünf bekommen; *vergleiche auch:* Acht
der **Fünfer;** des Fünfers; die Fünfer
fünffach; ein fünffacher Sieg
der **Fünfkampf;** des Fünfkampfs *oder* Fünfkampfes; die Fünfkämpfe
der **Fünfliber;** des Fünflibers; die Fünfliber
fünfmal *vergleiche:* achtmal
fünfstöckig; ein fünfstöckiges Wohnhaus
fünftägig; eine fünftägige Velotour
fünfte *vergleiche:* achte
fünfteilig; ein fünfteiliger Spielfilm
der *oder* das **Fünftel** *vergleiche:* Achtel
fünftens
fünfzehn *vergleiche:* acht
fünfzig *vergleiche:* achtzig
der **Fünfziger** (Fünfzigrappenstück); des Fünfzigers; die Fünfziger
die **Fünfzigernote**
fungieren (eine bestimmte Funktion ausüben); er hat als Zeuge fungiert
der **Funk** (Funkgerät; Rundfunk); des Funks; über Funk; Funk und Fernsehen
der **Funkamateur**
die **Funkamateurin**
der **Funke** *oder* **Funken;** des Funkens; die Funken; ein funkensprühender *oder* Funken sprühender Drache
funkeln; es funkelte; es hat gefunkelt
funkelnagelneu
funken; ich funke; du funkst; er funkte; er hat Messdaten gefunkt; funke SOS!
der **Funker;** des Funkers; die Funker
die **Funkerin;** die Funkerinnen
der **Funkspruch;** des Funkspruchs *oder* Funkspruches; die Funksprüche

die **Funktion** (Tätigkeit, Aufgabe; *Mathematik:* eindeutige Zuordnung); in, ausser Funktion (in, ausser Betrieb) sein; algebraische Funktionen

der **Funktionär** (Beauftragter einer Partei u. Ä.); des Funktionärs; die Funktionäre

die **Funktionärin;** die Funktionärinnen

funktionieren; es funktionierte; es hat nicht funktioniert

funktionsfähig; ein funktionsfähiges Handy

die **Funzel** (wenig Licht gebende Lampe); die Funzeln

für; ein für alle Mal; fürs Erste; für und wider; ABER: das Für und [das] Wider

die **Fürbitte** (*Religion:* Gebet, Bitte); die Fürbitten *Plural selten*

die **Furche**

die **Furcht;** Furcht verbreiten; Furcht erregen; Furcht erregend *oder* furchterregend; ein Furcht erregender *oder* furchterregender Anblick

furchtbar (sehr schlimm; sehr); furchtbarer Liebeskummer; er war furchtbar nett

fürchten; du fürchtest; er fürchtete; er hat ihn gefürchtet; sich fürchten; er hat sich gefürchtet

fürchterlich (sehr unangenehm; sehr schlimm; enorm gross); ein fürchterlicher Unfall; eine fürchterliche Hitze; fürchterlich viel zu tun haben

furchterregend *vergleiche:* **Furcht**

furchtlos; furchtloser; am furchtlosesten

furchtsam; furchtsame Rehe

füreinander; füreinander da sein

die **Furie** (Rachegöttin; wütende Frau); die Furien

das **Furnier** (Holzauflage); des Furniers; die Furniere

die **Fürsorge**

die **Fürsprache** (Unterstützung, Empfehlung)

der **Fürsprech** *oder* **Fürsprecher** (Anwalt); die Fürspreche *oder* Fürsprecher

die **Fürsprecherin**

der **Fürst;** des/dem/den Fürsten; die Fürsten

das **Fürstentum;** die Fürstentümer; das Fürstentum Liechtenstein

die **Fürstin;** die Fürstinnen

fürstlich; eine fürstliche (grosszügige) Belohnung

die **Furt** (Stelle eines Flusses, die man überqueren kann); die Furten

der *oder* das **Furunkel** (Geschwür); des Furunkels; die Furunkel

das **Fürwort** (Pronomen); die Fürwörter

der **Fusel** (*umgangssprachlich für:* schlechter Branntwein); des Fusels; die Fusel

der **Füsilier** (Infanteriesoldat); des Füsiliers; die Füsiliere

die **Füsilierin**

die **Fusion** (Zusammenschluss)

fusionieren (verschmelzen); die beiden Unternehmen haben fusioniert

der **Fuss;** des Fusses; die Füsse *oder* (als Längenmass:) Fuss; drei Fuss lang; zu Fuss gehen; jemandem zu Füssen fallen; Fuss fassen; das Regal ist [genau] einen Fuss breit; ABER: der Weg ist kaum fussbreit; der Schnee ist fusshoch, fusstief

der **Fussball;** des Fussballs; die Fussbälle; Fussball spielen

das **Fussballspiel**

der **Fussboden;** des Fussbodens; die Fussböden

fussbreit; eine fussbreite Rinne; ABER: die Rinne ist [genau] einen Fuss breit

der **Fussbreit** (Fläche von der Grösse eines Fusses); wir weichen keinen Fussbreit von unserem Plan ab!; *vergleiche:* Fuss

die **Fussel** (Staubpartikel); die Fusseln

fusselig (voller Fusseln; ausgefranst); sich den Mund fusselig reden (ununterbrochen auf jemanden einreden)

fusseln (Staubpartikel abgeben); der Teppich fusselt; er fusselte; er hat gefusselt

der **Fussgänger;** des Fussgängers; die Fussgänger

die **Fussgängerin;** die Fussgängerinnen

der **Fussgängerstreifen**

die **Fussgängerzone**

fusshoch; das Wasser steht fusshoch; ABER: das Wasser steht [genau] drei Fuss hoch

der **Fusspilz**

die **Fussstapfe** *oder* der **Fussstapfen;** die Fussstapfen

fusstief; ein fusstiefes Loch; ABER: der Teich ist nur zwei Fuss tief

der **Fusstritt;** des Fusstritts *oder* Fusstrittes; die Fusstritte

der **Fussweg**
das **Futter** (Nahrung); des Futters
das **Futter** (innere Stoffschicht); des Futters; die Futter
das **Futteral** (Schutzhülle, Überzug; Behälter); des Futterals; die Futterale
futtern (essen); ich futtere; du futterst; er futterte; er hat Schokolade gefuttert; futtere tüchtig!
füttern; ich füttere; du fütterst; er fütterte; er hat den Hund gefüttert
füttern (mit einem Futter ausstatten); du fütterst; er füttert; er fütterte; er hat die Stiefel mit Pelz gefüttert
der **Futtertrog;** des Futtertrogs *oder* Futtertroges; die Futtertröge
das **Futur** (die Zeitform der Zukunft beim Verb); des Futurs; Futur I und II

G

g = Gramm
G (Buchstabe); des G; die G; ABER: das g in Lage; das G-Dur, ABER: das g-Moll (Tonarten)
das **GA** = Generalabonnement
die **Gabe** (Begabung; Geschenk)
die **Gabel;** die Gabeln
sich **gabeln;** der Weg gabelte sich; der Weg hat sich gegabelt
der **Gabelstapler** (Fahrzeug zum Transportieren und Stapeln bes. von Paletten); des Gabelstaplers; die Gabelstapler
Gabun (Staat in Afrika)
der **Gabuner;** des Gabuners; die Gabuner
die **Gabunerin;** die Gabunerinnen
gabunisch
gackern; das Huhn gackerte; es hat gegackert
gaffen (neugierig anstarren); du gaffst; er gaffte; er hat gegafft
der **Gag** (Witz; witziger Einfall); des Gags; die Gags
gaga (nicht recht bei Verstand); der ist doch gaga!
die **Gage** (Bezahlung, Gehalt von Künstlern); die Gagen
gähnen; ich gähne; du gähnst; sie gähnte; sie hat dauernd gegähnt
galant (betont höflich); galanter; am galantesten
die **Galavorstellung** (Festvorstellung)
die **Galaxis** (Milchstrasse; Sternsystem); die Galaxien
die **Galeere** (ein mittelalterliches Ruderkriegsschiff); die Galeeren
die **Galerie** (umlaufender Gang [in Kirchen, Bibliotheken o. Ä.]; Empore; Halbtunnel an einem Berghang); die Galerien
der **Galgen;** des Galgens; die Galgen
die **Galle**
die **Gallenblase**
gallig (bitter wie Galle; verbittert)
der **Galopp** (schnellste Gangart von Pferden und anderen vierbeinigen Tieren); die Galopps *oder* Galoppe
galoppieren; das Pferd galoppiert; der Hengst ist, *seltener:* hat galoppiert
galvanisch; ein galvanisches Element
galvanisieren (durch ein chemisches Verfahren mit Metall überziehen); ich galvanisiere; du galvanisierst; er galvanisierte; er hat das Eisen galvanisiert
die **Gamasche** (über den Schuh gezogener Strumpf); die Gamaschen
Gambia (Staat in Afrika)
der **Gambier;** des Gambiers; die Gambier
die **Gambierin;** die Gambierinnen
gambisch
das **Game** (Spiel); des Games; die Games
der **Gameboy** (*Markenbezeichnung:* ein elektronisches Spielgerät); des Gameboy *oder* Gameboys; die Gameboys
die **Gamelle** (metallenes Ess- und Kochgeschirr); die Gamellen
gamen (spielen); du gamst; er gamt; er gamte; er hat gegamt
gammelig *oder* **gammlig** (verkommen; verdorben); gammeliges *oder* gammliges Fleisch
gammeln (durch langes Aufbewahren ungeniessbar werden; die Zeit mit Nichtstun verbringen); ich gammle; du gammelst; das Brot gammelte; sie hat drei Monate gegammelt
der **Gammler** (Person, die untätig in den Tag hineinlebt); des Gammlers; die Gammler
die **Gammlerin;** die Gammlerinnen
der *oder* die **Gams;** die Gamse *oder* die Gamsen
die **Gämse** (ein ziegenähnliches Säugetier)

der **Gang;** des Gangs *oder* Ganges; die Gänge; im Gang *oder* Gange sein; etwas in Gang bringen, halten; ABER: das Ingangbringen

die **Gang** (Bande, Verbrecherbande); die Gangs

die **Gangart**

gangbar; ein gangbarer Weg

das **Gängelband;** am Gängelband von jemandem sein (von jemandem bevormundet werden)

gängeln (dauernd bevormunden); du gängelst; er gängelte; er hat ihn gegängelt

gängig; eine gängige (übliche, gebräuchliche) Methode

der **Gangster** (Schwerverbrecher); des Gangsters; die Gangster

die **Gangsterin;** die Gangsterinnen

gang und gäbe (üblich)

die **Gangway** (Laufsteg oder Treppe zum Schiff oder Flugzeug); die Gangways

der **Ganove** (Gauner; Verbrecher); des/dem/den Ganoven; die Ganoven

die **Ganovin;** die Ganovinnen

die **Gans;** die Gänse

das **Gänseblümchen**

die **Gänsefüsschen** (Anführungsstriche) *Plural*

die **Gänsehaut**

der **Gänsemarsch;** im Gänsemarsch (in einer Einerkolonne) laufen

der **Gänserich;** des Gänserichs; die Gänseriche

die **Gant** (Versteigerung); die Ganten

ganz

Kleinschreibung:

- in ganz Europa
- ganze Zahlen
- die ganze Wahrheit
- ganz und gar
- etwas wieder ganz machen *oder* ganzmachen (reparieren)

Grossschreibung der Nominalisierung:

- im [Grossen und] Ganzen
- das Ganze
- aufs Ganze gehen; ums Ganze
- das grosse Ganze; ein grosses Ganzes
- als Ganzes

die **Gänze;** *nur in:* zur Gänze (ganz, vollständig)

ganzjährig; ganzjährig geöffnet

gänzlich (ganz; völlig); sie hat das Velo gänzlich in seine Einzelteile zerlegt

die **Ganztagsschule** *oder* **Ganztagesschule**

gar; es ist erst halb gar; etwas gar kochen *oder* garkochen; er hat das Fleisch gar gekocht *oder* gargekocht; gar gekochtes *oder* gargekochtes Fleisch

gar (ganz, sehr, sogar); ganz und gar; gar kein; gar nicht; gar nichts; gar sehr

die **Garage;** die Garagen

der **Garagist** (Inhaber einer Autohandlung oder -werkstatt); des/dem/den Garagisten; die Garagisten

die **Garagistin;** die Garagistinnen

die **Garantie** (Bürgschaft, Gewähr); die Garantien

garantieren (zusichern, bürgen); du garantierst; sie garantierte; sie hat für Qualität garantiert

der **Garaus;** *nur in:* jemandem den Garaus machen (jemanden umbringen)

die **Garbe** (Getreidebündel); die Garben

die **Garde** (Elitetruppe; Regiment für den persönlichen Schutz eines Monarchen); die Garden

die **Garderobe** (Kleidung; Ablage für Mäntel und Hüte; Umkleideraum für Künstler)

die **Gardine;** die Gardinen; hinter schwedischen Gardinen (im Gefängnis) sitzen

garen (gar kochen; gar werden); er hat das Fleisch gegart; er hat das Fleisch garen lassen

gären; etwas gärt; der Wein gärte *oder* gor; er hat gegärt *oder* gegoren; ABER NUR: die Wut gärte; im Volk hat es gegärt

die **Garette** *oder* **Garrette** (Schubkarre); die Garetten *oder* Garretten; *auch:* die Karette *oder* Karrette

das **Garn;** des Garns *oder* Garnes; die Garne

garnieren; du garnierst; er hat die Torte garniert

die **Garnison** (Standort für Truppen); die Garnisonen

die **Garnitur;** die Garnituren

der *oder* das **Garnknäuel;** des Garnknäuels; die Garnknäuel

garstig (ungezogen; hässlich und böse)

der **Garten;** des Gartens; die Gärten

das **Gartenbeet**

der **Gartenhag;** des Gartenhags; die Gartenhäge
der **Gärtner;** des Gärtners; die Gärtner
die **Gärtnerei**
die **Gärtnerin;** die Gärtnerinnen
die **Gärung**
das **Gas;** des Gases; die Gase; Gas geben
die **Gasmaske**
der **Gasometer** (Gasbehälter); die Gasometer
das **Gaspedal**
die **Gasse**
die **Gassenarbeit** (Sozialarbeit im Obdachlosen-, Drogen- und Prostituiertenmilieu)
der **Gast;** des Gasts *oder* Gastes; die Gäste; zu Gast sein
der **Gastarbeiter**
die **Gastarbeiterin**
das **Gäste-WC** (Toilette für Gäste)
das **Gästezimmer**
gastfreundlich
die **Gastfreundschaft**
das **Gastgewerbe;** des Gastgewerbes
das **Gasthaus;** des Gasthauses; die Gasthäuser
gastlich; ein gastliches Haus
das **Gastmahl;** die Gastmähler *oder* Gastmahle
die **Gastronomie** (Gaststättengewerbe)
das **Gastspiel;** des Gastspiels *oder* Gastspieles; die Gastspiele
die **Gaststätte**
der **Gastwirt;** des Gastwirts *oder* Gastwirtes; die Gastwirte
die **Gastwirtin;** die Gastwirtinnen
der **Gatte** (Ehemann); des Gatten; die Gatten
das **Gatter** (Lattenzaun; Gittertor); des Gatters; die Gatter
die **Gattin** (Ehefrau); die Gattinnen
die **Gattung;** die Gattungen
der **GAU** (= grösster anzunehmender Unfall [in Kernkraftwerken]); des GAUs; die GAUs
der **Gaucho** (südamerikanischer Viehhirt); des Gauchos; die Gauchos
die *oder* das **Gaudi** (Freude, Spass); der Gaudi *oder* des Gaudis
gaukeln; der Schmetterling gaukelte; der Schmetterling ist durch die Luft gegaukelt
der **Gaukler;** des Gauklers; die Gaukler
die **Gauklerin;** die Gauklerinnen
der **Gaul;** des Gauls *oder* Gaules; die Gäule
der **Gaumen;** des Gaumens; die Gaumen
der **Gauner;** des Gauners; die Gauner
die **Gaunerei**
die **Gaunerin;** die Gaunerinnen
der **GAV** = Gesamtarbeitsvertrag
der **Gay** (*Selbstbezeichnung für:* homosexueller Mann); des Gay *oder* Gays; die Gays; *vergleiche auch:* Schwule
die **Gaze** (durchsichtiges Gewebe); die Gazen
die **Gazelle** (eine Antilopenart)
GE = Autokennzeichen und allgemeine Abkürzung für den Kanton Genf
geb. = geboren
das **Gebäck;** des Gebäcks *oder* Gebäckes; die Gebäcke
das **Gebälk;** des Gebälks *oder* Gebälkes
die **Gebärde**
sich **gebärden** (auffällig verhalten); du gebärdest dich; er gebärdet sich; er gebärdete sich; er hat sich wie ein Kleinkind gebärdet
gebärden (die Gebärdensprache verwenden)
die **Gebärdensprache** (aus Gebärden bestehende Sprache gehörloser Menschen)
gebären; sie gebiert; sie gebar; sie hat ein Kind geboren
das **Gebaren** (das Benehmen); des Gebarens; ein seltsames Gebaren
die **Gebärmutter** (Hohlorgan des weiblichen Körpers, in dem sich das befruchtete Ei fortentwickelt)
das **Gebäude;** des Gebäudes; die Gebäude
das **Gebein** (Glieder, Körper des lebenden Menschen; *im Plural:* Knochen, Skelett eines Toten); des Gebeins *oder* Gebeines; die Gebeine
geben; du gibst; sie gibt; sie gab; sie hat ihm einen Brief gegeben; gib es ihm!
das **Gebet;** des Gebets *oder* Gebetes; die Gebete
der **Gebetsteppich**
das **Gebiet;** des Gebiets *oder* Gebietes; die Gebiete
gebieten; du gebietest; sie gebietet; sie gebot; sie hat Ruhe geboten
der **Gebieter** (Herrscher; Herr); des Gebieters; die Gebieter
die **Gebieterin;** die Gebieterinnen
gebieterisch (herrisch, befehlend); in gebieterischem Ton

das **Gebilde**
gebildet; ein gebildeter Mensch
das **Gebinde** (Harass, Kiste; gebundener Blumenstrauss)
das **Gebirge;** des Gebirges; die Gebirge
gebirgig; eine gebirgige Gegend
der **Gebirgskamm** (Krete, miteinander verbundene Gipfel eines Gebirges)
das **Gebiss;** des Gebisses; die Gebisse
das **Gebläse;** des Gebläses; die Gebläse
geblümt; ein geblümtes Kleid
geboren (*Abkürzung:* geb.); sie ist eine geborene Maier; Thomas Müller, geborener Schmid
geborgen (gut aufgehoben); sich geborgen fühlen
die **Geborgenheit**
das **Gebot;** des Gebots *oder* Gebotes; die Gebote; zu Gebot *oder* Gebote (zur Verfügung) stehen; die Zehn Gebote
Gebr. = Gebrüder
das **Gebräu** (Zusammengebrautes)
der **Gebrauch;** des Gebrauchs *oder* Gebrauches; die Gebräuche
gebrauchen; du gebrauchst; sie gebrauchte; sie hat das Werkzeug gebraucht
gebräuchlich; gebräuchliche Wörter
gebraucht; ein gebrauchtes Auto; das habe ich gebraucht gekauft
der **Gebrauchtwagen;** des Gebrauchtwagens; die Gebrauchtwagen
das **Gebrechen** (körperlicher, gesundheitlicher Schaden); des Gebrechens; die Gebrechen
gebrechlich (altersschwach, schwächlich); meine gebrechliche Oma
das **Gebresten** (Gebrechen, gesundheitlicher Schaden); die Gebresten *meist Plural*
die **Gebrüder** *Plural*
das **Gebrüll;** des Gebrülls *oder* Gebrülles
die **Gebühr;** nach Gebühr (angemessen); über Gebühr (mehr als nötig, übertrieben)
gebühren (zukommen, zustehen); ihr gebührt Dank; ihr gebührte der Lohn; es hat ihr Dank gebührt; sich gebühren (sich gehören); es gebührt sich nicht, so etwas zu tun
gebührend (angemessen); er hält gebührenden Abstand
gebührenpflichtig; gebührenpflichtiges Parken

die **Geburt;** die Geburten
gebürtig; die gebürtige Walliserin
der **Geburtstag;** des Geburtstags *oder* Geburtstages; die Geburtstage
das **Geburtstagskind**
die **Geburtstagsparty**
das **Gebüsch;** des Gebüschs *oder* Gebüsches; die Gebüsche
der **Geck** (ein eitler Mensch); des/dem/den Gecken; die Gecken
geckenhaft
der **Gecko** (eine tropische Eidechse); des Geckos; die Geckos *oder* Geckonen
das **Gedächtnis;** des Gedächtnisses; die Gedächtnisse
der **Gedanke;** des Gedankens; die Gedanken
gedankenlos
die **Gedankenlosigkeit**
der **Gedankenstrich**
gedankenvoll (nachdenklich)
gedanklich; sie war gedanklich (in ihren Gedanken) schon im Flugzeug
das **Gedärm** (Eingeweide); des Gedärms *oder* Gedärmes; die Gedärme
das **Gedeck;** die Gedecke
gedeihen; etwas gedeiht; etwas gedieh; etwas ist gut gediehen
gedenken (an jemanden oder etwas zurückdenken; beabsichtigen); du gedenkst der Opfer; sie gedenkt, etwas zu tun; sie gedachte der Opfer; sie hat unser gedacht
der **Gedenktag**
das **Gedicht;** des Gedichts *oder* Gedichtes; die Gedichte
gediegen; gediegenes (reines) Gold; ein gediegener (zuverlässiger) Charakter; gediegene (solide) Kenntnisse haben
das **Gedränge;** des Gedränges
gedrückt (bedrückt, niedergeschlagen); es herrschte gedrückte Stimmung
gedrungen (mittelgross oder klein und stämmig); eine gedrungene Gestalt
die **Geduld**
sich **gedulden;** du geduldest dich; er geduldete sich; er hat sich lange geduldet
geduldig; geduldiges Zuhören
geeignet; der geeignete Raum
die **Gefahr;** die Gefahren; Gefahr laufen; jemanden in Gefahr bringen
gefährden; du gefährdest; er gefährdete; er hat ihn gefährdet
gefährlich; ein gefährlicher Aufstieg

das **Gefährt** (der Wagen); des Gefährts *oder* Gefährtes; die Gefährte
der **Gefährte** (der Begleiter); des/dem/den Gefährten; die Gefährten
die **Gefährtin;** die Gefährtinnen
gefahrvoll; eine gefahrvolle Situation
das **Gefälle;** des Gefälles; ein Gefälle zwischen Arm und Reich
gefallen; etwas gefällt; etwas gefiel; etwas hat gefallen; es hat ihr gut gefallen; sich etwas gefallen lassen
gefallen; die gefallenen Soldaten
der **Gefallen;** des Gefallens; die Gefallen *Plural selten;* er hat ihr den Gefallen getan
das **Gefallen;** *nur in:* grosses, wenig, kein Gefallen (Freude) daran finden
gefällig (so, dass es jemandem gefällt); ein gefälliges Benehmen
die **Gefälligkeit;** die Gefälligkeiten; eine kleine Gefälligkeit (ein kleiner Gefallen)
gefälligst; lass das gefälligst!
gefangen; der gefangene Dieb; gefangen nehmen; er nahm ihn gefangen; er hat ihn gefangen genommen; gefangen halten; um sie gefangen zu halten
der **Gefangene;** ein Gefangener; die Gefangenen; mehrere Gefangene
die **Gefangene;** eine Gefangene; die Gefangenen
das **Gefängnis;** des Gefängnisses; die Gefängnisse
das **Gefäss;** des Gefässes; die Gefässe
das **Gefecht** (kürzerer militärischer Kampf); des Gefechts *oder* Gefechtes; die Gefechte; jemanden ausser Gefecht setzen (kampf- oder handlungsunfähig machen)
gefeit (sicher, geschützt); gegen Vorwürfe gefeit sein
das **Gefieder;** des Gefieders
das **Gefilde** (Landschaft); des Gefildes; die Gefilde
gefitzt (schlau; raffiniert)
das **Geflecht;** des Geflechts *oder* Geflechtes
gefleckt; die Kuh ist braun gefleckt
geflissentlich (absichtlich); jemanden oder etwas geflissentlich übersehen, überhören
das **Geflügel;** des Geflügels
geflügelt; geflügelte Worte (häufig gebrauchte Zitate)
das **Gefolge;** des Gefolges
die **Gefolgschaft**
die **Gefolgsleute** *Plural*
gefrässig; ein gefrässiger Kerl
die **Gefrässigkeit**
der **Gefreite** (militärischer Dienstgrad); ein Gefreiter; die Gefreiten; zwei Gefreite
die **Gefreite;** eine Gefreite; die Gefreiten; *auch:* die Gefreitin; die Gefreitinnen
gefreut (erfreulich, angenehm, erwünscht); eine gefreute Sache
gefrieren; das Wasser gefriert; es gefror; es ist gefroren
die **Gefriertruhe**
gefrustet (sehr enttäuscht)
das **Gefüge;** des Gefüges; die Gefüge
gefügig (sich gehorsam fügend); jemanden gefügig machen
das **Gefühl;** des Gefühls; die Gefühle
gefühllos; gefühlloser; am gefühllosesten
die **Gefühlssache;** das ist Gefühlssache
gegeben; aus gegebenem Anlass; sich in das Gegebene fügen
gegelt (mit Gel behandelt); gegelte Haare
gegen; er rannte gegen das Tor; gegen (ungefähr) zwanzig Leute standen da; gegen aussen (nach aussen); gegen aussen hin (nach aussen hin)
der **Gegenbericht;** des Gegenberichts *oder* Gegenberichtes; die Gegenberichte; ohne Gegenbericht (ohne anderslautende Rückmeldung) gehen wir davon aus, dass ...
die **Gegend;** die Gegenden
gegeneinander; gegeneinander sein; gegeneinander kämpfen, antreten; vier Mannschaften sind gegeneinander angetreten, haben gegeneinander gekämpft; gegeneinander drücken *oder* gegeneinanderdrücken; gegeneinander prallen *oder* gegeneinanderprallen; gegeneinander stossen *oder* gegeneinanderstossen
gegenlenken (beim Autofahren); sie hat in der Kurve gegengelenkt

gegenlesen (zur Kontrolle lesen); sie hat ihm seinen Text gegengelesen

das **Gegenmehr** (Gegenstimmen in offener Abstimmung); ohne Gegenmehr

der **Gegensatz;** die Gegensätze

gegensätzlich; gegensätzliche Welten

gegenseitig; gegenseitige Achtung

der **Gegenstand;** des Gegenstands *oder* Gegenstandes; die Gegenstände

das **Gegenteil;** im Gegenteil; ins Gegenteil umschlagen

gegenteilig; er war gegenteiliger Auffassung

gegenüber; die Schule steht gegenüber dem Rathaus, *auch:* dem Rathaus gegenüber

gegenüberliegen; die feindlichen Truppen haben sich gegenübergelegen; ABER: gegenüber liegen; die beiden Äpfel, die gegenüber (dort) liegen

gegenüberstehen; sie haben sich feindlich gegenübergestanden; ABER: gegenüber stehen; die beiden Häuser, die gegenüber (dort) stehen

gegenüberstellen; sie wurden einander gegenübergestellt

gegenübertreten; er wusste nicht, wie er ihm nach diesem Vorfall gegenübertreten sollte

der **Gegenverkehr;** des Gegenverkehrs

die **Gegenwart**

gegenwärtig; der gegenwärtige Zustand

der **Gegner;** des Gegners; die Gegner

die **Gegnerin;** die Gegnerinnen

gegnerisch; das gegnerische Team

gegr. = gegründet

das **Gehackte;** des/dem Gehackten; ein halbes Pfund Gehacktes

der **Gehalt** (Inhalt, Wert); des Gehalts *oder* Gehaltes; die Gehalte

das **Gehalt** (Lohn); des Gehalts *oder* Gehaltes; die Gehälter

gehaltvoll (inhaltsreich); gehaltvolle Bücher

gehässig; eine gehässige Bemerkung

das **Gehäuse;** des Gehäuses

gehbehindert

der **Gehbehinderte;** ein Gehbehinderter; die Gehbehinderten; viele Gehbehinderte

die **Gehbehinderte;** eine Gehbehinderte; die Gehbehinderten

das **Gehege;** des Geheges; die Gehege

geheim; das muss geheim bleiben!; etwas geheim erledigen; er will es geheim halten; sie hat die Angelegenheit geheim gehalten; im Geheimen; ABER: insgeheim

der **Geheimdienst**

das **Geheimnis;** des Geheimnisses; die Geheimnisse

geheimnisvoll; ein geheimnisvoller Raum

der **Geheimtipp;** des Geheimtipps; die Geheimtipps

das **Geheiss** (mündliche Anordnung); des Geheisses; auf Geheiss des Lehrers; auf sein Geheiss etwas tun

gehemmt (unsicher; schüchtern)

gehen; du gehst; sie geht; sie ging; sie ist nach Hause gegangen; etwas ist vor sich gegangen; baden gehen; schlafen gehen; jemanden [nach Hause] gehen lassen; gehen lassen (in Ruhe lassen); einen Teig 20 Minuten gehen lassen; sich gehen lassen (sich keine Selbstdisziplin auferlegen); er hat sich gestern auf dem Fest gehen lassen, *seltener:* gehen gelassen

geheuer (*in Verbindung mit «nicht»:* unheimlich; unwohl; verdächtig); die Ruine kommt mir nicht [ganz] geheuer vor; bei dieser Sache ist mir nicht geheuer

der **Gehilfe;** des Gehilfen; die Gehilfen

die **Gehilfin;** die Gehilfinnen

das **Gehirn;** des Gehirns *oder* Gehirnes; die Gehirne

die **Gehirnerschütterung**

die **Gehirnwäsche** (Versuch der gewaltsamen Manipulation eines Menschen)

das **Gehöft;** des Gehöfts *oder* Gehöftes; die Gehöfte

das **Gehölz;** des Gehölzes; die Gehölze

das **Gehör;** des Gehörs *oder* Gehöres; Gehör finden; sie schenkte ihm Gehör

gehorchen; du gehorchst; er gehorchte ihr; er hat ihr gehorcht; der Not gehorchend

gehören; etwas gehörte ihr; etwas hat ihr gehört; die mir gehörenden Häuser; du gehörst zu dieser Familie

gehörig; er hat gehörigen (angemessenen) Respekt vor mir
gehörlos
der **Gehörlose;** ein Gehörloser; die Gehörlosen; viele Gehörlose
die **Gehörlose;** eine Gehörlose; die Gehörlosen
gehorsam
der **Gehorsam;** des Gehorsams
der **Gehsteig** (Trottoir); des Gehsteigs *oder* Gehsteiges; die Gehsteige
der **Geier;** des Geiers; die Geier
der **Geifer** (ausfliessender Speichel); des Geifers
geifern (gehässige Worte ausstossen); ich geifere nie; er geiferte; er hat gegeifert
die **Geige;** die erste Geige spielen (im Orchester; *auch für:* eine führende Rolle spielen)
der **Geiger;** des Geigers; die Geiger
die **Geigerin;** die Geigerinnen
der **Geigerzähler** (Gerät zum Nachweis radioaktiver Strahlen)
geil (sexuell erregt, gierig; *auch für:* grossartig, toll); eine geile Idee
die **Geisel** (gefangen gehaltene Person als Druckmittel); die Geiseln; jemanden als Geisel nehmen
die **Geiselnahme**
der **Geiser** *oder* **Geysir** (heisse Quelle, die in bestimmten Zeitabständen Wasserfontänen ausstösst); des Geisers *oder* Geysirs; die Geiser *oder* Geysire
die **Geiss** (Ziege); die Geissen
der **Geissbock;** des Geissbocks; die Geissböcke
die **Geissel** (Peitsche); die Geisseln
geisseln; du geisselst ihn; er hat ihn gegeisselt
der **Geist;** des Geists *oder* Geistes; die Geister
der **Geisterfahrer** (Person, die auf der falschen Seite der Autobahn fährt)
die **Geisterfahrerin**
geistesgegenwärtig; er rettete den Mann geistesgegenwärtig aus dem brennenden Auto
geistesgestört
geisteskrank
geistig; geistiges Eigentum; geistig behindert sein; geistige (alkoholische) Getränke

> Nicht verwechseln: Das Adjektiv *geistig* bedeutet «den Geist, das Denken betreffend» *(geistige Arbeit, geistige Fähigkeiten);* dagegen bedeutet *geistlich* «die Kirche, die Religion betreffend» *(geistliche Musik, geistliche Schriften).*

geistlich; geistlicher Beistand
der **Geistliche;** ein Geistlicher; die Geistlichen; mehrere Geistliche
die **Geistliche;** eine Geistliche; die Geistlichen
der **Geiz;** des Geizes
geizen; du geizt; er geizte; er hat mit jedem Rappen gegeizt
der **Geizhals;** des Geizhalses; die Geizhälse
geizig; ein geiziger Mensch
der **Geizkragen;** des Geizkragens; die Geizkragen *oder* Geizkrägen
das **Geknorz** *oder* **Geknorze** (mühseliger Vorgang); des Geknorzes
das **Gel** (eingedickte, halbsteife Substanz); des Gels; die Gele
das **Gelächter;** des Gelächters
das **Gelage** (gemeinsames [über]reichliches Essen und Trinken); des Gelages; ein wüstes Gelage
gelähmt
das **Gelände;** des Geländes
das **Geländer;** des Geländers; die Geländer
gelangen; er ist ans Ziel gelangt; an jemanden gelangen (sich an jemanden wenden)
gelassen (ruhig; beherrscht); sie steht der Gefahr gelassen gegenüber
die **Gelatine** (leimartige Substanz, die z. B. zum Eindicken und Binden von Speisen verwendet wird)
geläufig (bekannt, vertraut; fliessend); geläufige Redensarten
das **Geläut** (die Glocken); des Geläuts *oder* Geläutes; die Geläute
das **Geläute** (dauerndes Läuten); des Geläutes
gelb; das gelbe Fieber; der gelbe Sack; sie zeigte ihm die gelbe, *fachsprachlich auch:* Gelbe Karte; *vergleiche auch:* blau
das **Gelb** (die gelbe Farbe); des Gelbs; bei Gelb

ist die Kreuzung zu räumen; die Ampel zeigt, steht auf Gelb; *vergleiche auch:* Blau
gelbbraun *vergleiche:* blau
gelblich; gelblich grün
die **Gelbsucht**
das **Geld;** des Gelds *oder* Geldes; die Gelder
der **Geldbeutel**
geldgierig
das, *auch:* der **Gelee;** des Gelees; die Gelees
gelegen; das kommt mir gelegen (passt mir gut)
die **Gelegenheit**
gelegentlich; wir sehen uns gelegentlich; gelegentliche Niederschläge
gelehrig; eine gelehrige Schülerin
gelehrt; gelehrter; am gelehrtesten; ein gelehrter Mann; sie ist sehr gelehrt
der **Gelehrte;** ein Gelehrter; die Gelehrten; viele Gelehrte; in Anwesenheit bedeutender Gelehrter (*auch noch:* Gelehrten); mit ihm als bedeutendem Gelehrten
die **Gelehrte;** eine Gelehrte; die Gelehrten
das **Geleise;** die Geleise; *auch:* das Gleis
das **Geleit** (Begleitung zum Schutz); des Geleits *oder* Geleites; die Geleite
geleiten; du geleitest; sie geleitete; sie hat ihn zur Tür geleitet
gelen (mit Gel behandeln); ich gele; du gelst; sie gelte: sie hat ihre Haare gegelt
das **Gelenk;** des Gelenks *oder* Gelenkes; die Gelenke
gelenkig; er ist sehr gelenkig
der **Geliebte;** ihr Geliebter; die Geliebten; zwei Geliebte
die **Geliebte;** eine Geliebte; die Geliebten
gelind *oder* **gelinde;** gelinde (vorsichtig) gesagt
gelingen; etwas gelingt; etwas gelang; das ist ihr sehr gut gelungen
gellen (hell schallen); etwas gellt; etwas gellte; der Pfiff hat laut gegellt
geloben; du gelobst; sie gelobte; sie hat mir Treue gelobt; sich geloben; sie hat sich gelobt (ernsthaft vorgenommen), etwas zu tun; ABER: das Gelobte Land (biblisch)
das **Gelöbnis;** des Gelöbnisses; die Gelöbnisse
gelten; du giltst; sie gilt; sie galt; sie hat als klug gegolten; das Billett gilt noch; er hat deine Antwort gelten lassen; er hat Ansprüche geltend gemacht
die **Geltung;** sich Geltung verschaffen
das **Geltungsbedürfnis**
das **Gelübde;** des Gelübdes; die Gelübde
gelungen; eine gelungene Aufführung; das Fest ist besonders gut gelungen
das **Gemach** (*veraltet für:* Wohnraum, Zimmer); des Gemachs *oder* Gemaches; die Gemächer *oder* Gemache
gemächlich (langsam); ein gemächliches Tempo
der **Gemahl** (Ehemann); des Gemahls; die Gemahle
die **Gemahlin** (Ehefrau); die Gemahlinnen
das **Gemälde;** des Gemäldes; die Gemälde
gemäss; dem Befehl gemäss *oder* gemäss dem Befehl
gemässigt; die gemässigte Klimazone
das **Gemäuer**
gemein; ein gemeiner Mensch; du bist gemein!; ABER: die Gemeine Stubenfliege
die **Gemeinde;** die Gemeinden
der **Gemeindeammann;** die Gemeindeammänner; *weibliche Form:* Frau Gemeindeammann
der **Gemeindepräsident**
die **Gemeindepräsidentin**
der **Gemeinderat**
die **Gemeinderätin**
der **Gemeindeschreiber** (Sekretär des Gemeinderats; Leiter der Gemeindekanzlei); des Gemeindeschreibers; die Gemeindeschreiber
die **Gemeindeschreiberin;** die Gemeindeschreiberinnen
die **Gemeinheit**
gemeinnützig; gemeinnützige Vereine
der **Gemeinplatz** (abgegriffene, nichtssagende Redensart); des Gemeinplatzes; die Gemeinplätze
gemeinsam; gemeinsames Vorgehen
die **Gemeinsamkeit**
die **Gemeinschaft**
gemeinschaftlich (mehreren gehörend; gemeinsam)
das **Gemeinwohl**
das **Gemenge** (Gemisch); des Gemenges; die Gemenge
gemessen (ruhig und würdevoll); mit gemessenen Schritten
das **Gemetzel** (grausames Morden; Blutbad); des Gemetzels; die Gemetzel

das **Gemisch;** des Gemischs *oder* Gemisches; die Gemische
das **Gemüse;** des Gemüses; die Gemüse; Mohrrüben sind ein nahrhaftes Gemüse; Mohrrüben und Bohnen sind nahrhafte Gemüse; junges Gemüse (*auch für:* junge Leute)
das **Gemüsebeet;** des Gemüsebeets *oder* Gemüsebeetes; die Gemüsebeete
das **Gemüt;** des Gemüts *oder* Gemütes; die Gemüter; sich etwas zu Gemüte führen
gemütlich; eine gemütliche Stube; es war gemütlich warm
die **Gemütlichkeit**
das **Gen** (Träger einer Erbanlage); des Gens; die Gene
genau; genauer; am genauesten *oder* genausten; etwas [ganz] genau nehmen; auf das, aufs Genaueste *oder* Genauste; genauestens *oder* genaustens; wir wissen noch nichts Genaues; die Karten werden genau so verteilt, dass jeder Spieler ...; *vergleiche aber:* genauso
genauso (ebenso); genauso viel Freunde; genauso gut; du kannst genauso gut die Bahn nehmen; genauso lang *oder* lange; das dauert genauso lang *oder* lange; *vergleiche aber:* genau
der **Gendarm** (Polizist); des/dem/den Gendarmen; die Gendarmen
die **Gendarmerie**
die **Gendarmin;** die Gendarminnen
genehmigen; du genehmigst; sie genehmigte; sie hat den Antrag genehmigt
die **Genehmigung**
genehmigungspflichtig; eine genehmigungspflichtige Aktion
der **General;** die Generale *oder* Generäle
das **Generalabonnement** (*Abkürzung:* GA)
der **Generaldirektor**
die **Generaldirektorin**
die **Generalin;** die Generalinnen
die **Generalprobe** (letzte Probe vor der ersten Aufführung)
die **Generalversammlung** (*Abkürzung:* GV)
die **Generation** (ein Glied in der Geschlechterfolge; alle Altersgenossen); die Generationen
der **Generator** (Stromerzeuger); des Generators; die Generatoren
generell (allgemein [gültig]); eine generelle Lösung
das **Generikum** (nachgeahmtes Markenarzneimittel); des Generikums; die Generika
die **Genese** (Entstehung; Entwicklung)
genesen (gesund werden); du genest; sie genest; sie genas; sie ist genesen
die **Genesis** (Entstehung; Schöpfungsgeschichte)
die **Genesung** (das Gesundwerden)
die **Genetik** (Vererbungslehre)
genetisch (erblich bedingt)
Genf (Kanton; dessen Hauptstadt; *französisch:* Genève)
der **Genfer;** des Genfers; die Genfer
die **Genferin;** die Genferinnen
genferisch
der **Genfersee**
genial (schöpferisch, sehr begabt); eine geniale Idee
die **Genialität**
das **Genick;** des Genicks *oder* Genickes; die Genicke
das **Genie** (äusserst begabter Mensch); des Genies; die Genies
sich **genieren** (sich schämen); du genierst dich; er genierte sich; er hat sich geniert
geniessbar; geniessbare Zutaten
geniessen; du geniesst; sie geniesst; sie genoss; sie hat den Tag genossen
der **Geniesser;** des Geniessers; die Geniesser
die **Geniesserin;** die Geniesserinnen
geniesserisch; ein geniesserischer Blick
die **Genitalien** (Geschlechtsorgane) *Plural*
der **Genitiv** (Wesfall; 2. Fall); des Genitivs; die Genitive
der **Genmais** (gentechnisch veränderter Mais); des Genmaises
der **Genosse;** des/dem/den Genossen; die Genossen
die **Genossenschaft**
der **Genossenschafter** *oder* **Genossenschaftler;** des Genossenschafters *oder* Genossenschaftlers; die Genossenschafter *oder* Genossenschaftler
die **Genossenschafterin** *oder* **Genossenschaftlerin;** die Genossenschafterinnen *oder* Genossenschaftlerinnen
genossenschaftlich
die **Genossin;** die Genossinnen
der *oder* das **Genozid** (Völkermord); des Genozids *oder* Genozides; die Genozide *oder* die Genozidien

die **Gentechnik** (Technik der Erforschung und Beeinflussung der Gene)
gentechnisch; gentechnische Veränderungen
die **Gentechnologie** (Teilgebiet der Biologie)
der **Gentleman** (vornehmer, gebildeter Mann [mit tadellosen Umgangsformen]); des Gentlemans; die Gentlemen

> Der Plural von *Gentleman* wird wie im Englischen mit *e* gebildet. Es heisst also «ein Gentleman», aber «viele Gentlemen». Das Gleiche gilt für die weibliche Form: «eine Gentlewoman», aber «viele Gentlewomen».

die **Gentlewoman;** die Gentlewomen
genug; genug und übergenug; nicht genug bekommen; genug Gutes; Gutes genug; genug des Guten
genügen; du genügst; sie genügt; sie genügte; sie hat den Anforderungen genügt; dies genügt für unsere Zwecke
genügend; er hat die Note «genügend» erhalten; sie hat die Prüfung mit «genügend» bestanden
genügsam (anspruchslos); ein genügsamer Mensch
die **Genugtuung**
Genus (grammatisches Geschlecht); des Genus; die Genera
der **Genuss;** des Genusses; die Genüsse
das **Genussmittel**
das **Geodreieck** (*Markenbezeichnung:* transparentes Dreieck zum Ausmessen und Zeichnen von Winkeln o. Ä.)
die **Geografie** (Erdkunde)
geografisch
der **Geologe;** des/dem/den Geologen; die Geologen
die **Geologie** (Lehre von der Entstehung und vom Bau der Erde)
die **Geologin;** die Geologinnen
geologisch; eine geologische Karte
die **Geometrie** (Flächen- und Raumlehre); die Geometrien
geometrisch; geometrische Figuren
Georgien (Staat in Transkaukasien)
der **Georgier**
die **Georgierin;** die Georgierinnen
georgisch
das **Gepäck;** des Gepäcks *oder* Gepäckes
der **Gepäckrolli** (kleiner Gepäckwagen); des Gepäckrollis; die Gepäckrolli *oder* Gepäckrollis
der **Gepäckträger;** des Gepäckträgers; die Gepäckträger
der **Gepard** (katzenartiges Raubtier); des Gepards; die Geparde
die **Gepflogenheit** (die Gewohnheit)
das **Geplänkel** (kleines militärisches Gefecht; harmloses Wortgefecht); des Geplänkels; die Geplänkel

gerade

- eine gerade Zahl
- fünf gerade sein lassen
- gerade darum

Schreibung in Verbindung mit Verben:

- gerade sitzen; wenn du keine Rückenschmerzen bekommen möchtest, solltest du immer gerade sitzen; da wollte ich doch gerade (eben) sitzen!
- gerade stehen (aufrecht stehen); ABER: für etwas gerade stehen *oder* geradestehen (die Folgen auf sich nehmen)
- den Stab gerade biegen *oder* geradebiegen

die **Gerade** (gerade Linie); vier Gerade *oder* vier Geraden
geradeaus; geradeaus gehen; er geht geradeaus (in gleicher Richtung); ABER: er geht gerade (soeben) aus (in ein Lokal o. Ä.)
geradeheraus; etwas geradeheraus (offen, direkt) sagen; ABER: er kam gerade (soeben) heraus (aus dem Haus)
geradeso *vergleiche:* ebenso
geradestehen *oder* **gerade stehen** (die Folgen auf sich nehmen); du musst für deine Vergesslichkeit geradestehen *oder* gerade stehen
geradezu; das ist geradezu absurd!
geradlinig *oder* **gradlinig**
die **Geradlinigkeit** *oder* **Gradlinigkeit**
das **Gerangel;** des Gerangels
die **Geranie;** die Geranien
das **Gerät;** des Geräts *oder* Gerätes; die Geräte
geraten; du gerätst; sie gerät; sie geriet; sie ist in Not geraten; der Kuchen gerät

(gelingt) mir; ich gerate ausser mich (*oder* ausser mir) vor Freude

das **Geräteturnen** *oder* **Gerätturnen**

das **Geratewohl;** *nur in:* aufs Geratewohl (auf gut Glück)

geräumig; eine geräumige Küche

das **Geräusch;** des Geräuschs *oder* Geräusches; die Geräusche

geräuscharm

die **Geräuschkulisse**

geräuschlos (lautlos; unbemerkt); geräuschlos verschwinden

geräuschvoll (mit viel Geräusch verbunden; laut); er schnäuzte sich geräuschvoll die Nase

gerben; du gerbst; sie hat die Haut gegerbt; gerbe ihm das Fell! (verprügle ihn!)

der **Gerber;** des Gerbers; die Gerber

die **Gerberei**

die **Gerberin;** die Gerberinnen

der **Gerbstoff;** des Gerbstoffs *oder* Gerbstoffes; die Gerbstoffe

gerecht; gerechter; am gerechtesten; Erwartungen gerecht werden (erfüllen)

die **Gerechtigkeit**

der **Gerechtigkeitssinn**

das **Gerede;** des Geredes

geregelt (regelmässig); einer geregelten Arbeit nachgehen

gereizt; eine gereizte Stimmung; gereizt antworten

das **Gericht;** des Gerichts *oder* Gerichtes; die Gerichte

gerichtlich

der **Gerichtsschreiber**

die **Gerichtsschreiberin**

das **Gerichtsverfahren**

der **Gerichtsvollzieher** (Betreibungsbeamter); des Gerichtsvollziehers; die Gerichtsvollzieher

die **Gerichtsvollzieherin;** die Gerichtsvollzieherinnen

gering; ein geringer Betrag; das wird am geringsten (wenigsten) auffallen; ABER: ein Geringes (wenig) tun; um ein Geringes (wenig) erhöhen; es ist nichts Geringeres als …; es geht ihn nicht das Geringste (gar nichts) an; das Geringste, was er tun kann, ist …; es stört mich nicht im Geringsten; auch der Geringste hat Anspruch darauf; keine Geringere als …; gering schätzen *oder* geringschätzen (verachten); er schätzte sie gering; er hat sie gering geschätzt *oder* geringgeschätzt

geringfügig; geringfügige Änderungen

geringschätzig (verächtlich); geringschätzig lächeln

geringwertig; [noch] geringwertigerer, *auch:* geringerwertiger Schmuck

gerinnen; die Milch gerinnt; sie gerann; sie ist geronnen; geronnenes Blut

das **Gerinnsel;** des Gerinnsels; die Gerinnsel

die **Gerinnung** (*Medizin:* das Gerinnen v. a. von Blut)

das **Gerippe;** des Gerippes; die Gerippe

gerissen (durchtrieben, schlau); er ist ein gerissener Bursche

der **Germane;** des/dem/den Germanen; die Germanen

die **Germanin;** die Germaninnen

germanisch

die **Germanistik** (deutsche Sprach- und Literaturwissenschaft)

gern *oder* **gerne;** lieber; am liebsten; jemanden gern mögen; etwas gern, allzu gern tun; ein gern gesehener *oder* gerngesehener (stets willkommener) Gast; der Gast ist hier sehr gern gesehen; gern haben *oder* gernhaben; sie hat uns gern gehabt *oder* gerngehabt

der **Gernegross;** des Gernegross; die Gernegrosse

die **Gernegross**

das **Geröll;** des Gerölls *oder* Gerölles; die Gerölle

die **Geröllhalde**

die **Gerste**

das **Gerstenkorn**

die **Gerte**

gertenschlank

der **Geruch;** des Geruchs *oder* Geruches; die Gerüche

geruchlos; ein geruchloses Gas

der **Geruchssinn;** des Geruchssinns *oder* Geruchssinnes

das **Gerücht;** des Gerüchts *oder* Gerüchtes; die Gerüchte

geruhsam; ein geruhsamer Abend

das *oder* der **Gerümpel**

das **Gerüst;** des Gerüsts *oder* Gerüstes; die Gerüste

gesamt; sein gesamter Besitz; ABER: im Gesamten (insgesamt)

der **Gesamtarbeitsvertrag** (*Abkürzung:* GAV)
gesamthaft; gesamthaft gesehen gab es weniger Diebstähle
die **Gesamtheit**
gesamtschweizerisch (die gesamte Schweiz betreffend); eine gesamtschweizerische Verkehrspolitik
der **Gesandte;** ein Gesandter; die Gesandten; zwei Gesandte
die **Gesandte;** eine Gesandte; die Gesandten
die **Gesandtschaft**
der **Gesang;** des Gesangs *oder* Gesanges; die Gesänge
das **Gesäss;** des Gesässes; die Gesässe
das **Geschäft;** des Geschäfts *oder* Geschäftes; die Geschäfte; geschäftehalber; ABER: dringender Geschäfte halber
geschäften (Geschäfte betreiben); du geschäftest; sie geschäftet; sie hat mit ihm geschäftet
geschäftig (betriebsam, fleissig); geschäftig hin und her laufen
geschäftlich; sie hat hier geschäftlich (dienstlich) zu tun
die **Geschäftsfrau;** die Geschäftsfrauen
die **Geschäftsleute**
der **Geschäftsmann;** die Geschäftsmänner
geschäftstüchtig; geschäftstüchtige Frauen
gescheckt (gefleckt); eine gescheckte Kuh
geschehen; etwas geschieht; etwas geschah; etwas ist geschehen
das **Geschehen**
das **Geschehnis;** des Geschehnisses; die Geschehnisse
gescheit; gescheiter; am gescheitesten
das **Geschenk;** des Geschenks *oder* Geschenkes; die Geschenke
die **Geschichte**
das **Geschichtenbuch** (Buch mit Erzählungen)
geschichtlich; geschichtliche Ereignisse
das **Geschichtsbuch** (Buch für den Geschichtsunterricht)
der **Geschichtsunterricht**
das **Geschick;** des Geschicks *oder* Geschickes; die Geschicke (Schicksale)
die **Geschicklichkeit**
geschickt; geschickter; am geschicktesten
geschieden; er ist frisch geschieden
das **Geschirr;** des Geschirrs; die Geschirre
das **Geschlecht;** des Geschlechts *oder* Geschlechtes; die Geschlechter
geschlechtlich; geschlechtliche Fortpflanzung
geschlechtskrank
der **Geschlechtsname**
das **Geschlechtsorgan**
geschlechtsreif
das *oder* der **Geschlechtsteil;** die Geschlechtsteile *meist Plural*
der **Geschlechtstrieb**
der **Geschlechtsverkehr**
das **Geschlechtswort** (Artikel, z. B. «der, die, das»); die Geschlechtswörter
der **Geschmack;** des Geschmacks *oder* Geschmackes; die Geschmäcke, *umgangssprachlich scherzhaft auch:* die Geschmäcker
geschmacklos; geschmackloser; am geschmacklosesten
die **Geschmacklosigkeit**
die **Geschmackssache** *oder* **Geschmacksache;** das ist Geschmackssache *oder* Geschmacksache
geschmackvoll; ein geschmackvoll eingerichtetes Zimmer
das **Geschmeide** (Schmuck)
geschmeidig (biegsam; gelenkig); geschmeidiges Leder
das **Geschnetzelte** (in Streifchen geschnittnes Fleisch; eine Speise); des Geschnetzelten; Zürcher Geschnetzeltes
geschniegelt; geschniegelt und gebügelt (fein hergerichtet)
das **Geschöpf;** des Geschöpfs *oder* Geschöpfes; die Geschöpfe
das **Geschoss;** des Geschosses; die Geschosse
das **Geschrei;** des Geschreis
das **Geschütz;** des Geschützes; die Geschütze
das **Geschwader** (Verband von Kriegsschiffen oder Flugzeugen)
das **Geschwafel** (dauerndes Gerede; unsinniges Gerede); des Geschwafels
das **Geschwätz;** des Geschwätzes
geschwätzig; ein geschwätziger Kerl
die **Geschwätzigkeit**
Geschwellte *oder* **Gschwellti** (*kurz für:* geschwellte Kartoffeln) *Plural*

geschwind (schnell)
die **Geschwindigkeit**
die **Geschwister** *Plural*
geschwisterlich; geschwisterliche Zuneigung
das **Geschwisterpaar**
der **Geschworene;** ein Geschworener; die Geschworenen; zwei Geschworene
die **Geschworene;** eine Geschworene; die Geschworenen
die **Geschwulst;** die Geschwülste
das **Geschwür;** des Geschwürs *oder* Geschwüres; die Geschwüre
der **Geselle** (Handwerker; Bursche, Kerl); des/dem/den Gesellen; die Gesellen
gesellig; in geselliger Runde; ein geselliger Typ
die **Gesellin** (Handwerkerin); die Gesellinnen
die **Gesellschaft;** Gesellschaft mit beschränkter Haftung (*Abkürzung:* GmbH)
gesellschaftlich; gesellschaftliche Konflikte
das **Gesetz;** des Gesetzes; die Gesetze
gesetzgebend; die gesetzgebende Versammlung
der **Gesetzgeber;** des Gesetzgebers
die **Gesetzgeberin**
gesetzlich; die gesetzliche Erbfolge
gesetzmässig; die gesetzmässige Entwicklung
gesetzt (angenommen); gesetzt, dass ... *oder* gesetzt dass ...; gesetzt den Fall, dass ... *oder* gesetzt den Fall dass ...
gesetzwidrig; gesetzwidriges Handeln
das **Gesicht;** des Gesichts *oder* Gesichtes; die Gesichter *und* (für Erscheinungen:) Gesichte
der **Gesichtsausdruck;** des Gesichtsausdrucks *oder* Gesichtsausdruckes; die Gesichtsausdrücke
der **Gesichtspunkt;** des Gesichtspunkts *oder* Gesichtspunktes; die Gesichtspunkte
der **Gesichtszug;** die Gesichtszüge *meist Plural*
das **Gesims;** des Gesimses; die Gesimse
das **Gesinde** (*früher für:* Knechte und Mägde); des Gesindes
das **Gesindel** (Gruppe von Menschen, die verachtet oder abgelehnt wird); des Gesindels
gesinnt (mit einer bestimmten Einstellung); ein gut gesinnter *oder* gutgesinnter Mensch; *vergleiche auch:* gut; zwei gleich gesinnte *oder* gleichgesinnte Freunde; *vergleiche auch:* gleich
die **Gesinnung**
gesinnungslos
gesondert; eine gesonderte Berechnung
das **Gespann;** des Gespanns *oder* Gespannes; die Gespanne
gespannt; gespannte Erwartung
das **Gespenst;** des Gespensts *oder* Gespenstes; die Gespenster
gespenstig *oder* **gespenstisch**
das **Gespinst** (zartes Gewebe); des Gespinsts *oder* Gespinstes; die Gespinste
das **Gespött**
das **Gespräch;** des Gesprächs *oder* Gespräches; die Gespräche
gesprächig; gesprächige Kunden
der **Gesprächsstoff**
gespreizt (unnatürlich, geziert); gespreizt reden
gesprenkelt; das Fell des Tieres ist gesprenkelt; ein gesprenkelter Stoff
gespritzt (mit Wasser oder Mineralwasser verdünnt); gespritzter Apfelsaft
das **Gespür;** des Gespürs; ein Gespür für etwas haben
gest. = gestorben
die **Gestalt;** die Gestalten
gestalten; du gestaltest; sie gestaltete; sie hat diesen Raum gestaltet
gestalterisch; gestalterische Vorgaben
die **Gestaltung**
geständig; die Angeklagte war geständig
das **Geständnis;** des Geständnisses; die Geständnisse
der **Gestank;** des Gestanks *oder* Gestankes
gestatten; du gestattest; sie gestattete; sie hat ihm den Besuch gestattet; gestatten Sie eine Bemerkung!
die **Geste** (die Gebärde); die Gesten; eine verlegene Geste
gestehen; du gestehst; er gestand; er hat die Tat gestanden
das **Gestein;** des Gesteins *oder* Gesteines; die Gesteine
die **Gesteinsschicht**
das **Gestell;** des Gestells *oder* Gestelles; die Gestelle
gestern; gestern Abend; gestern Morgen; gestern Nachmittag; gestern Nacht; ges-

tern früh; die Mode von gestern; zwischen gestern und morgen; ABER: zwischen [dem] Gestern und [dem] Morgen liegt das Heute

gestikulieren (Arme und Hände wild bewegen beim Reden); er gestikuliert; er gestikulierte; er hat heftig gestikuliert

das **Gestirn;** des Gestirns *oder* Gestirnes; die Gestirne

gestreift; ein blau gestreifter *oder* blaugestreifter Pullover; ihr Pullover ist rotweiss gestreift

gestresst (überlastet); gestresste Schülerinnen

gestrig; der gestrige Tag

das **Gestrüpp** (verwildertes Gesträuch); des Gestrüpps *oder* Gestrüppes; die Gestrüppe

das **Gestüt;** des Gestüts *oder* Gestütes; die Gestüte

das **Gesuch;** des Gesuchs *oder* Gesuches; die Gesuche

gesund; gesünder *oder* gesunder; am gesündesten *oder* gesundesten; gesund sein, werden, bleiben; eine Kranke wieder [ganz] gesund machen

die **Gesundheit**

gesundheitsschädigend

das **Getäfer** (Holzverkleidung für Zimmerwände und -decken); des Getäfers

das **Getränk;** des Getränks *oder* Getränkes; die Getränke

sich **getrauen;** du getraust dich; sie hat sich getraut; ich getraue mich (*seltener:* mir) nicht, das zu tun; ABER NUR: ich getraue mir den Schritt nicht; ich getraue mich hinein

das **Getreide;** des Getreides

getrennt; getrennt sein, werden; getrennt leben; getrennt schreiben; dieses Wort wird getrennt geschrieben

getreu; getreu seinem Plan

das **Getriebe;** des Getriebes; die Getriebe

das **Getto** *oder* **Ghetto** (abgesondertes Wohnviertel; früher vor allem für Juden und Jüdinnen); des Gettos *oder* Ghettos; die Gettos *oder* Ghettos

das **Getue;** des Getues

das **Getümmel;** des Getümmels

der **Gevatter** (*veraltet für:* Taufpate, Götti)

die **Gevatterin** (*veraltet für:* Taufpatin, Gotte)

das **Geviert** (Viereck, Quadrat); des Gevierts *oder* Geviertes; die Gevierte; im, ins Geviert

das **Gewächs;** des Gewächses; die Gewächse

gewachsen; einer Aufgabe gewachsen sein

das **Gewächshaus;** des Gewächshauses; die Gewächshäuser

die **Gewähr** (Bürgschaft, Sicherheit); Gewähr leisten; *vergleiche auch:* gewährleisten

gewähren (bewilligen); du gewährst; sie hat es ihm gewährt; gewähr[e] ihm die Bitte!

gewährleisten *oder* **Gewähr leisten;** du gewährleistest *oder* du leistest Gewähr; sie hat gewährleistet *oder* sie hat Gewähr geleistet; ABER NUR: sie hat die Sicherheit gewährleistet; sie hat für die Sicherheit Gewähr geleistet

der **Gewahrsam** (Haft; Obhut); des Gewahrsams; etwas in Gewahrsam nehmen

die **Gewährsfrau;** die Gewährsfrauen

die **Gewährsleute** (Gewährsfrauen und -männer) *Plural*

der **Gewährsmann;** die Gewährsmänner

die **Gewalt**

gewaltig; gewaltige Massen

gewaltlos; gewaltloser Widerstand

die **Gewaltlosigkeit**

gewaltsam; gewaltsames Eindringen

die **Gewalttat;** die Gewalttaten

gewalttätig; gewalttätige Fans

das **Gewand;** des Gewands *oder* Gewandes; die Gewänder

gewandt (geschickt); gewandter; am gewandtesten; gewandte Politiker

die **Gewandtheit**

das **Gewässer;** des Gewässers; die Gewässer

das **Gewebe;** des Gewebes; die Gewebe

das **Gewehr;** des Gewehrs *oder* Gewehres; die Gewehre

das **Geweih;** des Geweihs *oder* Geweihes; die Geweihe

das **Gewerbe;** des Gewerbes; die Gewerbe

gewerblich; gewerbliche Nutzung

gewerbsmässig; gewerbsmässige Nutzung

die **Gewerkschaft;** die Gewerkschaften

der **Gewerkschafter** *oder* **Gewerkschaftler;** des Gewerkschafters *oder* Gewerkschaftlers; die Gewerkschafter *oder* Gewerkschaftler

die **Gewerkschafterin** *oder* **Gewerkschaftlerin;** die Gewerkschafterinnen *oder* Gewerkschaftlerinnen
gewerkschaftlich
das **Gewicht;** des Gewichts *oder* Gewichtes; die Gewichte
das **Gewichtheben**
gewichtig (sehr bedeutend); eine gewichtige Frage
die **Gewichtsklasse**
gewieft (schlau, gerissen); ein gewiefter Bursche
gewillt; *nur in:* gewillt sein, etwas zu tun (etwas tun wollen)
das **Gewimmel** (Gewühl); des Gewimmels
das **Gewinde;** des Gewindes; die Gewinde
der **Gewinn;** des Gewinns *oder* Gewinnes; die Gewinne
gewinnen; du gewinnst; sie gewann; sie hat gewonnen; gewinne endlich einmal!
gewinnend (liebenswürdig); ein gewinnendes Lächeln
der **Gewinner;** des Gewinners; die Gewinner
die **Gewinnerin;** die Gewinnerinnen
das **Gewirr;** des Gewirrs *oder* Gewirres
gewiss; gewisser; am gewissesten; in gewisser Weise (nicht näher bestimmbar); etwas, nichts Gewisses; ein gewisses Etwas; ein gewisser Jemand; ABER: ein gewisser anderer *oder* Anderer
das **Gewissen;** des Gewissens
gewissenhaft (genau und sorgfältig); gewissenhafter; am gewissenhaftesten
gewissenlos; gewissenloser; am gewissenlosesten
der **Gewissensbiss;** die Gewissensbisse *meist im Plural;* Gewissensbisse haben
gewissermassen
die **Gewissheit**
das **Gewitter;** des Gewitters; die Gewitter
gewittern; es gewitterte; es hat heftig gewittert
gewittrig *oder* **gewitterig**
gewitzt (schlau); eine gewitzte Geschäftsfrau
gewogen (freundlich gesinnt); sie ist mir gewogen
sich **gewöhnen;** du gewöhnst dich daran; sie hat sich daran gewöhnt
die **Gewohnheit**
gewöhnlich; das gewöhnliche Vorgehen
gewohnt *oder* **gewöhnt;** ich bin frühes Aufstehen gewohnt *oder* gewöhnt
die **Gewöhnung**
das **Gewölbe** (gewölbte Gebäudedecke; lichtloser Raum mit gewölbter Decke); des Gewölbes; die Gewölbe
das **Gewölk;** des Gewölks *oder* Gewölkes
das **Gewühl;** des Gewühls *oder* Gewühles
das **Gewürz;** des Gewürzes; die Gewürze
der **Geysir** (heisse Quelle, die in bestimmten Zeitabständen Wasserfontänen ausstösst); des Geysirs; die Geysire
das **Gezänk;** des Gezänks *oder* Gezänkes
die **Gezeiten** (Wechsel von Ebbe und Flut) *Plural*
das **Gezeter** (Geschrei); des Gezeters
das **Geziefer** (Ungeziefer); des Geziefers
sich **geziemen** (sich gehören); es geziemte sich; das hat sich ihr gegenüber geziemt
das **Gezwitscher;** des Gezwitschers
Ghana (Staat in Afrika)
der **Ghanaer;** des Ghanaers; die Ghanaer
die **Ghanaerin;** die Ghanaerinnen
ghanaisch
das **Ghetto** *vergleiche:* **Getto**
der **Ghostwriter** (Autor, der für eine andere [bekannte] Person schreibt und selbst ungenannt bleibt); des Ghostwriters; die Ghostwriter
die **Ghostwriterin**
Gibraltar (Halbinsel an der Südspitze Spaniens)
die **Gicht** (Krankheit, bei der sich die Gelenke entzünden)
gichtkrank; ein gichtkranker Fuss
der **Giebel;** des Giebels; die Giebel
die **Gier**
gierig; mit gierigen Blicken
giessen; du giesst; er giesst; er goss; er hat die Blumen gegossen
die **Giesserei**
die **Giesskanne**
das **Gift;** des Gifts *oder* Giftes; die Gifte
gifteln (bösartige Bermerkungen machen); ich giftle; er giftelt; er giftelte; er hat gegiftelt
das **Giftgas**
giftig; giftige Substanzen
die **Giftschlange**
der **Gig** (Auftritt einer Band, eines Musikers oder einer Musikerin); des Gigs; die Gigs

das **Gigabyte** *(EDV);* des Gigabyte *oder* Gigabytes; die Gigabyte *oder* Gigabytes
der **Gigant** (der Riese); des/dem/den Giganten; die Giganten
die **Gigantin;** die Gigantinnen
gigantisch; ein gigantischer Bau
das **Gigot** (Lamm- oder Schafkeule); des Gigots; die Gigots
die **Gilde** (Vereinigung von Handwerkern oder Kaufleuten); die Gilden
das **Gilet** (Weste); des Gilets; die Gilets
der **Gin** (englischer Wacholderbranntwein); des Gins; die Gins
der **Ginster** (ein Strauch); des Ginsters; die Ginster
der **Gipfel;** des Gipfels; die Gipfel
das **Gipfeli;** des Gipfelis; die Gipfeli
das **Gipfeltreffen** (Konferenz führender Politiker und Politikerinnen); des Gipfeltreffens; die Gipfeltreffen
der **Gips;** des Gipses
gipsen; du gipst; sie gipste die Wand; die Ärztin hat das Bein gegipst
der **Gipser;** des Gipsers; die Gipser
die **Gipserin;** die Gipserinnen
der **Gipsverband;** des Gipsverbands *oder* Gipsverbandes; die Gipsverbände
die **Giraffe**
das **Girl** (Mädchen; Tänzerin einer Tanzgruppe); des Girls; die Girls
die **Girlande;** die Girlanden
das **Girlie** (selbstbewusst-freche, auffällig gekleidete junge Frau); des Girlies; die Girlies
das **Giro** (bargeldlose Überweisung); des Giros; die Giros
das **Girokonto**
der *oder* die **Gischt** (Schaum; aufschäumende See); des Gischtes *und* Gischts *oder* der Gischt; die Gischte *oder* Gischten
die **Gitarre**
der **Gitarrist;** des/dem/den Gitarristen; die Gitarristen
die **Gitarristin;** die Gitarristinnen
das **Gitter;** des Gitters; die Gitter
GL = Autokennzeichen und allgemeine Abkürzung für den Kanton Glarus
das *oder* die **Glace** *oder* **Glacé;** des Glace *oder* Glacés *und* der Glaces *oder* Glacé; die Glaces *oder* Glacés *und* die Glacen
der **Gladiator** (altrömischer Schaukämpfer); des Gladiators; die Gladiatoren

der **Glanz;** des Glanzes
glänzen; etwas glänzt; etwas glänzte; etwas hat geglänzt
glänzend; glänzend schwarze Haare; ihre Haare sind glänzend schwarz
die **Glanzleistung**
glanzvoll (ausgezeichnet); sie hat die Prüfung glanzvoll bestanden
der **Glarner;** des Glarners; die Glarner
die **Glarnerin;** die Glarnerinnen
das **Glarnerland**
Glarus (Kanton; dessen Hauptstadt)
das **Glas;** des Glases; die Gläser; ABER: zwei Glas Bier; ein Glas voll; Glas blasen
der **Glaser;** des Glasers; die Glaser
die **Glaserin;** die Glaserinnen
gläsern (aus Glas); ein gläserner Teller
der **Glasfiberstab** (beim Stabhochsprung)
glasieren; du glasierst; sie glasierte; sie hat den Krug glasiert
glasig (starr); ein glasiger Blick
glasklar (klar wie Glas; klar und deutlich); glasklares Wasser; eine glasklare Sache
der **Glaskörper** (Teil des Auges)
die **Glasscheibe**
die **Glasur** (glasiger Überzug); die Glasuren
glatt; glatter *oder* glätter; am glattesten *oder* glättesten
glattbügeln *vergleiche:* **glatt**
die **Glätte**
das **Glatteis;** des Glatteises
das **Glätteisen** (Bügeleisen); des Glätteisens
glätten; du glättest; sie glättete; sie hat das Papier geglättet
die **Glatze**
der **Glatzkopf;** des Glatzkopfs *oder* Glatzkopfes; die Glatzköpfe
glatzköpfig
der **Glaube** *oder* der **Glauben;** des Glaubens
glauben; du glaubst; sie glaubte; sie hat es geglaubt; glaube *oder* glaub daran!; sie wollte mich glauben machen, dass ...
das **Glaubensbekenntnis**
glaubhaft; glaubhafter; am glaubhaftesten
gläubig; gläubige Christen
der **Gläubige;** ein Gläubiger; die Gläubigen; zwei Gläubige
die **Gläubige;** eine Gläubige; die Gläubigen
der **Gläubiger** (jemand, der das Recht hat,

a b c d e f g h i j k l m n o p q r s t u v w x y z

von einem Schuldner Geld zu fordern); des Gläubigers; die Gläubiger

die **Gläubigerin;** die Gläubigerinnen

glaubwürdig; eine glaubwürdige Erklärung

die **Glaubwürdigkeit**

gleich

- die gleiche Jacke

Gross schreibt man die Nominalisierung:

- das Gleiche (dasselbe) tun
- das Gleiche gilt
- es kommt aufs Gleiche hinaus
- Gleich und Gleich gesellt sich gern
- Gleiches mit Gleichem vergelten
- ein Gleiches tun

Schreibung in Verbindung mit Verben und Partizipien:

- die Zahl der Unterrichtsstunden wird ungefähr gleich bleiben
- gleich gesinnte *oder* gleichgesinnte Freunde
- die Wörter werden gleich geschrieben
- sie muss gleich (sofort) kommen; *vergleiche aber:* gleichkommen
- ich werde das gleich (sofort) machen; *vergleiche aber:* gleichmachen
- du kannst dich auf diesen Stuhl gleich (sofort) setzen!; *vergleiche aber:* gleichsetzen

Vergleiche auch: gleichschalten; gleichstellen; gleichziehen

gleichalterig *oder* **gleichaltrig**

gleichartig; gleichartige Beschaffenheit

die **Gleichbehandlung**

gleichberechtigt; gleichberechtigte Ansprüche

die **Gleichberechtigung**

gleichen; du gleichst; sie gleicht; sie glich; sie hat ihr geglichen

gleichenorts; vor zwei Jahren ist sie gleichenorts Zweite geworden

gleichentags; er bestand die Fahrprüfung und baute noch gleichentags einen Unfall

gleichfalls

gleichfarbig

gleichförmig

gleichgeschlechtlich (homosexuell); gleichgeschlechtliche Paare

das **Gleichgewicht**

gleichgültig; mit gleichgültiger Miene

die **Gleichheit**

gleichkommen (entsprechen); das war einer Kampfansage gleichgekommen; ABER: gleich (sofort) kommen

gleichmachen (angleichen); die Stadt wurde dem Erdboden gleichgemacht; ABER: gleich (sofort) machen

gleichmässig; gleichmässige Verteilung

der **Gleichmut;** des Gleichmuts *oder* Gleichmutes

gleichmütig (ruhig, beherrscht); sie wendete sich gleichmütig ab

gleichnamig (mit gleichem Namen; mit gleichem Nenner); der gleichnamige Film; gleichnamige Brüche

das **Gleichnis;** des Gleichnisses; die Gleichnisse

gleichschalten (einheitlich durchführen); alle Massnahmen wurden gleichgeschaltet; ABER: gleich (sofort) schalten

gleichschenkelig *oder* **gleichschenklig;** ein gleichschenkeliges *oder* gleichschenkliges Dreieck

der **Gleichschritt;** im Gleichschritt

gleichseitig; ein gleichseitiges Dreieck

gleichsetzen; etwas mit einer Sache gleichsetzen; ABER: sich gleich (sofort) setzen

gleichstellen (auf die gleiche Rangstufe stellen); man hat Arbeiter und Arbeiterinnen gleichgestellt; ABER: ich werde mich gleich (sofort) stellen; er hat sich der Polizei gleich gestellt

der **Gleichstrom** (elektrischer Strom gleichbleibender Stärke und Richtung); des Gleichstroms *oder* Gleichstromes; die Gleichströme

die **Gleichung;** quadratische Gleichungen

gleichviel (einerlei); gleichviel, ob sie kommt; ABER: er besitzt gleich viel Geld wie du; *vergleiche auch:* viel

gleichwertig; gleichwertige Arbeit

gleichwinkelig *oder* **gleichwinklig;** ein gleichwinkeliges *oder* gleichwinkliges Dreieck

gleichwohl (trotzdem); die Prüfung war gleichwohl nötig; ABER: wir befinden uns alle gleich (in gleicher Weise) wohl

gleichzeitig; sie redeten alle gleichzeitig
gleichziehen (das Gleiche erreichen); mit jemandem gleichziehen; ABER: gleich (sofort) ziehen
das **Gleis** *oder* **Geleise;** des Gleises *oder* Geleises; die Gleise *oder* Geleise
gleissen (glänzen, glitzern); der Schnee gleisst; er gleisste; der Schnee hat im Sonnenlicht gegleisst; gleissendes Licht
gleiten; er gleitet; er glitt; du glittst; er ist geglitten
der **Gleitflug**
der **Gleitschirm;** des Gleitschirms *oder* Gleitschirmes; die Gleitschirme; Gleitschirm fliegen
der **Gletscher;** des Gletschers; die Gletscher
die **Gletscherspalte**
das **Glied;** des Glieds *oder* Gliedes; die Glieder
gliedern; du gliederst; sie gliederte; sie hat das Kapitel gut gegliedert
die **Gliedmasse** (Arm oder Bein); der Gliedmasse; die Gliedmassen *meist Plural*
glimmen; die Asche glimmt; sie glomm *oder* glimmte; sie hat geglommen *oder* geglimmt
der **Glimmer** (ein Mineral); des Glimmers; die Glimmer
der **Glimmstängel** (Zigarette); des Glimmstängels; die Glimmstängel
glimpflich (ohne Schaden); glimpflich davonkommen
glitschig; glitschiger Rasen
glitzern; die Perle glitzerte; sie hat geglitzert
der **Glitzerstein**
global (weltumspannend; umfassend); globales Denken
die **Globalisierung**
der **Globetrotter** (Weltenbummler); des Globetrotters; die Globetrotter
die **Globetrotterin;** die Globetrotterinnen
der **Globus** (kugelförmiges Modell der Erde; Erde); des Globus *oder* Globusses; die Globen *oder* Globusse
die **Glocke**
das **Glockenspiel**
glockig (glockenförmig); ein glockig fallender Jupe
der **Glöckner;** des Glöckners; die Glöckner
die **Glöcknerin;** die Glöcknerinnen
die **Glorie** (Ruhm, Glanz)
glorreich (grossartig); glorreiche Ideen
das **Glossar** (Wörterverzeichnis [mit Erläuterungen]); des Glossars; die Glossare
die **Glosse** ([spöttische] Randbemerkung, knapper Kommentar); die Glossen
die **Glotze** (Fernsehgerät); die Glotzen
glotzen (anstarren); du glotzt; er glotzte; er hat geglotzt
die **GLP** = Grünliberale Partei Schweiz
das **Glück;** jemandem Glück wünschen; Glück bringen; du hast mir Glück gebracht
die **Glucke** (brütendes Huhn)
glucken; das Huhn gluckt; das Huhn hat gegluckt
glücken; der Plan glückte; es ist geglückt
glücklich; glückliche Kinder
glückselig; glückselige Blicke
glucksen; das Wasser gluckst; das Wasser hat gegluckst
der **Glücksfall;** des Glücksfalls *oder* Glücksfalles; die Glücksfälle
der **Glückspilz;** des Glückspilzes; die Glückspilze
das **Glücksspiel**
der **Glückwunsch;** des Glückwunschs *oder* Glückwunsches; die Glückwünsche
die **Glühbirne**
glühen; die Kohle glühte; sie hat geglüht; die glühend heisse Lampe; die Lampe ist glühend heiss
die **Glühlampe**
die **Glut;** die Gluten
das **Glyzerin** (eine ölige, alkoholische Flüssigkeit)
die **GmbH** = Gesellschaft mit beschränkter Haftung
die **Gnade;** von Gottes Gnaden; Euer Gnaden
das **Gnadengesuch**
gnadenlos; ein gnadenloser Tyrann
gnädig; eine gnädige Richterin
der **Gneis** (ein Gestein); des Gneises; die Gneise
die **Gnocchi** (italienische Speise) *Plural*
der **Gnom** (Kobold); des/dem/den Gnomen; die Gnomen
die **Gnomin;** die Gnominnen
das **Gnu** (afrikanische Antilopenart); des Gnus; die Gnus
das **Goal** (Tor); des Goals; die Goals
der **Goalie** (Torhüter); die Goalies
die **Goalie**
der **Gockel** (Hahn); des Gockels; die Gockel

der **Gokart** *oder* **Go-Kart** (kleiner Sportrennwagen); des Gokart *oder* Gokarts *und* Go-Kart *oder* Go-Karts; die Gokarts *oder* Go-Karts

das **Gold;** des Golds *oder* Goldes

golden; goldene Worte; die goldene Hochzeit; der goldene Mittelweg; das goldene Tor *(Sport);* ABER: das Goldene Kalb (biblisch); die Goldene Stadt (Prag)

der **Goldfisch**

der **Goldgräber;** des Goldgräbers; die Goldgräber

die **Goldgräberin;** die Goldgräberinnen

der **Goldhamster;** des Goldhamsters; die Goldhamster

goldig; ein goldiges Kerlchen

die **Goldmedaille**

der **Goldregen** (ein Strauch; ein Feuerwerkskörper)

der **Goldschmied;** des Goldschmieds *oder* Goldschmiedes; die Goldschmiede

die **Goldschmiedin;** die Goldschmiedinnen

das **Goldstück** (Goldmünze)

die **Goldvreneli** (Goldmünze zu 10 oder 20 Franken)

der **Golf** (grössere Meeresbucht); des Golfs *oder* Golfes; die Golfe; der Golf von Aden

das **Golf** (ein Spiel); des Golfs; Golf spielen

der **Golfplatz**

der **Golfschläger**

der **Golfstrom** (eine Strömung im Atlantik)

Goliath (Riese im Alten Testament)

die **Gondel;** die Gondeln

gondeln (gemächlich fahren); ich gondle; du gondelst; sie gondelt; sie ist durch halb Europa gegondelt

der **Gong** (eine metallene Schlagscheibe); des Gongs; die Gongs

gönnen; du gönnst; sie gönnte; sie hat es ihm gegönnt

der **Gönner;** des Gönners; die Gönner

gönnerhaft; gönnerhafter; am gönnerhaftesten

die **Gönnerin;** die Gönnerinnen

das **Gör** *oder* die **Göre** (kleines Kind, ungezogenes Mädchen); des Görs *oder* der Göre; die Gören

der **Gorilla** (ein Menschenaffe); des Gorillas; die Gorillas

der *oder* das **Gospel** (religiöses Lied der Afroamerikaner und -amerikanerinnen); des Gospels; die Gospels

der **Gospelsong;** des Gospelsongs; die Gospelsongs

die **Gosse** (die Abflussrinne); sie wird noch in der Gosse landen (in schlechten Verhältnissen leben)

der **Gote** (Angehöriger eines germanischen Volkes); des Goten; die Goten

die **Gotik** (ein Kunststil)

die **Gotin;** die Gotinnen

gotisch; eine gotische Kathedrale

der **Gott;** des Gottes; die Götter; um Gottes willen; in Gottes Namen; Gott sei Dank!; Gott befohlen!; weiss Gott!; grüss [dich] Gott!

die **Gotte** (Patin); die Gotten

gottenfroh (erleichtert, sehr froh)

das **Gottenkind** (Patenkind eines Göttis, einer Gotte); des Gottenkinds *oder* Gottenkindes; die Gottenkinder

das **Götterbild**

die **Götterspeise** (Süssspeise; *auch für:* köstliche Speise)

die **Gottesanbeterin** (eine Heuschreckenart)

der **Gottesdienst**

gottesfürchtig

das **Gotteshaus** (die Kirche)

die **Gotteslästerung**

das **Gottesurteil** (im Mittelalter: beim Fehlen sicherer Beweise angewandtes Verfahren zur Ermittlung des Schuldigen, z. B. Zweikampf, Feuerprobe)

gottgewollt; die gottgewollte Ordnung

der **Gotthard;** des Gotthards

der **Gotthardpass;** des Gotthardpasses

der **Gotthardtunnel;** des Gotthardtunnels

die **Gottheit;** die Gottheiten (Götter)

der **Götti** (Pate); des Göttis; die Götti

die **Göttin;** die Göttinnen

göttlich

gottlos; gottloser; am gottlosesten

der **Götze** (*abwertend:* Gott, der der eigenen Religion fremd ist); des Götzen; die Götzen

das **Götzenbild**

der **Götzendienst**

der **Gourmet** (Feinschmecker, Feinschmeckerin); des Gourmets; die Gourmets

die **Gouvernante** (Erzieherin); die Gouvernanten

der **Gouverneur** (Statthalter); des Gouverneurs; die Gouverneure

die **Gouverneurin;** die Gouverneurinnen
die **GPS** = Grüne Partei der Schweiz
das **GPS** = Global Positioning System (satellitengestütztes System zur weltweiten Positionsbestimmung)
GR = Autokennzeichen und allgemeine Abkürzung für den Kanton Graubünden
das **Grab;** des Grabs *oder* Grabes; die Gräber
graben; du gräbst; sie gräbt; sie grub; sie hat gegraben
der **Graben;** des Grabens; die Gräben
das **Grabmal;** die Grabmäler *oder* Grabmale
der **Grabstein;** des Grabsteins *oder* Grabsteines; die Grabsteine
die **Gracht** (Graben, Kanal[strasse] in den Niederlanden); die Grachten
der **Grad;** des Grads *oder* Grades; die Grade; 3 Grad Celsius *oder* 3° C *oder* 3 °C; der 30. Breitengrad; ein Winkel von 30 Grad; es sind heute 30 Grad im Schatten; es ist heute um einige Grad wärmer als gestern
gradlinig *oder* **geradlinig**
die **Gradlinigkeit** *oder* **Geradlinigkeit**
der **Graf** (Adelstitel); des Grafen; die Grafen
der **Graf** *oder* **Graph** (*Mathematik:* grafische Darstellung); des/dem/den Grafen *oder* Graphen; die Grafen *oder* Graphen
der *oder* das **Graffito** (Wandkritzelei; auf Mauern, Fassaden o. Ä. gesprühte oder gemalte Parole); des Graffito *oder* Graffitos; die Graffiti *meist Plural*
die **Grafik** (Schreib- und Zeichenkunst; einzelnes Blatt dieser Kunst); die Grafiken
der **Grafiker;** des Grafikers; die Grafiker
die **Grafikerin;** die Grafikerinnen
die **Grafikkarte** *(EDV)*
die **Gräfin;** die Gräfinnen
grafisch; eine grafische Darstellung
der **Grafit** *oder* **Graphit** (ein Mineral); des Grafits *oder* Graphits; die Grafite *oder* Graphite
die **Grafologie** (Lehre von der Deutung des Charakters aus der Handschrift)
gram; er ist ihm gram (böse)
der **Gram;** des Grams *oder* Grames
sich **grämen;** du grämst dich; er grämte sich; er hat sich gegrämt
grämlich (verdriesslich, missmutig)
das **Gramm** (*Abkürzung:* g); des Gramms; die Gramme; ABER: 100 Gramm Mehl
die **Grammatik** (die Sprachlehre); die Grammatiken
grammatikalisch; grammatikalisch korrekt schreiben
grammatisch; grammatische Fehler
das **Grammofon** (ein Gerät zum Abspielen von Schallplatten); des Grammofons; die Grammofone
der **Granat** (ein Halbedelstein; ein kleines Krebstier); des Granats *oder* Granates; die Granate
die **Granate** (ein Geschoss); die Granaten
grandios (grossartig); eine grandiose Idee
der **Granit** (ein Gestein); des Granits; die Granite
die **Granne** (die Ährenborste); die Grannen
grantig (mürrisch); ein grantiger Kerl
das **Granulat** (Substanz in Körnchenform); des Granulats *oder* Granulates; die Granulate
die **Grapefruit** (Pampelmuse; eine Zitrusfrucht); die Grapefruits
die **Graphic Novel** (Comicroman); die Graphic Novels
der **Graphit** *oder* **Grafit** (ein Mineral); des Graphits *oder* Grafits; die Graphite *oder* Grafite
die **Graphologie** *vergleiche:* **Grafologie**
der **Grappa** (Traubenschnaps); des Grappa *oder* Grappas; die Grappas; ABER: zwei Grappa
das **Gras;** des Grases; die Gräser
grasen; die Kuh graste; sie hat gegrast
grasgrün
die **Grasmücke** (ein Singvogel)
grassieren (um sich greifen); die Seuche grassiert; sie hat grassiert
grässlich; grässliche Schmerzen
der **Grat** (Kante; Bergkamm); des Grats *oder* Grates; die Grate
die **Gräte** (schmale, spitze Teile des Fischskeletts); die Gräten
der **Gratin** (Auflauf); des Gratins; die Gratins
gratis (kostenlos); die Fahrt ist gratis
der **Gratisanzeiger** (Zeitung, die kostenlos zugestellt wird); des Gratisanzeigers; die Gratisanzeiger
die **Gratisnummer** (Telefonnummer, die man kostenlos anrufen kann)
die **Grätsche** (Stellung oder Sprung mit gespreizten Beinen); die Grätschen
grätschen (die Beine seitwärts spreizen);

du grätschst; sie grätschte; sie hat die Beine gegrätscht

der **Gratulant;** des/dem/den Gratulanten; die Gratulanten

die **Gratulantin;** die Gratulantinnen

die **Gratulation** (Glückwunsch)

gratulieren; du gratulierst; sie gratulierte ihm; sie hat ihm gratuliert

grau; grauer; am grausten *oder* grauesten; [alt und] grau werden; grau in grau malen; graue Haare; der graue Alltag; die grauen Zellen (Gehirnzellen); in grauer Vorzeit; graue Energie (Energie, die zur Herstellung eines Produktes aufgewendet wurde); grauer Star (eine Augenkrankheit); ABER: die Grauen Panther (politische Bewegung älterer Menschen); *vergleiche auch:* blau

das **Grau** (die graue Farbe); des Graus; sie ist in Grau gekleidet; die Wand ist mit Grau gestrichen

der **Gräuel** (grauenhafte Tat); des Gräuels; die Gräuel *meist Plural*

die **Gräueltat** (schreckliche Tat); die Gräueltaten

grauen (Furcht haben); es graut mir davor; es hat mir davor gegraut; mir *oder* mich graut es vor dir

grauen (allmählich hell, dunkel werden); es graut; der Morgen, der Abend hat gegraut

das **Grauen;** des Grauens; die Grauen; die Grauen des Krieges

grauenhaft; grauenhafter; am grauenhaftesten

grauenvoll

gräulich (leicht grau getönt); ein Kleid in gräulichem Blau

gräulich (Grauen erregend); ein gräuliches Verbrechen

die **Graupe** (geschältes Gersten- oder Weizenkorn); die Graupen

die **Graupel** (kleines Hagelkorn); die Graupeln *meist Plural*

graupeln (hageln); es graupelte; es hat gegraupelt

grausam; ein grausames Verbrechen; es waren grausam lange Minuten

die **Grausamkeit**

grausen; mir *oder* mich graust vor diesen Schwierigkeiten; es grauste ihnen *oder* sie, als sie davon hörten

das **Grausen;** des Grausens

grausig (Grauen erregend); eine grausige Entdeckung

der **Graveur** (Metall-, Glas- oder Steinschneider); die Graveure

die **Graveurin;** die Graveurinnen

gravieren ([ein]schneiden, ritzen); du gravierst; sie gravierte; sie hat den Namen in den Ring graviert

gravierend (schwerwiegend); gravierende Mängel

die **Gravitation** (Schwerkraft; Anziehungskraft)

gravitätisch (feierlich, würdevoll); gravitätisch schreiten; eine gravitätische Musik

die **Gravur** (eingravierte Verzierung oder Schrift); die Gravuren

die **Grazie** (Anmut); die Grazien (römische Göttinnen)

grazil (schlank, zierlich)

graziös (anmutig); graziöser; am graziösesten; sich graziös bewegen

die **Greencard** (amerikanische Arbeits- oder Aufenthaltserlaubnis); die Greencards

Greenpeace (internationale Umweltschutzorganisation)

der **Greif** (geflügeltes Fabeltier mit Adlerkopf und Löwenkörper); des Greifes *und* Greifs *oder* Greifen; die Greife *oder* Greifen

greifen; du greifst; sie greift; sie griff; sie hat danach gegriffen; greif *oder* greife danach!; die Krankheit hat sehr um sich gegriffen; der Sieg war zum Greifen nahe

der **Greifvogel**

der **Greis** (alter oder alt wirkender Mann); des Greises; die Greise

greisenhaft; ein greisenhaftes Aussehen

die **Greisin** (alte oder alt wirkende Frau); die Greisinnen

grell; die grell beleuchtete *oder* grellbeleuchtete Bühne; ein grellrotes Plakat; ABER: ein Plakat in, von grellem Rot; grellgelb; grellgrün; grellblau usw. *vergleiche auch:* blau

das **Gremium** (Ausschuss); des Gremiums; die Gremien

Grenada (Staat im Bereich der Westindischen Inseln)

der **Grenader** *oder* **Grenadier** (Bewohner von Grenada); die Grenader *oder* Grenadier

die **Grenaderin** *oder* **Grenadierin;** die Grenaderinnen *oder* Grenadierinnen

der **Grenadier** (ein [Fuss]soldat); des Grenadiers; die Grenadiere
die **Grenadierin** (eine [Fuss-]Soldatin); die Grenadierinnen
grenadisch
die **Grenze**
grenzen; das grenzt an Erpressung
grenzenlos; grenzenloses Vertrauen; bis ins Grenzenlose (bis in die Unendlichkeit)
der **Grenzübergang;** des Grenzübergangs *oder* Grenzüberganges; die Grenzübergänge
grenzüberschreitend; grenzüberschreitender Verkehr
der **Grenzwert**
der **Greyerzer** (ein Käse; *französisch:* Gruyère); des Greyerzers; die Greyerzer
der **Grieche** (Einwohner Griechenlands); des/dem/den Griechen; die Griechen
Griechenland
die **Griechin;** die Griechinnen
griechisch; die griechischen Götter
der **Griesgram;** des Griesgrams *oder* Griesgrames; die Griesgrame
griesgrämig (schlecht gelaunt; mürrisch); griesgrämig dreinschauen
der **Griess;** des Griesses; die Griesse
der **Griessbrei;** des Griessbreis *oder* Griessbreies; die Griessbreie
der **Griff;** des Griffs *oder* Griffes; die Griffe
griffbereit; griffbereite Unterlagen
der **Griffel** (Schreibstift für Schiefertafeln); des Griffels; die Griffel
griffig; ein griffiges Lenkrad
der **Grill** (Bratrost); des Grills; die Grills
die **Grille** (ein Insekt; *auch für:* Laune)
grillen (grillieren); du grillst; er hat das Hähnchen gegrillt
grillieren (auf dem Grill braten); du grillierst; sie grilliert; sie grillierte; sie hat das Fleisch grilliert
die **Grimasse** (Fratze); Grimassen schneiden
der **Grimm** (Wut); des Grimms *oder* Grimmes
grimmig; ein grimmiger Blick
der **Grind** (Schorf); des Grinds *oder* Grindes; die Grinde
grindig
grinsen; du grinst; er grinst; er grinste; er hat gegrinst
die **Grippe**
der **Grips** (Verstand); des Gripses; wenig Grips haben
der **Grislibär** *oder* **Grizzlybär** (grosser nordamerikanischer Braunbär)
der **Grittibänz;** des/dem/den Grittibänzen; die Grittibänzen
grob; gröber; am gröbsten; grob sein, werden; grob gemahlener Pfeffer; ABER: aus dem Gröbsten heraus sein; er hat ihn auf das, aufs Gröbste beleidigt
die **Grobheit**
der **Grobian;** des Grobians; die Grobiane
die **Grobianin;** die Grobianinnen
der **Grog** (ein heisses Getränk aus Rum, Zucker und Wasser); des Grogs; die Grogs
grölen (schreien, lärmen); du grölst; er grölte; er hat gegrölt
der **Groll** (unterdrückte Wut); des Grolls *oder* Grolles
grollen; du grollst; sie grollte; sie hat gegrollt
Grönland
der **Grönländer;** des Grönländers; die Grönländer
die **Grönländerin;** die Grönländerinnen
grönländisch
das **Gros** (der überwiegende Teil); des Gros; die Gros; ABER: en gros (im Grossen, in grossen Mengen); etwas en gros verkaufen
das **Gros** (12 Dutzend); des Groses; die Grose; ABER: 2 Gros Nadeln
das **Grosi** (Grossmutter); des Grosis; die Grosis
gross *siehe Kasten Seite 162*
der **Grossandrang** (grosser Andrang); des Grossandrangs *oder* Grossandranges
grossartig; ein grossartiger Film
Grossbritannien (England, Schottland, Wales und Nordirland umfassende staatliche Einheit); *Personenbezeichnungen:* Brite, Britin
der **Grossbuchstabe;** des Grossbuchstabens; die Grossbuchstaben
die **Grösse**
die **Grosseltern** *Plural*
der **Grössenwahn;** des Grössenwahns *oder* Grössenwahnes
grössenwahnsinnig
der **Grossist** (Grosshändler); des/dem/den Grossisten; die Grossisten
die **Grossistin;** die Grossistinnen
das **Grosskind** (Enkel); des Grosskinds *oder* Grosskindes; die Grosskinder
die **Grossmacht;** die Grossmächte

gross

grösser; am grössten

1. Gross- und Kleinschreibung:

Kleinschreibung:

- die grossen Ferien; die grosse Pause
- das grosse Einmaleins
- die grosse (vornehme) Welt
- das grosse Los
- auf grossem Fuss (verschwenderisch) leben
- etwas an die grosse Glocke hängen (überall erzählen)

Wird «gross» als Nomen gebraucht, schreibt man es gross:

- etwas, nichts, viel, wenig Grosses
- Gross und Klein (jedermann); Grosse und Kleine; die Grossen und die Kleinen
- im Grossen wie im Kleinen; ABER: im grossen Ganzen
- sie ist die Grösste in der Klasse
- Otto der Grosse (*Genitiv:* Ottos des Grossen); Katharina die Grosse
- der Grosse Rat (oberste Behörde, Parlament in einigen Kantonen)
- der Grosse Wagen (ein Sternbild); der Grosse Bär (ein Sternbild)
- der Grosse Belt (eine Meerenge)
- der Grosse (Pazifische) Ozean

2. Getrennt- und Zusammenschreibung:

Schreibung in Verbindung mit Verben und Partizipien:

- gross sein; gross werden
- ein gross gewachsener *oder* grossgewachsener Junge
- ein Wort gross (in grosser Schrift) an die Tafel schreiben; *vergleiche aber:* grossschreiben

Zusammenschreibung bei übertragener Bedeutung:

- Nomen werden im Deutschen grossgeschrieben (mit grossem Anfangsbuchstaben); Ehrlichkeit wird bei uns grossgeschrieben (wichtig genommen)
- er soll nicht so grosstun (prahlen)
- die Kinder grossziehen

die **Grossmutter;** die Grossmütter
grossporig; grossporige Haut
der **Grossrat** (Kantonsrat); die Grossräte
die **Grossrätin;** Grossrätinnen
grossschreiben (mit grossem Anfangsbuchstaben schreiben); Nomen werden grossgeschrieben; Ehrlichkeit wird bei uns grossgeschrieben (wichtig genommen); *vergleiche aber:* gross
die **Grossschreibung;** Gross- und Kleinschreibung
grossspurig; grossspurige Reden
die **Grossstadt;** die Grossstädte
grossstädtisch
grösstenteils; wir waren grösstenteils zufrieden; ABER: der Verlust des grössten Teils seines Vermögens
grösstmöglich (*nicht:* grösstmöglichst)
grosstun (prahlen); du tust gross; er tut gross; er tat gross; er hat grossgetan; sich grosstun; er hat sich grossgetan
der **Grossvater;** des Grossvaters; die Grossväter
grossziehen; du ziehst gross; er zieht gross; er zog gross; er hat den Welpen mit der Flasche grossgezogen
grosszügig; eine grosszügige Spende
grotesk (übertrieben; merkwürdig; lächerlich); eine groteske Situation; deine Behauptung ist einfach grotesk
die **Grotte** (Höhle)
grottenschlecht (äusserst schlecht); er hat grottenschlecht gesungen
die **Grube**
die **Grübelei** (angestrengtes, oft quälendes Nachdenken); sie verfiel in Grübeleien
grübeln; ich grüble; du grübelst; sie grübelte; sie hat zu viel gegrübelt
der **Grübler;** des Grüblers; die Grübler
die **Grüblerin;** die Grüblerinnen
grüezi!; grüezi *oder* Grüezi sagen
die **Gruft** (Grabstätte); die Grüfte
der **Grümpel;** des Grümpels
das **Grümpelturnier** (Turnier für Hobby-

mannschaften am Wochenende); des Grümpelturniers; die Grümpelturniere

grün

Kleinschreibung:

- er ist mir nicht grün (er kann mich nicht leiden)
- grüner Tee
- am grünen Tisch (ganz theoretisch; bürokratisch)
- der grüne Star (eine Augenkrankheit)
- die grüne Welle (durchlaufendes Grün bei Signalanlagen)
- ach du grüne Neune! (Ausruf des Erstaunens)

Gross schreibt man «grün» in Namen und wenn es als Nomen gebraucht wird:

- die Grüne Insel (Irland)
- die Grünen (eine Partei)
- im Grünen wohnen; ins Grüne fahren

Vergleiche auch: blau

das **Grün** (die grüne Farbe); das erste Grün; bei Grün darf man die Strasse überqueren; die Ampel zeigt, steht auf Grün; das ist dasselbe in Grün (das ist [fast] dasselbe); *vergleiche auch:* Blau

die **Grünabfuhr** (Einsammeln von Gartenabfällen durch die Gemeinde, die Stadt); die Grünabfuhren

der **Grund;** des Grunds *oder* Grundes; die Gründe; im Grunde; von Grund auf; von Grund aus; aufgrund *oder* auf Grund [dessen, von]; das Schiff läuft auf Grund; im Grunde genommen; ABER: zugrunde *oder* zu Grunde gehen, legen, liegen, richten; der Grund und Boden

die **Grundbildung;** die berufliche Grundbildung (zwei-, drei- oder vierjährig)

gründen; du gründest; sie gründete; sie hat einen Verein gegründet; sich auf eine Ansicht gründen (stützen)

der **Gründer;** des Gründers; die Gründer

die **Gründerin;** die Gründerinnen

grundfalsch

die **Grundform** (Infinitiv, z. B. «singen»)

grundlegend (wesentlich; sehr); ein grundlegender Unterschied; das hat sich grundlegend geändert

gründlich; eine gründliche Reinigung

grundlos; grundlose Vorwürfe

der **Gründonnerstag**

das **Grundrecht**

der **Grundriss** (massstabgerechte Zeichnung eines Bauwerks; vereinfachtes Schema); des Grundrisses; die Grundrisse

grundsätzlich; grundsätzliche Fragen; grundsätzlich bin ich dafür, aber ...

die **Grundschule** (Primarschule)

das **Grundstück;** des Grundstücks *oder* Grundstückes; die Grundstücke

die **Gründung**

das **Grundwasser** (Ansammlung von Wasser im Boden); des Grundwassers; die Grundwasser *oder* Grundwässer

der **Grundwortschatz;** des Grundwortschatzes

grünen; es grünt; es hat gegrünt

grünlich; grünlich gelb; ein grünlich gelber Farbton; ein grünliches Gelb

der **Grünspan** (eine Kupferverbindung); des Grünspans *oder* Grünspanes

grunzen; du grunzt; das Schwein grunzt; es grunzte; es hat gegrunzt

die **Gruppe**

die **Gruppenarbeit**

gruppenweise; sie verliessen gruppenweise das Gelände

gruppieren (in Gruppen ordnen *oder* anordnen); du gruppierst; sie gruppierte; sie hat die Schüler in einem Halbkreis gruppiert

gruselig *oder* **gruslig**

sich **gruseln;** du gruselst dich; er gruselt sich; er gruselte sich; er hat sich gegruselt; mir *oder* mich gruselt es vor der Dunkelheit

der **Gruss;** des Grusses; die Grüsse

grüssen; du grüsst; sie grüsste; sie hat ihn gegrüsst; grüss *oder* grüsse ihn!

die **Grütze;** die rote Grütze

Gruyère *vergleiche:* Greyerzer

Gschwellti *oder* **Geschwellte** (*kurz für:* geschwellte Kartoffeln) *Plural*

Guatemala (Staat und Stadt in Mittelamerika)

der **Guatemalteke;** des/dem/den Guatemalteken; die Guatemalteken

die **Guatemaltekin;** die Guatemaltekinnen

guatemaltekisch

gucken; du guckst; sie guckte; sie hat ge-

gut	
besser; am besten	**2. Getrennt- und Zusammenschreibung:**
1. Gross- und Kleinschreibung	*Schreibung in Verbindung mit Verben, Adjektiven und Partizipien:*
Kleinschreibung	– er wird mit ihm gut auskommen – mit dem Kleid sieht sie richtig gut aus; eine gut aussehende *oder* gutaussehende Frau – er wurde von seinem Chef gut bezahlt; eine gut bezahlte *oder* gutbezahlte Arbeit – die gut gelaunten *oder* gutgelaunten Gäste – wir haben es immer gut mit dir gemeint; gut gemeinte *oder* gutgemeinte Ratschläge – so lässt es sich gut leben – er will gut sein – es wird alles [wieder] gut werden
– einen guten Abend, Morgen wünschen; ABER: sie begrüsste ihn mit einem fröhlichen «Guten Morgen!» – auf gut Glück – gut und gern – er soll es gut sein lassen – sie soll es gut haben bei uns – es geht ihm gut	
Grossschreibung:	*Zusammenschreibung bei übertragener Bedeutung:*
– mein Guter – er hat es ihr im Guten gesagt – im Guten wie im Bösen (allezeit) – Gutes und Böses, Gut und Böse unterscheiden können – etwas hat sein Gutes – er tut des Guten zu viel – etwas zum Guten lenken, wenden – jenseits von Gut und Böse sein	– ich werde den Schaden gutmachen (in Ordnung bringen); ABER: das hast du wirklich gut gemacht! – dem Verein den Betrag gutschreiben; ABER: sie kann sehr gut schreiben

guckt; in die Röhre gucken (leer ausgehen)

das **Guckloch;** des Gucklochs *oder* Guckloches; die Gucklöcher

die **Guerilla** (den Guerillakrieg führende Gruppe; *kurz für:* Guerillakrieg); der Guerilla; die Guerillas; *Trennung:* Gue-ril-la

der **Guerilla** (*kurz für:* Guerillakämpfer); des Guerilla *oder* Guerillas; die Guerillas; *Trennung:* Gue-ril-la

der **Guerillakämpfer** (Mitglied einer bewaffneten Organisation, die [im eigenen Land] einen Krieg gegen die Regierung oder eine Besatzungsmacht führt); *Trennung:* Gue-ril-la-kämp-fer

die **Guerillakämpferin;** *Trennung:* Gue-ril-la-kämp-fe-rin

der **Guerillakrieg** (von Guerillakämpfern aus dem Hinterhalt geführter Krieg); *Trennung:* Gue-ril-la-krieg

die **Guerillera** (*kurz für:* Guerillakämpferin); die Guerilleras; *Trennung:* Gue-ril-le-ra

das **Guetzli** *oder* **Guezli,** *auch* **Guetsli;** die Guetzli *oder* Guezli; *auch:* Guetsli

der **Gugelhopf;** des Gugelhopfs *oder* Gugelhopfes; die Gugelhopfe

die **Guggenmusik;** die Guggenmusiken

die **Guillotine** (Fallbeil); die Guillotinen; *Trennung:* Guil-lo-ti-ne

Guinea (Staat in Westafrika); *Trennung:* Gui-nea

der **Guineer;** des Guineers; die Guineer; *Trennung:* Gui-ne-er

die **Guineerin;** die Guineerinnen; *Trennung:* Gui-ne-e-rin

guineisch; *Trennung:* gui-ne-isch

das **Guinnessbuch** (*Markenbezeichnung:* ein Buch, das Rekorde verzeichnet); *Trennung:* Guin-ness-buch

das *oder* der **Gulasch;** des Gulaschs *oder* Gulasches; die Gulasche *oder* Gulaschs

die **Gülle** (Dünger aus Urin und Kot von Nutztieren wie Kühen, Schweinen etc.)

das **Güllenfass**

der *oder* das **Gully** (Einlaufschacht für Strassenabwässer); des Gullys; die Gullys
gültig; gültige Stimmen
der *oder* das **Gummi** (Produkt aus Kautschuk); des Gummis; die Gummi *oder* Gummis; ABER NUR: der Gummi (Radiergummi); die Gummis
das **Gummiband;** die Gummibänder
die **Gummisohle**
der **Gummizug;** des Gummizugs *oder* Gummizuges; die Gummizüge

Viele Fremdwörter werden anders gesprochen, als sie geschrieben werden. Dazu gehört auch das Nomen «Gymnastik», das mit *ü* gesprochen, aber mit *y* geschrieben wird.

die **Gunst;** in [jemandes] Gunst stehen; zu seines Freundes Gunsten aussagen; zu Gunsten *oder* zugunsten seines Freundes
günstig; eine günstige Gelegenheit
der **Günstling** (Person, die bevorzugt, begünstigt wird); des Günstlings; die Günstlinge; er gilt als Günstling des Diktators
die **Gurgel;** die Gurgeln
gurgeln; du gurgelst; sie gurgelte; sie hat gegurgelt
die **Gurke**
gurren; die Taube gurrte; sie hat gegurrt
der **Gurt;** des Gurts *oder* Gurtes; die Gurte
der **Gürtel;** des Gürtels; die Gürtel
sich **gürten;** du gürtest dich; er gürtete sich; er hat sich gegürtet
der **Guru** (religiöser Lehrer des Hinduismus); des Gurus; die Gurus
die **Gurvi** (religiöse Lehrerin des Hinduismus)
die **GUS** = Gemeinschaft Unabhängiger Staaten
der **Guss;** des Gusses; die Güsse
das **Gusseisen**
gut *siehe Kasten Seite 164*
das **Gut;** des Guts *oder* Gutes; die Güter; all sein Hab und Gut (sein ganzer Besitz); ABER: zugute halten, kommen
das **Gutachten** (Urteil eines Sachverständigen); des Gutachtens; die Gutachten
der **Gutachter;** des Gutachters; die Gutachter
die **Gutachterin;** die Gutachterinnen
gutartig; ein gutartiges (ungefährliches) Tier; ein gutartiger (ungefährlicher) Tumor
das **Gutdünken** (persönliche Einschätzung); des Gutdünkens; er entschied nach [seinem] Gutdünken
die **Güte;** in Güte
die **Gutenachtgeschichte**
das **Guthaben;** des Guthabens; die Guthaben
gutheissen (befürworten; billigen); er hat den Plan gutgeheissen
gütig; ein gütiger Mensch
gutmachen (etwas in Ordnung bringen; einen Vorteil erringen); er hat bei ihr einiges gutzumachen; ABER: **gut machen** (gut ausführen); das hast du gut gemacht!; *vergleiche auch:* gut
der **Gutschein;** des Gutscheins *oder* Gutscheines; die Gutscheine
gutschreiben (anrechnen); wir haben ihrem Konto 20 Franken gutgeschrieben; ABER: **gut schreiben** (schön, richtig schreiben); sie kann sehr gut schreiben; *vergleiche auch:* gut
der **Gutshof;** des Gutshofs *oder* Gutshofes; die Gutshöfe
Guyana (Staat in Südamerika)
der **Guyaner;** des Guyaners; die Guyaner
die **Guyanerin;** die Guyanerinnen
guyanisch
die **GV** = Generalversammlung
der **Gymnasiast;** des/dem/den Gymnasiasten; die Gymnasiasten
die **Gymnasiastin;** die Gymnasiastinnen
das **Gymnasium;** die Gymnasien
die **Gymnastik** (Körperschulung)
gymnastisch; gymnastische Übungen
der **Gynäkologe** (Frauenarzt); des/dem/den Gynäkologen; die Gynäkologen
die **Gynäkologin;** die Gynäkologinnen
Gyros (an einem Drehspiess gebratenes Fleisch); des Gyros

H

das **H** (Buchstabe); des H; die H; ABER: das h in Bahn; das H-Dur, ABER: das h-Moll (Tonarten)
ha = Hektar
das **Haar;** des Haars *oder* Haares; die Haare; *Verkleinerungsformen:* das Härchen *oder* Härlein

haaren; du haarst; die Katze haarte; sie hat gehaart
die **Haaresbreite;** *nur in:* um Haaresbreite (um eine winzige Kleinigkeit)
haarig; haarige Beine; eine haarige (schwierige, nicht einfach zu lösende) Sache
haarscharf; sie entging haarscharf einem Unfall
die **Haarspalterei** (Spitzfindigkeit)
haarsträubend (unglaublich; grauenhaft); haarsträubende Erlebnisse
der **Haarwuchs**
die **Habe** (Besitz); das Hab und Gut
haben; du hast; sie hat; sie hatte; sie hat gehabt; hab *oder* habe Geduld!; Gott hab ihn selig!; hab dich nicht so! (stell dich nicht so an!)
der **Habenichts** (Person, die nichts besitzt, arm ist); des Habenichts *oder* Habenichtses; die Habenichtse
die **Habgier**
habgierig
der **Habicht** (ein Greifvogel); des Habichts; die Habichte
die **Habseligkeiten** (Besitz von geringem Wert) *Plural*
die **Habsucht** (Habgier)
die **Hachse** *oder* **Haxe** (unterer Teil des Beines von Kalb oder Schwein); die Hachsen *oder* Haxen
der **Hackbraten;** des Hackbratens; die Hackbraten
die **Hacke** *oder* der **Hacken** (Ferse); der Hacke *oder* des Hackens; die Hacken
die **Hacke** (ein Werkzeug); die Hacken
hacken; du hackst; sie hackte; er hat Zwiebeln gehackt
der **Hacker** (jemand, der mit seinem Computer in fremde Computersysteme eindringt); des Hackers; die Hacker
die **Hackerin;** die Hackerinnen
das **Hackfleisch**
das *oder* der **Häcksel** (Schnittstroh); des Häcksels
das **Hacktätschli** (gebratene Hackfleischklösse); des Hacktätschlis; die Hacktätschli
der **Hader** (Zank, Streit); des Haders
hadern; du haderst; er hat mit ihm gehadert; hadere nicht mit deinem Schicksal!
der **Hafen;** des Hafens; die Häfen
die **Hafenstadt**
der **Hafer;** des Hafers
die **Haferflocken** *Plural*
das **Haff** (durch Landzungen vom Meer abgetrennte Küstenbucht); des Haffs *oder* Haffes; die Haffs *oder* Haffe
der **Hafner** (Ofensetzer); des Hafners; die Hafner
die **Hafnerin;** die Hafnerinnen
die **Haft**
der **Haftbefehl;** des Haftbefehls *oder* Haftbefehles; die Haftbefehle
haften; du haftest; er hat für den Schaden gehaftet (Ersatz geleistet); das Etikett haftete (klebte) schlecht; der Dreck soll nicht an den Schuhen haften bleiben (festkleben)
der **Häftling;** des Häftlings; die Häftlinge
die **Haftpflicht**
der **Hag** (Hecke; Zaun); des Hags; die Häge
die **Hagebutte**
der **Hagebuttentee**
der **Hagel;** des Hagels
das **Hagelkorn;** des Hagelkorns *oder* Hagelkornes; die Hagelkörner
hageln; es hagelte; es hat stark gehagelt
hager (mager); ein hagerer Mann
der **Häher** (ein Rabenvogel); des Hähers; die Häher
der **Hahn;** des Hahns *oder* Hahnes; die Hähne; *Verkleinerungsform:* das Hähnchen
der **Hahnen** (Wasserhahn); des Hahnens; die Hahnen *oder* Hähne; Trinkwasser ab Hahnen
das **Hahnenwasser** (Leitungswasser); des Hahnenwassers
der **Hai;** des Hais *oder* Haies; die Haie
der **Haifisch**
der **Hain** (*dichterisch für:* Wäldchen); des Hains *oder* Haines; die Haine
Haiti (Staat in Mittelamerika)
der **Haitianer;** des Haitianers; die Haitianer
die **Haitianerin;** die Haitianerinnen
haitianisch
häkeln; ich häkle; du häkelst; sie häkelte; sie hat eine Decke gehäkelt
der **Haken;** des Hakens; die Haken; mit Haken und Ösen (mit allen Mitteln)
hakenförmig

halb	
1. Gross- und Kleinschreibung:	**2. Getrennt- und Zusammenschreibung:**
Kleinschreibung: – der Zeiger steht auf halb – es ist, es schlägt halb eins – alle (*besser:* jede) halbe Stunde; eine viertel und eine halbe Stunde; eine halbe und eine Dreiviertelstunde *Grossschreibung der Nominalisierung:* – ein halbes *oder* halb Dutzend – ein halbes Dutzend Mal; ein halbes Hundert Mal	*Schreibung in Verbindung mit Adjektiven:* – eine halb offene *oder* halboffene Tür – eine halb volle *oder* halbvolle Tüte – halb gares *oder* halbgares Fleisch essen – die Formen waren halb rund, halb eckig (teils rund, teils eckig); ABER: halbrund (in der Form eines Halbkreises) – sie machte ein halb freundliches, halb ernstes Gesicht *Vergleiche auch:* halbbatzig; halbdunkel; halbhoch; halbherzig usw.

halb *siehe Kasten*

halbbatzig (ungenügend; dürftig); eine halbbatzige Sache; die Arbeit wurde nur halbbatzig gemacht

halbdunkel (dämmrig); der halbdunkle Flur; ABER: der Flur war halb (teils) dunkel, halb (teils) hell

das **Halbdunkel;** des Halbdunkels; der Flur lag im Halbdunkel

halbe-halbe

das **Halbfinale** *oder* **Halbfinal** *und* der **Halbfinal**

halbherzig; ein halbherziger Versuch

halbhoch; ein halbhoher (nicht sehr hoher) Zaun

halbieren; du halbierst; sie hat die Torte halbiert

die **Halbinsel**

halbjährig (ein halbes Jahr alt; ein halbes Jahr dauernd)

> Zusammensetzungen mit *-jährig* geben das Alter oder eine Zeitdauer an: *ein halbjähriges Kind* (ein halbes Jahr altes Kind); *ein einjähriger Aufenthalt* (ein ganzes Jahr dauernder Aufenthalt). Zusammensetzungen mit *-jährlich* dagegen geben eine Zeitspanne an, nach deren Ablauf sich etwas wiederholt: *eine halbjährliche Untersuchung* (alle halben Jahre), *die alljährliche* (alle Jahre wiederkehrende) *Verleihung des Preises.*

halbjährlich (alle halben Jahre); *vergleiche auch:* halbjährig

der **Halbkanton**

der **Halbkreis**

der **Halbleiter** (*Elektrotechnik:* Stoff, der bei Zimmertemperatur den Strom leitet); des Halbleiters; die Halbleiter

halbmast (als Zeichen der Trauer); halbmast flaggen; die Fahnen auf halbmast setzen

der **Halbmond;** des Halbmonds *oder* Halbmondes; die Halbmonde

halbprivat; sie ist halbprivat versichert

halbrund (in der Form eines Halbkreises); ein halbrunder Tisch; ABER: die Formen waren halb (teils) rund, halb (teils) eckig

halbstündig (eine halbe Stunde dauernd); *vergleiche auch:* halbjährig

halbstündlich (jede halbe Stunde); der Zug fährt halbstündlich; *vergleiche auch:* halbstündig

halbtags; halbtags arbeiten

das **Halbtax** (*kurz für:* Halbtaxabonnement); des Halbtax

das **Halbtaxabonnement**

halbwegs (einigermassen); sie war halbwegs überzeugt

die **Halbzeit** *(Sport)*

die **Halde** (Bergabhang; Aufschüttung)

die **Hälfte;** die Hälften

das *oder* der **Halfter** (Zaum ohne Gebiss); des Halfters; die Halfter

hälftig (zur Hälfte)

die **Halle**

halleluja!

das **Halleluja;** das Halleluja singen

hallen (schallen); seine Stimme hallte; sie hat gehallt

das **Hallenbad;** des Hallenbads *oder* Hallenbades; die Hallenbäder

hallo; hallo, da seid ihr ja!; Hallo *oder* hallo sagen

das **Hallo;** des Hallos; die Hallos; mit grossem Hallo; Hallo *oder* hallo rufen

das **Halloween** (Tag vor Allerheiligen, der vor allem in den USA gefeiert wird); des Halloween *oder* Halloweens; die Halloweens

die **Halluzination** (Sinnestäuschung)

der **Hallwilersee**

der **Halm;** des Halms *oder* Halmes; die Halme

das **Halma** (ein Brettspiel); des Halmas

das **Halogen** (ein chemisches Element); des Halogens; die Halogene

die **Halogenlampe**

der **Hals;** des Halses; die Hälse; Hals über Kopf; Hals- und Beinbruch

der **Halsabschneider** (Wucherer); des Halsabschneiders; die Halsabschneider

die **Halsabschneiderin;** die Halsabschneiderinnen

halsbrecherisch (sehr gewagt, lebensgefährlich); mit halsbrecherischem Tempo

die **Halskehre** (starke Nackenschmerzen); die Halskehren

halsstarrig (stur, unnachgiebig)

das **Halsweh**

halt; das ist halt (eben) so; ich glaube halt, dass ...

der **Halt;** des Halts *oder* Haltes; die Halte *oder* die Halts; [laut] Halt *oder* halt rufen; keinen Halt haben; Halt gebieten; Halt finden; Halt machen *oder* haltmachen; er macht Halt *oder* halt; er hat Halt gemacht *oder* haltgemacht; er beschloss, bald Halt zu machen *oder* haltzumachen

haltbar; haltbare Milch

die **Haltbarkeit**

halten; du hältst; er hält; er hielt; er hat die Tasche gehalten; sie hat mühsam an sich gehalten (sie hat sich mühsam beherrscht)

die **Halterung** (Haltevorrichtung)

die **Haltestelle**

das **Halteverbot;** des Halteverbots *oder* Halteverbotes; die Halteverbote; er parkierte im Halteverbot

haltlos (grundlos); haltlose Vorwürfe

haltmachen *vergleiche:* **Halt**

die **Haltung**

der **Halunke** (Schuft); des/dem/den Halunken; die Halunken

die **Halunkin;** die Halunkinnen

der **Hamburger** (Brötchen mit gebratenem Hackfleisch); des Hamburgers; die Hamburger, *bei englischer Aussprache auch:* Hamburgers

der **Hamburger** (Einwohner der Stadt Hamburg); des Hamburgers; die Hamburger

die **Hamburgerin** (Einwohnerin der Stadt Hamburg); die Hamburgerinnen

hämisch (schadenfroh; boshaft); ein hämisches Grinsen

der **Hammel** (kastrierter Schafbock; Hammelfleisch); des Hammels; die Hammel *oder* Hämmel

der **Hammer;** des Hammers; die Hämmer

hämmern; du hämmerst; sie hämmerte; sie hat gehämmert

der **Hampelmann;** des Hampelmanns *oder* Hampelmannes; die Hampelmänner

hampeln; du hampelst; sie hampelte; er hat gehampelt

der **Hamster** (ein Nagetier); des Hamsters; die Hamster

hamstern (einen übergrossen Vorrat anlegen); ich hamstere; du hamsterst; sie hamsterte; er hat gehamstert

die **Hand;** die Hände; Hand anlegen; linker Hand (links) liegt der Fluss, rechter Hand (rechts) das Schloss; freie Hand haben; etwas von langer Hand (lange) vorbereiten; etwas an, bei der Hand haben; Hand in Hand arbeiten; zur Hand (zur Stelle) sein; zur Hand gehen (helfen); etwas unter der Hand (im Stillen) regeln; anhand des Buches, anhand von Unterlagen; überhand nehmen; abhanden kommen; allerhand; kurzerhand; vorderhand; sie hatte die eine Hand voll Kirschen; sie ass eine Hand voll *oder* eine Handvoll Kirschen; der Saum ist [genau] eine Hand breit

die **Handänderung** (Besitzerwechsel bei Grundstücken, Fahrzeugen, Wertpapieren)

die **Handarbeit**

der **Handball**

die **Handbremse**

die **Handcreme**

der **Händedruck;** die Händedrücke

der **Handel;** des Handels

die **Händel** (Streit) *Plural;* Händel suchen; Händel haben; sich in Händel einlassen

handeln (*mit englischer Aussprache:* handhaben, gebrauchen); ich handle *oder* handele; du handelst; er handelte; er hat die Sache geschickt gehandelt

handeln; du handelst; sie handelte; sie hat mit Uhren gehandelt; er hat sehr klug gehandelt

händeringend (verzweifelt); er bat sie händeringend um Verzeihung

handfest; handfeste (grosse) Vorteile

die **Handfläche**

handgeschrieben; ein handgeschriebener Lebenslauf

handgreiflich (tätlich); ein handgreiflicher Streit

der **Handgriff**

handhaben; du handhabst; sie handhabte; er hat den Fall unkompliziert gehandhabt; das ist schwer zu handhaben

das **Handicap** (Behinderung; Nachteil); des Handicaps; die Handicaps

handicapiert (behindert; benachteiligt); handicapierte Besucher

handkehrum (unversehens); handkehrum hatte er das letzte Stück gegessen; im Handkehrum war der Teller leer

der **Handlanger** (ungelernter Arbeiter; willfähriger Helfer); des Handlangers; die Handlanger; dieser Politiker ist ein Handlanger der Wirtschaft

die **Handlangerin;** die Handlangerinnen

der **Händler;** des Händlers; die Händler

die **Händlerin;** die Händlerinnen

handlich; ein handliches Format

die **Handlung**

handlungsfähig; eine handlungsfähige Regierung

die **Handlungsweise**

das **Handmehr** (Mehrheit bei einer Abstimmung durch Handheben)

die **Handorgel** (ein Musikinstrument)

das **Hands** (*Fussball:* regelwidriges Berühren des Balls mit der Hand)

die **Handschelle;** die Handschellen

die **Handschrift**

der **Handschuh;** des Handschuhs; die Handschuhe

der **Handstand;** des Handstands *oder* Handstandes; die Handstände

das **Handtuch**

das **Handumdrehen;** *nur in:* im Handumdrehen (schnell und mühelos); die Arbeit war im Handumdrehen erledigt

die **Handvoll** *vergleiche:* **Hand**

das **Handwerk**

der **Handwerker;** des Handwerkers; die Handwerker

die **Handwerkerin;** die Handwerkerinnen

das **Handy** (handliches schnurloses Funktelefon); des Handys; die Handys

hanebüchen (unverschämt); das ist hanebüchener Unsinn!

der **Hanf** (eine Faserpflanze); des Hanfs *oder* Hanfes

der **Hänfling** (eine Finkenart; *auch für:* junge Hanfpflanze); des Hänflings; die Hänflinge

der **Hang;** des Hangs *oder* Hanges; die Hänge

die **Hängematte**

hängen; das Bild hängt; das Bild hing an der Wand; das Bild hat hier gehangen; mit Hängen und Würgen (mit Müh und Not); an einem Nagel hängen bleiben; er ist daran hängen geblieben; das Bild soll hängen bleiben; von dem Vortrag war bei ihm nicht viel hängen geblieben (im Gedächtnis geblieben); ich habe meinen Freund nicht hängen lassen (im Stich gelassen); der Kunde hat seinen Hut hängen lassen

hängen; du hängst; sie hängte die Wäsche an die Leine; er hat das Bild an die Wand gehängt

> *hängen* wird regelmässig gebeugt, wenn ein Nomen folgt: «Sie hängte (was?) das Bild an die Wand / sie hat das Bild an die Wand gehängt.» Wird nur ein Ort bezeichnet, wird *hängen* unregelmässig gebeugt: «Das Bild hing (wo?) an der Wand / hat an der Wand gehangen.»

hängig (noch nicht erledigt, noch offen); ein hängiges Verfahren

hänseln (ärgern); du hänselst ihn; er hat ihn gehänselt

die **Hantel** (ein Sportgerät); die Hanteln

hantieren; du hantierst; er hat mit der Axt hantiert

hapern (fehlen; um etwas schlecht bestellt sein); es hapert am Geld; es hat mit seinem Wissen gehapert das **Häppchen;** des Häppchens; die Häppchen

der **Happen;** des Happens; die Happen

das **Happening** (Veranstaltung, bei der durch Aktionen ein künstlerisches Erlebnis vermittelt werden soll); des Happenings; die Happenings

happig (überhöht, übertrieben); happige Preise

happy (glücklich; zufrieden)

das **Happyend** (glücklicher Ausgang); des Happyends; die Happyends

der **Harass** *oder* die **Harasse;** des Harasses *oder* der Harasse; die Harasse *oder* Harassen

das **Härchen;** *Verkleinerungsform von:* Haar

das **Hardcover** (Buch mit festem Einband); des Hardcovers; die Hardcovers

der **Hardliner** (Vertreter eines harten Kurses); des Hardliners; die Hardliner

die **Hardlinerin;** die Hardlinerinnen

der **Hardrock** (Stilrichtung der Rockmusik); des Hardrock *oder* Hardrocks

die **Hardware** (*EDV:* fest installierte Technik bei Datenverarbeitungsanlagen); die Hardwares; *vergleiche auch:* Software

der **Harem** (von Frauen bewohnter Teil des islamischen Hauses; die dort wohnenden Frauen); des Harems; die Harems

die **Harfe**

harmlos

die **Harmonie** (Einklang; Eintracht); die Harmonien

die **Harmonika** (ein Musikinstrument); die Harmonikas *oder* Harmoniken

harmonisch; eine harmonische (wohlklingende) Melodie; das Gespräch verlief harmonisch (friedlich, in Übereinstimmung)

das **Harmonium** (ein Musikinstrument); des Harmoniums; die Harmonien

der **Harn;** des Harns *oder* Harnes; die Harne

die **Harnblase**

der **Harnisch** (Brustpanzer); des Harnischs *oder* Harnisches; die Harnische; er hat ihn in Harnisch (Wut) gebracht

die **Harpune** (Wurfspeer oder pfeilartiges Geschoss zum [Wal]fischfang)

harren (warten); du harrst; er harrte; er hat auf das Ende geharrt; harre der Dinge, die da kommen sollen!

hart; härter; am härtesten; eine harte Währung; es kommt hart auf hart; hart gekochte *oder* hartgekochte Eier

die **Härte**

härten; du härtest; sie härtet; sie härtete; er hat den Stahl gehärtet

der **Härtetest** (Test auf Belastbarkeit); Autoreifen im Härtetest

das **Hartgeld** (Münzen)

hartherzig

das **Hartholz;** des Hartholzes; die Harthölzer

hartnäckig; er weigerte sich hartnäckig; ein hartnäckiger Schnupfen

die **Hartnäckigkeit**

das **Harz** (klebrige Absonderung aus dem Holz von Nadelbäumen); des Harzes; die Harze

harzen (mühsam vor sich gehen); die Sache harzt; sie harzte; sie hat geharzt

harzig (reich an Harz); harziges Holz

harzig (schwierig; zähflüssig); eine harzige Angelegenheit

das **Hasch** (Haschisch); des Haschs

haschen (fangen; *auch für:* Hasch rauchen); du haschst; er haschte; sie hat nach der Stechmücke gehascht; ABER: er wurde beim Haschen erwischt

das, *auch:* der **Haschisch** (eine Droge); des Haschisch *oder* Haschischs

der **Hase;** des/dem/den Hasen; die Hasen; falscher Hase (ein Hackbraten); er ist ein alter Hase (er hat sehr viel Erfahrung)

die **Hasel** (ein Strauch); die Haseln

die **Haselmaus** (ein Nagetier); die Haselmäuse

die **Haselnuss**

die **Häsin;** die Häsinnen

die **Haspel** (Garn-, Seilwinde); die Haspeln

haspeln; du haspelst; er haspelte; er hat das Garn gehaspelt

der **Hass;** des Hasses

hassen; du hasst; er hasst; er hasste; sie hat ihn gehasst

hasserfüllt; ein hasserfüllter Blick

hässig (schlecht gelaunt)

hässlich

die **Hast** (Eile)

hasten; du hastest; sie hastete; er ist zum Bahnhof gehastet

hastig; er sprach hastig; nicht so hastig!

hätscheln (liebevoll pflegen; verzärteln); ich hätschle sie; du hätschelst ihn; er hätschelte ihn; er hat ihn gehätschelt der **Hattrick** (*Fussball:* drei Tore hintereinander durch denselben Spieler oder dieselbe Spielerin; *auch:* dreimaliger Gewinn eines Preises); des Hattricks; die Hattricks; *Trennung:* Hat-trick

die **Haube** (Kopfbedeckung; *kurz für:* Motorhaube, Trockenhaube; Kopfschmuck bei Vögeln); die Hauben

der **Hauch**

hauchdünn; ein hauchdünner Vorsprung; hauchdünn geschnittener Schinken

hauchen; du hauchst; sie hauchte; sie hat an die gefrorenen Fensterscheiben gehaucht

die **Haue** (Schläge); Haue kriegen

hauen; du haust ihn; er haute ihn; er hat ihn gehauen; sie hat Holz gehauen; er hat ihm ins Gesicht gehauen; er hat sie übers Ohr gehauen (betrogen)

der **Hauer** (Bergmann; Eckzahn des Keilers); des Hauers; die Hauer

häufen; er hat Kekse auf den Teller gehäuft; sich häufen; die Beweise haben sich gehäuft

der **Haufen;** des Haufens; die Haufen

haufenweise

die **Haufenwolke**

häufig

die **Häufigkeit**

die **Häufung**

das **Haupt;** des Haupts *oder* Hauptes; die Häupter

der **Hauptbahnhof** (*Abkürzung:* HB)

das **Hauptfach**

die **Hauptfrau** (militärischer Dienstgrad); die Hauptfrauen

die **Hauptleute** (militärischer Dienstgrad: Hauptfrauen und Hauptmänner) *Plural*

der **Häuptling;** des Häuptlings; die Häuptlinge

der **Hauptmann** (militärischer Dienstgrad); die Hauptmänner

die **Hauptrolle**

die **Hauptsache;** die Hauptsachen; Hauptsache, du kommst mit

hauptsächlich

der **Hauptschulabschluss**

die **Hauptstadt;** die Hauptstädte

der **Hauptteil**

hau ruck! *oder* **hauruck!**

das **Haus;** des Hauses; die Häuser; *Verkleinerungsform:* das Häuschen; ausser Haus sein; im Haus *oder* Hause sein; nach Hause *oder* nachhause fahren; sich wie zu Hause *oder* zuhause fühlen; ABER: das Zuhause; von Haus aus; von Haus zu Haus gehen; Haus halten *oder* haushalten (sparsam wirtschaften); er hält Haus *oder* er haushaltet; er hielt Haus *oder* er haushaltete; er hat Haus gehalten *oder* gehaushaltet; er schafft es nicht, mit den Vorräten Haus zu halten *oder* zu haushalten

der **Hausbesetzer;** des Hausbesetzers; die Hausbesetzer

die **Hausbesetzerin;** die Hausbesetzerinnen

der **Hausbesitzer;** des Hausbesitzers; die Hausbesitzer

die **Hausbesitzerin;** die Hausbesitzerinnen

das **Häuschen**

hausen; du haust; sie haust; er hat in einer kleinen Dachwohnung gehaust

die **Hausfrau**

der **Haushalt;** des Haushalts *oder* Haushaltes; die Haushalte

haushalten *vergleiche:* **Haus**

haushoch; haushohe Wellen; haushoch gewinnen, verlieren

hausieren; er hat mit Tüchern hausiert

der **Hausierer;** des Hausierers; die Hausierer

die **Hausiererin;** die Hausiererinnen

häuslich; häusliche Pflichten

der **Hausmann;** des Hausmanns *oder* Hausmannes; die Hausmänner

die **Hausordnung**

das **Haustier**

der **Hauswart;** des Hauswarts *oder* Hauswartes; die Hauswarte

die **Hauswartin;** die Hauswartinnen

die **Haut;** die Häute; aus der Haut fahren (wütend werden); ABER: das ist ja zum Aus-der-Haut-Fahren

häuten; du häutest; sie häutete; er hat das Tier gehäutet; sich häuten; die Schlange hat sich gehäutet

hauteng (sehr eng); hautenge Jeans

die **Hautfarbe**

hautnah; etwas hautnah erleben

die **Häutung**

die **Havarie** (Seeschaden, den Schiff oder Ladung erleidet; *auch:* Bruch, Unfall); die Havarien

Hawaii (Hauptinsel der Hawaii-Inseln im Pazifischen Ozean; Staat der USA)

die **Haxe** *oder* **Hachse** (unterer Teil des Beines vom Kalb oder Schwein); die Haxen *oder* Hachsen

der **HB** = Hauptbahnhof

he! (Ausruf)

das **Hearing** ([öffentliche] Anhörung); des Hearing *oder* Hearings; die Hearings

heavy (schlimm, schwierig); die Folgen sind heavy

das **Heavy Metal** (Stilrichtung der Rockmusik); des Heavy Metal *oder* Heavy Metals; *auch:* Heavymetal

die **Hebamme;** *Trennung:* Heb-am-me

der **Hebel;** des Hebels; die Hebel

heben; du hebst; sie hebt; sie hob; sie hat den Stein gehoben

der **Heber;** des Hebers; die Heber

hecheln; ich hechle; du hechelst; er hechelte; der Hund hat gehechelt

der **Hecht;** des Hechts *oder* Hechtes; die Hechte

die **Hechtrolle** (Turnübung)

der **Hechtsprung**

das **Heck** (hinterer Teil des Schiffes oder des Autos); des Hecks *oder* Heckes; die Hecke *oder* Hecks

die **Hecke**

die **Heckenrose**

der **Heckenschütze** (jemand, der aus dem Hinterhalt schiesst); des/dem/den Heckenschützen; die Heckenschützen

die **Heckenschützin;** die Heckenschützinnen

das **Heer;** des Heers *oder* Heeres; die Heere

die **Hefe**

das **Heft;** des Hefts *oder* Heftes; die Hefte

heften; du heftest; sie heftete; sie hat die Akten geheftet

heftig (ungestüm; scharf; stark)

das **Heftli** (Zeitschrift, Illustrierte); des Heftlis; die Heftli

das **Heftpflaster;** des Heftpflasters; die Heftpflaster

die **Hege** (Pflege, Schutz des Wildes); Hege und Pflege

hegen; du hegst; er hegte; sie hat lange diesen Wunsch gehegt

das *oder* der **Hehl;** des Hehls *oder* Hehles; kein *oder* keinen Hehl daraus machen (nicht verheimlichen)

der **Hehler** (Verkäufer von Diebesgut); des Hehlers; die Hehler

die **Hehlerei**

die **Hehlerin;** die Hehlerinnen

hehr (erhaben; heilig); hehre Ziele haben

hei! (Ausruf)

der **Heide** (jemand, der nicht an Gott glaubt); des/dem/den Heiden; die Heiden

die **Heide**

das **Heidekraut**

die **Heidelbeere**

die **Heidenangst** (sehr grosse Angst)

das **Heidengeld** (sehr viel Geld)

der **Heidenlärm** (sehr grosser Lärm)

die **Heidin;** die Heidinnen

heidnisch; heidnische Bräuche

heikel (bedenklich, schwierig); heikler; am heikelsten; eine heikle Sache; sie ist sehr heikel (wählerisch [beim Essen])

heil; mit heiler Haut davonkommen

das **Heil;** des Heils *oder* Heiles

der **Heiland;** des Heilands *oder* Heilandes; die Heilande

heilbar; eine heilbare Krankheit

der **Heilbutt** (ein Fisch); des Heilbutts *oder* Heilbuttes

heilen; du heilst ihn; sie hat ihn von seiner Krankheit geheilt

heilig; das heilige Abendmahl, Pfingstfest; die heilige Messe, Taufe; die erste heilige Kommunion; ABER: der Heilige Abend; die Heilige Familie; der Heilige Geist; die Heilige Jungfrau; die Heiligen Drei Könige; das Heilige Land; die Heilige Nacht; das Heilige Römische Reich Deutscher Nation; die Heilige Schrift; die Heilige Stadt (Jerusalem); der Heilige Stuhl (das Papstamt); der Heilige Vater (der Papst); sie hielt ihn für heilig

der **Heiligabend**

die **Heilige;** eine Heilige; die Heiligen

der **Heilige;** ein Heiliger; die Heiligen; zwei Heilige

der **Heiligenschein**

heiligsprechen; der Papst hat sie heiliggesprochen

das **Heiligtum;** des Heiligtums; die Heiligtümer

das **Heilmittel**

der **Heilpraktiker;** des Heilpraktikers; die Heilpraktiker

die **Heilpraktikerin;** die Heilpraktikerinnen

heilsam; eine heilsame Lehre
die **Heilsarmee** (eine christliche Organisation)
das **Heim;** des Heims *oder* Heimes; die Heime
die **Heimat**
heimatlich; ein Kurs in heimatlicher Sprache und Kultur
heimatlos
der **Heimatort**
der **Heimatschein**
sich **heimbegeben;** sie begibt sich heim; er hat sich heimbegeben
heimbegleiten; er begleitet sie heim; sie hat ihn heimbegleitet
heimbringen; er bringt sie heim; sie hat ihn heimgebracht
heimfahren; sie fährt heim; sie ist heimgefahren; sie hat mich heimgefahren
heimführen; er führt das Kind heim; sie hat es heimgeführt
heimgehen; sie geht heim; er ist heimgegangen
heimholen; er holte ihn heim; er hat ihn heimgeholt
heimisch; sich heimisch fühlen
heimkehren; sie kehrte heim; sie ist heimgekehrt
der **Heimleiter;** des Heimleiters; die Heimleiter
die **Heimleiterin;** die Heimleiterinnen
heimleuchten (abfertigen); dem haben sie tüchtig heimgeleuchtet
heimlich; er hat es heimlich getan; sie hat sehr heimlich (sehr geheimnisvoll) getan
die **Heimlichkeiten** *Plural*
der **Heimplatz;** des Heimplatzes; die Heimplätze
heimreisen; sie reist heim; er ist heimgereist
das **Heimspiel** *(Sport)*
heimsuchen; Not und Krankheit haben ihn heimgesucht
die **Heimtücke** (Hinterhältigkeit; Bösartigkeit)
heimtückisch; ein heimtückischer Überfall; diese Viren sind heimtückisch
das **Heimweh**
heimwehkrank
der **Heimwerker** (jemand, der handwerkliche Arbeiten zu Hause selbst macht); des Heimwerkers; die Heimwerker
die **Heimwerkerin;** die Heimwerkerinnen

heimzahlen; das zahle ich ihm heim; das habe ich ihr tüchtig heimgezahlt
das **Heinzelmännchen** (hilfreicher Hausgeist); des Heinzelmännchens; die Heinzelmännchen
die **Heirat**
heiraten; du heiratest; sie heiratete; sie hat jung geheiratet
heiser; mit heiserer Stimme
die **Heiserkeit**
heiss; heisser; am heissesten; ein heisses Eisen anfassen; heiss machen *oder* heissmachen; sie machten ihm die Hölle heiss (setzten ihm sehr zu); die heiss ersehnte *oder* heissersehnte Ankunft; ein heiss geliebtes *oder* heissgeliebtes T-Shirt; eine heiss umstrittene *oder* heissumstrittene Frage
heissblütig (leicht erregbar; leidenschaftlich)
heissen; du heisst; sie heisst; du hiessest; sie hiess; sie hat Müller geheissen; heiss ihn, wie du willst!; er hat es mich geheissen (er hat es mir befohlen); ABER: er hat mich kommen heissen
heisshungrig; heisshungrig verschlang er sein Essen
heissmachen; jemanden heissmachen (wild auf etwas machen); sie haben mir die Hölle heissgemacht (mir sehr zugesetzt); *vergleiche auch:* heiss
heiter; ein heiteres Lachen; heiter bis wolkig
die **Heiterkeit**
heizen; du heizt; er heizte; sie hat mit Gas geheizt
der **Heizer;** des Heizers; die Heizer
die **Heizerin;** die Heizerinnen
das **Heizöl**
die **Heizung**
das *oder* der **Hektar;** des Hektars; die Hektare; ABER: 3 Hektar gutes Land *oder* guten Landes; *in der Schweiz meistens:* die **Hektare** (*Abkürzung:* ha); die Hektaren; vier Hektaren Land
die **Hektik** (nervöse Betriebsamkeit)
hektisch; ein hektischer Tag
der **Hektoliter** (*Abkürzung:* hl)
der **Held;** des/dem/den Helden; die Helden
heldenhaft; ein heldenhafter Sprung
die **Heldentat**

die **Heldin;** die Heldinnen
helfen; du hilfst; sie hilft; sie half; er hat geholfen; hilf mir!; sie hat ihr beim Nähen geholfen; sie hat ihr nähen helfen *oder* geholfen; sie weiss sich zu helfen; das hilft mir nicht
der **Helfer;** des Helfers; die Helfer
die **Helferin;** die Helferinnen
der **Heli** (*kurz für:* Helikopter); des Helis; die Helis
der **Helikopter** (Hubschrauber); des Helikopters; die Helikopter
das **Helium** (ein Edelgas); des Heliums
hell; die Sonne scheint hell; ein hell leuchtender *oder* hellleuchtender Stern
hellauf; hellauf lachen (laut und fröhlich lachen); ABER: hell auflachen (plötzlich zu lachen anfangen); *Trennung:* hell-auf
hellblau; hellblau färben
hellblond
die **Hellebarde** (alte Hieb- und Stichwaffe); die Hellebarden
hellhörig; eine hellhörige Wohnung
die **Helligkeit**
helllicht; es ist helllichter Tag
der **Hellraumprojektor;** des Hellraumprojektors; die Hellraumprojektoren
der **Hellseher;** des Hellsehers; die Hellseher
die **Hellseherin;** die Hellseherinnen
hellsichtig (scharfsichtig; voraussehend)
hellwach
der **Helm;** des Helms *oder* Helmes; die Helme
Helsinki (Hauptstadt Finnlands)
Helvetia (Schweiz)
die **Helvetia** (Frauenfigur als Symbol für die Schweiz)
das **Helvetien** (Land der Helvetier und Helvetierinnen; *auch für:* die Schweiz)
der **Helvetier** (Angehöriger eines keltischen Volkes, das u. a. im heutigen schweizerischen Mittelland lebte); des Helvetiers, die Helvetier
die **Helvetierin;** die Helvetierinnen
helvetisch
das **Hemd;** des Hemds *oder* Hemdes; die Hemden
hemdärmelig *oder* **hemdsärmelig** *und* **hemdärmlig** *oder* **hemdsärmlig** (einfach, salopp, derb)
der **Hemdsärmel;** die Hemdsärmel *meist Plural;* in Hemdsärmeln (ohne Jacke oder Pullover)
die **Hemisphäre** (Erdhalbkugel; Himmelshalbkugel); die Hemisphären
hemmen; du hemmst; er hat den Ablauf gehemmt
das **Hemmnis;** des Hemmnisses; die Hemmnisse
der **Hemmschuh** (Bremsklotz; Hindernis); des Hemmschuhs *oder* Hemmschuhes; die Hemmschuhe
die **Hemmung;** Hemmungen haben
hemmungslos
der **Hengst;** des Hengstes; die Hengste
der **Henkel;** des Henkels; die Henkel
henken; du henkst ihn; er hat ihn gehenkt
der **Henker;** des Henkers; die Henker
die **Henkerin;** die Henkerinnen
die **Henne**
her; her zu mir!; her damit!; hin und her
herab
herablassen; er lässt den Rollladen herab; sie hat ihn herabgelassen
herablassend (hochmütig)
heran; nur heran, ihr zwei!
heranfahren; sie ist rechts herangefahren
herankommen; er ist bis auf 5 Meter an ihn herangekommen
herauf; herauf ist die Fahrt mühsamer als herunter
heraufbeschwören; er beschwört das Unglück herauf; sie hat es heraufbeschworen
heraus; aus dem Alter bin ich langsam heraus; heraus mit dem Geld!
herausfinden; sie findet den Trick heraus; sie fand hin heraus; sie hat ihn herausgefunden
die **Herausgabe**
herausgeben; sie gibt den Schlüssel heraus; sie hat ihn herausgegeben
der **Herausgeber** (eines Buches); des Herausgebers; die Herausgeber
die **Herausgeberin;** die Herausgeberinnen
das **Herausgeld** (Wechselgeld); des Herausgelds *oder* Herausgeldes
herauskommen; sie kommt heraus; sie ist herausgekommen; es wird nichts dabei herauskommen
herausstellen; er hat die Gartenstühle herausgestellt; es hat sich herausgestellt, dass ...

herb; herbe Kritik
herbei; alle Mann herbei!
herbeischaffen; sie schafft herbei; er hat alles herbeigeschafft
sich **herbemühen;** er bemüht sich her; er hat sich herbemüht
die **Herberge** (einfaches Gasthaus; gastliche Aufnahme); die Herbergen
der **Herbst;** des Herbsts *oder* Herbstes; die Herbste
die **Herbstferien** *Plural*
herbstlich; herbstliches Wetter
der **Herd;** des Herds *oder* Herdes; die Herde
die **Herde;** die Herden; eine Herde wilder Elefanten
herein; herein in die gute Stube!; ABER: er rief «Herein!»
hereinfallen; er fiel herein; sie ist tüchtig hereingefallen
hereinlegen; er legte ihn herein; sie hat ihn hereingelegt
der **Hergang** (Verlauf); des Hergangs *oder* Herganges
der **Hering** (ein Fisch; Zeltpflock); des Herings; die Heringe
Herisau (Hauptort des Kantons Appenzell Ausserrhoden); *Trennung:* He-ris-au
der **Herkules** (Mensch von grosser Körperkraft); des Herkules; die Herkulesse
die **Herkunft;** die Herkünfte
herlaufen; der Hund ist hinter ihm hergelaufen
das **Hermelin** (grosses Wiesel); des Hermelins; die Hermeline
der **Hermelin** (ein Pelz); des Hermelins; die Hermeline
hermetisch (dicht verschlossen); das Gebäude wurde von der Polizei hermetisch abgeriegelt
das **Heroin** (eine Droge); des Heroins
heroisch (heldenhaft)
der **Herold** (Verkündiger, Ausrufer, fürstlicher Bote); des Herolds *oder* Heroldes; die Herolde
die **Heroldin;** die Heroldinnen
der **Herr;** des Herrn; die Herren; mein Herr!; meine Herren!; seines Ärgers *oder* seinem Ärger Herr werden
die **Herrin;** die Herrinnen
herrisch
herrlich; ein herrliches Wetter; das schmeckt herrlich
die **Herrschaft**
herrschen; du herrschst; er herrschte; er hat gerecht geherrscht
der **Herrscher;** des Herrschers; die Herrscher
die **Herrscherin;** die Herrscherinnen
herrschsüchtig
herstellen; das Unternehmen hat Textilien hergestellt
Hertz (Masseinheit der Frequenz: Anzahl, zum Beispiel Schwingungszahl, pro Sekunde); des Hertz; die Hertz; 440 Hertz
herüber; von dort herüber
herüberkommen; sie kommt herüber; sie ist herübergekommen
herum; du liest das Buch verkehrt herum; um den Platz herum versammelten sich die Leute; die Ferien sind schon fast herum; so um die zehn Franken herum
herumlungern; sie lungerte herum; er ist in der Stadt herumgelungert
sich **herumtreiben;** sie trieb sich herum; er hat sich herumgetrieben
herunter; herunter mit euch!; er war mit den Nerven völlig herunter
herunterhängen; der Vorhang hängt herunter; er hat heruntergehangen
herunterladen (*EDV:* Daten von einem Computer, aus dem Internet auf den eigenen Computer übertragen)
herunterreissen; sie riss die Maske herunter; er hat den Vorhang heruntergerissen
hervor; hervor mit dir!; sie beobachtete den Biber aus ihrem Versteck hervor
hervorragend; eine hervorragende Rednerin
hervorrufen; ihre Worte haben Staunen hervorgerufen
hervortreten; sie tritt hervor; sie ist hervorgetreten
sich **hervortun;** er tut sich hervor; sie hat sich hervorgetan
das **Herz;** des Herzens; dem Herzen; die Herzen; von Herzen kommen; zu Herzen gehen, nehmen; mit Herz und Hand
die **Herzenslust;** nach Herzenslust essen
herzergreifend; eine herzergreifende Geschichte
der **Herzfehler;** des Herzfehlers; die Herzfehler
herzhaft; herzhafter; am herzhaftesten
herzig; ein herziges Kätzchen

der **Herzinfarkt;** des Herzinfarkts *oder* Herzinfarktes; die Herzinfarkte
das **Herzklopfen**
herzlich; aufs, auf das Herzlichste
der **Herzog;** des Herzogs *oder* Herzoges; die Herzöge
die **Hetze**
hetzen; du hetzt; sie hetzte; er hat den Fuchs gehetzt
der **Hetzer;** des Hetzers; die Hetzer
die **Hetzerin;** die Hetzerinnen
das **Heu;** des Heus *oder* Heues
die **Heubeere,** *auch für:* Heidelbeere
die **Heubühne**
die **Heuchelei**
heucheln; du heuchelst; er hat geheuchelt
der **Heuchler;** des Heuchlers; die Heuchler
die **Heuchlerin;** die Heuchlerinnen
heuchlerisch
heuen; du heust; sie heut; sie heute; sie hat geheut
heuer (in diesem Jahr)
die **Heuer** (Lohn der Seeleute); die Heuern
die **Heuernte**
der **Heuet** (Heuernte); des Heuets
heulen; du heulst; er heulte; er hat geheult; heule *oder* heul nicht!; das heulende Elend bekommen
der **Heuler** (Heullaut; Feuerwerkskörper; *auch für:* verlassener junger Seehund); des Heulers; die Heuler
der **Heuschnupfen**
die **Heuschrecke**
der **Heustock;** des Heustocks *oder* Heustockes; die Heustöcke
heute; bis heute; für heute; seit heute; die Jugend von heute; ABER: heute Abend; heute Mittag; heute Morgen; heute Nachmittag; heute Nacht; heute früh
heutig; in der heutigen Zeit
heutzutage
die **Hexe**
hexen; du hext; sie hexte; er hat gehext
der **Hexenschuss** (plötzlich auftretende Kreuzschmerzen)
der **Hexer;** des Hexers; die Hexer
die **Hexerei**
der **Hibiskus** (eine Heilpflanze); des Hibiskus; die Hibisken
der **Hick** (kleine Beschädigung); des Hicks; die Hicke
der **Hieb;** des Hiebs *oder* Hiebes; die Hiebe
hier; hier und da; von hier aus; hier oben
hieran; hieran schliesst sich ein weiterer Raum an; hieran wird deutlich, dass ...
die **Hierarchie** (Rangfolge, Rangordnung); die Hierarchien
hierarchisch; eine hierarchische Ordnung
hierauf; hierauf kann man sehr gut schlafen; sie machte die Aufgaben, hierauf rief sie ihre Freundin an; ich werde hierauf noch zu sprechen kommen
hieraus; sie pflückten Himbeeren und kochten hieraus Konfitüre
hierdurch; der Milchpreis dürfte hierdurch nicht steigen
hierfür; bitte in die hierfür bestimmte Kiste legen!
hierher; er hat es hierher zurückgeschickt
hierherkommen; sie kommt hierher; er ist sofort hierhergekommen
hiermit; hiermit kann ich nichts anfangen; hiermit erkläre ich, dass ...
die **Hieroglyphe** (Zeichen der ägyptischen Bilderschrift); die Hieroglyphen *meist Plural*
hiervon; einige Meter hiervon entfernt
hierzu; hierzu gehört auch dieses Bild
hierzulande *oder* **hier zu Lande**
hiesig; hiesigen Ortes *oder* Orts
hie und da
hieven (hochwinden); sie haben den Container an Deck gehievt
high (in Hochstimmung [nach der Einnahme von Drogen]); high sein
das **Highlight** (Höhepunkt, Glanzpunkt); des Highlight *oder* Highlights
die **Highsociety** *oder* **High Society** (die gesellschaftliche Oberschicht)
das *oder* die **Hightech** (Spitzentechnologie); des Hightech *oder* Hightechs *und* der Hightech
die **Hilfe;** Hilfe anbieten, leisten, suchen; einem Verunglückten zu Hilfe eilen, kommen; der Mechaniker, mithilfe *oder* mit Hilfe dessen (*oder* mit dessen Hilfe) sie ihr Auto reparierte
die **Hilfeleistung**
der **Hilferuf;** des Hilferufs *oder* Hilferufes; die Hilferufe

hilflos; hilfloser; am hilflosesten
hilfreich; ein hilfreicher Tipp
hilfsbereit
das **Hilfsmittel**
das **Hilfsverb** (haben, sein, werden; *z. B. in:* wir haben gewonnen)
die **Himbeere**
der **Himbeersaft**
der **Himmel;** des Himmels; die Himmel; um Himmels willen
himmelblau
himmelschreiend; eine himmelschreiende Ungerechtigkeit
die **Himmelsrichtung**
himmeltraurig; eine himmeltraurige Geschichte
himmlisch
hin; alles ist hin; hin und her schaukeln; hin und her laufen (ohne bestimmtes Ziel); ABER: hin- und herlaufen (hin- und wieder zurücklaufen); hin und wieder (zuweilen); vor sich hin brummen
hinab; etwas weiter hinab
hinabgehen; sie ging hinab; sie ist den Berg hinabgegangen
hinauf; hinauf mit dir!; jemanden bis hinauf begleiten; vom Angestellten bis hinauf zur Chefin
hinaufgehen; sie ging hinauf; sie ist die Treppe hinaufgegangen
hinaus; hinaus mit euch!; durch die Tür hinaus verschwinden; über lange Zeit hinaus; aus dem Alter ist er hinaus
hinausgehen; sie ging hinaus; sie ist hinausgegangen
hinderlich; eine hinderliche Einstellung
hindern; du hinderst; er hat ihn daran gehindert; hindere sie nicht daran!
das **Hindernis;** des Hindernisses; die Hindernisse
der **Hindu** (Anhänger einer indischen Religion); des Hindu *oder* Hindus; die Hindu *oder* Hindus
die **Hindu;** die Hindu *oder* Hindus
die **Hindufrau**
der **Hinduismus** (indische Religion); des Hinduismus
hinduistisch
hindurch; ich friere den ganzen Winter hindurch
hindurchgehen; sie geht hindurch; sie ging hindurch; sie ist hindurchgegangen
hindurchsehen; er sieht hindurch; er sah hindurch; er hat hindurchgesehen
hinein; hinein mit euch!; sie arbeitete bis tief in die Nacht hinein
hineingehen; er geht hinein; er ist hineingegangen
hineinplatzen; er platzte plötzlich hinein; sie ist in die Sitzung hineingeplatzt
hinfahren; sie fährt hin; sie fuhr hin; sie ist hingefahren
die **Hinfahrt;** Hin- und Rückfahrt; Hin- und Herfahrt
der **Hinflug;** des Hinflugs *oder* Hinfluges; die Hinflüge; Hin- und Rückflug
die **Hingabe**
hingeben; er gibt sein Leben hin; er gab es hin; er hat es hingegeben; sich hingeben; sie hat sich dem Spiel hingegeben
hingegen; er hingegen stimmte dafür
hingezogen; er fühlt sich zu ihr hingezogen
der **Hinkelstein** (grösserer, unbehauener [kultischer] Stein)
hinken; ich hinke; du hinkst; sie hat gehinkt; sie ist zur Tür gehinkt
hinreichend (ausreichend); das ist kein hinreichender Grund
hinrichten; man richtet ihn hin; man hat ihn hingerichtet
der **Hinschied** (Tod); des Hinschieds *oder* des Hinschiedes; die Hinschiede
hinsetzen; ich setzte den Koffer hin; sie hat sich hingesetzt
hinten; die Öffnung ist hinten; nach hinten gehen; hinten im Wald; das reicht hinten und vorn *oder* vorne nicht
hintenherum; er hat hintenherum erfahren, dass ...
hinter; hinter dem Zaun stehen; sich hinter den Zaun stellen
die **Hinterbliebene;** eine Hinterbliebene; die Hinterbliebenen
der **Hinterbliebene;** ein Hinterbliebener; die Hinterbliebenen; zwei Hinterbliebene
hinterbringen (heimlich informieren); er hat mir die Nachricht hinterbracht
hinterdrein; hinterdrein laufen *oder* hinterdreinlaufen
hintereinander; sich hintereinander aufstellen; alle sollen hintereinander hergehen; hintereinander herlaufen; hinterei-

nander schreiben *oder* hintereinanderschreiben
hintergehen (betrügen); er hat mich hintergangen
der **Hintergrund;** die Hintergründe
der **Hinterhalt;** die Hinterhalte; aus dem Hinterhalt schiessen
hinterhältig (hinterlistig); ein hinterhältiges Lächeln
hinterher; hinterher (danach) liefen wir nach Hause; hinterher laufen *oder* hinterherlaufen; er ist mir hinterhergelaufen
das **Hinterland;** des Hinterlands *oder* Hinterlandes
hinterlassen (zurücklassen); du hinterlässt Unordnung; er hinterliess vier Kinder; sie hat eine Nachricht hinterlassen
die **Hinterlassenschaft**
der **Hinterleib** (bei Insekten); des Hinterleibs *oder* Hinterleibes; die Hinterleiber
die **Hinterlist**
hinterlistig; ein hinterlistiger Mensch
der **Hintern** (Gesäss); des Hinterns; die Hintern
hinterrücks; jemanden hinterrücks angreifen
sich **hintersinnen;** du hintersinnst dich; sie hintersinnt sich; sie hintersann sich; sie hat sich hintersonnen
der **Hintersitz** (Rücksitz); des Hintersitzes; die Hintersitze
das **Hinterteil** (Gesäss)
hinüber; die Bananen werden wohl hinüber (verdorben) sein
hinübergehen; sie geht hinüber; sie ist hinübergegangen
die **Hin und Her;** des Hin und Her *oder* Hin und Hers; sie einigten sich nach längerem Hin und Her
das **Hin-und-her-Fahren;** ABER: das Hin- und [das] Herfahren; *vergleiche auch:* hin
die **Hin- und Herfahrt**
die **Hin- und Herreise**
der **Hin- und Herweg**
hinunter; zur Talstation hinunter sind es zwei Stunden; jemanden bis hinunter begleiten
hinuntergehen; er ging schnell hinunter; er ist die Treppe hinuntergegangen
hinunterschlucken; sie schluckte die Tablette hinunter; sie hat sie hinuntergeschluckt
hinweg; hinweg damit
der **Hinweg;** der Hin- und Rückweg
hinwegfegen; der Sturm ist über Zürich hinweggefegt; die Revolution hat die Diktatur hinweggefegt (beseitigt)
hinweggehen; sie ging über das Thema hinweg; sie ist darüber hinweggegangen
hinwegsetzen; sich darüber hinwegsetzen
der **Hinweis;** des Hinweises; die Hinweise
hinzu; und noch zwei Äpfel hinzu, bitte
hinzukommen; sie kam hinzu; sie ist hinzugekommen; ABER: hinzu kommt, dass er gelogen hat
die **Hiobsbotschaft** (Unglücksbotschaft)
der **Hip-Hop** (Stilrichtung der Rockmusik), *auch:* Hiphop *und* Hip Hop
der **Hip-Hopper;** des Hip-Hoppers; die Hip-Hopper
die **Hip-Hopperin;** die Hip-Hopperinnen
der **Hippie** (Anhänger[in] einer antibürgerlichen, pazifistischen, naturnahen Lebensform); des Hippies; die Hippies
die **Hippie;** die Hippies
das **Hirn;** des Hirns *oder* Hirnes; die Hirne
hirnen; du hirnst; er hirnt; er hirnte; er hat lange gehirnt
das **Hirngespinst** (Einbildung); des Hirngespinsts *oder* Hirngespinstes; die Hirngespinste
hirnrissig (unsinnig, verrückt); ein hirnrissiger Vorschlag
hirnverbrannt (verrückt); hirnverbrannte Ideen
der **Hirsch;** des Hirschs *oder* Hirsches; die Hirsche
die **Hirse** (eine Getreideart)
der **Hirt;** des Hirten; die Hirten
der **Hirtenbrief** (bischöfliches Rundschreiben)
die **Hirtin;** die Hirtinnen
hissen (an einem Mast oder einer Stange hochziehen); du hisst; er hisste; sie hat die Flagge gehisst
historisch (geschichtlich); ein historisches Ereignis
der **Hit** (erfolgreicher Schlager); des Hit *oder* Hits; die Hits
die **Hitparade**

hoch	
höher; am höchsten – hoch oben – die Preise sind sehr hoch *Schreibung in Verbindung mit Verben:* – hoch sein – es wird [sehr] hoch hergehen – sie kann hoch springen; sie kann höher springen als ihr Bruder – hoch (weit oben) fliegen – hoch (weit hinauf) steigen *Vergleiche aber:* hochheben; hochkrempeln; hochkurbeln; hochrechnen	*Schreibung in Verbindung mit Partizipien und Adjektiven:* – die hoch begabte *oder* hochbegabte Schülerin – hoch qualifizierte *oder* hochqualifizierte Mitarbeiter – hoch konzentrierte *oder* hochkonzentrierte Zuschauer *Ebenso:* hoch fliegend *oder* hochfliegend; hoch stehend *oder* hochstehend; ABER NUR: hochmodern; hochnäsig; hochschwanger

die **Hitze;** in der Hitze des Gefechts (in der Eile)
hitzebeständig; ein hitzebeständiges Glas
hitzefrei; gestern hatten wir hitzefrei
das **Hitzefrei**
der **Hitzgi** (Schluckauf); des Hitzgis
hitzig (leicht erregbar; heftig; leidenschaftlich); hitzige Debatten
der **Hitzkopf** (leicht erregbarer, unbeherrschter Mensch); des Hitzkopfs *oder* Hitzkopfes; die Hitzköpfe
hitzköpfig
das **HIV** = human immunodeficiency virus (ein Aidserreger); des HIV *oder* HIVs; die HIV *oder* HIVs
die **HIV-Infektion**
HIV-negativ
HIV-positiv
hl = Hektoliter
das **Hobby** (Freizeitbeschäftigung, die jemand aus Freude an der Sache betreibt); des Hobbys; die Hobbys
der **Hobel** (Werkzeug zur Holzbearbeitung); des Hobels; die Hobel; Bretter mit dem Hobel glätten
die **Hobelbank** (Werkbank in der Schreinerei); die Hobelbänke
hobeln; ich hoble *oder* hobele; du hobelst; er hobelte; sie hat das Brett gehobelt
hoch *siehe Kasten*
das **Hoch** (Hochruf; Gebiet hohen Luftdrucks); des Hochs; die Hochs
die **Hochachtung**
hochachtungsvoll (meist in Grussformeln am Schluss förmlicher, amtlicher Briefe)
hochdeutsch; hochdeutsch (wie?) *oder* Hochdeutsch (was?) sprechen, ABER: auf Hochdeutsch; *vergleiche:* deutsch
das **Hochdeutsch** *oder* das **Hochdeutsche** (die hochdeutsche Sprache); des Hochdeutsch *und* Hochdeutschs *oder* des Hochdeutschen; *vergleiche:* Deutsch
der **Hochdruck;** des Hochdrucks *oder* Hochdruckes; unter Hochdruck (intensiv und in grosser Eile) arbeiten
das **Hochdruckgebiet** (Gebiet mit hohem Luftdruck)
die **Hochebene**
das **Hochgebirge**
das **Hochgefühl**
das **Hochhaus;** des Hochhauses; die Hochhäuser
hochheben; sie hob den Korb hoch; er hat ihn hochgehoben
hochkant; etwas hochkant stellen
hochkantig; jemanden hochkantig (grob, rücksichtslos) hinauswerfen
hochkrempeln; er krempelte die Ärmel hoch; sie hat die Ärmel hochgekrempelt
hochkurbeln; sie kurbelte die Scheibe hoch; er hat die Scheibe hochgekurbelt
die **Hochleistung**
der **Hochleistungssport**
hochmodern; ein hochmodernes Gerät
der **Hochmut;** des Hochmuts *oder* Hochmutes
hochmütig; hochmütiges Verhalten

hochnäsig
das **Hochparterre;** des Hochparterres; eine Wohnung im Hochparterre
hochrechnen (aus Teilergebnissen das wahrscheinliche Gesamtergebnis berechnen); sie rechnete die Zahlen hoch; sie hat hochgerechnet
die **Hochrechnung**
die **Hochsaison**
die **Hochschule**
die **Hochschulreife**
hochschwanger; eine hochschwangere Frau; sie war hochschwanger
der **Hochsprung;** des Hochsprungs *oder* Hochsprunges; die Hochsprünge
höchst; am höchsten; es ist höchste Zeit; das höchste der Gefühle; sie war darüber höchst erfreut; ABER: sie war auf das, aufs Höchste erfreut; sein Sinn ist auf das, aufs Höchste (worauf?) gerichtet; sie strebt nach dem Höchsten
der **Hochstapler** (Betrüger; Angeber); des Hochstaplers; die Hochstapler
die **Hochstaplerin;** die Hochstaplerinnen
höchstens; es wird höchstens zehn Minuten dauern
die **Höchstgeschwindigkeit**
das **Höchstmass;** ein Höchstmass an Sorgfalt
höchstwahrscheinlich; er hat es höchstwahrscheinlich getan; ABER: es ist höchst (im höchsten Grade) wahrscheinlich, dass er es getan hat
das **Hochwasser;** des Hochwassers; die Hochwasser
der **Hochweitsprung**
die **Hochzeit;** silberne, goldene Hochzeit
die **Hocke** (eine Turnübung)
hocken; du hockst; sie ist *oder* hat immer auf dem gleichen Platz gehockt
der **Hocker;** des Hockers; die Hocker
der **Höcker** (der Buckel); des Höckers; die Höcker
das **Hockey** (eine Sportart); des Hockeys
der **Hockeyaner;** des Hockeyaners; die Hockeyaner
die **Hockeyanerin;** die Hockeyanerinnen
der **Hockeyschläger;** des Hockeyschlägers; die Hockeyschläger
der **Hoden** (Samendrüse); des Hodens; die Hoden
der **Hof;** des Hofs *oder* Hofes; die Höfe
hoffen; du hoffst; sie hoffte; sie hat darauf gehofft
hoffentlich; hoffentlich kannst du kommen
die **Hoffnung**
hoffnungslos; hoffnungsloser; am hoffnungslosesten
hoffnungsvoll; sie waren ganz hoffnungsvoll; ein hoffnungsvoller Anfang
höflich
die **Höflichkeit**
hohe; der hohe Berg; das hohe C; auf hoher See
die **Höhe**
die **Hoheit** (oberste Staatsgewalt; Souveränität; Titel einer fürstlichen Person); die Hoheit über Grenzkontrollen
das **Hoheitsgebiet**
hoheitsvoll
der **Höhepunkt;** die Höhepunkte
höher; höhere Gewalt; er besucht die höhere Schule (eine Oberschule, ein Gymnasium); ABER: er ist auf der Höheren Technischen Lehranstalt; höher springen, höher singen, höher achten
hohl; ein hohler Zahn; hohle (eingefallene) Wangen; hohle Phrasen (leere Aussagen)
die **Höhle**
das **Hohlmass**
der **Hohlweg** (tief im Gelände liegender Weg); des Hohlwegs *oder* Hohlweges; die Hohlwege
der **Hohn** (Spott; Verachtung); des Hohns *oder* Hohnes
höhnen (höhnisch reden; spotten); du höhnst; sie höhnte; sie hat gehöhnt
höhnisch; höhnisches Gelächter
der **Hokuspokus** (Gaukelei; Zauberformel); des Hokuspokus
hold (lieblich, anmutig); holder; am holdesten
holen; du holst; sie hat das Buch geholt
Holland
der **Holländer;** des Holländers; die Holländer
die **Holländerin;** die Holländerinnen
holländisch
die **Hölle**
der **Höllenlärm** (sehr lauter Lärm, Krach); des Höllenlärms *oder* Höllenlärmes
die **Höllenqual;** er leidet Höllenqualen (sehr grosse Qualen)

höllisch; höllische Schmerzen; es war höllisch kalt

der **Holm** (Griffstange des Barrens; Längsstange der Leiter); des Holms *oder* Holmes; die Holme

der **Holocaust** (Massenvernichtung von Menschen, besonders der Juden und Jüdinnen während des Nationalsozialismus); des Holocaust *oder* Holocausts; die Holocausts

holperig *oder* **holprig**

holpern; der Wagen holpert; der Wagen hat laut geholpert; ABER: der Wagen ist über das Kopfsteinpflaster geholpert

der **Holunder;** des Holunders

das **Holz;** des Holzes; die Hölzer

holzen; du holzt; sie holzt; sie holzte; sie hat im Wald geholzt

hölzern; eine hölzerne Schale; er bewegte sich sehr hölzern (steif)

die **Holzfäller;** des Holzfällers; die Holzfäller

die **Holzfällerin;** die Holzfällerinnen

der **Holzhacker;** des Holzhackers; die Holzhacker

die **Holzhackerin;** die Holzhackerinnen

holzig; holzige Kohlrabi

holzschnittartig (grob, ohne Feinheiten); eine holzschnittartige Kritik

die **Holzschnitzel** (kleine Holzstückchen) *Plural*

die **Homepage** (im Internet abrufbare Darstellung von Informationen, Angeboten usw.); der Homepage; die Homepages

die **Homöopathie** (ein Heilverfahren)

homöopathisch

die **Homosexualität** (gleichgeschlechtliche Liebe)

homosexuell

der **Honduraner** (Bewohner von Honduras); des Honduraners; die Honduraner

die **Honduranerin;** die Honduranerinnen

honduranisch

Honduras (Staat in Mittelamerika)

der **Honig;** des Honigs; die Honige

honigsüss; honigsüsse Beeren; honigsüss lächeln

die **Honigwabe**

das **Honorar** (Vergütung); des Honorars; die Honorare

der **Hooligan** (Randalierer, besonders bei Massenveranstaltungen); des Hooligans; die Hooligans

die **Hooligan;** die Hooligans

der **Hopfen;** des Hopfens; die Hopfen

hopp!; hopp, hopp!

hoppla!

hopsen; du hopst; sie hopst; sie ist gehopst

der **Hopser;** des Hopsers; die Hopser

hopsgehen (verloren gehen; umkommen); das Geld ging hops; er ist hopsgegangen (ertappt und festgenommen worden)

das **Hörbuch** (gesprochener Text auf Kassette, CD o. Ä.); des Hörbuchs *oder* Hörbuches; die Hörbücher

horchen; du horchst; sie horchte; sie hat gehorcht

die **Horde** (Bande, Schar)

hören; du hörst; sie hörte; sie hat es gehört; er hat von dem Unglück gehört; sie hat die Glocken läuten hören *oder* gehört; sie hat wieder von sich hören lassen

das **Hörensagen;** er weiss es vom Hörensagen

der **Hörer;** des Hörers; die Hörer

die **Hörerin;** die Hörerinnen

hörig (abhängig); jemandem hörig sein

der **Horizont** (scheinbare Begrenzungslinie zwischen Himmel und Erde; Gesichtskreis); des Horizonts *oder* Horizontes; die Horizonte

horizontal (waagerecht)

die **Horizontale** (die Waagerechte); der Horizontale; die Horizontalen; zwei Horizontale *oder* Horizontalen

das **Hormon** (körpereigener Wirkstoff); des Hormons; die Hormone

hormonal *oder* **hormonell;** eine hormonale *oder* hormonelle Störung

das **Horn;** des Horns *oder* Hornes; die Hörner

die **Hornhaut**

die **Hornisse**

die **Hörnli** (Teigwarensorte) *Plural*

der **Hornuss** (Holz- oder Hartgummischeibe); des Hornusses; die Hornusse

das **Hornussen** (ein Schlagspiel)

das **Horoskop** (astrologische Schicksalsdeutung); des Horoskops; die Horoskope

der **Horror** (Abscheu, Grausen); des Horrors

der **Horrorfilm**
das **Horsd'œuvre** (Vorspeise); des Horsd'œuvre; die Horsd'œuvres
das **Hörspiel**
hors-sol (bodenunabhängig); Gemüse hors-sol anbauen
das **Hors-sol-Gemüse** (mit Nährlösung gezogenes Gemüse)
der **Horst** (Nest grosser Vögel); des Horsts *oder* Horstes; die Horste
der **Hort;** des Horts *oder* Hortes; die Horte
horten; er hat Geld, Vorräte gehortet; horte *oder* hort nicht zu viele Tabletten!
die **Hortensie** (ein Zierstrauch); die Hortensien
die **Hose;** *Verkleinerungsform:* das Höschen; er trägt eine graue Hose; sie hat [ein Paar] lange Hosen an
das **Hosenbein**
der **Hosensack;** des Hosensacks *oder* Hosensackes; die Hosensäcke
der **Hosenstoss;** des Hosenstosses; die Hosenstösse
die **Hosentasche**
das **Hospital** (Krankenhaus); des Hospitals; die Hospitale *oder* Hospitäler
hospitalisieren (in ein Spital einweisen); der Verletzte wurde hospitalisiert
das **Hospiz;** (Einrichtung zur Pflege und Betreuung Sterbender); des Hospizes; die Hospize
die **Hostess** (Begleiterin, Betreuerin); die Hostessen; *im Flugwesen ersetzt durch:* Flight Attendant
die **Hostie** (Abendmahlsbrot); die Hostien
das *oder* der **Hotdog** *oder* **Hot Dog** (heisse Wurst im Brötchen); des Hotdogs *oder* Hot Dogs; die Hotdogs *oder* Hot Dogs
das **Hotel;** des Hotels; die Hotels
der **Hotelier** (Hotelbesitzer); des Hoteliers; die Hoteliers
die **Hotelière** (Hotelbesitzerin); die Hotelières *oder* Hotelièren
die **Hotline** (Telefonnummer für rasche Serviceleistungen); die Hotlines
der **Hubraum** (bei Motoren); des Hubraums *oder* Hubraumes; die Hubräume
hübsch; hübscher; am hübschesten
der **Hubschrauber;** des Hubschraubers; die Hubschrauber
huckepack; sie trug ihn huckepack
das **Hudelwetter** (nasskaltes Wetter)

der **Huf;** des Hufs *oder* Hufes; die Hufe
das **Hufeisen**
hufeisenförmig
der **Huflattich** (eine Heilpflanze); des Huflattichs; die Huflattiche
die **Hüfte**
das **Hüftgelenk**
der **Hügel;** des Hügels; die Hügel
hügelig *oder* **hüglig**
das **Huhn;** des Huhns *oder* Huhnes; die Hühner
die **Hühnerhaut**
hui! (Ausruf)
huldigen (Ergebenheit zeigen; anhängen, frönen); das Volk huldigt; es huldigte der Königin; er huldigt dem Sport
die **Hülle**
die **Hülse**
die **Hülsenfrucht;** die Hülsenfrüchte
human (menschlich; menschenfreundlich; nachsichtig)
der **Humanismus** (Bildungsideal der griechisch-römischen Antike; geistige Strömung im 14. bis 16. Jahrhundert; Humanität); des Humanismus
humanistisch; ein humanistisches Gymnasium (Gymnasium, an dem die klassischen Sprachen Griechisch und Latein unterrichtet werden)
humanitär (menschenfreundlich; wohltätig); sie leisten humanitäre Hilfe; ABER: Schweizerisches Korps für Humanitäre Hilfe
die **Humanität** (Menschlichkeit; humane Gesinnung)
der **Humbug** (Schwindel, Unsinn); des Humbugs
die **Hummel;** die Hummeln
der **Hummer** (ein Krebs); des Hummers; die Hummer
der **Humor;** des Humors; schwarzer Humor (Humor, der Schlimmes einbezieht)
humoristisch; humoristische Darbietungen
humorvoll; eine humorvolle Art
humpeln; du humpelst; sie hat *oder* ist gehumpelt; humple *oder* humpele nicht so!
der **Humpen** (ein grosses Trinkgefäss); des Humpens; die Humpen
der **Humus** (fruchtbarer Bodenbestandteil); des Humus

der **Humusboden**
der **Hund;** des Hunds *oder* Hundes; die Hunde; der Grosse und der Kleine Hund (Sternbilder)
die **Hundehütte**
hundemüde *oder* **hundsmüde** (sehr müde)
hundert; hundert Menschen; an die hundert Menschen; der fünfte Teil von hundert; nicht ganz hundert sein (verrückt sein); ABER: das Hundert; ein halbes Hundert; das zweite Hundert; ein paar Hundert [Leute]; einige, viele Hunderte; [viele] Hunderte von Menschen; sie strömten zu Hunderten herein
hunderteins *oder* **hundertundeins**
der **Hunderter;** des Hunderters; die Hunderter
hunderterlei; hunderterlei Momente
die **Hunderternote**
hundertfach (*mit Ziffern:* 100-fach *oder* 100fach); *vergleiche auch:* achtfach
das **Hundertfache**
hundertjährig (*mit Ziffern:* 100-jährig)
hundertmal; vielhundertmal; viele Hundert Mal *oder* Male; viel Hundert Male; ein halbes Hundert Mal
der **Hundertmeterlauf** *oder* **Hundert-Meter-Lauf** (*mit Ziffern:* 100-Meter-Lauf *oder* 100-m-Lauf)
hundertprozentig (*mit Ziffern:* 100-prozentig *oder* 100%ig)
hundertste; der hundertste Anrufer; ABER: vom Hundertsten ins Tausendste kommen (vom eigentlichen Thema immer mehr abkommen)
der *oder* das **Hundertstel** *vergleiche:* Achtel
hundertundeins *oder* **hunderteins**
die **Hündin;** die Hündinnen
hündisch; hündischer Gehorsam
der **Hüne** (sehr grosser, kräftiger Mann); des/dem/den Hünen; die Hünen
das **Hünengrab**
hünenhaft
der **Hunger;** des Hungers; er starb vor Hunger; ABER: hungers sterben
hungern; sie hat gehungert; mich hungert
die **Hungersnot;** die Hungersnöte
hungrig; hungrige Kinder; sie war hungrig nach Abenteuern
die **Hünin;** die Hüninnen
der **Hunne** (*im Altertum:* Angehöriger eines mongolischen Nomadenvolks); des/dem/den Hunnen; die Hunnen
die **Hunnin;** die Hunninnen
die **Hupe**
hupen; du hupst; sie hupte; er hat gehupt
hüpfen; du hüpfst; er hüpfte; sie hat den ganzen Morgen gehüpft; ABER: sie ist über den Stein gehüpft
die **Hurde** (Gestell zur Aufbewahrung von Obst und Kartoffeln); die Hurden
die **Hürde**
der **Hürdenlauf**
der **Hürdenläufer**
die **Hürdenläuferin**
die **Hure** (Prostituierte)
hurra! (Ausruf)
das **Hurra;** des Hurras; die Hurras; viele Hurras; Hurra *oder* hurra schreien
der **Hurrikan** (Wirbelsturm); des Hurrikans; die Hurrikane, *bei englischer Aussprache:* die Hurrikans
hurtig (flink)
huschen; du huschst; sie ist durchs Zimmer gehuscht
hüsteln; du hüstelst; er hüstelte; sie hat gehüstelt
husten; du hustest; er hustete; sie hat gehustet
der **Husten;** des Hustens
das **Hustenbonbon**
der **Hustensirup**
der **Hut** (die Kopfbedeckung); des Huts *oder* Hutes; die Hüte
die **Hut** (der Schutz, die Aufsicht); auf der Hut (vorsichtig) sein
hüten; du hütest; sie hütet; sie hat die Schafe gehütet; sich hüten; er hat sich gehütet, mir zu widersprechen
die **Hutte** (Rückentragkorb); die Hutten
die **Hütte**
der **Hüttenfinken;** des Hüttenfinkens; die Hüttenfinken
der **Hüttenwart;** des Hüttenwarts *oder* Hüttenwartes; die Hüttenwarte
die **Hüttenwartin;** die Hüttenwartinnen
die **Hyäne** (ein Raubtier); die Hyänen

a b c d e f g h i j k l m n o p q r s t u v w x y z

die **Hyazinthe** (eine Zwiebelpflanze); die Hyazinthen

der **Hydrant** (Zapfstelle zur Wasserentnahme); des/dem/den Hydranten; die Hydranten

die **Hydraulik** (Strömungslehre; hydraulisches System)

hydraulisch (mit Flüssigkeitsdruck arbeitend); hydraulische Bremse

die **Hygiene** (Gesundheitslehre; Gesundheitspflege)

hygienisch; hygienische Händereinigung

die **Hymne** (Festgesang, Lobgesang); die Hymnen

hyperaktiv (mit einem übersteigerten Bewegungsdrang); hyperaktive Kinder

hyperkorrekt (überkorrekt); ein hyperkorrektes Verhalten

der **Hyperlink** (Stelle auf dem Bildschirm, die durch Anklicken zu weiteren Informationen führt); des Hyperlink *oder* Hyperlinks; die Hyperlinks

hypermodern (übertrieben modern); ein hypermoderner Rechner

die **Hypnose** (schlafähnlicher Bewusstseinszustand); die Hypnosen

hypnotisieren; du hypnotisierst ihn; sie hat ihn hypnotisiert; hypnotisiere ihn nicht!

die **Hypotenuse** (Seite gegenüber dem rechten Winkel im Dreieck); die Hypotenusen

die **Hypothek** (Pfandrecht an einem Grundstück; finanzielle Belastung eines Hauses oder Grundstücks); die Hypotheken

der **Hypothekarzins** *oder* **Hypozins** (auf eine Hypothek zu bezahlender Zins)

die **Hypothese** (theoretische Annahme); die Hypothesen

hypothetisch (nur angenommen; zweifelhaft); hypothetische Aussagen

> Viele Fremdwörter werden anders geschrieben, als sie gesprochen werden. Dazu gehört auch das Nomen *Hieroglyphe,* das in der ersten Silbe nicht mit *y,* sondern mit einem langen *ie* geschrieben wird.

die **Hysterie** (psychische Störung); die Hysterien

hysterisch; hysterische Anfälle

I

das **I** (Buchstabe); des I; die I; ABER: das i in Bild

i. A. = im Auftrag

i. Allg. = im Allgemeinen

der **IC** = Intercity *(Markenbezeichnung)*

der **ICE** = Intercityexpress *(Markenbezeichnung)*

ich

das **Ich;** des Ich *oder* Ichs; die Ich *oder* Ichs; das liebe Ich; mein anderes Ich

der **ICN** = Intercity-Neigezug

die **ID** = Identitätskarte

ideal (nur in der Vorstellung existierend; vollkommen); ideale Partner

das **Ideal** (höchstes Ziel, Wunschbild); des Ideals; die Ideale

das **Idealalter**

das **Idealbild**

der **Idealismus** (Streben nach Verwirklichung von Idealen); des Idealismus

der **Idealist;** des/dem/den Idealisten; die Idealisten

die **Idealistin;** die Idealistinnen

idealistisch; idealistische Ziele

die **Idee** (Grundgedanke, Einfall, Plan); die Ideen; eine Idee (Kleinigkeit) Salz zugeben

die **Identifikation**

identifizieren (miteinander gleichsetzen, eine Person oder Sache genau wiedererkennen); du identifizierst; man hat die Tote identifiziert

identisch (übereinstimmend; völlig gleich); identische Schriftstücke

die **Identität** (Echtheit einer Person oder Sache; Gleichheit); die Identitäten

die **Identitätskarte** (Personalausweis; *Abkürzung:* ID)

die **Ideologie** (Weltanschauung, die zur Erreichung politischer und wirtschaftlicher Ziele dient); die Ideologien

ideologisch; ideologisches Denken

der **Idiot;** des/dem/den Idioten; die Idioten

die **Idiotin;** die Idiotinnen

idiotisch

das **Idol** (Götterbild; Abgott; Schwarm); des Idols; die Idole

das **Idyll;** des Idylls; die Idylle

idyllisch; eine idyllische Landschaft

der **Igel;** des Igels; die Igel

der *oder* das **Iglu** (runde Schneehütte der Eskimos); des Iglus; die Iglus

der **Ignorant** (Nichtswisser, Dummkopf); des/dem/den Ignoranten; die Ignoranten

die **Ignorantin;** die Ignorantinnen

ignorieren (nicht beachten); du ignorierst ihn; sie hat ihn ignoriert

ihm

ihn

ihnen; er folgte ihnen; *im Brief:* wir danken Ihnen

ihr; ihr Geld; ihre Brille; ihres, ihrem, ihren, ihrer; die Ihren *oder* Ihrigen (ihre Angehörigen); das Ihre *oder* Ihrige (ihre Habe); sie muss das Ihre *oder* Ihrige dazu tun; *im Brief:* bitte teile mir mit, wann ihr kommt; ABER: bitte teilen Sie uns Ihre Ankunft mit

In Briefen muss man unterscheiden: Wenn die angesprochene Person geduzt wird, dann wird die Anrede kleingeschrieben, z. B.: «Bitte schreib mir, wann ihr kommt.» Wird sie jedoch gesiezt, wird das Possessivpronomen *Ihr* (als Entsprechung zu *Sie*) grossgeschrieben, z. B.: «Bitte teilen Sie uns Ihre Ankunft mit.»

ihrerseits

ihresgleichen

ihretwegen

das **IKRK** = Internationales Komitee vom Roten Kreuz

illegal (ungesetzlich; unrechtmässig); illegaler Walfang; illegal einwandern

der **Illettrismus** (gesellschaftliches Phänomen, dem zufolge nicht alle Erwachsenen gut genug lesen, schreiben oder rechnen können); des Illettrismus; *auch:* der Illetrismus

die **Illusion** (Wunschvorstellung, Sinnestäuschung); die Illusionen

illusionslos

illusorisch (nur in der Illusion bestehend); illusorische Pläne

die **Illustration** (Erläuterung; Bebilderung); die Ilustrationen; *Trennung:* Il-lus-tra-ti-on

illustrieren; du illustrierst; sie hat das Buch illustriert (bebildert); sie illustrierte (zeigte, erläuterte), dass ...; *Trennung:* il-lus-trie-ren

die **Illustrierte** (Zeitschrift, die v. a. Bildberichte enthält); der Illustrierten; die Illustrierten; ABER: zwei Illustrierte *oder* Illustrierten; *Trennung:* Il-lus-trier-te

der **Iltis** (eine Art Marder); des Iltisses; die Iltisse

im (in dem); im Auftrag *oder* Auftrage; im Grunde [genommen]; im Haus *oder* Hause; im Allgemeinen; im Grossen und Ganzen; im Besonderen; im Übrigen; im Voraus; im Einzelnen; [nicht] im Geringsten; im Argen liegen; mit sich im Reinen sein; im Begriff sein (gerade mit etwas anfangen wollen)

das **Image** (Vorstellungsbild von einer Person oder Personengruppe in der öffentlichen Meinung); des Images ; die Images

imaginär (nur vorgestellt; *Mathematik:* nicht reell); imaginäre Zahlen

der **Imbiss;** des Imbisses; die Imbisse

die **Imitation** (Nachahmung); die Imitationen

imitieren (nachahmen); du imitierst; er hat ihn imitiert

der **Imker** (Bienenzüchter); des Imkers; die Imker

die **Imkerin;** die Imkerinnen

immatrikulieren (anmelden; amtlich zulassen); sie immatrikulierte sich an einer Fachhochschule; ein immatrikuliertes Fahrzeug

die **Imme** (Biene); die Immen

immer; für immer

immerfort (ständig); jemanden immerfort anstarren

immergrün: ein immergrüner Strauch; ABER: der Strauch ist immer grün

immerhin; sie hat es immerhin versucht

immerzu (fortwährend); er muss immerzu an sie denken

die **Immission** (Wirkung von Verunreinigungen, Lärm, Strahlen auf Lebewesen);); die Immissionen

die **Immobilie** (Grundstück; Grundbesitz); die Immobilien *meist Plural*

immun (gegen Ansteckung geschützt; unempfindlich; gegen gerichtliche Verfolgung geschützt)

immunisieren (immun machen); die Impfung hat den Körper immunisiert die **Immunität** (Unempfindlichkeit gegenüber Krankheitserregern; Schutz vor Strafverfolgung)

die **Immunschwäche** (krankhaft verminderte Abwehrkraft des Immunsystems)

das **Immunsystem** (körpereigenes Abwehrsystem gegen Krankheitserreger)

der **Imperativ** (Befehlsform des Verbs); des Imperativs; die Imperative

das **Imperfekt** (*Zeitform:* die erste Vergangenheit; Präteritum); des Imperfekts; die Imperfekte

der **Imperialismus** (Streben von Grossmächten nach wirtschaftlicher, politischer und militärischer Vorherrschaft); des Imperialismus

imperialistisch; imperialistische Politik

impertinent (ungehörig, frech); impertinenter; am impertinentesten; ein impertinenter Kerl

impfen; ich impfe; du impfst; sie hat das Kind gegen Tetanus geimpft; *Trennung:* imp-fen

der **Impfpass;** des Impfpasses; die Impfpässe

der **Impfstoff;** des Impfstoffs *oder* Impfstoffes; die Impfstoffe

die **Impfung;** *Trennung:* Imp-fung

imponieren (Achtung einflössen, Eindruck machen); du imponierst ihm; sie hat ihm imponiert

der **Import** (Einfuhr); des Imports *oder* Importes; die Importe; Im- und Export

importieren; du importierst; sie importierte; sie hat ihr Auto importiert

imposant (eindrucksvoll; grossartig); eine imposante Schlucht

imprägnieren ([mit einem Schutzmittel gegen Feuchtigkeit] durchtränken); du imprägnierst; sie hat den Stoff imprägniert; *Trennung:* im-präg-nie-ren

die **Improvisation;** *Trennung:* Im-pro-vi-sa-ti-on

improvisieren (etwas ohne Vorbereitung tun); sie hat improvisiert; *Trennung:* im-pro-vi-sie-ren

der **Impuls** (Anstoss; Anregung; [innerer] Antrieb); des Impulses; die Impulse

impulsiv (inneren Impulsen sogleich folgend); ein impulsiver Mensch

imstande *oder* **im Stande;** imstande *oder* im Stande (in der Lage) sein

in; ich gehe in dem (im) Garten auf und ab; ABER: ich gehe in den Garten

in (dazugehörend; zeitgemäss, modern); diese Disco ist [nicht mehr] in

der **Inbegriff** (die Gesamtheit; das Höchste); des Inbegriffs *oder* Inbegriffes; die Inbegriffe

inbegriffen; Trinkgeld inbegriffen

die **Inbrunst** (leidenschaftliches Gefühl)

inbrünstig; inbrünstige Gebete

indem; sie diktierte den Brief, indem (während) sie im Zimmer umherging; ABER: sie diktierte einen Brief, in dem (in welchem) sie uns mitteilte, dass ...

der **Inder** (Bewohner Indiens); des Inders; die Inder

die **Inderin;** die Inderinnen

indes, *häufiger:* **indessen** (während; wohingegen; inzwischen; aber); ich könnte mir indessen vorstellen, dass ...

der **Index** (alphabetisches Verzeichnis; statistischer Messwert; Liste verbotener Bücher); des Index *oder* Indexes; die Indexe *und* Indizes *oder* Indices

der **Indianer** (Ureinwohner Amerikas); des Indianers; die Indianer

die **Indianerin;** die Indianerinnen

indianisch

Indien

der **Indikativ** (Wirklichkeitsform); des Indikativs; die Indikative

indirekt (mittelbar); indirekte Wahl; indirekte (abhängige) Rede

indisch; die indische Küche; ABER: der Indische Ozean

indiskret (nicht verschwiegen; zudringlich); indiskreter; am indiskretesten; eine indiskrete Frage; *Trennung:* in-dis-kret

individuell (vereinzelt; besonders geartet)

das **Individuum** (Einzelwesen, einzelne Person); des Individuums; die Individuen

das **Indiz** (Anzeichen; Umstand, der auf etwas schliessen lässt); des Indizes; die Indizien

Indonesien (Inselstaat in Südostasien)

der **Indonesier;** des Indonesiers; die Indonesier

die **Indonesierin;** die Indonesierinnen

indonesisch

industrialisieren (Industrie ansiedeln,

einführen); man hat das Land industrialisiert; *Trennung:* in-dus-tri-a-li-sie-ren

die **Industrie;** die Industrien; *Trennung:* In-dus-trie

industriell (die Industrie betreffend); die industrielle Revolution; *Trennung:* in-dus-tri-ell

der **Industrielle** (Besitzer eines Industriebetriebs); ein Industrieller; die Industriellen; viele Industrielle

die **Industrielle;** eine Industrielle; die Industriellen

ineinander; die Fäden sind ineinander verschlungen; ineinander greifen *oder* ineinandergreifen; ineinander stecken *oder* ineinanderstecken

infam (niederträchtig); eine infame Verleumdung

die **Infanterie** (*beim Militär:* Fusstruppe)

der **Infarkt** (*Medizin:* Absterben von Gewebe nach Unterbrechung der Blutzufuhr); des Infarkts *oder* Infarktes; die Infarkte

die **Infektion** (Ansteckung); die Infektionen

der **Infinitiv** (Nennform, Grundform des Verbs); des Infinitivs; die Infinitive

infizieren (anstecken); du infizierst ihn; er hat ihn infiziert; sich infizieren; er hat sich bei ihm infiziert

die **Inflation** (Geldentwertung); *Trennung:* In-fla-ti-on

die **Inflationsrate;** eine steigende Inflationsrate

die **Info** (*umgangssprachlich kurz für:* Information); die Infos

infolge; infolge des schlechten Wetters; infolge von Sturm und Hagel

infolgedessen; er musste ausweichen und streifte infolgedessen die Mauer

die **Informatik** (Wissenschaft von der Informationsverarbeitung)

der **Informatiker;** des Informatikers; die Informatiker

die **Informatikerin;** die Informatikerinnen

die **Information** (Auskunft, Nachricht)

die **Informationstechnologie** (*Abkürzung:* IT)

informieren (Auskunft geben, benachrichtigen); du informierst ihn; sie hat ihn informiert; sich informieren; sie hat sich informiert

infrage *oder* **in Frage;** infrage *oder* in Frage stehen, stellen; das kommt nicht infrage *oder* in Frage

infrarot; infrarote Strahlen (unsichtbare Wärmestrahlen); *Trennung:* in-fra-rot

die **Infrastruktur** (organisierte Gesamtheit von Einrichtungen und Anlagen); *Trennung:* In-fra-struk-tur

Ing. = Ingenieur, Ingenieurin

der **Ingenieur** (Techniker mit Hoch- oder Fachschulausbildung); des Ingenieurs; die Ingenieure

die **Ingenieurin;** die Ingenieurinnen

der **Inhaber;** des Inhabers; die Inhaber

die **Inhaberin;** die Inhaberinnen

inhalieren (einatmen); du inhalierst; sie hat den Dampf inhaliert

der **Inhalt;** des Inhalts *oder* Inhaltes; die Inhalte

inhaltlich (den Inhalt betreffend)

inhuman (unmenschlich)

der **Initiant;** des/dem/den Initianten; die Initianten; *Trennung:* Ini-ti-ant

die **Initiantin;** die Initiantinnen; *Trennung:* Ini-ti-an-tin

die **Initiative** (Entschlusskraft; Anstoss zum Handeln; Volksbegehren); die Initiativen; die Initiative ergreifen; *Trennung:* Ini-ti-a-ti-ve

die **Injektion** (Einspritzung); die Injektionen

injizieren (einspritzen); der Arzt hat ihr das Mittel in den Arm injiziert

inklusive (einschliesslich); inklusive Skipass; *Abkürzung:* inkl.

inkognito (mit fremdem Namen); inkognito reisen

inkompatibel (unverträglich; unvereinbar); inkompatible Anschlüsse

inkonsequent (nicht folgerichtig; widersprüchlich)

die **Inkubationszeit** (Zeit von der Infektion bis zum Ausbruch einer Krankheit)

das **Inland;** des Inlands *oder* Inlandes; im Inland

inländisch; inländische Produkte

der **Inliner** (*kurz für:* Inlineskate); des Inliners; die Inliner

der **Inlineskate** (Rollschuh mit schmalen, in einer Linie hintereinander angeordneten Rädchen; Inliner); des Inlineskates; die Inlineskates

inlineskaten (Rollschuh laufen mit Inlineskates); du inlineskatest; er inlineskatete; sie sind *oder* haben inlinegeskatet

der **Inlineskater;** des Inlineskaters; die Inlineskater

die **Inlineskaterin;** die Inlineskaterinnen

das **Inlineskating;** des Inlineskatings

inmitten; inmitten des Sees

der **Inn** (rechter Nebenfluss der Donau); des Inn *oder* Inns

innehaben; seit sie das Amt innehat; sie hat dieses Amt innegehabt

innen; von innen, nach innen; innen und aussen

die **Innenstadt;** die Innenstädte

innere; innerste; zuinnerst; die innere Medizin; die inneren Angelegenheiten des Staates; ABER:

das **Innere;** im Innern *oder* Inneren; das Eidgenössische Departement des Innern (*Abkürzung:* EDI)

innerhalb; innerhalb eines Jahres, zweier Jahre; innerhalb vier Jahren, vier Tagen

innerlich; eine innerliche Unruhe; innerlich jubelte er

innerorts (innerhalb einer Ortschaft); er wurde innerorts mit 80 km/h geblitzt

die **Innerschweiz** (Region der Schweiz um den Vierwaldstättersee)

innerschweizerisch (innerhalb der Schweiz)

innert; innert einem Monat *oder* eines Monats; innert nützlicher Frist

innig; innige Umarmungen

die **Innigkeit**

die **Innung** (Verband selbstständiger Handwerker)

inoffiziell (nicht amtlich)

der **Input** (*EDV:* Eingabe in eine Datenverarbeitungsanlage; eingegebene Daten); des Inputs; die Inputs

die **Inquisition** (mittelalterliches katholisches Ketzergericht)

ins (in das); ins Bett gehen; ins Schwärmen geraten

der **Insasse;** des/dem/den Insassen; die Insassen

die **Insassin;** die Insassinnen

insbesondere *oder* **insbesondre;** insbesondere, wenn ...

die **Inschrift**

das **Insekt** (Kerbtier); des Insekts; die Insekten

die **Insel;** die Inseln

das **Inserat** (Zeitungsanzeige); des Inserats *oder* Inserates; die Inserate

inserieren (eine Zeitungsanzeige aufgeben); du inserierst; sie inserierte; sie hat im Tageblatt inseriert

insgeheim; er hatte sich insgeheim mehr erhofft

insgesamt; es gab insgesamt zwei Goldmedaillen

der **Insider** (jemand, der interne Kenntnisse von etwas hat; Eingeweihter); des Insiders; die Insider

die **Insiderin;** die Insiderinnen

der **Insidertipp** (Geheimtipp)

inskünftig (in Zukunft; zukünftig)

insofern; ich stimme dir insofern (was das betrifft) zu; sie will mitmachen, insofern (vorausgesetzt) sie dann kann

insoweit (insofern)

die **Inspektion** (Kontrolle, Aufsicht, Besichtigung); die Inspektionen; *Trennung:* In-spek-ti-on

der **Inspektor;** des Inspektors; die Inspektoren; *Trennung:* In-spek-tor

die **Inspektorin;** die Inspektorinnen; *Trennung:* In-spek-to-rin

die **Inspiration** (Einfall, Eingebung); *Trennung:* In-spi-ra-ti-on

inspirieren (zu etwas anregen); er inspiriert; er inspirierte; er hat sie zu einem neuen Gedicht inspiriert; das Bild hat ihn inspiriert; *Trennung:* in-spi-rie-ren

inspizieren (kontrollierend besichtigen); ich inspiziere die Truppe; sie hat das Werk inspiziert; *Trennung:* in-spi-zie-ren

der **Installateur;** des Installateurs; die Installateure; *Trennung:* In-stal-la-teur

die **Installateurin;** die Installateurinnen; *Trennung:* In-stal-la-teu-rin

die **Installation** (der Einbau, der Anschluss von technischen Anlagen); *Trennung:* In-stal-la-ti-on

installieren; du installierst; er hat die Heizung installiert; *Trennung:* in-stal-lie-ren

instand *oder* **in Stand;** instand *oder* in Stand halten; instand *oder* in Stand setzen; ABER: das Instandhalten; das Instandsetzen

die **Instandhaltung**

inständig (eindringlich); jemanden inständig um etwas bitten

die **Instandsetzung**

die **Instanz** (zuständige offizielle Stelle); die Instanzen; *Trennung:* In-stanz

der **Instinkt** (Naturtrieb); des Instinkts *oder* Instinktes; die Instinkte; *Trennung:* In-stinkt

instinktiv (trieb-, gefühlsmässig, unwillkürlich); instinktives Verhalten; *Trennung:* in-stink-tiv

instinktlos (ohne Feingefühl); politisch instinktlos handeln; *Trennung:* in-stinkt-los

das **Institut** (Forschungs-, Lehranstalt); des Instituts *oder* Institutes; die Institute; *Trennung:* In-sti-tut

die **Institution** (öffentliche Einrichtung); die Institutionen; *Trennung:* In-sti-tu-ti-on

instruieren (unterweisen, anleiten); er hat das Team instruiert; *Trennung:* in-stru-ie-ren

die **Instruktion** (Anleitung); die Instruktionen; *Trennung:* In-struk-ti-on

instruktiv (lehrreich); ein instruktiver Vortrag; *Trennung:* in-struk-tiv

das **Instrument;** des Instruments *oder* Instrumentes; die Instrumente; *Trennung:* In-stru-ment

instrumental (mit Musikinstrumenten); sie hat den Sänger instrumental begleitet

instrumentieren; sie hat das Klavierstück für Orchester instrumentiert (eingerichtet); *Trennung:* in-stru-men-tie-ren

inszenieren (für die Bühnenaufführung gestalten); die Regisseurin hat das Stück neu inszeniert; *Trennung:* in-sze-nie-ren

intakt (unversehrt, heil); ein intakter Motor

integer (makellos; unbestechlich); eine integre Politikerin

die **Integration** (Eingliederung; Vereinigung zu einem Ganzen); *Trennung:* In-te-gra-ti-on *oder* In-teg-ra-ti-on

integrieren (in ein Ganzes einfügen); er lässt sich nicht in die Gruppe integrieren; die integrierte Gesamtschule; *Trennung:* in-te-grie-ren *oder* in-teg-rie-ren

der **Intellekt** (Denkvermögen, Verstand); des Intellekts *oder* Intellektes

intellektuell (verstandesmässig; geistig); intellektuelle Fähigkeiten

der **Intellektuelle** (Verstandesmensch; Akademiker); ein Intellektueller; die Intellektuellen; viele Intellektuelle

die **Intellektuelle;** eine Intellektuelle; die Intellektuellen

intelligent (klug, begabt); intelligenter; am intelligentesten

die **Intelligenz;** die Intelligenzen

der **Intendant** (Theaterleiter, Leiter eines Rundfunk- oder Fernsehsenders); des/dem/den Intendanten; die Intendanten

die **Intendantin;** die Intendantinnen

die **Intensität** (Stärke)

intensiv (eindringlich; gründlich); intensive (mit grossem Aufwand betriebene) Landwirtschaft

die **Intensivstation** (im Krankenhaus)

die **Intention** (Absicht); die Intentionen

intentional (zielgerichtet); ein intentionales Vorgehen

interaktiv (gegenseitig, wechselweise); ein interaktives Medium

der **Intercity** (*Markenbezeichnung:* schneller, zwischen Grossstädten verkehrender Personenzug; *Abkürzung:* IC); des Intercitys; die Intercitys; Intercityexpress (*Abkürzung:* ICE); Intercity-Neigezug (*Abkürzung:* ICN)

interessant; interessanter; am interessantesten

das **Interesse** (Teilnahme; Neigung; Vorteil); des Interesses; die Interessen; sie hat Interesse an, für etwas; das liegt [nicht] in meinem Interesse

interessehalber

interessieren (Interesse wecken); etwas interessiert; etwas hat ihn interessiert; sie hat ihn an, für etwas interessiert; sich interessieren; sie hat sich dafür interessiert

die **Interjektion** (Empfindungs- oder Ausrufewort); die Interjektionen

interkantonal (mehrere Kantone betreffend); interkantonale Zusammenarbeit

das **Intermezzo** (Zwischenspiel; Zwischenfall); des Intermezzos; die Intermezzos *oder* Intermezzi

intern (innerlich; vertraulich); eine interne Angelegenheit

das **Internat** (eine [höhere] Schule mit Wohnheim); des Internats *oder* Internates; die Internate

international; internationale Vereinbarungen; ABER: das Internationale Komitee vom Roten Kreuz (*Abkürzung:* IKRK)

das **Internet** (internationales Computernetzwerk); des Internets

die **Internetseite** (einzelnes Dokument im Internet; Website)

die **Interpellation** (parlamentarische Anfrage)

die **Interpretation** (Auslegung, Deutung)

interpretieren; er hat ihre Äusserung interpretiert

die **Interpunktion** (Zeichensetzung)

das **Interrogativpronomen** (Fragefürwort)

das **Intervall** (Zeitspanne, Abstand); des Intervalls; die Intervalle

intervenieren (eingreifen, vermitteln); die Nationalbank hat gegen den starken Franken interveniert

die **Intervention** (das Eingreifen, Einmischen); die Interventionen

das **Interview** (Befragung, Unterredung); des Interviews; die Interviews

interviewen du interviewst; sie interviewte; sie hat den Politiker interviewt; *Trennung:* in-ter-vie-wen

der **Interviewer;** des Interviewers; die Interviewer; *Trennung:* In-ter-vie-wer

die **Interviewerin;** die Interviewerinnen

intim (vertraut; das Geschlechtsleben betreffend)

die **Intimsphäre** (vertraut-persönlicher Bereich)

intolerant (unduldsam; engstirnig); eine intolerante Haltung

die **Intoleranz**

die **Intrige** (hinterhältige Machenschaften); die Intrigen; *Trennung:* In-tri-ge *oder* Intri-ge

intrigieren; du intrigierst; er intrigierte; sie hat gegen ihn intrigiert; intrigiere *oder* intrigier nicht!; *Trennung:* in-tri-gie-ren *oder* int-ri-gie-ren

die **Intuition** (unmittelbares Erfassen; Eingebung); die Intuitionen

intuitiv; intuitives Handeln

intus; etwas intus haben (etwas gegessen oder getrunken haben; etwas begriffen haben)

der **Inuk** *oder* **Inuit** (Selbstbezeichnung einer Teilgruppe der Eskimos); des Inuks *oder* des Inuits; die Inuit

invalid *oder* **invalide** (arbeitsunfähig)

die **Invalide;** eine Invalide; die Invaliden

der **Invalide;** des/dem/den Invaliden; die Invaliden; ein Invalide; zwei Invaliden

die **Invalidenversicherung;** *Abkürzung:* IV

die **Invasion** (feindlicher Einfall); die Invasionen

das **Inventar** (Einrichtungsgegenstände, Bestand); des Inventars; die Inventare

die **Inventur** (Bestandsaufnahme); die Inventuren; das Geschäft bleibt wegen Inventur geschlossen

investieren (Kapital anlegen); du investierst; sie investierte; sie hat in das Geschäft *oder* in dem Geschäft viel Geld investiert

die **Investition** (Kapitalanlage); die Investitionen

inwendig (im Innern); der Apfel war inwendig faul; sie kennt die Ballade in- und auswendig (gründlich)

inwiefern; inwiefern ist das die bessere Idee?; weiss man, inwiefern sie verantwortlich ist?

inzwischen; inzwischen macht ihm die Arbeit Spass

das **Ion** (elektrisch geladenes Teilchen); des Ions; die Ionen

der **i-Punkt;** des i-Punkts *oder* i-Punktes; die i-Punkte

Irak *oder* der **Irak** (vorderasiatischer Staat); die Bevölkerung Iraks *oder* des Irak *oder* des Iraks

der **Iraker;** des Irakers; die Iraker

die **Irakerin;** die Irakerinnen

irakisch

Iran *oder* der **Iran** (asiatischer Staat); die Bevölkerung Irans *oder* des Iran *oder* des Irans; *vergleiche auch:* Persien

der **Iraner;** des Iraners; die Iraner

die **Iranerin;** die Iranerinnen

iranisch

irden (aus gebranntem Ton); irdene Töpfe

irdisch (auf der Erde); das irdische Leben

der **Ire** (Bewohner Irlands); des/dem/den Iren; die Iren

irgend; wenn du irgend kannst, solltest du kommen; irgend so ein Gerät; irgend so etwas

irgendein; irgendeine; irgendeiner

irgendetwas

irgendjemand

irgendwann

irgendwas (*kurz für:* irgendetwas)
irgendwelch; irgendwelche Fragen
irgendwer
irgendwo
irgendwohin
die **Irin;** die Irinnen
die **Iris** (Regenbogenhaut im Auge; Schwertlilie); *Plural:* die Iris
irisch
Irland (nordwesteuropäische Insel; Staat auf einem Teil dieser Insel); *Personenbezeichnungen:* Ire, Irin
die **Ironie** (versteckter Spott); die Ironien; tragische Ironie
ironisch (spöttisch); ein ironischer Unterton
irrational (mit dem Verstand nicht fassbar; unvernünftig); irrationale Ängste; irrationale Zahlen (*Mathematik:* alle Zahlen, die sich nicht als Brüche mit ganzen Zahlen darstellen lassen)
irre *oder* **irr;** irr *oder* irre sein; ein irrer (verstörter) Blick; er war irr *oder* irre (wie von Sinnen) vor Schmerz
irreal (unwirklich); irreale Vorstellungen
irreführen; etwas führt irre; seine Darstellungsweise hat mich irregeführt; eine irreführende Auskunft; sie hat vor, mich irrezuführen; ABER: jemanden in die Irre führen
irregehen; er geht irre; sie ist irregegangen
irreleiten; er leitet ihn irre; er hat ihn irregeleitet; sie versucht, ihn irrezuleiten
irrelevant (unwichtig); ein irrelevanter Unterschied
sich **irren;** du irrst dich; er irrt sich; er irrte sich; sie hat sich geirrt
irreparabel (unersetzlich); ein irreparabler Schaden
irreversibel (nicht umkehrbar); irreversible Vorgänge
irrewerden *oder* **irrwerden;** er wird irre *oder* irr; er ist irregeworden *oder* irrgeworden; wenn man irrewird *oder* irrwird; sie beginnt, irrezuwerden *oder* irrzuwerden
die **Irrfahrt;** die Irrfahrten
irrig; eine irrige (auf einem Irrtum beruhende) Annahme
irritieren (verwirren, stören); die Bemerkung hat ihn irritiert; irritierende Signale
das **Irrlicht** (Leuchterscheinung in Sümpfen oder Mooren); die Irrlichter
der **Irrsinn;** des Irrsinns *oder* Irrsinnes
irrsinnig; irrsinnig (geistig verwirrt) werden; irrsinnige (unvorstellbar grosse) Schmerzen; das war irrsinnig (sehr) komisch
der **Irrtum;** des Irrtums; die Irrtümer
irrtümlich; sie wurde irrtümlich verhaftet
der **Irrweg;** die Irrwege
das **ISDN** = integrated services digital network (digitales Kommunikationsnetz zur schnellen Datenübermittlung); des ISDN
der **ISDN-Anschluss**
der **Islam** (die im Koran verkündete Religion); des Islam *oder* Islams
islamisch
der **Islamist** (islamischer Fundamentalist; Person, die den Islam wissenschaftlich untersucht); des/dem/den Islamisten; die Islamisten
die **Islamistin;** die Islamistinnen
Island
der **Isländer;** des Isländers; die Isländer
die **Isländerin;** die Isländerinnen
isländisch
die **Isolation** (Absonderung; Abkapselung; Abdichtung); die Isolationen
das **Isolierband;** die Isolierbänder
isolieren (absondern, abdichten); du isolierst; sie isolierte; er hat das Kabel isoliert
Israel (Volk der Juden und Jüdinnen im Alten Testament; Staat in Vorderasien); die Kinder Israel *oder* Israels
der **Israeli** (Angehöriger des Staates Israel); des Israeli *oder* Israelis; die Israelis
die **Israeli;** eine Israeli; die Israelis
israelisch (zum Staat Israel gehörend)
der **Israelit** (Jude im Alten Testament); des/dem/den Israeliten; die Israeliten
die **Israelitin;** die Israelitinnen
israelitisch
die **IT** = Informationstechnologie
Italien
der **Italiener;** des Italieners; die Italiener
die **Italienerin;** die Italienerinnen
italienisch; die italienische Schweiz; italienischer Salat; ABER: die Italienische Republik

das **i-Tüpfelchen**
die **IV** = Invalidenversicherung
die **IV-Rente** (Invalidenrente); die IV-Renten
der **IWF** = Internationaler Währungsfonds; des IWF

J

das **J** (Buchstabe); des J; die J; ABER: das j in Boje
ja; jaja!, *auch:* ja, ja!; jawohl; ja freilich; ja doch; aber ja; na ja; nun ja; ach ja; Ja *oder* ja sagen; zu allem Ja und Amen *oder* ja und amen sagen (mit allem einverstanden sein); das Ja und [das] Nein; mit einem Ja antworten; mit Ja oder [mit] Nein stimmen; die Folgen seines Ja *oder* Jas
die **Jacht** *oder* **Yacht** (ein Schiff, ein Segelboot); die Jachten *oder* Yachten
die **Jacke**
das **Jackett** (zum Herrenanzug gehörende Stoffjacke); des Jacketts; die Jacketts *oder* Jackette
der **Jackpot** (angesammelter Spielgewinn); des Jackpots; die Jackpots
die **Jagd;** die Jagden; er geht auf die Jagd
jagen; ich jage; du jagst; er hat den Bären gejagt
der **Jäger;** des Jägers; die Jäger
die **Jägerin;** die Jägerinnen
der **Jaguar** (ein Raubtier); des Jaguars; die Jaguare
jäh (plötzlich; steil); ein jähes Ende
jählings (jäh); jählings hinunterstürzen
das **Jahr;** des Jahrs *oder* Jahres; die Jahre; im Jahr *oder* Jahre 2010; laufenden Jahres; künftigen Jahres; nächsten Jahres; vorigen Jahres; über Jahr und Tag; Jahr für Jahr; von Jahr zu Jahr; zwei, viele Jahre lang; er ist über (mehr als) 14 Jahre alt; Schüler ab 14 Jahren, bis zu 18 Jahren; Eintritt nicht unter 16 Jahren; ein gutes neues Jahr! (Neujahrsglückwunsch)
jahraus, jahrein
jahrelang; es hat jahrelang gedauert; ABER: es hat zwei Jahre lang gedauert
der **Jahresring;** die Jahresringe *meist Plural*
die **Jahreszeit**
der **Jahrgang;** des Jahrgangs *oder* Jahrganges; die Jahrgänge
das **Jahrhundert**
...jährig (zum Beispiel dreijährig, *mit Ziffer:* 3-jährig; drei Jahre alt, drei Jahre dauernd); eine zweijährige Ausbildung

> Zusammensetzungen mit *-jährig* geben das Alter oder eine Zeitdauer an: ein *zweijähriges* Kind (ein zwei Jahre altes Kind); ein *halbjähriger* Aufenthalt (ein halbes Jahr dauernder Aufenthalt). Zusammensetzungen mit *-jährlich* dagegen geben eine Zeitspanne an, nach deren Ablauf sich etwas wiederholt: eine *halbjährliche* Kontrolle (alle halben Jahre); die *alljährliche* (alle Jahre wiederkehrende) Verleihung des Preises.

jährlich (jedes Jahr wiederkehrend); die Ausstellung findet jährlich statt; *vergleiche auch:* ...jährig
der **Jahrmarkt;** des Jahrmarkts *oder* Jahrmarktes; die Jahrmärkte
das **Jahrtausend;** des Jahrtausends; die Jahrtausende
das **Jahrzehnt;** des Jahrzehnts *oder* Jahrzehntes; die Jahrzehnte
der **Jähzorn;** des Jähzorns
jähzornig; ein jähzorniger Typ
die **Jalousie** (Sonnenblende am Fenster, Rollladen); die Jalousien
Jamaika (Insel der Grossen Antillen; Staat)
der **Jamaikaner;** des Jamaikaners; die Jamaikaner
die **Jamaikanerin;** die Jamaikanerinnen
jamaikanisch
der **Jammer;** des Jammers
jämmerlich; du siehst jämmerlich (beklagenswert) aus; ein jämmerlicher (verachtenswerter) Feigling; jämmerlich (sehr) frieren
jammern; du jammerst; er jammerte; er hat gejammert; er jammert mich (er tut mir leid)
jammerschade
der **Januar;** des Januar *oder* Januars; die Januare
Japan
der **Japaner;** des Japaners; die Japaner
die **Japanerin;** die Japanerinnen

japanisch
japsen (schwer atmen); du japst; sie japste; er hat nach Luft gejapst
der **Jargon** (Sondersprache einer Berufsgruppe oder Gesellschaftsschicht); des Jargons; die Jargons
der **Jasmin** (ein Strauch); des Jasmins; die Jasmine
der **Jass** (Kartenspiel); des Jasses
jassen; du jasst; sie jasste; sie hat gejasst
jäten (aus der Erde ziehen); du jätest; er jätete; er hat Unkraut gejätet
die **Jauche** (Gülle)
jauchzen (laut jubeln); du jauchzt; sie jauchzte; sie hat vor Freude gejauchzt
der **Jauchzer** (Freudenschrei); des Jauchzers; die Jauchzer
jaulen; du jaulst; der Hund jault; der Hund jaulte; der Hund hat gejault
jawohl
der **Jazz;** des Jazz
je; seit je; je Person; je drei; je zwei und zwei; je länger, je lieber; je mehr, desto lieber; je kürzer, umso schneller; je nachdem; je nach Bedarf; je erwachsenen, *auch:* erwachsener Teilnehmer berechnen wir 10 Franken
die **Jeans** (Hose im Stil der Bluejeans)

> Das Wort wird meist im Plural verwendet: «ein Paar echte Jeans.» «Wo sind meine alten Jeans?» «Sie fühlt sich in Jeans am wohlsten.» Daneben ist aber auch die Singularverwendung möglich: «Heute ziehe ich meine neue Jeans an.» «In meiner grünen Jeans ist ein Loch.»

jedenfalls; ich hab jedenfalls keine Lust mehr
jeder, jede, jedes; zu jeder Stunde; auf jeden Fall; er benutzt jede Gelegenheit dazu; zu Anfang jedes *oder* jeden Jahres; das weiss ein jeder; jeder Beliebige kann teilnehmen; jeder Einzelne wurde gefragt; jedes Mal versprach sie es; alles und jedes (alles ohne Ausnahme)
jederfrau *oder* **jedefrau;** ein Tanzkurs für jederfrau *oder* jedefrau; ABER: jede Frau mag das
jedermann; ein Skikurs für jedermann; ABER: jeder Mann tickt anders
jederzeit; es kann jederzeit passieren; ABER: es kann zu jeder Zeit passieren
jedoch; die Sonne schien, es war jedoch kalt; sie wollte anrufen, jedoch es war dauernd besetzt
der **Jeep** (*Markenbezeichnung:* ein Geländewagen); des Jeeps; die Jeeps
jeglicher, jegliche, jegliches; damit sind jegliche Zweifel beseitigt
jemals
jemand; jemands *oder* jemandes; jemand *oder* jemandem; jemand *oder* jemanden; sonst jemand; ABER: irgendjemand; jemand anders; jemand Fremdes; ein gewisser Jemand
Jemen *oder* der **Jemen** (Staat auf der Arabischen Halbinsel); die Bevölkerung Jemens *oder* des Jemen *oder* des Jemens
der **Jemenit** (Bewohner von Jemen); des/dem/den Jemeniten; die Jemeniten
die **Jemenitin;** die Jemenitinnen
jemenitisch
jener, jene, jenes; in jener Zeit; da kam jene; ich erinnere mich jenes Tages
der **Jenische** (Fahrender); ein Jenischer; die Jenischen; viele Jenische
die **Jenische;** eine Jenische; die Jenischen
jenseits; jenseits des Flusses; jenseits von Gut und Böse
das **Jenseits**
der **Jersey** (eine Stoffart); des Jersey *oder* Jerseys; die Jerseys
der **Jesuit** (Angehöriger eines katholischen Ordens); des/dem/den Jesuiten; die Jesuiten
der **Jet** (Düsenflugzeug); des Jet *oder* Jets; die Jets
der **Jeton** (Spielmarke); des Jetons; die Jetons
jetten (mit dem Jet fliegen); ich jette; du jettest; sie jettete; sie ist gejettet
jetzig; die jetzige Mode
jetzt; bis jetzt; von jetzt an
jeweilig; die jeweiligen Umstände
jeweils; er kommt jeweils am Montag
Jh. = Jahrhundert
das **Jiu-Jitsu** (*älter für:* Ju-Jutsu); des Jiu-Jitsu *oder* Jiu-Jitsus
der **Job** (Arbeit, Beschäftigung); des Jobs; die Jobs
jobben; du jobbst; sie jobbte; sie hat in den Ferien gejobbt
das **Jobsharing** (Aufteilung eines Arbeits-

platzes unter mehrere Personen); des Jobsharing *oder* Jobsharings

das **Joch** (Teil des Geschirrs bei Zugtieren); des Jochs *oder* Joches; die Joche

der **Jockey** (berufsmässiger Rennreiter); des Jockeys; die Jockeys

das **Jod;** des Jods *oder* Jodes

jodeln; ich jodle; du jodelst; sie jodelt; sie hat gejodelt

der **Jodler;** des Jodlers; die Jodler

die **Jodlerin;** die Jodlerinnen

der *oder* das **Joga** *oder* **Yoga** (indisches philosophisches System [mit körperlichen und geistigen Übungen]); des Joga *oder* Yoga *und* des Jogas *oder* Yogas

joggen (Jogging betreiben); du joggst; sie joggte; ich bin *oder* habe früher auch gejoggt

das **Jogging** (Laufen in mässigem Tempo als Fitnesstraining); des Joggings

der *oder* das **Joghurt** *oder* **Jogurt** (säuerliche Dickmilch); des Joghurt *oder* Jogurt; die Joghurt *oder* Jogurt *und* des Joghurts *oder* Jogurts *und* die Joghurts *oder* Jogurts

die **Johannisbeere**

johlen (lärmen); du johlst; er johlte; er hat gejohlt

der **Joint** (Haschisch-, Marihuanazigarette); des Joints; die Joints

das **Joint Venture** (*Wirtschaft:* Gemeinschaftsunternehmen); des Joint Venture *oder* Joint Ventures; die Joint Ventures

der **Joker** (eine Spielkarte; zusätzliche Chance in einem Quiz); des Jokers; die Joker

die **Jolle** (flaches Ruder- oder Segelboot); die Jollen

der **Jongleur** (Geschicklichkeitskünstler); des Jongleurs; die Jongleure

die **Jongleurin;** die Jongleurinnen

jonglieren; ich jongliere; du jonglierst; sie jonglierte; er hat mit den Bällen jongliert

die **Joppe** (Jacke)

Jordanien (Staat in Vorderasien)

der **Jordanier;** des Jordaniers; die Jordanier

die **Jordanierin;** die Jordanierinnen

jordanisch

das **Joule** (Masseinheit für die Energie); des Joule *oder* Joules; die Joule

das **Journal** (Zeitschrift); des Journals; die Journale

der **Journalismus** (Berichterstattung in den Massenmedien; Pressewesen); des Journalismus

der **Journalist;** des/dem/den Journalisten; die Journalisten

die **Journalistin;** die Journalistinnen

journalistisch; journalistischer Stil

jovial (gönnerhaft)

der **Joystick** (Steuerhebel für Computerspiele); des Joysticks; die Joysticks

jr. *oder* **jun.** = junior

der **Jubel;** des Jubels

jubeln; du jubelst; sie jubelte; sie hat gejubelt

der **Jubilar;** des Jubilars; dem/den Jubilar; die Jubilare

die **Jubilarin;** die Jubilarinnen

das **Jubiläum** (Jahrestag, Gedenkfeier); des Jubiläums; die Jubiläen

jubilieren (sich freuen); ich jubiliere; du jubilierst; sie jubilierte; sie hat jubiliert

jucken; es juckt mich am Arm; die Hand juckt mir, *seltener:* mich; mir, *seltener:* mich juckt die Hand; es hat mir, *seltener:* mich in den Fingern gejuckt, dir eine Ohrfeige zu geben; ihm, *seltener:* ihn juckt das Fell (er ist zu übermütig)

der **Juckreiz;** des Juckreizes; die Juckreize

der **Jude;** des/dem/den Juden; die Juden

das **Judentum**

judihui!

die **Judikative** (richterliche Gewalt im Staat)

die **Jüdin;** die Jüdinnen

jüdisch; die jüdische Zeitrechnung

das **Judo** (sportliche Form des Ju-Jutsu); des Judos

der **Judoka** (Judosportler); des Judoka *oder* Judokas; die Judoka *oder* Judokas

die **Judoka** (Judosportlerin); der Judoka; die Judoka *oder* Judokas

die **Jugend**

die **Jugendherberge**

jugendlich; die jugendlichen Zuschauer und Zuschauerinnen; jugendliches Aussehen

die **Jugendliche;** eine Jugendliche; die Jugendlichen

der **Jugendliche;** ein Jugendlicher; die Jugendlichen; zwei Jugendliche

die **Jugi** (*kurz für:* Jugendherberge); der Jugi; die Jugis

der **Jugoslawe;** des/dem/den Jugoslawen; die Jugoslawen

das **Jugoslawien** (*früher:* Staat in Südosteuropa)
die **Jugoslawin;** die Jugoslawinnen
jugoslawisch
das **Ju-Jutsu** (Technik der Selbstverteidigung ohne Waffen); des Ju-Jutsu *oder* Ju-Jutsus
die **Jukebox** (Musikbox); die Jukeboxes *oder* Jukeboxen
der **Juli;** des Juli *oder* Julis; die Julis
der **Jumbo** (*kurz für:* Jumbojet); des Jumbos; die Jumbos
der **Jumbojet** (ein Grossraumflugzeug); des Jumbojet *oder* Jumbojets; die Jumbojets
jun. *oder* **jr.** = junior (der Jüngere, die Jüngere)
jung; jünger; am jüngsten; von jung auf; er ist der jüngere, der jüngste meiner Söhne; meine Jüngste; sie ist nicht mehr die Jüngste; der Jüngere; Junge und Alte; Jung und Alt (jedermann)
der **Junge;** des/dem/den Jungen; die Jungen
jungenhaft; sein jungenhaftes Lachen
der **Jünger** (Anhänger einer Person oder Lehre); des Jüngers; die Jünger
die **Jüngerin;** die Jüngerinnen
die **Jungfrau**
der **Junggeselle;** des/dem/den Junggesellen; die Junggesellen
die **Junggesellin;** die Junggesellinnen
der **Jüngling;** des Jünglings; die Jünglinge
jüngste; das jüngste Küken; ABER: das Jüngste Gericht; der Jüngste Tag
der **Juni;** des Juni *oder* Junis; die Junis
junior (der Jüngere); Karl Mayer junior
der **Junior** (Sohn [im Verhältnis zum Vater]; *Mode:* Jugendlicher; *Sport:* Sportler zwischen 18 und 23 Jahren); des Juniors; die Junioren
die **Juniorin;** die Juniorinnen
das **Junkfood** (minderwertige Nahrung); des Junkfood *oder* Junkfoods
der **Junkie** (Drogenabhängiger); des Junkies; die Junkies
der **Jupe;** des Jupes; die Jupes
der **Jupiter** (ein Planet); des Jupiters
der **Jura** (schweizerisch-französischer Gebirgszug)
der **Jura** (Kanton)
der **Jurassier;** des Jurassiers; die Jurassier
die **Jurassierin;** die Jurassierinnen
jurassisch
die **Jurisprudenz** (Rechtswissenschaft)
der **Jurist** (Rechtskundiger); des/dem/den Juristen; die Juristen
die **Juristin;** die Juristinnen
die **Jury** (Preisgericht); die Jurys
das **Jus** (*kurz für:* Jurisprudenz); sie hat Jus studiert
der **Jus** (Frucht- oder Gemüsesaft); des Jus; die Jus
justieren (genau einstellen, einpassen, ausrichten); ich justiere das Gerät; er hat die Waage justiert
die **Justiz** (Rechtspflege)
die **Jute** (eine Faserpflanze; deren Faser)
das *oder* der **Juwel** (Edelstein; Schmuckstück); des Juwels; die Juwelen *meist Plural*
der **Juwelier** (Schmuckhändler; Goldschmied); des Juweliers; die Juweliere
die **Juwelierin;** die Juwelierinnen
der **Jux** (Scherz, Spass); des Juxes; die Juxe; [sich] einen Jux machen; aus Jux

K

das **K** (Buchstabe); des K; die K; ABER: das k in Haken
K = Kelvin
die **Kaaba** (islamisches Heiligtum in Mekka)
das **Kabarett** *oder* **Cabaret** (Kleinkunst; Kleinkunstbühne); des Kabaretts *oder* Cabarets; die Kabarette *oder* Kabaretts *oder* Cabarets
der **Kabarettist;** des/dem/den Kabarettisten; die Kabarettisten
die **Kabarettistin;** die Kabarettistinnen
kabarettistisch
das **Kabel;** des Kabels; die Kabel
das **Kabelfernsehen** (Übertragung von Fernsehprogrammen mithilfe von Kabeln)
der **Kabeljau** (ein Fisch); des Kabeljaus; die Kabeljaue *oder* Kabeljaus
kabellos; eine kabellose Tastatur
die **Kabine**
das **Kabinett** (kleinerer Raum; Gesamtheit der Minister und Ministerinnen); des Kabinetts; die Kabinette
der **Kabis** (Weisskohl); des Kabis
die **Kachel;** die Kacheln
der **Kachelofen**

die **Kacke** (Kot)
der **Kadaver** (toter Tierkörper); des Kadavers; die Kadaver
die **Kadenz** (*Musik:* zu einem Abschluss führende Akkordfolge; virtuose solistische Einlage); die Kadenzen
das **Kader** (*Militär:* Kerntruppe; *Sport:* Kerngruppe von Wettkämpfern; Gruppe leitender Personen in Partei, Staat, Wirtschaft; Mitglied dieser Gruppe); des Kaders; die Kader
das **Kadmium** (chemischer Grundstoff, Metall); des Kadmiums
der **Käfer;** des Käfers; die Käfer
das **Kaff** (kleines Dorf); des Kaffs; die Kaffs *oder* Kaffe
der **Kaffee** (Getränk; *auch für:* der Kaffeestrauch, die Kaffeebohnen); des Kaffees; die Kaffees; ABER: 3 [Tassen] Kaffee bestellen; *vergleiche aber:* Café
die **Kaffeemühle**
der **Käfig;** des Käfigs; die Käfige
kahl; kahl sein, werden; die Raupen haben den Baum kahl gefressen *oder* kahlgefressen; die Jungen liessen sich ihre Köpfe kahl rasieren *oder* kahlrasieren; die Arbeiter begannen, den Wald kahl zu schlagen *oder* kahlzuschlagen
kahlköpfig
der **Kahlschlag** (Fläche, auf der alle Bäume geschlagen, gefällt wurden; das Fällen der Bäume auf einer Fläche); des Kahlschlags *oder* Kahlschlages; die Kahlschläge
der **Kahn;** des Kahns *oder* Kahnes; die Kähne; Kahn fahren; ABER: das Kahnfahren
der **Kai** (das gemauerte Ufer; die Uferstrasse); des Kais; die Kais; *vergleiche auch:* Quai
der **Kaiser;** des Kaisers; die Kaiser
die **Kaiserin;** die Kaiserinnen
kaiserlich
der *oder* das **Kajak** (ein Boot); des Kajaks; die Kajaks
die **Kajüte**
das **Kajütenbett** (zwei- oder mehrstöckiges Bett)
der **Kakadu** (ein Papagei); des Kakadus; die Kakadus
der **Kakao;** des Kakaos
der **Kaki** *oder* **Khaki** (ein gelbbrauner Stoff); des Kaki *oder* Khaki *und* des Kakis *oder* Khakis
die **Kaki** (Frucht); der Kaki; die Kakis
kakifarben *oder* **khakifarben**
das **Kakihemd** *oder* **Khakihemd**
der **Kaktus;** des Kaktus; die Kakteen
der **Kalauer** (schlechter Witz); des Kalauers; die Kalauer
das **Kalb;** des Kalbs *oder* Kalbes; die Kälber
kalben; die Kuh kalbt; die Kuh kalbte; die Kuh hat gekalbt
der **Kalbsbraten**
das **Kaleidoskop** (optisches Spielzeug; lebendig-bunte Bilderfolge); des Kaleidoskops; die Kaleidoskope
der **Kalender;** der gregorianische Kalender; der julianische Kalender
das **Kali** (ein Ätz- und Düngemittel); des Kalis
das **Kaliber** (Durchmesser von Rohren); des Kalibers; die Kaliber
der **Kalif** (morgenländischer Herrscher); des/dem/den Kalifen; die Kalifen
das **Kalium** (chemischer Grundstoff, Metall); des Kaliums
der **Kalk;** des Kalks *oder* Kalkes
das *oder* der **Kalkül** (Berechnung, Schätzung); des Kalküls; die Kalküle
die **Kalkulation** (Ermittlung der Kosten, Kostenvoranschlag)
kalkulieren; du kalkulierst; sie kalkulierte; hat den Auftrag kalkuliert
die **Kalorie** (frühere Masseinheit für die Wärmemenge, auch für den Energieumsatz im Körper); die Kalorien; *vergleiche:* Joule
kalorienbewusst; kalorienbewusste Ernährung

kalt

kälter; am kältesten

- kalte [und warme] Küche
- ein kalter (nicht mit Waffen geführter) Krieg; ABER: der Kalte Krieg (als geschichtliche Epoche [1947–1990])

Getrennt- und Zusammenschreibung:

- du solltest den Pudding über Nacht kalt stellen *oder* kaltstellen
- das hat sie ganz kalt gelassen *oder* kaltgelassen

kaltblütig; ein kaltblütiger Mord; die Eidechsen sind kaltblütig
die **Kälte**
kälteempfindlich

kaltherzig
kaltschnäuzig (gleichgültig; schroff; herzlos); eine kaltschnäuzige Antwort
das **Kalzium** (chemischer Grundstoff, Metall); des Kalziums
Kambodscha (Staat in Hinterindien)
der **Kambodschaner;** des Kambodschaners; die Kambodschaner
die **Kambodschanerin;** die Kambodschanerinnen
kambodschanisch
das **Kamel;** des Kamels *oder* Kameles; die Kamele
die **Kamera;** die Kameras
der **Kamerad;** des/dem/den Kameraden; die Kameraden
die **Kameradin;** die Kameradinnen
die **Kameradschaft**
kameradschaftlich
Kamerun (Staat in Westafrika)
der **Kameruner;** des Kameruners; die Kameruner
die **Kamerunerin;** die Kamerunerinnen
kamerunisch
die **Kamille** (eine Heilpflanze)
der **Kamillentee;** des Kamillentees; die Kamillentees
der **Kamin** (Schornstein; Felsenspalt); des Kamins; die Kamine
der **Kaminfeger;** des Kaminfegers; die Kaminfeger
die **Kaminfegerin;** die Kaminfegerinnen
der **Kamm;** des Kamms *oder* Kammes; die Kämme
kämmen; du kämmst; er hat sein Haar gekämmt; sich kämmen; sie hat sich gekämmt
die **Kammer**
die **Kammermusik** (Musik für kleine Instrumental-Ensembles)
die **Kampagne** (umfangreiche Aktion für/gegen jemanden oder etwas); die Kampagnen
der **Kampf;** des Kampfs *oder* Kampfes; die Kämpfe
kampfbereit
kämpfen; du kämpfst; sie kämpfte; sie hat gekämpft
der **Kampfer** (ein Heilmittel); des Kampfers
der **Kämpfer;** des Kämpfers; die Kämpfer
die **Kämpferin;** die Kämpferinnen
kämpferisch
kampflos; sich kampflos ergeben
kampieren *oder* **campieren** ([im Freien] lagern; übernachten, hausen); du kampierst *oder* campierst; er kampierte *oder* campierte; er hat auf der Wiese kampiert *oder* campiert
Kanada (Staat in Nordamerika)
der **Kanadier;** des Kanadiers; die Kanadier
die **Kanadierin;** die Kanadierinnen
kanadisch
der **Kanal;** des Kanals; die Kanäle
die **Kanalisation** (Anlage zur Ableitung der Abwässer)
kanalisieren; man hat den Fluss kanalisiert (schiffbar gemacht)
das **Kanapee** (Sofa); des Kanapees; die Kanapees
der **Kanarienvogel**
die **Kandare** (Gebissstange des Pferdes); jemanden an die Kandare nehmen (jemanden streng behandeln)
der **Kandidat** (Prüfling, Bewerber); des/dem/den Kandidaten; die Kandidaten
die **Kandidatin;** die Kandidatinnen
die **Kandidatur** (Bewerbung)
kandidieren (sich bewerben); du kandidierst; sie kandidierte; sie hat für das Amt kandidiert
kandieren (mit Zuckerlösung überziehen); du kandierst; er kandierte; er hat die Früchte kandiert
das **Känguru;** des Kängurus; die Kängurus
das **Kaninchen;** des Kaninchens; die Kaninchen
der **Kanister** (ein Flüssigkeitsbehälter); des Kanisters; die Kanister
die **Kanne**
der **Kännel** (halboffene Wasserleitung); des Kännels; die Kännel
der **Kannibale** (Menschenfresser); des/dem/den Kannibalen; die Kannibalen
die **Kannibalin;** die Kannibalinnen
kannibalisch
der **Kannibalismus** (Verzehr von Menschenfleisch; das Auffressen von Artgenossen unter Tieren); des Kannibalismus
der **Kanon** (Richtschnur; Regel; mehrstimmiges Lied); des Kanons; die Kanons
die **Kanone**
die **Kantate** (instrumental begleitetes mehrteiliges Gesangsstück für Solostimmen [und Chor])

die **Kante**
die **Kanterniederlage** (hohe Niederlage)
der **Kantersieg** (müheloser, hoher Sieg)
kantig; ein kantiges Gesicht
die **Kantine** (Speisesaal in Betrieben)
der **Kanton;** des Kantons; die Kantone
kantonal; kantonale Abstimmungen
die **Kantonalbank**
die **Kantonspolizei**
der **Kantonsrat;** des Kantonsrats *oder* Kantonsrates; die Kantonsräte
die **Kantonsrätin**
die **Kantonsschule**
der **Kantor** (Leiter des Kirchenchores); des Kantors; die Kantoren
die **Kantorei** (evangelischer Kirchenchor)
die **Kantorin;** die Kantorinnen
das **Kanu** (ein Paddelboot); des Kanus; die Kanus
die **Kanüle** (Röhrchen; Hohlnadel)
die **Kanzel;** die Kanzeln
die **Kanzlei** (Anwaltsbüro; Behörde oder Büro, das Dokumente u. Ä. ausstellt); die Kanzleien
der **Kanzler;** des Kanzlers; die Kanzler
die **Kanzlerin;** die Kanzlerinnen
das **Kap** (Vorgebirge); des Kaps; die Kaps; Kap der Guten Hoffnung (an der Südspitze Afrikas); Kap Hoorn (Südspitze Südamerikas)
Kap. = Kapitel
die **Kapazität** (Leistungsvermögen; Fassungsvermögen; *auch für:* hervorragende Fachkraft); die Kapazitäten; sie ist eine Kapazität in der Chemie
die **Kapelle**
der **Kapellmeister** (musikalischer Leiter eines Chors, Orchesters oder einer Kapelle)
die **Kapellmeisterin**
die **Kaper** ([eingelegte] Blütenknospe des Kapernstrauchs); die Kapern
kapern (erbeuten); du kaperst; er hat ein Schiff gekapert
kapieren (begreifen, verstehen); du kapierst; sie kapierte; sie hat es kapiert
die **Kapillare** (Haargefäss, kleinstes Blutgefäss; Haarröhrchen); die Kapillaren
kapital (sehr gross); ein kapitaler Fehler
das **Kapital;** des Kapitals; die Kapitale *oder* Kapitalien
der **Kapitalismus** (Wirtschaftsform, bei der Privateigentum und Märkte das Wirtschaftsgeschehen steuern); des Kapitalismus
der **Kapitalist;** des/dem/den Kapitalisten; die Kapitalisten
die **Kapitalistin;** die Kapitalistinnen
kapitalistisch
das **Kapitalverbrechen** (schwere Straftat)
der **Kapitän** (Kommandant eines Schiffes; *auch für:* Flugkapitän); des Kapitäns; die Kapitäne
die **Kapitänin;** die Kapitäninnen
das **Kapitel** (der Abschnitt); des Kapitels; die Kapitel
die **Kapitulation** (Übergabe einer Truppe oder Festung)
kapitulieren (sich ergeben); du kapitulierst; sie kapitulierte; er hat kapituliert
der **Kaplan** (katholischer Hilfsgeistlicher); des Kaplans; die Kapläne
die **Kaplanin;** die Kaplaninnen
die **Kapo** (*kurz für:* Kantonspolizei)
die **Kappe**
kappen (abschneiden; abhauen); du kappst; sie kappte; sie hat das Seil gekappt
die **Kapriole** (närrischer Luftsprung; toller Einfall)
die **Kapsel;** die Kapseln
kaputt; ein kaputtes Spielzeug; kaputt sein; die Uhr ist schon wieder kaputt; sie hat die Vase kaputt gemacht *oder* kaputtgemacht; die Einbrecher haben alles kaputt geschlagen *oder* kaputtgeschlagen; sie haben sich kaputt gelacht *oder* kaputtgelacht
die **Kapuze**
der **Karabiner** (ein kurzes Gewehr); des Karabiners; die Karabiner
der **Karabinerhaken** (Haken mit Verschluss); des Karabinerhakens; die Karabinerhaken
das **Karacho** (grosse Schnelligkeit, Schwung); des Karachos; mit Karacho
die **Karaffe** (bauchige Glasflasche)
die **Karambolage** (Zusammenstoss); die Karambolagen
das *oder* der **Karamell** *oder* **Caramel** (gebrannter Zucker); des Karamells *oder* Caramels
das **Karamellbonbon** *oder* **Caramelbonbon**
das **Karaoke** (Veranstaltung, bei der Laien zur Instrumentalmusik eines Schlagers

den Text singen); des Karaoke *oder* Karaokes

das **Karat** (das Mass der Feinheit einer Goldlegierung); des Karats *oder* Karates; die Karate; ABER: 24 Karat Gold

das **Karate** (System waffenloser Selbstverteidigung); des Karate *oder* Karates

...karätig; zehnkarätig (*mit Ziffern:* 10-karätig)

die **Karawane** (Reisegesellschaft im Orient)

die **Karawanserei** (Unterkunft für Karawanen)

das **Karbid** (eine chemische Verbindung); des Karbids *oder* Karbides; die Karbide

das **Karbonat** (Salz der Kohlensäure); des Karbonats *oder* Karbonates; die Karbonate

die **Kardätsche** (die Pferdebürste)

der **Kardinal;** des Kardinals; die Kardinäle

die **Kardinaltugend** (eine wichtige Tugend); die Kardinaltugenden *meist Plural*

die **Kardinalzahl** (Grundzahl, z. B. null, eins, zwei)

die **Karette** *oder* **Karrette** (die Schubkarre); die Karetten *oder* Karretten; *auch:* die Garette *oder* Garrette

der **Karfreitag;** des Karfreitags *oder* Karfreitages; die Karfreitage

karg (spärlich, ärmlich); karger, *auch:* kärger; am kargsten, *auch:* kärgsten

kärglich (armselig; gering); ein kärgliches Leben; der Lohn war kärglich

die **Karibik** (Karibisches Meer mit den Antillen)

karibisch; der karibische Strand; ABER: das Karibische Meer

kariert (mit Karos gemustert); ein kariertes Hemd

die **Karies** (Zahnfäule)

die **Karikatur** (Zerrbild; Spottbild); die Karikaturen

der **Karikaturist** (jemand, der satirische Zeichnungen anfertigt); des/dem/den Karikaturisten; die Karikaturisten

die **Karikaturistin;** die Karikaturistinnen

karikieren (als Karikatur darstellen); du karikierst ihn; sie hat ihn karikiert

karminrot

der **Karneval** (Fasnacht); des Karnevals; die Karnevale *oder* Karnevals

das **Karnickel** (Kaninchen); des Karnickels; die Karnickel

das **Karo** (auf der Spitze stehendes Viereck; Farbe beim Kartenspiel); des Karos; die Karos

die **Karosse** (der Prunkwagen); die Karossen

die **Karosserie** *oder* **Carrosserie** (Oberbau eines Autos); die Karosserien *oder* Carrosserien

die **Karotte** (eine Mohrrübe)

der **Karpfen** (ein Fisch); des Karpfens; die Karpfen

die **Karre** (Auto; Fahrzeug; Wagen für Zugtiere; Garette); die Karren

karren; du karrst; sie karrte; sie hat Sand gekarrt

der **Karren** (Auto; Fahrzeug; Wagen für Zugtiere; Garette); des Karrens; die Karren

die **Karriere** (Laufbahn); die Karrieren; Karriere machen

der **Karst** (eine Landschaftsform); des Karsts *oder* Karstes; die Karste

die **Karte;** Karten spielen; die gelbe Karte; die rote Karte; *fachsprachlich auch:* die Gelbe Karte; die Rote Karte

die **Kartei** (Zettelkasten)

das **Kartell** (wirtschaftlicher Zusammenschluss); des Kartells; die Kartelle

die **Kartoffel;** die Kartoffeln

der **Kartoffelsalat;** des Kartoffelsalats *oder* Kartoffelsalates; die Kartoffelsalate

der **Kartoffelstock;** des Kartoffelstocks

der **Karton;** des Kartons; die Kartons, *seltener:* Kartone

kartoniert; kartonierte (in Karton eingebundene) Bücher

das **Karussell;** des Karussells; die Karussells *oder* Karusselle; Karussell fahren

die **Karwoche** (Woche vor Ostern)

der **Kasache;** des/dem/den Kasachen; die Kasachen

die **Kasachin;** die Kasachinnen

kasachisch

Kasachstan (Land in Zentralasien)

kaschieren (verdecken, verbergen); ich kaschiere; du kaschierst; sie kaschierte; sie hat den Fehler kaschiert

der **Käse;** des Käses; die Käse

das **Käseblatt** (kleine, unbedeutende Zeitung)

die **Käserei**

die **Kaserne** (Soldatenunterkunft)

kasernieren (in Kasernen unterbringen); er hat seine Truppen kaserniert

käsig (wie Käse, *auch für:* auffallend blass); ein käsiges Gesicht

das **Kasino** (*kurz für:* Spielkasino; Speiseraum [für Offiziere]); des Kasinos, die Kasinos

kaskoversichert; das Auto ist kaskoversichert

die **Kaskoversicherung** (Fahrzeugversicherung)

der **Kasper** (eine Puppenfigur); des Kaspers, die Kasper

der **Kasperli** (eine Puppenfigur); des Kasperli *oder* Kasperlis; die Kasperli *oder* Kasperlis; *selten auch:* der Kasperle

das **Kaspische Meer**

die **Kasse**

der **Kassenbon;** des Kassenbons; die Kassenbons; *auch:* der Kassabon

der **Kassensturz;** Kassensturz machen (sein Geld zählen)

die **Kassette** (Kästchen, Behälter; Kunststoffgehäuse mit abspulbarem Magnetband)

der **Kassiber** (heimliches Schreiben von Gefangenen oder an Gefangene); des Kassibers; die Kassiber

der **Kassier;** des Kassiers; die Kassiere

kassieren (Geld einnehmen); du kassierst; er kassierte; sie hat den Beitrag kassiert

die **Kassierin;** die Kassierinnen

die **Kastagnette** (kleines Holzinstrument zum Klappern); die Kastagnetten

die **Kastanie**

kastanienbraun

sich **kasteien** (sich Bussübungen, Entbehrungen auferlegen); du kasteist dich; er hat sich kasteit; kasteie *oder* kastei dich nicht!

das **Kastell** (Burg, Festung); des Kastells; die Kastelle

der **Kasten;** des Kastens; die Kästen

kastrieren (verschneiden, entmannen); er hat den Hengst kastriert

der **Kasus** (grammatischer Fall); des Kasus; die Kasus; im Deutschen gibt es vier Kasus

der **Kat** (*kurz für:* Katalysator); des Kats; die Kats

die **Katakombe** (frühchristliche unterirdische Begräbnisstätte); die Katakomben

der **Katalog** (Warenverzeichnis); des Katalogs *oder* Kataloges; die Kataloge

der **Katalysator** (Vorrichtung zur Abgasreinigung); des Katalysators; die Katalysatoren

der **Katamaran** (offenes Segelboot mit doppeltem Rumpf); des Katamarans; die Katamarane

das *oder* der **Katapult** (eine Schleudermaschine); des Katapults *oder* Katapultes; die Katapulte

der **Katarakt** (grosse Stromschnelle); des Katarakts *oder* Kataraktes; die Katarakte

der **Katarrh** (*Medizin:* eine Entzündung der Schleimhaut); des Katarrhs; die Katarrhe

katastrophal (entsetzlich); katastrophale Zustände; *Trennung:* ka-ta-stro-phal

die **Katastrophe** (grosses Unglück); *Trennung:* Ka-ta-stro-phe

die **Kate** (Kleinbauernhaus)

der **Katechet** (Religionslehrer); des/dem/den Katecheten; die Katecheten

die **Katechetin;** die Katechetinnen

der **Katechismus** (Lehrbuch für den Religionsunterricht); des Katechismus; die Katechismen

die **Kategorie** (Klasse; Gattung); die Kategorien

kategorisch (nachdrücklich; unbedingt gültig); eine kategorische Ablehnung

der **Kater** (männliche Katze; schlechte körperliche Verfassung nach Alkoholkonsum); des Katers; die Kater

kath. = katholisch

das *oder* der **Katheder** (Pult); des Katheders; die Katheder; *Trennung:* Ka-the-der

die **Kathedrale** (bischöfliche Hauptkirche); *Trennung:* Ka-thed-ra-le

die **Kathete** (Seite am rechten Winkel im Dreieck); *Trennung:* Ka-the-te

die **Kathode** *oder* **Katode** (negative Elektrode; Minuspol); die Kathoden *oder* Katoden; *Trennung:* Ka-tho-de, Ka-to-de

der **Katholik;** des/dem/den Katholiken; die Katholiken; *Trennung:* Ka-tho-lik

die **Katholikin;** die Katholikinnen; *Trennung:* Ka-tho-li-kin

katholisch; die katholische Kirche; *Trennung:* ka-tho-lisch

der **Katholizismus;** des Katholizismus; *Trennung:* Ka-tho-li-zis-mus

die **Katode** *oder* **Kathode** (negative Elektrode; Minuspol); die Katoden *oder* Kathoden; *Trennung:* Ka-to-de, Ka-tho-de
der **Kattun** (ein Baumwollgewebe); des Kattuns; die Kattune
katzbuckeln (sich unterwürfig verhalten); du katzbuckelst; sie katzbuckelte; er hat gekatzbuckelt
die **Katze;** *Verkleinerungsform:* das Kätzchen; alles ist für die Katz (alles ist vergeblich)
das **Katz-und-Maus-Spiel**
das **Kauderwelsch** (schwer verständliches Gemisch aus mehreren Sprachen); des Kauderwelsch *oder* Kauderwelschs; ein Kauderwelsch sprechen
kauen; du kaust; sie kaute; sie hat gekaut
kauern (hocken); ich kauere; du kauerst; sie kauerte; sie hat am Boden gekauert; sich kauern; er hat sich in die Ecke gekauert
der **Kauf;** des Kaufs *oder* Kaufes; die Käufe; etwas in Kauf nehmen (sich mit Nachteilen abfinden)
kaufen; du kaufst; sie hat das Buch gekauft
der **Käufer;** des Käufers; die Käufer
die **Käuferin;** die Käuferinnen
die **Kauffrau;** die Kauffrauen
das **Kaufhaus**
die **Kaufleute** (Kauffrauen und -männer) *Plural*
käuflich; das Bild ist nicht käuflich; auch er ist käuflich (bestechlich)
der **Kaufmann;** die Kaufmänner
kaufmännisch; eine kaufmännische Lehre
der **Kaugummi;** die Kaugummi *oder* Kaugummis
die **Kaulquappe** (Froschlarve)
kaum; das ist kaum zu glauben
kausal (ursächlich zusammenhängend, begründend); ein kausaler Zusammenhang
die **Kausalität** (Zusammenhang von Ursache und Wirkung)
die **Kaution** (Bürgschaft, Sicherheit)
der **Kautschuk** (zur Gummiherstellung genutzter Saft des Kautschukbaumes); des Kautschuks; die Kautschuke
der **Kauz** (Eulenvogel); des Kauzes; die Käuze
der **Kavalier** (ein höflicher Mann); des Kavaliers; die Kavaliere
die **Kavalierin;** die Kavalierinnen
die **Kavallerie** (Reiterei); die Kavallerien
der **Kaviar** (Eier des Störs); des Kaviars; die Kaviare
keck (vorwitzig); eine kecke Antwort
die **Kefe** (Zuckererbse); die Kefen
der **Kefir** (säuerliches Milchgetränk); des Kefirs
der **Kegel;** des Kegels; die Kegel; mit Kind und Kegel (mit der ganzen Familie); Kegel schieben; wir wollen Kegel schieben; du schiebst Kegel; er hat Kegel geschoben; wir treffen uns, um Kegel zu schieben; ABER: das Kegelschieben
kegeln; du kegelst; sie kegelte; sie hat gekegelt; kegle *oder* kegele mit uns!
die **Kehle**
der **Kehlkopf;** des Kehlkopfs *oder* Kehlkopfes; die Kehlköpfe
die **Kehre** (Kurve; turnerische Übung)
kehren (wenden); du kehrst; sie hat ihm den Rücken gekehrt; er ist in sich gekehrt (mit sich selbst beschäftigt)
kehren (wischen); du kehrst; er kehrte; sie hat die Strasse gekehrt
der **Kehricht** (Schmutz, Unrat); des Kehrichts
die **Kehrichtabfuhr**
der **Kehrichtsack;** des Kehrichtsacks *oder* Kehrichtsackes; die Kehrichtsäcke
der **Kehrreim;** des Kehrreims *oder* Kehrreimes; die Kehrreime
die **Kehrseite**
kehrtmachen (umkehren); sie machte kehrt; er hat kehrtgemacht; er riet ihm[,] schnell kehrtzumachen
kehrtum; kehrtum machen (um 180 Grad wenden)
keifen (laut schimpfen); du keifst; sie keifte; sie hat gekeift
der **Keil;** des Keils *oder* Keiles; die Keile
keilen (sich prügeln); er keilt sich mit ihm; wir haben uns gekeilt
der **Keiler** (männliches Wildschwein); des Keilers; die Keiler
die **Keilerei** (Prügelei)
der **Keim;** des Keims *oder* Keimes; die Keime
keimen; der Samen keimt; der Samen hat gekeimt
keimfrei; ein keimfreier Verband
der **Keimling;** des Keimlings; die Keimlinge
die **Keimzelle**

kein; kein andrer *oder* anderer Fall; in keinem Falle; auf keinen Fall; keine unreifen Früchte essen; das ist keiner Erörterung wert; keiner von beiden
keinerlei; es besteht keinerlei Hoffnung
keinesfalls; ich darf keinesfalls zu spät kommen
keineswegs; das ist keineswegs besser
keinmal; er hat noch keinmal gefehlt; ABER: kein einziges Mal
der **Keks;** des Keks *oder* Kekses; die Keks *oder* Kekse
der **Kelch** (henkelloses Trinkgefäss; Altarkelch; Kelchblätter einer Blüte); des Kelchs *oder* Kelches; die Kelche
die **Kelle**
der **Keller;** des Kellers; die Keller
der **Kellner;** des Kellners; die Kellner
die **Kellnerin;** die Kellnerinnen
der **Kelte** (Angehöriger eines indogermanischen Volkes); des/dem/den Kelten; die Kelten
die **Kelter** (Weinpresse); die Keltern
keltern; du kelterst; er kelterte; er hat Trauben gekeltert
die **Keltin;** die Keltinnen
keltisch; keltische Sprachen
das **Kelvin** (Gradeinheit auf der absoluten Temperaturskala [Kelvinskala]; *Zeichen:* K); des Kelvins; 0 K = −273,15 °C
Kenia (Staat in Ostafrika)
der **Kenianer;** des Kenianers; die Kenianer
die **Kenianerin;** die Kenianerinnen
kenianisch
kennen; du kennst ihn; sie kennt ihn; sie kannte ihn; er hat sie gekannt; jemanden kennen lernen; er lernte ihn kennen; sie hat ihn kennen gelernt; ich freue mich, dich kennen zu lernen
der **Kenner;** des Kenners; die Kenner
die **Kennerin;** die Kennerinnen
die **Kennnummer;** die Kennnummern
kenntlich (erkennbar); kenntlich machen
die **Kenntnis;** die Kenntnisse; jemanden in Kenntnis setzen; etwas zur Kenntnis nehmen
das **Kennwort;** die Kennwörter
das **Kennzeichen**
kennzeichnen; du kennzeichnest; sie kennzeichnete; sie hat ihr Buch gekennzeichnet

kentern (umkippen); das Schiff kenterte; es ist gekentert
die **Keramik** (Kunsttöpferei); *für die Erzeugnisse der Kunsttöpferei auch Plural:* die Keramiken
die **Kerbe** (Einschnitt, Vertiefung); die Kerben; in dieselbe Kerbe hauen (inhaltlich dasselbe sagen)
das **Kerbholz;** *fast nur in:* etwas auf dem Kerbholz haben (etwas angestellt, verbrochen haben)
der **Kerker;** des Kerkers; die Kerker
der **Kerl;** des Kerls *oder* Kerles; die Kerle *oder* Kerls
der **Kern;** des Kerns *oder* Kernes; die Kerne
die **Kernenergie** (Atomenergie)
kerngesund
kernig (kraftvoll); eine kernige Stimme
das **Kernkraftwerk**
kernlos; kernlose Trauben
das **Kernobst**
der **Kernreaktor** (Atomreaktor); des Kernreaktors; die Kernreaktoren
die **Kernseife**
die **Kernspaltung** (Atomspaltung)
das **Kerosin** (ein Treibstoff); des Kerosins
die **Kerze**
kerzengerade *oder* **kerzengrade**
kess (dreist; flott); kesser; am kessesten
der **Kessel;** des Kessels; die Kessel
der *oder* das **Ketschup** *oder* **Ketchup** (pikante [Tomaten]sosse); des Ketschup *oder* Ketschups *und* des Ketchup *oder* Ketchups; die Ketschups *oder* Ketchups; *Trennung:* Ket-schup *oder* Ketchup
die **Kette**
die **Kettenreaktion** (Reaktion, die weitere Reaktionen auslöst)
der **Ketzer** (jemand, der von der offiziellen Kirchenlehre abweicht); des Ketzers; die Ketzer
die **Ketzerei**
die **Ketzerin;** die Ketzerinnen
ketzerisch (von der herrschenden Meinung abweichend); ketzerische Gedanken
keuchen; du keuchst; sie keuchte; er hat gekeucht
der **Keuchhusten**
die **Keule**
keusch (sexuell enthaltsam); keuscher;

am keuschesten; ein keusches Leben führen

die **Keuschheit**

das **Keyboard** (Tastatur; elektronisch verstärktes Tasteninstrument); des Keyboards; die Keyboards

das **Kfz** = Kraftfahrzeug

kg = Kilogramm

der **Khaki** *oder* **Kaki** (ein gelbbrauner Stoff); des Khaki *oder* Khakis *und* des Kaki *oder* Kakis

khakifarben *oder* **kakifarben**

das **Khakihemd** *oder* **Kakihemd**

der **Kibbuz** (Gemeinschaftssiedlung in Israel); des Kibbuz; die Kibbuzim *oder* Kibbuze

kichern; du kicherst; er kicherte; er hat gekichert; kichere nicht!

das **Kickboard** (zusammenklappbarer schmaler Tretroller); des Kickboards; die Kickboards

kicken (Fussball spielen); du kickst; er kickte; sie hat gekickt

der **Kicker;** des Kickers; die Kicker

die **Kickerin;** die Kickerinnen

der **Kick-off** *oder* **Kickoff** (Anstoss); des Kick-off *oder* Kick-offs *und* Kickoff *oder* Kickoffs; die Kick-offs *oder* Kickoffs

kidnappen (entführen); du kidnappst; er kidnappt; er hat ihn gekidnappt

der **Kidnapper** (Entführer; Geiselnehmer); des Kidnappers; die Kidnapper

die **Kidnapperin;** die Kidnapperinnen

der **Kiebitz** (ein Vogel); des Kiebitzes; die Kiebitze

die **Kiefer** (ein Nadelbaum); die Kiefern

der **Kiefer** (ein Schädelknochen); des Kiefers; die Kiefer

die **Kieferhöhle**

der **Kiel** (tiefster Teil des Schiffsrumpfes); des Kiels *oder* Kieles; die Kiele

kieloben (mit dem Kiel nach oben; umgedreht); kieloben im Wasser liegen

die **Kieme** (Atmungsorgan der Wassertiere); die Kiemen

der **Kienspan** (Span aus Kiefernholz); des Kienspans *oder* Kienspanes; die Kienspäne

der *oder* das **Kies** (kleine Steine; *auch für:* Geld); des Kieses

der **Kiesel;** des Kiesels; die Kiesel

die **Kieselgur** (eine Erdart)

der **Kieselstein;** des Kieselsteins *oder* Kieselsteines; die Kieselsteine

die **Kiesgrube**

kiffen (Haschisch oder Marihuana rauchen); sie hat gekifft

der **Kiffer;** des Kiffers; die Kiffer

die **Kifferin;** die Kifferinnen

kikeriki!

killen (töten); du killst; er killte; sie hat ihn gekillt

der **Killer;** des Killers; die Killer

die **Killerin;** die Killerinnen

das **Kilo** (*kurz für:* Kilogramm); des Kilos; die Kilo *oder* Kilos

das **Kilobyte** (*EDV:* Einheit von 1 024 Byte; *Zeichen:* KB, KByte); des Kilobyte *oder* Kilobytes; die Kilobyte *oder* Kilobytes

das **Kilogramm** (*Abkürzung:* kg); des Kilogramms; 3 Kilogramm

der **Kilometer** (*Abkürzung:* km); des Kilometers; 80 Kilometer je Stunde (*Abkürzung:* km/h)

das **Kilowatt** (*Abkürzung:* kW); des Kilowatts; die Kilowatt; 40 Kilowatt

die **Kilowattstunde** (*Abkürzung:* kWh)

die **Kimme** (Einschnitt; Kerbe am Visier von Schusswaffen); Kimme und Korn

der **Kimono** (weitärmeliges Gewand); des Kimonos; die Kimonos

das **Kind;** des Kinds *oder* Kindes; die Kinder; von Kind auf; sich bei jemandem lieb Kind machen (einschmeicheln)

der **Kindergarten;** des Kindergartens; die Kindergärten

der **Kindergärtner**

die **Kindergärtnerin**

der **Kinderhort;** des Kinderhorts *oder* Kinderhortes; die Kinderhorte

die **Kinderkrippe**

die **Kinderlähmung**

kinderleicht; eine kinderleichte Aufgabe

kinderlieb

kinderlos; ein kinderloses Paar

die **Kindheit**

kindisch; ein kindisches Verhalten

kindlich; eine kindliche Freude; seine Stimme klingt noch kindlich

der **Kindskopf** (alberner Mensch); des Kindskopfs *oder* Kindskopfes; die Kindsköpfe

die **Kinetik** (*Physik:* Bewegungslehre)

kinetisch (bewegend); kinetische Energie (Bewegungsenergie)

der **King** (Anführer); des King *oder* Kings; die Kings
die **Kinkerlitzchen** (Albernheiten) *Plural*
das **Kinn;** des Kinns *oder* Kinnes; die Kinne
der **Kinnhaken** (gegen das Kinn geführter Faustschlag); des Kinnhakens; die Kinnhaken
die **Kinnlade** (Unterkiefer); die Kinnladen
das **Kino;** des Kinos; die Kinos
der **Kiosk** (ein Verkaufshäuschen); des Kiosks *oder* Kioskes; die Kioske
die **Kippe** (künstlich angelegte Halde; *kurz für:* Müllkippe; *auch für:* Zigarettenstummel); die Kippen; auf der Kippe stehen (unsicher stehen; sich in einer kritischen Lage befinden)
kippen; du kippst; er kippte; sie hat die Kiste gekippt; der Stuhl ist gekippt
das **Kippfenster**
die **Kirche**
der **Kirchenchor;** des Kirchenchors *oder* Kirchenchores; die Kirchenchöre
die **Kirchenpflege**
die **Kirchensteuer**
der **Kirchgänger;** des Kirchgängers; die Kirchgänger
die **Kirchgängerin;** die Kirchgängerinnen
kirchlich; kirchliche Hochzeit
der **Kirchturm;** des Kirchturms *oder* Kirchturmes; die Kirchtürme
die **Kirchweih** (Chilbi); die Kirchweihen
der **Kirgise** (Bewohner von Kirgisistan); des Kirgisen; die Kirgisen
die **Kirgisin;** die Kirgisinnen
kirgisisch
Kirgisistan (Staat in Zentralasien)
die **Kirmes** (Chilbi); die Kirmessen
der **Kirschbaum**
die **Kirsche**
das **Kissen;** des Kissens; die Kissen
die **Kiste**
der **Kitsch;** des Kitschs *oder* Kitsches
kitschig; ein kitschiger Film
der **Kitt;** des Kitts *oder* Kittes; die Kitte
der **Kittel;** des Kittels; die Kittel
kitten; du kittest; sie kittete; sie hat das Fenster gekittet
das **Kitz** (das Junge von Reh, Ziege, Gämse); des Kitzes; die Kitze
kitzeln; du kitzelst ihn; er hat ihn gekitzelt
der **Kitzler** (Klitoris); des Kitzlers
kitzlig *oder* **kitzelig**
die **Kiwi** (eine exotische Frucht); die Kiwis
das **KKW** = Kernkraftwerk
Kl. = Klasse
der **Klabautermann** (Schiffskobold)
der **Klacks** (kleine Menge; klatschendes Geräusch); des Klackses; die Klackse; das ist nur ein Klacks (das macht keine Mühe)
klaffen; die Wunde klafft; sie klaffte; die Wunde hat geklafft; eine klaffende Wunde
kläffen; der Hund kläfft; der Hund hat gekläfft
der **Kläffer;** des Kläffers; die Kläffer
der *oder* das **Klafter** (ein Längen- und Raummass); des Klafters; die Klafter; 5 Klafter Holz; *auch:* die **Klafter;** die Klaftern
die **Klage**
die **Klagemauer** (in Jerusalem)
klagen; du klagst; sie klagte; er hat geklagt
der **Kläger;** des Klägers; die Kläger
die **Klägerin;** die Klägerinnen
kläglich; er hat kläglich (erbärmlich) versagt
der **Klamauk** (Lärm, Ulk); des Klamauks
klamm (feucht); klamme Finger
die **Klamm** (Felsenschlucht); die Klammen
die **Klammer;** die Klammern
klammern; du klammerst; sie hat die Wunde geklammert; klammere die Wunde!; sich klammern; er hat sich an mich geklammert
die **Klamotte** (minderwertiges Theaterstück; *meist Plural:* [alte] Kleidungsstücke)
der **Klang;** des Klangs *oder* Klanges; die Klänge
die **Klangfarbe**
klangvoll; klangvolle Namen
die **Klappe**
klappen; etwas klappt; etwas klappte; etwas hat geklappt
die **Klapper** (hölzernes Instrument; Rätsche); die Klappern
klapperig *oder* **klapprig**
klappern; du klapperst; sie klapperte; er hat mit den Tassen geklappert
die **Klapperschlange**
das **Klappmesser**
der **Klappstuhl**
der **Klaps;** des Klapses; die Klapse
klar; klare Sicht; klares Wasser; klar sein;

das ist ihm jetzt klar; wann wird ihm die Lösung endlich klar werden *oder* klarwerden (wann wird er sie einsehen)?; nun ist es ihm klar geworden *oder* klargeworden; ich bin mir darüber im Klaren; ins Klare kommen; *vergleiche aber:* klarkommen, klarlegen, klarmachen, klarstellen

die **Kläranlage**

das **Klärbecken;** des Klärbeckens; die Klärbecken

klären; du klärst; sie klärte; sie hat die Frage geklärt; sich klären; die Frage hat sich geklärt

die **Klarheit**

die **Klarinette** (ein Holzblasinstrument)

klarkommen (zurechtkommen); sie kommt mit dem Problem klar; er ist mit dem Problem nicht klargekommen; ABER: klar (selbstverständlich) kommen wir

klarlegen (erklären); sie legt ihm den Vorgang klar; sie hat ihm den Vorgang klargelegt

klarmachen (deutlich machen); sie machte ihr die Sache klar; sie hat es ihr klargemacht; ABER: klar (selbstverständlich) machen wir das

klarstellen (Irrtümer beseitigen); sie stellt die Missverständnisse klar; sie hat sie klargestellt

der **Klärungsbedarf;** Klärungsbedarf in strittigen Fragen

klasse (hervorragend); eine klasse Idee; sie ist klasse; der Film war klasse gemacht; *vergleiche aber:* Klasse

die **Klasse;** das ist ganz grosse Klasse; sie hat Klasse

das **Klassement** (Reihenfolge, Rangliste)

der **Klassenlehrer;** des Klassenlehrers; die Klassenlehrer

die **Klassenlehrerin;** die Klassenlehrerinnen

der **Klassensprecher;** des Klassensprechers; die Klassensprecher

die **Klassensprecherin;** die Klassensprecherinnen

sich **klassieren** (sich platzieren); du klassierst dich; sie klassierte sich; sie hat sich unter den ersten zehn klassiert

die **Klassifikation** (Einordnung in Klassen)

klassifizieren; du klassifizierst; sie klassifizierte; sie hat die Schmetterlinge klassifiziert

die **Klassik** (Epoche kultureller Höchstleistungen)

der **Klassiker;** des Klassikers; die Klassiker

die **Klassikerin;** die Klassikerinnen

klassisch (vorbildlich; die Klassik betreffend; typisch; traditionell); klassisches Theater; die klassischen Sprachen (Griechisch und Latein); klassische Musik

der **Klatsch;** des Klatschs *oder* Klatsches

klatschen; du klatschst; sie klatschte; sie hat Beifall geklatscht; *Trennung:* klatschen

klatschnass

der **Klatschonkel;** des Klatschonkels; die Klatschonkel

die **Klatschtante;** die Klatschtanten; *auch:* die Klatschbase

klauben ([aus]sortieren; heraussuchen); du klaubst; sie klaubte; er hat Erbsen geklaubt

die **Klaue**

klauen (stehlen); du klaust; er klaute; er hat seinem Freund ein Buch geklaut

die **Klauenseuche;** die Maul- und Klauenseuche (hoch ansteckende Krankheit bei Rindern und Schweinen)

die **Klause** (Klosterzelle)

die **Klausel** (Nebenbestimmung; Vorbehalt); die Klauseln

die **Klausur** (Abgeschlossenheit, Zurückgezogenheit; Prüfungsarbeit unter Aufsicht); die Klausuren; eine Klausur schreiben

die **Klaviatur** (Gesamtheit der Tasten); die Klaviaturen

das **Klavier;** des Klaviers; die Klaviere; Klavier spielen

kleben; du klebst; sie klebte; sie hat den Riss geklebt; sie ist an der Farbe kleben geblieben

der **Kleber** (Klebstoff); des Klebers; die Kleber

klebrig; eine klebrige Masse

der **Klebstoff;** des Klebstoffs *oder* Klebstoffes; die Klebstoffe

kleckern; du hast gekleckert

der **Klecks;** des Kleckses; die Kleckse

klecksen; du kleckst; er kleckste; sie hat gekleckst; kleckse *oder* klecks nicht ins Heft!

der **Klee;** des Klees

klein

kleiner; am kleinsten

1. Gross- und Kleinschreibung:

Kleinschreibung:

- ein kleines Mädchen
- das Auto für den kleinen Mann
- von klein auf
- ein klein wenig

Grossschreibung der Nomen und in Namen:

- Kleine und Grosse
- die Kleinen und [die] Grossen
- er ist der Kleinste in der Klasse
- die Kleine (das kleine Mädchen)
- der Angelegenheit bis ins Kleinste (sehr eingehend) nachgehen
- im Kleinen genau sein
- etwas, nichts, viel, wenig Kleines
- Klein Erna; Klein Oskar
- der Kleine Bär (ein Sternbild)
- Pippin der Kleine (ein König)
- der Kleine Belt (eine Meerenge)

2. Getrennt- und Zusammenschreibung:

Schreibung in Verbindung mit Verben und Partizipien:

- klein beigeben (nachgeben); sie hat immer klein beigegeben
- Holz klein machen *oder* kleinmachen
- etwas kurz und klein schlagen (zertrümmern)
- das Papier klein schneiden *oder* kleinschneiden
- klein sein
- er hat den Holzklotz nicht klein gekriegt *oder* kleingekriegt
- ein klein gedruckter *oder* kleingedruckter Text
- das klein Gedruckte oder Kleingedruckte lesen
- sie trägt eine klein karierte *oder* kleinkarierte Hose; *vergleiche aber:* kleinkariert

Zusammenschreibung nur in folgenden Fällen:

- Verben werden kleingeschrieben (mit kleinem Anfangsbuchstaben geschrieben); Rücksichtnahme wird hier kleingeschrieben (nicht wichtig genommen); ABER: wenn du so klein schreibst (mit so kleiner Schrift schreibst), kann ich es kaum lesen

das **Kleid;** des Kleids *oder* Kleides; die Kleider

kleiden; das kleidete ihn; der Pullover hat ihn gut gekleidet; sich kleiden; sie hat sich modisch gekleidet

der **Kleiderschrank;** des Kleiderschranks *oder* Kleiderschrankes; die Kleiderschränke

kleidsam (jemanden gut kleidend)

die **Kleidung**

die **Kleie** (Abfallprodukt beim Mahlen von Getreide)

klein *siehe Kasten*

das **Kleingeld;** des Kleingelds *oder* Kleingeldes

die **Kleinigkeit**

kleinkariert (engherzig; engstirnig); er ist der kleinkarierteste Mensch, den ich kenne; *vergleiche auch:* klein

das **Kleinkind;** des Kleinkinds *oder* Kleinkindes; die Kleinkinder

die **Kleinklasse** (Schulklasse für Kinder mit speziellen Bedürfnissen)

der **Kleinkram;** des Kleinkrams *oder* Kleinkrames

kleinlaut (beschämt; schuldbewusst); er war plötzlich sehr kleinlaut

kleinlich (Kleinigkeiten übertrieben wichtig nehmend)

das **Kleinod** (Kostbarkeit); des Kleinods *oder* Kleinodes; die Kleinode *oder* Kleinodien

kleinschreiben (mit kleinem Anfangsbuchstaben schreiben; nicht wichtig nehmen); Adjektive werden kleingeschrieben; Hilfsbereitschaft wird hier kleingeschrieben; ABER: **klein schreiben** (mit kleiner Schrift schreiben)

die **Kleinschreibung**

die **Kleinstadt**

kleinstädtisch

der **Kleister;** des Kleisters; die Kleister
kleistern; ich kleistere; du kleisterst; sie hat den Riss gekleistert
die **Klementine** *oder* **Clementine** (kernlose Mandarine); die Klementinen *oder* Clementinen
die **Klemme** (Klammer; Zwinge; *auch für:* Notlage); in der Klemme sein
klemmen; die Tür klemmte; die Tür hat geklemmt; sich klemmen; er hat sich den Finger geklemmt
der **Klempner** (Blechschmied; Spengler); des Klempners; die Klempner
die **Klempnerin;** die Klempnerinnen
klempnern (Klempnerarbeiten ausführen); ich klempnere; du klempnerst; er hat geklempnert
der **Klepper** (altes, entkräftetes Pferd); des Kleppers; die Klepper
klerikal (den Klerus unterstützend)
der **Kleriker** (katholischer Geistlicher); des Klerikers; die Kleriker
der **Klerus** (die katholische Geistlichkeit); des Klerus
die **Klette**
klettern; du kletterst; er kletterte; sie ist auf den Baum geklettert
die **Kletterpflanze**
der **Klettverschluss** (*Markenbezeichnung:* Haftverschluss, zum Beispiel an Schuhen); des Klettverschlusses; die Klettverschlüsse
klever *oder* **clever** (klug, gewitzt); eine klevere *oder* clevere Idee
klicken; die Kamera klickte; die Handschellen haben geklickt
der **Klient** (Kunde, Auftraggeber; *auch für:* Patient); des/dem/den Klienten; die Klienten
die **Klientel** (Auftraggeber; Kundenkreis); die Klientelen
die **Klientin;** die Klientinnen
das **Kliff** (Steilküste); des Kliffs *oder* Kliffes; die Kliffs
das **Klima;** des Klimas; die Klimas *oder* Klimate

> In einer Reihe von Wörtern wird der lang gesprochene i-Laut ohne anschliessendes -e oder Dehnungs-h geschrieben. Dazu gehört auch das Nomen *Klima.*

die **Klimaanlage**
der **Klimaschutz** (Massnahmen gegen globale Erwärmung); des Klimaschutzes
klimatisieren (mit einer Klimaanlage belüften und heizen oder kühlen); klimatisierte Räume
der **Klimawandel** (Klimaveränderung; globale Erwärmung); des Klimawandels
klimmen (klettern); du klimmst; sie klimmt; sie klomm *oder* klimmte; sie ist auf den Berg geklommen *oder* geklimmt
der **Klimmzug;** des Klimmzugs *oder* Klimmzuges; die Klimmzüge
klimpern; du klimperst; sie hat mit den Münzen geklimpert
die **Klinge**
die **Klingel;** die Klingeln
klingeln; ich klingele *oder* klingle; du klingelst; er klingelte; sie hat geklingelt
klingen; es klingt; es klang; es hat geklungen; kling, klang!
die **Klinik** (Krankenhaus); die Kliniken
klinisch (in der Klinik stattfindend); ein klinischer Eingriff
die **Klinke** (Türgriff)
klinken; du klinkst; er klinkte; sie hat die Tür ins Schloss geklinkt
der **Klinker** (hart gebrannter Ziegel); des Klinkers; die Klinker
die **Klippe** (Felsblock im Meer)
klipp und klar (völlig klar, klar und deutlich); etwas klipp und klar sagen
klirren; es klirrt; die Scheiben haben geklirrt; klirrende (eisige) Kälte
das **Klischee** (eingefahrene, überkommene Vorstellung; abgegriffene Redewendung); des Klischees; die Klischees
klischeehaft
das **Klistier** (Einlauf); des Klistiers; die Klistiere
die **Klitoris** (Teil der weiblichen Geschlechtsorgane)
klitschnass
klitzeklein (sehr klein); eine klitzekleine Spinne
das **Klo** (*kurz für:* Klosett); des Klos; die Klos
die **Kloake** (Abwasserkanal)
der **Kloben** (Holzstück); des Klobens; die Kloben
klobig (schwer, massiv); klobige Schuhe
klönen (jammern; *im Norddeutschen:* ge-

mütlich plaudern); du klönst; er hat geklönt

klopfen; du klopfst; er klopfte; sie hat geklopft

der **Klopfer** (Teppich- oder Türklopfer); des Klopfers; die Klopfer

der **Klöppel** (Stab im Innern der Glocke); des Klöppels; die Klöppel

klöppeln (Spitzen für Kleider herstellen); du klöppelst; er klöppelte; er hat geklöppelt

das **Klosett;** des Klosetts; die Klosette *oder* Klosetts

der **Kloss;** des Klosses; die Klösse

das **Kloster;** des Klosters; die Klöster

der **Klotz;** des Klotzes; die Klötze

klotzen (protzig auftreten); du klotzt; sie hat geklotzt

klotzig (unförmig wie ein Klotz); ein klotziges Gebäude

der **Klub** *oder* **Club;** des Klubs *oder* Clubs; die Klubs *oder* Clubs

die **Kluft** ([alte] Kleidung; Uniform); die Kluften

die **Kluft** (Spalte); die Klüfte

klug; klüger; am klügsten; es ist am klügsten, zu schweigen; ABER: es ist das Klügste, zu schweigen; sie ist die Klügste in der Klasse; der Klügere gibt nach; klug sein; klug werden; klug reden (Kluges sagen); er hat wirklich klug geredet

klugerweise; ABER: in kluger Weise

die **Klugheit**

der **Klugschwätzer** (Besserwisser); des Klugschwätzers; die Klugschwätzer

die **Klugschwätzerin;** die Klugschwätzerinnen

der **Klumpen;** des Klumpens; die Klumpen; *Verkleinerungsform:* das Klümpchen

klumpig; klumpiges Mehl

der **Klüngel** (Gruppe von Personen, die sich gegenseitig Vorteile verschaffen); des Klüngels; die Klüngel

die *oder* der **Klunker** (Schmuckstein, Juwel); der Klunker *oder* des Klunkers; die Klunkern *oder* die Klunker

die **Klus** (Schlucht; enger Taldurchbruch); der Klus; die Klusen

km = Kilometer

km/h = Kilometer je Stunde

knabbern; du knabberst; sie hat am Brot geknabbert

der **Knabe;** des Knaben; die Knaben

knabenhaft; eine knabenhafte Figur

das **Knäckebrot**

knacken; es knackt; es knackte; er hat Nüsse geknackt

knackig; knackige Rüebli

die **Knacknuss** (harte Nuss; Problem, das schwierig zu lösen ist); die Knacknüsse

der **Knacks;** des Knackses; die Knackse

die **Knackwurst;** die Knackwürste

der **Knall;** des Knalls *oder* Knalles; die Knalle; Knall auf Fall *oder* Knall und Fall (unerwartet, sofort)

knallen; es knallt; es knallte; es hat geknallt

knallhart; ein knallhartes Geschäft

knallrot

knapp; knapp sein; knapp werden; knapp sitzen; sein Anzug sitzt sehr knapp; etwas knapp kalkulieren; er hat die Kosten äusserst knapp kalkuliert

der **Knappe** (Bergmann; *früher:* Edelknabe im Dienst eines Ritters); des Knappen; die Knappen

die **Knarre** (Kinderspielzeug; *auch für:* Gewehr); die Knarren

knarren; die Tür knarrt; die Tür knarrte; die Tür hat geknarrt

der **Knast** (Gefängnis); des Knastes *oder* Knasts; die Knäste, *auch:* Knaste

knattern; etwas knattert; etwas knatterte; etwas hat geknattert

der *oder* das **Knäuel;** des Knäuels; die Knäuel

der **Knauf** (kugelförmiger Griff); des Knaufs *oder* Knaufes; die Knäufe

knauserig *oder* **knausrig** (geizig)

knausern; du knauserst; er hat mit seinem Geld geknausert; knausere nicht so!

knautschen (knittern); du knautschst das Kleid; der Stoff hat geknautscht

die **Knautschzone** (im Auto)

der **Knebel;** des Knebels; die Knebel

knebeln; du knebelst ihn; er knebelte ihn; er hat ihn geknebelt

der **Knecht;** des Knechts *oder* Knechtes; die Knechte

knechten; du knechtest ihn; er hat ihn geknechtet

die **Knechtschaft**

kneifen; du kneifst; sie kneift; sie kniff; sie hat ihn, *auch:* ihm in den Arm gekniffen

die **Kneifzange**
die **Kneipe** (einfaches Lokal)
kneippen (eine Wasserkur machen); du kneippst; er kneippte; sie hat gekneippt
die **Kneippkur**
kneten; du knetest; sie knetet; sie hat den Lehm geknetet
die **Knetmasse**
der **Knick;** des Knicks *oder* Knickes; die Knicke
knicken; du knickst; sie knickte; sie hat das Blatt geknickt
knickerig *oder* **knickrig** (geizig)
der **Knicks;** des Knickses; die Knickse
knicksen; du knickst; sie knickst; sie hat geknickst
das **Knie;** des Knies; die Knie; auf den Knien liegen; auf die Knie!
die **Kniebeuge**
kniefrei; ein kniefreier Rock
die **Kniekehle**
knien; ich knie; du kniest; sie kniet; du knietest; sie kniete; sie hat gekniet; auf dem Boden kniend; sich knien; sie hat sich auf den Boden gekniet
die **Kniesocke** *oder* der **Kniesocken;** der Kniesocke *oder* des Kniesockens; die Kniesocken
der **Kniff;** des Kniffs *oder* Kniffes; die Kniffe
kniffelig *oder* **knifflig**
der **Knilch** *oder* **Knülch** (unangenehmer Mensch); des Knilchs *oder* Knülchs; die Knilche *oder* Knülche
knipsen (fotografieren; Billete o. Ä. lochen); ich knipse; du knipst; sie knipste; sie hat geknipst
der **Knirps;** des Knirpses; die Knirpse
knirschen; du knirschst; er knirschte; sie hat mit den Zähnen geknirscht
knistern; es knistert; es knisterte; das Feuer hat geknistert
knitterfrei; knitterfreier Stoff
knittern; es knittert; es knitterte; die Bluse hat geknittert
knobeln (losen; würfeln); du knobelst; sie knobelte; er hat geknobelt; knoble mit mir!
der **Knoblauch;** des Knoblauchs *oder* Knoblauches
der **Knöchel;** des Knöchels; die Knöchel
knöcheltief; knöcheltief im Wasser stehen
der **Knochen;** des Knochens; die Knochen
das **Knochengerüst**
knöchern (aus Knochen)
knochig (mit stark hervortretenden Knochen); ein knochiges Gesicht
knock-out *oder* **knockout** (kampfunfähig; *Abkürzung:* k. o.)
der **Knock-out** *oder* **Knockout** (Niederschlag; *Abkürzung:* K. o.); des Knock-out *oder* Knock-outs *und* des Knockout *oder* Knockouts; die Knock-outs *oder* Knockouts
die **Knockoutniederlage;** *mit Abkürzung:* die K.-o.-Niederlage *oder* K.o.-Niederlage
der **Knödel** (Teigkugel); des Knödels; die Knödel
die **Knolle;** die Knollen; *auch:* der **Knollen;** des Knollens; die Knollen
der **Knollenblätterpilz**
knollig; eine knollige Nase
der **Knopf;** des Knopfs *oder* Knopfes; die Knöpfe
knöpfen; du knöpfst; sie knöpft; sie hat ihr Kleid vorn geknöpft
die **Knöpfli** (Spätzli) *Plural*
das **Knopfloch;** des Knopflochs *oder* Knopfloches; die Knopflöcher
der **Knorpel;** des Knorpels; die Knorpel
knorpelig *oder* **knorplig**
knorrig; knorrige Bäume
der **Knorz** (Anstrengung; Problem); des Knorzes; die Knorze *oder* Knörze
knorzen (sich abmühen); du knorzt; sie knorzte; sie hat geknorzt
die **Knospe**
knospen; die Rose knospt; die Rose hat geknospt
knoten; du knotest; sie knotete; sie hat ihre Schnürsenkel geknotet
der **Knoten;** des Knotens; die Knoten
das **Knowhow** (Wissen, wie man etwas praktisch verwirklicht oder anwendet); des Knowhow *oder* Knowhows
knübeln (herausholen; vosichtig bearbeiten); sie knübelt; sie knübelte; sie hat das Münz aus der Tasche geknübelt
knuffen (stossen); du knuffst; sie knuffte; er hat mich geknufft
der **Knülch** *vergleiche:* **Knilch**
knüllen (zerknittern); du knüllst; er knüllte; sie hat das Taschentuch geknüllt

der **Knüller** (Sensation); des Knüllers; die Knüller
knüpfen; du knüpfst; sie knüpfte; sie hat viele Verbindungen geknüpft
der **Knüppel;** des Knüppels; die Knüppel
knüppeldick (sehr schlimm); es kam knüppeldick
knurren; er knurrt; er knurrte; der Hund hat geknurrt
knurrig; ein knurriger Mensch
das **Knusperhäuschen**
knusperig *oder* **knusprig**
knuspern (knabbern); du knusperst; sie knusperte; sie hat geknuspert
die **Knute** (Lederpeitsche)
knutschen (heftig küssen); du knutschst; sie knutschte; sie haben [sich] geknutscht; *Trennung:* knut-schen
die **Knutscherei;** *Trennung:* Knut-sche-rei
der **Knutschfleck;** sie hat einen Knutschfleck am Hals
k. o. = knock-out *oder* knockout; jemanden k. o. schlagen
das **K. o.** = Knock-out *oder* Knockout
der **Koala** (kleiner australischer Beutelbär); des Koalas; die Koalas
die **Koalition** (Bündnis; Zusammenschluss); die kleine, die grosse Koalition
das **Kobalt** (chemischer Grundstoff, Metall); des Kobalts
der **Kobold** (zwergenhafter Geist); des Kobolds *oder* Koboldes; die Kobolde
die **Koboldin;** die Koboldinnen
die **Kobra** (Brillenschlange); die Kobras
der **Koch;** des Kochs *oder* Koches; die Köche
das **Kochbuch**
kochen; du kochst; er kochte; er hat das Essen gekocht; kochend heisses Wasser; das Wasser ist kochend heiss
der **Köcher** (ein Behälter für Pfeile); des Köchers; die Köcher
der **Kochherd;** des Kochherds *oder* Kochherdes; die Kochherde
die **Köchin;** die Köchinnen
die **Kochnische**
das **Kochsalz;** des Kochsalzes
der **Kode** *oder* **Code** (System verabredeter Zeichen); des Kodes *oder* Codes; die Kodes *oder* Codes
der **Köder** (Lockmittel); des Köders; die Köder
ködern; du köderst; sie köderte; sie hat den Fisch geködert
kodieren *oder* **codieren** (verschlüsseln); du kodierst *oder* codierst; er kodierte *oder* codierte; er hat die Mitteilung kodiert *oder* codiert
die **Koedukation** (gemeinsame Erziehung von Jungen und Mädchen)
der **Koeffizient** (konstanter Faktor vor einer veränderlichen Grösse); des/dem/den Koeffizienten; die Koeffizienten
die **Koexistenz** (friedliches Nebeneinander von Staaten mit unterschiedlichen gesellschaftlichen Systemen)
das **Koffein** (Wirkstoff des Kaffees); des Koffeins
koffeinfrei; koffeinfreier Kaffee
der **Koffer;** des Koffers; die Koffer
der **Kofferraum;** des Kofferraums *oder* Kofferraumes; die Kofferräume
der **Kohl;** des Kohls *oder* Kohles
die **Kohle**
kohlen (schwelen); es kohlt; es kohlte; das Holz hat gekohlt
das **Kohlendioxid** (ein Gas); des Kohlendioxides *oder* Kohlendioxids; die Kohlendioxide
das **Kohlenhydrat** *oder* **Kohlehydrat** (eine organische Verbindung); des Kohlenhydrates *oder* Kohlenhydrats *und* des Kohlehydrates *oder* Kohlehydrats; die Kohlenhydrate *oder* Kohlehydrate
die **Kohlensäure**
der **Kohlenstoff** (ein chemisches Element)
der **Köhler** (jemand, der Holzkohle herstellt); des Köhlers; die Köhler
die **Köhlerin;** die Köhlerinnen
die **Kohlmeise**
kohlrabenschwarz
der **Kohlrabi;** des Kohlrabi *oder* Kohlrabis; die Kohlrabi *oder* Kohlrabis
kohlschwarz
der **Kohlweissling** (ein Schmetterling); des Kohlweisslings; die Kohlweisslinge
koitieren (den Geschlechtsakt vollziehen); du koitierst; er koitiert; sie haben koitiert
der **Koitus** (Geschlechtsakt); des Koitus; die Koitus *oder* Koitusse
die **Koje** (Schlafstelle auf Schiffen); die Kojen
das **Kokain** (ein Betäubungsmittel, eine Droge); des Kokains

die **Kokerei** (Koksgewinnung, Kokswerk)
kokett (eitel; gefallsüchtig); koketter; am kokettesten; ein koketter Blick
der **Kokon** (Hülle der Insektenpuppen); des Kokons; die Kokons
die **Kokosnuss**
die **Kokospalme**
der **Koks** (ein Brennstoff aus Kohle); des Kokses; die Kokse
das **Koks** (*kurz für:* Kokain)
der **Kolben;** des Kolbens; die Kolben
die **Kolchose** (landwirtschaftliche Produktionsgenossenschaft in der ehemaligen Sowjetunion); die Kolchosen
die **Kolik** (krampfartiger Leibschmerz); die Koliken
der **Kollaps** (Schwächeanfall); des Kollapses; die Kollapse
der **Kollege** (Berufsgenosse; Mitarbeiter; befreundete Person); des/dem/den Kollegen; die Kollegen
kollegial; sich kollegial verhalten
die **Kollegialität**
die **Kollegin;** die Kolleginnen
das **Kollegium;** des Kollegiums; die Kollegien
die **Kollekte** (kirchliche Sammlung)
die **Kollektion** (Mustersammlung)
kollektiv (gemeinschaftlich); kollektive Interessen
das **Kollektiv** (Arbeits-, Produktionsgemeinschaft; Team); des Kollektivs; die Kollektive, *auch:* Kollektivs
das **Kollektivbillet** *oder* **Kollektivbillett** (Gruppenfahrkarte) *vergleiche:* Billett *oder* Billet
der **Koller** (eine Pferdekrankheit; Wutausbruch); des Kollers; die Koller
kollidieren (zusammenstossen); das Schiff kollidierte mit einem Eisberg; mehrere Autos sind [miteinander] kollidiert
die **Kollision** (Zusammenstoss); die Kollisionen
das **Kölnischwasser**
kolonial (die Kolonie[n] betreffend); koloniale Ausbeutung
der **Kolonialismus** (auf Erwerb und Besitz von Kolonien gerichtete Politik); des Kolonialismus
die **Kolonie** (Siedlung; überseeische Besitzung eines Staates); die Kolonien
die **Kolonisation** (Besiedlung; wirtschaftliche Erschliessung und Ausbeutung einer Kolonie)
kolonisieren; du kolonisierst; er kolonisierte; er hat das Land kolonisiert
der **Kolonist;** des/dem/den Kolonisten; die Kolonisten
die **Kolonistin;** die Kolonistinnen
die **Kolonne** (Gruppe, Reihe)
der **Koloss** (Gebilde von riesigem Ausmass); des Kolosses; die Kolosse
kolossal (riesig, übergross); kolossale Bauwerke
die **Kolportage** (Verbreitung von Gerüchten)
kolportieren (ungesicherte Informationen verbreiten); du kolportierst; sie kolportierte; sie hat Gerüchte kolportiert
der **Kolumbianer** (Einwohner Kolumbiens); des Kolumbianers; die Kolumbianer
die **Kolumbianerin;** die Kolumbianerinnen
kolumbianisch
Kolumbien (Staat in Südamerika)
die **Kolumne** (Druckspalte); die Kolumnen
das **Koma** (tiefe Bewusstlosigkeit); des Komas; die Komas *oder* Komata
der **Kombi** (*kurz für:* Kombiwagen); des Kombi *oder* Kombis; die Kombis
die **Kombination** (Zusammenstellung; Vermutung; gutes Zusammenspiel)
kombinieren (zusammenstellen; vermuten; gut zusammenspielen); du kombinierst; sie kombinierte; sie hat kombiniert
der **Kombiwagen;** des Kombiwagens; die Kombiwagen
die **Kombüse** (Schiffsküche); die Kombüsen
der **Komet** (Schweifstern, Haarstern); des/dem/den Kometen; die Kometen
der **Komfort** (Bequemlichkeiten; [luxuriöse] Ausstattung); des Komforts
komfortabel; eine komfortable Wohnung
die **Komik** (erheiternde, Lachen erregende Wirkung)
der **Komiker;** des Komikers; die Komiker
die **Komikerin;** die Komikerinnen
komisch (lustig; seltsam); das ist nicht komisch!; ein komischer Geschmack
das **Komitee** ([leitender] Ausschuss); des Komitees; die Komitees
das **Komma;** des Kommas; die Kommas *oder* Kommata
der **Kommandant** (Befehlshaber); des/dem/

den Kommandanten; die Kommandanten

die **Kommandantin;** die Kommandantinnen

der **Kommandeur;** des Kommandeurs; die Kommandeure

die **Kommandeurin;** die Kommandeurinnen

kommandieren (befehlen); du kommandierst; er kommandierte; sie hat die Kompanie kommandiert; er ist der Kommandierende General dieser Armee

die **Kommanditgesellschaft** (eine Handelsgesellschaft)

das **Kommando** (Befehl; Befehlsgewalt; Truppenteil); des Kommandos; die Kommandos

die **Kommandobrücke** (höchster Ort eines Schiffes, von dem aus es geleitet wird)

kommen; du kommst; sie kommt; er kam; sie ist gekommen; komm *oder* komme jetzt!

der **Kommentar** (Erläuterung; [kritische] Stellungnahme); des Kommentars; die Kommentare

kommentarlos (ohne Stellungnahme)

der **Kommentator** (Verfasser eines Kommentars); des Kommentators; dem/den Kommentator; die Kommentatoren

die **Kommentatorin;** die Kommentatorinnen

kommentieren (erläutern; [kritisch] Stellung nehmen); du kommentierst; sie kommentierte; sie hat die Entscheidung kommentiert

der **Kommerz** (Handel und Geschäftsverkehr); des Kommerzes

kommerzialisieren (wirtschaftlichen Interessen unterordnen); du kommerzialisierst; er kommerzialisierte; sie hat die Kunst kommerzialisiert

kommerziell (geschäftlich; auf Gewinn bedacht); kommerzielle Interessen

der **Kommiss** (*umgangssprachlich für:* Militär, Militärdienst); des Kommisses

der **Kommissar** (ein staatlich Beauftragter; Dienstrangbezeichnung); des Kommissars; die Kommissare

die **Kommissarin;** die Kommissarinnen

kommissarisch (beauftragt; auftragsweise); die kommissarische Leitung

die **Kommission** (Ausschuss)

die **Kommode** (ein Möbelstück)

kommunal (die Gemeinde betreffend); die kommunale Verwaltung

die **Kommune** (Gemeinde; Wohn- und Wirtschaftsgemeinschaft)

die **Kommunikation** (Verständigung, Verbindung [unter Menschen])

die **Kommunion** (Empfang des heiligen Abendmahls)

das **Kommuniqué** *vergleiche:* **Communiqué**

der **Kommunismus** (politische Richtung, die u. a. Gütergemeinschaft zum Ziel hat); des Kommunismus

der **Kommunist;** des/dem/den Kommunisten; die Kommunisten

die **Kommunistin;** die Kommunistinnen

kommunistisch; die kommunistischen Staaten; ABER: das Kommunistische Manifest (Programmschrift des Marxismus)

kommunizieren (in Verbindung stehen; sich verständigen; das Abendmahl empfangen); du kommunizierst; sie kommunizierte; er hat kommuniziert

kommutativ (*Mathematik:* vertauschbar)

der **Komödiant** (Schauspieler); des/dem/den Komödianten; die Komödianten

die **Komödiantin;** die Komödiantinnen

die **Komödie** (Film oder Theaterstück mit witzigem Inhalt); die Komödien

der **Kompagnon** (Teilhaber); des Kompagnons; die Kompagnons

die **Kompagnonin;** die Kompagnoninnen

kompakt (gedrungen; fest; dicht); eine kompakte Kamera; ABER: eine Kompaktkamera

die **Kompanie** (eine Truppenabteilung); die Kompanien

der **Komparativ** (erste Steigerungsstufe, zum Beispiel «schöner»); des Komparativs; die Komparative

der **Komparse** (Statist beim Theater und Film); des/dem/den Komparsen; die Komparsen

die **Komparsin;** die Komparsinnen

der **Kompass;** des Kompasses; die Kompasse

kompatibel (vereinbar, zusammenpassend, kombinierbar); kompatible Geräte

die **Kompatibilität**

die **Kompensation** (Ausgleich, Entschädigung)

kompensieren (ausgleichen); du kom-

pensierst; er kompensierte; er hat seine Schwäche durch Mut kompensiert
kompetent (zuständig; befugt; sachverständig)
die **Kompetenz**
komplementär (ergänzend)
komplett (vollständig; als Ganzes); eine komplette Ausrüstung; jetzt sind wir komplett; *Trennung:* kom-plett
komplex (vielfach zusammengesetzt; vielschichtig); komplexe Probleme; *Trennung:* kom-plex
der **Komplex** (Gesamtheit, zusammenhängende Gruppe; bedrückende, negative Vorstellung von sich selbst); des Komplexes; die Komplexe; ein Komplex von Fragen; verdrängte Komplexe; *Trennung:* Kom-plex
die **Komplexität** (Vielschichtigkeit)
das **Kompliment** (lobende, schmeichelhafte Äusserung); des Kompliments *oder* Komplimentes; die Komplimente; *Trennung:* Kom-pli-ment
der **Komplize** (Mittäter); des/dem/den Komplizen; die Komplizen; *Trennung:* Kom-pli-ze
kompliziert (schwierig, umständlich); komplizierter; am kompliziertesten; *Trennung:* kom-pli-ziert
die **Komplizin;** die Komplizinnen; *Trennung:* Kom-pli-zin
das **Komplott** (heimlicher Anschlag, Verschwörung); des Komplotts *oder* Komplottes; die Komplotte; *Trennung:* Kom-plott
die **Komponente** (Bestandteil; Teilkraft); die Komponenten
komponieren (ein Musikwerk schaffen; kunstvoll abstimmen, gestalten); du komponierst; sie komponierte; sie hat ein Lied komponiert
der **Komponist** (Tondichter); des/dem/den Komponisten; die Komponisten
die **Komponistin;** die Komponistinnen
die **Komposition** (Aufbau und Gestaltung eines Kunstwerks; Musikwerk; Zusammenstellung von Wagen zu einem Zug); die Kompositionen
der **Kompost** (Dünger aus pflanzlichen Abfällen); des Komposts *oder* Kompostes; die Komposte
kompostierbar; kompostierbarer Abfall
kompostieren (zu Kompost verarbeiten); du kompostierst; er kompostierte; sie hat die Eierschalen kompostiert
das **Kompott** (Süssspeise aus gekochtem Obst); des Kompotts *oder* Kompottes; die Kompotte
die **Kompresse** (ein feuchter Umschlag); die Kompressen; *Trennung:* Kom-pres-se
der **Kompressor** (Verdichter); des Kompressors; die Kompressoren; *Trennung:* Kom-pres-sor
komprimieren (zusammenpressen; verdichten); sie hat die Datei komprimiert; komprimierte Luft; *Trennung:* kom-pri-mie-ren
der **Kompromiss** (Übereinkunft; Ausgleich); des Kompromisses; die Kompromisse; *Trennung:* Kom-pro-miss
kompromissbereit; *Trennung:* kom-pro-miss-be-reit
kompromisslos; *Trennung:* kom-pro-miss-los
kompromittieren (blossstellen); du kompromittierst ihn; er kompromittierte ihn; sie hat ihn kompromittiert; *Trennung:* kom-pro-mit-tie-ren
das **Kondensat** (Niederschlag[swasser]); des Kondensats *oder* Kondensates; die Kondensate
kondensieren (verdichten; verflüssigen); der Wasserdampf kondensierte; er hat kondensiert; kondensierte Milch
die **Kondensmilch** (eingedickte sterile Milch)
die **Kondition** (Bedingung; körperliche Verfassung); die Konditionen
das **Konditionstraining**
der **Konditor** (Feinbäcker); des Konditors; die Konditoren
die **Konditorei**
die **Konditorin;** die Konditorinnen
die **Kondolenz** (Beileid); die Kondolenzen
kondolieren (Beileid aussprechen); du kondolierst; sie kondolierte; sie hat ihm kondoliert
das *oder* der **Kondom** (Gummihülle für den Penis zur Empfängnisverhütung); des Kondoms; die Kondome
der **Kondor** (Riesengeier); des Kondors; die Kondore
der **Kondukteur;** des Kondukteurs; die Kondukteure

die **Kondukteurin;** die Kondukteurinnen
das **Konfekt;** des Konfekts *oder* Konfektes; die Konfekte
die **Konfektion** (Fertigkleidung)
die **Konferenz** (Beratung); die Konferenzen
die **Konfession** (Glaubensbekenntnis); die Konfessionen
konfessionell (zu einer Glaubensgemeinschaft gehörend)
die **Konfetti** (bunte Papierschnitzel) *Plural*
der **Konfirmand;** des/dem/den Konfirmanden; die Konfirmanden
die **Konfirmandin;** die Konfirmandinnen
die **Konfirmation** (Aufnahme evangelischer Christen in die Gemeinde)
konfirmieren; sie konfirmierte ihn; sie hat ihn konfirmiert
die **Konfiserie** *oder* **Confiserie** (Geschäft, das Süssigkeiten herstellt und verkauft); die Konfiserien *oder* Confiserien
konfiszieren (beschlagnahmen); du konfiszierst; er konfiszierte; sie hat die Briefe konfisziert
die **Konfitüre** (Marmelade mit noch erkennbaren Obststücken)
der **Konflikt** (Streit; Widerstreit); des Konflikts *oder* Konfliktes; die Konflikte; *Trennung:* Kon-flikt
die **Konfliktsituation**
die **Konföderation** (Staatenbund); die Konföderationen
konform (einig, übereinstimmend)
die **Konfrontation** (Gegenüberstellung; Auseinandersetzung); *Trennung:* Kon-fron-ta-tion
konfrontieren; du konfrontierst; sie hat ihn mit der Wahrheit konfrontiert; *Trennung:* kon-fron-tie-ren
konfus (verwirrt)
die **Konfusion**
das **Konglomerat** (Gemisch); des Konglomerats *oder* Konglomerates; die Konglomerate; *Trennung:* Kon-glo-me-rat
Kongo *oder* der **Kongo** (Staat in Mittelafrika); die Bevölkerung Kongos *oder* des Kongo *oder* des Kongos
der **Kongolese;** des/dem/den Kongolesen; die Kongolesen
die **Kongolesin;** die Kongolesinnen
kongolesisch
der **Kongress** ([grössere] Versammlung); des Kongresses; die Kongresse; *Trennung:* Kon-gress
kongruent (deckungsgleich); kongruente Dreiecke; *Trennung:* kon-gru-ent
die **Kongruenz** (Übereinstimmung); *Trennung:* Kon-gru-enz
die **Konifere** (Zapfen tragendes Nadelholzgewächs); die Koniferen
der **König;** des Königs; die Könige; die preussischen Könige; ABER: die Heiligen Drei Könige
die **Königin;** die Königinnen
königlich; die königliche Familie
das **Königreich**
das **Königshaus;** die Königshäuser
konisch (kegelförmig)
die **Konjugation** (Beugung, Flexion des Verbs); die Konjugationen
konjugieren; du konjugierst; sie konjugierte; sie hat konjugiert
die **Konjunktion** (Bindewort, z. B. «und», «dass»); die Konjunktionen
der **Konjunktiv** (Möglichkeitsform); des Konjunktivs; die Konjunktive
die **Konjunktur** (wirtschaftliche Lage); die Konjunkturen
konjunkturell; die konjunkturelle Lage
konkav (nach innen gewölbt); eine konkave Linse
das **Konkordat** (Vertrag zwischen den Kantonen oder dem Staat und der katholischen Kirche); des Konkordats *oder* Konkordates; die Konkordate
konkret (körperlich, sinnfällig, greifbar); konkreter; am konkretesten; konkrete Malerei; konkrete Musik; *Trennung:* kon-kret
konkretisieren (verdeutlichen, veranschaulichen); ich konkretisiere; du konkretisierst; sie konkretisierte; sie hat ihren Vorschlag konkretisiert; *Trennung:* kon-kre-ti-sie-ren
der **Konkurrent** (Mitbewerber, Rivale); des/dem/den Konkurrenten; die Konkurrenten
die **Konkurrentin;** die Konkurrentinnen
die **Konkurrenz** (Wettbewerb); die Konkurrenzen
konkurrenzieren (Konkurrenz machen); du konkurrenzierst; sie konkurrenzierte; sie hat ihren früheren Arbeitgeber konkurrenziert

konkurrieren (wetteifern); du konkurrierst mit ihm; er konkurrierte mit ihm; sie hat mit ihm konkurriert
der **Konkurs** (Zahlungsunfähigkeit); des Konkurses; die Konkurse
können; du kannst; sie kann; sie konnte; sie hat ihre Aufgaben nicht gekonnt; ich habe das nicht glauben können
das **Können;** des Könnens; handwerkliches Können
der **Könner;** des Könners; die Könner
die **Könnerin;** die Könnerinnen
der **Konrektor** (Vertreter des Rektors); des Konrektors; die Konrektoren
die **Konrektorin;** die Konrektorinnen
der **Konsens** (Übereinstimmung der Meinungen); des Konsenses; die Konsense
konsequent (folgerichtig; beharrlich); konsequenter; am konsequentesten
die **Konsequenz** (Folgerichtigkeit; Folgerung; Beharrlichkeit); die Konsequenzen tragen, ziehen
konservativ (am Bestehenden festhaltend); konservative Kräfte
das **Konservatorium** (Musikhochschule); des Konservatoriums; die Konservatorien
die **Konserve** (haltbar gemachtes Lebensmittel)
die **Konservendose**
konservieren (einmachen; haltbar machen); du konservierst; er konservierte; sie hat das Obst konserviert
konsistent (fest; dickflüssig)
der **Konsonant** (Mitlaut); des/dem/den Konsonanten; die Konsonanten
das **Konsortium** (befristete Vereinigung mehrerer Firmen); des Konsortiums; die Konsortien
konstant (unveränderlich, stetig); konstanter; am konstantesten; eine konstante Temperatur; *Trennung:* kon-stant
die **Konstante** (feste mathematische Grösse); der Konstante *oder* Konstanten; die Konstanten; mehrere Konstante *oder* Konstanten; *Trennung:* Kon-stan-te
die **Konstanz** (Beharrlichkeit; Stetigkeit); *Trennung:* Kon-stanz
konstituieren (gründen); er hat eine neue Wissenschaft konstituiert; die Versammlung hat sich konstituiert (ist zusammengetreten); *Trennung:* kon-sti-tu-ie-ren
die **Konstitution** ([körperliche] Verfassung; Grundgesetz); die Konstitutionen; *Trennung:* Kon-sti-tu-tion
konstitutionell (verfassungsmässig; anlagebedingt); die konstitutionelle (an die Verfassung gebundene) Monarchie; *Trennung:* kon-sti-tu-tio-nell
konstruieren; du konstruierst; sie konstruierte; er hat eine Maschine konstruiert; *Trennung:* kon-stru-ie-ren
die **Konstruktion** (Bauart; Entwurf); die Konstruktionen; *Trennung:* Kon-struk-tion
konstruktiv; konstruktive (förderliche) Kritik; *Trennung:* kon-struk-tiv
der **Konsul** (Vertreter eines Staates im Ausland); des Konsuls; die Konsuln
das **Konsulat;** des Konsulats *oder* Konsulates; die Konsulate
der **Konsulent** (Fachberater); des/dem/den Konsulenten; die Konsulenten
die **Konsulentin;** die Konsulentinnen
die **Konsulin** (Vertreterin eines Staates im Ausland); die Konsulinnen
die **Konsultation** (Befragung; Beratung)
konsultieren (zurate ziehen); ich konsultiere; du konsultierst; sie konsultierte; sie hat einen Arzt konsultiert
der **Konsum** (Verbrauch); des Konsums
der **Konsument** (Verbraucher); des/dem/den Konsumenten; die Konsumenten
die **Konsumentin;** die Konsumentinnen
konsumieren; du konsumierst; sie konsumierte; sie hat viel Kaffee konsumiert
der **Kontakt** (eine Verbindung); des Kontakts *oder* Kontaktes; die Kontakte
kontaktarm
kontaktfreudig
die **Kontaktlinse** (dünne, auf der Hornhaut des Auges getragene Kunststoffschale)
die **Kontamination** ([radioaktive] Verunreinigung, Verseuchung)
der **Konter** (*Sport:* schneller Gegenangriff); des Konters; die Konter
kontern (abwehren); du konterst; sie konterte; sie hat den Angriff gekontert
der **Kontext** (Zusammenhang); des Kontextes; die Kontexte
der **Kontinent** (Festland; Erdteil); des Kontinents *oder* Kontinentes; die Kontinente
kontinental; kontinentales Klima
das **Kontingent** (geschuldeter Anteil, zuge-

teilte Menge); des Kontingents *oder* Kontingentes; die Kontingente

kontinuierlich (fortlaufend); eine kontinuierliche Steigerung

die **Kontinuität** (Stetigkeit, Fortdauer)

das **Konto;** des Kontos; die Konten *und* Kontos *oder* Konti

kontra *oder* **contra** (gegen, entgegengesetzt); er ist immer kontra *oder* contra

das **Kontra;** des Kontras; die Kontras; Kontra geben (heftig widersprechen); das Pro und Kontra (Für und Wider)

der **Kontrabass** (Bassgeige); des Kontrabasses; die Kontrabässe; *Trennung:* Kon-tra-bass

der **Kontrahent** (Gegner im Streit; Vertragspartner); des/dem/den Kontrahenten; die Kontrahenten; *Trennung:* Kon-tra-hent

die **Kontrahentin;** die Kontrahentinnen; *Trennung:* Kon-tra-hen-tin

der **Kontrakt** (Vertrag); des Kontrakts *oder* Kontraktes; die Kontrakte; *Trennung:* Kon-trakt

kontraproduktiv (nicht förderlich; bestimmten Interessen zuwiderlaufend); *Trennung:* kon-tra-pro-duk-tiv

der **Kontrast** (Gegensatz); des Kontrasts *oder* Kontrastes; die Kontraste; *Trennung:* Kon-trast

die **Kontrolle** (Überwachung, Überprüfung); die Kontrollen; *Trennung:* Kon-trol-le

der **Kontrolleur;** des Kontrolleurs; die Kontrolleure; *Trennung:* Kon-trol-leur

die **Kontrolleurin;** die Kontrolleurinnen; *Trennung:* Kon-trol-leu-rin

kontrollieren (überwachen; überprüfen); du kontrollierst; er kontrollierte; er hat ihn kontrolliert; *Trennung:* kon-trol-lie-ren

kontrovers (entgegengesetzt; umstritten); kontroverser; am kontroversesten; kontroverse Standpunkte; *Trennung:* kon-tro-vers

die **Kontroverse** (Streitfrage, Streit); die Kontroversen; *Trennung:* Kon-tro-ver-se

die **Kontur** (Umrisslinie); die Konturen

der **Konus** (Kegel); des Konus; die Konusse

der **Konvent** (Versammlung; Konferenz der Lehrer und Lehrerinnen); des Konvents *oder* Konventes; die Konvente

die **Konvention** (Vereinbarung; *meist Plural:* Brauch); die Konventionen

konventionell (herkömmlich, üblich); konventionelle Energie

konvergent (zusammenlaufend; übereinstimmend); konvergente Linien

die **Konversation** (Unterhaltung)

konvex (nach aussen gewölbt); eine konvexe Linse

der **Konvoi** (Verband von Schiffen, Fahrzeugen [mit schützender Begleitung]); des Konvois; die Konvois

das **Konzentrat** (angereicherter Stoff, hochprozentige Lösung); des Konzentrats *oder* Konzentrates; die Konzentrate; *Trennung:* Kon-zent-rat

die **Konzentration** (Zusammenziehung; [geistige] Sammlung); *Trennung:* Kon-zent-ra-ti-on

konzentrieren; du konzentrierst; sie konzentrierte; sie hat ihre Kräfte auf diese Aufgabe konzentriert; sich konzentrieren; sie hat sich auf ihre Arbeit konzentriert; *Trennung:* kon-zent-rie-ren

konzentriert; konzentrierter; am konzentriertesten; *Trennung:* kon-zent-riert

konzentrisch (mit gemeinsamem Mittelpunkt); konzentrische Kreise; *Trennung:* kon-zent-risch

das **Konzept** (erster Entwurf); des Konzepts *oder* Konzeptes; die Konzepte

die **Konzeption** (Entwurf eines Werkes)

das **Konzeptpapier** (Entwurf, Rohfassung)

der **Konzern** (Zusammenschluss von Wirtschaftsunternehmen); des Konzerns *oder* Konzernes; die Konzerne

das **Konzert;** des Konzerts *oder* Konzertes; die Konzerte

die **Konzession** (das Zugeständnis; die Genehmigung); die Konzessionen

das **Konzil** (Kirchenversammlung); des Konzils; die Konzile *oder* Konzilien

konzipieren (entwerfen); du konzipierst; er konzipierte; er hat die Rede konzipiert

die **Kooperation** (Zusammenarbeit); die Kooperationen

kooperativ (zur Zusammenarbeit bereit); kooperatives Verhalten

kooperieren (zusammenarbeiten); du kooperierst; sie kooperierte; die Firmen haben kooperiert

die **Koordinate** (x- oder y-Achse); die Koordinaten

das **Koordinatensystem**

koordinieren (aufeinander abstimmen); du koordinierst; er koordinierte; er hat die Pläne koordiniert

Kopenhagen (Hauptstadt Dänemarks)

der **Kopf;** des Kopfs *oder* Kopfes; die Köpfe; *Verkleinerungsform:* das Köpfchen; Kopf hoch!; von Kopf bis Fuss

das **Kopf-an-Kopf-Rennen**

der **Kopfbahnhof** (Bahnhof, in dem eine Bahnstrecke endet); *auch:* Sackbahnhof

der **Kopfball;** des Kopfballs *oder* Kopfballes; die Kopfbälle

köpfeln; du köpfelst; er köpfelte vom 3-Meter-Sprungbrett; sie hat den Ball ins Tor geköpfelt

köpfen; du köpfst; er köpfte; er hat die Blume geköpft

der **Köpfler;** des Köpflers; die Köpfler

kopflos; kopfloser; am kopflosesten

kopfrechnen; *nur im Infinitiv:* sie kann gut kopfrechnen; ABER: sie übte das Kopfrechnen; sie kann diese Aufgabe im Kopf rechnen

das **Kopfrechnen**

der **Kopfschmerz;** des Kopfschmerzes; die Kopfschmerzen

der **Kopfsprung**

kopfstehen (auf dem Kopf stehen; völlig überrascht sein); sie steht kopf; sie hat kopfgestanden

kopfüber; kopfüber ins Wasser springen

kopfvoran; sie stürzte sich kopfvoran ins Wasser; ABER: mit dem Kopf voran

das **Kopfweh;** des Kopfwehs

die **Kopie** (Abschrift; Nachbildung); die Kopien

kopieren (vervielfältigen); du kopierst; sie hat das Zeugnis kopiert

der **Kopierer;** des Kopierers; die Kopierer

die **Koppel** (eingezäunte Weide); die Koppeln

koppeln (verbinden); du koppelst; sie koppelte; sie hat die Pferde gekoppelt

die **Koralle** (im Meer festsitzendes Hohltier mit Kalkgerüst)

die **Koralleninsel**

das **Korallenriff**

der **Koran** (das heilige Buch des Islams); des Korans

der **Korb;** des Korbs *oder* Korbes; die Körbe

der **Korbblütler** (Vertreter einer Pflanzenfamilie); des Korbblütlers; die Korbblütler

die **Kordel** (Bindfaden); die Kordeln

die **Kordhose** *oder* **Cordhose**

Korea (eine Halbinsel Ostasiens)

der **Koreaner;** des Koreaners; die Koreaner

die **Koreanerin;** die Koreanerinnen

koreanisch

die **Korinthe** (eine kleine Rosinenart)

der **Kork** (Rinde der Korkeiche); des Korks *oder* Korkes; die Korke

der **Korken** (Stöpsel aus Kork); des Korkens; die Korken

der **Korkenzieher;** des Korkenziehers; die Korkenzieher

das **Korn;** des Korns *oder* Kornes; die Körner

das **Kornett** *oder* **Cornett** (Blechblasinstrument); die Kornette *oder* Cornette *und* die Kornetts *oder* Cornettes

körnig; körniger Sand

der **Körper;** des Körpers; die Körper

der **Körperbau;** des Körperbaus *oder* Körperbaues

körperbehindert

körperlich; eine körperliche Anstrengung; körperlich arbeiten

der **Körperteil;** des Körperteils *oder* Körperteiles; die Körperteile

die **Körperverletzung**

der **Korporal** (niedrigster Unteroffiziersgrad); die Korporale *oder* Korporäle

die **Korporalin;** die Korporalinnen

korpulent (dick, stämmig); korpulenter; am korpulentesten

die **Korpulenz**

korrekt (einwandfrei; ohne Fehler); korrekter; am korrektesten

die **Korrektur** (Verbesserung); die Korrekturen

der **Korrespondent** (Berichterstatter im Ausland); des/dem/den Korrespondenten; die Korrespondenten

die **Korrespondentin;** die Korrespondentinnen

die **Korrespondenz** (Briefwechsel); die Korrespondenzen

korrespondieren (im Briefverkehr stehen); ich korrespondiere; du korrespondierst; sie hat mit ihm korrespondiert

der **Korridor** (Flur, Gang); des Korridors; die Korridore

korrigieren (verbessern, berichtigen); du korrigierst; sie korrigierte; sie hat die Hefte korrigiert; sich korrigieren; er hat sich korrigiert

die **Korrosion** (chemische Zerstörung; Rostfrass)
korrupt (verdorben, bestechlich); korrupter; am korruptesten
die **Korruption**
der **Korsar** (*früher:* Seeräuber; Seeräuberschiff); des/dem/den Korsaren; die Korsaren
die **Korsarin;** die Korsarinnen
der **Korse** (Bewohner Korsikas); des/dem/den Korsen; die Korsen
das **Korsett** (Mieder); die Korsetts, *auch:* Korsette
Korsika (Insel im Mittelmeer)
die **Korsin** (Bewohnerin Korsikas), die Korsinnen
korsisch
die **Koryphäe** (bedeutende Persönlichkeit; hervorragende Gelehrte; hervorragender Gelehrter); die Koryphäen
der **Kosak** (*früher:* leicht bewaffneter russischer Reiter); des/dem/den Kosaken; die Kosaken
die **Kosakin;** die Kosakinnen
der **K.-o.-Schlag**
kosen (zärtlich sein); ich kose; du kost; er koste; er hat sie *oder* mit ihr gekost
der **Kosename;** des Kosenamens; die Kosenamen
der **Kosinus** (*Mathematik:* eine Winkelfunktion; *Zeichen:* cos); des Kosinus; die Kosinus *oder* Kosinusse *Plural selten*
die **Kosmetik** (Schönheitspflege)
der **Kosmetiker;** des Kosmetikers; die Kosmetiker
die **Kosmetikerin;** die Kosmetikerinnen
kosmetisch; ein kosmetisches Mittel
kosmisch (das Weltall betreffend); kosmische Strahlung
der **Kosmonaut** (Weltraumfahrer); des/dem/den Kosmonauten; die Kosmonauten
die **Kosmonautin;** die Kosmonautinnen
der **Kosmopolit** (Weltbürger); des/dem/den Kosmopoliten; die Kosmopoliten
die **Kosmopolitin** (Weltbürgerin); die Kosmopolitinnen
der **Kosmos** (das Weltall, die Weltordnung); des Kosmos
Kosovo *oder das* **Kosovo** (Region in Osteuropa)
der **Kosovo-Albaner;** des Kosovo-Albaners; die Kosovo-Albaner
die **Kosovo-Albanerin;** die Kosovo-Albanerinnen
die **Kost**
kostbar; kostbarer Schmuck
die **Kostbarkeit**
kosten (schmecken); du kostest; sie kostete; sie hat das Essen gekostet; koste die Suppe!
kosten (wert sein); es kostete; es hat [sie] viel Geld gekostet; das kostet ihn *oder* ihm den Job
die **Kosten** *Plural;* Kosten sparen; sich auf Kosten anderer amüsieren
kostenlos (gratis); kostenlos ausprobieren
köstlich; köstliche Speisen
die **Köstlichkeit**
die **Kostprobe**
kostspielig (teuer); eine kostspielige Angelegenheit
das **Kostüm;** des Kostüms; die Kostüme
kostümieren (verkleiden); sie kostümierte ihr Kind; sie hat sich kostümiert; alle Gäste sind kostümiert
der **Kot** (Darmausscheidung); des Kots *oder* Kotes; die Kote *Plural selten*
das **Kotelett;** des Koteletts; die Koteletts
der **Köter;** des Köters; die Köter
der **Kotflügel** (am Auto); des Kotflügels; die Kotflügel
kotzen (sich erbrechen); du kotzt; er kotzte; er hat gekotzt
die **Krabbe** (ein Krebs); die Krabben
krabbeln; du krabbelst; es krabbelte; das Tier ist durch das Rohr gekrabbelt; es hat mich überall auf der Haut gekrabbelt (gejuckt)
der **Krach;** des Krachs *oder* Kraches; mit Ach und Krach (mit Müh und Not); Krach schlagen
krachen; es krachte; es hat laut gekracht
der **Krachen** (abgelegenes Seitental); des Krachens; die Krachen *oder* Krächen
krächzen; du krächzt; sie krächzte; der Rabe hat gekrächzt
kraft; kraft seines Amtes
die **Kraft;** die Kräfte; [viel] Kraft rauben; in Kraft treten; das in Kraft getretene Gesetz; ABER: das Inkrafttreten; eine Vorschrift ausser Kraft setzen
das **Kraftfahrzeug**
kräftig; mit kräftigen Schlägen

kräftigen; das Training hat ihre Muskeln gekräftigt
kraftlos
der **Kraftstoff;** des Kraftstoffs *oder* Kraftstoffes; die Kraftstoffe
kraftstrotzend
kraftvoll
das **Kraftwerk**
der **Kragen;** des Kragens; die Kragen *oder* Krägen
die **Krähe;** die Krähen
krähen; der Hahn krähte; er hat gekräht
der **Krake** (Riesentintenfisch); des/dem/den Kraken; die Kraken
der **Krakeel** (Lärm und Streit); des Krakeels; die Krakeele
krakeelen (lärmen); du krakeelst; er krakeelte; er hat krakeelt
der **Krakeeler;** des Krakeelers; die Krakeeler
die **Krakeelerin;** die Krakeelerinnen
der **Krakel** (schwer leserliches Schriftzeichen); des Krakels; die Krakel
krakelig *oder* **kraklig;** eine krakelige *oder* kraklige Schrift
krakeln; du krakelst; sie krakelte; sie hat in ihr Heft gekrakelt
die **Kralle**
krallen; du krallst; er krallte; er hat die Nägel in ihren Arm gekrallt; sich an etwas krallen
der **Kram;** des Krams *oder* Krames
kramen; ich krame; du kramst; sie kramte; sie hat in der Schublade gekramt
der **Krämer** (*veraltet für:* Lebensmittelhändler); des Krämers; die Krämer
die **Krämerin;** die Krämerinnen
der **Krampf;** des Krampfs *oder* Krampfes; die Krämpfe
die **Krampfader;** die Krampfadern
krampfen (hart arbeiten); du krampfst; sie krampft; sie krampfte; sie hat bis in die Nacht hinein gekrampft
krampfhaft; krampfhaftes Lachen
der **Kran;** des Krans *oder* Kranes; die Kräne *oder* Krane
der **Kranführer;** des Kranführers; die Kranführer
die **Kranführerin;** die Kranführerinnen
der **Kranich;** des Kranichs; die Kraniche
krank; kränker; am kränksten; krank sein, werden, liegen; sich [ganz] krank fühlen; sich [sehr] krank stellen; weil der Stress uns ganz krank macht; sich krank lachen *oder* kranklachen; sie hat sich richtig krank gelacht *oder* krankgelacht; *vergleiche aber:* krankschreiben
die **Kranke;** eine Kranke; die Kranken
der **Kranke;** ein Kranker; die Kranken; zwei Kranke
kränkeln; du kränkelst; er kränkelte; er hat lange gekränkelt
kranken (krank sein, beeinträchtigt sein); sie krankte an Bronchitis; die Firma hat an schlechter Organisation gekrankt
kränken (beleidigen); du kränkst sie; er kränkte sie; er hat ihn sehr gekränkt
das **Krankenhaus;** des Krankenhauses; die Krankenhäuser
die **Krankenkasse**
die **Krankenpflege**
der **Krankenpfleger;** des Krankenpflegers; die Krankenpfleger
die **Krankenpflegerin;** die Krankenpflegerinnen
die **Krankensalbung** (katholisches Sakrament)
der **Krankenschein**
die **Krankenschwester** (*veraltet für:* Krankenpflegerin)
der **Krankenwagen;** des Krankenwagens; die Krankenwagen
krankhaft; krankhafte Veränderungen
die **Krankheit**
kränklich
krankmelden; der Arzt meldete ihn krank; er hat sich im Betrieb krankgemeldet
krankschreiben; die Ärztin schrieb sie krank; sie wurde [für] eine Woche krankgeschrieben
die **Kränkung**
der **Kranz;** des Kranzes; die Kränze
der **Krapfen** (ein Gebäck); des Krapfens; die Krapfen
krass (extrem; grell); krasser; am krassesten
der **Krater** (Vulkanöffnung; Abgrund); des Kraters; die Krater
der **Kratten** (Korb); des Krattens; die Kratten *oder* Krätten
die **Krätze** (eine Hautkrankheit)
kratzen; du kratzt; sie kratzte; die Katze hat mich gekratzt; sich kratzen; er kratzt sich unentwegt

der **Kratzer;** des Kratzers; die Kratzer
das **Kraul** *oder* **Crawl** (ein Schwimmstil); des Kraul *oder* Krauls *und* Crawl *oder* Crawls
kraulen *oder* **crawlen** (im Kraulstil schwimmen); du kraulst *oder* crawlst; sie ist ans Ufer gekrault *oder* gecrawlt; sie hat lange gekrault *oder* gecrawlt
kraulen; du kraulst; er kraulte; er hat die Katze gekrault
kraus; krauser; am krausesten
kräuseln; der Wind kräuselt; er kräuselte; er hat den Wasserspiegel gekräuselt; sich kräuseln; das Haar hat sich gekräuselt
kraushaarig
das **Kraut;** des Krauts *oder* Krautes; die Kräuter
der **Krautstiel** (Mangold; ein Gemüse); die Krautstiele
der **Krawall;** des Krawalls; die Krawalle
die **Krawatte** (Schlips); die Krawatten
kraxeln (klettern); du kraxelst; sie kraxelte; sie ist auf den Berg gekraxelt
die **Kreation** (Modell; Modeschöpfung)
kreativ (schöpferisch); kreative Energie
die **Kreativität**
die **Kreatur** (Geschöpf, Lebewesen); die Kreaturen
der **Krebs** (Krebstier; bösartige Geschwulst); des Krebses; die Krebse
krebskrank; krebskranke Kinder
krebsrot; ein krebsrotes Gesicht
der **Kredit** (Zahlungsaufschub; geliehenes Geld; *auch für:* Glaubwürdigkeit); des Kredits *oder* Kredites; die Kredite; ein zinsloser Kredit; auf Kredit kaufen
die **Kreditkarte**
kreditwürdig; kreditwürdige Kunden
das **Kredo** *oder* **Credo** (Glaubensbekenntnis); des Kredos *oder* Credos; die Kredos *oder* Credos
die **Kreide;** die Kreiden
kreidebleich
kreideweiss; kreideweisse Zähne
kreieren (erschaffen; schaffen); du kreierst; sie kreierte; sie hat einen neuen Duft kreiert
der **Kreis;** des Kreises; die Kreise
kreischen; du kreischst; er kreischte; er hat gekreischt
der **Kreisel;** des Kreisels; die Kreisel
kreisen; das Flugzeug kreist; das Flugzeug kreiste; das Flugzeug ist *oder* hat über der Stadt gekreist
kreisförmig; kreisförmige Strukturen
der **Kreislauf;** des Kreislaufs *oder* Kreislaufes; die Kreisläufe
kreisrund; kreisrunder Haarausfall
die **Kreissäge**
der **Kreisssaal** (Entbindungsraum im Krankenhaus)
die **Kremation** (Einäscherung)
das **Krematorium** (Einäscherungshalle); des Krematoriums; die Krematorien
kremieren (einäschern; man kremiert; man kremierte; man hat den Toten kremiert
der **Kreml** (russischer Regierungssitz); des Kreml *oder* Kremls
die **Krempe** (Hutrand); die Krempen
der **Krempel** (Trödel, Kram); des Krempels
krepieren (verenden; bersten); das Tier krepierte; die Granate ist vor dem Aufprall krepiert
der **Krepp** (ein krauses Gewebe); des Krepps; die Krepps *oder* Kreppe
der *oder* die **Krepp** *oder* **Crêpe** (dünner Eierkuchen); die Krepps *oder* Crêpes
das **Krepppapier**
die **Kresse** (Name für verschiedene Salat- und Gewürzpflanzen)
Kreta (Insel im Mittelmeer)
die **Krete** (Grat; Geländekamm); die Kreten
der **Kreter;** des Kreters; die Kreter
die **Kreterin;** die Kreterinnen
Krethi und Plethi (jedermann und jederfrau); Krethi und Plethi waren, *auch:* war an der Party
kretisch
das **Kreuz;** des Kreuzes; die Kreuze; das Rote Kreuz; das Eiserne Kreuz (Kriegsauszeichnung); über Kreuz legen, falten; jemanden aufs Kreuz legen (hereinlegen); *vergleiche aber:* kreuz und quer
der **Kreuzblütler** (Vertreter einer Pflanzenfamilie); des Kreuzblütlers; die Kreuzblütler
kreuzen; du kreuzt; sie kreuzte; sie hat die Arme gekreuzt; sich kreuzen (entgegenstehen, zuwiderlaufen); ihre Pläne haben sich gekreuzt
der **Kreuzer** (ein Kriegsschiff); des Kreuzers; die Kreuzer
das **Kreuzeszeichen** *oder* **Kreuzzeichen**

die **Kreuzfahrt** (Schiffsreise); die Kreuzfahrten
kreuzigen; man kreuzigte ihn; man hat ihn gekreuzigt
die **Kreuzigung**
die **Kreuzotter** (eine Schlange)
kreuz und quer (planlos); kreuz und quer durch die Stadt laufen
die **Kreuzung**
das **Kreuzverhör**
kreuzweise
das **Kreuzworträtsel**
das **Kreuzzeichen** *oder* **Kreuzeszeichen**
der **Kreuzzug;** des Kreuzzugs *oder* Kreuzzuges; die Kreuzzüge
kribbelig *oder* **kribblig** (ungeduldig, gereizt)
kribbeln; das Mineralwasser kribbelte; es hat mir im Hals gekribbelt; es kribbelt mir in den Fingern (ich bin schon ganz ungeduldig)
kriechen; du kriechst; sie kriecht; sie kroch; sie ist unter den Tisch gekrochen
der **Kriecher;** des Kriechers; die Kriecher
die **Kriecherei**
die **Kriecherin;** die Kriecherinnen
kriecherisch (unterwürfig); kriecherische Typen
das **Kriechtier**
der **Krieg;** des Kriegs *oder* Krieges; die Kriege; Krieg führen
kriegen (bekommen, erhalten); du kriegst; sie kriegte; sie hat ein Velo gekriegt
der **Krieger;** des Kriegers; die Krieger
die **Kriegerin;** die Kriegerinnen
kriegerisch; kriegerische Auseinandersetzungen
das **Kriegsschiff;** die Kriegsschiffe
der **Krill** (tierisches Plankton); des Krills *oder* Krilles
der **Krimi** (*kurz für:* Kriminalroman, -film); des Krimis; die Krimis
der **Kriminalbeamte**
die **Kriminalbeamtin**
der **Kriminalkommissar**
die **Kriminalkommissarin**
die **Kriminalpolizei**
kriminell (verbrecherisch); kriminelles Handeln
der **Kriminelle;** ein Krimineller; die Kriminellen; viele Kriminelle
die **Kriminelle;** eine Kriminelle; die Kriminellen
der **Kringel** (kleiner Kreis; ein Gebäck); des Kringels; die Kringel
kringelig; sich kringelig lachen
sich **kringeln** (sich ringeln); das Haar kringelt sich; sie hat sich vor Lachen gekringelt (sie hat sehr gelacht)
die **Kripo** (*kurz für:* die Kriminalpolizei)
die **Krippe**
das **Krippenspiel**
die **Krise**

> In einer Reihe von Wörtern wird der lang gesprochene i-Laut ohne anschliessendes *-e* oder Dehnungs-h geschrieben. Dazu gehört auch die *Krise.*

kriseln (bedrohlich sein); es kriselte; in der Partei hat es gekriselt
das **Krisengebiet**
krisenhaft; eine krisenhafte Situation
der **Kristall** (regelmässiger, von ebenen Flächen begrenzter Körper); des Kristalls
das **Kristall** (geschliffenes Glas); des Kristalls
kristallisieren (Kristalle bilden); etwas kristallisierte; etwas hat kristallisiert
kristallklar; kristallklares Wasser
der **Kristallleuchter;** des Kristallleuchters; die Kristallleuchter
die **Kritik** (kritische Beurteilung); die Kritiken
der **Kritiker;** des Kritikers; die Kritiker
die **Kritikerin;** die Kritikerinnen
kritikfähig
die **Kritikfähigkeit**
kritiklos; kritikloser; am kritiklosesten
kritisch; kritisch denken; kritisch urteilen; eine kritische Geschwindigkeit
kritisieren; du kritisierst; er kritisierte; er hat ihn kritisiert
kritteln (kleinlich urteilen; tadeln); du krittelst; er krittelte; er hat ständig gekrittelt
die **Kritzelei**
kritzeln; du kritzelst; sie kritzelte; sie hat Männchen in ihr Heft gekritzelt
der **Kroate** (Einwohner von Kroatien); des/dem/den Kroaten; die Kroaten
Kroatien (Staat im Südosten Europas)
die **Kroatin;** die Kroatinnen
kroatisch

der **Krokant** (Masse aus zerkleinerten Mandeln oder Nüssen); des Krokants

die **Krokette** (gebackenes längliches Kartoffelröllchen); die Kroketten *meist Plural*

das **Krokodil;** des Krokodils; die Krokodile

die **Krokodilsträne** (heuchlerische Träne) *meist Plural;* Krokodilstränen vergiessen

der **Krokus** (eine Gartenpflanze); des Krokus; die Krokus *oder* Krokusse

die **Krone**

krönen; ich kröne ihn; du krönst ihn; sie krönt ihn; sie krönte ihn; sie hat ihn gekrönt

der **Kronfavorit** (Spitzenkandidat); des/dem/den Kronfavoriten; die Kronfavoriten

die **Kronfavoritin;** die Kronfavoritinnen

der **Kronleuchter;** des Kronleuchters; die Kronleuchter

der **Kronzeuge** (Hauptzeuge)

die **Kronzeugin**

der **Kropf** (krankhafte Verdickung des Halses); des Kropfs *oder* Kropfes; die Kröpfe

kross (*norddeutsch für:* knusprig); krosser; am krossesten; das Fleisch kross braten *oder* krossbraten

der **Krösus** (sehr reicher Mann); des Krösus, *auch:* Krösusses; die Krösusse

die **Kröte;** die Kröten

die **Krücke;** die Krücken

der **Krückstock;** des Krückstocks *oder* Krückstockes; die Krückstöcke

der **Krug;** des Krugs *oder* Kruges; die Krüge

die **Krume** (Bröckchen vom Brot oder Kuchen)

der **Krümel;** des Krümels; die Krümel

krümelig *oder* **krümlig;** krümeliges *oder* krümliges Brot

krümeln; der Kuchen krümelt; der Kuchen hat gekrümelt

krumm; krumm biegen; sie hat den Löffel krumm gebogen; sich krumm lachen *oder* krummlachen; etwas krumm nehmen *oder* krummnehmen; sie hat ihr diese Bemerkung sehr krumm genommen *oder* krummgenommen

krümmen; du krümmst; sie hat ihm kein Haar gekrümmt; sich krümmen; sie hat sich am Boden gekrümmt

die **Krümmung**

der **Krüppel** (*abwertend für:* Mensch mit körperlicher Behinderung); die Krüppel

die **Kruste**

das **Krustentier**

das **Kruzifix** (christliches Symbol); des Kruzifixes; die Kruzifixe

die **Krypta** (Gruft, unterirdischer Kirchenraum); die Krypten

Kto.-Nr. = Kontonummer

Kuba (mittelamerikanischer Staat; westindische Insel)

der **Kubaner;** des Kubaners; die Kubaner

die **Kubanerin;** die Kubanerinnen

kubanisch; der kubanische Lebensstil

der **Kübel;** des Kübels; die Kübel

kübelweise (in grossen Mengen)

der **Kubikmeter** (*Zeichen:* m^3)

der **Kubikzentimeter** (*Zeichen:* cm^3)

kubisch (würfelförmig); kubische Gleichung (Gleichung dritten Grades)

der **Kubus** (Würfel); des Kubus; die Kuben *oder* Kubusse

die **Küche**

der **Kuchen;** des Kuchens; die Kuchen

das **Kuchenblech;** des Kuchenblechs *oder* Kuchenbleches; die Kuchenbleche

der **Kuchenteig;** des Kuchenteigs *oder* Kuchenteiges; die Kuchenteige

der **Kuckuck;** des Kuckucks; die Kuckucke

die **Kuckucksuhr**

der *oder* das **Kuddelmuddel** (Wirrwarr); des Kuddelmuddels

die **Kufe** (Gleitschiene des Schlittens)

der **Küfer** (Hersteller von Weinfässern); des Küfers; die Küfer

die **Küferin;** die Küferinnen

die **Kugel;** die Kugeln

kugelig *oder* **kuglig**

das **Kugellager;** des Kugellagers; die Kugellager

kugeln; ich kugle; er kugelte; der Ball ist in die Ecke gekugelt; sie hat den Ball durch den Flur gekugelt; sich [vor Lachen] kugeln

kugelrund

der **Kugelschreiber;** des Kugelschreibers; die Kugelschreiber

das **Kugelstossen**

der **Kugelstösser;** des Kugelstössers; die Kugelstösser

die **Kugelstösserin;** die Kugelstösserinnen

die **Kuh;** die Kühe

der **Kuhhandel** (fragwürdiges Tauschgeschäft); des Kuhhandels

kühl; kühle Getränke; ABER: etwas im Kühlen lagern; sich ins Kühle setzen
die **Kuhle** (Grube, Loch)
die **Kühle**
kühlen; du kühlst; sie hat ihr Gesicht gekühlt
der **Kühler;** des Kühlers; die Kühler
der **Kühlschrank**
die **Kühlung**
kühn; eine kühne Tat
die **Kühnheit**
das **Küken** (das Junge des Huhnes); des Kükens; die Küken
der **Ku-Klux-Klan** (terroristischer Geheimbund in den USA); des Ku-Klux-Klan *oder* Ku-Klux-Klans
kulant (grosszügig); eine kulante Regelung
der **Kuli** (*kurz für:* Kugelschreiber); des Kulis; die Kulis
kulinarisch (auf die Kochkunst bezogen); kulinarische Genüsse
die **Kulisse** (Hintergrund; Bühnenbild)
kullern; du kullerst; sie hat den Ball über den Tisch gekullert; die Fässer sind auf die Strasse gekullert
der **Kult** (Gottesdienst; besondere Verehrung); des Kults *oder* Kultes; die Kulte
kultig (hohes Ansehen geniessend); ein kultiger Film; diese Band ist kultig
kultivieren (Land bearbeiten, urbar machen; sorgsam pflegen); du kultivierst; sie kultivierte den Boden; sie hat ihren Stil kultiviert
kultiviert (gesittet; gebildet); kultivierter; am kultiviertesten; ein kultivierter Mensch
die **Kultur;** die Kulturen
kulturell; kulturelle Werte
der **Kümmel** (Gewürz; ein Branntwein); des Kümmels; die Kümmel
der **Kummer;** des Kummers
kümmerlich; ein kümmerlicher Rest
sich **kümmern;** du kümmerst dich; sie hat sich um ihn gekümmert; das kümmert mich nicht! (das ist mir egal!)
das *oder* der **Kummet** (Bügel, der um den Hals von Zugtieren gelegt wird); die Kummete
der **Kumpan** (Kamerad; Mittäter); des Kumpans; die Kumpane
die **Kumpanin;** die Kumpaninnen
der **Kumpel** (Bergmann; Kamerad; Kameradin); des Kumpels; die Kumpel, *auch:* Kumpels; sie ist ein dufter Kumpel
kumulieren (anhäufen); die Ereignisse kumulierten; die Schadstoffe haben sich im Körper kumuliert
der **Kunde** (Käufer); des/dem/den Kunden; die Kunden
die **Kunde** (Botschaft)
künden; du kündest; sie kündete; sie hat im Geschäft gekündet; er hat von einem Unglück gekündet
kundgeben (bekannt geben); sie gab kund; sie hat kundgegeben; ich gebe etwas kund; ABER: ich gebe Kunde von etwas
die **Kundgebung**
kundig; ein kundiger Bergführer; sich kundig machen (sich informieren)
kündigen; du kündigst; sie kündigte; sie hat gekündigt; sie hat ihm gekündigt; sie hat ihm die Wohnung gekündigt; es wurde ihr *oder* ihr wurde gekündigt
die **Kündigung**
die **Kundin;** die Kundinnen
die **Kundschaft**
der **Kundschafter** (jemand, der etwas erkundet); des Kundschafters; die Kundschafter
die **Kundschafterin;** die Kundschafterinnen
kundtun (bekannt machen); ich tue kund; du tust kund; sie hat ihre Meinung kundgetan
künftig; ihr künftiger Arbeitsplatz
das **Kung-Fu** (Methode der Selbstverteidigung); des Kung-Fu *oder* des Kung-Fus
die **Kunst;** die Künste
der **Kunstdünger**
die **Kunstfaser**
der **Kunstgriff;** des Kunstgriffs *oder* Kunstgriffes; die Kunstgriffe
der **Künstler;** des Künstlers; die Künstler
die **Künstlerin;** die Künstlerinnen
künstlerisch; ein künstlerischer Anspruch
künstlich; künstliche Atmung
der **Kunststoff;** des Kunststoffs *oder* Kunststoffes; die Kunststoffe
das **Kunststück**
das **Kunstturnen;** des Kunstturnens
kunstvoll; eine kunstvolle Gestaltung
das **Kunstwerk**

kunterbunt (durcheinander, gemischt); kunterbunt bemalte Eier

das **Kupfer** (chemisches Element, Schwermetall; *Zeichen:* Cu); des Kupfers

kupfern (aus Kupfer); ein kupferner Kessel

der **Kupferstich;** des Kupferstichs *oder* Kupferstiches; die Kupferstiche

die **Kuppe;** die Kuppe des Berges

die **Kuppel** (halbkugelförmiger oberer Teil eines Raums); die Kuppeln

kuppeln; ich kupple; du kuppelst; er kuppelte; er hat unvorsichtig gekuppelt

die **Kupplung**

das **Kupplungspedal**

die **Kur** (Heilverfahren; Heilbehandlung, Pflege); die Kuren

die **Kür** (Wahlübung beim Sport); die Küren

das **Kuratorium** (Aufsichtsbehörde); die Kuratorien

die **Kurbel;** die Kurbeln

kurbeln; ich kurble; du kurbelst; sie kurbelte; sie hat gekurbelt

der **Kürbis;** des Kürbisses; die Kürbisse

küren (wählen); du kürst; sie kürt; sie kürte, *auch:* kor; sie hat ihn gekürt, *auch:* gekoren

der **Kurfürst;** des/dem/den Kurfürsten; die Kurfürsten

die **Kurfürstin**

der **Kurgast;** des Kurgasts *oder* Kurgastes; die Kurgäste

die **Kurie** (die päpstliche Zentralbehörde)

der **Kurier** (Eilbote); des Kuriers; die Kuriere

kurieren (erfolgreich behandeln; heilen); ich kuriere ihn; du kurierst ihn; sie kurierte ihn; die Ärztin hat ihn kuriert

die **Kurierin;** die Kurierinnen

kurios (seltsam); kurioser; am kuriosesten

die **Kuriosität** (Merkwürdigkeit)

das **Kuriosum** (etwas Sonderbares); des Kuriosums; die Kuriosa

der **Kurort;** des Kurorts *oder* Kurortes; die Kurorte

der **Kurs;** des Kurses; die Kurse

der **Kürschner** (Pelzverarbeiter); des Kürschners; die Kürschner

die **Kürschnerin** (Pelzverarbeiterin); die Kürschnerinnen

kursiv (schräg gedruckt); kursive Schrift

die **Kurve**

kurven; du kurvst; er kurvte um die Ecke; das Flugzeug ist *oder* hat über der Stadt gekurvt

kurvenreich; kurvenreiche Strassen

kurvig; eine kurvige Strecke

kurz

kürzer; am kürzesten

Kleinschreibung:

- kurz und gut; kurz und schmerzlos
- kurz gesagt, habe ich keine Lust dazu
- über kurz oder lang

Grossschreibung der Nominalisierung und in Namen:

- den Kürzeren ziehen; etwas Kurzes spielen, vortragen
- binnen, seit, vor Kurzem
- Pippin der Kurze (ein König)

Getrennt- und Zusammenschreibung:

- sich kurz fassen *oder* kurzfassen; er hätte sich kürzer fassen sollen
- ein kurz gefasster *oder* kurzgefasster Text
- wir wollen es kurz machen *oder* kurzmachen
- die Haare kurz schneiden *oder* kurzschneiden; kurz geschnittene *oder* kurzgeschnittene Haare
- kurz arbeiten; er hat nur kurz (kurze Zeit) gearbeitet; *vergleiche aber:* kurzarbeiten

die **Kurzarbeit** (angeordnete verkürzte Arbeitszeit)

kurzarbeiten (Kurzarbeit leisten [müssen]); sie arbeitet kurz; in dieser Firma wird jetzt kurzgearbeitet; ABER: kurz arbeiten; sie hat hier nur kurz (für kurze Zeit) gearbeitet

kurzärmelig *oder* **kurzärmlig;** ein kurzärmeliges *oder* kurzärmliges Hemd

kurzatmig

die **Kürze;** in Kürze

kürzen; du kürzt; sie kürzte den Rock; man hat ihr die Rente gekürzt

kurzerhand (rasch und ohne lange zu überlegen)

kurzfristig; kurzfristige Änderungen

die **Kurzgeschichte**
kurzhaarig; ein kurzhaariges Mädchen
kürzlich (vor kurzer Zeit)
der **Kurzschluss** (elektrische Störung); des Kurzschlusses; die Kurzschlüsse; einen Kurzschluss verursachen
kurzsichtig; kurzsichtige Augen; kurzsichtig handeln
der **Kurzstreckenlauf**
kurzum (kurz gesagt)
die **Kürzung**
kurzweilig (unterhaltsam); ein kurzweiliger Abend
das **Kurzzeitgedächtnis**
kurzzeitig
kusch! (*Befehl an den Hund:* leg dich still nieder!)
die **Kuschelecke** (liebevoll gestalteter Teil eines Raumes, in dem Kinder kuscheln können)
kuscheln; du kuschelst; sie kuschelte; sie haben in der Sofaecke gekuschelt; sich kuscheln; sie hat sich in eine Wolldecke gekuschelt
kuschen (sich lautlos hinlegen [vom Hund]; *auch für:* stillschweigen); du kuschst; der Hund kuschte; er hat gekuscht
die **Kusine** *oder* **Cousine** (Tochter des Bruders oder der Schwester eines Elternteils); die Kusinen *oder* Cousinen
der **Kuss;** des Kusses; die Küsse; *Verkleinerungsform:* das Küsschen
küssen; du küsst; sie küsste; sie hat ihn geküsst
die **Küste** (Gebiet, das ans Meer grenzt)
der **Küster** (Kirchendiener); des Küsters; die Küster
die **Küsterin;** die Küsterinnen
die **Kutsche** (von Pferden gezogener Wagen)
der **Kutscher;** des Kutschers; die Kutscher
die **Kutscherin;** die Kutscherinnen
kutschieren; du kutschierst; sie hat den Wagen kutschiert; wir sind durch die Stadt kutschiert
die **Kutte** (Mönchsgewand); die Kutten
die **Kutteln** (essbare Innereien des Rindes oder Kalbes) *Plural*
der **Kutter** (kleines Fischereifahrzeug); des Kutters; die Kutter
das **Kuvert** *oder* **Couvert** (Briefumschlag); des Kuverts *oder* Couverts; die Kuverts *oder* Couverts
Kuwait (Staat am Persischen Golf)
der **Kuwaiter;** des Kuwaiters; die Kuwaiter
die **Kuwaiterin;** die Kuwaiterinnen
kuwaitisch
kW = Kilowatt
kWh = Kilowattstunde

L

l = Liter
das **L** (Buchstabe); des L; die L; ABER: das l in Schale
das **Lab** (*Biologie:* ein Enzym); des Labs *oder* Labes; die Labe
laben (mit Speisen oder Getränken erfrischen); ich labe sie; du labst sie; er labte sie; er hat sie gelabt; sich laben (sich gütlich tun); er hat sich am Kuchen gelabt
labern (ständig über Unwichtiges reden); du laberst; er laberte; er hat gelabert; labere nicht!
labil (schwankend; unsicher); labiles Gleichgewicht
das **Labor** (*kurz für:* Laboratorium); des Labors; die Labors, *auch:* Labore
der **Laborant** (Fachkraft in einem Labor); des/dem/den Laboranten; die Laboranten
die **Laborantin;** die Laborantinnen
das **Laboratorium** (naturwissenschaftliche Arbeits- und Forschungsstätte); die Laboratorien
das *oder* die **Labsal** (Erfrischung); des Labsals *oder* der Labsal; die Labsale
das **Labyrinth** (Irrgang; Durcheinander; Innenohr); des Labyrinths *oder* Labyrinthes; die Labyrinthe
die **Lache** (Pfütze); die Lachen
lächeln; du lächelst; sie lächelte; sie hat gelächelt; lächle doch einmal!
lachen; du lachst; sie lachte; sie hat gelacht; Tränen lachen; sie hat gut lachen (sie kann sich freuen); ABER: das **Lachen;** ein herzhaftes Lachen; das

ist zum Lachen; ihm wird das Lachen bald vergehen

lächerlich; ein lächerlicher Vorschlag; ABER: etwas ins Lächerliche ziehen

der **Lachs** (ein Fisch); des Lachses; die Lachse

lachsfarben *oder* **lachsfarbig;** ein lachsfarbenes *oder* lachsfarbiges Kleid

der **Lack;** des Lacks *oder* Lackes; die Lacke

lackieren; du lackierst; sie lackierte; sie hat das Auto lackiert

die **Lackierung**

die **Lade** (Schublade); die Laden

laden; du lädst; sie lädt; ABER: ihr ladet; sie lud; das Schiff hat Erz geladen; der Richter hat sie als Zeugin geladen

der **Laden;** des Ladens; die Läden

der **Ladenhüter** (schlecht verkäufliche Ware); des Ladenhüters; die Ladenhüter

die **Ladung**

die **Lady** (Titel der englischen adligen Frau; *selten für:* Dame); die Ladys

ladylike (damenhaft)

der **Laferi** (dumm daherredender Mensch); die Laferis

lafern; sie laferte; er hat gelafert

die **Lage;** in der Lage (fähig) sein; sie ist in einer schwierigen Lage

das **Lager;** des Lagers; die Lager, *in der Kaufmannssprache auch:* die Läger; etwas auf Lager haben

lagern; du lagerst; sie lagerte; sie hat die Vorräte gelagert; lagere die Vorräte im Keller!

die **Lagerstätte** (Lager; Vorkommen von Bodenschätzen); die Lagerstätten

die **Lagerung**

der **Lago Maggiore**

die **Lagune** (vom offenen Meer getrennter flacher Meeresteil); die Lagunen

lahm; ein lahmes Bein; lahm legen *oder* lahmlegen; die Demonstrierenden wollten den Verkehr lahm legen *oder* lahmlegen

lahmen (lahm gehen); das Pferd lahmte; es hat gelahmt

lähmen (lahm machen); die Angst lähmte ihn; sie hat ihn gelähmt

die **Lähmung**

der **Laib;** des Laibs *oder* Laibes; die Laibe; ein Laib Brot; drei Laib Käse

> Nicht verwechseln: Obwohl beide Wörter gleich ausgesprochen werden, schreibt man *Laib,* die Bezeichnung für ein Brot- oder Käsestück, mit *ai,* ein anderes Wort für Körper, *Leib,* dagegen mit *ei.* Zu den wenigen Wörtern im Deutschen, die mit *ai* geschrieben werden, gehört auch *Laich,* die Bezeichnung für die im Wasser abgelegten Eier von Tieren.

der **Laich** (Eier von Amphibien, Fischen und Weichtieren); des Laichs *oder* Laiches; die Laiche

laichen (Laich absetzen); der Fisch laichte; der Fisch hat gelaicht

der **Laie** (Nichtfachmann; Nichtpriester); des Laien; die Laien

laienhaft; eine laienhafte Reparatur

das **Laienspiel**

die **Laiin** (Nichtfachfrau); die Laiinnen

der **Lakai** (Diener; unterwürfiger Mensch); des Lakaien; die Lakaien

das **Laken** (Betttuch); des Lakens; die Laken

lakonisch (kurz und treffend); ein lakonischer Kommentar

die **Lakritze** (eingedickter Süssholzsaft); die Lakritzen

lallen; du lallst; er lallte; der Betrunkene hat nur gelallt

der **Lama** (tibetischer Priester oder Mönch); des Lama *oder* Lamas; die Lamas

das **Lama** (höckerloses südamerikanisches Kamel); des Lamas; die Lamas

die **Lamelle** (Streifen; dünnes Blättchen)

lamentieren (laut klagen, jammern); du lamentierst; er lamentierte; er hat den ganzen Tag lamentiert

das **Lamento** (Gejammer; Musikstück von schmerzlichem Charakter); des Lamentos; die Lamentos

das **Lametta** (Metallfäden [als Christbaumschmuck]); des Lamettas

das **Laminat** (ein Bodenbelag); des Laminats *oder* Laminates; die Laminate

das **Lamm;** des Lamms *oder* Lammes; die Lämmer

lammen (ein Lamm werfen); das Schaf lammte; das Schaf hat gelammt

lammfromm (sehr gehorsam, geduldig)

die **Lampe**
das **Lampenfieber**
der **Lampion** (Laterne); des Lampions; die Lampions *oder* Lampione
lancieren (an die Öffentlichkeit bringen; verbreiten); sie lanciert; sie lancierte; sie hat eine Initiative lanciert
das **Land;** des Lands *oder* Landes; die Länder, *dichterisch auch:* Lande; aus aller Herren Länder, *auch:* Ländern; an Land gehen; auf dem Land leben; ausser Landes sein; zu Lande und zu Wasser; bei uns zu Lande (daheim); ABER: hierzulande *oder* hier zu Lande
der **Landammann;** die Landammänner; *weibliche Form:* Frau Landammann; *vergleiche auch:* Ammann
landauf; *nur in:* landauf, landab (überall); *Trennung:* land-auf; land-ab
landaus; *nur in:* landaus, landein (überall); *Trennung:* land-aus; land-ein
die **Lände** (Anlegeplatz für Schiffe); die Länden
landeinwärts
landen; ich lande; das Flugzeug landete; das Flugzeug ist gelandet; der Boxer hat bei seinem Gegner einen Kinnhaken gelandet
die **Ländereien** *Plural*
das **Länderspiel** *(Sport)*
die **Landeskarte** (offizielles Landkartenwerk der Schweiz)
die **Landeskunde**
die **Landessprache**
der **Landesteg;** des Landestegs *oder* Landesteges; die Landestege
die **Landfrau** (Bäuerin)
die **Landi** (*kurz für:* landwirtschaftliche Genossenschaft); der Landi; die Landis
die **Landkarte**
landläufig (allgemein verbreitet); nach landläufiger Meinung
das **Landleben;** des Landlebens
der **Ländler** (volkstümliche Musik); des Ländlers; die Ländler
die **Landleute** (Bauern und Bäuerinnen) *Plural*
ländlich; eine ländliche Gegend
die **Landluft**
der **Landmann** (Bauer)
die **Landschaft**
landschaftlich
die **Landsfrau** (Frau, die aus demselben Land stammt wie eine andere Person)
die **Landsgemeinde**
die **Landsleute** (Landsfrauen und -männer) *Plural*
der **Landsmann** (Mann, der aus demselben Land stammt wie eine andere Person); die Landsmänner
der **Landstreicher;** des Landstreichers; die Landstreicher
die **Landstreicherin;** die Landstreicherinnen
die **Landung**
der **Landwirt;** des Landwirts *oder* Landwirtes; die Landwirte
die **Landwirtin;** die Landwirtinnen
die **Landwirtschaft**
landwirtschaftlich

lang

länger; am längsten

Kleinschreibung:

- es ist lange her
- aus langer Weile; das Ende der langen Weile; *vergleiche aber:* Langeweile
- über kurz oder lang

Grossschreibung der Nominalisierung:

- sich des Langen und Breiten (ausführlich) über etwas äussern
- seit Langem; seit Längerem

Getrennt- und Zusammenschreibung:

- der lang gehegte *oder* langgehegte Wunsch
- ein Gummiband lang ziehen *oder* langziehen; er hat ihm die Ohren lang gezogen *oder* langgezogen (er hat ihn scharf getadelt); eine lang gezogene *oder* langgezogene Kurve

Vergleiche aber: langweilen

Bei «lang» als zweitem Bestandteil:

- meterlang (mehrere Meter lang); ABER: zehn Meter lang
- jahrelang (mehrere Jahre lang); ABER: zwei Jahre lang

langärmelig *oder* **langärmlig**
langatmig; langatmige Reden

langbeinig; ein langbeiniger Vogel
die **Länge;** der Länge nach hinfallen
langen (ausreichen; greifen); das Geld langt; er langte in den Korb; das Geld hat gelangt; jetzt langts *oder* langt's mir aber! (jetzt ist meine Geduld zu Ende!)
der **Längengrad**
der **Längenkreis**
das **Längenmass**
die **Langeweile** *oder* **Langweile;** das Ende der Langeweile *oder* Langweile; ABER: das Ende der langen Weile; aus Langeweile *oder* Langweile; ABER: aus langer Weile
langfädig (weit ausholend; langatmig); sein Vortrag war sehr langfädig
langgehen (*umgangssprachlich für:* entlanggehen); sie weiss, wo es langgeht
langhaarig
langjährig; langjährige Erfahrungen
der **Langlauf**
langlebig; langlebige Tiere
länglich; ein längliches Gesicht
die **Langmut** (grosse Geduld)
langmütig (geduldig; nachsichtig)
längs; etwas längs (der Länge nach) trennen; längs (entlang) des Weges, *auch:* längs dem Weg; ein längs gestreifter *oder* längsgestreifter Pullover
die **Längsachse**
langsam; ein langsamer Walzer
der **Langschläfer**
die **Langschläferin**
die **Langspielplatte** (*Abkürzung:* LP)
der **Längsschnitt;** des Längsschnitts *oder* Längsschnittes; die Längsschnitte
längst (seit Langem); er ist längst daheim
längstens (höchstens; spätestens); das hält er längstens eine Stunde aus
die **Languste** (eine Krebsart)
die **Langweile** *vergleiche:* **Langeweile**
langweilen; du langweilst sie; er langweilte sie; er hat sie gelangweilt; sich langweilen; sie hat sich gelangweilt
langweilig; eine langweilige Geschichte
langwierig (lange dauernd und mühsam); langwierige Verhandlungen
das **Langzeitgedächtnis**
die **Langzeitwirkung**
die **Lanze**
Laos (Staat in Hinterindien)
der **Laote;** des/dem/den Laoten; die Laoten
die **Laotin;** die Laotinnen
laotisch
die **LAP** = Lehrabschlussprüfung
lapidar (einfach, kurz und bündig); eine lapidare Feststellung
die **Lappalie** (Kleinigkeit, etwas Belangloses); die Lappalien
der **Lappen;** des Lappens; die Lappen
läppisch (albern, dumm); eine läppische Bemerkung
der **Lapsus** ([geringfügiger] Fehler; Versehen); des Lapsus; die Lapsus
der *oder* das **Laptop** (tragbarer Computer); des Laptops; die Laptops
die **Lärche** (ein Nadelbaum)

> Nicht verwechseln: Obwohl beide Wörter gleich ausgesprochen werden, schreibt man den Baum *(Lärche)* anders als den Singvogel *(Lerche)*.

largo (*Musik:* breit, langsam)
das **Largo** (*Musik:* langsames Musikstück); des Largo *oder* Largos; die Largos, *auch:* Larghi
larifari (oberflächlich; nachlässig); etwas larifari machen; ABER: das **Larifari** (Geschwätz, Unsinn); des Larifaris; was er sagte, war Larifari
der **Lärm;** des Lärms
lärmen; du lärmst; sie lärmte; sie hat gelärmt
lärmig; lärmige Bauarbeiten
die **Larve** (Maske; Jugendstadium von Insekten)
die **Lasagne** (ein italienisches Nudelgericht); die Lasagnen
lasch (schlaff; träge); ein lascher Händedruck
die **Lasche** (ein Verbindungsstück)
der **Laser** (Gerät zur Lichtverstärkung); des Lasers; die Laser
der **Laserdrucker**
der **Laserstrahl;** des Laserstrahls *oder* Laserstrahles; die Laserstrahlen
lassen; du lässt; sie lässt; ABER: ihr lasst; sie liess; sie hat gelassen; ich habe es gelassen (unterlassen); ich habe dich rufen lassen; er sollte es bleiben lassen; sie hat ihre Tasche fallen lassen
lässig; ein lässiges Kopfnicken
die **Lässigkeit**
lässlich (verzeihlich); lässliche (kleinere) Sünden

das *oder* der **Lasso** (eine Wurfschlinge); des Lassos; die Lassos
die **Last;** die Lasten; zulasten *oder* zu Lasten des Klägers; die Rechnung geht zulasten *oder* zu Lasten von Herrn ...; ABER: die Kosten gehen zu ihren Lasten
das **Laster** (schlechte Gewohnheit); des Lasters; die Laster
der **Laster** (Lastwagen); des Lasters; die Laster
lasterhaft (moralisch verwerflich); ein lasterhaftes Leben führen
lästern; du lästerst; er lästerte; er hat gelästert
lästig; eine lästige Fliege
der **Lastkraftwagen** (*Abkürzung:* Lkw, *auch:* LKW)
die **Last-Minute-Reise** (verbilligte, kurzfristig anzutretende Reise)
der **Lastwagen;** die Lastwagen
die **Lasur** (durchsichtige Farbschicht); die Lasuren
das **Latein;** des Lateins; er ist mit seinem Latein am Ende (weiss nicht mehr weiter)
Lateinamerika (die spanisch- und portugiesischsprachigen Staaten Mittel- und Südamerikas)
lateinisch; lateinische Schrift
latent (vorhanden, aber nicht in Erscheinung tretend); eine latente Gefahr
die **Laterne**
der **Laternenpfahl**
der **Latex** (Kautschukmilch); des Latex; die Latizes
die **Latrine** (behelfsmässige Toilette; Senkgrube); die Latrinen
die **Latsche** *oder* der **Latschen** (Hausschuh; ausgetretener Schuh); der Latsche *oder* des Latschens; die Latschen
die **Latsche** (ein Nadelbaum); die Latschen
latschen (nachlässig gehen); du latschst; sie latschte; sie ist über den Hof gelatscht; latsche *oder* latsch nicht so!
die **Latte**
der **Lattenrost**
der **Lattenzaun**
der **Lattich** (ein Korbblütler; ein Gemüse); des Lattichs; die Lattiche
der **Latz;** des Latzes; die Lätze; *Verkleinerungsform:* das Lätzchen
lau; lauer; am lauesten *oder* lausten; ein lauer Wind
das **Laub;** des Laubs *oder* Laubes
der **Laubbaum**
die **Laube** (Gartenhäuschen)
der **Laubfrosch**
die **Laubsäge**
der **Lauch** (eine Zwiebelpflanze); des Lauchs *oder* Lauches; die Lauche
die **Lauer;** auf der Lauer sein, liegen
lauern (im Hintergrund beobachten; abpassen); ich lauere; du lauerst; sie lauerte; sie hat lange auf mich gelauert
der **Lauerzersee**
der **Lauf;** des Laufs *oder* Laufes; die Läufe; im Lauf *oder* Laufe der Zeit; der 100-Meter-Lauf *oder* 100-m-Lauf
die **Laufbahn**
laufen; du läufst; sie läuft; ABER: ihr lauft; sie lief; sie ist gelaufen; sie hat vor, den Hund [viel] laufen zu lassen; sie hat ihn laufen lassen
laufend; die laufenden Arbeiten; die laufenden (ständigen) Kosten; am laufenden Band arbeiten; ABER: auf dem Laufenden (über das Neueste informiert) sein, bleiben
laufenlassen *vergleiche:* **laufen**
der **Läufer;** des Läufers; die Läufer
die **Läuferin;** die Läuferinnen
das **Lauffeuer;** die Nachricht verbreitete sich wie ein Lauffeuer
läufig (brünstig); eine läufige Hündin
der **Laufmeter** (Meter an einem Stück); am Laufmeter (am laufenden Band)
der **Laufschritt;** im Laufschritt
die **Lauge** (chemische Flüssigkeit)
die **Laune**
launig (witzig); eine launige Bemerkung
launisch (launenhaft); launisches Wetter
die **Laus;** die Läuse
Lausanne (Hauptstadt des Kantons Waadt)
der **Lausbub;** des Lausbuben; die Lausbuben
die **Lausbüberei**
lausbübisch; ein lausbübisches Grinsen
lauschen; du lauschst; er lauschte; er hat an der Tür gelauscht
der **Lauscher;** des Lauschers; die Lauscher
die **Lauscherin;** die Lauscherinnen
lauschig (verborgen, gemütlich gelegen); ein lauschiges Plätzchen
der **Lausebengel**
das **Lausemädchen**

lausen; der Affe laust sich; die Affenmutter hat ihr Junges gelaust
lausig (schlecht; schäbig; sehr [gross]); eine lausige Arbeit; es war lausig kalt
laut (gemäss); laut [ärztlicher] Anweisung; laut Berichten; laut unseres Schreibens *oder* unserem Schreiben
laut; lauter; am lautesten; laut reden; etwas laut (bekannt) werden lassen
der **Laut;** des Lauts *oder* Lautes; die Laute
die **Laute** (ein Saiteninstrument)
lauten; der Vertrag lautete auf den Namen ...; das Urteil hat auf Freispruch gelautet
läuten; du läutest; sie läutete; sie hat geläutet
lauter (rein; aufrichtig); eine lautere Gesinnung
lauter (ganz viel; nichts als); vor lauter Freude; lauter Spiele
die **Lauterkeit** (Aufrichtigkeit)
läutern (reinigen; von Fehlern befreien); das Leid läuterte ihn; es hat ihn geläutert
lautlos; lautloser; am lautlosesten
die **Lautlosigkeit**
die **Lautschrift**
der **Lautsprecher**
lautstark; lautstarker Protest
lauwarm; lauwarmes Wasser
die **Lava** (feurig-flüssiger Schmelzfluss aus Vulkanen); die Laven
das **Lavabo** (Waschbecken); des Lavabo *oder* Lavabos; die Lavabos
der **Lavendel** (eine Gewürzpflanze); des Lavendels
lavieren (mit Geschick Schwierigkeiten überwinden); du lavierst; sie lavierte; sie hat zwischen den Parteien laviert
die **Lawine**
lawinenartig
lawinensicher
lax (schlaff; locker); laxer; am laxesten; eine laxe Haltung
das **Layout** (Text- und Bildgestaltung in einer Zeitung o. Ä.); des Layouts; die Layouts
das **Lazarett** (Militärkrankenhaus); des Lazaretts *oder* Lazarettes; die Lazarette
der **Leader** (Sportler oder Team in Führung); des Leaders; die Leader
die **Leaderin;** die Leaderinnen
leasen (mieten); du least; sie leaste; sie hat das Auto geleast
das **Leasing** (Vermietung); des Leasings; die Leasings
das **Lebehoch;** die Lebehochs; sie rief ein herzliches Lebehoch; ABER: sie rief: «Er lebe hoch!»
leben; du lebst; sie lebte; sie hat lange gelebt; lebe wohl!; *vergleiche aber:* Lebewohl
das **Leben;** des Lebens; die Leben; mein Leben lang; am Leben bleiben; mit dem Leben davonkommen
lebendig; eine lebendige Schilderung
der **Lebensbaum**
die **Lebensbedingung** *meist Plural*
die **Lebenserwartung**
die **Lebensgefahr**
lebensgefährlich; eine lebensgefährliche Krankheit; sie wurden lebensgefährlich verletzt
der **Lebensgefährte**
die **Lebensgefährtin**
lebenslang; lebenslange Haft
lebenslänglich; er bekam «lebenslänglich» (eine lebenslange Freiheitsstrafe)
der **Lebenslauf;** des Lebenslaufs *oder* Lebenslaufes; die Lebensläufe
das **Lebensmittel;** die Lebensmittel *meist Plural*
lebensnotwendig
der **Lebensstandard**
die **Lebensweise**
die **Leber**
der **Lebertran** (vitaminreiches Öl aus der Leber von Fischen)
die **Leberwurst**
das **Lebewesen**
das **Lebewohl;** die Lebewohle *oder* Lebewohls; sie rief ein herzliches Lebewohl; ABER: sie rief: «Lebe wohl!»
lebhaft; lebhafter; am lebhaftesten
der **Lebhag** (Hecke); des Lebhags; die Lebhäge
der **Lebkuchen**
leblos; ein lebloser Körper
die **Lebzeiten** *Plural;* bei Lebzeiten seines Vaters; zu seinen Lebzeiten

lechzen (heftig verlangen); du lechzt; sie lechzte; sie hat nach Wasser gelechzt
leck (undicht); ein leckes Boot
das **Leck** (undichte Stelle in einem Gefäss, in einer Leitung); des Lecks *oder* Leckes; die Lecks; ein Leck abdichten
lecken (undicht sein); das Schiff leckte; das Schiff hat geleckt
lecken (mit der Zunge berühren); du leckst; sie leckte; sie hat ein Eis geleckt; sich lecken; der Hund hat sich geleckt
lecker; ein leckeres Essen; das schmeckt lecker
der **Leckerbissen;** des Leckerbissens; die Leckerbissen
die **Leckerei;** die Leckereien
das **Leckerli** (ein Gebäck); die Leckerli; Basler Leckerli
die **LED** = light emitting diode (Leuchtdiode)
das **Leder;** des Leders; die Leder
die **Lederhose**
lederig *oder* **ledrig** (wie Leder)
ledern (aus Leder); lederne Stiefel
ledig (nicht verheiratet)
lediglich (nur); lediglich zehn Prozent
das **Ledischiff** (flaches Lastschiff)
die **LED-Lampe**
die **Lee** (die dem Wind abgekehrte Seite; *Gegensatz:* Luv); in, nach Lee
leer; leer machen *oder* leermachen; den Teller leer essen *oder* leeressen; das Glas leer trinken *oder* leertrinken; leer stehen; eine leer stehende *oder* leerstehende Wohnung
die **Leere**
leeren; du leerst; sie leerte; sie hat den Eimer geleert

> Nicht verwechseln: Obwohl die Wörter gleich ausgesprochen werden, schreibt man *leeren* (= leer machen) mit Doppel-e, während *lehren* (= unterrichten, unterweisen) mit Dehnungs-h geschrieben wird.

das **Leergewicht**
das **Leergut** (zur Wiederverwendung bestimmte leere Verpackungen, Behälter); des Leerguts *oder* Leergutes; die Leergüter
der **Leerlauf** (unproduktives Tätigsein)
der **Leerschlag** (Abstand beim Drücken der Leertaste auf der Tastatur)
die **Leertaste** (auf der Tastatur)
die **Lefze** (die Lippe bei Tieren)
legal (gesetzlich, gesetzmässig); eine legale Aktion
legalisieren (gesetzlich erlauben); du legalisierst; er hat die Zustände legalisiert
die **Legalität**
die **Legasthenie** (Lese- und Rechtschreibschwäche)
legen; du legst; sie legte; sie hat das Buch auf den Tisch gelegt; ABER: das Buch hat auf dem Tisch gelegen; *vergleiche auch:* gelegen
legendär (legendenhaft; unwahrscheinlich); ein legendäres Fabelwesen
die **Legende** (Heiligenerzählung, Sage; Zeichenerklärung auf Landkarten usw.)
leger (ungezwungen, locker); legere Kleidung
die **Leggings** *oder* **Leggins** (sehr straff sitzende Hose) *Plural*
die **Legi** (*kurz für:* Legitimationsausweis; Ausweis für Studierende oder Schüler und Schülerinnen)
legieren (verschmelzen); du legierst; er legierte; er hat legiert
die **Legierung** (Metallmischung)
die **Legion** (altrömische Heereseinheit; Freiwilligentruppe); die Legionen
der **Legionär;** des Legionärs; die Legionäre
die **Legionärin;** die Legionärinnen
die **Legislative** (gesetzgebende Gewalt im Staat)
die **Legislaturperiode** (Amtsdauer eines Parlaments)
legitim (gesetzlich; rechtmässig); ein legitimes Anliegen
die **Legitimation** (Beglaubigung; Berechtigungsausweis)
legitimieren (beglaubigen); sie hat sich legitimiert (sich ausgewiesen)
der **Leguan** (Baumeidechse); des Leguans; die Leguane
das **Lehen** (*früher für:* Leihgabe an einen Untertan); des Lehens; die Lehen

das **Lehenswesen** *oder* **Lehnswesen** (Herrschaftsform im Mittelalter)

der **Lehm;** des Lehms *oder* Lehmes; die Lehme

lehmig; lehmiger Boden

die **Lehne**

lehnen; du lehnst; sie lehnte; sie hat die Leiter an die Mauer gelehnt; sich lehnen; sie hat sich an meine Schulter gelehnt

der **Lehnstuhl**

das **Lehnswesen** *oder* **Lehenswesen** *vergleiche:* **Lehenswesen**

das **Lehnwort;** die Lehnwörter

die **Lehrabschlussprüfung** (*Abkürzung:* LAP)

das **Lehrbuch**

die **Lehre**

lehren; du lehrst; sie lehrte; sie hat gelehrt; sie lehrt ihn Englisch; er lehrt mich lesen; sie lehrt ihn das Lesen; sie hat ihn reiten gelehrt

der **Lehrer;** des Lehrers; die Lehrer

die **Lehrerin;** die Lehrerinnen

der **Lehrgang** (Kurs; Weiterbildung)

der **Lehrling;** des Lehrlings; die Lehrlinge

der **Lehrmeister**

die **Lehrmeisterin**

der **Lehrplan**

die **Lehrstelle**

die **Lehrtochter;** die Lehrtöchter

> Die weibliche Form «Lehrtochter» zu «Lehrling» wird oft als unbefriedigend oder abwertend empfunden, da «-tochter» Abhängigkeit mitbedeutet. Es gibt andere Möglichkeiten: Man kann das neutrale Begriffspaar «Stift» und «Stiftin» verwenden, das in der Umgangssprache sehr gebräuchlich ist, oder das in Deutschland übliche Begriffspaar «der Auszubildende» und «die Auszubildende».

die **Lehrwerkstatt**

der **Leib;** des Leibs *oder* Leibes; die Leiber; Leib und Seele; am eigenen Leib erfahren; gut bei Leibe (wohlgenährt) sein; *vergleiche aber:* beileibe, Laib

das **Leibchen** (Unterhemd)

leibeigen (*früher für:* unfrei)

das **Leibgericht**

leibhaftig; jemanden oder etwas leibhaftig (konkret, wahrnehmbar) vor sich haben

der **Leibhaftige** (Teufel); des/dem/den Leibhaftigen

leiblich; das leibliche Wohl

die **Leiche**

leichenblass

das **Leichenmahl** (Traueressen)

der **Leichnam;** des Leichnams *oder* Leichnames; die Leichname

leicht *siehe Kasten Seite 233*

der **Leichtathlet;** des/dem/den Leichtathleten; die Leichtathleten

die **Leichtathletik**

die **Leichtathletin;** die Leichtathletinnen

leichtfallen (keine Mühe machen); die Hausaufgaben waren ihr leichtgefallen; *vergleiche aber:* leicht

leichtfertig (vorschnell; leichtsinnig); ein leichtfertiges Verhalten; etwas leichtfertig aufs Spiel setzen

leichtgläubig; leichtgläubige Menschen

die **Leichtigkeit**

das **Leichtmetall**

der **Leichtsinn** (sorgloses Verhalten)

leichtsinnig; leichtsinniges Verhalten

leichtverletzt *vergleiche:* **leicht**

der **Leichtverletzte;** ein Leichtverletzter; die Leichtverletzten; zwei Leichtverletzte; *auch:* der leicht Verletzte

die **Leichtverletzte;** eine Leichtverletzte; die Leichtverletzten; *auch:* die leicht Verletzte

leichtverständlich *vergleiche:* **leicht**

leid; er ist das Genörgel leid; der Ärger wird mir allmählich leid; das ist nicht leid (nicht übel); *vergleiche aber:* Leid

das **Leid;** des Leids *oder* Leides; sie klagte ihm ihr Leid; schweres Leid ertragen; jemandem, sich ein Leid antun; jemandem etwas zuleide *oder* zu Leide tun; ABER: leidtun

leiden; ich leide; du leidest; sie leidet; sie litt; sie hat darunter gelitten

das **Leiden;** des Leidens; die Leiden; Freuden und Leiden

die **Leidenschaft**

leidenschaftlich; er ist ein leidenschaftlicher Kletterer

leicht

leichter; am leichtesten **1. Gross- und Kleinschreibung:** *Kleinschreibung:* – eine leichte Aufgabe – leichte Musik *Grossschreibung der Nominalisierung:* – es ist mir ein Leichtes (fällt mir sehr leicht), darauf zu verzichten – etwas, nichts Leichtes **2. Getrennt- und Zusammenschreibung:** *Schreibung in Verbindung mit Verben:* – leicht fallen; die Preise sind leicht (wenig) gefallen; ABER: leicht fallen *oder* leichtfallen; die Arbeit ist ihr leicht gefallen *oder* leichtgefallen (hat sie nicht angestrengt)	– sie hat es ihm nicht leicht gemacht *oder* leichtgemacht *Schreibung in Verbindung mit Adjektiven und Partizipien:* – eine leicht verständliche *oder* leichtverständliche Sprache – ein leicht bekömmliches *oder* leichtbekömmliches Essen – ein leicht bewaffneter *oder* leichtbewaffneter Soldat – eine leicht verdauliche *oder* leichtverdauliche Speise – eine leicht verletzte *oder* leichtverletzte Sportlerin

leidenschaftslos
leider; leider Gottes
leidig; (unangenehm); eine leidige Angelegenheit

Das Adjektiv *leidig* ist von *Leid* abgeleitet und bedeutet «lästig», «unangenehm»: «Das ist eine leidige Angelegenheit.» Dagegen ist *leidlich* zu *leiden* gebildet und bedeutet «einigermassen den Erwartungen entsprechend»: «Sie hat leidliche Kenntnisse in Englisch.»

leidlich (ausreichend, [noch] annehmbar); sie war eine leidliche Schülerin
leidtragend; die leidtragende Bevölkerung
der **Leidtragende;** ein Leidtragender; die Leidtragenden; viele Leidtragende
die **Leidtragende;** eine Leidtragende; die Leidtragenden
leidtun; das wird dir noch leidtun!; es tat uns leid; der Mann hat uns leidgetan; das braucht dir nicht leidzutun
das **Leidwesen;** *nur in:* zu meinem, unserem usw. Leidwesen (Bedauern)
die **Leier** (Musikinstrument); die Leiern
leiern; du leierst; sie leierte; sie hat das Gedicht geleiert
die **Leihbibliothek**
leihen; du leihst; sie leiht; sie lieh; sie hat das Buch geliehen
der **Leihwagen**
leihweise
der **Leim;** des Leims *oder* Leimes
leimen; du leimst; sie leimte; sie hat den Stuhl geleimt
der **Lein** (Flachs); des Leins *oder* Leines
die **Leine**
leinen (aus Leinen); leinene Geschirrtücher
das **Leinen** (Flachsfaser); des Leinens; die Leinen
der **Leinsamen** (Samen des Flachses)
das **Leintuch;** des Leintuchs *oder* Leintuches; die Leintücher
die **Leinwand**
leise; nicht die leiseste (überhaupt keine) Ahnung haben; ABER: nicht im Leisesten (durchaus nicht) zweifeln
die **Leiste** (langes, schmales Stück aus Holz, Plastik oder Metall; Übergang von Bauch zu Oberschenkel)
leisten; du leistest; sie leistete; sie hat gute Arbeit geleistet; er leistete sich ein neues Handy
der **Leisten** (Modell in Fussform); des Leistens; die Leisten

der **Leistenbruch**
die **Leistung**
leistungsfähig; leistungsfähige Turner
der **Leistungssport**
leistungsstark; leistungsstarke Motoren
der **Leitartikel** (in der Zeitung)
leiten; du leitest; sie leitete; sie hat die Diskussion geleitet; eine leitende Angestellte
die **Leiter** (Steiggerät); die Leitern
der **Leiter** (führende Person); des Leiters; die Leiter
die **Leiterin** (leitende Person); die Leiterinnen
der **Leiterwagen**
der **Leitfaden;** die Leitfäden
der **Leitgedanke**
der **Leithammel** (Leittier einer Schafherde; Person, der andere gedankenlos folgen)
das **Leitmotiv**
die **Leitplanke;** das Auto prallte in die Leitplanke
die **Leitung**
der **Leitungsmast**
das **Leitungsnetz**
das **Leitungswasser**
das **Leitwerk** (Steuerflächen am Flugzeug)
der **Leitzins** *(Wirtschaft)*
die **Lektion** (Unterrichtsstunde; Aufgabe; Zurechtweisung); die Lektionen; jemandem eine Lektion erteilen (zurechtweisen; tadeln)
der **Lektor** (ein Hochschullehrer; ein Verlagsmitarbeiter); des Lektors; die Lektoren
die **Lektorin;** die Lektorinnen
die **Lektüre** (Lesestoff)
der **Lemming** (eine Wühlmaus); des Lemmings; die Lemminge
die **Lende**
der **Lendenschurz**
der **Lendenwirbel**
lenkbar; ein lenkbarer Drachen
lenken; du lenkst; sie lenkte; sie hat den Bus gelenkt
der **Lenker;** des Lenkers; die Lenker
die **Lenkerin**
das **Lenkrad**
die **Lenkstange**
die **Lenkung**
der **Lenz** (Frühling); des Lenzes; die Lenze; sie wird 50 Lenze (Jahre) alt
der **Leopard;** des/dem/den Leoparden; die Leoparden
die **Lepra** (Aussatz)
die **Lerche** (ein Vogel); *vergleiche aber:* Lärche
lernen; du lernst; sie lernte; sie hat gelernt; Vokabeln lernen; ABER: lesen, *auch:* [das] Lesen lernen; Auto fahren, *auch:* [das] Autofahren lernen; ein gelernter Bäcker; kennen lernen

> Das Verb *lernen* darf nicht mit *lehren* (= unterrichten, jemandem etwas beibringen) verwechselt werden. Es heisst also: «Sie hat uns tanzen gelehrt», aber: «Wir haben bei ihr tanzen gelernt».

die **Lernsoftware** (Computerprogramm, das bestimmte Lerninhalte vermittelt)
die **Lesbe** (lesbische Frau); die Lesben
die **Lesbierin** (lesbische Frau); die Lesbierinnen
lesbisch; lesbische Liebe (Geschlechtsbeziehung zwischen Frauen)
die **Lese** (Weinlese); die Lesen
das **Lesebuch**
lesen; du liest; sie liest; du lasest; sie las; sie hat den Roman gelesen; lies das Buch!
lesenswert; ein lesenswertes Buch
der **Leser;** des Lesers; die Leser
der **Leserbrief**
die **Leserin;** die Leserinnen
leserlich; eine leserliche Schrift
der **Lesother** (Bewohner von Lesotho)
die **Lesotherin**
lesothisch
Lesotho (Staat im südlichen Afrika)
die **Lesung**
die **Lethargie** (Trägheit)
lethargisch (träge; gleichgültig)
der **Lette** (Einwohner von Lettland); des/dem/den Letten; die Letten
die **Letter** (Druckbuchstabe); die Lettern
die **Lettin** (Einwohnerin von Lettland); die Lettinnen
lettisch
das **Lettland** (nordosteuropäische Republik)
die **Letzt;** *nur in:* zu guter Letzt

letzte

Kleinschreibung:

- das letzte Stündlein
- die letzte Ruhestätte
- der letzte Wille
- letzten Endes
- jemandem die letzte Ehre erweisen
- das letzte Mal; zum letzten Mal *vergleiche:* Mal

Wird «letzte» als Nomen gebraucht, schreibt man gross:

- der Letzte, der gekommen ist; er ist der Letzte, den ich wählen würde; dies ist das Letzte, was ich tun würde
- den Letzten beissen die Hunde; die Letzten werden die Ersten sein
- das ist das Letzte (das Schlimmste)
- sie hatte das bis ins Letzte (genau) ausgearbeitet
- fürs Letzte (zuletzt)
- bis zum Letzten (sehr) angespannt sein; bis zum Letzten (Äussersten) gehen
- sein Letztes hergeben
- der Letzte seines Stammes; der Letzte des Monats

Grossschreibung auch in:

- die Letzte Ölung (Krankensalbung)

letztens (kürzlich)
letztere; im letzteren Fall; Letzteres ist noch nicht geklärt; Anna und Sonja gingen verschiedene Wege: Erstere (die Erstere, die Erste) wanderte nach Indien aus, Letztere (die Letzte, die Zweite) blieb in der Schweiz
letztlich (schliesslich, endlich)
letztmalig; die letztmalige Bitte
letztmals; er gewann letztmals vor drei Jahren
die **Leuchte**
leuchten; das Feuer leuchtete; es hat geleuchtet
leuchtend; leuchtend blaue Augen; seine Augen waren leuchtend blau
der **Leuchter;** des Leuchters; die Leuchter
der **Leuchtstift**
der **Leuchtturm**
leugnen; du leugnest; er leugnete; er hat die Tat geleugnet
die **Leukämie** (*Medizin:* Blutkrebs)
der **Leumund** (Ruf); des Leumunds *oder* Leumundes; einen guten Leumund haben
das **Leumundszeugnis**
die **Leute** *Plural*
der **Leutnant** (ein Offiziersrang); des Leutnants; die Leutnants, *auch:* Leutnante
leutselig (gesprächig)
lexikalisch (das Lexikon betreffend)
das **Lexikon** (alphabetisch geordnetes allgemeines Nachschlagewerk); des Lexikons; die Lexika *oder* Lexiken
die **Liane** (eine Schlingpflanze); die Lianen
der **Libanese** (Einwohner des Libanons); des/dem/den Libanesen; die Libanesen
die **Libanesin;** die Libanesinnen
libanesisch
Libanon *oder* der **Libanon** (Staat im Vorderen Orient); die Bevölkerung Libanons *oder* des Libanon *oder* des Libanons
die **Libelle** (ein Insekt); die Libellen
liberal (vorurteilslos; freiheitlich; freisinnig); liberale Ideen
liberalisieren (von Einschränkungen und Verboten befreien); du liberalisierst; er liberalisierte; das Parlament hat den Strafvollzug liberalisiert
der **Liberalismus** (Weltanschauung, die die freie Entfaltung des Menschen fordert); des Liberalismus
liberalistisch
die **Liberalität** (liberale Gesinnung)
Liberia (Staat in Westafrika)
der **Liberianer;** des Liberianers; die Liberianer
die **Liberianerin;** die Liberianerinnen
liberianisch
der **Libero** (freier Verteidiger, freie Verteidigerin beim Fussball); des Liberos; die Liberos; sie spielt [als] Libero
Libyen (Staat in Nordafrika)
der **Libyer;** des Libyers; die Libyer
die **Libyerin;** die Libyerinnen
libysch
licht; lichter; am lichtesten; am lichten Tag (bei Tageslicht); ein lichter (dünn bewachsener) Wald
das **Licht;** des Lichts *oder* Lichtes; die Lichter; Licht machen; er hat Licht gemacht
lichtdurchlässig

lichtempfindlich; lichtempfindliche Augen
lichten (ausdünnen); sie lichtete; sie hat die Hecke gelichtet; sich lichten; seine Haare haben sich gelichtet
der **Lichterglanz**
lichterloh; lichterloh brennen
die **Lichtgeschwindigkeit**
die **Lichthupe**
das **Lichtjahr** (astronomische Längeneinheit)
Lichtmess (ein katholisches Fest); Mariä Lichtmess
die **Lichtquelle**
die **Lichtschranke**
der **Lichtschutzfaktor** (beim Sonnenöl)
der **Lichtstrahl**
die **Lichtung** (baumfreie Fläche in einem Wald)
das **Lid** (Augenlid); des Lids *oder* Lides; die Lider

> Nicht verwechseln: Obwohl beide Wörter gleich ausgesprochen werden, schreibt man das *Lid* über dem Auge mit einfachem *i*, das *Lied*, das man singen kann, hingegen mit *ie*.

der **Lidschatten**
der **Lidschlag**

lieb

lieber; am liebsten

Kleinschreibung:

- lieber Besuch
- der liebe Gott
- es ist mir am liebsten (sehr lieb)

Grossschreibung der Nominalisierung und in Namen:

- es ist mir das Liebste (sehr lieb)
- mein Lieber; meine Liebe; mein Liebes

Schreibung in Verbindung mit Verben:

- lieb sein
- sich bei jemandem lieb Kind machen
- lieb haben *oder* liebhaben; ich habe ihn sehr lieb gehabt *oder* liebgehabt
- sie wird ihn immer lieb behalten *oder* liebbehalten

Vergleiche aber: liebäugeln; liebkosen

liebäugeln; sie hat mit diesem Plan geliebäugelt
die **Liebe;** Lieb und Lust; mir zuliebe; jemandem etwas zuliebe tun
lieben; du liebst; sie liebte ihn; sie hat ihn geliebt
liebenswert
liebenswürdig; ein liebenswürdiger Mensch
der **Liebesbrief**
der **Liebeskummer**
liebevoll; eine liebevolle Umarmung; ein liebevoll renoviertes Zimmer
der **Liebhaber;** des Liebhabers; die Liebhaber
die **Liebhaberei**
die **Liebhaberin;** die Liebhaberinnen
liebkosen; du liebkost; sie liebkoste; sie hat liebkost *oder* geliebkost
lieblich; lieblicher Wein
der **Liebling;** des Lieblings; die Lieblinge
die **Lieblingsfarbe**
lieblos; eine lieblose Zusammenstellung
die **Lieblosigkeit**
das *oder* der **Liebstöckel** (eine Heil- und Gewürzpflanze); des Liebstöckels; die Liebstöckel
Liechtenstein
der **Liechtensteiner;** des Liechtensteiners; die Liechtensteiner
die **Liechtensteinerin;** die Liechtensteinerinnen
liechtensteinisch
das **Lied** (Gesang; Gedicht); des Lieds *oder* Liedes; die Lieder; *vergleiche aber:* Lid
das **Liederbuch**
liederlich (nachlässig; unordentlich); eine liederliche Arbeit
der **Lieferant;** des/dem/den Lieferanten; die Lieferanten
die **Lieferantin**
lieferbar; lieferbare Waren
liefern; ich liefere; du lieferst; er lieferte; er hat die Ware geliefert; jemanden ans Messer liefern (verraten)
der **Lieferschein**
die **Lieferung**
die **Liege**
liegen; du liegst; sie liegt; sie lag; sie hat *oder* ist im Bett gelegen; er blieb auf der Strasse liegen; sie ist im Bett liegen geblieben; die Arbeit ist liegen geblieben (sie

wurde nicht erledigt); du sollst den Stein liegen lassen; sie hat den Schlüssel liegen lassen (vergessen); sie hat ihn links liegen lassen, *seltener:* liegen gelassen (sie hat ihn nicht beachtet)

die **Liegenschaft** (Gebäude; Grundstück; Grundbesitz); die Liegenschaften

der **Liegestuhl**

der **Liegestütz** (gymnastische Übung); des Liegestützes; die Liegestütze; *auch:* die **Liegestütze;** die Liegestützen

> Bei einer Reihe von Wörtern wird der lang gesprochene i-Laut ohne anschliessendes *-e* geschrieben. Dazu gehört auch die erste Silbe des Worts *Linie.*

Liestal (Hauptort des Kantons Basel-Landschaft)

der **Lift** (Fahrstuhl, Aufzug); des Lifts *oder* Liftes; die Lifte *oder* Lifts

die **Liga** (Bund, Bündnis; eine Wettkampfklasse); die Ligen

die **Lightshow** (Show mit besonderen Lichteffekten)

liieren (eine Verbindung, ein Liebesverhältnis eingehen); die beiden Firmen haben sich liiert; er ist jetzt mit ihr liiert

der **Likör** (süsser Branntwein); des Likörs; die Liköre

lila; sie trug ein lila Kleid; *vergleiche:* blau

das **Lila** (ein fliederblauer Farbton); des Lilas; die Lila; die Farbe Lila; ein kräftiges Lila; Kleider in Lila

lilafarben *oder* **lilafarbig;** lilafarbene *oder* lilafarbige Blusen

die **Lilie** (eine Blume)

der **Limes** (römischer Grenzwall); des Limes

das **Limit** (als Grenze festgelegter Wert, Betrag usw.); des Limits; die Limits *oder* Limite; ans Limit gehen; *auch:* die **Limite;** die Limiten

limitieren (begrenzen); du limitierst; sie hat die Auflage auf 300 Exemplare limitiert

die **Limmat** (Nebenfluss der Aare)

die **Limonade**

die **Limousine** (ein Personenwagen mit festem Verdeck)

lind (mild); linder; am lindesten; ein linder Sommerabend

die **Linde** (ein Laubbaum)

der **Lindenblütentee**

lindern; du linderst; sie linderte; sie hat den Schmerz gelindert

der **Lindwurm** (Drache)

das, *auch:* der **Lineal;** des Lineals; die Lineale

linear (geradlinig); eine lineare Gleichung *(Mathematik)*

die **Linguistik** (Sprachwissenschaft)

linguistisch

die **Linie;** Linie halten; die absteigende, aufsteigende Linie

das **Linienblatt**

der **Linienflug**

liniieren *oder* **linieren** (mit Linien versehen; Linien ziehen); du liniierst *oder* linierst; sie liniierte *oder* linierte; sie hat die Seiten liniiert *oder* liniert

link; die linke Hand; zur linken Hand; linker Hand (links)

link (fragwürdig; hinterhältig); linke Geschäfte machen

der **Link** (*EDV:* Dateiverknüpfung; *kurz für:* Hyperlink); des Links; die Links

die **Linke;** zur Linken; in meiner Linken; er traf ihn beim Boxen mit einer Linken; die Linke (dem Sozialismus nahe stehende Parteien) im Parlament

linken (täuschen, betrügen); linkst du mich etwa?; er linkte; er hat uns gelinkt

linker Hand *oder* **linkerhand;** etwas weiter linker Hand *oder* linkerhand liegt das Gasthaus

linkisch (unbeholfen); linkische Bewegungen

links; links von mir; links vom Eingang; links des Rheins; von links kommen; von links nach rechts; es gilt rechts vor links; etwas mit links (mühelos) machen; er weiss nicht, wo rechts und wo links ist; links aussen spielen, stürmen; *vergleiche aber:* Linksaussen; der [politisch] links stehende *oder* linksstehende Politiker; linksum

der **Linksaussen** *(Sport);* des Linksaussen; die Linksaussen; [als] Linksaussen spielen; ABER: der Stürmer spielt links aussen

die **Linksaussen**

linksbündig (an eine gedachte senkrechte linke Linie anschliessend)

linksextrem (politisch radikal links und gewaltbereit)

der **Linkshänder;** des Linkshänders; die Linkshänder
die **Linkshänderin;** die Linkshänderinnen
linkshändig; linkshändig schreiben
linksherum; [sich] linksherum drehen; ABER: [sich] nach links herumdrehen
die **Linkskurve**
linksradikal; linksradikale Organisationen
linksseitig; linksseitig gelähmt sein
linksum; linksum machen; linksum kehrt! (militärisches Kommando)
der **Linksverkehr**
das **Linnen** (Leinen); des Linnens; die Linnen
das **Linoleum;** des Linoleums
der **Linolschnitt** (eine grafische Technik; Abzug in der Technik des Linolschnitts)
die **Linse** (ein Gemüse; durchsichtiger gekrümmter Körper als Sehhilfe)
linsen (*umgangssprachlich für:* schauen; scharf blicken); du linst; sie linste; sie hat um die Ecke gelinst
die **Linth** (Oberlauf der Limmat)
das **Lipgloss** (Kosmetikmittel, das den Lippen Glanz verleiht); des Lipgloss; die Lipgloss
der **Lipizzaner** (edles Warmblutpferd); des Lipizzaners; die Lipizzaner
die **Lippe**
das **Lippenbekenntnis** (mündliches Bekenntnis ohne innere Überzeugung)
der **Lippenblütler** (eine Pflanzenfamilie)
der **Lippenstift**
liquid *oder* **liquide** (flüssig; verfügbar); liquide Geldmittel
liquidieren (in Rechnung stellen; auflösen; beseitigen); du liquidierst; sie liquidierte; er hat den Betrag liquidiert
die **Liquidierung** (Beseitigung [einer Person])
lispeln; ich lisple; sie lispelte; sie hat gelispelt
Lissabon (Hauptstadt Portugals)
der **Lissabonner;** des Lissabonners; die Lissabonner
die **Lissabonnerin;** die Lissabonnerinnen
die **List;** die Listen
die **Liste;** die schwarze Liste (Zusammenstellung verdächtiger Personen)
listig; ein listiger Fuchs
die **Litanei** (Wechselgebet; eintöniges Gerede); die Litaneien

Litauen (nordosteuropäische Republik)
der **Litauer;** des Litauers; die Litauer
die **Litauerin;** die Litauerinnen
litauisch
der **Liter;** des Liters; die Liter; ein halber Liter; ein viertel Liter *oder* Viertelliter [Wasser]
literarisch (schriftstellerisch; das Schrifttum betreffend)
die **Literatur** (Schrifttum); die Literaturen
literweise; damit sparen wir literweise Wasser
die **Litfasssäule** (Anschlagsäule; benannt nach dem Buchdrucker Ernst Litfass)
die **Lithografie** (Steindruck); die Lithografien
die **Liturgie** (Gottesdienstordnung)
liturgisch; liturgische Texte
die **Litze** (gedrehte oder geflochtene Schnüre oder Drähte)
live (direkt); etwas live senden, übertragen
die **Livesendung**
die **Livree** (uniformartige Dienerkleidung); die Livreen
livriert (in Livree gekleidet); livriertes Personal
die **Lizenz** (rechtswirksame Genehmigung zur Ausübung, Nutzung usw.); die Lizenzen
das **Lizenziat** (akademischer Grad)
lizenzieren (Lizenz erteilen); du lizenzierst; er lizenzierte; er hat das Patent lizenziert
der **Lizenzspieler** *(Fussball)*
der **Lkw** *oder* **LKW** (= Lastkraftwagen); des Lkw *oder* Lkws *oder* des LKW *oder* LKWs; die Lkws, *selten:* Lkw *oder* die LKWs, *selten:* LKW
das **Lob;** des Lobs *oder* Lobes; Lob spenden; ein Lob bekommen
die **Lobby** (Interessenvertretung; Hotelhalle); die Lobbys
lobbyieren; sie lobbyierte; er hat für ein neues Bahnprojekt lobbyiert
loben; du lobst; sie lobte; sie hat ihn gelobt; jemanden lobend erwähnen
lobenswert
der **Lobgesang**
löblich (lobenswert); eine löbliche Absicht
lobpreisen; du lobpreist; sie lobpreiste

oder lobpries; sie hat Gott gelobpreist *oder* lobgepriesen; lobpreise den Herrn!

das **Loch;** des Lochs *oder* Loches; die Löcher

lochen; du lochst; sie lochte; sie hat die Kopien gelocht

löcherig *oder* **löchrig;** ein löcheriger *oder* löchriger Strumpf

löchern (hartnäckig fragen); du löcherst mich; er löcherte ihn; er hat ihn gelöchert

die **Locke**

locken (lockig machen); du lockst; er hat sein Haar gelockt

locken (zur Annäherung bewegen); du lockst; sie lockte; sie hat den Hund gelockt; diese Aufgabe hat sie gelockt (gereizt)

locker; locker sein, werden; locker lassen *oder* lockerlassen; sie hat nicht locker gelassen *oder* lockergelassen; locker machen *oder* lockermachen; das Seil locker machen *oder* lockermachen; sie hat viel Geld locker gemacht *oder* lockergemacht

lockern; du lockerst; sie lockerte; sie hat die Schrauben gelockert

lockig; lockiges Haar

das **Lockmittel**

der **Lockruf**

der **Lockvogel**

der **Loden** (ein Wollgewebe); des Lodens; die Loden

der **Lodenmantel**

lodern (heftig brennen; hochschlagen); die Flamme lodert; sie loderte; sie hat gelodert

der **Löffel;** des Löffels; die Löffel

löffeln; ich löffle; sie löffelte; sie hat die Suppe gelöffelt

löffelweise

der **Logarithmus** (eine mathematische Grösse; *Zeichen:* log); des Logarithmus; die Logarithmen

das **Logbuch** (Schiffstagebuch)

die **Loge** (ein Theaterraum)

die **Loggia** (nach aussen offener, überdeckter Raum am Haus); die Loggien

logieren (wohnen); du logierst; sie logierte; sie hat im Bahnhofshotel logiert

die **Logik** (die Denklehre; das folgerichtige Denken)

das **Login** *oder* **Log-in** (*EDV:* das Einloggen); des Logins *oder* Log-ins; die Logins *oder* Log-ins

logischerweise

die **Logistik** (mathemathische Logik; Planung, Organisation des Material- und Warenflusses)

logistisch; ein logistisches Problem

die **Logopädie** (Sprachheilkunde)

logopädisch; in logopädischer Behandlung

die **Lohe** (Glut, Flamme)

lohen (brennen; aufflammen); die Flamme loht; die Flamme lohte; die Flamme hat geloht

der **Lohn;** des Lohns *oder* Lohnes; die Löhne

lohnen; es lohnt; es lohnte; es hat den Einsatz gelohnt; es lohnt die Mühe nicht *oder* es lohnt der Mühe nicht; sich lohnen; die Fahrt hat sich gelohnt

lohnenswert

die **Loipe** (Skilanglaufspur); die Loipen

die **Lok** (*kurz für:* Lokomotive); die Loks

lokal (örtlich); eine lokale Betäubung

das **Lokal** (Gastwirtschaft); des Lokals *oder* Lokales; die Lokale

das **Lokalradio,** *selten auch:* der Lokalradio

die **Lokalzeitung**

der **Lokführer** (*kurz für:* Lokomotivführer)

die **Lokführerin** (*kurz für:* Lokomotivführerin)

die **Lokomotive;** die Lokomotiven

der **Lokomotivführer**

die **Lokomotivführerin;** die Lokomotivführerinnen

der **Löli** (Tölpel); des Lölis; die Lölis

London (Hauptstadt Grossbritanniens)

der **Londoner;** des Londoners; die Londoner

die **Londonerin;** die Londonerinnen

die **Longe** (*Reiten:* Laufleine für Pferde; *Akrobatik:* Sicherheitsleine); die Longen

der **Look** (Aussehen; Modestil); des Looks; die Looks

der *oder* das **Looping** (senkrechte Schleife beim Kunstflug); des Loopings; die Loopings

der **Lorbeer** (ein Baum; ein Gewürz); des Lorbeers; die Lorbeeren

der **Lorbeerbaum**

das **Lorbeerblatt**

der **Lord** (hoher englischer Adelstitel); des Lords; die Lords

die **Lore** (offener Güterwagen)

los; los sein; die Schraube wird los sein; *vergleiche:* lose; er will die Sorgen endlich los sein; *vergleiche aber:* losbinden, losfahren usw.

das **Los;** des Loses; die Lose; das grosse Los (den Hauptgewinn) ziehen; ein schweres Los (Schicksal)

lösbar; lösbare Probleme

losbinden; sie bindet los; sie band los; sie hat den Hund losgebunden

das **Löschblatt**

löschen; du löschst; sie löschte; sie hat das Feuer gelöscht

das **Löschpapier**

lose; das lose (einzelne) Blatt; lose (nicht verpackte) Waren; der Knopf ist lose (locker); sein loses (freches) Mundwerk

das **Lösegeld**

losen; du lost; du lostest; wir haben gelost

lösen; du löst; sie löste; sie hat das Rätsel gelöst

der **Loser** (Versager); des Losers; die Loser

die **Loserin** (Versagerin); die Loserinnen

losfahren; sie fuhr los; sie ist losgefahren

losgehen; der Streit ging los; der Streit ist gerade losgegangen

loslachen; wir lachten los; wir haben laut losgelacht

loslassen; sie lässt los; ABER: ihr lasst los; sie liess los; sie hat den Hund von der Kette losgelassen

löslich; löslicher Kaffee

losmachen; sie machte das Brett los; sie hat das Brett losgemacht

losreissen; du reisst los; sie riss los; der Sturm hat einige Dachziegel losgerissen; sich losreissen; sie hat sich mit Gewalt losgerissen

der **Löss** (*Geologie:* kalkhaltige Ablagerung); des Lösses; die Lösse

lossagen (sich lösen); sie sagte sich los; sie hat sich von ihren Kollegen und Kolleginnen losgesagt

die **Losung** (Wahlspruch; Erkennungswort)

die **Lösung**

die **Lösungsmenge** *(Mathematik)*

loswerden; sie wurde ihn schnell los; sie ist das Gefühl nicht mehr losgeworden

losziehen; sie zieht los; sie zog los; sie ist losgezogen (weggegangen); er ist gegen seinen Lehrmeister losgezogen (hat über ihn geschimpft)

das **Lot** (Senkblei; eine alte Gewichtseinheit); des Lots *oder* Lotes; die Lote; ABER: 3 Lot Kaffee

loten (die senkrechte Lage bestimmen; die Wassertiefe bestimmen); du lotest; sie lotete; sie hat gelotet

löten; du lötest; sie lötete; sie hat das Rohr gelötet

die **Lotion** (milchige Flüssigkeit zur Hautreinigung und -pflege); die Lotionen, *auch (bei englischer Aussprache):* Lotions

der **Lötkolben** (Gerät zum Erhitzen und Auftragen von Lötzinn)

der **Lotos** *oder* **Lotus** (eine Seerose); des Lotos *oder* Lotus; die Lotos *oder* Lotus

lotrecht (senkrecht); eine fast lotrechte Felswand

der **Lotse;** des/dem/den Lotsen; die Lotsen

lotsen (führen; den Weg zeigen); ich lotse; du lotst; sie lotste; sie hat das Schiff durch die Klippen gelotst

die **Lotsin;** die Lotsinnen

die **Lotterie** (Verlosung; Glücksspiel); die Lotterien

lotterig *oder* **lottrig**

lottern (wackeln, schlecht befestigt sein); das Rad lotterte beim Fahren; es hat gelottert

das **Lotto** (Zahlenlotterie); des Lottos; die Lottos

der **Lotus** *vergleiche:* **Lotos**

der **Lover** (Freund; Liebespartner); des Lovers; die Lover

die **Loverin;** die Loverinnen

die **Lovestory** (Liebesgeschichte)

der **Löwe;** des/dem/den Löwen; die Löwen

der **Löwenanteil** (Hauptanteil)

der **Löwenzahn** (eine Wiesenblume)

die **Löwin;** die Löwinnen

loyal (treu, redlich)

die **Loyalität**

die **LP** = Langspielplatte

LSVA = leistungsabhängige Schwerverkehrsabgabe (Strassengebühr für Lastwagen)

der **Luchs** (ein Raubtier); des Luchses; die Luchse

die **Lücke**

der **Lückenbüsser** (Ersatzmann); des Lückenbüssers; die Lückenbüsser

die **Lückenbüsserin;** die Lückenbüsserinnen

lückenhaft; lückenhafter; am lückenhaftesten; ein lückenhaftes Gebiss
lückenlos; lückenloser; am lückenlosesten; ein lückenloser Lebenslauf
das **Luder** (Schimpfwort); des Luders; die Luder
die **Luft;** die Lüfte
der **Luftballon;** die Luftballons *oder* Luftballone
luftdicht; eine luftdichte Verpackung
der **Luftdruck**
luftdurchlässig; luftdurchlässige Stoffe
lüften; du lüftest; sie lüftete; sie hat das Zimmer gelüftet
die **Luftfahrt**
die **Luftfeuchtigkeit**
luftgekühlt; luftgekühlte Motoren
die **Lufthülle** (der Erde)
der **Luftibus** (unzuverlässiger Mensch); des Luftibus *oder* Luftibusses; die Luftibusse
luftig; in luftiger Höhe
luftleer; ein luftleerer Raum
die **Luftlinie**
die **Luftpost**
die **Luftröhre**
die **Luftschlange** (bunte, zu einem Ring aufgerollte Papierstreifen)
die **Luftverschmutzung**
die **Luftwaffe**
Lug und Trug (Lüge und Betrug)
die **Lüge;** sie hat ihn Lügen gestraft (der Unwahrheit überführt)
lugen (spähen); du lugst; sie lugte; sie hat um die Ecke gelugt
lügen; du lügst; sie lügt; sie log; sie hat gelogen
der **Lügendetektor** (Gerät, mit dem Körperreaktionen einer befragten Person messbar sind); des Lügendetektors; die Lügendetektoren
der **Lügner;** des Lügners; die Lügner
die **Lügnerin;** die Lügnerinnen
lügnerisch; eine lügnerische Werbung
die **Luke** (kleines Fenster; Öffnung)
lukrativ (gewinnbringend); lukrative Geschäfte
der **Lulatsch** (langer, schlaksiger Mann); des Lulatschs *oder* Lulatsches; die Lulatsche
der **Lümmel** ([frecher] Kerl); des Lümmels; die Lümmel
sich **lümmeln** (sich hinfläzen); du lümmelst dich; sie hat sich gelümmelt; lümmle dich nicht aufs Sofa!
der **Lump** (betrügerische, gewissenlose Person); des/dem/den Lumpen; die Lumpen
der **Lumpen** (Lappen); des Lumpens; die Lumpen
die **Lumperei** (betrügerische oder gemeine Tat)
lumpig (niederträchtig); ein lumpiger Dieb
der **Lunch** (leichte Mittagsmahlzeit); des Lunch *oder* Lunchs *oder* Lunches; die Lunche *oder* Lunchs *oder* Lunches
die **Lunge;** die grüne Lunge (Grünfläche, Park in einer Stadt); die eiserne Lunge (Gerät zur künstlichen Beatmung)
die **Lungenentzündung**
lungenkrank
der **Lungenkrebs**
lungern *vergleiche:* herumlungern
die **Lunte** (Zündschnur)
die **Lupe**
lupenrein; lupenreine Diamanten
lüpfen *oder* **lupfen** (anheben); du lüpfst *oder* lupfst; sie lüpfte *oder* lupfte; sie hat den Deckel gelüpft *oder* gelupft
lüpfig *oder* **lupfig** (beschwingt)
die **Lupine** (eine Futter- und Zierpflanze)
der **Lurch** (Amphibie); des Lurchs *oder* Lurches; die Lurche
die **Lust;** die Lüste; Lust [auf etwas] haben
der **Lüster** (Kronleuchter); des Lüsters; die Lüster
lüstern (gierig); er hat lüsterne Augen; er ist lüstern
lustig; du sollst dich nicht über mich lustig machen!
lustlos; lustloser; am lustlosesten
das **Lustspiel** (Komödie)
lutherisch; die lutherische Kirche; die lutherische *oder* luthersche Bibelübersetzung; *Trennung:* lu-the-risch
lutschen; du lutschst; sie lutschte; sie hat gelutscht; *Trennung:* lut-schen
die **Luv** (die dem Wind zugewandte Seite; *Gegensatz:* Lee)
das **Lux** (Einheit der Beleuchtungsstärke); des Lux; die Lux
Luxemburg (europäischer Staat; Hauptstadt dieses Staates)
der **Luxemburger;** des Luxemburgers; die Luxemburger

die **Luxemburgerin;** die Luxemburgerinnen
luxemburgisch
luxuriös (prunkvoll; verschwenderisch); luxuriöser; am luxuriösesten
der **Luxus;** des Luxus; ein Leben in Luxus
Luzern (Kanton; dessen Hauptstadt)
die **Luzerne** (eine Futterpflanze)
der **Luzerner;** des Luzerners; die Luzerner
die **Luzernerin;** die Luzernerinnen
luzernisch
die **Lymphe** (weissliche Körperflüssigkeit); der Lymphe; die Lymphen
der **Lymphknoten**
lynchen (jemanden [für eine als Unrecht empfundene Tat] ohne Gerichtsurteil töten); du lynchst; sie lynchten; die rasende Menge hat ihn gelyncht
die **Lynchjustiz** (Tötung eines Menschen ohne Gerichtsverhandlung)
die **Lyrik** (Gefühls- und Gedankendichtung in Versen)
der **Lyriker** (jemand, der Lyrik schreibt); des Lyrikers; die Lyriker
die **Lyrikerin;** die Lyrikerinnen
lyrisch; das lyrische Werk
das **Lyzeum** (Gymnasium, Kantonsschule); des Lyzeums; die Lyzeen

M

m = Meter; Milli...; männlich
das **M** (Buchstabe); des M; die M; ABER: das m in Wimpel
MA *oder* **M. A.** = Magister Artium; Magistra Artium; Master of Arts (akademischer Grad)
MA. = Mittelalter
der **Mäander** (geschlängelter Flusslauf; bandförmiges Ornament);); des Mäanders; die Mäander
das **Maar** (eine kraterförmige Vertiefung); des Maars *oder* Maares; die Maare
der **Maat** (Schiffsunteroffizier); des Maats *oder* Maates; die Maate *oder* Maaten
die **Maatin;** die Maatinnen
machen; du machst; sie machte; sie hat eine Reise gemacht; mach *oder* mache schnell!
die **Machenschaften** (geheime, betrügerische Handlungen; Intrigenspiel) *Plural*
der **Macho** (sich übertrieben männlich verhaltender Mann); des Machos; die Machos
die **Macht;** alles in unserer Macht Stehende
machtbesessen
machtgierig
der **Machthaber;** des Machthabers; die Machthaber
die **Machthaberin;** die Machthaberinnen
mächtig
machtlos
machtvoll; ein machtvoller Streik
das **Machwerk** (schlecht gemachtes Werk)
die **Macke** (Beschädigung; Tick); eine Macke haben
Madagaskar (Insel östlich von Afrika)
der **Madagasse** (Bewohner von Madagaskar); des/dem/den Madagassen; die Madagassen
die **Madagassin;** die Madagassinnen
madagassisch
das **Mädchen;** des Mädchens; die Mädchen
mädchenhaft
der **Mädchenschwarm** (von [vielen] Mädchen verehrter Junge)
die **Made** (Larve z. B. von Fliegen)
made in Switzerland (= hergestellt in der Schweiz; ein Warenstempel)
das **Mädel;** des Mädels; die Mädel
die **Madonna;** die Madonnen
Madrid (Hauptstadt Spaniens)
die **Mafia** (eine erpresserische Geheimorganisation); der Mafia; die Mafias
das **Magazin** (Lager; Behälter; bebilderte Zeitschrift); des Magazins; die Magazine
der **Magaziner** (Lagerist)
die **Magazinerin** (Lageristin); die Magazinerinnen
die **Magd;** die Mägde
der **Magen;** des Magens; die Mägen *oder* Magen
mager; magere Arme; mageres (fettarmes) Fleisch
die **Magerkeit**
die **Magersucht**
die **Magie** (Zauberkunst)
der **Magier** (Zauberer); des Magiers; die Magier
die **Magierin;** die Magierinnen
magisch; magische Kräfte

der **Magistrat** (die Stadtverwaltung); des Magistrats; die Magistrate

der **Magistrat** (Regierungsmitglied); des/dem/den Magistraten; die Magistraten

die **Magistratin;** die Magistratinnen

das **Magma** (flüssiges Gestein aus dem Erdinnern); des Magmas; die Magmen

das **Magnesium** (chemisches Element, Leichtmetall; *Zeichen:* Mg); des Magnesiums

der **Magnet;** des Magnets *oder* Magnetes *oder* Magneten; die Magnete *oder* Magneten

das **Magnetfeld**

magnetisch; magnetischer Pol

das **Mahagoni** (ein Edelholz); des Mahagonis

die **Mahd** (das Mähen; Abgemähtes); die Mahden

der **Mähdrescher;** des Mähdreschers; die Mähdrescher

mähen; sie mäht; sie mähte; sie hat den Rasen gemäht

das **Mahl;** die Mähler *oder* Mahle

> Nicht verwechseln: Obwohl die Wörter gleich ausgesprochen werden, schreibt man *Mahl* (ein Ausdruck für «Essen» oder «Speise») und *mahlen* (= in einer Mühle fein zerkleinern) mit Dehnungs-h, während *Mal* (mit der Bedeutung «Zeitpunkt» oder «Hautfleck») und *malen* (= mit Pinsel und Farbe herstellen; zeichnen) ohne *h* geschrieben werden.

mahlen; ich mahle; du mahlst; sie mahlte; sie hat den Kaffee gemahlen

die **Mahlzeit;** gesegnete Mahlzeit!

die **Mähmaschine**

die **Mähne** (langes Haar am Kopf)

mahnen; du mahnst; sie mahnte; sie hat ihn gemahnt

das **Mahnmal** (Denkmal, das an ein historisches Ereignis erinnert und mahnt); des Mahnmals *oder* Mahnmales; die Mahnmale, *selten auch:* Mahnmäler

die **Mahnung**

die **Mähre** ([altes, abgemagertes] Pferd)

der **Mai;** des Mai *oder* Mais *oder* Maies; die Maie; der Erste Mai (Feiertag)

das **Maiensäss** (Frühlingsbergweide); des Maiensässes; die Maiensässe

das **Maiglöckchen**

der **Maikäfer**

die *oder* das **Mail** (*kurz für:* E-Mail)

die **Mailbox** (*EDV:* elektronischer Briefkasten für den Austausch von Nachrichten in Computersystemen); der Mailbox; die Mailboxen

mailen (als E-Mail senden); du mailst; sie mailte; sie hat ihm die Liste gemailt

das **Mailing** (das Versenden von Werbematerial durch die Post); des Mailing *oder* Mailings; die Mailings

der **Mais** (eine Getreidepflanze); des Maises

die **Maische** (Mischung bei der Bierherstellung)

der **Maiskolben;** die Maiskolben

die **Majestät** (Herrlichkeit; Erhabenheit); Seine, Ihre, Euer *oder* Eure Majestät

majestätisch

die **Majonäse** *oder* **Mayonnaise** (kalte, dicke Masse aus Eigelb und Öl)

der **Major** (ein Offiziersrang); des Majors; die Majore

der **Majoran** (eine Gewürzpflanze); des Majorans

die **Majorin;** die Majorinnen

die **Majorität** (Mehrheit)

der **Majorz** (Mehrheitswahlsystem); des Majorzes

die **Majorzwahl**

makaber (grausig und düster; mit dem Schrecklichen spassend); makaberer *oder* makabrer; am makabersten; makabere *oder* makabre Scherze

der **Makel** (Fehler, Schande); des Makels; die Makel

makellos (ohne Fehler); eine makellose Haut; makellos sauber

mäkeln (nörgeln); ich mäkle; du mäkelst; er mäkelte; er hat ständig gemäkelt

das **Make-up** (kosmetische Verschönerung; kosmetisches Mittel); des Make-ups; die Make-ups

die **Makkaroni** (eine Nudelsorte) *Plural*

der **Makler** (Vermittler von Verträgen, Häusern und Käufen); des Maklers; die Makler

die **Maklerin;** die Maklerinnen

die **Makrele** (ein Seefisch)

die **Makrone** (ein Gebäck)

mal; acht mal zwei (*in Ziffern:* 8 mal 2, 8 × 2, 8 · 2); acht mal zwei ist, macht, gibt sechzehn; wenn das mal gut geht!; das ist

Mal

des Mals *oder* Males; die Male

Ist «Mal» ein Nomen, schreibt man es gross und vom vorangehenden Wort getrennt:

- das erste, zweite, dritte Mal
- das einzige, letzte, nächste Mal; ein einziges, letztes, nächstes Mal
- dieses, voriges, nächstes, manches Mal, jedes Mal
- beim *oder* zum ersten, zweiten, nächsten, letzten, soundsovielten, x-ten Mal
- mit einem Mal
- die nächsten Male
- alle, einige, etliche, mehrere, unzählige, viele, wie viele Male
- ein Dutzend Mal; Millionen Mal
- ein paar, ein paar Dutzend, eine Million Mal
- ein für alle Male; ein Mal über das andere [Mal]; ein ums andere *oder* andre Mal; von Mal zu Mal

Zusammenschreibung als Partikel (Adverb):

- allemal, diesmal, einmal, hundertmal, keinmal, manchmal
- auf einmal; zweimal (*mit Ziffer:* 2-mal); drei- bis viermal (*mit Ziffern:* 3- bis 4-mal)
- ein andermal, ein für allemal
- noch einmal, noch einmal so viel
- x-mal

Getrennt- oder Zusammenschreibung:

- einmal (ABER: ein Mal; *hier sind beide Wörter betont*); fünfundsiebzigmal (ABER: fünfundsiebzig Mal; *beide Wörter betont*)
- ein paarmal (*oder bei besonderer Betonung:* ein paar Mal); sovielmal (*oder* so viel Mal); vieltausendmal (*oder* vieltausend Mal); wievielmal (*oder* wie viel Mal)

nun mal so; öfter mal was Neues; sag das noch mal! *oder* nochmal!; *vergleiche Kasten zu:* Mal

das **Mal** (Fleck auf der Haut); des Mals *oder* Males; die Male *oder* Mäler; *vergleiche aber:* Mahl

Mal *siehe Kasten*

die **Malaria** (Sumpffieber)

Malawi (Staat in Afrika)

der **Malawier**

die **Malawierin;** die Malawierinnen

malawisch

Malaysia (Staatenbund in Südostasien)

der **Malaysier;** des Malaysiers; die Malaysier

die **Malaysierin;** die Malaysierinnen

malaysisch

die **Malediven** (Inselstaat im Indischen Ozean) *Plural*

der **Malediver;** des Maledivers; die Malediver

die **Malediverin;** die Malediverinnen

maledivisch

malen; ich male; du malst; sie malte; sie hat gemalt; *vergleiche aber:* mahlen

der **Maler;** des Malers; die Maler

die **Malerei**

die **Malerin;** die Malerinnen

malerisch; malerische (herrliche) Seen

das **Malheur** (Missgeschick, Pech); des Malheurs; die Malheure *oder* Malheurs

Mali (Staat in Afrika)

der **Malier;** des Maliers; die Malier

die **Malierin;** die Malierinnen

malisch

Mallorca (Insel im Mittelmeer)

der **Mallorquiner;** des Mallorquiners; die Mallorquiner

die **Mallorquinerin;** die Mallorquinerinnen

mallorquinisch

> Viele Fremdwörter werden anders geschrieben, als sie gesprochen werden. Dazu gehört auch die aus dem Französischen übernommene Bezeichnung *Malheur*, deren Aussprache «malör» lautet.

malrechnen; *nur im Infinitiv:* sie kann gut malrechnen; ABER: das Malrechnen

Malta (Insel und Staat im Mittelmeer)

der **Malteser** (Bewohner von Malta); des Maltesers; die Malteser

die **Malteserin;** die Malteserinnen

maltesisch

die **Malve** (eine Zier-, Heilpflanze)

das **Malz** (Getreideprodukt zur Herstellung von Bier, Whiskey u. a.); des Malzes
das **Malzbier**
der **Malzkaffee**
die **Mama;** die Mamas
die **Mamba** (eine Giftschlange)
das *oder* die **Mami;** die Mamis
der **Mammon** (Geld; Reichtum); des Mammons
das **Mammut** (ausgestorbene Elefantenart); des Mammuts; die Mammute *oder* Mammuts
man; man kann nie wissen
das **Management** (Leitung eines Unternehmens); des Managements; die Managements
managen (leiten, zustande bringen, organisieren); du managst; sie managt; er managte; ihr habt das gut gemanagt
der **Manager** (Leiter eines Unternehmens; Betreuer eines Künstlers oder Berufssportlers); des Managers; die Manager
die **Managerin;** die Managerinnen
manch; mancher, manche, manches; manche sagen; so mancher, so manches; manch einer; mancher Tag; mancher Art; manche Stunde; manch guter *oder* mancher gute Vorsatz; mit manch gutem *oder* manchem guten Vorsatz; manch böses *oder* manches böse Wort; manchmal; manches Mal; manch Schönes *oder* manches Schöne; mit manch Schönem *oder* manchem Schönen; manche nützliche *oder* nützlichen Einrichtungen
mancher; so mancher hat das erlebt
mancherlei; mancherlei (verschiedene) Ursachen; auf mancherlei (vieles) verzichten
der **Manchester** (gerippter Baumwollstoff); des Manchester
manchmal
die **Mandarine** (kleine orangenähnliche Frucht)
das **Mandat** (Auftrag; Vollmacht; Sitz im Parlament); des Mandats *oder* Mandates; die Mandate
die **Mandel** (Kern einer Steinfrucht); die Mandeln
die **Mandel** (eine Drüse); die Mandeln
die **Mandoline** (ein Saiteninstrument)
die **Manege** (runde Fläche für Darbietungen im Zirkus)
der **Mangel;** die Mängel
die **Mangel** (Wäscherolle); die Mangeln; sie haben ihn in die Mangel genommen (sie haben ihm hart zugesetzt)
mangelhaft
mangeln (fehlen, nicht ausreichen); es mangelte; es hat an allem gemangelt
mangels; mangels des nötigen Geldes; mangels guter Gründe; mangels Beweisen; ein Freispruch mangels Beweis
die **Mangelware** (Ware, die man nur schwer erhält)
die **Mango** (eine tropische Frucht); die Mangos
der **Mangold** (Krautstiel, ein Gemüse); des Mangolds *oder* Mangoldes; die Mangolde; *Plural selten*
die **Manicure** *oder* **Maniküre** (Handpflege, besonders Nagelpflege); *Berufsbezeichnung:* Nagelkosmetiker und -kosmetikerin
die **Manie** (Besessenheit); die Manien
die **Manier** (Art und Weise, Eigenart); was ist denn das für eine Manier?
die **Manieren** (Umgangsformen, [gutes] Benehmen) *meist Plural;* er hat schlechte, keine Manieren
manierlich (sich gut benehmend)
das **Manifest** (öffentliche Erklärung); des Manifestes; die Manifeste
die **Maniküre** *oder* **Manicure** (Handpflege, besonders Nagelpflege); *Berufsbezeichnung:* Nagelkosmetiker und -kosmetikerin
maniküren *oder* **manicuren** (die Nägel pflegen); du manikürst *oder* manicurst; sie manikürte *oder* manicurte; sie hat mir die Fingernägel manikürt *oder* manicurt
die **Manipulation** (gezielter Einfluss; Verfälschung); die Manipulationen (Machenschaften)
manipulierbar
manipulieren (geschickt handhaben; beeinflussen); du manipulierst; er manipulierte; er hat die Zahlen manipuliert
das **Manko** (Fehlbetrag, Mangel); des Mankos; die Mankos
der **Mann;** des Manns *oder* Mannes; die Männer, *scherzhaft auch:* Mannen; vier Mann hoch; alle Mann an Bord!; tausend Mann; er ist Manns genug; seinen Mann stehen; Mann, ist das schön!

das **Männchen** (männliches Tier)
das **Mannequin** (Frau, die Mode vorführt); des Mannequins; die Mannequins; *männliche Form:* Dressman; *vergleiche auch:* Model
die **Männerriege** (Männerabteilung eines Turnvereins)
mannigfach (zahlreich und verschiedenartig); eine mannigfache Verwendung
mannigfaltig (auf vielerlei Art gestaltet)
männlich; männliches Nomen (Maskulinum)
die **Mannschaft**
das **Manometer** (Druckmesser); des Manometers; die Manometer
das **Manöver** (Truppenübung; Ablenkungsversuch); des Manövers; die Manöver
manövrieren; du manövrierst; er manövrierte; er hat das Auto sicher manövriert (gelenkt)
die **Mansarde** (Dachgeschoss, Dachzimmer)
die **Manschette** (Ärmelaufschlag z. B. bei Hemden oder Blusen)
der **Mantel;** des Mantels; die Mäntel
manuell (mit der Hand, von Hand)
das **Manus** (*kurz für:* Manuskript); des Manus
das **Manuskript** (schriftliche Ausarbeitung; handgeschriebenes Buch; Satzvorlage); des Manuskripts *oder* Manuskriptes; die Manuskripte
die **Mappe;** *Verkleinerungsform:* das Mäppchen
die **Mär** (Sage; Kunde); die Mären
die **Maracuja** (essbare Frucht der Passionsblume); die Maracujas
der **Marathonlauf**
der **Marathonläufer**
die **Marathonläuferin**
die **Marathonveranstaltung;** (eine übermässig lange Veranstaltung)
das **Märchen;** des Märchens; die Märchen
märchenhaft; eine märchenhafte Welt
der **Marchstein** (Grenzstein)
der **Marder;** des Marders; die Marder
die **Margarine** (künstlich hergestellte Butter)
die **Margerite** (eine Wiesenblume)
der **Marienkäfer**
das **Marihuana** (ein Rauschgift); des Marihuanas
marin (zum Meer gehörend)
die **Marine** (Schiffsflotte eines Staates für Kriegszwecke oder für den Handel)
die **Marionette** (Puppe, die mithilfe von Fäden bewegt wird)
maritim (das Meer betreffend)
die **Mark** (Grenzland); die Marken; die Mark Brandenburg
das **Mark** (Rückenmark); des Marks *oder* Markes
markant (stark ausgeprägt); markanter; am markantesten; markanter Stil
die **Marke**
der **Markenartikel**
markenbewusst
der **Marker** (Leuchtstift); des Markers; die Marker
markerschütternd (durchdringend); ein markerschütternder Schrei
das **Marketing** (Massnahmen zur Förderung des Warenabsatzes); des Marketing *oder* Marketings
markieren (kennzeichnen); ich markiere; du markierst; sie markierte; sie hat markiert
markig; markige Sprüche
die **Markise** (Sonnendach, Store)
der **Markt;** des Markts *oder* Marktes; die Märkte
die **Marktanalyse**
die **Marktlücke**
der **Marktplatz**
die **Marktwirtschaft;** freie Marktwirtschaft; soziale Marktwirtschaft
die **Marmelade**
der **Marmor** (ein Kalkgestein); des Marmors
marode (heruntergekommen); eine marode Firma
der **Marokkaner** (Einwohner Marokkos); des Marokkaners; die Marokkaner
die **Marokkanerin;** die Marokkanerinnen
marokkanisch
Marokko (Staat in Nordwestafrika)
die **Marotte** (Schrulle)
die **Marroni** *Plural*
der **Mars** (ein Planet); des Mars
der **Marsch;** des Marschs *oder* Marsches; die Märsche
die **Marsch** (vor Küsten angeschwemmter fruchtbarer Boden); die Marschen
der **Marschall** (*früher für:* ranghoher Hofbeamter, Offizier); des Marschalls; die Marschälle

die **Marschallin;** die Marschallinnen
marschieren; du marschierst; sie marschierte; wir sind drei Stunden marschiert
die **Marseillaise** (französische Nationalhymne)
die **Marter** (Qual; Folter)
martern; du marterst; er marterte; er hat ihn gemartert
der **Märtyrer** (jemand, der wegen seiner Überzeugung verfolgt oder getötet wird); des Märtyrers; die Märtyrer
die **Märtyrerin;** die Märtyrerinnen
das **Martyrium** (schweres Leiden, das jemand für seinen Glauben auf sich nimmt); die Martyrien
der **Marxismus** (die von Karl Marx begründete Lehre, die eine klassenlose Gesellschaft zum Ziel hat); des Marxismus
der **Marxist;** des/dem/den Marxisten; die Marxisten
die **Marxistin;** die Marxistinnen
marxistisch
der **März;** des März *oder* Märzes; die Märze
der **Märzenflecken** (Sommersprossen)
der *oder* das **Marzipan** (Süssigkeit aus Mandeln und Zucker); des Marzipans; die Marzipane
die **Masche**
die **Maschine**
maschinell; maschinelle Herstellung
der **Maschinist** (Facharbeiter, der Maschinen bedient und überwacht); des/dem/den Maschinisten; die Maschinisten
die **Maschinistin;** die Maschinistinnen
die **Masern** (eine Kinderkrankheit) *Plural*
die **Maserung** (Muster, Zeichnung v. a. im Holz)
die **Maske**
der **Maskenball**
die **Maskerade** (Verkleidung; Heuchelei)
maskieren; du maskierst; sie maskierte; sie hat ihn maskiert; sich maskieren; sie hat sich maskiert
das **Maskottchen** (Glücksbringer); des Maskottchens; die Maskottchen
maskulin (männlich)
das **Maskulinum** (männliches Nomen); des Maskulinums; die Maskulina
der **Masochist** (Mensch, der Befriedigung durch Schmerzen, Unterdrückung oder Demütigung erlebt); des/dem/den Masochisten; die Masochisten
die **Masochistin;** die Masochistinnen
das **Mass;** des Masses; die Masse; Mass halten *oder* masshalten; du hältst Mass *oder* mass; er hielt Mass; er hat Mass gehalten *oder* massgehalten; halte Mass *oder* mass!; das rechte Mass halten; Mass nehmen *oder* massnehmen; ABER: das Massnehmen
die **Massage;** *Berufsbezeichnung:* Masseur, Masseurin
das **Massaker** (Gemetzel); des Massakers; die Massaker
massakrieren (grausam töten); du massakrierst; er massakrierte; die Terroristen haben ihre Geiseln massakriert
die **Massarbeit** (Anfertigung von Möbeln, Kleidern u. Ä. nach Mass)
die **Masse**
die **Masseinheit**
der **Massenandrang**
der **Massenartikel**
die **Massengesellschaft**
massenhaft; massenhaftes Fischsterben
das **Massenlager**
das **Massenmedium;** die Massenmedien (Presse, Rundfunk, Fernsehen usw.) *meist Plural; vergleiche:* Medium
der **Massenmord**
der **Massenmörder**
die **Massenmörderin**
der **Massentourismus**
massenweise; dort wachsen massenweise Pilze
der **Masseur** (jemand, der eine Massage ausführt); des Masseurs; die Masseure
die **Masseurin;** die Masseurinnen
massgebend; ein massgebendes Urteil
massgeblich; massgeblich beteiligt sein
masshalten *vergleiche:* **Mass**
massieren; ich massiere; du massierst; er massierte; er hat den Patienten massiert
mässig; mässige (mittelmässige) Zeugnisse; der Lohn ist mässig (eher gering)
sich **mässigen;** du mässigst dich; er mässigte sich; er hat sich gemässigt; sie hat das Tempo gemässigt
die **Mässigung**
massiv (schwer, nicht hohl, fest; grob)

das **Massiv** (Gebirge in seiner Gesamtheit); des Massivs; die Massive
masslos; massloser; am masslosesten; eine masslose Frechheit
die **Massnahme**
massregeln (rügen, bestrafen); du massregelst; sie massregelte; sie hat ihn gemassregelt
der **Massstab**
massstabgetreu *oder* **massstabsgetreu**
massvoll (nicht übertrieben)
die **Mast** (die Mästung); die Masten
der **Mast** (Schiffsmast, der Segel u. Ä. trägt; Fahnenstange; Strommast); des Masts *oder* Mastes; die Masten, *auch:* Maste
der **Mastdarm**
mästen; du mästest; er mästete; er hat die Gans gemästet
der **Master** (akademischer Grad); des Master *oder* Masters; die Masters; Master of Arts (*Abkürzung:* MA, M. A.); einen Master machen
mastig; mastiges Essen; der Kaktus sieht zu mastig aus
die **Masturbation** (Selbstbefriedigung)
masturbieren; sie masturbierte; sie hat masturbiert
der *oder* das **Match** (Wettkampf); des Matchs *oder* Matches; die Matchs, Matche *oder* Matches
der **Matchball** (spielentscheidender Ball beim Tennis u. a.)
das **Material;** des Materials; die Materialien
der **Materialismus** (das Streben nach Besitz und Gewinn); des Materialismus
materialistisch
die **Materialkosten** *Plural*
die **Materie** (Stoff, Inhalt); die Materien
materiell; materielle (finanzielle) Hilfe
die **Mathematik;** höhere Mathematik
der **Mathematiker;** des Mathematikers; die Mathematiker
die **Mathematikerin;** die Mathematikerinnen
mathematisch
die **Matratze**
das **Matriarchat** (Gesellschaftsform, die für Frauen bevorzugte Stellung vorsieht); *vergleiche:* Patriarchat
der **Matrose;** des/dem/den Matrosen; die Matrosen
die **Matrosin;** die Matrosinnen
der **Matsch** (breiiger Schmutz, nasse Erde); des Matschs *oder* Matsches
matschig; eine matschige Wiese
matt; matter; am mattesten; jemanden matt setzen *oder* mattsetzen; Schach und matt!; ABER: schachmatt; mattblau usw.
die **Matte**
das **Matterhorn**
die **Mattigkeit** (Müdigkeit)
die **Mattscheibe;** [eine] Mattscheibe haben (begriffsstutzig, benommen sein)
die **Matur** *oder* **Matura** (Hochschulreife)
der **Maturand;** des/dem/den Maturanden; die Maturanden
die **Maturandin;** die Maturandinnen
das **Maturazeugnis** *oder* **Maturzeugnis**
die **Maturität** (Hochschulreife)
die **Mätzchen** (Unsinn; Tricks) *Plural;* lasst die Mätzchen!
die **Mauer**
mauern; du mauerst; er mauerte; die Mannschaft hat gemauert (*Sport:* zu defensiv gespielt)
das **Maul;** des Mauls *oder* Maules; die Mäuler
die **Maulaffen** *Plural;* Maulaffen feilhalten (gaffend, untätig herumstehen)
die **Maulbeere**
maulen (murren, widersprechen); du maulst; sie maulte; sie hat gemault
der **Maulesel** (Kreuzung aus Pferdehengst und Eselstute)
maulfaul (wortkarg)
das **Maultier** (Kreuzung aus Eselhengst und Pferdestute)
der **Maulwurf;** des Maulwurfs *oder* Maulwurfes; die Maulwürfe
der **Maurer;** des Maurers; die Maurer
die **Maurerin;** die Maurerinnen
Mauretanien (Staat in Afrika)
der **Mauretanier;** des Mauretaniers; die Mauretanier
die **Mauretanierin;** die Mauretanierinnen
mauretanisch
der **Mauritier;** die Mauritier
die **Mauritierin;** die Mauritierinnen
Mauritius (Inselstaat im Indischen Ozean)
die **Maus;** *Verkleinerungsform:* das Mäuschen
mäuschenstill

der **Mäusebussard**
die **Mausefalle** *oder* **Mausfalle**
mausen (Mäuse fangen; *auch:* stehlen); du maust; die Katze mauste; sie hat gemaust
die **Mauser** (Federwechsel bei Vögeln)
sich **mausern** (die Federn wechseln; *auch:* sich zum Vorteil verändern); du mauserst dich; sie mauserte sich; sie hat sich zu einer guten Schülerin gemausert
mausetot; mausetot schlagen
mausgrau
der **Mausklick** (*EDV:* Betätigen der Maustaste); des Mausklicks; die Mausklicks
das **Mausoleum** (monumentales Grabmal); des Mausoleums; die Mausoleen
das **Mauspad** (Unterlage, auf der die Computermaus bewegt wird)
die **Maustaste** (*EDV:* Taste der Computermaus)
die **Maut** (Strassen- oder Brückengebühr); die Mauten
maximal (höchst-, grösstmöglich; höchstens)
die **Maxime** (allgemeiner Grundsatz)
das **Maximum** (Höchstwert, Höchstmass); die Maxima
die **Maxisingle**
die **Mayonnaise** *oder* **Majonäse** (kalte, dicke Masse aus Eigelb und Öl)
m. E. = meines Erachtens
die **Mechanik;** die Mechaniken
der **Mechaniker;** des Mechanikers; die Mechaniker
die **Mechanikerin;** die Mechanikerinnen
mechanisch
der **Mechanismus;** des Mechanismus; die Mechanismen
der **Meckerer;** des Meckerers; die Meckerer
die **Meckerin;** die Meckerinnen
meckern; ich meckere; du meckerst; die Ziege meckerte; er hat wieder gemeckert (genörgelt)
die **Medaille** (Münze mit Prägung zur Auszeichnung von Leistungen oder zum Gedenken)
das **Medaillon** (Anhänger, Bildkapsel); des Medaillons; die Medaillons
die **Mediation** (Vermittlung zwischen Streitenden)
die **Medienkonferenz** (Presseorientierung)
der **Medienrummel**
das **Medikament** (Arzneimittel); des Medikaments *oder* Medikamentes; die Medikamente
medikamentös (mit Medikamenten); medikamentös behandeln
die **Meditation** (Nachdenken; religiöse Versenkung)
meditieren (nachdenken; Meditation üben); ich meditiere; du meditierst; sie meditierte; sie hat lange meditiert
das **Medium** (vermittelnde Person oder Sache); des Mediums; die Medien (Massenmedien); die neuen Medien (insbesondere: Computer, Internet, CD, DVD)
die **Medizin;** die Medizinen
der **Medizinball** (grosser, schwerer, nicht elastischer Lederball)
der **Mediziner;** des Mediziners; die Mediziner
die **Medizinerin;** die Medizinerinnen
medizinisch
das **Meer;** des Meers *oder* Meeres; die Meere
die **Meerenge**
der **Meeresgrund**
der **Meeresspiegel**
die **Meeresströmung**
die **Meerjungfrau** (eine Märchenfigur)
die **Meerkatze** (ein Affe)
der **Meerrettich** (eine Gewürzpflanze)
das **Meersalz**
das **Meerschweinchen;** des Meerschweinchens; die Meerschweinchen
das **Meerwasser**
das **Meeting** (Treffen, Veranstaltung); des Meetings; die Meetings
mega (sehr); mega cool *oder* megacool; mega in *oder* mega-in sein (äusserst gefragt sein); mega out *oder* mega-out sein (ganz aus der Mode, vollkommen überholt sein)
das **Megabyte** (*EDV:* Einheit von 1 048 576 Byte; *Zeichen:* MB, MByte); des Megabyte *oder* Megabytes; die Megabyte *oder* Megabytes
das **Megafon** (Sprachrohr); des Megafons; die Megafone
der **Megastar** (*umgangssprachlich für:* überaus beliebter Star)
das **Mehl;** des Mehls *oder* Mehles; die Mehle
mehlig; mehlige Hände; mehlig kochende Kartoffeln
der **Mehltau** (eine Pflanzenkrankheit)

a b c d e f g h i j k l m n o p q r s t u v w x y z

mehr; mehr oder weniger; umso mehr; mehr denn je

das **Mehr** (Stimmenmehrheit); des Mehrs; das absolute Mehr; das relative Mehr

mehrere; mehrere Bücher; mehrere Anwesende; die Einwände mehrerer Ständeräte; in Begleitung mehrerer bewaffneter Soldaten

mehrerlei; mehrerlei Möglichkeiten

mehrfach; sie ist mehrfache Mutter

die **Mehrheit**

mehrmals; er hat mehrmals angerufen

mehrstellig; mehrstellige Zahlen

mehrstimmig; ein mehrstimmiger Gesang

die **Mehrwertsteuer** (*Abkürzung:* MwSt. *oder* MWST)

die **Mehrzahl**

mehrzeilig; ein mehrzeiliger Text

das **Mehrzweckgerät**

meiden; du meidest ihn; sie mied ihn; sie hat ihn gemieden

die **Meile** (ein Längenmass)

der **Meilenstein** (wichtiger Schritt; wichtiges Ereignis; *früher:* Markstein am Strassenrand)

meilenweit; ABER: zwei Meilen weit

der **Meiler** (Holzstoss zur Kohlegewinnung; Kernreaktor); des Meilers; die Meiler

mein

der **Meineid** (vorsätzlich unwahrer Eid); *Trennung:* Mein-eid

meineidig; eine meineidige Zeugin; *Trennung:* mein-ei-dig

meinen; ich meine; du meinst; sie meinte; sie hat es gut mit ihm gemeint

meinerseits

meinetwegen

die **Meinung**

die **Meinungsfreiheit**

die **Meinungsumfrage**

die **Meinungsverschiedenheit**

die **Meise**

der **Meissel** (Werkzeug mit keilartiger Schneide); des Meissels; die Meissel

meisseln; ich meissle; du meisselst; er meisselte; er hat eine Statue gemeisselt

meist; am meisten; die meisten, *auch:* Meisten glauben, dass ...; das meiste, *auch:* Meiste ist bekannt; ABER NUR: die meisten Menschen; das meiste Geld

meistbietend; etwas meistbietend verkaufen, versteigern

meistens

der **Meister;** des Meisters; die Meister

meisterhaft

die **Meisterin;** die Meisterinnen

die **Meisterleistung**

meistern (bewältigen); du meisterst; sie meisterte; sie hat alle Schwierigkeiten gemeistert

die **Meisterschaft**

das **Meisterstück**

der **Meistertitel**

das **Meisterwerk**

meistgekauft (am häufigsten gekauft)

> In Zusammensetzungen aus Adjektiven und Partizipien darf immer nur *ein* Bestandteil gesteigert werden. Und da «meist» schon der Superlativ zu «viel» ist, sind Steigerungen wie «meistgekaufteste» oder «meistgelesenste» nicht korrekt.

meistgelesen; das meistgelesene Buch

die **Melancholie** (Schwermut); die Melancholien

melancholisch (bedrückt; traurig)

melden; du meldest; sie meldete; sie hat den Unfall gemeldet; sich melden; sie hat sich nicht gemeldet

die **Meldung**

meliert (aus mehreren Farben gemischt); meliertes Garn; meliertes (leicht ergrautes) Haar

melken; du melkst; er molk; er hat die Kuh gemolken *oder* gemelkt; frisch gemolkene Milch

die **Melkmaschine**

die **Melodie;** die Melodien

melodisch; eine melodische Stimme

die **Melone** (ein Kürbisgewächs)

die **Membran** *oder* **Membrane** (schwingendes Metallblättchen oder Häutchen); die Membranen

die **Memme** (Feigling)

die **Memoiren** (Lebenserinnerungen) *Plural*

der **Memorystick** (*Markenbezeichnung:* ein kleinformatiger Datenspeicher); des Memorysticks, die Memorysticks

die **Menagerie** (Tierschau); die Menagerien

die **Menge**

mengen (mischen); ich menge; du

mengst; sie mengte die Zutaten; er hat Brot ins Futter gemengt; der Dieb mengte sich unter die Museumsbesucher

die **Mengenlehre**

der **Meniskus** (Zwischenknorpel im Kniegelenk); des Meniskus; die Menisken

die **Mensa** (Kantine); die Mensas *oder* Mensen

der **Mensch;** des/dem/den Menschen; die Menschen

das **Menschengedenken;** *nur in der Verbindung:* seit Menschengedenken (so weit sich Menschen erinnern können)

das **Menschenleben**

menschenmöglich; was menschenmöglich war, wurde getan; ABER: sie hat das Menschenmögliche (alles) getan

das **Menschenrecht** *meist Plural*

die **Menschenwürde**

menschenwürdig

die **Menschheit**

menschlich; menschliche Schwächen; ABER: etwas Menschliches

die **Menschlichkeit**

die **Menstruation** (Monatsblutung); die Menstruationen

mental (geistig; gedanklich)

die **Mentalität** (Denkweise, Sinnesart)

das **Menthol** (Bestandteil des Pfefferminzöls); des Menthols

das **Menü** (Speisenfolge; *EDV:* Programmauswahl); des Menüs; die Menüs

die **Mercerie** (kleinere Gegenstände zum Nähen; *kurz für:* Merceriegeschäft oder -abteilung); die Mercerien

merci (danke); merci *oder* Merci sagen

der **Meridian** (*Geografie:* Längenkreis); des Meridians; die Meridiane

die *oder* das **Meringue** (Gebäck aus Eischnee und Zucker); die Meringues

merken; ich merke; du merkst; sie merkte; sie hat es gemerkt

das **Merkmal;** die Merkmale

der **Merkur** (ein Planet)

merkwürdig

der **Mesmer** *oder* **Messmer** (Kirchendiener); des Mesmers *oder* Messmers; die Mesmer *oder* Messmer; *vergleiche auch:* Mesner *oder* Messner

die **Mesmerin** *oder* **Messmerin;** die Mesmerinnen *oder* Messmerinnen

der **Mesner** *oder* **Messner** (Kirchendiener); des Mesners *oder* Messners; die Mesner *oder* Messner; *vergleiche auch:* Mesmer *oder* Messmer

die **Mesnerin** *oder* **Messnerin;** die Mesnerinnen *oder* Messnerinnen

die **Message** (Nachricht; Information); der Message; die Messages

messbar; messbare Fortschritte

der **Messdiener**

die **Messdienerin**

die **Messe** (eine Ausstellung)

die **Messe** (der katholische Hauptgottesdienst); die, eine Messe lesen

messen; du misst; sie misst; sie mass; sie hat die Länge gemessen; miss die Breite!

das **Messer;** des Messers; die Messer; jemanden ans Messer liefern (verraten; durch Verrat ausliefern); bis aufs Messer (mit allen Mitteln) kämpfen; unters Messer müssen (sich operieren lassen müssen)

messerscharf

das **Messgerät**

der **Messias;** des Messias

der **Messie** (jemand, der zu zwanghaftem Sammeln und grosser Unordnung neigt); des Messies; die Messies

die **Messie;** eine Messie; die Messies

das **Messing** (Legierung aus Kupfer und Zink); des Messings

der **Messmer** *vergleiche* Mesmer

die **Messmerin** *oder* **Mesmerin;** die Messmerinnen *oder* Mesmerinnen

der **Messner** *vergleiche:* **Mesner**

die **Messnerin** *oder* **Mesnerin;** die Messnerinnen *oder* Mesnerinnen

die **Messung**

der **Mestize** (Nachkomme eines weissen und eines indianischen Elternteils); des/dem/den Mestizen; die Mestizen

die **Mestizin;** die Mestizinnen

die **MESZ** = mitteleuropäische Sommerzeit

der **Met** (Honigwein); des Mets *oder* Metes

das **Metall;** des Metalls; die Metalle

metallen (aus Metall)

metallic (metallisch schimmernd lackiert); ein Auto in Blau metallic *oder* Blaumetallic

metallisch (wie Metall)

die **Metamorphose** (Umgestaltung, Verwandlung)

die **Metapher** (Wort mit übertragener Bedeutung, bildliche Wendung, z. B. «Haupt der Familie»); der Metapher, die Metaphern

das **Meteo** (Wetterbericht)

der **Meteor** (Sternschnuppe); des Meteors; die Meteore

der **Meteorit** (Meteorstein); des Meteorits *oder* des/dem/den Meteoriten; die Meteorite

die **Meteorologie** (Wetterkunde)

der **Meter;** eine Länge von 10 Metern, *auch:* von 10 Meter; von 10 Meter, *auch:* von 10 Metern an; ein *oder* einen Meter lang

meterhoch; der Schnee ist meterhoch; ABER: der Schnee ist drei Meter hoch

meterlang; eine meterlange Schlange; ABER: eine drei Meter lange Schlange

das **Metermass**

das **Methadon** (Ersatz für Heroin)

die **Methode** (Verfahren; Vorgehensweise)

methodisch (planmässig; überlegt)

die **Metrik** (Verslehre; *Musik:* Lehre vom Takt); die Metriken

das **Metronom** (Taktmesser); die Metronome

die **Metropole** (Hauptstadt, Hauptsitz); die Metropolen

die **Mettwurst**

die **Metzg;** die Metzgen

metzgen; du metzgest; er metzget; er hat die Hühner gemetzget; sich metzgen (eine schwierige Situation meistern); sie hat sich gut gemetzget

der **Metzger;** des Metzgers; die Metzger

die **Metzgerei**

die **Metzgerin;** die Metzgerinnen

der **Meuchelmord** (heimtückischer Mord)

meuchlings (aus dem Hinterhalt)

die **Meute** (eine Anzahl Hunde; wilde Rotte)

die **Meuterei** (Auflehnung gegenüber Vorgesetzten, v. a. von Gefangenen, Soldaten u. a.)

der **Meuterer;** des Meuterers; die Meuterer

die **Meuterin;** die Meuterinnen

meutern; du meuterst; er meuterte; er hat gemeutert

der **Mexikaner** (Einwohner Mexikos); des Mexikaners; die Mexikaner

die **Mexikanerin;** die Mexikanerinnen

mexikanisch

Mexiko (Staat in Mittelamerika; dessen Hauptstadt)

die **MEZ** = mitteleuropäische Zeit

MFD = Militärischer Frauendienst

mg = Milligramm

miauen; die Katze miaute; sie hat miaut

mich

mickerig *oder* **mickrig** (kümmerlich)

die **Mickymaus** *oder* **Micky Maus** (eine amerikanische Trickfilm- und Comicfigur)

das **Mickymausheft**

die **Midlifecrisis** *oder* **Midlife-Crisis** (Krise in der Lebensmitte)

das **Mieder** (eng geschnürtes ärmelloses Oberteil für Frauen); des Mieders; die Mieder

der **Mief** (schlechte Luft); des Miefs

miefen (stinken); es miefte; das Zimmer hat gemieft

die **Miene** (Gesichtsausdruck)

> Nicht verwechseln: Obwohl beide Wörter gleich ausgesprochen werden, schreibt man *Miene* für den Gesichtsausdruck mit *ie*, die Mine mit den Bedeutungen «Bergwerk, Sprengkörper, Kugelschreibereinlage» nur mit einfachem *i*.

mies (schlecht); mieser; am miesesten; ein mieser Laden; er hat miese Laune; mir ist ganz mies

die **Miesmuschel** (essbare Muschel)

die **Miete** (frostsicher eingegrabene Feldfrüchte)

die **Miete** (Geldbetrag für die Nutzung von Wohnraum u. a.)

mieten; du mietest; sie mietete; sie hat ein Boot gemietet

der **Mieter;** des Mieters; die Mieter

die **Mieterin;** die Mieterinnen

der **Mietvertrag**

die **Mietwohnung**

der **Mietzins**

die **Mieze** (Katze)

die **Migräne** (heftiger Kopfschmerz)

der **Migrant** (Einwanderer); des/dem/den Migranten; die Migranten

die **Migrantin;** die Migrantinnen

die **Migration** (Aus-, Einwanderung); die Migrationen

die **Mikrobe** (kleinstes Lebewesen); die Mikroben

die **Mikrobiologie** (Wissenschaft von den kleinen Organismen)

der **Mikrofilm** (Film mit stark verkleinerten Kopien)

das **Mikrofon** (Gerät zur Übertragung von Hörbarem auf Tonträger oder über Lautsprecher); des Mikrofons; die Mikrofone
die **Mikroorganismen** *Plural*
das **Mikroskop** (ein optisches Vergrösserungsgerät); des Mikroskops; die Mikroskope
mikroskopisch (winzig); mikroskopisch kleine Lebewesen
die **Mikrowelle**
der **Mikrowellenherd**
der **Milan** (ein Greifvogel); des Milans; die Milane
die **Milbe** (ein Spinnentier)
die **Milch**
die **Milchbüchleinrechnung** (zu einfache Rechnung, die einer Sache nicht gerecht wird)
milchig; eine milchige Brühe
das **Milchprodukt**
die **Milchstrasse** (Sternensystem)
der **Milchzahn**
mild; milder; am mildesten; ein mildes Urteil; das Wetter ist sehr mild
die **Milde**
mildern; du milderst; er milderte; er hat den Schlag gemildert; mildernde Umstände
mildtätig; mildtätige Helfer
das **Milieu** (Lebensumstände; Umwelt); des Milieus; die Milieus
militant (kämpferisch)
das **Militär** (alle Soldaten eines Landes); des Militärs
militärisch; eine militärische Ausbildung
der **Militarismus;** (Vorherrschen militärischen Denkens); des Militarismus
militaristisch; militaristische Ziele
die **Miliz** (Volksheer); die Milizen
das **Milizsystem**
die **Milke** (Kalbsmilch; Innerei vom Kalb); die Milken
Mill. = Million, Millionen
die **Mille** (Tausend); 5 Mille
das **Millennium** (Jahrtausend); des Millenniums; die Millennien
der **Milliardär;** des Milliardärs; die Milliardäre
die **Milliardärin;** die Milliardärinnen
die **Milliarde** (1 000 Millionen)
das **Milligramm** ($^{1}/_{1000}$ g)
der **Milliliter** ($^{1}/_{1000}$ l)
der **Millimeter** ($^{1}/_{1000}$ m)
millimetergenau; ABER: auf den Millimeter genau
die **Million** (1 000 mal 1 000; *Abkürzungen:* Mill., Mio.); eine Million; ein[und]dreiviertel Millionen; zwei Millionen fünfhunderttausend; mit 0,8 Millionen; Millionen Mal; drei Millionen Mal
der **Millionär;** des Millionärs; die Millionäre
die **Millionärin;** die Millionärinnen
millionenfach
die **Millionenstadt**
die **Milz** (Organ im Bauchraum)
der **Milzbrand** (eine gefährliche Krankheit)
mimen (schauspielern; so tun, als ob); du mimst; er mimte; er hat gemimt
die **Mimik** (Gebärden- und Mienenspiel)
die **Mimikry** (Anpassung, Schutzfärbung)
min, Min. = Minute
das **Minarett** (Turm einer Moschee); des Minaretts; die Minarette *oder* Minaretts
minder; minder gut; minder wichtig
minderbegabt; die minderbegabten Schüler; ABER: die Minderbegabten
minderbemittelt; die minderbemittelten Leute; ABER: die Minderbemittelten
die **Minderheit**
minderjährig (noch nicht volljährig, nicht mündig)
die **Minderjährige;** eine Minderjährige; die Minderjährigen
der **Minderjährige;** ein Minderjähriger; die Minderjährigen; zwei Minderjährige
mindern; ich mindere; du minderst; sie minderte; sie hat die Kosten gemindert
minderwertig; minderwertiges Fleisch
das **Minderwertigkeitsgefühl**
das **Mindestalter**
die **Mindestanforderung**
mindeste; ohne die mindeste Angst; nicht das Mindeste *oder* mindeste (gar nichts); zum Mindesten *oder* mindesten (wenigstens); nicht im Mindesten *oder* mindesten (gar nicht)
mindestens
die **Mindestgeschwindigkeit**
das **Mindestmass**
die **Mine** (Bergwerk; Sprengkörper; Kugelschreibereinlage); *vergleiche aber:* Miene
das **Mineral;** die Minerale *oder* Mineralien
mineralisch; mineralische Getränke
das **Mineralöl**

das **Mineralwasser**
die **Miniatur** (kleines Bild; kleine Illustration)
die **Miniaturausgabe**
das **Minigolf**
der **Minigolfplatz**
minim (minimal); ein minimer Unterschied
minimal (sehr gering, niedrigst)
das **Minimum** (das Geringste); des Minimums; die Minima
der **Minirock**
der **Minister;** des Ministers; die Minister
die **Ministerin;** die Ministerinnen
das **Ministerium** (oberste Behörde eines Landes; *Schweiz:* Departement); des Ministeriums; die Ministerien
der **Ministerpräsident**
die **Ministerpräsidentin**
der **Ministrant** (Messdiener); des/dem/den Ministranten
die **Ministrantin;** die Ministrantinnen
die **Minorität** (Minderheit)
der **MINT-Beruf** (Beruf, der mit Mathematik, Informatik, Naturwissenschaft oder Technik zu tun hat)
der **Minuend** (Zahl, von der etwas abgezogen wird); des/dem/den Minuenden; die Minuenden
minus (weniger); fünf minus drei ist, macht, gibt zwei; minus 15 Grad *oder* 15 Grad minus
das **Minus** (fehlendes Geld; Verlust); des Minus; die Minus; [ein] Minus machen
der **Minuspol**
der **Minuspunkt**
das **Minuszeichen**
die **Minute**
minutenlang; minutenlanger Beifall; ABER: mehrere Minuten langer Beifall
der **Minutenzeiger**
Mio. = Million, Millionen
mir; mir nichts, dir nichts; wie kann mir jungem (*auch:* jungen) Menschen so etwas passieren!
die **Mirabelle** (eine Pflaumenart)
mischeln; er mischelt; er mischelte die Karten; sie hat sich eine neue Wohnung gemischelt
mischen; du mischst; sie mischte; sie hat die Karten gemischt
die **Mischform**
das **Mischgetränk**
der **Mischling;** des Mischlings; die Mischlinge
das *oder* der **Mischpult** (Gerät zum Mischen von Musik, Sprache oder Geräuschen)
die **Mischung**
der **Mischwald**
miserabel (erbärmlich; nichtswürdig); ein miserabler Kerl
die **Misere** (Not, Elend); die Miseren
die **Miss** (unverheiratete Frau; Schönheitskönigin); Miss Australien
missachten; er missachtete; er hat die Vorschrift missachtet
die **Missbildung**

> Viele Menschen empfinden diese Bezeichnung inzwischen als diskriminierend. Deshalb ist es besser, für die nicht normale Gestalt eines Körperteils oder Organs das Wort *Fehlbildung* zu verwenden.

missbilligen (ablehnen); sie missbilligte den Plan; sie hat das missbilligt
der **Missbrauch;** die Missbräuche
missbrauchen; er missbrauchte; er hat seine Macht missbraucht
missbräuchlich; missbräuchlich nutzen
der **Misserfolg**
die **Missernte**
die **Missetat** (böse Tat; Straftat)
der **Missetäter**
die **Missetäterin**
missfallen (nicht gefallen); es missfiel mir; dein Benehmen hat mir missfallen
das **Missfallen;** des Missfallens; sie hat ihr Missfallen geäussert
das **Missgeschick**
missglücken (nicht gelingen); der Plan missglückte; es ist mir missglückt
missgönnen; er missgönnte; er hat es ihr missgönnt
der **Missgriff**
die **Missgunst** (Neid)
missgünstig
misshandeln; er misshandelte sie; er hat sie wieder misshandelt
die **Misshandlung**
die **Mission** (spezieller Auftrag; diplomatische Vertretung)
der **Missionar;** des Missionars; die Missionare

die **Missionarin;** die Missionarinnen
die **Missionsstation**
der **Missklang**
der **Misskredit** (schlechter Ruf); warum hast du ihn in Misskredit gebracht?
misslich (unangenehm)
misslingen; es misslang; der Versuch ist ihr misslungen
der **Missmut** (schlechte Laune; Unzufriedenheit)
missmutig
missraten (nicht gelingen); es missrät; es missriet ihr; der Kuchen ist missraten
der **Missstand** (schlimmer Zustand); die Missstände
die **Missstimmung**
misstrauen; sie misstraute ihm; sie hat seinen Worten misstraut
das **Misstrauen;** des Misstrauens
misstrauisch
der **Misstritt** (Fehltritt); des Misstritts; die Misstritte
missverständlich
das **Missverständnis;** des Missverständnisses; die Missverständnisse

> Nomen auf *-nis* werden im Nominativ Singular nur mit einem *s* geschrieben, obwohl der Genitiv Singular und die Pluralformen mit Doppel-s gebildet werden.

missverstehen; er missverstand ihn; er hat den Text missverstanden; das war nicht misszuverstehen
die **Misswirtschaft**
der **Mist;** des Mists *oder* Mistes
die **Mistel** (eine Pflanze); die Misteln
der **Mistkäfer**
das **Mistkratzerli** (Poulet)
der **Miststock;** die Miststöcke
mit; ein Korb mit Eiern; mit dem Schirm in der Hand; mit anderen Worten; mit nach oben gehen; das kann ich nicht mit ansehen
mitarbeiten; sie arbeitet mit; sie hat an diesem Werk mitgearbeitet
der **Mitarbeiter**
die **Mitarbeiterin**
mitbestimmen; du bestimmst mit; er hat mitbestimmt
der **Mitbewohner**
die **Mitbewohnerin**
mitbringen; sie brachte es mit; sie hat mir etwas mitgebracht
das **Mitbringsel** (kleines Geschenk)
der **Mitbürger**
die **Mitbürgerin**
miteinander; miteinander (einer mit dem anderen) auskommen, leben, spielen
mitfahren; er fuhr mit; er ist mitgefahren
mitfühlend
das **Mitgefühl**
mitgehen; er ging mit; er ist mitgegangen
mitgenommen (erschöpft, müde); sie sah ziemlich mitgenommen aus
die **Mitgift** (Aussteuer); die Mitgiften
das **Mitglied;** des Mitglieds *oder* Mitgliedes; die Mitglieder
die **Mitgliederversammlung**
die **Mitgliedschaft**
mithelfen; sie half mit; sie hat mitgeholfen
mithilfe *oder* **mit Hilfe;** mithilfe *oder* mit Hilfe dieses Verfahrens
die **Mithilfe;** vielen Dank für deine Mithilfe!
mithin (folglich, demnach); sie handelte bewusst, mithin ist sie auch verantwortlich
mitkommen; sie kam mit; sie ist mitgekommen
mitlaufen; er lief mit; er ist mitgelaufen
der **Mitläufer**
die **Mitläuferin**
der **Mitlaut** (Konsonant); die Mitlaute
das **Mitleid;** Mitleid empfinden, erregen
mitleidig; ein mitleidiger Blick
mitmachen; er macht mit; er hat mitgemacht
der **Mitmensch;** des/dem/den Mitmenschen; die Mitmenschen
mitmenschlich
mitnehmen; sie nahm den Koffer mit; sie hat mich mitgenommen
die **Mitra** (Bischofsmütze); die Mitren
mitreden; er redet mit; bei dieser Entscheidung hat er mitgeredet
mitreissen; er riss das Publikum mit; sie wurde von der Menge mitgerissen
mitreissend (begeisternd)
mitschneiden (eine Radio- oder Fernsehsendung aufnehmen); sie schnitt mit; sie hat den Film mitgeschnitten
der **Mitschnitt**

mitschreiben; er schrieb mit; er hat mitgeschrieben; ABER: zum Mitschreiben
mitschuldig
der **Mitschüler**
die **Mitschülerin**
mitspielen; du spielst mit; sie hat mitgespielt
der **Mitspieler**
die **Mitspielerin**
die **Mitsprache**
der **Mittag;** über Mittag wegbleiben; [zu] Mittag essen; *vergleiche:* Abend
das **Mittagessen**
mittags; ABER: des Mittags; *vergleiche:* abends
die **Mittagspause**
der **Mittäter**
die **Mittäterin**
die **Mitte;** in der Mitte; Mitte Januar; sie ist Mitte dreissig; Seite 3 [in der] Mitte
mitteilen (sagen, wissen lassen); er teilt mit; er hat ihm die Neuigkeit mitgeteilt
die **Mitteilung**
mittel *vergleiche:* mittlere
das **Mittel;** des Mittels; die Mittel
das **Mittelalter**
mittelalterlich
Mittelamerika
Mitteleuropa
mitteleuropäisch; mitteleuropäische Zeit (*Abkürzung:* MEZ)
der **Mittelfinger**
mittelfristig (von mittlerer Dauer, Zeitspanne); mittelfristige Ziele
mittelgross
das **Mittelland**
mittelmässig
das **Mittelmeer**
die **Mittelohrentzündung**
der **Mittelpunkt**
die **Mittelschule**
die **Mittelstufe**
der **Mittelwert** (Durchschnitt)
mitten; er befand sich mitten darin, mitten darunter; ABER: er befand sich mittendrin, mittendrunter; er ging mitten durch; ABER: der Stab brach mittendurch; das Glas ging, brach mitten entzwei
die **Mitternacht;** um Mitternacht
mitternachts; ABER: des Mitternachts
die **Mitternachtssonne**

mittlere; das mittlere Niveau; ABER: der Mittlere Osten (indischer Subkontinent und angrenzende Länder)
mittlerweile
der **Mittwoch** *vergleiche:* Dienstag
mittwochs *vergleiche:* Dienstag
mitunter (manchmal)
mitverantwortlich
der **Mitwisser**
die **Mitwisserin;** die Mitwisserinnen
der **Mix** (Gemisch; spezielle Mischung); des Mix; die Mixe
mixen (mischen); du mixt; er mixte; er hat das Getränk gemixt
der **Mixer** (jemand, der Getränke mischt; Gerät zum Mixen; Tonmischer); des Mixers; die Mixer
die **Mixerin**
das **Mixgetränk**
die **Mixtur** (flüssige Arzneimischung; *auch:* Mischung); die Mixturen
ml = Milliliter
mm = Millimeter
der **MMS** = Multimedia Messaging Service (Mobilfunkdienst, mit dem Texte, Fotos u. a. versendet werden können)
das **MMS** (Kurzmitteilung mit Foto o. Ä., die per Handy versendet wird); ein MMS bekommen
der **Mob** (aufgewiegelte Volksmenge); des Mobs
mobben (schikanieren); du mobbst; sie haben ihre Kollegin gemobbt; *vergleiche aber:* moppen
das **Mobbing;** des Mobbings
das **Möbel;** des Möbels; die Möbel
das **Möbelstück**
mobil (beweglich); mobil machen *oder* mobilmachen
der **Mobilfunk** (Funkverkehr zwischen mobilen oder zwischen mobilen und festen Sendegeräten)
das **Mobiliar** (beweglicher Besitz; Möbel); des Mobiliars; die Mobiliare
mobilisieren (einsatzbereit machen; aktivieren); du mobilisierst; er mobilisierte; er hat alle Kräfte mobilisiert
die **Mobilität** ([geistige] Beweglichkeit)
das **Mobiltelefon**
möblieren; du möblierst; er hat das Zimmer möbliert
der **Moçambiquaner**

die **Moçambiquanerin;** die Moçambiquanerinnen
moçambiquanisch
Moçambique (Staat in Ostafrika)
der **Mocassin** *oder* **Mokassin** (ein Lederschuh); des Mocassins *oder* Mokassins; die Mocassins *oder* Mokassins *und* die Mocassine *oder* Mokassine
die **Mode**
der **Modeartikel**
modebewusst
die **Modefarbe**
das **Model** (Fotomodell); des Models; die Models; *vergleiche auch:* Dressman, Mannequin
das **Modell;** des Modells; die Modelle; Modell stehen
das **Modellflugzeug**
modellieren (formen, gestalten); du modellierst; er modellierte; er hat in Ton modelliert
das **Modem** (Gerät zur Datenübertragung über Telefonleitungen); des Modems; die Modems
der **Moder** (Faulendes; Fäulnisstoff); des Moders
der **Moderator** (jemand, der durch eine Fernseh- oder Rundfunksendung führt); des Moderators; die Moderatoren
die **Moderatorin;** die Moderatorinnen
moderieren; du moderierst; er moderierte; sie hat die Sendung moderiert
moderig *oder* **modrig**
modern (faulen); das Laub moderte; es hat gemodert
modern (modisch; zeitgemäss); moderne Technik
modernisieren; du modernisierst; sie modernisierte; sie hat die Firma modernisiert
die **Modeschau**
modisch; modische Kleidung
das **Modul** (selbstständiges Geräteteil; Teil einer Ausbildung); des Moduls; die Module
die **Modulation** (Übergang in eine andere Tonart)
der **Modus** (Art und Weise; Aussageweise des Verbs); des Modus; die Modi
das **Mofa** (*kurz für:* Motorfahrrad); des Mofas; die Mofas
die **Mogelei** (Schwindelei)
mogeln; du mogelst; er mogelte; er hat beim Spiel gemogelt; mogle nicht!
mögen; du magst; er mag; du mochtest; er mochte; du möchtest; er möchte; er hat sie gemocht; das hätte ich hören mögen

möglich

Kleinschreibung:

- mögliche Entwicklungen
- so viel als *oder* wie möglich

Wird «möglich» als Nomen gebraucht, schreibt man es gross:

- das Mögliche (alles) tun; alles Mögliche (viel, allerlei) tun
- sein Möglichstes tun
- im Rahmen des Möglichen
- Mögliches und Unmögliches verlangen
- alles Mögliche (alle Möglichkeiten) bedenken
- etwas, nichts Mögliches

möglicherweise
die **Möglichkeit;** nach Möglichkeit
möglichst; möglichst bald
der **Mohn;** des Mohns *oder* Mohnes
der **Mohr** (*veraltet für:* Schwarzafrikaner); des/dem/den Mohren; die Mohren
die **Möhre** (Karotte, Rüebli)
die **Mohrin** (*veraltet für:* Schwarzafrikanerin); die Mohrinnen
die **Mohrrübe** (Karotte, Rüebli)
der **Mokassin** *oder* **Mocassin** (ein Lederschuh); des Mokassins *oder* Mocassins; die Mokassins *oder* Mocassins *und* die Mokassine *oder* Mocassine
sich **mokieren** (sich lustig machen); du mokierst dich; er mokierte sich; er hat sich über ihre Aussprache mokiert
der **Mokka** (eine Kaffeesorte); des Mokkas; die Mokkas
der **Molch** (im Wasser lebender Lurch); des Molchs *oder* Molches; die Molche
Moldawien (Staat in Südosteuropa)
der **Moldawier** *oder* **Moldauer**
die **Moldawierin** *oder* **Moldauerin;** die Moldawierinnen *oder* Moldauerinnen
moldawisch *oder* **moldauisch**
die **Mole** (Hafendamm); die Molen
das **Molekül** (kleinste Einheit einer chemi-

schen Verbindung); des Moleküls; die Moleküle

die **Molke** (Käsewasser)

die **Molkerei** (Milch- und Käsebetrieb)

das **Moll** (Tongeschlecht mit kleiner Terz; *vergleiche auch:* Dur); des Moll; a-Moll; die a-Moll-Arie

mollig (behaglich, warm; rundlich)

der **Moment** (Augenblick); des Moments *oder* Momentes; die Momente

momentan; die momentane Lage

Monaco (Staat in Südeuropa; Hauptstadt dieses Staates); *vergleiche:* Monegasse, Monegassin, monegassisch

der **Monarch** (gekrönter Alleinherrscher); des/dem/den Monarchen; die Monarchen

die **Monarchie** (Alleinherrschaft); die Monarchien

die **Monarchin;** die Monarchinnen

der **Monat;** des Monats *oder* Monates; die Monate; alle zwei Monate; dieses Monats; nächsten Monats; vorigen Monats

monatelang; ein monatelanger Husten; ABER: viele Monate lang

monatlich (jeden Monat); eine monatliche Rate; ABER: dreimonatig (drei Monate dauernd)

die **Monatskarte**

der **Mönch** (Mitglied eines Ordens); des Mönchs *oder* Mönches; die Mönche

mönchisch

der **Mönchsorden**

der **Mond** (ein Himmelskörper); des Monds *oder* Mondes; die Monde

die **Mondfinsternis**

mondhell

die **Mondlandung**

die **Mondphase**

der **Mondschein**

der **Monegasse** (Einwohner Monacos); des/dem/den Monegassen; die Monegassen

die **Monegassin;** die Monegassinnen

monegassisch

der **Mongole** (Angehöriger einer Völkergruppe in Asien; Einwohner der Mongolei); des/dem/den Mongolen; die Mongolen

die **Mongolei** (Staat, Hochland in Asien)

die **Mongolin;** die Mongolinnen

mongolisch

monieren (bemängeln); du monierst; sie monierte; sie hat das Essen moniert

der **Monitor** (Bildschirm); des Monitors; die Monitoren *oder* Monitore

das **Monogramm** (Namenszug); des Monogramms; die Monogramme

die **Monokultur** (einseitiger Anbau immer derselben Pflanzenart)

der **Monolog** (Selbstgespräch); des Monologs; die Monologe

das **Monopol** (Recht zum Alleinverkauf); des Monopols; die Monopole

das **Monopoly** (*Markenbezeichnung:* ein Gesellschaftsspiel); des Monopoly

monoton (eintönig, ermüdend); mit monotoner Stimme; die Arbeit war monoton

die **Monotonie** (Eintönigkeit)

das **Monster** (Ungeheuer); des Monsters; die Monster

die **Monstranz** (Gefäss für die geweihte Hostie); die Monstranzen

monströs (wie ein Monster; ungeheuerlich)

das **Monstrum** (Ungeheuer); des Monstrums; die Monstren

der **Monsun** (ein Wind); des Monsuns; die Monsune

der **Montag** *vergleiche:* Dienstag

die **Montage** (Aufbau; Zusammenbau einer Maschine)

die **Montagehalle**

montags *vergleiche:* dienstags

der **Monteur;** des Monteurs; die Monteure

die **Monteurin;** die Monteurinnen

montieren (aufbauen; befestigen); du montierst; er montierte; er hat das Regal montiert

die **Montur** (Arbeitskleidung; Arbeitsausrüstung); die Monturen

das **Monument** (Denkmal); des Monuments *oder* Monumentes; die Monumente

monumental (von beeindruckender Grösse); monumentale Bauwerke

das **Moor** (Sumpf); des Moors *oder* Moores; die Moore

das **Moorhuhn**

moorig; mooriger Boden

das **Moos;** des Mooses; die Moose

moosgrün

moosig

das **Moped** (Töffli); des Mopeds; die Mopeds

der **Mopp** (Stoffbesen mit langen Fransen); des Mopps; die Mopps

moppen (mit einem Mopp reinigen); ich

moppe; du moppst; sie moppte; sie hat den Flur gemoppt; ABER: mobben

der **Mops** (eine Hunderasse); des Mopses; die Möpse

mopsen (stehlen); du mopst; sie mopste; sie hat Süssigkeiten gemopst

die **Moral** (Sittlichkeit; Sittenlehre)

moralisch; moralisches Handeln

die **Moralpredigt**

die **Moräne** (Schutt eines Gletschers); die Moränen

der **Morast** (Sumpf); des Morasts *oder* Morastes; die Moraste *oder* Moräste

morastig; morastiges Gelände

morbid (kränklich; im [sittlichen] Verfall begriffen)

die **Morchel** (ein Pilz); die Morcheln

der **Mord;** des Mords *oder* Mordes; die Morde

morden; du mordest; er mordete; er hat aus Rache gemordet

der **Mörder;** des Mörders; die Mörder

die **Mörderin;** die Mörderinnen

mörderisch; eine mörderische Hitze

das **Morgen;** das Heute und das Morgen

> der **Morgen, morgen**
>
> *Das Nomen «Morgen» schreibt man gross:*
>
> - des Morgens; eines Morgens
> - gegen Morgen; am Morgen
> - guten Morgen! (Gruss)
> - gestern, heute Morgen
>
> *Die Partikeln (Adverbien) «morgen» und «morgens» schreibt man klein:*
>
> - morgens; frühmorgens; ABER: morgens früh
> - morgen Abend, morgen Nachmittag, morgen früh
> - von morgens bis abends
> - bis morgen; Hausaufgaben für morgen; die Technik von morgen (der Zukunft)
>
> *Vergleiche auch:* Abend, Dienstag, morgens

der **Morgen** (ursprünglich das Land, das an einem Morgen gepflügt werden kann; ein altes Feldmass); fünf Morgen Land

morgendlich; der morgendliche Berufsverkehr

das **Morgenessen**

das **Morgengrauen**

das **Morgenland** (Orient)

der **Morgenmuffel**

morgens; ABER: des Morgens, eines Morgens; *vergleiche:* Abend, Dienstag *und* morgen

morgig; am morgigen Tag

das **Morphem** (kleinste sprachliche Einheit mit Bedeutung); des Morphems; die Morpheme

das **Morphium** (ein Medikament; eine Droge); des Morphiums

morphiumsüchtig

die **Morphologie** (Lehre vom Bau der Wörter; Lehre von der Gestalt, den Formen der Lebewesen)

morsch (brüchig, dem Zerfall nahe); morscher; am morschesten; morsche Bäume

das **Morsealphabet** (Alphabet für die Telegrafie)

morsen (den Morseapparat bedienen); du morst; sie morste; er hat gemorst

der **Mörser** (schweres Geschütz; Gefäss zum Zerkleinern); des Mörsers; die Mörser

das **Morsezeichen**

die **Mortadella** (eine Wurstsorte); die Mortadellas

der **Mörtel** (ein Bindemittel); des Mörtels; die Mörtel

das **Mosaik** (Bild aus bunten Steinchen); des Mosaiks; die Mosaiken, *auch:* Mosaike

Mosambik *oder* **Moçambique** (Staat in Ostafrika)

die **Moschee** (islamisches Bethaus); die Moscheen

Moskau (Hauptstadt Russlands)

der **Moskito** (eine Stechmücke); des Moskitos; die Moskitos

das **Moskitonetz** (Schutz vor Mücken, Fliegen und anderen Insekten)

der **Moslem** *vergleiche:* **Muslim**

die **Moslemin** *vergleiche:* **Muslimin**

moslemisch *vergleiche:* **muslimisch**

der **Most** (unvergorener Fruchtsaft; *auch für:* Treibstoff); des Mosts *oder* Mostes; die Moste

das **Mostbröckli** (Trockenfleisch); die Mostbröckli

mosten; du mostest; sie mostete; sie hat gemostet

die **Mosterei**

das **Motel** (Hotel für Autoreisende); des Motels; die Motels
die **Motion** (Antrag eines Parlamentsmitglieds); die Motionen
das **Motiv** (Grund; Beweggrund; Leitgedanke; kleinstes melodisches Gebilde); des Motivs; die Motive
die **Motivation** (die Beweggründe für das menschliche Handeln)
motivieren (anspornen); du motivierst; er hat seine Mitarbeiter motiviert
motiviert (sehr interessiert sein); er war sehr motiviert
das **Motocross** (Geländerennen für Motorradsportler); des Motocross; die Motocrosse
der **Motor;** des Motors; die Motoren; *auch:* die Motore
das **Motorboot**
motorisieren (mit Maschinen oder Motorfahrzeugen ausstatten); du motorisierst; er motorisierte; er hat sein Boot motorisiert; der motorisierte Verkehr
das **Motorrad**
der **Motorradfahrer**
die **Motorradfahrerin**
der **Motorsport**
der **Mottbrand** (Brand, der sich ohne Feuer ausbreitet)
die **Motte** (Kleinschmetterling)
motten (schwelen, glimmen); das Feuer mottet; es mottete; es hat gemottet
das **Mottenpulver**
das **Motto** (Leitspruch; Kennwort); des Mottos; die Mottos
motzen (nörgeln); du motzt; er motzte; er hat gemotzt
die **Motzerei**
das **Mountainbike** (Fahrrad für Gelände- oder Gebirgsfahrten); des Mountainbikes; die Mountainbikes
die **Möwe** (ein Vogel)
der **Mozzarella** (eine Käsesorte); des Mozzarellas; die Mozzarellas
MP3 (Verfahren zur Komprimierung von Dateien, besonders Musikdateien)
der **MP3-Player** (Gerät zum Abspielen von CDs im MP3-Format); des MP3-Players; die MP3-Player
Mrd. = Milliarde
m/s *oder* **m/sec** = Meter je Sekunde
die **Mucke** (Laune, Grille); der Motor hat seine Mucken
die **Mücke**
der **Mückenstich**
der **Mucks** *oder* **Muckser** (kurze, halb unterdrückte Äusserung); des Muckses *oder* Mucksers; die Muckse *oder* Muckser; ich will jetzt keinen Mucks *oder* Muckser mehr hören!
mucksen; du muckst; er muckste; er hat gemuckst; sich mucksen; er hat sich nicht gemuckst
mucksmäuschenstill
müde; sich müde arbeiten; einer Sache müde (überdrüssig) sein; er ist es müde
die **Müdigkeit**
das **Müesli;** des Müeslis; die Müesli
der **Muff** (modriger, dumpfer Geruch); des Muffs *oder* Muffes
der **Muff** (Handwärmer); des Muffs *oder* Muffes; die Muffe
die **Muffe** (Rohrstück; Ansatzstück); die Muffen
der **Muffel** (Mensch, der sich mürrisch, ablehnend verhält); des Muffels; die Muffel
muffelig *oder* **mufflig;** ein muffeliges *oder* muffliges Zimmer
muffig (nach Schimmel riechend)
die **Mühe;** mit Müh und Not; es kostet mich keine Mühe; sie hat sich Mühe gegeben
mühelos; müheloser; am mühelosesten
sich **mühen** (anstrengen); du mühst dich; sie mühte sich; sie hat sich vergeblich gemüht
mühevoll; eine mühevolle Handarbeit
die **Mühle**
das **Mühlrad**
der **Mühlstein**
die **Mühsal;** die Mühsale
mühsam; eine mühsame Kleinarbeit
mühselig; ein mühseliges Leben
der **Mulatte** (Nachkomme eines schwarzen und eines weissen Elternteils); des/dem/den Mulatten; die Mulatten

> Die Bezeichnungen «Mulatte» und «Mulattin» gehen auf den Vergleich des Mulatten mit einem Maulesel (einem *Muli*) zurück. Sie werden deshalb oft als diskriminierend empfunden.

die **Mulattin;** die Mulattinnen
die **Mulde** (Vertiefung im Boden)

der **Mull** (ein Baumwollgewebe); des Mulls *oder* Mulles; die Mulle
der **Müll** (Abfall); des Mülls *oder* Mülles
die **Mullbinde** (Verband, Gaze)
der **Müller;** des Müllers; die Müller
die **Müllerin;** die Müllerinnen
die **Mülltonne**
mulmig (bedenklich; übel); eine mulmige Situation
multikulturell (viele Kulturen umfassend); ein multikulturelles Angebot
das **Multimedia** (*EDV:* das Zusammenwirken verschiedener Medien [Texte, Bilder u. a.] in einem Informationssystem); des Multimedia *oder* Multimedias
multimedial (viele Medien betreffend; für viele Medien bestimmt); multimediale Bildungsangebote
der **Multiple-Choice-Test** (Prüfungsverfahren, bei dem von mehreren vorgegebenen Antworten die richtigen zu kennzeichnen sind)
der **Multiplikand** (*Mathematik:* Zahl, die mit einer anderen multipliziert werden soll); des/dem/den Multiplikanden; die Multiplikanden
die **Multiplikation** (Vervielfachung)
der **Multiplikator** (*Mathematik:* Zahl, mit der man eine vorgegebene Zahl multipliziert); des Multiplikators; die Multiplikatoren
multiplizieren (vervielfachen); du multiplizierst; sie multiplizierte; sie hat multipliziert
die **Mumie** (einbalsamierter Leichnam); die Mumien
mumienhaft
mumifizieren (einbalsamieren); du mumifizierst; er mumifizierte; er hat den Toten mumifiziert
die **Mumifizierung**
der **Mumm** (Mut); des Mumms; keinen Mumm haben
mümmeln (fressen); du mümmelst; er mümmelte; der Hase hat gemümmelt
der **Mumpitz** (Unsinn; Schwindel); des Mumpitzes
der **Mumps** *oder* **Mumpf** (eine Krankheit); des Mumps *oder* Mumpf
der **Mund;** des Mundes; die Münder
die **Mundart**
der **Mundartrock** (Rockmusik mit Mundarttexten)
das **Mündel** (Minderjähriger unter Vormundschaft); des Mündels; die Mündel
munden (schmecken); es mundet; es mundete; das Essen hat [mir] gemundet
münden; der Fluss mündete; er ist in den See gemündet
mundgerecht; mundgerechte Stücke
der **Mundgeruch**
die **Mundharmonika**
mündig (volljährig); mündig sein, werden
mündlich; die mündliche Prüfung
mundtot; jemanden mundtot machen (rücksichtslos am Reden hindern)
die **Mündung**
die **Mund-zu-Mund-Beatmung**
der **Muni** (Zuchtstier); des Munis; die Munis
die **Munition**
munkeln (im Geheimen reden); du munkelst; er munkelte; man hat so allerlei gemunkelt
das **Münster** (Stiftskirche, Dom); des Münsters; die Münster
munter; munterer *oder* muntrer; am muntersten
die **Munterkeit**
die **Münze**
münzen (Metall zu Münzen prägen); du münzt; er münzte; er hat gemünzt; das ist auf mich gemünzt (auf mich bezogen)
die **Muräne** (ein Fisch); die Muränen
mürb *oder* **mürbe;** mürbes (leicht zerfallendes) Gebäck; mürbe machen *oder* mürbemachen; er hat ihn mürbe gemacht *oder* mürbegemacht (seinen Widerstand gebrochen)
der **Mürbeteig**
die **Mure** (Schutt- oder Schlammstrom im Hochgebirge); die Muren
der **Murks** (schlechte Arbeit); des Murkses
murksen (schlecht arbeiten); du murkst; er murkste; er hat wieder gemurkst
die **Murmel** (Spielkügelchen); die Murmeln
murmeln (leise und undeutlich sprechen); ich murmle; du murmelst; sie murmelte; sie hat gemurmelt
das **Murmeltier**
murren; du murrst; er murrte; er hat gemurrt
mürrisch; ein mürrisches Gesicht machen

das **Mus** (Obstbrei; Marmelade); des Muses; die Muse
die **Muschel;** die Muscheln
der **Muschelkalk** (eine Gesteinsart)
die **Muse** (eine der neun Göttinnen der Künste); die Musen
das **Museum;** des Museums; die Museen
museumsreif; museumsreife Autos
das **Musical** (musikalisches Bühnenwerk in einem modernen, populären Stil); des Musicals; die Musicals
die **Musik**
musikalisch
der **Musikant;** des/dem/den Musikanten; die Musikanten
die **Musikantin;** die Musikantinnen
die **Musikbox;** die Musikboxen
der **Musiker;** des Musikers; die Musiker
die **Musikerin;** die Musikerinnen
das **Musikinstrument**
die **Musikkassette**
musisch (künstlerisch); musische Begabung
musizieren; du musizierst; er musizierte; er hat musiziert; musiziere später!
der **Muskat** (ein Gewürz); des Muskats *oder* Muskates; die Muskate
die **Muskatnuss**
der **Muskel;** die Muskeln
der **Muskelkater**
die **Muskulatur**
muskulös; muskulöser; am muskulösesten; muskulöse Arme
der **Muslim** *oder* **Moslem** (Anhänger des Islams); des Muslim *oder* Muslims *oder* Moslems; die Muslime *oder* Muslims *oder* Moslems
die **Muslimin** *oder* **Moslemin;** die Musliminnen *oder* Mosleminnen
muslimisch *oder* **moslemisch**
die **Musse** (freie Zeit; Ruhe)
müssen; du musst; er musste; er hat nach Hause gemusst; was habe ich über dich hören müssen!
müssig (untätig; überflüssig); müssig sein
der **Müssiggang**
der **Müssiggänger** (Faulenzer); des Müssiggängers; die Müssiggänger
die **Müssiggängerin;** die Müssiggängerinnen
der **Mustang** (wild lebendes Präriepferd); des Mustangs; die Mustangs
das **Muster;** des Musters; die Muster; nach [einem] Muster schneidern
das **Musterbeispiel**
mustergültig; ein mustergültiges Beispiel
musterhaft; ein musterhafter Schüler
mustern (prüfend ansehen); du musterst; er musterte; er hat ihn gemustert
die **Musterung** (kritische, prüfende Betrachtung)
der **Mut;** des Muts *oder* Mutes; jemandem Mut machen; er ist guten Muts *oder* Mutes; mir ist traurig zumute *oder* zu Mute
die **Mutation** (erbliche Veränderung; Änderung im Mitgliederbestand)
mutig
mutlos; mutloser; am mutlosesten
mutmassen (vermuten); ich mutmasse; du mutmasst; sie mutmasste; sie hat gemutmasst
mutmasslich; der mutmassliche Täter
die **Mutprobe**
die **Mutter** (Schraubenteil); die Muttern
die **Mutter;** die Mütter
die **Muttererde**
die **Mutter Gottes** *oder* **Muttergottes**
das **Mutterland** (Land, in dem etwas heimisch ist, seinen Ursprung hat); das Mutterland des Eishockeys
mütterlich
das **Muttermal;** die Muttermale
mutterseelenallein
die **Muttersprache**
die **Mutti** (*Koseform für:* Mutter); die Muttis
mutwillig (absichtlich); mutwillige Zerstörung
die **Mütze**
die **MwSt.** *oder* **MWST** = Mehrwertsteuer
Myanmar (Staat in Hinterindien)
der **Myanmare**
die **Myanmarin;** die Myanmarinnen
myanmarisch
die **Myrrhe** (ein wohlriechendes Harz); die Myrrhen
die **Myrte** (ein immergrüner Baum oder Strauch); die Myrten
der **Myrtenkranz**
mysteriös (geheimnisvoll); mysteriöser; am mysteriösesten

das **Mysterium** (Geheimnis); des Mysteriums; die Mysterien

die **Mystik** (Form der Religiosität)

der **Mystiker**

die **Mystikerin;** die Mystikerinnen

mystisch (auf Mystik beruhend; geheimnisvoll); eine mystische Sekte

die **Mythe** *oder* der **Mythos,** *auch:* der **Mythus** (die Götter- und Heldensage); der Mythe *oder* des Mythos, *auch:* des Mythus; die Mythen

mythisch (sagenhaft; erdichtet); mythische Gestalten

die **Mythologie** (überlieferte Götter- und Heldensagen eines Volkes)

N

das **N** (Buchstabe); des N; die N; ABER: das n in Wand

N = Newton; Nord, Norden

na!; na, na!; na ja!

die **Nabe** (Mittelhülse des Rades); die Naben

der **Nabel** (Bauchnabel; *auch:* Mitte); des Nabels; die Nabel

die **Nabelschnur;** die Nabelschnüre

nach; nach und nach; nach wie vor; er ging nach ihm hinaus; er will nach Hause *oder* nachhause gehen; er starb nach langem, schwerem Leiden; nach Christus (*Abkürzung:* n. Chr.)

die **Nachachtung;** einer Sache Nachachtung verschaffen (dafür sorgen, dass ein Gesetz, eine Regel u. Ä. befolgt wird)

nachäffen (nachahmen); du äffst ihn nach; sie äffte ihn nach; sie hat ihn nachgeäfft

nachahmen; ich ahme ihn nach; du ahmst ihn nach; er ahmte ihn nach; er hat ihn nachgeahmt

der **Nachbar;** des Nachbarn *oder* Nachbars; die Nachbarn

die **Nachbarin;** die Nachbarinnen

nachbarlich; nachbarliche Hilfe

die **Nachbarschaft**

nachbestellen; sie bestellt das Buch nach; sie hat es gestern nachbestellt

nachbilden; er bildet das Kunstwerk nach; er hat es nachgebildet

nachdem; je nachdem; je nachdem[,] ob/wie ...; nachdem er gegessen hatte, ruhte er sich aus; ABER: nach dem Essen

nachdenken; sie denkt nach; sie dachte nach; sie hat noch lange darüber nachgedacht

nachdenklich; ein nachdenkliches Gesicht machen

nachdoppeln (erneut versuchen; nochmals hinweisen; beharren); sie doppelte nach; sie hat nachgedoppelt

der **Nachdruck;** *für Druckerzeugnisse auch Plural:* die Nachdrucke

nachdrücklich; eine nachdrückliche Ermahnung

nacheinander; die Wagen werden nacheinander starten

nachempfinden; sie empfindet seinen Schmerz nach; sie hat seine Trauer nachempfunden

der **Nachen** (ein Boot); des Nachens; die Nachen

nacherzählen; er erzählt die Geschichte nach; er hat ihren Inhalt nacherzählt

die **Nacherzählung**

nachfolgen; er folgt ihr nach; er ist ihr nachgefolgt

der **Nachfolger;** des Nachfolgers; die Nachfolger

die **Nachfolgerin;** die Nachfolgerinnen

nachforschen; sie forscht nach; sie hat nachgeforscht

die **Nachfrage**

nachfragen; er fragt nach; er hat nachgefragt

nachführen (auf den neusten Stand bringen); sie führte nach; sie hat die Liste mit den Sportresultaten nachgeführt

nachgeben; er gibt nach; er hat nachgegeben

die **Nachgeburt**

nachgehen; die Uhr geht nach; sie ist der Sache nachgegangen

der **Nachgeschmack;** ein bitterer Nachgeschmack

nachgiebig; nachgiebiges Material

nachhaltig (sich lange auswirkend);

er hat einen nachhaltigen Eindruck hinterlassen
die **Nachhaltigkeit**
nachhause *oder* **nach Hause**
der **Nachhauseweg**
nachhelfen; er hilft nach; er hat etwas nachgeholfen
nachher; nachher ist es zu spät
die **Nachhilfe**
Nachhinein; *nur in:* im Nachhinein (hinterher; nachträglich)
der **Nachholbedarf**
nachholen; sie holt das Versäumte nach; sie hat es nachgeholt
der **Nachkomme;** des/dem/den Nachkommen; die Nachkommen
die **Nachkommenschaft**
die **Nachkommin;** die Nachkomminnen; *selten auch:* die Nachkomme
der **Nachkömmling** (Nachkomme; Nachzügler)
der **Nachlass** (Erbe; Rabatt); des Nachlasses; die Nachlasse *oder* Nachlässe
nachlassen; sie lässt in ihren Leistungen nach; der Regen hat nachgelassen
nachlässig; nachlässiges Personal
die **Nachlässigkeit**
nachlaufen; der Hund läuft mir nach; er ist mir nachgelaufen
nachliefern; sie lieferte das Buch nach; sie hat es nachgeliefert
nachlösen (ein Billet nach Antritt der Fahrt lösen); er löst nach; er hat im Zug nachgelöst
der **Nachmittag;** gestern Nachmittag
nachmittags; ABER: des Nachmittags; *vergleiche:* abends *und* Dienstag
das **Nachmorphem** (Nachsilbe, Suffix); «heit» ist ein Nachmorphem
die **Nachnahme;** ein Paket als, per Nachnahme schicken
der **Nachname** (Familienname); des Nachnamens; die Nachnamen
nachprüfen; sie prüft die Rechnung nach; sie hat den Schüler nachgeprüft
die **Nachprüfung**
nachrangig (weniger wichtig; untergeordnet); nachrangige Ziele
nachrechnen; sie rechnet nach; sie hat nachgerechnet
die **Nachricht;** die Nachrichten
die **Nachrichtenagentur**
der **Nachruf** (Gedenkworte für einen kürzlich Verstorbenen); die Nachrufe
nachrüsten; er rüstet sein Auto mit einem Navigationssystem nach; die NATO hat nachgerüstet (ihren militärischen Waffenbestand vergrössert)
nachsagen; er hat die Worte nachgesagt (nachgesprochen); man kann ihr nur Gutes nachsagen (über sie sagen)
nachschauen; er schaute nach; er hat im Keller nachgeschaut
nachschlagen; sie schlägt nach; sie hat im Wörterbuch nachgeschlagen
das **Nachschlagewerk**
der **Nachschlüssel** (kopierter Schlüssel)
der **Nachschub** (Beschaffung und Versorgung von Gütern, v. a. im Militär)
nachsehen; sie sieht dem Zug nach; sie sah den Motor nach; sie hat mir den Fehler nachgesehen (verziehen); sieh nach!
das **Nachsehen;** das Nachsehen haben (nichts mehr bekommen)
nachsenden; er sandte *oder* sendete ihr den Brief nach; er hat ihn nachgesandt *oder* nachgesendet
die **Nachsicht** (verzeihendes Verständnis)
nachsichtig; nachsichtige Eltern
die **Nachsilbe** (Suffix, Nachmorphem)
nachsitzen; sie sitzt nach; sie hat gestern wieder nachgesessen
die **Nachspeise** (Dessert)
das **Nachspiel;** die Sache wird ein Nachspiel haben (ist noch nicht erledigt)
nächst; im nächsten Jahr; nächsten Monats; im Mai [des] nächsten Jahres; sie steht mir am nächsten; nächstes Mal; das nächste Mal; die nächsthöhere Nummer; der, die Nächste, bitte!; das ist das Nächste, was zu tun ist; das wird als Nächstes getan; der nächste Beste; ABER: das Nächstbeste wäre ...; wir fragen den nächstbesten Polizisten
der, die, das **Nächstbeste** (die nächstbeste Person oder Sache)
der **Nächste** (der Mitmensch); des/dem/den Nächsten; die Nächsten; mein Nächster
nachstellen; sie stellt den Wecker [eine Stunde] nach; sie hat dem Frem-

den nachgestellt (sie hat ihn hartnäckig verfolgt)
die **Nächstenliebe**
nächstens (bald; demnächst)
nächstliegend; der nächstliegende Ort
das **Nächstliegende;** das Nächstliegende ist es, ...
die **Nacht;** die Nächte; bei Nacht; über Nacht; die Nacht über; Tag und Nacht; des Nachts; eines Nachts; heute Nacht; ABER: Samstagnacht; *vergleiche:* Abend, Dienstag *und* nachts
nachtaktiv *(Zoologie);* Eulen sind nachtaktive Tiere; ABER: Fliegen sind auch nachts aktiv
der **Nachtclub** *oder* **Nachtklub**
der **Nachteil**
nachteilig; sich nachteilig auswirken
nächtelang; nächtelang feiern; ABER: drei Nächte lang feiern
das **Nachtessen**
das **Nachthemd**
die **Nachtigall;** die Nachtigallen
der **Nachtisch** (Dessert)
der **Nachtklub** *oder* **Nachtclub**
das **Nachtleben**
nächtlich; zu nächtlicher Stunde
der **Nachtrag;** des Nachtrags *oder* Nachtrages; die Nachträge
nachtragen; sie trägt das Datum nach; sie hat ihm die Beleidigung lange nachgetragen (übel genommen)
nachtragend (unversöhnlich); ein nachtragender Mensch
nachträglich; eine nachträgliche Änderung
die **Nachtruhe**
nachts; spät nachts; sie hat nachts gearbeitet; ABER: des Nachts, eines Nachts
der **Nachtschatten** (Pflanzengattung)
das **Nachtschattengewächs** *meist Plural*
die **Nachtschicht**
nachtsüber (während der Nacht); nachtsüber fliegen ist besser; ABER: die Nacht über; *vergleiche:* Abend
der **Nachttisch**
der **Nachtwächter**
die **Nachtwächterin**
nachtwandeln; du nachtwandelst; sie ist *oder* hat genachtwandelt
der **Nachweis;** des Nachweises; die Nachweise
nachweisbar; nachweisbare Wirkungen
nachweisen; sie weist [ihm] den Diebstahl nach; sie hat es nachgewiesen
die **Nachwelt** (kommende Generationen)
nachwirken; das Mittel wirkt nach; es hat noch lange nachgewirkt
das **Nachwort;** die Nachworte
der **Nachwuchs;** des Nachwuchses
nachzahlen; sie zahlt die Gebühr nach; sie hat nachgezahlt
nachzählen; sie zählte nach; sie hat das Geld nachgezählt
der **Nachzügler;** des Nachzüglers; die Nachzügler
die **Nachzüglerin;** die Nachzüglerinnen
der **Nackedei** (nacktes Kind, nackter Mensch); des Nackedeis; die Nackedeis
der **Nacken;** des Nackens; die Nacken
die **Nackenstütze**
nackt; nackt baden
die **Nacktheit**
die **Nadel;** die Nadeln
der **Nadelbaum**
nadeln (Nadeln verlieren); der Christbaum nadelt; er nadelte; er hat stark genadelt
das **Nadelöhr**
der **Nadelstreifenanzug** (Anzug mit schmalen Längsstreifen)
der **Nadelwald**
der **Nagel;** des Nagels; die Nägel; ABER: alles, was nicht niet- und nagelfest ist (alles, was sich mitnehmen lässt)
die **Nagelfluh** (Gesteinsart)
der **Nagelknipser** *oder* **Nagelklipser;** *auch:* die Nagelknipse *oder* Nagelklipse
der **Nagelkosmetiker** *vergleiche:* Manicure *oder* Maniküre
die **Nagelkosmetikerin** *vergleiche:* Manicure *oder* Maniküre
der **Nagellack**
nageln; du nagelst; er nagelte das Schild an die Wand; er hat eine Kiste aus Brettern genagelt
nagelneu (gerade erst hergestellt oder gekauft)

nahe, *seltener:* **nah**

näher; am nächsten

1. Gross- und Kleinschreibung:

Kleinschreibung:

- ich bin nah *oder* nahe daran
- von, aus nah und fern
- die nahe Stadt; in der näheren Umgebung; das nächste Kino

Grossschreibung der Nominalisierung und in Namen:

- von Nahem
- der Nahe Osten (Israel und die arabischen Staaten Vorderasiens)

2. Getrennt- und Zusammenschreibung:

Zusammenschreibung:

- nahebei parken
- nahezu die Hälfte

Schreibung in Verbindung mit Verben und Partizipien:

- nahe kommen *oder* nahekommen; wir sind der Lösung nahe gekommen *oder* nahegekommen; wir sind uns in der letzten Zeit sehr nahe gekommen *oder* nahegekommen
- nahe liegen *oder* naheliegen; ein nahe liegendes *oder* naheliegendes Dorf; ein nahe liegender *oder* naheliegender Gedanke
- jemandem zu nahe treten
- nahe stehen *oder* nahestehen
- nahe gehen *oder* nahegehen; der Tod seines Freundes ist ihm sehr nahe gegangen *oder* nahegegangen

nagen; du nagst; der Hund nagte am Knochen; er hat am Hungertuch genagt (Hunger gelitten)

das **Nagetier**

nahe, nah *siehe Kasten*

die **Nähe;** sie ist in der Nähe

nahen; du nahst; der Abschied nahte; das Gewitter ist schnell genaht

nähen; du nähst; sie nähte, sie hat ein Kleid genäht

näher; nähere Hinweise; ABER: Näheres folgt; das Nähere findet sich; etwas des Näheren *oder* Nähern (genauer) betrachten; alles Nähere sage ich dir später; das Auto ist langsam näher gekommen; wir sind uns auf dem Fest näher gekommen *oder* nähergekommen (wir sind miteinander vertraut geworden); ABER NUR: wir sind unserem Ziel immer näher gekommen; näher liegend *oder* näherliegend; eine näher liegende *oder* näherliegende Lösung; eine näher liegende *oder* näherliegende Tankstelle

der **Näher;** des Nähers; die Näher

die **Näherei**

das **Naherholungsgebiet** (Erholungsgebiet in der Nähe einer Grossstadt)

die **Näherin;** die Näherinnen

sich **nähern;** du näherst dich; er näherte sich vorsichtig; er hat sich bis auf wenige Meter genähert

nahezu (fast); nahezu unsichtbar

der **Nähfaden;** die Nähfäden

die **Nähmaschine**

Nahost (der Nahe Osten); in Nahost

der **Nährboden**

sich **nähren;** du nährst dich; sie hat sich von Früchten genährt

nahrhaft; nahrhafter; am nahrhaftesten; nahrhaftes Essen

das **Nährsalz**

der **Nährstoff**

die **Nahrung**

die **Nahrungskette** *(Biologie)*

das **Nahrungsmittel;** die Nahrungsmittel

der **Nährwert**

die **Naht;** die Nähte

nahtlos; ein nahtloser Übergang

der **Nahverkehr**

naiv (natürlich; unbefangen; einfältig); er ist naiv; die naive Malerei

die **Naivität**

na ja!

der **Name;** des Namens; die Namen; im Namen; mit Namen

namenlos

namens; ein Mann namens Maier;

namens (im Namen, im Auftrag) des Vorstands teilen wir mit, dass ...
der **Namenspatron** (Heiliger, dem man seinen Vornamen verdankt)
die **Namenspatronin** (Heilige, der man seinen Vornamen verdankt)
der **Namenstag**
namentlich; namentlich wenn
namhaft; jemanden namhaft machen (ausfindig machen und nennen); namhafte (bekannte, berühmte) Künstlerinnen
Namibia (Staat in Südwestafrika)
der **Namibier;** des Namibiers; die Namibier
die **Namibierin;** die Namibierinnen
namibisch
nämlich; nämlich dass; nämlich wenn
nanu!
das **Napalm** (*Markenbezeichnung:* Füllstoff für Brandbomben); des Napalms
die **Napalmbombe**
der **Napf;** des Napfs *oder* Napfes; die Näpfe
das **Nappa** (*kurz für:* Nappaleder); des Nappa *oder* Nappas; die Nappas
das **Nappaleder** (ein weiches, waschbares Leder)
die **Narbe**
narbig; ein narbiges Gesicht
die **Narkose** (Betäubung)
narkotisch; narkotische Mittel
narkotisieren; die Ärztin narkotisierte ihn; sie hat ihn narkotisiert
der **Narr;** des/dem/den Narren; die Narren
das **Narrenbein** (Nerv am Ellbogen, der bei einem Stoss heftig schmerzt)
die **Narrenfreiheit**
narrensicher
die **Närrin;** die Närrinnen
närrisch
die **Narzisse** (eine Frühjahrsblume)
die **NASA** = National Aeronautics and Space Administration (Luft- und Raumfahrtbehörde der USA)
nasal (durch die Nase gesprochen); ein nasales o
nasalieren (durch die Nase aussprechen); ein nasaliertes o
naschen; du naschst; er naschte; er hat genascht
die **Nascherei**
naschhaft; naschhafter; am naschhaftesten
die **Naschkatze** (Person, die gerne nascht)
die **Nase;** *Verkleinerungsform:* das Näschen
näseln (durch die Nase sprechen); ich näsle *oder* näsele; du näselst; sie näselte; sie hat genäselt
das **Nasenbein**
das **Nasenbluten**
der **Nasenstüber** (leichter Stoss gegen die Nase; Tadel); des Nasenstübers; die Nasenstüber
naseweis (neugierig); naseweiser; am naseweisesten
der **Naseweis;** des Naseweises; die Naseweise
nasführen (an der Nase herumführen); sie nasführte ihn; sie hat ihn genasführt
das **Nashorn**
nass; nässer *oder* nasser; am nässesten *oder* am nassesten; sie hat sich nass gemacht
das **Nass;** des Nasses
die **Nässe**
nässen (nass machen); etwas nässt; etwas nässte; der Dampf hat die Scheiben genässt
nasskalt; nasskaltes Wetter
die **Nassrasur**
der **Nassschnee**
das **Nastuch** (Taschentuch); die Nastücher
die **Nati** (*kurz für:* Nationalmannschaft)
die **Nation;** die Nationen
national; die nationale Unabhängigkeit; ABER: das Nationale Olympische Komitee (*Abkürzung:* NOK)
die **Nationalbank**
die **Nationalhymne**
der **Nationalismus** (übermässiges Nationalbewusstsein); des Nationalismus; die Nationalismen
die **Nationalität**
die **Nationalmannschaft**
der **Nationalpark**
der **Nationalrat**
die **Nationalrätin**
der **Nationalsozialismus** (totalitäre

Weltanschauung, die von Rassismus und Antisemitismus geprägt ist und in Deutschland nach dem Ersten Weltkrieg aufkam)

der **Nationalsozialist** (Anhänger des Nationalsozialismus)

die **Nationalsozialistin** (Anhängerin des Nationalsozialismus)

nationalsozialistisch

die **NATO** *oder* **Nato** (= North Atlantic Treaty Organization (Nordatlantikpakt; ein militärisches und politisches Bündnis westlicher Staaten)

das **Natrium** (chemisches Element; *Zeichen:* Na); des Natriums

das **Natriumchlorid** (Kochsalz); des Natriumchlorids *oder* Natriumchlorides; die Natriumchloride

das **Natron** (weisses Natriumsalz); des Natrons

die **Natronlauge**

die **Natter** (eine Schlangenart); die Nattern

die **Natur;** die Naturen

die **Naturalien** (Bodenerzeugnisse) *Plural*

der **Naturalismus** (Wirklichkeitsnähe; eine Kunstrichtung); des Naturalismus

naturalistisch; naturalistische Darstellungen

die **Naturerscheinung**

der **Naturfreund**

die **Naturfreundin**

naturgemäss; eine naturgemässe Lebensweise

das **Naturgesetz**

die **Naturkatastrophe**

natürlich; natürliche Zahlen

natürlicherweise

naturrein (ohne fremden Zusatz); naturreiner Bienenhonig

der **Naturschutz**

das **Naturschutzgebiet**

naturtrüb; naturtrüber Apfelsaft

die **Naturwissenschaft**

der **Naturwissenschaftler**

die **Naturwissenschaftlerin**

naturwissenschaftlich; die naturwissenschaftlichen Fächer

der **Nauen** (grosses, flaches Lastschiff); des Nauens, die Nauen

die **Nautik** (Schifffahrtskunde)

nautisch (die Schifffahrtskunde betreffend); nautische Instrumente

die **Navigation**

das **Navigationssystem** (*zum Beispiel:* GPS)

navigieren (steuern; führen); du navigierst; er navigierte; der Lotse hat das Schiff in den Hafen navigiert; *EDV:* mit der Maus navigieren

der **Nazi** (*kurz für:* Nationalsozialist); des Nazis; die Nazis

die **Nazi** (*kurz für:* Nationalsozialistin); der Nazi; die Nazis

n. Chr. = nach Christus

NE = Autokennzeichen und allgemeine Abkürzung für den Kanton Neuenburg

der **Neandertaler** (ein vorgeschichtlicher Mensch); des Neandertalers; die Neandertaler

die **Neandertalerin;** die Neandertalerinnen

die **Neat** = Neue Eisenbahn-Alpentransversale

der **Nebel;** des Nebels; die Nebel; bei Nacht und Nebel

nebelhaft; nebelhafter; am nebelhaftesten

das **Nebelhorn**

nebelig *oder* **neblig**

der **Nebelschwaden** *meist Plural*

neben; neben dem Haus stehen Bäume; ich stelle den Wagen neben das Haus

nebenan; sie schläft nebenan

nebenbei; nebenbei gesagt

der **Nebenbuhler** (Rivale um die Gunst einer Frau); des Nebenbuhlers; die Nebenbuhler

die **Nebenbuhlerin;** die Nebenbuhlerinnen

nebeneinander; wir werden nebeneinander arbeiten; nebeneinander legen *oder* nebeneinanderlegen; nebeneinander stellen *oder* nebeneinanderstellen

das **Nebenfach**

der **Nebenfluss**

nebenher; etwas nebenher erledigen

der **Nebenjob**

die **Nebenkosten**

die **Nebensache**

nebensächlich

der **Nebensatz;** des Nebensatzes; die Nebensätze

nebenstehend; die nebenstehende Abbildung; ABER: das Nebenstehende

die **Nebenstrasse**

der **Nebenverdienst**

die **Nebenwirkung**

nebst (ausser, zusätzlich zu); nebst allem anderen

nebulos *oder* **nebulös** (unklar, verschwommen); nebulose *oder* nebulöse Vorstellungen

das **Necessaire** *oder* **Nessessär** (Behälter für Toilettensachen oder Nähzeug); des Necessaires *oder* Nessessärs; die Necessaires *oder* Nessessärs

necken; du neckst ihn; sie neckte ihn; sie hat ihn geneckt

die **Neckerei**

neckisch; neckische Spässe

der **Neffe;** des/dem/den Neffen; die Neffen; *weibliche Form:* Nichte

die **Negation** (Verneinung)

negativ (verneinend, ergebnislos; kleiner als null); ein negatives Ergebnis

das **Negativ** (der Gegensatz zum Positiv beim fotografischen Bild); des Negativs; die Negative

der **Neger;** des Negers; die Neger

> Viele Menschen empfinden diese Bezeichnungen inzwischen als diskriminierend. Deshalb ist es besser, die Wörter *Schwarzer/Schwarze* oder *Schwarzafrikaner/Schwarzafrikanerin* zu verwenden. In der Schweiz lebende Schwarze werden oft neutral als *Afroschweizer/Afroschweizerin* bezeichnet.

die **Negerin;** die Negerinnen

negieren (verneinen; bestreiten); ich negiere; er negierte; er hat seine Schuld negiert

die **Negierung** (Verneinung)

das **Negligee** *oder* **Negligé** (Hauskleid; leichter Morgenmantel); des Negligees *oder* Negligés; die Negligees *oder* Negligés

nehmen; du nimmst; sie nimmt; sie nahm; sie hat das Geld genommen; nimm es!

die **Nehrung** (Landzunge)

der **Neid;** des Neids *oder* Neides

der **Neidhammel** (neidischer Mensch); des Neidhammels; die Neidhammel

neidisch

neidlos; etwas neidlos anerkennen

die **Neige** (Rest; Ende); zur Neige gehen

neigen; du neigst; sie hat den Kopf geneigt; sich neigen; sie hat sich nach vorn geneigt

die **Neigung**

der **Neigungswinkel**

nein; nein, nein; nein danke; oh nein *oder* o nein; er sagte Nein *oder* nein

das **Nein;** das Ja und das Nein; mit [einem] Nein antworten; das ist die Folge seines Neins

der **Neinsager;** des Neinsagers; die Neinsager

die **Neinsagerin;** die Neinsagerinnen

die **Neinstimme**

der **Nekrolog** (Nachruf); des Nekrologs *oder* Nekrologes; die Nekrologe

der **Nektar** (Blütensaft; Göttertrank; ein Getränk aus Fruchtfleisch); des Nektars; die Nektare

die **Nektarine** (glatthäutiger Pfirsich); die Nektarinen

die **Nelke** (eine Blume; ein Gewürz)

nennen; du nennst; sie nennt; sie nannte; sie hat ihn beim Namen genannt; sie nannte ihn einen Dummkopf; sich nennen; sie hat sich Meyer genannt

nennenswert

der **Nenner** (Zahl unter dem Bruchstrich); des Nenners; die Nenner; auf einen Nenner (in Übereinstimmung) bringen

die **Nennform** (Infinitiv)

das **Neon** (chemisches Element, Edelgas; *Zeichen:* Ne); des Neons

der **Neonazi** (Anhänger des Neonazismus); des Neonazis; die Neonazis

die **Neonazi** (Anhängerin des Neonazismus); der Neonazi; die Neonazis

der **Neonazismus** (Radikalismus, der an den Nationalsozialismus anknüpft)

das **Neonlicht**

Nepal (Staat im Himalaja)

der **Nepalese;** des/dem/den Nepalesen; die Nepalesen

die **Nepalesin;** die Nepalesinnen

nepalesisch

neu

neuer; am neusten *oder* neuesten	**2. Getrennt- und Zusammenschreibung:**
1. Gross- und Kleinschreibung:	*Man schreibt «neu» vom folgenden Verb getrennt:*
Kleinschreibung:	– sie will das Geschäft neu eröffnen – das Kind wird neu hinzukommen
– neustens *oder* neuestens – das neue Jahr; ein gutes neues Jahr! – die neuen Bundesländer – die neuen *oder* Neuen (elektronischen) Medien	*Wird «neu» mit einem adjektivisch gebrauchten Partizip verbunden, kann getrennt oder zusammengeschrieben werden:*
Grossschreibung der Nominalisierung und in Namen:	– das neu eröffnete *oder* neueröffnete Geschäft – das neu bearbeitete *oder* neubearbeitete Buch – die neu geschaffenen *oder* neugeschaffenen Anlagen *Vergleiche aber:* neugeboren
– etwas, nichts Neues – seit Neuestem – von Neuem – die Neue Welt (Amerika) – das Neue Testament	

der **Neptun** (ein Planet); des Neptuns
der **Nerv;** des Nervs; die Nerven
nerven (nervlich strapazieren, belästigen); du nervst; er nervt; er nervte; er hat [mich] genervt
der **Nervenkitzel;** des Nervenkitzels; die Nervenkitzel
nervenschwach
nervenstark
das **Nervensystem**
nervig (störend, lästig); nervige Geräusche
nervlich; nervliche Belastungen
nervös; nervöser; am nervösesten
die **Nervosität**
nervtötend; nervtötender Gesang
der **Nerz** (ein Pelztier); des Nerzes; die Nerze
die **Nessel** (Brennnessel); die Nesseln; sich in die Nesseln setzen (sich in eine unangenehme Lage bringen)
das **Nesselfieber**
das **Nessessär** *oder* **Necessaire** (Behälter für Toilettensachen oder Nähzeug); des Nessessärs *oder* Necessaires; die Nessessärs *oder* Necessaires
das **Nest;** des Nests *oder* Nestes; die Nester
das **Nesthäkchen** (jüngstes Kind in einer Familie); des Nesthäkchens; die Nesthäkchen
der **Nesthocker** *(Biologie);* des Nesthockers; die Nesthocker
die **Nestwärme**
die **Netiquette** (Umgangsformen im Internet); *vergleiche auch:* Chatiquette
nett; netter; am nettesten
netto (rein; nach Abzug der Verpackung oder aller Kosten); 49 Franken netto
das **Nettogewicht**
der **Nettolohn** (Lohn nach allen Abzügen)
das **Netz;** des Netzes; die Netze
der **Netzanschluss**
netzartig; ein netzartiges Gewebe
das **Netzauge** (bei Insekten) *meist Plural*
netzen (befeuchten); ich netze; du netzt; er netzte; sie hat ihre Lippen genetzt
die **Netzhaut** (im Auge)
neu *siehe Kasten*
neuartig; eine neuartige Technik
der **Neubau;** des Neubaus *oder* Neubaues; die Neubauten
Neuchâtel *vergleiche:* Neuenburg
neudeutsch; neudeutsche Ausdrücke; ABER: das Neudeutsch (deutsche Umgangssprache der Gegenwart)
Neuenburg (Kanton; dessen Hauptstadt)
der **Neuenburger;** des Neuenburgers; die Neuenburger
die **Neuenburgerin;** die Neuenburgerinnen
der **Neuenburgersee**
neuenburgisch
neuerdings (seit Kurzem)
die **Neuerscheinung**

die **Neuerung**
neugeboren; die neugeborenen Kinder; sich wie neugeboren (wie ein neuer Mensch) fühlen
die **Neugier** *oder* **Neugierde**
neugierig
die **Neuheit**
die **Neuigkeit**
das **Neujahr**
das **Neujahrsfest**
neulich (vor Kurzem)
der **Neuling;** des Neulings; die Neulinge
der **Neumond**
neun; alle neun; wir sind zu neunen *oder* zu neunt; *vergleiche:* acht
neunfach *vergleiche:* achtfach
neunhundert
neunjährig *vergleiche:* achtjährig, Achtjährige
neunmal *vergleiche:* achtmal
neunmalklug (alles besser wissend)
neunstöckig; ein neunstöckiges Gebäude
neuntägig; eine neuntägige Reise
neunte *vergleiche:* achte
neunteilig; ein neunteiliges Werkzeugset
der *oder* das **Neuntel;** des Neuntels; die Neuntel; *vergleiche:* Achtel
neuntens
neunzehn *vergleiche:* acht
neunzig *vergleiche:* achtzig
neunziger *vergleiche:* achtziger, Achtzigerjahre
neuralgisch (empfindlich, anfällig); neuralgische Punkte
Neuseeland (Inselgruppe und Staat im Pazifischen Ozean)
der **Neuseeländer;** des Neuseeländers; die Neuseeländer
die **Neuseeländerin;** die Neuseeländerinnen
neuseeländisch
neutral (unparteiisch; keinem von zwei Gegensätzen zuzuordnen); die neutrale Ecke
neutralisieren (neutral machen); man neutralisierte das Land; man hat es neutralisiert
die **Neutralität** (Nichteinmischung; Unparteilichkeit)
das **Neutron** (ein Elementarteilchen ohne elektrische Ladung); des Neutrons; die Neutronen
das **Neutrum** (sächliches Nomen; *nur Singular:* sächliches Geschlecht); des Neutrums; die Neutra, *auch:* Neutren
die **Neuwahl**
die **Neuzeit**
das **New Age** (neues Zeitalter); des New Age
der **Newcomer** (Neuling); des Newcomers; die Newcomer
die **New Economy** (Wirtschaftsbereich mit Unternehmen aus Zukunftsbranchen)
die **News** (Nachrichten) *Plural*
die **Newsgroup** (*EDV:* öffentliche Diskussionsrunde im Internet); die Newsgroups
das **Newton** (Einheit der Kraft); 5 Newton
die **Nibelungen** (germanisches Sagengeschlecht; die Burgunden) *Plural*
die **Nibelungensage**
Nicaragua (Staat in Mittelamerika)
der **Nicaraguaner;** des Nicaraguaners; die Nicaraguaner
die **Nicaraguanerin;** die Nicaraguanerinnen
nicaraguanisch

nicht

- nicht wahr; gar nicht; nicht einmal; [noch] nicht mal
- mitnichten; etwas zunichte machen
- etwas nicht wissen; ABER: das Nichtwissen

Verbindungen von «nicht» mit einem Adjektiv oder Partizip können getrennt oder zusammengeschrieben werden:

- nicht berufstätige *oder* nichtberufstätige Frauen
- die Verhandlung war nicht öffentlich *oder* nichtöffentlich
- nicht rostender *oder* nichtrostender Stahl
- eine nicht zutreffende *oder* nichtzutreffende Behauptung

Bezieht sich «nicht» auf grössere Texteinheiten, z. B. auf einen ganzen Satz, wird es vom folgenden Wort getrennt geschrieben:

- die Verhandlung kann nicht öffentlich stattfinden

die **Nichte;** die Nichten; *männliche Form:* Neffe
nichtig (ungültig); ein nichtiger Vertrag; etwas für null und nichtig erklären

die **Nichtigkeit** (Ungültigkeit)
das **Nichtmetall** (in der Chemie); die Nichtmetalle; *meist Plural*
der **Nichtraucher**
die **Nichtraucherin**
nichts; für nichts; zu nichts; gar nichts; um nichts und wieder nichts; nichts ahnend *oder* nichtsahnend; nichts sagend *oder* nichtssagend; sich in nichts unterscheiden; er will nichts tun; mir nichts, dir nichts (ohne Weiteres); viel Lärm um nichts; nichts Genaues; nichts Neues; ABER: nichts andres *oder* anderes; nichts einfacher als das
das **Nichts;** des Nichts; die Nichtse; aus dem Nichts; vor dem Nichts stehen (allen Besitz verloren haben)
der **Nichtschwimmer**
die **Nichtschwimmerin**
nichtsdestotrotz
nichtsdestoweniger
der **Nichtsnutz;** des Nichtsnutzes; die Nichtsnutze
nichtsnutzig; ein nichtsnutziger Kerl
die **Nichtsnutzin;** die Nichtsnutzinnen
der **Nichtwähler** (jemand, der nicht zur Wahl geht)
die **Nichtwählerin**
das **Nickel** (chemisches Element, Schwermetall; *Zeichen:* Ni); des Nickels
nicken; ich nicke; du nickst; sie nickte; sie hat genickt
das **Nickerchen** (kurzer Schlaf); des Nickerchens; die Nickerchen
Nidwalden
der **Nidwaldner;** des Nidwaldners; die Nidwaldner
die **Nidwaldnerin;** die Nidwaldnerinnen
nidwaldnerisch
nie; nie wieder; nie und nimmer
nieder; auf und nieder
nieder (niedrig); ein niederes Einkommen
niederdeutsch *vergleiche:* deutsch
das **Niederdeutsch** *oder* **Niederdeutsche** (die niederdeutsche Sprache); *vergleiche:* deutsch *und* Deutsch
der **Niedergang;** des Niedergangs *oder* Niederganges
niedergehen; ein Gewitter ging nieder; eine Lawine ist niedergegangen
niedergeschlagen (traurig); er ist sehr niedergeschlagen
die **Niedergeschlagenheit**
niederknien; sie kniete nieder; sie ist am Altar niedergekniet; sich niederknien
die **Niederlage**
die **Niederlande** *Plural*
der **Niederländer;** des Niederländers; die Niederländer
die **Niederländerin;** die Niederländerinnen
niederländisch
niederlassen; der Vorhang wurde niedergelassen; sich niederlassen; ich liess mich auf dem Sofa nieder; er hat sich in Rom als Arzt niedergelassen
die **Niederlassung** (selbstständiger Teil eines Betriebes); eine Niederlassung gründen
niederlegen; sie legte ihr Amt nieder; sie hat es niedergelegt
niederschiessen; er schoss ihn nieder; sie hat ihn niedergeschossen
der **Niederschlag;** des Niederschlags *oder* Niederschlages; die Niederschläge
niederschlagen; er schlug seinen Gegner nieder; man hat den Aufstand niedergeschlagen (gewaltsam beendet)
niederschreiben; sie schrieb ihre Erinnerungen nieder; er hat seine Eindrücke niedergeschrieben
die **Niederschrift**
die **Niedertracht** (Bosheit; Hinterhältigkeit)
niederträchtig; ein niederträchtiger Lump
die **Niederung** (tief liegendes Land [an Flussläufen oder Küsten])
niedlich; ein niedliches Kätzchen
niedrig; niedrige Temperaturen
der **Niedrigpreis;** Lebensmittel zu Niedrigpreisen
das **Niedrigwasser;** die Niedrigwasser
niemals (nie)
niemand; niemandes *oder* niemands Freund sein; niemandem *oder* niemand wehtun; niemanden *oder* niemand grüssen; niemand anders
das **Niemandsland** (Kampfgebiet zwischen feindlichen Linien; unerforschtes Land)
die **Niere**

nierenkrank
der **Nierenstein**

> In einer Reihe von Wörtern wird der lang gesprochene *i-Laut* ohne anschliessendes -e geschrieben. Dazu gehört auch das Nomen *Nische.*

nieseln (leicht regnen); es nieselte; es hat genieselt
der **Nieselregen** (leichter und oft lang anhaltender Regen)
niesen; du niest; sie niest; sie nieste; sie hat geniest
das **Niespulver**
die **Niete** (Metallbolzen); die Nieten
die **Niete** (Los ohne Gewinn; *auch für:* Versager oder Versagerin)
nieten; du nietest; sie nietet; sie nietete; sie hat die Platten genietet
niet- und nagelfest; die Einbrecher haben alles mitgenommen, was nicht niet- und nagelfest war
nigelnagelneu
Niger (Staat in Westafrika); *Personenbezeichnung:* Nigrer, Nigrerin
Nigeria (Staat in Westafrika)
der **Nigerianer;** des Nigerianers; die Nigerianer
die **Nigerianerin;** die Nigerianerinnen
nigerianisch
der **Nightclub** (Nachtklub); des Nightclubs; die Nightclubs
der **Nigrer** (Einwohner von Niger); des Nigrers; die Nigrer
die **Nigrerin;** die Nigrerinnen
nigrisch
der **Nihilismus** (philosophische Lehre, die alles Bestehende für nichtig hält)
nihilistisch
der **Nikolaus;** des Nikolaus; die Nikolause, *scherzhaft auch:* die Nikoläuse; St. Nikolaus *oder* St. Niklaus (Samichlaus)
das **Nikotin** (Giftstoff im Tabak); des Nikotins
nikotinhaltig; stark nikotinhaltiger Tabak
der **Nil** (Fluss in Afrika); des Nil *oder* Nils
das **Nildelta** (in Ägypten)
das **Nilpferd**
nimmer; nie und nimmer
nimmermehr (nie mehr)
nimmermüde; nimmermüde Helfer
nimmersatt; ein nimmersattes Kind
der **Nimmersatt;** des Nimmersatt *oder* Nimmersatts; die Nimmersatte
das **Nimmerwiedersehen;** auf Nimmerwiedersehen verschwinden
der **Nippel** (ein kurzes Rohrstück mit Gewinde); des Nippels; die Nippel
nippen; ich nippe; du nippst; sie nippt; sie nippte; sie hat vom Wein genippt
der **Nippes** (kleine Ziergegenstände)
nirgends; er war nirgends zu finden
nirgendwo (nirgends)
das **Nirwana** (völlige, selige Ruhe als Endzustand der gläubigen Buddhisten); des Nirwana *oder* Nirwanas
die **Nische**
nisten; der Vogel nistet; der Vogel hat im Baum genistet
der **Nistkasten**
der **Nistplatz**
das **Nitrat** (Salz der Salpetersäure); des Nitrats *oder* Nitrates; die Nitrate
das **Nitrit** (Salz der salpetrigen Säure); des Nitrits; die Nitrite
das **Nitroglyzerin** (ein Heilmittel; ein Sprengstoff); des Nitroglyzerins
das **Niveau** (waagerechte Fläche; Höhe; Rang); des Niveaus; die Niveaus; auf hohem Niveau
niveaulos (geistlos); niveaulose Witze
niveauvoll; niveauvolle Unterhaltung
nivellieren (gleichmachen; durch Ausgleichung mildern); ich nivelliere; sie nivellierte; sie hat die Unterschiede nivelliert
die **Nixe** (weiblicher Wassergeist)
nobel (edel, vornehm); nobler; am nobelsten; ein nobler Mensch
der **Nobelpreis**
der **Nobelpreisträger**
die **Nobelpreisträgerin**
noch; noch nicht; noch immer; noch mehr; noch und noch; noch einmal; noch mal *oder* **nochmal**
nochmals
der **Nocken** (*Technik:* Vorsprung an einer Welle oder Scheibe); des Nockens; die Nocken
die **Nockenwelle** (Teil eines Motors)
die **No-Future-Generation** (junge Generation ohne Zukunftsaussichten)
das **NOK** = Nationales Olympisches Komitee
der **Nomade** (Angehöriger eines umherzie-

henden Volkes); des/dem/den Nomaden; die Nomaden

das **Nomadenvolk**

die **Nomadin;** die Nomadinnen

das **Nomen** (Substantiv, Hauptwort, z. B. «Baum»); des Nomens; die Nomina *oder* Nomen

nominal (zum Namen gehörend)

nominalisieren (als Nomen, Hauptwort gebrauchen)

nominalisiert (als Nomen, Hauptwort gebraucht); nominalisierte Verben

die **Nominalisierung**

der **Nominativ** (Werfall; 1. Fall); des Nominativs; die Nominative

nominell ([nur] dem Namen nach)

nominieren (benennen; ernennen); ich nominiere die Spielerin; sie nominierte ihren Nachfolger; man hat sie [als Kandidatin] für die Wahl nominiert

die **Nonne**

das **Nonplusultra** (etwas Unübertreffliches); des Nonplusultra

der **Nonsens** (Unsinn); des Nonsens

nonstop (ohne Halt; ohne Pause); nonstop fliegen, spielen

der **Nonstopflug** (Flug ohne Zwischenlandung)

Nord (Himmelsrichtung); Menschen aus Nord und Süd; der Wind weht aus, von Nord

norddeutsch; die norddeutsche Bevölkerung

der **Norden;** des Nordens; das Gewitter kommt aus Norden

das **Nordic Walking** (sportliches Gehen mit Stöcken)

Nordirland (nördlicher, zu Grossbritannien gehörender Teil Irlands)

nordisch; nordische Kälte

Nordkorea *vergleiche:* Korea

nördlich; nördlich dieser Linie; nördlich des Rheins; nördlich von Basel; nördlicher Breite; der nördliche Sternenhimmel; ABER: das Nördliche Eismeer

das **Nordlicht** (Polarlicht); die Nordlichter

Nordost (Himmelsrichtung); aus Nordost

der **Nordosten**

nordöstlich

die **Nordostschweiz** *vergleiche:* Ostschweiz

der **Nordpol;** des Nordpols

das **Nordpolarmeer** (Nördliches Eismeer)

die **Nordsee**

nordwärts

Nordwest (Himmelsrichtung); nach Nordwest

der **Nordwesten**

nordwestlich; nordwestliche Winde

die **Nordwestschweiz** *vergleiche:* Westschweiz

der **Nordwind**

die **Nörgelei**

nörgeln (sich beklagen; murren); du nörgelst; sie nörgelte; er hat genörgelt

der **Nörgler;** des Nörglers; die Nörgler

die **Nörglerin;** die Nörglerinnen

die **Norm** (Richtschnur, Regel); die Normen

normal (vorschriftsmässig; üblich)

normalerweise

der **Normalfall**

normalisieren; sie haben ihre Beziehung normalisiert; sich normalisieren; die Lage hat sich wieder normalisiert

der **Normanne** (Angehöriger eines nordgermanischen Volkes); des/dem/den Normannen; die Normannen

die **Normannin;** die Normanninnen

normannisch

normgerecht; normgerecht schreiben

normieren (einheitlich regeln); er normierte; sie hat die Grössen normiert

Norwegen

der **Norweger;** des Norwegers; die Norweger

die **Norwegerin;** die Norwegerinnen

norwegisch

die **Nostalgie** (Sehnsucht nach der Vergangenheit)

nostalgisch; eine nostalgische Fahrt mit der Dampflok

die **Not;** sie ist in Not *oder* in Nöten; ABER: etwas ist not; etwas ist vonnöten; ohne Not; das geht zur Not; wenn Not am Mann ist; er hat seine liebe Not; *vergleiche aber:* nottun; sie musste [grosse] Not leiden; die Not leidende *oder* notleidende Bevölkerung; ABER NUR: grosse Not leidend; äusserst notleidend

der **Notar** (Jurist, der Rechtsgeschäfte beurkundet); des Notars; die Notare

das **Notariat** (Büro eines Notars); des Notariats *oder* Notariates; die Notariate

notariell; die notarielle Beurkundung

die **Notarin;** die Notarinnen

der **Notarzt**
die **Notärztin**
die **Notbremse**
der **Notdienst;** ärztlicher Notdienst
die **Notdurft** (Drang, Darm oder Blase zu entleeren)
notdürftig (kaum ausreichend); eine notdürftige Reparatur
die **Note;** sie bekam die Note «gut»; ohne Noten (Notentext) spielen
das **Notebook** (tragbarer, leichter PC); des Notebooks; die Notebooks
der **Notenschlüssel**
der **Notenständer**
der **Notfall**
notfalls; notfalls kann ich einspringen
notgedrungen; er tat es notgedrungen (aus Zwang oder weil es anders nicht ging)
der **Nothelferkurs**
notieren; du notierst; sie notierte; sie hat den Namen notiert; notiere *oder* notier das!
nötig; etwas für nötig halten; etwas nötig haben; das ist am nötigsten (am dringendsten erforderlich); ABER: es fehlt ihm am Nötigsten (woran?: am Lebensnotwendigen); das, alles Nötige
nötigen (zwingen); du nötigst ihn; er nötigte ihn; er hat ihn [dazu] genötigt
nötigenfalls; nötigenfalls will er kündigen
die **Nötigung** (Zwang)
die **Notiz;** die Notizen; von etwas Notiz nehmen (eine Sache beachten)
der **Notizblock**
die **Notlage**
notlanden; das Flugzeug notlandet; das Flugzeug ist notgelandet; er versuchte, das Flugzeug notzulanden
die **Notlandung**
notleidend *vergleiche:* **Not**
das **Notsignal**
der **Notstand**
nottun; Hilfe tut not; die Hilfe hat notgetan
die **Notwehr**
notwendig; sich auf das, aufs Notwendigste beschränken; es fehlt am Notwendigsten
die **Notwendigkeit**
der *oder* das **Nougat** *oder* **Nugat** (süsse Masse aus Zucker und Nüssen); des Nougats *oder* Nugats; die Nougats *oder* Nugats
die **Novelle** (eine Prosaerzählung; ein Nachtragsgesetz)
der **November;** des November *oder* Novembers; die November
die **Novität** (Neuheit)
der **Novize** (Mönch während der Probezeit; Neuling); des/dem/den Novizen; die Novizen
die **Novizin** (Nonne während der Probezeit; Neuling); die Novizinnen
Nr. = Nummer
Nrn. = Nummern
das **N. T.** = Neues Testament
der **Nu** (Augenblick); *nur in:* im Nu
die **Nuance** (feiner Unterschied; Kleinigkeit); die Nuancen; *Trennung:* Nu-an-ce
nuancieren (sehr fein abstufen); sie hat die Farben nuanciert; *Trennung:* nu-ancie-ren
nüchtern
die **Nüchternheit**
die **Nudel;** die Nudeln
der *oder* das **Nugat** *oder* **Nougat** (süsse Masse aus Zucker und Nüssen); des Nugats *oder* Nougats; die Nugats *oder* Nougats
der **Nuggi** (Schnuller); des Nuggis; die Nuggi
nuklear (den Atomkern, die Kernspaltung, die Kernenergie betreffend); nukleare Versuche; *Trennung:* nuk-le-ar
die **Nuklearwaffe** *meist Plural*

null

Kleinschreibung des Zahlworts:

- null Grad
- null Uhr
- gegen null gehen
- gleich null setzen
- sie hat null Fehler
- sie verloren drei zu null (3:0)
- Nummer null
- die Stunde null
- der Zeiger steht auf null
- er fängt [wieder] bei null an
- die Temperatur sinkt unter null
- in null Komma nichts (sehr schnell)
- null und nichtig ([rechtlich] ungültig)
- null Ahnung (keine Ahnung) haben
- null Bock (keine Lust) [auf etwas] haben

die **Null;** die Nullen; die Zahl Null; eine Zahl mit fünf Nullen; die Ziffern Null bis Zehn; er ist eine Null (ein völlig unfähiger Mensch)
der **Nullentscheid** (Entscheid, der alles beim Alten belässt)
die **Nullmenge** (Mengenlehre)
der **Nullmeridian** (Meridian von Greenwich)
der **Nullpunkt**
der **Nulltarif;** zum Nulltarif (umsonst) fahren, telefonieren
das **Numerale** (Zahlwort); des Numerales; die Numeralien *oder* Numeralia
numerisch (zahlenmässig); numerische Überlegenheit
der **Numerus** (*in der Grammatik:* Zahl, insbesondere Singular oder Plural); des Numerus; die Numeri
der **Numerus clausus** (zahlenmässig beschränkte Zulassung [besonders zum Studium]); des Numerus clausus
die **Nummer;** Nummer fünf; Nummer null; auf Nummer sicher gehen (sich völlig absichern)
nummerieren (beziffern, benummern); du nummerierst; sie nummerierte; sie hat die Plätze nummeriert
das **Nummernschild;** die Nummernschilder
nun; nun mal; von nun an
nunmehr (jetzt; nun); der Krieg dauert nunmehr drei Jahre
nur; nur Gutes tun; warum nur?; nur zu!
nuscheln (undeutlich reden); du nuschelst; sie nuschelte; er hat genuschelt
die **Nuss;** die Nüsse
der **Nussbaum**
der **Nussgipfel**
der **Nussknacker;** des Nussknackers; die Nussknacker
der **Nüsslisalat**
die **Nüster** (Nasenloch bei Tieren); die Nüstern; *meist Plural*
die **Nut** *oder* **Nute** (Furche, Fuge)
die **Nutte** (*abwertend für:* Prostituierte)
nutz; er ist zu nichts nutz (*auch:* zu nichts nütze); ABER: der Nichtsnutz
nütze; er ist zu nichts nütze *oder* nutz
nutzen *oder* **nützen;** du nutzt *oder* du nützt; es nutzte *oder* es nützte mir nichts; sie hat die Gelegenheit genutzt *oder* genützt
der **Nutzen;** des Nutzens; es ist von [grossem] Nutzen
nützlich
nutzlos
der **Nutzniesser** (jemand, der den Nutzen von etwas hat); des Nutzniessers; die Nutzniesser
die **Nutzniesserin;** die Nutzniesserinnen
das **Nutztier** (Tier, das von Menschen zur Ernährung oder als Lasttier genutzt wird)
die **Nutzung**
NW = Autokennzeichen und allgemeine Abkürzung für den Kanton Nidwalden
das **Nylon** (*Markenbezeichnung:* synthetische Textilfaser); des Nylon *oder* Nylons
der **Nylonstrumpf**
die **Nymphe** (eine weibliche Naturgottheit)

O

o *vergleiche:* oh!
das **O** (Buchstabe); des O; die O; ABER: das o in Tor
O = Ost, Osten
o. ä. = oder ähnlich
o. Ä. = oder Ähnliche, oder Ähnliches
die **Oase** (Wasserstelle in der Wüste)
ob; er wusste nicht, ob sie kommt; das Ob und Wann
die **Obacht** (Vorsicht, Achtung); Obacht geben (aufpassen)
das **Obdach** (Unterkunft; Wohnung); des Obdachs *oder* Obdaches
obdachlos
der **Obdachlose;** ein Obdachloser; die Obdachlosen; viele Obdachlose
die **Obdachlose;** eine Obdachlose; die Obdachlosen
das **Obdachlosenasyl**
die **Obduktion** (Leichenöffnung zur Feststellung der Todesursache); die Obduktionen
obduzieren (eine Obduktion durchführen); ich obduziere; sie obduzierte; sie hat den Toten obduziert
der **Obelisk** (vierkantige, nach oben spitz zulaufende Säule); des/dem/den Obelisken; die Obelisken

oben

- nach oben; von oben; bis oben
- nach oben hin; von oben her
- alles Gute kommt von oben
- man wusste kaum noch, was oben und was unten war

Getrenntschreibung in Verbindung mit Verben:

- oben liegen; oben stehen
- oben (weiter vorne im Text) erwähnen; wie bereits oben erwähnt

Wird «oben» mit einem Partizip verbunden, kann getrennt oder zusammengeschrieben werden:

- oben stehende *oder* obenstehende Bemerkungen
- die oben erwähnte *oder* obenerwähnte Tatsache

obenan; das steht für mich obenan (an der Spitze); *Trennung:* oben-an
obenauf; das Öl schwimmt obenauf (ganz oben); sie schwingt obenauf (gewinnt die Oberhand); *Trennung:* oben-auf
obendrauf; obendrauf stellen
obendrein (ausserdem); er hat ihn obendrein noch ausgelacht
obendrüber; obendrüber legen
obenerwähnt *vergleiche:* **oben**
obenstehend *vergleiche:* **oben**
der **Ober** (Kellner); des Obers; die Ober
der **Oberarm**
der **Oberbegriff**
obere; oberes Stockwerk; die oberen Klassen
die **Oberfläche**
oberflächlich; ein oberflächlicher Mensch
die **Oberflächlichkeit**
das **Obergericht**
das **Obergeschoss**
oberhalb; oberhalb des Dorfes
oberirdisch; oberirdische Leitungen
die **Oberkante**
der **Oberkörper**
das **Oberland** (höher gelegener Teil eines Landes); das Berner Oberland
der **Oberländer**
die **Oberländerin;** die Oberländerinnen
die **Oberleitung** (Fahrleitung bei Bahnen oder Bussen)
das **Oberlicht** *oder* **Oblicht;** des Oberlichts *oder* Oblichts; die Oberlichte *oder* Oberlichter *und* die Oblichter
die **Oberlippe**
der **Oberschenkel**
der **Oberst;** des Obersten *oder* Obersts; die Obersten, *seltener:* Oberste
oberste; oberstes Stockwerk; das oberste Buch im Stapel; die obersten Gerichtshöfe; ABER: der Oberste Gerichtshof der USA; das Oberste zuunterst kehren (alles durcheinanderbringen)
die **Oberstin;** die Oberstinnen
die **Oberstufe**
das **Oberteil**
die **Obfrau** (Vorsitzende; Vertrauensfrau); die Obfrauen
obgleich (obwohl); sie kam sofort, obgleich sie keine Zeit hatte
die **Obhut** (Schutz, Aufsicht); die Kinder sind in ihrer Obhut
obig; im obigen (oben stehenden) Abschnitt; ABER: im Obigen (weiter oben); das Obige (das oben Genannte); der Obige (der oben Genannte)
das **Objekt** (Ziel, Gegenstand; Fallergänzung); des Objekts *oder* Objektes; die Objekte
objektiv (tatsächlich; sachlich, unvoreingenommen); ein objektives Urteil
das **Objektiv** (eine optische Linse); des Objektivs; die Objektive
objektivieren (versachlichen); er objektivierte; sie hat das Problem objektiviert
die **Objektivität** (strenge Sachlichkeit; Vorurteilslosigkeit)
die **Oblate** (die Hostie; ein Gebäck); die Oblaten
die **Obleute** (Obfrauen und -männer) *Plural*
das **Oblicht** (Fenster, das oben an der Decke eines Raumes angebracht ist); des Oblichts *oder* Oblichtes; die Oblichter
obliegen (jemandem als Aufgabe oder Pflicht zufallen); die Beweislast obliegt der Klägerin; sie oblag ihr; sie hat ihr oblegen

das **Obligationenrecht** (Schuldrecht; *Abkürzung:* OR)
obligatorisch (verbindlich, verpflichtend); obligatorische Unterrichtsfächer
der **Obmann** (Vorsitzender; Vertrauensmann); die Obmänner
die **Oboe** (ein Holzblasinstrument); die Oboen
der **Oboist** (der Oboebläser); des/dem/den Oboisten; die Oboisten
die **Oboistin;** die Oboistinnen
der **Obolus** (kleine Geldspende); des Obolus; die Obolus *oder* Obolusse
die **Obrigkeit** (Träger der Macht, der Regierungsgewalt)
obschon (obwohl); sie kam, obschon sie eigentlich keine Zeit hatte
das **Observatorium** (die Sternwarte); des Observatoriums; die Observatorien
observieren (beobachten); ich observiere; sie observierte; die Polizei hat den Verdächtigen observiert
obskur (verdächtig; fragwürdig)
das **Obst;** des Obsts *oder* Obstes; die Obstsorten
obszön (unanständig, schamlos)
die **Obszönität;** die Obszönitäten
Obwalden
der **Obwaldner**
die **Obwaldnerin;** die Obwaldnerinnen
obwaldnerisch
obwohl; er wurde verurteilt, obwohl die Beweise fehlten
obzwar (obwohl)
die **Occasion** (Gebrauchtwagen; Gegenstand oder Gerät aus zweiter Hand); die Occasionen
der **Ochse** *oder* **Ochs** (kastriertes männliches Rind); des/dem/den Ochsen; die Ochsen
ochsen (angestrengt arbeiten); du ochst; er ochste; sie hat für das Examen geochst
der *oder* das **Ocker** (gelbbraune Malerfarbe); des Ockers; die Ocker; in Ocker streichen
ockerfarben *oder* **ockerfarbig**
ockergelb
öd *oder* **öde;** öder; am ödesten
die **Ode** (feierliches Gedicht)
die **Öde** (Einsamkeit; unbebaute Gegend); die Öden
oder; oder Ähnliches (*Abkürzung:* o. Ä.)
das **Ödland** (ödes, unfruchtbares, unbebautes Land)
der **Ofen;** des Ofens; die Öfen
das **Off** (das Unsichtbarbleiben der *oder* des Sprechenden); im *oder* aus dem Off sprechen
offen; eine offene Hand haben (freigebig sein); mit offenen Karten spielen (ohne Hintergedanken sein); auf offener Strasse; der Tag der offenen Tür; offen gestanden; offen gesagt; offen bleiben *oder* offenbleiben; es ist keine Frage offen geblieben *oder* offengeblieben; offen halten *oder* offenhalten; offen lassen *oder* offenlassen; offen stehen *oder* offenstehen
der **Offenausschank** (Ausgabe von Getränken aus Flaschen oder Fässern); im Offenausschank
offenbar; es geht ihm offenbar besser; ein offenbarer Irrtum
sich **offenbaren** (anvertrauen); er offenbarte sich; er hat sich uns offenbart
die **Offenbarung**
die **Offenheit**
offenherzig
offenkundig; eine offenkundige (klare) Lüge
offensichtlich
offensiv (angriffslustig; angreifend)
die **Offensive** (Angriff); die Offensiven
öffentlich; die öffentliche Meinung; sie arbeitet im öffentlichen Dienst
die **Öffentlichkeit**
offerieren (anbieten, darbieten); ich offeriere eine Stelle [in der Zeitung]; er offerierte ihr einen Kaffee
die **Offerte** (das Angebot); die Offerten
offiziell (amtlich; verbürgt; förmlich)
der **Offizier;** des Offiziers; die Offiziere
die **Offizierin;** die Offizierinnen
offline (*EDV:* von der Datenverarbeitungsanlage getrennt arbeitend)
der **Offlinebetrieb**
öffnen; du öffnest; sie öffnete die Flasche; sie hat sie geöffnet; sich öffnen; die Tür hat sich geöffnet
die **Öffnung**
der **Offroader** (Geländewagen); des Offroaders; die Offroader

offside (*Fussball, Eishockey:* abseits); die Spielerin stand offside

das **Offside** (*Fussball, Eishockey:* Abseits); des Offsides; die Offsides; im Offside; der Spieler stand im Offside

die **Offstimme** *oder* **Off-Stimme** (Stimme im oder aus dem Off)

o-förmig *oder* **O-förmig**

oft; so oft; wie oft

öfter; er war öfter im Theater als ich; er beschimpft mich öfter; ABER: ich sah sie des Öfteren

oftmals (oft; mehrfach)

oh!; oh, das ist toll; oh nein! *oder* o nein!; oh weh! *oder* o weh!

der **Oheim** (*veraltet für:* Onkel); des Oheims; die Oheime

das **Ohm** (Masseinheit für den elektrischen Widerstand); des Ohm *oder* Ohms; die Ohm; 4 Ohm

ohmsch; der ohmsche *oder* Ohm'sche Widerstand; das ohmsche *oder* Ohm'sche Gesetz

ohne; ohne dass; ohne Weiteres

ohnedies (ohnehin)

ohnegleichen (mit nichts vergleichbar); ein Elend ohnegleichen

ohnehin; das hätte ohnehin nichts genützt

die **Ohnmacht**

ohnmächtig

oho!

das **Ohr;** des Ohrs *oder* Ohres; die Ohren; zu Ohren kommen (bekannt werden)

das **Öhr** (Nadelloch); des Öhrs *oder* Öhres; die Öhre

der **Ohrclip** *oder* **Ohrenclip** (Ohrschmuck); des Ohrclips *oder* Ohrenclips; die Ohrclips *oder* Ohrenclips

der **Ohrenarzt**

die **Ohrenärztin**

ohrenbetäubend; ohrenbetäubender Lärm

die **Ohrenentzündung**

die **Ohrfeige**

ohrfeigen; du ohrfeigst ihn; er hat ihn geohrfeigt

das **Ohrläppchen**

die **Ohrmuschel**

der **Ohrring**

der **Ohrwurm**

o ja!

das **OK** = Organisationskomitee (Personenkreis, der Veranstaltungen organisiert)

o. k. *oder* **O. K.** = okay *oder* Okay

das **Okapi** (eine Giraffenart mit kurzem Hals); des Okapis; die Okapis

okay (in Ordnung); *Abkürzung:* o. k.

das **Okay** (*Abkürzung:* O. K.); des Okay *oder* Okays; sie hat ihr Okay gegeben

die **Okkupation** (Besetzung fremden Gebietes); die Okkupationen

okkupieren; sie haben das Land okkupiert

der **Ökoladen** (Laden, in dem nur umweltfreundliche Waren verkauft werden)

die **Ökologie** (Lehre von den Beziehungen zwischen den Lebewesen und ihrer Umwelt)

ökologisch; ökologisches Bauen

der **Ökonom** (Wirtschaftswissenschaftler); des/dem/den Ökonomen; die Ökonomen

die **Ökonomie** (die Wirtschaftlichkeit)

die **Ökonomin;** die Ökonominnen

ökonomisch; ökonomisches Arbeiten

das **Ökosystem** (zwischen Lebewesen und ihrem Lebensraum bestehende Wechselbeziehung)

die **Oktave** (der achte Ton vom Grundton aus)

der **Oktober;** des Oktober *oder* Oktobers; die Oktober

die **Ökumene** (Gesamtheit der Christen)

ökumenisch; die ökumenische Bewegung; ein ökumenischer (gemeinsam von Katholiken und Protestanten veranstalteter) Gottesdienst

der **Okzident** (das Abendland; der Westen); des Okzidents

der **OL** = Orientierungslauf

das **Öl;** des Öls *oder* Öles; die Öle

der **Ölbaum**

der **Oldtimer** (altes Modell eines Autos, Fahrzeugs); des Oldtimers; die Oldtimer

ölen; du ölst; er ölt; er ölte; er hat das Rad geölt

der **Ölfilm** (dünne Ölschicht)

ölig; ein öliger Lappen

oliv (olivfarben); ein oliv *oder* olives Kleid; *vergleiche auch:* blau

die **Olive** (Frucht des Ölbaums)

a b c d e f g h i j k l m n o p q r s t u v w x y z

olivenfarben *oder* **olivenfarbig**
das **Olivenöl**
die **Olma** = Ostschweizerische land- und milchwirtschaftliche Ausstellung
die **Ölpest** (Verschmutzung durch Rohöl)
die **Ölquelle**
der **Olymp** (der Wohnsitz der Götter); des Olymps
die **Olympiade** (die Olympischen Spiele)
olympisch; die olympischen Ringe (die 5 Ringe der olympischen Flagge); ABER: die Olympischen Spiele
die **Oma** (Grossmutter); die Omas
Oman (arabischer Staat)
der **Omaner;** des Omaners; die Omaner
die **Omanerin;** die Omanerinnen
omanisch
die **Ombudsfrau** (Vermittlerin zwischen Bürgern, Bürgerinnen und Behörde)
der **Ombudsmann** (Vermittler zwischen Bürgern, Bürgerinnen und Behörde)
die **Omelette** *oder* das **Omelett;** der Omelette *und* des Omeletts *oder* Omelettes; die Omeletten *und* die Omelette *oder* Omeletts
der **Omnibus** (Autobus); des Omnibusses; die Omnibusse
die **Onanie** (geschlechtliche Selbstbefriedigung)
onanieren; er onanierte; er hat onaniert
der **Onkel;** des Onkels; die Onkel
online (*EDV:* in direkter Verbindung mit der Datenverarbeitungsanlage arbeitend)
der **Onlinebetrieb**
die **Onlinezeitung**
der **OP** = Operationssaal
op. = Opus (Musikwerk)
der **Opa** (Grossvater); des Opas; die Opas
das **Openair** *oder* **Open Air** (*kurz für:* Openair-Festival); des Openairs *oder* Open Airs; die Openairs *oder* Open Airs
das **Openair-Festival** *oder* **Open-Air-Festival** (Musikveranstaltung im Freien)
die **Oper;** die Opern
die **Operation;** die Operationen
der **Operationssaal**
operativ (*Medizin:* durch Operation); ein operativer Eingriff
die **Operette** (musikalisches Bühnenstück)
operieren; du operierst; er hat ihn am Bein operiert
der **Opernsänger**
die **Opernsängerin**
das **Opfer;** des Opfers; die Opfer
die **Opferbereitschaft**
die **Opfergabe**
das **Opferlamm**
opfern; du opferst; er hat sein Vermögen geopfert; opfere es!
das **Opium** (eine Droge); des Opiums
opponieren (widersprechen; sich widersetzen); sie hat opponiert
opportun (passend, nützlich, angebracht; zweckmässig)
der **Opportunismus** (allzu bereites Anpassen an die jeweilige Lage; Handeln nach Zweckmässigkeit)
der **Opportunist;** des/dem/den Opportunisten; die Opportunisten
die **Opportunistin;** die Opportunistinnen
opportunistisch
die **Opposition** (Gegensatz; Widerspruch; Partei, die gegen die herrschende Partei Widerstand leistet)
oppositionell (gegensätzlich; gegnerisch; zum Widerspruch neigend)
die **Oppositionspartei**
die **Optik** (die Lehre vom Licht)
der **Optiker;** des Optikers; die Optiker
die **Optikerin;** die Optikerinnen
der **Optimismus** (Lebensauffassung, die alles von der besten Seite sieht); des Optimismus
der **Optimist;** des/dem/den Optimisten; die Optimisten
die **Optimistin;** die Optimistinnen
optimistisch
optisch; eine optische Täuschung
opulent (reichlich, üppig); ein opulentes Essen
die **Opulenz**
das **Opus** (Werk, besonders musikalisches Werk); des Opus; die Opera
das **OR** = Obligationenrecht
das **Orakel** (Weissagung); des Orakels; die Orakel
orakeln (weissagen); du orakelst; er orakelt; sie hat orakelt

der **Orakelspruch**
oral (den Mund betreffend, durch den Mund)
orange (goldgelb); ein orange *oder* oranges Band; *vergleiche auch:* blau
die **Orange** (eine Frucht); die Orangen
das **Orange** (die orange Farbe); des Orange; die Orange *oder* Oranges; *vergleiche auch:* blau, Blau
der **Orangenjus;** des Orangenjus; die Orangenjus
der **Orangensaft**
der **Orang-Utan** (ein Menschenaffe); des Orang-Utans; die Orang-Utans
das **Orchester** (Musikkapelle); des Orchesters; die Orchester
die **Orchidee** (eine exotische Zierpflanze); die Orchideen
der **Orden;** des Ordens; die Orden
ordentlich; ein ordentliches (zuständiges) Gericht; ein ordentlicher Professor (Inhaber eines Lehrstuhls)
die **Ordinalzahl** (Ordnungszahl, zum Beispiel: erste, zweite, dritte)
ordinär (gewöhnlich, unanständig); ordinär lachen; eine ordinäre Person
die **Ordinate** (y-Achse); die Ordinaten
ordnen; du ordnest; er hat seine Papiere geordnet
der **Ordner;** des Ordners; die Ordner
die **Ordnung;** Ordnung halten, machen
ordnungsgemäss
ordnungshalber; er beantragte ordnungshalber, die Sitzung zu schliessen; ABER: der [guten] Ordnung halber
ordnungswidrig
die **Ordnungszahl**
das **Organ;** des Organs; die Organe
die **Organisation**
das **Organisationstalent**
der **Organisator;** des Organisators; dem/den Organisator; die Organisatoren
die **Organisatorin;** die Organisatorinnen
organisatorisch
organisch (belebt, lebendig; ein Organ betreffend); die organische Chemie
organisieren; du organisierst; sie hat ein Treffen organisiert; sich organisieren; die Arbeiter haben sich organisiert
der **Organismus;** des Organismus; die Organismen
der **Organist** (ausgebildeter Orgelspieler); des/dem/den Organisten; die Organisten
die **Organistin;** die Organistinnen
der **Organspender**
die **Organspenderin**
der **Orgasmus** (Höhepunkt der geschlechtlichen Erregung); des Orgasmus; die Orgasmen
die **Orgel;** die Orgeln
die **Orgie** (ausschweifendes Fest); die Orgien
der **Orient** (die vorder- und mittelasiatischen Länder); des Orients; der Vordere Orient
orientalisch; orientalische Sprachen
sich **orientieren;** er orientierte sich; er hat sich orientiert
die **Orientierung**
der **Orientierungslauf** (*Abkürzung:* OL)
orientierungslos
original (ursprünglich, echt); der originale Text; original indische Gewürze
das **Original** (Urschrift, Urtext; Sonderling); des Originals; die Originale
die **Originalaufnahme**
originell (einzigartig; sonderbar; komisch); eine originelle Idee
der **Orkan** (Sturm); des Orkans *oder* Orkanes; die Orkane
das **Ornament** (Verzierung); des Ornaments *oder* Ornamentes; die Ornamente
der *oder* das **Ornat** (feierliche Amtstracht); des Ornats *oder* Ornates; die Ornate
der **Ort;** des Orts *oder* Ortes; die Orte; an Ort und Stelle; allerorts
orten (die Position ermitteln); ich orte; er ortete; das U-Boot wurde in 83 m Tiefe geortet
orthodox (recht-, strenggläubig); orthodoxe Juden
die **Orthografie** (Rechtschreibung); die Orthografien
orthografisch ein orthografischer Fehler
der **Orthopäde** (Facharzt für Orthopädie); des/dem/den Orthopäden; die Orthopäden
die **Orthopädie** (Wissenschaft von den Haltungs- und Bewegungskrankheiten und ihrer Behandlung)

die **Orthopädin;** die Orthopädinnen
orthopädisch
örtlich; die örtliche Betäubung
die **Ortsangabe**
ortsansässig; ein ortsansässiger Bäcker
die **Ortschaft**
ortskundig
ortsüblich; ortsübliche Mieten
die **Ortszeit**
die **Öse;** die Ösen
Oslo (Hauptstadt Norwegens)
der **Ossi** (Einwohner der neuen Bundesländer der BRD; Ostdeutscher); des Ossis; die Ossis
die **Ossi** (Einwohnerin der neuen Bundesländer der BRD; Ostdeutsche); der Ossi; die Ossis
Ost (Himmelsrichtung); aus Ost und West
der **Osten;** des Ostens; nach Osten; der Ferne, Nahe, Mittlere Osten
das **Osterei**
das **Osterfest**
der **Osterhase**
österlich; der österliche Verkehr
der **Ostermontag**
Ostern; Ostern sind (*auch:* ist) dieses Jahr sehr früh; fröhliche Ostern!
Österreich
der **Österreicher;** des Österreichers; die Österreicher
die **Österreicherin;** die Österreicherinnen
österreichisch
die **Osterweiterung;** die Osterweiterung der NATO
Osteuropa
osteuropäisch; osteuropäische Zeit (*Abkürzung:* OEZ)
östlich; östlich des Waldes
die **Ostschweiz**
der **Ostschweizer**
die **Ostschweizerin**
ostschweizerisch
die **Ostsee**
ostwärts; ostwärts ziehen, blicken
der **Otter** (eine Marderart); des Otters; die Otter
die **Otter** (eine Schlange); die Ottern
out (unzeitgemäss, unmodern); diese Musik ist schon lange out
outen; jemanden outen (jemandes Homosexualität o. Ä. ohne dessen Zustimmung öffentlich bekannt machen); sich outen; er hat sich geoutet; sie outete sich als Raucherin
das **Outfit** (Kleidung; Ausrüstung); des Outfit *oder* Outfits; die Outfits; sie kam im passenden Outfit
der **Output** (*EDV:* Arbeitsergebnisse einer Datenverarbeitungsanlage, Ausgabe); des Outputs; die Outputs
der **Outsider** (Aussenseiter); des Outsiders; die Outsider
die **Outsiderin;** die Outsiderinnen
outsourcen (*Wirtschaft:* bestimmte, bisher in einem Unternehmen selbst erbrachte Arbeiten an eine externe Firma vergeben); die Firma sourct out; dieser Bereich wurde outgesourct
die **Ouvertüre** (Eröffnung; Vorspiel); die Ouvertüren
der **ÖV** *oder* **öV** = der öffentliche Verkehr; sie fährt mit dem ÖV *oder* öV
oval (eirund)
das **Oval;** des Ovals; die Ovale
die **Ovation** (begeisterter Beifall); der Ovation; die Ovationen
der **Overall** (Schutzanzug); des Overalls; die Overalls
OW = Autokennzeichen und allgemeine Abkürzung für den Kanton Obwalden
der **Oxer** (Hindernis beim Springreiten); des Oxers; die Oxer
das **Oxid** (eine Sauerstoffverbindung); des Oxids *oder* Oxides; die Oxide
die **Oxidation** (Vereinigung eines Stoffs mit Sauerstoff); die Oxidationen
oxidieren; das Eisen oxidiert; das Eisen oxidierte; das Eisen ist *oder* hat oxidiert
der **Ozean;** des Ozeans; die Ozeane; der grosse (endlose) Ozean; ABER: der Grosse (Pazifische) Ozean
der **Ozeandampfer**
das **Ozon** (besondere Form des Sauerstoffs); des Ozons
das **Ozonloch** (Loch in der Ozonschicht über der Antarktis)
die **Ozonschicht** (Schicht der Atmosphäre, die gefährliche Strahlung filtert)

P

p = piano (leise)

das **P** (Buchstabe); des P; die P; ABER: das p in hupen

paar, das Paar

Das kleingeschriebene «paar» ist ein Pronomen und hat die Bedeutung «einige wenige»:

- ein paar Leute
- mit ein paar Worten
- ein paar Franken
- ein paar Dutzend *oder* dutzend Mal; ↑Mal

Das Nomen «Paar» bezeichnet dagegen eine Zweiheit, also zwei zusammengehörige Wesen oder Dinge:

- ein glückliches Paar; ABER: das Pärchen *(Verkleinerungsform)*
- ein Paar Schuhe
- ein Paar neue Schuhe, *selten:* neuer Schuhe
- mit einem Paar wollenen Strümpfen *oder* wollener Strümpfe

paaren; sich paaren; die meisten Tiere paaren sich im Frühjahr; sie haben sich gepaart

der **Paarhufer** (Säugetier mit zwei oder vier Zehen, z. B.: Schwein, Rind, Schaf)

paarig (paarweise vorhanden); paarig angeordnete Blätter

der **Paarlauf** (beim Eissport)

die **Paarung**

paarweise; paarweise antreten

die **Pacht;** die landwirtschaftliche Pacht (Miete und Nutzung)

pachten; du pachtest; er pachtete; er hat Land gepachtet

der **Pächter;** des Pächters; die Pächter

die **Pächterin;** die Pächterinnen

das **Pachtland**

das **Pack** (Pöbel, Gesindel); des Packs *oder* Packes

der *oder* das **Pack** (das Gepackte, das Bündel); des Packs *oder* Packes; die Packe *oder* Päcke; ein Pack alter Briefe

das **Päckchen;** des Päckchens; die Päckchen; *auch:* das Päckli; des Päcklis; die Päckli

Achtung: Im Gegensatz zum Nomen *Päckchen* und dem dazugehörigen Verb *packen* wird das verwandte Nomen *Paket* nicht mit *ck,* sondern nur mit *k* geschrieben.

das **Packeis** (übereinander geschobene Eisschollen)

packen; du packst; er packte; sie hat den Koffer gepackt

packend (fesselnd, spannend); ein packender Film

der **Packer;** des Packers; die Packer

die **Packerin;** die Packerinnen

das **Packpapier**

die **Packung**

der **Pädagoge** (Erzieher); des/dem/den Pädagogen; die Pädagogen

die **Pädagogik** (Erziehungswissenschaft)

die **Pädagogin;** die Pädagoginnen

pädagogisch; sie besucht eine pädagogische Hochschule (Ausbildungsstufe für Lehrpersonen); ABER: die Pädagogische Hochschule Zürich

das **Paddel;** des Paddels; die Paddel

das **Paddelboot**

paddeln; du paddelst; sie paddelte; sie hat zwei Stunden lang gepaddelt; sie ist ans Ufer gepaddelt; paddle *oder* paddele langsamer!

paffen (stossweise rauchen); du paffst; er paffte; er hat gepafft; paffe *oder* paff nicht!

der **Page** (livrierter [Hotel]diener); des/dem/den Pagen; die Pagen

die **Pagin** (livrierte Angestellte, Dienerin); die Paginnen

die **Pagode** (buddhistischer Tempel)

das **Paket;** des Pakets *oder* Paketes; die Pakete; *vergleiche aber:* Päckchen

Pakistan (Staat in Vorderasien)

der **Pakistaner;** des Pakistaners; die Pakistaner

die **Pakistanerin;** die Pakistanerinnen

der **Pakistani** (Pakistaner); des Pakistani *oder* Pakistanis; die Pakistani *oder* Pakistanis

die **Pakistani** (Pakistanerin); die Pakistani *oder* Pakistanis

pakistanisch

a b c d e f g h i j k l m n o **p** q r s t u v w x y z

der **Pakt** (Vertrag); des Pakts *oder* Paktes; die Pakte
paktieren (eine Vereinbarung treffen und einhalten); du paktierst; sie paktierte; er hat mit der Gegenpartei paktiert
das **Palais** (schlossähnlicher Prachtbau); des Palais; die Palais
der **Palast;** des Palasts *oder* Palastes; die Paläste
Palästina (Gebiet zwischen Mittelmeer und Jordan)
der **Palästinenser;** des Palästinensers; die Palästinenser
die **Palästinenserin;** die Palästinenserinnen
palästinensisch
das **Palaver** (endloses Reden und Verhandeln); des Palavers; die Palaver
palavern; sie haben lange palavert
das **Palett** (Palette für das Transportieren und Stapeln von Gütern); des Palettes *oder* Paletts; die Palette
die **Palette** (Mischbrett für Farben; Vielfalt; flacher Untersatz für das Transportieren und Stapeln von Gütern mit dem Gabelstapler); *vergleiche auch:* Palett
die **Palisade** (aus Pfählen bestehendes Hindernis); die Palisaden
der **Palisander** (ein Edelholz); des Palisanders; die Palisander
die **Palme**
das **Palmöl**
der **Palmsonntag**
die **Pampa** (baumlose Grassteppe in Südamerika); die Pampas *meist Plural*
die **Pampelmuse** (Grapefruit)
pampig (frech, patzig); werd bloss nicht pampig!
das **Panaché** *oder* **Panache** (Getränk aus Bier und Limonade; Gemisch); des Panachés *oder* Panaches; die Panachés *oder* Panaches
die **Panade** (knusprige Hülle aus Paniermehl und Ei); die Panaden
Panama (Staat in Mittelamerika; dessen Hauptstadt)
der **Panamaer;** des Panamaers; die Panamaer
die **Panamaerin;** die Panamaerinnen
panamaisch
panaschieren (auf einem Wahlzettel die Kandidatennamen von verschiedenen Parteien mischen); du panaschierst; er panaschierte; sie hat panaschiert
der **Panda** (Bambusbär); des Pandas; die Pandas
die **Panflöte** *oder* **Pansflöte** (Hirtenflöte)
panieren (in Ei und Semmelbröseln wenden); du panierst; er panierte; sie hat das Schnitzel paniert
das **Paniermehl** (geriebenes Brot)
die **Panik** (plötzlich entstehende unkontrollierbare Angst); die Paniken
panisch (lähmend); panischer Schrecken
die **Panne** (Unfall, Missgeschick)
der **Pannenstreifen;** des Pannenstreifens; die Pannenstreifen
das **Panorama** (Rundblick); des Panoramas; die Panoramen
panschen *oder* **pantschen** (mischen; verfälschen; planschen); du panschst *oder* pantschst; sie panschte *oder* pantschte; er hat den Wein gepanscht *oder* gepantscht
der **Pansen** (erster Magen der Wiederkäuer); des Pansens; die Pansen
der **Panter** *oder* **Panther;** des Panters *oder* Panthers; die Panter *oder* Panther
der **Pantoffel;** des Pantoffels; die Pantoffeln
die **Pantomime** (stummes Gebärdenspiel)
der **Pantomime** (Darsteller einer Pantomime); des/dem/den Pantomimen; die Pantomimen
die **Pantomimin;** die Pantomiminnen
pantomimisch
pantschen *vergleiche:* **panschen**
der **Panzer;** des Panzers; die Panzer
panzern; er panzerte; er hat das Boot gepanzert
der **Panzerschrank**
der **Papa;** des Papas; die Papas
der **Papagei;** des Papageis *oder* Papageien; die Papageien
das **Paperback** (kartoniertes Buch); des Paperbacks; die Paperbacks
die **Papeterie** (Schreibwarengeschäft); die Papeterien
der **Papi;** des Papis; die Papis; *auch:* Papa
das **Papier;** des Papiers; die Papiere
das **Papiergeld**
der **Papierkorb**
der **Papiersack**
der **Pappbecher**
die **Pappe** (Papierart)

die **Pappel** (ein Laubbaum); die Pappeln
päppeln (gut ernähren; auffüttern); du päppelst; er päppelte; er hat das Kind gepäppelt
pappen (kleben); der Schnee pappte; sie hat den Aufkleber an die Scheibe gepappt
papperlapapp
der **Pappkarton**
das **Pappmaché** (Masse aus eingeweichtem Altpapier)
der **Paprika** (ein Gewürz; ein Gemüse); des Paprikas; die Paprika *oder* Paprikas
der **Papst;** des Papsts *oder* Papstes; die Päpste
die **Päpstin;** die Päpstinnen
päpstlich
das **Papsttum**
Papua-Neuguinea (Staat auf Neuguinea)
der **Papyrus** (Papierstaude; im Altertum verwendetes Schreibmaterial); des Papyrus; die Papyri
die **Parabel** (Gleichnis; Kegelschnittkurve)
die **Parabolantenne**
die **Parade** (Truppenschau; Abwehr)
das **Paradies;** des Paradieses; die Paradiese
paradiesisch
der **Paradiesvogel**
paradox (widersinnig; sonderbar); paradoxer; am paradoxesten
das **Paradox** (Widerspruch); des Paradoxes; die Paradoxe
das **Paraffin** (wachsähnlicher Stoff); des Paraffins; die Paraffine
der **Paragraf** (Absatz, Abschnitt; *Zeichen:* §); des/dem/den Paragrafen; die Paragrafen
Paraguay (Staat in Südamerika)
der **Paraguayer;** des Paraguayers; die Paraguayer
die **Paraguayerin;** die Paraguayerinnen
paraguayisch
parallel (gleichlaufend); zwei Systeme parallel schalten
die **Parallele;** der Parallele; die Parallelen; mehrere, vier Parallele *oder* Parallelen
die **Parallellinie**
das **Parallelogramm** *(Mathematik)*
der **Parasit** (Schmarotzer); des/dem/den Parasiten; die Parasiten
parasitär
die **Parasitin** (Schmarotzerin); die Parasitinnen
parat (bereit); der Stift liegt parat

das **Pärchen** (*Verkleinerungsform von:* Paar)
der **Parcours** (Lauf- oder Rennstrecke); des Parcours; die Parcours
das **Parfum** *oder* **Parfüm;** des Parfums *oder* Parfüms; die Parfums *oder* Parfüme *oder* Parfüms
die **Parfümerie** (Geschäft; Betrieb zur Herstellung von Parfüm); die Parfümerien
sich **parfümieren;** sie parfümierte sich; sie hat sich parfümiert
parieren (abwehren; gehorchen); du parierst; er parierte; er hat pariert
Paris (Hauptstadt Frankreichs)
die **Parität** (Gleichstellung; Gleichberechtigung); die Paritäten
paritätisch; paritätische Finanzierung
der **Park;** des Parks; die Parks *oder* Pärke, *seltener:* die Parke
der *oder* die **Parka** (knielanger Anorak); des Parkas *oder* Parka; die Parkas
parken (parkieren); du parkst; er parkte; sie hat den Wagen geparkt
das **Parkett** (getäfelter Fussboden; vorderer Teil des Zuschauerraumes); des Parketts *oder* Parkettes; die Parkette *oder* Parketts
das **Parkhaus**
parkieren; du parkierst; sie parkierte; er hat das Auto parkiert
die **Parklücke**
der **Parkplatz**
die **Parkuhr**
das **Parkverbot**
das **Parlament** (Volksvertretung); des Parlaments *oder* Parlamentes; die Parlamente
der **Parlamentarier** (Politiker, Mitglied eines Parlamentes); des Parlamentariers; die Parlamentarier
die **Parlamentarierin;** die Parlamentarierinnen
parlamentarisch; die parlamentarische Anfrage
die **Parodie** (komische Umbildung ernster Dichtung; scherzhafte Nachahmung); die Parodien
parodistisch
die **Parole** (Losung; Kennwort; *auch kurz für:* Abstimmungsparole)
das **Paroli;** *nur in:* jemandem Paroli bieten (jemandem Widerstand bieten)
die **Partei**
parteiisch; parteiische Entscheidungen
parteilos; ein parteiloser Politiker

das **Parterre** (Erdgeschoss); des Parterres; die Parterres; die Wohnung liegt im Parterre
die **Parterrewohnung**
die **Partie** (Abschnitt, Teil; Spiel, Runde; Gesangsrolle); die Partien; eine gute Partie machen (eine reiche Frau oder einen reichen Mann heiraten)
partiell (teilweise); eine partielle Sonnenfinsternis
die **Partikel** (nicht veränderbares Wort, zum Beispiel «dort, in, und»); die Partikeln
der **Partisan** (bewaffneter Widerstandskämpfer); des Partisans *oder* Partisanen; die Partisanen
die **Partisanin;** die Partisaninnen
die **Partitur** (Zusammenstellung aller zu einem Musikstück gehörenden Stimmen); die Partituren
das **Partizip** (Mittelwort); des Partizips; die Partizipien
der **Partner;** des Partners; die Partner
die **Partnerin;** die Partnerinnen
die **Partnerschaft**
partnerschaftlich
partout (durchaus; um jeden Preis); sie wollte partout in Berlin studieren
die **Party** (zwangloses Fest); die Partys
der **Partyservice**
die **Parzelle** (vermessenes Grundstück); die Parzellen
das **Pascal** (Einheit des Drucks); des Pascals; die Pascal; 90 Pascal
der **Pasch** (Wurf mit gerader Augenzahl auf mehreren Würfeln); des Pasches; die Pasche *oder* Päsche
der **Pascha** (Mann, der sich [von Frauen] bedienen lässt); des Paschas; die Paschas
der **Pass;** des Passes; die Pässe
die **Passage** (Durchfahrt, Durchgang; Überfahrt; Textstück; schnelle Tonfolge in einem Musikstück); die Passagen
der **Passagier** (Fahrgast); des Passagiers; die Passagiere; der blinde Passagier (jemand, der heimlich und ohne Billet an Bord eines Flugzeugs oder Schiffes mitreist)
die **Passagierin;** die Passagierinnen
der **Passant** (Fussgänger); des/dem/den Passanten; die Passanten
die **Passantin;** die Passantinnen
der **Passat** (Tropenwind); des Passats *oder* Passates; die Passate

das **Passbüro** (kantonale Behörde, die Reisepässe ausstellt oder verlängert)
passé *oder* **passee** (vorbei)
passen; du passt zu ihm; das Kleid passte; das Kleid hat gepasst
passend; ein passender Anzug; ABER: etwas Passendes
der **Passepartout** (Hauptschlüssel; Dauerkarte; Bilderrahmen); des Passepartouts; die Passepartouts
die **Passerelle** (Fussgängerbrücke über Strassen oder Geleise; *auch:* Ausbildung für Berufsmaturanden, die dann zum Studium an Hochschulen berechtigt); die Passerellen
das **Passevite** (ein Küchengerät); des Passevites; die Passevites
das **Passfoto**
passierbar; der Weg war nicht passierbar (begehbar)
passieren (vorübergehen, -fahren); das Schiff passierte den Leuchtturm; sie hat die Grenze passiert
passieren (geschehen); etwas passierte; etwas ist passiert
der **Passierschein** (Freibrief, der zum Grenzübertritt oder Aufenthalt in Sperrgebiet berechtigt)
die **Passion** (Leiden; Leidenschaft)
passiv (leidend; untätig); er verhält sich passiv; das passive Wahlrecht (das Recht, gewählt zu werden)
das **Passiv** (*Grammatik:* die Leideform); des Passivs
die **Passivität** (passives Verhalten)
die **Passkontrolle**
das **Passwort** (*EDV:* Kennwort); die Passwörter
die **Pasta** (Teigwaren); die Pasta sind gut; *auch:* die Pasta ist gut; die Pastas *oder* Pasten sind gut
die **Paste** *oder* die **Pasta** (streichbare, teigartige Masse)
die **Pastellfarbe**
die **Pastete**
pasteurisieren (durch Erhitzen keimfrei und haltbar machen); pasteurisierte Milch
die **Pastille** (Kügelchen, Pille); die Pastillen
die **Pastmilch** (*kurz für:* pasteurisierte Milch)

der **Pastor** (Geistlicher); des Pastors; die Pastoren
die **Pastorin;** die Pastorinnen
der **Pate** (Götti; Taufzeuge); des/dem/den Paten; die Paten
das **Patenkind**
die **Patenschaft** (freiwillige Unterstützung oder Fürsorge)
patent (geschickt, praktisch); patenter; am patentesten
das **Patent** (rechtlicher Schutz für eine Erfindung; rechtlich geschützte Erfindung; amtliche Befugnis, eine bestimmte Tätigkeit auszuüben); des Patents *oder* Patentes; die Patente
patentieren; er hat sich die Erfindung patentieren lassen; ein patentiertes Verfahren
der **Pater** (katholischer Ordensgeistlicher); des Paters; die Patres
der **Paternoster** (ständig umlaufender Lift); des Paternosters; die Paternoster
pathetisch (voller Pathos; übertrieben feierlich); ein pathetischer Auftritt
pathologisch (krankhaft)
das **Pathos** ([übertriebener] Ausdruck feierlicher Ergriffenheit); des Pathos
der **Patient** (Kranker in ärztlicher Behandlung); des/dem/den Patienten; die Patienten
die **Patientin;** die Patientinnen
die **Patin** (Gotte); die Patinnen
der **Patriarch** (Erzvater; Bischofstitel; männliches Familienoberhaupt); des/dem/den Patriarchen; die Patriarchen
das **Patriarchat** (Gesellschaftsform, die für Männer bevorzugte Stellung vorsieht); *vergleiche:* Matriarchat
der **Patriot** (jemand, der vaterländisch gesinnt ist); des/dem/den Patrioten; die Patrioten
die **Patriotin;** die Patriotinnen
patriotisch
der **Patriotismus;** des Patriotismus
der **Patrizier** (vornehmer Bürger [besonders im Mittelalter]); des Patriziers; die Patrizier
die **Patrizierin;** die Patrizierinnen
der **Patron** (Schutzherr); des Patrons; die Patrone
der **Patron** (Inhaber eines Geschäfts, Restaurants oder einer kleineren Firma); des Patrons; die Patrons
das **Patronat** (Förderung und Betreuung einer Veranstaltung o. Ä. durch eine bekannte Person oder Institution); des Patronats; die Patronate; das Turnier findet unter dem Patronat von ... statt
die **Patrone** (die Geschosshülse); die Patronen
die **Patronin** (Schutzherrin); die Patroninnen
die **Patronin** *oder* **Patronne** (Inhaberin eines Geschäfts, Restaurants oder einer kleineren Firma); die Patroninnen *oder* die Patronnes
die **Patrouille** (Spähtrupp, Streife); die Patrouillen
patrouillieren (als Wache auf und ab gehen; auf Patrouille gehen oder fahren); sie patrouillierten; Soldaten sind durch die Strassen patrouilliert
patschen; du patschst; sie patschte; er ist durch die Pfütze gepatscht
patschnass
patt (*Schach:* unfähig, noch einen Zug zu machen; unentschieden); patt sein
das **Patt** (das Unentschieden); des Patts; die Patts; ein militärisches Patt
patzen (einen Fehler machen); du patzt; sie patzte; er hat bei der Prüfung gepatzt
der **Patzer;** des Patzers; die Patzer
patzig (frech); patzige Antworten
die **Pauke;** er haute auf die Pauke (er war ausgelassen)
pauken (angestrengt lernen); sie paukte; er hat Englischwörter gepaukt
pausbackig *oder* **pausbäckig**
pauschal (alles zusammen, rund); die Kosten wurden pauschal abgerechnet
die **Pauschale** (Gesamtbetrag; geschätzte Summe); die Pauschalen
der **Pauschalpreis** (Gesamtbetrag ohne Details)
das **Pauschalurteil** (verallgemeinerndes Urteil)
die **Pause** (Ruhezeit); die grosse Pause (in der Schule, im Theater)
die **Pause** (mit Pauspapier hergestellte Kopie, Durchzeichnung)
pausen; ich pause; du paust; er pauste; er hat den Plan gepaust
das **Pausenbrot** (Znüni)

pausenlos
Pausenplatz
pausieren (eine Pause machen; unterbrechen); sie pausierte; sie hat pausiert
das **Pauspapier**
der **Pavian** (ein Affe); des Pavians; die Paviane
der **Pavillon** (kleiner, frei stehender, meist runder Bau; Ausstellungsgebäude); des Pavillons; die Pavillons
der **Pazifik** (der Grosse, Stille Ozean); des Pazifiks
pazifisch; pazifische Inseln; ABER: der Pazifische (Grosse, Stille) Ozean
der **Pazifismus** (Ablehnung des Krieges aus religiösen oder ethischen Gründen); des Pazifismus
der **Pazifist** (jemand, der für absoluten Verzicht auf Krieg, Rüstung und Militär eintritt); des/dem/den Pazifisten; die Pazifisten
die **Pazifistin;** die Pazifistinnen
pazifistisch
der **PC** = Personal Computer; des PC *oder* PCs; die PC *oder* PCs
das **PC-Konto** (*kurz für:* Postcheckkonto); des PC-Kontos; die PC-Konten *oder* PC-Kontos *und* die PC-Konti
die **Peanuts** (Erdnüsse, Kleinigkeiten) *Plural*
das **Pech;** des Pechs
pechschwarz
die **Pechsträhne**
der **Pechvogel**
das **Pedal;** des Pedals; die Pedale
pedalen (Velo fahren; in die Pedale treten); du pedalst; sie pedalte; er ist pedalt
der **Pedant** (übertrieben genauer, kleinlicher Mensch); des/dem/den Pedanten; die Pedanten
die **Pedanterie;** die Pedanterien
die **Pedantin;** die Pedantinnen
pedantisch
die **Pediküre** *oder* **Pédicure** (Fusspflege); *Berufsbezeichnung:* Podologe, Podologin
der **Pegel** (Wasserstandsmesser); des Pegels; die Pegel
peilen (die Richtung feststellen); du peilst; sie peilte; er hat gepeilt
die **Pein** (Schmerz, Qual; Last)
peinigen; sie peinigte; sie hat ihn gepeinigt; peinige sie nicht!
der **Peiniger;** des Peinigers; die Peiniger
die **Peinigerin;** die Peinigerinnen
peinlich; eine peinliche Frage; alles war peinlich (sehr) sauber
die **Peitsche**
peitschen; der Regen peitschte; der Regen hat die Bäume gepeitscht
die **Pelati** (geschälte Tomaten in Tomatensaft aus Konservendose) *Plural*
die **Pelerine** (Umhang; Regenschutz); der Pelerinen
der **Pelikan** (ein Vogel mit sehr langem Schnabel); des Pelikans; die Pelikane
die **Pelle;** jemandem auf die Pelle rücken (jemandem energisch zusetzen); jemandem auf der Pelle sitzen (jemandem lästig sein)
der **Pelz;** des Pelzes; die Pelze; jemandem auf den Pelz rücken (jemanden drängen)
pelzig; pelzige Blätter
der **Penalty** (Elfmeter); des Penalty und Penaltys; die Penaltys
das **Pendel;** des Pendels; die Pendel
pendeln; du pendelst; sie pendelte; sie hat an einem Seil gependelt; sie ist zwischen Luzern und Zürich gependelt (hin- und hergefahren)
pendent (noch nicht erledigt)
die **Pendenz** (noch nicht erledigte Aufgabe); die Pendenzen
der **Pendler;** des Pendlers; die Pendler
die **Pendlerin;** die Pendlerinnen
penetrant (durchdringend; aufdringlich)
die **Penetranz**
das **Penicillin** *oder* **Penizillin** (ein Heilmittel); des Penicillins *oder* Penizillins; die Penicilline *oder* Penizilline
der **Penis** (männliches Glied); des Penis; die Penisse *oder* Penes
das **Penizillin** *oder* **Penicillin** (ein Heilmittel); des Penizillins *oder* Penicillins; die Penizilline *oder* Penicilline
pennen (schlafen); er pennte; er hat gepennt
der **Penner** (Stadt-, Landstreicher); des Penners; die Penner
die **Pennerin;** die Pennerinnen
die **Pension** (Rente; kleineres Hotel; Fremdenheim)
der **Pensionär** (Rentner; Pensionsgast); des Pensionärs; die Pensionäre
die **Pensionärin;** die Pensionärinnen
pensionieren; sie pensionierte ihn; er

hat sie pensioniert; er ist schon lange pensioniert

der **Pensionierte** (Rentner); ein Pensionierter; die Pensionierten; viele Pensionierte

die **Pensionierte** (Rentnerin); eine Pensionierte; die Pensionierten

das **Pensum** (zugeteilte Arbeit; Lehrstoff); des Pensums; die Pensen *oder* Pensa

das **Pentagon** (Fünfeck; Verteidigungsministerium der USA, das fünfeckig ist); des Pentagons

der **Peperoncino** (kleine, scharfe Paprikaschote); des Peperoncinos; die Peperoncini; *meist Plural*

die **Peperoni** (eine milde Paprikasorte); die Peperoni; *meist Plural*

per (durch, mit, gegen, für); per Gesetz; per Bahn reisen; etwas per Post schicken; mit jemandem per Du *oder* per du sein (jemanden duzen)

perfekt (vollkommen; abgemacht); eine perfekte Planung; der Vertrag ist perfekt

das **Perfekt** (eine Vergangenheitsform des Verbs); des Perfekts *oder* Perfektes

die **Perfektion** (Vollendung, Vollkommenheit)

der **Perfektionismus** ([übertriebenes] Streben nach Vollkommenheit); des Perfektionismus

perfektionistisch

perfid (gemein, hinterhältig); eine perfide Methode

die **Perforation** (Durchbohrung; Loch; Reisslinie); die Perforationen

perforieren (durchbohren, durchlöchern); ich perforiere; er perforierte; perforierte Blätter

die **Performance** (Veranstaltung, bei der durch Aktionen ein künstlerisches Erlebnis vermittelt werden soll); der Performance; die Performances

das **Pergament** (bearbeitete Tierhaut; alte Handschrift); des Pergaments *oder* Pergamentes; die Pergamente

die **Periode** (Zeitraum; sich fortlaufend wiederholende Ziffer oder Zifferngruppe einer Dezimalzahl; Menstruation)

das **Periodensystem** *(Chemie)*

periodisch (regelmässig wiederkehrend); in periodischen Abständen

die **Peripherie** (Begrenzungslinie; Randgebiet); die Peripherien

die **Perle**

die *oder* das **Perlmutter** *und* das **Perlmutt;** der Perlmutter *oder* des Perlmutters *und* des Perlmutts

permanent (dauernd, ständig); permanentes Schnarchen

perplex (verwirrt; verblüfft; bestürzt)

das *oder* der **Perron;** des Perrons; die Perrons

der **Perser;** des Persers; die Perser

die **Perserin;** die Perserinnen

der **Perserteppich**

Persien (ältere Bezeichnung für Iran)

persisch

die **Person;** die Personen

das **Personal;** des Personals

die **Personalien** (amtlich registrierte Personenangaben) *Plural*

der **Personenkraftwagen** (*Abkürzung:* Pkw *oder* PKW)

der **Personenwagen** (*Abkürzung:* PW)

persönlich; ein persönlicher Brief; mir persönlich gefällts

die **Persönlichkeit**

die **Perspektive** (Form der ebenen Darstellung, die den Eindruck des Räumlichen hervorruft; Sicht, Blickwinkel; Aussicht für die Zukunft); die Perspektiven

Peru (Staat in Südamerika)

der **Peruaner;** des Peruaners; die Peruaner

die **Peruanerin;** die Peruanerinnen

peruanisch

die **Perücke** (Haarersatz)

pervers (abartig, krankhaft; absurd)

die **Perversion** (unnatürliche Veranlagung)

die **Perversität** (unnatürliche Veranlagung)

der **Pessimismus** (Schwarzseherei); des Pessimismus

der **Pessimist** (jemand, der alles von der schlechten Seite betrachtet); des/dem/den Pessimisten; die Pessimisten

die **Pessimistin;** die Pessimistinnen

pessimistisch

die **Pest** (hoch ansteckende Krankheit)

das **Pestizid** (Schädlingsbekämpfungsmittel); des Pestizids; die Pestizide

der **Peterli** (Petersilie); des Peterlis; die Peterli

die **Petersilie**

die **Petition** (schriftliche Bitte oder Beschwerde an Regierung, Parlament); die Petitionen

das **Petroleum** (brennbare Flüssigkeit aus Erdöl); des Petroleums
das **Petting** (sexuelle Liebkosung ohne Geschlechtsverkehr)
petzen (verraten; zwicken); du petzt; er petzte; sie hat gepetzt
der **Pfad;** des Pfads *oder* Pfades; die Pfade
pfaden; du pfadest; sie pfadet die Strasse; sie pfadete sie; sie hat sie gepfadet
der **Pfadfinder;** des Pfadfinders; die Pfadfinder
die **Pfadfinderin;** die Pfadfinderinnen
die **Pfadi** (Verband)
der **Pfäffikersee**
der **Pfahl;** des Pfahls *oder* Pfahles; die Pfähle
der **Pfahlbau;** die Pfahlbauten
das **Pfand;** des Pfands *oder* Pfandes; die Pfänder
pfänden; du pfändest; er pfändete; er hat den Schrank gepfändet
die **Pfandflasche**
die **Pfanne**
pfannenfertig (bereit für die Zubereitung; ausgereift); er hat den Fisch pfannenfertig hergerichtet; ein pfannenfertiger Entwurf
der **Pfannkuchen** (Omelette)
die **Pfarrei**
der **Pfarrer;** des Pfarrers; die Pfarrer
die **Pfarrerin;** die Pfarrerinnen
das **Pfarrhaus**
der **Pfau;** des Pfaus *oder* Pfaues; die Pfauen
der **Pfeffer;** des Pfeffers; die Pfeffer; Pfeffer und Salz; schwarzer, Schwarzer Pfeffer
das **Pfefferminz** (ein Bonbon); des Pfefferminzes; die Pfefferminze
die **Pfefferminze** (eine Heil- und Gewürzpflanze)
die **Pfeffermühle**
pfeffern; du pfefferst; er pfefferte; sie hat das Fleisch gepfeffert; pfeffere das Essen nicht so stark!
die **Pfeife**
pfeifen; du pfeifst; sie pfeift; er pfiff; sie hat gepfiffen
der **Pfeil;** des Pfeils *oder* Pfeiles; die Pfeile
der **Pfeiler;** des Pfeilers; die Pfeiler
pfeilgerade
pfeilschnell; ein pfeilschnelles Auto
der **Pferch** (eingezäuntes Feldstück für Tiere); des Pferchs *oder* Pferches; die Pferche
pferchen (hineinzwängen); du pferchst; sie pferchte; sie hat beide Pferde in eine Box gepfercht
das **Pferd;** des Pferds *oder* Pferdes; die Pferde; zu Pferde
der **Pferdeschwanz**
die **Pferdestärke** (veraltete Masseinheit; *Abkürzung:* PS)
der **Pferdpauschen** (ein Turngerät); des Pferdpauschen; die Pferdpauschen
der **Pfiff;** des Pfiffs *oder* Pfiffes; die Pfiffe
der **Pfifferling** (ein Pilz); des Pfifferlings; die Pfifferlinge; das ist keinen Pfifferling (nichts) wert
pfiffig (gewitzt; schlau)
der **Pfiffikus** (schlauer Mensch); des Pfiffikus *oder* Pfiffikusses; die Pfiffikusse
Pfingsten (christliches Fest); des Pfingsten; zu, an Pfingsten; Pfingsten sind früh, *auch:* Pfingsten ist früh; fröhliche Pfingsten!
das **Pfingstfest**
der **Pfirsich;** des Pfirsichs; die Pfirsiche
die **Pflanze**
pflanzen; du pflanzt; er pflanzte; sie hat einen Baum gepflanzt
der **Pflanzer;** des Pflanzers; die Pflanzer
die **Pflanzerin;** die Pflanzerinnen
pflanzlich; pflanzliche Kost
die **Pflanzung** (das Pflanzen; Plantage)
das **Pflaster** (Strassenbelag aus Steinen; Heftpflaster); des Pflasters; die Pflaster
pflastern *oder* **pflästern;** du pflasterst *oder* pflästerst; er pflasterte *oder* pflästerte; er hat die Strasse gepflastert *oder* gepflästert
der **Pflasterstein**
die **Pflaume**
die **Pflege**
pflegeleicht; pflegeleichte Kleidung
pflegen; du pflegst; er pflegte; sie hat den Kranken gepflegt
der **Pfleger;** des Pflegers; die Pfleger
die **Pflegerin;** die Pflegerinnen
die **Pflicht**
pflichtbewusst
das **Pflichtfach;** des Pflichtfachs *oder* Pflichtfaches; die Pflichtfächer
die **Pflichtlektüre**
der **Pflichtverteidiger** (vom Gericht bestellter Verteidiger)
die **Pflichtverteidigerin**

der **Pflock;** des Pflocks *oder* Pflockes; die Pflöcke
pflücken; du pflückst; sie pflückte; er hat Blumen gepflückt; pflücke *oder* pflück die Äpfel!
der **Pflücker;** des Pflückers; die Pflücker
die **Pflückerin;** die Pflückerinnen
der **Pflug;** des Pflugs *oder* Pfluges; die Pflüge
pflügen; du pflügst; er pflügte; er hat den Acker gepflügt
die **Pflugschar** (Schneide des Pflugs)
die **Pforte** (kleinere Tür)
der **Pförtner** (Person, die Eingang eines Gebäudes bewacht); des Pförtners; die Pförtner
die **Pförtnerin;** die Pförtnerinnen
der **Pfosten;** des Pfostens; die Pfosten
die **Pfote**
der **Pfropfen;** des Pfropfens; die Pfropfen
der **Pfuhl** (grosse Pfütze; Sumpf); des Pfuhls *oder* Pfuhles; die Pfuhle
pfui!
der *oder* das **Pfulmen** (Kopfkissen); des Pfulmens; die Pfulmen
das **Pfund;** des Pfunds *oder* Pfundes; die Pfunde; ABER: vier Pfund Kartoffeln
pfundig (grossartig, toll)
der **Pfusch;** des Pfusches
pfuschen; du pfuschst; er pfuschte; er hat gepfuscht
der **Pfuscher;** des Pfuschers; die Pfuscher
die **Pfuscherei**
die **Pfuscherin;** die Pfuscherinnen
die **Pfütze**
die **PH** = pädagogische Hochschule; *vergleiche auch:* pädagogisch
der **Phallus** (männliches Glied, Penis); des Phallus; die Phalli
das **Phänomen** (Erscheinung; seltenes Ereignis); des Phänomens; die Phänomene
phänomenal (aussergewöhnlich, erstaunlich); ein phänomenales Gedächtnis
die **Phantasie** *vergleiche:* **Fantasie**
phantasieren *vergleiche:* **fantasieren**
phantasievoll *vergleiche:* **fantasievoll**
phantastisch *vergleiche:* **fantastisch**
das **Phantom** (Trugbild); des Phantoms; die Phantome
das **Phantombild** (nach Zeugenaussagen gezeichnetes Porträt)
der **Pharao** (ägyptischer König im Altertum); des Pharaos; die Pharaonen
die **Pharaonin;** die Pharaoninnen
der **Pharisäer** (Angehöriger einer streng gesetzesfrommen altjüdischen Partei; selbstgerechter Heuchler); des Pharisäers; die Pharisäer
pharisäerhaft (hochmütig; heuchlerisch)
die **Pharisäerin;** die Pharisäerinnen
die **Pharmaindustrie** (Arzneimittelindustrie)
die **Pharmakologie** (Arzneimittelkunde)
pharmazeutisch; pharmazeutische Berufe
die **Pharmazie** (Lehre von der Arzneimittelzubereitung)
die **Phase** (Abschnitt einer Entwicklung); die Phasen
phasenweise (zeitweise, manchmal); ein phasenweise gutes Spiel
phatt (*jugendsprachlich für:* hervorragend); phatte Beats
die **Philippinen;** (Inselgruppe und Staat in Südostasien) *Plural*
der **Philippiner;** des Philippiners; die Philippiner
die **Philippinerin;** die Philippinerinnen
philippinisch
der **Philosoph;** des Philosophen; die Philosophen
die **Philosophie** (Denkart; Weltbild)
philosophieren; du philosophierst; sie philosophierte; sie hat philosophiert
die **Philosophin;** die Philosophinnen
philosophisch
das **Phlegma** (Ruhe, Geistesträgheit, Schwerfälligkeit); des Phlegmas
der **Phlegmatiker;** des Phlegmatikers; die Phlegmatiker
die **Phlegmatikerin;** die Phlegmatikerinnen
phlegmatisch; ein phlegmatischer Mensch
die **Phobie** (krankhafte Angst); die Phobien
das **Phon** *oder* **Fon** (Masseinheit für die Lautstärke)
die **Phonetik** *oder* **Fonetik** (Lehre von der Lautbildung)
phonetisch *oder* **fonetisch**
die **Phonothek** *oder* **Fonothek** (Archiv mit Tonbändern, Schallplatten)
das **Phosphat** (Salz der Phosphorsäure); des Phosphats *oder* Phosphates; die Phosphate

der **Phosphor** (ein chemisches Element; *Zeichen:* P); des Phosphors
die **Phrase** (Redewendung; nichtssagende Redensart); Phrasen dreschen
phrasenhaft
der **ph-Wert** (Mass, das angibt, wie stark basisch oder sauer eine Lösung wirkt)
die **Physik** (eine Naturwissenschaft)
physikalisch; physikalische Gesetze
der **Physiker;** des Physikers; die Physiker
die **Physikerin;** die Physikerinnen
der **Physiotherapeut**
die **Physiotherapeutin**
die **Physiotherapie** (Heilbehandlung mit Licht, Luft, Wasser, Bestrahlungen, Massage)
physisch (körperlich); physische Belastung
der **Pianist** (ausgebildeter Klavierspieler); des/dem/den Pianisten; die Pianisten
die **Pianistin;** die Pianistinnen
piano (*Musik:* leise; *Abkürzung:* p)
das **Piano** (Klavier); des Pianos; die Pianos
der **Pickel;** des Pickels; die Pickel
pickelig *oder* **picklig;** ein pickeliges *oder* pickliges Gesicht
picken; das Huhn pickte; es hat die Körner gepickt
das **Picknick** (Essen im Freien); des Picknicks; die Picknicke *oder* Picknicks
picknicken; du picknickst; sie picknickte; sie hat gepicknickt
picobello (tadellos); der Boden ist picobello sauber
piekfein (besonders fein)
piepen; du piepst; es piepte; es hat gepiept; bei dir piepts wohl? (du bist wohl nicht recht bei Verstand?)
piepsen; du piepst; er piepste; er hat gepiepst
piercen (die Haut durchstechen, um Schmuck anzubringen); du pierct; sie piercte; sie hat gepierct; sie will sich piercen lassen
das **Piercing;** des Piercings; die Piercings
piesacken (quälen); du piesackst ihn; er piesackte ihn; er hat ihn gepiesackt
die **Pietät** (ehrfürchtiger Respekt)
das **Pigment** (Farbstoff); des Pigments *oder* Pigmentes; die Pigmente
pikant (scharf gewürzt; reizvoll); pikanter; am pikantesten
piken *oder* **piksen;** du pikst; er pikt *oder* pikst; er pikte *oder* pikste mich; es hat gepikt *oder* gepikst
das **Pikett** (Bereitschaftsdienst); des Piketts; die Piketts; er war rund um die Uhr auf Pikett
der **Pilger;** des Pilgers; die Pilger
die **Pilgerfahrt** (Reise aus religiösen Gründen)
die **Pilgerin;** die Pilgerinnen
pilgern; du pilgerst; er pilgerte; er ist nach Einsiedeln gepilgert
die **Pille**
der **Pilot;** des/dem/den Piloten; die Piloten
der **Pilotfilm** (Testfilm für eine geplante Fernsehserie)
die **Pilotin;** die Pilotinnen
der **Pilz;** des Pilzes; die Pilze
der **Pin** (Ansteckknopf); des Pins; die Pins
die *oder* der **PIN** = personal identification number (persönliche Geheimzahl, zum Beispiel beim Handy); die PINs
pingelig (kleinlich; empfindlich)
der **Pinguin** (ein Vogel der Antarktis); des Pinguins; die Pinguine
pink (rosa); ein pinkes Kleid; *vergleiche:* blau
das **Pink** (kräftiges Rosa); des Pinks; die Pinks; ein Kleid in Pink
pinkeln (urinieren); ich pinkle; er pinkelte; er hat gepinkelt
pinkfarben; eine pinkfarbene Hose
pinnen (befestigen); du pinnst; sie pinnte; sie hat das Poster an die Wand gepinnt
die **PIN-Nummer** (*verdeutlichend für:* PIN)
die **Pinnwand** (Tafel zum Anheften von Merkzetteln)
der **Pinscher** (eine Hunderasse); des Pinschers; die Pinscher
der **Pinsel;** des Pinsels; die Pinsel
pinseln; du pinselst; er pinselte; er hat den Spruch an die Wand gepinselt
die **Pinzette;** die Pinzetten
der **Pionier** (Vorkämpfer); des Pioniers; die Pioniere
die **Pionierin** (Vorkämpferin); die Pionierinnen
die **Pipeline** (Rohrleitung für Gas, Erdöl); die Pipelines
der **Pirat** (Seeräuber); des/dem/den Piraten; die Piraten
die **Piratin;** die Piratinnen

die **Pirouette** (Drehung um die eigene Achse); die Pirouetten
die **Pirsch** (Schleichjagd)
PISA *oder* **Pisa** = Programme for International Student Assessment
die **PISA-Studie** *oder* **Pisa-Studie** (internationale Studie, in der Schülerleistungen verglichen werden)
die **Pisse** (Urin)
pissen (urinieren); du pisst; er pisste; er hat an den Baum gepisst
Pistache (Glacearoma aus Pistazien)
die **Pistazie** (ein Baum; dessen Steinfrucht); die Pistazien
die **Piste** (Rennstrecke; Rollbahn)
die **Pistole;** die Pistolen
die **Pizza** (ein Hefebackwerk mit pikantem Belag); die Pizzas
die **Pizzeria;** die Pizzerias *oder* Pizzerien
der **Pkw** *oder* **PKW** = Personenkraftwagen; des Pkw *oder* Pkws *und* des PKW *oder* PKWs; die Pkws *oder* PKWs, *selten auch:* die Pkw *oder* PKW; *vergleiche auch:* PW
Pl. *oder* **Plur.** = Plural (Mehrzahl)
die **Plackerei** (Plagerei)
die **Plage;** die Plagen
plagen; du plagst; er plagte; er hat mich mit seiner Fragerei sehr geplagt; sich plagen (sich mühen); sie hat sich bei dieser Arbeit sehr geplagt
das **Plakat;** des Plakats *oder* Plakates; die Plakate
die **Plakette** (Abzeichen; Schildchen mit Inschrift); die Plaketten
plan (flach; eben); eine plane Fläche
der **Plan;** des Plans *oder* Planes; die Pläne
die **Plane** (Blache); die Planen
planen; du planst; er plante; er hat die Reise geplant
der **Planet** (Wandelstern); des/dem/den Planeten; die Planeten
planetarisch; planetarischer Nebel
das **Planetarium** (Raum, in dem künstlicher Sternenhimmel erzeugt wird); die Planetarien
die **Planke** (Bohle); die Planken
das **Plankton** (Gesamtheit der im Wasser schwebenden niederen Lebewesen); des Planktons
planlos
planmässig; die planmässige Abfahrt
das **Planschbecken** *oder* **Plantschbecken**
planschen *oder* **plantschen;** du planschst *oder* plantschst; er planschte *oder* plantschte; er hat in der Badewanne geplanscht *oder* geplantscht; *Trennung:* plan-schen *oder* plant-schen
die **Plantage** (Pflanzung; landwirtschaftlicher Grossbetrieb in den Tropen); die Plantagen
das **Plantschbecken** *vergleiche:* **Planschbecken**
plantschen *vergleiche:* **planschen**
plappern; du plapperst; er plapperte; er hat geplappert
plärren (in unangenehmer Weise laut reden, weinen); du plärrst; das Kind plärrte; es hat geplärrt
das **Plasma** (flüssiger Bestandteil des Blutes); des Plasmas; die Plasmen
der **Plasmabildschirm**
die **Plastik** (Bildhauerwerk); die Plastiken
das *oder* der **Plastik** (ein Kunststoff); des Plastiks
der **Plastikbeutel**
plastisch (knetbar; körperlich; einprägsam); plastischer Sprengstoff
die **Platane** (ein Laubbaum); die Platanen
das **Plateau** (Hochebene, Hochfläche); des Plateaus; die Plateaus
das **Platin** (ein chemisches Element, Edelmetall; *Zeichen:* Pt); des Platins
platinblond (weissblond)
die **Platine** (Montageplatte für elektrische Bauteile); die Platinen
die **Platitude** *vergleiche:* **Plattitüde**
plätschern; ich plätschere gern im Wasser; der Bach plätschert; der Bach plätscherte; er hat geplätschert; *Trennung:* plät-schern
platt; platter; am plattesten; die Nase platt drücken; da bist du platt!
die **Platte**
der **Platten** (Reifenpanne); des Plattens; die Platten
der **Plattenspieler**
die **Plattform**
die **Plattitüde** *oder* **Platitude** (Plattheit, Seichtheit); die Plattitüden *oder* Platituden
der **Platz;** des Platzes; die Plätze; Platz machen, nehmen; etwas findet Platz; etwas ist am Platze

das **Plätzchen** (ein Gebäck); des Plätzchens; die Plätzchen

platzen; du platzt; er platzte; er ist geplatzt

platzieren (aufstellen, an einen bestimmten Platz stellen, bringen); ich platziere; du platzierst; er platzierte; er hat seine Gäste im Salon platziert

die **Platzierung**

das **Platzkonzert** (Konzert auf einem Platz im Freien)

das **Plätzli** (Schnitzel); des Plätzlis; die Plätzli

der **Platzregen**

die **Plauderei**

plaudern; du plauderst; sie plauderte; sie hat geplaudert

der **Plausch** (gemütliche Plauderei); des Plauschs *oder* Plausches; die Plausche *Plural selten*

plausibel (einleuchtend); plausible Argumente

das **Playback** (Bandaufzeichnung); des Playback *oder* Playbacks; die Playbacks

der **Playboy** (Mann, der vor allem für sein Vergnügen lebt); des Playboys; die Playboys

das **Playgirl;** des Playgirls; die Playgirls

das **Play-off** *oder* **Playoff** (*Sport:* System von Ausscheidungsspielen); des Play-offs *oder* Playoffs; die Play-offs *oder* Playoffs

die **Playstation** (*Markenbezeichnung:* ein elektronisches Spielgerät); die Playstations

pleite (zahlungsunfähig); pleite sein, werden; er ist pleite

die **Pleite;** Pleite machen *oder* pleitemachen; Pleite gehen *oder* pleitegehen

pleitegehen *oder* **Pleite gehen;** sie ist pleitegegangen *oder* Pleite gegangen

pleitemachen *oder* **Pleite machen;** die Firma hat pleitegemacht *oder* Pleite gemacht

das **Plenum** (Vollversammlung); des Plenums; die Plenen

das **Plexiglas** (*Markenbezeichnung:* ein glasartiger Kunststoff)

die **PLO** = Palestine Liberation Organization (palästinensische Befreiungsbewegung)

die **Plombe** (Bleisiegel; Zahnfüllung); die Plomben

plombieren; du plombierst; sie plombierte; der Arzt hat den Zahn plombiert

der *oder* das **Plot** (Handlungsablauf eines Romans, Films o. Ä.; *EDV:* grafische Darstellung); des Plots; die Plots

der **Plotter** (*EDV:* Zeichengerät, das Ergebnisse aus der Datenverarbeitung grafisch darstellt); des Plotters; die Plotter

plötzlich; ein plötzliches Gewitter

plump; eine plumpe Bewegung

der **Plumps;** des Plumpses; die Plumpse

plumpsen (dumpf fallen); du plumpst; es plumpste; es hat geplumpst; er ist auf den Boden geplumpst

das **Plumpsklo** (Toilette ohne Spülung)

der **Plunder** (altes Zeug); des Plunders

der **Plünderer** *oder* **Plündrer;** des Plünderers *oder* Plündrers; die Plünderer *oder* Plündrer

die **Plünderin** *oder* **Plündrerin;** die Plünderinnen *oder* Plündrerinnen

plündern; du plünderst; sie plünderte; er hat sein Konto geplündert

die **Plünderung**

Plur. *oder* **Pl.** = Plural (Mehrzahl)

der **Plural** (Mehrzahl; *Abkürzung:* Pl., Plur.); des Plurals; die Plurale

der **Pluralismus** (Vielgestaltigkeit gesellschaftlicher, politischer und anderer Phänomene); des Pluralismus

pluralistisch; eine pluralistische Demokratie

plus; drei plus drei ist, macht, gibt sechs; plus 15 Grad *oder* 15 Grad plus; ABER: das **Plus;** des Plus; die Plus; das ist sein grosses Plus; er hat [ein] Plus gemacht

der **Plüsch** (Florgewebe); des Plüschs *oder* Plüsches; die Plüsche

das **Plüschtier**

der **Pluspunkt**

das **Plusquamperfekt** (eine Vergangenheitsform des Verbs)

der **Pluto** (ein Planet)

das **Plutonium** (chemisches Element; Transuran; *Zeichen:* Pu); des Plutoniums

PLZ = Postleitzahl

der **Pneu** (Reifen; Luftreifen); des Pneus; die Pneus

der **Po** (*kurz für:* Popo); des Pos; die Pos

der **Pöbel** (einfache, ungebildete Menschen); des Pöbels

die **Pöbelei** (herausforderndes Beleidigen)

pöbeln (durch beleidigende Äusserungen

provozieren); du pöbelst; sie pöbelte; er hat gepöbelt
pochen; du pochst; er pochte; er hat an die Tür gepocht; sie hat auf ihr Recht gepocht
die **Pocken** (eine Krankheit, Blattern) *Plural*
pockennarbig
die **Pocketkamera** (Taschenkamera)
das **Podest** (Treppenabsatz; kleines Podium); des Podestes *oder* Podests; die Podeste
das **Podium** (trittartige Erhöhung für Redner und Rednerinnen); des Podiums; die Podien
der **Podologe** (Fusspfleger)
die **Podologin** (Fusspflegerin); die Podologinnen
die **Poesie** (Dichtung; Dichtkunst); die Poesien
das **Poesiealbum;** die Poesiealben
der **Poet** (Dichter); des/dem/den Poeten; die Poeten
die **Poetin;** die Poetinnen
poetisch; poetische Sprache
der **Poetry Slam** *oder* **Poetry-Slam** (Wettbewerb, bei dem selbstverfasste Texte innerhalb einer bestimmten Zeit vorgetragen werden und bei dem das Publikum den Sieger oder die Siegerin kürt); des Poetry Slams *oder* Poetry-Slams; die Poetry Slams *oder* Poetry-Slams
der *oder* das **Pogrom** (Ausschreitungen gegen nationale, religiöse oder ethnische Gruppen); des Pogroms; die Pogrome
die **Pointe** (springender Punkt; überraschender Schlusseffekt, besonders bei einem Witz); die Pointen
der **Pokal** (Trinkgefäss mit Fuss; Sportpreis); des Pokals; die Pokale
das **Pökelfleisch**
pökeln (einsalzen); du pökelst; er pökelte; er hat das Fleisch gepökelt; gepökelte Rinderzunge
das **Poker** (ein Kartenglücksspiel); des Pokers
pokern; du pokerst; sie pokerte; sie hat hoch gepokert (viel riskiert)
der **Pol;** des Pols; die Pole
der **Polarkreis**
die **Polaroidkamera** (*Markenbezeichnung:* Kamera, die in kurzer Zeit das fertige Bild liefert)
der **Polarstern**
der **Pole;** des/dem/den Polen; die Polen
Polen (europäischer Staat)
die **Polenta** (ein Maisgericht); der Polenta; die Polentas *oder* Polenten
die **Poleposition** (beste Startposition beim Autorennen)
der **Polier** (Vorarbeiter; Bauführer); des Poliers; die Poliere
polieren; du polierst; er polierte; er hat die Platte poliert
der **Polierer;** des Polierers; die Polierer
die **Poliererin;** die Poliererinnen
die **Polierin** (Vorarbeiterin; Bauführerin); die Polierinnen
die **Polin;** die Polinnen
das **Politbüro** (Zentralausschuss einer kommunistischen Partei)
die **Politik**
der **Politiker;** des Politikers; die Politiker
die **Politikerin;** die Politikerinnen
politisch; politische Wissenschaften
politisieren (von Politik reden; politisch handeln); du politisierst; er politisierte; er hat politisiert
die **Politur** (Glätte, Glanz; Poliermittel); die Polituren
die **Polizei**
polizeilich; er wird polizeilich gesucht
der **Polizeiposten**
die **Polizeistunde** (gesetzlich festgelegte Öffnungs- und Schliesszeiten im Gastgewerbe)
der **Polizist;** des/dem/den Polizisten; die Polizisten
die **Polizistin;** die Polizistinnen
der **Pollen** (Blütenstaub); des Pollens; die Pollen
die **Pollenallergie**
polnisch
das **Polo** (Ballspiel vom Pferd aus); des Polos
das **Polohemd** (Trikothemd mit kurzen Ärmeln)
die **Polonaise** *oder* **Polonäse** (ein Reihentanz); die Polonaisen *oder* Polonäsen
das **Polster;** des Polsters; die Polster
polstern; du polsterst; er polsterte; er hat den Sitz gepolstert
der **Polterabend** (Abend vor der Hochzeit, an dem ausgelassen gefeiert wird)
poltern; du polterst; er polterte; er hat gepoltert

der **Polyester** (ein Kunststoff); des Polyesters; die Polyester
polyfon *oder* **polyphon** (*Musik:* mehrstimmig, vielstimmig)
polygam (mehrehig, vielehig)
die **Polygamie** (Mehrehe, Vielehe)
polyglott (viele Sprachen sprechend)
Polynesien (Inselwelt im mittleren Pazifik)
der **Polyp** (ein Nesseltier mit Fangarmen; Nasenwucherung); des/dem/den Polypen; die Polypen
polyphon *oder* **polyfon** (*Musik:* mehrstimmig; vielstimmig)
die **Pomade** (Haarfett)
pomadig (langsam); die Verteidigung war zu pomadig
die **Pommes** (*kurz für:* Pommes frites) *Plural*
die **Pommes-Chips** (in Fett gebackene Kartoffelscheiben) *Plural*
die **Pommes frites** (in Fett gebackene Kartoffelstäbchen) *Plural*
der **Pomp** (Prunk); des Pomps *oder* Pompes
pompös; pompöser; am pompösesten
der **Poncho** (mantelartiger Umhang aus Südamerika); des Ponchos; die Ponchos
das *oder* der **Pontifikat** (Amtsdauer und Würde des Papstes oder eines Bischofs); des Pontifikats *oder* Pontifikates; die Pontifikate
die **Pontonbrücke** (schwimmende Brücke)
das **Pony;** des Ponys; die Ponys
der **Pony** (fransenartig in die Stirn gekämmtes Haar)
die **Ponyfrisur**
der **Pop** (*Kurzform von:* Pop-Art, Popmusik)
die **Pop-Art** (eine moderne Kunstrichtung)
das **Popcorn** (Puffmais); des Popcorns
popeln (mit einem Finger [in der Nase] bohren); du popelst; sie popelte; er hat in der Nase gepopelt
die **Popmusik**
der **Popo;** des Popos; die Popos
poppig (in einem modernen, auffallenden Stil); poppige Farben
der **Popsänger**
die **Popsängerin**
die **Popszene** (das Milieu der Popmusik)
populär (beliebt; volkstümlich)
die **Popularität**
das **Pop-up-Fenster** (*EDV:* rechteckiges Feld mit Informationen, das sich durch Mausklick auf eine bestimmte Fläche öffnet)
die **Pore**
porig (löchrig)
der **Porno** (*kurz für:* pornografischer Film o. Ä.)
die **Pornografie** (einseitig das Sexuelle darstellende Bilder oder Schriften)
pornografisch
porös (durchlässig; löchrig); poröser Gummi
das **Portal;** des Portals; die Portale
das **Portemonnaie** *oder* **Portmonee;** des Portemonnaies *oder* Portmonees; die Portemonnaies *oder* Portmonees
der **Portier** (Pförtner; Hauswart); des Portiers; die Portiers
die **Portiere** (Türvorhang); die Portieren
die **Portierin** (Pförtnerin; Hauswartin); die Portierinnen
die **Portion;** die Portionen; er ist nur eine halbe Portion (er ist sehr klein, er zählt nicht)
portionenweise
das **Portmonee** *vergleiche:* **Portemonnaie**
das **Porto** (Beförderungsgebühr für Postsendungen); des Portos; die Portos *oder* Porti
portofrei
das **Porträt** (Bildnis); des Porträts; die Porträts
porträtieren; du porträtierst; sie porträtierte; sie hat ihn porträtiert
Portugal
der **Portugiese** (Einwohner Portugals); des/dem/den Portugiesen; die Portugiesen
die **Portugiesin;** die Portugiesinnen
portugiesisch
das **Porzellan;** des Porzellans; die Porzellane
die **Posaune** (ein Blechblasinstrument); die Posaunen
die **Pose** (Körperhaltung); die Posen
die **Position** (Stellung; Lage; Einzelposten); die Positionen
positiv (bejahend; vorteilhaft; gewiss); ein positives Ergebnis
das **Positiv** (Gegensatz zum Negativ beim fotografischen Bild); des Positivs; die Positive
der **Positiv** (Grundstufe, nicht gesteigerte Form des Adjektivs; zum Beispiel «schön»); des Positivs
die **Posse** (derbkomisches Bühnenstück); die Possen

possierlich (spasshaft, drollig); ein possierliches Tierchen
die **Post**
das **Postamt**
das **Postauto**
der **Postbote**
die **Postbotin**
der **Postcheck** *oder* **Postscheck;** des Postchecks *oder* Postschecks; die Postchecks *oder* Postschecks
posten (einkaufen); du postest; sie postete; er hat gepostet; posten gehen
posten (an Internetforen und Weblogs mit Fragen, Antworten, Kommentaren etc. teilnehmen); du postest; er postete; sie hat einen Reisebericht mit Fotos gepostet
der **Posten;** des Postens; die Posten
das *oder* der **Poster** (plakatartiges, gedrucktes Bild); des Posters; die Poster *oder* Posters
das **Postfach**
die **Postkarte**
postlagernd; postlagernde Briefsendungen
die **Postleitzahl** (*Abkürzung:* PLZ)
der **Pöstler** (Briefträger); des Pöstlers; die Pöstler
die **Pöstlerin;** die Pöstlerinnen
der **Postomat** (Geldautomat der Post); des/dem/den Postomaten *oder* des Postomats, dem/den Postomat; die Postomaten
das **Postulat** (Antrag eines Parlamentariers oder einer Parlamentarierin; Vorstoss; Forderung)
die **Postur** (Gestalt, Figur); die Posturen
die **Potenz** (Leistungsvermögen; Produkt aus gleichen Faktoren); die Potenzen
potenziell (möglich); ein potenzieller Käufer
potenzieren (sehr steigern; zur Potenz erheben)
das **Potpourri** (Allerlei; eine Zusammenstellung mehrerer Musikstücke); des Potpourris; die Potpourris
der **Pott** (Topf; [altes] Schiff); des Potts *oder* Pottes; die Pötte
potthässlich (sehr hässlich)
das **Poulet** (Brathuhn); des Poulets; die Poulets
die *oder* der **Power** (Kraft, Leistung)
powern (grosse Leistung entfalten); du powerst; sie powerte; sie hat ganz schön gepowert
die **PR** = Public Relations (Öffentlichkeitsarbeit)
die **Pracht**
prächtig; ein prächtiges Schloss
prachtvoll
das **Prädikat** (Kern der Satzaussage; [gute] Zensur); des Prädikats *oder* Prädikates; die Prädikate
das **Präfix** (Vorsilbe, Vormorphem); des Präfixes; die Präfixe
Prag (Hauptstadt der Tschechischen Republik)
prägen; du prägst; er prägte eine Münze; er hat diesen Satz geprägt
prahlen; du prahlst; sie prahlte; sie hat damit geprahlt
die **Prahlerei**
prahlerisch
der **Prahlhans;** des Prahlhanses; die Prahlhänse
die **Prahlliese;** die Prahlliesen
die **Praktik** (Ausübung, Verfahrensweise, Methode); die Praktiken
praktikabel (durchführbar und zweckmässig); praktikabler; am praktikabelsten
der **Praktikant;** des/dem/den Praktikanten; die Praktikanten
die **Praktikantin;** die Praktikantinnen
der **Praktiker;** des Praktikers; die Praktiker
die **Praktikerin;** die Praktikerinnen
das **Praktikum** (praktische Übung; praktische Tätigkeit, z. B. im Rahmen einer Ausbildung); des Praktikums; die Praktika
praktisch; praktische Übungen
praktizieren (in der Praxis anwenden; seinen Beruf in einer Praxis ausüben); du praktizierst; er praktizierte; der Arzt hat drei Jahre in Brig praktiziert
der **Prälat** (ein geistlicher Würdenträger); des/dem/den Prälaten; die Prälaten
die **Prälatin;** die Prälatinnen
das **Praliné** *oder* **Pralinee;** die Pralinés *oder* Pralinees; *auch:* die **Praline;** die Pralinen
prall
prallen; du prallst; sie prallte; sie ist mit dem Kopf gegen die Tür geprallt
die **Prämie** (Belohnung; Versicherungsgebühr); die Prämien

a b c d e f g h i j k l m n o p q r s t u v w x y z

prämieren *oder* **prämiieren** (mit einem Preis auszeichnen); du prämierst *oder* prämiierst; er prämierte *oder* prämiierte; er hat den Film prämiert *oder* prämiiert
prangen; sein Name prangte; sein Name hat auf einem goldenen Schild geprangt
der **Pranger** (mittelalterlicher Schandpfahl); des Prangers; die Pranger; jemanden an den Pranger stellen (öffentlich blossstellen)
die **Pranke** (Klaue, Tatze); die Pranken
das **Präparat** (Arzneimittel, chemisches Mittel); des Präparats *oder* Präparates; die Präparate
präparieren; du präparierst; er präparierte; er hat das Fell präpariert (haltbar gemacht); sich präparieren (sich vorbereiten); er hat sich für diese Stunde gut präpariert
die **Präposition** (Verhältniswort, z. B. «mit», «von»); die Präpositionen
das **Präpositionalobjekt** (Objekt, dessen Fall von einer Präposition bestimmt wird)
die **Prärie** (Grassteppe); die Prärien
der **Präriewolf**
das **Präsens** (die Gegenwartsform des Verbs)
präsent (anwesend; zur Hand); die Polizei war rechtzeitig präsent; ich habe die Mappe im Moment nicht präsent
das **Präsent** (Geschenk; kleine Aufmerksamkeit); des Präsents *oder* Präsentes; die Präsente
die **Präsentation** ([öffentliche] Vorstellung, Vorführung); die Präsentationen
präsentieren (sehen lassen, zeigen; überreichen); ich präsentiere; du präsentierst; sie präsentierte; sie hat ihr neues Buch präsentiert
die **Präsenz** (Anwesenheit); Präsenz der Ordnungskräfte
die **Präsenzbibliothek** (Bücherei, deren Bücher nicht nach Hause mitgenommen werden dürfen)
das **Präservativ** (Kondom); des Präservativs; die Präservative
der **Präsident** (Vorsitzender); des/dem/den Präsidenten; die Präsidenten
die **Präsidentin;** die Präsidentinnen
präsidieren (den Vorsitz haben); sie präsidierte; sie hat die Sitzung präsidiert
das **Präsidium;** des Präsidiums; die Präsidien
prasseln; es prasselte; das Feuer hat geprasselt; der Regen ist gegen das Fenster geprasselt
prassen (schlemmen); du prasst; er prasste; er hat geprasst
der **Prasser;** des Prassers; die Prasser
die **Prasserei**
die **Prasserin**
das **Präteritum** (eine Vergangenheitsform des Verbs; Imperfekt); des Präteritums
die **Prävention** (Vorbeugung, Verhütung)
präventiv (vorbeugend); präventive Massnahmen; ABER: die **Präventivmassnahme**
die **Praxis** (Tätigkeit; Arbeitsräume eines Arztes oder Anwalts); die Praxen
praxisbezogen
der **Praxisbezug**
praxisfern
praxisnah; eine praxisnahe Ausbildung
präzis *oder* **präzise** (gewissenhaft; genau; unzweideutig); präziser, am präzisesten
präzisieren (genau[er] angeben); er präzisierte; er hat seine Aussagen präzisiert
die **Präzision** (Genauigkeit)
predigen; du predigst; sie predigte; sie hat gepredigt
der **Prediger;** des Predigers; die Prediger
die **Predigerin;** die Predigerinnen
die **Predigt;** die Predigten
der **Preis;** des Preises; die Preise
das **Preisausschreiben** (öffentlicher Wettbewerb)
die **Preiselbeere**
preisen; du preist; er preist; er pries; er hat den Herrn gepriesen
die **Preisgabe** (Aufgabe, Verzicht; Verrat)
preisgeben; du gibst preis; er gab preis; er hat das Geheimnis preisgegeben
preisgekrönt; der preisgekrönte Film
das **Preis-Leistungs-Verhältnis**
die **Preisliste**
preiswert; preiswerte Angebote
der **Prellball** (ein Mannschaftsspiel)
der **Prellbock;** die Prellböcke
prellen (betrügen); du prellst; er prellte; er hat ihn um sein Geld geprellt; sich prellen (sich stossen); er hat sich [an der Schulter] geprellt
die **Prellung**
die **Premiere** (Uraufführung, Erstaufführung); die Premieren

die **Prepaidkarte** (wieder aufladbare Chipkarte mit gespeichertem Guthaben für die Handy-Benutzung)
preschen (rennen); du preschst; er preschte; er ist nach Hause geprescht
pressant (eilig)
die **Presse**
die **Pressefreiheit**
pressen; du presst; er presste; er hat die Trauben gepresst
pressieren (drängen, eilig sein); es pressierte; die Angelegenheit hat pressiert
das **Pressing** (eine Spieltaktik beim Fussball); des Pressings
der **Presslufthammer**
das **Prestige** (Ansehen, Geltung); des Prestiges
der **Preusse;** des/dem/den Preussen; die Preussen
Preussen
preussisch
prickeln; das Wasser prickelte; es hat [mir] in den Fingern geprickelt
der **Priester;** des Priesters; die Priester
die **Priesterin;** die Priesterinnen
die **Priesterweihe**
prima (grossartig); ein prima Essen
primär (ursprünglich; vorrangig)
der **Primarlehrer**
die **Primarlehrerin**
die **Primarschule**
die **Prime** (*Musik:* Intervall aus zwei Tönen der gleichen Stufe); die Primen
die **Primel** (eine Pflanze); die Primeln
primitiv (einfach; dürftig); primitive Verhältnisse
die **Primzahl** (nur durch 1 und sich selbst teilbare Zahl)
der **Printer** (Drucker); des Printers; die Printer
das **Printmedium** (Druckerzeugnis); Printmedien; *meist Plural*
der **Prinz;** des/dem/den Prinzen; die Prinzen
die **Prinzessin;** die Prinzessinnen
das **Prinzip** (der Grundsatz); des Prinzips; die Prinzipien
prinzipiell (grundsätzlich)
prinzipientreu
der **Prior** (Vorsteher eines Klosters, das keinen Abt hat); des Priors; die Prioren
die **Priorin;** die Priorinnen
die **Priorität** (Vorrecht; vorrangiger Anspruch); die Prioritäten; Prioritäten setzen (festlegen, was vorrangig ist)
die **Prise** (kleine Menge, die man zwischen zwei oder drei Fingern fasst); die Prisen; eine Prise Salz, Pfeffer, Tabak

> In einer Reihe von Wörtern wird der lang gesprochene i-Laut ohne anschliessendes -e geschrieben. Dazu gehört auch *Prise*.

das **Prisma** (Lichtbrecher); die Prismen
die **Pritsche** (Holzliege; Ladefläche eines Lkw); die Pritschen
privat (persönlich; ausseramtlich, nicht öffentlich; vertraut); private Ausgaben; die private Wirtschaft
die **Privatadresse**
privatisieren (in Privateigentum überführen); sie privatisierte; die Regierung hat den Staatsbetrieb privatisiert
das **Privileg** (Vorrecht); des Privilegs; die Privilegien *oder* Privilege
pro (je); pro Stück; pro gefahrenen Kilometer
das **Pro** (Für); des Pros; das Pro und Kontra (Für und Wider)
probat (erprobt; bewährt); ein probates Mittel
die **Probe;** der Führerausweis auf Probe; Probe fahren; er hat den Wagen Probe gefahren; er lehnt es ab, diesen Wagen Probe zu fahren; ABER: er kommt zum Probefahren
pröbeln; sie pröbelt; sie pröbelte; sie hat lange gepröbelt
proben; du probst; er probte; er hat seinen Auftritt geprobt
probeweise (zur Probe)
die **Probezeit**
probieren; du probierst; sie probierte; sie hat es probiert; probiere *oder* probier es mal!
das **Problem** (die zu lösende Aufgabe; die Fragestellung; die Schwierigkeit); des Problems; die Probleme
die **Problematik** (Schwierigkeit)
problematisch; problematische Fälle
problemlos
das **Produkt** (Ertrag; Ergebnis); des Produkts *oder* Produktes; die Produkte
die **Produktion** (Herstellung, Erzeugung); die Produktionen

produktiv (ergiebig; fruchtbar; schöpferisch); produktive Zusammenarbeit

der **Produzent** (Hersteller); des/dem/den Produzenten; die Produzenten

die **Produzentin;** die Produzentinnen

produzieren (erzeugen, schaffen); du produzierst; sie produzierte; sie hat Kugelschreiber produziert

Prof. = Professor, Professorin

profan (weltlich; alltäglich); profane Kunst

professionell (berufsmässig; fachmännisch); professionelle Hilfe

der **Professor;** des Professors; die Professoren

die **Professorin;** die Professorinnen

die **Professur** (Lehrstuhl); die Professuren

der **Profi** (Berufssportler); des Profis; die Profis; er ist Profi im Boxen

die **Profi;** die Profis; sie ist Profi im Karate

das **Profil** (Seitenansicht; Längs- oder Querschnitt; Riffelung bei Gummireifen); des Profils; die Profile

sich **profilieren** (besondere Fähigkeiten entwickeln); sie profilierte sich; sie hat sich als Politikerin profiliert

der **Profit** (Nutzen; Gewinn); des Profits *oder* Profites; die Profite

profitieren (Nutzen ziehen); er profitierte; er hat von dem Verkauf nicht profitiert

pro forma (der Form wegen; zum Schein); sie hat den Antrag nur pro forma gestellt

profund (tief, gründlich); profunde Kenntnisse in Mathematik

die **Prognose** (Voraussage); die Prognosen

prognostizieren; sie prognostizierte; sie hat steigende Umsätze prognostiziert

das **Programm** (Plan; Darlegung von Grundsätzen; *EDV:* Folge von Anweisungen für einen Computer); des Programms; die Programme

programmieren ([im Ablauf] festlegen; *EDV:* ein Computerprogramm aufstellen); du programmierst; sie programmierte den Rechner; sie hat den Raketenstart programmiert

der **Programmierer;** des Programmierers; die Programmierer

die **Programmiererin;** die Programmiererinnen

die **Progression** (Weiterentwicklung; Steigerung); die Progressionen

progressiv (fortschrittlich); progressive Musik

das **Projekt** (der Plan, der Entwurf, das Vorhaben); des Projekts *oder* Projektes; die Projekte

das **Projektil** (Geschoss); des Projektils; die Projektile

die **Projektion** (auf eine ebene Fläche projizierte Abbildung); die Projektionen

der **Projektor** (Gerät zum Zeigen von Filmen, Dias); des Projektors; die Projektoren

projizieren (mit dem Projektor wiedergeben; auf einer ebenen Fläche darstellen); ich projiziere; du projizierst; er projizierte; er hat die Dias an die Wand projiziert; *Trennung:* pro-ji-zie-ren

die **Proklamation** (öffentliche Erklärung; Verkündigung); die Proklamationen; *Trennung:* Pro-kla-ma-ti-on

proklamieren; du proklamierst; sie proklamierte; man hat ihn zum König proklamiert; *Trennung:* pro-kla-mie-ren

der **Pro-Kopf-Verbrauch**

die **Prokura** (Handlungsvollmacht); die Prokuren; Prokura haben; jemandem Prokura erteilen; in Prokura

der **Prokurist** (Inhaber einer Handlungsvollmacht); des/dem/den Prokuristen; die Prokuristen

die **Prokuristin;** die Prokuristinnen

der **Prolet** (ungebildeter, unhöflicher Mensch); des/dem/den Proleten; die Proleten

das **Proletariat** (Gesamtheit der Proletarier); des Proletariats *oder* Proletariates; die Proletariate

der **Proletarier** (Angehöriger der wirtschaftlich unselbstständigen, besitzlosen Klasse); des Proletariers; die Proletarier

die **Proletarierin;** die Proletarierinnen

proletarisch

die **Proletin;** die Proletinnen

der **Prolo** (*kurz für:* Prolet); des Prolos; die Prolos

die **Prolo** (*kurz für:* Proletin); die Prolos

der **Prolog** (Einleitung; Vorwort); des Prologs *oder* Prologes; die Prologe

die **Promenade** (Spazierweg; Spaziergang); die Promenaden

die **Promenadenmischung** (nicht reinrassiger Hund)
das **Promille** (Tausendstel; *Zeichen:* ‰); des Promille *oder* Promilles; die Promille; er hat 1,8 Promille Alkohol im Blut
die **Promillegrenze** (Grenzwert des erlaubten Alkoholgehalts im Blut bei Fahrzeugfahrern und -fahrerinnen)
prominent (massgebend, bedeutend); prominenter; am prominentesten
die **Prominente;** eine Prominente; die Prominenten
der **Prominente** (bedeutende Persönlichkeit); die Prominenten; ein Prominenter; zwei Prominente
die **Prominenz** (Gesamtheit der Prominenten)
der **Promoter** (Veranstalter von Profiboxkämpfen); des Promoters; die Promoter
die **Promoterin;** die Promoterinnen
prompt (unverzüglich; pünktlich); prompte Lieferung
das **Pronomen** (Begleiter von Nomen, Stellvertreter für Nomen); die Pronomen *oder* Pronomina
pronominal
die **Propaganda** (Werbung für politische Grundsätze, kulturelle Belange und wirtschaftliche Zwecke)
propagieren (für etwas werben); du propagierst; er propagierte; er hat seine Idee propagiert
das **Propan** (ein Brenngas); des Propans
der **Propeller** (Antriebsschraube bei Schiffen und Flugzeugen); des Propellers; die Propeller
proper (sauber, ordentlich); ein properes Zimmer
der **Prophet** (Weissager; Mahner); des/dem/den Propheten; die Propheten
die **Prophetin;** die Prophetinnen
prophetisch; prophetische Fähigkeiten
prophezeien (vorhersagen); du prophezeist; sie prophezeite; er hat das Unglück prophezeit
die **Prophezeiung**
prophylaktisch (vorbeugend, verhütend); prophylaktische Massnahmen
die **Prophylaxe**
die **Proportion** (Grössenverhältnis); die Proportionen
proportional (verhältnisgleich)
die **Proportionalität**
der **Proporz** (System der Verhältniswahl); des Proporzes; die Proporze
der **Prorektor** (Stellvertreter des Rektors oder der Rektorin); des Prorektors; die Prorektoren
die **Prorektorin;** die Prorektorinnen
die **Prosa** (Rede und Schrift in ungebundener Form)
prosaisch (nüchtern); eine prosaische Sprache
prosit! *oder* **prost!** (wohl bekomms!)
das **Prosit** *oder* **Prost;** des Prosits *und* des Prosts *oder* Prostes; die Prosits *oder* Proste; ein Prosit der Gemütlichkeit!
der **Prospekt** (Werbeschrift); des Prospekts *oder* Prospektes; die Prospekte
prost! *oder* **prosit!** (wohl bekomms!)
das **Prost** *oder* **Prosit;** des Prosts *oder* Prostes *und* des Prosits; die Proste *oder* Prosite
die **Prostata** (Geschlechtsdrüse); die Prostatae
prosten (ein Prost ausbringen); du prostest; er prostete; er hat auf seinen Erfolg geprostet
die **Prostituierte** (Frau, die gewerbsmässig sexuelle Handlungen ausübt); eine Prostituierte; die Prostituierten
der **Prostituierte** (Mann, der gewerbsmässig sexuelle Handlungen ausübt); ein Prostituierter; die Prostituierten; zwei Prostituierte
die **Prostitution** (sexuelle Handlungen gegen Geld)
prot. = protestantisch
der **Protagonist** (zentrale Gestalt; Vorkämpfer); des/dem/den Protagonisten; die Protagonisten
die **Protagonistin;** die Protagonistinnen
das **Protein** (Eiweissart); des Proteins; die Proteine
die **Protektion** (Förderung; Schutz); die Protektionen
das **Protektorat** (Schirmherrschaft; Schutzherrschaft); des Protektorats *oder* Protektorates; die Protektorate
der **Protest;** des Protests *oder* Protestes; die Proteste
der **Protestant** (Person, die gegen etwas protestiert; Angehöriger des evangelischen

Glaubens); des/dem/den Protestanten; die Protestanten

die **Protestantin;** die Protestantinnen

protestantisch; eine protestantische Pfarrerin

der **Protestantismus** (Gesamtheit der evangelischen Kirchengemeinschaften); des Protestantismus

protestieren; du protestierst; sie protestierte; sie hat protestiert

die **Prothese** (Ersatzglied; Zahnersatz); die Prothesen

das **Protokoll** (förmliche Niederschrift; Sitzungsbericht); des Protokolls; die Protokolle; etwas zu Protokoll geben

der **Protokollant** (Schriftführer); des/dem/den Protokollanten; die Protokollanten

die **Protokollantin;** die Protokollantinnen

protokollarisch (im Protokoll); eine protokollarische Aussage; protokollarisch festhalten

der **Protokollführer**

die **Protokollführerin**

protokollieren; du protokollierst; er protokollierte; er hat heute die Sitzung protokolliert

das **Proton** (*Kernphysik:* ein Elementarteilchen); des Protons; die Protonen

der **Prototyp** (Muster; Urbild)

prototypisch; prototypische Popstars

protzen; du protzt; er protzte; er hat mit seiner Kraft geprotzt

die **Protzerei**

protzig; ein protziger Neubau

der **Proviant** (Wegzehrung; Verpflegung); des Proviants; die Proviante

der **Provider** (Firma, die Internetanschluss anbietet); des Providers; die Provider

die **Provinz** (Landesteil; das Land im Gegensatz zur Hauptstadt); die Provinzen

provinziell; provinzielle Verhältnisse

die **Provision** (Vergütung); die Provisionen

provisorisch (vorläufig); eine provisorische Unterkunft

das **Provisorium** (Übergangslösung; Promotion unter Vorbehalt, wenn schulische Leistungen ungenügend sind); des Provisoriums; die Provisorien

provokant (provozierend); provokantes Verhalten

der **Provokateur** (jemand, der andere aufwiegelt); des Provokateurs; die Provokateure

die **Provokateurin;** die Provokateurinnen

die **Provokation** (Herausforderung); die Provokationen

provozieren (herausfordern; bewirken; auslösen); du provozierst; er provozierte [mich]; der Vorfall hat eine Diskussion provoziert

die **Prozedur** ([schwieriges] Verfahren); die Prozeduren

das **Prozent** ([Zinsen, Gewinn] vom Hundert; Hundertstel; *Zeichen:* %); des Prozents *oder* Prozentes; die Prozente; 5 Prozent *oder* 5 %; die Fünfprozentklausel *oder* Fünf-Prozent-Klausel (bei Wahlen)

die **Prozentrechnung**

der **Prozentsatz** (bestimmte Anzahl von Prozenten)

prozentual (in Prozenten ausgedrückt); der prozentuale Gewinnanteil

der **Prozess;** des Prozesses; die Prozesse

prozessieren (einen Gerichtsprozess führen); du prozessierst; er prozessierte; er hat [gegen ihn] prozessiert

die **Prozession** (kirchlicher Umzug); die Prozessionen

prüde (übertrieben schamhaft); prüder; am prüdesten

die **Prüderie**

prüfen; du prüfst; sie prüfte; sie hat ihn geprüft

der **Prüfer;** des Prüfers; die Prüfer

die **Prüferin;** die Prüferinnen

der **Prüfling;** des Prüflings; die Prüflinge

die **Prüfung**

der **Prügel** (Stock); des Prügels; die Prügel

die **Prügel** (Schläge) *Plural;* Prügel bekommen, beziehen

die **Prügelei**

prügeln; du prügelst; er prügelte; er hat ihn geprügelt; sich prügeln; die beiden haben sich wieder geprügelt; prügle *oder* prügele nicht!

der **Prunk** ([übertriebene] Pracht); des Prunks *oder* Prunkes

prunken; du prunkst; sie prunkte; sie hat mit ihrem Schmuck geprunkt

prunkvoll

prusten (stark schnauben); du prustest; das Pferd prustete; es hat geprustet

das **PS** = Pferdestärke (veraltete Masseinheit)
das **PS** = Postskriptum (Nachschrift, Zusatz in einem Brief)
der **Psalm** (geistliches Lied); des Psalms; die Psalmen
der **Psalter** (das Buch der Psalmen im Alten Testament)
pseudonym (unter einem Decknamen [verfasst]); das Buch ist pseudonym erschienen
das **Pseudonym** (Deckname, Künstlername); des Pseudonyms; die Pseudonyme; das Buch wurde unter einem Pseudonym geschrieben
die **Psyche** (Seele)
der **Psychiater** (Facharzt für psychische Krankheiten); des Psychiaters; die Psychiater
die **Psychiaterin;** die Psychiaterinnen
psychisch (seelisch)
die **Psychoanalyse** (Methode zur Untersuchung unbewusster seelischer Vorgänge)
der **Psychologe** (Wissenschaftler oder Praktiker auf dem Gebiet der Psychologie); des/dem/den Psychologen; die Psychologen
die **Psychologie** (Wissenschaft von den seelischen Vorgängen)
die **Psychologin;** die Psychologinnen
psychologisch; eine psychologische Untersuchung
der **Psychopath** (jemand, der psychisch stark gestört ist); des/dem/den Psychopathen; die Psychopathen
die **Psychopathin**
die **Psychose** (krankhafte seelische Störung); die Psychosen
der **Psychotherapeut** (Arzt oder Psychologe, der die Psychotherapie anwendet)
die **Psychotherapeutin**
die **Psychotherapie** (Heilbehandlung für psychische Probleme)
der **Psychothriller** (Kriminalfilm oder -roman, der vor allem durch psychische Effekte spannend wirkt)
pubertär (mit der Geschlechtsreife zusammenhängend); pubertäre Gefühle
die **Pubertät** (Zeit der beginnenden Geschlechtsreife)
pubertieren (in der Pubertät sein); du pubertierst; sie pubertierte; sie hat pubertiert
die **Publicity** (Reklame; [Bemühung um] öffentliches Aufsehen)
die **Public Relations** (Öffentlichkeitsarbeit; Kontaktpflege; *Abkürzung:* PR) *Plural*
publik (öffentlich; allgemein bekannt); etwas publik machen; publik werden
die **Publikation** (Veröffentlichung); die Publikationen
das **Publikum;** des Publikums
publizieren (veröffentlichen); du publizierst; sie publizierte; sie hat einen Aufsatz publiziert
der **Puck** (Hartgummischeibe beim Eishockey); des Pucks; die Pucks
der **Pudding;** die Puddinge *oder* Puddings
der **Pudel;** des Pudels; die Pudel
die **Pudelmütze** (gestrickte Mütze mit Bommel)
pudelnass
pudelwohl; sich pudelwohl fühlen
der **Puder;** des Puders; die Puder
pudern; du puderst; er puderte; er hat die wunde Stelle gepudert; sich pudern; sie hat sich stark gepudert
der **Puderzucker**
Puerto Rico (Insel der Grossen Antillen)
das **Puff** (Bordell); des Puffs; die Puffs
der **Puff** (Stoss); des Puffs *oder* Puffes; die Püffe *oder* Puffe
puffen (stossen); du puffst; er puffte; er hat ihn in die Seite gepufft
der **Puffer** (Stossdämpfer an Schienenfahrzeugen); des Puffers; die Puffer
puh!
der **Pulk** (grosse Ansammlung; Verband von Flugzeugen oder Kraftfahrzeugen); des Pulks *oder* Pulkes; die Pulks, *selten:* Pulke
die **Pulle** (Flasche); die Pullen
der **Pulli;** des Pullis; die Pullis
der **Pullover;** des Pullovers; die Pullover
der **Pullunder** (kurzer, ärmelloser Pullover); des Pullunders; die Pullunder
der **Puls;** des Pulses; die Pulse
die **Pulsader**
pulsieren; das Leben pulsierte in den Strassen; es hat in den Strassen pulsiert
das, *auch:* der **Pult;** des Pults *oder* Pultes; die Pulte
das **Pulver;** des Pulvers; die Pulver

a b c d e f g h i j k l m n o p q r s t u v w x y z

pulverig *oder* **pulvrig** (in Pulverform); pulveriger *oder* pulvriger Schnee
pulverisieren (zu Pulver zerreiben); die Mühle hat das Getreide pulverisiert; pulverisierter Kaffee
der **Puma** (eine Raubkatze); des Pumas; die Pumas
pummelig *oder* **pummlig** (dicklich); pummelige *oder* pummlige Kinder
die **Pumpe**
pumpen; du pumpst; er pumpte; er hat den Eimer voll Wasser gepumpt; sich etwas pumpen (sich etwas leihen); er hat sich bei mir etwas Geld gepumpt
der **Pumpernickel** (ein Schwarzbrot); des Pumpernickels; die Pumpernickel
der **Pumps** (ausgeschnittener Damenschuh mit höherem Absatz); des Pumps; die Pumps
der **Punk** *oder* **Punker** (Jugendlicher, der durch sein auffälliges Äusseres betont antibürgerlich erscheinen will); des Punk *und* Punks *oder* des Punkers; die Punks *oder* Punker
die **Punkerin;** die Punkerinnen
der **Punkt;** des Punkts *oder* Punktes; die Punkte; es ist Punkt 8 Uhr; der Punkt auf dem i; der springende Punkt (das Entscheidende); mach mal einen Punkt! (jetzt reicht es!)
punkten (Punkte sammeln; mit Punkten bewerten); du punktest; sie punktete mit ihrem Aufschlag; sie hat sehr streng gepunktet
punktgleich; punktgleiche Teams
punktieren (durch Punkte darstellen, mit Punkten ausfüllen); du punktierst; er punktierte; er hat eine Linie punktiert
pünktlich; pünktliches Erscheinen
die **Pünktlichkeit**
punkto (in Bezug auf, betreffend); punkto Umweltschutz gibts nichts Neues
punktuell (einzelne Punkte betreffend); punktuelle Überlegungen
die **Punktzahl**
der **Punsch** (ein alkoholisches Getränk); des Punschs *oder* Punsches; die Punsche
die **Pupille;** die Pupillen
die **Puppe**
das **Puppentheater**
pur (rein, unverfälscht); pures Gold
das **Püree** (breiförmige Speise); des Pürees; die Pürees
der **Puritaner** (sittenstrenger Mensch); des Puritaners; die Puritaner
die **Puritanerin;** die Puritanerinnen
puritanisch; puritanische Strenge
der **Purpur** (hochroter Farbstoff; purpurfarbenes Gewand); des Purpurs
purpurfarben *oder* **purpurfarbig;** ein purpurfarbener *oder* purpurfarbiger Mantel
purpurn (purpurfarben); die purpurne Abendsonne
purpurrot
der **Purzelbaum;** die Purzelbäume
purzeln; ich purzle; du purzelst; er ist in den Graben gepurzelt
pushen *oder* **puschen** (Aufmerksamkeit auf jemanden oder etwas lenken; in Schwung bringen); du pushst *oder* puschst; er pushte *oder* puschte den Kandidaten; die Trainerin hat ihre Mannschaft gepusht *oder* gepuscht
die **Puste** (Atemluft); ausser Puste (ausser Atem) sein; ihm geht die Puste aus
die **Pustel** (Eiterbläschen); die Pusteln
pusten; du pustest; sie pustete; sie hat gepustet
die **Pute** (Truthenne); die Puten
der **Puter** (Truthahn); des Puters; die Puter
puterrot; puterrot werden
der **Putsch** (politischer Umsturz); des Putschs *oder* Putsches; die Putsche
putschen; du putschst; er putscht; er putschte; die Armee hat gegen die Regierung geputscht
der **Putz** (Wandbelag, Verputz); des Putzes; auf den Putz hauen (prahlen, ausgelassen sein [und viel Geld ausgeben])
putzen; du putzt; er putzte; er hat geputzt
die **Putzete** (gründliche Reinigung von Wohnung, Haus oder Umgebung); die Putzeten
die **Putzfrau**
putzig (drollig); putzige Tiere
der **Putzlappen**
die **Putzleute** (Putzfrauen und -männer) *Plural*
der **Putzmann**
putzmunter
putzsüchtig

das **Putztuch**
puzzeln (ein Puzzle zusammensetzen); ich puzzele *oder* puzzle; er puzzelte; er hat gepuzzelt
das **Puzzle** (Geduldsspiel); des Puzzles; die Puzzles
das **PVC** = Polyvinylchlorid (ein Kunststoff)
der **PW** = Personenwagen; des PW *oder* PWs; die PW *oder* PWs; *vergleiche auch:* Pkw, PKW
der **Pygmäe** (Angehöriger einer kleinwüchsigen Bevölkerungsgruppe in Afrika); des/dem/den Pygmäen; die Pygmäen
Pygmäin; die Pygmäinnen
der *oder* das **Pyjama** (Schlafanzug); des Pyjamas; die Pyjamas
die **Pyjamahose**
die **Pyramide** (ägyptischer Grabbau; ein geometrischer Körper)
die **Pyrenäen** (Gebirge zwischen Spanien und Frankreich) *Plural*
der **Pyromane** (Mensch mit dem krankhaften Trieb, Brände zu legen); des/dem/den Pyromanen; die Pyromanen
die **Pyromanin;** die Pyromaninnen
die **Pyrotechnik** (Herstellung und Gebrauch von Feuerwerkskörpern)
der **Python** (eine Riesenschlange); des Pythons; die Pythons

Q

q = Zentner
das **Q** (Buchstabe); des Q; die Q; ABER: das q in Aquarium
der **Quacksalber** (Kurpfuscher; nicht vertrauenswürdiger Arzt); des Quacksalbers; die Quacksalber
die **Quacksalberin;** die Quacksalberinnen
der *oder* die **Quader** (*Mathematik:* ein von sechs Rechtecken begrenzter Körper); des Quaders *oder* der Quader; die Quader *oder* Quadern
das **Quadrat** (Viereck mit vier rechten Winkeln und vier gleichen Seiten; zweite Potenz einer Zahl); des Quadrats *oder* Quadrates; die Quadrate
quadratisch; quadratische Flächen
der **Quadratkilometer** (*Zeichen:* km^2)
der **Quadratmeter** (*Zeichen:* m^2)
die **Quadratzahl** (zum Beispiel: 4^3)
quadrieren (in die zweite Potenz erheben); sie quadrierte die Zahl; sie hat die Zahl quadriert
der **Quai** (gemauerte Ufer im Hafenbereich; Uferstrasse); des Quais; die Quais; *vergleiche auch:* Kai
quaken; die Ente quakt; sie quakte; sie hat gequakt
der **Quäker** (Angehöriger einer christlichen Gemeinschaft); des Quäkers; die Quäker
die **Quäkerin** (Angehörige einer christlichen Gemeinschaft); die Quäkerinnen
die **Qual;** die Qualen
quälen; du quälst ihn; er quälte ihn; er hat ihn gequält
die **Quälerei**
der **Quälgeist;** die Quälgeister
die **Qualifikation** (Befähigung; Befähigungsnachweis; Teilnahmeberechtigung für sportliche Wettbewerbe)
sich **qualifizieren** (sich als geeignet erweisen); du qualifizierst dich; sie qualifizierte sich; sie hat sich qualifiziert
die **Qualität** (Beschaffenheit, Güte, Wert)
qualitativ (dem Wert, der Beschaffenheit nach); das Material ist qualitativ gut
qualitätsbewusst; qualitätsbewusste Kundschaft
die **Qualle** (Wassertier)
der **Qualm;** des Qualms *oder* Qualmes
qualmen; es qualmte; der Kamin hat gequalmt
qualvoll; qualvolles Warten
das **Quäntchen** (eine kleine Menge); des Quäntchens; die Quäntchen; du brauchst ein Quäntchen Glück
die **Quantität** (Menge, Masse, Grösse); die Quantitäten
quantitativ (mengenmässig); die Verpflegung ist quantitativ gut
das **Quantum** (Menge, Anzahl, Mass); des Quantums; die Quanten; das richtige Quantum nehmen
die **Quarantäne** (Absperrung zum Schutz gegen Ansteckung); die Quarantänen
der **Quark** (Nahrungsmittel aus saurer Milch); des Quarks *oder* Quarkes; red keinen Quark (red keinen Unsinn)

die **Quart** *oder* **Quarte** (*Musik:* der vierte Ton vom Grundton an); die Quarten

das **Quartal** (Vierteljahr); des Quartals; die Quartale

das **Quartett** (ein Kartenspiel; Musikstück für vier Stimmen oder für vier Instrumente; *auch:* die ausführenden Musiker und Musikerinnen selbst); des Quartetts *oder* Quartettes; die Quartette

das **Quartier** (Unterkunft; Stadtviertel); des Quartiers; die Quartiere; Quartier beziehen

der **Quartierladen**

der **Quarz** (ein Mineral); des Quarzes; die Quarze

quarzhaltig; quarzhaltiges Gestein

die **Quarzuhr**

quasi (gewissermassen, sozusagen)

die **Quasselei** (dauerndes schnelles Reden)

quasseln (dauernd und schnell reden); ich quassele *oder* quassle; du quasselst; er quasselt; er quasselte; er hat gequasselt

die **Quasselstrippe** (jemand, der andauernd redet; Telefon)

die **Quaste** (Troddel); die Quasten

der **Quatsch;** des Quatschs *oder* Quatsches; das ist doch Quatsch!; ach Quatsch!

quatschen; du quatschst; er quatscht; er quatschte; er hat lange gequatscht

der **Quatschkopf**

die **Quecke** (eine Graspflanze); die Quecken

das **Quecksilber** (ein chemisches Element, Metall; *Zeichen:* Hg)

quecksilberig *oder* **quecksilbrig**

der **Quell** (Quelle; Ursprung); des Quells; die Quelle; der Quell des Lebens

der **Quellcode** (*EDV:* Text eines grundlegenden Computerprogramms)

die **Quelle**

quellen (mächtig herausdrängen; sprudeln); das Wasser quillt; es quoll; das Wasser ist aus dem Boden gequollen

quellen (in Wasser weichen lassen); du quellst die Bohnen; er quellte sie; er hat sie gequellt

die **Quellenangabe**

die **Quellensteuer** (Steuer, die dort, wo das Einkommen entsteht, abgerechnet und bezogen wird)

das **Quellwasser**

die **Quengelei**

quengelig *oder* **quenglig;** ein quengeliges *oder* quengliges Kind

quengeln; du quengelst; er quengelte; er hat den ganzen Tag gequengelt

quer; kreuz und quer; quer [über die Strasse] gehen; sich quer legen *oder* sich querlegen; ein quer gestreifter *oder* quergestreifter Rock

querdurch; sie ist einfach querdurch gelaufen; ABER: sie ist quer durch die Wiesen gelaufen

die **Quere;** sie kommt mir in die Quere

die **Querele** (Streiterei); die Querelen *meist Plural*

querfeldein; querfeldein gehen, fahren

die **Querflöte**

der **Querkopf** (jemand, der sich immer widersetzt)

das **Querschiff** (einer Kirche)

der **Querschläger** (abgepralltes Geschoss)

der **Querschnitt**

querschnittgelähmt *oder* **querschnittsgelähmt**

die **Quersumme**

der **Querulant** (jemand, der durch kleinliche Beschwerden lästig fällt); des/dem/den Querulanten; die Querulanten

die **Querulantin;** die Querulantinnen

quetschen; du quetschst; sie quetschte das Badetuch in den Koffer; sie hat sich den Finger gequetscht; *Trennung:* quetschen

die **Quetschung;** *Trennung:* Quet-schung

das *oder* der **Queue** (Billardstock); des Queues; die Queues

quicklebendig

quieken; das Schwein quiekt; das Schwein hat gequiekt

quietschen; die Tür quietscht; die Tür quietschte; die Tür hat gequietscht; *Trennung:* quiet-schen

quietschfidel (sehr vergnügt)

quietschvergnügt

die **Quinte** *oder* **Quint** (der fünfte Ton vom Grundton an); die Quinten

die **Quintessenz** ([als Ergebnis] das Wesentliche einer Sache); die Quintessenzen

das **Quintett** (Musikstück für fünf Stimmen oder für fünf Instrumente; *auch:*

die ausführenden Musiker und Musikerinnen selbst); des Quintetts *oder* Quintettes; die Quintette

der **Quirl** (Rührgerät); des Quirls *oder* Quirles; die Quirle

quirlen; du quirlst; er quirlte; er hat das Ei gequirlt

quirlig (lebhaft, unruhig); ein quirliger Junge

quitt (ausgeglichen; fertig); jetzt sind wir quitt

die **Quitte** (ein Obstbaum; dessen Frucht); die Quitten

quittegelb *oder* **quittengelb**

das, *auch:* der **Quittengelee**

quittieren (den Empfang bescheinigen); du quittierst; sie quittierte; sie hat den Empfang des Geldes quittiert

die **Quittung**

das **Quiz** (Frage-und-Antwort-Spiel); des Quiz; die Quiz

der **Quizmaster** (Fragesteller beim Quiz); des Quizmasters; die Quizmaster

die **Quizmasterin;** die Quizmasterinnen

die **Quizsendung**

das **Quodlibet** (gleichzeitiges Erklingen mehrerer Lieder); des Quodlibets; die Quodlibets

die **Quote** (Anteil, Teilbetrag; *kurz für:* Einschaltquote); die Quoten

die **Quotenregelung** (Festlegung eines angemessenen Frauenanteils in bestimmten Funktionen)

der **Quotient** (Ergebnis der Divisionsrechnung, *auch:* der Bruch selbst); des/dem/den Quotienten; die Quotienten

R

das **R** (Buchstabe); des R; die R; ABER: das r in fahren

der **Rabatt** (Preisnachlass); des Rabatts *oder* Rabattes; die Rabatte

die **Rabatte** (Randbeet); die Rabatten

der **Rabatz** (Krach); des Rabatzes; Rabatz machen

der **Rabauke** (grober Kerl); des/dem/den Rabauken; die Rabauken

die **Rabaukin;** die Rabaukinnen

der **Rabbi** (Rabbiner; Titel eines Rabbiners); des Rabbi *oder* Rabbis; die Rabbis *oder* Rabbinen

der **Rabbiner** (jüdischer Geistlicher); des Rabbiners; die Rabbiner

die **Rabbinerin** (jüdische Geistliche); die Rabbinerinnen

der **Rabe;** des/dem/den Raben; die Raben

die **Räbe** (weisse Rübe); die Räben

das **Räbeliechtli** (ausgehöhlte und mit Schnitzereien verzierte weisse Rübe, die innen eine Kerze hat)

die **Rabeneltern** (schlechte, lieblose Eltern) *Plural*

das **Räbenlicht**

rabenschwarz; rabenschwarzes Haar

rabiat (grob; wütend); rabiater; am rabiatesten

die **Rache**

rächen; du rächst; er rächte; er hat die Tat gerächt; sich rächen; ihr Leichtsinn wird sich noch rächen

der **Rachen;** des Rachens; die Rachen

der **Rächer;** des Rächers; die Rächer

die **Rächerin;** die Rächerinnen

die **Rachgier**

rachgierig

die **Rachitis** (Krankheit, die durch Mangel an Vitamin D hervorgerufen wird)

der **Racker** (Schlingel); des Rackers; die Racker

die **Rackerin;** die Rackerinnen

rackern (sich abmühen); ich rackere; er rackerte; er hat unermüdlich gerackert

das **Racket** (Tennisschläger; Ballschläger); des Racketss; die Rackets

das *oder* die **Raclette** (ein Käsegericht); des Raclettes *oder* der Raclette; die Raclettes

das **Rad;** des Rads *oder* Rades; die Räder; Rad fahren; du fährst Rad; sie fährt Rad; sie fuhr Rad; sie ist Rad gefahren; weil ich gern Rad fahre; um Rad zu fahren; Rad und Auto fahren; Auto und Rad fahren; Rad schlagen; du schlägst Rad; sie schlägt Rad; sie schlug Rad; sie hat Rad geschlagen; sie kann ein Rad schlagen; ABER: das Radfahren macht ihr Spass

der *oder* das **Radar** (Gerät und Verfahren zur Ortung von Gegenständen); des Radars

die **Radarkontrolle**
der **Radarschirm** (Leuchtschirm eines Radargeräts)
der **Radau** (Lärm); des Radaus; Radau machen
radebrechen (eine Sprache nur mangelhaft sprechen); du radebrechst; sie radebrechte; sie hat Deutsch nur geradebrecht
radeln; ich radle; du radelst; sie radelte; sie ist ins Dorf geradelt
der **Rädelsführer** (Anführer, Anstifter)
die **Rädelsführerin**
das **Radfahren;** das Radfahren macht ihm Spass; ABER: sie will Rad fahren; *vergleiche:* Rad
der **Radfahrer**
die **Radfahrerin**
radial (im Radius laufend; strahlenförmig)
radieren; du radierst; sie radierte; sie hat radiert
der **Radiergummi**
die **Radierung**
das **Radieschen;** des Radieschens; die Radieschen
radikal (extrem; gründlich); radikale Ansichten vertreten
die **Radikalisierung** (Entwicklung zum Radikalen)
der **Radikalismus** (extreme Einstellung); des Radikalismus; die Radikalismen
das *oder* der **Radio;** des Radios; die Radios
radioaktiv; radioaktive Stoffe
die **Radioaktivität** (Strahlung durch Kernzerfall)
der **Radioapparat**
das **Radium** (ein radioaktives Element, Metall; *Zeichen:* Ra); des Radiums
der **Radius** (Halbmesser des Kreises); des Radius; die Radien
das **Räf** (grobe, böse Frau; Rückentraggestell); des Räfs; die Räfe
die **Raffel** (Reibeisen); die Raffeln
raffeln; er raffelt; er raffelte; er hat den Apfel geraffelt
raffen; du raffst; er raffte; er hat das Geld an sich gerafft; sie hat das sofort gerafft (durchschaut)
die **Raffgier**
raffgierig
die **Raffinerie** (Anlage zum Reinigen von Zucker oder Rohöl); die Raffinerien
die **Raffinesse** (Durchtriebenheit, Schläue); die Raffinessen
raffiniert; raffinierter; am raffiniertesten; ein raffinierter Betrüger
das **Rafting** (das Wildwasserfahren im Schlauchboot); des Raftings
die **Rage** (Wut, Raserei); in Rage sein, geraten; jemanden in Rage bringen
ragen; der Felsen ragte aus dem Wasser; er hat aus dem Wasser geragt
das **Ragout** (ein Mischgericht); des Ragouts; die Ragouts
der **Rahm;** des Rahms *oder* Rahmes
rahmen; du rahmst; sie rahmte; sie hat das Bild gerahmt
der **Rahmen;** des Rahmens; die Rahmen
rahmig; eine rahmige Sauce
der **Rahmquark**
der **Rain** (Abhang; unbebauter Landstreifen als Ackergrenze); des Rains *oder* Raines; die Raine
sich **räkeln** *vergleiche:* **rekeln**
die **Rakete**
das *oder* die **Rallye** (Wettbewerb im Motorsport); des Rallyes *oder* der Rallye; die Rallyes
das **RAM** = random access memory (*EDV:* Informationsspeicher mit wahlfreiem Zugriff); des RAM *oder* RAMs; die RAM *oder* RAMs
der **Ramadan** (Fastenmonat der Muslime und Musliminnen); des Ramadan *oder* Ramadans; die Ramadane
der *oder* das **Rambazamba** (Aufregung, Aufruhr); des Rambazambas; Rambazamba machen
die **Ramme** (Maschine, mit der man lockere Erde feststampft oder Pfähle in den Boden schlägt)
rammen; du rammst; er rammte einen Pfahl in den Boden; er hat das parkende Auto gerammt
die **Rampe**
das **Rampenlicht**
ramponieren (stark beschädigen); er ramponierte; er hat den Wagen ramponiert
der **Ramsch** (Warenreste, wertloses Zeug); des Ramschs *oder* Ramsches
ramschen (Ramschware billig aufkau-

fen); du ramschst; sie ramschte; sie hat auf dem Flohmarkt geramscht

der **Ramschladen**

ran *vergleiche:* heran

die **Ranch** (nordamerikanische Farm); die Ranchs *oder* Ranches

der **Rancher** (Farmer); des Ranchers; die Rancher

die **Rancherin;** die Rancherinnen

der **Rand;** des Rands *oder* Randes; die Ränder; sie ist ausser Rand und Band; sie wird damit zurande *oder* zu Rande kommen

die **Randale** (Lärm; lautstarker Protest); Randale machen

randalieren (lärmen); du randalierst; er randalierte; die Fans haben randaliert

der **Randalierer;** des Randalierers; die Randalierer

die **Randaliererin;** die Randaliererinnen

die **Rande** (rote Rübe); die Randen

randvoll; randvolle Gläser

der **Rang;** des Rangs *oder* Ranges; die Ränge; der erste, zweite Rang; ein Autor ersten Ranges (von ausserordentlicher Bedeutung); eine Sängerin von Rang

die **Rangelei**

rangeln (sich balgen; raufen); ich rangle; du rangelst; sie rangelten; sie haben miteinander gerangelt

der **Rangierbahnhof**

rangieren; du rangierst; er rangierte; der Lokführer hat den Zug aufs Abstellgleis rangiert

die **Rangierung** (Positionierung, Platzierung in einer Rangordnung)

die **Rangordnung**

die **Rangverkündigung**

sich **ranhalten** (sich beeilen); du hältst dich ran; sie hielt sich ran; sie hat sich rangehalten

rank (schlank, gelenkig); rank und schlank; eine ranke Sache

der **Rank** (Kurve); des Ranks *oder* Rankes; die Ränke; den Rank finden (zurechtkommen, bewältigen)

die **Ranke** (Teil einer Kletterpflanze, der sich um etwas schlingt)

die **Ränke** (*veraltend für:* Intrigen, Machenschaften); Ränke schmieden

sich **ranken;** die Rosen ranken sich; sie haben sich über die Mauer gerankt

ranlassen; du lässt ihn ran; er liess ihn ran; er hat ihn nicht rangelassen

sich **ranmachen;** du machst dich ran; sie machte sich ran; sie hat sich an ihn rangemacht

der **Ranzen** (Schultasche); des Ranzens; die Ranzen

ranzig (verdorben); ranzige Butter

der **Rap** (rhythmischer Sprechgesang in der Popmusik); des Rap *oder* Raps; die Raps

rapid *oder* **rapide** (sehr schnell); rapider; am rapidesten

der **Rappe** (schwarzes Pferd); des/dem/den Rappen; die Rappen

der **Rappel** (Zorn, Verrücktheit); des Rappels; die Rappel

rappelig *oder* **rapplig;** ein rappeliges *oder* rappliges (klappriges) Velo; das macht mich rappelig *oder* rapplig (nervös)

rappeln (klappernde Geräusche machen); du rappelst; sie rappelte; sie hat an der Tür gerappelt

der **Rappen** (*Abkürzung:* Rp.); des Rappens; die Rappen; sie wird dafür keinen roten Rappen (überhaupt kein Geld) bezahlen

der **Rappenspalter** (Geizkragen)

die **Rappenspalterin** (Geizkragen); die Rappenspalterinnen

der **Rapper** (Rapsänger); des Rappers; die Rapper

die **Rapperin** (Rapsängerin); die Rapperinnen

das **Rapping** (das Singen oder Spielen eines Raps); des Rappings

der **Rapport** (Meldung an Vorgesetzte); des Rapports; die Rapporte

der **Raps** (eine Ölpflanze); des Rapses; die Rapse

das **Rapsöl**

rar; eine rare Gelegenheit; gute Fachkräfte sind rar; sich rar machen *oder* sich rarmachen

die **Rarität** (Seltenheit); die Raritäten

rasant (sehr schnell); rasanter; am rasantesten; eine rasante Fahrerin

die **Rasanz**

rasch; rascher; am raschesten

rascheln; die Mäuse rascheln; sie raschelten; sie haben im Stroh geraschelt

raschestmöglich; die raschestmögliche Abschaltung des Atomkraftwerks

rasen (sehr schnell fahren; wüten, toben); du rast; sie raste; sie ist mit ihrem Velo um die Ecke gerast; sie hat vor Wut gerast

der **Rasen;** des Rasens; die Rasen

rasend; in rasender Fahrt

der **Rasenmäher**

der **Raser;** des Rasers; die Raser

die **Raserei**

die **Raserin;** die Raserinnen

der **Rasierapparat**

rasieren; du rasierst; er rasierte; er hat ihn rasiert; sich rasieren; er hat sich gut rasiert

die **Rasierklinge**

die **Raspel** (ein Werkzeug); die Raspeln

raspeln; du raspelst; sie raspelte; sie hat die Kanten rund geraspelt

räss (scharf, würzig); rässer Käse

die **Rasse;** ein Pferd von edler Rasse

die **Rassel** (Musikinstrument; Babyspielzeug); die Rasseln

die **Rasselbande** (Gruppe von übermütigen Kindern)

rasseln; du rasselst; sie rasselte; sie hat mit der Kette gerasselt

rassig (temperamentvoll, feurig); ein rassiges Pferd

rassisch (die Rasse betreffend); rassische Merkmale

der **Rassismus** (ideologische Voreingenommenheit, Hass gegenüber [bestimmten] anderen Menschengruppen oder Völkern); des Rassismus

rassistisch (vom Rassismus bestimmt); rassistische Vorurteile

die **Rast;** Rast machen; ohne Rast und Ruh

rasten; ich raste; du rastest; sie rastete; sie hat 10 Minuten gerastet

der **Raster** (enges Liniennetz zum Zerlegen eines Bildes); des Rasters; die Raster

das **Raster** (Gesamtheit der Lichtpunkte eines Fernsehbildschirms; Denksystem); des Rasters; die Raster

rastlos; rastloser; am rastlosesten

die **Raststätte**

die **Rasur;** die Rasuren

der **Rat** (Ratschlag); des Rats *oder* Rates; sich [bei jemandem] Rat holen; bei jemandem Rat suchen; jemanden um Rat fragen; jemanden zurate *oder* zu Rate ziehen; mit sich selbst zurate *oder* zu Rate gehen; jemandem mit Rat und Tat zur Seite stehen

der **Rat** (Ratsversammlung); des Rats *oder* Rates; die Räte; der Grosse Rat des Kantons Basel; die eidgenössischen Räte (National- und Ständerat)

der **Rat** (Amtsrat, Regierungsrat); die Räte

die **Rate** (Teilzahlungsbetrag); die Raten

raten; du rätst; sie rät; sie riet; sie hat ihm dazu geraten

ratenweise; eine Rechnung ratenweise bezahlen

der **Ratgeber;** des Ratgebers; die Ratgeber

die **Ratgeberin;** die Ratgeberinnen

das **Rathaus**

Rätien (römischer Name für den Kanton Graubünden [und angrenzende Gebiete])

die **Ratifikation** (Anerkennung eines völkerrechtlichen Vertrags)

ratifizieren (einen völkerrechtlichen Vertrag anerkennen); du ratifizierst; sie ratifizierte; die Regierung hat das Abkommen ratifiziert

die **Ratifizierung**

die **Rätin** (Amtsrätin, Ratsfrau); die Rätinnen

die **Ration** (zugeteilte Menge); die Rationen

rational (vernünftig, von der Vernunft bestimmt); rationales Handeln; rationale Zahlen (*Mathematik:* ganze Zahlen und Bruchzahlen)

rationalisieren (wirtschaftlicher gestalten, besonders durch Automatisierung und Einsparungen); du rationalisierst; der Betrieb rationalisierte; er hat die Arbeitsabläufe rationalisiert

rationell (zweckmässig, wirtschaftlich); rationelle Methoden

rationieren ([in relativ kleine Mengen] einteilen); du rationierst; sie rationierte; man hat das Wasser rationiert

rätisch; eine rätische Sprache; ABER: die Rhätische Bahn

ratlos; ratloser; am ratlosesten

der **Rätoromane;** des/dem/den Rätoromanen; die Rätoromanen

die **Rätoromanin;** die Rätoromaninnen

rätoromanisch *vergleiche:* deutsch

das **Rätoromanische** *vergleiche:* Deutsche

ratsam; etwas für [nicht] ratsam halten
die **Ratsche** (Rätsche; Schraubwerkzeug; mechanische Rücklaufsperre); die Ratschen; *Trennung:* Rat-sche
die **Rätsche** (Klapper, Rassel; schwatzhafte Person); die Rätschen; *Trennung:* Rät-sche
ratschen (sich unterhalten, plaudern; herumerzählen); du ratschst; sie ratschte; er hat geratscht; *Trennung:* rat-schen
rätschen (mit einer Rätsche lärmen); du rätschst; er rätschte; sie hat gerätscht; *Trennung:* rät-schen
der **Ratschlag;** die Ratschläge; jemandem einen Ratschlag erteilen
das **Rätsel;** des Rätsels; die Rätsel; Rätsel raten; ABER: das Rätselraten
rätselhaft; rätselhafte Phänomene
rätseln; ich rätsle; du rätselst; er rätselte; er hat über die Ursache gerätselt
die **Ratte**
der **Rattenfänger**
die **Rattenfängerin;** die Rattenfängerinnen
rattern; der Wagen ratterte; der Wagen hat laut gerattert; der Wagen ist über das holprige Pflaster gerattert
rau; rauer; am rauesten *oder* rausten
der **Raub;** des Raubs *oder* Raubes; die Raube
der **Raubbau;** mit der Gesundheit Raubbau treiben
raubeinig (grob); ein raubeiniger Kerl
rauben; du raubst; sie raubte; sie hat die Handtasche geraubt
der **Räuber;** des Räubers; die Räuber
die **Räuberin;** die Räuberinnen
räuberisch; räuberische Erpressung
räubern; du räuberst; sie räuberten; sie haben alles geräubert
raubgierig
die **Raubkopie**
der **Raubritter**
die **Raubritterin**
das **Raubtier**
der **Raubüberfall**
der **Raubvogel** (*älter für:* Greifvogel)
der **Rauch;** des Rauchs *oder* Rauches
rauchen; du rauchst; sie rauchte; sie hat geraucht
der **Raucher;** des Rauchers; die Raucher
die **Raucherin;** die Raucherinnen
räuchern; du räucherst; sie räucherte; sie hat Wurst geräuchert
rauchig (voller Rauch); rauchige Kneipen
der **Rauchlachs** (geräucherter Lachs)
die **Rauchsäule**
die **Rauchwaren** (Tabakwaren; Pelzwaren) *Plural*
die **Rauchwolke**
die **Räude** (Krätze, Grind)
räudig (an Räude leidend); ein räudiger Hund
rauf (herauf, hinauf)
der **Raufbold;** des Raufbolds *oder* Raufboldes; die Raufbolde
die **Raufboldin;** die Raufboldinnen
raufen; du raufst; er raufte; er hat mit ihm gerauft; sich raufen; sie rauft sich die Haare
die **Rauferei**
raufgehen (*kurz für:* heraufgehen, hinaufgehen); ich gehe rauf; er ging rauf; um raufzugehen; geh rauf!
rauflustig (gern raufend)
der **Rauhaardackel** (eine Hunderasse)
die **Rauheit**
der **Raum;** des Raums *oder* Raumes; die Räume
räumen (etwas entfernen, frei machen); du räumst; sie räumte; sie hat die Wohnung geräumt
die **Raumfähre** (wiederverwendbares Raumschiff)
die **Raumfahrt**
die **Raumkapsel**
räumlich; räumliche Ausdehnung
das **Raumschiff**
die **Räumung**
raunen (dumpf, leise sprechen); du raunst; sie raunte; sie hat mir etwas ins Ohr geraunt
das **Raunen;** es ging ein Raunen durch die Zuschauer
die **Raupe**
das **Raupenfahrzeug**
der **Raureif;** des Raureifs *oder* Raureifes
raus *vergleiche:* heraus
der **Rausch;** die Räusche
rauschen; das Wasser rauscht; es rauschte; es hat gerauscht
das **Rauschgift**

rauschgiftsüchtig
rausfliegen; du fliegst raus; er flog raus; er ist rausgeflogen
rauskommen; sie kommt raus; sie kam raus; sie ist rausgekommen
sich **räuspern;** du räusperst dich; sie räusperte sich; sie hat sich geräuspert
rausrutschen; die Bemerkung ist mir nur so rausgerutscht
rauswerfen; sie wirft ihn raus; sie warf den Schlüssel raus; sie hat den Lehrling rausgeworfen (entlassen); rausgeworfenes (unnütz ausgegebenes) Geld
die **Raute** (Rhombus)
rautenförmig
der *oder* das **Rave** (grössere Tanzveranstaltung zu Technomusik); des Rave *oder* Raves; die Raves
der **Raver** (jemand, der häufig zu Raves geht); des Ravers; die Raver
die **Raverin;** die Raverinnen
die **Ravioli** (gefüllte kleine Nudelteigtaschen) *Plural*
der *oder* das **Rayon** (Zuständigkeitsbereich; Warenhausabteilung); des Rayons; die Rayons
die **Razzia** (überraschende Fahndungsaktion der Polizei); die Razzien, *seltener:* Razzias
das **Reagenzglas** (zylindrisches Röhrchen für Versuche)
reagieren; du reagierst; sie reagierte; sie hat reagiert
die **Reaktion** (Handlung, die aus einer andern Handlung folgt; Verhalten); die Reaktionen
reaktionär (nicht fortschrittlich); reaktionäre Politik
der **Reaktionär** (Person, die sich gegen den Fortschritt stellt); des Reaktionärs; die Reaktionäre
die **Reaktionärin;** die Reaktionärinnen
das **Reaktionsvermögen**
reaktivieren (wieder in Tätigkeit setzen; wieder anstellen); ich reaktiviere; du reaktivierst; er reaktivierte; er hat den Rentner reaktiviert
der **Reaktor** (Atombrenner); des Reaktors; die Reaktoren
real (wirklich; dinglich; sachlich); reale Ziele
der **Realersatz** (Entschädigung durch etwas Gleichwertiges); des Realersatzes
realisieren (verwirklichen; erkennen, begreifen); du realisierst; sie realisierte das Vorhaben; sie hat das alles noch nicht realisiert
der **Realismus** (wirklichkeitsnahe Einstellung oder Darstellung); des Realismus
der **Realist;** des/dem/den Realisten; die Realisten
die **Realistin;** die Realistinnen
realistisch; realistische Pläne
die **Realität** (Wirklichkeit; Gegebenheit)
das **Reality-TV** (Fernsehprogramm, das tatsächlich Geschehendes [besonders nach Unglücksfällen] zeigt oder nachstellt); des Reality-TV *oder* Reality-TVs
die **Realschule**
der **Rebberg**
die **Rebe;** die Reben
der **Rebell** (Aufständischer); des/dem/den Rebellen; die Rebellen
rebellieren (sich auflehnen, widersetzen); du rebellierst; das Volk rebellierte; die Gefangenen haben gegen ihre Behandlung rebelliert
die **Rebellin** (Aufständische); die Rebellinnen
die **Rebellion** (Aufstand, Auflehnung)
rebellisch; rebellische (meuternde) Matrosen
das **Rebhuhn**
die **Reblaus**
der **Rebstock;** die Rebstöcke
die **Reception** *oder* **Réception** (Empfangsbüro; Empfangstheke); die Receptionen *oder* Receptions *und* Réceptions; *vergleiche auch:* Rezeption
das **Rechaud** (Wärmeplatte; kleiner Gas- oder Spirituskocher); des Rechauds; die Rechauds
rechen; du rechst; sie rechte; sie hat die Wiese gerecht
der **Rechen;** des Rechens; die Rechen
die **Rechenschaft;** [jemandem] Rechenschaft geben, ablegen
der **Rechenschieber**
die **Recherche** (Nachforschung); die Recherchen
recherchieren; du recherchierst; er recherchierte, sie hat recherchiert
rechnen; du rechnest; sie rechnete; sie hat gut gerechnet; rechne alles schriftlich!
die **Rechnung**

recht, das **Recht**

des Rechts *oder* Rechtes; die Rechte

Kleinschreibung:

- ein rechter Winkel
- jetzt erst recht
- das ist mir durchaus recht
- es war recht gemütlich
- das geschieht ihm recht
- das ist recht und billig
- ich kann ihm nichts recht machen

Vergleiche auch: rechtens, zurechtfinden usw.

Grossschreibung:

- das Recht
- nach Recht und Gewissen
- das besteht zu Recht; ABER: zurecht...
- sie ist im Recht
- sie hat ein Recht darauf
- von Rechts wegen
- Recht *oder* recht haben; sie hat Recht *oder* recht
- er wird Recht finden, sprechen
- sie wird Recht *oder* recht behalten, bekommen
- du musst ihr Recht *oder* recht geben
- du bist mir der Rechte
- er ist an den Rechten gekommen
- er will nach dem Rechten sehen
- etwas, nichts Rechtes können, wissen

die **Rechte** (rechte Hand, rechte Seite); er hält einen Apfel in seiner Rechten; sie sitzt zu meiner Rechten; er traf ihn mit einer blitzschnellen Rechten (*Boxen:* mit der rechten Faust); er gehört der äussersten Rechten (der am weitesten rechts stehenden Partei) an

das **Rechteck;** des Rechtecks *oder* Rechteckes; die Rechtecke

rechteckig; ein rechteckiges Stück

rechtens (rechtmässig, zu Recht); er ist rechtens verurteilt; ihre Kündigung war rechtens, wurde für rechtens gehalten

rechter Hand *oder* **rechterhand;** etwas weiter rechter Hand *oder* rechterhand liegt das Gemeindehaus

rechtfertigen; er rechtfertigte sein Verhalten; der Erfolg hat den Aufwand gerechtfertigt; du brauchst dich nicht zu rechtfertigen; sich rechtfertigen; sie hat sich [vor ihm] nicht gerechtfertigt

rechthaberisch; rechthaberisches Verhalten

rechtlich; rechtliche Fragen

rechtmässig; die rechtmässige Erbin

rechts; rechts von mir; von rechts nach links; nach rechts hin; sie weiss nicht, was rechts und was links ist; rechts des Rheins

der **Rechtsanwalt**

die **Rechtsanwältin**

der **Rechtsaussen** (*Sport*)*;* des Rechtsaussen; die Rechtsaussen; [als] Rechtsaussen spielen; ABER: der Stürmer spielt rechts aussen

die **Rechtsaussen**

rechtsbündig (von einer gedachten senkrechten Linie rechts begrenzt)

rechtschaffen (ehrlich und anständig); ein rechtschaffener Kerl

rechtschreiben; er kann nicht rechtschreiben (er beherrscht die Rechtschreibung nicht); ABER: **recht schreiben;** er kann nicht recht schreiben (er schreibt unbeholfen)

die **Rechtschreibung**

rechtsextrem (fremdenfeindlich, erneuerungsfeindlich und gewaltbereit)

der **Rechtsextreme;** ein Rechtsextremer; die Rechtsextremen; viele Rechtsextreme

die **Rechtsextreme;** eine Rechtsextreme; die Rechtsextremen

der **Rechtsextremismus** (Fremdenfeindlichkeit, Intoleranz gegenüber Minderheiten, Gewaltbereitschaft)

rechtshändig; rechtshändig schreiben

die **Rechtshändigkeit**

rechtsherum; du musst die Schraube rechtsherum (in der rechten Richtung) drehen; ABER: du musst dich nach rechts herumdrehen

die **Rechtskurve**

die **Rechtsprechung**

rechtsradikal (politisch ganz rechts); eine rechtsradikale Partei

der **Rechtsradikale;** ein Rechtsradikaler; die Rechtsradikalen; viele Rechtsradikale

die **Rechtsradikale;** eine Rechtsradikale; die Rechtsradikalen

der **Rechtsradikalismus**

der **Rechtsstaat**

der **Rechtsstreit**

rechtsumkehrt; rechtsumkehrt machen (eine Kehrtwende machen)

der **Rechtsvortritt** (Vortritt im Strassenverkehr für jene, die von rechts kommen)

rechtswidrig; rechtswidriges Handeln

rechtwinkelig *oder* **rechtwinklig;** ein rechtwinkeliges *oder* rechtwinkliges Dreieck

rechtzeitig

das **Reck** (ein Turngerät); des Recks *oder* Reckes; die Recke

der **Recke** (Held, Krieger); des/dem/den Recken; die Recken

sich **recken;** ich recke mich; sie reckte sich; sie hat sich gereckt

die **Reckin** (Heldin, Kriegerin); die Reckinnen

der **Recorder** *vergleiche:* **Rekorder**

recycelbar *oder* **recyclebar** (wiederverwertbar); recycelbares *oder* recyclebares Material

recyceln *oder* **recyclen** (einem Recycling zuführen); du recycelst *oder* recyclest; sie recycelte *oder* recyclete; das Altglas wird recycelt *oder* recyclet; *vergleiche auch:* rezyklieren

das **Recycling** (Aufbereitung und Wiederverwertung von bereits benutzten Rohstoffen); des Recyclings

das **Recyclingpapier**

die **Redaktion** (Tätigkeit des Redaktors/der Redaktorin; Gesamtheit der Redaktoren und deren Arbeitsraum); die Redaktionen

redaktionell; die redaktionelle Bearbeitung

der **Redaktionsschluss**

der **Redaktor** (jemand, der im Verlagswesen, Rundfunk oder Fernsehen Texte zusammenstellt, schreibt, bearbeitet); des Redaktors; die Redaktoren

die **Redaktorin;** die Redaktorinnen

die **Rede;** sie steht Rede und Antwort, *auch:* Red und Antwort; ich werde ihn zur Rede stellen

redegewandt

die **Redekunst** (Rhetorik)

reden; du redest; sie redete; er hat geredet; sie hat gut reden; sie machte von sich reden (sie erregte Aufmerksamkeit); der Stundenplan gab zu reden (führte zu Diskussionen); ABER: sie brachte ihn zum Reden

die **Redensart**

redimensionieren (kleiner machen; kleiner planen); der Bundesrat redimensioniert die Armee; er hat sie redimensioniert

redlich (ehrlich, tüchtig)

der **Redner;** des Redners; die Redner

die **Rednerin;** die Rednerinnen

redselig (geschwätzig)

die **Redseligkeit**

das **Reduit** *oder* **Réduit** (Abstellkammer; militärische Rückzugsbefestigung in den Alpen); des Reduits *oder* Réduits; die Reduits *oder* Réduits

die **Reduktion** (Verringerung)

reduzieren (herabsetzen, einschränken); ich reduziere; du reduzierst; er reduzierte; er hat den Preis stark reduziert

die **Reede** (Ankerplatz vor dem Hafen); die Reeden

der **Reeder** (Eigentümer eines Schiffes); des Reeders; die Reeder

die **Reederei** (Geschäft eines Reeders)

die **Reederin** (Eigentümerin eines Schiffes); die Reederinnen

reell (anständig, ehrlich; wirklich); eine reelle Chance

der **Ref** (*kurz für:* Referee; Schiedsrichter); des Refs; die Refs

ref. = reformiert

das **Referat** (Vortrag, Bericht); des Referats *oder* Referates; die Referate

das **Referendum** (politischer Entscheid durch Volksabstimmung); des Referendums; die Referenden; das Referendum ergreifen (mittels Unterschriftensammlung eine Volksabstimmung über ein Gesetz herbeiführen)

der **Referent** (Berichterstatter; Sachbearbeiter); des/dem/den Referenten; die Referenten

die **Referentin;** die Referentinnen

die **Referenz** (Beziehung, Empfehlung); er hat gute Referenzen

referieren (berichten, vortragen); du referierst; er referierte; sie hat über den Umweltschutz referiert

reffen (Segel durch Einrollen verkleinern); du reffst; sie reffte; wir haben die Segel gerefft

reflektieren (zurückstrahlen, widerspiegeln; nachdenken, bedenken); der Spiegel

reflektierte die Strahlen; sie hat lange über diesen Einwand reflektiert
der **Reflektor** (Hohlspiegel; Rückstrahler); des Reflektors; die Reflektoren
der **Reflex** (Rückstrahlung; das Ansprechen der Muskeln auf einen Reiz); des Reflexes; die Reflexe
die **Reflexion** (Rückstrahlung; prüfendes Denken); die Reflexionen
reflexiv (rückbezüglich); reflexive Verben
die **Reform** (Umgestaltung; Neuordnung; Verbesserung); die Reformen
die **Reformation** (Umgestaltung im kirchlichen Bereich)
der **Reformator;** des Reformators; dem/den Reformator; die Reformatoren
die **Reformatorin;** die Reformatorinnen
reformbedürftig; das reformbedürftige Schulsystem
der **Reformer** (Person, die eine Reform anstrebt oder durchführt); des Reformers; die Reformer
die **Reformerin;** die Reformerinnen
das **Reformhaus** (Geschäft für besonders gesunde Kost)
reformieren; du reformierst; er reformierte; sie hat das Gesundheitswesen reformiert
reformiert
der **Refrain** (Kehrreim); des Refrains; die Refrains
das **Refugium** (Zufluchtsort); des Refugiums; die Refugien
die **REGA** = Rescue Guard (Schweizerische Rettungsflugwacht)
das **Regal** (ein Gestell); des Regals; die Regale
die **Regatta** (ein Bootswettkampf); die Regatten
rege (lebhaft); reger; am regsten
die **Regel;** die Regeln
regelgemäss (der Regel entsprechend)
regellos
regelmässig (in gleichen Zeitabständen wiederkehrend)
regeln; du regelst; er regelte; sie hat die Angelegenheit geregelt
regelrecht (vorschriftsmässig; richtig); ein regelrechtes Verhalten; die Bank wurde regelrecht gestürmt
die **Regelung** *oder* **Reglung**
regelwidrig; regelwidriges Überholen

sich **regen;** du regst dich; sie regte sich; sie hat sich geregt
der **Regen;** des Regens
der **Regenbogen**
die **Regeneration** (Neubildung; Neubelebung; Wiederherstellung); die Regenerationen
regenerieren (erneuern, wiederherstellen); er regenerierte seine Gesundheit; sich regenerieren; die Haut hat sich regeneriert
der **Regenschirm**
der **Regent** (Herrscher; Staatsoberhaupt); des/dem/den Regenten; die Regenten
die **Regentin;** die Regentinnen
der **Regentropfen**
der **Regenwald;** der tropische Regenwald
der **Regenwurm**
die **Regenzeit**
der **Reggae** (Stilrichtung der Popmusik); des Reggae *oder* Reggaes
die **Regie** (Spielleitung beim Theater, Film oder Fernsehen)
regieren; ich regiere; du regierst; sie regierte; er hat gerecht regiert
die **Regierung**
der **Regierungsrat** (Exekutive eines Kantons; Mitglied der Regierung eines Kantons)
die **Regierungsrätin**
der **Regierungssitz**
das **Regime** ([diktatorische] Regierung, Herrschaft); des Regimes; die Regime
das **Regiment** (Leitung, Herrschaft); des Regiments *oder* Regimentes; die Regimente; ein strenges Regiment führen (streng sein)
das **Regiment** (eine Truppeneinheit); des Regiments *oder* Regimentes; die Regimenter
die **Region** (Gebiet, Gegend); die Regionen
regional; regionale Zeitungen
der **Regisseur** (Spielleiter beim Theater, Film oder Fernsehen); des Regisseurs; die Regisseure
die **Regisseurin;** die Regisseurinnen
das **Register** (ein Verzeichnis; Gruppe von Orgelpfeifen, die Töne einer bestimmten Klangfarbe erzeugen); des Registers; die Register
registrieren; du registrierst; sie registrierte; er hat die Namen registriert

das **Reglement** (Vorschrift; Satzung); des Reglements; die Reglements
reglementieren (durch Vorschriften regeln); du reglementierst; sie reglementierte; sie hat die Pausen reglementiert
die **Reglementierung**
der **Regler;** des Reglers; die Regler
reglos (regungslos)
die **Reglung** *oder* **Regelung**
regnen; es regnete; es hat geregnet
regnerisch; regnerisches Wetter
der **Regress** (Ersatzanspruch; Rückgriff); des Regresses; die Regresse
regulär (vorschriftsmässig, üblich)
regulieren (regeln, einstellen); du regulierst; er regulierte; sie hat die Lautstärke reguliert
die **Regung** (leichte Bewegung)
regungslos; ein regungsloser Körper
das **Reh;** des Rehs *oder* Rehes; die Rehe
die **Rehabilitation** (Wiedereingliederung einer behinderten Person in das berufliche und gesellschaftliche Leben)
rehabilitieren (das soziale Ansehen wiederherstellen); ich rehabilitiere ihn; du rehabilitierst ihn; sie rehabilitierte ihn; er hat ihn durch ein Geständnis rehabilitiert; sich rehabilitieren; das Team hat sich durch den Sieg rehabilitiert
der **Rehbock**
das **Rehkitz**
die **Reibe** (Raspel)
das **Reibeisen** (Raffel)
reiben; du reibst; er reibt; er rieb; er hat die Äpfel gerieben
die **Reiberei** (kleine Streitigkeit) *meist Plural*
die **Reibung**
reibungslos; reibungsloser; am reibungslosesten
reich; eine reiche Frau; ABER: Arm und Reich; Arme und Reiche; der Arme und der Reiche; der reich geschmückte Altar
das **Reich;** des Reichs *oder* Reiches; die Reiche; das Römische Reich; das Reich Gottes
reichen; du reichst; sie reichte; sie hat mir die Schüssel gereicht
reichhaltig; reichhaltige Auswahl
reichlich; reichliche Verpflegung; wir haben noch reichlich Zeit
der **Reichtum;** des Reichtums; die Reichtümer
die **Reichweite;** in Reichweite sein
reif; reife Früchte
der **Reif** (gefrorener Tau); des Reifs *oder* Reifes
der **Reif** (Ring; Spielzeug); des Reifs *oder* Reifes; die Reife
reifen; das Obst reift; das Obst reifte; das Obst ist gereift
reifen (Reif ansetzen); es reifte; es hat heute Nacht gereift
der **Reifen;** des Reifens; die Reifen
die **Reifenpanne**
reiflich; nach reiflicher Überlegung
die **Reifung**
der **Reigen** (Tanz); des Reigens; die Reigen
die **Reihe;** etwas ist in der Reihe, ausser der Reihe; an der Reihe sein; an die Reihe kommen; in Reih und Glied stehen
reihen (in einer Reihe ordnen); du reihst; sie reihte; er hat die Perlen auf eine Schnur gereiht
die **Reihenfolge**
das **Reihenhaus**
reihenweise
der **Reiher** (ein Storchvogel); des Reihers; die Reiher
reihum; die Büchse geht reihum
der **Reim;** des Reims *oder* Reimes; die Reime
reimen; du reimst; sie reimte; er hat gereimt; sich reimen; die Wörter reimten sich
rein (*kurz für:* herein)
rein; reine Luft; die reine Wahrheit; ABER: etwas Reines anziehen; ins Reine bringen, kommen, schreiben; mit jemandem, mit etwas im Reinen sein; die Wäsche rein (sauber) waschen; das Zimmer rein halten, rein machen; ABER NUR: das grosse Reinmachen *oder* Reinemachen
Reineke Fuchs (Name des Fuchses in der Tierfabel)
der **Reinfall** (unangenehme Überraschung; Enttäuschung)
reinfallen (*kurz für:* hereinfallen); du fällst rein; er fiel [in das Loch] rein; sie ist [auf ihn] reingefallen
das **Reinheft;** ein Fleck, ein Flecken, ein Klecks *oder* ein Tolggen im Reinheft (Fehler, Mangel, Schönheitsfehler)
die **Reinheit**
reinigen; du reinigst; er reinigte; sie hat das Kleid gereinigt

die **Reinigung**
reinlich (sehr auf Sauberkeit bedacht)
reinrassig; reinrassige Hunde
die **Reinschrift**
das **Reis** (ein Zweiglein); des Reises; die Reiser
der **Reis** (ein Getreide); des Reises
der **Reisbrei**
die **Reise**
das **Reisebüro**
reisefertig; reisefertige Urlauber
reiselustig (voller Reiselust)
reisen; du reist; sie reiste; er ist nach Italien gereist; reise doch mit der Bahn!
der **Reisende;** ein Reisender; die Reisenden; zwei Reisende
die **Reisende;** eine Reisende; die Reisenden
der **Reisepass;** die Reisepässe
das **Reisig;** des Reisigs
der **Reisigbesen**
Reissaus; *nur in:* Reissaus nehmen (davonlaufen); fliehen
das **Reissbrett** (Brett zum Zeichnen)
reissen; du reisst; sie reisst; sie riss; er hat es in Stücke gerissen
reissend; der reissende Strom
der **Reisser** (spannender Kriminalfilm oder -roman); des Reissers; die Reisser
der **Reissnagel**
der **Reissverschluss**
das **Reisszeug** (Zusammenstellung von Geräten zum geometrischen Zeichnen)
reiten; du reitest; sie reitet; er ritt; sie ist über die Wiesen geritten; sie hat dieses Pferd gerne geritten
der **Reiter;** des Reiters; die Reiter
die **Reiterin;** die Reiterinnen
das **Reitpferd**
der **Reiz;** des Reizes; die Reize
reizbar
reizen; du reizt sie; er reizte sie; er hat sie gereizt
reizend; ein reizendes Mädchen
reizlos
reizvoll; reizvolle Landschaften
die **Rekapitulation** (Wiederholung, Zusammenfassung)
rekapitulieren; du rekapitulierst; sie rekapitulierte; er hat den Prüfungsstoff rekapituliert; rekapituliere *oder* rekapitulier bitte!
sich **rekeln** *oder* **räkeln** (sich mit Behagen dehnen und strecken); ich rekle *oder* räkle mich; du rekelst *oder* räkelst dich; sie rekelte *oder* räkelte sich; sie hat sich gerekelt *oder* geräkelt
die **Reklamation** (Beanstandung); die Reklamationen
die **Reklame** (Werbung)
reklamieren (beanstanden); du reklamierst; sie reklamierte; er hat den Schaden reklamiert
rekonstruieren (in seiner ursprünglichen Form erschliessen und darstellen oder wiederherstellen); du rekonstruierst; er rekonstruierte den Unfall; sie hat den antiken Tempel rekonstruiert
die **Rekonstruktion** (Wiederherstellung, Nachbildung); die Rekonstruktionen
der **Rekord** (Bestleistung); des Rekords *oder* Rekordes; die Rekorde
der **Rekorder** *oder* **Recorder** (Gerät zur Aufzeichnung und Wiedergabe von Bild- und Tonaufnahmen); des Rekorders *oder* Recorders; die Rekorder *oder* Recorder
rekordverdächtig; eine rekordverdächtige Summe
der **Rekrut** (Soldat in der Grundausbildung); des/dem/den Rekruten; die Rekruten
rekrutieren (zusammensetzen, zusammenstellen, beschaffen); du rekrutierst; er rekrutierte; sie hat ihr Team aus jungen Fachleuten rekrutiert; sich rekrutieren
die **Rekrutin;** die Rekrutinnen
der **Rektor** (Leiter einer Schule oder Hochschule); des Rektors; die Rektoren
das **Rektorat** (Schulleitung); des Rektorats *oder* Rektorates; die Rektorate
die **Rektorin;** die Rektorinnen
das **Relais** (elektrische Schalteinrichtung); des Relais; die Relais
die **Relation** (Beziehung, Verhältnis); die Relationen
relativ (bezüglich; verhältnismässig; vergleichsweise); sie ist relativ reich
relaxen (sich entspannen); du relaxt; er relaxte; sie hat den ganzen Tag relaxt; eine relaxte Atmosphäre
relevant (bedeutsam, wichtig)
die **Relevanz;** dieses Thema ist von [grosser] Relevanz
das **Relief** (über eine Fläche hervortretendes Bildwerk); des Reliefs; die Reliefs *oder* Reliefe
die **Religion;** die Religionen

der **Religionsunterricht**
religiös; religiöser; am religiösesten
die **Religiosität**
das **Relikt** (Rest; Überbleibsel); des Relikts *oder* Reliktes; die Relikte
die **Reling** (Schiffsgeländer); die Relings *oder* Relinge
die **Reliquie** (Überrest, Gegenstand von Heiligen; kostbares Andenken); die Reliquien
der **Reliquienschrein**
remis (unentschieden); das Spiel endete remis; ABER: das **Remis** (unentschiedenes Spiel); des Remis; die Remis *oder* Remisen
die **Rempelei**
rempeln; du rempelst; sie rempelte; er hat gerempelt
das **Ren** (eine Hirschart); des Rens; die Rene *oder* Rens
die **Renaissance** (Wiedergeburt; Erneuerung; Kunstepoche im 14. bis 16. Jahrhundert)
das **Rendezvous** (Verabredung, Begegnung); des Rendezvous; die Rendezvous
die **Rendite** (Gewinn, Ertrag); die Renditen
die **Rennbahn**
rennen; du rennst; sie rannte; er ist gerannt
das **Rennen;** des Rennens; die Rennen
der **Rennfahrer**
die **Rennfahrerin**
das **Renommee** ([guter] Ruf); des Renommees; die Renommees
die **Renovation**
renovieren (erneuern, instand setzen); du renovierst; er renovierte; sie hat ihr Haus renoviert; renoviere *oder* renovier das Zimmer!
rentabel (lohnend, einträglich); ein rentables Geschäft
die **Rente**
das **Rentier** (eine Hirschart)
sich **rentieren** (sich lohnen); es rentierte sich [nicht]; das Geschäft hat sich rentiert
der **Rentner;** des Rentners; die Rentner
die **Rentnerin;** die Rentnerinnen
reparabel (sich reparieren lassend); reparable Schäden
die **Reparatur;** die Reparaturen
reparaturbedürftig
reparieren; du reparierst; sie reparierte; er hat das Auto repariert
das **Repertoire** (Vorrat einstudierter Bühnenrollen, Kompositionen); des Repertoires; die Repertoires
der **Repetent** (jemand, der eine Klasse, einen Kurs u. Ä. wiederholt); des/dem/den Repetenten; die Repetenten
die **Repetentin;** die Repetentinnen
repetieren (wiederholen); du repetierst; sie repetierte; sie hat das Kapitel repetiert
die **Repetition** (Wiederholung); die Repetitionen
der **Report** (Bericht); des Reports *oder* Reportes; die Reporte
die **Reportage** (Bericht über ein aktuelles Ereignis vom Ort des Geschehens); die Reportagen
der **Reporter** (Berichterstatter); des Reporters; die Reporter
die **Reporterin;** die Reporterinnen
der **Repräsentant** (Vertreter, Abgeordneter); des/dem/den Repräsentanten; die Repräsentanten
die **Repräsentantin;** die Repräsentantinnen
die **Repräsentation** (standesgemässes Auftreten; gesellschaftlicher Aufwand); die Repräsentationen
repräsentativ (vertretend; typisch; wirkungsvoll); eine repräsentative Demokratie; repräsentative Umfragen
repräsentieren (vertreten; standesgemäss auftreten); du repräsentierst; sie repräsentierte; sie hat ihre Firma repräsentiert
die **Repressalie** (Druckmittel, Vergeltungsmassnahme); die Repressalien; *meist Plural*
die **Repression** (Unterdrückung); die Repressionen
repressiv (unterdrückend, hemmend); repressive Massnahmen
die **Reproduktion** (Wiedergabe, Nachbildung; Vervielfältigung; Fortpflanzung); die Reproduktionen
reproduzieren; du reproduzierst; er reproduzierte; sie hat die Bilder reproduziert
das **Reptil** (Kriechtier); des Reptils; die Reptilien, *selten:* Reptile
die **Republik** (eine Staatsform); die Republiken
der **Republikaner;** des Republikaners; die Republikaner

die **Republikanerin;** die Republikanerinnen
republikanisch; die republikanische Staatsform; republikanische Parteien; ABER: die Republikanische Partei in den USA
die **Reputation** ([guter] Ruf, Ansehen); die Reputationen
das **Requiem** (Totenmesse); des Requiems; die Requiems *oder* Requien
das **Requisit** (Zubehör, besonders bei Bühne und Film); des Requisits *oder* Requisites; die Requisiten
das **Reservat** (Ureinwohnern zugewiesenes und vorbehaltenes Gebiet; eingegrenztes Gebiet zum Schutz bestimmter Tierarten); des Reservats *oder* Reservates; die Reservate
die **Reservation** (Vorbestellung)
die **Reserve** (Vorrat; Ersatz, Ersatzteam; Zurückhaltung); die Reserven; sie hat etwas in Reserve
reservieren (aufbewahren; vormerken); du reservierst; sie reservierte; er hat Plätze reserviert
der **Reservist** (Soldat der Reserve); des/dem/den Reservisten; die Reservisten
die **Reservistin;** die Reservistinnen
das **Reservoir** (Sammelbecken; Reservebestand); des Reservoirs; die Reservoire
die **Residenz** (Wohnsitz des Staatsoberhauptes, des Fürsten, der Fürstin oder des Bischofs); die Residenzen
residieren (seinen Wohnsitz haben); du residierst; sie residierte; sie hat in Genf residiert
die **Resignation** (Verzicht; Schicksalsergebenheit)
resignieren (entmutigt aufgeben); du resignierst; er resignierte; sie hat längst resigniert; resigniere *oder* resignier nicht!
resigniert (mutlos, niedergeschlagen); mit resignierter Miene
resistent (widerstandsfähig); resistente Bakterien
die **Resistenz;** die Resistenzen
resolut (entschlossen, tatkräftig); resoluter; am resolutesten
die **Resolution** (von einer Versammlung beschlossene öffentliche Erklärung, die bestimmte Forderungen enthält); die Resolutionen
die **Resonanz** (das Mitschwingen, Mittönen; Widerhall, Zustimmung); die Resonanzen
resp. = respektive
der **Respekt** (Rücksicht, Achtung); des Respekts *oder* Respektes
respektabel (ansehnlich); eine respektable Grösse
respektieren (achten; anerkennen); du respektierst sie; er respektierte sie; sie hat sie respektiert
respektive (beziehungsweise; *Abkürzung:* resp.)
respektlos
respektvoll
das **Ressort** (Aufgabenbereich; Abteilung); des Ressorts; die Ressorts
die **Ressource** (Rohstoffquelle; Geldmittel) *meist Plural;* knappe Ressourcen
der **Rest;** des Rests *oder* Restes; die Reste, Resten *oder* Rester
das **Restaurant** (Gaststätte); des Restaurants; die Restaurants
die **Restauration** (Wiederherstellung); die Restaurationen
der **Restaurator** (Wiederhersteller [von Kunstwerken]); des Restaurators; die Restauratoren
die **Restauratorin;** die Restauratorinnen
restaurieren (wiederherstellen); du restaurierst; er restaurierte; sie hat das Bild restauriert
restlich; das restliche Geld; ABER: alles Restliche erledigen wir später
restlos; sie war restlos begeistert
die **Restriktion** (Einschränkung); die Restriktionen; *Trennung:* Res-trik-ti-on
restriktiv (einschränkend); restriktive Massnahmen; *Trennung:* res-trik-tiv
das **Resultat** (Ergebnis); des Resultats *oder* Resultates; die Resultate
resultieren (sich [als Schlussfolgerung] ergeben; folgen); es resultierte; daraus hat ein Verlust resultiert
das **Resümee** (Zusammenfassung); des Resümees; die Resümees
die **Retorte** (ein Laborgefäss); die Retorten
das **Retortenbaby** (durch künstliche Befruchtung ausserhalb des Mutterleibes entstandenes Kind)
retour (zurück); etwas retour schicken
das **Retourbillett** *oder* **Retourbillet** *vergleiche:* Billett, Billet

das **Retourgeld** (Wechselgeld)
retournieren; sie retournierte; sie hat das Päckchen retourniert
retrospektiv (rückschauend)
die **Retrospektive** (Rückblick im Bereich der Kunst und des Films)
retten; du rettest; sie rettete; sie hat ihn gerettet; sich retten; rette sich, wer kann!
der **Retter;** des Retters; die Retter
die **Retterin;** die Retterinnen
der **Rettich** (Wurzelgemüse); des Rettichs; die Rettiche
das **Rettungsboot**
rettungslos; rettungslos verloren sein
der **Return** (*EDV:* Eingabetaste einer Tastatur; *Tennis, Tischtennis:* nach dem Aufschlag des Gegners zurückgeschlagener Ball); des Returns; die Returns
die **Retusche** (Nachbesserung [von Fotografien]); die Retuschen
retuschieren; ich retuschiere; du retuschierst; er retuschierte; sie hat das Foto retuschiert
die **Reue**
reuen; es reut ihn; es reute sie; seine Tat hat ihn gereut
reuevoll
reuig; reuige Sünder
reumütig (reuevoll)
die **Reuse** (ein Korb zum Fischfang); die Reusen
die **Reuss** (ein Nebenfluss der Aare)
die **Revanche** (Vergeltung, Rache); die Revanchen
sich **revanchieren** (sich rächen; sich erkenntlich zeigen); du revanchierst dich; sie hat sich revanchiert
das *oder* der **Revers** (Aufschlag an Mantel oder Jacke); des Revers; die Revers
reversibel (umkehrbar); reversible Prozesse
revidieren (durchsehen, überprüfen; korrigieren); du revidierst; er revidierte das Gepäck; sie hat ihr Urteil revidiert
das **Revier** (Bezirk, Gebiet); des Reviers; die Reviere
die **Revision** (Nachprüfung; Änderung); die Revisionen
der **Revisor** (Kassenprüfer eines Vereins, einer Genossenschaft u. Ä.); des Revisors; die Revisoren
die **Revisorin;** die Revisorinnen
das **Revival** (Erneuerung, Wiederbelebung); des Revivals; die Revivals
die **Revolte** (Empörung, Aufruhr)
revoltieren; du revoltierst; die Gefangenen revoltierten; sie haben revoltiert
die **Revolution** (Umsturz); die Revolutionen
revolutionär (rebellisch; bahnbrechend); revolutionäre Ideen
der **Revolutionär;** des Revolutionärs; dem/den Revolutionär; die Revolutionäre
die **Revolutionärin;** die Revolutionärinnen
der **Revolver;** des Revolvers; die Revolver
die **Revue** (Zeitschrift; musikalisches Bühnenstück); die Revuen; etwas, jemanden Revue passieren (vor seinem inneren Auge vorbeiziehen) lassen
Reykjavík (Hauptstadt Islands)
der **Rezensent** (Verfasser einer Rezension); des/dem/den Rezensenten; die Rezensenten
die **Rezensentin;** die Rezensentinnen
rezensieren; ich rezensiere; du rezensierst; er rezensierte; sie hat die Aufführung rezensiert
die **Rezension** (kritische Besprechung von Büchern, Theateraufführungen u. a.)
rezent (angenehm scharf gewürzt); rezenter Käse
das **Rezept** (ärztliche Verordnung; Kochvorschrift); des Rezepts *oder* Rezeptes; die Rezepte
die **Rezeption** (das Erfassen, Aufnehmen und Übernehmen; Empfangsbüro in einem Hotel); die Rezeptionen; *vergleiche auch:* Reception
die **Rezession** (Rückgang des wirtschaftlichen Wachstums); die Rezessionen
reziprok (wechselseitig; gegenseitig; aufeinander bezüglich); reziproker Wert (*Mathematik:* Kehrwert)
die **Rezitation** (künstlerischer Vortrag einer Dichtung); die Rezitationen
rezitieren; ich rezitiere; du rezitierst; er rezitierte; sie hat Balladen rezitiert
rezyklieren (wiederaufbereiten, recyclen); sie rezykliert; sie rezyklierte; sie hat das Papier rezykliert; *vergleiche auch:* recyceln *oder* recyclen
der **Rhabarber;** des Rhabarbers
die **Rhapsodie** (erzählendes Gedicht; ein Musikstück); die Rhapsodien

rhätisch *veraltete Schreibweise für:* rätisch; ABER: die Rhätische Bahn

der **Rhein** (ein Strom); des Rheins *oder* Rheines

der **Rheinfall** (bei Schaffhausen)

rheinisch; die rheinische Tiefebene; ABER: das Rheinische Schiefergebirge

die **Rheinstadt** (nach dem Fluss Rhein, an dessen Ufern die Stadt Basel liegt)

der **Rhesusfaktor** (*Medizin:* erbliches Merkmal der roten Blutkörperchen; *kurz:* Rh-Faktor; *Zeichen:* Rh = Rhesusfaktor positiv, rh = Rhesusfaktor negativ)

die **Rhetorik** (Redekunst)

rhetorisch; eine rhetorische Frage (Frage, auf die keine Antwort erwartet wird)

das **Rheuma** (*kurz für:* Rheumatismus); des Rheumas

rheumatisch; rheumatische Schmerzen

der **Rheumatismus** (eine schmerzhafte Erkrankung der Gelenke, Muskeln, Nerven und Sehnen); des Rheumatismus; die Rheumatismen

das **Rhinozeros** (Nashorn); des Rhinozeros *oder* Rhinozerosses; die Rhinozerosse

der *oder* das **Rhododendron** (eine Zierpflanze); des Rhododendrons; die Rhododendren

das **Rhomboid** (*Mathematik:* Parallelogramm mit paarweise ungleichen Seiten); des Rhomboids *oder* Rhomboides; die Rhomboide

der **Rhombus** (gleichseitiges Parallelogramm, Raute); des Rhombus; die Rhomben

die **Rhone** (französischer Fluss; *französisch:* Rhône)

die **Rhonestadt** (nach dem Fluss Rhone, an dessen Ausfluss aus dem Genfersee die Stadt Genf liegt)

die **Rhythmik** (Art des Rhythmus; Lehre vom Rhythmus)

rhythmisch; rhythmische Sportgymnastik

der **Rhythmus** (geregelter Wechsel; Zeit-, Ebenmass; taktmässige Gliederung); des Rhythmus; die Rhythmen

richten; du richtest; er richtete; sie hat die Antenne gerichtet; sich nach etwas richten; er hat sich nach euch zu richten!

der **Richter;** des Richters; die Richter

die **Richterin;** die Richterinnen

richtig

Gross schreibt man die Nominalisierung:

- das Richtige (richtig) wäre, zu gehen
- das ist genau das Richtige für mich
- wir halten es für das Richtige, dass du gehst
- sie hat das Richtige getan
- du bist mir der Richtige

Getrennt- und Zusammenschreibung:

- richtig gehend *oder* richtiggehend
- richtig stellen *oder* richtigstellen
- richtig machen; sie hat alles richtig gemacht

die **Richtigkeit;** damit hat es seine Richtigkeit (das ist richtig, das soll so sein)

die **Richtlinie** (verbindliche Standards)

die **Richtung**

die **Ricke** (weibliches Reh); die Ricken

der **Ricotta** (ein Frischkäse); des Ricottas

riechen; du riechst; er riecht; er roch; sie hat das Gas gerochen

das **Ried** (Schilf, Röhricht); des Rieds *oder* Riedes; die Riede

die **Riege** (Turnerabteilung)

der **Riegel;** des Riegels; die Riegel

der **Riegelbau** (Haus mit tragendem Gerüst aus Holz)

riegeln; sie riegelte; sie hat an der Tür geriegelt

der **Riemen;** des Riemens; die Riemen

das **Riemenparkett** (Fussboden aus schmalen und kurzen Brettern)

der **Riese;** des/dem/den Riesen; die Riesen

rieseln; der Kalk rieselte; der Kalk ist von den Wänden gerieselt

riesengross

riesig (gewaltig gross; hervorragend)

die **Riesin;** die Riesinnen

der **Riesling** (eine Reb- und Weinsorte); des Rieslings; die Rieslinge

das **Riff** (Felsenklippe; Sandbank); des Riffs *oder* Riffes; die Riffe

die *oder* der **Rigi** (Berg östlich von Luzern); der Rigi *und* des Rigi *oder* Rigis

rigid *oder* **rigide** (streng; unnachgiebig); rigide Verbote

rigoros (streng, rücksichtslos); rigoroser; am rigorosesten
die **Rikscha** (zweirädriger Wagen in Ostasien, der von einem Menschen gezogen wird und zur Beförderung von Personen dient); die Rikschas
die **Rille**
das **Rind;** des Rinds *oder* Rindes; die Rinder
die **Rinde**
das **Rindfleisch**
der **Rindsbraten** *oder* **Rinderbraten**
das **Rindvieh**
der **Ring;** des Rings *oder* Ringes; die Ringe
das **Ringbuch**
ringeln; die Katze ringelte den Schwanz; die Katze hat den Schwanz geringelt; sich ringeln; die Schlange ringelte sich am Boden
die **Ringelnatter** (eine Schlange)
ringen; du ringst; sie ringt; er rang; sie hat nach Luft gerungen
das **Ringen** (Kampf- und Kraftsport)
der **Ringer;** des Ringers; die Ringer
die **Ringerin;** die Ringerinnen
der **Ringfinger**
ringförmig; ringförmige Mauern
ringhörig; alte Häuser sind oft ringhörig
der **Ringrichter** (beim Boxen)
die **Ringrichterin**
rings (im Kreis); rings an den Wänden standen Regale
ringsherum
ringsum; ringsum (ringsherum) sassen die Kinder; ringsum (überall) stehen Sträucher; ABER: rings (in einem Kreis, Bogen) um den See standen Bäume
die **Rinne**
rinnen; das Blut rinnt; das Blut rann; das Blut ist aus der Wunde geronnen
das **Rinnsal** (kleiner Bach); des Rinnsals *oder* Rinnsales; die Rinnsale
der **Rinnstein** (Gosse)
die **Rippe**
der **Rippenbruch**
das **Rippli** (geräuchertes Rippenstück vom Schwein; Strickmuster); des Ripplis; die Rippli
das **Risiko** (Wagnis); des Risikos; die Risiken *oder* Risikos
risikofreudig
risikolos; risikolose Sportarten
riskant (gefährlich, gewagt); riskanter; am riskantesten
riskieren; du riskierst es; er riskierte es; sie hat es riskiert
das *oder* der **Risotto;** des Risotto *oder* Risottos
die **Rispe** (ein Blütenstand)
der **Riss;** des Risses; die Risse
rissfest; ein rissfester Plastiksack
rissig; rissiges Mauerwerk
der **Rist** (Fussrücken); des Ristes; die Riste
der **Ritt;** des Ritts *oder* Rittes; die Ritte
der **Ritter;** des Ritters; die Ritter
die **Ritterburg**
die **Ritterin;** die Ritterinnen
ritterlich; ritterliche Tugenden
rittlings (im Reitersitz); rittlings auf dem Stuhl sitzen
das **Ritual** ([religiöser] Brauch; Zeremoniell); des Rituals; die Rituale
rituell (zum Ritus gehörend); rituelle Gebete
der **Ritus** (gottesdienstlicher Brauch; Zeremoniell); des Ritus; die Riten
der **Ritz** (Kerbe, Schramme); des Ritzes; die Ritze
die **Ritze** (sehr schmale Spalte oder Vertiefung); die Ritzen
ritzen; du ritzt; sie ritzt; er ritzte; er hat seinen Namen in das Holz geritzt; sich ritzen; ich habe mich an dem Nagel geritzt
der **Rivale** (Nebenbuhler, Mitbewerber); des/dem/den Rivalen; die Rivalen
die **Rivalin;** die Rivalinnen
rivalisieren (um den Vorrang kämpfen); ich rivalisiere; du rivalisierst; er rivalisierte mit seinem Bruder; sie haben ständig rivalisiert
das **Rizinusöl**
das **Roastbeef** (Rostbraten); des Roastbeefs; die Roastbeefs
die **Robbe** (ein Meeressäugetier)
robben (wie eine Robbe kriechen); du robbst; sie robbte; er ist durch das Gras gerobbt
die **Robe** (Amtstracht für Richter, Anwälte, Professoren und Geistliche); die Roben
der **Robidog** (*Markenbezeichnung:* öffentlicher Behälter für Hundekot); des Robidogs; die Robidogs
der **Roboter** (elektronisch gesteuerter Automat); des Roboters; die Roboter

robust (stämmig; unempfindlich); robuster; am robustesten; eine robuste Gesundheit

die **Rochade** (Doppelzug von König und Turm beim Schach; Ämtertausch); die Rochaden

röcheln (schwer und geräuschvoll atmen); ich röchle; du röchelst; er röchelte; sie hat geröchelt

der **Rochen** (ein Seefisch); des Rochens; die Rochen

der **Rock;** des Rocks *oder* Rockes; die Röcke

der **Rock** (*kurz für:* Rockmusik); des Rock *oder* Rocks

der **Rock and Roll** *oder* **Rock' n' Roll** (ein Musik- und Tanzstil)

der **Rocker** (Angehöriger einer [jugendlichen] Motorradbande); des Rockers; die Rocker

die **Rockerbande**

die **Rockerin** (Angehörige einer [jugendlichen] Motorradbande)

die **Rockmusik** (laute, stark rhythmische Unterhaltungsmusik)

roden (Bäume, Sträucher etc. entfernen); du rodest; sie rodete; er hat das Waldstück gerodet

der *oder* das **Rodeo** (Wettkämpfe der Cowboys [in den USA]); des Rodeos; die Rodeos

die **Rodung**

der **Rogen** (die Fischeier); des Rogens; die Rogen

der **Roggen** (ein Getreide); des Roggens

das **Roggenbrot**

roh; roher; am rohesten *oder* rohsten; ein roh bearbeiteter Stein

der **Rohbau;** die Rohbauten

die **Rohheit**

die **Rohkost**

der **Rohling** (roher Mensch); des Rohlings; die Rohlinge

das **Rohöl**

das **Rohr;** des Rohrs *oder* Rohres; die Rohre; *Verkleinerungsform:* das Röhrchen

die **Röhre**

röhren (*vom Hirsch:* brüllen); der Hirsch röhrte; er hat geröhrt

das **Röhricht** (Schilfdickicht); des Röhrichts; die Röhrichte

der **Rohrzucker** (Zucker aus Zuckerrohr)

der **Rohstoff**

der **Rohzucker** (roher, ungereinigter, brauner Zucker)

das **Rokoko** (ein Kunststil); des Rokoko *oder* Rokokos

die **Rollbahn** (Start-und-Lande-Bahn)

die **Rolle**

rollen; du rollst; sie rollte; er hat das Fass in den Keller gerollt

der **Roller;** des Rollers; die Roller

der **Rollerblade** (*Markenbezeichnung:* ein Inlineskate); des Rollerblades; die Rollerblades; *meist Plural*

der **Rollerskate** (Rollschuh mit höhenverstellbarem Stopper und breiten Rollen); des Rollerskates; die Rollerskates

rollig (paarungsbereit, brünstig); ein rolliger Kater

der **Rollkragenpullover**

der **Rollladen,** die Rollläden *oder* die Rollladen

der **Rollmops** (gerollter eingelegter Hering); des Rollmopses; die Rollmöpse

das **Rollo** (aufrollbarer Vorhang); des Rollos; die Rollos

der **Rollschuh;** Rollschuh laufen; ABER: das Rollschuhlaufen

der **Rollstuhl**

rollstuhlgängig (geeignet für Rollstuhlfahrer und -fahrerinnen); ein rollstuhlgängiges Hotel

die **Rolltreppe**

Rom (Hauptstadt Italiens)

die **Roma** (Fahrende) *Plural*

der **Roman** (eine längere Prosaerzählung); des Romans; die Romane

der **Romand** (*französische Bezeichnung für:* Westschweizer); des Romand *oder* Romands; die Romands

die **Romande** (*französische Bezeichnung für:* Westschweizerin); die Romandes

die **Romandie** (Westschweiz, französischsprachige Schweiz)

der **Romane** (Angehöriger eines Volkes mit romanischer Sprache); des/dem/den Romanen; die Romanen

die **Romanfigur**

romanhaft; eine romanhafte Darstellung

die **Romanik** (ein Kunststil vom 11. bis 13. Jahrhundert)

die **Romanin** (Angehörige eines Volkes mit romanischer Sprache); die Romaninnen

romanisch; der romanische Stil; romanische Sprachen; *vergleiche auch:* deutsch, Deutsch

die **Romantik** (Kunst- und Literaturrichtung von etwa 1800 bis 1830)

romantisch (die Romantik betreffend; abenteuerlich; träumerisch); romantische Musik

die **Romanze** (romantisches Liebeserlebnis); die Romanzen

der **Römer;** des Römers; die Römer

die **Römerin;** die Römerinnen

römisch; römische Zahlen; die römischen Kaiser; ABER: das Römische Reich

röm.-kath. = römisch-katholisch

das **Rommee** *oder* **Rommé** (ein Kartenspiel); des Rommees *oder* Rommés; die Rommees *oder* Rommés

das **Rondell** *oder* die **Rondelle** (Kreisel; Rundbeet); des Rondells *oder* der Rondelle; die Rondelle *oder* Rondellen

röntgen (mit Röntgenstrahlen durchleuchten); du röntgst; sie röntgte; die Ärztin hat ihn geröntgt

das **Röntgenbild**

die **Röntgenstrahlen** *Plural*

rosa; die rosa Kleider; ABER: ein Kleid in Rosa; *vergleiche:* blau

rosafarben *oder* **rosafarbig**

rosarot

die **Rose**

der **Rosé** (Wein von hellroter bis weisslicher Farbe); des Rosés; die Rosés

der **Rosenkranz**

die **Rosette** (Verzierung in Rosenform)

rosig; rosige Haut; rosige (höchst erfreuliche) Aussichten; rosig weisse Blüten

die **Rosine** (getrocknete Weinbeere)

der **Rosmarin** (eine Gewürzpflanze); des Rosmarins

das **Ross** (Pferd); des Rosses; die Rosse, *auch:* die Rösser

die **Rossbreiten** (subtropische Zone mit schwachen Winden) *Plural*

die **Rosskastanie**

der **Rossschwanz**

der **Rost** (ein Gitter); des Rosts *oder* Rostes; die Roste

der **Rost** (Zersetzungsschicht auf Eisen); des Rosts *oder* Rostes

rosten; das Blech rostete; es hat gerostet

rösten; du röstest; sie röstete; er hat das Brot geröstet

die **Rösterei**

rostfarben *oder* **rostfarbig**

rostfrei; rostfreier Stahl

die **Rösti;** der Rösti; die Röstis

rostig; rostige Nägel

der **Röstigraben** (Unterschied zwischen der deutsch- und französischsprachigen Schweiz, v. a. bei Abstimmungen); des Röstigrabens

rot; röter, *seltener:* roter; am rötesten, *seltener:* am rotesten; rote Grütze; der rote Faden; er wirkt auf sie wie ein rotes Tuch; er hat keinen roten Heller (kein Geld) mehr; sie gab ihm die rote, *fachsprachlich auch:* Rote Karte; ABER: die Rote Bete; das Rote Meer; das Rote Kreuz; die Rote Armee (der früheren Sowjetunion); die rot glühende *oder* rotglühende Sonne; rot gestreifter *oder* rotgestreifter Stoff; *vergleiche auch:* blau

das **Rot** (die rote Farbe); des Rots; die Rot *oder* Rots; bei Rot bitte anhalten; die Ampel steht auf Rot; *vergleiche:* Blau

die **Rotation** (Drehung um eine Achse); die Rotationen

rotbackig *oder* **rotbäckig**

die **Röte;** die Röte stieg ihm ins Gesicht

die **Röteln** (eine Infektionskrankheit) *Plural*

röten; die Haut rötete sich; sie hat sich gerötet

rothaarig

rotieren (sich drehen); die Scheibe rotierte; ihr Freund hat im Geschäft rotiert (*umgangssprachlich für:* hat sich aufgeregt und ist hektisch geworden)

das **Rotkäppchen** (eine Märchengestalt); des Rotkäppchens

das **Rotkehlchen** (ein Singvogel); des Rotkehlchens; die Rotkehlchen

rötlich; ein rötlich brauner Pullover

die **Rotte** (ungeordnete Schar, Menschengruppe); die Rotten

der **Rotten** (deutscher Name der Rhone im Oberwallis); des Rottens

der **Rotwein**

das **Rotwild**

der **Rotz** (Nasenschleim); des Rotzes

die **Rotznase** (triefende Nase; freches, naseweises Kind)

das **Rouge** (rote Schminke); des Rouges; die Rouges; Rouge auftragen

die **Roulade** (Fleischvogel; geroller Biskuitteig mit [süsser] Füllung); die Rouladen
das **Roulett** *oder* **Roulette** (ein Glücksspiel); des Rouletts *oder* Roulettes; die Roulette *oder* Rouletts *und* Roulettes
die **Route** (Wegstrecke, Reiseweg); die Routen
der **Routenplaner** (Software zur Bestimmung einer optimalen Wegstrecke)
die **Routine** (Übung; Erfahrung)
routiniert (erfahren, gewandt); ein routinierter Geschäftsmann
der **Rowdy** (Raufbold); des Rowdys; die Rowdys
die **Rowdy** (Raufboldin); die Rowdys
Rp. = Rappen
die **RS** = Rekrutenschule
Ruanda (Staat in Zentralafrika)
der **Ruander;** des Ruanders; die Ruander
die **Ruanderin;** die Ruanderinnen
ruandisch
rubbeln (kräftig reiben); ich rubble; du rubbelst; er rubbelte; sie hat gerubbelt
die **Rübe**
der **Rubel** (Währungseinheit in Russland und Weissrussland); des Rubels; die Rubel
rüber *vergleiche:* herüber *oder* hinüber
rüberbringen; du bringst den Schlüssel rüber; sie brachte ihn rüber; sie hat ihn rübergebracht
Rübezahl (eine deutsche Sagenfigur)
der **Rubin** (ein Edelstein); des Rubins; die Rubine
rubinrot
die **Rubrik** (Spalte für sachlich Zusammengehörendes); die Rubriken
ruchbar; das Verbrechen wurde ruchbar (durch ein Gerücht bekannt)
das **Ruchbrot**
ruchlos (niedrig, gemein); ruchloser; am ruchlosesten; eine ruchlose Tat
ruck!; hau ruck!
der **Ruck;** des Rucks *oder* Ruckes; die Rucke; mit einem Ruck
ruckartig; ruckartige Bewegungen
der **Rückblick**
rückblickend
rücken; du rückst; sie rückte; sie ist nach vorne gerückt; er hat den Schrank gerückt
der **Rücken;** des Rückens; die Rücken
das **Rückenmark** (Nervenstrang in der Wirbelsäule)
das **Rückenschwimmen**
der **Rückenwind**
die **Rückfahrt;** Hin- und Rückfahrt
rückfällig (erneut auftretend; erneut straffällig); rückfällig werden
die **Rückgabe**
der **Rückgang**
rückgängig; wir haben den Kauf rückgängig gemacht
das **Rückgrat** (Wirbelsäule); des Rückgrats *oder* Rückgrates; die Rückgrate
der **Rückgriff**
der **Rückhalt** (fester Halt)
rückhaltlos (ganz offen, ohne jeden Vorbehalt); rückhaltlose Kritik; jemandem rückhaltlos vertrauen
die **Rückhand** (zum Beispiel beim Tennis)
die **Rückkehr**
der **Rücklauf**
rückläufig (im Rückgang begriffen); eine rückläufige Entwicklung
das **Rücklicht**
rücklings; er lehnte rücklings (mit dem Rücken) am Schrank
die **Rückmeldung**
das **Rückporto**
der **Rucksack**
der **Rückschluss;** Rückschlüsse ziehen
die **Rückseite**
die **Rücksicht;** Rücksicht nehmen; mit Rücksicht auf seinen Vater
die **Rücksichtnahme**
rücksichtslos; rücksichtsloser; am rücksichtslosesten
die **Rücksichtslosigkeit**
rücksichtsvoll; er ist ihr gegenüber rücksichtsvoll *oder* er ist gegen sie rücksichtsvoll
der **Rücksitz;** des Rücksitzes; die Rücksitze
der **Rückspiegel**
der **Rückstand;** in Rückstand geraten, sein
rückständig (zurückgeblieben; altmodisch)
der **Rückstoss**
der **Rückstrahler** (Rücklicht)
der **Rücktritt**
rückwärts; rückwärts parkieren; rückwärts gehen *oder* rückwärtsgehen; rückwärts fahren *oder* rückwärtsfahren
der **Rückwärtsgang** (beim Auto)
der **Rückweg**

rückwirkend; eine rückwirkend geltende Lohnerhöhung
die **Rückzahlung**
ruck, zuck!
der **Rückzug**
rüde (roh, grob); rüdes Benehmen
der **Rüde** (männlicher Hund, Hetzhund); des/dem/den Rüden; die Rüden
das **Rudel;** des Rudels; die Rudel
rudelweise
das **Ruder;** des Ruders; die Ruder; aus dem Ruder laufen (ausser Kontrolle geraten)
das **Ruderboot**
der **Ruderer** *oder* **Rudrer;** des Ruderers *oder* Rudrers; die Ruderer *oder* Rudrer
die **Ruderin** *oder* **Rudrerin;** die Ruderinnen *oder* Rudrerinnen
rudern; du ruderst; sie ruderte; sie hat drei Stunden gerudert; er ist über den See gerudert
das **Rudiment** (Überbleibsel); des Rudiments *oder* Rudimentes; die Rudimente
rudimentär (unvollständig; nur ansatzweise vorhanden); rudimentäre Kenntnisse haben
das **Rüebli;** des Rüeblis; die Rüebli
der **Ruf;** des Rufs *oder* Rufes; die Rufe
die **Rüfe** (Erdrutsch, Schutt- und Schlammlawine); die Rüfen
rufen; du rufst; sie ruft; sie rief ihn; er hat den Arzt gerufen; sie rief nach ihrer Schwester
der **Rüffel** (Verweis, Tadel); des Rüffels; die Rüffel
der **Rufname**
das **Rugby** (ein Ballspiel); des Rugby *oder* Rugbys
die **Rüge** (strenge Zurechtweisung)
der **Rugel** (ein Stück Rundholz); des Rugels; die Rugel
rügen; du rügst ihn; sie rügte ihn; er hat ihn gerügt
die **Ruhe;** sich zur Ruhe setzen
ruhelos
ruhen; du ruhst; sie ruhte; sie hat zwei Stunden geruht; sie wird uns etwas ruhen (ausruhen) lassen; er hat diesen Fall zunächst ruhen lassen (nicht bearbeitet)
die **Ruhepause**
die **Ruhestörung**
ruhig; ein ruhiges Zimmer; ruhig Blut bewahren; es wird ruhig sein, bleiben, werden; den Arm ruhig stellen
der **Ruhm;** des Ruhms *oder* Ruhmes
rühmen; du rühmst ihn; sie rühmte ihn; er hat sie wegen ihres Fleisses gerühmt
rühmlich; eine rühmliche Tat
ruhmlos; ruhmloser; am ruhmlosesten
ruhmreich; ruhmreiche Siege
die **Ruhr** (eine Infektionskrankheit)
das **Rührei**
rühren; du rührst; sie rührte; er hat den Teig gerührt; ihr Brief hat mich gerührt (innerlich bewegt); sich rühren; das Opfer hat sich nicht mehr gerührt (lag leblos da)
rührend; ein rührender Anblick
rührig (besonders aktiv); rührige Vereine
rührselig; ein rührseliges (übertrieben gefühlvolles) Theaterstück
die **Rührung**
der **Ruin** (Zusammenbruch, Untergang; Verlust); des Ruins
die **Ruine** (zerfallenes Bauwerk); die Ruinen
ruinieren (zerstören, zugrunde richten); du ruinierst ihn; er ruinierte ihn; er hat sie ruiniert; sich ruinieren; er hat sich ruiniert
rülpsen; du rülpst; sie rülpste; sie hat laut gerülpst
der **Rülpser;** des Rülpsers; die Rülpser
rum (*kurz für:* herum)
der **Rum** (Branntwein aus Zuckerrohr); des Rums; die Rums
der **Rumäne;** des/dem/den Rumänen; die Rumänen
Rumänien
die **Rumänin;** die Rumäninnen
rumänisch
der *oder* die **Rumba** (ein Tanz); des Rumbas *oder* der Rumba; die Rumbas
rumkriegen (zu etwas bewegen); du kriegst ihn rum; er kriegte ihn rum; er hat sie rumgekriegt
der **Rummel;** des Rummels
der **Rummelplatz**
rumoren (dumpf lärmen; poltern); es rumorte; es hat in der Kammer rumort
die **Rumpelkammer**
rumpeln; es rumpelte; es hat gerumpelt
das **Rumpelstilzchen** (eine Märchengestalt); des Rumpelstilzchens

der **Rumpf** (Körper ohne Kopf und Gliedmassen; Schiff ohne Aufbauten; Knitterfalte); des Rumpfs *oder* Rumpfes; die Rümpfe

rümpfen; du rümpfst die Nase; sie rümpfte die Nase; er hat die Nase gerümpft

das **Rumpsteak** (gebratene Scheibe Rindfleisch); des Rumpsteaks; die Rumpsteaks

der **Run** (Ansturm [auf die Kasse]); des Runs; die Runs

rund; runder; am rundesten; rund um die Welt; ein Gespräch am runden Tisch

die **Runde;** die Runde machen (herumreichen; sich herumsprechen); über die Runden kommen (Schwierigkeiten mit Mühe überwinden; mit dem Geld knapp auskommen)

runden; du rundest; sie rundete; er hat die Zahl gerundet

der **Rundfunk**

der **Rundgang**

rundheraus (direkt, offen); etwas rundheraus sagen, ablehnen

rundherum; sie waren rundherum glücklich

rundlich; rundliche Formen

rundum (ringsum; rundherum); rundum standen Neugierige; ABER: die Reporter standen rund (im Kreise) um die Politikerin

rundweg (entschieden und vollständig); etwas rundweg leugnen

die **Rune** (germanisches Schriftzeichen); die Runen

das **Runenalphabet**

die **Runkelrübe**

runter *vergleiche* herunter *oder* hinunter

runterfallen; du fällst runter; er fiel runter; sie ist runtergefallen

die **Runzel** (Hautfalte); die Runzeln

runzelig *oder* **runzlig;** runzelige *oder* runzlige Hände

runzeln; du runzelst die Stirn; sie runzelte die Stirn; er hat die Stirn gerunzelt

der **Rüpel** (grober Kerl); des Rüpels; die Rüpel

rüpelhaft; rüpelhaftes Benehmen

rupfen; du rupfst; er rupfte; sie hat das Huhn gerupft

ruppig (grob, unhöflich); ein ruppiger Mensch

die **Rüsche** (gekraustes Schmuckband an Kleidern); die Rüschen

die **Rushhour** (Hauptverkehrszeit); die Rushhours

der **Russ;** des Russes

der **Russe;** des/dem/den Russen; die Russen

der **Rüssel;** des Rüssels; die Rüssel

russen (Russ abgeben; mit Russ schwärzen); der Ofen russt; er russte; er hat gerusst

russig; russige Finger

die **Russin;** die Russinnen

russisch; russische Eier; russisches Roulett; ABER: die Russische Föderation (amtlicher deutscher Name von Russland); *vergleiche auch:* deutsch, Deutsch

Russland

rüsten; die Staaten rüsten; sie rüsteten; sie haben um die Wette gerüstet; er hat das Gemüse gerüstet; sich rüsten; wir sind für diesen Streit gerüstet (vorbereitet)

der **Rüster** (jemand, der Güter oder Waren zusammenstellt); des Rüsters; die Rüster

die **Rüsterin;** die Rüsterinnen

rüstig (frisch und leistungsfähig); eine rüstige alte Dame

rustikal (ländlich, bäuerlich); rustikale Möbel

das **Rüstmesser**

die **Rüstung**

die **Rute** (Gerte)

> Viele Fremdwörter werden anders geschrieben, als sie gesprochen werden, oder ganz anders als vergleichbare Fremdwörter. Dazu gehört auch das Nomen *Routine,* das nicht mit blossem *u,* sondern mit *ou* geschrieben wird.

das **Rütli** (Bergwiese am Urnersee); des Rütlis

der **Rütlischwur**

die **Rutschbahn**

die **Rutsche**

rutschen; du rutschst; sie rutscht; sie rutschte; er ist von der Bank gerutscht

rutschfest; rutschfeste Schuhsohlen

rutschig (glatt)

rütteln; du rüttelst; er rüttelt; sie rüttelte; er hat am Tor gerüttelt

S

s = Sekunde; *auch:* sec, sek, Sek
das **S** (Buchstabe); des S; die S; ABER: das s in Hase
S = Süd, Süden; small (Kleidergrösse: klein)
S. = Seite
der **Saal;** des Saals *oder* Saales; die Säle; *Verkleinerungsform:* das Sälchen
die **Saane** (ein Nebenfluss der Aare)
die **Saat;** die Saaten
das **Saatkorn**
der **Sabbat** (der jüdische Ruhetag); des Sabbats; die Sabbate
sabbern; du sabberst; das Baby sabberte; es hat gesabbert
der **Säbel;** des Säbels; die Säbel
die **Sabotage** (planmässige Zerstörung von Einrichtungen); die Sabotagen
der **Saboteur;** des Saboteurs; die Saboteure
die **Saboteurin;** die Saboteurinnen
sabotieren (etwas planmässig behindern); du sabotierst; er sabotierte; sie hat die Arbeit sabotiert
der **SAC** = Schweizer Alpen-Club
das **Sacharin** *oder* **Saccharin** (ein Süssstoff)
der **Sachbearbeiter;** des Sachbearbeiters; die Sachbearbeiter
die **Sachbearbeiterin;** die Sachbearbeiterinnen
das **Sachbuch**
sachdienlich; sachdienliche Hinweise
die **Sache**
sachgemäss; sachgemässe Behandlung
die **Sachkenntnis**
sachkundig
sachlich; sachliche Argumente
sächlich; der sächliche Artikel «das»
die **Sachlichkeit**
sacht *oder* **sachte** (leise, unmerklich)
der **Sachverhalt;** des Sachverhalts *oder* Sachverhaltes; die Sachverhalte
sachverständig; ein sachverständiges Urteil
der **Sachverständige;** ein Sachverständiger; die Sachverständigen; zwei Sachverständige
die **Sachverständige;** eine Sachverständige; die Sachverständigen
der **Sack;** des Sacks *oder* Sackes; die Säcke; ABER: 5 Sack Mehl; mit Sack und Pack (mit dem ganzen Besitz oder Gepäck); die Faust im Sack machen (aus Wut heimlich drohen; die Wut verbergen)
der **Sackbahnhof** (Bahnhof, in dem eine Bahnstrecke endet); *auch:* Kopfbahnhof
der **Säckel** (der Geldbeutel); des Säckels; die Säckel
der **Säckelmeister** (Kassier eines Vereins o. Ä.; Finanzdirektor im Kanton Appenzell Innerrhoden; Verwalter der Gemeindekassen im Kanton Schwyz)
die **Säckelmeisterin**
die **Sackgasse**
das **Sackgeld**
das **Sackhüpfen;** des Sackhüpfens
der **Sackkarren** *oder* die **Sackkarre** (zweirädriges Transportgerät für Säcke, Kisten etc., das leicht gekippt bewegt wird)
das **Sackmesser**
sackstark; eine sackstarke Geschichte
sackweise; Zement wird sackweise verkauft
der **Sadismus** (Lust am Quälen, an Grausamkeit)
der **Sadist;** des/dem/den Sadisten; die Sadisten
die **Sadistin;** die Sadistinnen
sadistisch
säen; du säst; er sät; er säte; sie hat den Weizen gesät; säe den Weizen!
die **Safari** (Reise zum Jagen und Fotografieren [in Afrika]); die Safaris
der *oder* das **Safe** (Geldschrank); die Safes
der **Safer Sex** (Sexualverhalten, das die Gefahr einer Aidsinfektion mindert); des Safer Sexes
der **Safran** (ein Gewürz); des Safrans
safrangelb
die **Säfrau**
der **Saft;** des Safts *oder* Saftes; die Säfte
saftig; saftige Früchte
die **Sage;** griechische Sagen
die **Säge**
sagen; du sagst; er sagte; sie hat etwas gesagt; er hat mir dafür sage und schreibe (tatsächlich) zwanzig Franken abgenommen
sägen; du sägst; sie sägte; er hat Holz gesägt

sagenhaft (unvorstellbar, überaus); ein sagenhaftes Gedächtnis; die Band war sagenhaft gut
die **Sägerei** (Sägewerk)
die **Sägespäne** *Plural*
das **Sägewerk**
die **Sahara** (Wüste in Nordafrika)
die **Sahne** (Rahm)
sahnig (rahmig); sahnige Milch
die **Saison** (wiederkehrender Zeitabschnitt eines Jahres); die Saisons
der **Saisonarbeiter**
die **Saisonarbeiterin**
saisonbedingt; saisonbedingte Arbeitslosigkeit
der **Saisonnier** (Saisonarbeiter); des Saisonniers; die Saisonniers; *weibliche Form:* Saisonarbeiterin
die **Saite** (z. B. einer Geige, Gitarre usw.)

> Nicht verwechseln: Obwohl beide Wörter gleich ausgesprochen werden, schreibt man die auf einem Musikinstrument gespannte Saite mit *ai*, die Buch-, Heft- oder Zeitungsseite hingegen mit *ei*.

das **Saiteninstrument**
der *oder* das **Sakko** (Herrenjackett); des Sakkos; die Sakkos
sakral (heilig; den Gottesdienst betreffend); sakrale Bauwerke
das **Sakrament** (eine gottesdienstliche Handlung); des Sakraments *oder* Sakramentes; die Sakramente
die **Sakristei** (Raum für den Priester und die Gottesdienstgeräte); die Sakristeien
sakrosankt (unantastbar); der erste Vorschlag ist nie sakrosankt
säkular (alle hundert Jahre wiederkehrend; weltlich); säkulare Ereignisse
die **Säkularisation** *oder* **Säkularisierung** (Verweltlichung)
der **Salamander** (ein Schwanzlurch); des Salamanders; die Salamander
die *oder* der **Salami;** der Salami *oder* des Salamis; die Salami *oder* Salamis
das **Salär** (Lohn); des Salärs; die Saläre
der **Salat;** des Salats *oder* Salates; die Salate
die **Salatsauce** *oder* **Salatsosse**
die **Salbe**
der *oder* die **Salbei** (eine Heil- und Gewürzpflanze); des Salbeis *oder* der Salbei
salben; du salbst; der Papst salbte ihn; der Papst hat sie zur Kaiserin gesalbt
salbungsvoll (übertrieben feierlich)
das **Sälchen** (kleiner Saal)
der **Saldo** (der Unterschiedsbetrag zwischen Soll- und Habenseite eines Kontos); des Saldos; die Saldos *oder* Salden *oder* Saldi
die **Saline** (ein Salzwerk); die Salinen
der **Salm** (ein Fisch); des Salms *oder* Salmes; die Salme
der *oder* das **Salmiak** (eine Ammoniakverbindung); des Salmiaks
der **Salmiakgeist** (eine Ammoniaklösung)
die **Salmonellen** (Bakterien, die Darmkrankheiten hervorrufen) *Plural*
salomonisch (weise); ein salomonisches Urteil
der **Salon;** des Salons; die Salons
salopp (ungezwungen; nachlässig); saloppe Kleidung
der **Salpeter** (einige Salze der Salpetersäure); des Salpeters
die **Salpetersäure**
der *oder* das **Salsiz** (Dauerwurst aus Graubünden); des Salsiz *oder* Salsizes; die Salsiz *oder* Salsize
der **Salto** (freier Überschlag); des Saltos; die Saltos *oder* Salti
der **Salto mortale** ([dreifacher] Salto in grosser Höhe); des Salto mortale; die Salto mortale *oder* Salti mortali
salü!; Salü *oder* salü sagen
der **Salut** (Ehrengruss); des Saluts *oder* Salutes; die Salute
salutieren (militärisch grüssen); er salutierte; die Wachen haben salutiert
der **Salvadorianer** (Einwohner von El Salvador); die Salvadorianer
die **Salvadorianerin** (Einwohnerin von El Salvador); die Salvadorianerinnen
salvadorianisch
die **Salve** (gleichzeitiges Schiessen aus mehreren Waffen); die Salven
das **Salz;** des Salzes; die Salze
salzarm; salzarme Ernährung
salzen; du salzt; sie salzte; er hat die Suppe gesalzen *oder* gesalzt; die Preise sind gesalzen (sehr hoch)
salzhaltig; salzhaltiger Boden
salzig; salziges Wasser
die **Salzsäure**

der **Salzstängel;** des Salzstängels; die Salzstängel
das **Salzwasser**
der **Sämann** (jemand, der etwas sät); des Sämanns *oder* Sämannes; die Sämänner
der **Samariter** (freiwilliger Krankenpfleger); des Samariters; die Samariter
die **Samariterin;** die Samariterinnen
der **Samba** (ein Tanz); der Samba; des Sambas; die Sambas
Sambia (Staat in Afrika)
der **Sambier;** des Sambiers; die Sambier
die **Sambierin;** die Sambierinnen
sambisch
der **Samen;** des Samens; die Samen
das **Samenkorn;** die Samenkörner
die **Sämereien** (Saatgut) *Plural*
der **Samichlaus** (St. Nikolaus); die Samichläuse
sämig (dickflüssig); eine sämige Flüssigkeit
der **Sammelband** (Buch mit Texten verschiedener Autoren, Autorinnen)
sammeln; du sammelst; er sammelte; sie hat für das Rote Kreuz gesammelt
das **Sammelsurium** (Durcheinander); des Sammelsuriums; die Sammelsurien
der **Sammler;** des Sammlers; die Sammler
die **Sammlerin;** die Sammlerinnen
die **Sammlung**
das **Sample** (Stichprobe; repräsentative Gruppe; Muster); des Sample *oder* Samples; die Samples
der **Sampler** (CD oder Platte mit einer Auswahl von [bereits früher veröffentlichten] Titeln); des Samplers; die Sampler
der **Samstag;** *vergleiche:* Dienstag
samstags *vergleiche:* dienstags
samt ([zusammen] mit); samt dem Geld; eine Blume samt Wurzeln; samt und sonders (alle oder alles ohne Ausnahme)
der **Samt** (ein Gewebe); des Samts *oder* Samtes; die Samte
samtartig (wie Samt)
samten (aus Samt); samtene Jacken
samtig (wie Samt); ein samtiges Fell
sämtlich; sie waren sämtlich (allesamt, vollzählig) gekommen; der Verlust sämtlicher vorhandenen Energie; mit sämtlichem gesammelten Material; sämtliche vortrefflichen, *seltener:* vortreffliche Einrichtungen; sämtlicher vortrefflicher, *seltener:* vortrefflichen Einrichtungen; sämtliche Stimmberechtigten, *auch:* Stimmberechtigte
der **Samurai** (Angehöriger der Adelsschicht in der japanischen Feudalzeit); des Samurai *oder* Samurais; die Samurai *oder* Samurais
das **Sanatorium** (Erholungsheim); des Sanatoriums; die Sanatorien
der **Sand;** des Sands *oder* Sandes; die Sande
die **Sandale**
die **Sandalette**
die **Sandbank;** die Sandbänke
der **Sanddorn** (eine Pflanzenart); des Sanddorns *oder* Sanddornes; die Sanddorne
sandfarben *oder* **sandfarbig** (beige)
sandig; sandiger Boden
der **Sandkasten**
der **Sandmann** *oder* das **Sandmännchen** (eine Märchenfigur)
das **Sandpapier** (Schleifpapier)
das **Sandwich** (belegtes Brötli); des Sandwich *oder* Sandwichs; die Sandwichs *oder* Sandwiches, *auch:* Sandwiche
sanft; sanfter; am sanftesten; sanfter Tourismus
die **Sänfte** (ein Tragstuhl)
die **Sanftmut** (Sanftheit)
sanftmütig
der **Sang** (*veraltet:* das Singen); des Sangs *oder* Sanges; die Sänge; mit Sang und Klang (mit Gesang und Musik)
der **Sänger;** des Sängers; die Sänger
die **Sängerin;** die Sängerinnen
sanglos; *nur in:* sang- und klanglos (unbemerkt; ruhmlos); sang- und klanglos verschwinden
sanieren (wieder in einen intakten Zustand versetzen); ich saniere; du sanierst; er sanierte; sie hat die Firma saniert
sanitär (gesundheitlich); sanitäre Anlagen
der **Sanitärinstallateur** (Spengler); des Sanitärinstallateurs; die Sanitärinstallateure; *Trennung:* Sa-ni-tär-in-stal-la-teur
die **Sanitärinstallateurin;** die Sanitärinstallateurinnen; *Trennung:* Sa-ni-tär-in-stal-la-teu-rin
die **Sanität** (Krankentransportdienst; Krankenpflegedienst)
der **Sanitäter** (Krankenpfleger); des Sanitäters; die Sanitäter

die **Sanitäterin;** die Sanitäterinnen
der **Sanitätsdienst**

Sankt

Abkürzung: St.

In Heiligennamen und Ortsnamen, die auf Heiligennamen zurückgehen, steht kein Bindestrich:

- Sankt Moritz; Sankt Gallen
- St. Moritz; St. Gallen

In Ableitungen wird ein Bindestrich gesetzt, der bei Formen auf -er auch weggelassen werden kann:

- die sankt-gallischen Klosterschätze
- die Sankt-Galler *oder* Sankt Galler Einwohner
- die St.-Gallener *oder* St. Gallener Handschrift
- die Sankt-Gallerin *oder* Sankt Gallerin (Einwohnerin St. Gallens)
- die St.-Gallerin *oder* St. Gallerin

Wenn «Sankt» Teil einer Zusammensetzung ist, müssen Bindestriche stehen:

- die Sankt-Gotthard-Gruppe
- die St.-Marien-Kirche

Sankt Gallen (Kanton; dessen Hauptstadt); *vergleiche:* Sankt
die **Sanktion** (Bestätigung; Erteilung der Gesetzeskraft); die Sanktionen; Sanktionen (Zwangsmassnahmen) verhängen
sanktionieren; du sanktionierst; sie sanktionierte; das Parlament hat den Gesetzentwurf sanktioniert
der **San-Marinese** (Einwohner von San Marino); des/dem/den San-Marinesen; die San-Marinesen
die **San-Marinesin;** die San-Marinesinnen
san-marinesisch
San Marino (europäischer Staat; dessen Hauptstadt)
das **Sanskrit** (altindische Literatur- und Gelehrtensprache); des Sanskrits
der **Säntis**
der **Saphir** (ein Edelstein); des Saphirs; die Saphire
Sarajewo (Hauptstadt von Bosnien und Herzegowina)
die **Sardelle** (ein Fisch)
die **Sardine** (ein Fisch)
der **Sarg;** des Sargs *oder* Sarges; die Särge
der **Sarkasmus** (*nur Singular:* [beissender] Spott; *mit Plural:* Äusserung, die beissenden oder verletzenden Spott enthält); des Sarkasmus; die Sarkasmen
sarkastisch (spöttisch, höhnisch)
der **Sarkophag** (Steinsarg); des Sarkophags; die Sarkophage
Sarnen (Hauptort des Kantons Obwalden)
der **Sarnersee**
der **Satan** (der Teufel); des Satans; die Satane
satanisch (teuflisch; boshaft)
der **Satansbraten** (Bösewicht, Schlingel)
der **Satellit** (ein Mond; künstlicher Mond, Raumsonde); des/dem/den Satelliten; die Satelliten
die **Satellitenschüssel**
die **Satellitenstadt** (eigenständige Siedlung im Umfeld einer grösseren Stadt)
der **Satin** (ein Gewebe mit glänzender Oberfläche); des Satins; die Satins
die **Satire** (witzig-spöttische Darstellung menschlicher Schwächen); die Satiren
der **Satiriker;** des Satirikers; die Satiriker
die **Satirikerin;** die Satirikerinnen
satirisch (spöttisch, beissend)
satt; satter; am sattesten; ein sattes Blau; sie wird sich satt essen; satt haben *oder* satthaben, sie hat es satt gehabt *oder* sattgehabt
der **Sattel;** des Sattels; die Sättel
sattelfest (sicher); [nicht] sattelfest sein
satteln; du sattelst; sie sattelte; sie hat das Pferd gesattelt
der **Sattelschlepper** (Zugfahrzeug)
sättigen (satt machen); du sättigst; er sättigte; die Suppe hat kaum gesättigt; sich sättigen; sie hat sich gesättigt
der **Sattler** (Beruf des lederverarbeitenden Gewerbes); des Sattlers; die Sattler
die **Sattlerin;** die Sattlerinnen
sattsam (hinlänglich, genug); sattsam bekannte Gründe
der **Saturn** (ein Planet); des Saturns
der **Satz;** des Satzes; die Sätze
das **Satzglied**
die **Satzung** (schriftlich niedergelegte Statuten oder Regeln eines Vereins)
das **Satzzeichen**

die **Sau;** die Säue *oder (besonders bei Wildschweinen:)* die Sauen
sauber; saubrer *oder* sauberer; am saubersten; sie wird das Zimmer sauber halten; sie hat es sauber gehalten; sauber machen; er ist dabei, sauber zu machen; ABER NUR: er ist beim Saubermachen
die **Sauberkeit**
säuberlich (sorgfältig; ordentlich); etwas [fein] säuberlich beschriften
säubern; du säuberst; sie säuberte; er hat das Bad gesäubert; säubere es!
die **Sauce** *oder* **Sosse**
der **Saudi-Araber;** des Saudi-Arabers; die Saudi-Araber
die **Saudi-Araberin;** die Saudi-Araberinnen
Saudi-Arabien (arabischer Staat)
saudi-arabisch
sauer; saurer; am sauersten; saure Gurken; ein saurer Hering; der saure Regen (schweflige Säure enthaltendes Regenwasser); ABER: gib ihm Saures! (prügle ihn!)
der **Sauerampfer**
die **Sauerei**
das **Sauerkraut**
säuerlich; die Milch war säuerlich; mit säuerlicher Miene
säuern; du säuerst; er säuerte; sie hat das Brot gesäuert
der **Sauerstoff**
die **Sauerstoffflasche**
der **Sauerteig**
saufen; du säufst; er säuft; er soff; er hat den ganzen Tag gesoffen
der **Säufer;** des Säufers; die Säufer
die **Sauferei**
die **Säuferin;** die Säuferinnen
saugen; du saugst; sie saugt; sie saugte *oder* sog; sie hat das Blut aus der Wunde gesaugt *oder* gesogen; ABER NUR: er saugte den Staub im Zimmer; er hat Staub gesaugt *oder* gestaubsaugt
säugen; die Hündin säugt; sie säugte; sie hat ihre Jungen gesäugt
das **Säugetier**
der **Säugling**
die **Säule**
der **Saum** (Stoffkante bei Textilien); des Saums *oder* Saumes; die Säume
saumässig (miserabel); er hatte saumässiges (unheimliches) Glück
säumen; du säumst; sie säumte; sie hat den Rock gesäumt
säumen (zögern); säume nicht lange!
säumig (sich mit etwas [viel] Zeit lassend); säumige Schuldner
saumselig (langsam, nachlässig); er arbeitet sehr saumselig
die **Sauna** (Heissluftbad); die Saunas *oder* Saunen
die **Säure**
säurebeständig; säurebeständiges Material
der **Saurier** (urweltliche Echse oder Riesenechse); des Sauriers; die Saurier
Saus; *nur in der Redewendung:* in Saus und Braus (verschwenderisch) leben
säuseln; es säuselt; es säuselte; der Wind hat gesäuselt
sausen; du saust; er saust; sie sauste; der Lift ist in die Tiefe gesaust
der **Sauser** (gärender Traubensaft, im Übergang zu Wein); des Sausers
die **Savanne** (Steppe mit Bäumen); die Savannen
das **Saxofon** (ein Blasinstrument); des Saxofons; die Saxofone
der **Saxofonist;** des/dem/den Saxofonisten; die Saxofonisten
die **Saxofonistin;** die Saxofonistinnen
die **S-Bahn** (Schnellbahn); die S-Bahnen
der **S-Bahnhof**
der **S-Bahn-Wagen**
die **SBB** = Schweizerische Bundesbahnen
das **SBFI** = Staatssekretariat für Bildung, Forschung und Innovation
der **Sbrinz** (ein Reibkäse); des Sbrinz
scannen (mit einem Scanner abtasten); ich scanne; du scannst; sie scannte; die Kassierin hat den Artikel gescannt
der **Scanner** (ein elektronisches Erfassungsgerät); des Scanners; die Scanner
die **Schabe** (ein Insekt)
schaben; du schabst; er schabte; er hat die Äpfel geschabt
der **Schabernack** (Streich, Posse); des Schabernacks *oder* Schabernackes; die Schabernacke
schäbig; ein schäbiger Koffer
die **Schablone** (ausgeschnittene Vorlage; Muster); die Schablonen
schablonenhaft

der **Schabziger** (harter Kräuterkäse); des Schabzigers; die Schabziger

das **Schach;** des Schachs; die Schachs; Schach spielen; Schach bieten; jemanden in Schach halten (nicht gefährlich werden lassen); Schach und matt!

das **Schachbrett;** des Schachbretts *oder* Schachbrettes; die Schachbretter

der **Schachen** (Flussuferland, das mit Gebüsch oder Wald bewachsen ist); des Schachens; die Schächen

schachern (feilschen, handeln); ich schachere; du schacherst; er schacherte; sie hat um den Preis geschachert

schachmatt; der Gegner war schachmatt (besiegt)

das **Schachspiel**

der **Schacht;** des Schachts *oder* Schachtes; die Schächte

die **Schachtel;** die Schachteln

schächten (nach jüdischer religiöser Vorschrift schlachten); er schächtete; er hat das Tier geschächtet

schade; es ist schade um dieses Bild; schade, dass ich gehen muss; dafür bin ich mir zu schade; das ist aber schade; um den ist es nicht schade; o wie schade!

der **Schädel;** des Schädels; die Schädel

der **Schädelbruch**

schaden; du schadest; er schadete; sie hat ihm geschadet

der **Schaden;** des Schadens; die Schäden

die **Schadenfreude**

schadenfroh; ein schadenfrohes Lachen

schadhaft (kaputt); eine schadhafte Dichtung

schädigen; du schädigst; er schädigte; sie hat ihn geschädigt

schädlich

der **Schädling;** des Schädlings; die Schädlinge

der **Schadstoff**

schadstoffarm; schadstoffarme Autos

das **Schaf;** des Schafs *oder* Schafes; die Schafe; sein Schäfchen ins Trockene bringen (seinen Gewinn in Sicherheit bringen)

der **Schäfer** (Schafhirte); des Schäfers; die Schäfer

der **Schäferhund**

die **Schäferin;** die Schäferinnen

schaffen (arbeiten); ich schaffe; du schaffst; sie schaffte; er hat den ganzen Tag geschafft; sie haben es geschafft (vollbracht); sie hat die Kiste nach oben geschafft (gebracht); ich möchte damit nichts mehr zu schaffen (zu tun) haben; ich habe mich daran zu schaffen gemacht

schaffen (schöpferisch gestalten, hervorbringen); du schaffst; sie schafft; sie schuf; sie hat ein Werk geschaffen; Schiller hat «Wilhelm Tell» geschaffen; sie ist für diesen Beruf wie geschaffen (geeignet); er steht da, wie ihn Gott geschaffen hat (er steht nackt da); sie schuf Ordnung

Schaffhausen (Kanton; dessen Hauptstadt)

der **Schaffner** (Kondukteur); des Schaffners; die Schaffner

die **Schaffnerin** (Kondukteurin); die Schaffnerinnen

die **Schafgarbe** (eine Heilpflanze)

das **Schafott** (ein Gerüst zur Hinrichtung); des Schafotts *oder* Schafottes; die Schafotte

der **Schaft** (Griff bei Waffen, Werkzeugen); des Schafts *oder* Schaftes; die Schäfte

der **Schaft** (Schrank; Regal); des Schafts *oder* Schaftes; die Schäfte

der **Schah** (persischer Herrschertitel); des Schahs; die Schahs

der **Schakal** (ein hundeartiges Raubtier); des Schakals; die Schakale

schäkern (scherzen; flirten); du schäkerst; sie hat mit ihm geschäkert

schal; ein schales (abgestandenes) Bier; ein schaler (fader) Witz

der **Schal;** des Schals; die Schals *oder* Schale

die **Schale**

schälen; du schälst; sie schälte; er hat Kartoffeln geschält

der **Schalk** (Schelm); des Schalks *oder* Schalkes; die Schalke *oder* Schälke

schalkhaft; ein schalkhafter Mensch

der **Schall;** des Schalls *oder* Schalles; die Schalle *oder* Schälle

der **Schalldämpfer**

schalldicht; schalldichte Türen

schallen (laut tönen); es schallt; es schallte; es hat mir in den Ohren geschallt; ein schallendes Gelächter

die **Schallgeschwindigkeit**

die **Schallmauer** (extremer Luftwiderstand beim Erreichen der Schallgeschwindigkeit) die **Schallplatte**

die **Schalmei** (ein Holzblasinstrument); die Schalmeien

die **Schalotte** (eine Zwiebel); *auch:* Eschalotte

schalten; du schaltest; er schaltete; sie hat schnell geschaltet (beim Autofahren den Gang gewechselt; *auch für:* begriffen)

der **Schalter;** des Schalters; die Schalter

das **Schaltjahr**

die **Schaltung**

die **Schaluppe** (Küstenfahrzeug; Boot)

die **Scham**

sich **schämen;** du schämst dich; er schämte sich; sie hat sich geschämt

das **Schamgefühl**

schamhaft; schamhafter, am schamhaftesten

schamlos (unanständig; frech, unverschämt); schamloser; am schamlosesten; eine schamlose Person; schamlos lügen

schamrot; mit schamrotem Gesicht

die **Schamröte**

die **Schande;** zuschanden *oder* zu Schanden gehen, machen, werden

schänden (Schande zufügen; missbrauchen; entweihen; verunstalten); du schändest; er schändete; sie hat den Friedhof geschändet; das Mädchen wurde verschleppt und geschändet

der **Schandfleck** *oder* **Schandflecken;** die Schandflecke *oder* die Schandflecken

schändlich; schändliche Taten

die **Schandtat**

die **Schänke** *oder* **Schenke** (Gastwirtschaft; Kneipe)

die **Schanze** (zur Verteidigung aufgeworfener Erdwall; *kurz für:* Sprungschanze)

schanzen; du schanzt; er schanzt; sie schanzte; er hat eine Stellung geschanzt

die **Schar** (Menge); die Scharen

die **Schar** (Pflugschar); die Scharen; *fachsprachlich auch:* das **Schar;** des Schars *oder* Schares; die Schare

die **Scharade** (Rätsel, bei dem die Teile des Lösungswortes pantomimisch dargestellt werden); die Scharaden

die **Schäre** (kleine Felsinsel, Küstenklippe an der skandinavischen Küste); die Schären

sich **scharen;** die Kinder scharten sich um die Lehrerin; sie haben sich um sie geschart

scharenweise

scharf; schärfer; am schärfsten; ein Messer scharf machen

der **Scharfblick**

die **Schärfe**

schärfen; du schärfst; sie schärfte; er hat sein Messer geschärft; schärfe *oder* schärf das Messer!

scharfkantig; scharfkantige Möbel

der **Scharfrichter** (Henker)

die **Scharfrichterin** (Henkerin)

der **Scharfschütze**

die **Scharfschützin**

der **Scharfsinn** (scharfer Verstand)

scharfsinnig

der *oder* das **Scharlach** (lebhaftes Rot); des Scharlachs; die Scharlache

der **Scharlach** (eine Infektionskrankheit); des Scharlachs

scharlachrot

der **Scharlatan** (Schwätzer, Marktschreier; Kurpfuscher); des Scharlatans; die Scharlatane

die **Scharlatanin;** die Scharlataninnen

das **Scharmützel** (kurzes, kleines Gefecht; Geplänkel); des Scharmützels; die Scharmützel

das **Scharnier** (Drehgelenk [für Türen]); des Scharniers; die Scharniere

die **Schärpe** (breites Band, das um die Schulter oder Hüfte getragen wird); die Schärpen

scharren; du scharrst; das Pferd scharrte; es hat mit den Füssen gescharrt

die **Scharte** (Einschnitt); eine Scharte auswetzen (einen Fehler wiedergutmachen); die Scharten

schartig; eine schartige Klinge

scharwenzeln (sich dienernd hin und her bewegen); ich scharwenzle; du scharwenzelst; er scharwenzelte; er hat vor ihm scharwenzelt

der *oder* das **Schaschlik** (am Spiess gebratene Fleischstückchen); des Schaschliks; die Schaschliks

schassen (entlassen; wegjagen); du schasst; er schasste; sie hat ihn geschasst

der **Schatten;** des Schattens; die Schatten
das **Schattenspiel** (Schattentheater)
schattieren; du schattierst; sie schattierte; er hat das Bild schattiert
die **Schattierung**
schattig; ein schattiges Plätzchen
die **Schatulle** (Geldkästchen, Schmuckkästchen); die Schatullen
der **Schatz;** des Schatzes; die Schätze
schätzen; du schätzt; er schätzte; sie hat die Entfernung geschätzt
schätzungsweise
die **Schau;** die Schauen; etwas zur Schau stellen, tragen; jemandem die Schau stehlen (ihn um die Anerkennung anderer bringen)
der **Schauder;** des Schauders; die Schauder
schauderhaft; ein schauderhafter (widerlicher) Gestank; es war schauderhaft (sehr) kalt
schaudern (frösteln; Angst haben); du schauderst; er schauderte; er hat vor Kälte geschaudert; mir *oder* mich schaudert bei dem Gedanken
schauen; du schaust; er schaute; sie hat in die Ferne geschaut
der **Schauer;** des Schauers; die Schauer; ein Schauer lief mir über den Rücken
die **Schauergeschichte**
schauerlich; schauerliches (sehr schlechtes) Wetter
die **Schaufel;** die Schaufeln
schaufeln; du schaufelst; er hat das Grab geschaufelt
das **Schaufenster**
die **Schaukel;** die Schaukeln
schaukeln; du schaukelst; sie schaukelte; er hat geschaukelt
der **Schaukelstuhl**
schaulustig (neugierig; sensationshungrig)
der **Schaulustige;** ein Schaulustiger; die Schaulustigen; zwei Schaulustige
die **Schaulustige;** eine Schaulustige; die Schaulustigen
der **Schaum;** des Schaums *oder* Schaumes; die Schäume
schäumen; das Meer schäumte; das Meer hat geschäumt
der **Schaumgummi**
schaumig; eine schaumige Masse
der **Schaumschläger** (Angeber)
die **Schaumschlägerin** (Angeberin)
der **Schaumstoff**
der **Schauplatz**
schaurig; eine schaurige (gruselige) Geschichte; ein schaurig-schöner (gruseliger und zugleich schöner) Film; ABER: es war schaurig (sehr) schön
das **Schauspiel**
der **Schauspieler;** des Schauspielers; die Schauspieler
die **Schauspielerin;** die Schauspielerinnen
schauspielerisch; schauspielerische Begabung
der **Schausteller** (Angehöriger einer Berufsgruppe, die ihre Künste auf Jahrmärkten oder im Zirkus zeigt); des Schaustellers; die Schausteller
die **Schaustellerin;** die Schaustellerinnen
der **Scheck** *oder* **Check** (Zahlungsanweisung); des Schecks *oder* Checks; die Schecks *oder* Checks
der **Scheck** *oder* **Schecke** (scheckiges Pferd); des Schecken; die Schecken
die **Schecke** (scheckige Stute oder scheckige Kuh); die Schecken
scheckig; das Pferd ist scheckig braun
das **Scheckvieh**
scheel (neidisch; geringschätzig); jemanden scheel anblicken; ein scheel blickender *oder* scheelblickender Mensch
der **Scheffel** (ein altes Hohlmass); des Scheffels; die Scheffel
scheffeln (geizig zusammenraffen); du scheffelst; er scheffelte; sie hat viel Geld gescheffelt
die **Scheibe;** *Verkleinerungsform:* das Scheibchen
scheibenförmig
der **Scheibenwischer**
der **Scheich** (Oberhaupt in arabischen Ländern); des Scheichs; die Scheiche *oder* Scheichs
das **Scheichtum** (Monarchie mit Scheich); des Scheichtums; die Scheichtümer
die **Scheide**
scheiden; du scheidest; er scheidet; sie schied; sie hat die Streitenden geschieden; er ist von seiner Frau geschieden
der **Scheideweg;** am Scheideweg (vor einer schwierigen Entscheidung) stehen
die **Scheidung**

der **Schein;** des Scheins *oder* Scheines; die Scheine
scheinbar (nur dem Scheine nach); er hört scheinbar aufmerksam zu

> Nicht verwechseln: Das Adjektiv *scheinbar* sagt, dass etwas in Wirklichkeit nicht so ist, wie es sich darstellt. Mit *anscheinend* wird dagegen die Vermutung ausgedrückt, dass etwas auch so ist, wie es erscheint.

scheinen; die Sonne scheint; die Sonne schien; die Sonne hat geschienen
scheinheilig (heuchlerisch); ein scheinheiliges Getue
der **Scheintod**
scheintot
der **Scheiss;** des Scheiss
die **Scheisse**
scheissegal
scheissen; du scheisst; du schissest; er schiss; er hat geschissen
scheissfreundlich (übertrieben freundlich)
das **Scheit** (Holzstück); des Scheits *oder* Scheites; die Scheite *oder* Scheiter
der **Scheitel;** des Scheitels; die Scheitel
scheiteln; du scheitelst das Haar; er scheitelte das Haar; sie hat das Haar gescheitelt
scheiten (Holz spalten); du scheitest; sie scheitet; sie scheitete; sie hat Holz gescheitet
die **Scheiterbeige** (Holzstoss); die Scheiterbeigen
der **Scheiterhaufen** (Holzstoss für die öffentliche Verbrennung von Menschen)
scheitern; ich scheitere; du scheiterst; sie scheiterte; er ist daran gescheitert
das **Scheitern;** dieser Plan ist von vornherein zum Scheitern verurteilt
der **Scheitstock** (Holzklotz zum Hacken von Brennholz); des Scheitstockes *oder* Scheitstocks; die Scheitstöcke
der *oder* das **Schelf** (*Geografie:* Festlandsockel; Flachmeer entlang der Küste); des Schelfs; die Schelfe
die **Schelle** (Glöckchen)
schellen; du schellst; er schellte; sie hat geschellt
der **Schellfisch** (ein Speisefisch)
der **Schelm** (Spassvogel); des Schelms *oder* Schelmes; die Schelme
der **Schelmenstreich**
die **Schelmin;** die Schelminnen
schelmisch; ein schelmisches Lachen
die **Schelte** (scharfer Tadel, Vorwurf)
schelten; du schiltst; er schilt; er schalt; sie hat mich gescholten; schilt nicht mit ihr!
das **Schema;** des Schemas; die Schemas *oder* Schemata *oder* Schemen; etwas nach Schema F (ohne zu überlegen) machen
schematisch; schematische Zeichnungen
schematisieren (nach einem Schema behandeln; vereinfachen); ich schematisiere; du schematisierst; sie schematisierte; er hat den Plan schematisiert
der **Schemel;** des Schemels; die Schemel
schemenhaft (nur undeutlich erkennbar; schattenhaft); schemenhafte Gestalten
die **Schenke** *oder* **Schänke** (Gastwirtschaft; Kneipe)
der **Schenkel;** des Schenkels; die Schenkel
schenken; du schenkst; sie schenkte; er hat mir ein Buch geschenkt
die **Schenkung**
scheppern (klappern, klirren); es scheppert; es schepperte; es hat gescheppert
die **Scherbe** *oder* der **Scherben;** der Scherbe *oder* des Scherbens; die Scherben
scherbeln (unrein, kläglich tönen); es scherbelte; es hat gescherbelt
die **Schere**
scheren; du scherst; er schert; er schor das Schaf
sich **scheren** (sich fortmachen; sich um etwas kümmern); du scherst dich jetzt weg; sie scherte sich nicht darum; er hat sich nicht darum geschert; scher dich zum Teufel!
der **Scherenschnitt** (aus Papier geschnittenes Umrissbild)
die **Schererei** (Ärger) *meist Plural;* Scherereien haben, bekommen
das **Scherflein** (*veraltend für:* kleine Geldsumme, Spende); des Scherfleins; die Scherflein; sein Scherflein beitragen
der **Scherge** (Handlanger, Vollstrecker); des/dem/den Schergen; die Schergen

schief

- die schiefe Ebene
- ein schiefer Winkel
- ABER: der Schiefe Turm von Pisa
- ein schiefes (missvergnügtes) Gesicht machen
- in ein schiefes Licht geraten (falsch beurteilt werden)

Getrennt- und Zusammenschreibung:

- schief halten; schief sein; schief stehen; schief werden
- jemanden schief ansehen
- schief denken
- schief gehen *oder* schiefgehen; dieser Versuch ist schief gegangen *oder* schiefgegangen
- schief lachen *oder* schieflachen
- schief laufen *oder* schieflaufen
- schief liegen *oder* schiefliegen
- schief gewickelt *oder* schiefgewickelt

Vergleiche auch: schieflachen

die **Schergin;** die Scherginnen
der **Scherz;** des Scherzes; die Scherze
scherzen; du scherzt; er scherzte; sie hat gescherzt
scherzhaft
scheu; scheuer; am scheusten *oder* scheuesten; der Vogel ist sehr scheu; du sollst das Pferd nicht scheu machen
die **Scheu** (Angst, banges Gefühl); ohne Scheu; keine Scheu haben
scheuchen; du scheuchst; sie scheuchte die Tauben vom Platz; er hat die Kinder aus dem Bett gescheucht
scheuen; das Pferd scheut; es scheute; es hat gescheut; sich scheuen; er hat sich vor dieser Arbeit gescheut
scheuern; du scheuerst; sie scheuert; er hat die Pfanne gescheuert (geschrubbt); der Kragen scheuert (reibt die Haut wund)
die **Scheuklappe;** das Pferd trägt Scheuklappen
die **Scheune**
das **Scheunentor**
das **Scheusal;** des Scheusals; die Scheusale
scheusslich
der **Schi** *oder* **Ski** *vergleiche:* Ski
die **Schicht**
schichten (in Schichten übereinanderlegen); du schichtest; er schichtete; sie hat die Bretter geschichtet
schick *oder* **chic** (modisch; elegant); der Mantel ist besonders schick *oder* chic; der schicke *oder* chice Mantel
schicken; du schickst; er schickte; sie hat ihr Bücher geschickt; sich schicken; das schickt (gehört) sich nicht; er hat sich ins Unvermeidliche geschickt (gefügt)
schicklich (angemessen); in schicklichem Abstand
das **Schicksal;** des Schicksals; die Schicksale
schicksalhaft; eine schicksalhafte Begegnung
der **Schicksalsschlag**
schieben; du schiebst; er schiebt; er schob; sie hat den Wagen geschoben
der **Schieber** (Riegel, Maschinenteil; Betrüger; Spielart des Jass); des Schiebers; die Schieber
die **Schiebetür**
die **Schiebung** (Betrug)
der **Schiedsrichter**
die **Schiedsrichterin**
der **Schiedsspruch**
schief *siehe Kasten*
der **Schiefer** (ein Gestein); des Schiefers; die Schiefer
die **Schiefertafel**
sich **schieflachen** (heftig lachen); er lachte sich schief; sie hat sich darüber schiefgelacht
schielen; du schielst; sie schielte; er hat geschielt
das **Schienbein**
die **Schiene**
schienen; du schienst; er schiente; sie hat den Arm geschient
schier (beinahe, fast); das ist schier unmöglich
schier (rein); schieres Gold
die **Schiessbude**

schiessen; du schiesst; sie schiesst; sie schoss; er hat geschossen

das **Schiessen;** das ist zum Schiessen (zum Lachen)

die **Schiesserei**

die **Schiessscharte** (Öffnung im Mauerwerk einer Burg u. Ä. zum Schiessen auf den Feind)

das **Schiff;** des Schiffs *oder* Schiffes; die Schiffe

schiffbar (für Schiffe befahrbar); ein schiffbarer Fluss

der **Schiffbruch**

schiffbrüchig

der **Schiffbrüchige;** ein Schiffbrüchiger; die Schiffbrüchigen; viele Schiffbrüchige

die **Schiffbrüchige;** eine Schiffbrüchige; die Schiffbrüchigen

der **Schiffer;** des Schiffers; die Schiffer

die **Schifferin;** die Schifferinnen

die **Schifffahrt**

die **Schifflände** (Schiffssteg); die Schiffländen

die **Schiffsreise**

der **Schiffssteg** (Landesteg für Schiffe); des Schiffssteges *oder* Schiffsstegs; die Schiffsstege

die **Schikane** (böswillig bereitete Schwierigkeit); die Schikanen

schikanieren; du schikanierst ihn; er schikanierte sie; sie hat ihn ständig schikaniert

schikanös (böswillig); schikanöse Massnahmen

das **Schild** (Erkennungszeichen); des Schilds *oder* Schildes; die Schilder

der **Schild** (Schutzwaffe); des Schilds *oder* Schildes; die Schilde

der **Schildbürger** (engstirniger, ungeschickter Mensch)

die **Schildbürgerin**

der **Schildbürgerstreich**

die **Schilddrüse**

schildern; du schilderst; er hat den Vorgang geschildert

die **Schilderung**

die **Schildkröte**

die **Schildlaus**

die **Schildwache**

das **Schilf;** des Schilfs *oder* Schilfes; die Schilfe

das **Schilfgras**

schillern (in wechselnden Farben glänzen); das Kleid schillert; es schillerte; es hat geschillert; schillernde Seifenblasen

der **Schimmel** (weisslicher Pilzüberzug auf organischen Stoffen); des Schimmels

der **Schimmel** (weisses Pferd); des Schimmels; die Schimmel

schimmelig *oder* **schimmlig;** schimmeliger *oder* schimmliger Käse

schimmeln; das Brot schimmelt; das Brot hat geschimmelt

der **Schimmelpilz**

der **Schimmer;** des Schimmers; die Schimmer; keinen [blassen] Schimmer haben (von etwas überhaupt nichts verstehen)

schimmern; das Licht schimmert; es schimmerte; es hat geschimmert

der **Schimpanse** (ein Affe); des/dem/den Schimpansen; die Schimpansen

der **Schimpf;** des Schimpfs *oder* Schimpfes; *meist in der Wendung:* mit Schimpf und Schande; der Dieb wurde mit Schimpf und Schande davongejagt

schimpfen; du schimpfst; er schimpfte; sie hat geschimpft; schimpf *oder* schimpfe nicht!

schimpflich (schändlich, entwürdigend); ein schimpfliches Ende

der **Schimpfname**

das **Schimpfwort;** die Schimpfworte *oder* Schimpfwörter

die **Schindel;** die Schindeln

das **Schindeldach**

schinden (quälen, grausam behandeln); du schindest ihn; du schindetest, *seltener:* schundst *oder* schundest ihn; er schindete, *seltener:* schund ihn; sie hat ihn geschunden; sich schinden (sich mit etwas abmühen); du brauchst dich nicht so zu schinden

der **Schinder;** des Schinders; die Schinder

die **Schinderei** (Qual; Strapaze); die Velotour war pure Schinderei

die **Schinderin;** die Schinderinnen

das **Schindluder;** Schindluder mit jemandem treiben (jemanden schmählich behandeln)

der **Schinken;** des Schinkens; die Schinken

der **Schipass** *oder* **Skipass**

die **Schippe** (*in Deutschland:* Schaufel); jemanden auf die Schippe nehmen (jemanden verulken, über jemanden spotten)

schippen; du schippst; sie schippt; er schippte; sie hat Sand geschippt
der **Schirm;** des Schirms *oder* Schirmes; die Schirme
der **Schirmherr** (Förderer, Betreuer einer Veranstaltung, einer Institution)
die **Schirmherrin**
der **Schirokko** (ein warmer Mittelmeerwind); des Schirokkos; die Schirokkos
schirren; du schirrst; sie schirrt; sie schirrte; sie hat den Gaul an den Karren geschirrt (vor den Karren gespannt)
der **Schiss** (Kot; Angst); des Schisses; Schiss haben
schizophren (an Schizophrenie leidend; *auch:* widersprüchlich)
die **Schizophrenie** (Bewusstseinsspaltung)
schlabberig *oder* **schlabbrig;** eine schlabberige *oder* schlabbrige Suppe
schlabbern; du schlabberst; sie schlabbert; er hat beim Essen geschlabbert; die Katze schlabberte die Milch
die **Schlacht;** die Schlachten
schlachten; du schlachtest; er schlachtet; sie schlachtete; er hat das Schwein geschlachtet
der **Schlachter** *oder* **Schlächter** (Metzger); des Schlachters; die Schlachter
die **Schlachterei** *oder* **Schlächterei**
die **Schlachterin** *oder* **Schlächterin;** die Schlachterinnen *oder* Schlächterinnen
der **Schlachthof**
schlachtreif; schlachtreifes Vieh
die **Schlacke** (Rückstand beim Verbrennen)
schlackern; seine Knie schlackerten; sie haben geschlackert; da schlackerst du mit den Ohren (da bist du überrascht, erstaunt)
der **Schlaf;** des Schlafs *oder* Schlafes
die **Schläfe**
schlafen; du schläfst; sie schlief; er hat geschlafen
schlaff; ein schlaffes Seil
das **Schlafittchen;** *in Wendungen wie:* jemanden am/beim Schlafittchen fassen, nehmen, packen (jemanden [am Kragen] packen und zur Rede stellen)
schlaflos; schlaflose Nächte
das **Schlafmanko** (Schlafmangel); des Schlafmankos; die Schlafmankos
die **Schlafmütze** (*auch für:* Viel-, Langschläfer; schwerfälliger Mensch)
schläfrig
der **Schlafsack**
schlaftrunken (noch nicht richtig wach)
der **Schlafwagen**
schlafwandeln (aufstehen und etwas tun, ohne dass man dabei aufwacht); du schlafwandelst; er schlafwandelte; sie hat, *auch:* ist heute Nacht geschlafwandelt
der **Schlafwandler;** des Schlafwandlers; die Schlafwandler
die **Schlafwandlerin;** die Schlafwandlerinnen
schlafwandlerisch; mit schlafwandlerischer Sicherheit
das **Schlafzimmer**
der **Schlag;** des Schlags *oder* Schlages; die Schläge; Schlag 8 Uhr; Schlag auf Schlag
die **Schlagader**
der **Schlaganfall** (eine Erkrankung des Gehirns)
schlagartig (plötzlich): eine schlagartige Veränderung; schlagartig wurde ihr alles klar
der **Schlagball**
der **Schlagbaum** (Schranke)
der **Schlägel** (Schlagstöckchen bei Pauken, Trommeln usw.; Werkzeug zum Schlagen wie Hammer u. a.); des Schlägels; die Schlägel; *vergleiche aber:* Schlegel
schlagen; du schlägst; er schlägt; er schlug; sie hat ihn geschlagen; schlage *oder* schlag sie nicht!
der **Schlager** (kommerziell erfolgreiches Lied mit einfacher Melodie und einfachem Text); des Schlagers; die Schlager
der **Schläger;** des Schlägers; die Schläger
die **Schlägerei**
die **Schlägerin;** die Schlägerinnen
schlagfertig; schlagfertige Antworten
die **Schlaghose** (Hose mit nach unten sich vergrössernder Weite des Hosenbeins)
schlagkräftig; schlagkräftige (überzeugende) Argumente
der **Schlagrahm**
die **Schlagseite;** das Schiff hat Schlagseite
das **Schlagwort;** die Schlagworte *oder* Schlagwörter
die **Schlagzeile**
das **Schlagzeug**
schlaksig (hoch aufgeschossen und etwas ungeschickt)

der *oder* das **Schlamassel** (Unglück); des Schlamassels

der **Schlamm;** des Schlamms *oder* Schlammes; die Schlamme *oder* Schlämme

schlammig; schlammige Pfützen

die **Schlampe** (nachlässig gekleidete und leichtfertige Frau)

schlampen (sehr nachlässig sein, pfuschen); du schlampst; sie schlampte; er hat bei den Hausaufgaben geschlampt

die **Schlamperei**

schlampig

die **Schlange**

sich **schlängeln;** du schlängelst dich; er schlängelte sich; sie hat sich durch die Menge geschlängelt

die **Schlangenlinie;** in Schlangenlinien fahren

schlank

die **Schlankheit**

schlapp (kraftlos, erschöpft); schlapp sein; sich schlapp fühlen; die Hitze hat uns schlapp gemacht *oder* schlappgemacht

die **Schlappe** (Niederlage); die Schlappen

der **Schlappen** (Hausschuh, Pantoffel); des Schlappens; die Schlappen

der **Schlapphut**

das **Schlaraffenland**

die **Schlarpe** (Hausschuh, Pantoffel); die Schlarpen

schlau; schlauer; am schlausten *oder* schlauesten

der **Schlauberger** (schlauer, pfiffiger Mensch); des Schlaubergers; die Schlauberger

die **Schlaubergerin;** die Schlaubergerinnen

der **Schlauch;** des Schlauchs *oder* Schlauches; die Schläuche

das **Schlauchboot**

schlauchen (anstrengen, ermüden); die harte Arbeit schlaucht; die Hitze hat uns ziemlich geschlaucht

schlauchlos; schlauchlose Reifen

die **Schläue**

die **Schlaufe**

die **Schlauheit**

der **Schlaukopf**

der **Schlaumeier** (schlauer, pfiffiger Mensch); des Schlaumeiers; die Schlaumeier

die **Schlaumeierin;** die Schlaumeierinnen

der **Schlawiner** (durchtriebener Mensch); des Schlawiners; die Schlawiner

die **Schlawinerin;** die Schlawinerinnen

schlecht

schlechter; am schlechtesten

- der schlechte Ruf
- ein schlechtes Zeichen
- schlechtes Wetter
- mehr schlecht als recht

Wird «schlecht» als Nomen gebraucht, schreibt man es gross:

- im Schlechten und im Guten
- etwas, nichts, viel, wenig Schlechtes

Getrennt- und Zusammenschreibung:

- für seine Arbeit wird er schlecht bezahlt; eine schlecht bezahlte *oder* schlechtbezahlte Arbeit
- in diesen Schuhen ist er schon immer schlecht gegangen; das wird schlecht (kaum) gehen; es geht ihm schlecht
- sie hat ihre Aufgaben schlecht gemacht; das kannst du aber schlecht (kaum) machen
- ein schlecht gelaunter *oder* schlechtgelaunter Verkäufer

schlechterdings (geradezu); das ist schlechterdings unmöglich

die **Schlechtheit**

schlechthin; sie sagte schlechthin (ganz einfach) die Wahrheit

die **Schlechtigkeit**

schlechtweg (ohne Umstände, einfach); sie hat das schlechtweg behauptet; ABER: sie kam dabei schlecht weg (hat weniger bekommen als erwartet)

der **Schleck;** die Schlecke; das war kein Schleck (kein Vergnügen)

schlecken; du schleckst; er schleckte; sie hat an dem Eis geschleckt

die **Schleckerei**

das **Schleckmaul**

der **Schleckstängel;** des Schleckstängels; die Schleckstängel

der **Schlegel** (Keule, Hinterschenkel von Schlachttieren, Geflügel, Wild); des Schlegels; die Schlegel; *vergleiche aber:* Schlägel

der **Schlehdorn** (ein Strauch); die Schlehdorne
die **Schlehe** (Schlehdorn; dessen Frucht)
schleichen; du schleichst; er schlich; sie ist geschlichen; schleich dich! (verschwinde!)
der **Schleicher;** des Schleichers; die Schleicher
die **Schleicherin;** die Schleicherinnen
der **Schleichweg;** auf Schleichwegen
die **Schleichwerbung**
die **Schleie** (ein Karpfenfisch); die Schleien
der **Schleier;** des Schleiers; die Schleier
die **Schleiereule**
schleierhaft; das ist mir schleierhaft (das ist mir unerklärlich)
die **Schleife** (Schlinge)
schleifen (schärfen); du schleifst; er schleift; er schliff; sie hat das Messer geschliffen
schleifen (über den Boden ziehen); du schleifst; er schleifte; sie hat den Rucksack durchs Zimmer geschleift
der **Schleifstein**
der **Schleim;** des Schleims *oder* Schleimes; die Schleime
die **Schleimhaut** (Schleim absondernde innere Haut)
schleimig; schleimiger Hustenauswurf; ein schleimiger (falscher, heuchlerischer) Typ
schlemmen; du schlemmst; er schlemmte; sie hat geschlemmt
der **Schlemmer;** des Schlemmers; die Schlemmer
die **Schlemmerei**
die **Schlemmerin;** die Schlemmerinnen
schlendern; du schlenderst; er schlenderte; sie ist durch den Park geschlendert
der **Schlendrian** (Schlamperei); des Schlendrians
der **Schlenker** (schlenkernde Bewegung); des Schlenkers; die Schlenker
schlenkern; du schlenkerst; sie schlenkerte; er hat mit den Beinen geschlenkert
die **Schleppe**
schleppen; du schleppst; er schleppt; er schleppte; sie hat den Sack in den Keller geschleppt
der **Schlepper** (Schiff, das andere Schiffe schleppt; Traktor; Sattelschlepper; Fluchthelfer); des Schleppers; die Schlepper
die **Schlepperin** (Fluchthelferin); die Schlepperinnen
das **Schlepptau;** sie hat ihn ins Schlepptau genommen (sich seiner angenommen)
die **Schleuder;** die Schleudern
der **Schleuderball** (Lederball mit einer Schlaufe; ein Mannschaftsspiel)
schleudern; du schleuderst; er schleuderte; sie hat den Ball geschleudert
der **Schleudersitz**
schleunig (schnell); die schleunige Beantwortung; schleunig davonlaufen
schleunigst (auf dem schnellsten Weg); komm schleunigst!
die **Schleuse** (Wasserkammer zum Heben und Senken von Schiffen; Sicherheitsbereich mit Zugang zur Isolierstation)
schleusen; du schleust; er schleust; er schleuste; sie hat ihn über die Grenze geschleust; schleuse *oder* schleus ihn über die Grenze!
der **Schlich** (Kniff, Trick); des Schlichs *oder* Schliches; die Schliche; sie ist dem Betrüger auf die Schliche gekommen (hat ihn ertappt, überführt)
schlicht; schlichter; am schlichtesten; ein schlichtes Kleid
schlichten; du schlichtest; er schlichtet; er schlichtete; sie hat den Streit geschlichtet
der **Schlichter;** des Schlichters; die Schlichter
die **Schlichterin;** die Schlichterinnen
der **Schlick** (Schlamm; Schwemmland); des Schlicks *oder* Schlickes; die Schlicke
die **Schliere** (streifige Stelle in Glas, Luft usw.); die Schlieren
schliessen; du schliesst; er schliesst; er schloss; sie hat die Tür geschlossen
das **Schliessfach** (Gepäckaufbewahrung; Bankfach; Tresorfach; Postfach)
schliesslich; sie willigte schliesslich ein
der **Schliff;** des Schliffs *oder* Schliffes; die Schliffe
schlimm; es ist schlimm; es steht schlimm um ihn; schlimme Zeiten; im schlimmsten Fall *oder* Falle; er ist am schlimmsten dran; ABER: etwas, nichts

Schlimmes; es ist das Schlimmste, dass sie nicht kommen kann; das ist noch lange nicht das Schlimmste; man muss das Schlimmste fürchten; er lässt es zum Schlimmsten kommen; ich bin auf das, aufs Schlimmste gefasst; sie wurde auf das, aufs Schlimmste (in sehr schlimmer Weise) getäuscht

schlimmstenfalls

die **Schlinge**

der **Schlingel;** des Schlingels; die Schlingel

schlingen; du schlingst; er schlingt; er schlang; sie hat die Arme um sie geschlungen

schlingern; das Schiff schlingerte; das Schiff hat geschlingert

die **Schlingpflanze**

der **Schlips** (Krawatte); des Schlipses; die Schlipse

schlitteln; du schlittelst; sie schlittelte; sie hat geschlittelt

der **Schlitten;** des Schlittens; die Schlitten; Schlitten fahren; ich bin Schlitten gefahren

schlittern (auf dem Eis gleiten); du schlitterst; er schlittert; er schlitterte; sie ist über das Eis geschlittert

der **Schlittschuh;** Schlittschuh laufen; ich bin Schlittschuh gelaufen; ABER: das Schlittschuhlaufen

der **Schlitz;** des Schlitzes; die Schlitze

das **Schlitzohr** (gerissener Bursche)

schlitzohrig; ein schlitzohriger Geschäftsmann

schlohweiss; schlohweisses Haar

das **Schloss;** des Schlosses; die Schlösser

der **Schlosser;** des Schlossers; die Schlosser

die **Schlosserei**

die **Schlosserin;** die Schlosserinnen

der **Schlot** (Schornstein); des Schlots *oder* Schlotes; die Schlote

schlotterig *oder* **schlottrig** (heftig zitternd); er hatte vor Aufregung schlotterige *oder* schlottrige Knie

schlottern; ich schlottere; du schlotterst; sie schlotterte; er hat vor Kälte geschlottert

die **Schlucht;** die Schluchten

schluchzen; du schluchzt; sie schluchzte; er hat jämmerlich geschluchzt

der **Schluchzer;** des Schluchzers; die Schluchzer; einen Schluchzer unterdrücken

der **Schluck;** des Schlucks *oder* Schluckes; die Schlucke, *seltener:* Schlücke

der **Schluckauf**

schlucken; du schluckst; sie schluckte; er hat die Tablette geschluckt; leer schlucken (kurz sprachlos sein)

der **Schlucker** (armer Kerl); des Schluckers; die Schlucker

die **Schluckerin;** die Schluckerinnen

die **Schluckimpfung**

schluckweise

schluderig *oder* **schludrig** (nachlässig); ein schluderiger oder schludriger Kerl

schludern (nachlässig arbeiten); du schluderst; er hat bei dieser Arbeit geschludert

der **Schlufi** (liederliche Person); des Schlufis; die Schlufis

der **Schlummer;** des Schlummers

schlummern; du schlummerst; er schlummerte; sie hat selig geschlummert

der **Schlumpf** (zwergenhafte Comicfigur); des Schlumpfs *oder* Schlumpfes; die Schlümpfe

der **Schlund** ([hinterer] Rachen); des Schlunds *oder* Schlundes; die Schlünde

schlüpfen; du schlüpfst; er schlüpfte; er ist in sein Bett geschlüpft

der **Schlüpfer** (Unterhose; offener Hausschuh); des Schlüpfers; die Schlüpfer

schlüpfrig (feucht und glatt; zweideutig, anstössig); schlüpfrige Strassen; ein schlüpfriger Witz

die **Schlupfwespe**

der **Schlupfwinkel**

schlurfen (schleppend gehen); du schlurfst; er schlurfte; er hat geschlurft; sie ist über den Flur geschlurft

schlürfen (hörbar trinken); du schlürfst; er hat geschlürft

der **Schluss;** des Schlusses; die Schlüsse; seine Schlüsse aus etwas ziehen

der **Schlüssel;** des Schlüssels; die Schlüssel

der **Schlüsselbegriff** (Begriff von zentraler Bedeutung in einem bestimmten Bereich oder Zusammenhang)

das **Schlüsselbein**

die **Schlüsselblume**

der *oder* das **Schlüsselbund;** die Schlüsselbunde

schlüsselfertig (bezugsbereit); ein schlüsselfertiger Neubau

das **Schlüsselloch**

der **Schlüsselservice** (Firma, die Schlüssel, Schlösser etc. anfertigt und verkauft, die im Notfall auch verschlossene Türen öffnet)

schlussendlich; sie hat schlussendlich doch noch gewonnen

schlussfolgern; ich schlussfolgere; du schlussfolgerst; er schlussfolgerte; er hat geschlussfolgert

die **Schlussfolgerung**

schlüssig (folgerichtig; überzeugend); schlüssige Argumente; sich über etwas schlüssig werden (sich fest entscheiden)

das **Schlussklassement** (Endergebnis bei einem Wettkampf)

das **Schlusslicht;** die Schlusslichter

der **Schlussrang** (Rang, wenn der Wettkampf zu Ende ist); sie haben den zweiten Schlussrang (den zweiten Platz) erreicht

das **Schlusswort;** des Schlussworts; die Schlussworte

die **Schmach** (Schande)

schmachten (Mangel leiden); ich schmachte; du schmachtest; er schmachtete; sie hat in der Hitze geschmachtet

schmächtig (dünn); schmächtige Kinder

schmachvoll; eine schmachvolle Niederlage

schmackhaft; schmackhafter; am schmackhaftesten; ein schmackhaftes Essen

schmähen (beleidigen; schlechtmachen); du schmähst ihn; er schmähte ihn; sie hat ihn geschmäht

schmählich; ein schmählicher Verrat

schmal; schmaler *oder* schmäler; am schmalsten *oder* schmälsten

schmälern; ich schmälere; du schmälerst; er schmälerte; sie hat den Erfolg geschmälert

schmalspurig; eine schmalspurige Bahn

das **Schmalz;** des Schmalzes; die Schmalze

schmalzig; ein schmalziger (übertrieben gefühlvoller) Film

schmarotzen (auf Kosten anderer leben); du schmarotzt; er schmarotzte; sie hat schmarotzt

der **Schmarotzer;** des Schmarotzers; die Schmarotzer

die **Schmarotzerin;** die Schmarotzerinnen

der **Schmarren** (eine Mehlspeise; *auch für:* etwas Wertloses); des Schmarrens; die Schmarren

der **Schmatz** (Kuss); des Schmatzes; die Schmatze

schmatzen; du schmatzt; sie schmatzte; er hat geschmatzt

der **Schmaus** (reichhaltiges, gutes Mahl); des Schmauses; die Schmäuse

schmausen; du schmaust; er schmauste; sie hat ausgiebig geschmaust

schmecken; das Essen schmeckt; es schmeckte; es hat ihm geschmeckt

die **Schmeichelei**

schmeichelhaft; schmeichelhafter; am schmeichelhaftesten

schmeicheln; du schmeichelst; sie schmeichelte; er hat ihr geschmeichelt

der **Schmeichler;** des Schmeichlers; die Schmeichler

die **Schmeichlerin;** die Schmeichlerinnen

schmeichlerisch; schmeichlerische Worte

schmeissen; du schmeisst; er schmeisst; sie schmiss; er hat einen Stein nach ihm geschmissen

die **Schmeissfliege**

der **Schmelz;** des Schmelzes; die Schmelze

schmelzen (flüssig werden); der Schnee schmilzt; der Schnee schmolz; der Schnee ist geschmolzen

schmelzen (flüssig machen); du schmilzt; er schmilzt; sie schmolz; er hat das Eisen geschmolzen; schmilz das Eisen!

der **Schmelzofen**

der **Schmelzpunkt**

der **Schmerbauch** (dicker Bauch)

der **Schmerz;** des Schmerzes; die Schmerzen

schmerzempfindlich; schmerzempfindliches Zahnfleisch

schmerzen; die Wunde schmerzt; es schmerzte; es hat geschmerzt

das **Schmerzensgeld**

schmerzfrei

schmerzhaft; eine schmerzhafte Verletzung

schmerzlich; ein schmerzlicher Verlust

schmerzlindernd; schmerzlindernde Tabletten; ABER: einige den Schmerz lindernde Tabletten

schmerzlos; schmerzloser; am schmerzlosesten
schmerzstillend *vergleiche:* schmerzlindernd
der **Schmetterball** *(Tischtennis, Tennis usw.);* die Schmetterbälle
der **Schmetterling;** des Schmetterlings; die Schmetterlinge
der **Schmetterlingsblütler** (Vertreter einer Pflanzenfamilie)
der **Schmetterlingsstil** (ein Schwimmstil)
schmettern; du schmetterst; er schmetterte; sie hat den Ball über das Netz geschmettert
der **Schmied;** des Schmieds *oder* Schmiedes; die Schmiede
die **Schmiede** (Betrieb oder Werkstatt, in der Metalle verarbeitet werden)
schmiedeeisern; ein schmiedeeisernes Tor
schmieden; du schmiedest; sie schmiedete; er hat das Eisen geschmiedet
die **Schmiedin;** die Schmiedinnen
sich **schmiegen;** du schmiegst dich; sie schmiegte sich; er hat sich eng an seine Mutter geschmiegt
schmiegsam; schmiegsames Leder
die **Schmiere** (Fett; *auch für:* schlechtes Theater); die Schmieren
die **Schmiere** (Wache); Schmiere stehen; er hat Schmiere gestanden
schmieren; du schmierst; der Fülli schmierte; sie hat Butter aufs Brot geschmiert
die **Schmiererei**
der **Schmierfink;** des/dem/den Schmierfinken; die Schmierfinken
die **Schmierfinkin;** die Schmierfinkinnen
schmierig; schmierige Hände haben; der Verkäufer grinste schmierig (anbiedernd)
das **Schmieröl**
die **Schminke**
schminken; du schminkst ihn; sie schminkte ihn; er hat sie geschminkt; sich schminken; sie hat sich auffällig geschminkt
schmirgeln (schleifen, glätten, polieren); du schmirgelst; sie schmirgelte; er hat die Herdplatte geschmirgelt
das **Schmirgelpapier**
der **Schmiss** (Schwung; Hiebnarbe); des Schmisses; die Schmisse
schmissig (schwungvoll); schmissige Musik
der **Schmöker** (anspruchsloses, aber fesselndes Buch); des Schmökers; die Schmöker
schmökern (behaglich und viel lesen); du schmökerst; er schmökerte in einem Krimi; sie hat viel geschmökert
schmollen; du schmollst; sie schmollt; er schmollte; sie hat geschmollt
der **Schmollwinkel;** sich in den Schmollwinkel zurückziehen (beleidigt sein)
der **Schmorbraten**
schmoren; du schmorst; er schmorte das Fleisch; sie hat in der Sonne geschmort
schmuck (nett aussehend); ein schmucker Junge
der **Schmuck;** des Schmucks *oder* Schmuckes; die Schmucke
schmücken; du schmückst; er schmückte; sie hat den Saal geschmückt
schmucklos (schlicht)
das **Schmuckstück**
der **Schmuddel** (Unsauberkeit); des Schmuddels
schmuddelig *oder* **schmuddlig;** schmuddelige *oder* schmuddlige Kleidung
der **Schmuggel;** des Schmuggels
schmuggeln; du schmuggelst; er schmuggelte; sie hat Kaffee über die Grenze geschmuggelt
der **Schmuggler;** des Schmugglers; die Schmuggler
die **Schmugglerin;** die Schmugglerinnen
schmunzeln; du schmunzelst; sie schmunzelte; er hat geschmunzelt
der **Schmus** (leeres Gerede, Schmeichelei); des Schmuses
schmusen; ich schmuse; du schmust; sie schmuste; er hat mit ihr geschmust
die **Schmuserei**
der **Schmutz;** des Schmutzes
schmutzen (schmutzig werden); der helle Stoff schmutzte; er hat geschmutzt
der **Schmutzfink;** des/dem/den Schmutzfinken; die Schmutzfinken
die **Schmutzfinkin;** die Schmutzfinkinnen

schmutzig; schmutzig grau; ein schmutzig grauer Mantel; schmutziger Donnerstag (Donnerstag vor Aschermittwoch; Beginn der Fasnacht)
der **Schmutzli** (Begleiter des Samichlaus); des Schmutzlis; die Schmutzli
der **Schnabel;** des Schnabels; die Schnäbel
schnäbeln; die Tauben schnäbeln; sie schnäbelten; sie haben geschnäbelt
das **Schnabeltier** (ein Eier legendes Säugetier)
schnabulieren (mit Genuss essen); du schnabulierst; er schnabulierte; sie hat die Kirschen schnabuliert
die **Schnake** (Stechmücke)
der **Schnakenstich**
die **Schnalle**
schnallen; du schnallst; er schnallte; sie hat den Gürtel enger geschnallt; etwas schnallen (verstehen)
schnalzen (einen kurzen, knallenden Laut erzeugen); du schnalzt; er schnalzte; sie hat mit der Zunge geschnalzt
das **Schnäppchen** (vorteilhafter Kauf); des Schnäppchens; die Schnäppchen
schnappen; du schnappst ihn; sie schnappte ihn; der Hund hat die Wurst geschnappt
das **Schnappschloss;** die Schnappschlösser
der **Schnappschuss** (unvorbereitet gemachte Fotografie); des Schnappschusses; die Schnappschüsse
der **Schnaps;** des Schnapses; die Schnäpse
die **Schnapsidee** (verrückter Einfall)
die **Schnapszahl** (Zahl aus gleichen Ziffern)
schnarchen; du schnarchst; er hat geschnarcht
der **Schnarcher;** des Schnarchers; die Schnarcher
die **Schnarcherin;** die Schnarcherinnen
schnarren; seine Stimme schnarrt; sie schnarrte; sie hat laut geschnarrt
schnattern; die Gans schnattert; sie schnatterte; sie hat geschnattert
schnauben; das Pferd schnaubt; das Pferd schnaubte; es hat geschnaubt
schnaufen; ich schnaufe; du schnaufst; er schnaufte; sie hat geschnauft
der **Schnauz;** des Schnauzes; die Schnäuze
der **Schnauzbart** (Schnauz)
schnauzbärtig
die **Schnauze;** halt die Schnauze!
schnauzen (laut und verärgert reden; schimpfen); du schnauzt; er schnauzte; sie hat immer gleich so geschnauzt
schnäuzen; du schnäuzt; sie schnäuzte; sie hat die Nase geschnäuzt; sich schnäuzen; er hat sich kräftig geschnäuzt
der **Schnauzer** (eine Hunderasse; *kurz für:* Schnauzbart); des Schnauzers; die Schnauzer
die **Schnecke**
das **Schneckenhaus**
das **Schneckentempo;** im Schneckentempo fahren
der **Schnee;** des Schnees
der **Schneeball**
das **Schneeballprinzip** (bestimmte Art der Verbreitung einer Nachricht)
schneebedeckt; schneebedeckte Dächer; ABER: mit Schnee bedeckte Dächer
der **Schneebesen** (Schwingbesen)
das **Schneebrett** (flach überhängende Schneemassen)
die **Schneeflocke**
die **Schneefrau**
das **Schneegestöber** (starker Schneefall bei heftigem Wind)
das **Schneeglöckchen**
die **Schneegrenze**
schneeig; schneeige Berggipfel
die **Schneekette** *meist Plural*
der **Schneemann;** die Schneemänner
der **Schneepflug**
schneesicher; ein schneesicheres Skigebiet
das **Schneetreiben** (am Boden liegender Schnee, der durch Wind aufgewirbelt wird)
schneeweiss; schneeweisses Haar
das **Schneewittchen** (eine Märchenfigur); des Schneewittchens
der **Schneid** (Mut); des Schneids *oder* Schneides
der **Schneidbrenner** (Gerät zum Zerschneiden von Metall)
die **Schneide**
schneiden; du schneidest; er schneidet; er schnitt; sie hat das Fleisch ge-

a b c d e f g h i j k l m n o p q r s t u v w x y z

schnitten; sich schneiden; ich habe mich geschnitten; ich habe mir *oder* mich in den Finger geschnitten

der **Schneider;** des Schneiders; die Schneider

die **Schneiderin;** die Schneiderinnen

schneidern; ich schneidere; du schneiderst; sie schneiderte; er hat das Kleid geschneidert

der **Schneidersitz;** im Schneidersitz dasitzen

der **Schneidezahn**

schneidig (selbstbewusst; draufgängerisch); ein schneidiger Bursche

schneien; es schneite; es hat geschneit

die **Schneise**

schnell; schnellstens; ein schnelles Auto; auf die schnelle Tour; ABER: auf die Schnelle (in kurzer Zeit)

die **Schnellbleiche** (schnelle und oberflächliche Vermittlung von Wissen oder Können; Schnellkurs)

schnellen (sich mit Schnellkraft bewegen); der Pfeil schnellte; der Pfeil ist durch die Luft geschnellt

die **Schnelligkeit**

der **Schnellimbiss**

der **Schnellläufer**

die **Schnellläuferin**

schnelllebig (kurzlebig); eine schnelllebige Mode

schnellstmöglich (so schnell wie irgend möglich)

> In Zusammensetzungen aus Adjektiven darf immer nur *ein* Bestandteil gesteigert werden. Und da «schnellst» schon der Superlativ zu «schnell» ist, sind Steigerungen wie «schnellstmöglichste» nicht korrekt.

der **Schnellzug**

die **Schnepfe** (ein Vogel)

schnetzeln; du schnetzelst; er schnetzelt; er schnetzelte; er hat das Gemüse geschnetzelt

der **Schnickschnack** (überflüssiges Zeug; Unsinn); des Schnickschnacks *oder* Schnickschnackes

das **Schnippchen;** jemandem ein Schnippchen schlagen (jemandem einen Streich spielen)

schnippeln (in kleine Stückchen schneiden; an etwas herumschneiden); du schnippelst; sie schnippelte; er hat die Bohnen geschnippelt

schnippen; du schnippst mit den Fingern; er schnippte mit den Fingern; sie hat mit den Fingern geschnippt

schnippisch (kurz und respektlos); eine schnippische Antwort

der *oder* das **Schnipsel;** des Schnipsels; die Schnipsel

schnipseln (in kleine Stückchen schneiden; an etwas herumschneiden); er schnipselt; er schnipselte; er hat das Gemüse geschnipselt; *auch:* schnippeln

schnipsen (schnippen); ich schnipse; du schnipst; sie schnipst; sie hat mit den Fingern geschnipst; *auch:* schnippen

der **Schnitt;** des Schnitts *oder* Schnittes; die Schnitte

die **Schnittblume**

die **Schnitte** (eine Scheibe [Brot])

schnittig (*auch für:* rassig); ein schnittiges Auto

der **Schnittlauch**

die **Schnittmenge** (*Mathematik:* alle Elemente, die zwei Mengen gemeinsam sind)

das **Schnittmuster**

der **Schnittpunkt**

der **Schnitz** (kleines Stück Obst); des Schnitzes; die Schnitze

das **Schnitzel;** des Schnitzels; die Schnitzel

die *oder* der **Schnitzelbank** (Schmähgedicht, Bänkelsängervers, der an der Fasnacht vorgetragen wird); der Schnitzelbank *und* des Schnitzelbanks *oder* Schnitzelbankes; die Schnitzelbänke

die **Schnitzeljagd** (Spiel im Freien, bei dem eine mitspielende Person mithilfe von ihr ausgelegten Papierschnitzeln o. Ä. gefunden werden muss)

schnitzeln; du schnitzelst; er schnitzelte; sie hat das Papier geschnitzelt

schnitzen; du schnitzt; er schnitzte; sie hat geschnitzt; schnitze *oder* schnitz ein Pferd!

der **Schnitzer** (einer, der schnitzt; *auch für:* Fehler); des Schnitzers; die Schnitzer

die **Schnitzerin;** die Schnitzerinnen

schnöd *oder* **schnöde** (erbärmlich; verachtenswert); schnöder; am schnödesten; ein schnöder Gewinn

schnodderig *oder* **schnoddrig** (vorlaut,

respektlos); ihre schnodderige *oder* schnoddrige Art

schnöden (abfällig reden, lästern); er schnödet; er schnödete; er hat über sie geschnödet

der **Schnorchel** (Teil eines Sporttauchgerätes); des Schnorchels; die Schnorchel

schnorcheln; ich schnorchle; du schnorchelst; sie schnorchelte; er hat im Urlaub geschnorchelt

der **Schnörkel;** des Schnörkels; die Schnörkel

schnörkelig *oder* **schnörklig;** sie hat eine schnörklige Schrift

schnorren (daherreden; *auch für:* betteln); du schnorrst; er schnorrte; sie hat geschnorrt

der **Schnorrer;** des Schnorrers; die Schnorrer

die **Schnorrerin;** die Schnorrerinnen

der **Schnösel** (dummer und frecher junger Mann); des Schnösels; die Schnösel

schnuckelig *oder* **schnucklig** (nett; herzig); ein schnuckeliges *oder* schnuckliges Baby

die **Schnüffelei**

schnüffeln; du schnüffelst; er schnüffelte; der Hund hat am Baum geschnüffelt; sie schnüffelte in meinen Unterlagen (durchsuchte meine Unterlagen ohne Erlaubnis)

der **Schnüffler;** des Schnüfflers; die Schnüffler

die **Schnüfflerin;** die Schnüfflerinnen

der **Schnuller;** des Schnullers; die Schnuller

die **Schnulze** (rührseliges Lied oder Theaterstück, rührseliger Film); die Schnulzen

schnulzig; schnulzige Musik

der **Schnupfen;** des Schnupfens; die Schnupfen

der **Schnupftabak**

schnuppe (gleichgültig); das ist mir schnuppe

die **Schnupperlehre** (Kurzpraktikum zur Orientierung bei der Berufswahl)

schnuppern; du schnupperst; er schnupperte; sie hat an dem Essen geschnuppert

die **Schnur;** die Schnüre

schnüren; du schnürst; sie schnürte; er hat die Schuhe geschnürt

schnurgerade *oder* **schnurgrade**

die **Schnürlischrift** (verbundene Schulschrift)

der **Schnurrbart**

schnurren; die Katze schnurrt; sie schnurrte; sie hat geschnurrt

schnurrig (seltsam); er ist ein schnurriger Kauz

der **Schnürschuh**

der **Schnürsenkel** (Schuhbändel)

schnurstracks (auf dem kürzesten, schnellsten Weg)

schnurz (gleichgültig); das ist mir schnurz

die **Schnute** (Mund, Schmollmund); eine Schnute ziehen (Miene zeigen, die Enttäuschung, Beleidigtsein o. Ä. ausdrückt)

der **Schober** (geschichteter Getreidehaufen; kleine Scheune); des Schobers; die Schober

der **Schock** (Nervenerschütterung; akutes Kreislaufversagen); des Schocks *oder* Schockes; die Schocks, *selten:* Schocke

schocken; du schockst mich; er schockte mich; sie hat mich geschockt

schockieren; ich schockiere ihn; du schockierst ihn; sie schockierte ihn; er hat sie schockiert

der **Schöffe** (Laienrichter); des/dem/den Schöffen; die Schöffen

das **Schöffengericht**

die **Schöffin;** die Schöffinnen

die **Schoggi**

die **Schokolade**

schokoladebraun *oder* **schokoladenbraun**

schokoladig (in der Art von Schokolade); ein schokoladiger Geschmack

die **Scholle** (ein Seefisch)

die **Scholle** (Erd-, Eisklumpen; Heimatboden)

schon; ich komm ja schon; schon wieder; schon lange; schon mal; ABER: obschon, wennschon; wennschon – dennschon

schön; das schöne Wetter; die schöne Literatur; der Saal ist auf das, aufs Schönste geschmückt; sie ist die Schönste unter ihnen; das Schöne und [das] Gute; etwas Schönes; schön sein; schön singen; sich schön anziehen; ABER: schönfärben; schönschreiben; schöntun

schonen; du schonst ihn; er hat ihn geschont; sich schonen; sie hat sich nach ihrer Krankheit geschont

schönen (schöner erscheinen lassen); ich

a b c d e f g h i j k l m n o p q r s t u v w x y z

schöne; du schönst; sie schönte; er hat das Ergebnis geschönt

der **Schoner** (ein mehrmastiges Segelschiff); des Schoners; die Schoner

der **Schoner** (Schutzdecke); des Schoners; die Schoner

schönfärben (günstig darstellen); er hat seinen Fehler schöngefärbt; sie versuchte ihren Fehler schönzufärben; ABER: **schön färben;** er hat die Eier schön gefärbt

die **Schönfärberei**

die **Schonfrist**

die **Schönheit**

schönschreiben (Schönschrift schreiben); sie haben während des Unterrichts schöngeschrieben; ABER: **schön schreiben;** sie kann besonders schön schreiben

die **Schönschrift**

schöntun (sich zieren; schmeicheln); er hat in ihrer Anwesenheit immer schöngetan

die **Schonung**

schonungslos; schonungsloser; am schonungslosesten

die **Schonzeit** (Zeitraum, in dem kein Wild gejagt werden darf)

der **Schopf** (Kopfhaar; Schuppen, Baracke); des Schopfs *oder* Schopfes; die Schöpfe

schöpfen; du schöpfst; sie schöpfte; er hat Wasser geschöpft

der **Schöpfer** (Erschaffer; Urheber); des Schöpfers; die Schöpfer

die **Schöpferin;** die Schöpferinnen

schöpferisch; schöpferische Begabung

die **Schöpfkelle**

der **Schöpflöffel**

die **Schöpfung**

die **Schöpfungsgeschichte** (im Alten Testament)

der **Schoppen** (ein Flüssigkeitsmass; Babyflasche); des Schoppens; die Schoppen; 3 Schoppen Wein

schoppenweise

der **Schorf** (verkrustetes Hautgewebe); des Schorfs *oder* Schorfes; die Schorfe

schorfig; schorfige Kopfhaut

der **Schornstein**

der **Schornsteinfeger;** des Schornsteinfegers; die Schornsteinfeger

die **Schornsteinfegerin;** die Schornsteinfegerinnen

der **Schoss** (beim Sitzen durch Oberschenkel und Unterleib gebildeter Winkel; Mutterleib); des Schosses; die Schösse

der **Schoss** (junger Pflanzentrieb); des Schosses; die Schosse

die **Schoss** (Schürze); die Schossen *oder* Schösse

der **Schosshund** (zierlicher Zwerghund)

der **Schössling** (Trieb einer Pflanze); des Schösslings; die Schösslinge

die **Schote** (längliche Kapselfrucht); die Schoten

das **Schott** (wasserdichte Wand im Schiff); des Schotts *oder* Schottes; die Schotte *oder* Schotten

der **Schotte** (Einwohner von Schottland); des/dem/den Schotten; die Schotten

die **Schotte** (Käsewasser; Molke); der Schotte; die Schotten

der **Schottenrock**

der **Schotter** (zerkleinerte Steine); des Schotters; die Schotter

die **Schotterstrasse**

die **Schottin** (Einwohnerin von Schottland); die Schottinnen

schottisch; schottischer Whisky

Schottland

schraffieren (mit feinen parallelen Strichen versehen); du schraffierst; er schraffierte; sie hat die Zeichnung schraffiert

die **Schraffur;** die Schraffuren

schräg; schräg halten; schräg stehen; schräg liegen; schräg laufende *oder* schräglaufende Linien; sie wohnt schräg gegenüber

die **Schräge**

der **Schragen** (Klapp-, Feldbett; Untersuchungstisch; Operationstisch); des Schragens; die Schragen

der **Schrägstrich**

die **Schramme**

schrammen; du schrammst; sie schrammte; er hat den Wagen geschrammt (mit dem Wagen etwas gestreift, sodass der Wagen Schrammen hat); sie ist gegen eine Kante geschrammt

der **Schrank;** des Schranks *oder* Schrankes; die Schränke

die **Schranke;** der Fantasie sind keine Schranken gesetzt

schrankenlos; schrankenlose Freiheit

der **Schrat** *oder* **Schratt** (zottiger Waldgeist);

des Schrats *oder* Schrates, *auch:* Schratts *oder* Schrattes; die Schrate, *auch:* Schratte

die **Schraube**

schrauben; du schraubst; er schraubte; sie hat ihre Erwartungen zu hoch geschraubt; sich schrauben; der Adler hat sich in die Höhe geschraubt

der **Schraubenschlüssel**

der **Schraubenzieher**

der **Schraubstock** (Vorrichtung, um ein Werkstück fest einspannen und bearbeiten zu können)

der **Schrebergarten** (kleines Stück Land, das von einem Verein als Garten vermietet wird)

der **Schreck;** des Schrecks *oder* Schreckes; die Schrecke; einen Schreck bekommen

schrecken; du schreckst; er schreckte; sie hat ihn geschreckt (geängstigt); das Telefon schreckte ihn aus dem Schlaf (schreckte ihn auf); Eier schrecken (abschrecken)

der **Schrecken;** des Schreckens; die Schrecken; Angst und Schrecken verbreiten; Schrecken erregen

schreckensblass

schreckhaft; schreckhafter; am schreckhaftesten

schrecklich; es war schrecklich; dort war es am schrecklichsten; ABER: etwas, nichts Schreckliches; es war das Schrecklichste, dass niemand half

die **Schreckschusspistole**

der **Schrei;** des Schreis *oder* Schreies; die Schreie

schreiben; du schreibst; er schreibt; er schrieb; sie hat einen Brief geschrieben

das **Schreiben** (Schriftstück); des Schreibens; die Schreiben

der **Schreiber;** des Schreibers; die Schreiber

die **Schreiberin;** die Schreiberinnen

schreibfaul

der **Schreibfehler**

die **Schreibmaschine**

der **Schreibtisch**

die **Schreibung** (Schreibweise)

schreien; du schreist; er schreit; er schrie; sie hat geschrien

der **Schreier;** des Schreiers; die Schreier

die **Schreierin;** die Schreierinnen

der **Schreihals**

der **Schrein** (Sarg; Reliquienbehälter); des Schreins *oder* Schreines; die Schreine

der **Schreiner;** des Schreiners; die Schreiner

die **Schreinerin;** die Schreinerinnen

schreinern; du schreinerst; sie hat einen Schrank geschreinert

schreiten; du schreitest; er schreitet; er schritt; sie ist würdevoll über den Marktplatz geschritten

die **Schrift;** die Schriften

die **Schriften** (amtliche Ausweise; Personalpapiere) *Plural*

der **Schriftgelehrte;** ein Schriftgelehrter; die Schriftgelehrten; zwei Schriftgelehrte

die **Schriftgelehrte;** eine Schriftgelehrte; die Schriftgelehrten

schriftlich; die schriftliche Prüfung

der **Schriftsetzer** (*früher:* Handwerk, bei dem Texte für den Buchdruck aufbereitet wurden)

die **Schriftsetzerin**

die **Schriftsprache**

der **Schriftsteller;** des Schriftstellers; die Schriftsteller

die **Schriftstellerin;** die Schriftstellerinnen

das **Schriftzeichen**

die **Schriftzüge** (Handschrift eines Menschen) *Plural*

schrill (hoch und grell klingend); schrille Töne

schrillen; das Telefon schrillt; das Telefon schrillte; das Telefon hat geschrillt

der **Schritt;** des Schritts *oder* Schrittes; die Schritte; ABER: 5 Schritt weit; er folgte ihr auf Schritt und Tritt; du sollst Schritt halten; hier musst du Schritt (im Schritttempo) fahren

der **Schrittmacher** *(Medizin);* des Schrittmachers; die Schrittmacher

das **Schritttempo**

schrittweise; schrittweise vorankommen

schroff (steil; abweisend, unhöflich); schroffe Felswände; eine schroffe Antwort

die **Schroffheit**

schröpfen; du schröpfst; er schröpfte; sie hat ihn beim Kartenspiel kräftig geschröpft (sie hat ihm mit List viel Geld abgenommen)

der *oder* das **Schrot** (grob gemahlene Getreidekörner; Bleikügelchen); des Schrots *oder* Schrotes; die Schrote

das **Schrotbrot**

schroten (grob zerkleinern); du schrotest; sie schrotete; er hat den Weizen geschrotet

die **Schrotflinte**

der **Schrott** (Alteisen); des Schrotts *oder* Schrottes; die Schrotte

schrottreif; ein schrottreifer Lastwagen

schrubben; du schrubbst; er schrubbt; sie hat die Treppe geschrubbt

der **Schrubber;** des Schrubbers; die Schrubber

die **Schrulle** (sonderbare Angewohnheit; sonderbarer Einfall)

schrullig (seltsam, eigenartig); ein schrulliger Kellner

schrumpelig *oder* **schrumplig** (viele Falten aufweisend); schrumpelige *oder* schrumplige Haut

schrumpfen; das Gewebe schrumpft bei der Wäsche; der Vorrat ist geschrumpft

der **Schrund** (Gletscherspalte; Felsspalte); des Schrundes *oder* Schrunds; die Schründe

die **Schrunde** (Spalte, Riss in der Haut); die Schrunden

der **Schub;** des Schubs *oder* Schubes; die Schübe

das **Schubfach** (herausziehbares Fach in einem Schrank, einer Kommode etc.); die Schubfächer

die **Schubkarre** *oder* der **Schubkarren** (Garette)

die **Schubkraft**

die **Schublade;** die Schubladen

schubladisieren (einen Plan nicht weiter verfolgen; in Kategorien einteilen); du schubladisierst; er schubladisierte; sie hat die Pläne fürs Filmfestival schubladisiert; ein Mensch lässt sich nicht schubladisieren

der **Schüblig** *oder* **Schübling** (geräucherte Wurst); des Schübligs *oder* Schüblings; die Schüblige *oder* Schüblinge

der **Schubs** (Stoss); des Schubses; die Schubse; jemandem einen Schubs geben

schubsen; du schubst; er schubste; er hat sie geschubst

schubweise; die Krankheit verlief schubweise

schüchtern

die **Schüchternheit**

der **Schuft;** des Schufts *oder* Schuftes; die Schufte

schuften (hart arbeiten); du schuftest; er schuftete; sie hat geschuftet

die **Schufterei**

schuftig (niederträchtig, gemein)

die **Schuftin;** die Schuftinnen

der **Schuh;** des Schuhs *oder* Schuhes; die Schuhe; neben den Schuhen stehen (verwirrt sein, nicht Recht haben); jemandem den Schuh geben (eine Beziehung aufkündigen)

der **Schuhbändel**

die **Schuhcreme**

die **Schuhgrösse**

der **Schuhmacher**

die **Schuhmacherin**

die **Schuhsohle**

der **Schulabschluss;** die Schulabschlüsse

die **Schulaufgaben** *Plural*

die **Schulbank;** die Schulbänke

die **Schulbildung**

das **Schulbuch**

der **Schulbus;** des Schulbusses; die Schulbusse

die **Schuld;** er trägt Schuld daran; es ist meine Schuld; sie ist schuld; sie hat Schuld; man kann ihm nicht Schuld geben; sie liess sich nichts zuschulden *oder* zu Schulden kommen

schuldbeladen; ABER: er ist mit grosser Schuld beladen

schuldbewusst; ABER: er ist sich seiner Schuld bewusst

schulden; du schuldest; sie schuldete; sie hat mir noch 5 Franken geschuldet

schuldenfrei; das Haus ist schuldenfrei; ABER: sie ist von allen Schulden frei

schuldig; er ist eines Verbrechens schuldig; schuldig sprechen

schuldlos; der Angeklagte war schuldlos

der **Schuldner;** des Schuldners; die Schuldner

die **Schuldnerin;** die Schuldnerinnen

die **Schule**

schulen; Malen schult den Blick; es hat ihren Blick für Details geschult; du schulst; er schulte; er hat die Kinder in ihrer Beweglichkeit geschult

der **Schüler;** des Schülers; die Schüler

die **Schülerin;** die Schülerinnen
die **Schülerzeitung**
die **Schulferien** *Plural*
das **Schulfernsehen**
schulfrei; ein schulfreier Tag
das **Schulhaus**
das **Schuljahr**
die **Schulklasse**
die **Schulpflege** (Aufsichtsorgan über die Schulen einer Schulgemeinde oder eines Schulkreises)
die **Schulpflicht**
schulpflichtig; schulpflichtige Kinder
der **Schulranzen**
die **Schulreise**
der **Schulsack** (Thek; *auch:* Schulbildung)
die **Schulstunde**
der **Schultag**
die **Schulter;** die Schultern; jemandem die kalte Schulter zeigen (jemanden abweisen); etwas auf die leichte Schulter nehmen (etwas nicht ernst genug nehmen)
das **Schulterblatt**
schulterlang; schulterlanges Haar
schultern; du schulterst; er hat das Gewehr geschultert
der **Schulthek** (Schulranzen); des Schultheks; die Schultheks
der **Schulweg**
das **Schulzeugnis**
schummeln ([leicht] betrügen); du schummelst; er hat geschummelt
schummerig *oder* **schummrig** (dämmrig); schummerige *oder* schummrige Beleuchtung
der **Schund** (Wertloses); des Schunds *oder* Schundes
schunkeln (hin und her bewegen); du schunkelst; er schunkelt; er schunkelte; sie hat im Takt der Musik geschunkelt
der **Schupf;** des Schupfs *oder* Schupfes; sich einen Schupf geben (sich überwinden)
die **Schuppe**
schuppen; du schuppst; er hat den Karpfen geschuppt
der **Schuppen**
schuppig; schuppige Haut
die **Schur** (das Scheren [der Schafe]); die Schuren
schüren (zum Aufflammen bringen; anstacheln); du schürst; er hat das Feuer geschürt; das schürt nur die Angst
schürfen; du schürfst; er schürft; sie schürfte; er hat Gold geschürft
die **Schürfung** (Schürfwunde)
der **Schurke;** des/dem/den Schurken; die Schurken
die **Schurkin;** die Schurkinnen
schurkisch (niederträchtig)
der **Schurz** (Tuch um die Hüften; Schürze); des Schurzes; die Schurze
die **Schürze;** die Schürzen
schürzen (hochziehen); du schürzt; er schürzte; sie hat ihren Rock geschürzt; sie schürzte verächtlich die Lippen
der **Schuss;** des Schusses; die Schüsse; 2 Schuss *oder* 2 Schüsse abgeben; er hält seine Sachen in Schuss (in Ordnung)
die **Schüssel;** die Schüsseln
schusselig *oder* **schusslig** (gedankenlos)
die **Schusswaffe**
der **Schuster;** des Schusters; die Schuster
die **Schusterin;** die Schusterinnen
der **Schutt** (Abfall; Bauschutt; Müllhalde); des Schutts *oder* Schuttes
der **Schüttelfrost**
schütteln; du schüttelst; er hat den Baum geschüttelt; sich schütteln; sie hat sich vor Lachen geschüttelt
schütten; du schüttest; er hat das Getreide auf die Tenne geschüttet
schütter (spärlich; schwach); schütteres Haar
der **Schutthaufen**
der **Schüttstein** (Spültrog; Abwaschbecken)
der **Schutz;** des Schutzes; jemandem Schutz gewähren; jemanden in Schutz nehmen
der **Schutzanzug**
das **Schutzblech**
der **Schütze;** des/dem/den Schützen; die Schützen
schützen; du schützt; er schützt; sie hat ihn geschützt
das **Schützenfest**
der **Schutzengel**
die **Schützenhilfe;** jemandem Schützenhilfe geben (jemandem helfen)
der **Schützenverein**
der **Schutzhelm**
die **Schützin;** die Schützinnen
der **Schützling** (Pflegekind; Liebling); des Schützlings; die Schützlinge
schutzlos; schutzloser; am schutzlosesten

der **Schutzpatron** (Schutzheiliger)
die **Schutzpatronin**
der **Schutzzoll** (Zoll auf eingeführten Gütern); die Schutzzölle
der **Schwabe;** des/dem/den Schwaben; die Schwaben
die **Schwäbin;** die Schwäbinnen
schwäbisch; der schwäbische Dialekt; ABER: die Schwäbische Alb
schwach; schwächer; am schwächsten; er hat eine schwache Stunde; das ist eine schwache Hoffnung; die schwache Deklination; ABER: das Recht des Schwachen; durch die lange Krankheit ist sie ganz schwach geworden; ABER: schwach werden *oder* schwachwerden (nachgeben; vor Angst bin ich schwach geworden *oder* schwachgeworden; die schwach bevölkerte *oder* schwachbevölkerte Gegend; ein schwach entwickelter *oder* schwachentwickelter Wirtschaftszweig
die **Schwäche**
schwächen; die Grippe schwächt; die Grippe schwächte; das Fieber hat ihn geschwächt
schwächlich (körperlich schwach; kränkelnd); ein schwächliches Kind
der **Schwächling;** des Schwächlings; die Schwächlinge
der **Schwachsinn;** so ein Schwachsinn!
schwachsinnig; ein schwachsinniges Gerede
der **Schwachstrom**
der **Schwaden** (Dampf, Dunst); des Schwadens; die Schwaden
die **Schwafelei** (überflüssiges Gerede)
schwafeln; du schwafelst; er hat geschwafelt
der **Schwager;** des Schwagers; die Schwäger
die **Schwägerin;** die Schwägerinnen
die **Schwalbe**
der **Schwall** (die Welle, der Guss); des Schwalls *oder* Schwalles; die Schwalle
der **Schwamm;** des Schwamms *oder* Schwammes; die Schwämme
schwammig (in der Art eines Schwammes; *auch für:* dicklich aufgeschwemmt; verschwommen); eine schwammige Formulierung
der **Schwan;** des Schwans *oder* Schwanes; die Schwäne
schwanen; es schwant mir (ich ahne)
schwanger
die **Schwangerschaft**
der **Schwank** (volksnahe, lustige und oft derbe Erzählung; lustiges Schauspiel); des Schwanks *oder* Schwankes; die Schwänke
schwanken; du schwankst; sie hat geschwankt
der **Schwanz;** des Schwanzes; die Schwänze
schwänzeln; der Hund schwänzelt; der Hund hat geschwänzelt
schwänzen; du schwänzt; sie schwänzt den Unterricht; er hat die letzte Stunde geschwänzt
die **Schwanzflosse**
schwappen; das Wasser hat geschwappt; das Wasser ist über den Rand geschwappt
der **Schwarm;** des Schwarms *oder* Schwarmes; die Schwärme
schwärmen; du schwärmst; er hat von ihr geschwärmt
der **Schwärmer;** des Schwärmers; die Schwärmer
die **Schwärmerin;** die Schwärmerinnen
schwärmerisch
die **Schwarte** (dicke Haut; *auch für:* dickes Buch)
der **Schwartenmagen** (eine Wurstsorte)
schwarz *siehe Kasten Seite 353*
das **Schwarz** (die schwarze Farbe); er spielt Schwarz aus *(Kartenspiel);* sie geht in Schwarz (in Trauerkleidung); *vergleiche:* schwarz; Blau
der **Schwarzafrikaner**
die **Schwarzafrikanerin**
die **Schwarzarbeit** (illegale bezahlte Arbeit)
schwarzarbeiten; du arbeitest schwarz; sie arbeitet schwarz; er hat am Wochenende schwarzgearbeitet
sich **schwarzärgern** (sich sehr ärgern); er hat sich schwarzgeärgert
schwarzbraun
das **Schwarze;** ins Schwarze treffen
der **Schwarze** (dunkelhäutiger Mann); ein Schwarzer; die Schwarzen; zwei Schwarze
die **Schwarze** (dunkelhäutige Frau); eine Schwarze; die Schwarzen
die **Schwärze** (Farbe zum Schwarzmachen)
schwärzen; du schwärzt; der Russ der Lokomotiven schwärzt; er schwärzte; er hat die Mauern geschwärzt
schwarzfahren; er ist im Zug schwarzgefahren (ohne Billet gefahren)

schwarz

schwärzer; am schwärzesten **1. Gross- und Kleinschreibung:** *Kleinschreibung:* – der schwarze Kater – ein schwarzer Tag – schwarzer Humor (Humor, der Schlimmes einbezieht) – etwas schwarz auf weiss besitzen – das schwarze Brett (Anschlagbrett) – der schwarze Peter (beim Kartenspiel); jemandem den schwarzen Peter zuschieben (jemandem die Schuld in die Schuhe schieben) *Wird «schwarz» als Nomen gebraucht, schreibt man es gross. Man erkennt es daran, dass ihm ein Artikel vorangeht, ohne dass ein Nomen folgt:* – das Schwarze – ins Schwarze treffen – aus Schwarz Weiss machen – die Farbe Schwarz	*Auch in Namen wird «schwarz» grossgeschrieben:* – das Schwarze Meer – der Schwarze Erdteil (Afrika) **2. Getrennt- und Zusammenschreibung:** – etwas schwarz anstreichen – etwas schwarz färben *oder* schwarzfärben – schwarz malen *oder* schwarzmalen – schwarz sehen *oder* schwarzsehen; du solltest nicht immer alles so schwarz sehen *oder* schwarzsehen – da kannst du warten, bis du schwarz wirst *oder* schwarzwirst *Vergleiche aber:* schwarzarbeiten, schwarzfahren, schwarzhören, schwarzsehen

schwarzhören; (ohne Genehmigung Radio hören); er hört schwarz; sie hat schwarzgehört

der **Schwarzmarkt** (illegaler Markt)

schwarzsehen (ohne Anmeldung fernsehen); sie hat schwarzgesehen

der **Schwarzwald**

schwarz-weiss *oder* **schwarzweiss**

der **Schwarz-Weiss-Film** *oder* **Schwarzweissfilm**

der **Schwatz** (zwangloses Gespräch); des Schwatzes; die Schwatze; *Verkleinerungsform:* Schwätzchen

schwatzen *oder* **schwätzen;** du schwatzt *oder* schwätzt; er schwatzte *oder* schwätzte; er hat geschwatzt *oder* geschwätzt

der **Schwätzer;** des Schwätzers; die Schwätzer

die **Schwätzerin;** die Schwätzerinnen

schwatzhaft; schwatzhafter; am schwatzhaftesten

die **Schwebe;** alles ist in der Schwebe

die **Schwebebahn**

der **Schwebebalken** (ein Turngerät)

schweben; du schwebst; er schwebte; sie hat in Lebensgefahr geschwebt

der **Schwede;** des/dem/den Schweden; die Schweden

Schweden

die **Schwedin;** die Schwedinnen

schwedisch; das schwedische Königshaus; hinter schwedischen Gardinen (im Gefängnis) sitzen

der **Schwefel;** des Schwefels

schwefelig *oder* **schweflig**

die **Schwefelsäure**

der **Schweif;** des Schweifs *oder* Schweifes; die Schweife

schweifen; du schweifst; er schweifte; sie ist durch den Wald geschweift

schweigen; du schweigst; sie schweigt; sie schwieg; er hat geschwiegen

das **Schweigen;** des Schweigens

die **Schweigepflicht**

schweigsam; ein schweigsamer Held

das **Schwein;** des Schweins *oder* Schweines; die Schweine; Schwein haben (Glück haben)

das **Schweinefleisch** *oder* **Schweinsfleisch**

die **Schweinerei**
der **Schweinestall**
der **Schweinsbraten** *oder* **Schweinebraten**
die **Schweinsbratwurst**
der **Schweiss;** des Schweisses; die Schweisse *Plural selten*
der **Schweissausbruch**
schweissbedeckt; ein schweissbedecktes Gesicht; ABER: ein von Schweiss bedecktes Gesicht
der **Schweissbrenner** (Gerät zum Schweissen)
schweissen (Teile unter Anwendung von Hitze und Druck fest verbinden); du schweisst; er schweisste; er hat die Bleche geschweisst
der **Schweisser;** des Schweissers; die Schweisser
die **Schweisserin;** die Schweisserinnen
schweissgebadet (nass von Schweiss)
schweisstreibend; ein schweisstreibendes Arzneimittel
schweisstriefend; ein schweisstriefendes Training; ABER: von *oder* vor Schweiss triefende Sportler
die **Schweiz**
der **Schweizer;** des Schweizers; die Schweizer
schweizerdeutsch *vergleiche:* deutsch
das **Schweizerdeutsch;** des Schweizerdeutsch *oder* Schweizerdeutschs; *vergleiche:* Deutsch
die **Schweizerfahne**
die **Schweizerin;** die Schweizerinnen
schweizerisch; die schweizerische Literatur; ABER: die Schweizerischen Bundesbahnen; die Schweizerische Eidgenossenschaft
die **Schweizerkarte**
der **Schweizer Käse**

> Von geografischen Namen abgeleitete Wörter auf *-er* wie *Schweizer, Berner, Zürcher* schreibt man gross: Schweizer Berge, Berner Alpen, Zürcher Geschnetzeltes. Gewöhnliche Adjektive schreibt man klein: ein französischer Käse, der französische Käse

das **Schweizerkreuz**
das **Schweizerland**
das **Schweizervolk**
schweizweit (in der ganzen Schweiz)

schwelen; das Feuer schwelt; es hat geschwelt; schwelender Hass
schwelgen; du schwelgst; er schwelgte; sie hat in Erinnerungen geschwelgt
schwelgerisch
die **Schwelle**
schwellen (grösser werden); der Finger schwillt; der Finger schwoll; der Finger ist geschwollen
schwellen (grösser machen; im Wasser gar kochen); die Böe schwellt; sie schwellte; sie hat das Segel geschwellt; mit geschwellter Brust (voller Stolz); geschwellte (gar gekochte) Kartoffeln; *vergleiche auch:* Geschwellte, Gschwellti
die **Schwellung**
die **Schwemme** (Tränke; Überangebot bestimmter Produkte); sie führt die Pferde in die Schwemme
schwemmen; das Meer hat das Wrack an die Küste geschwemmt
das **Schwemmland** (angeschwemmtes Land)
schwenken; du schwenkst; sie schwenkt; er hat die Fahne geschwenkt
schwer *siehe Kasten Seite 355*
der **Schwerarbeiter**
die **Schwerarbeiterin**
die **Schwerathletik** (Kraftsport)
die **Schwere**
schwerelos; schwerelose Körper
der **Schwerenöter** (charmanter Draufgänger); des Schwerenöters; die Schwerenöter
schwerfällig (langsam und unverständlich)
das **Schwergewicht** (eine Körpergewichtsklasse im Boxsport)
schwerhörig
die **Schwerkraft** (Anziehungskraft der Erde)
schwerlich (kaum); das wird schwerlich zu beweisen sein
das **Schwermetall**
die **Schwermut** (Traurigkeit, Mutlosigkeit)
schwermütig
der **Schwerpunkt**
schwerreich (sehr reich); ein schwerreicher Mann; dieser Mann ist schwerreich
das **Schwert;** des Schwerts *oder* Schwertes; die Schwerter
der **Schwertfisch**
die **Schwertlilie**
der **Schwerverbrecher**
die **Schwerverbrecherin**

schwer	
Kleinschreibung:	*Getrennt- und Zusammenschreibung in Verbindung mit Partizipien und Adjektiven:*
– ein schwerer Junge (Gewaltverbrecher) – er sprach mit schwerer Zunge – der Tod seines Freundes war ein schwerer Schlag (grosser Verlust) für ihn	– schwer behindert *oder* schwerbehindert – schwer erziehbar *oder* schwererziehbar – schwer beladen *oder* schwerbeladen – schwer bewaffnet *oder* schwerbewaffnet – schwer verletzt *oder* schwerverletzt – schwer wiegend *oder* schwerwiegend – schwerer wiegende *oder* schwerwiegendere Argumente – schwer krank *oder* schwerkrank – schwer verständlich *oder* schwerverständlich; *vergleiche aber:* schwerreich
Getrennt- und Zusammenschreibung in Verbindung mit Verben:	
– schwer fallen *oder* schwerfallen – schwer machen *oder* schwermachen; er will ihr wohl das Leben schwer machen *oder* schwermachen – schwer nehmen *oder* schwernehmen	

die **Schwerverkehrsabgabe;** leistungsabhängige Schwerverkehrsabgabe (*Abkürzung:* LSVA; Strassengebühr für Lastwagen)
der **Schwerverletzte;** ein Schwerverletzter; die Schwerverletzten; viele Schwerverletzten; *auch:* der schwer Verletzte
die **Schwerverletzte;** eine Schwerverletzte; die Schwerverletzten; *auch:* die schwer Verletzte
schwerverwundet *vergleiche:* **schwer**
schwerwiegend *vergleiche:* **schwer**
die **Schwester**
schwesterlich
die **Schwiegereltern** *Plural*
die **Schwiegermutter**
der **Schwiegersohn**
die **Schwiegertochter**
der **Schwiegervater**
die **Schwiele** (verhärtete Stelle in der Haut); die Schwielen
schwielig; schwielige Hände
schwierig
die **Schwierigkeit**
das **Schwimmbad**
das **Schwimmbassin** (Schwimmbecken)
das **Schwimmbecken**
schwimmen; du schwimmst; er schwimmt; er schwamm; sie ist über den See geschwommen; er hat zwei Stunden lang geschwommen
der **Schwimmer;** des Schwimmers; die Schwimmer
die **Schwimmerin;** die Schwimmerinnen
die **Schwimmflosse**
die **Schwimmweste**
der **Schwindel;** des Schwindels; in Schwindel erregender *oder* schwindelerregender Höhe
schwindelfrei
schwindeln; du schwindelst; er hat geschwindelt
schwinden (unaufhaltsam abnehmen, verschwinden); die Hoffnung schwindet; sie schwand; sie ist geschwunden
der **Schwindler;** des Schwindlers; die Schwindler
die **Schwindlerin;** die Schwindlerinnen
schwindlig *oder* **schwindelig**
die **Schwindsucht** (*früher für:* Tuberkulose, eine Lungenkrankheit)
schwindsüchtig
der **Schwingbesen**
die **Schwinge** (Flügel); die Schwingen
schwingen; du schwingst; er schwingt; sie schwang; er hat die Fahne geschwungen; obenaus, obenauf schwingen (die Oberhand gewinnen, an der Spitze liegen)
der **Schwinger** (Boxhieb; Wettkämpfer im Schwingen); des Schwingers
die **Schwingerin** (Wettkämpferin im Schwingen)
der **Schwingerkönig** (Sieger in einem Schwinget)
die **Schwingerkönigin** (Siegerin in einem Schwinget)
der *oder* die **Schwinget** (Wettkampfveranstaltung im Schwingen)
die **Schwingung**
der **Schwips** (leichter Rausch); des Schwipses; die Schwipse

schwirren; der Pfeil schwirrt; der Pfeil ist durch die Luft geschwirrt
schwitzen; du schwitzt; er schwitzt; sie hat bei der Arbeit geschwitzt
schwören; du schwörst; er schwört; er schwor; sie hat geschworen
schwul (*Selbstbezeichnung für:* homosexuell)
schwül; schwüles Wetter
der **Schwule** (*Selbstbezeichnung für:* homosexueller Mann); ein Schwuler; die Schwulen; viele Schwule; *vergleiche auch:* Gay
die **Schwüle** (unangenehme feuchte Wärme oder Hitze)
der **Schwulst;** des Schwulsts *oder* Schwulstes; die Schwülste
schwülstig (übertrieben verziert; überschwänglich); ein schwülstiger Stil
der **Schwund** (Verlust, Verringerung); des Schwunds *oder* Schwundes
der **Schwung;** des Schwungs *oder* Schwunges; die Schwünge
die **Schwungkraft**
schwungvoll
der **Schwur;** des Schwurs *oder* Schwures; die Schwüre
das **Schwurgericht** (Gericht für besonders schwere Straftaten)
Schwyz (Kanton; dessen Hauptort)
der **Schwyzer** (Einwohner von Schwyz)
die **Schwyzerin** (Einwohnerin von Schwyz)
schwyzerisch
das **Schwyzerörgeli** (eine Harmonika); die Schwyzerörgeli
die **Sciencefiction** (wissenschaftlich-utopische Literatur)
der **Scotland Yard** (die Londoner Kriminalpolizei)
das **Scrabble** (*Markenbezeichnung:* ein Gesellschaftsspiel); des Scrabbles; die Scrabbles
das **Scratching** (das Hervorbringen bestimmter akustischer Effekte durch Manipulation der laufenden Schallplatte); des Scratchings
der **Screenshot** (*EDV:* Abbildung einer Bildschirmanzeige); des Screenshots; die Screenshots
scrollen (eine Darstellung auf dem Bildschirm verschieben); du scrollst; sie scrollt; er hat gescrollt
die **sda** = Schweizerische Depeschenagentur (nationale Nachrichtenagentur der Schweiz)
sec = Sekunde, *auch:* s, sek, Sek.
sechs; wir sind zu sechsen *und* zu sechst; wir sind sechs; *vergleiche:* acht
die **Sechs** (Zahl); die Sechsen; er hat in Deutsch eine Sechs geschrieben; sie hat eine Sechs gewürfelt; *vergleiche:* Acht
der **Sechsachteltakt** ($^6/_8$-Takt)
der **Sechser;** des Sechsers; die Sechser
die **Sechsergruppe**
sechsfach *vergleiche:* achtfach, Achtfache
sechsjährig *vergleiche:* achtjährig, Achtjährige
sechsmal *vergleiche:* achtmal
sechsstöckig; ein sechsstöckiges Gebäude
sechstägig; eine sechstägige Schiffsreise
sechste *vergleiche:* achte
sechsteilig; ein sechsteiliger Kochkurs
der *oder* das **Sechstel;** des Sechstels; die Sechstel; *vergleiche:* Achtel
sechstens
sechzehn *vergleiche:* acht
sechzig *vergleiche:* achtzig
der **Sechziger** *vergleiche:* Achtziger
die **Seconda** (Ausländerin zweiter Generation); der Seconda; die Secondas
der **Secondhandshop** (Laden, in dem gebrauchte Kleidung und anderes verkauft wird); des Secondhandshops; die Secondhandshops
der **Secondo** (Ausländer zweiter Generation); des Secondos; die Secondos
die **SED** = Sozialistische Einheitspartei Deutschlands (Staatspartei der DDR [1946 bis 1989])
das **Sediment** (Ablagerung, Schicht); des Sediments *oder* Sedimentes; die Sedimente
der **See** (Landsee); des Sees; die Seen
die **See** (Meer); die Seen
die **Seefrau**
der **Seegang;** starker Seegang
der **Seehund**
seekrank
die **Seele**
seelenruhig; der Hund lag seelenruhig mitten auf der Strasse
seelenvergnügt (heiter, fröhlich); sie fuhr seelenvergnügt nachhause
die **Seeleute** (Seemänner und Seefrauen)

seelisch

> Nicht verwechseln: Obwohl *seelisch* und *selig* beide mit langem *e* gesprochen werden, schreibt man das Adjektiv *seelisch* in der Bedeutung «die Seele betreffend» mit Doppel-e. Das Adjektiv *selig* mit den Bedeutungen «am ewigen Leben teilhabend» und «überglücklich» ist nicht mit «Seele» verwandt. Es wird mit einfachem *e* geschrieben.

die **Seelsorge**
der **Seelsorger;** des Seelsorgers; die Seelsorger
die **Seelsorgerin;** die Seelsorgerinnen
der **Seemann;** die Seemänner
die **Seenot;** in Seenot sein
das **Seepferdchen**
der **Seeräuber**
die **Seeräuberin**
die **Seerose**
der **Seestern** (ein Meerestier)
seetüchtig; seetüchtige Boote
die **Seezunge** (ein Fisch)
das **Segel;** des Segels; die Segel
das **Segelboot**
der **Segelflug**
das **Segelflugzeug**
die **Segeljacht** *oder* **Segelyacht**
segeln; er hat drei Stunden gesegelt; sie ist nach Schweden gesegelt
die **Segelregatta**
das **Segelschiff**
der **Segen;** des Segens; die Segen
segensreich; segensreiche Erfindungen
der **Segler;** des Seglers; die Segler
die **Seglerin;** die Seglerinnen
das **Segment** (Abschnitt); des Segments *oder* Segmentes; die Segmente
segnen; du segnest; er segnet; er segnete; sie hat ihn gesegnet
sehbehindert
sehen; du siehst; er sieht; er sah; sie hat den Mann gesehen; sieh mal!; gut, schlecht, scharf, weit sehen; sie kann wieder sehen (ist nicht mehr blind)
sehenswert; ein sehenswerter Film
die **Sehenswürdigkeit**
die **Sehne**
sich **sehnen;** du sehnst dich; sie sehnte sich; er hat sich nach ihr gesehnt
sehnig; sehniges Fleisch
sehnlich (sehnsüchtig, heftig verlangend); sehnlicher; am sehnlichsten; jemanden sehnlich, sehnlichst erwarten
die **Sehnsucht;** die Sehnsüchte
sehnsüchtig
sehr; zu sehr; so sehr; gar sehr; sehr viel; sehr vieles; sie bekam die Note «sehr gut»
das **Sehvermögen**
seicht (nicht tief; flach; banal); seichter; am seichtesten; seichtes Wasser; der Film war mir zu seicht
die **Seide;** die Seiden
seiden (aus Seide)
seidenweich
seidig (wie Seide)
die **Seife**
die **Seifenblase**
der **Seifenspender**
seifig; seifige Hände
seihen (absieben); du seihst; er seiht; er seihte; sie hat die Milch geseiht
das **Seil;** des Seils *oder* Seiles; die Seile
die **Seilbahn**
die **Seilschaft** (Gruppe von Bergsteigern, die durch ein Seil verbunden sind; *übertragen für:* Gruppe von Personen, die [politisch] eng zusammenarbeiten)
seilspringen

> Das Verb ist nur im Infinitiv und Partizip gebräuchlich: «Wir wollen heute wieder *seilspringen,* obwohl wir erst gestern *seilgesprungen* sind.» Wenn das Verb wie ein Nomen gebraucht wird, schreibt man es gross: «*Das Seilspringen* ist lustig.»

seiltanzen *vergleiche:* seilspringen
der **Seiltänzer**
die **Seiltänzerin**
das **Seilziehen** (ein Sport; [langwierige] Auseinandersetzung)
sein; sein Heft; jedem das Seine; er muss das Seine *oder* Seinige dazu tun; Seine Exzellenz; Seine Majestät; Seine Hoheit
sein; ich bin; du bist; er/sie/es ist; wir sind; ihr seid; sie sind; er war; sie ist dort gewesen; sei nicht dumm!; sein lassen (nichts tun); sie liess es sein; sie hat es sein lassen
die **Seine** (Fluss in Frankreich)

a b c d e f g h i j k l m n o p q r s t u v w x y z

seinerseits
seinerzeit (damals); ABER: alles zu seiner Zeit
seinesgleichen (Person, Sache von gleicher Art); von ihm und seinesgleichen ist so etwas zu erwarten
seinetwegen
seinetwillen; um seinetwillen
die **Seinigen** (seine Angehörigen) *Plural;* er sorgt für die Seinigen
seit; seit alters; seit damals; seit gestern; seit heute; seit kurzer Zeit; seit Kurzem; ihr geht es gut, seit sie keinen Kaffee mehr trinkt; ABER: ihr seid lustig; *vergleiche auch:* sein
seitdem; seitdem sie gesund ist; ABER: seit dem letzten Treffen
die **Seite;** von allen Seiten; von zuständiger Seite; jemandem zur Seite stehen; aufseiten *oder* auf Seiten; er stand aufseiten *oder* auf Seiten der Gegner; vonseiten *oder* von Seiten; sie erhielt Hilfe vonseiten *oder* von Seiten ihrer Verwandten; *vergleiche aber:* Saite
der **Seiteneingang**
die **Seitenhalbierende** *(Geometrie);* eine Seitenhalbierende
seitenlang; der Aufsatz war seitenlang; ABER: der Brief war vier Seiten lang
das **Seitenstechen**
seitenverkehrt; seitenverkehrte Dias
seither (seitdem)
seitlich; die seitliche Rumpfbeuge; der Eingang ist seitlich
seitwärts; seitwärts parkieren
die **Sekante** (Gerade, die eine Kurve schneidet); die Sekanten
das **Sekret** (Absonderung, Ausscheidung); des Sekrets *oder* Sekretes; die Sekrete
der **Sekretär** (Beamter; Funktionär in einer Partei, Gewerkschaft o. Ä.; kaufmännischer Angestellter; Schreibschrank); des Sekretärs; die Sekretäre
das **Sekretariat** (Geschäftsstelle); des Sekretariats *oder* Sekretariates; die Sekretariate
die **Sekretärin;** die Sekretärinnen
sek, Sek. = Sekunde; *auch:* s, sec
der **Sekt** (Schaumwein); des Sekts *oder* Sektes; die Sekte
die **Sekte** (kleinere Glaubensgemeinschaft); die Sekten
der **Sektierer** (Anhänger einer Sekte); des Sektierers; die Sektierer
die **Sektiererin;** die Sektiererinnen
sektiererisch (für eine Sekte charakteristisch)
die **Sektion** (Abteilung, Gruppe); die Sektionen
der **Sektor** (Gebiet; Teil; Ausschnitt); des Sektors; die Sektoren
sekundär (zweitrangig); ein sekundäres Thema
die **Sekundarschule**
die **Sekundarstufe**
die **Sekunde;** (*Zeichen:* s, sec, sek; *Abkürzung:* Sek.); die Sekunden
sekundenlang; ein sekundenlanger Blick; ABER: ein vier Sekunden langer Ton
die **Sekundenschnelle;** es geschah in Sekundenschnelle
der **Sekundenzeiger**
selber; sie will alles selber machen
selbst; von selbst; selbst wenn; Brot selbst backen; selbst gebackenes *oder* selbstgebackenes Brot
die **Selbstachtung**
selbständig *oder* **selbstständig;** sich selbständig *oder* selbstständig machen
der **Selbständige** *oder* **Selbstständige;** *vergleiche:* Selbstständige
die **Selbständige** *oder* **Selbstständige;** *vergleiche:* Selbstständige
die **Selbständigkeit** *oder* **Selbstständigkeit**
der **Selbstauslöser**
die **Selbstbedienung**
die **Selbstbefriedigung**
der **Selbstbehalt** (Betrag, den Versicherte in einem Schadens- oder Krankheitsfall selbst bezahlen müssen)
die **Selbstbeherrschung**
selbstbewusst
das **Selbstbewusstsein**
der **Selbstlaut** (Vokal)
selbstlos; selbstloser; am selbstlosesten
der **Selbstmord**
selbstsicher; sie wirkt immer sehr selbstsicher
selbstständig *oder* **selbständig;** sich selbstständig *oder* selbständig machen
der **Selbstständige** *oder* **Selbständige** (Person, die beruflich selbstständig ist); ein

Selbstständiger *oder* Selbständiger; die Selbstständigen *oder* Selbständigen; zwei Selbstständige *oder* Selbständige

die **Selbstständige** *oder* **Selbständige;** eine Selbstständige *oder* Selbständige; die Selbstständigen *oder* Selbständigen

der **Selbstständigerwerbende** *oder* **Selbständigerwerbende;** ein Selbstständigerwerbender *oder* Selbständigerwerbender; die Selbstständigerwerbenden *oder* Selbständigerwerbenden; viele Selbstständigerwerbende *oder* Selbständigerwerbende

die **Selbstständigerwerbende** *oder* **Selbständigerwerbende;** eine Selbstständigerwerbende *oder* Selbständigerwerbende; die Selbstständigerwerbenden *oder* Selbständigerwerbenden

die **Selbstständigkeit** *oder* **Selbständigkeit**

der **Selbstunfall**

selbstvergessen (in Gedanken verloren)

selbstverständlich

das **Selbstvertrauen**

selig (überglücklich; [vom Leben] erlöst; verstorben); selig sein; selig machen *oder* seligmachen; selig werden; *vergleiche aber:* seelisch

die **Seligkeit**

seligsprechen; man sprach ihn selig; man hat ihn seliggesprochen

die **Seligsprechung**

der *oder* die **Sellerie;** des Selleries *oder* der Sellerie; die Sellerie *oder* Selleries *und* die Sellerien

selten; ein seltenes Ereignis; er hat sich selten (besonders) blöd angestellt

die **Seltenheit**

seltsam; ein seltsamer Gast; sie benahm sich seltsam

das **Semester** (das Studienhalbjahr); des Semesters; die Semester

das **Semikolon** (der Strichpunkt); des Semikolons; die Semikolons *oder* Semikola

das **Seminar** (katholische Priesterausbildungsanstalt; ein Hochschulinstitut; Kurs an der Hochschule); des Seminars; die Seminare

die **Semmel;** die Semmeln

der **Sempachersee**

sen. = senior (der Ältere, die Ältere)

der **Senat** (eine Regierungs-, Verwaltungsbehörde); des Senats *oder* Senates; die Senate

der **Senator** (Mitglied eines Senats); des Senators; die Senatoren

die **Senatorin;** die Senatorinnen

senden (schicken); du sendest mir einen Brief; sie sendet mir einen Brief; sie sandte *oder* sendete mir einen Brief; er hat mir einen Brief gesandt *oder* gesendet

senden (übertragen); das Radio sendet; das Radio sendete; das Radio hat Musik gesendet

der **Sender;** des Senders; die Sender

die **Sendung**

Senegal (Staat in Afrika)

der **Senegalese;** des/dem/den Senegalesen; die Senegalesen

die **Senegalesin;** die Senegalesinnen

senegalesisch

der **Senf;** des Senfs *oder* Senfes; die Senfe

sengen (anbrennen); die brennende Zigarette sengte ein Loch in die Decke; sie hat ein Loch in die Decke gesengt

senil (greisenhaft)

die **Senilität**

senior (der Ältere, die Ältere); Werner Schmid senior

der **Senior** (Ältester; Vater des Sohnes, der in der Firma mitarbeitet; Sportler ab bestimmtem Alter); des Seniors; dem/den Senior; die Senioren

die **Seniorin;** die Seniorinnen

das **Senkblei** (Blei, das an einer Schnur hängt und so die Senkrechte anzeigt); des Senkbleis *oder* Senkbleies; die Senkbleie

die **Senke** (Vertiefung im Gelände)

der **Senkel** (Schnürband); des Senkels; die Senkel; jemanden in den Senkel stellen (zurechtweisen)

senken; du senkst; er senkte; sie hat den Kopf gesenkt

senkrecht; eine senkrechte Linie; die Felswand ragt senkrecht empor; eine senkrechte (rechtschaffene) Person

die **Senkrechte;** der Senkrechten; die Senkrechten; zwei Senkrechte *und* zwei Senkrechten

der **Senn** (Alphirt); des Senns *oder* Sennes, *auch:* des/dem/den Sennen; die Senne *oder* Sennen

die **Sennerin** *oder* **Sennin;** die Sennerinnen *oder* Senninnen

die **Sennhütte**
die **Sensation** (aufsehenerregendes Ereignis); die Sensationen
sensationell
die **Sense** (einfaches Gerät mit gebogener Klinge zum Mähen von Gras oder Getreide)
der **Sensenmann** (Symbol für den Tod)
sensibel (empfindsam, feinfühlig)
die **Sensibilität**
der **Sensor** (Messfühler); des Sensors; die Sensoren
sentimental (empfindsam; rührselig)
die **Sentimentalität** (Gefühlsseligkeit)
separat (abgesondert; einzeln)
der **September;** des September *oder* Septembers; die September
das **Septett** (Musikstück für sieben Stimmen oder Instrumente; *auch:* die ausführenden Musiker und Musikerinnen selbst); die Septette
die **Septime** (der siebte Ton vom Grundton an); die Septimen
der **Serbe** (Angehöriger eines südslawischen Volkes); des/dem/den Serben; die Serben
serbeln (kränkeln; welken); die Pflanze serbelt; sie serbelte; sie hat geserbelt
Serbien
die **Serbin;** die Serbinnen
serbisch
die **Serenade** (Abendmusik, -ständchen); die Serenaden
die **Serie** (Reihe, Folge); die Serien
serienmässig; eine serienmässige Klimaanlage
die **Serienproduktion**
die **Serienschaltung** (Reihenschaltung)
serienweise; der Tennisspieler vergab serienweise Chancen
seriös (ernsthaft, gediegen, anständig); seriöser; am seriösesten; ein seriöser Bewerber
die **Seriosität**
die **Serpentine** (Strassenwindung, Kehrschleife); die Serpentinen
das **Serum** (wässriger Bestandteil des Blutes; Impfstoff); des Serums; die Seren *oder* Sera
der *oder* die **Servela** *oder* **Cervelat;** des Servelas *oder* Cervelats *und* der Servela *oder* Cervelat; die Servelas *oder* Cervelats
das **Service** (Tafelgeschirr); des Service *oder* des Services; die Service
der **Service** (Kundendienst); des Service; die Services; der Service public (vom Staat erbrachte Dienstleistung)
servieren; sie servierte; er hat serviert
der **Servierer;** die Servierer
die **Serviererin;** die Serviererinnen
die **Serviette;** die Servietten
die **Servolenkung** (vereinfachte Lenkung in Autos und Lkws)
der **Sesam** (eine Pflanze mit ölhaltigem Samen); des Sesams; die Sesams
der **Sessel;** des Sessels; die Sessel
der **Sessellift**
sesshaft; ein sesshaftes Leben
die **Sesshaftigkeit**
die **Session** (Sitzungsperiode des Parlaments; *mit englischer Aussprache:* Musikveranstaltung mit improvisierter Musik); die Sessionen, *mit englischer Aussprache:* die Sessions
das *oder* der **Set** (zusammengehörige Gegenstände, Satz; Platzdeckchen); des Set *oder* Sets; die Sets
setzen; du setzt; sie setzte; er hat einen Baum gesetzt; sich setzen; er hat sich auf den Stuhl gesetzt
der **Setzer;** des Setzers; die Setzer; *vergleiche:* Schriftsetzer
die **Setzerei**
die **Setzerin;** die Setzerinnen
der **Setzling** (junge Pflanze; junger Fisch); des Setzlings; die Setzlinge
die **Seuche**
seufzen; du seufzt; er seufzt; sie hat geseufzt
der **Seufzer;** des Seufzers; die Seufzer
der **Sex** (*kurz für:* Sexualität; Geschlechtsverkehr); des Sex *oder* Sexes; mit jemandem Sex haben
der **Sexfilm**
der **Sexismus** ([Diskriminierung aufgrund der] Vorstellung, nach der eines der beiden Geschlechter dem anderen von Natur aus überlegen ist)
sexistisch; sexistische Bemerkungen
das **Sextett** (Musikstück für sechs Stimmen oder Instrumente; *auch:* die ausführenden Musiker und Musikerinnen selbst); die Sextette
die **Sexualität** (Geschlechtlichkeit)

die **Sexualkunde**
der **Sexualtrieb**
sexuell; sexuelle Kontakte
sexy (geschlechtlich attraktiv); sexy aussehen, sein
sezieren (eine Leiche öffnen); die Ärztin sezierte; sie hat die Leiche seziert
sFr., SFr. = Schweizer Franken; *veraltet; neue Abkürzung:* CHF
SG = Autokennzeichen und allgemeine Abkürzung für den Kanton St. Gallen
Sg. *oder* **Sing.** = Singular (Einzahl)
SH = Autokennzeichen und allgemeine Abkürzung für den Kanton Schaffhausen
der **Shake** (ein Mischgetränk); des Shakes; die Shakes
das **Shampoo** (flüssiges Haarwaschmittel); des Shampoos; die Shampoos
die **She-DJ** (weiblicher DJ); die She-DJs; *auch:* DJane
der **Sheriff** (Verwaltungsbeamter in England; oberster Vollzugsbeamter einer amerikanischen Stadt); des Sheriffs; die Sheriffs
die **Sheriffin;** die Sheriffinnen
das **Shirt** ([kurzärmliges] Baumwollhemd); des Shirts; die Shirts
der *oder* das **Shit** (Haschisch); des Shits
der **Shop** (Laden, Geschäft); des Shops; die Shops
das **Shoppingcenter** (Einkaufszentrum)
die **Shorts** (kurze Hose) *Plural*
die **Shortstory** (Kurzgeschichte)
die **Show** (Schau; bunte, aufwendige Darbietung); die Shows
das **Showbusiness** (Vergnügungsindustrie)
der **Showdown** (Entscheidungskampf [besonders im Wildwestfilm]); des Showdowns; die Showdowns
der **Showmaster** (Unterhaltungskünstler, der eine Show präsentiert); des Showmasters; die Showmaster
die **Showmasterin;** die Showmasterinnen
der **Shrimp** (Crevette); des Shrimps; die Shrimps
der **Shuttle** ([Fahrzeug im] Pendelverkehr); des Shuttles; die Shuttles
der **Shuttlebus** (Bus im Pendelverkehr)
Sibirien
der **Sibirier;** des Sibiriers; die Sibirier
die **Sibirierin;** die Sibirierinnen
sibirisch; sibirische Kälte
sich
die **Sichel** (Werkzeug mit kurzem Griff und gekrümmter Klinge zum Schneiden von Gras oder Getreide); die Sicheln
sichelförmig; eine sichelförmige Bucht
sicher; er gab mir ein sicheres Geleit; hier wird er sicher sein; im Sichern *oder* Sicheren (geborgen) sein; es ist das Sicherste (am sichersten), wenn du zu Hause bleibst; es ist das Sicherste, was du tun kannst; wir suchen etwas Sicheres; sie geht auf Nummer sicher (sie wagt nichts); sicher sein, werden
sichergehen (Gewissheit haben); er geht sicher; sie ist sichergegangen; ABER: **sicher gehen** (ohne Gefahr, ohne Schwanken gehen); über diesen Baumstamm ist er sicher gegangen
die **Sicherheit**
sicherlich (ganz sicher); ich bin sicherlich nicht so wie er
sichern; er hat seine Zukunft gesichert; sich sichern; sie hat sich Eintrittskarten gesichert
sicherstellen (sichern; in behördliche Verwahrung nehmen); die Polizei stellt das Fluchtauto sicher; sie hat es sichergestellt
die **Sicherung**
die **Sicht;** auf lange Sicht; in Sicht kommen; in Sicht sein
sichtbar
sichten; du sichtest; er sichtete einen Eisberg; sie hat die Unterlagen gesichtet (durchgesehen und geordnet)
sichtlich (offenkundig; spürbar); er war sichtlich erleichtert
die **Sichtweite;** auf Sichtweite herankommen
die **Sickergrube**
sickern; das Blut ist aus der Wunde gesickert
das **Sickerwasser**
sie; sie kommt; sie kommen
Sie; kommen Sie bitte!; Mode für Sie und Ihn
das **Sieb;** des Siebs *oder* Siebes; die Siebe
sieben; wir sind sieben; wir sind zu sieben *oder* zu siebt; die sieben Sakramente; die sieben Todsünden; die sieben Weltwunder; das ist mir ein Buch mit sieben Siegeln (das ist mir völlig unverständlich);

die sieben fetten und die sieben mageren Jahre; sieben auf einen Streich; Schneewittchen und die sieben Zwerge; die sieben Raben (im Märchen); *vergleiche:* acht

sieben; du siebst; er siebte; sie hat das Mehl gesiebt

die **Sieben;** eine böse Sieben; *vergleiche:* acht, die Acht

siebenfach

siebenhundert

siebenjährig; ein siebenjähriger Junge; ABER: der Siebenjährige Krieg; *vergleiche:* achtjährig

siebenmal *vergleiche:* achtmal

die **Siebenmeilenstiefel** *Plural;* mit Siebenmeilenstiefeln (mit sehr grossen Schritten, sehr schnell)

der **Siebenschläfer** (ein Nagetier); des Siebenschläfers; die Siebenschläfer

siebenstöckig; ein siebenstöckiges Haus

siebentägig; eine siebentägige Wartefrist

siebenteilig; eine siebenteilige Krimiserie

das **Siebentel** *oder* **Siebtel;** die Siebentel *oder* Siebtel

siebte *vergleiche:* achte

der *oder* das **Siebtel** Achtel

siebtens

siebzehn *vergleiche:* acht

siebzig *vergleiche:* achtzig

siech (krank und schwach)

das **Siechtum** (zunehmendes Schwachwerden bei einer schlimmen Krankheit)

siedeln; du siedelst; er siedelte; er hat am Fluss gesiedelt

sieden (kochen); du siedest; er sott *oder* siedete; er hat die Eier gesotten *oder* gesiedet; siede die Eier!; verwenden Sie stets siedend heisses Wasser

der **Siedepunkt**

das **Siedfleisch**

der **Siedler;** des Siedlers; die Siedler

die **Siedlerin;** die Siedlerinnen

die **Siedlung**

der **Sieg;** des Siegs *oder* Sieges; die Siege

das **Siegel** (Stempel; Stempelabdruck); des Siegels; die Siegel; *vergleiche aber:* Sigel

der **Siegellack** (harzige Masse zum Versiegeln von Briefen, Urkunden u. Ä.)

siegeln; ich siegle; du siegelst; er siegelte; er hat die Urkunde gesiegelt

siegen; du siegst; er siegte; er hat beim Rennen gesiegt

der **Sieger;** des Siegers; die Sieger

die **Siegerin;** die Siegerinnen

siegesgewiss; ein siegesgewisser Auftritt; sie gab sich siegesgewiss

der **Siegespreis**

siegessicher; mit siegessicherem Lächeln

siegreich; ein siegreiches Hockey-Team

siezen (mit Sie anreden); du siezt; sie siezt; sie siezte; sie hat ihn gesiezt

das **Sigel** (Abkürzungszeichen); des Sigels; die Sigel; *vergleiche aber:* Siegel

die **Sightseeingtour** (Besichtigungsfahrt)

das **Signal;** des Signals; die Signale

das **Signalement** (Personenbeschreibung); des Signalements *oder* Signalementes; die Signalemente

die **Signalisation** (Ausschilderung; Beschilderung)

signalisieren (etwas durch Signale übermitteln; ankündigen; ausschildern); du signalisierst; sie signalisierte; sie hat ihre Ankunft signalisiert

die **Signalisierung**

das **Signet** (Firmenzeichen); des Signets; die Signete

signieren (mit einem Namenszeichen versehen); ich signiere; du signierst; er signierte sein Buch; er hat es signiert

der **Sigrist** (Kirchendiener); des/dem/den Sigristen; die Sigristen

die **Sigristin** (Kirchendienerin); die Sigristinnen

die **Sihl** (Nebenfluss der Limmat)

die **Silbe**

das **Silbenrätsel**

die **Silbentrennung**

das **Silber;** des Silbers

die **Silberhochzeit**

die **Silbermedaille**

silbern (aus Silber); silbernes Besteck

silbrig (wie Silber); ein silbrig glänzender Fluss; *Trennung:* silb-rig

die **Silhouette** (Schattenriss, Schattenbild); die Silhouetten

der *oder* das **Silo** (grosser Speicher); des Silos; die Silos

das **Silserli** (ein Laugengebäck); des Silserlis; die Silserli

der *oder* das **Silvester** (letzter Tag des Jahres); des Silvesters
Simbabwe (Staat in Afrika)
der **Simbabwer;** des Simbabwers; die Simbabwer
die **Simbabwerin;** die Simbabwerinnen
simbabwisch
die **SIM-Karte** (Speicherchip in Handys)
die **Simme** (Fluss im Kanton Bern)
simpel (einfach; einfältig); simpler; am simpelsten
der **Simplon;** *Trennung:* Simp-lon
der **Simplontunnel**
der *oder* das **Sims** (waagerechter Mauervorsprung); des Simses; die Simse
simsen (ein SMS senden); du simst; sie simste; sie hat schon wieder gesimst
der **Simulant** (der Krankheitsheuchler); des/dem/den Simulanten; die Simulanten
die **Simulantin;** die Simulantinnen
simulieren ([eine Krankheit] vortäuschen; zur Übung nachahmen); du simulierst; sie simulierte; sie hat den Start simuliert
simultan (gemeinsam, gleichzeitig)
sin = Sinus
die **Sinfonie** *oder* **Symphonie** (ein Musikwerk für Orchester); die Sinfonien *oder* Symphonien
sinfonisch *oder* **symphonisch** (einer Sinfonie ähnlich); ein sinfonisches *oder* symphonisches Werk
Sing. *oder* **Sg.** = Singular (Einzahl)
Singapur (Staat in Südostasien; dessen Hauptstadt)
der **Singapurer;** des Singapurers; die Singapurer
die **Singapurerin;** die Singapurerinnen
singapurisch
singen; du singst; er singt; er sang; er hat ein Lied gesungen
die **Single** (kleine Schallplatte); die Singles
der **Single** (allein lebender Mann); des Single *oder* Singles; die Singles
die **Single** (allein lebende Frau); die Singles
der **Singsaal**
das **Singspiel**
die **Singstimme**
singulär (vereinzelt vorkommend)
der **Singular** (Einzahl; *Abkürzung:* Sing.); des Singulars; die Singulare
der **Singvogel**
sinken; ich sinke; du sinkst; das Schiff sank; es ist gesunken
der **Sinn;** des Sinns *oder* Sinnes; die Sinne; die fünf Sinne (Sinnesorgane); von Sinnen sein; [nicht] bei Sinnen sein
das **Sinnbild** (Symbol)
sinnen (nachdenken; planen); du sinnst; er sinnt; er sann lange hin und her; er hat auf Rache gesonnen
das **Sinnesorgan**
die **Sinnestäuschung**
sinngemäss; ein sinngemässes (nicht wortwörtliches) Zitat
sinnig (sinnvoll); sinnige Sprüche
sinnlich; sinnliche Reize
sinnlos; sinnloser; am sinnlosesten
sinnverwandt; sinnverwandte Wörter
sinnvoll
sinnwidrig (widersprüchlich; unlogisch); ein sinnwidriges Verhalten
die **Sintflut**
sintflutartig
die **Sinti** (Fahrende, Gruppe der Roma) *Plural*
der **Sinus** (eine Winkelfunktion; *Zeichen:* sin); des Sinus; die Sinusse
Sion (Hauptstadt des Kantons Wallis; *französisch für:* Sitten)
die **Sippe** (Gruppe von Familien; Gesamtheit aller Familienmitglieder)
die **Sippschaft** (üble Gesellschaft; Gesindel)
die **Sirene;** die Sirenen
das **Sirenengeheul**
sirren (surren; hell tönen); die Stechmücke sirrt; sie sirrte; sie hat gesirrt; die Mücken sind ihnen um die Köpfe gesirrt
der **Sirup;** des Sirups; die Sirupe, *auch:* Sirups
der **Sisal** (eine Blattfaser); des Sisals
der **Sisalhanf** (Sisal)
der **Sisalteppich**
das **Sit-in** *oder* **Sitin** (Sitzstreik); des Sit-in *oder* Sit-ins *und* des Sitin *oder* Sitins; die Sit-ins *oder* Sitins
die **Sitte**
Sitten (Hauptstatdt des Kantons Wallis; *französisch:* Sion)
sittenlos; eine sittenlose Gesellschaft
sittenwidrig; sittenwidriges Verhalten
der **Sittich** (ein Papagei); des Sittichs; die Sittiche
sittlich; ein sittliches Leben
sittsam (gesittet; wohl erzogen)

die **Situation** (Lage, Zustand); die Situationen

der **Sitz;** des Sitzes; die Sitze

sitzen

- du sitzt; sie sitzt; du sassest; sie sass; sie hat *oder* ist auf dem Stuhl gesessen

Wird «sitzen» als Nomen gebraucht, schreibt man es gross:

- ich bin bis jetzt noch nicht zum Sitzen gekommen

Schreibung in Verbindung mit «bleiben» und «lassen»:

- du sollst hier sitzen bleiben; wenn das so weitergeht, wirst du noch sitzen bleiben (in der Schule nicht versetzt werden)
- du solltest kleine Kinder nicht auf dem kalten Boden sitzen lassen; ich kann ihn doch nicht sitzen lassen (im Stich lassen)
- sie hat den Vorwurf nicht auf sich sitzen lassen (sie hat dem Vorwurf widersprochen)

der **Sitzplatz**

die **Sitzung**

der **Sizilianer** *oder* **Sizilier;** des Sizilianers *oder* Siziliers; die Sizilianer *oder* Sizilier

Sizilien (Insel im Mittelmeer)

die **Skala** (Masseinteilung; Stufenfolge); die Skalen

der **Skalp** (abgezogene Kopfhaut des Gegners als früheres Siegeszeichen bei den Indianern); des Skalps; die Skalpe

das **Skalpell** (kleines chirurgisches Messer); des Skalpells; die Skalpelle

der **Skandal** (Ärgernis; Aufsehen); des Skandals; die Skandale

skandalös (unglaublich; unerhört)

Skandinavien

der **Skandinavier;** des Skandinaviers; die Skandinavier

die **Skandinavierin;** die Skandinavierinnen

skandinavisch

der **Skat** (ein Kartenspiel); des Skats *oder* Skates

das **Skateboard** (Rollerbrett); des Skateboards; die Skateboards

skaten (Skateboard fahren; auf Inlineskatern laufen); du skatest; sie skatete; sie ist *oder* hat geskatet

das **Skelett** (Knochengerüst); des Skeletts *oder* Skelettes; die Skelette

die **Skepsis** (Zweifel, Bedenken); voller Skepsis sein

der **Skeptiker;** des Skeptikers; die Skeptiker

die **Skeptikerin;** die Skeptikerinnen

skeptisch (misstrauisch; zweifelnd); skeptische Blicke

der **Sketch** (kurze, witzige Bühnenszene); des Sketchs *oder* Sketches; die Sketche *oder* Sketchs *oder* Sketches

das **SKH** = Schweizerisches Korps für Humanitäre Hilfe

der **Ski;** die Skier *oder* Ski, *auch:* die Skis; Ski fahren, laufen; *auch:* der Schi

der **Skiläufer**

die **Skiläuferin**

der **Skilift**

der **Skinhead** ([aggressiver] Jugendlicher mit kahl rasiertem Kopf, der zu rechtsradikalem Verhalten neigt); des Skinheads; die Skinheads

die **Skinheadin;** die Skinheadinnen

das **Skispringen**

die **Skizze** (Entwurf; flüchtige Zeichnung); eine Skizze anfertigen

der **Skizzenblock;** die Skizzenblocks

skizzieren; du skizzierst; er skizzierte; er hat die Landschaft skizziert

der **Sklave** (unfreier, rechtloser Mensch); des/dem/den Sklaven; die Sklaven

die **Sklaverei**

die **Sklavin;** die Sklavinnen

sklavisch (blind gehorsam; unterwürfig); sklavischer Gehorsam; sich sklavisch an eine Vorgabe halten

der *oder* das **Skonto** (Preisnachlass); des Skontos; die Skontos, *selten:* Skonti

das *oder* der **Skore** (Spielstand; Punktestand); des Skores; die Skores

skoren (einen Punkt, einen Treffer erzielen); sie skort; er skorte; sie hat geskort

der **Skorpion** (ein Spinnentier); des Skorpions; die Skorpione

das **Skript** (schriftliche Ausarbeitung; kleines EDV-Programm); des Skripts *oder* Skriptes; die Skripte *oder* Skripten

der **Skrupel** (Bedenken; Gewissensbiss) *meist Plural;* des Skrupels; die Skrupel; [keine] Skrupel haben
skrupellos; skrupelloser; am skrupellosesten; ein skrupelloser Geschäftsmann
die **Skulptur** (Werk der Bildhauerkunst); die Skulpturen
skurril (sonderbar); skurrile Ideen
der **Slalom** (Torlauf beim Skisport); des Slaloms; die Slaloms
der **Slam** (*kurz für:* Poetry-Slam); des Slams; die Slams
der **Slammer** (Teilnehmer eines Poetry-Slams); des Slammers; die Slammer *oder* Slammers
die **Slammerin;** die Slammerinnen
der **Slang** (lässige Umgangssprache); des Slangs; die Slangs
der **Slawe** (Angehöriger einer Völkergruppe); des/dem/den Slawen; die Slawen
die **Slawin;** die Slawinnen
slawisch
der **Slip** (Unterhöschen); des Slips; die Slips
der **Slipper** (bequemer Halbschuh mit niedrigem Absatz); des Slippers; die Slipper
der **Slogan** (Werbeschlagwort); des Slogans; die Slogans
der **Slowake** (Einwohner der Slowakei); des/dem/den Slowaken; die Slowaken
die **Slowakei** (mitteleuropäischer Staat)
die **Slowakin;** die Slowakinnen
slowakisch
der **Slowene** (Einwohner von Slowenien); des/dem/den Slowenen; die Slowenen
Slowenien (mitteleuropäischer Staat)
die **Slowenin;** die Sloweninnen
slowenisch
der **Slum** (Elendsviertel); des Slums; die Slums; *meist Plural*
der *oder* das **Smalltalk** (Plauderei); des Smalltalks; die Smalltalks
der **Smaragd** (ein Edelstein); des Smaragds *oder* Smaragdes; die Smaragde
das **Smartphone** (Mobiltelefon mit grösserem Bildschirm und vielen Zusatzfunktionen); des Smartphones; die Smartphones
der **Smog** (mit Abgasen, Rauch u. a. gemischter Dunst oder Nebel über Städten); des Smog *oder* Smogs; die Smogs
der **Smoking** (ein Gesellschaftsanzug); des Smokings; die Smokings
der **SMS** = Short Message Service (Kurzmitteilungsdienst)
das **SMS** (Kurzmitteilung, die per Handy versendet wird); ein SMS bekommen
die **SMS-Nachricht**
der **Snack** (Imbiss); des Snacks; die Snacks
der **Sneaker** (Sportschuh); des Sneakers; die Sneakers
snöben (*kurz für:* snowboarden); du snöbst; er snöbte; er ist *oder* hat gesnöbt
das **Snowboard** (einem Brett ähnliches Sportgerät zum Gleiten auf Schnee); des Snowboards; die Snowboards
snowboarden; du snowboardest; sie snowboardet; er ist *oder* hat gesnowboardet
so; so sein; so werden; so bleiben; so ein Mann; so einer; so eine; so eines *oder* eins; so etwas; so schnell wie möglich; so wahr mir Gott helfe; so genannt *oder* sogenannt; die so genannten *oder* sogenannten besseren Leute; ABER NUR: der fälschlich so genannte Mann; *vergleiche:* sodass, so dass; *vergleiche:* soweit, so weit; *vergleiche:* soviel, so viel
SO = Autokennzeichen und allgemeine Abkürzung für den Kanton Solothurn
s. o. = siehe oben!
sobald; sobald er kann; ABER: **so bald;** er kommt so bald wie möglich
die **Socke** *oder* der **Socken;** die Socken
der **Sockel;** des Sockels; die Sockel
das **Soda** (*kurz für:* Sodawasser)
sodass *oder* **so dass;** er arbeitete ständig, sodass (*oder:* so dass) er krank wurde; ABER: er arbeitete so (in einer Weise), dass er krank wurde
das **Sodawasser** (Mineralwasser, das Kohlensäure enthält)
das **Sodbrennen** (brennende Magenschmerzen); des Sodbrennens
der **Sodbrunnen** (Ziehbrunnen); des Sodbrunnens; die Sodbrunnen
soeben (vor einem Augenblick); er kam soeben herein
das **Sofa;** des Sofas; die Sofas
sofern (falls); sofern sie ihre Pflicht getan hat; ABER: **so fern;** die Sache liegt so fern, dass ich mich nicht mehr erinnere
Sofia (Hauptstadt Bulgariens)
sofort; er soll sofort kommen!

a b c d e f g h i j k l m n o p q r s t u v w x y z

der **Softdrink** (alkoholfreies Getränk); des Softdrink; die Softdrinks
das **Softeis** (sehr weiches Glace)
die **Software** (*EDV:* Programme, Anweisungen usw.); die Softwares; *vergleiche auch:* Hardware
der **Sog** (saugende Luftströmung); des Sogs *oder* Soges; die Soge
sog. = sogenannt
sogar; er kam sogar zu mir nach Hause; ABER: **so gar;** er hat so gar (überhaupt) kein Verständnis
sogleich (sofort); er soll sogleich kommen; ABER: **so gleich;** sie sind alle so gleich, dass man sie kaum unterscheiden kann
die **Sohle**
sohlen; du sohlst; er hat die Schuhe gesohlt
der **Sohn;** des Sohns *oder* Sohnes; die Söhne
die **Sojabohne**
das **Sojamehl**
solange; solange ich krank war, bist du bei mir geblieben; ABER: **so lange;** du hast so lange gefehlt; er blieb so lange wie möglich
solar (die Sonne betreffend); solare Energie; ABER: die **Solarenergie** (Sonnenenergie)
das **Solarium** (Anlage zur künstlichen Bräunung des Körpers); des Solariums; die Solarien
der **Solarstrom**
die **Solarzelle** (Sonnenzelle)
solch; solcher; solches; solch einer; solch eine; solch eines *oder* eins; ABER: solch feiner Stoff *oder* solcher feine Stoff; solch gute Menschen *oder* solche guten, *auch:* gute Menschen; solche Gefangenen, *auch:* Gefangene; das Leben solch frommer Leute *oder* solcher frommen, *auch:* frommer Leute
solcherart (so geartet, derartig); solcherart Dinge; ABER: Dinge solcher Art
der **Sold** (Bezahlung der Soldaten); des Solds *oder* Soldes
der **Soldat;** des/dem/den Soldaten; die Soldaten
die **Soldatin;** die Soldatinnen
der **Söldner;** des Söldners; die Söldner
die **Söldnerin;** die Söldnerinnen
die **Sole** (ein kochsalzhaltiges Wasser); die Solen; *vergleiche aber:* Sohle
solid *oder* **solide** (zuverlässig; gediegen; haltbar); solider; am solidesten; solides Wissen
solidarisch (gemeinsam, eng verbunden); sich mit jemandem solidarisch erklären
die **Solidarität** (Zusammengehörigkeitsgefühl, Gemeinsinn)
der **Solist** (Einzelsänger, -spieler); des/dem/den Solisten; die Solisten
die **Solistin;** die Solistinnen
das **Soll;** des Soll *oder* Solls; die Soll *oder* Solls; Soll und Haben
sollen; du sollst; er sollte; er hat gesollt; ABER: ich hätte das nicht tun sollen
solo (allein); solo spielen, singen
das **Solo** (Einzelvortrag); des Solos; die Solos *oder* Soli
Solothurn (Kanton; dessen Hauptstadt)
der **Solothurner;** die Solothurner
die **Solothurnerin;** die Solothurnerinnen
solothurnisch
Somalia (Staat in Afrika)
der **Somalier;** des Somaliers; die Somalier
die **Somalierin;** die Somalierinnen
somalisch
somit (also, folglich); sie ist kräftiger und somit auch schneller geworden
der **Sommer;** des Sommers; die Sommer
die **Sommerferien** *Plural*
sommerlich; sommerliches Wetter
sömmern (den Sommer über Vieh auf einer Alp weiden lassen); du sömmerst; sie sömmert; sie sömmerte; sie hat Schafe und Rinder gesömmert
die **Sommersprosse;** die Sommersprossen; *meist Plural*
die **Sommerzeit**
die **Sonate** (ein Musikstück für ein oder mehrere Instrumente); die Sonaten
die **Sonde** (Instrument zum Einführen in Körperhöhlen); die Sonden
das **Sonderangebot**
sonderbar (merkwürdig); ein sonderbares Erlebnis; es war sonderbar still
sondergleichen (beispiellos); eine Frechheit sondergleichen
sonderlich (besonders); er hatte keine sonderliche Lust dazu
der **Sonderling** (Aussenseiter; Einzelgänger); des Sonderlings; die Sonderlinge

der **Sondermüll** (Müll, der gefährliche Giftstoffe enthält)
sondern (trennen); ich sondere; du sonderst; er sonderte; er hat die Spreu vom Weizen gesondert
sondern; nicht nur der Bruder, sondern auch die Schwester ist krank
sonders; samt und sonders (alles zusammen)
die **Sonderschule** (Schule für Kinder mit Behinderung oder starkem Förderbedarf)
sondieren (vorsichtig erkunden); du sondierst; er sondierte; er hat die Bereitschaft zu Friedensgesprächen sondiert
das **Sonett** (eine Gedichtform); des Sonetts *oder* Sonettes; die Sonette
der **Song** (Lied); des Songs; die Songs
der **Sonnabend** (Samstag); *vergleiche:* Dienstag
sonnabends (samstags); *vergleiche:* dienstags
die **Sonne**
sich **sonnen;** du sonnst dich; sie sonnte sich; sie hat sich auf dem Balkon gesonnt
der **Sonnenaufgang**
das **Sonnenbad**
die **Sonnenblume**
der **Sonnenbrand**
die **Sonnenbrille**
die **Sonnenenergie**
die **Sonnenfinsternis** (Ereignis, bei dem die Sonne von der Erde aus gesehen durch den Mond verdeckt wird)
die **Sonnenflecken** *Plural*
sonnenklar (völlig klar); ein sonnenklarer Fall
das **Sonnenlicht**
der **Sonnenschein**
der **Sonnenstich** (eine Erkrankung)
das **Sonnensystem** *(Astronomie)*
die **Sonnenuhr**
die **Sonnenwende** (höchster oder niedrigster Stand der Sonne während ihres jährlichen Laufs)
die **Sonnenzelle** (zur Erzeugung von elektrischer Energie aus Sonnenenergie)
sonnig; sonniges Wetter
der **Sonntag;** des Sonntags; ABER: sonntags; sonntags sind die Läden geschlossen; *vergleiche:* Dienstag
der **Sonntagabend**
sonntäglich (jeden Sonntag)
sonntags; sonn- und feiertags; sonn- und werktags
sonst; sonst jemand; sonst etwas; sonst wie; sonst wo
sonstig; die sonstigen Möglichkeiten; alles Sonstige (andere) folgt morgen
sooft; sooft du kommst; ABER: **so oft;** ich habe es dir schon so oft gesagt
der **Sopran** (höchste Frauenstimme; Sopransängerin); des Soprans; die Soprane
die **Sopranistin;** die Sopranistinnen
die **Sorge**
sorgen; du sorgst; sie sorgte; sie hat für Nahrung gesorgt; sich sorgen; sie hat sich deswegen gesorgt
sorgenfrei; ein sorgenfreies Leben
sorgenvoll; die EU-Staaten blicken sorgenvoll in die Zukunft
das **Sorgerecht**
die **Sorgfalt**
sorgfältig; eine sorgfältige Arbeit
sorglos; sorgloser; am sorglosesten
sorgsam (sorgfältig); ein sorgsamer Umgang mit Wasser
sorry! (Entschuldigung!)
die **Sorte**
sortieren; du sortierst; er sortierte; er hat die Äpfel sortiert
die **Sortiermaschine**
das **Sortiment;** des Sortiments *oder* Sortimentes; die Sortimente
SOS (internationales Seenotzeichen)
sosehr; sosehr ich das auch verstehe; ABER: **so sehr;** ich hoffe so sehr, dass sie kommt
das **SOS-Kinderdorf** (internationale Gesellschaft, die Kindern und Jugendlichen hilft; SOS = «societas socialis», soziale Gesellschaft)
der **SOS-Ruf**
die **Sosse** *oder* **Sauce**
das **Soufflé** *oder* **Soufflee** (Eierauflauf); des Soufflés *oder* Soufflees; die Soufflés *oder* Soufflees
der **Souffleur** (Vorsager beim Theater); des Souffleurs; die Souffleure
die **Souffleurin** *oder* **Souffleuse** (Vorsagerin beim Theater); die Souffleurinnen *oder* Souffleusen
soufflieren; du soufflierst; sie soufflierte; sie hat dem Darsteller souffliert

der **Soul** (stark ausdrucksbetonter Jazz oder Beat); des Souls
der **Sound** (Klangwirkung in der Musik); des Sounds; die Sounds
die **Soundkarte** (*EDV:* Steckkarte zur Wiedergabe von Tönen bei Computern)
soundso (unbestimmt wie ...); soundso breit; der Paragraf soundso; ABER: **so und so;** man kann etwas so und so erzählen
der **Soundtrack** (Filmmusik); des Soundtracks; die Soundtracks
das **Soussol** (Untergeschoss); des Soussols; die Soussols
die **Soutane** (Gewand der katholischen Geistlichen); die Soutanen
das **Souterrain** (Kellergeschoss); des Souterrains; die Souterrains
das **Souvenir** (Andenken); des Souvenirs; die Souvenirs
souverän (überlegen; uneingeschränkt); souveränes Auftreten
der **Souverän** (Herrscher; Gesamtheit der Stimmberechtigten); des Souveräns; die Souveräne
die **Souveränin** (Herrscherin); die Souveräninnen
die **Souveränität** (Unabhängigkeit; Landeshoheit)

soviel, so viel

Wenn «soviel» eine Verbgruppe einleitet, wird zusammengeschrieben:

- soviel ich weiss, ist es umgekehrt
- sie ist pünktlich angekommen, soviel ich weiss

In allen anderen Verbindungen schreibt man «so viel» getrennt:

- du weisst so viel, dass ich staunen muss
- sie hat so viel Zeit wie ich
- er muss so viel leiden
- ihr Wort bedeutet so viel (dasselbe) wie ein Eid
- so viel (dieses) für heute
- so viel wie *oder* als möglich
- er hat doppelt so viel wie *oder* als ich

soweit; soweit ich es beurteilen kann; *vergleiche:* soviel, so viel; *aber in allen anderen Verbindungen:* **so weit;** so weit, so gut; er wirft den Ball so weit wie kein anderer; ich bin noch nicht so weit; so weit wie *oder* als möglich
sowie; sowie (sobald) er kommt, soll er anrufen; meine Hobbys sind Reiten und Lesen sowie (und) Tennisspielen; ABER: **so wie;** sie redet so wie er; so, wie ich ihn kenne
sowieso; das verstehst du sowieso nicht
der **Sowjet** (Form der Volksvertretung in der ehemaligen Sowjetunion); des Sowjets; die Sowjets
sowjetisch
die **Sowjetunion** (1922–1991)
sowohl; sowohl die Eltern als auch die Kinder machten mit; ABER: **so wohl;** ich fühle mich heute so wohl wie gestern
sozial (die Gesellschaft, Gemeinschaft betreffend; gemeinnützig; wohltätig); soziale Werke; die soziale Schicht; ein sozialer Beruf
die **Sozialdemokratie**
sozialdemokratisch; sozialdemokratische Politik; ABER: die Sozialdemokratische Partei der Schweiz
die **Sozialisation** (das Hineinwachsen des Menschen in die Gesellschaft)
der **Sozialismus** (politische Richtung, die Besitz gerecht verteilen will); des Sozialismus
der **Sozialist;** des/dem/den Sozialisten; die Sozialisten
die **Sozialistin;** die Sozialistinnen
sozialistisch; sozialistisch regierte Länder
die **Sozialpolitik**
die **Sozialversicherung**
die **Soziologie** (Gesellschaftswissenschaft)
der **Sozius** (Genosse; Teilhaber; Beifahrersitz); des Sozius; die Soziusse
sozusagen (gewissermassen); es geschah sozusagen über Nacht; ABER: sie versucht, es so zu sagen, dass es klar ist
die **SP** = sozialdemokratische Partei
der **Spaceshuttle** (Raumfähre)
der *oder* die **Spachtel** (Werkzeug zum Auftragen von Mörtel u. a.; auch zum Ablösen von Farbe, Tapeten u. a.); des Spachtels *oder* der Spachtel; die Spachtel *oder* die Spachteln
die **Spachtelmasse**

spachteln; du spachtelst; er spachtelte; er hat die Fugen gespachtelt
der **Spagat** (eine gymnastische Übung); des Spagats *oder* Spagates; die Spagate
die **Spaghetti** *oder* **Spagetti** (lange, dünne, schnurähnliche Nudeln) *Plural*
spähen; du spähst; sie spähte; sie hat über den Zaun gespäht
der **Späher;** des Spähers; die Späher
die **Späherin;** die Späherinnen
der **Spähtrupp**
das **Spalier** (gitterartiges Gestell; Doppelreihe von Personen); des Spaliers; die Spaliere; Spalier stehen
das **Spalierobst**
der **Spalt** (schmale Öffnung); des Spalts *oder* Spaltes; die Spalte; die Tür stand einen Spalt offen
die **Spalte** (schmale Öffnung; Druckspalte); die Spalten; die Zeitung hat drei Spalten
spalten; du spaltest; er spaltete; sie hat Holz gespalten *oder* gespaltet; ABER NUR: mit gespaltener Zunge (unehrlich)
der **Spaltstock** (Holzklotz zum Hacken von Brennholz); des Spaltstocks *oder* Spaltstockes; die Spaltstöcke
die **Spaltung**
das **Spam** (unerwünschte E-Mail mit Werbung); des Spams; die Spams
der **Span;** des Spans *oder* Spanes; die Späne
das **Spanferkel** (Ferkel, das noch gesäugt wird)
die **Spange**
Spanien
der **Spanier;** des Spaniers; die Spanier
die **Spanierin;** die Spanierinnen
spanisch; das kommt mir spanisch (seltsam) vor; ABER: der Spanische Erbfolgekrieg
die **Spanne** (Zeitraum; Preisunterschied)
spannen; du spannst; er spannte; er hat den Bogen gespannt
spannend; spannende Unterhaltung
der **Spannteppich**
die **Spannung**
die **Spanplatte** (Platte aus zusammengepressten und verleimten Holzspänen)
die **Sparbüchse**
sparen; du sparst; er sparte; er hat viel gespart
der **Sparer;** des Sparers; die Sparer
die **Sparerin;** die Sparerinnen
der *oder* die **Spargel;** des Spargels *oder* der Spargel; die Spargel *oder* Spargeln
die **Sparkasse**
spärlich (sehr gering [bemessen]); ein spärliches Einkommen
der **Sparren** (schräger Balken des Daches); des Sparrens; die Sparren
das **Sparring** (Boxtraining); des Sparrings
der **Sparringspartner**
die **Sparringspartnerin**
sparsam; sparsame Menschen
die **Sparsamkeit**
das **Sparschwein**
die **Sparte** (Fachgebiet, Abteilung); die Sparten
der **Spass;** des Spasses; die Spässe; Spass machen
spassen; du spasst; sie spasste; sie hat nur gespasst
spasseshalber
spassig; eine spassige Geschichte
der **Spassverderber;** des Spassverderbers; die Spassverderber
die **Spassverderberin;** die Spassverderberinnen
der **Spassvogel** (jemand, der gern Spass macht)
der **Spastiker** (einer, der an einer Muskelkrankheit leidet); des Spastikers; die Spastiker
die **Spastikerin;** die Spastikerinnen
spastisch (krampfartig; mit erhöhter Muskelspannung verbunden)
spät; später; am spätesten; von früh bis spät; von morgens früh bis abends spät; spät sein, werden; zu spät kommen
spätabends
der **Spaten;** des Spatens; die Spaten
der **Spatenstich**
späterhin (später)
spätestens; das muss spätestens morgen fertig sein
der **Spätherbst**
die **Spätnachrichten** *Plural*
der **Spatz;** des Spatzen *oder* Spatzes; die Spatzen
die **Spätzli** (eine Teigwarenart) *Plural*
spazieren; du spazierst; sie spazierte; sie ist durch die Strassen spaziert; spazieren fahren, gehen; sie fuhr, ging spazieren; sie ist spazieren gefahren; sie hat vor, spazieren zu gehen

der **Spaziergang;** die Spaziergänge
der **Spaziergänger;** des Spaziergängers; die Spaziergänger
die **Spaziergängerin;** die Spaziergängerinnen
der **Specht;** des Spechts *oder* Spechtes; die Spechte
der **Speck;** des Specks *oder* Speckes
speckig (abgewetzt und fett glänzend); eine speckige Ledertasche
der **Spediteur** (Inhaber einer Spedition); des Spediteurs; die Spediteure
die **Spediteurin;** die Spediteurinnen
die **Spedition** (Transportunternehmen)
speditiv (zügig, effizient); sie hat speditiv gearbeitet
der **Speer;** des Speers *oder* Speeres; die Speere
das **Speerwerfen**
die **Speiche** (Teil des Rads; ein Knochen des Unterarms); die Speichen
der **Speichel;** des Speichels
der **Speichellecker** (Schmeichler); des Speichelleckers; die Speichellecker
die **Speichelleckerin;** die Speichelleckerinnen
der **Speicher;** des Speichers; die Speicher
speichern; du speicherst; er speicherte; er hat die Daten gespeichert
speien (spucken); du speist; sie speit; sie spie; sie hat Blut gespien
die **Speise;** ABER: Speis und Trank
die **Speisekammer**
die **Speisekarte**
speisen (essen); du speist; sie speiste; sie hat gespeist; *in der Bedeutung «eine Anlage, Maschine u. Ä. versorgen» auch:* der Fluss speist; er spies; er hat das Pumpwerk gespiesen
die **Speiseröhre**
der **Speisewagen**
speiübel (zum Erbrechen übel, schlecht); mir ist speiübel
das **Spektakel** (aufsehenerregendes Ereignis); des Spektakels, die Spektakel
spektakulär (aufsehenerregend)
das **Spektrum** (durch Lichtzerlegung entstehendes Farbband; Vielfalt); des Spektrums; die Spektren *oder* Spektra
der **Spekulant** (jemand, der gewagte Geschäfte macht); des/dem/den Spekulanten; die Spekulanten
die **Spekulantin;** die Spekulantinnen
die **Spekulation** (Annahme; Behauptung; Verdacht; Geschäftemacherei)
spekulieren; du spekulierst; er spekulierte; er hat an der Börse spekuliert
die **Spelunke** (verrufenes Lokal); die Spelunken
die **Spelze** (Hülse des Getreidekorns); die Spelzen
spendabel (freigebig); spendabler, am spendabelsten; eine spendable Firma
die **Spende**
spenden; du spendest; sie spendete; sie hat gespendet
der **Spender;** des Spenders; die Spender
die **Spenderin;** die Spenderinnen
spendieren; du spendierst; sie spendierte; sie hat eine Runde Popcorn spendiert
der **Spengler** (Handwerker, der Gegenstände aus Metall bearbeitet und herstellt); des Spenglers; die Spengler
der **Spengler Cup** (internationales Eishockey-Turnier in Davos)
die **Spenglerei**
die **Spenglerin;** die Spenglerinnen
der **Sperber** (ein Greifvogel); des Sperbers; die Sperber
die **Sperenzchen** *oder* **Sperenzien** (hindernde Umstände, Schwierigkeiten) *Plural;* Sperenzchen *oder* Sperenzien machen
der **Sperling** (ein Singvogel); des Sperlings; die Sperlinge
das **Sperma** (Flüssigkeit mit männlichen Keimzellen); des Spermas; die Spermen *oder* Spermata
sperrangelweit (weit offen); das Fenster stand sperrangelweit offen
die **Sperre**
sperren; du sperrst; die Polizei sperrte die Strasse; die Bank hat das Konto gesperrt
das **Sperrgut** (Güter, Waren, die umständlich transportiert werden müssen)
das **Sperrholz** (Platte aus mindestens drei geleimten und gepressten Holzlagen)
sperrig; sperriges Gepäck
die **Sperrstunde** (Polizeistunde)
die **Spesen** (Auslagen) *Plural*
spetten (im Tag- oder Stundenlohn zur Aushilfe arbeiten); du spettest; er spettet; sie spettete; er hat gespettet
sich **spezialisieren** (sich auf ein Teilgebiet be-

schränken); du spezialisierst dich; sie hat sich auf Flugzeugbau spezialisiert
der **Spezialist** (Fachmann); des/dem/den Spezialisten; die Spezialisten
die **Spezialistin** (Fachfrau); die Spezialistinnen
die **Spezialität** (Besonderheit); die Spezialitäten
speziell (besonders; eigens); im Speziellen (im Einzelnen)
spezifisch (kennzeichnend, eigentümlich); spezifisches Gewicht
die **Sphäre** (Himmelsgewölbe; Gesichtskreis, Wirkungskreis); die Sphären
die **Sphinx** (ein Fabelwesen mit Löwenleib und Menschenkopf); die Sphinxe
der **Spick** (*kurz für:* Spickzettel); des Spicks *oder* Spickes; die Spicks *oder* Spicke
der **Spickel** (keilförmiger Einsatz an Kleidern); des Spickels; die Spickel
spicken (Fleisch zum Braten mit Speckstreifen durchziehen); du spickst; er spickte; er hat den Rehrücken gespickt
spicken (abschreiben); du spickst; sie spickte; sie hat gespickt
der **Spickzettel**
der **Spiegel;** des Spiegels; die Spiegel
das **Spiegelbild**
das **Spiegelei**
spiegelglatt; spiegelglatte Strassen
spiegeln; der See hat gespiegelt; sich spiegeln; die Bäume spiegelten sich im Wasser
die **Spiegelschrift** (seitenverkehrte Schrift)
die **Spiegelung**
spiegelverkehrt
das **Spiel;** des Spiels *oder* Spieles; die Spiele
das **Spielbein** (*Sport; Gegensatz:* Standbein)
spielen; du spielst; sie spielte; sie hat Karten gespielt
der **Spieler;** des Spielers; die Spieler
die **Spielerin;** die Spielerinnen
spielerisch; mit spielerischer Leichtigkeit
das **Spielfeld**
der **Spielfilm**
die **Spielkonsole** (Gerät für elektronische Spiele)
der **Spielplatz**
die **Spielsachen** *Plural*
der **Spielverderber;** des Spielverderbers; die Spielverderber
die **Spielverderberin;** die Spielverderberinnen
das **Spielzeug**
der **Spiess;** des Spiesses; die Spiesse; brüllen wie am Spiess (sehr laut und lange brüllen)
der **Spiessbraten** (Braten, der an einem Spiess über offenem Feuer gebraten wird)
der **Spiessbürger** (sehr einseitig denkender Mensch, Bünzli)
die **Spiessbürgerin**
spiessbürgerlich; spiessbürgerliche Vorurteile
spiessen; du spiesst; er spiesste; er hat die Wurst auf die Gabel gespiesst
der **Spiesser** (Spiessbürger); des Spiessers; die Spiesser
die **Spiesserin;** die Spiesserinnen
das **Spiessertum**
spiessig (spiessbürgerlich)
der **Spike** (Dorn für Laufschuhe oder Autoreifen); des Spikes; die Spikes
die **Spikes** (rutschfeste Laufschuhe oder Autoreifen) *Plural*
der **Spinat;** des Spinats *oder* Spinates
der *oder* das **Spind** (einfacher, schmaler Schrank); des Spinds *oder* Spindes; die Spinde
die **Spindel** (drehbarer länglicher Körper [an einem Spinnrad]); die Spindeln
spindeldürr; spindeldürre Beine
die **Spinne**
spinnefeind; *nur in:* jemandem spinnefeind sein
spinnen; du spinnst; sie spinnt; sie spann; sie hat die Wolle gesponnen
das **Spinnennetz**
der **Spinner;** des Spinners; die Spinner
die **Spinnerei**
die **Spinnerin;** die Spinnerinnen
das **Spinnrad** (Gerät zum Verarbeiten von Fasern zu Faden)
die **Spinnwebe** (Spinnennetz); die Spinnweben
der **Spion;** des Spions; die Spione
die **Spionage**
spionieren; du spionierst; er spionierte; er hat spioniert
die **Spionin;** die Spioninnen
die **Spirale;** die Spiralen
spiralförmig; spiralförmige Nudeln

spiralig (spiralförmig); eine spiralige Bewegung

spiritistisch (die Geisterlehre betreffend; übersinnliche Erscheinungen betreffend); eine spiritistische Sitzung

das *oder* der **Spiritual** (geistliches Lied der Schwarzen im Süden der USA); des Spirituals; die Spirituals

die **Spirituosen** (alkoholische Getränke) *Plural*

der **Spiritus** (Weingeist; Alkohol); des Spiritus; die Spiritusse

der **Spirituskocher** (Campingkocher; Rechaud); des Spirituskochers; die Spirituskocher

das *oder* der **Spital** (Krankenhaus); des Spitals; die Spitäler

die **Spitex** (Pflege von Kranken und Alten bei ihnen zuhause durch medizinisches Personal)

spitz; spitzer; am spitzesten; eine spitze Zunge haben (spitze, scharfe Bemerkungen machen); ein spitzer Winkel

der **Spitz** (ein Hund; Spitze); des Spitzes; die Spitze; Spitz auf Knopf *oder* auf Spitz und Knopf (knapp; noch ungewiss)

spitzbekommen (erfahren, ausfindig machen); du bekommst spitz; sie bekam spitz; sie hat unsere Verabredung spitzbekommen

der **Spitzbogen**

der **Spitzbube** *oder* **Spitzbub** (Gauner; Schelm)

die **Spitzbübin;** die Spitzbübinnen

spitze (hervorragend); ein spitze Auto; die Mannschaft hat spitze gespielt; jemand oder etwas ist spitze; das finde ich spitze; ABER: die **Spitze;** an der Spitze stehen

der **Spitzel** (Agent; Spion; Denunziant); des Spitzels; die Spitzel

spitzen; du spitzt; er spitzte; der Hund hat die Ohren gespitzt

die **Spitzenleistung**

der **Spitzensport**

spitzfindig (kleinlich; allzu genau); eine spitzfindige Juristin; spitzfindig argumentieren

spitzig

der **Spitzname**

spitzwinkelig *oder* **spitzwinklig;** ein spitzwinkeliges *oder* spitzwinkliges Dreieck

der **Splitt** (zerkleinertes Gestein); des Splitts *oder* Splittes; die Splitte

der **Splitter;** des Splitters; die Splitter

splittern; das Holz splitterte; die Scheibe ist gesplittert

splitternackt

der **Spoiler** (Luftleitblech [an Kraftfahrzeugen]); des Spoilers; die Spoiler

sponsern (als Sponsor oder Sponsorin unterstützen); du sponserst; sie sponserte ihn; die Firma X hat den Rennfahrer Y gesponsert

der **Sponsor** (Förderer, Geldgeber); des Sponsors; die Sponsoren

die **Sponsorin;** die Sponsorinnen

das **Sponsoring;** des Sponsorings

spontan (von selbst; aus plötzlichem innerem Antrieb); eine spontane Äusserung

die **Spontaneität** *oder* **Spontanität**

die **Spore** (Fortpflanzungszelle der Pflanze); die Sporen; *meist Plural*

der **Sporn** (Metallstück am Reitstiefel; schmerzhafter Auswuchs an der Ferse; Ausstülpung bei Blütenblättern); des Sporns *oder* Spornes; die Sporen *oder* Sporne

spornstreichs (sofort; geradewegs)

der **Sport;** des Sports *oder* Sportes

der **Sportlehrer**

die **Sportlehrerin**

der **Sportler;** des Sportlers; die Sportler

die **Sportlerin;** die Sportlerinnen

sportlich; sportliche Betätigung

der **Sportverein**

der **Spot** (Werbekurzfilm); des Spots; die Spots

der **Spott;** des Spotts *oder* Spottes

spottbillig

spotten; du spottest; sie spottete; sie hat darüber gespottet

der **Spötter;** des Spötters; die Spötter

die **Spötterin;** die Spötterinnen

spöttisch; spöttische Bemerkungen

die **Sprache**

der **Sprachfehler**

der **Sprachgebrauch**

das **Sprachlabor** (mit spezieller technischer Ausstattung für das Sprachenlernen)

sprachlich; die sprachliche Entwicklung

sprachlos; [völlig] sprachlos sein

der **Spray** (Flüssigkeit zum Zerstäuben); des Sprays; die Sprays
die **Spraydose**
sprayen; du sprayst; sie sprayte; sie hat Farbe an die Wand gesprayt
der **Sprayer;** des Sprayers; die Sprayer
die **Sprayerin;** die Sprayerinnen
die **Sprechblase** (in Comics)
sprechen; du sprichst; er spricht; er sprach; er hat gesprochen; sprich lauter!
der **Sprecher;** des Sprechers; die Sprecher
die **Sprecherin;** die Sprecherinnen
die **Sprechstunde**
das **Sprechzimmer**
spreizbeinig (mit gespreizten Beinen)
spreizen; du spreizt; sie spreizte; der Vogel hat seine Flügel gespreizt
der **Spreizfuss**
sprengen; du sprengst; er sprengte; er hat gesprengt
der **Sprengkörper**
die **Sprengladung**
der **Sprengstoff**
die **Spreu** (Abfall des Getreides); die Spreu vom Weizen trennen (das Schlechte vom Guten trennen)
das **Sprichwort;** die Sprichwörter
sprichwörtlich
spriessen; das Korn spriesst; das Korn spross; das Korn ist gesprossen
der **Springbrunnen;** die Springbrunnen
springen; du springst; er springt; er sprang; er ist gesprungen
der **Springer;** des Springers; die Springer
die **Springerin;** die Springerinnen
die **Springflut** (Flut, die höher als normal ist)
springlebendig (sehr lebendig)
das **Springreiten**
der **Sprinkler** (Berieselungsgerät); des Sprinklers; die Sprinkler
der **Sprint** (Kurzstreckenlauf; Spurt); des Sprints; die Sprints
sprinten; du sprintest; er sprintete; er ist über den Hof gesprintet
der **Sprinter** (Kurzstreckenläufer); des Sprinters; die Sprinter
die **Sprinterin;** die Sprinterinnen
der **Sprit** (Treibstoff; Spiritus); des Sprits *oder* Sprites; die Sprite
der **Spritverbrauch**
die **Spritze**
spritzen; du spritzt; er spritzte; das Fett hat gespritzt
der **Spritzer;** des Spritzers; die Spritzer
spritzig; eine spritzige (schwungvolle) Komödie
die **Spritzkanne**
die **Spritztour** (kurzer Ausflug)
spröd *oder* **spröde;** spröder; am sprödesten
der **Spross** (Nachkomme; Pflanzentrieb); des Sprosses; die Sprosse
die **Sprosse** (Querholz der Leiter); die Sprossen
sprossen (austreiben, spriessen); die Blumen sprossten; es hat überall gesprosst
die **Sprossenwand** (ein Turngerät)
der **Sprössling** (Kind; Nachkomme; junges Gewächs); des Sprösslings; die Sprösslinge
die **Sprotte** (ein Fisch)
der **Spruch;** des Spruchs *oder* Spruches; die Sprüche
spruchreif (ausgereift); die Sache ist bald spruchreif
der **Sprudel** (Mineralwasser; sprudelndes Wasser in Bädern, Brunnen etc.); des Sprudels; die Sprudel
sprudeln; das Wasser sprudelte; es hat gesprudelt
die **Sprühdose**
sprühen; du sprühst; sie sprühte; sie hat vor Lebenslust gesprüht; die Funken sind nach allen Seiten gesprüht
der **Sprühregen** (Nieselregen)
der **Sprung;** des Sprungs *oder* Sprunges; die Sprünge; auf dem Sprung sein (gerade etwas machen wollen); keine grossen Sprünge machen (sich nicht viel leisten können)
das **Sprungbein** (*Sport:* Bein, mit dem man abspringt)
sprungbereit
das **Sprungbrett**
sprunghaft; sprunghaft steigende Preise
das **Sprungtuch** (ein Rettungsgerät); die Sprungtücher
die **Spucke**
spucken; du spuckst; sie spuckte; sie hat auf den Boden gespuckt
der **Spucknapf**

der **Spuk** (Gespenst; geisterhaftes Treiben); des Spuks *oder* Spukes; die Spuke
spuken; nachts spukte es; in der Burg hat es gespukt
das **Spülbecken;** des Spülbeckens; die Spülbecken
die **Spule** (Rolle zum Aufwickeln von Faden, Draht u. a.; elektrisches Schaltelement)
die **Spüle** (Küchenmöbel mit Spülbecken)
spulen; du spulst; er spulte; er hat das Video an den Anfang gespult
spülen; du spülst; er spülte; er hat das Geschirr gespült
der **Spültrog;** des Spültrogs *oder* Spültroges; die Spültröge
der **Spund** (junger, unerfahrener Mann); des Spunds *oder* Spundes; die Spunde
der **Spund** (Fassverschluss); des Spunds *oder* Spundes; die Spünde *oder* Spunde
der **Spunten** (einfache Kneipe; Fassverschluss); des Spuntens; die Spunten
die **Spur;** die Spuren
spürbar; eine spürbare Abkühlung; er hat spürbar (deutlich) zugenommen
spuren (sich fügen); du spurst; er spurte; er hat nicht gespurt
spüren; ich spüre; du spürst; sie spürte; sie hat den Schlag gespürt
die **Spurensicherung**
der **Spürhund**
spurlos; spurlos verschwinden
der **Spürsinn** (scharfer Geruchssinn bei Tieren; gutes Gespür)
der **Spurt** (schneller Lauf); des Spurts *oder* Spurtes; die Spurts, *seltener:* Spurte
spurten; du spurtest; sie spurtete; sie ist ins Ziel gespurtet
sich **sputen** (sich beeilen); du sputest dich; er sputete sich; er hat sich gesputet
der **Sputnik** (erster sowjetischer Erdsatellit); des Sputniks; die Sputniks
das **Squash** (ein Ballspiel); des Squash
das **SRF** = Schweizer Radio und Fernsehen
die **SRG** = Schweizerische Radio- und Fernsehgesellschaft
Sri Lanka (Inselstaat im Indischen Ozean)
der **Sri-Lanker** *oder* **Sri Lanker;** des Sri-Lankers *oder* Sri Lankers; die Sri-Lanker *oder* Sri Lanker
die **Sri-Lankerin** *oder* **Sri Lankerin;** die Sri-Lankerinnen *oder* Sri Lankerinnen
sri-lankisch
das **SRK** = Schweizerisches Rotes Kreuz
St. = Sankt; Stück
der **Staat;** des Staats *oder* Staates; die Staaten; von Staats wegen; Staat machen (prunken)
staatenlos (ohne Staatsangehörigkeit)
staatlich; das staatliche Schulsystem
die **Staatsangehörigkeit**
der **Staatsanwalt**
die **Staatsanwältin**
der **Staatsbürger**
die **Staatsbürgerin**
staatsfeindlich; staatsfeindliche Parteien
die **Staatsfrau**
der **Staatsmann;** die Staatsmänner
der **Stab;** des Stabs *oder* Stabes; die Stäbe; *Verkleinerungsform:* das Stäbchen
die **Stabelle** (ein Holzstuhl mit vier schrägen Beinen); die Stabellen
der **Stabhochsprung**
stabil (haltbar; fest); stabile Regale
stabilisieren (stabil, standfest machen); du stabilisierst; er stabilisierte; er hat das Regal stabilisiert
die **Stabilität** (das Stabilsein, Beständigsein)
der **Stachel** (spitzer Teil bei Pflanzen; spitzes Horn u. Ä. bei Tieren; Giftstachel; *auch:* lange Holzstange zum Abstossen eines Bootes); des Stachels; die Stacheln
die **Stachelbeere**
der **Stacheldraht**
stachelig *oder* **stachlig;** stachelige *oder* stachlige Sträucher
stacheln (ein Boot u. Ä. durch das Abstossen mit einer langen Holzstange); ich stachle, sie stachelte, er hat um die Wette gestachelt
das **Stachelschwein**
der **Stadel** (Scheune); des Stadels; die Stadel
das **Stadion** (Anlage für Sportwettkämpfe und -übungen); des Stadions; die Stadien
das **Stadium** (Abschnitt, Entwicklungsstufe); des Stadiums; die Stadien
die **Stadt;** die Städte
der **Stadtamman;** die Stadtammänner;

weibliche Form: Frau Stadtamman; *vergleiche auch:* Ammann

stadtbekannt; stadtbekannte Gebäude; ABER: in der [ganzen] Stadt bekannte Gebäude

der **Städter;** des Städters; die Städter

die **Städterin;** die Städterinnen

städtisch; städtische Kindergärten

der **Stadtplan**

der **Stadtrat;** die Stadträte

die **Stadträtin;** die Stadträtinnen

der **Stadtteil**

das **Stadttor**

die **Stadtverwaltung**

die **Stafette** (Staffellauf, auch die Läufer und Läuferinnen selbst); die Stafetten

die **Staffel** (Gruppe von Sportlern, Sportlerinnen, die eine gemeinsame Leistung erbringt; Einheit der Luftstreitkräfte); die Staffeln

die **Staffelei** (beim Malen verwendetes Hilfsgestell)

der **Staffellauf**

staffeln; du staffelst; er staffelte; er hat die Preise gestaffelt

der *oder* die **Stage** (Praktikum); des Stage; die Stages

die **Stagiaire** (Praktikantin); die Stagiaires

der **Stagiaire** (Praktikant); des Stagiaire *oder* Stagiaires; die Stagiaires

die **Stagnation** (Stockung, Stillstand); die Stagnationen

stagnieren; der Export stagnierte; die Wirtschaft hat lange Zeit stagniert

der **Stahl;** des Stahls *oder* Stahles; die Stähle, *seltener:* die Stahle

stählen (stark, widerstandsfähig machen); du stählst; er stählte; er hat seinen Körper gestählt

stählern (aus Stahl; hart wie Stahl); stählerne Brücken; ein stählerner Wille

stahlhart; stahlharte Muskeln

staksen (mit steifen Schritten gehen); du stakst; sie stakste; sie ist durch das Laub gestakst

der **Stalagmit** (nach oben wachsender Tropfstein); des/dem/den Stalagmiten; die Stalagmiten

der **Stalaktit** (nach unten wachsender Tropfstein); des/dem/den Stalaktiten; die Stalaktiten

der **Stall;** des Stalls *oder* Stalles; die Ställe

die **Stalllaterne**

die **Stallung** (Stall; Stallgebäude); die Stallungen

der **Stamm;** des Stamms *oder* Stammes; die Stämme

der **Stammbaum**

stammeln; du stammelst; sie stammelte; sie hat eine Entschuldigung gestammelt

stammen; du stammst; sie stammte aus Bern; die Idee hat von ihm gestammt

stämmig (kräftig); stämmige Beine

die **Stammkundschaft**

die **Stammmutter** (Vorfahrin, von der alle Mitglieder eines Familienverbandes abstammen)

der **Stammtisch**

der **Stammvater** (Vorfahr, von dem alle Mitglieder eines Familienverbandes abstammen)

die **Stammzelle** (Körperzellen, die sich noch nicht spezialisiert haben)

stampfen; du stampfst; sie stampfte; sie hat zornig mit den Füssen gestampft

der **Stampfer;** des Stampfers; die Stampfer

der **Stand;** des Stands *oder* Standes; die Stände; einen schweren Stand haben; jemanden in den Stand setzen, etwas zu tun; ABER: ausserstande *oder* ausser Stande (nicht in der Lage; unfähig) sein; imstande *oder* im Stande sein; etwas instand *oder* in Stand halten; etwas instand *oder* in Stand setzen; etwas zustande *oder* zu Stande bringen; zustande *oder* zu Stande kommen

der **Stand** (*traditionell für:* Kanton); die Stände

der **Standard** (Massstab, Richtschnur, Norm; Qualitäts- oder Leistungsniveau); des Standards; die Standards

standardisieren (vereinheitlichen; normen); du standardisierst; sie standardisierte; sie hat die Tests standardisiert

die **Standarte** (Fahne); die Standarten

das **Standbein** (*Sport; Gegensatz:* Spielbein)

das **Standbild**

das **Stand-by** *oder* **Standby** (verbilligte Flugreise mit Platzvergabe nach einer Warteliste; *EDV:* Bereitschaftsschaltung); des Stand-by *oder* Stand-bys *oder* Standby *oder* Standbys; die Stand-bys *oder* Standbys

das **Ständchen** (Musik, um jemanden zu ehren, meist im Stehen vorgetragen)
die **Stände** (*traditionell für:* Kantone) *Plural; vergleiche auch:* Stand
das **Ständemehr** (die Mehrheit der Kantone bei einer Abstimmung); des Ständemehrs
der **Ständer;** des Ständers; die Ständer
der **Ständerat;** die Ständeräte
die **Ständerätin**
die **Ständerlampe**
das **Standesamt**
standesamtlich; die standesamtliche Trauung
standfest; eine standfeste (sicher stehende) Leiter; ein standfester (standhafter) Politiker
standhaft (hartnäckig; unbeirrt; tapfer); standhafter; am standhaftesten; sich standhaft weigern, etwas zu tun
standhalten; du hältst stand; sie hielt der Kritik stand; der Deich hat der Sturmflut standgehalten
ständig (dauernd); er war ständig müde; eine ständige Kommission (von unbestimmter Dauer)
der **Standort**
der **Standpunkt**
die **Standspur** (Pannenstreifen)
die **Stange**
der **Stängel** (Teil der Pflanze); des Stängels; die Stängel
stänkern (dauernd nörgeln und so für Unfrieden sorgen); du stänkerst; er stänkerte; er hat gegen ihn gestänkert
das **Stanniol** (Zinn- oder Aluminiumfolie); des Stanniols; die Stanniole
das **Stanniolpapier**
Stans (Hauptort des Kantons Nidwalden)
stanzen (mit einem Stempel ausschneiden); du stanzt; sie stanzte; sie hat das Blech gestanzt
der **Stapel;** des Stapels; die Stapel
der **Stapellauf** (das Ins-Wasser-Setzen eines neuen Schiffs)
stapeln; du stapelst; sie stapelte; sie hat das Holz gestapelt
stapelweise (in Stapeln, in grossen Mengen)
die **Stapfe** (Fussspur) *oder*
der **Stapfen;** der Stapfe *oder* des Stapfens; die Stapfen
stapfen; ich stapfe; du stapfst; sie stapfte; sie ist durch den Schnee gestapft
die **Stapo** (*kurz für:* Stadtpolizei)
der **Star** (Augenkrankheit); des Stars *oder* Stares; die Stare; der graue, grüne, schwarze Star
der **Star** (berühmter Künstler, berühmte Künstlerin, berühmte Persönlichkeit); des Stars; die Stars
der **Star** (Vogel); des Stars *oder* Stares; die Stare
stark; stärker; am stärksten; starke Nerven; stark erhitztes Öl; er ist stark erkältet; das Auto wurde stark beschädigt
die **Stärke**
stärken; du stärkst; er stärkte; er hat seine Abwehrkräfte gestärkt; sich stärken; ich muss mich erst stärken
der **Starkstrom**
die **Stärkung**
starr; ein starrer Blick
die **Starre**
starren; du starrst; sie starrte; sie hat aus dem Fenster gestarrt
der **Starrkopf**
der **Starrsinn** (Sturheit)
starrsinnig
der **Start;** des Starts *oder* Startes; die Starts
die **Startbahn**
starten; du startest; sie startete; sie ist zu früh gestartet
startklar (startbereit)
der **Startschuss**
die, *selten:* der **Stasi** (*kurz für:* Staatssicherheitsdienst in der ehemaligen DDR)
die **Statik** ([Lehre vom] Gleichgewicht der Kräfte bei ruhenden Körpern)
der **Statiker** (Fachmann für Statik); des Statikers; die Statiker
die **Statikerin** (Fachfrau für Statik); die Statikerinnen
die **Station;** die Stationen
stationär (an einen festen Ort gebunden); stationäre Behandlung (im Krankenhaus); er wurde stationär behandelt
stationieren (an einen bestimmten Ort bringen, stellen); du stationierst; er stationierte; man hat dort Truppen stationiert; da sind Raketen stationiert
der **Stationsarzt**
die **Stationsärztin**

statisch (ruhend, stillstehend); eine statische Website
der **Statist** (Randfigur [in einem Theaterstück oder Film]); des/dem/den Statisten; die Statisten
die **Statistik** (zahlenmässige Erfassung); die Statistiken; Bundesamt für Statistik (*Abkürzung:* BFS)
der **Statistiker;** des Statistikers; die Statistiker
die **Statistikerin;** die Statistikerinnen
die **Statistin** (Randfigur [in einem Theaterstück oder Film]); die Statistinnen
statistisch; statistische Erhebungen
das **Stativ** (ein Ständer); des Stativs; die Stative
statt; statt meiner; statt einer Erklärung; statt mit Drohungen versucht er es mit Ermahnungen; sie gab das Geld ihm statt mir
stattdessen; sie hatte stattdessen gelesen; sie konnte nicht kommen, stattdessen (dafür) schickte sie ihre Schwester
die **Stätte** (Schauplatz, Stelle); die Stätten
stattfinden; es findet statt; das Fest fand statt; es hat stattgefunden
statthaft (erlaubt, zulässig); ein statthafter Preisaufschlag
der **Statthalter** (Vorsteher der Bezirksbehörde; Vizepräsident der Kantonsregierung); des Statthalters; die Statthalter
die **Statthalterin** (Vorsteherin der Bezirksbehörde; Vizepräsidentin der Kantonsregierung); die Statthalterinnen
stattlich (gross; kräftig); eine stattliche Summe
die **Statue** (das Standbild); die Statuen
statuieren (aufstellen; festsetzen; bestimmen); du statuierst; sie statuierte; die Regierung hat ein Exempel statuiert (hat ein warnendes Beispiel gegeben)
die **Statur** (Gestalt, Wuchs); die Staturen
der **Status** (Zustand; Lage); des Status; die Status
der **Status quo** (der gegenwärtige Zustand); des Status quo
das **Statut** (Satzung); des Statuts *oder* Statutes; die Statuten
der **Stau;** des Staus *oder* Staues; die Staus *oder* Staue
der **Staub;** des Staubs *oder* Staubes; *vergleiche:* staubsaugen

staubbedeckt; staubbedeckte Regale; ABER NUR: mit Staub bedeckte Regale
stauben; es staubte; es hat gestaubt
staubfrei
staubig; staubige Regale
staubsaugen *oder* **Staub saugen;** er staubsaugte *oder* er saugte Staub; er hat gestaubsaugt *oder* er hat Staub gesaugt
der **Staubsauger;** des Staubsaugers; die Staubsauger
der **Staudamm** (Damm zum Stauen von Wasser)
die **Staude** ([grosse] Pflanze mit mehreren Stängeln); die Stauden
stauen; du staust; er staute; er hat den Bach gestaut; sich stauen; der Verkehr hat sich gestaut
staunen; du staunst; sie staunte; sie hat darüber gestaunt
das **Staunen;** des Staunens; aus dem Staunen nicht mehr herauskommen
staunenswert; staunenswerte Dinge
der **Stausee**
die **Stauung**
Std. = Stunde
das **Steak** (gebratene Fleischschnitte); des Steaks; die Steaks
das **Stearin** (Rohstoff für Kerzen); des Stearins; die Stearine
stechen; du stichst; die Biene stach; sie hat ihn, *auch:* ihm ins Bein gestochen; stich ihn nicht!
die **Stechmücke**
der **Steckbrief** (Fahndungsplakat)
steckbrieflich; steckbrieflich gesucht
die **Steckdose**
stecken (etwas in etwas einfügen; etwas festheften); du steckst; sie steckte; sie hat den Brief in den Kasten gesteckt
der **Stecken** (Stock); des Steckens; die Stecken
steckengerade; sie hat steckengerade Haare
das **Steckenpferd** (Hobby, Liebhaberei)
der **Stecker;** des Steckers; die Stecker
der **Steckling** (abgetrennter Pflanzentrieb, aus dem eine neue Pflanze entsteht)
die **Stecknadel**
der **Steg;** des Stegs *oder* Steges; die Stege
der **Stegreif;** *nur in:* etwas aus dem Stegreif (unvorbereitet) vortragen
das **Stehaufmännchen**
das **Stehcafé**

stehen

- du stehst; sie steht; du standest *oder* standst; sie stand; sie hat *oder* ist an der Tür gestanden
- auf jemanden oder etwas stehen (eine besondere Vorliebe für jemanden oder etwas haben)

Wird «stehen» als Nomen gebraucht, schreibt man es gross:

- das [lange] Stehen fällt ihr schwer
- sie brachte das Auto zum Stehen

Schreibung in Verbindung mit «bleiben» und «lassen»:

- du kannst doch nicht mitten auf der Strasse stehen bleiben!; die Uhr ist stehen geblieben; sie blieb stehen
- ihr solltet die alte Frau im Bus nicht stehen lassen; sie hat ihn auf der Party einfach stehen lassen; er hat die Suppe stehen lassen

die **Stehlampe** (Ständerlampe)
stehlen; du stiehlst; sie stiehlt; sie stahl; sie hat Geld gestohlen; stiehl nie wieder!
der **Stehplatz**
steif; ein steifer Hals; der Arm kann steif werden; die Sahne steif schlagen *oder* steifschlagen; sie muss das Bein steif halten *oder* steifhalten; die Ohren steif halten *oder* steifhalten (sich nicht entmutigen lassen)
die **Steifheit**
der **Steig** (steiler, schmaler Weg); des Steigs *oder* Steiges; die Steige
der **Steigbügel** (Fussstütze für Reiter; Knöchelchen im Mittelohr)
das **Steigeisen** (Eisen mit Zacken unter den Schuhsohlen von Bergsteigern)
steigen; du steigst; sie steigt; sie stieg; sie ist auf die Leiter gestiegen
steigern; du steigerst; sie steigerte; sie hat das Tempo gesteigert; sich steigern; ihre Leistung hat sich gesteigert (verbessert)
die **Steigerung**
die **Steigerungsstufe;** erste Steigerungsstufe (Komparativ; *zum Beispiel:* schöner); zweite Steigerungsstufe (Superlativ; *zum Beispiel:* am schönsten)
die **Steigung**
steil; ein steiles Dach
der **Steilhang**
die **Steilküste**
der **Stein;** des Steins *oder* Steines; die Steine
steinalt (sehr alt)
der **Steinbock**
der **Steinbruch;** die Steinbrüche
steinern (aus Stein); ein steinernes Herz; ABER: das Steinerne Meer
das **Steingut** (keramischer Werkstoff)
steinhart; steinharte Guezli
steinig; steiniges Gelände
der **Steinmetz** (Handwerker, der Steine behaut und bearbeitet); des/dem/den Steinmetzen; die Steinmetzen
die **Steinmetzin;** die Steinmetzinnen
das **Steinobst** (Obst mit hartem Kern)
der **Steinpilz**
steinreich (sehr reich)
der **Steinschlag**
die **Steinschrift** (unverbundene Schulschrift; Druckschrift)
die **Steinzeit** (früheste Epoche der Menschheitsgeschichte)
der **Steiss** (Steissbein; Gesäss); des Steisses; die Steisse
das **Steissbein** (Knochen am unteren Ende der Wirbelsäule)
die **Stelle;** zur Stelle sein; an erster, zweiter Stelle; anstelle *oder* an Stelle von
stellen; du stellst; sie stellte; sie hat den Schrank in die Ecke gestellt
das **Stellenangebot**
stellenweise; stellenweise Glatteis
der **Stellenwert** (Bedeutung)
das **Stellmesser** (Klappmesser; Messer mit verborgener Klinge, das beim Betätigen eines Knopfes herausspringt)
die **Stellung;** zu etwas Stellung nehmen
die **Stellungnahme**
stellvertretend; der stellvertretende Direktor
der **Stellvertreter**
die **Stellvertreterin**
das **Stellwerk** (Bahnanlage zur Fernsteuerung von Weichen und Signalen)
die **Stelze;** die Stelzen
stelzen; du stelzt; sie stelzte; sie ist wie ein Storch durch den Garten gestelzt

das **Stemmeisen** (ein Werkzeug)
stemmen; du stemmst; er stemmte; er hat die Hanteln gestemmt; sich gegen etwas stemmen (Widerstand leisten)
der **Stempel;** des Stempels; die Stempel
stempeln; du stempelst; sie stempelte; sie hat gestempelt; stempeln gehen (Arbeitslosengeld bekommen)
die **Stenografie** (Kurzschrift)
stenografieren; du stenografierst; sie stenografierte; sie hat die Rede stenografiert
der **Stenotypist** (jemand, der Stenografie und Maschinenschreiben beherrscht); des/dem/den Stenotypisten; die Stenotypisten
die **Stenotypistin;** die Stenotypistinnen
der **Stepp** (eine Tanzart mit Schuhen, die vorne mit Eisen beschlagen sind)
die **Steppdecke** (eine Bettdecke)
die **Steppe** (baumlose, wasserarme Ebene)
steppen; du steppst; sie steppte; sie hat den Saum gesteppt
steppen (Stepp tanzen); du steppst; er steppt; er steppte; er hat gesteppt
sterben; du stirbst; sie stirbt; sie starb; sie ist gestern gestorben
sterbenskrank
sterblich (vergänglich); sterbliche Überreste
die **Stereoanlage**
stereofon (räumlich klingend); stereofone Tonwiedergabe
stereotyp (unveränderlich)
steril (keimfrei; unfruchtbar)
sterilisieren (keimfrei, unfruchtbar machen); du sterilisierst; sie sterilisierte die Milch; sie hat die Katze sterilisiert
der **Stern;** des Sterns *oder* Sternes; die Sterne
das **Sternbild**
sternenklar *oder* **sternklar;** eine sternenklare *oder* sternklare Nacht
die **Sternkunde** (Astronomie)
die **Sternschnuppe** (Leuchterscheinung am Himmel durch einen herabfallenden Himmelskörper)
die **Sternwarte** (Ort zur Beobachtung des Sternenhimmels)
das **Sternzeichen** (Tierkreiszeichen)
das **Stethoskop** (Hörrohr des Arztes); des Stethoskops; die Stethoskope; *Trennung:* Ste-thos-kop

stetig (ständig; ununterbrochen); ein stetiges Wachstum
die **Stetigkeit**
stets (immer, jederzeit); sie sucht stets neue Talente
das **Steuer** (Lenkvorrichtung in einem Fahrzeug); des Steuers; die Steuer
die **Steuer** (Abgabe); die Steuern
das **Steueramt**
das **Steuerbord** (die rechte Schiffsseite [von hinten gesehen]); die Steuerborde
das **Steuerdomizil** (wenn mehrere Wohnungen oder Geschäftssitze: Ort, an dem Steuern bezahlt werden)
die **Steuererklärung**
die **Steuerfrau**
der **Steuerfuss** (Steuersatz, der von Gemeinden und Kantonen jährlich festgelegt wird)
der **Steuerknüppel** (im Flugzeug)
die **Steuerleute** (Steuerfrauen und -männer)
der **Steuermann;** die Steuermänner
steuern; du steuerst; sie steuerte; sie hat das Boot gesteuert
steuerpflichtig; steuerpflichtiger Lohn
das **Steuerrad**
die **Steuerung**
der **Steuerzahler;** des Steuerzahlers; die Steuerzahler
die **Steuerzahlerin;** die Steuerzahlerinnen
der **Steward** (Betreuer der Passagiere auf Schiffen und in Flugzeugen); des Stewards; die Stewards; *Trennung:* Ste-ward
die **Stewardess;** die Stewardessen; *Trennung:* Ste-war-dess
der **Stewi** (*Markenbezeichnung:* Wäscheständer, Wäscheschirm); des Stewi; die Stewis
St. Gallen (Kanton; dessen Hauptstadt); *vergleiche auch:* Sankt, Sankt Gallen
stibitzen (auf listige Art stehlen); du stibitzt; sie stibitzte; sie hat Kekse stibitzt
der **Stich;** des Stichs *oder* Stiches; die Stiche; er hat ihn im Stich gelassen
der **Stichel** (ein Werkzeug); des Stichels; die Stichel
die **Stichelei** (*auch für:* Anspielung)
sticheln (*auch für:* boshafte Bemerkungen machen); du stichelst; sie stichelte; sie hat gestichelt
der **Stichentscheid** (bei Stimmengleichheit Entscheid durch vorsitzende Person)
die **Stichflamme**

stichhaltig (begründet; überzeugend); stichhaltige Beweise
der **Stichling** (ein Fisch); des Stichlings; die Stichlinge
die **Stichprobe**
das **Stichwort;** die Stichwörter (Wörter, die ein Nachschlagewerk verzeichnet) *oder* die Stichworte (kurze Notizen; Einsatzworte für den Auftritt); *vergleiche auch:* Wort
stichwortartig; stichwortartige Notizen
der **Stickel** (Stützstange für Bohnen, Reben u. a.)
sticken; du stickst; sie stickte; sie hat eine Decke gestickt
der **Sticker** (Aufkleber); des Stickers; die Sticker
die **Stickerei**
stickig; stickige Luft
der **Stickstoff**
stickstofffrei
stickstoffhaltig
stieben (aufwirbeln; spritzen); das Wasser stob *oder* stiebte; die Funken haben gestoben *oder* gestiebt
der **Stiefbruder**
der **Stiefel;** des Stiefels; die Stiefel
stiefeln; du stiefelst; sie stiefelte; sie ist nach Hause gestiefelt
die **Stiefeltern** *Plural*
das **Stiefkind**
die **Stiefmutter**
das **Stiefmütterchen** (eine Blume)
stiefmütterlich; jemanden oder etwas stiefmütterlich (schlecht) behandeln
die **Stiefschwester**
der **Stiefvater**
die **Stiege** (steilere, enge Holztreppe)
der **Stieglitz** (ein Vogel)
der **Stiel;** des Stiels *oder* Stieles; die Stiele; mit Stumpf und Stiel

Nicht verwechseln: Obwohl beide Wörter gleich ausgesprochen werden, schreibt man den Stiel zum Anfassen mit *ie* («Besen*stiel*», «Rosen*stiel*»), die Ausdrucks- oder Gestaltungsweise hingegen nur mit *i* («flüssiger *Stil*», «moderner *Stil*»).

stier (starr, ausdruckslos; *auch:* ohne Geld); mit stierem Blick sah er vor sich hin
der **Stier;** des Stiers *oder* Stieres; die Stiere
stieren (starr, ausdruckslos blicken); sie stiert; sie stierte; sie hat ins Leere gestiert
der **Stierkampf**
der **Stift** (Nagel; Schreibgerät); des Stifts *oder* Stiftes; die Stifte
das **Stift** (fromme Stiftung; Anstalt; Altersheim); des Stifts *oder* Stiftes; die Stifte
der **Stift** (Lehrling); des Stifts *oder* Stiftes; die Stifte
stiften; du stiftest; sie stiftete viel Geld; er hat Unruhe gestiftet
die **Stiftin;** die Stiftinnen; *vergleiche:* Lehrtochter
die **Stiftung** (Schenkung, die an einen bestimmten Zweck gebunden ist; Institution, die durch eine Schenkung finanziert wird)
der **Stil** (Ausdrucksform; Bauart; Schreibart); des Stils *oder* Stiles; die Stile; *vergleiche aber:* Stiel
die **Stilblüte** (ungeschickte Formulierung, die ungewollt komisch wirkt)
stilisiert (stark vereinfachend dargestellt); eine stilisierte Rose
stilistisch; stilistische Feinheiten

still

Kleinschreibung:
- das stille Örtchen (Toilette)
- eine stille Stunde

Grossschreibung:
- im Stillen (unbemerkt)
- der Stille Ozean

Getrenntschreibung:
- still sein, still werden, still sitzen
- du sollst die Lampe [ganz] still halten
- nun bleib doch endlich still stehen!
- das Kind hat still gelegen

Zusammenschreibung:
Vergleiche: stillhalten, stilllegen, stillliegen, stillschweigen, stillstehen

die **Stille;** in aller Stille; in der Stille
stillen; du stillst; sie stillte; sie hat ihr Kind gestillt
stillhalten (erdulden, ertragen); du hältst still; er hält still; er hielt still; er hat stillgehalten; ABER: **still halten;** du sollst die Lampe still halten

das **Stillleben** (*Malerei:* die Darstellung lebloser Gegenstände)
stilllegen (ausser Betrieb setzen); du legst still; er legte die Fabrik still; er hat sie stillgelegt
stillliegen (ausser Betrieb sein); die Bahnlinie liegt still; sie hat stillgelegen; ABER: **still liegen;** das Kind hat still gelegen
stillos (ohne Stil; geschmacklos); ein stilloses Plakat; aus solchen Gläsern zu trinken ist stillos
stillschweigen; du schweigst still; sie schweigt still; sie schwieg still; sie hat stillgeschwiegen
stillschweigend (ohne ein Wort zu sagen); sie wollte das nicht stillschweigend akzeptieren
der **Stillstand**
stillstehen (nicht [mehr] in Bewegung, Betrieb sein); der Verkehr steht still; die Maschine stand still; sein Herz hat kurze Zeit stillgestanden; ABER: **still stehen** (ruhig stehen); nun bleib doch endlich still stehen
stillvergnügt; stillvergnügt lächeln
stilvoll; stilvolle Möbel
der **Stimmausweis**
das **Stimmband** (im Kehlkopf); die Stimmbänder; *meist Plural*
stimmberechtigt (mit Stimmrecht)
der **Stimmberechtigte;** ein Stimmberechtigter; die Stimmberechtigten; viele Stimmberechtigte
die **Stimmberechtigte;** eine Stimmberechtigte; die Stimmberechtigten
die **Stimmbeteiligung**
der **Stimmbruch** (Stimmwechsel zwischen dem 10. und 16. Lebensjahr)
der **Stimmbürger**
die **Stimmbürgerin**
die **Stimme**
stimmen; diese Rechnung stimmt; er stimmte die Geige; das hat ihn froh gestimmt; sie hat [mit] Nein gestimmt
die **Stimmgabel**
stimmhaft (weich auszusprechen); stimmhafte Laute
die **Stimmlage** (zum Beispiel Tenor)
stimmlich (die Stimme betreffend); die Sängerin war stimmlich angeschlagen
stimmlos
das **Stimmrecht**
die **Stimmung**
der **Stimmzettel**
stimulieren (anregen); der Beifall stimulierte ihn; das hat ihn stimuliert
stinken; du stinkst; der Käse stank; er hat gestunken
stinkfaul (sehr faul)
stinkig; stinkige Abgase; warum bist du denn so stinkig (verärgert)?
stinklangweilig (sehr langweilig)
das **Stinktier**
das **Stipendium** (finanzielle Unterstützung für Schüler und Schülerinnen, Studierende, Gelehrte); des Stipendiums; die Stipendien
die **Stippvisite** (Kurzbesuch); die Stippvisiten; sie war nur auf Stippvisite
die **Stirn** *oder* **Stirne;** die Stirnen; sie haben der Krise die Stirn geboten (sind ihr furchtlos gegenübergetreten)
stöbern ([wühlend] herumsuchen); du stöberst; er stöberte; er hat auf dem Dachboden gestöbert
stochern; du stocherst; er stocherte; er hat im Ofen gestochert
der **Stock;** des Stocks *oder* Stockes; die Stöcke; über Stock und Stein
der **Stock** (das Stockwerk); des Stocks *oder* Stockes; *im Plural meistens:* die Stockwerke; *selten auch:* die Stock; das Haus hat zwei Stock; es ist drei Stock hoch
stockdunkel; der stockdunkle Keller
stocken; du stockst beim Lesen; das Gespräch stockte; der Verkehr hat gestockt
stockfinster; eine stockfinstere *oder* stockfinstre Nacht
Stockholm (Hauptstadt Schwedens)
das **Stöckli** (neben einem Bauernhaus liegendes kleineres Wohngebäude, in das sich Eltern zurückziehen; *auch:* Ständerat); des Stöcklis; die Stöckli
das **Stockwerk;** die Stockwerke
der **Stockzahn** (Backenzahn)
der **Stoff;** des Stoffs *oder* Stoffes; die Stoffe
der **Stofffetzen**
stofflich; stoffliche Überreste
der **Stoffwechsel** (Gesamtheit aller chemischen Prozesse im Körper)
stöhnen; du stöhnst; er stöhnte; er hat vor Schmerz gestöhnt; ABER: sie hört ein leises Stöhnen

die **Stola** (ein Umhang); die Stolen
die **Stolle** *oder* der **Stollen** (ein Weihnachtsgebäck); der Stolle *oder* des Stollens; die Stollen
der **Stollen** (Zapfen an Hufeisen und Schuhen; waagerechter Grubenbau); des Stollens; die Stollen
stolpern; ich stolpere; du stolperst; sie stolperte; sie ist über die Wurzel gestolpert
stolz; stolzer; am stolzesten
der **Stolz;** des Stolzes
stolzieren (stolz einherschreiten); du stolzierst; sie stolzierte; sie ist durch den Park stolziert
stop! (*auf Verkehrsschildern:* halt!)

> Die aus dem Englischen kommende Schreibung mit einem *p* ist auf dem internationalen Verkehrsschild (STOP) üblich. Sonst ist die Schreibweise mit *pp* richtig: «*Stopp* doch mal!»; «ein *Stopp* an der Tankstelle».

stopfen; du stopfst; er stopfte; er hat die Strümpfe gestopft
stopp! (halt!); stopp mal!; *vergleiche aber:* stop!
der **Stopp** (der Halt, die Unterbrechung); des Stopps; die Stopps
die **Stoppel;** die Stoppeln
das **Stoppelfeld** (abgeernteter Acker mit stehen gebliebenen Stoppeln)
stoppelig *oder* **stopplig;** ein stoppeliger *oder* stoppliger Bart
stoppen; du stoppst; sie stoppte; sie hat plötzlich gestoppt
das **Stoppschild**
die **Stoppuhr**
der **Stöpsel;** des Stöpsels; die Stöpsel
die **Stör** (Arbeit bei Kunden zuhause); die Stören; auf Stör gehen
der **Storch;** des Storchs *oder* Storches; die Störche
das **Storchennest** *oder* **Storchnest**
der **Storchschnabel** (eine Pflanze)
die **Store** *oder* der **Storen** (Rollvorhang; Sonnendach); der Store *oder* des Storens; die Storen
stören; du störst; er störte; er hat den Unterricht gestört
störend; störende Zwischenrufe
der **Störenfried** *oder* **Störefried** (Unruhestifter; Randalierer); des Störenfrieds *oder* Störenfriedes *und* des Störefriedes *oder* Störefrieds; die Störenfriede *oder* Störefriede
die **Störenfriedin** *oder* **Störefriedin;** die Störenfriedinnen *oder* Störefriedinnen
der **Störfall** (in einem Kernkraftwerk)
störrisch; ein störrischer Esel
die **Störung**
störungsfrei
die **Story** (Geschichte); die Storys
der **Stoss;** des Stosses; die Stösse
stossen; du stösst; sie stösst; ABER: ihr stosst; sie stiess; sie hat ihn gestossen
stossend (Anstoss erregend; ungerecht); er empfand den Entscheid als stossend
stossfest; eine stossfeste Uhr
der **Stossseufzer** (tiefer, starker Seufzer)
stosssicher (stossfest)
die **Stossstange**
der **Stossverkehr** (sehr starker Verkehr zu einer bestimmten Tageszeit)
stossweise; ihr Atem ging stossweise; im Keller lagen stossweise alte Zeitungen
der **Stosszahn**
die **Stosszeit** (Hauptverkehrszeit)
der **Stotterer;** des Stotterers; die Stotterer
die **Stotterin;** die Stotterinnen
stottern; ich stottere; du stotterst; er stotterte; er hat als Kind gestottert; ABER: etwas auf Stottern (auf Raten) kaufen; der Motor kam ins Stottern
der **Stotzen** (Schlegel, Hinterschenkel vom geschlachteten Schwein, Kalb oder Rind); des Stotzens; die Stotzen
stotzig (steil); eine stotzige Treppe
Str. = Strasse
das **Stracciatella** (eine Glacesorte); des Stracciatella *oder* Stracciatellas
stracks (geradeaus; sofort)
die **Strafanzeige**
strafbar; strafbare Handlungen
die **Strafe**
strafen; du strafst; sie strafte; sie hat ihn hart gestraft
straff (glatt; fest gespannt); ein straffes Seil
straffällig; straffällig werden
straffen; du straffst; er straffte; er hat die Leine gestrafft
straffrei; straffrei davonkommen

der **Strafgefangene;** ein Strafgefangener; die Strafgefangenen; zwei Strafgefangene
die **Strafgefangene;** eine Strafgefangene; die Strafgefangenen
sträflich (unverzeihlich; so, dass es eigentlich bestraft werden sollte); sträflicher Leichtsinn
der **Sträfling;** des Sträflings; die Sträflinge
der **Strafprozess**
der **Strafraum** *(Fussball)*
der **Strafstoss** *(Fussball, Hockey)*
die **Straftat**
der **Straftäter**
die **Straftäterin**
der **Strafvollzug**
der **Strahl;** des Strahls *oder* Strahles; die Strahlen
strahlen; du strahlst; er strahlte; seine Augen haben vor Begeisterung gestrahlt
die **Strahlung**
die **Strähne**
strähnig; strähniges Haar
stramm; ein Seil stramm ziehen *oder* strammziehen; jemandem die Hosen, den Hosenboden stramm ziehen *oder* strammziehen (aufs Gesäss schlagen)
strammstehen (vor allem im Militär); du stehst stramm; er stand stramm; er hat strammgestanden
strampeln; du strampelst; das Baby strampelte; es hat gestrampelt
der **Strand;** des Strands *oder* Strandes; die Strände
stranden; das Schiff strandet; es strandete; es ist beim Sturm gestrandet
der **Strang;** des Strangs *oder* Stranges; die Stränge; über die Stränge schlagen (die Grenze des Erlaubten überschreiten; übertreiben)
die **Strange;** die Strangen; eine Strange Garn
die **Strapaze** (Anstrengung); die Strapazen
strapazieren; du strapazierst; sie strapazierte; sie hat meine Geduld strapaziert; sich strapazieren (sich abmühen); sie hat sich beim Training arg strapaziert
strapazierfähig; ein strapazierfähiger Stoff
die **Strasse**
die **Strassenbahn** (Tram)
das **Strassenfest**
die **Strategie** (Art des Vorgehens, geplante Verfahrensweise); die Strategien
strategisch; strategische Fragen
sich **sträuben;** du sträubst dich; das Fell der Katze sträubte sich; er hat sich dagegen gesträubt; ABER: da hilft kein Sträuben
der **Strauch;** des Strauchs *oder* Strauches; die Sträucher
straucheln; du strauchelst; er strauchelte; er ist über einen Stein gestrauchelt
der **Strauss** (ein Vogel); des Strausses; die Strausse; der Vogel Strauss; ABER: die Vogel-Strauss-Politik (Politik, bei der man bestimmte Tatsachen nicht wahrhaben will)
der **Strauss** (Blumenstrauss); des Strausses; die Sträusse
die **Straussenfeder**
die **Strebe** (schräge Stütze); die Streben
streben; du strebst; sie strebte; sie hat nach Erfolg gestrebt
der **Streber;** des Strebers; die Streber
streberhaft
die **Streberin;** die Streberinnen
strebsam; strebsame Schüler
die **Strecke;** Wild zur Strecke bringen
strecken; du streckst; er streckte; er hat die Beine gestreckt; sich strecken; er hat sich gestreckt
streckenweise
die **Streetparade** ([jährlich in Zürich stattfindender] Umzug der Raver und Raverinnen)
die **Streetwork** (Hilfe für Drogenabhängige oder Straffällige innerhalb ihres Wohngebietes; Gassenarbeit)
der **Streetworker** (jemand, der Streetwork durchführt; Gassenarbeiter); des Streetworkers; die Streetworker
die **Streetworkerin;** die Streetworkerinnen
der **Streich;** des Streichs *oder* Streiches; die Streiche
streicheln; du streichelst; er streichelte den Hund; er hat ihn gerne gestreichelt
streichen; du streichst; er strich ihr über den Kopf; sie hat die Wände neu gestrichen
das **Streichholz**
das **Streichinstrument**
das **Streichquartett**
die **Streife** (zur Kontrolle eingesetzte kleine Polizei- oder Militäreinheit; Kontrollgang, -fahrt); auf Streife gehen
streifen; du streifst; er streifte; er ist

durch Feld und Wald gestreift; die Kugel hat nur seinen Arm gestreift

der **Streifen;** des Streifens; die Streifen

der **Streifenwagen** (für eine Polizeistreife)

die **Streifkollision** (Verkehrsunfall, bei dem sich die Fahrzeuge seitlich streifen)

der **Streifschuss**

der **Streik** (Arbeitsniederlegung); des Streiks; die Streiks

streiken; du streikst; sie streikte; sie haben für höhere Löhne gestreikt

der **Streit;** des Streits *oder* Streites; die Streite

streiten; du streitest; er streitet; er stritt; er hat [sich] mit ihr gestritten

die **Streiterei**

der **Streitfall**

die **Streitfrage**

streitig (strittig); streitige Grenzen; jemandem etwas streitig machen (etwas für sich beanspruchen)

die **Streitkräfte** (Militär) *Plural*

streitsüchtig

streng; auf das, aufs Strengste; jemanden streng bestrafen, beurteilen; sie ist sehr streng; streng nehmen (genau nehmen); er fand es sehr streng (anstrengend); du nimmst es ganz streng; streng genommen ist er ein Betrüger

die **Strenge**

strengstens; strengstens verboten sein

der **Stress** (starke körperliche und seelische Belastung); des Stresses; die Stresse

stressen; die Arbeit stresst; der Lärm hat ihn gestresst

stressig (aufreibend, anstrengend); ein stressiger Job

das **Stretching** (aus Dehnungsübungen bestehende Form der Gymnastik); des Stretchings

die **Streu** *oder* **Streue** (Strohlager für Vieh); die Streuen

streuen; du streust; sie streute; sie hat Salz gestreut

streunen (ziellos herumlaufen); der Hund streunte; er ist über die Felder gestreunt; streunende Katzen

der **Streuselkuchen**

der **Strich;** des Strichs *oder* Striches; die Striche

stricheln; ich strichle; du strichelst; er strichelte; er hat ein Dreieck gestrichelt; eine gestrichelte Linie

der **Strichpunkt**

strichweise; strichweise Regen

der **Strick;** des Stricks *oder* Strickes; die Stricke

stricken; du strickst; sie strickte; sie hat gestrickt

die **Strickjacke**

die **Strickleiter**

die **Stricknadel**

der **Striegel** (harte Bürste); des Striegels; die Striegel

striegeln; ich striegle; du striegelst; er striegelte; er hat das Pferd gestriegelt

der **Striemen** (blutunterlaufener Streifen in der Haut); des Striemens; die Striemen

strikt; ein striktes (strenges) Verbot

der **Stringtanga** (Tangaslip, dessen rückwärtiger Teil aus einem schmalen, schnurförmigen Stück Stoff besteht)

die **Strippe** (Schnur); an der Strippe (am Telefon)

das *oder* der **Striptease** (aufreizendes Sich-ausziehen); des Striptease

strittig (umstritten); strittige Fragen

das **Stroh;** des Strohs *oder* Strohes

strohdumm (sehr dumm)

die **Strohfrau** (Stellvertreterin; Mittelsfrau; Botin)

der **Strohhalm**

der **Strohhut**

strohig; strohiges Haar

der **Strohmann** (Stellvertreter; Mittelsmann; Bote)

der **Strolch;** des Strolchs *oder* Strolches; die Strolche

strolchen; du strolchst; er strolchte; er ist durch die Strassen gestrolcht

der **Strom;** des Stroms *oder* Stromes; die Ströme; es regnet in Strömen; eine Strom sparende *oder* stromsparende Glühbirne

stromabwärts; das Schiff fährt stromabwärts

stromaufwärts

der **Stromausfall**

strömen; die Menge strömte; die Leute sind aus dem Kino geströmt

der **Stromer** (Landstreicher); des Stromers; die Stromer

die **Stromerin;** die Stromerinnen

stromern (sich herumtreiben; ziellos umherziehen); du stromerst; er stromerte; er ist durch den Wald gestromert

stromlinienförmig; ein stromlinienförmiges Fahrzeug
die **Stromschnelle** (Strecke, auf der ein Fluss plötzlich viel schneller fliesst)
stromsparend *vergleiche:* **Strom**
die **Strömung**
die **Strophe;** die Strophen
strotzen; du strotzt; sie strotzte; sie hat vor Gesundheit gestrotzt
strub (schlimm, schwierig, wild); das war ein strubes Jahr; es ging strub zu
strubbelig *oder* **strubblig;** strubbelige *oder* strubblige Haare
der **Strubbelpeter** *vergleiche:* Struwwelpeter
der **Strudel** (Wirbel; Wasserwirbel; Mehlspeise aus sehr dünnem Teig); des Strudels; die Strudel
strudeln; das Wasser strudelte; es hat stark gestrudelt
die **Struktur** (Aufbau; innere Gliederung); die Strukturen
strukturell (die Struktur betreffend); strukturelle Unterschiede
strukturieren (gliedern); ich strukturiere; du strukturierst; er strukturierte; er hat den Text gut strukturiert
der **Strumpf;** des Strumpfs *oder* Strumpfes; die Strümpfe
die **Strumpfhose**
der **Strunk** (als Rest übrig gebliebener Pflanzenstiel oder Baumstumpf); des Strunks *oder* Strunkes; die Strünke
struppig; ein struppiger Bart
der **Struwwelpeter** (Gestalt aus einem Kinderbuch); des Struwwelpeters
die **Stube**
der **Stubenarrest** (Verbot, das Zimmer oder die Wohnung zu verlassen)
der **Stubenhocker** (Person, die am liebsten zuhause bleibt)
die **Stubenhockerin**
stubenrein; ein stubenreiner Hund
der **Stuck** (Wand-, Deckenornamente aus Gips); des Stucks *oder* Stuckes
das **Stück;** des Stücks oder Stückes; die Stücke; ABER: 5 Stück Zucker; am Stück (ohne Unterbrechung)
der **Stuckateur** (Stuckarbeiter; Stuckkünstler); des Stuckateurs; die Stuckateure
die **Stuckateurin;** die Stuckateurinnen
die **Stuckatur** (Stuckarbeit)
die **Stuckdecke**
stückweise
der **Student;** des/dem/den Studenten; die Studenten
die **Studentin;** die Studentinnen
die **Studie** (Entwurf, Vorarbeit; wissenschaftliche Untersuchung); die Studien
studieren; du studierst; sie studierte; sie hat Physik studiert; er hat drei studierte Kinder; Probieren geht über Studieren *oder* probieren geht über studieren
das **Studio** (Atelier; Aufnahmeraum beim Film und Rundfunk); des Studios; die Studios
der **Studiofilm** (in einem Studio gedrehter Film; Film für ein anspruchsvolleres Publikum)
das **Studium;** des Studiums; die Studien
die **Stufe**
der **Stufenbarren** (ein Turngerät)
das **Stufenheck** (beim Auto)
stufenweise
der **Stuhl;** des Stuhls *oder* Stuhles; die Stühle; der elektrische Stuhl; ABER: der Heilige (Päpstliche) Stuhl; zwischen Stuhl und Bank fallen (sich alle Möglichkeiten verscherzen; zwei Dinge zugleich verpassen; leer ausgehen)
der **Stuhlgang** (Darmentleerung)
die **Stulpe;** die Stulpen
stülpen; ich stülpe; du stülpst; er stülpte; er hat den Kaffeewärmer über die Kanne gestülpt
der **Stulpenstiefel**
stumm; stumm sein; stumm werden
der **Stumme;** des/dem/den Stummen; die Stummen
die **Stumme;** eine Stumme; die Stummen
der **Stummel** (übrig gebliebenes kurzes Stück); des Stummels; die Stummel
der **Stümper** (Nichtskönner); des Stümpers; die Stümper
die **Stümperei**
stümperhaft; stümperhafte Fehler
die **Stümperin** (Nichtskönnerin); die Stümperinnen
stumpf; ein stumpfes Messer
der **Stumpf;** des Stumpfs *oder* Stumpfes; die Stümpfe; etwas mit Stumpf und Stiel (restlos) ausrotten
der **Stumpfsinn**
stumpfsinnig (teilnahmslos; eintönig; sterbenslangweilig); eine stumpfsinnige Arbeit

stumpfwinkelig *oder* **stumpfwinklig;** ein stumpfwinkeliges *oder* stumpfwinkliges Dreieck

die **Stunde** (*Abkürzung:* Std.); eine halbe Stunde; eine viertel Stunde *oder* eine Viertelstunde; in drei viertel Stunden *oder* in drei Viertelstunden; ABER NUR: in einer Dreiviertelstunde; in anderthalb Stunden; ich habe zwei Stunden lang telefoniert; ABER: ich habe stundenlang telefoniert; die Stunde null

der **Stundenkilometer** (Kilometer je Stunde; *Abkürzung:* km/h)

stundenlang; stundenlang lesen; ABER: zwei Stunden lang lesen

der **Stundenlohn**

der **Stundenplan**

stündlich (jede Stunde); der Zug fährt stündlich

der **Stunk** (Streit, Ärger); des Stunks; Stunk machen

der **Stunt** (mit einem Stuntman gedrehte Filmszene); des Stunts; die Stunts

die **Stuntfrau** *oder* das **Stuntgirl** (Double für gefährliche, akrobatische Filmszenen)

der **Stuntman** (Double für gefährliche, akrobatische Filmszenen); des Stuntmans; die Stuntmen

stupid *oder* **stupide** (dumm, stumpfsinnig); stupider; am stupidesten

stupsen; du stupst; er stupste; er hat ihn gestupst

die **Stupsnase**

stur (hartnäckig); ein sturer Kerl; auf stur schalten

die **Sturheit**

der **Sturm;** des Sturms *oder* Sturmes; die Stürme

stürmen; es stürmt; es stürmte; es hat kräftig gestürmt; die Zuschauer haben die Bühne gestürmt; die Kinder sind aus dem Haus gestürmt

der **Stürmer;** des Stürmers; die Stürmer

die **Stürmerin;** die Stürmerinnen

die **Sturmflut**

stürmisch; stürmisches Wetter

der **Sturz;** des Sturzes; die Stürze

stürzen; du stürzt; er stürzte; er ist auf der Treppe gestürzt; sie hat den Präsidenten gestürzt ([gewaltsam] aus seinem Amt entfernt)

der **Sturzflug**

der **Sturzhelm**

der **Stuss** (Unsinn); des Stusses; Stuss reden

die **Stute**

die **Stütze**

stutzen (plötzlich erstaunt innehalten); ich stutze; du stutzt; er stutzte; er hat einen Augenblick lang gestutzt

stutzen (kürzer schneiden; beschneiden); du stutzt; sie stutzte die Bäume; er hat sich den Bart gestutzt

stützen; du stützt; sie stützte; sie hat ihn gestützt; sich stützen; sie hat sich auf ihn gestützt

der **Stutzen** (Jagdgewehr; Rohrstück); des Stutzens; die Stutzen

stutzig; stutzig (misstrauisch) werden; das hat mich stutzig gemacht (Verdacht schöpfen lassen)

der **Stützpfeiler**

der **Stützpunkt;** militärische Stützpunkte

stylen (formen, gestalten; zurechtmachen); du stylst; sie stylte; sie hat die neue Mode gestylt; sich stylen; er hat sich gestylt

das **Styling;** des Stylings; die Stylings

das **Styropor** (*Markenbezeichnung:* ein Kunststoff); des Styropors

s. u. = siehe unten!

das **Subjekt** (Satzglied; *Philosophie:* ein denkendes Wesen); des Subjekts *oder* Subjektes; die Subjekte

subjektiv (persönlich; einseitig); subjektive Ansichten

die **Subjektivität**

der **Subkontinent** (geografisch geschlossener, relativ eigenständiger Teil eines Kontinents); der indische Subkontinent

die **Subkultur** (Kulturgruppe innerhalb eines übergeordneten Kulturbereichs)

die **Subskription** (Vorausbestellung von später erscheinenden Büchern); die Subskriptionen

das **Substantiv** (Nomen); des Substantivs; die Substantive

substantiviert (als Nomen gebraucht, nominalisiert); substantivierte Verben

die **Substantivierung** (Nominalisierung)

die **Substanz** (Stoff; Wesen); die Substanzen

substanziell (wesentlich); substanzielle Verbesserungen

die **Substitution** (Stellvertretung, Ersetzung); die Substitutionen

das **Substrat** ([materielle] Grundlage; Substanz); des Substrats *oder* Substrates; die Substrate

subsumieren (ein-, unterordnen); ich subsumiere; du subsumierst; sie subsumierte; sie hat diesen Begriff einem anderen subsumiert

subtil (fein; spitzfindig); eine subtile Unterscheidung

der **Subtrahend** (abzuziehende Zahl); des/dem/den Subtrahenden; die Subtrahenden

subtrahieren (abziehen); du subtrahierst; er subtrahierte; er hat die Zahlen subtrahiert

die **Subtraktion;** die Subtraktionen

die **Subtropen** (Übergangsgebiet zwischen Tropen und gemässigter Klimazone) *Plural*

die **Subvention** (Unterstützung aus öffentlichen Mitteln); die Subventionen

subventionieren; ich subventioniere; du subventionierst; er subventionierte; die Regierung hat die Landwirtschaft subventioniert

die **Suche;** auf der Suche sein; auf die Suche gehen

suchen; du suchst; er suchte; er hat danach gesucht

die **Sucherei**

die **Suchmaschine** (*EDV:* Programm, mit dem im Internet gezielt Informationen gesucht werden können)

die **Sucht;** die Süchte

süchtig; sie ist süchtig nach ihrem Handy

der **Sud** (Flüssigkeit, in der etwas gekocht wurde); des Suds *oder* Sudes; die Sude

Süd (Himmelsrichtung); in Nord und Süd; der Wind weht aus, von Süd

Südafrika (Staat in Afrika)

der **Südafrikaner**

die **Südafrikanerin**

südafrikanisch; die südafrikanische Bevölkerung; ABER: die Südafrikanische Union (*frühere Bezeichnung für:* die Republik Südafrika)

Sudan *oder* der **Sudan** (Staat in Afrika); die Bevölkerung Sudans *oder* des Sudan *oder* des Sudans

der **Sudanese** *oder* **Sudaner;** des Sudanesen *oder* Sudaners; die Sudanesen *oder* Sudaner

die **Sudanesin** *oder* **Sudanerin;** die Sudanesinnen *oder* Sudanerinnen

sudanesisch *oder* **sudanisch**

der **Sudel** (Entwurf); des Sudels; die Sudel

die **Sudelei** (Schmiererei; Schlamperei)

sudeln; du sudelst; sie sudelte; das Kind hat beim Essen gesudelt

der **Süden;** des Südens; der Sturm kommt aus Süden

Südkorea *vergleiche:* Korea

südländisch; südländisches Klima

südlich; in südlicher Richtung; südlich des Meeres; südlich vom Meer; südlich von Chur; der südliche Sternenhimmel

das **Sudoku** (ein Zahlenrätsel); des Sudoku *oder* Sudokus; die Sudoku *oder* Sudokus

Südost (Himmelsrichtung)

der **Südosten**

der **Südpol**

die **Südsee**

südwärts; südwärts fahren

Südwest (Himmelsrichtung)

der **Südwesten**

süffig (gut trinkbar); süffiger Wein

süffisant (selbstgefällig; spöttisch); eine süffisante Bemerkung

das **Suffix** (Nachsilbe, Nachmorphem); des Suffixes; die Suffixe

suggerieren (seelisch beeinflussen; einreden); ich suggeriere; du suggerierst; er suggerierte; er hat ihr Vorurteile suggeriert

die **Suggestion** (starke psychische Beeinflussung); die Suggestionen

suggestiv; eine suggestive Frage (eine Frage, die eine bestimmte Antwort nahe legt)

die **Suhle** (Lache; feuchte Bodenstelle)

sich **suhlen** (sich [in einer Suhle] wälzen); das Schwein hat sich im Dreck gesuhlt; er suhlte sich im Selbstmitleid

die **Sühne** (Busse)

sühnen; du sühnst; er sühnte; er hat sein Verbrechen mit dem Leben gesühnt

die **Suite** (luxuriöse Räume [in einem Hotel]; *Musik:* eine Folge von Tanzsätzen); die Suiten

der **Suizid** (Selbstmord); des Suizids; die Suizide

das **Sujet** (Gegenstand, Thema eines Fotos, Films, Romans usw.); des Sujets; die Sujets

sukzessiv (allmählich); ein sukzessiver Aufschwung

das **Sulky** (zweirädriger Wagen für Trabrennen); des Sulkys; die Sulkys

der **Sultan** (Titel islamischer Herrscher); des Sultans; die Sultane

die **Sultanin** (Titel islamischer Herrscherinnen); die Sultaninnen

die **Sultanine** (grosse, kernlose Rosine); die Sultaninen

die **Sulz** (Fleisch- oder Gemüsestückchen in Gelee); die Sulzen; *auch:* die Sülze

die **Sülze** (Sulz)

der **Summand** (hinzuzuzählende Zahl); des/dem/den Summanden; die Summanden

summarisch (kurz zusammengefasst); ein summarischer Bericht

die **Summe** (Ergebnis einer Addition); die Summen

summen; du summst; sie summte; sie hat ein Lied gesummt

der **Summer;** des Summers; die Summer

sich **summieren** (anwachsen); die Fehler summierten sich; sie haben sich summiert

der **Summton**

der **Sumpf;** des Sumpfs *oder* Sumpfes; die Sümpfe

das **Sumpffieber** (Malaria)

sumpfig; sumpfige Wiesen

der **Sunblocker** (Sonnenschutzmittel mit hohem Lichtschutzfaktor); des Sunblockers; die Sunblocker

der **Sund** (Meerenge); des Sunds *oder* Sundes; die Sunde

die **Sünde**

der **Sündenbock** (Person, auf die man seine Schuld abwälzt); jemanden zum Sündenbock machen

der **Sündenfall** (christliche Religion)

der **Sünder;** des Sünders; die Sünder

die **Sünderin;** die Sünderinnen

sündhaft; das ist sündhaft teuer

sündigen; du sündigst; er sündigte; er hat gesündigt

super (hervorragend, grossartig); das war super, eine super Sache; er hat super gespielt

das **Super** (*kurz für:* Superbenzin); sie hat Super getankt

das **Superbenzin**

superfein; ein superfeines Kleid

der **Super-G** (ein Skiwettbewerb); des Super-G *oder* Super-Gs; die Super-G *oder* Super-Gs

der **Superlativ** (zweite Steigerungsstufe, zum Beispiel: am tiefsten); des Superlativs; die Superlative

die **Super League** (höchste Schweizer Fussballliga)

der **Supermarkt;** die Supermärkte

der **Superriesenslalom**

die **Suppe**

das **Surfbrett**

surfen (auf dem Surfbrett fahren; im Internet nach Informationen suchen); du surfst; er surfte; er ist bei starkem Wind gesurft; sie hat an ihrem Rechner gesurft

der **Surfer;** des Surfers; die Surfer

die **Surferin;** die Surferinnen

Suriname (Staat in Südamerika)

der **Surinamer;** des Surinamers; die Surinamer

die **Surinamerin;** die Surinamerinnen

surinamisch

der **Surrealismus** (eine Kunst- und Literaturrichtung); des Surrealismus

surrealistisch; surrealistische Werke

surren; das Rad surrt; das Rad surrte; das Rad hat gesurrt

das **Surrogat** (Ersatz, Behelf); des Surrogats *oder* Surrogates; die Surrogate

suspekt (verdächtig); das ist zu suspekt

suspendieren (zeitweilig entlassen, aufheben); ich suspendiere; du suspendierst; sie suspendierte ihn; sie hat ihn vom Dienst suspendiert

süss; süsser; am süssesten

die **Süsse**

süssen; du süsst; sie süsste; sie hat den Kaffee gesüsst

das **Süssgetränk**

die **Süssigkeit**

süsslich; ein süsslicher Geschmack

der **Süssmost**

süsssauer; süsssaure Bonbons

das **Süsswasser** (salzfreies Wasser von Flüssen, Seen etc.)

die **SUVA** *oder* **Suva** = Schweizerische Unfallversicherungsanstalt

die **SVP** = Schweizerische Volkspartei

das **Sweatshirt** (weit geschnittener Pullover); des Sweatshirts; die Sweatshirts der **Swimmingpool** (Schwimmbecken); des Swimmingpools; die Swimmingpools

der **Swing** (ein Jazzstil); des Swing *oder* Swings

swingen (Swingmusik machen; zum Swing tanzen); ich swinge; du swingst; sie swingte; sie hat geswingt

die **Swiss Indoors** (grosses Tennisturnier bei Basel) *Plural*

Der Name des letzten Tages im Kalenderjahr wird nicht mit *y*, sondern mit *i* geschrieben: «Silvester».

die **Symbiose** (Zusammenleben ungleicher Lebewesen zu gegenseitigem Nutzen); die Symbiosen

symbiotisch; symbiotische Beziehung

das **Symbol** (Wahrzeichen, Sinnbild); des Symbols; die Symbole

symbolhaft (in der Art eines Symbols); eine symbolhafte Darstellung

die **Symbolik** (symbolhafte Darstellung)

symbolisch; eine symbolische Geste

symbolisieren (als Symbol darstellen); sie symbolisierte; die Taube hat den Frieden symbolisiert

die **Symmetrie** (spiegelbildliche Gleichheit); die Symmetrien

symmetrisch; eine symmetrische Funktion *(Mathematik)*

die **Sympathie** (Zuneigung); die Sympathien

sympathisch (Sympathie erweckend); ein sympathisches Mädchen

sympathisieren; du sympathisierst; er sympathisierte; er hat mit diesem Plan sympathisiert

die **Symphonie** *vergleiche:* **Sinfonie**

symphonisch *vergleiche:* **sinfonisch**

das **Symptom** (Anzeichen; Krankheitszeichen); des Symptoms; die Symptome

die **Synagoge** (jüdisches Gotteshaus); die Synagogen

synchron (gleichzeitig; gleichlaufend); synchrone Bewegungen

synchronisieren (zeitlich aufeinander abstimmen; mit einer unterlegten synchronen Sprachwiedergabe versehen); ich synchronisiere; du synchronisierst; sie synchronisierte; sie hat die amerikanische Schauspielerin synchronisiert; synchronisierte Filme

das **Syndikat** (getarnte Verbrecherorganisation; *Wirtschaft:* Verkaufsgemeinschaft); des Syndikats *oder* Syndikates; die Syndikate

das **Syndrom** (*Medizin:* Krankheitsbild); des Syndroms; die Syndrome; depressives Syndrom

die **Synkope** (*Musik:* Verschiebung der Betonung); die Synkopen

die **Synode** (Kirchenversammlung); die Synoden

synonym (sinnverwandt; bedeutungsgleich); synonyme Wörter

das **Synonym** (sinnverwandtes Wort); des Synonyms; die Synonyme

syntaktisch (den Satzbau betreffend); syntaktische Fehler

die **Syntax** ([Lehre vom] Satzbau)

die **Synthese** (Zusammenfügung [einzelner Teile zu einem Ganzen]); die Synthesen

der **Synthesizer** (Gerät, mit dem Klänge und Geräusche elektronisch erzeugt werden); des Synthesizers; die Synthesizer

die **Synthetics** (*Sammelbezeichnung für:* Kunstfasern und -textilien) *Plural*

synthetisch (zusammenfügend; künstlich hergestellt); synthetische Fasern

der **Syrer;** des Syrers; die Syrer

die **Syrerin;** die Syrerinnen

Syrien (Staat im Vorderen Orient)

syrisch

das **System** (Schema; Ordnungsprinzip); des Systems; die Systeme

die **Systematik** (planmässige Darstellung)

systematisch; systematisches Vorgehen

systematisieren (in ein System bringen); ich systematisiere; du systematisierst; sie systematisierte; sie hat die Wortarten systematisiert

systemlos (planlos)

SZ = Autokennzeichen und allgemeine Abkürzung für den Kanton Schwyz

die **Szene** (Schauplatz; Abschnitt eines Dramas; Vorgang; charakteristischer gesellschaftlicher Bereich); die Szenen

die **Szenerie** (Bühnen-, Landschaftsbild); die Szenerien; eine bunte Szenerie

der **Szenetreff**

szenisch (bühnenmässig); szenische Darstellung

das **Szepter** (Herrscherstab); des Szepters; die Szepter; *auch:* Zepter

T

t = Tonne

das **T** (Buchstabe); des T; die T; ABER: das t in Rate

der **Tabak;** des Tabaks; die Tabake

die **Tabakspfeife**

tabellarisch (in der Anordnung einer Tabelle); eine tabellarische Übersicht

die **Tabelle** (Aufstellung, Verzeichnis); die Tabellen

das *oder* der **Tabernakel** (Schrein zur Aufbewahrung des Abendmahls in katholischen Kirchen); des Tabernakels; die Tabernakel

das **Tablar** (Wand- oder Regalbrett); die Tablare

das **Tablet** (*kurz für:* Tablet-PC; tragbarer flacher Computer in der Form eines Schreibblocks, der durch Berühren des Bildschirms mit Finger oder Stift bedient wird); des Tablets; die Tablets

der **Tablet-PC;** des Tablet-PC *oder* Tablet-PCs; die Tablet-PC *oder* Tablet-PCs; *vergleiche:* das Tablet

das **Tablett** (Servierbrett); des Tabletts *oder* Tablettes; die Tabletts *oder* Tablette

die **Tablette** (Arzneimittel); die Tabletten

das **Tabourettli** (Schemel; Hocker); des Tabourettlis; die Tabourettli; *vergleiche auch:* das Taburett

tabu (verboten, unantastbar); das ist tabu

das **Tabu** (gesellschaftliches Verbot; etwas, wovon man nicht sprechen darf); des Tabus; die Tabus; sein Alter ist ein Tabu

das **Taburett** (Schemel, Hocker); des Taburetts; die Taburette *oder* Taburetts; *vergleiche auch:* das Tabourettli

der **Tacho** (*kurz für:* Tachometer); des Tachos; die Tachos

der *oder* das **Tachometer** (Drehzahl-, Geschwindigkeitsmesser); die Tachometer

das **Tackling** (Verteidigungstechnik im Fussball); des Tacklings; die Tacklings

der **Tadel;** des Tadels; die Tadel

tadellos; tadellose Manieren

tadeln; ich tadle; du tadelst; sie tadelte; die Lehrerin hat ihn getadelt

das **Taekwondo** (aus Korea stammendes System der Selbstverteidigung); des Taekwondo

die **Tafel;** die Tafeln

tafeln (speisen); ich tafele; du tafelst; er tafelte; sie haben bei Kerzenlicht getafelt

täfeln *oder* **täfern** (mit Holz verkleiden); du täfelst *oder* täferst; sie täfelte *oder* täferte; er hat das Zimmer getäfelt *oder* getäfert

das **Tafelwasser** (Mineralwasser); die Tafelwässer

das *oder* der **Täfer** (Holzverkleidung bei Decken oder Wänden); des Täfers; die Täfer

der **Tag;** des Tags *oder* Tages; die Tage; am, bei Tage; heute in acht Tagen; vor vierzehn Tagen; Tag für Tag; Tag und Nacht; von Tag zu Tag; eines [schönen] Tags *oder* Tages; im Laufe des heutigen Tags *oder* Tages; den ganzen Tag; unter Tags (den Tag über); über Tag, unter Tage (im Bergbau); zutage *oder* zu Tage bringen, kommen; ABER NUR: tags; tags darauf; tags zuvor; tagsüber; tagtäglich; tagelang; heutzutage

tagaus, tagein (immer); *Trennung:* tag-aus, tag-ein

das **Tagblatt** (Tageszeitung); des Tagblatts *oder* Tagblattes; die Tagblätter; das Grencher Tagblatt; Neues Bülacher Tagblatt; das St. Galler Tagblatt usw.

der **Tagebau** *oder* **Tagbau** (Bergbau über Tage); die Tagebaue *oder* Tagbaue

das **Tagebuch**

tagelang; er hat tagelang gefastet; ABER: er hat mehrere Tage lang gefastet

der **Tagelöhner** *oder* **Taglöhner** (jemand, der nur tageweise beschäftigt und entlöhnt wird); des Tagelöhners *oder* Taglöhners; die Tagelöhner *oder* Taglöhner

die **Tagelöhnerin** *oder* **Taglöhnerin;** die Tagelöhnerinnen *oder* Taglöhnerinnen

tagen (eine Tagung, Sitzung abhalten); das Parlament tagte; das Gericht hat getagt

tagen (Tag werden, dämmern); es tagt schon

das **Tageslicht;** bei Tageslicht

der **Tagesteller** (Tagesmenü, das nur aus dem Hauptgang besteht)

die **Tageszeit**

das **Taggeld** (Aufwandsvergütung für eine Arbeitstätigkeit an einem Tag; Betrag pro Tag, den eine Versicherung bei Krankheit,

Unfall oder Arbeitslosigkeit zahlt); die Taggelder
täglich; unser tägliches Brot
tags *vergleiche:* Tag
tagsüber; tagsüber ist niemand zuhause
tagtäglich; das tagtägliche Chaos; tagtäglich kam er mich besuchen
die **Tagung** (Zusammenkunft von Personen, die in einem bestimmten Themenbereich arbeiten; an einer Tagung teilnehmen
die **Tagwache** *oder* **Tagwacht** (morgendliche Weck- und Aufstehzeit, v. a. im Militär)
der **Taifun** (Wirbelsturm); des Taifuns; die Taifune
die **Taiga** (sibirischer Waldgürtel)
die **Taille** (schmalste Stelle des Rumpfes; Gürtelweite); die Taillen
Taiwan (Inselstaat in Ostasien)
der **Taiwaner;** des Taiwaners; die Taiwaner
die **Taiwanerin;** die Taiwanerinnen
taiwanisch
der **Take-away** *oder* **Takeaway** (Lokal, das Speisen und Getränke [auch] zum Mitnehmen verkauft); des Take-aways *oder* Takeaways; die Take-aways *oder* Takeaways
die **Takelage** (Segelausrüstung eines Schiffes); die Takelagen
der **Takt** (Zeit-, Tonmass; *nur im Singular auch für:* Feingefühl); des Takts *oder* Taktes; die Takte; Takt halten; ein paar Takte eines Liedes singen
taktieren (taktisch vorgehen); du taktierst; sie taktierte; der General hat geschickt taktiert
die **Taktik** (kluges, berechnendes Vorgehen; planmässiges Ausnutzen einer Lage; *Militär:* Truppenführung); die Taktiken
der **Taktiker;** des Taktikers; die Taktiker
die **Taktikerin;** die Taktikerinnen
taktisch; taktische Überlegungen
taktlos (kein Feingefühl habend; verletzend); taktloser; am taktlosesten; ein taktloser Mensch; das war taktlos von dir
die **Taktlosigkeit**
der **Taktstock;** die Taktstöcke
taktvoll; taktvolles Benehmen
das **Tal;** des Tals *oder* Tales; die Täler
der **Talar** (Amtsgewand von Geistlichen und Richtern); des Talars; die Talare
das **Talent** (Begabung, Fähigkeit); des Talents *oder* Talentes; die Talente
talentiert; eine talentierte Musikerin
der **Taler** (ehemalige Münze); des Talers; die Taler
der **Talg** (festes Fett); des Talgs *oder* Talges; die Talge
die **Talgdrüse** (Drüse in der Haut, die Talg produziert und dadurch Haut und Haare geschmeidig erhält)
der **Talisman** (glücksbringender Gegenstand); des Talismans; die Talismane
der **Talk** (Plauderei, [öffentliches] Gespräch); des Talks, die Talks
der **Talkmaster** (Moderator einer Talkshow); des Talkmasters; die Talkmaster
die **Talkmasterin;** die Talkmasterinnen
die **Talkshow** (Unterhaltungssendung, in der bekannte Persönlichkeiten interviewt werden); die Talkshows
Tallinn (Hauptstadt Estlands)
der **Talmud** (jüdische religiöse Gesetze und Überlieferungen); des Talmud *oder* Talmuds
der **Talon** (abtrennbarer Abschnitt eines Formulars, Inserats oder Briefs); des Talons; die Talons
die **Talschaft** (Gesamtheit aller Personen, die in einem Tal leben); die Talschaften
die **Talsohle** (Talboden; Tiefpunkt einer Entwicklung); hoch über der Talsohle liegt Schloss Ortenstein; der Detailhandel hat die Talsohle erreicht
die **Talsperre** (Anlage zum Stauen von fliessendem Wasser)
talwärts; talwärts fahren
der **Tambour** (Trommler); des Tambours *oder* des/dem/den Tambouren; die Tamboure *oder* Tambouren
die **Tambourin** (Trommlerin); die Tambourinnen
das **Tamburin** (kleine Hand-, Schellentrommel); des Tamburins; die Tamburine
der *oder* das **Tampon** (Watte-, Mullbausch); des Tampons; die Tampons
das **Tamtam** (Lärm, aufdringliches Getue); des Tamtams
der **Tand** (wertloses Zeug); des Tands *oder* Tandes
das **Tandem** (Velo mit zwei Sitzen hintereinander); des Tandems; die Tandems
der **Tang** (Meeresalgen); des Tangs *oder* Tanges; die Tange

der **Tanga** (sehr knapper Bikini oder Slip); des Tangas; die Tangas
die **Tangente** (Gerade, die eine gekrümmte Linie in einem Punkt berührt); die Tangenten
tangieren ([innerlich] berühren; beeinflussen); das Problem tangierte mich nicht; die Gerade hat den Kreis tangiert
der **Tango** (ein Tanz); des Tangos; die Tangos
der **Tank** (grösserer Behälter zur Lagerung oder zum Transport von flüssigen und gasförmigen Stoffen); des Tanks; die Tanks
tanken; du tankst; er tankte; sie hat 10 Liter Benzin getankt
der **Tanker** (Schiff, das mit grossen Tanks ausgerüstet ist, v. a. für den Transport von Erdöl); des Tankers; die Tanker
die **Tanksäule** (Zapfsäule)
die **Tankstelle**
der **Tankwart;** des Tankwarts *oder* Tankwartes; die Tankwarte
die **Tankwartin;** die Tankwartinnen
der **Tannast** (Tannenast); des Tannasts *oder* Tannastes; die Tannäste
die **Tanne**
der **Tannenast**
der **Tannenbaum**
der **Tannenzapfen** *oder* **Tannzapfen**
Tansania (Staat in Afrika)
der **Tansanier;** des Tansaniers; die Tansanier
die **Tansanierin;** die Tansanierinnen
tansanisch
die **Tanse** (Rückentragkorb)
die **Tante**
der **Tanz;** des Tanzes; die Tänze
tänzeln; ich tänzle; du tänzelst; das Pferd tänzelte; das Pferd hat getänzelt
tanzen; du tanzt; er tanzte; sie hat einen Walzer getanzt
der **Tänzer;** des Tänzers; die Tänzer
die **Tänzerin;** die Tänzerinnen
die *oder* der **Tapa** (pikanter Happen); der Tapa *oder* des Tapas; die Tapas
das *oder* der **Tape** (Magnet-, Tonband); des Tape; die Tapes
das **Tapet;** *nur noch in:* etwas aufs Tapet (zur Sprache) bringen
die **Tapete** (Wandbekleidung aus bedrucktem Papier, Kunststoff o. Ä.); die Tapeten; zwei Rollen Tapete
tapezieren; du tapezierst; sie tapezierte; er hat das Zimmer tapeziert
der **Tapezierer;** des Tapezierers; die Tapezierer
die **Tapeziererin;** die Tapeziererinnen
tapfer; das tapfere Schneiderlein (eine Märchenfigur)
die **Tapferkeit**
der **Tapir** (Tier mit dichtem Fell und kurzem Rüssel); des Tapirs; die Tapire
tappen; du tappst; er tappte; er ist im Dunkeln durch das Zimmer getappt; sie hat lange im Dunkeln getappt (sie wusste lange nicht Bescheid)
täppisch (ungeschickt, unbeholfen); ein täppischer Bursche
die **Tarantel** (eine Spinne); die Taranteln
der **Tarif** (Lohn-, Preisstaffel; Gebührenordnung); des Tarifs; die Tarife
tariflich; tarifliche Bestimmungen
tarnen; du tarnst; er tarnte; sie hat ihr Versteck getarnt
die **Tarnkappe**
die **Tarnung**
das *oder* der **Tarock** (ein Kartenspiel); des Tarocks; die Tarocks
die **Tasche**
das **Taschenbuch**
der **Taschendieb**
die **Taschendiebin**
das **Taschengeld** (Sackgeld)
die **Taschenlampe**
der **Taschenrechner**
das **Taschentuch** (Nastuch)
die **Tasse**
die **Tastatur;** die Tastaturen; Tastatur schreiben; sie hat Tastatur geschrieben
das **Tastaturschreiben**
die **Taste**
tasten; du tastest; sie tastete; er hat vorsichtig nach ihrer Hand getastet; sich tasten; sie hat sich durch den dunklen Gang getastet
der **Tastsinn**
die **Tat;** die Taten; eine gute Tat; in der Tat; er wurde auf frischer Tat ertappt; in Tat und Wahrheit (in Wirklichkeit)
der **Tatbestand** (Sachverhalt, Gesamtheit von feststehenden Tatsachen); des Tatbestands *oder* Tatbestandes; die Tatbestände
der **Tatendrang**
tatenlos; sie hat tatenlos zugesehen
der **Täter;** des Täters; die Täter
die **Täterin;** die Täterinnen

die **Täterschaft** (Urheber einer Straftat; alle an einer Straftat beteiligten Täter); die Täterschaften
tätig (beschäftigt; aktiv); [als Lehrer] tätig sein; die Polizei ist in dieser Sache tätig geworden
die **Tätigkeit**
tätlich (handgreiflich; körperliche Gewalt anwendend); tätlich werden; ein tätlicher Angriff
die **Tätlichkeit** *meist Plural*
der **Tatort;** die Tatorte
tätowieren (eine Zeichnung mit Farbe in die Haut einritzen); du tätowierst; er tätowierte; sie hat ihm ein Schiff auf den Unterarm tätowiert
die **Tätowierung;** *vergleiche auch:* Tattoo
die **Tatsache**
tatsächlich; sein tatsächlicher Name ist Roland; so etwas gibts tatsächlich
tätscheln; ich tätschle; du tätschelst; er tätschelte; sie hat ihn getätschelt
der **Tätschmeister** (Leiter, Organisator eines Fests, v. a. bei Hochzeiten)
die **Tätschmeisterin**
der **Tattergreis** (*abwertend für:* alter, gebrechlicher Mann)
die **Tattergreisin** (*abwertend für:* alte, gebrechliche Frau)
tatterig *oder* **tattrig** (zitterig); mit tatterigen *oder* tattrigen Händen
der *oder* das **Tattoo** (Tätowierung); des Tattoos; die Tattoos
die **Tatze** (Fuss, Pfote eines grösseren Raubtiers)
der **Tau** (Feuchtigkeit der Luft, die sich am frühen Morgen auf Boden und Pflanzen niederschlägt); des Taus *oder* Taues
das **Tau** (Schiffsseil); des Taus *oder* Taues; die Taue
taub (gehörlos; ohne Empfindung); ihr rechtes Ohr ist taub; er hatte ganz taube Finger; sich taub stellen
die **Taube**
der **Taubenschlag** (Häuschen, Verschlag, in dem Tauben gehalten werden)
der **Täuberich** (männliche Taube); des Täuberichs; die Täuberiche
die **Taubheit**
die **Taubnessel** (eine Pflanze); die Taubnesseln
taubstumm (*veraltend; besonders von Gehörlosen oft als diskriminierend empfunden*)
tauchen; du tauchst; sie tauchte; er hat *oder* ist getaucht; ABER NUR: er ist bis auf den Boden des Schwimmbeckens getaucht; sie hat den Pinsel in die Farbe getaucht
der **Taucher;** des Tauchers; die Taucher
die **Taucherin;** die Taucherinnen
der **Tauchsieder** (Gerät zum Erhitzen von Wasser, das dabei ins Wasser getaucht wird); des Tauchsieders; die Tauchsieder
tauen; es taut; es taute; es hat [gestern] getaut
die **Taufe**
taufen; du taufst; er taufte; er hat sie auf den Namen Carla getauft
der **Täufer;** des Täufers; die Täufer
die **Täuferin;** die Täuferinnen
der **Täufling;** des Täuflings; die Täuflinge
der **Taufpate** (Götti)
die **Taufpatin** (Gotte)
taufrisch; taufrische Wiesen
taugen (sich [für etwas] eignen; brauchbar sein); du taugst; sie taugte; er hat nichts getaugt
der **Taugenichts;** des Taugenichts *oder* Taugenichtses; die Taugenichtse
tauglich (geeignet; brauchbar); ein taugliches Mittel; er ist als Pilot nicht tauglich
der **Taumel** (Schwindel; Rausch); des Taumels; im Taumel der Begeisterung
taumeln (schwanken); ich taumele *oder* taumle; du taumelst; er taumelte; sie ist durch die Strassen getaumelt
der **Tausch;** des Tauschs *oder* Tausches; die Tausche
tauschen; du tauschst; er tauschte; sie hat mit mir getauscht
täuschen; du täuschst; sie täuschte; er hat ihn getäuscht; sich täuschen (irren); ich habe mich getäuscht
das **Tauschgeschäft**
die **Täuschung**
tausend; [acht] von tausend; bis tausend zählen; tausend Dank; Land der tausend Seen (Finnland); ABER: das **Tausend;** ein halbes Tausend; ein paar Tausend [Menschen, Bäume]; einige, mehrere, viele Tausend [Büroklammern]; einige, mehrere, viele Tausende [von Reisenden]; die Rechnung geht in die Tausende; die Besucher

kamen zu Tausenden; Tausend und Abertausend Sterne; Tausende und Abertausende bunter Laternen

tausendeins *oder* **tausendundeins**

der **Tausender;** des Tausenders; die Tausender

tausenderlei; sie wünscht sich eine Party und tausenderlei mehr

tausendfach; ein tausendfacher Jubel; die Methode hat sich tausendfach bewährt

der **Tausendfüsser** *oder* **Tausendfüssler;** des Tausendfüssers *oder* Tausendfüsslers; die Tausendfüsser *oder* Tausendfüssler

tausendjährig; eine tausendjährige Tradition

tausendmal *vergleiche:* hundertmal

tausendste; der tausendste Besucher; ABER: vom Hundertsten ins Tausendste kommen (vom eigentlichen Thema immer mehr abkommen); *vergleiche:* hundertste

der *oder* das **Tausendstel** *vergleiche:* Achtel

der **Tautropfen**

das **Tauwetter**

die **Taverne** (italienisches Wirtshaus); die Tavernen

die **Taxe** (Schätzpreis; Gebühr); die Taxen

das **Taxi;** des Taxis; die Taxis

taxieren (schätzen; abschätzen); du taxierst; sie taxierte; sie hat die Entfernung [auf 200 Meter] taxiert

Tb *oder* **Tbc** *oder* **Tbk** = Tuberkulose

das **Teak** (*kurz für:* Teakholz); des Teaks

das **Teakholz** (Holz des in den Tropen wachsenden Teakbaums)

das **Team** (Arbeitsgruppe; Mannschaft); des Teams; die Teams

teamfähig (in der Lage, in einem Team zu arbeiten); [nicht] teamfähig sein

das **Teamwork** (Gemeinschaftsarbeit); des Teamworks

der **Tearoom** (Café, in dem keine alkoholischen Getränke serviert werden); des Tearooms; die Tearooms

die **Technik;** die Techniken

der **Techniker;** des Technikers; die Techniker

die **Technikerin;** die Technikerinnen

technisch; technischer Zeichner; [eine] technische Hochschule; ABER: die Eidgenössische Technische Hochschule (*Abkürzung:* ETH)

der **Techno** (elektronische Tanzmusik mit besonders schnellem Rhythmus); des Techno *oder* Technos

die **Technologie** (Fertigungstechnik; Gesamtheit technischer Verfahren); die Technologien

das **Techtelmechtel** (Liebelei); des Techtelmechtels; die Techtelmechtel

der **TED** (Computer, der telefonische Stimmabgaben annimmt und hochrechnet); des TEDs

der **Teddybär;** des/dem/den Teddybären; die Teddybären

der **Tee;** des Tees; die Tees; schwarzer, grüner Tee; chinesischer Tee; Tee trinken

das **Tee-Ei**

die **Teekanne**

der **Teekrug**

der **Teen** (*kurz für:* Teenager); des Teens; die Teens *meist Plural*

der **Teenager** (Junge oder Mädchen im Alter von 13 bis 19 Jahren); des Teenagers; die Teenager

der *und* die **Teenie** *oder* **Teeny** (jüngerer Teenager); des Teenies *oder* Teenys; die Teenies *oder* Teenys

der **Teer;** des Teers *oder* Teeres; die Teere

teeren; du teerst; er teerte; er hat die Strasse geteert

teerig (teerhaltig); teeriges Isolierband

der **Teich;** des Teichs *oder* Teiches; die Teiche

der **Teig;** des Teigs *oder* Teiges; die Teige; Teig rühren, kneten

teigig; eine teigige Masse

die **Teigwaren** *Plural*

der *oder* das **Teil;** des Teils *oder* Teiles; die Teile; zum Teil; ein grosser Teil des Gebietes; sie prüfte jedes Teil (Stück); ein gut Teil; sein *oder* seinen Teil dazu beitragen; ich für mein *oder* meinen Teil; *vergleiche aber:* teils; einesteils; grösstenteils; teilhaben; teilnehmen

teilbar; eine durch drei teilbare Zahl

teilen; du teilst; er teilte; sie hat mit ihrem Bruder geteilt; zehn geteilt durch fünf ist, macht, gibt zwei

der **Teiler** (Divisor); des Teilers; die Teiler

teilhaben (beteiligt sein); ich habe teil; du hast teil; sie hatte teil; er hat an meiner Freude teilgehabt; versuche doch, an meiner Freude teilzuhaben

teilhaftig; einer Sache teilhaftig sein (an

ihr beteiligt sein); er wird wohl nie wieder der Freiheit teilhaftig werden (die Freiheit erleben, erfahren)

die **Teilmenge** (*Mathematik:* Menge, die in einer Menge als Teil enthalten ist)

die **Teilnahme**

teilnahmslos (innerlich abwesend); ein teilnahmsloser Gesichtsausdruck

teilnehmen; sie nimmt teil; sie nahm teil; er hat an dieser Veranstaltung teilgenommen; versuche, an der Besprechung teilzunehmen

der **Teilnehmer;** des Teilnehmers; die Teilnehmer

die **Teilnehmerin;** die Teilnehmerinnen

das **Teilpensum** (Teilzeit); des Teilpensums; die Teilpensen

teils; es lief teils gut, teils schlecht

teilweise; die Burg ist teilweise zerstört worden

die **Teilzahlung**

die **Teilzeit;** [in] Teilzeit arbeiten; du arbeitest Teilzeit; er arbeitete Teilzeit; sie hat Teilzeit gearbeitet; er hat vor, Teilzeit zu arbeiten; Teilzeit arbeitende Frauen

der **Teilzeiter** (jemand, der Teilzeit arbeitet); die Teilzeiter

die **Teilzeiterin;** die Teilzeiterinnen

der **Teint** ([Farbe der] Gesichtshaut); des Teints; die Teints

Tel. = Telefon

die **Telearbeit** (Form der Heimarbeit, bei der die Arbeitnehmenden über Datenleitungen mit dem Arbeitgeber verbunden sind)

das **Telefax** (Fernkopie; Fernkopierer; Fernkopiersystem für Text- und Bildvorlagen); des Telefax; die Telefaxe

telefaxen; ich telefaxe; du telefaxt; sie telefaxte; er hat getelefaxt

das **Telefon;** des Telefons; die Telefone

der **Telefonbeantworter**

telefonieren; du telefonierst; er telefonierte; sie hat telefoniert

telefonisch; telefonisch erreichbar sein

der **Telefonist** (Angestellter, dessen Aufgabe es ist, das Telefon zu bedienen); des/dem/den Telefonisten; die Telefonisten

die **Telefonistin;** die Telefonistinnen

die **Telefonnummer**

telegen (für Fernsehaufnahmen geeignet); eine telegene Sportlerin

der **Telegraf** (Apparat, mit dem Nachrichten durch vereinbarte Zeichen übermittelt werden können); des/dem/den Telegrafen; die Telegrafen

die **Telegrafie**

telegrafieren; du telegrafierst; er telegrafierte; sie hat telegrafiert

telegrafisch

das **Telegramm** (Nachricht, die mit einem Telegraf gesendet wird); des Telegramms; die Telegramme

die **Telenovela** (Fortsetzungsgeschichte im Fernsehen); die Telenovelas

das **Teleobjektiv** (Objektiv, mit dem weit entfernte Objekte fotografiert werden können)

die **Telepathie** (Gedankenübertragung)

telepathisch; telepathische Fähigkeiten

das **Teleshopping** (Bestellung von Waren, die in elektronischen Medien angeboten werden); des Teleshoppings

das **Teleskop** (Fernrohr); des Teleskops; die Teleskope

die **Television** (Fernsehen; *Abkürzung:* TV)

der **Teller;** des Tellers; die Teller

der **Tellerservice** (Angebot von Gerichten, die auf dem Teller und nicht in Schüsseln serviert werden)

tel quel (unverändert, so, wie es eben ist); er will ihren Vorschlag tel quel übernehmen

der **Tempel;** des Tempels; die Tempel

das **Temperament** (Gemütsart; Lebhaftigkeit); des Temperaments *oder* Temperamentes; die Temperamente

temperamentvoll; ein temperamentvoller Mensch

die **Temperatur** (Wärme; Wärmegrad); die Temperaturen

temperieren (auf eine mässig warme Temperatur bringen); ich temperiere; du temperierst; sie temperierte; er hat das Zimmer temperiert

das **Tempo** (Geschwindigkeit; Zeitmass); des Tempos; die Tempos *oder (Musik:)* die Tempi

temporär (zeitweilig, vorübergehend); temporäre Verkehrsstaus; temporär arbeiten

das **Temporärbüro** (Firma, die Arbeitskräfte temporär verleiht)

die **Tempo-30-Zone** (bestimmter Verkehrsbereich, in dem eine Höchstgeschwindigkeit von 30 km/h gilt)

das **Tempus** (Zeitform des Verbs); des Tempus; die Tempora

die **Tendenz** (Hang, Neigung; Entwicklungsrichtung); die Tendenzen

tendenziell (der Tendenz nach; entwicklungsmässig); der Energieverbrauch nimmt tendenziell ab

tendenziös (etwas bezweckend, beabsichtigend; parteilich zurechtgemacht); tendenziöser; am tendenziösesten; tendenziöse Presseberichte

tendieren ([zu etwas] hinneigen, gerichtet sein); ich tendiere; du tendierst; die Partei tendierte nach rechts; sie hat zu einer anderen Auffassung tendiert das

Tenn; des Tenns; die Tenne

die **Tenne** (Dreschplatz [in der Scheune]); die Tennen; *auch:*

das **Tennis;** des Tennis; Tennis spielen; ABER: beim Tennisspielen

der **Tennisschläger**

der **Tenor** (Sinn, Inhalt); des Tenors; der Tenor seiner Rede

der **Tenor** (hohe Männerstimme; Tenorsänger); des Tenors; die Tenöre

das **Tenü** *oder* **Tenue** (vorgeschriebene Art der Kleidung); des Tenüs *oder* Tenues; die Tenüs *oder* Tenues

der **Teppich;** des Teppichs; die Teppiche

der **Term** (*Mathematik:* Glied einer Formel); des Terms; die Terme

der **Termin** (festgesetzter Zeitpunkt); des Termins; die Termine

das **Terminal** (Abfertigungshalle in einem Flughafen); des Terminals; die Terminals

terminieren (zeitlich festlegen); du terminierst; sie terminierte; er hat die Veranstaltung [auf den 10. August] terminiert

der **Terminus** (Fachausdruck); des Terminus; die Termini; ein physikalischer Terminus

die **Termite** (ein Insekt); die Termiten

das **Terpentin** (ein Harz); des Terpentins; die Terpentine

das **Terrain** (Gebiet); des Terrains; die Terrains; auf fremdem Terrain

das **Terrarium** (Behälter für die Haltung kleiner Lurche u. Ä.); des Terrariums; die Terrarien

die **Terrasse;** die Terrassen

der **Terrier** (ein Hund); des Terriers; die Terrier

die **Terrine** (Suppenschüssel; Speise, die in einer Suppenschüssel zubereitet wird); die Terrinen

territorial (zu einem Gebiet gehörend, ein Gebiet betreffend); territoriale Auseinandersetzungen

das **Territorium** (Bezirk; Hoheitsgebiet); des Territoriums; die Territorien

der **Terror** (Verbreitung von Angst und Schrecken); des Terrors

terrorisieren; du terrorisierst; sie terrorisierte; er hat alle terrorisiert

der **Terrorismus** (Einstellung und Verhaltensweise, die politische Ziele mit Gewalt erreichen will; Gesamtheit aller Personen, die Terrorhandlungen ausführen); des Terrorismus

der **Terrorist;** des/dem/den Terroristen; die Terroristen

die **Terroristin;** die Terroristinnen

terroristisch; terroristische Gruppen

die **Terz** (*Musik:* der dritte Ton vom Grundton aus); die Terzen

das **Terzett** (dreistimmiges Gesangsstück; dreizeilige Strophe des Sonetts); des Terzetts *oder* Terzettes; die Terzette

das **Tessin** (Kanton)

der **Tessin** (Hauptfluss der Südschweiz)

der **Test** (Probe, Prüfung); des Tests *oder* Testes; die Tests

das **Testament** (letzter Wille); des Testaments *oder* Testamentes; die Testamente; sein Testament machen; ein handgeschriebenes Testament; ABER: das Alte Testament (*Abkürzung:* A.T.); das Neue Testament (*Abkürzung:* N.T.)

testamentarisch (durch ein Testament festgelegt); ein testamentarisches Vermächtnis

testen; du testest; sie testete; er hat das Material getestet

der **Tetanus** (Wundstarrkrampf); des Tetanus

die **Tetanusimpfung**

teuer; teurer; am teuersten; eine teure Hose; das kommt mir *oder* mich teuer zu stehen

die **Teuerung**

der **Teufel;** des Teufels; die Teufel

die **Teufelin;** die Teufelinnen

teuflisch; ein teuflischer (äusserst bösartiger, grausamer) Plan; hier muss man teuflisch (sehr) aufpassen

der *oder* das **Texmex** (Popmusik mit texanischen und mexikanischen Elementen; für das texanisch-mexikanische Grenzgebiet typisches Essen); des Texmex

der **Text;** des Texts *oder* Textes; die Texte

texten (einen Text verfassen); ich texte; du textest; sie hat die Anzeige getextet

die **Textilien** (Kleidung; Stoff; Gewebe; Wäsche; Faserstoffe) *Plural*

die **Textilindustrie**

TG = Autokennzeichen und allgemeine Abkürzung für den Kanton Thurgau

der **TGV** = Train à grande vitesse (*Markenbezeichnung:* französischer Hochgeschwindigkeitszug)

Thailand (Staat in Hinterindien)

der **Thailänder;** des Thailänders; die Thailänder

die **Thailänderin;** die Thailänderinnen

thailändisch

das **Theater;** des Theaters; die Theater

theatralisch (bühnenmässig; feierlich); ein theatralisches Verhalten

der **Thek** (Schulranzen); des Theks; die Theks

die **Theke** (Schanktisch, Ladentisch); die Theken

das **Thema** (Gegenstand; Gesprächsstoff; Leitgedanke); des Themas; die Themen *oder* Themata

die **Thematik** (Themenstellung); die Thematiken

thematisch (dem Thema entsprechend)

thematisieren (zum Thema machen); du thematisierst; er thematisierte; sie hat das Problem thematisiert

der **Theologe** (Religionswissenschaftler); des/dem/den Theologen; die Theologen

die **Theologie** (Wissenschaft von Gott und seiner Offenbarung; Religions-, Glaubenslehre); die Theologien

die **Theologin** (Religionswissenschaftlerin); die Theologinnen

theologisch

der **Theoretiker** (jemand, der sich [nur] theoretisch mit etwas beschäftigt); des Theoretikers; die Theoretiker

die **Theoretikerin;** die Theoretikerinnen

theoretisch (die Theorie von etwas betreffend; [nur] gedanklich); theoretische Kenntnisse; theoretische Chemie

die **Theorie** (Lehre; Erklärungsversuch); die Theorien

der **Therapeut** (jemand, der eine Krankheit behandelt); des/dem/den Therapeuten; die Therapeuten

die **Therapeutin;** die Therapeutinnen

therapeutisch; therapeutische Mittel

die **Therapie** (Heilbehandlung); die Therapien

das **Thermalbad** (Bad mit natürlichem warmem Grund- oder Quellwasser)

die **Therme** (heisse Quelle); die Thermen

die **Thermik** (*Meteorologie:* aufwärts gerichtete Warmluftbewegung)

thermisch (die Wärme betreffend); thermische Energie

das *oder* der **Thermometer** (Temperaturmessgerät); des Thermometers; die Thermometer

die **Thermosflasche** (*Markenbezeichnung für:* ein Warmhaltegefäss)

der **Thermostat** (Wärmeregler); des Thermostats *oder* Thermostates *oder* Thermostaten; die Thermostate *oder* Thermostaten

die **These** (Lehrsatz; Behauptung); die Thesen

der **Thon** (Thunfisch); des Thons

der **Thriller** (reisserischer Film oder Roman); des Thrillers; die Thriller; *vergleiche aber:* Triller

die **Thrombose** (*Medizin:* Verstopfung von Blutgefässen durch Blutgerinnsel); die Thrombosen

der **Thron;** des Throns *oder* Thrones; die Throne; den Thron besteigen (die monarchische Herrschaft antreten); jemanden vom Thron stossen (als Monarchen entmachten)

der **Thronfolger;** des Thronfolgers; die Thronfolger

die **Thronfolgerin;** die Thronfolgerinnen

der **Thunersee**

der **Thunfisch** *oder* **Tunfisch,** *auch:* **Thon**

die **Thur** (Nebenfluss des Rheins)

der **Thurgau**

der **Thurgauer;** die Thurgauer

die **Thurgauerin;** die Thurgauerinnen

thurgauisch

der **Thymian** (eine Gewürz- und Heilpflanze); des Thymians; die Thymiane

TI = Autokennzeichen und allgemeine Abkürzung für den Kanton Tessin

Tibet (Hochland in Zentralasien)
der **Tibeter** *oder* **Tibetaner;** des Tibeters *oder* Tibetaners; die Tibeter *oder* Tibetaner
die **Tibeterin** *oder* **Tibetanerin;** die Tibeterinnen *oder* Tibetanerinnen
tibetisch *oder* **tibetanisch**
der **Tick** (wunderliche Eigenart); des Ticks; die Ticks
ticken; die Uhr tickte; sie hat getickt; du tickst wohl nicht richtig (du bist wohl nicht recht bei Verstand)
das **Ticket** (Billet, Flugkarte, Eintrittskarte); des Tickets; die Tickets
der *oder* das **Tiebreak** (*Tennis:* Satzverkürzung [beim Stand von 6:6]); des Tiebreaks; die Tiebreaks

tief

Klein- und Grossschreibung:

- etwas auf das, aufs Tiefste beklagen
- etwas Tiefes; alles Hohe und Tiefe

Getrennt- und Zusammenschreibung in Verbindung mit Verben und Partizipien:

- tief graben, tief pflügen
- die tief erschütterte *oder* tieferschütterte Frau
- der tief bewegte *oder* tiefbewegte Mann
- ein tief empfundener *oder* tiefempfundener Dank
- tief greifende *oder* tiefgreifende Veränderungen

Vergleiche aber: tiefgefrieren; tiefblau; tiefgekühlt; tiefgründig; tiefschwarz; tiefsinnig

das **Tief** (Tiefdruckgebiet); des Tiefs; die Tiefs
tiefblau; tiefblaue Augen
die **Tiefe**
die **Tiefebene** (Ebene mit Meereshöhe unter 150 Meter)
der **Tiefgang;** das Schiff hat nur geringen Tiefgang
die **Tiefgarage**
tiefgefrieren; er hat das Fleisch tiefgefroren; tiefgefrorenes Gemüse
tiefgekühlt; tiefgekühltes Gemüse
tiefgründig (von gedanklicher Tiefe); tiefgründiger Humor
der **Tiefkühler** (Gefrierschrank oder -truhe); des Tiefkühlers; die Tiefkühler
tiefschwarz; tiefschwarze Haare
tiefsinnig (mit hintergründiger Bedeutung); tiefsinnige Überlegungen
der **Tiegel** (flacher Topf); des Tiegels; die Tiegel

In einer Reihe von Wörtern wird der lang gesprochene *i-Laut* ohne anschliessendes -e geschrieben. Dazu gehört auch das Nomen *Tiger.*

das **Tier;** des Tiers *oder* Tieres; die Tiere
der **Tierarzt**
die **Tierärztin**
tierisch (*auch für:* sehr gross, stark); tierischen Hunger haben
die **Tierquälerei**
der **Tierschutz**
die **Tierwelt**
der **Tiger;** des Tigers; die Tiger
tigern (irgendwohin gehen); ich tigere; du tigerst; sie tigerte; er ist zu der Party getigert
tilgen (zurückzahlen; beseitigen); du tilgst; sie tilgte; er hat seine Schulden getilgt
der **Tilsiter** (ein Käse)
das **Time-out** (*Basketball, Volleyball, Hockey etc.:* Auszeit); des Time-out *oder* Time-outs; die Time-outs
der **Timer** (Zeitschaltuhr); des Timers; die Timer
das **Timing** (zeitliche Abstimmung); des Timings; die Timings; ihr Timing beim Absprung war perfekt
tingeln (an verschiedensten Orten bei Veranstaltungen auftreten; umherreisen); ich tingle; du tingelst; er tingelte; sie hat in Discos getingelt; er ist durch Festzelte getingelt
die **Tinktur** (Arzneiauszug); die Tinkturen
die **Tinte**
der **Tintenfisch**
der **Tintenklecks**
der **Tintenstrahldrucker**
der **Tipp;** des Tipps; die Tipps
tippeln (zu Fuss gehen; wandern; kleine, schnelle Schritte machen); ich tipple; du tippelst; er tippelte; sie ist getippelt
tippen (leicht stossen; Maschine schreiben); du tippst; er tippte; sie hat ihm *oder*

ihn auf die Schulter getippt; er hat den Brief getippt
tippen (wetten); ich tippe; du tippst; er tippte; sie hat richtig getippt
der **Tippfehler**
tipptopp (makellos, sehr gut); tipptopp aussehen
die **Tirade** (Wortschwall); die Tiraden
das **Tiramisu** (italienische Süssspeise); des Tiramisus; die Tiramisus
Tirana (Hauptstadt Albaniens)
der **Tirggel** (ein Honiggebäck); des Tirggels; die Tirggel
der **Tisch;** des Tischs *oder* Tisches; die Tische
das **Tischblatt** (Tischplatte); des Tischblatts *oder* Tischblattes; die Tischblätter
tischen (den Tisch decken); du tischst; er tischt; er tischte; er hat getischt
der **Tischler** (Schreiner); des Tischlers; die Tischler
die **Tischlerei** (Schreinerei)
die **Tischlerin;** die Tischlerinnen
tischlern; ich tischlere; du tischlerst; sie tischlerte; er hat in seiner Freizeit gerne getischlert
das **Tischtennis;** Tischtennis spielen
der **Titan** (einer der Götter der griechischen Sage); des/dem/den Titanen; die Titanen
der **Titel;** des Titels; die Titel
der **Titelverteidiger** *(Sport)*
die **Titelverteidigerin** *(Sport)*
der **Toast** (geröstete Weissbrotscheibe; Trinkspruch); des Toasts *oder* Toastes; die Toaste *oder* Toasts; einen Toast aussprechen, ausbringen
der **Toaster;** des Toasters; die Toaster
das **Tobel** (enge Schlucht); des Tobels; die Tobel
toben; du tobst; er tobte; sie hat vor Wut getobt
die **Tobsucht**
tobsüchtig; ein tobsüchtiges Kind
die **Tochter;** die Töchter
der **Tod;** des Tods *oder* Todes; die Tode; jemanden zu Tode erschrecken
todbringend; eine todbringende Seuche; ABER: eine den Tod bringende Seuche
todelend; er fühlte sich todelend
todernst; mit todernstem Gesicht
die **Todesangst**
todesmutig; ein todesmutiger Sprung
das **Todesopfer**
die **Todesstrafe**
das **Todesurteil**
der **Todfeind**
die **Todfeindin**
todkrank; eine todkranke Patientin
todlangweilig; ein todlangweiliger Film
tödlich; tödliche Verletzungen
todmüde; sie sank todmüde ins Bett
todsicher; eine todsichere Sache; er kommt todsicher zu spät
todstill *vergleiche:* **totenstill**
die **Todsünde**
todunglücklich

> Mit *d* schreibt man zusammengesetzte Wörter, in denen das Nomen *Tod* der erste Bestandteil ist oder in denen *tod* die Bedeutung «sehr» oder «äusserst» hat: *todbringend, Todsünde, todernst, todsicher.* Mit *t* schreibt man dagegen Zusammensetzungen, die das Adjektiv *tot* als ersten Bestandteil haben: *sich totlachen, totfahren, totschlagen, Totschlag.*

der **Töff;** des Töffs; die Töffs
das **Töffli;** des Töfflis; die Töffli
das **Tofu** (Produkt aus Sojabohnen)
der **Töggelikasten** (Tischfussball)
Togo (Staat in Westafrika)
der **Togoer;** des Togoers; die Togoer
die **Togoerin;** die Togoerinnen
togoisch
das **Tohuwabohu** (Durcheinander); des Tohuwabohu *oder* Tohuwabohus; die Tohuwabohus
die **Toilette;** die Toiletten
tolerant (duldsam; nachsichtig); toleranter; am tolerantesten; eine tolerante Einstellung
die **Toleranz** (Duldung)
tolerieren (dulden, gelten lassen, zulassen); du tolerierst; sie tolerierte; sie hat seine Meinung toleriert
toll; toller; am tollsten; eine tolle Geschichte; die Mannschaft hat toll gespielt
tollen; ich tolle; du tollst; sie tollte; er hat im Garten getollt
die **Tollheit** (Verrücktheit; Streich)
die **Tollkirsche** (eine Pflanze mit sehr giftigen Beeren)
tollkühn (waghalsig; furchtlos); tollkühne Helden

die **Tollkühnheit**
der **Tollpatsch** (sehr ungeschickter Mensch); des Tollpatschs *oder* Tollpatsches; die Tollpatsche
tollpatschig; ein tollpatschiger Kerl
die **Tollwut** (oft tödliche Krankheit bei Tieren und Menschen)
tollwütig; ein tollwütiger Hund
der **Tölpel** (ungeschickter, einfältiger Mensch; Depp; ein Seevogel); des Tölpels; die Tölpel
tölpelhaft; tölpelhaftes Verhalten
der **Tomahawk** (indianische Jagd- und Kampfwaffe); des Tomahawks; die Tomahawks
die **Tomate**
das **Tomatenpüree**
die **Tombola** (Verlosung); die Tombolas, *selten:* Tombolen
der **Ton** (Laut; Farbton); des Tons *oder* Tones; die Töne
der **Ton** (Bodenart); des Tons *oder* Tones; die Tone
die **Tonart** (Tonfall; *Musik:* Stufenfolge von Tönen, z. B. C-Dur, a-Moll); sie schlug ihm gegenüber eine schärfere Tonart an (sie behandelte ihn strenger)
das **Tonband;** die Tonbänder
tönen (färben); du tönst; sie tönte; sie hat ihr Haar rötlich getönt
tönen (klingen); es tönt; es tönte gut
tönern (aus Ton); tönernes Geschirr
der **Tonfilm**
das **Tongeschlecht** (Dur oder Moll)
die **Tonleiter**
die **Tonnage** (Rauminhalt eines Schiffes; Frachtraum); die Tonnagen
die **Tonne**
tonnenweise
die **Tonsur** (kahl geschorene Stelle auf dem Kopf von Mönchen); die Tonsuren
die **Tönung**
der **Topas** (ein Schmuckstein); des Topases; die Topase
der **Topf;** des Topfs *oder* Topfes; die Töpfe
topfeben (ganz flach); die Gegend ist topfeben
der **Töpfer;** des Töpfers; die Töpfer
die **Töpferei**
die **Töpferin;** die Töpferinnen
töpfern (aus Ton herstellen); du töpferst; sie töpferte; er hat getöpfert; *Trennung:* töp-fern
topfit (in bester körperlicher Verfassung); topfit sein; sich topfit fühlen
die **Topfpflanze** (Zimmerpflanze)
die **Topografie** (Orts-, Lagebeschreibung); die Topografien
topografisch; topografische (geografisch sehr detaillierte, genaue) Karten
der **Topos** (oft gebrauchte Formulierung); des Topos; die Topoi
der **Topstar** (Spitzenstar)
die **Topten** *oder* **Top Ten** (Hitparade [aus zehn Musiktiteln, Büchern u. a.]); die Toptens *oder* Top Tens
das **Tor** (grosse Tür; *Sport:* Angriffsziel); des Tors *oder* Tores; die Tore
der **Tor** (törichter Mensch); des/dem/den Toren; die Toren
die **Torera** (Stierkämpferin); die Toreras
der **Torero** (Stierkämpfer); des Torero *oder* Toreros; die Toreros
der **Torf** (schwarzer Boden, der im Moor durch vermodernde Pflanzen entsteht); des Torfs *oder* Torfes; die Torfe; Torf stechen
das **Torfmoor**
die **Torheit** (Dummheit; unvernünftige Handlung); eine grosse Torheit begehen
der **Torhüter** (Goalie); des Torhüters; die Torhüter
die **Torhüterin** (weiblicher Goalie); die Torhüterinnen
töricht (unklug, dümmlich); ein törichter Vorschlag
die **Torin** *oder* **Törin** (törichte Frau); die Torinnen *oder* Törinnen
torkeln (schwankend [an einen bestimmten Ort] gehen); ich torkle; du torkelst; er ist *oder* hat getorkelt; ABER NUR: sie ist über die Strasse getorkelt
der **Tornado** (ein Wirbelsturm); des Tornados; die Tornados
der **Tornister** (Ranzen); des Tornisters; die Tornister
torpedieren (mit Torpedos beschiessen; *auch für:* stören, verhindern); ich torpediere; du torpedierst; das U-Boot torpedierte ein Kriegsschiff; er hat meine Pläne torpediert
der **Torpedo** (Unterwasssergeschoss); des Torpedos; die Torpedos
der **Torso** (Rumpf einer Statue; Bruchstück,

unvollendetes Werk); des Torsos; die Torsos *oder* Torsi

die **Torte**

die **Tortur** (Folter; Qual); die Torturen

der **Torwart** (Goalie); des Torwarts *oder* Torwartes; die Torwarte

die **Torwartin** (weiblicher Goalie); die Torwartinnen

tosen; der Sturm toste; der Sturm hat getost; tosender (heftiger) Beifall

die **Töss** (Nebenfluss des Rheins)

tot; der tote Punkt; totes Kapital; etwas auf ein totes Gleis (ein Gleis, das nicht weiterführt) schieben; ABER: das Tote Meer (zu Jordanien und Israel gehörend); tot sein; tot scheinen; sich tot stellen; das Opfer hat sich tot gestellt; sich tot arbeiten *oder* totarbeiten; tot fahren *oder* totfahren; sich tot lachen *oder* totlachen; tot schlagen *oder* totschlagen; ein tot geborenes *oder* totgeborenes Kind

total (gänzlich, völlig; insgesamt); eine totale Sonnenfinsternis; ich bekam total 50 Franken

das **Total** (Summe; Gesamtheit); des Totals; die Totale

totalitär (alles erfassend und kontrollierend); totalitäre Staaten

die **Totalität** (Gesamtheit, Ganzheit)

der **Tote;** ein Toter; die Toten; zwei Tote

die **Tote;** eine Tote; die Toten

das **Totem** (Stammeszeichen bei den Indianern); des Totems; die Totems

der **Totempfahl**

töten; du tötest; er tötete; sie hat ihn getötet

die **Totenbahre** (Gestell, auf dem der Sarg während der Trauerfeier steht)

totenblass *oder* **todblass;** ein totenblasser *oder* todblasser Mann

der **Totengräber;** des Totengräbers; die Totengräber

die **Totengräberin;** die Totengräberinnen

der **Totenkopf**

die **Totenmesse**

totenstill *oder* **todstill;** es war plötzlich totenstill *oder* todstill

die **Totenstille**

das *oder* der **Toto** (ein Glücksspiel); des Totos; die Totos

der **Totschlag;** des Totschlags *oder* Totschlages

die **Tötung**

das **Toupet** (Perücke); des Toupets; die Toupets

die **Tour** (Ausflug, Fahrt; Umlauf, Umdrehung); die Touren

der **Tourenzähler** (Drehzahlmesser)

der **Tourismus** (Fremdenverkehr); des Tourismus

der **Tourist** (Reisender; Ausflügler); des/dem/den Touristen; die Touristen

die **Touristik** (Gesamtheit der touristischen Einrichtungen und Veranstaltungen)

die **Touristin** (Reisende; Ausflüglerin); die Touristinnen

touristisch; touristische Attraktionen

die **Tournee** (Gastspielreise); die Tournees *oder* Tourneen; auf Tournee gehen

der **Tower** (Kontrollturm an Flughäfen); des Towers; die Tower

toxisch (giftig); toxische Stoffe

der **Trab** (mittelschnelle Gangart von Pferden und anderen vierbeinigen Tieren); des Trabs *oder* Trabes; Trab reiten, laufen; in Trab setzen; jemanden auf Trab bringen, in Trab halten

der **Trabant** (Satellit oder Mond, der sich um ein anderes Objekt bewegt); des/dem/den Trabanten; die Trabanten

traben; das Pferd trabt; es trabte; das Pferd ist über den Acker getrabt; ABER: das Pferd hat zwei Stunden [lang] getrabt

die **Tracht** (Kleidung, die für eine bestimmte Volks- oder Berufsgruppe typisch ist); sie legte ihre Tracht an; eine Tracht Prügel bekommen

trachten (etwas Bestimmtes erreichen wollen); du trachtest; sie trachtete; er hat nach Ruhm getrachtet

trächtig (ein Junges, Junge tragend); eine trächtige Kuh

die **Tradition** (Überlieferung; Brauch); die Traditionen

traditionell (überliefert, herkömmlich); traditionelle Berufe

träf (treffend, schlagfertig); träfe Antworten

der **Trafo** (*kurz für:* Transformator); des Trafo *oder* Trafos; die Trafos

träg *oder* **träge;** ein träger Mensch

die **Tragbahre**

tragbar; ein tragbarer Fernseher; sie ist

für die Gruppe nicht mehr tragbar (erträglich)

die **Trage**

tragen; du trägst; er trägt; ihr tragt; sie trug; sie hat den Koffer getragen

der **Träger;** des Trägers; die Träger

die **Trägerin;** die Trägerinnen

tragfähig (belastbar; von allen unterstützt); ein tragfähiger Boden; tragfähige Lösungen

die **Tragfläche** (Bauteil eines Flugzeugs)

die **Trägheit** (Bequemlichkeit; Lustlosigkeit)

die **Tragik** (erschütterndes Leid)

tragisch; ein tragisches Schicksal

die **Tragödie** (Trauerspiel; Unglück); die Tragödien

die **Tragtasche**

die **Tragweite** (Ausmass, in dem sich etwas auswirkt); ein Ereignis von grosser Tragweite

der **Trainer** (jemand, der andere auf Wettkämpfe vorbereitet; *auch kurz für:* Trainingsanzug); des Trainers; die Trainer

die **Trainerin;** die Trainerinnen

trainieren; du trainierst; sie trainierte; er hat hart trainiert

das **Training;** des Trainings; die Trainings

der **Traiteur** (Person, die Fertiggerichte wie Pasteten u. a. herstellt, verkauft und liefert; Stand oder Geschäft, das solche Fertiggerichte verkauft)

die **Traiteurin**

der **Trakt** (Gebäudeteil); des Trakts *oder* Traktes; die Trakte

die **Traktandenliste** (Programm einer Sitzung)

traktandieren (auf die Traktandenliste setzen); sie hat das Budget traktandiert

das **Traktandum** (Verhandlungsgegenstand, Punkt auf der Traktandenliste); des Traktandums; die Traktanden

traktieren (schlecht behandeln; quälen); du traktierst; sie traktierte; er hat sie mit Vorwürfen traktiert

der **Traktor** (Zugmaschine); des Traktors; die Traktoren

trällern; ich trällere; du trällerst; er trällerte; sie hat ein Lied geträllert

das **Tram** (Strassenbahn); die Trams

trampeln; du trampelst; er trampelte; sie hat getrampelt

das **Trampeltier** (zweihöckeriges Kamel; *auch für:* plumper Mensch)

trampen (per Anhalter fahren); ich trampe; du trampst; sie trampte; er ist nach Italien getrampt

der **Tramper;** des Trampers; die Tramper

die **Tramperin;** die Tramperinnen

das **Trampolin** (ein Sprunggerät); des Trampolins; die Trampoline

der **Tran** (flüssiges Fett von Seetieren); des Trans *oder* Tranes; die Trane

die **Trance** (schlafähnlicher Zustand); in Trance fallen; jemanden in Trance versetzen

die **Träne**

tränen; das Auge tränt; das Auge tränte; das Auge hat getränt

tranig; traniges Öl; ein traniger (langweiliger, langsamer) Mensch

der **Trank** (Getränk); des Tranks *oder* Trankes; die Tränke

die **Tränke** (Tränkplatz für Tiere); die Tränken

tränken; du tränkst; er tränkte; sie hat die Pferde getränkt

die **Transaktion** (grössere [finanzielle] Unternehmung); die Transaktionen

der **Transfer** (*Wirtschaft:* Zahlung ins Ausland in fremder Währung; *Sport:* Vereinswechsel eines Spielers, einer Spielerin; Weitertransport von Reisenden); des Transfers; die Transfers

transferieren; ich transferiere; du transferierst; er transferierte; sie hat ihr Vermögen ins Ausland transferiert

der **Transformator** (Umspanner elektrischer Ströme); des Transformators; die Transformatoren

die **Transfusion** (Blutübertragung); die Transfusionen

der **Transistor** (Teil eines elektrischen Verstärkers); des Transistors; die Transistoren

der **Transit** (Durchfuhr von Waren; Durchreise); des Transits; die Transite

der **Transitverkehr**

transparent (durchscheinend; durchsichtig; durchschaubar); transparente Vorhänge; *Trennung:* trans-pa-rent

das **Transparent** (durchscheinendes Bild; Spruchband); des Transparents *oder* Transparentes; die Transparente; *Trennung:* Trans-pa-rente

das **Transparentpapier** (durchscheinendes Papier, das z. B. als Pauspapier dient)
die **Transplantation** (Organ-, Gewebeverpflanzung); die Transplantationen; *Trennung:* Trans-plan-ta-ti-on
transplantieren; ich transplantiere; du transplantierst; er transplantierte; die Ärztin hat dem Patienten eine fremde Niere transplantiert; *Trennung:* trans-plan-tie-ren
der **Transport;** des Transports *oder* Transportes; die Transporte; *Trennung:* Trans-port
transportabel (beförderbar; tragbar); ein transportables Fernsehgerät; *Trennung:* trans-por-ta-bel
der **Transporter;** des Transporters; die Transporter; *Trennung:* Trans-por-ter
der **Transporteur;** des Transporteurs; die Transporteure; *Trennung:* Trans-por-teur
die **Transporteurin;** die Transporteurinnen; *Trennung:* Trans-por-teu-rin
transportfähig; der Verletzte war nicht transportfähig
transportieren; du transportierst; sie transportierte; er hat die Säcke nach Hause transportiert; *Trennung:* trans-por-tie-ren
die **Transportkosten** *Plural*
das **Trapez** (geometrische Figur; Stange für akrobatische Übungen); des Trapezes; die Trapeze
trapezförmig
der **Trapper** (nordamerikanischer Pelztierjäger); des Trappers; die Trapper
die **Trapperin;** die Trapperinnen
der **Trash** (Schund, Ramsch); des Trashs
die **Trasse** *oder* das **Trassee** (Verlauf eines Verkehrsweges; Bahnkörper; Strassendamm); die Trassen *oder* die Trassees
der **Tratsch** (Geschwätz, Klatsch); des Tratschs *oder* Tratsches
tratschen; du tratschst; er tratschte; sie hat getratscht
die **Traube**
der **Traubenzucker**
trauen; du traust; er traute; sie hat ihm getraut; ich traue mich nicht, das zu tun; der Pfarrer hat das Paar getraut (ehelich verbunden)
die **Trauer**
trauern; du trauerst; er trauerte; sie hat um ihn getrauert
die **Trauerweide** (ein Laubbaum)
das **Trauerzirkular** (mit der Post verschickte, gedruckte Traueranzeige); des Trauerzirkulars; die Trauerzirkulare
die **Traufe** (Regentonne); vom Regen in die Traufe kommen (von einer schlimmen Lage in eine noch schlimmere geraten)
träufeln; ich träufle; du träufelst; er träufelte; er hat ihm Tropfen in die Augen geträufelt
der **Traum;** des Traums *oder* Traumes; die Träume
das **Trauma** (starke Verletzung, seelische Erschütterung); des Traumas; die Traumen *oder* Traumata, *auch:* die Traumas
traumatisch; traumatische Erlebnisse
träumen; du träumst; sie träumte; er hat geträumt
der **Träumer;** des Träumers; die Träumer
die **Träumerei**
die **Träumerin;** die Träumerinnen
träumerisch (verträumt); ein träumerisches Kind
traurig; trauriger; am traurigsten
die **Traurigkeit**
der **Trauring**
traut (behaglich; vertraut); trautes Heim; ein trauter Freund
die **Trauung**
der **Trax** (Bagger); des Traxs *oder* Traxes; die Traxe
der **Treck** (Zug von Flüchtlingen, Auswanderern); des Trecks; die Trecks
der **Trecker** (Zugmaschine); des Treckers; die Trecker
das **Trecking** *oder* **Trekking** (mehrtägige Wanderung oder Fahrt [durch unwegsames Gelände]); des Treckings *oder* Trekkings; die Treckings oder Trekkings
der **Treff** (Treffen, Zusammenkunft); des Treffs; die Treffs
treffen; du triffst; er traf; sie hat ihn getroffen; triff genauer!
das **Treffen;** des Treffens; die Treffen
der **Treffer;** des Treffers; die Treffer
trefflich (sehr gut; ausgezeichnet); ein trefflicher Wein
der **Treffpunkt**
treffsicher; eine treffsichere Schützin
das **Treibeis** (auf dem Wasser treibende Eisschollen)

treiben; du treibst; er trieb; sie hat das Vieh auf die Weide getrieben
das **Treiben;** des Treibens; ein munteres Treiben
der **Treiber;** des Treibers; die Treiber
die **Treiberin;** die Treiberinnen
das **Treibhaus** (heizbares Gewächshaus, in dem Pflanzen gezogen werden)
der **Treibhauseffekt** (Einfluss der Erdatmosphäre auf die von der Erde abgestrahlte Wärme)
der **Treibstoff**
die **Treichel** (eine Kuhglocke)
das **Trekking** *vergleiche:* **Trecking**
der **Trenchcoat** (ein Mantel); des Trenchcoats; die Trenchcoats
der **Trend** (Richtung einer Entwicklung); des Trends; die Trends
der **Trendscout** (jemand, der Trends nachspürt); des Trendscouts; die Trendscouts
der **Trendsetter** (jemand, der den Trend bestimmt); des Trendsetters; die Trendsetter
die **Trendsetterin;** die Trendsetterinnen
trendy (modisch); das ist [nicht] trendy
trennbar; trennbare Verben
trennen; du trennst; er trennte; sie hat die Streithähne getrennt
die **Trennkost** (eine Diät)
die **Trennung**
der **Trennungsstrich** *oder* **Trennstrich**
die **Trense** (leichter Pferdezaum); die Trensen
treppab; treppab laufen; *Trennung:* trepp-ab
treppauf; treppauf steigen; *Trennung:* trepp-auf
die **Treppe**
das **Treppenhaus**
der **Tresen** (Laden-, Schanktisch); des Tresens; die Tresen
der **Tresor** (Panzerschrank); des Tresors; die Tresore
die **Tresse** (Borte); die Tressen
treten; du trittst; er tritt; er trat; sie ist in die Pfütze getreten; er hat ihn getreten; tritt mich nicht!
treu; treuer; am treusten *oder* treuesten
die **Treue;** auf Treu und Glauben (im festen Vertrauen); in guten Treuen (im guten Glauben)
der **Treuhänder** (jemand, der Rechte für einen anderen ausübt); des Treuhänders; die Treuhänder
die **Treuhänderin;** die Treuhänderinnen
treuherzig (gutgläubig); ein treuherziger Mensch
treulos; treuloser; am treulosesten
der **T-Rex** (*kurz für:* Tyrannosaurus Rex); des T-Rex; die T-Rex
der *oder* das **Triangel** (*Musik:* ein Schlaggerät); des Triangels; die Triangel
das *oder* der **Triathlon** (sportlicher Dreikampf); des Triathlons; die Triathlons
der **Tribun** (Volksführer [im alten Rom]); des Tribuns *oder* Tribunen; die Tribune *oder* Tribunen
das **Tribunal** ([hoher] Gerichtshof); des Tribunals; die Tribunale
die **Tribüne** (Redner-, Zuschauerbühne); die Tribünen
der **Tribut** (Opfer, Zwangsabgabe); des Tributs *oder* Tributes; die Tribute; einen Tribut fordern, leisten
der **Trichter** (Gerät zum Abfüllen oder Einfüllen von Flüssigkeiten, ohne dass etwas danebengeht); des Trichters; die Trichter
der **Trick;** des Tricks; die Tricks
der **Trickfilm**
trickreich; ein trickreicher Politiker
tricksen; ich trickse; du trickst; sie trickste; er hat unauffällig getrickst
die **Trickserei**
das **Tricot** *oder* **Trikot** (eng anliegendes Kleidungsstück aus dehnbarem Gewebe); des Tricots *oder* Trikots; die Tricots *oder* Trikots
der **Trieb;** des Triebs *oder* Triebes; die Triebe
triebhaft; triebhafter; am triebhaftesten
der **Triebtäter**
die **Triebtäterin**
der **Triebwagen** (Schienenfahrzeug mit eigenem Antrieb und auch Platz für Fahrgäste oder Fracht)
das **Triebwerk** (Motor und weitere dazugehörende Antriebselemente)
triefen (tropfend nass sein; in vielen Tropfen irgendwohin fliessen); ich triefe; du triefst; seine Haare trieften, *selten:* troffen; seine Haare haben von/vor Nässe getrieft, *selten:* getroffen
triezen (quälen, plagen); du triezt; er triezte; sie hat ihn getriezt
die **Trift** (vom Vieh benutzter Weg zwischen

Weide und Stall; Weideland; *auch für:* Meeresströmung, Drift); die Triften
triftig (sehr überzeugend); ein triftiger Grund
die **Trigonometrie** (Dreiecksmessung, -berechnung)
trigonometrisch; der trigonometrische Punkt
die **Trikolore** (dreifarbige Fahne [Frankreichs]); die Trikoloren
das **Trikot** *oder* **Tricot** (eng anliegendes Kleidungsstück aus dehnbarem Gewebe); des Trikots *oder* Tricots; die Trikots *oder* Tricots
der, *selten:* das **Trikot** (eine Gewebeart); des Trikots; die Trikots
der **Triller** (schneller mehrfacher Wechsel zweier Töne); des Trillers; die Triller; *vergleiche aber:* Thriller
trillern; du trillerst; sie trillerte; er hat auf seiner Pfeife getrillert
die **Trillerpfeife**
die **Trilogie** (literarisches, musikalisches oder filmisches Werk, das aus drei zusammengehörenden Teilen besteht); die Trilogien
trimmen (in einen gewünschten Zustand bringen); du trimmst; sie trimmte; er hat den Pudel getrimmt (geschoren); er hat sich getrimmt (körperlich fit gemacht)
Trinidad und Tobago (Staat im Karibischen Meer)
die **Trinität** (*christliche Religion:* Dreieinigkeit, Dreifaltigkeit)
trinkbar; trinkbares Wasser
trinken; du trinkst; er trinkt; er trank; sie hat Saft getrunken
der **Trinker;** des Trinkers; die Trinker
die **Trinkerin;** die Trinkerinnen
das **Trinkgeld**
das **Trinkwasser**
das **Trio** (Musikstück für drei Instrumente; *auch für:* die drei ausführenden Personen); des Trios; die Trios
die **Triole** (*Musik:* 3 Noten statt 2); die Triolen
der **Trip** (Ausflug, Reise; Rauschzustand durch Drogeneinwirkung, *auch für:* die dafür benötigte Dosis); des Trips; die Trips
trippeln (kleine, schnelle Schritte machen); ich tripple; du trippelst; er trippelte; sie ist nach Hause getrippelt
der **Tripper** (eine Geschlechtskrankheit); des Trippers; die Tripper
trist (traurig, öde); trister; am tristesten; ein trister Morgen
die **Tristesse** (Traurigkeit); die Tristessen
der **Tritt;** des Tritts *oder* Trittes; die Tritte
das **Trittbrett**
der **Trittbrettfahrer** (Person, die von einer Sache profitieren möchte, ohne selbst etwas dafür zu tun)
die **Trittbrettfahrerin**
trittfest; trittfeste Leitern
der **Triumph** (grosser Sieg, Erfolg); des Triumphs *oder* Triumphes; die Triumphe
triumphal; ein triumphaler (begeisterter, mit grossem Jubel begleiteter) Empfang
triumphieren (siegen; jubeln); du triumphierst; er triumphierte; sie hat bei den Wettkämpfen triumphiert
das **Triumvirat** (Bündnis von drei Personen mit gemeinsamen Interessen; Dreimännerherrschaft im alten Rom); des Triumvirats *oder* Triumvirates; die Triumvirate
trivial (alltäglich, einfach; platt, abgedroschen); eine triviale Antwort; diese Lösung ist mir zu trivial
die **Trivialität**
die **Trivialliteratur**
trocken; trockenes Brot; ein trockener Wein; auf dem Trockenen sitzen (in Verlegenheit sein); sein Schäfchen im Trockenen haben (sich seinen Vorteil gesichert haben); wieder im Trocknen *oder* Trockenen (auf trockenem Boden) sein; die Wäsche wird bald trocken sein, werden; trocken reiben *oder* trockenreiben; trocken legen *oder* trockenlegen
die **Trockenheit**
die **Trockenzeit**
trocknen; du trocknest; sie trocknete; er hat die Kleider getrocknet
die **Troddel** (Quaste); die Troddeln
der **Trödel** (alte, wertlose Gegenstände); des Trödels
trödeln (langsam sein, schlendern); du trödelst; er trödelte; er hat bei der Arbeit getrödelt; sie ist durch die Strassen getrödelt
der **Trödler** (jemand, der langsam ist; Altwarenhändler); des Trödlers; die Trödler
die **Trödlerin;** die Trödlerinnen
der **Trog;** des Trogs *oder* Troges; die Tröge; ein hölzerner Trog; den Schweinen das Futter in die Tröge schütten

sich **trollen** (sich langsam [und beschämt] entfernen); du trollst dich jetzt besser; sie trollte sich; er hat sich in sein Zimmer getrollt

der **Trolleybus** (Bus mit Oberleitung); des Trolleybusses; die Trolleybusse

die **Trommel;** die Trommeln

das **Trommelfell** (auf der Trommel; im Ohr)

trommeln; ich trommele *oder* trommle; du trommelst; er trommelte; sie hat getrommelt

der **Trommler;** des Trommlers; die Trommler

die **Trommlerin;** die Trommlerinnen

die **Trompete**

trompeten; ich trompete; du trompetest; er trompetete; sie hat laut trompetet

der **Trompeter;** des Trompeters; die Trompeter

die **Trompeterin;** die Trompeterinnen

die **Tropen** (heisse Zone zwischen den Wendekreisen) *Plural*

der **Tropf** (bedauernswerter Mensch); des Tropfs *oder* Tropfes; die Tröpfe; er ist ein armer Tropf

der **Tropf** (*Medizin:* Vorrichtung für die Tropfinfusion); des Tropfs *oder* Tropfes; die Tropfe; am Tropf hängen

tröpfeln; es tröpfelte; es hat getröpfelt

tropfen; es tropfte; es hat getropft

der **Tropfen;** des Tropfens; die Tropfen

tropfenweise

tropfnass; tropfnasse Wäsche

der **Tropfstein** (Stein, der durch tropfendes Wasser entsteht)

die **Tropfsteinhöhle**

die **Trophäe** (Siegeszeichen; Jagdbeute); die Trophäen

tropisch (zu den Tropen gehörend; südlich; heiss); tropisches Klima

die **Troposphäre** (*Meteorologie:* unterste Schicht der Erdatmosphäre); *Trennung:* Tro-po-sphä-re

der **Tross** (Wagenpark mit Nachschub für die Truppe; Gefolge); des Trosses; die Trosse

die **Trosse** (starkes Tau; Drahtseil); die Trossen

der **Trost;** des Trostes; Trost suchen, spenden

trösten; du tröstest; sie tröstete; er hat seinen Freund getröstet

der **Tröster;** des Trösters; die Tröster

die **Trösterin;** die Trösterinnen

tröstlich; tröstliches Verständnis

trostlos; trostloser; am trostlosesten; eine trostlose Gegend

der **Trostpreis** (kleines Geschenk für jemanden, der bei einem Wettbewerb keinen Preis gewonnen hat)

der **Trott;** des Trotts *oder* Trottes; die Trotte

der **Trottel;** des Trottels; die Trottel

trottelig; trotteliges Verhalten

trotten (schwerfällig, langsam gehen); der Hund trottete; er ist zu seiner Hütte getrottet

das **Trottinett;** des Trottinettes; die Trottinette *oder* Trottinetts

das **Trottoir;** die Trottoirs *oder* Trottoire

trotz; trotz des Regens *oder* trotz dem Regen; trotz Regen

der **Trotz;** des Trotzes; aus Trotz; dir zum Trotz; jemandem Trotz bieten

trotzdem; eine Spielerin musste vom Platz, trotzdem haben sie gewonnen

trotzen; du trotzt; er trotzte; er hat getrotzt; sie trotzten dem Regen

trotzig; ein trotziges Kind

der **Trotzkopf**

trüb *oder* **trübe;** trübes Wetter; im Trüben fischen (aus einer unklaren Lage Vorteile ziehen)

der **Trubel** (lebhaftes oder lustiges Treiben); des Trubels; im allgemeinen Trubel ging das Wichtigste vergessen

trüben; der chemische Zusatz trübte das Wasser; diese Nachricht hat unsere Freude getrübt; sich trüben; der Himmel hat sich getrübt

die **Trübsal** (Leid, Kummer); die Trübsale; Trübsal blasen (traurig sein, seinem Kummer nachhängen)

trübselig (bekümmert; niedergeschlagen; traurig); trübseliges Wetter

der **Trübsinn**

trübsinnig; trübsinnige Gedanken; er sass trübsinnig da

trudeln (drehend niedergehen); das Flugzeug trudelte; es ist getrudelt

das **Truffe** (kugelförmiges Praliné; Trüffel); des Truffes; die Truffes

die *oder* der **Trüffel** (ein Pilz; ein kugelförmiges Praliné); der Trüffel *oder* des Trüffels; die Trüffel *oder* Trüffeln

der **Trug** (Täuschung; Betrug); das war alles Lug und Trug

das **Trugbild** (Sinnestäuschung; Fantasiebild)
trügen; meine Erinnerung trügt mich; sie trog mich; sie hat mich getrogen; der Schein trügt
trügerisch; trügerische Ruhe
der **Trugschluss** (naheliegender, aber falscher Schluss); des Trugschlusses; die Trugschlüsse; ein verhängnisvoller Trugschluss
die **Truhe**
die **Trümmer** *Plural*
der **Trümmerhaufen**
der **Trumpf;** des Trumpfs *oder* Trumpfes; die Trümpfe
der **Trunk** (Trank, Getränk); des Trunks *oder* Trunkes; die Trünke
trunken; trunken (berauscht) vor Freude sein
die **Trunkenheit**
der **Trupp** (kleine Gruppe von Soldaten oder anderen Personen); des Trupps; die Trupps; ein Trupp bewaffneter Polizisten, *auch:* bewaffnete Polizisten
die **Truppe**
der **Trust** (Konzern); des Trusts *oder* Trustes; die Truste *oder* Trusts
die **Trute** (Truthenne)
der **Truthahn**
die **Truthenne**
das **Tsatsiki** *vergleiche:* **Zaziki**
Tschad *oder* der **Tschad** (Staat in Afrika)
der **Tschader;** des Tschaders; die Tschader
die **Tschaderin;** die Tschaderinnen
tschadisch
tschau! *oder* **ciao!**
der **Tscheche;** des/dem/den Tschechen; die Tschechen
Tschechien (*kurz für:* Tschechische Republik)
die **Tschechin;** die Tschechinnen
tschechisch; die tschechische Sprache; ABER: die Tschechische Republik (Staat in Mitteleuropa)
die **Tschinelle** (ein Schlaginstrument aus zwei Messingscheiben); die Tschinellen; *meist Plural*
tschüs! *oder* **tschüss!**
Tsd. = Tausend
die **Tsetsefliege** (Stechfliege im tropischen Afrika, die die Schlafkrankheit übertragen kann)
das **T-Shirt;** die T-Shirts
der **Tsunami** ([durch Seebeben ausgelöste] Flutwelle im Pazifischen Ozean); des Tsunami; die Tsunamis
die **Tuba** (tiefes Blechblasinstrument); die Tuben
die **Tube;** die Tuben
die **Tuberkulose** (eine Infektionskrankheit; *Abkürzungen:* Tb, Tbc, Tbk)
tuberkulosekrank
das **Tuch** (zum Beispiel das Handtuch); des Tuchs *oder* Tuches; die Tücher
das **Tuch** (Stoff); des Tuchs *oder* Tuches; die Tuche
tüchtig; tüchtige Mitarbeiter
die **Tüchtigkeit**
die **Tücke** (Boshaftigkeit; hinterhältige List; Eigenschaft, die nicht ohne Weiteres erkennbar ist); der Motor hat so seine Tücken
tuckern; das Boot tuckerte (es gab klopfende Geräusche von sich); es hat getuckert; das Boot ist über den See getuckert (langsam und mit klopfenden Geräuschen)
tückisch; eine tückische Krankheit
der **Tuff** (ein poröses Gestein); des Tuffs; die Tuffe
der **Tuffstein**
tüfteln (basteln; forschen; nachdenken); ich tüftle; du tüftelst; er tüftelte; sie hat gern getüftelt
der **Tüftler;** des Tüftlers; die Tüftler
die **Tüftlerin;** die Tüftlerinnen
die **Tugend;** die Tugenden
tugendhaft (moralisch vorbildlich)
der **Tüll** (ein netzartiges Gewebe); des Tülls; die Tülle
die **Tulpe**
der **Tumbler** (elektrischer Wäschetrockner); des Tumblers; die Tumbler
sich **tummeln** (sich beeilen); du tummelst dich; er tummelte sich; er hat sich getummelt
der **Tummelplatz**
der **Tümmler** (ein Delfin); des Tümmlers; die Tümmler
der **Tumor** (Geschwulst); des Tumors; die Tumoren *oder* Tumore
der **Tümpel;** des Tümpels; die Tümpel
der **Tumult** (Lärm; Unruhe; Auflauf); des Tumults *oder* Tumultes; die Tumulte

tun; du tust es; sie tut es; er tat es; sie hat es getan; sie tut viel Gutes; er hat ihm nichts getan

das **Tun;** des Tuns; das Tun und Lassen; das Tun und Treiben; etwas ist im Tun (etwas geschieht derzeit)

die **Tünche** (Kalkfarbe)

tünchen (mit Kalkfarbe streichen; weisseln); du tünchst; er tünchte; sie hat die Wand getüncht

die **Tundra** (arktische Kältesteppe); die Tundren

das **Tunell** *vergleiche:* **Tunnel** das **Tunell;** die Tunelle

Tunesien (Staat in Nordafrika)

der **Tunesier;** des Tunesiers; die Tunesier

die **Tunesierin;** die Tunesierinnen

tunesisch

der **Tunfisch** *oder* **Thunfisch,** *auch:* **Thon**

der **Tunichtgut;** des Tunichtgut *oder* Tunichtguts *oder* Tunichtgutes; die Tunichtgute

die **Tunke** (Sauce)

tunken; ich tunke; du tunkst; sie tunkte; er hat das Brot in den Kaffee getunkt

tunlichst (möglichst); tunlichst bald

der **Tunnel;** des Tunnels; die Tunnel *oder* Tunnels; *auch:*

der **Tupf** (kleiner runder Fleck, Tupfen); des Tupfs *oder* Tupfes; die Tupfen

das **Tüpfelchen;** des Tüpfelchens; die Tüpfelchen; das Tüpfelchen auf dem i; das i-Tüpfelchen

tüpfeln; er tüpfelte; er hat den Stoff rot getüpfelt; ein getüpfelter Stoff

tupfen; du tupfst; sie tupfte; er hat die Salbe auf die Wunde getupft

der **Tupfen** (kleiner runder Fleck); des Tupfens; die Tupfen

die **Tür** *oder* **Türe;** von Tür zu Tür

der **Turban** (Kopfbedeckung besonders der Moslems und Hindus); des Turbans; die Turbane

die **Turbine** (eine Kraftmaschine); die Turbinen

> In einer Reihe von Wörtern wird der lang gesprochene *i-Laut* ohne anschliessendes -e geschrieben. Dazu gehört auch das Nomen *Turbine,* nicht aber die *Biene.*

turbulent (stürmisch bewegt); turbulenter; am turbulentesten; ein turbulentes Wochenende

die **Turbulenz** (turbulentes Geschehen; allgemeine Erregung; Wirbel in einer Strömung); die Turbulenzen

die **Türfalle** (Türgriff)

der **Türgriff;** des Türgriffs *oder* Türgriffes; die Türgriffe

der **Türke;** des Türken; die Türken

die **Türkei**

die **Türkin;** die Türkinnen

türkis (türkisfarben); ein türkis Kleid, *auch:* ein türkises Kleid; das Kleid ist türkis; ABER: ein Kleid in Türkis; *vergleiche:* blau

der **Türkis** (blauer, auch grüner Edelstein); des Türkises; die Türkise

türkisch

türkisfarben

der **Turm;** des Turms *oder* Turmes; die Türme

türmen (aufschichten); ich türme; er türmte; sie hat die Äpfel zu einer Pyramide getürmt; sich türmen; auf dem Schreibtisch haben sich die Akten getürmt (gestapelt)

türmen (ausreissen); du türmst; sie türmte; er ist [aus dem Gefängnis] getürmt

das **Turmspringen** *(Wassersport)*

turnen; du turnst; sie turnte; er hat geturnt

der **Turner;** des Turners; die Turner

die **Turnerin;** die Turnerinnen

die **Turnhalle**

das **Turnier** (ein Wettkampf); des Turniers; die Turniere

der **Turnschuh**

der **Turnus** (Wechsel, festgelegte regelmässige Wiederkehr); des Turnus *oder* Turnusses; die Turnusse

turnusmässig (sich in bestimmten zeitlichen Abständen wiederholend); sie haben turnusmässig den Vorstand neu gewählt

der **Turnverein**

der **Türöffner** (elektrische Anlage)

das **Türschloss**

die **Turteltaube**

der **Tusch** (musikalisches Signal, das eine Ehrung ausdrückt); des Tuschs *oder*

Tusches; die Tusche; einen Tusch blasen

die **Tusche** (gut haftende Farbe zum Malen oder Beschriften; *kurz für:* Wimperntusche)

die **Tuschelei**

tuscheln; du tuschelst; sie tuschelte; sie haben getuschelt

die **Tüte**

tuten; die Lokomotive tutete; sie hat getutet; ABER: er hat von Tuten und Blasen keine Ahnung (er versteht nichts von der Sache)

das *oder* der **TV** = Television (Fernsehen; Fernsehgerät); des TV *oder* TVs; die TVs

der **Twen** (Mann in den Zwanzigern); des Twens; die Twens

die **Twen** (Frau in den Zwanzigern); der Twen; die Twens

der **Twist** (ein Stopfgarn); des Twistes; die Twiste

der **Twist** (ein Tanz); des Twists; die Twists

der **Typ** (Urbild; Modell, Bauart; *auch für:* Mensch, Person); des Typs; die Typen

die **Type** (gegossener Druckbuchstabe; komischer Mensch); die Typen

der **Typhus** (eine Infektionskrankheit); des Typhus

typisch (bezeichnend); ein typischer Fall

der **Typograf** (Schriftsetzer; Gestalter im Bereich Medien [gedruckt und elektronisch]); des/dem/den Typografen; die Typografen

die **Typografie** (Buchdruckkunst; typografische Gestaltung)

die **Typografin** (Schriftsetzerin); die Typografinnen

typografisch

der **Tyrann** (Gewaltherrscher; herrschsüchtiger Mensch); des/dem/den Tyrannen; die Tyrannen

die **Tyrannei**

die **Tyrannin;** die Tyranninen

tyrannisch (gewaltsam, willkürlich)

tyrannisieren; du tyrannisierst ihn; er tyrannisierte ihn; sie hat ihn tyrannisiert

der **Tyrannosaurus** (ein Dinosaurier); des Tyrannosaurus; die Tyrannosaurier

der **Tyrannosaurus Rex;** des Tyrannosaurus Rex; die Tyrannosaurus Rex

U

das **U** (Buchstabe); des U; die U; ABER: das u in Mut

u. = und

u. a. = und andere, und anderes; unter anderem, unter anderen

u. ä. = und ähnlich; Hüte, Mützen u. ä. Kopfbedeckungen

u. Ä. = und Ähnliche, und Ähnliches; Hüte, Mützen u. Ä.

u. a. m. = und andere mehr, und anderes mehr

die **U-Bahn** (*kurz für:* Untergrundbahn)

die **U-Bahn-Station**

übel

übler; am übelsten

- ein übler Geruch
- üble Nachrede, üble Laune
- ein übler Ruf
- ich habe nicht übel Lust, das zu tun (ich möchte es tun)

Gross schreibt man «übel», wenn es als Nomen gebraucht wird:

- sie hat mir etwas, nichts Übles getan
- es wäre das Übelste, wenn ...

Getrennt- und Zusammenschreibung:

- übel sein; mir ist übel
- sie wäre übel beraten, wenn sie sich darauf einliesse
- ein übel gelaunter *oder* übelgelaunter Chef
- übel gesinnte *oder* übelgesinnte Nachbarn
- jemandem etwas [sehr] übel nehmen *oder* übelnehmen; sie nimmt immer alles übel

das **Übel;** des Übels; die Übel

die **Übelkeit**

der **Übeltäter**

die **Übeltäterin**

üben; du übst; sie übte; er hat den Handstand geübt

über; das Bild hängt über dem Sofa; ABER: er hängt das Bild über das Sofa;

Kinder über 8 Jahre; Gemeinden über 10 000 Einwohner; über Nacht; über kurz oder lang; über und über (sehr, völlig); wir mussten über zwei Stunden warten; er ist mir über (überlegen)

überall; *Trennung:* über-all

überanstrengen; sie hat ihre Augen überanstrengt; sich überanstrengen; er überanstrengt sich; er überanstrengte sich; er hat sich überanstrengt

überaus; sie ist überaus geschickt; *Trennung:* über-aus

überbauen (bebauen); sie überbaut; sie überbaute; sie hat das Areal überbaut

die **Überbauung** (mehrere Häuser, die in der gleichen Art und gleichzeitig gebaut wurden)

überbelegt; der Raum war überbelegt

überbieten; er überbietet; er überbot den Rekord; bis jetzt hat keiner diese Summe überboten

das **Überbleibsel** (kleiner Rest; Bruchstück); des Überbleibsels; die Überbleibsel

der **Überblick;** des Überblicks *oder* Überblickes; die Überblicke; den Überblick verlieren; sich einen Überblick verschaffen

überblicken; sie überblickte die Lage; sie hat sie überblickt

überborden; der Fluss ist überbordet (über die Ufer getreten); seine Fantasie überbordete (überschritt das übliche Mass)

überbrücken; sie überbrückte die Gegensätze; sie hat sie überbrückt

überdies (ausserdem); ich hab keine Zeit und überdies auch kein Geld

überdimensional (übergross); überdimensionale Brillen sind wieder modisch

die **Überdosis**

überdreht (durch Übermüdung oder grosse Belastung extrem munter); er war völlig überdreht

der **Überdruss** (Abneigung; Widerwille; Verleider); des Überdrusses

überdrüssig (verleidet, Ablehnung empfindend); einer Sache überdrüssig sein; ich bin seiner überdrüssig *oder* ich bin ihn überdrüssig

überdurchschnittlich

übereilen; sie übereilte; er hat nichts übereilt

übereinander; sie haben übereinander geredet, gesprochen, gelacht; übereinander legen *oder* übereinanderlegen; er hat die Decken übereinander gelegt *oder* übereinandergelegt; übereinander stellen *oder* übereinanderstellen

das **Übereinkommen** *oder* die **Übereinkunft** (Abmachung); des Übereinkommens *oder* der Übereinkunft; die Übereinkommen *oder* die Übereinkünfte

übereinstimmen; wir stimmen überein; wir haben übereingestimmt

überfahren (über einen Fluss, See fahren; *Betonung auf:* über); sie fährt über; er ist übergefahren

überfahren (überrollen; *Betonung auf:* fahren); er überfuhr den Hund; sie hat ihn überfahren

der **Überfall;** des Überfalls *oder* Überfalles; die Überfälle

überfallen; sie überfiel ihn; sie hat ihn überfallen

überfällig (zur erwarteten Zeit noch nicht eingetroffen); die Handwerker sind überfällig

überfliessen; das Wasser fliesst über; es floss über; es ist übergeflossen

der **Überfluss;** des Überflusses; im Überfluss leben; zu allem Überfluss fing es auch noch an zu regnen

die **Überflussgesellschaft**

überflüssig; überflüssige Ausgaben

überfordern; sie überforderte ihn; er hat ihn überfordert

überfragen; er hat mich überfragt (seine Frage kann ich nicht beantworten); da bin ich überfragt (darüber weiss ich nicht genug)

überführen (an einen anderen Ort bringen; *Betonung auf:* über); sie überführte die Leiche *oder* sie führte die Leiche über; sie hat die Leiche übergeführt *oder* überführt

überführen (eine Schuld nachweisen; *Betonung auf:* führen); die Polizistin überführte ihn; er hat ihn mit einem Trick überführt

überfüllt; der Zug war überfüllt

der **Übergang;** des Übergangs *oder* Überganges; die Übergänge

übergangslos

die **Übergangszeit**

übergeben; sie übergab ihr die Leitung;

sie hat die Wohnung übergeben; sich übergeben (erbrechen); er hat sich übergeben

übergehen (*Betonung auf:* über); das Haus ging auf den Käufer über; sie ist zum Feind übergegangen

übergehen (*Betonung auf:* über); sie übergeht ihn (beachtet ihn nicht); sie hat ihn übergangen

übergeordnet; ein übergeordnetes Ziel

das **Übergewand** (Überkleid; Overall); des Übergewands *oder* Übergewandes; die Übergewänder

das **Übergewicht;** die Übergewichte; er hat zehn Kilo Übergewicht

der **Übergriff** (Eingriff, der zu weit geht; Angriff; Überfall); des Übergriffs *oder* Übergriffes; die Übergriffe

überhandnehmen (sich stark vermehren; an Stärke oder Zahl zunehmen); etwas nimmt überhand; das Unkraut hat überhandgenommen

überhaupt; eines der besten Spiele überhaupt (gesamthaft); das stimmt überhaupt (ganz und gar) nicht; was willst du überhaupt (eigentlich)?

überheblich (sich selbst überschätzend; hochmütig); ein überheblicher Mensch

überhitzt; die Pfanne ist überhitzt (zu stark erhitzt); die überhitzten (stark erregten) Gemüter

überhöht; überhöhte Erwartungen

überholen; sie überholt den Wagen; er hat ihn überholt; überhole *oder* überhol hier nicht!

die **Überholspur** (Fahrspur zum Überholen)

das **Überholverbot**

das **Überkleid** (Overall, Arbeitskleidung)

überlassen; sie überliess mir das Buch; er hat die Entscheidung mir überlassen

überlastet; das Telefonnetz ist überlastet (wird zu stark genutzt); sie ist überlastet (hat zu viel Arbeit)

überlaufen (über den Rand fliessen; auf die andere, gegnerische Seite wechseln; *Betonung auf:* über); die Milch läuft über; der Topf ist übergelaufen; der Agent lief über

überlaufen (durchströmen; empfinden; von zu vielen Menschen aufgesucht; *Betonung auf:* laufen); es überlief sie kalt; es hat sie kalt überlaufen; der Ort ist von Touristen überlaufen

überleben; sie überlebte den Krieg; er hat seine Frau überlebt; diese Vorstellungen sind überlebt

überlegen (nachdenken); sie überlegte; er hat lange überlegt

überlegen (andere übertreffend); sie ist mir überlegen; ein überlegener (klarer) Sieg

die **Überlegenheit**

die **Überlegung**

die **Überlieferung** (mündliche oder schriftliche Weitergabe von Überzeugungen, Vorstellungen u. Ä.)

überlisten; sie überlistete mich; er hat mich überlistet

die **Übermacht**

übermächtig; übermächtige Gegner

übermarchen (übertreiben; über ein bestimmtes Mass hinausgehen); du übermarchst; sie übermarchte; sie hat übermarcht

übermässig (über das normale oder erträgliche Mass hinausgehend); eine übermässige Hitze; sie trinkt übermässig Alkohol

übermitteln; ich übermittle dir ihre Grüsse; sie hat mir eine Nachricht übermittelt

übermorgen; übermorgen Abend; *vergleiche auch:* morgen

der **Übermut;** des Übermuts *oder* Übermutes

übermütig; ein übermütiges Fohlen

übernächste; am übernächsten Freitag; ABER: du bist der/die Übernächste; *vergleiche auch:* nächste

übernachten; du übernachtest; er übernachtete; sie hat bei uns übernachtet

übernächtigt (zu wenig geschlafen und übermüdet); du siehst übernächtigt aus

die **Übernachtung**

der **Übername** (Spitzname)

übernehmen; sie übernimmt die Aufgabe; sie hat sie übernommen; sich übernehmen (sich zu viel zumuten); er hat sich übernommen

überqueren; du überquerst; er hat den Platz überquert

überraschen; du überraschst ihn; sie hat ihn überrascht

die **Überraschung**

überreden; sie überredete ihn; er hat ihn überredet
überreif; überreife Tomaten
überrissen (überhöht; übertrieben); überrissene Preise
überrumpeln; er überrumpelte uns; er hat den Feind überrumpelt
überrunden; sie überrundet die letzten Läuferinnen; sie hat sie überrundet
übers (über das); übers Jahr
die **Überschallgeschwindigkeit**
überschätzen; du überschätzt dich; sie hat ihn überschätzt
überschaubar; überschaubare Kosten
überschauen; er überschaut das Land; sie hat die Auswirkungen überschaut
der **Überschlag** (Drehung um die eigene Querachse; schnelle Berechnung der ungefähren Summe oder Anzahl); des Überschlags *oder* Überschlages; die Überschläge; einen Überschlag der Stromkosten machen
überschlagen; sie überschlägt die Kosten (rechnet sie kurz durch); er hat drei Seiten überschlagen; sich überschlagen; das Auto hat sich überschlagen
sich **überschneiden;** ihre Arbeitsgebiete haben sich überschnitten
überschreiten; sie hat die zulässige Geschwindigkeit überschritten
die **Überschrift** (Titel eines Textes)
der **Überschuss;** des Überschusses; die Überschüsse; einen Überschuss erzielen (Reingewinn machen); ein Überschuss an Energie
überschüssig (restlich; überflüssig); überschüssiges Fett
überschütten (umschütten; verschütten; *Betonung auf:* über); er schüttete die Milch über; sie hat die Milch übergeschüttet
überschütten (überhäufen; eindecken; *Betonung auf:* schütten); sie überschüttet ihn; sie hat ihn mit Komplimenten überschüttet
der **Überschwang;** des Überschwangs *oder* Überschwanges; im Überschwang der Gefühle
überschwänglich; sie begrüsste ihn überschwänglich; überschwängliche Freude
überschwemmen; der Fluss überschwemmte die Wiesen; der Fluss hat die Wiesen überschwemmt
die **Überschwemmung**
Übersee (Ferne, Fremde) *ohne Artikel;* Waren von *oder* aus Übersee
überseeisch; überseeische Gebiete
übersehen; er übersah den Fehler; sie hat ihn übersehen
übersetzen (von einem Ufer ans andere fahren oder befördern; *Betonung auf:* über); die Fähre setzt die Autos über; sie hat die Autos übergesetzt; wir haben *oder* wir sind [aufs Festland] übergesetzt
übersetzen (in eine andere Sprache übertragen; *Betonung auf:* setzen); er übersetzt den Satz; wir haben ins Italienische übersetzt
übersetzt (überhöht); er fuhr mit übersetzter Geschwindigkeit
die **Übersetzung**
die **Übersicht**
übersichtlich; übersichtliche Tabellen
überspitzt (übertrieben); überspitzt formuliert
überstehen (über etwas hinausragen; *Betonung auf:* über); das Brett steht über; es hat übergestanden
überstehen (etwas Mühseliges, Gefahrvolles hinter sich bringen; *Betonung auf:* stehen); sie überstand ihre Krankheit; er hat die Gefahr überstanden
überstellen; du überstellst; er überstellte; sie hat den Dieb der Polizei überstellt (übergeben); du sollst die Wohnung nicht so mit Möbeln überstellen (vollstopfen)
überstimmen; sie überstimmten ihre Kollegen; sie haben sie überstimmt; die Gegner des Antrags wurden überstimmt
die **Überstunde;** Überstunden machen
überstürzen; er überstürzte die Entscheidung; die Ereignisse haben sich überstürzt; nur nichts überstürzen!
der **Übertrag** (Summe, die auf neue Rechnung, auf neues Konto u. Ä. übernommen wird); des Übertrags *oder* Übertrages; die Überträge
übertragen; sie überträgt ihm ein Amt; er hat die Zwischensumme übertragen; der Final wurde live übertragen
die **Übertragung**
übertreffen; sie übertrifft sich selbst; er hat alle übertroffen

übertreiben; er übertrieb gern; sie hat das Training übertrieben
übertreten (*Betonung auf:* über); sie hat *oder* ist beim Weitsprung übergetreten (über die Markierung getreten); sie ist zu einer anderen Partei übergetreten; der Fluss trat nach dem heftigen Regen über
übertreten (*Betonung auf:* treten); er übertritt das Gesetz (verstösst gegen das Gesetz); er hat es übertreten; er hat eine Grenze übertreten (ist über sie gegangen)
übervertreten (überdurchschnittlich vertreten); Juristen sind in vielen Parteien übervertreten
übervoll; ein übervoller Bus
überwältigen; du überwältigst ihn; sie überwältigte ihn; er hat ihn überwältigt
überwältigend; ein überwältigender Ausblick
überweisen; sie überweist das Geld; sie hat es überwiesen
die **Überweisung**
überwiegend; ein überwiegend (vor allem) unbewohntes Gebiet; die überwiegende (grössere, bestimmende) Mehrheit stimmte dagegen
überwinden; du überwindest; sie überwindet; er überwand; sie hat ihre Angst überwunden
überzählig (zu viel vorhanden)
die **Überzeit** (Überstunden); die Überzeiten
überzeugen; du überzeugst; er überzeugte; sie hat alle überzeugt
überzeugend; überzeugende Gründe
die **Überzeugung**
überziehen (*Betonung auf:* über); er zieht den Pullover über; er hat ihn übergezogen; sie hat ihm eins übergezogen (einen Schlag versetzt)
überziehen (*Betonung auf:* ziehen); er überzieht die Torte mit Guss; sie hat ihr Konto überzogen (zu viel abgehoben); der Himmel überzog sich (bedeckte sich nach und nach) mit Wolken; du hast mit deiner Kritik überzogen (übertrieben)
der **Überzug** (Beschichtung; Schutzhülle); des Überzugs *oder* Überzuges; die Überzüge
üblich; die üblichen Ausreden
das **U-Boot** (*kurz für:* Unterseeboot)
der **U-Boot-Krieg**

übrig

- übriges Verlorenes
- übrige kostbare Gegenstände

Gross schreibt man «übrig», wenn es als Nomen gebraucht wird:

- ein Übriges tun (mehr tun, als nötig ist)
- im Übrigen (sonst)
- das, alles Übrige; die, alle Übrigen

Getrennt- und Zusammenschreibung:

- übrig sein; es ist noch Kuchen, Suppe übrig
- Geld übrig haben
- übrig bleiben *oder* übrigbleiben
- übrig lassen *oder* übriglassen

übrigens; du könntest mir übrigens einen Gefallen tun; übrigens, hab ich dir schon gesagt, dass ...
die **Übung**
das **Ufer;** des Ufers; die Ufer; das andere, rettende Ufer
uferlos; uferlose Ausgaben; ABER: das Uferlose (Endlose); ihre Pläne gingen ins Uferlose (allzu weit)
das **UFO** *oder* **Ufo** = unbekanntes Flugobjekt; die UFOs *oder* Ufos
Uganda (Staat in Afrika)
der **Ugander;** des Uganders; die Ugander
die **Uganderin;** die Uganderinnen
ugandisch
die **Uhr;** die Uhren; Schlag acht Uhr; er kommt erst um 22 Uhr
der **Uhrzeigersinn;** im Uhrzeigersinn; entgegen dem Uhrzeigersinn
UHT = ultra-high temperatur (ultrahoch erhitzt)
die **UHT-Milch** (durch hohesErhitzen länger haltbar gemachte Milch)
der **Uhu;** des Uhus; die Uhus
die **Ukraine** (Staat in Osteuropa)
der **Ukrainer;** des Ukrainers; die Ukrainer
die **Ukrainerin;** die Ukrainerinnen
ukrainisch
der **UKW-Sender** (Ultrakurzwellen-Sender)
der **Ulk** (Spass; Unfug); des Ulks *oder* Ulkes; die Ulke
ulken; du ulkst; sie ulkte; er hat geulkt
ulkig (komisch; seltsam); eine ulkige Verkleidung

die **Ulme** (ein Baum)
das **Ultimatum** (letzte befristete Aufforderung); des Ultimatums; die Ultimaten; jemandem ein Ultimatum stellen
ultrakonservativ (extrem konservativ)
die **Ultrakurzwelle** (*Physik:* eine elektromagnetische Welle; *Abkürzung:* UKW)
der **Ultrakurzwellensender** (*Abkürzung:* UKW-Sender)
der **Ultraschall** (mit dem menschlichen Gehör nicht mehr wahrnehmbarer Schall)
ultraviolett; ultraviolette Strahlen
um; um vieles grösser; um alles in der Welt; um Rat fragen; ich komme um 20 Uhr; um zu; um sein; die Zeit ist um, um gewesen; *vergleiche aber:* umso
ü. M. = über Meer
umändern; sie ändert um; er hat den Anzug umgeändert
umarmen; du umarmst ihn; sie umarmte ihn; er hat sie umarmt
der **Umbau;** die Umbaue *oder* Umbauten
umbringen (töten); er brachte ihn um; er hat ihn umgebracht
umdrehen; er dreht um; er hat jeden Rappen umgedreht; sich umdrehen; sie hat sich umgedreht
die **Umdrehung**
umeinander; sich umeinander kümmern
die **Umfahrung** (Strasse, die eine Ortschaft oder ein Quartier vom Verkehr entlastet)
umfallen; der Stuhl fällt um; der Stuhl ist umgefallen
der **Umfang;** des Umfangs *oder* Umfanges; die Umfänge
umfangreich; ein umfangreiches Kinoprogramm
umfassend; umfassende Auskunft
umformen; er formte den Satz um; er hat die Gleichung umgeformt
die **Umfrage**
der **Umgang;** des Umgangs *oder* Umganges; die Umgänge
umgänglich (freundlich); ein umgänglicher Mensch
die **Umgangsform** (das Benehmen) *meist Plural;* gute, schlechte Umgangsformen besitzen
die **Umgangssprache**
umgangssprachlich; umgangssprachliche Ausdrücke
umgeben; er ist von Kindern umgeben
die **Umgebung**
umgehend (sofort); sie hat ihm umgehend geantwortet
umgekehrt; in umgekehrter Reihenfolge
umgraben; sie gräbt um; sie hat den Garten umgegraben
der **Umhang;** des Umhangs *oder* Umhanges; die Umhänge
umher; sie wohnen weit umher zerstreut auf den Bergen und Heuwiesen
umhergehen; er geht umher; er ist umhergegangen
umhinkönnen; sie kann nicht umhin; sie hat nicht umhingekonnt, dies zu tun
die **Umkehr**
umkehren; er kehrt um; er ist umgekehrt; das Verhältnis hat sich umgekehrt
umkippen; er kippte den Eimer um; er hat die Kiste umgekippt; die Stimmung ist umgekippt (umgeschlagen)
sich **umkleiden;** sie kleidet sich um; sie hat sich umgekleidet
umkommen; er ist bei einem Schiffbruch umgekommen
der **Umkreis** (Umgebung; Kreis durch alle Ecken eines Vielecks); im Umkreis von 50 Kilometer *oder* Kilometern
umkreisen; die Möwen umkreisten das Boot; die Hyänen haben den Kadaver umkreist
das **Umland** (ländliches Gebiet um eine Stadt)
der **Umlaut** (ä, ö, ü); die Umlaute
umlegen; er legte ihr eine Decke um; man hat ihn umgelegt (erschossen)
umleiten; die Polizei leitete den Verkehr um; sie hat den Verkehr umgeleitet; der Verkehr wird umgeleitet
umringen; die Kinder umringten den Besucher; sie haben ihn umringt
der **Umriss** (erahnte Silhouette, Gestalt eines Gegenstands); des Umrisses; die Umrisse; im Nebel sahen sie den Umriss eines Schiffs
ums (um das); sie geht ums Haus
umsatteln; sie sattelte das Pferd um; der Student hat umgesattelt (ein anderes Fach gewählt)
der **Umsatz;** des Umsatzes; die Umsätze
die **Umschau;** Umschau halten
sich **umschauen;** sie schaute sich um; sie hat sich umgeschaut

der **Umschlag;** des Umschlags *oder* Umschlages; die Umschläge

der **Umschlagplatz** (Platz, Ort, an dem Güter und Waren umgeladen werden)

umschreiben (neu, anders schreiben; *Betonung auf:* um); er schrieb den Text um; er hat den Aufsatz umgeschrieben

umschreiben (mit anderen Worten ausdrücken; *Betonung auf:* schreiben); sie umschrieb den Begriff; sie hat den Begriff umschrieben

umschulen; der Schüler wurde umgeschult (kam auf eine andere Schule); er hat sich zum Kaufmann umschulen lassen (machte eine neue Ausbildung zum Kaufmann)

die **Umschulung**

Umschweife *Plural;* ohne Umschweife (geradeheraus)

der **Umschwung** (grundlegende Veränderung; Land, das zu einem Haus gehört); des Umschwungs *oder* Umschwunges

sich **umsehen;** sie sieht sich um; sie hat sich umgesehen

die **Umsicht** (Klugheit; Besonnenheit); sie zeigte grosse Umsicht; er handelte mit Umsicht

umsichtig; umsichtiges Handeln

umsiedeln; er siedelte um; er ist umgesiedelt (umgezogen, gezügelt); der Luchs wurde in den Nationalpark umgesiedelt (angesiedelt, verlegt)

umso; umso besser; umso eher; umso mehr als; umso weniger als

umsonst; das Buch gibt es umsonst (kostenlos); deine Mühe war umsonst (vergeblich)

der **Umstand;** des Umstands *oder* Umstandes; die Umstände; in anderen Umständen (schwanger) sein; unter Umständen (*Abkürzung:* u. U.); keine Umstände machen

umständehalber; das Haus ist umständehalber (wegen besonderen Umständen) zu verkaufen

umständlich; eine umständliche Erklärung liefern

umsteigen; sie steigt um; sie ist am Paradeplatz umgestiegen

umstellen (*Betonung auf:* um); sie stellt den Schrank um; sich umstellen; sie hat sich umgestellt (sich der neuen Lage angepasst)

umstellen (*Betonung auf:* stellen); die Polizei umstellte das Haus; sie hat das Haus umstellt

umstossen; du stösst um; sie stösst um; ABER: ihr stosst um; sie stiess ihn um; sie hat ihn umgestossen

umstritten; ein umstrittenes Gesetz; das Verbot ist umstritten

der **Umsturz;** die Umstürze; ein politischer Umsturz

der **Umtausch;** des Umtauschs *oder* Umtausches; die Umtausche

umtauschen; er tauscht um; er hat den Hut umgetauscht

der **Umtrieb** (Aufwand; Unannehmlichkeit); des Umtriebs *oder* Umtriebes; die Umtriebe

UMTS = universal mobile telecommunication system (ein Mobilfunkstandard mit direktem Zugang zum Internet)

das **UMTS-Handy**

die **U-Musik** (*kurz für:* Unterhaltungsmusik)

umwälzend (grundlegende Veränderungen bewirkend); umwälzende Erfindungen

die **Umwälzung**

der **Umweg**

die **Umwelt**

umweltfreundlich; ein umweltfreundliches Putzmittel

der **Umweltschutz**

der **Umweltschützer;** des Umweltschützers; die Umweltschützer

die **Umweltschützerin;** die Umweltschützerinnen

die **Umweltverschmutzung**

umweltverträglich; Abfälle müssen umweltverträglich entsorgt werden

die **Umweltzerstörung**

umziehen; sie zieht um; sie ist umgezogen; sich umziehen; er hat sich umgezogen

umzingeln; sie umzingelten ihn; sie haben den Feind umzingelt

der **Umzug;** des Umzugs *oder* Umzuges; die Umzüge

die **UN** = United Nations (Vereinte Nationen) *Plural; vergleiche auch:* UNO

unabänderlich; unabänderliche (nicht veränderbare) Tatsachen

unabhängig; eine unabhängige Richterin; die Zeitung ist unabhängig (überparteilich)
die **Unabhängigkeit**
unablässig (ohne Unterbrechung); er redete unablässig
unachtsam; unachtsame Autofahrer
die **Unachtsamkeit**
unangebracht; eine unangebrachte Bemerkung
unangefochten; sie ist die unangefochtene Nummer eins
unangemessen; ein unangemessener Preis
unangenehm; hier riecht es unangenehm; ein unangenehmer (unsympathischer) Mensch; es war unangenehm kalt
die **Unannehmlichkeit** *meist Plural*
unansehnlich; es hatte unansehnliche Flecken an der Wand
unanständig; ein unanständiges Wort; er hat unanständig viel geredet
unantastbar; die Würde des Menschen ist unantastbar
unappetitlich; das Essen sah unappetitlich aus; ein unappetitliches (nicht sauberes) Bad
die **Unart** (schlechte Angewohnheit)
unartig; unartige Kinder
unauffällig; er folgte ihm unauffällig; sie trug unauffällige Kleider
unauffindbar; der Schlüssel blieb unauffindbar
unaufhörlich; das Handy klingelte unaufhörlich
unaufmerksam
unausstehlich; der Kerl ist unausstehlich
unausweichlich; der Streit war unausweichlich
unbändig (wild, heftig); ein unbändiger Zorn; sie tobten unbändig umher
unbarmherzig (ohne Mitgefühl, mitleidlos)
unbedarft (naiv; unwissend); ein unbedarfter Zuschauer
unbedenklich; sind Eiswürfel unbedenklich?
unbedeutend; eine unbedeutende Änderung; etwas für unbedeutend halten
unbedingt; das sollten wir unbedingt tun!
unbefangen; er wirkte unbefangen (frei und ungehemmt)
unbefriedigend; ein unbefriedigendes Resultat
unbefugt (zu etwas nicht berechtigt); unbefugtes Parkieren kann teuer werden
der **Unbefugte;** ein Unbefugter; die Unbefugten; zwei Unbefugte
die **Unbefugte;** eine Unbefugte; die Unbefugten
unbegreiflich; unbegreiflicher Leichtsinn; es ist mir unbegreiflich, wie *oder* dass das passieren konnte
unbegrenzt; unbegrenztes Vertrauen
unbegründet; unbegründete Vorwürfe
unbehaglich; ein unbehagliches Schweigen; ihr war unbehaglich zumute
unbehelligt; sie konnten die Grenze unbehelligt passieren
unbeholfen (ungeschickt, unpraktisch)
unbeirrt; sie kämpfte unbeirrt weiter
unbekannt; Anzeige gegen unbekannt
die **Unbekannte** (unbekannte Frau; Variable in Gleichungen); die Unbekannten; zwei Unbekannte; Gleichungen mit einer Unbekannten
der **Unbekannte;** ein Unbekannter; die Unbekannten; zwei Unbekannte
unbekümmert; er hatte eine unbekümmerte Art
unbelehrbar
unbequem; dieser Stuhl ist unbequem; sie stellte unbequeme Fragen
unbeschränkt; unbeschränkte Vollmachten
unbeschreiblich; ein unbeschreiblich schönes Bild
unbesorgt; sei unbesorgt!
unbestimmt; der unbestimmte Artikel
unbestritten; eine unbestrittene Tatsache; es ist unbestritten, dass ...
unbeweglich; unbewegliche Finger; unbeweglich daliegen
unbewusst; unbewusste Vorurteile; sie hat unbewusst das Richtige getan
das **Unbewusste;** des Unbewussten
die **Unbill** (Unrecht; üble Behandlung; Unannehmlichkeit); er hat viel Unbill erduldet; die Unbill des Wetters
uncool (nicht gelassen, nicht gut)
und; und Ähnliches (*Abkürzung:* u. Ä.);

und so weiter (*Abkürzung:* usw.); und vieles andere [mehr]
der **Undank;** für seine Hilfe erntete er nur Undank
undankbar; eine undankbare Aufgabe
die **Undankbarkeit**
der **Underdog** ([sozial] Benachteiligter, Schwächerer); des Underdogs; die Underdogs
das **Unding;** das ist ein Unding
uneigennützig (selbstlos)
uneingeschränkt; wir stimmten uneingeschränkt zu; uneingeschränkte Freiheit
uneins; wir waren uns darin uneins
unendlich; von eins bis unendlich; unendliche Geduld; ABER: er setzte die Diskussion bis ins Unendliche (unaufhörlich) fort; der Weg scheint bis ins Unendliche zu führen
die **Unendlichkeit**
unentgeltlich (gratis)
unentschieden; unentschieden spielen *(Sport);* die Mannschaften spielten, trennten sich unentschieden; ABER: das **Unentschieden** *(Sport);* des Unentschiedens; die Unentschieden; sie schafften nur ein Unentschieden
unentwegt (unermüdlich, stetig); eine unentwegte Kämpferin; er sah ihn unentwegt an
unerbittlich; er ist unerbittlich (durch nichts zu erweichen); das unerbittliche Schicksal
unerfindlich (unerklärlich); aus unerfindlichen Gründen
unerfreulich
unerheblich (bedeutungslos); es ist unerheblich, ob er dabei ist oder nicht
unerhört; das ist ja unerhört!
unerklärlich
unerlässlich (unbedingt nötig)
unermesslich; unermesslicher Reichtum; ins Unermessliche steigen
unermüdlich; mit unermüdlicher Ausdauer; sie arbeitete unermüdlich
unersättlich; eine unersättliche Neugier
unerschrocken (furchtlos; mutig)
unerschütterlich (beharrlich; standhaft); mit unerschütterlichem Willen; unerschütterlich an etwas festhalten
unerschwinglich (nicht bezahlbar); ein unerschwingliches Auto
unerträglich; unerträgliche Schmerzen; es war unerträglich heiss
unerwartet; unerwarteter Besuch
die **UNESCO** *oder* **Unesco** = United Nations Educational, Scientific and Cultural Organization (Organisation der Vereinten Nationen für Erziehung, Wissenschaft und Kultur)
unfähig
die **Unfähigkeit**
unfair (regelwidrig, unerlaubt; unfein); unfair spielen
der **Unfall;** des Unfalls *oder* Unfalles; die Unfälle
die **Unfallversicherung**
der **Unfallwagen**
unfassbar; unfassbares Glück
unfehlbar; er hat einen unfehlbaren (untrüglichen) Geschmack; sie wird unfehlbar (sicher) scheitern
die **Unfehlbarkeit**
unflätig (unanständig, unverschämt); unflätige Beschimpfungen
unflexibel (nicht anpassungsfähig); ein unflexibler Mensch
unförmig; eine unförmige Nase
unfreundlich
der **Unfriede** *oder* **Unfrieden;** des Unfriedens; Unfriede *oder* Unfrieden stiften
der **Unfug;** des Unfugs; Unfug treiben
der **Ungar** (Einwohner Ungarns); des/dem/den Ungarn; die Ungarn
die **Ungarin;** die Ungarinnen
ungarisch
Ungarn
ungeachtet; ungeachtet [dessen], dass
ungeahnt (alle Erwartungen übertreffend); ungeahnte Möglichkeiten
ungebärdig (wild); ein ungebärdiger Draufgänger
ungebührlich (unangenehm); ungebührliches Benehmen
die **Ungeduld**
ungeduldig
ungefähr; ungefähr die Hälfte; so etwas kommt nicht von ungefähr (nicht zufällig)
ungefährlich
ungehalten (ärgerlich); sie reagierte ungehalten auf den Vorwurf
ungeheuer; eine ungeheure Verschwendung; die Kosten steigen ins Ungeheure

das **Ungeheuer;** des Ungeheuers; die Ungeheuer
ungeheuerlich; ungeheuerliche (empörende) Vorwürfe
ungehobelt (grob, schwerfällig); ungehobeltes Benehmen
ungehörig (unanständig); ungehöriges Verhalten
ungehorsam
der **Ungehorsam;** ziviler Ungehorsam (öffentliche, gewaltlose, gesetzeswidrige Handlung, die ein Gesetz oder eine bestimmte Politik ändern will)
ungelernt (nicht ausgebildet); ein ungelernter Arbeiter
ungemein; sie ist ungemein (sehr) klug
ungeniert (ohne Hemmungen); sie popelte ungeniert in der Nase
ungeniessbar; ungeniessbare Äpfel
ungenügend; er hat die Note «ungenügend» erhalten
ungerade; eine ungerade Zahl
ungerecht; eine ungerechte Beurteilung
ungern; ich komme nur ungern
das **Ungeschick**
ungeschickt; er hat ungeschickte Hände; sich ungeschickt anstellen
ungeschlechtlich; ungeschlechtliche Vermehrung von Pflanzen
ungeschminkt (unverblümt); die ungeschminkte Wahrheit
ungeschoren; ungeschoren (ohne Schaden) davonkommen
ungestüm (stürmisch, wild); eine ungestüme Umarmung; ABER: das **Ungestüm** (Wildheit); des Ungestüms *oder* Ungestümes; jugendliches Ungestüm
ungesund; ungesünder, *auch:* ungesunder; am ungesündesten, *auch:* ungesundesten; sein Gesicht hat eine ungesunde Farbe; sich ungesund ernähren
das **Ungetüm;** des Ungetüms *oder* Ungetümes; die Ungetüme
ungewiss; es ist ungewiss; ABER: im Ungewissen bleiben; eine Fahrt ins Ungewisse
die **Ungewissheit**
das **Ungewitter**
ungewöhnlich (selten vorkommend); ein ungewöhnlicher Vorfall
ungewohnt (nicht gewohnt); zu ungewohnter Stunde
das **Ungeziefer** (kleinere Tiere wie Läuse, Ratten etc., die dem Menschen schaden oder ihm lästig sind); des Ungeziefers
ungezogen (ungehorsam); ein ungezogenes Kind
ungläubig (zweifelnd); ein ungläubiges Gesicht machen
unglaublich; eine unglaubliche (unwahrscheinliche) Geschichte; ein unglaubliches (enorm grosses) Tempo
das **Unglück**
unglücklich; unglückliche Menschen; er stürzte so unglücklich (ungeschickt), dass er sich das Bein brach
unglücklicherweise
der **Unglücksfall;** die Unglücksfälle
ungünstig; ungünstiges Wetter
ungut; nichts für ungut (es war nicht böse gemeint)
das **Unheil;** ein Unheil verkündendes *oder* unheilverkündendes Zeichen
unheilbar; sie ist unheilbar krank
unheilverkündend *vergleiche:* **Unheil**
unheilvoll; eine unheilvolle (Unheil verkündende) Nachricht; eine unheilvolle (gefährliche) Wirkung
unheimlich; eine unheimliche Geschichte; sie hat sich unheimlich (sehr) verändert
der **Unhold** (bösartiger Mensch; Scheusal); des Unholds *oder* Unholdes; die Unholde
die **Unholdin;** die Unholdinnen
uni (einfarbig, nicht gemustert); ein uni Kleid; ABER: ein Kleid in Uni; *vergleiche:* blau
die **Uni** (*kurz für:* Universität)
die **UNICEF** *oder* **Unicef** = United Nations International Children's Emergency Fund (Kinderhilfswerk der UNO)
die **Uniform**
uniformiert; uniformierte Polizisten
das **Unihockey** (Hallenhockey); des Unihockeys
das **Unikum** (etwas in seiner Art Einziges; origineller Mensch); des Unikums; die Unika, *auch:* Unikums
die **Union** (der Bund, die Vereinigung); die Unionen
universal (allgemein, umfassend); ein universales Wissen
die **Universität;** die Universitäten

das **Universum** (Weltall); des Universums
die **Unke** (Kröte)
unken (Unheil voraussagen); du unkst; er unkte; er hat geunkt
unkenntlich (nicht zu erkennen, entstellt); im Video wurden alle Gesichter unkenntlich gemacht
unklar; unklare Umrisse; vieles ist mir noch unklar; ABER: sie hat ihn im Unklaren gelassen
die **Unklarheit**
die **Unkosten** *Plural*
das **Unkraut;** die Unkräuter
unlauter (nicht ehrlich); unlauterer Wettbewerb
die **Unmasse** (riesige Masse oder Menge); eine Unmasse von Süssigkeiten
die **Unmenge** (sehr grosse Menge); eine Unmenge von Bildern
der **Unmensch**
unmenschlich; unmenschliche Grausamkeit; ein solches Gesetz wäre unmenschlich
die **Unmenschlichkeit**
unmissverständlich; sie hat ihr unmissverständlich die Meinung gesagt
unmittelbar (direkt); unmittelbare Folgen
unmöglich; ein unmöglicher Plan; ABER: nichts Unmögliches verlangen
unmündig (noch nicht mündig)
unnahbar (sehr auf Abstand bedacht; abweisend); ein unnahbarer Chef
unnötig; unnötiger Aufwand
unnütz; das ist unnütz (nutzlos); unnütze (unnötige) Gedanken
die **UNO** *oder* **Uno** = United Nations Organization (Organisation der Vereinten Nationen); *vergleiche auch:* UN
unordentlich; ein unordentliches Zimmer
die **Unordnung**
unparteiisch; ein unparteiisches (gerechtes, neutrales) Urteil
unpassend; unpassender, am unpassendsten; ein unpassender Moment; er war unpassend gekleidet
unpässlich (leicht krank; unwohl)
unpersönlich; ein unpersönlicher Stil
unpünktlich
der **Unrat** (Schmutz); des Unrats *oder* Unrates

unrecht, das **Unrecht**

Gross- und Kleinschreibung:

- in unrechte Hände fallen
- am unrechten Platz sein
- Unrecht *oder* unrecht bekommen, geben, haben
- ihr habt Unrecht *oder* unrecht getan
- du sollst ihm kein Unrecht tun
- etwas, nichts Unrechtes tun
- zu Unrecht
- es geschieht ihm [ein] Unrecht
- ein Unrecht begehen
- im Unrecht sein

unrechtmässig; sie hat sich unrechtmässig bereichert
unreif; unreifes Obst
die **Unreife**
unrein; ein unreiner Klang; ABER: ich habe den Text zuerst ins Unreine (in vorläufiger Form) geschrieben
unrichtig; eine unrichtige Behauptung
die **Unruhe**
unruhig; unruhig sein, werden
uns
unsagbar (ausserordentlich); unsagbare Schmerzen
unsäglich (unsagbar); unsägliche Schmerzen; sie freute sich unsäglich
unscheinbar (unauffällig); unscheinbare Häuser
unschlüssig (unentschlossen)
die **Unschuld**
unschuldig; sie machte ein unschuldiges Gesicht; er sass unschuldig im Gefängnis
der **Unschuldige;** ein Unschuldiger; die Unschuldigen; zwei Unschuldige
die **Unschuldige;** eine Unschuldige; die Unschuldigen
unselbstständig *oder* **unselbständig**
die **Unselbstständigkeit** *oder* **Unselbständigkeit**
unser; unser Freund; unser von allen unterschriebener Brief; unsere Chefin *oder* unsre Chefin; unser sind drei; erbarme dich unser; unseres Wissens; die Unseren, Unsern, Unsren, Unsrigen (die zu uns Gehörigen)
unsereiner, unsereins

a b c d e f g h i j k l m n o p q r s t u v w x y z

unsererseits, unserseits, unsrerseits
unsertwegen, unsretwegen
unsicher; eine unsichere Gegend
die **Unsicherheit**
unsichtbar
der **Unsinn**
unsinnig; ein unsinniger Plan
unsozial; unsoziales Verhalten
unsrerseits
unsretwegen
unsterblich; er war unsterblich verliebt
die **Unsterblichkeit**
unstet (ruhelos); unstetes Umherziehen
die **Unsumme** (sehr hohe Geldsumme); der Neubau verschlingt Unsummen
unsympathisch; unsympathische Typen
untadelig *oder* **untadlig;** untadeliges *oder* untadliges Verhalten
unteilbar; unteilbare Zahlen
unten; sie ist, blieb unten; man wusste kaum noch, was unten und was oben war; es steht weiter unten; etwas nach unten bringen; von unten her; von unten hinauf
unter; unter der Bedingung, dass er kommt; Kinder unter zwölf Jahren haben keinen Zutritt; unter anderem (*Abkürzung:* u. a.); unter Tage arbeiten; *vergleiche aber:* untertags; unter Umständen (*Abkürzung:* u. U.)
der **Unterarm**
unterbewusst
das **Unterbewusstsein;** im Unterbewusstsein
unterbleiben (nicht geschehen); der Versuch ist unterblieben
unterbrechen; du unterbrichst die Reise; sie hat mich mitten im Satz unterbrochen; die Verbindung ist unterbrochen
die **Unterbrechung**
unterbringen; sie brachte die alten Möbel im Keller unter; sie hat den Koffer im Wagen untergebracht
der **Unterbruch;** des Unterbruchs *oder* Unterbruches; die Unterbrüche
unterdessen (inzwischen); er machte unterdessen alles parat
unterdrücken; er unterdrückte die Schwachen; er hat sie unterdrückt
untereinander; etwas untereinander ausmachen; untereinander tauschen; untereinander schreiben *oder* untereinanderschreiben; untereinander stehen *oder* untereinanderstehen
unterentwickelt; die sogenannten unterentwickelten Länder
unterernährt; unterernährte Kinder
die **Unterernährung**
die **Unterführung**
der **Untergang**
untergehen; die Sonne geht unter; sie ist untergegangen
untergeordnet; untergeordnete (abhängige) Sätze
der **Untergrund;** in den Untergrund gehen
die **Untergrundbewegung** (verbotene politische Gruppe)
unterhalb; unterhalb des Dorfes
der **Unterhalt;** des Unterhalts *oder* Unterhaltes; Unterhalt zahlen; seinen Unterhalt verdienen
unterhalten; er unterhält (unterstützt) seine Mutter; sie haben gute Verbindungen unterhalten (gepflegt)
sich **unterhalten;** sie unterhält sich mit ihm; sie hat sich gut unterhalten
die **Unterhaltsarbeiten** (Bauarbeiten zum Unterhalt, Erhalt von Gebäuden und Strassen) *Plural*
die **Unterhaltung**
das **Unterhemd**
das **Unterholz** (Gebüsch im Wald)
die **Unterhose**
unterirdisch; unterirdische Gänge
unterkommen; sie kam in einer Jugendherberge unter; sie ist bei einer Freundin untergekommen
die **Unterkühlung**
die **Unterkunft;** die Unterkünfte
die **Unterlage**
das **Unterland** (tiefer gelegener Teil eines Landes); das Zürcher Unterland
der **Unterländer;** die Unterländer
die **Unterländerin;** die Unterländerinnen
unterlassen; sie unterlässt es; sie hat ihre Bemerkungen unterlassen
unterlegen; die unterlegene Mannschaft; er war ihm [körperlich] unterlegen
der **Unterleib**
die **Unterlippe**
unterm (unter dem); unterm Baum sitzen
die **Untermiete** (Mietverhältnis, bei dem ein Mieter die gemietete Wohnung o. Ä. weitervermietet); in, zur Untermiete wohnen

der **Untermieter**
die **Untermieterin**
unternehmen; sie unternimmt etwas; sie hat noch nichts unternommen
das **Unternehmen** (grösserer Betrieb); des Unternehmens; die Unternehmen
der **Unternehmer;** des Unternehmers; die Unternehmer
die **Unternehmerin;** die Unternehmerinnen
unternehmerisch; unternehmerisches Denken
die **Unternehmung**
unternehmungslustig
unterordnen; er ist ihr untergeordnet; sich unterordnen; er hat sich ihr untergeordnet
die **Unterordnung**
unterprivilegiert (sozial benachteiligt); unterprivilegierte Schichten
die **Unterredung** (wichtiges [offizielles] Gespräch)
der **Unterricht;** des Unterrichts *oder* Unterrichtes; die Unterrichte *Plural selten*
unterrichten; du unterrichtest; sie unterrichtete Mathe; sie hat ihn über dieses Ereignis unterrichtet (informiert)
unterrichtsfrei
der **Unterrock;** die Unterröcke
unters (unter das); unters Auto kriechen
untersagen (verbieten); er untersagte ihr das Rauchen; er hat es untersagt
der **Untersatz** (kleine Platte, um Töpfe u. Ä. draufzustellen); des Untersatzes; die Untersätze; ein fahrbarer Untersatz (Auto, Töff u. a.)
unterscheiden; er unterscheidet; er hat Mein und Dein nicht unterschieden
die **Unterscheidung**
der **Unterschenkel**
die **Unterschicht** (Bevölkerungsgruppe mit tiefer sozialer Stellung)
der **Unterschied;** die Unterschiede
unterschlagen; er unterschlug Geld; er hat Geld unterschlagen (für sich behalten, gestohlen); warum hast du diese Information unterschlagen (verheimlicht)?
die **Unterschlagung**
der **Unterschlupf;** einen Unterschlupf finden
unterschreiben; sie unterschrieb; sie hat den Vertrag unterschrieben
die **Unterschrift**
untersetzen; ich habe den Eimer untergesetzt
der **Untersetzer;** des Untersetzers; die Untersetzer
untersetzt (klein und kräftig gewachsen); ein untersetzter Mann
unterstellen (*Betonung auf:* unter); ich stelle mein Velo hier unter; sie hat es im Schopf untergestellt
unterstellen (*Betonung auf:* stellen); ich unterstelle ihn deiner Aufsicht; er hat ihr eine Lüge unterstellt (fälschlich behauptet, sie lüge)
die **Unterstellung;** böswillige Unterstellungen
unterstreichen; sie unterstreicht den Satz; sie hat das Wort unterstrichen
die **Unterstufe**
unterstützen; sie unterstützte mich; sie hat mich unterstützt
die **Unterstützung**
der **Untersuch**
untersuchen; die Ärztin untersuchte den Patienten; die Polizei hat den Fall genau untersucht
die **Untersuchung**
der **Untertagebau** (Bergbau unter Tage)
untertags (tagsüber); im Quartier ist es untertags ruhig
untertan; (*veraltend für:* untergeben); er ist ihm untertan
der **Untertan;** des Untertans; dem/den Untertanen; die Untertanen
untertänig (ergeben); ein untertäniger Knecht
die **Untertanin;** die Untertaninnen
die **Untertasse** (Unterteller); die fliegende Untertasse
der **Unterteller**
untervertreten (unterdurchschnittlich vertreten); Frauen sind im Parlament untervertreten
Unterwalden nid dem Wald *vergleiche:* Nidwalden
Unterwalden ob dem Wald *vergleiche:* Obwalden
der **Unterwaldner;** die Unterwaldner
die **Unterwaldnerin;** die Unterwaldnerinnen
unterwaldnerisch
die **Unterwäsche**
unterwegs; unterwegs sein

a b c d e f g h i j k l m n o p q r s t u v w x y z

die **Unterwelt** (Totenreich; Verbrechermilieu); in der Unterwelt verkehren
unterwerfen (mit [militärischer] Gewalt besiegen); er unterwarf seine Gegner; er hat das Land unterworfen; die Gallier wurden von den Römern unterworfen; unterwirf dich dem Richterspruch!; sich unterwerfen (sich unter jemandes Herrschaft stellen); sie haben sich den Angreifern unterworfen
unterwürfig; sich unterwürfig verhalten
unterzeichnen; die Regierung unterzeichnete das Abkommen; sie hat den Vertrag unterzeichnet
die **Untiefe** (seichte Stelle; *auch für:* abgrundartige Tiefe)
das **Untier** (Ungeheuer)
untreu; ein untreuer Kollege; sie ist sich selbst untreu geworden (hat ihr innerstes Wesen verleugnet)
die **Untreue**
untröstlich; ein untröstlicher Witwer; untröstlich (sehr traurig) sein
untrüglich; ein untrügliches (eindeutiges, sicheres) Zeichen
ununterbrochen
unverantwortlich; unverantwortliches Handeln
unverbindlich; eine unverbindliche Erklärung
unverblümt (ganz offen); jemandem unverblümt die Meinung sagen
unvereinbar; unvereinbare Standpunkte
unverfälscht; unverfälschte Erinnerungen
unverfroren (respektlos); sie bediente sich unverfroren bei den anderen
unvergesslich; unvergessliche Erinnerungen
unverhofft; ein unverhofftes Wiedersehen
unverhohlen (nicht verborgen); mit unverholener Neugier
unvermeidlich; ein unvermeidliches Übel
unvermittelt (plötzlich); sie blieb unvermittelt stehen
unvernünftig; unvernünftiges Verhalten
unverschämt; er wurde unverschämt (respektlos und verletzend); sie hatte unverschämtes (enorm grosses) Glück
die **Unverschämtheit**
unversehens (plötzlich)
unversehrt (nicht verletzt, verwundet); sie blieb beim Unfall unversehrt
unversöhnlich; eine unversöhnliche Haltung; unversöhnlich kämpfen
unverständig (unklug)
unverständlich (undeutlich; unbegreiflich); er murmelte unverständliches Zeug vor sich hin; das ist mir unverständlich
unverwüstlich; ein unverwüstlicher Stoff
unverzagt (zuversichtlich)
unverzeihlich; ein unverzeihlicher Fehler
unverzüglich (ohne Verzögerung); unverzügliche Hilfe; sie sollen ihn unverzüglich frei lassen
unwahr; unwahre Behauptungen
die **Unwahrheit**
unwegsam (kaum zu begehen oder zu befahren); unwegsames Gelände
unweigerlich (unvermeidlich)
unweit; unweit des Flusses *oder* unweit vom Fluss
das **Unwetter**
unwiderruflich; mein Entschluss ist unwiderruflich
unwiderstehlich; sie hält sich für unwiderstehlich
unwiederbringlich
unwillig; er schüttelte unwillig (verärgert) den Kopf; sie half nur unwillig (ungern)
unwillkürlich; er musste unwillkürlich lachen
unwirsch (mürrisch und unfreundlich); eine unwirsche Antwort; unwirsch reagieren
unwissend
die **Unwissenheit**
unwissentlich; sie machte sich unwissentlich strafbar
unwohl; mir ist unwohl; unwohl sein; ABER: das **Unwohlsein;** des Unwohlseins; wegen Unwohlsein *oder* Unwohlseins
die **Unzahl** (sehr grosse Zahl)
unzählig; unzählige Kranke; unzählige Male hatte sie ihm geholfen; ich habe es unzählige Mal versucht; ABER: es haben sich Unzählige an der Aktion beteiligt

die **Unze** (englische Gewichtseinheit); die Unzen
unzertrennlich
die **Unzucht** (unsittliche sexuelle Handlung)
unzüchtig (unsittlich)
unzufrieden; unzufriedene Gesichter; er war mit sich unzufrieden
unzulänglich (ungenügend); ein unzulänglicher Versuch; sie wurden nur unzulänglich unterstützt
unzuverlässig
das **Update** (*EDV:* Aktualisierung; auf den neusten Stand gebrachte Version eines Programms, einer Datei o. Ä.); des Updates; die Updates
updaten (*EDV:* eine Datei, ein Programm o. Ä. aktualisieren); er updatet; ich habe die Software upgedatet

> Die gebeugten Formen von *updaten* und *upgraden* klingen für viele Menschen merkwürdig oder unschön, weil hier ein englisches Wort nach deutschem Muster gebeugt wird. Es ist deshalb oft besser, das bereits eingedeutschte Verb *aktualisieren* zu verwenden.

das **Upgrade** (*besonders EDV:* Aktualisierung; Verbesserung in der Leistung); des Upgrades; die Upgrades
upgraden (*besonders EDV:* aktualisieren; in der Leistung verbessern); er upgradet; ich habe upgegradet
üppig; eine üppige Mahlzeit
die **Üppigkeit**
up to date (zeitgemäss, auf dem neuesten Stand); up to date sein
die **Urabstimmung** (Abstimmung aller Mitglieder einer Gewerkschaft)
der **Urahn** (Urgrossvater); des Urahns *oder* Urahnes *oder* des Urahnen; dem/den Urahn *oder* Urahnen; die Urahnen
die **Urahne** (Urgrossmutter); eine Urahne; die Urahnen
der **Ural** (Gebirge zwischen Asien und Europa; Fluss); des Urals
uralt; ein uralter Brauch
das **Uran** (ein radioaktives chemisches Element, Metall; *Zeichen:* U); des Urans
der **Uranus** (ein Planet)
die **Uraufführung**
urbar (fruchtbar; nutzbar); urbares Land; urbar machen
die **Urbevölkerung**
urchig; ein urchiger Dialekt
der **Ureinwohner**
die **Ureinwohnerin;** die Ureinwohnerinnen
der **Urenkel** (Sohn des Enkels oder der Enkelin)
die **Urenkelin** (Tochter des Enkels oder der Enkelin)
die **Urgemeinde** (urchristliche Gemeinde)
urgemütlich; ein urgemütliches Plätzchen
die **Urgrosseltern** (Eltern des Grossvaters oder der Grossmutter) *Plural*
die **Urgrossmutter**
der **Urgrossvater**
der **Urheber** (Person, die etwas veranlasst hat; Schöpfer eines Werkes der Literatur, Musik etc.); des Urhebers; die Urheber; die Urheber des Anschlags wurden verhaftet
die **Urheberin;** die Urheberinnen
das **Urheberrecht**
Uri; *vergleiche auch:* Urner, Urnerin, urnerisch
der **Urin** (Harn)
urinieren; du urinierst; er urinierte; er hat uriniert
die **Urkunde**
urkundlich; ein urkundlicher (durch Urkunden belegter) Nachweis
der **Urlaub;** des Urlaubs *oder* Urlaubes; die Urlaube
der **Urlauber;** des Urlaubers; die Urlauber
die **Urlauberin;** die Urlauberinnen
die **Urne** (ein Gefäss, Behälter); die Urnen
der **Urnengang** (Volksabstimmung); des Urnengangs *oder* Urnenganges; die Urnengänge
der **Urner** (Einwohner des Kantons Uri); des Urners; die Urner
die **Urnerin** (Einwohnerin des Kantons Uri); die Urnerinnen
urnerisch
der **Urnersee**
der **Urologe** (Arzt für Erkrankungen der Harnorgane); des/dem/den Urologen; die Urologen

die **Urologie**
die **Urologin;** die Urologinnen
die **Ursache**
ursächlich; ein ursächlicher Zusammenhang
die **Urschrift** (Original einer Urkunde, eines Schriftstücks)
urschriftlich (in, als Urschrift)
die **Urschweiz** (Uri, Schwyz und Unterwalden)
der **Ursprung;** des Ursprungs *oder* Ursprunges; die Ursprünge
ursprünglich; die ursprüngliche Form
das **Urteil;** des Urteils; die Urteile
urteilen; sie urteilt; sie hat richtig geurteilt
das **Urtierchen** (mikroskopisch kleines, einzelliges Tierchen)
Uruguay (Staat in Südamerika)
der **Uruguayer;** des Uruguayers; die Uruguayer
die **Uruguayerin;** die Uruguayerinnen
uruguayisch
das **Urvertrauen**
der **Urwald;** die Urwälder
urwüchsig (ursprünglich; unverfälscht; natürlich); eine urwüchsige Landschaft
die **Urzeit**
die **US** = United States (die Vereinigten Staaten) *Plural*
die **Usanz** (Brauch; Gewohnheit); die Usanzen; nach schweizerischer Usanz
der **US-Dollar** *vergleiche:* Dollar
der **User** (*EDV:* Anwender eines Systems, Programms); des Users; die User
die **Userin;** die Userinnen
der **Usus** (Brauch; Gewohnheit); des Usus
usw. = und so weiter
das **Utensil** (notwendiges Gerät, Gebrauchsgegenstand); des Utensils; die Utensilien
der **Uterus** (Gebärmutter); des Uterus; die Uteri
die **Utopie** (Idee, die nicht zu verwirklichen ist; Wunschbild); die Utopien
utopisch; utopische Literatur
UV = ultraviolett
UVEK = Eidgenössisches Departement für Umwelt, Verkehr, Energie und Kommunikation
die **UV-Strahlen** *Plural*

V

V = Volt

das **V** (Buchstabe);

des V; die V; ABER: das v in brav

Die Aussprache von «v»:

In deutschen Wörtern und einigen häufig gebrauchten Fremdwörtern wird der Buchstabe «v» als [f] gesprochen: Vater, Vers, Vogel, viel; hieven, Nerven

In den meisten Fremdwörtern wird jedoch der w-Laut [v] gesprochen: nervös, Vase, Vokal, Salve

v. a. = vor allem
Vaduz (Hauptstadt Liechtensteins)
der **Vagabund;** des/dem/den Vagabunden; die Vagabunden
die **Vagabundin;** die Vagabundinnen
vage *oder* **vag** (unbestimmt, ungewiss); vage Andeutungen
die **Vagina** (weibliche Scheide); der Vagina; die Vaginen
vakant (leer, unbesetzt); eine vakante Stelle
das **Vakuum** (nahezu luftleerer Raum); die Vakua *oder* Vakuen
valabel (annehmbar; brauchbar); ein valabler Ersatz
Valletta (Hauptstadt von Malta)
die **Valuta** (Wert; Geld in ausländischer Währung); die Valuten
der **Vamp** (verführerische, kalt berechnende Frau); des Vamps; die Vamps
der **Vampir** (Blut saugendes Gespenst; Fledermausgattung); die Vampire
der **Van** (Pkw mit grossem Innenraum und mehr als 5 Sitzen); des Vans; die Vans
der **Vandalismus** *vergleiche:* **Wandalismus**
die **Vanille** (eine Pflanze; ein Gewürz)
die **Varia** (*letzter oder gemischter Punkt auf Listen:* Verschiedenes) *Plural*
variabel (veränderlich); variable Grössen
die **Variable** (unbestimmte, veränderliche Grösse); der Variablen; die Variablen; mehrere Variable *oder* Variablen
die **Variante** (Abwandlung, Abweichung;

Abart, Spielart); der Variante; die Varianten

die **Variation** (Veränderung, [musikalische] Abwandlung); die Variationen

das **Varieté** *oder* **Varietee** (Bühne mit buntem Unterhaltungsprogramm); die Varietés *oder* Varietees

variieren (unterschiedlich sein; abwandeln); die Preise variierten; er hat das Lied variiert

der **Vasall** (Lehnsmann); des/dem/den Vasallen; die Vasallen

die **Vasallin;** die Vasallinnen

die **Vase**

die **Vaseline** (mineralisches Fett; eine Salbe)

der **Vater;** des Vaters; die Väter; der Heilige Vater (der Papst)

das **Vaterland;** die Vaterländer

väterlich; väterliche Ermahnungen

das **Vaterunser** (ein Gebet)

der **Vatikan** (Residenz des Papstes in Rom; oberste Behörde der katholischen Kirche)

vatikanisch; vatikanische Politik; ABER: das Vatikanische Konzil

die **Vatikanstadt**

VBS = Eidgenössisches Departement für Verteidigung, Bevölkerungsschutz und Sport

v. Chr. = vor Christus

VD = Autokennzeichen und allgemeine Abkürzung für den Kanton Waadt

vegan; vegan leben

der **Veganer** (jemand, der die Nutzung von Tieren und tierische Produkte ablehnt); des Veganers; die Veganer

die **Veganerin;** die Veganerinnen

der **Vegetarier** (jemand, der sich fleischlos ernährt); des Vegetariers; die Vegetarier

die **Vegetarierin;** die Vegetarierinnen

vegetarisch; vegetarische Gerichte

die **Vegetation** (Pflanzenwuchs; Pflanzendecke); die Vegetationen

vegetativ; vegetatives (vom Bewusstsein unabhängiges) Nervensystem

vegetieren (kümmerlich leben); er hat in diesem Keller vegetiert

vehement (heftig); vehementer Protest; er hat es vehement abgestritten

die **Vehemenz**

das **Vehikel** (altes, schlechtes Fahrzeug); des Vehikels; die Vehikel

das **Veilchen;** des Veilchens; die Veilchen

der **Vektor** (als Pfeil dargestellte mathematische Grösse); des Vektors; die Vektoren

das **Velo;** die Velos; Velo fahren; ABER: das Velofahren

der **Velofahrer**

die **Velofahrerin**

der **Velokurier;** des Velokuriers; die Velokuriere

die **Velokurierin;** die Velokurierinnen

der **Velopneu**

die **Velopumpe**

die **Velotour**

die **Vene** (Blutader)

der **Venezolaner** (Einwohner von Venezuela); des Venezolaners; die Venezolaner

die **Venezolanerin;** die Venezolanerinnen

venezolanisch

Venezuela (Staat in Südamerika)

der **Venner** (Pfadfinderführer); des Venners; die Venner

die **Vennerin;** (Pfadfinderführerin); die Vennerinnen

das **Ventil** (Absperrvorrichtung; Luft-, Dampfklappe); des Ventils; die Ventile

die **Ventilation** (Lüftung; Luftwechsel); die Ventilationen

der **Ventilator** (Lüfter); des Ventilators; die Ventilatoren

die **Venus** (ein Planet)

verabreden; du verabredest; sie verabredete; sie hat einen Treffpunkt verabredet; sich verabreden; wir haben uns für heute Abend verabredet

die **Verabredung**

verabscheuen; du verabscheust; er verabscheute; er hat [jede] Gewalt verabscheut

verabschieden; du verabschiedest ihn; sie verabschiedete ihn; sie hat ihn verabschiedet; sich verabschieden; ich muss mich noch verabschieden

verachten; du verachtest; sie verachtete; sie hat ihn verachtet

verächtlich; eine verächtliche Bemerkung

die **Verachtung**

verallgemeinern; ich verallgemeinere; ich habe verallgemeinert

veralten; das Buch veraltete schnell; es ist schnell veraltet

die **Veranda** (überdachter, offener Vorbau an einem Wohnhaus); die Veranden

veränderlich; ein veränderliches Magnetfeld; das Wetter bleibt veränderlich
verändern; du veränderst; er verändert; er hat alles verändert; sich verändern; du hast dich sehr verändert
die **Veranlagung** (angeborene Eigenschaft)
veranlassen; was hat dich dazu veranlasst?
veranschaulichen (anschaulich, deutlich machen); sie hat uns das an einem Beispiel veranschaulicht
veranstalten; du veranstaltest; sie veranstaltete; sie hat ein Fest veranstaltet
die **Veranstaltung**
verantworten; er muss sein Tun selbst verantworten (dafür einstehen); er hat sich vor Gericht verantwortet
verantwortlich; die verantwortliche Apothekerin; du bist dafür verantwortlich, dass ...
die **Verantwortung**
verarbeiten; Leder verarbeiten; er hat die Enttäuschung verarbeitet
verärgern; ich verärgere ihn; die Kritik hat ihn verärgert
das **Verb** (Zeitwort, Tätigkeitswort, z. B. «arbeiten»); die Verben
der **Verband;** des Verbands *oder* Verbandes; die Verbände
verbannen ([für immer] wegschicken; ausweisen); du verbannst ihn; sie verbannte ihn; er hat ihn verbannt
verbarrikadieren (Zugang durch Hindernisse versperren); sie verbarrikadierten die Strasse; sich verbarrikadieren; sie haben sich im Haus verbarrikadiert
verbergen; du verbirgst; sie verbirgt; er verbarg; sie hat etwas verborgen; verbirg es schnell!
verbessern; du verbesserst; er verbesserte; er hat den Fehler verbessert
die **Verbesserung**
sich **verbeugen;** du verbeugst dich; sie verbeugte sich vor dem König; er hat sich höflich verbeugt
verbeulen; du verbeulst; er verbeulte; sie hat das Blech verbeult; ein verbeulter Kotflügel
verbiegen; du verbiegst; er verbog; sie hat es verbogen
verbieten; du verbietest; sie verbietet; er verbot; sie hat mir das Rauchen verboten
verbinden; du verbindest; er verbindet; sie verband; er hat die Wunde verbunden
verbindlich (höflich; verpflichtend); eine verbindliche Zusage
die **Verbindung**
verbissen (hartnäckig, verkrampft); ein verbissener Gegner; sie arbeitete verbissen weiter
sich **verbitten;** du verbittest dir; sie verbittet sich; sie verbat sich; sie hat sich diese Frechheit verbeten
verbittert (zutiefst enttäuscht); ein verbitterter, alter Mann; sie klingt verbittert
verblassen; die Erinnerung verblasst; sie ist verblasst
verbläuen (prügeln); er verbläute ihn; er hat ihn verbläut
verblüffen; du verblüffst; er verblüfft; er hat ihn mit dieser Antwort verblüfft
verblüffend; eine verblüffende Ähnlichkeit
verblühen; die Blume verblüht; sie ist verblüht
verbluten; er verblutete; der Verletzte ist verblutet
verborgen; im Verborgenen arbeiten
das **Verbot;** des Verbots *oder* Verbotes; die Verbote
verboten
der **Verbrauch;** des Verbrauchs *oder* Verbrauches; die Verbräuche
verbrauchen; du verbrauchst; er verbrauchte; er hat das Geld verbraucht
der **Verbraucher;** des Verbrauchers; die Verbraucher
die **Verbraucherin;** die Verbraucherinnen
verbrechen; du verbrichst; sie verbrach; sie hat den Stift verbrochen; hast du das verbrochen (getan)?
das **Verbrechen;** des Verbrechens; die Verbrechen
der **Verbrecher;** des Verbrechers; die Verbrecher
die **Verbrecherin;** die Verbrecherinnen
verbreiten; du verbreitest; er verbreitete; er hat ein Gerücht verbreitet
verbrennen; du verbrennst; sie verbrennt; sie verbrannte; sie hat den Brief verbrannt
die **Verbrennung**
verbringen; er verbrachte seine Ferien

am Strand; der Kranke hat eine ruhige Nacht verbracht

verbrühen; du hast ihn verbrüht; ich habe mir den Arm mit kochendem Wasser verbrüht

der **Verbund;** die Verbünde; im Verbund arbeiten

der **Verbündete;** ein Verbündeter; die Verbündeten; zwei Verbündete

die **Verbündete;** eine Verbündete; die Verbündeten

der **Verdacht;** des Verdachts *oder* Verdachtes; die Verdachte *oder* Verdächte

verdächtig; verdächtige Personen

der **Verdächtige;** ein Verdächtiger; die Verdächtigen; mehrere Verdächtige wurden festgenommen

die **Verdächtige;** eine Verdächtige; die Verdächtigen

verdächtigen; du verdächtigst ihn; er verdächtigte ihn; er hat ihn zu Unrecht verdächtigt

verdammen (hart kritisieren; verurteilen; zu etwas zwingen); du verdammst ihn; sie verdammte ihn; sie hat ihn dazu verdammt

die **Verdammnis** (Höllenstrafe); der Verdammnis

verdampfen; das Wasser verdampfte; es ist verdampft

verdanken; wir haben dir viel zu verdanken; er hat den Brief verdankt (Dank abgestattet)

verdattert (verwirrt; überrascht); ein verdattertes Gesicht machen; er stand völlig verdattert da

verdauen; du verdaust; er verdaute; er hat das Essen verdaut

die **Verdauung**

das **Verdeck** (oberstes Deck eines Schiffs; bewegliches Dach eines Wagens); des Verdecks *oder* Verdeckes; die Verdecke

verdecken; du verdeckst; sie verdeckt; sie hat das Bild verdeckt

der **Verderb;** des Verderbs *oder* Verderbes; auf Gedeih und Verderb (auf Glück und Unglück, bedingungslos)

verderben (zugrunde richten; verleiden); du verdirbst mir das Kleid; er verdarb mir den Tag; er hat mir den Tag verdorben; verdirb nicht das gute Kleid!

verderben (schlecht werden); das Obst verdirbt; es verdarb; es ist verdorben

das **Verderben;** jemanden ins Verderben stürzen

verderblich; leicht verderbliche Lebensmittel

verdienen; du verdienst; sie verdiente; sie hat viel verdient

der **Verdienst** (Lohn, Gewinn); des Verdiensts *oder* Verdienstes; die Verdienste

das **Verdienst** (Anspruch auf Dank und Anerkennung); des Verdiensts *oder* Verdienstes; die Verdienste

verdienstvoll; eine verdienstvolle Tat; das ist sehr verdienstvoll von dir

das **Verdingkind** (*früher:* Kind, das von der Behörde bei einer Pflegefamilie gegen wenig Kostgeld untergebracht wurde)

verdoppeln; du verdoppelst; er verdoppelte; er hat sein Vermögen verdoppelt

die **Verdoppelung** *oder* **Verdopplung**

verdorben; verdorbene Lebensmittel

verdorren; das Gras verdorrt; das Gras verdorrte; das Gras ist verdorrt

verdrängen; du verdrängst; sie verdrängte ihn von seinem Platz; er hat dieses Erlebnis verdrängt (die Erinnerung daran unterdrückt)

verdriessen (missmutig machen; ärgern); etwas verdriesst ihn; es verdross sie; es hat ihn arg verdrossen; ich lasse es mich nicht verdriessen

verdriesslich; mit verdriesslicher Miene

der **Verdruss** (Unzufriedenheit; Missmut); des Verdrusses; die Verdrusse; zu ihrem Verdruss kam er zu spät; etwas bereitet, macht [jemandem] viel Verdruss

verdünnen; du verdünnst; sie verdünnte; sie hat die Sauce verdünnt; verdünnte Schwefelsäure

verdunsten; das Wasser verdunstete; es ist verdunstet

die **Verdunstung**

verdursten; er verdurstete; er ist verdurstet

verdutzt (überrascht; verwirrt); verdutzte Gesichter; sie war verdutzt

verehren; du verehrst sie; er verehrt sie; er verehrte sie; er hat sie verehrt

der **Verein;** des Vereins *oder* Vereines; die Vereine

vereinbaren; du vereinbarst ein Treffen mit ihm; ihr habt das vereinbart
die **Vereinbarung**
vereinfachen; du vereinfachst; er vereinfachte; er hat das Modell vereinfacht; das vereinfacht (erleichtert) die Arbeit sehr
vereinigen; du vereinigst; sie vereinigte; sie hat alles in einer Hand vereinigt
das **Vereinigte Königreich Grossbritannien und Nordirland**
die **Vereinigten Arabischen Emirate**
die **Vereinigten Staaten [von Amerika]** (*Abkürzung:* US, USA)
die **Vereinigung**
vereint; mit vereinten Kräften; die Vereinten Nationen (*Abkürzung:* VN, UN, UNO)
vereinzelt; vereinzeltes Vorkommen
vereisen (mit Eis überzogen); eine vereiste Fahrbahn
vereiteln (zunichte machen, verhindern); du vereitelst; er vereitelte; er hat unseren Plan vereitelt
vereitern; die Wunde ist vereitert
verenden (*bei Tieren:* langsam oder durch einen Schuss sterben); das Wild verendete; es ist verendet
vererben; er vererbte mir sein Vermögen; diese Krankheit hat sich vererbt
die **Vererbung**
Verf. = Verfasser, Verfasserin
verfahren; du verfährst zu rücksichtslos mit ihm
sich **verfahren;** er verfuhr sich; er hat sich unterwegs verfahren
das **Verfahren** (Vorgehensweise; Methode; Gerichtsverfahren)
der **Verfall;** des Verfalls *oder* Verfalles
verfallen; das Haus verfällt (wird baufällig); die Eintrittskarten sind verfallen; sie verfiel in Nachdenken
verfänglich (heikel; problematisch); eine verfängliche Frage
verfassen; du verfasst; sie verfasste ein Gedicht; sie hat es verfasst
der **Verfasser;** des Verfassers; die Verfasser
die **Verfasserin;** die Verfasserinnen
die **Verfassung;** eine demokratische Verfassung; die Verfassung tritt in Kraft; sie war in schlechter körperlicher Verfassung
verfehlen; du verfehlst; er hat das Thema verfehlt
verfehlt (ungeeignet; falsch); sie hält diese Idee für verfehlt
verfinstern; der Himmel verfinsterte sich; ihre Miene hat sich verfinstert
verflixt (ärgerlich, unangenehm; verdammt); eine verflixte Situation; sie hat das verflixt (sehr) gut gemacht
verflüssigen; verflüssigte Luft
verfolgen; du verfolgst ihn; er verfolgt ihn; er verfolgte ihn; er hat ihn verfolgt
der **Verfolger;** des Verfolgers; die Verfolger
die **Verfolgerin;** die Verfolgerinnen
der **Verfolgte;** ein Verfolgter; die Verfolgten; zwei Verfolgte
die **Verfolgte;** eine Verfolgte
die **Verfolgung**
verfügbar; alle verfügbaren Kräfte
verfügen; du verfügst; sie verfügt; sie hat darüber verfügt
die **Verfügung;** eine amtliche Verfügung (Anordnung); ein Amt zur Verfügung stellen (den Rücktritt anbieten)
verführen; er verführte; er hat ihn verführt
der **Verführer;** des Verführers; die Verführer
die **Verführerin;** die Verführerinnen
verführerisch; verführerische Blicke
die **Verführung**
vergällen (verbittern; ungeniessbar machen); du vergällst; er vergällte; er hat ihm die Freude vergällt; vergällter Alkohol
vergammeln; die Vorräte vergammeln; vergammeltes Fleisch
verganden (verwildern); die Alp vergandet; sie vergandete; sie ist vergandet
die **Vergangenheit**
vergänglich; vergängliche Dinge
der **Vergaser** (Teil des Motors); des Vergasers; die Vergaser
vergeben; du vergibst; er vergab; sie hat dir vergeben; vergib ihm!
vergebens (umsonst, vergeblich); sie haben lange gesucht, aber es war vergebens
vergeblich; vergebliche Mühen
die **Vergebung**
vergehen; das Jahr vergeht; das Jahr verging; das Jahr ist vergangen
sich **vergehen;** du vergehst dich; sie hat sich gegen das Gesetz vergangen
das **Vergehen;** des Vergehens; die Vergehen
vergelten (zurück-, heimzahlen); du ver-

giltst; sie vergilt; sie vergalt; sie hat Böses mit Gutem vergolten; vergilt das!
vergessen; du vergisst; er vergisst; er vergass; er hat alles vergessen; vergiss es!
vergesslich
die **Vergesslichkeit**
vergeuden; du vergeudest; er vergeudete; er hat sein Geld vergeudet
die **Vergeudung**
vergewaltigen; er hat sie vergewaltigt
die **Vergewaltigung**
sich **vergewissern;** ich habe mich vergewissert
vergiften; sie hat ihn vergiftet; vergiftete Speisen
die **Vergiftung**
das **Vergissmeinnicht** (eine Pflanze); des Vergissmeinnichts *oder* Vergissmeinnichtes; die Vergissmeinnicht *oder* Vergissmeinnichte
der **Vergleich;** des Vergleichs *oder* Vergleiches; die Vergleiche; einen Vergleich anstellen
vergleichbar; ein vergleichbarer Fall
vergleichen; du vergleichst; er vergleicht; sie verglich; er hat die beiden verglichen
die **Vergleichsform** (Komparativ oder Superlativ)
vergleichsweise; gegen sie ist er vergleichsweise bleich
sich **vergnügen;** du vergnügst dich; er hat sich vergnügt
das **Vergnügen;** des Vergnügens; die Vergnügen; zum Vergnügen; viel Vergnügen!
vergnügt; vergnügte Kinder
sich **vergreifen;** er hat sich an ihm vergriffen
vergriffen; das Buch ist vergriffen (nicht mehr lieferbar)
vergrössern; du vergrösserst das Foto; er hat seinen Betrieb vergrössert
die **Vergrösserung**
die **Vergünstigung**
vergüten; man hat ihr die Spesen vergütet
verhaften; du verhaftest; er verhaftete ihn; er hat ihn verhaftet
die **Verhaftung**
sich **verhalten;** er hat sich ablehnend verhalten
verhalten (zurückhaltend); verhalten sprechen, fahren
das **Verhalten;** des Verhaltens
verhaltensauffällig
die **Verhaltenstherapie** (eine Form der Psychotherapie, die auf eine Veränderung des Verhaltens abzielt)
die **Verhaltensweise**
das **Verhältnis;** des Verhältnisses; die Verhältnisse
verhältnismässig
verhandeln; du verhandelst mit ihm; wir verhandelten; wir haben darüber verhandelt
die **Verhandlung**
verhängen; wir verhängten die Fenster; der Schiedsrichter hat einen Penalty verhängt
das **Verhängnis** (Unglück; Verderben); des Verhängnisses; die Verhängnisse; das Würfelspiel war ihr Verhängnis; das Verhängnis nahm seinen Lauf
verhängnisvoll; ein verhängnisvoller Fehler
verhärmt (von Kummer gezeichnet); eine verhärmte Frau
verhasst; eine verhasste Pflicht
verhätscheln (verwöhnen); er hat ihn verhätschelt
sich **verheddern** (hängen bleiben; verwickeln); sie verhedderte sich in Widersprüche; die Wolle hat sich verheddert
verheerend; verheerender; am verheerendsten; ein verheerender (entsetzlicher) Sturm
verheimlichen; er hat mir seine Entdeckung verheimlicht
sich **verheiraten;** er hat sich verheiratet
verheiratet
verheissen (verkünden; prophezeien); du verheisst; er verheisst; er verhiess; er hat mir Glück verheissen
die **Verheissung**
verhindern; du verhinderst; er verhinderte; er hat den Plan verhindert
verhöhnen; du verhöhnst ihn; sie verhöhnte ihn; sie hat ihn verhöhnt
verholzen; der Stängel verholzt; er ist verholzt
das **Verhör;** des Verhörs *oder* Verhöres; die Verhöre
verhören; die Polizei hat ihn eingehend verhört; er hat sich verhört (etwas falsch verstanden)

verhüllen; sie hat ihr Gesicht verhüllt
verhungern; du verhungerst; sie verhungerte; sie ist verhungert
verhüten (verhindern; Verhütungsmittel nehmen); du verhütest; er verhütet; er hat den Unfall verhütet
verhütten (zu Metall verarbeiten); hier werden Eisenerze verhüttet
Verhütungsmittel (Mittel, das eine Schwangerschaft verhindern soll)
verhutzelt (zusammengeschrumpft, runzlig); ein verhutzeltes Männchen
sich **verirren;** du verirrst dich; er verirrte sich; sie hat sich im Wald verirrt
verjähren; das Vergehen ist verjährt (kann nicht mehr bestraft werden)
verkabeln; die Haushalte wurden verkabelt (an das Netz des Kabelfernsehens angeschlossen)
die **Verkabelung**
verkalken; das Rohr verkalkte; es ist verkalkt
die **Verkalkung**
der **Verkauf;** des Verkaufs; die Verkäufe
verkaufen; du verkaufst; sie verkaufte; er hat das Auto verkauft
der **Verkäufer**
die **Verkäuferin**
verkäuflich; verkäufliche Waren
der **Verkehr;** des Verkehrs; die Verkehrs *Plural selten*
verkehren; du verkehrst; er verkehrt; er verkehrte; er hat bei uns verkehrt; er hat diese Absicht ins Gegenteil verkehrt
die **Verkehrsampel**
das **Verkehrschaos**
das **Verkehrsmittel;** mit öffentlichen Verkehrsmitteln fahren (*Abkürzung:* ÖV *oder* öV)
der **Verkehrsunfall**
verkehrt; das sind die verkehrten (falschen) Schuhe; sie hat den Pullover verkehrt herum angezogen
verkleiden; ich habe mich als trauriger Clown verkleidet
die **Verkleidung**
die **Verkleinerungsform**
verklopfen (schlagen; verquirlen); du verklopfst; sie verklopfte; er hat Eier mit Milch verklopft
verkneten (durch Kneten vermischen); alle Zutaten zu einem festen Teig verkneten; sie verknetete Butter und Zucker
verknorzt (stur; unflexibel); ein verknorzter Umgang
verknüpfen; zwei durch «und» verknüpfte Sätze
verknurren; der Abwart verknurrte ihn zum Aufräumen; die Firma wurde zu einer hohen Geldstrafe verknurrt
verkommen (verwahrlosen, verfallen); sie verkommt hier; der Hof ist ganz verkommen
verkrampft; verkrampfte Muskulatur
sich **verkriechen;** du verkriechst dich; er verkroch sich; sie hat sich verkrochen
verkümmern (eingehen; sich nicht entwickeln können); der Baum verkümmert; er ist verkümmert; sie sollte ihr Talent nicht verkümmern lassen
verkünden (bekannt machen); der Richter hat das Urteil verkündet
verkündigen (predigen; feierlich mitteilen); das Evangelium verkündigen
der **Verlad** (das Verladen [von Waren]); des Verlads *oder* Verlades
verladen; du verlädst; sie verlud; sie hat die Kisten verladen
der **Verlag;** des Verlags *oder* Verlages; die Verlage
verlagern; er verlagerte das Gewicht auf das andere Bein; die Firma hat ihre Produktion ins Ausland verlagert
verlangen; du verlangst; sie verlangte; sie hat ein Bier verlangt
das **Verlangen**
verlängern; du verlängerst das Kleid; sie hat es verlängert; der Vertrag wurde verlängert
die **Verlängerung**
der **Verlass;** des Verlasses; es ist kein Verlass auf ihn
verlassen; du verlässt uns; sie verlässt uns; ABER: ihr verlasst uns; er verliess uns; sie hat uns verlassen; sich verlassen; er verlässt sich auf ihn
verlassen (einsam, trostlos); eine verlassene Gegend
verlässlich (zuverlässig); verlässliche Daten
der **Verlauf** (Ablauf); des Verlaufs *oder* Verlaufes; die Verläufe; im Verlauf

verlaufen; die Untersuchung verlief ergebnislos; er hat sich verlaufen (verirrt)
verlegen; du verlegst; sie verlegte; er hat die Brille verlegt; sie verlegt eine Leitung (sie legt sie)
verlegen (unsicher); verlegene Blicke; verlegen sein
verlegen (ein Buch herausbringen); sie hat viele Bücher verlegt
die **Verlegenheit**
der **Verleger** (Inhaber eines Buch- oder Zeitungsverlags); des Verlegers; die Verleger
die **Verlegerin;** die Verlegerinnen
verleiden; er hat mir die Arbeit verleidet
der **Verleih;** des Verleihs *oder* Verleihes; die Verleihe
verleihen; du verleihst; sie verleiht; er verlieh; sie hat ihr Velo verliehen
verletzen; du verletzt; sie verletzte; er hat ihn verletzt; sich verletzen; ich habe mich dabei verletzt
der **Verletzte;** ein Verletzter; die Verletzten; zwei Verletzte
die **Verletzte;** eine Verletzte; die Verletzten
die **Verletzung**
verleugnen; du verleugnest ihn; er verleugnete ihn; er hat ihn verleugnet; sie liess sich verleugnen
verleumden (Unwahres über jemanden verbreiten); du verleumdest ihn; er hat ihn verleumdet
der **Verleumder;** des Verleumders; die Verleumder
die **Verleumderin;** die Verleumderinnen
die **Verleumdung**
sich **verlieben;** er hat sich in sie verliebt
die **Verliebtheit**
verlieren; du verlierst; sie verlor; sie hat Geld verloren
das **Verlies** (Kerker); des Verlieses; die Verliese
sich **verloben;** sie haben sich verlobt
der **Verlobte;** ein Verlobter; die Verlobten; zwei Verlobte
die **Verlobte;** eine Verlobte; die Verlobten
die **Verlobung**
verlochen (vergraben; verscharren; Geld verschwenden); du verlochst; er verlochte den Knochen im Garten; sie hat Milliarden verlocht
verlogen (unaufrichtig, falsch); eine verlogene Moral
verloren; der verlorene Sohn; …
gehen; der Ring ist verloren g…
verlosen; sie verloste den er…
wertvolle Preise werden verlos…
der **Verlust;** des Verlusts *oder* Verlustes; die Verluste; schwere Verluste
vermachen (vererben); er hat ihr sein Haus vermacht
das **Vermächtnis;** des Vermächtnisses; die Vermächtnisse
sich **vermählen** (heiraten); du vermählst dich; er vermählte sich; er hat sich mit seiner Jugendfreundin vermählt
die **Vermählung**
vermehren; er vermehrte seinen Besitz; sich vermehren; die Mäuse haben sich stark vermehrt
vermeidbar; vermeidbare Fehler
vermeiden; er vermied jede Begegnung; er hat sie vermieden
vermeintlich (scheinbar); der vermeintliche Dieb entpuppte sich als harmloser Tourist
der **Vermerk;** des Vermerks; die Vermerke; ein handschriftlicher Vermerk
vermessen; du vermisst; sie vermisst; sie vermass; sie hat das Haus vermessen
vermessen (auf anmassender Selbstüberschätzung beruhend); ein vermessenes Unternehmen
das **Vermicelles** (Süssspeise aus Marronipüree); *wenn keine Dessertportion, sondern Püree gemeint ist, dann Plural:* die Vermicelles
vermiesen (verderben); du vermiest; er vermieste; er hat mir die Ferien vermiest
vermieten; du vermietest; sie vermietete; sie hat das Zimmer vermietet
der **Vermieter;** des Vermieters; die Vermieter
die **Vermieterin;** die Vermieterinnen
vermindern (verringern; herabsetzen); er hat das Tempo vermindert; verminderte Zurechnungsfähigkeit (Schuldunfähigkeit); eine verminderte (um einen Halbton verkleinerte) Terz
vermissen; du vermisst; er vermisst; er vermisste; er hat Geld vermisst
der **Vermisste;** ein Vermisster; die Vermissten; zwei Vermisste
die **Vermisste;** eine Vermisste; die Vermissten

die **Vermisstenanzeige** *oder* **Vermisstanzeige** (Meldung bei der Polizei, dass eine Person vermisst wird)

vermitteln; er hat mir Arbeit vermittelt

der **Vermittler;** des Vermittlers; die Vermittler

die **Vermittlerin;** die Vermittlerinnen

die **Vermittlung**

vermodern (verfaulen); das Laub vermodert; es vermoderte; es ist vermodert

vermögen (imstande sein, fähig sein); du vermagst; sie vermag; sie vermochte; sie hat ihn zu überzeugen vermocht

das **Vermögen;** das kostet ihn ein Vermögen (sehr viel)

vermögend; eine vermögende Frau

vermummen; ich habe mich vermummt

das **Vermummungsverbot**

vermuten; du vermutest; er vermutet; er vermutete; er hat es vermutet

vermutlich; vermutliche Brandstiftung; das wird es vermutlich nie mehr geben

die **Vermutung;** sie hatte die Vermutung, dass ...

vernachlässigen; du vernachlässigst; er vernachlässigte; sie hat ihre Arbeit vernachlässigt

vernehmen; du vernimmst; er vernahm; er hat das Geräusch vernommen (gehört); er hat den Angeklagten vernommen (verhört)

das **Vernehmen;** dem Vernehmen nach (nach dem, was zu erfahren ist)

die **Vernehmlassung** (Stellungnahme zu einem Gesetzesentwurf)

die **Vernehmung** (Verhör)

verneinen; sie hat die Frage verneint; ein verneinter Satz

vernichten; du vernichtest; sie vernichtet; es vernichtete; er hat die Akten vernichtet

die **Vernunft**

vernünftig; vernünftiges Handeln

veröffentlichen; du veröffentlichst; er veröffentlicht; sie veröffentlichte; sie hat seine Gedichte veröffentlicht

verordnen; die Ärztin hat mir eine Medizin verordnet

verpachten; er verpachtete mir das Land; er hat es an mich verpachtet

verpacken; sie verpackte; sie hat das Geschenk verpackt

die **Verpackung**

verpassen; du verpasst; er verpasste den Zug; er hat den Zug verpasst; sie hat ihm einen Denkzettel verpasst

verpetzen; du verpetzt ihn; er hat uns verpetzt; verpetze *oder* verpetz ihn nicht!

verpflegen; du verpflegst; sie verpflegte; sie hat die Schülerinnen verpflegt

die **Verpflegung**

verpflichten; sie hat ihn verpflichtet zu kommen

die **Verpflichtung**

verpönt; solches Verhalten ist streng verpönt (es wird missbilligt)

sich **verpuppen;** die Raupe hat sich verpuppt

der **Verputz** (Wand- und Deckenbelag)

verputzen; du verputzt die Wände; er hat die Fassade verputzt

verquicken (vermischen); du verquickst; er verquickte; er hat die Dinge miteinander verquickt

verrammeln (einen Durchgang versperren, unzugänglich machen); sie verrammelt; sie verrammelte; sie hat die Fenster verrammelt

der **Verrat;** des Verrats *oder* Verrates

verraten; du verrätst; er verrät; er verriet; er hat den Plan verraten

der **Verräter;** des Verräters; die Verräter

die **Verräterin;** die Verräterinnen

verrechnen; du verrechnest; sie verrechnete; sie hat die Wegkosten verrechnet (in Rechnung gestellt); sich verrechnen (falsch rechnen); er hat sich verrechnet

verrecken (verenden; elend umkommen); die Kuh ist verreckt

verreisen; du verreist; sie verreiste; sie ist verreist

verrenken; du verrenkst; er verrenkte; er hat mir den Arm verrenkt; ich habe mir die Schulter verrenkt

verrichten (ausführen; erledigen); sie hat ihre Arbeit verrichtet

verringern; er verringerte den Abstand; die Aussichten auf Besserung haben sich verringert

verrinnen; das Wasser verrinnt im Sand (versickert); die Tage verrannen (vergingen); sie sind im Nu verronnen

der **Verriss** (vernichtende Kritik); des Verrisses; die Verrisse

verrosten; das Messer verrostet; es ist verrostet
verrotten (verfaulen); das Laub verrottet; es ist verrottet
verrückt; verrückter; am verrücktesten; sie trägt ein total verrücktes Kleid
der **Verrückte;** ein Verrückter; die Verrückten; zwei Verrückte
die **Verrückte;** eine Verrückte; die Verrückten
die **Verrücktheit**
das **Verrücktwerden;** es ist zum Verrücktwerden
der **Verruf** (schlechter Ruf); jemanden in Verruf bringen; in Verruf kommen
verrufen (einen schlechten Ruf habend); ein verrufenes Lokal
der **Vers** (Gedichtzeile); des Verses; die Verse
versagen; du versagst; er hat versagt
das **Versagen**
der **Versager;** des Versagers; die Versager
die **Versagerin;** die Versagerinnen
versalzen; du versalzt die Suppe; er hat ihr die Freude versalzen
versammeln; du versammelst; er versammelte; sie hat die Schülerinnen und Schüler alle um sich versammelt
die **Versammlung**
der **Versand;** des Versands *oder* Versandes
versauen (verschmutzen; verderben); du versaust dein Kleid; du hast mir den Abend versaut
versauern (die geistige Frische verlieren); du versauerst hier; er ist versauert
versäumen (verpassen); du versäumst; sie versäumte; sie hat den Termin versäumt
das **Versäumnis;** des Versäumnisses; die Versäumnisse
verschaffen; ich habe mir Gewissheit verschafft
verscheuchen; du verscheuchst; sie verscheuchte; er hat die Vögel verscheucht
verschieben; ich verschiebe das Dreieck um 2 cm nach rechts; er verschob seinen Besuch; der Termin hat sich verschoben
verschieden; verschieden lang; Verschiedene sagen, es sei anders gewesen; Verschiedenes war mir unklar; Ähnliches und Verschiedenes; etwas Verschiedenes
verschiedenartig
verschiedentlich (mehrfach); wir haben schon verschiedentlich darauf hingewiesen
verschlafen; ich verschlief den Tag; ich habe verschlafen
der **Verschlag** (abgeteilter Raum mit Bretterwänden); des Verschlags *oder* Verschlages; die Verschläge
verschlagen (hinterlistig); ein verschlagenes Grinsen
die **Verschlagenheit**
verschlechtern; du verschlechterst deine Lage; die Lage hat sich verschlechtert
der **Verschleiss** (starke Abnutzung; Verbrauch); des Verschleisses; die Verschleisse
verschleissen; du verschleisst; er verschleisst; er verschliss; er hat viele Kleider verschlissen; sie hat sich in diesem Streit verschlissen
verschleppen; man hat ihn in ein Lager verschleppt
verschliessen; du verschliesst; er verschliesst; sie verschloss; er hat den Keller verschlossen; verschliesse *oder* verschliess ihn!; sich verschliessen; sie hat sich meinen Wünschen verschlossen
verschlimmbessern; er verschlimmbesserte; er hat den Text nur verschlimmbessert
verschlimmern; eine Erkältung verschlimmerte seine Krankheit; ihr Zustand hat sich verschlimmert
verschlingen; der Hund verschlang das Fleisch; der Bau hat Unsummen verschlungen
verschlossen (in sich gekehrt, wortkarg); sie war als Kind sehr verschlossen
verschlucken; du verschluckst; sie hat den Bissen verschluckt; sich verschlucken; sie hat sich verschluckt
der **Verschluss;** des Verschlusses; die Verschlüsse
verschmitzt (schlau); ein verschmitztes Lächeln
verschmutzen; du verschmutzt; sie verschmutzte; er hat den Boden verschmutzt
die **Verschmutzung**
verschnörkelt; eine verschnörkelte Schrift
verschollen (für verloren, tot gehalten;

nicht mehr auffindbar); ein verschollener Onkel; sie ist im Dschungel verschollen

verschonen; sie blieb verschont; verschone mich mit deinem Geschwätz!

verschreiben; der Arzt verschrieb (verordnete) ihr ein Medikament; ich habe mich verschrieben (ich habe beim Schreiben einen Fehler gemacht)

verschroben (seltsam, wunderlich); ein verschrobener Mensch

verschulden; er hat den Unfall selbst verschuldet

das **Verschulden;** ohne sein Verschulden

verschweigen; er verschwieg sein Alter; sie hat ihre Vorstrafen verschwiegen

verschwenden; du verschwendest; er verschwendet; er hat sein Geld verschwendet

der **Verschwender;** des Verschwenders; die Verschwender

die **Verschwenderin;** die Verschwenderinnen

verschwenderisch; eine verschwenderische Pracht

verschwiegen; sie ist verschwiegen (sie behält ein Geheimnis für sich)

verschwinden; du verschwindest; er verschwindet; sie verschwand; er ist verschwunden

verschwitzen (vergessen); er hat die Prüfung verschwitzt

verschwitzt (schweissnass); verschwitzte Kleider

verschwommen (undeutlich, unklar); verschwommene Bilder; verschwommen sehen

die **Verschwörung**

versehen; du versiehst; sie versieht; er versah; sie hat ihren Dienst treu versehen; sich versehen; ich habe mich bei der Abrechnung versehen (geirrt)

das **Versehen** (Irrtum, Fehler); des Versehens; die Versehen; es unterlief ihr ein Versehen

versehentlich (aus Versehen); sie hat versehentlich einen Alarm ausgelöst

der **Versehrte** (jemand, der durch einen Unfall oder eine Kriegsverletzung körperbehindert ist); ein Versehrter; die Versehrten; zwei Versehrte

die **Versehrte;** eine Versehrte; die Versehrten

versenden; du versendest; sie versendet; sie versendete *oder* versandte; sie hat die Post versendet *oder* versandt

versengen (leicht anbrennen); du versengst; er versengte; er hat sich das Haar versengt

versenken; du versenkst; sie versenkte; er hat das Boot im Teich versenkt

versessen (begierig; erpicht); auf Glace ist sie ganz versessen

die **Versessenheit**

versetzen; du versetzt; er versetzte den Grenzstein; die Schülerin ist versetzt worden

verseucht; verseuchtes Wasser

versichern; du versicherst; er versicherte; sie hat ihr Auto gegen Diebstahl versichert; sich versichern; er hat sich hoch versichert

der **Versicherte;** ein Versicherter; die Versicherten; zwei Versicherte

die **Versicherte;** eine Versicherte; die Versicherten

die **Versicherung**

versiegen (aufhören zu fliessen); die Quelle versiegte; sie ist versiegt

versiert (erfahren, geschickt); in etwas versiert sein; eine versierte Fachfrau

versifft (verschmutzt); die Küche war komplett versifft

die **Version** (Fassung, Formulierung; Ausführung); die Versionen

versohlen (verhauen); du versohlst; sie versohlte; er hat ihm den Hintern versohlt

versöhnen; du versöhnst; er versöhnte; er hat die Streitenden versöhnt; sich versöhnen; versöhne dich mit ihr!

die **Versöhnung**

versorgen; er versorgte das Geschirr; sie hat uns mit Proviant versorgt

die **Versorgung**

verspachteln; er hat die Ritzen verspachtelt (ausgefüllt); sie verspachtelte (verzehrte mit grossem Appetit) zwei Portionen Pommes frites

sich **verspäten;** du verspätest dich; er verspätet sich; er verspätete sich; er hat sich verspätet

die **Verspätung**

verspotten; sie haben ihn verspottet

versprechen; du versprichst; er verspricht; sie versprach; er hat ihr die Heirat versprochen; versprich nicht zu viel!; sich versprechen; sie hat sich versprochen

das **Versprechen;** des Versprechens; die Versprechen

verstaatlichen (in Staatseigentum übernehmen); die Bahn ist verstaatlicht

der **Verstand;** des Verstands *oder* Verstandes; [nicht] bei Verstand sein

verständig (klug, einsichtig); eine verständige Frau

sich **verständigen;** du verständigst dich mit ihm; er verständigte sich mit ihm; er hat sich mit ihm verständigt

die **Verständigung**

verständlich; verständliche Sorge; der Text ist verständlich geschrieben

das **Verständnis;** des Verständnisses

verstärken; sie hat die Mauer verstärkt

der **Verstärker** (Gerät zum Verstärken von Signalen, z. B. Lautstärke); des Verstärkers; die Verstärker

verstäten (festmachen); du verstätest; er verstätet; er verstätete; er hat das Fadenende verstätet

verstauchen; du verstauchst; sie verstauchte sich den Fuss; sie hat sich den Fuss verstaucht

die **Verstauchung**

verstauen; die Koffer im Kofferraum verstauen

das **Versteck;** des Verstecks *oder* Versteckes; die Verstecke; Versteck spielen

verstecken; du versteckst; er versteckte; er hat das Spielzeug versteckt; sich verstecken; die Kinder haben sich versteckt

das **Verstecken;** des Versteckens; Verstecken spielen

verstehen; du verstehst; sie versteht; sie verstand; sie hat verstanden; jemandem etwas zu verstehen geben

das **Verstehen;** des Verstehens

versteigern; das Bild wurde versteigert

die **Versteigerung**

versteinern; die Pflanzen versteinern; sie stand wie versteinert (starr, unbeweglich) da

die **Versteinerung**

sich **verstellen;** du verstellst dich; sie verstellte sich; sie hat sich verstellt

verstimmt; ein verstimmtes Klavier; er ist verstimmt (verärgert)

verstockt (uneinsichtig); ein verstocktes Kind; die Angeklagte zeigte sich verstockt

verstohlen (heimlich); ein verstohlenes Lächeln

verstopfen; er hat die Öffnung verstopft; der Abfluss ist verstopft

die **Verstopfung;** unter Verstopfung leiden

verstorben; sie ist mit 35 Jahren früh verstorben; um verstorbene Stars trauern

der **Verstorbene;** ein Verstorbener; die Verstorbenen; zwei Verstorbene

die **Verstorbene;** eine Verstorbene; die Verstorbenen

der **Verstoss;** des Verstosses; die Verstösse

verstossen (ausstossen, [für immer] wegschicken; missachten); der Vater verstiess seine Tochter; er hat gegen das Gesetz verstossen

verstrahlen (radioaktiv verseuchen); verstrahltes Gebiet

verstreichen; er verstrich die Farbe mit einem Pinsel; er hat die Farbe verstrichen; ABER: der Termin ist verstrichen (vorübergegangen)

verstümmeln; sie verstümmelte; sie hat den Text verstümmelt; eine verstümmelte Leiche

der **Versuch;** des Versuchs *oder* Versuches; die Versuche

versuchen; du versuchst; sie versuchte; sie hat alles versucht

versuchsweise

die **Versuchung** (Reiz, Verlockung); einer Versuchung nachgeben, widerstehen

vertagen; die Sitzung wurde vertagt

vertauschen; du vertauschst; sie vertauschte; sie hat die Schuhe vertauscht; mit vertauschten Rollen

verteidigen; du verteidigst; er verteidigte die Festung; er hat den Angeklagten verteidigt; verteidige ihn!; sich verteidigen; er hat sich tapfer verteidigt

der **Verteidiger;** des Verteidigers; die Verteidiger

die **Verteidigerin;** die Verteidigerinnen

die **Verteidigung**

verteilen; du verteilst; sie verteilte; sie hat die Geschenke verteilt

vertiefen; du vertiefst dein Wissen; sie hat ihr Wissen vertieft
die **Vertiefung**
vertikal (senkrecht)
die **Vertikale** (Senkrechte); der Vertikale; die Vertikalen; zwei Vertikale *oder* Vertikalen
der **Vertrag;** des Vertrags *oder* Vertrages; die Verträge
vertragen; du verträgst; sie verträgt; ihr vertragt; sie vertrug; sie hat das Essen vertragen; er hat die Zeitungen vertragen; sich vertragen; die Kinder haben sich vertragen
der **Verträger;** des Verträgers; die Verträger
die **Verträgerin;** die Verträgerinnen
verträglich; gut verträgliche Medikamente
vertrauen; du vertraust; er vertraute; er hat ihm vertraut
das **Vertrauen;** des Vertrauens; im Vertrauen
der **Vertrauensbeweis**
vertrauensvoll; vertrauensvolle Zusammenarbeit
vertraulich; vertrauliche Mitteilungen
vertraut; vertrauter; am vertrautesten; er hat sich damit vertraut gemacht
vertreiben; du vertreibst; sie vertreibt; sie vertrieb; sie hat mehrere Zeitschriften vertrieben; er hat die Kinder vom Spielplatz vertrieben
die **Vertreibung**
vertreten; er hat seinen Bruder vertreten; sich die Füsse vertreten
der **Vertreter;** des Vertreters; die Vertreter
die **Vertreterin;** die Vertreterinnen
die **Vertretung**
der **Vertrieb** (Verkauf); des Vertriebs *oder* Vertriebes; die Vertriebe
der **Vertriebene;** ein Vertriebener; die Vertriebenen; zwei Vertriebene
die **Vertriebene;** eine Vertriebene; die Vertriebenen
vertrocknen; das Gras vertrocknet; es vertrocknete; das Gras ist vertrocknet
vertrödeln; du vertrödelst; sie vertrödelte; sie hat viel Zeit vertrödelt
vertun; ich habe mich vertan (geirrt); vertane (vergeudete) Zeit
vertuschen (verbergen, verschleiern); du vertuschst; sie vertuscht; er vertuschte; er hat den Vorfall vertuscht
verunfallen; sie verunfallte; sie ist schwer verunfallt
verunglimpfen (beleidigen; schlecht über jemanden reden); er hat seinen Konkurrenten verunglimpft
verunglücken; du verunglückst; er verunglückte; er ist verunglückt
verunmöglichen; er verunmöglichte; er hat jeden Versuch verunmöglicht
verunreinigen; er hat den Brunnen verunreinigt
verunstalten (entstellen); er hat das Bild verunstaltet
verursachen; du verursachst; sie verursachte; er hat den Unfall verursacht
der **Verursacher;** des Verursachers; die Verursacher
die **Verursacherin;** die Verursacherinnen
verurteilen; du verurteilst; sie verurteilte; er hat sie verurteilt
der **Verurteilte;** ein Verurteilter; die Verurteilten; zwei Verurteilte
die **Verurteilte;** eine Verurteilte; die Verurteilten
vervielfachen; du vervielfachst; sie vervielfachte; sie hat sein Vermögen vervielfacht
vervielfältigen; du vervielfältigst; er vervielfältigte (kopierte) den Text; sie hat ihre Bemühungen vervielfältigt (verstärkt)
die **Vervielfältigung**
verwahren; du verwahrst; sie verwahrt; sie hat das Bild verwahrt
verwahrlosen; du verwahrlost; sie verwahrlost; er verwahrloste; die Wohnung ist völlig verwahrlost
die **Verwahrung;** das Gericht ordnete die lebenslange Verwahrung an
verwaist; die Kinder sind verwaist (ohne Eltern); sie fühlte sich verwaist (einsam)
verwalten; du verwaltest; er verwaltete; sie hat das Haus verwaltet
der **Verwalter;** des Verwalters; die Verwalter
die **Verwalterin;** die Verwalterinnen
die **Verwaltung**
der **Verwaltungsrat** (Kontrollorgan einer Aktiengesellschaft)
verwandeln; du verwandelst; sie ver-

wandelte; sie hat den Prinzen in ein Tier verwandelt

die **Verwandlung**

verwandt; verwandte Seelen

der **Verwandte;** ein Verwandter; die Verwandten; zwei Verwandte

die **Verwandte;** eine Verwandte; die Verwandten

die **Verwandtschaft**

verwandtschaftlich

verwarnen; der Schiedsrichter hat den Spieler verwarnt

verwechseln; du verwechselst; er verwechselte; sie hat die Namen verwechselt

die **Verwechslung**

verwegen (draufgängerisch); ein verwegenes Abenteuer

verwehren (nicht erlauben; verweigern); sie hat mir den Zutritt verwehrt

verweigern; er hat die Annahme verweigert (abgelehnt)

der **Verweis;** des Verweises; die Verweise; einen Verweis erhalten (getadelt werden); in einem Text zahlreiche Verweise (Hinweise) einfügen

verweisen; du verweist; sie verweist; er verwies; sie hat auf die frühere Stelle verwiesen; der Verbrecher wurde des Landes verwiesen

verwelken; die Blume verwelkte; sie ist verwelkt

verwenden; du verwendest; sie verwendet; sie verwendete *oder* verwandte; sie hat neues Material verwendet *oder* verwandt

verwerfen; ihr Plan wurde verworfen (abgelehnt)

verwerflich (moralisch abzulehnen); eine verwerfliche Tat

verwerten; er hat alle Reste verwertet

verwesen; die Leiche war bereits verwest

verwickeln; er hat sich in Widersprüche verwickelt; sie ist in einen Skandal verwickelt

verwickelt (knifflig; verworren); eine verwickelte Situation; der Fall ist sehr verwickelt

die **Verwicklung**

verwirklichen; du verwirklichst; er verwirklichte; sie hat ihren Plan verwirklicht

verwirren; meine Frage verwirrte ihn; sie hat ihn verwirrt

verwirrlich (verwirrend); eine verwirrliche Frage

die **Verwirrung**

verwittern (durch das Wetter u. a. zerfallen, baufällig werden); das Holz ist verwittert; ein altes verwittertes Haus

verwöhnen; du verwöhnst; er verwöhnte; er hat ihn verwöhnt

verworren; verworrenes Zeug reden

verwunden; du verwundest; er verwundet; sie verwundete; er hat ihn verwundet

verwundern; es verwunderte mich; es hat mich verwundert

der **Verwundete;** ein Verwundeter; die Verwundeten; zwei Verwundete

die **Verwundete;** eine Verwundete; die Verwundeten

die **Verwundung**

verwüsten; ein Sturm verwüstete das Land; er hat das Land verwüstet

verzagen; sie ist *oder* hat nicht verzagt

verzehren; du verzehrst; sie verzehrte; sie hat ihr Brot verzehrt; das Fieber verzehrt seine Kräfte

verzeichnen; in der Liste sind alle Namen verzeichnet (festgehalten); die Skigebiete verzeichnen (erzielen) einen Rekord

das **Verzeichnis;** des Verzeichnisses; die Verzeichnisse; ein alphabetisches Verzeichnis

verzeigen (anzeigen; eine Strafanzeige erstatten); du verzeigst; sie verzeigte; sie hat ihn verzeigt

verzeihen; du verzeihst; sie verzeiht; er verzieh; sie hat ihm alles verziehen

verzeihlich; verzeihliche Fehler

die **Verzeihung;** Verzeihung!

verzerren; Schmerz verzerrte sein Gesicht; eine verzerrte Darstellung

der **Verzicht;** des Verzichts *oder* Verzichtes; Verzicht leisten

verzichten; du verzichtest; er verzichtet; sie verzichtete; er hat auf das Erbe verzichtet

verziehen; du verziehst; sie verzieht; sie verzog; er ist nach Gossau verzogen; sich verziehen; sie hat sich gestern Abend schnell verzogen

verzieren; er hat die Torte verziert

a b c d e f g h i j k l m n o p q r s t u v w x y z

verzögern; der Bau hat sich verzögert
verzollen (Zoll bezahlen): sie hat den Wein verzollt
verzweifeln; du verzweifelst; er verzweifelte; er ist verzweifelt
die **Verzweiflung**
die **Verzweigung**
verzwickt; verzwickter; am verzwicktesten; eine verzwickte Geschichte
die **Vesper** (Abendgottesdienst; kleine Zwischenmahlzeit); die Vespern
der **Veston** (Jacke des Herrenanzugs, Kittel); des Vestons; die Vestons
der **Vesuv** (Vulkan in Italien); des Vesuvs
der **Veteran** (altgedienter Soldat; Oldtimer); des/dem/den Veteranen; die Veteranen
die **Veteranin** (altgediente Soldatin; Oldtimer, z. B. altes Schiff); die Veteraninnen
der **Veterinär** (Tierarzt); des Veterinärs; die Veterinäre
die **Veterinärin;** die Veterinärinnen
das **Veto** (Einspruch); des Vetos; die Vetos; sein Veto einlegen
der **Vetter** (Cousin); des Vetters; die Vettern
die **Vetternwirtschaft** (gegenseitige Begünstigung, Günstlingswirtschaft)
vgl. = vergleiche!
die **VHS** = Volkshochschule
der *oder* das **Viadukt** (Talbrücke, Strassen- oder Bahnüberführung); des Viadukts *oder* Viaduktes; die Viadukte
die **Vibration** (Schwingung, leichtes Zittern)
vibrieren (beben, zittern); die Fensterscheiben haben vibriert
das **Video** (Videofilm, Videoband); des Videos; die Videos
der **Videoclip** (kurzes Video zu einem Musiktitel); des Videoclips; die Videoclips
der **Videofilm** (Film zur Wiedergabe auf dem Bildschirm)
die **Videokamera**
die **Videokassette** (mit Videoband)
der **Videorekorder** *oder* **Videorecorder** (Aufzeichnungsgerät)
die **Videothek** (Videosammlung; Filmverleih); die Videotheken
das **Vieh;** des Viehs *oder* Viehes
viehisch (wie Vieh); ein viehisches Verbrechen
die **Viehzucht**

viel

1. Kleinschreibung:
- in vielem; mit vielem
- um vieles
- ich habe viel *oder* vieles erlebt
- zu viel des Guten; er weiss zu viel; besser zu viel als zu wenig; im Saal waren zu viele Menschen

Wenn «viel» als Nomen gebraucht wird, kann man es auch grossschreiben:
- das Lob der vielen *oder* Vielen (der breiten Masse)

2. Beugung:
- viel Gutes *oder* vieles Gute
- mit viel Gutem *oder* mit vielem Guten
- vieler schöner Schnee
- mit vielem kalten Wasser
- viel *oder* viele gute Nachbildungen
- viele Begabte

3. Getrennt- und Zusammenschreibung:

Schreibung in Verbindung mit Partizipien:
- ein viel diskutiertes *oder* vieldiskutiertes Buch
- viel sagende *oder* vielsagende Blicke
- ein viel versprechendes *oder* vielversprechendes Angebot

Vergleiche auch: soviel, so viel

vielerlei; vielerlei Sorten Brot
vielerorts; der starke Regen führte vielerorts zu Überschwemmungen
vielfach; die vielfache Menge
das **Vielfache;** um ein Vielfaches; um das Vielfache; das kleinste gemeinsame Vielfache *(Mathematik)*
vielfältig (verschiedenartig; vielseitig); ein vielfältiges Freizeitangebot
der **Vielfrass** (jemand, der sehr viel isst; eine Raubtierart); des Vielfrasses; die Vielfrasse
vielleicht
vielmals; danke vielmals!
vielmehr; er ist nicht dumm, er weiss vielmehr alles; ABER: er weiss viel mehr als du
vielseitig
vier; die vier Jahreszeiten; die vier Evangelisten; in seinen vier Wänden (zuhause) bleiben; sich auf seine vier Buchstaben setzen (sich hinsetzen); etwas unter vier

Augen besprechen; alle viere von sich strecken; auf allen vieren gehen; wir sind zu vieren *oder* zu viert; *vergleiche auch:* acht, die Acht

die **Vier** (Zahl); die Vieren; eine Vier würfeln; er hat in Deutsch eine Vier geschrieben; *vergleiche auch:* acht, die Acht

das **Viereck;** des Vierecks; die Vierecke

viereckig; eine viereckige Burg; viereckige Augen kriegen

vierfach *vergleiche:* achtfach

vierjährig *vergleiche:* achtjährig

vierköpfig; ein vierköpfiger Vorstand

viermal *vergleiche:* achtmal

der **Vierplätzer** (Fahrzeug mit vier Plätzen); des Vierplätzers; die Vierplätzer

vierstellig; eine vierstellige Zahl

vierstöckig; eine vierstöckige Torte

viertägig; eine viertägige Velotour

vierte *vergleiche:* achte

vierteilig; ein vierteiliger Zopf

viertel *vergleiche:* achtel

der *oder* das **Viertel;** es ist [ein] Viertel vor, nach eins; es hat ein Viertel eins geschlagen; es ist fünf Minuten vor drei Viertel; *vergleiche:* Achtel

das **Viertel** (Stadtteil, Quartier); ein schäbiges Viertel

das **Viertelfinale** *oder* **Viertelfinal** *und* der **Viertelfinal**

das **Vierteljahr**

vierteljährig (ein Vierteljahr alt, dauernd)

vierteljährlich (alle Vierteljahre wiederkehrend)

der **Viertelliter** *vergleiche:* achtel

die **Viertelnote** *(Musik)*

die **Viertelstunde;** eine Viertelstunde, *auch:* eine viertel Stunde

viertens

der **Vierwaldstättersee**

vierzehn *vergleiche:* acht

vierzig *vergleiche:* achtzig

der **Vierziger** *vergleiche:* Achtziger

Vietnam (Staat in Südostasien)

der **Vietnamese;** des/dem/den Vietnamesen; die Vietnamesen

die **Vietnamesin;** die Vietnamesinnen

vietnamesisch

vif (aufgeweckt; lebhaft); ein vifes Kind

die **Vignette** (Randverzierung in Büchern; Gebührenkleber für Autobahnbenützung); die Vignetten

der **Vikar;** des Vikars; die Vikare

die **Vikarin;** die Vikarinnen

die **Villa;** die Villen

violett *vergleiche:* blau

das **Violett** (die violette Farbe); des Violetts

die **Violine** (Geige); die Violinen

der **Violinschlüssel** (G-Schlüssel auf der zweiten Notenlinie)

der *und* die **VIP** *oder* **V. I. P.** = very important person (sehr wichtige Person, Persönlichkeit); des VIP *oder* V. I. P., *auch:* VIPs *oder* V. I. P.s *und* der VIP *oder* V. I. P.; die VIPs *oder* V. I. P.s

die **Viper** (Giftschlange); die Vipern

die **Viren** *vergleiche:* Virus

der **Virtuose** (Meister einer [künstlerischen] Technik); des Virtuosen; die Virtuosen

die **Virtuosin;** die Virtuosinnen

das *oder* der **Virus** (kleinster Krankheitserreger; *kurz für:* Computervirus); des Virus, die Viren

die **Visage** (Gesicht); die Visagen

das **Visier** (Zielvorrichtung; Teil des Helms); des Visiers; die Visiere

visieren (beglaubigen; unterzeichnen); du visierst; sie visierte; sie hat die Rechnung visiert

die **Vision** (Traumbild; Zukunftserwartung); die Visionen

die **Visite** (Krankenbesuch des Arztes oder der Ärztin); die Visiten

die **Viskose** (glänzende Chemiefaser aus Zellulose)

visuell (das Sehen betreffend); visuelle Reize

das **Visum** (amtlich beurkundete Genehmigung für den Grenzübertritt; Sichtvermerk im Pass; Namenskürzel, Unterschrift); die Visa *oder* Visen

vital (voller Lebenskraft; lebenswichtig); vitale Rentnerinnen; vitale Interessen

das **Vitamin** (ein lebenswichtiger Wirkstoff); des Vitamins; die Vitamine; Vitamin C

Vitamin-B-haltig

der **Vitamin-B-Mangel**

vitaminreich; vitaminreiche Kost

der **Vita-Parcours** (Trimm-dich-Pfad); des Vita-Parcours; die Vita-Parcours

die **Vitrine** (Schaukasten; Glasschrank); die Vitrinen

der **Vizedirektor** (stellvertretender Direktor)

voll	
1. Klein- und Grossschreibung:	*Getrenntschreibung:*
Kleinschreibung: – voller; am vollsten – voll *oder* voller Angst – ein Eimer voll *oder* voller Wasser – der Saal war voll *oder* voller Menschen – voll heiligem Ernst – ein Fass voll Salz	– den Mund recht voll nehmen (prahlen); er hat den Mund [zu] voll genommen – jemanden nicht für voll (nicht ernst) nehmen; sie hat ihren Kollegen noch nie für voll genommen – etwas voll (ganz) begreifen
Grossschreibung: – aus dem Vollen schöpfen – in die Vollen gehen	*Zusammenschreibung:* – ein Werk vollenden – sich den Bauch vollschlagen – das Urteil vollstrecken – eine Trennung vollziehen
2. Getrennt- und Zusammenschreibung: *In Verbindung mit «Arm» und «Hand» kann getrennt oder zusammengeschrieben werden:* – ein Arm voll *oder* Armvoll; eine Hand voll *oder* Handvoll	*Getrennt oder zusammen:* – voll machen *oder* vollmachen – ein voll besetzter *oder* vollbesetzter Bus – ein voll automatisiertes *oder* vollautomatisiertes Verfahren

die **Vizedirektorin** (stellvertretende Direktorin)
VN = Vereinte Nationen *Plural; vergleiche auch:* UNO
der **Vogel;** des Vogels; die Vögel
vogelfrei (*früher:* geächtet und daher rechtlos und schutzlos)
die **Vogelgrippe** (eine Infektionskrankheit)
das **Vogelhäuschen**
das **Vogelnest**
die **Vogelscheuche**
die **Vogesen** (Gebirge in Ostfrankreich) *Plural*
der **Vogt** (*früher:* Verwaltungsbeamter eines Landesherrn); des Vogts *oder* Vogtes; die Vögte
die **Vokabel** (einzelnes Wort eines Wortschatzes); die Vokabeln
der **Vokal** (Selbstlaut); des Vokals; die Vokale
das **Volk;** des Volks *oder* Volkes; die Völker
der **Völkerball** (ein Ballspiel)
das **Völkerrecht**
die **Völkerwanderung**
die **Volkshochschule;** (*Abkürzung:* VHS)
die **Volksinitiative** (Volksbegehren)
das **Volkslied**
das **Volksmehr** (Mehrheit der gültig stimmenden Personen); des Volksmehrs
die **Volksmusik**
die **Volksschule**
der **Volkstanz**
volkstümlich
voll *siehe Kasten*
vollauf; vollauf zufrieden sein; *Trennung:* voll-auf
vollautomatisch
das **Vollbad**
vollenden; du vollendest; sie vollendet; sie vollendete; sie hat sein Werk vollendet; *Trennung:* voll-en-den
vollends (völlig, ganz und gar); die Eishalle hatte sich vollends geleert; sie war vollends überzeugt; *Trennung:* voll-ends
die **Vollendung;** *Trennung:* Voll-en-dung
der **Vollerfolg** (grosser Erfolg; *Sport:* Sieg)
volley (aus der Luft, im Flug); den Ball volley nehmen; *Trennung:* vol-ley
der **Volley** (volley geschlagener Ball); des Volleys; die Volleys; *Trennung:* Vol-ley
der **Volleyball** (ein Ballspiel); *Trennung:* Vol-ley-ball
das **Vollgas;** Vollgas geben
völlig; völlige Übereinstimmung
volljährig (mündig)
die **Volljährigkeit**
vollkommen (unübertrefflich, perfekt; vollständig); kein Mensch ist vollkommen; vollkommene Zahlen; ich verstehe das vollkommen

das **Vollkornbrot**
die **Vollmacht**
die **Vollmilch**
der **Vollmond**
das **Vollpensum** (Vollzeitarbeit)
vollständig; eine vollständige Sammlung; etwas vollständig zerstören
vollstrecken; er vollstreckte den Beschluss; er hat das Urteil vollstreckt
der **Volltreffer**
vollumfänglich; ein vollumfänglicher Freispruch
die **Vollversammlung**
vollwertig; vollwertige Ernährung
die **Vollwertkost**
vollzählig; vollzähliges Erscheinen
der **Vollzeiter** (Vollzeitbeschäftiger); die Vollzeiter
die **Vollzeiterin** (Vollzeitbeschäftigte); die Vollzeiterinnen
vollziehen; er vollzog die Trennung; er hat sie vollzogen
der **Vollzug;** des Vollzugs *oder* Vollzuges; geschlossener, offener Vollzug (Arten, wie eine Freiheitsstrafe verbüsst wird)
das **Volt** (Einheit der elektrischen Spannung); des Volt *oder* Volts *oder* Voltes; die Volt; 220 Volt
das **Volumen** (Ausdehnung, Rauminhalt); die Volumen *oder* Volumina
vom (von dem)
von; von vorn; von mir aus; von weit her; von jeher; von wegen! (auf keinen Fall!)
voneinander; etwas voneinander haben; etwas voneinander wissen
vonstattengehen (stattfinden; sich entwickeln); ihre Genesung ging langsam vonstatten; sie ist langsam vonstattengegangen
vor; vor allem; vor Zeiten
vorab (vor allem; zuerst); vorab Jugendliche nahmen teil; sich vorab erkundigen; *Trennung:* vor-ab
voran; sie voran, er hinterdrein
vorangehen; die Dinge gehen gut voran; sie sind gut vorangegangen
der **Voranschlag** (Vorausberechnung; Finanzplan)
der **Vorarbeiter**
die **Vorarbeiterin**
voraus; er war allen voraus; ABER: im Voraus, zum Voraus
vorausgehen; sie geht voraus; sie ist vorausgegangen
die **Voraussage;** präzise Voraussagen
voraussagen; sie hat ihm die Zukunft vorausgesagt
voraussetzen; sie setzt voraus; sie hat viel vorausgesetzt; vorausgesetzt, dass
die **Voraussetzung**
voraussichtlich; die voraussichtliche Ankunft verzögert sich; sie fährt voraussichtlich morgen
der **Vorbehalt** (Einschränkung; Bedingung; Einwand); des Vorbehalts *oder* Vorbehaltes; die Vorbehalte; mit, unter, ohne Vorbehalt
vorbehältlich (unter dem Vorbehalt [von]); vorbehältlich Genehmigung *oder* vorbehältlich der Genehmigung
vorbei; die Pause ist vorbei
vorbeifahren; er fährt noch bei der Apotheke vorbei; der Bus ist einfach vorbeigefahren (hat nicht angehalten)
vorbeigehen; er geht vorbei; als er vorbeiging; sie ist vorbeigegangen
vorbeikommen; sie kam an einem Platz vorbei; er ist lange nicht mehr vorbeigekommen
vorbeireden; sie haben aneinander vorbeigeredet
vorbereiten; sie hat den Ausflug gut vorbereitet
die **Vorbereitung**
vorbestraft; ein vorbestrafter Angeklagter
vorbeugen; du beugst vor; sie beugte vor; sie hat vorgebeugt
das **Vorbild;** die Vorbilder
vorbildlich; vorbildliches Verhalten
vordere; der vordere Teil; an der vordersten Front; ABER: der Vordere Orient
die **Vorderfrau**
der **Vordergrund;** im Vordergrund stehen
vorderhand; der neue Spieler muss vorderhand auf die Ersatzbank
der **Vordermann;** auf Vordermann bringen
das **Vorderrad**
vordrängen; die Menge drängte vor; du hast dich vorgedrängt
vordringen; die Feuerwehr drang vor; sie ist bis zum Brandherd vorgedrungen
vordringlich (sehr wichtig); eine vordringliche Aufgabe

voreilig; voreiliges Handeln
voreinander; sich voreinander fürchten; sich voreinander hinstellen
vorenthalten; sie enthält vor; er hat uns einiges vorenthalten
die **Vorentscheidung**
vorerst; das neue Flugzeug darf vorerst in Zürich nicht mehr landen
das **Voressen** (Ragout)
der **Vorfahr** *oder* **Vorfahre;** des/dem/den Vorfahren; die Vorfahren
die **Vorfahrin;** die Vorfahrinnen
die **Vorfahrt;** [die] Vorfahrt haben; er hat die Vorfahrt nicht beachtet
der **Vorfall;** die Vorfälle
vorführen; er hat seine neuen Skis vorgeführt
der **Vorgang;** die Vorgänge
der **Vorgänger;** des Vorgängers; die Vorgänger
die **Vorgängerin;** die Vorgängerinnen
vorgängig (vorhergehend; vorangehend); vorgängige Arbeiten; sie wurde vorgängig informiert
vorgehen; sie ging schon vor (voraus); was ist hier vorgegangen (geschehen)?
das **Vorgehen;** des Vorgehens
die **Vorgeschichte**
der **Vorgeschmack;** die neue CD ist ein Vorgeschmack auf das Konzert
der **Vorgesetzte;** ein Vorgesetzter; die Vorgesetzten; zwei Vorgesetzte
die **Vorgesetzte;** eine Vorgesetzte; die Vorgesetzten
vorgestern; vorgestern Abend; *vergleiche auch:* gestern
vorhaben; was hast du vor?; ich weiss nicht, was er vorgehabt hat
das **Vorhaben;** des Vorhabens; die Vorhaben
die **Vorhand** *(beim Tennis usw.)*
vorhanden; vorhanden sein
der **Vorhang;** des Vorhangs *oder* Vorhanges; die Vorhänge
vorher; vorher gehen; vorher baden; ABER: vorhergehen; vorhersagen, vorhersehen
vorhergehen; was ging vorher?; einiges ist vorhergegangen; ABER: **vorher gehen;** sie ist vorher (früher) gegangen
die **Vorherrschaft**
die **Vorhersage**
vorhersagen; er sagt vorher; sie hat den Misserfolg vorhergesagt; ABER: **vorher sagen;** er hat es ihr vorher (zuvor) gesagt

vorhersehen; er sah es vorher; sie hat alles vorhergesehen; ABER: **vorher sehen;** er hat sie vorher (vorhin) in der Stadt gesehen
vorhin; er ist vorhin gekommen
vorig; vorigen Jahres; der, die, das Vorige; im Vorigen (weiter oben); die Vorigen (Personen des Theaterstücks)
vorjährig; die vorjährige Ernte
Vorkehr (Massnahme); die Vorkehren; medizinische Vorkehren treffen
die **Vorkehrung** (sichernde Massnahme); Vorkehrungen treffen
vorkommen; der Plan kam ihm seltsam vor; das ist alles schon vorgekommen
das **Vorkommen;** des Vorkommens; die Vorkommen; grosse Vorkommen an seltener Erde
das **Vorkommnis** (Vorfall, Ereignis); des Vorkommnisses; die Vorkommnisse
die **Vorlage**
der **Vorlauf** *(Sport);* die Vorläufe
der **Vorläufer** (Vorgänger)
die **Vorläuferin** (Vorgängerin)
vorläufig; vorläufige Regelungen
vorlaut (frech, nicht schüchtern); vorlauter; am vorlautesten; ein vorlautes Kind; er hat ein vorlautes Mundwerk
vorlesen; er liest vor; sie hat den Text vorgelesen
die **Vorlesung**
vorletzte *vergleiche:* letzte
die **Vorliebe;** mit Vorliebe
vorliebnehmen (sich zufrieden geben); du nimmst vorlieb; er nahm vorlieb; er hat mit allem vorliebgenommen
vorliegen; mir lag ein Gutachten vor; ein Verschulden hat nicht vorgelegen
vormachen; mir kannst du nichts vormachen; sie hat es mir vorgemacht
der **Vormittag;** heute Vormittag; *vergleiche:* Abend, Dienstagabend
vormittags; ABER: des, eines Vormittags; *vergleiche:* Abend, abends
Vormorphem (Vorsilbe, Präfix)
der **Vormund** (jemand, der die rechtliche Fürsorge für eine unmündige Person übernimmt); des Vormunds *oder* Vormundes; die Vormunde *oder* Vormünder
die **Vormundin;** die Vormundinnen
die **Vormundschaft**
vorn *oder* **vorne;** von vorn beginnen

der **Vorname;** des Vornamens; die Vornamen
vornehm; vornehm tun
sich **vornehmen;** du nimmst dir viel vor; du hast dir viel vorgenommen
vornehmlich (besonders); das ist vornehmlich seine Sache; ein vornehmlich junges Publikum
vornherein; von vornherein
der **Vorort;** des Vororts *oder* Vorortes; die Vororte; ABER: vor Ort sein
vorprellen (nach vorne eilen); du prellst vor; sie prellte vor; er ist vorgeprellt; ABER: sein ungeschicktes Vorprellen
vorpreschen (nach vorne eilen); du preschst vor; der Soldat preschte vor; sie ist bei der Verhandlung zu weit vorgeprescht; ABER: ihr ungeduldiges Vorpreschen
der **Vorrang;** des Vorrangs *oder* Vorranges; Vorrang haben
vorrangig; ein vorrangiges Ziel
der **Vorrat;** des Vorrats *oder* Vorrates; die Vorräte
vorrätig (verfügbar; lieferbar); etwas vorrätig haben
die **Vorrichtung** (Hilfsmittel, Mechanik u. Ä.); eine praktische Vorrichtung
der **Vorsatz;** des Vorsatzes; die Vorsätze
vorsätzlich; vorsätzlicher Betrug
die **Vorschau** (Programmankündigung von Radio, Fernsehen, Kino, Verlagen etc.); die Vorschauen
der **Vorschein;** *nur in:* zum Vorschein kommen, bringen
der **Vorschlag;** des Vorschlags *oder* Vorschlages; die Vorschläge
vorschlagen; ich schlage vor; er schlägt vor; sie hat diesen Plan vorgeschlagen
vorschreiben; die Statuten schreiben eine geheime Wahl vor; das ist vorgeschrieben; er hat ihr die schwierigen Wörter vorgeschrieben
die **Vorschrift**
vorschriftsmässig
der **Vorschub;** Vorschub leisten (begünstigen)
das **Vorschulalter**
die **Vorschule**
der **Vorschuss;** des Vorschusses; die Vorschüsse
vorsehen; du siehst vor; sie sieht für morgen einen Ausflug vor; er hat Steaks für den Znacht vorgesehen; sich vorsehen (sich in Acht nehmen); du siehst dich vor; sie hat sich vorgesehen
die **Vorsicht;** Vorsicht, bissiger Hund!; etwas mit Vorsicht geniessen (etwas ist fragwürdig, nicht zuverlässig); etwas aus Vorsicht tun
vorsichtig; eine vorsichtige Autofahrerin; sich vorsichtig ausdrücken
vorsichtshalber
die **Vorsichtsmassnahme**
die **Vorsilbe** (Präfix, Vormorphem)
der **Vorsitz;** des Vorsitzes; die Vorsitze
der **Vorsitzende;** ein Vorsitzender; die Vorsitzenden; zwei Vorsitzende
die **Vorsitzende;** eine Vorsitzende; die Vorsitzenden
die **Vorsorge;** Vorsorge treffen
vorsorglich; vorsorgliche Massnahmen
der **Vorspann** (eines Films); des Vorspanns *oder* Vorspannes; die Vorspanne
das **Vorspiel**
der **Vorsprung;** des Vorsprungs *oder* Vorsprunges; die Vorsprünge
vorspuren (mit einer Spur versehen; im Voraus bestimmen); du spurst vor; er spurte die Loipen vor; sie hat das Projekt vorgespurt; ABER: der Umbau ist vorgespurt
der **Vorstand;** des Vorstands *oder* Vorstandes; die Vorstände
der **Vorsteher;** des Vorstehers; die Vorsteher
die **Vorsteherin;** die Vorsteherinnen
vorstellen; du stellst dir etwas vor; ich habe mich vorgestellt (meinen Namen genannt)
die **Vorstellung**
die **Vorstellungskraft**
der **Vorstoss;** des Vorstosses; die Vorstösse; ein Vorstoss in gefährliches Gebiet; einen Vorstoss [im Parlament] einreichen, behandeln
die **Vorstrafe;** die Vorstrafen
vortäuschen; er hat eine Krankheit vorgetäuscht
der **Vorteil;** des Vorteils; die Vorteile; im Vorteil sein
vorteilhaft; vorteilhafter; am vorteilhaftesten
der **Vortrag;** des Vortrags *oder* Vortrages; die Vorträge
vortragen; du trägst vor; er trägt vor; sie trug vor; sie hat das Gedicht vorgetragen

vortrefflich; ein vortrefflicher Einfall
der **Vortritt;** Vortritt gewähren
vorüber; es ist alles vorüber
vorübergehen; er geht vorüber; sie ist vorübergegangen
vorübergehend (für kurze Zeit)
das **Vorurteil**
vorurteilslos; eine vorurteilslose Beurteilung
vorverschieben; du verschiebst vor; sie verschob vor; sie hat den Flug vorverschoben
der **Vorwand;** des Vorwands *oder* Vorwandes; die Vorwände
vorwärts; vor- und rückwärts; er ist jedes Mal vorwärts hineingegangen; vorwärts gehen *oder* vorwärtsgehen; vorwärts kommen *oder* vorwärtskommen; vorwärts machen *oder* vorwärtsmachen
vorweg; etwas vorweg (zuvor) klären
vorwegnehmen (vorausnehmen; früher, zuerst behandeln); sie nahm vorweg; sie hat die Pointe vorweggenommen
vorwerfen; er wirft ihm vor; sie hat ihm Feigheit vorgeworfen
vorwiegend (vor allem, meist)
vorwitzig (neugierig; vorlaut); eine vorwitzige Katze, er ist manchmal etwas vorwitzig
das **Vorwort** (Einleitung zu einem Buch); die Vorworte
der **Vorwurf;** die Vorwürfe
vorwurfsvoll; vorwurfsvolle Blicke
das **Vorzeichen;** ein günstiges Vorzeichen (Anzeichen); eine Zahl mit negativem, positivem Vorzeichen
vorzeigen; er hat seinen Ausweis vorgezeigt
die **Vorzeit;** in grauer Vorzeit (vor sehr langer Zeit)
vorzeitig (verfrüht); eine vorzeitige Abreise; sie ist vorzeitig ergraut
vorzeitlich (der Vorzeit angehörend); vorzeitliche Lebensspuren
vorziehen; er zieht ihn vor; sie hat sie vorgezogen
vorzu (nach und nach; jeweils; von Fall zu Fall); die Bahn soll vorzu ausgebaut werden
der **Vorzug;** des Vorzugs *oder* Vorzuges; die Vorzüge; den Vorzug vor jemandem, etwas erhalten
vorzüglich (ausgezeichnet)
vorzugsweise (hauptsächlich); er sammelt vorzugsweise alte Münzen
das **Votum** (Diskussionsbeitrag); des Votums; die Voten
VS = Autokennzeichen und allgemeine Abkürzung für den Kanton Wallis
vulgär (gewöhnlich; gemein, niedrig); eine vulgäre Sprache; vulgär aussehen
der **Vulkan** (Feuer speiender Berg); des Vulkans; die Vulkane
vulkanisch; vulkanisches Gestein
vulkanisieren (Kautschuk zu Gummi verarbeiten); du vulkanisierst; er hat den Reifen vulkanisiert

W

das **W** (Buchstabe); des W; die W; ABER: das w in Löwe
W = Watt; West, Westen
die **Waadt**
das **Waadtland**
der **Waadtländer;** des Waadtländers; die Waadtländer
die **Waadtländerin;** die Waadtländerinnen
waadtländisch
die **Waage**
waagrecht; eine waagrechte Linie
die **Waagrechte;** der Waagrechten; die Waagrechten; zwei Waagrechte *oder* Waagrechten
wabbelig *oder* **wabblig** (unangenehm weich); ein wabbeliger *oder* wabbliger Pudding
die **Wabe** (Zelle eines sechseckigen Hohlraums, v. a. im Nestbau von Bienen oder Wespen)
wach; wacher; am wachesten; er will wach sein, bleiben, werden; sich wach halten; Erinnerungen wach halten *oder* wachhalten; sie schlief so fest, er musste sie wach rütteln *oder* wachrütteln; wach rufen *oder* wachrufen
die **Wache**
wachen; du wachst; sie wachte; er hat bei der Kranken gewacht

die **Wachfrau**
der **Wachhund**
die **Wachleute** (Wachfrauen und -männer)
der **Wachmann;** die Wachmänner
der **Wacholder** (eine Pflanze; ein Branntwein); des Wacholders; die Wacholder
das **Wachs;** des Wachses; die Wachse
wachsam; wachsam sein, bleiben
wachsen (grösser werden); ich wachse; sie wächst; sie wuchs; er ist gewachsen
wachsen (mit Wachs glätten); du wachst; er wachste; sie hat die Ski gewachst
das **Wachstum;** des Wachstums
wachstumsfördernd
die **Wachtel** (ein Vogel); die Wachteln
der **Wächter;** des Wächters; die Wächter
die **Wächterin;** die Wächterinnen
der **Wachtmeister**
die **Wachtmeisterin**
der **Wachturm** *oder* **Wachtturm**
wackelig *oder* **wacklig;** ein wackeliger *oder* wackliger Stuhl
der **Wackelkontakt**
wackeln; du wackelst; er wackelte; sie hat gewackelt
wacker (anständig; tüchtig; tapfer); eine wackere Leistung; sie hat sich wacker gehalten
die **Wade**
die **Waffe**
die **Waffel** (süsses, flaches Gebäck); die Waffeln
das **Waffeleisen**
der **Waffenstillstand**
wagemutig; eine wagemutige Kletterpartie
wagen; du wagst; sie wagte; er hat den Sprung gewagt
wägen; du wägst; er wägt; er wog *oder* wägte; er hat die Kartoffeln gewogen *oder* gewägt
der **Wagen;** des Wagens; die Wagen
der **Wagenheber**
waghalsig; ein waghalsiges Abenteuer
das **Wagnis;** des Wagnisses; die Wagnisse
der **Wagon** *oder* **Waggon** (Eisenbahnwagen); des Wagons *oder* Waggons; die Wagons *oder* Waggons
die **Wähe** (dünner, flacher Kuchen mit salzigem oder süssem Belag); die Wähen
die **Wahl**

> Nicht verwechseln: Obwohl beide Wörter gleich ausgesprochen werden, schreibt man das Nomen in der Bedeutung «das Auswählen; die Entscheidungsmöglichkeit» mit Dehnungs-h *(Wahl)*, das Meeressäugetier dagegen ohne Dehnungs-h *(Wal)*.

wahlberechtigt
wählen; du wählst; er wählte; sie hat gewählt
der **Wähler;** des Wählers; die Wähler
die **Wählerin;** die Wählerinnen
wählerisch (anspruchsvoll, heikel); wählerische Kunden
der **Wahlkampf**
wahllos; er hat wahllos alles ausprobiert
der **Wahn;** des Wahns *oder* Wahnes
wähnen (fälschlich glauben); du wähnst; er wähnte, sie sei verreist
der **Wahnsinn;** des Wahnsinns *oder* Wahnsinnes
wahnsinnig; wahnsinnig werden; sich wahnsinnig (sehr) freuen
die **Wahnsinnsarbeit** (schwierige Arbeit; sehr viel Arbeit)
wahr; nicht wahr?; sein wahres Gesicht zeigen; wahr sein, werden; seine Drohungen wahr machen *oder* wahrmachen; *vergleiche aber:* wahrhaben, wahrnehmen, wahrsagen

> Nicht verwechseln: Obwohl beide Wörter gleich ausgesprochen werden, schreibt man das Adjektiv *wahr* mit Dehnungs-h, die Vergangenheitsform des Verbs *sein* dagegen ohne h: «sie war schon da».

wahren; er wahrte das Geheimnis; sie hat ihre Rechte gewahrt
währen (dauern); was lange währt, wird endlich gut; die Feier hat nur kurz gewährt
während; während des Unterrichts; *auch:* während dem Unterricht
währenddem (während); ich höre Musik, währenddem ich male; ABER: während dem Unterricht *(umgangssprachlich)*
währenddessen (in der Zwischenzeit); sie kochte sich währenddessen Kaffee
wahrhaben; sie will es nicht wahrhaben

wahrhaft (echt); ein wahrhafter Freund
wahrhaftig (tatsächlich; wirklich); sie hat es wahrhaftig geschafft
die **Wahrheit**
wahrlich; die Aufgabe ist wahrlich (wirklich) schwierig
wahrnehmen; sie nimmt das Geräusch wahr; er hat die Gelegenheit wahrgenommen (genutzt)
wahrsagen; du sagst wahr *oder* du wahrsagst; er sagte wahr *oder* er wahrsagte; sie hat wahrgesagt *oder* gewahrsagt
der **Wahrsager;** des Wahrsagers; die Wahrsager
die **Wahrsagerin;** die Wahrsagerinnen
währschaft; währschafte (solide, feste) Schuhe; währschaftes (kräftiges, nahrhaftes) Essen
wahrscheinlich; die wahrscheinliche Todesursache; sie hat sehr wahrscheinlich Recht
die **Wahrscheinlichkeit**
die **Währung**
das **Wahrzeichen** (Erkennungszeichen, Symbol)
die **Waise** (Kind, das einen Elternteil oder beide Eltern verloren hat); die Waisen; *vergleiche aber:* Weise
das **Waisenkind**
der **Wal** (ein Meeressäugetier); des Wals *oder* Wales; die Wale; *vergleiche aber:* Wahl
der **Wald;** des Walds *oder* Waldes; die Wälder
das **Waldhorn** (ein Instrument)
der **Waldmeister** (eine Pflanze)
der **Waldrand**
die **Waldstätte** (die drei Urkantone Uri, Schwyz und Unterwalden) *Plural*
das **Waldsterben**
der **Walfang**
walken ([Nordic] Walking betreiben); du walkst; er walkte; sie ist gewalkt
das **Walkie-Talkie** (tragbares Funksprechgerät); des Walkie-Talkie *oder* Walkie-Talkies; die Walkie-Talkies
das **Walking** (sportliches Gehen); des Walking *oder* Walkings
der **Walkman** (*Markenbezeichnung:* Abspielgerät von Musik mit Kopfhörern); des Walkmans; die Walkmen *oder* Walkmans
der **Wall** (Erdaufschüttung); des Walls *oder* Walles; die Wälle
der **Wallach** (kastrierter Hengst); des Wallachs; die Wallache
wallen; das Wasser wallt; es wallte; es hat gewallt
wallfahren; ich wallfahre; ich wallfahrte; ich bin nach Rom gewallfahrt
der **Wallfahrer**
die **Wallfahrerin**
die **Wallfahrt** (Reise aus religiösen Gründen)
der **Wallfahrtsort**
das **Wallholz**
das **Wallis**
der **Walliser;** des Wallisers; die Walliser
die **Walliser Alpen** *Plural*
die **Walliserin;** die Walliserinnen
walliserisch
die **Walnuss** (Baumnuss); die Walnüsse
das **Walross** (eine Robbe); des Walrosses; die Walrosse
walten; Gnade walten lassen; hier haben rohe Kräfte gewaltet (sind rohe Kräfte am Werk gewesen)
die **Walze**
walzen; du walzt; sie walzte; er hat die Strasse gewalzt
wälzen; du wälzt; sie wälzte; sie hat den Stein zur Seite gewälzt
der **Walzer;** des Walzers; die Walzer; Walzer tanzen; ein langsamer Walzer; ABER: ein Wiener Walzer
das **Wams** (Untergewand der Ritter); des Wamses; die Wämser
die **Wand;** die Wände
der **Wandalismus** *oder* **Vandalismus** (Zerstörungswut); des Wandalismus *oder* Vandalismus
der **Wandel;** des Wandels
wandeln; du wandelst; sie wandelte; er ist auf und ab gewandelt; sich wandeln; die Mode hat sich schnell gewandelt
die **Wanderdüne** (sich verlagernde Sandhügel)
der **Wanderer** *oder* **Wandrer;** des Wanderers *oder* Wandrers; die Wanderer *oder* Wandrer
die **Wanderin** *oder* **Wandrerin;** die Wanderinnen *oder* Wandrerinnen
wandern; du wanderst; er wanderte; sie ist drei Stunden gewandert
die **Wanderschaft**
die **Wanderung**
der **Wanderweg**

die **Wandlung**
die **Wandtafel**
die **Wange**
der **Wank;** keinen Wank machen, tun (sich nicht rühren); ohne einen Wank zu machen, tun
wankelmütig (unbeständig); ein wankelmütiger Charakter
wanken; du wankst; sie wankte; er ist nach Hause gewankt
wann; wann kommst du?
die **Wanne**
der **Wanst** ([dicker] Bauch); des Wanstes; die Wänste; sich den Wanst vollschlagen
die **Wanze**
WAP = wireless application protocol (Verfahren, mit dem über das Handy Informationen aus dem Internet abgerufen werden können)
das **WAP-Handy**
das **Wappen;** des Wappens; die Wappen
das *oder* der **Wappenschild**
sich **wappnen** (sich auf etwas Unangenehmes einstellen); du wappnest dich; er wappnete sich; sie hat sich gegen die Kälte gewappnet
war *vergleiche:* sein
die **Ware**
das **Warenzeichen**
warm; wärmer; am wärmsten; warme Würstchen; das Essen warm stellen; den Tee warm halten; sich warm laufen *(beim Sport);* den Motor warm laufen lassen; morgen soll es warm werden
die **Wärme**
wärmen; du wärmst; sie wärmte; sie hat das Essen gewärmt; sich wärmen; er hat sich am Ofen gewärmt
die **Wärmflasche** (Bettflasche)
das **Warm-up** (das Aufwärmen); des Warm-ups; die Warm-ups
das **Warndreieck** (ein Warnzeichen bei Autounfällen und Pannen)
warnen; du warnst; er warnte; sie hat ihn gewarnt
die **Warnung**
Warschau (Hauptstadt Polens)
die **Warte** (Beobachtungsturm)
warten; du wartest; er wartete; sie hat auf ihn gewartet; sie hat die Maschine gewartet (gepflegt)
der **Wärter;** des Wärters; die Wärter
die **Wärterin;** die Wärterinnen
der **Wartesaal** *oder* **Wartsaal**
die **Warteschlange**
die **Wartung;** die Wartung des Autos
warum; warum nicht?
die **Warze**
was; was ist los?; was für ein Mittel; was für einer; das ist das Schönste, was ich erlebt habe; ABER: das Werkzeug, das ich in der Hand habe
der **Waschbär**
das **Waschbecken**
die **Wäsche**
die **Wäscheklammer**
waschen; du wäschst; sie wäscht; er wusch; sie hat das Auto gewaschen; sich waschen; du hast dich noch nicht gewaschen
die **Wäscherei**
der **Waschlappen**
die **Waschmaschine**
das **Waschmittel**
das **Waschpulver**
das **Wasser;** des Wassers; die Wasser *und (für Mineralwasser u. a.:)* die Wässer
der **Wasserball**
der **Wasserdampf**
wasserdicht; eine wasserdichte Uhr
der **Wasserfall;** die Wasserfälle
der **Wasserhahn;** die Wasserhähne
wässerig *oder* **wässrig;** ein wässeriger *oder* wässriger Kaffee
das **Wasserklosett;** (*Abkürzung:* WC)
das **Wasserkraftwerk**
wasserlöslich; wasserlösliche Farbe
wässern; du wässerst; er wässerte den Fisch (legte ihn in Wasser ein); sie hat den Rasen gewässert (ihm Wasser zugeführt)
die **Wasserscheide** (zwischen den Einzugsgebieten von zwei Wasserläufen)
wasserscheu; wasserscheue Katzen
der **Wasserski;** Wasserski fahren
der **Wasserspiegel**
der **Wasserstoff**
die **Wasserstrasse** (für den Schiffsverkehr)
die **Wasserwaage** (zum Prüfen waagrechter, senkrechter oder geneigter Lage)
wässrig *oder* **wässerig;** eine wässerige *oder* wässrige Suppe
waten; du watest; sie watete; er ist durch den Fluss gewatet
die **Watsche** (Ohrfeige); die Watschen

watscheln; die Ente watschelt; sie watschelte; sie ist über den Hof gewatschelt
das **Watt** (Einheit der [elektrischen] Leistung); des Watts; die Watt; 40 Watt; die 40-Watt-Lampe
das **Watt** (seichter Streifen an der Nordseeküste); des Watts *oder* Wattes; die Watten
die **Watte**
das **Wattenmeer** (flaches Meer an der Nordseeküste)
wattieren; du wattierst; er wattierte; sie hat die Schultern der Jacke wattiert; wattierte Schultern
das **WBF** = Eidgenössisches Departement für Wirtschaft, Bildung und Forschung
das **WC** (Wasserklosett, Toilette); des WC *oder* WCs; die WC *oder* WCs
das **Web** (*kurz für:* World Wide Web); des Web *oder* Webs
die **Webcam** (*EDV:* Kamera, deren Aufnahmen ins Internet eingespeist werden); die Webcams
weben; du webst; sie webte *oder* wob; er hat das Tuch gewebt *oder* gewoben
der **Weber;** des Webers; die Weber
die **Weberei**
die **Weberin;** die Weberinnen
der **Webmaster** (Betreuer von Websites); des Webmasters; die Webmaster
die **Webmasterin;** die Webmasterinnen
die **Website** (sämtliche hinter einer Adresse stehenden Seiten im World Wide Web); der Website; die Websites
der **Webstuhl**
der **Wechsel;** des Wechsels; die Wechsel
der **Wechselkurs** (Preis einer Währung)
wechseln; du wechselst; sie wechselte; er hat das Geld gewechselt
wechselseitig (eine wechselseitige Abhängigkeit)
der **Wechselstrom** (Strom, dessen Stärke und Richtung sich regelmässig ändert)
die **Wechselwirkung**
die **Wechte** (Schneeverwehung); die Wechten
wecken; du weckst; sie weckte; er hat sie geweckt
der **Wecker;** des Weckers; die Wecker
der **Wedel;** des Wedels; die Wedel
wedeln (der Hund wedelte; er hat mit dem Schwanz gewedelt)
weder; weder er noch sie
das **Weekend** (Wochenende); die Weekends; *Trennung:* Week-end
weg; weg da!; sie ist ganz weg (begeistert); frisch von der Leber weg; sie ist längst darüber weg; er war schon weg, als ich kam
der **Weg;** des Wegs *oder* Weges; die Wege; jemandem im Weg *oder* Wege stehen; wohin des Wegs *oder* Weges?; den Weg unter die Füsse nehmen (sich auf den Weg machen); ABER: geradewegs *oder* geradenwegs; halbwegs; keineswegs; allerwegen (überall und immer); unterwegs; etwas zuwege *oder* zu Wege bringen
wegen; von wegen!; wegen Diebstahls *oder* Diebstahl; wegen des Vaters *oder* des Vaters wegen, *auch:* wegen dem Vater; wegen der hohen Preise, *auch:* wegen den hohen Preisen; wegen etwas anderem; von Amts wegen; von Rechts wegen; von Staats wegen; ABER: meinet-, deinet-, unsertwegen *oder* unsretwegen, euertwegen *oder* euretwegen
wegfahren; er fuhr weg; sie ist weggefahren
wegfallen; das Kapitel fiel weg; einige Abschnitte sind weggefallen
die **Weggabelung**
weggehen; du gehst weg; sie ging weg; er ist weggegangen
der **Weggen;** des Weggens; die Weggen
das **Weggli;** des Wegglis; die Weggli
weglassen; er liess mich nicht weg; du hast ein Wort weggelassen
weglaufen; du läufst weg; sie lief weg; er ist weggelaufen
die **Wegleitung** (schriftliche Anleitung)
wegnehmen; du nimmst ihm den Schlüssel weg; sie nahm es ihm weg; er hat das Buch weggenommen
wegräumen; du räumst weg; sie räumte die Bücher weg; er hat sie weggeräumt
wegweisen (wegschicken; polizeilich den Aufenthalt verbieten); du weist weg; er wies weg; der Zoo hat Besucher weggewiesen; die Stadt will Störenfriede wegweisen
der **Wegweiser;** des Wegweisers; die Wegweiser
wegwerfen; wirf hier kein Papier weg!; er hat den Stock weggeworfen

die **Wegwerfgesellschaft;** wir leben in einer Wegwerfgesellschaft
weh, wehe; sie hat einen wehen Finger; ihr war weh ums Herz; weh *oder* wehe dir!; o weh!; weh tun *oder* wehtun; du tust dir weh; er tut ihr weh; sie hat sich weh getan *oder* wehgetan; das braucht nicht weh zu tun *oder* wehzutun
das **Weh;** des Wehs *oder* Wehes; die Wehe; mit Ach und Weh; Ach und Weh schreien
die **Wehe** (schmerzhafte Zusammenziehung der Gebärmutter beim Geburtsvorgang); die Wehen; *meist Plural*
wehen; die Fahne weht; die Fahne wehte; die Fahne hat geweht
wehleidig; ein wehleidiger Patient
wehmütig (schwermütig, traurig); wehmütige Gedanken
die **Wehr** (Befestigung; Abwehr); die Wehren; sich zur Wehr setzen
das **Wehr** (Stauwerk); des Wehrs *oder* Wehres; die Wehre
wehren; wehret den Anfängen!; sich wehren; ich habe mich gewehrt
wehrlos; wehrloser; am wehrlosesten
die **Wehrpflicht;** die allgemeine Wehrpflicht
das **Weib;** des Weibs *oder* Weibes; die Weiber
der **Weibel** (Amts- oder Gerichtsdiener); des Weibels; die Weibel
die **Weibelin** (Amts- oder Gerichtsdienerin); die Weibelinnen
weibeln (werbend umhergehen; Lobbying betreiben); du weibelst; sie weibelte; sie hat für ein Ja zur Initiative geweibelt
weiblich
weich; weicher; am weichsten; weich sein, werden; etwas weich machen *oder* weichmachen; etwas weich klopfen *oder* weichklopfen; ein weich gekochtes *oder* weichgekochtes Ei; schliesslich ist er weich geworden (hat er nachgegeben)
die **Weiche** (Umstellvorrichtung bei Gleisen)
weichen (weich machen); ich weiche; du weichst; sie weichte; er hat die Erbsen geweicht
weichen (zurückgehen); du weichst; sie weicht; sie wich; sie ist der Übermacht gewichen
weichherzig (mitfühlend)
der **Weichkäse**
weichlich; ein weichlicher (nachgiebiger) Mensch
die **Weichsel** (Sauerkirsche); die Weichseln
die **Weichteile** *Plural*
das **Weichtier** *meist Plural*
die **Weide** (ein Baum)
die **Weide** (Grasland)
weiden; das Vieh weidete; es hat geweidet
das **Weidenkätzchen** (Blüte der Weide)
die **Weidfrau** (Jägerin)
weidlich (gehörig, tüchtig); sie hat die Situation weidlich ausgenutzt
der **Weidling** (Fluss-, Fischerkahn); die Weidlinge
der **Weidmann** (Jäger); die Weidmänner
weidmännisch; weidmännische Ausdrücke
sich **weigern;** du weigerst dich; sie weigerte sich; er hat sich geweigert
die **Weigerung**
die **Weihe** (ein Greifvogel); die Weihen
die **Weihe** (das Weihen, Geweihtwerden, Geweihtsein)
weihen; du weihst; er weihte; er hat ihn geweiht
der **Weiher;** des Weihers; die Weiher
die **Weihnacht**
Weihnachten *oder* die **Weihnachten** (Weihnachtsfest); des Weihnachtens; die Weihnachten; Weihnachten ist *oder* sind bald; zu, an Weihnachten; frohe *oder* fröhliche Weihnachten!
weihnachtlich *oder* **weihnächtlich**
der **Weihnachtsbaum**
der **Weihnachtstag;** am ersten, zweiten Weihnachtstag
der **Weihrauch;** des Weihrauchs *oder* Weihrauches
das **Weihwasser**
weil; sie kam nicht, weil es regnete
die **Weile** (*Verkleinerungsform:* das Weilchen); eine kurze, kleine, lange Weile; ABER: die Langweile *oder* Langeweile; Kurzweil; alleweil *oder* alleweile, bisweilen, zuweilen; einstweilen; mittlerweile
der **Weiler** (kleine ländliche Siedlung); des Weilers; die Weiler
der **Wein;** des Weins *oder* Weines; die Weine
der **Weinbau**
die **Weinbeere**
der **Weinberg**
die **Weinbergschnecke**

der **Weinbrand** (ein Branntwein); des Weinbrands; die Weinbrände
weinen; du weinst; sie weinte; er hat geweint
weinerlich (dem Weinen nahe); mit weinerlicher Stimme
die **Weinrebe**
der **Weinstock;** die Weinstöcke
weise (klug)
die **Weise** (Art; einfache Melodie); auf diese Weise
der **Weise** (kluger Mann); ein Weiser; des/dem/den Weisen; die Weisen; zwei Weise
die **Weise** (kluge Frau); eine Weise; der Weisen; die Weisen; *vergleiche aber:* Waise
die **Weisheit**
weismachen (jemandem etwas Falsches einreden); du machst mir nichts weis; das hat er dir weisgemacht?
weiss; weisser; am weissesten; die weisse Wand; etwas schwarz auf weiss (schriftlich) haben; der weisse Tod (das Erfrieren); ein weisser Rabe (eine Seltenheit); eine weisse Weste haben (unschuldig sein); weisse Mäuse sehen (übertriebene Befürchtungen haben); ABER: die Farbe Weiss; aus Schwarz Weiss, aus Weiss Schwarz machen; das Weisse Haus (Amtssitz des Präsidenten der USA in Washington); der Weisse Sonntag (der Sonntag nach Ostern); die weiss glühende *oder* weissglühende Sonne; eine weiss gekleidete *oder* weissgekleidete Frau
das **Weiss** (die weisse Farbe); ein Stoff in Weiss; in Weiss gekleidet
weissagen (vorhersagen); du weissagst; er hat ihr die Krankheit geweissagt
der **Weissager** (Wahrsager); des Weissagers, die Weissager
die **Weissagerin;** die Weissagerinnen
die **Weissagung**
das **Weissblech** (verzinntes Eisenblech, das v. a. für die Herstellung von Dosen gebraucht wird)
das **Weissbrot**
weisseln *oder* **weissen;** du weisselst *oder* weisst; sie weisselte *oder* weisste; er hat die Wand geweisselt *oder* geweisst
weisshaarig
weisslich; weissliches Licht
der **Weissrusse**
die **Weissrussin**
Weissrussland (Staat in Osteuropa)
die **Weisung** (Befehl; Hinweis)
weit; weiter; am weitesten; ein weiter Weg; weit und breit; so weit, so gut; ABER: das Weite suchen; bei, von Weitem; weit fahren; sie wird es weit bringen; du stellst Forderungen, die [entschieden] zu weit gehen; weit gehende *oder* weitgehende Forderungen; eine weit gereiste *oder* weitgereiste Forscherin; weit verbreitete *oder* weitverbreitete Pflanzen
weitab; weitab [vom Bahnhof] wohnen; *Trennung:* weit-ab
weitaus; er ist weitaus älter als du; *Trennung:* weit-aus
die **Weite**
weiten; du weitest; er weitete; der Schuhmacher hat die Schuhe geweitet
weiter; eine weitere Fremdsprache; wenn es weiter nichts ist (das ist eine Kleinigkeit); das ist nichts weiter als eine Ausrede; ABER: ohne Weiteres; bis auf Weiteres; im Weiteren darlegen; des Weiteren berichten; das Weitere folgt später; Weiteres findet sich dort; alles Weitere demnächst
weiterfahren; er ist nach dem Unfall einfach weitergefahren; ABER: **weiter fahren;** sie kann [viel] weiter (eine grössere Strecke) fahren als du
weitergeben; er gab die Arbeit an mich weiter; sie hat das Buch weitergegeben
weitergehen (vorangehen); die Arbeiten gehen gut weiter; sie sind gut weitergegangen; nach einer Pause sind wir weitergegangen; ABER: **weiter gehen;** ich kann [viel] weiter gehen als du
weitermachen; sie machte nicht weiter; wir haben fleissig weitergemacht; ABER: **weiter machen;** er musste seine Hose [viel] weiter machen
weitersagen; er hat das Geheimnis weitergesagt
weitherum; sie ist weitherum die Einzige; weitherum (bei vielen Menschen) bekannt sein
weitläufig; weitläufige (ausgedehnte) Grünanlagen; etwas weitläufig (ausführlich und umständlich) erzählen; weitläufig (entfernt) verwandt sein
weiträumig; der Verkehr wurde weiträumig umgeleitet

weitschweifig (breit und umständlich, langatmig); ein weitschweifiger Vortrag
weitsichtig; weitsichtige Augen; weitsichtig handeln
weitspringen; sie sprang weit; er ist weitgesprungen
der **Weitsprung**
das **Weitwinkelobjektiv**
der **Weizen;** des Weizens; die Weizen
das **Weizenmehl**
welch; welch ein Held; welch Wunder; welch grosse Frauen; welches nette Kind; welche grossen Frauen; welche Stimmberechtigten; welches sind die beliebtesten Ferienziele?
welcherlei; welcherlei Gründe er auch immer hatte, er hätte besser geschwiegen
welk; welke Blätter
welken; die Blume welkt; die Blume welkte; die Blume ist gewelkt
das **Wellblech**
die **Welle**
wellen; die Tapete wellte sich; der Teppichboden hat sich gewellt
das **Wellenbad**
die **Wellenlänge** *(Physik)*
der **Wellensittich** (ein Vogel); des Wellensittichs; die Wellensittiche
wellig; welliges Haar
die **Wellness** (Wohlbefinden)
der **Welpe** (das Junge von Hund, Fuchs, Wolf); des/dem/den Welpen; die Welpen
der **Wels** (ein Fisch); des Welses; die Welse
welsch
der **Welsche;** des/dem/den Welschen; die Welschen
die **Welsche;** die Welschen
das **Welschland**
die **Welt;** die Alte Welt (Europa); die Neue Welt (Amerika); die Dritte Welt (die Entwicklungsländer)
das **Weltall**
die **Weltanschauung**
weltberühmt; eine weltberühmte Schriftstellerin
das **Weltbild**
weltfremd; ein weltfremder Mensch
der **Weltkrieg;** der Erste Weltkrieg (1914 bis 1918); der Zweite Weltkrieg (1939 bis 1945)
weltlich; weltliche (nicht kirchliche) Lieder
die **Weltmacht**
das **Weltmeer** (Ozean)
der **Weltmeister**
die **Weltmeisterin**
die **Weltmeisterschaft** (*Abkürzung:* WM)
der **Weltraum**
die **Weltraumfahrt**
der **Weltrekord**
der **Weltuntergang**
weltweit; weltweite Verbreitung
wem; wem glaubst du?; sage *oder* sag mir, mit wem sie kommt
wen; wen meint er?
die **Wende**
der **Wendekreis** (nördlichster bzw. südlichster Breitenkreis, über dem die Sonne zur Zeit der Sonnenwende den Zenit erreicht)
die **Wendeltreppe**
wenden; du wendest; er wendet; er wandte *oder* wendete; sie hat gewandt *oder* gewendet

> Beachte: Die richtige Konjugation (Beugung) des Verbs *wenden* hängt in einigen Fällen von seiner Bedeutung ab: Wenn «die Richtung ändern» oder «umkehren» gemeint ist, wird die regelmässige Beugung gebraucht: das Auto hat *gewendet;* sie *wendete* den Mantel (drehte die Innenseite nach aussen). Die unregelmässige Beugung ist in den anderen Fällen neben der regelmässigen möglich: *sie wandte* oder *sie wendete sich ihm zu; sie hat sich zu ihm gewandt* oder *gewendet.*

der **Wendepunkt**
wendig; ein wendiges (leicht steuerbares) Auto; eine wendige (schnell reagierende) Politikerin
die **Wendung;** der Abend nahm eine unerwartete Wendung
wenig *siehe Kasten Seite 452*
wenigstens (zumindest, mindestens)
wenn; wenn auch; komm doch[,] wenn möglich[,] etwas früher; ABER: das Wenn und das Aber; die Wenn und die Aber; viele Wenn und Aber
wenngleich; sie gab sich Mühe, wenngleich (obwohl) sie sehr müde war; es ist ein schönes, wenngleich (wenn auch) schmales Zimmer

wenig	
Im Allgemeinen wird «wenig» kleingeschrieben – auch nach einem Artikel oder Pronomen:	*Wenn «wenig» nicht Zahladjektiv ist, sondern als Nomen verwendet wird, dann kann auch grossgeschrieben werden:*
– ein [klein] wenig; ein weniges – die wenigen; einige wenige – nur wenige, die wenigsten glauben das – schon weniges genügt – es ist das wenigste, was du tun kannst – sich auf das wenigste beschränken – mit wenig auskommen – zu wenig; du weisst [viel] zu wenig; es gibt hier zu wenige Parkplätze – wenig Neues; wenige Mutige – wenig Gutes *oder* weniges Gutes	– sie freut sich über das wenige *oder* Wenige (die wenigen Geschenke o. Ä.) – schon weniges *oder* Weniges genügt zum Überleben – ich kann auch mit wenigem *oder* Wenigem auskommen

wennschon; wennschon – dennschon

wer; wer ist da?; ist wer gekommen?; wer alles; Halt! Wer da?; irgendwer

die **Werbeagentur**

werben; du wirbst; sie wirbt; sie warb; er hat neue Kunden geworben; wirb für unseren Verein!

der **Werbeslogan** (Werbespruch)

der **Werbespot;** die Werbespots

werbewirksam; ein werbewirksamer Slogan

die **Werbung**

werden; du wirst; sie wird; sie wurde (*dichterisch auch:* sie ward); sie ist Ärztin geworden; aus ihm ist etwas geworden; sie ist gross geworden; sie ist gelobt worden; werde gross und stark!; ich werd verrückt!; ABER: das ist noch im Werden

werfen; du wirfst; sie wirft; sie warf; er hat den Stein geworfen; wirf!

die **Werft** (Anlage zum Bau und zur Reparatur von Schiffen); die Werften

das **Werk;** des Werks *oder* Werkes; die Werke; ans Werk!; ans Werk, zu Werke gehen; etwas ins Werk setzen

die **Werkbank;** die Werkbänke

der **Werkdienst** (öffentlicher Dienst einer Gemeinde, v. a. Unterhalt und Abfuhrwesen)

werken (tätig sein; arbeiten); du werkst; sie werkt; sie werkte; er hat von früh bis spät gewerkt

der **Werkhof** (Werkdienst; Ort, wo der Werkdienst angesiedelt ist)

der **Werkplatz;** der Werkplatz Schweiz (Wirtschaftsstandort Schweiz)

die **Werkstatt** *oder* **Werkstätte;** der Werkstatt *oder* Werkstätte; die Werkstätten

der **Werkstoff**

der **Werktag**

werktags; nur werktags geöffnet

werktätig (arbeitend; einen Beruf ausübend); die werktätige Bevölkerung; ABER: die Werktätigen

das **Werkzeug;** die Werkzeuge

der **Wermut** (eine Pflanze; ein Wein; etwas Bitteres, Bitterkeit); des Wermuts *oder* Wermutes; die Wermute

wert; wert sein; Berlin ist eine Reise wert; das ist nicht der Rede wert

der **Wert;** auf etwas Wert legen

werten; du wertest; sie wertete; er hat dies gering gewertet

der **Wertgegenstand**

wertlos; wertloser; am wertlosesten

die **Wertsachen** *Plural*

die **Wertschrift** (Wertpapier; Aktie u. Ä.); die Wertschriften *meist Plural*

die **Wertung**

wertvoll; wertvoller Schmuck

werweissen (hin und her überlegen; rätseln); du werweisst; sie werweisste; sie hat gewerweisst

wes (*ältere Form von:* wessen); wes Brot ich ess, des Lied ich sing

das **Wesen;** des Wesens; die Wesen; viel Wesen *oder* Wesens um etwas machen

wesentlich (wichtig); wesentliche Änderungen; ABER: im Wesentlichen; das Wesentliche; etwas, nichts Wesentliches

weshalb

die **Wespe**

das **Wespennest**

wessen

der **Wessi** (Einwohner der alten Bundesländer der BRD; Westdeutscher); des Wessis; die Wessis

die **Wessi** (Einwohnerin der alten Bundesländer der BRD; Westdeutsche); der Wessi; die Wessis

West (Himmelsrichtung); Ost und West; der Wind kommt aus West

die **Weste**

der **Westen;** des Westens; gen (nach) Westen ziehen; der Wilde Westen (im Amerika des 19. Jahrhunderts)

die **Westentasche** (kleine Tasche in der Weste, Jacke o. Ä.); etwas wie seine Westentasche kennen (sehr gut, sehr genau kennen)

der **Western** (Film, der im Wilden Westen spielt); des Western *oder* Westerns; die Western

westlich; westlich des Waldes *oder* westlich vom Wald

die **Westschweiz**

der **Westschweizer**

die **Westschweizerin**

westschweizerisch

westwärts; westwärts fahren, ziehen

weswegen

der **Wettbewerb;** des Wettbewerbs *oder* Wettbewerbes; die Wettbewerbe

die **Wette**

der **Wetteifer** (Bestreben, besser als andere zu sein)

wetteifern; du wetteiferst; sie wetteiferte; er hat mit ihr gewetteifert

wetten; du wettest; sie wettete; er hat um 10 Franken gewettet

das **Wetter;** des Wetters; die Wetter

der **Wetterbericht**

wetterempfindlich

wetterfest; wetterfeste Kleidung

die **Wetterkarte**

das **Wetterleuchten**

wettern (laut schimpfen); er wetterte; sie hat gewettert

die **Wettervorhersage**

wetterwendisch (zur plötzlichen Verhaltensänderung neigend); ein wetterwendischer Mensch

der **Wettkampf**

der **Wettkämpfer**

die **Wettkämpferin**

der **Wettlauf** (Wettkampf); ein Wettlauf gegen die Zeit *oder* mit der Zeit

wettmachen; er machte seinen Verlust wett; sie hat das Versäumte schnell wieder wettgemacht

das **Wettrennen**

das **Wettturnen**

wetzen; du wetzt; sie wetzte; er hat das Messer gewetzt; ABER: sie ist um die Ecke gewetzt (gerannt); wetze *oder* wetz das Messer!

der **Wetzstein** (Stein zum Schleifen und Schärfen von Messern, Sicheln usw.)

die **WG** = Wohngemeinschaft; die WGs

der **Whirlpool** (*Markenbezeichnung:* Becken mit sprudelndem Wasser); des Whirlpools; die Whirlpools

der **Whiskey** *oder* **Whisky** (ein Branntwein)

die **Wichse** (Putzmittel für Schuhe)

wichsen; du wichst; er wichste die Stiefel; sie hat gewichst; wichse die Schuhe!

der **Wicht** ([kleines] Kind; Kobold); des Wichts *oder* Wichtes; die Wichte

das **Wichtelmännchen** (eine Fantasiefigur)

wichtig; eine wichtige Neuigkeit; ABER: alles Wichtige; etwas, nichts Wichtiges; es gibt [nichts] Wichtigeres; sich wichtig machen *oder* wichtigmachen; wichtig tun *oder* wichtigtun

die **Wichtigkeit**

sich **wichtigmachen;** sie will sich nur wichtigmachen

der **Wichtigtuer;** des Wichtigtuers; die Wichtigtuer

die **Wichtigtuerin;** die Wichtigtuerinnen

die **Wichtin** ([kleines] Kind; Koboldin); die Wichtinnen

die **Wicke** (eine Pflanze)

der **Wickel;** des Wickels; die Wickel; einen warmen Wickel (Umschlag) machen; jemanden, etwas am Wickel packen (ergreifen; ausführlich behandeln; zur Rede stellen)

wickeln; du wickelst; er wickelte; er hat den Säugling gewickelt

der **Widder** (männliches Zuchtschaf); des Widders; die Widder

wider (gegen; entgegen); das war wider seinen ausdrücklichen Wunsch; wider Erwarten; wider Willen; ABER: das Für und [das] Wider

Nicht verwechseln: Obwohl beide Wörter gleich ausgesprochen werden, schreibt man *wider* mit einfachem *i*, das Wort *wieder* mit der Bedeutung «nochmals, erneut» hingegen mit *ie*.

der **Widerhaken**
der **Widerhall** (Echo); des Widerhalls *oder* Widerhalles; die Widerhalle
die **Widerhandlung** (Verstoss, Vergehen, Delikt)
widerlegen; sie widerlegte; er hat die Behauptung widerlegt
widerlich; ein widerlicher Anblick
widerrechtlich (gegen das Recht verstossend)
die **Widerrede** (Gegenrede, Einwand); keine Widerrede dulden, wagen
widerrufen; er widerruft; er widerrief; sie hat ihr Geständnis widerrufen
der **Widersacher** (Gegner); des Widersachers; die Widersacher
die **Widersacherin;** die Widersacherinnen
der **Widerschein** (Helligkeit, die durch reflektiertes Licht entsteht); im Widerschein des Mondes
sich **widersetzen;** ich widersetzte mich dem Beschluss; sie hat sich dieser Massnahme widersetzt
widerspenstig; widerspenstige Pferde
widerspiegeln; die Sonne spiegelt sich im Wasser wider; der Brief hat seine Sorge widergespiegelt *oder* widerspiegelt (erkennen lassen)
widersprechen; du widersprichst; er widerspricht; sie widersprach; sie hat ihr widersprochen
der **Widerspruch;** des Widerspruchs *oder* Widerspruches; die Widersprüche; sich in Widersprüche verwickeln; keinen Widerspruch dulden, wagen; der Plan wurde ohne Widerspruch angenommen
widersprüchlich
widerspruchslos
der **Widerstand;** des Widerstands *oder* Widerstandes; die Widerstände
widerstandsfähig
der **Widerstandskämpfer**
die **Widerstandskämpferin**
die **Widerstandskraft**
widerstehen; sie widersteht; er hat der Versuchung widerstanden
widerstreben (zuwider sein); mir widerstrebt, so etwas zu tun; es hat mir widerstrebt
widerstrebend (ungern); sie übernimmt die Aufgabe nur widerstrebend
widerwärtig; widerwärtiger Gestank
der **Widerwille** (starke Abneigung; Ekel); des Widerwillens; Widerwillen empfinden; seinen Widerwillen unterdrücken; etwas nur mit Widerwillen essen, tun
widerwillig; sie stimmte nur widerwillig zu
widmen; du widmest; sie widmete; er hat ihm das Buch gewidmet
die **Widmung**
widrig (ungünstig, behindernd); widrige Umstände
wie; sie ist so beliebt wie ihre Freundin; ABER: sie ist beliebter als ihre Freundin; wie sehr; wie lange; wie oft; wie [auch] immer; ABER: es kommt auf das Wie an; wie viel; wie viel Leute; wie viele Leute; ich weiss nicht, wie viel Geld er hat
der **Wiedehopf** (ein Vogel); des Wiedehopfs *oder* Wiedehopfes; die Wiedehopfe
wieder *siehe Kasten Seite 455*
der **Wiederaufbau**
die **Wiederaufbereitungsanlage** (für abgebrannte Brennelemente)
wiederauftauchen; das Buch ist endlich wiederaufgetaucht (wiedergefunden worden); *vergleiche aber:* wieder
die **Wiederbelebung**
wiederbringen (zurückbringen); sie hat das Buch wiedergebracht
die **Wiedergabe**
wiedergeben (zurückgeben; erzählen); ich habe ihr den Stift wiedergegeben; den Text in eigenen Worten wiedergeben
wiederherrichten (reparieren); sie hat ihr altes Velo wiederhergerichtet; ABER: er hat das Gästezimmer wieder (erneut) hergerichtet
wiederherstellen (in den alten Zustand bringen); die Häuserfassaden wiederherstellen; seine Gesundheit ist wiederhergestellt
wiederholen; ich wiederhole den letzten

wieder

(nochmals, erneut; zurück)
- um, für nichts und wieder nichts
- hin und wieder

Vergleiche aber: wider

1. Zusammenschreibung:

Man schreibt «wieder» mit dem folgenden Verb oder Adjektiv vor allem dann zusammen, wenn «wieder» im Sinne von «zurück» verstanden wird:

- wiedergeben; ich kann dir das Geld erst morgen wiedergeben; sie gab ihm das Geld wieder
- wiederbringen; sie bringt das Buch wieder; sie hat es wiedergebracht
- wiederkehren; diese Gelegenheit kehrt nicht wieder; die Gelegenheit ist nicht wiedergekehrt

Auch in folgenden Fällen gilt Zusammenschreibung:

- wiedergeben (berichten, darstellen); sie gab den Vorgang richtig wieder; sie hat meine Worte falsch wiedergegeben
- wiederherstellen; sie stellte die Ordnung wieder her; die Ärzte haben ihn wiederhergestellt (geheilt)
- wiederholen; würden Sie den letzten Satz bitte wiederholen?; er hat die Lektion wiederholt

2. Getrenntschreibung:

Man schreibt «wieder» vom folgenden Verb vor allem dann getrennt, wenn «wieder» im Sinne von «nochmals, erneut» verstanden wird:

- wieder einfallen; es ist mir alles wieder eingefallen
- wieder tun; ich würde es jederzeit wieder tun
- wieder sehen; nach der Operation konnte der Patient wieder sehen; wir haben uns am Abend wieder gesehen (wir sind uns erneut begegnet)

3. Getrennt- oder Zusammenschreibung:

In vielen Fällen ist nicht klar, welche Bedeutung vorliegt: Es kann dann getrennt oder zusammengeschrieben werden:

- die Firma wieder aufbauen *oder* wiederaufbauen
- wieder auftauchen *oder* wiederauftauchen
- den Täter wieder erkennen *oder* wiedererkennen

Satz noch einmal; er hat das Experiment wiederholt

die **Wiederholung**

der **Wiederholungskurs** (*auch:* Reservedienst im Militär; *Abkürzung:* WK)

der **Wiederkäuer** (Tier, das seine Nahrung wiederkäut); des Wiederkäuers; die Wiederkäuer

die **Wiederkehr** (Rückkehr)

wiederkehren (zurückkehren); ich hoffe, dass er wiederkehrt; die Bauchschmerzen sind nicht wiedergekehrt

das **Wiedersehen;** auf Wiedersehen!; jemandem «Auf Wiedersehen!» sagen

wiederum (erneut; ein weiteres Mal); er hatte wiederum kein Geld

die **Wiedervereinigung**

die **Wiederwahl**

wiefeln (vernähen); du wiefelst; er wiefelte; er hat das Loch in der Jacke gewiefelt

die **Wiege**

wiegen (sanft hin und her bewegen); er wiegte das Kind; sie hat sich im Takt gewiegt

wiegen; wie viel wiegst du?; sie wiegt zu wenig; sie wog 50 Kilo; er hat den Brief gewogen; wiege ihn!; sich wiegen; sie wiegte sich in Sicherheit

das **Wiegenlied**

wiehern; das Pferd wieherte; es hat gewiehert

Wien (Hauptstadt Österreichs)

das **Wienerli;** des Wienerlis; die Wienerli

die **Wiese**

das **Wiesel** (ein Marder); des Wiesels; die Wiesel

wieselflink (sehr flink und wendig); eine wieselflinke Spielerin
wieso; wieso gerade ich?
wievielmal; wievielmal warst du schon in Berlin?; ABER: wie viele Male bist du schon dort gewesen?
wievielte; das wievielte Mal ist das jetzt?; ABER: der Wievielte (der wievielte Tag des Monats) ist heute?
wieweit (inwieweit); ich bin im Zweifel, wieweit ich mich darauf verlassen kann; ABER: wie weit ist es von hier bis dort?
wiewohl (obwohl; wenn auch); das einzige, wiewohl günstige Angebot
das **Wi-Fi** = Markenbezeichnung für einen Funkstandard (oft auch in der Bedeutung von «WLAN» verwendet); des Wi-Fi *oder* Wi-Fis; die Wi-Fis
der **Wigwam** (Indianerzelt); des Wigwams; die Wigwams
der **Wikinger** (Normanne); des Wikingers; die Wikinger
die **Wikingerin;** die Wikingerinnen
wild; wilder; am wildesten; wilder Wein; ein wildes Tier; er spielt den wilden Mann; wild wachsende *oder* wildwachsende Pflanzen; wild lebende *oder* wildlebende Tiere; ABER: der Wilde Westen; die Wilde Jagd (ein Geisterheer); der Wilde Jäger (eine Geistergestalt); sich wie ein Wilder gebärden
das **Wild** (jagdbare wild lebende Tiere wie Hirsch, Reh usw.); des Wilds *oder* Wildes; sie isst gern Wild (Wildfleisch)
das **Wildbret** (Fleisch vom Wild); des Wildbrets
der **Wilddieb**
die **Wilddiebin**
die **Wildente**
der **Wilderer;** des Wilderers; die Wilderer
die **Wilderin;** die Wilderinnen
wildern (ohne Erlaubnis Wild schiessen, fangen); du wilderst; er wilderte; er hat gewildert; wildernde (herumstreunende) Hunde
wildfremd; ein wildfremder Mann
die **Wildgans**
die **Wildkatze**
die **Wildnis;** die Wildnisse
das **Wildschwein**
der **Wildwechsel** (Weg, der vom Wild regelmässig benutzt wird)
der **Wildwestfilm**
der **Wille;** des Willens; der letzte Wille (Testament); wider Willen; jemandem zu Willen sein; ABER: willens sein; *auch:*
willen; um Gottes willen; um seiner selbst willen; ABER: um meinet-, deinet-, euretwillen der **Willen;** des Willens
willens; willens sein (bereit, entschlossen sein)
willensschwach; ein willensschwacher Mensch
willensstark
willig (bereit, zu tun, was erwartet wird); willige Zuhörer
willkommen; willkommen heissen, sein; ABER: das **Willkommen;** des Willkommens; die Willkommen; ein fröhliches Willkommen!
die **Willkür** (selbstherrliches Handeln)
willkürlich; willkürliche Befehle
wimmeln; es wimmelt; es wimmelte; es hat von Ameisen gewimmelt
wimmern; ich wimmere; du wimmerst; sie wimmerte; er hat gewimmert; ABER: man hört ein leises Wimmern
Wimmet *oder* **Wümmet** (Weinlese); des Wimmets *oder* Wümmets
der **Wimpel;** des Wimpels; die Wimpel
die **Wimper;** die Wimpern
der **Wind;** des Winds *oder* Windes; die Winde
die **Winde** (Hebevorrichtung)
die **Windel;** die Windeln
winden; du windest; sie windet; er wand; sie hat Blumen in einen Kranz gewunden; sich winden (sich schlängeln); sie hat sich durch die Menge gewunden
winden (windig sein); es windet; es windete; es hat gewindet
der **Windfang** (kleiner Raum beim Eingang, der das Eindringen von kalter Luft verhindern soll); des Windfangs *oder* Windfanges; die Windfänge
der **Windhund**
windig; ein windiges Wetter; eine windige (zweifelhafte) Angelegenheit
die **Windjacke**
die **Windmühle**
die **Windpocken** (Krankheit v. a. bei Kleinkindern; *auch «Spitze» oder «Wilde Blattern» genannt) Plural*
die **Windrose** (Darstellung der Himmels-

richtungen, besonders auf einem Kompass)
der **Windschatten** (windgeschützte Seite)
windschief (schief, verzogen, oft auch baufällig); eine windschiefe Hütte
die **Windschutzscheibe**
die **Windstärke**
die **Windstille**
der **Windsurfer;** des Windsurfers; die Windsurfer
die **Windsurferin;** die Windsurferinnen
das **Windsurfing** (Segeln auf einem Surfbrett); des Windsurfings
die **Windung**
der **Wink;** des Winks *oder* Winkes; die Winke
der **Winkel;** des Winkels; die Winkel
die **Winkelhalbierende** *(Mathematik);* der Winkelhalbierenden; die Winkelhalbierenden; eine Winkelhalbierende
winkelig *oder* **winklig;** winkelige *oder* winklige Häuser
der **Winkelmesser**
winken; du winkst; er winkte; sie hat ihm gewinkt

Beachte: Das zweite Partizip des Verbs *winken* heisst *gewinkt.* Die Form *gewunken* ist Mundart.

winseln; du winselst; der Hund winselte; der Täter hat um Gnade gewinselt
der **Winter;** des Winters; die Winter
winterhart; winterhartes Getreide
winterlich; winterliche Kälte
der **Winterschlaf**
der **Wintersport**
der **Winzer** (jemand, der Wein anbaut, herstellt und verkauft); des Winzers; die Winzer
die **Winzerin;** die Winzerinnen
winzig; winzig klein
der **Wipfel** (Spitze eines Baums); des Wipfels; die Wipfel
die **Wippe** (Schaukelbrett)
wippen; du wippst; sie wippte; er wippte; sie hat auf dem Balken gewippt; wippe nicht mit den Füssen!
wir; wir alle; wir beide; wir bescheidenen Leute; wir Armen *oder* Arme
der **Wirbel;** des Wirbels; die Wirbel
wirbeln; du wirbelst; er wirbelte; sie hat ihn durch die Luft gewirbelt
die **Wirbelsäule**
der **Wirbelsturm**
das **Wirbeltier** (Tier mit Wirbelsäule)
der **Wirbelwind** (heftiger Wind, der etwas aufwirbeln kann; ungestüme Person)
wirblig *oder* **wirbelig** (lebhaft; quirlig; schwindlig; konfus); ein wirbliger *oder* wirbeliger Bach; das macht mich ganz wirblig *oder* wirbelig
wirken; du wirkst; er wirkte; sie hat als Anwältin gewirkt; ABER: ihr segensreiches Wirken
wirklich; er ist ihm ein wirklicher Freund; was willst du wirklich?; sie ist es wirklich; da bin ich wirklich neugierig
die **Wirklichkeit**
wirksam; wirksame Medizin
die **Wirksamkeit**
die **Wirkung**
der **Wirkungsgrad** (einer Maschine)
wirkungsvoll
die **Wirkungsweise**
wirr (ungeordnet; verworren); wirre Gedanken
die **Wirren** (Unruhen; chaotische Verhältnisse) *Plural;* in den Wirren des Bürgerkriegs
der **Wirrkopf**
der **Wirrwarr** (Durcheinander); des Wirrwarrs
der **Wirsing** (Wirz); des Wirsings
der **Wirt;** des Wirts *oder* Wirtes; die Wirte
wirten (als Wirt oder Wirtin tätig sein); du wirtest; er wirtete; sie hat gewirtet
die **Wirtin;** die Wirtinnen
die **Wirtschaft**
wirtschaften; du wirtschaftest; er wirtschaftete; sie hat gut gewirtschaftet
wirtschaftlich; wirtschaftliche Fragen; eine wirtschaftliche Notlage
die **Wirtschaftskrise**
das **Wirtshaus**
der **Wirz** (eine Kohlart); des Wirz
der **Wisch** (wertloses Schriftstück); des Wischs *oder* Wisches; die Wische
wischen; du wischst; er wischte; sie hat Staub gewischt
der **Wisent** (ein Wildrind); des Wisents; die Wisente
wispern; du wisperst; sie wisperte; er hat mir etwas ins Ohr gewispert
die **Wissbegier** *oder* **Wissbegierde**
wissbegierig; ein wissbegieriges Kind

wissen; du weisst; sie weiss; er wusste; sie hat alles gewusst

das **Wissen;** des Wissens; meines Wissens; ohne mein Wissen; er hat das wider besseres Wissen (obwohl er es besser wusste) getan

die **Wissenschaft**

der **Wissenschafter** *oder* **Wissenschaftler;** des Wissenschafters *oder* Wissenschaftlers; die Wissenschafter *oder* Wissenschaftler

die **Wissenschafterin** *oder* **Wissenschaftlerin;** die Wissenschafterinnen *oder* Wissenschaftlerinnen

wissenschaftlich; wissenschaftliches Arbeiten

wissenswert; wissenswerte Neuigkeiten; ABER: es gibt viel Wissenswertes

wissentlich (in vollem Bewusstsein); er hat mich wissentlich beleidigt

wittern (ahnen; durch den Geruchssinn wahrnehmen); ich wittere; du witterst; der Hund witterte eine Spur; sie hat Gefahr gewittert

die **Witterung** (Wetter während eines bestimmten Zeitraums; Geruchssinn bei Tieren; wahrgenommener Geruch); feuchte Witterung; ein Hund mit guter Witterung; die Witterung aufnehmen

die **Witwe;** die Witwen

der **Witwer;** des Witwers; die Witwer

der **Witz;** des Witzes; die Witze

der **Witzbold;** des Witzbolds *oder* Witzboldes; die Witzbolde

die **Witzboldin;** die Witzboldinnen

witzeln; du witzelst; sie witzelte; er hat nur gewitzelt

witzig; eine witzige Idee; die Geschichte war witzig; das ist alles andere als witzig (überhaupt nicht zum Lachen); das ist ja witzig (merkwürdig; seltsam)

witzlos; witzloser; am witzlosesten

der **WK** = Wiederholungskurs (im Militär); des WK *oder* WKs; die WKs

das **WLAN** = Wireless Local Area Network (drahtloses lokales Netzwerk; Funknetz); des WLAN *oder* WLANs; die WLANs

die **WM** = Weltmeisterschaft

wo; wo ist sie?; ich finde ihn, wo immer er auch sein mag; sie geht wieder dahin, wo sie hergekommen ist; ABER: das Wo spielt keine Rolle; *vergleiche auch:* woanders; woher; wohin; womöglich

woanders; ich werde ihn woanders suchen; ABER: wo anders (wo sonst) als hier sollte ich ihn suchen?

wobei; wobei (bei welcher Sache) sollen wir helfen); es war ein ruhiges Jahr, wobei wir doch viel gemacht haben

die **Woche**

das **Wochenbett** (Zeitraum von 6 bis 8 Wochen nach der Entbindung)

das **Wochenende**

wochenlang; er war wochenlang krank; ABER: er war drei Wochen lang krank

der **Wochentag**

wochentags

wöchentlich (jede Woche); sie hat ihre Mutter wöchentlich besucht

wochenweise

die **Wöchnerin** (Frau während des Wochenbetts); die Wöchnerinnen

der **Wodka** (ein Branntwein); des Wodkas; die Wodkas

wodurch; wodurch (durch welche Sache) unterscheiden sich die beiden?; sie vermied alles, wodurch es zu Streit hätte kommen können

wofür; wofür (für welche Sache) interessierst du dich?; das ist etwas, wofür ich nichts kann

die **Woge** (hohe, starke Welle)

wogegen; wogegen (gegen welche Sache) protestieren sie eigentlich?; es gibt nichts, wogegen ich sein könnte

woher; sie geht dahin zurück, woher sie gekommen ist; ABER: sie geht wieder dahin, wo sie hergekommen ist

wohin; beobachte, wohin sie geht!; ABER: beobachte, wo sie hingeht!

wohl; besser; am besten *oder* wohler; am wohlsten; wohl ihr!; wohl oder übel (ob sie wollte oder nicht) musste sie dableiben; das ist wohl das Beste; leben Sie wohl!; wohl bekomms! *oder* wohl bekomm's!; sich wohl fühlen *oder* wohlfühlen; dort wird es ihm wohl ergehen *oder* wohlergehen; *vergleiche aber:* das Wohlergehen; sie wird es wohl (wahrscheinlich) tun; die Wärme wird dir wohl tun *oder* wohltun; der wohl bekannte *oder* wohlbekannte Schriftsteller; der besser bekannte, am besten bekannte, bestbekannte Schriftsteller; ein [sehr] wohl behütetes *oder* wohlbehütetes Geheimnis; [besonders] wohl erzogene *oder* wohlerzogene Kinder; noch wohlerzogenere Kinder; *vergleiche aber:* wohlbehalten; wohlgemerkt; wohlhabend; wohltätig; wohltuend; wohlwollend

Beachte: Weil das Adjektiv *wohl* in verschiedenen Bedeutungen gebraucht wird, unterscheiden sich die Vergleichsformen. Wenn man *wohl* im Sinne von «gut» verwendet, lauten sie «besser» und «am besten»: «Dieses Bild hat mir wohl/besser/am besten gefallen.» Meint *wohl* dagegen «gesund» oder «behaglich», wird es mit «wohler» und «am wohlsten» gesteigert: «Nach der Behandlung habe ich mich wohl/wohler/am wohlsten gefühlt.»

das **Wohl;** des Wohls; auf dein Wohl!; zum Wohl!

wohlauf (gesund); sie ist wieder wohlauf; *Trennung:* wohl-auf

wohlbehalten (ohne Schaden zu nehmen; unverletzt); wohlbehalten ankommen

das **Wohlergehen;** des Wohlergehens; sie fragte nach seinem Wohlergehen

die **Wohlfahrt**

wohlgemerkt (damit kein Missverständnis entsteht); er hat das, wohlgemerkt, freiwillig getan

wohlhabend (reich); wohlhabende Kaufleute

wohlig (behaglich); ein wohliges Gefühl

der **Wohlstand;** des Wohlstands *oder* Wohlstandes

die **Wohlstandsgesellschaft**

die **Wohltat;** jemandem eine Wohltat erweisen (etwas Gutes tun); etwas als Wohltat (Erleichterung, Linderung o. Ä.) empfinden

wohltätig; Geld für wohltätige Zwecke

wohltuend (angenehm); wohltuende Ruhe

wohlweislich (aus gutem Grund); sie ist wohlweislich nicht auf ihn eingegangen

das **Wohlwollen** (freundliche Gesinnung); des Wohlwollens

wohlwollend; eine wohlwollende Beurteilung

der **Wohnblock;** die Wohnblocks *oder* Wohnblöcke

wohnen; ich wohne; du wohnst; sie wohnte; er hat lange Zeit hier gewohnt

die **Wohngemeinschaft** (*Abkürzung:* WG)

das **Wohnhaus**

wohnlich; ein wohnliches Zimmer

der **Wohnort**

die **Wohnung**

der **Wohnwagen**

die **Wohnwand** (hohes Möbel, das sich über die Länge einer Zimmerwand erstreckt)

das **Wohnzimmer**

wölben; eine Decke wölben; sich wölben; die Brücke hat sich über den Fluss gewölbt

die **Wölbung**

der **Wolf;** des Wolfs *oder* Wolfes; die Wölfe

die **Wölfin;** die Wölfinnen

der **Wolfshunger** (sehr grosser Hunger)

die **Wolfsmilch** (eine Pflanze)

die **Wolke**

der **Wolkenbruch** (kurzer und sehr heftiger Regen); die Wolkenbrüche

der **Wolkenkratzer** (sehr hohes Hochhaus); des Wolkenkratzers; die Wolkenkratzer

wolkenlos; ein wolkenloser Himmel

wolkig; ein wolkiger (bewölkter) Himmel; heiter bis wolkig soll es morgen sein; wolkige (verschwommene, unklare) Versprechungen

die **Wolldecke**

die **Wolle**

wollen (aus Wolle); ein wollener Pullover

wollen; du willst; sie will; sie wollte; sie hat gewollt; ich habe das nicht gewollt; ABER: ich habe [ihm] helfen wollen

wollig (aus Wolle); wollige Decken

der **Wolllappen**

die **Wollust** (sinnliche Begierde); die Wollüste

wollüstig; ein wollüstiger Gedanke

womit; womit (mit welcher Sache) kann ich dir helfen?; sie sagte etwas, womit ich nicht einverstanden bin

womöglich (möglicherweise); sie kommt womöglich schon heute

wonach; wonach (nach welcher Sache) hast du gesucht?; es gibt viel, wonach ich suchen könnte; das ist eine Behauptung, wonach (derzufolge) er schuldig wäre

die **Wonne** (grosse Freude)

wonnig; ein wonniges Baby

woran; woran (an welcher Sache) liegt

das?; ich weiss nicht, woran du das erkennst

worauf; worauf (auf welche Sache) wartest du?; ich weiss, worauf du wartest

woraus; woraus (aus welcher Sache) besteht Luft?; ich weiss, woraus Kerzen gemacht sind

worin; worin (in welcher Sache) besteht der Unterschied?; ich hab eine Schachtel, worin ich das aufbewahren kann

der **Workaholic** (jemand, der zwanghaft ständig arbeitet); des Workaholics; die Workaholics

die **Workaholic** (Frau, die zwanghaft ständig arbeitet); der Workaholic; die Workaholics

der **Workshop** (Arbeitsgruppe); des Workshops; die Workshops

der **Worldcup** (Weltmeisterschaft [in verschiedenen Sportarten]; Siegestrophäe bei einer Weltmeisterschaft); des Worldcups; die Worldcups

das **World Wide Web** (*EDV:* weltweites Informationssystem im Internet; *Abkürzung:* WWW); des World Wide Web *oder* World Wide Webs

das **Wort;** die Wörter *und* Worte; mit anderen Worten; seine letzten Worte; ich will nicht viele Worte machen; aufs Wort; Wort für Wort; Wort halten; jemanden beim Wort nehmen; sie liess mich nicht zu Wort *oder* Worte kommen

> Beachte: Es hängt von der Bedeutung ab, welche Pluralform des Nomens *Wort* die richtige ist: Wenn einzelne Wörter ohne Rücksicht auf deren Sinnzusammenhang gemeint sind, heisst es *Wörter:* «Der Text besteht aus 150 Wörtern; diese Liste enthält zahlreiche Fremdwörter.» Im Sinne von «zusammenhängende Äusserung; Erklärung, Begriff» lautet die Mehrzahl dagegen *Worte:* «Er fand in seiner Rede viele feierliche Worte; sie verabschiedete sich mit bewegten Worten.»

die **Wortart;** die Wortarten

die **Wortbildung**

wortbrüchig (sein gegebenes Versprechen brechend); wortbrüchig werden

das **Wörterbuch**

die **Wortfamilie** (Gruppe von Wörtern mit demselben Wortstamm)

das **Wortfeld** (Gruppe von sinnverwandten Wörtern)

wortgewandt; wortgewandter; am wortgewandtesten

wortkarg (wenig redend); ein wortkarger Aussenseiter

der **Wortlaut;** des Wortlauts *oder* Wortlautes; die Rede im Wortlaut

wörtlich; die wörtliche Rede

wortlos (schweigend); eine wortlose Geschichte; sie sahen sich wortlos an

der **Wortschatz;** die Wortschätze

der **Wortwechsel**

wortwörtlich (Wort für Wort); etwas wortwörtlich wiedergeben

worüber; worüber (über welche Sache) bist du gestolpert?; ich weiss, worüber du gelacht hast

worum; worum (um welche Sache) geht es?; ich weiss, worum es sich handelt

worunter; worunter (unter welcher Sache) leidet er?; das ist etwas, worunter ich mir nichts vorstellen kann

wovon; wovon (von welcher Sache) ist die Rede?; ich weiss, wovon ich rede

wovor; wovor (vor welcher Sache) hast du Angst?; das ist etwas, wovor ich Respekt habe

wozu; wozu (zu welchem Zweck) soll das gut sein?; das ist etwas, wozu ich dir gern gratuliere

das **Wrack** (unbrauchbar gewordenes Schiff, Flugzeug, Auto o. Ä.); des Wracks *oder* Wrackes; die Wracks, *selten:* Wracke; ein menschliches Wrack (jemand, der mit seinen Kräften am Ende ist)

wringen; du wringst; er wringt; er wrang; sie hat die Wäsche gewrungen (das Wasser mit den Händen herausgepresst)

die **WTO** = World Trade Organization (Welthandelsorganisation zur Regelung von Handels- und Wirtschaftsbeziehungen)

der **Wucher** (übertrieben hoher Gewinn); des Wuchers

der **Wucherer;** des Wucherers; die Wucherer

die **Wucherin;** die Wucherinnen

wuchern; du wucherst; er wucherte; sie hat gewuchert (Wucher getrieben); ABER: das Unkraut ist *oder* hat gewuchert (hat sich übermässig ausgebreitet)

der **Wuchs;** des Wuchses; die Wüchse; die Bäume stehen in vollem Wuchs

die **Wucht;** mit voller Wucht
wuchtig; wuchtige Schläge
wühlen; du wühlst; sie wühlte; er hat in der Kiste gewühlt
die **Wühlmaus**
der *oder* die **Wulst** (längliche, gerundete Verdickung); des Wulstes *oder* der Wulst; die Wülste
wulstig; eine wulstige Narbe
der **Wümmet** *oder* **Wimmet** (Weinlese); des Wümmets *oder* Wimmets
wund; wund sein, werden; sich die Füsse wund laufen *oder* wundlaufen, wund reiben *oder* wundreiben; sich den Mund wund reden *oder* wundreden; sich wund liegen *oder* wundliegen; die Kranke hat sich wund gelegen *oder* wundgelegen
die **Wunde**
das **Wunder;** des Wunders; die Wunder; Wunder tun; das ist doch kein Wunder; du wirst dein blaues Wunder erleben; er glaubt, Wunder was getan zu haben; er glaubt, Wunder *oder* wunders wie geschickt er sei
wunderbar; eine wunderbare Rettung (sie erscheint als ein Wunder); eine wunderbare (sehr schöne) Freundschaft; es war wunderbar einfach
die **Wunderkerze**
das **Wunderkind**
wunderlich (sonderbar); wunderliche Einfälle
sich **wundern;** du wunderst dich; sie wunderte sich; er hat sich gewundert
wundernehmen; es nimmt uns wunder; es nahm uns wunder; es hat uns wundergenommen
wunderschön; eine wunderschöne Insel
wundervoll; ein wundervolles Werk
sich **wundlaufen** *vergleiche:* **wund**
sich **wundreden** *vergleiche:* **wund**
sich **wundreiben** *vergleiche:* **wund**
die **Wundsalbe**
der **Wundstarrkrampf** (eine Infektionskrankheit)
der **Wunsch;** des Wunschs *oder* Wunsches; die Wünsche
wünschbar; eine wünschbare Zukunft
die **Wünschelrute** (zum Aufspüren von Wasser- oder Erzadern)
wünschen; du wünschst; sie wünschte; er hat sich gewünscht; sich wünschen; ich habe mir ein Velo gewünscht
wünschenswert
wunschlos; wunschlos glücklich sein
der **Wunschtraum**
die **Würde**
würdelos; ein würdeloses Benehmen
der **Würdenträger** (jemand, der ein hohes oder ehrenvolles Amt innehat)
die **Würdenträgerin**
würdevoll; eine würdevolle Feier
würdig; ein würdiger Nachfolger
würdigen; du würdigst; er würdigte; sie hat ihre Arbeit gewürdigt
der **Wurf;** des Wurfs *oder* Wurfes; die Würfe
der **Würfel;** des Würfels; die Würfel
würfeln; du würfelst; sie würfelte; er hat eine Sechs gewürfelt
der **Wurfspeer**
der **Wurfspiess**
der **Würgegriff**
würgen; du würgst; sie würgte; er hat ihn gewürgt; ABER: mit Hängen und Würgen (mit knapper Not)
der **Wurm;** des Wurms *oder* Wurmes; die Würmer; *Verkleinerungsform:* das Würmchen
wurmen (ärgern); das wurmt mich; es wurmte ihn; die Niederlage hat ihn gewurmt
der **Wurmfortsatz** (am Blinddarm)
wurmig (wurmstichig); wurmige Äpfel
wurmstichig; wurmstichige Äpfel
die **Wurst;** die Würste; es geht um die Wurst (um die Entscheidung); ABER: das ist mir wurst, *auch:* wurscht (das ist mir völlig gleichgültig)
wursteln (ohne Ziel arbeiten); ich wurstle; du wurstelst; er wurstelte; sie hat immer nur gewurstelt
die **Wursterei** (Betrieb, in dem Würste hergestellt werden)
die **Würze**
die **Wurzel;** die Wurzeln
wurzeln; der Baum wurzelt; er wurzelte; er hat tief gewurzelt
das **Wurzelwerk**
würzen; du würzt; er würzte; sie hat die Sauce gut gewürzt
würzig; würzige Speisen
das **Wuschelhaar** (lockiges oder unordentliches Haar)

wuschelig *oder* **wuschlig;** eine wuschelige *oder* wuschlige Mähne
wuseln (sich schnell und unruhig bewegen; hektisch arbeiten); ich wusle; du wuselst; sie wuselte; er ist um die Ecke gewuselt; ABER: sie hat im Keller gewuselt
wüst; wüster; am wüstesten; hier sieht es wüst (unordentlich) aus; eine wüste (wilde) Schlägerei; wüste (unanständige) Lieder; eine wüste (hässliche) Narbe
der **Wust** (Durcheinander, ungeordnete Menge); des Wusts *oder* Wustes
die **Wüste**
der **Wüstling;** des Wüstlings; die Wüstlinge
die **Wut;** Wut auf jemanden haben; in Wut geraten; vor Wut kochen (sehr wütend sein); voller Wut; eine Wut im Bauch haben (sehr wütend sein)
der **Wutanfall**
wüten (toben, rasen); du wütest; sie wütete; er hat gewütet
wütend
wutentbrannt; wutentbrannt (voller Wut) verliess er den Raum
der **Wüterich;** des Wüterichs *oder* Wüteriches; die Wüteriche
das **WWW** = World Wide Web

X

das **X** (Buchstabe); des X; die X; jemandem ein X für ein U vormachen; ABER: das x in Hexe
die **x-Achse** *(Mathematik)*
die **Xanthippe** (zänkische Frau, nach der Ehefrau des Philosophen Sokrates); die Xanthippen
die **X-Beine** *Plural*
x-beinig *oder* **X-beinig**
x-beliebig; ein x-beliebiges Buch; ABER: jeder x-Beliebige; etwas x-Beliebiges
das **X-Chromosom** (*Biologie:* eines der beiden Geschlechtschromosomen)
x-fach; ein x-fach erprobtes Mittel
das **x-fache;** des x-fachen
x-förmig *oder* **X-förmig**
x-mal; das habe ich dir schon x-mal gesagt
XTC = Ecstasy (eine Droge)
x-te; die x-te Potenz; zum x-ten Mal; zum x-ten Male
das **Xylofon** (ein Musikinstrument); des Xylofons; die Xylofone

Y

das **Y** (Buchstabe); des Y; die Y; ABER: das y in Rhythmus
die **y-Achse** *(Mathematik)*
die **Yacht** *oder* **Jacht** (ein Schiff, ein Segelboot); die Yachten *oder* Jachten
der **Yankee** (Spitzname für den US-Amerikaner); des Yankees; die Yankees
das **Yard** (englisches und amerikanisches Längenmass); des Yards; die Yards; 5 Yard *oder* Yards
das **Y-Chromosom** (*Biologie:* eines der beiden Geschlechtschromosomen)
der **Yeti** (legendärer Schneemensch im Himalajagebiet); des Yetis; die Yetis
der *oder* das **Yoga** *oder* **Joga** (indisches philosophisches System [mit körperlichen und geistigen Übungen]); des Yoga *oder* Joga *und* des Yogas *oder* Jogas
der **Youngster** (junger Nachwuchssportler); des Youngsters; die Youngster *oder* Youngsters
die **Youngster** (junge Nachwuchssportlerin); die Youngster *oder* Youngsters
das **Ypsilon** (der Buchstabe Y); des Ypsilon *oder* Ypsilons; die Ypsilons
die **Yucca** (Palmlilie); die Yuccas
der **Yuppie** (junger, karrierebewusster, in einer Grossstadt lebender Mann); des Yuppies; die Yuppies
die **Yuppie** (junge, karrierebewusste, in einer Grossstadt lebende Frau)

Z

Z; des Z; die Z; ABER: das z in Gazelle
die **Zacke** *oder* der **Zacken;** der Zacke *oder* des Zackens; die Zacken
zackig; zackige Felsbrocken; ein zackiger (schneidiger) Soldat

zaghaft; zaghafter; am zaghaftesten
Zagreb (Hauptstadt Kroatiens)
zäh; zäher; am zähsten *oder* zähesten
zähflüssig; zähflüssiger Verkehr
die **Zähheit**
die **Zahl**
zahlbar (zu bezahlen; nicht zu teuer); zahlbar in drei Monatsraten; ein zahlbarer Mietzins
zählbar (sich zählen lassend, als Zahl angebbar); zählbare Gewinne
zahlen; du zahlst; sie zahlte; er hat den Beitrag gezahlt
zählen; du zählst; er zählte; sie hat das Geld gezählt
der **Zahlenraum;** der Zahlrenraum bis Zehn
der **Zähler;** des Zählers; die Zähler; den Zähler (Energiezähler, z. B. Stromzähler) ablesen
zahllos (sehr viele); zahllose Anrufer
zahlreich (sehr viele); zahlreiche Unfälle
der **Zahltag** (Tag, an dem etwas ausbezahlt wird; Lohn)
die **Zahlung**
die **Zählung**
der **Zahlungsverkehr;** bargeldloser Zahlungsverkehr
das **Zahlwort;** die Zahlwörter
zahm; ein zahmes Tier
zähmen; du zähmst; er zähmte; sie hat den Löwen gezähmt
die **Zähmung**
der **Zahn;** des Zahns *oder* Zahnes; die Zähne; *Verkleinerungsform:* das Zähnchen
der **Zahnarzt**
die **Zahnärztin**
die **Zahnbürste**
zähneknirschend; ABER: mit den Zähnen knirschend
das **Zahnfleisch**
zahnlos; ein zahnloser Mund
die **Zahnlücke**
die **Zahnpasta**
das **Zahnrad**
der **Zahnschmerz** *meist Plural*
der **Zahnstocher;** des Zahnstochers; die Zahnstocher
das **Zahnweh**
die **Zaine** *oder* **Zeine** (grosser [geflochtener] Korb); die Zainen *oder* Zeinen
Zaire (Staat in Afrika)
der **Zairer;** des Zairers; die Zairer
die **Zairerin;** die Zairerinnen
zairisch
der **Zander** (ein Raubfisch); des Zanders; die Zander
die **Zange**
der **Zank** (Streit mit gegenseitigen Beschimpfungen oder Vorwürfen); des Zanks *oder* Zankes
zanken; du zankst; er zankte; sie hat mit ihm gezankt; sich zanken; sie haben sich gezankt
zänkisch (streitlustig); zänkische Kinder
das **Zäpfchen;** des Zäpfchens; die Zäpfchen
zapfen; du zapfst; er zapfte Bier; sie hat Bier gezapft
der **Zapfen;** des Zapfens; die Zapfen
der **Zapfenzieher**
die **Zapfsäule** (bei der Tankstelle)
zappelig *oder* **zapplig;** ein zappeliger *oder* zappliger Junge
zappeln; du zappelst; sie zappelte; er hat auf dem Stuhl gezappelt
zappen (mit der Fernbedienung das Fernsehprogramm wechseln); ich zappe; du zappst; er zappte; sie hat immer gezappt
der **Zar** (ehemaliger russischer Herrschertitel); des/dem/den Zaren; die Zaren
die **Zarge** (Seitenwand; Tür-, Fenstereinfassung); die Zargen
die **Zarin** (ehemaliger russischer Herrschertitel); die Zarinnen
zart; zarter; am zartesten
die **Zartheit**
zärtlich; ein zärtlicher Blick
der **Zaster** (Geld); des Zasters
die **Zäsur** (Einschnitt innerhalb einer Entwicklung, eines Verses oder eines Musikstücks); die Zäsuren
der **Zauber;** des Zaubers
der **Zauberer;** des Zauberers; die Zauberer
zauberhaft (entzückend); ein zauberhafter Augenblick; du siehst zauberhaft aus
die **Zauberin;** die Zauberinnen
zaubern; ich zaubere; du zauberst; er zauberte; sie hat eine Taube aus dem Hut gezaubert
der **Zauberstab**
zaudern (zögern); du zauderst; er zauderte; sie hat lange gezaudert
der **Zaum** (Kopflederzeug für Reit- und Zugtiere [zum Lenken und Führen]); des Zaums *oder* Zaumes; die Zäume; ein Pferd im Zaum halten

zäumen (einem Pferd den Zaum anlegen); du zäumst; sie zäumte; sie hat das Pferd gezäumt

das **Zaumzeug**

der **Zaun;** des Zauns *oder* Zaunes; die Zäune

der **Zaungast** (draussen bleibender und nicht zahlender Zuschauer)

der **Zaunkönig** (ein Vogel)

der **Zaunpfahl;** ein Wink mit dem Zaunpfahl (sehr deutlicher Hinweis)

zausen; der Wind zauste; der Wind hat die Haare gezaust

der *oder* das **Zaziki** *oder* **Tsatsiki** (Joghurt mit Knoblauch und Gurkenstückchen); des Zazikis *oder* Tsatsikis; die Zazikis *oder* Tsatsikis

z. B. = zum Beispiel

das **Zebra;** des Zebras; die Zebras

der **Zebrastreifen**

die **Zeche** (Rechnung für Speisen und Getränke); seine Zeche bezahlen

zechen (grosse Mengen Alkohol trinken); ich zeche; du zechst; sie zechte; er hat bis zum frühen Morgen gezecht

der **Zecher;** des Zechers; die Zecher

die **Zecherin;** die Zecherinnen

der **Zechpreller** (jemand, der ein Gasthaus verlässt, ohne zu bezahlen); des Zechprellers; die Zechpreller

die **Zechprellerei**

die **Zechprellerin;** die Zechprellerinnen

die **Zecke** (eine Blut saugende Milbe)

die **Zeder** (ein immergrüner Nadelbaum); die Zedern

das **Zedernholz**

die **Zehe** *oder* der **Zeh;** der Zehe *oder* des Zehs; die Zehen; die kleine, grosse Zehe *oder* der kleine, grosse Zeh

die **Zehenspitze;** auf Zehenspitzen gehen

zehn; wir sind zu zehnen *oder* zu zehnt; alle zehn Finger; ABER: die Zehn Gebote; *vergleiche auch:* acht

die **Zehn** (Zahl); die Zehnen; *vergleiche auch:* acht, die Acht

der **Zehner;** des Zehners; die Zehner; *vergleiche auch:* Achter

die **Zehnernote**

zehnfach; die zehnfache Menge; *vergleiche auch:* achtfach

das **Zehnfache**

das **Zehnfingersystem** (Methode, schnell auf einer Schreibmaschine oder Computertastatur zu schreiben)

der **Zehnkampf**

zehnmal *vergleiche:* achtmal

das **Zehnmeterbrett;** (*mit Ziffern:* 10-Meter-Brett *oder* 10-m-Brett)

das **Zehnrappenstück**

zehnstöckig; ein zehnstöckiges Hotel

zehntägig; eine zehntägige Rundreise

zehnte *vergleiche:* achte

zehnteilig; eine zehnteilige Hörfolge

der *oder* das **Zehntel** *vergleiche:* Achtel

zehntens

zehren (etwas Vorhandenes aufbrauchen, um davon zu leben); ich zehre; du zehrst; er zehrte; sie hat von ihren Ersparnissen gezehrt

das **Zeichen;** des Zeichens; die Zeichen

der **Zeichenblock;** die Zeichenblocks *oder* Zeichenblöcke

die **Zeichensetzung**

der **Zeichentrickfilm**

zeichnen; du zeichnest; er zeichnete; sie hat das gezeichnet

der **Zeichner;** des Zeichners; die Zeichner

die **Zeichnerin;** die Zeichnerinnen

zeichnerisch; zeichnerisches Talent

die **Zeichnung**

der **Zeigefinger** *oder* **Zeigfinger**

zeigen; du zeigst; sie zeigte; er hat ihr das Haus gezeigt

der **Zeiger;** des Zeigers; die Zeiger

die **Zeile**

zeilenweise; einen Text zeilenweise bearbeiten

die **Zeine** *oder* **Zaine** (grosser [geflochtener] Korb); die Zeinen *oder* Zainen

der **Zeisig** (ein Vogel); des Zeisigs; die Zeisige

die **Zeit;** zu meiner Zeit; zu jeder Zeit; auf Zeit; es ist an der Zeit; von Zeit zu Zeit; zu der Zeit Karls des Grossen; ABER: derzeit; zur Zeit Goethes; ABER: zurzeit (im Augenblick; gegenwärtig); zu Zeiten Karls des Grossen; ABER: zuzeiten (bisweilen); alles zu seiner Zeit; zu aller Zeit; ABER: allzeit *oder* allezeit; zu jeder Zeit; ABER: jederzeit; eine Zeit lang *oder* Zeitlang; ABER NUR: eine kurze Zeit lang; Zeit haben; Zeit sparen

das **Zeitalter;** des Zeitalters; die Zeitalter

das **Zeitbudget** (Gesamtheit der jemandem zur Verfügung stehenden Zeit)

die **Zeitform** (Tempus)
zeitgemäss; zeitgemässer; am zeitgemässesten; zeitgemässe Technik
der **Zeitgenosse;** ein Zeitgenosse des Pharaonenkönigs; er ist ein unangenehmer Zeitgenosse (Mitmensch)
die **Zeitgenossin**
zeitgenössisch (gegenwärtig); zeitgenössische Malerei
zeitig (früh); zeitiges Aufstehen
zeitlebens (während des ganzen Lebens); er hat zeitlebens hart gearbeitet; ABER: er hat zeit seines Lebens hart gearbeitet
zeitlos (nicht zeitgebunden); ein zeitloser Stil
die **Zeitlupe**
der **Zeitpunkt**
der **Zeitraffer** *(Film);* des Zeitraffers; die Zeitraffer
der **Zeitraum**
die **Zeitrechnung;** vor unserer Zeitrechnung
die **Zeitschrift**
die **Zeitung**
der **Zeitvertreib**
zeitweilig; zeitweilige (vorübergehende) Probleme
zeitweise; sie war nur zeitweise (hin und wieder) da
die **Zeitzone** (Zone, in der überall die gleiche Uhrzeit gilt)
zelebrieren (feierlich ausführen, feiern); ich zelebriere; du zelebrierst; sie zelebrierte; der Priester hat eine Messe zelebriert (gelesen)
die **Zelle**
der **Zellkern**
das **Zellophan;** (glasklare Folie); des Zellophans; *auch:* das Cellophan
der **Zellstoff**
die **Zellteilung**
die **Zellulose** (ein Zellstoff); die Zellulosen; *auch:* die Cellulose
das **Zelt;** des Zelts *oder* Zeltes; die Zelte
die **Zeltblache** *oder* **Zeltplache** (Zeltplane)
zelten; du zeltest; sie zeltete; er hat am Bodensee gezeltet
die **Zeltplache** *oder* **Zeltblache** (Zeltplane)
die **Zeltplane**
der **Zement** (Baustoff); des Zements *oder* Zementes; die Zemente
zementieren (mit Zement ausfüllen, verputzen); du zementierst; er zementierte; er hat den Weg zementiert; sie hat ihre Macht zementiert (gefestigt)
der **Zenit** (Scheitelpunkt); des Zenits *oder* Zenites; der Zenit (Höhepunkt) ihrer Karriere
zensieren (benoten; prüfen); ich zensiere; du zensierst; sie zensierte; die Lehrerin hat die Texte zensiert; sollen solche Filme zensiert (verboten) werden?
die **Zensur** (Note; staatliche Kontrolle von Inhalten); die Zensuren
zensurieren (auf Unerlaubtes prüfen); du zensurierst; der Staat zensurierte; er hat kritische Filme zensuriert
der **Zentimeter;** (*Zeichen:* cm)
zentimeterdick; ABER: mehrere Zentimeter dick
der **Zentner** (100 kg); des Zentners; die Zentner; *Zeichen:* q
zentnerweise
zentral (in der Mitte liegend); in zentraler Lage
der **Zentralafrikaner** (Einwohner der Zentralafrikanischen Republik)
die **Zentralafrikanerin**
zentralafrikanisch; ABER: die Zentralafrikanische Republik
die **Zentrale**
die **Zentralheizung**
der **Zentralismus** (Konzentration der Entscheidungsgewalt in einer Stelle); des Zentralismus
das **Zentralnervensystem** (im Gehirn und Rückenmark)
die **Zentralschweiz**
zentrieren (auf die Mitte einstellen); ich zentriere; du zentrierst; er zentrierte; sie hat das Rad zentriert
die **Zentrifugalkraft** (Fliehkraft bei krummliniger Bewegung)
die **Zentrifuge** (Schleudergerät zur Trennung von Flüssigkeiten); die Zentrifugen
die **Zentripetalkraft** (zum Mittelpunkt einer krummlinigen Bewegung hin gerichtete Kraft)
das **Zentrum** (Mittelpunkt; Innenstadt); des Zentrums; die Zentren
der **Zeppelin** (ein Luftschiff); des Zeppelins; die Zeppeline
das **Zepter** *oder* **Szepter** (Herrscherstab); des Zepters *oder* Szepters; die Zepter *oder* Szepter

zerbrechen; du zerbrichst; er zerbricht; er zerbrach; sie hat das Glas zerbrochen; er ist an seinem Leid zerbrochen; zerbrich nichts!; sich den Kopf zerbrechen
zerbrechlich; zerbrechliche Ware
die **Zeremonie** (feierliche Handlung; Förmlichkeit); die Zeremonien
zeremoniell; ein zeremonieller Empfang
das **Zeremoniell** ([Regeln und Verhaltensweisen für] feierliche Handlungen); des Zeremoniells; die Zeremonielle
zerfahren (verwirrt, gedankenlos); sie machte einen zerfahrenen Eindruck
der **Zerfall;** des Zerfalls *oder* Zerfalles; die Zerfälle
zerfallen; die Mauer zerfällt; sie zerfiel; sie ist zerfallen
zerfetzen; ich zerfetze; du zerfetzt; er zerfetzte den Brief; ein Windstoss hat die Fahne zerfetzt
zerfleddern *oder* **zerfledern** (durch häufigen Gebrauch abnutzen; zerfetzen); sie zerfledderte *oder* zerflederte; er hat sein Heft zerfleddert *oder* zerfledert; ein zerfleddertes *oder* zerfledertes Buch
zerfleischen; der Tiger zerfleischte seine Beute; er hat seine Beute zerfleischt
zerkleinern; du zerkleinerst; sie zerkleinerte; er hat das Holz zerkleinert
zerklüftet (von tiefen Rissen oder Spalten durchzogen); zerklüftetes Gestein
zerknirscht (schuldbewusst); ein zerknirschtes Gesicht machen
zerknittern; du zerknitterst; sie zerknitterte; er hat sein Heft zerknittert
zerknüllen; ich zerknülle; du zerknüllst; sie zerknüllte; sie hat den Zettel zerknüllt
zerkratzen; ich zerkratze; du zerkratzt; sie zerkratzte den Spiegel; die Dornen haben seine Beine zerkratzt
zerlassen; du zerlässt; er zerlässt; er zerliess; er hat die Butter in der Pfanne zerlassen; zerlassene Butter
zerlegen; du zerlegst; sie zerlegte; sie hat den Motor in seine Bestandteile zerlegt
zerlumpt (in Lumpen gekleidet; zerrissen); zerlumpte Kinder; zerlumpte Kleider
zermalmen (zerquetschen); die Maschine zermalmte den Sperrmüll; eine Geröllawine hat die Scheune zermalmt
zermürben (mürbe machen); ich zermürbe; du zermürbst; das Warten zermürbte mich; es hat mich zermürbt
zerquetschen; ich zerquetsche; du zerquetschst; er zerquetschte; sie hat die Kartoffeln zerquetscht
das **Zerrbild;** die Zerrbilder
zerreissen; du zerreisst; sie zerreisst; sie zerriss; er hat den Stoff zerrissen
die **Zerreissprobe**
zerren; ich zerre; du zerrst; er zerrte; der Hund hat an der Leine gezerrt
zerrinnen (langsam zerfliessen; sich auflösen); der Schnee zerrann; ihre Hoffnung ist zerronnen
die **Zerrung** (Überdehnung von Muskeln, Sehnen oder Bändern)
zerrüttet (völlig erschöpft; zerstört); zerrüttete Nerven
zerschellen; das Flugzeug zerschellte; es ist an der Felswand zerschellt
zerschlagen; er zerschlug einen Teller; die Polizei hat einen Verbrecherring zerschlagen
zerschmettern; ein Geschoss zerschmetterte sein Bein; er hat den Teller an der Wand zerschmettert
zersetzen (auflösen); der elektrische Strom zersetzte die Säure; die Fäulnis hat den Körper zersetzt
zersplittern; die Scheibe zersplitterte; sie ist zersplittert; zersplittertes Holz
zerstäuben; ich zerstäube; du zerstäubst; er zerstäubte; sie hat Parfüm zerstäubt
zerstören; du zerstörst; er zerstörte; sie hat das Bild zerstört
die **Zerstörung**
zerstreuen; du zerstreust; die Polizei zerstreute die Demonstranten; sie hat alle Bedenken zerstreut
zerstreut; ein zerstreuter Professor
die **Zerstreutheit**
die **Zerstreuung**
zerstückeln; sie zerstückelte; sie hat den Apfel zerstückelt
das **Zertifikat** (Bescheinigung, Zeugnis); des Zertifikats *oder* Zertifikates; die Zertifikate
zertrümmern; du zertrümmerst; sie

zertrümmerte; er hat die Scheiben zertrümmert
das **Zerwürfnis** (Bruch, Trennung; heftige Auseinandersetzung); des Zerwürfnisses; die Zerwürfnisse; zwischen ihnen kam es zu einem tiefen Zerwürfnis
zerzausen; der Wind zerzauste ihr Haar; er hat ihr Haar zerzaust; zerzauste Haare
zetern (wehklagend schreien); du zeterst; sie zeterte; er hat gezetert
der **Zettel;** des Zettels; die Zettel
das **Zeug;** des Zeugs *oder* Zeuges; die Zeuge; jemandem etwas am Zeug flicken (über jemanden etwas Nachteiliges sagen)
der **Zeuge;** des/dem/den Zeugen; die Zeugen
zeugen; ich zeuge; du zeugst; sie zeugte vor Gericht (sagte als Zeugin aus); er hat ein Kind gezeugt; die Arbeit zeugt von Fleiss (lässt Fleiss erkennen)
die **Zeugeneinvernahme** (Zeugenvernehmung)
das **Zeughaus** (*Militär:* Gebäude, in dem Waffen u. a. gelagert werden)
die **Zeugin;** die Zeuginnen
das **Zeugnis;** des Zeugnisses; die Zeugnisse

> Nomen auf *-nis* werden im Nominativ Singular nur mit einem *s* geschrieben, obwohl der Genitiv Singular und die Pluralformen mit Doppel-s gebildet werden.

die **Zeugung** (Befruchtung beim Geschlechtsakt)
zeugungsfähig; im zeugungsfähigen Alter
zeuseln (mit dem Feuer spielen); du zeuselst; sie zeuselte; sie hat gezeuselt
ZG = Autokennzeichen und allgemeine Abkürzung für den Kanton Zug
das **ZGB** = Zivilgesetzbuch
ZH = Autokennzeichen und allgemeine Abkürzung für den Kanton Zürich
z. H. = zu Händen, zuhänden
die **Zicke** (weibliche Ziege); die Zicken; *Verkleinerungsform:* das Zicklein
zicken (Schwierigkeiten machen); du zickst; er zickte; sie hat gezickt
die **Zicken** (Dummheiten) *Plural;* mach keine Zicken!
zickig (überspannt, eigensinnig)
der **Zickzack;** des Zickzacks *oder* Zickzackes; die Zickzacke; im Zickzack laufen; ABER: zickzack laufen
die **Ziege**
der **Ziegel;** des Ziegels; die Ziegel
die **Ziegelei**
ziegelrot
der **Ziegelstein**
der **Ziegenbock;** die Ziegenböcke
ziehen; du ziehst; sie zieht; sie zog; er hat den Wagen gezogen
die **Ziehharmonika** (Handorgel); die Ziehharmonikas *oder* Ziehharmoniken
das **Ziel;** des Ziels *oder* Zieles; die Ziele
zielbewusst; zielbewusstes Vorgehen
zielen; du zielst; er zielte; sie hat schlecht gezielt
die **Zielgerade** (einer Lauf-, Rennbahn)
die **Ziellinie**
ziellos; ziellos umherirren
die **Zielscheibe**
zielsicher; eine zielsichere Schützin
zielstrebig; zielstrebiges Vorgehen
ziemen (angemessen sein; sich gehören); es ziemt mir; dieser Empfang hat mir geziemt; sich ziemen; es hat sich geziemt, ihr zu gratulieren
ziemlich; es ist ziemlich kalt
die **Zier**
die **Zierde** (Verzierung)
zieren; das Bild zierte; es hat das Zimmer geziert; sich zieren (sich bescheiden stellen); er hat sich geziert
zierlich; zierliche Hände
die **Zierpflanze**
der **Zierrat** (Verzierung); des Zierrats *oder* Zierrates; die Zierrate; die Knöpfe sind blosser Zierrat
die **Ziffer;** die Ziffern; die arabischen, römischen Ziffern
das **Zifferblatt**
zig; zig Franken; er fuhr mit zig Sachen in die Kurve; ABER: zigfach; ein Zigfaches; sie hat ihm das zigmal gesagt
die **Zigarette**
die **Zigarettenkippe**
der *oder* das **Zigarillo** (kleine Zigarre); des Zigarillos; die Zigarillos
die **Zigarre**
der **Ziger** (Frischkäse aus Molke); des Zigers; die Ziger
der **Zigerkrapfen** (süsses Gebäck mit

Quarkfüllung); des Zigerkrapfens; die Zigerkrapfen

der **Zigeuner;** des Zigeuners; die Zigeuner

> Viele Menschen empfinden die Benennungen *Zigeuner* und *Zigeunerin* inzwischen als diskriminierend. Oft wird die Bezeichnung *Fahrende,* teilweise auch *Jenische, Roma* oder *Sinti* bevorzugt. Vergleiche auch: die Fahrenden.

die **Zigeunerin;** die Zigeunerinnen

zigfach, zigmal *vergleiche:* zig

die **Zikade** (grillenähnliches Insekt); die Zikaden

das **Zimmer;** des Zimmers; die Zimmer

der **Zimmerer** (Handwerker, der bei Bauten die Teile aus Holz herstellt); des Zimmerers; die Zimmerer

die **Zimmerfrau** (Frau, die in Hotels Zimmer reinigt)

die **Zimmerin** (Handwerkerin, die bei Bauten die Teile aus Holz herstellt); die Zimmerinnen

die **Zimmerleute** (Zimmerinnen und Zimmerer)

der **Zimmermann** (Zimmerer; *auch:* eine Spinne); die Zimmermänner; *weibliche Form:* die Zimmerin

zimmern; ich zimmere; du zimmerst; er zimmerte; sie hat den Schrank gezimmert

zimperlich (empfindlich); ein zimperlicher Mensch; sei nicht so zimperlich!

der **Zimt** (ein Gewürz); des Zimts *oder* Zimtes; die Zimte

das **Zink** (chemisches Element, Metall; *Zeichen:* Zn); des Zinks *oder* Zinkes

die **Zinke** (Zacke); die Zinken

zinken (mit unauffälligen Zinken, Zeichen versehen); du zinkst; er zinkte; er hat die Karten gezinkt; mit gezinkten Karten spielen

der **Zinken** (Gaunerzeichen; *auch für:* grosse Nase); des Zinkens; die Zinken

das **Zinn** (chemisches Element, Metall; *Zeichen:* Sn); des Zinns *oder* Zinnes

die **Zinne** (zahnartiger Mauerabschluss); die Zinnen)

der **Zinnober** (eine rote Farbe; *auch für:* Blödsinn, wertloses Zeug); des Zinnobers; *Trennung:* Zin-no-ber

zinnoberrot (ein Farbton); ABER: das **Zinnoberrot;** *Trennung:* Zin-no-ber-rot

der **Zins;** des Zinses; die Zinsen

der **Zinsfuss** (in Prozent ausgedrückte Höhe der Zinsen); die Zinsfüsse

zinslos; ein zinsloser Kredit

der **Zinssatz** (Zinsfuss)

der **Zionismus** (Bewegung zur Gründung und Sicherung eines nationalen jüdischen Staates); des Zionismus

der **Zionist** (Anhänger des Zionismus); des/dem/den Zionisten; die Zionisten

die **Zionistin;** die Zionistinnen

der **Zipfel;** des Zipfels; die Zipfel

die **Zipfelmütze**

zirka *oder* **circa** (ungefähr); zirka *oder* circa 15 Franken

der **Zirkel;** des Zirkels; die Zirkel

zirkeln (einen Kreis ziehen; [ab]messen; *auch für:* genau ausprobieren, an eine bestimmte Stelle befördern); ich zirkle; du zirkelst; er zirkelte; der Spieler hat den Ball um die Mauer gezirkelt

das **Zirkular** (Rundschreiben); des Zirkulars; die Zirkulare

die **Zirkulation** (Umlauf, Kreislauf); die Zirkulationen

zirkulieren (sich im Kreis bewegen; im Umlauf sein); das Blut zirkulierte in den Adern; Luft ist *oder* hat im Raum zirkuliert; hier zirkulieren (sind in Betrieb) die meisten Fahrzeuge

der **Zirkus;** des Zirkus; die Zirkusse

zirpen; die Grille zirpte; sie hat gezirpt

die **Zirruswolke** (Federwolke)

zischen; du zischst; er zischte; er hat gezischt

der **Zischlaut**

die **Zisterne** (unterirdischer Behälter für Regenwasser); die Zisternen

die **Zitadelle** (Festung; Kern einer Festung); die Zitadellen

das **Zitat** (wörtlich angeführte Belegstelle; bekannter Ausspruch); des Zitats *oder* Zitates; die Zitate

die **Zither** (ein Saiteninstrument); die Zithern

zitieren (wörtlich anführen); du zitierst; sie zitierte; sie hat ihn zitiert

die **Zitrone**

der **Zitronenfalter**

zitronengelb

die **Zitronensäure**

die **Zitrusfrucht** (Zitrone, Orange usw.)

zitterig *oder* **zittrig;** zitterige *oder* zittrige Hände
zittern; ich zittere; du zitterst; er zitterte; er hat vor Kälte gezittert; zitternde Knie
die **Zitze** (Säugeorgan); die Zitzen
zivil (bürgerlich; nicht militärisch); die zivile Luftfahrt; zivile (niedrige) Preise; ziviler Ungehorsam (öffentliche, gewaltlose, gesetzeswidrige Handlung, die ein Gesetz oder eine bestimmte Politik ändern will)
das **Zivil** (Zivilkleidung); des Zivils; er kommt in Zivil
die **Zivilbevölkerung**
die **Zivilcourage** (Mut im bürgerlichen Leben)
der **Zivildienst** (anstelle des Militärdienstes); Zivildienst leisten
das **Zivilgesetzbuch** (*Abkürzung:* ZGB)
die **Zivilisation** (die durch den Fortschritt verbesserten Lebensbedingungen); die Zivilisationen
zivilisiert (Zivilisation besitzend); zivilisierte Menschen
der **Zivilist** (Bürger; Nichtsoldat); des/dem/den Zivilisten; die Zivilisten
die **Zivilistin;** die Zivilistinnen
der **Zivilschutz** (Schutz der Zivilbevölkerung im Kriegs- und Katastrophenfall)
der **Zivilstand** (Personenstand wie ledig, verheiratet, geschieden usw.)
der **Zivilstandsbeamte** (Beamter, der Geburten, Eheschliessungen u. a. beurkundet)
die **Zivilstandsbeamtin**
die **Ziviltrauung** (standesamtliche Eheschliessung)
der **Zmittag** (Mittagessen); des Zmittags
das *oder* der **Zmorgen** (Morgenessen); des Zmorgens; die Zmorgen
der *oder* das **Znacht** (Abendessen); des Znachts
der *oder* das **Znüni** (Zwischenverpflegung); des Znünis; die Znüni
der **Zobel** (ein Marder; sein Pelz); des Zobels; die Zobel
die **Zoccoli** (Holzsandalen) *Plural*
zocken ([um Geld] spielen); du zockst; sie zockte; sie hat gezockt
die **Zofe** (Kammerdienerin); die Zofen
der **Zoff** (Streit, Ärger); des Zoffs
zögern; du zögerst; er zögerte; er hat gezögert; ohne zu zögern; ABER: ohne Zögern
der **Zögling;** des Zöglings; die Zöglinge
das *oder* der **Zölibat** (Ehelosigkeit aus religiösen Gründen); des Zölibats *oder* Zölibates
der **Zoll** (Abgabe); des Zolls *oder* Zolles; die Zölle; Zoll zahlen
der **Zoll** (ein Längenmass); des Zolls *oder* Zolles; die Zoll; 3 Zoll breit
der **Zollbeamte**
die **Zollbeamtin**
zollen (erweisen, entgegenbringen); du zollst; er zollte; er hat ihr Dank gezollt
zollfrei; zollfreie Waren
die **Zollkontrolle**
der **Zöllner;** des Zöllners; die Zöllner
die **Zöllnerin;** die Zöllnerinnen
der **Zollstock** (zusammenklappbarer Messstab); die Zollstöcke
der **Zombie** (wiedererweckter Toter); des Zombie *oder* Zombies; die Zombies
die **Zombie** (wiedererweckte Tote)
die **Zone** (Gebietsstreifen); die blaue Zone (blau markierte Parkplätze)
der **Zoo;** des Zoos; die Zoos
die **Zoologie** (Tierkunde)
zoologisch; eine zoologische Sammlung; ABER: der Zoologische Garten Zürich
das *oder* der **Zoom** (Kameraobjektiv mit veränderlicher Brennweite); des Zooms; die Zooms
zoomen (das Objekt, das fotografiert werden soll, im Bild näher heranholen oder weiter wegrücken); ich zoome; du zoomst; er zoomte; er hat den Vogel gezoomt
der **Zopf;** des Zopfs *oder* Zopfes; die Zöpfe
der **Zorn;** des Zorns *oder* Zornes
zornig; zornige Blicke
die **Zote** (unanständiger Witz); die Zoten
zotig; zotige Anspielungen
die *oder* der **Zottel** (Haarbüschel bei Tieren; unordentliche, schmutzige Haare; Fransen, Quasten u. Ä.); der Zottel *oder* des Zottels; die Zotteln
zottelig *oder* **zottlig;** zotteliges *oder* zottliges Fell
zottig (struppig); ein zottiges Fell
z. T. = zum Teil
zu; zu dem Punkt; zu zweien *oder* zu zwein, zu zweit; vier zu eins (4 : 1); zu viele Leute; zu oft; zu sein; die Tür ist zu; sie war zu; sie ist zu gewesen
zuallererst; wir sollten uns zuallererst um das Essen kümmern

zuallerletzt; damit haben wir zuallerletzt gerechnet
zuallermeist; es waren zuallermeist spannende Vorträge
das **Zubehör;** des Zubehörs *oder* Zubehöres; die Zubehöre
der **Zuber** (Bottich, Holzgefäss); des Zubers; die Zuber
zubereiten; er bereitete das Essen zu; er hat die Speisen zubereitet
zubringen; sie brachte viel Zeit auf Reisen zu; sie hat eine Nacht im Freien zugebracht
der **Zubringer** (Zufahrtsstrasse; jemand, der etwas bringt); des Zubringers; die Zubringer
der **Zubringerdienst** (Zufahrt für Anwohner, Anwohnerinnen, Taxis, Fahrten zum Liefern oder Abholen von Waren)
die **Zubringerin;** Zubringerinnen
die **Zucchetti** (ein Gemüse) *Plural*
die **Zucht;** die Zuchten
züchten; ich züchte; du züchtest; er züchtete; er hat Rosen gezüchtet
der **Züchter;** des Züchters; die Züchter
die **Züchterin;** die Züchterinnen
züchtigen (durch Schlagen bestrafen); du züchtigst; er züchtigte; er hat ihn mit einem Stock gezüchtigt
zuckeln (langsam gehen oder fahren); ich zuckle *oder* zuckele; du zuckelst; er zuckelte; er ist gemütlich nach Hause gezuckelt
zucken; du zuckst; sie zuckte; sie hat mit den Schultern gezuckt
zücken (schnell herausholen); du zückst; er zückte Papier und Bleistift; er hat ein Messer gezückt
der **Zucker;** des Zuckers; die Zucker
zuckerfrei; zuckerfreie Bonbons
zuckerkrank; eine zuckerkranke Patientin
die **Zuckerkrankheit** (dauerhaft erhöhter Zuckergehalt des Blutes)
zuckern; ich zuckere; du zuckerst; er zuckerte den Tee; er hat das Obst gezuckert
die **Zuckerrübe**
zuckersüss; zuckersüsse Trauben; sie lächelte ihn zuckersüss (übertrieben liebenswürdig) an
zudecken; sie deckte das Loch zu; sie hat das Kind zugedeckt; sich zudecken; sie hat sich schnell zugedeckt
zudem (ausserdem); es war kalt und zudem regnete es; ABER: er kam zu dem Haus
zudienen (helfen, zur Hand gehen); er dient zu; er hat ihm zugedient
zudringlich (aufdringlich, lästig)
die **Zudringlichkeit**
zueinander; zueinander sprechen; zueinander finden *oder* zueinanderfinden (zusammenfinden); sie haben endlich zueinander gefunden *oder* zueinandergefunden; zueinander passen *oder* zueinanderpassen; ich finde, dass sie gut zueinander passen *oder* zueinanderpassen
zuerst; zuerst einmal; der zuerst genannte Name; ABER: der zuerst Genannte
die **Zufahrt**
die **Zufahrtsstrasse**
der **Zufall;** des Zufalls *oder* Zufalles; die Zufälle
zufallen; die Tür fiel zu; sie ist [mir] zugefallen
zufällig; eine zufällige Begegnung; sie trafen sich rein zufällig
zufassen; ich fasse zu; du fasst zu; er fasste zu; die Polizei hat blitzschnell zugefasst
die **Zuflucht**
der **Zufluchtsort**
der **Zufluss;** des Zuflusses; die Zuflüsse
zufolge; dem Befehl zufolge; ABER: zufolge des Befehls
zufrieden; zufrieden machen, sein, werden; zufrieden stellen *oder* zufriedenstellen; wir haben alle Kunden zufrieden gestellt *oder* zufriedengestellt; ein zufrieden stellendes *oder* zufriedenstellendes Ende; ABER NUR: ein [noch] zufriedenstellenderes Ende; sich zufrieden geben *oder* zufriedengeben; zufrieden lassen *oder* zufriedenlassen
zufügen; er fügte ihm Schaden zu; er hat mir [ein] Unrecht zugefügt
die **Zufuhr;** die Zufuhren; die Zufuhr von Vitamin D; die Zufuhr (der Zustrom) feuchter Meeresluft
der **Zug;** des Zugs *oder* Zuges; die Züge; im Zuge des Wiederaufbaus; Zug um Zug; der 10-Uhr-Zug
Zug (Kanton; dessen Hauptstadt)
die **Zugabe;** beim Kauf dieser Ausrüstung

gibts einen Schirm als Zugabe; die Band gab noch zwei Zugaben; alle Zutaten unter Zugabe von Milch verrühren

der **Zugang;** des Zugangs *oder* Zuganges; die Zugänge

zugänglich; eine schwer zugängliche Stelle

zugeben (gestehen); sie gab ihren Irrtum zu; sie hat alles zugegeben

zugegebenermassen (wie man zugeben muss)

zugegen (anwesend, dabei); zugegen bleiben, sein

zugehen; er geht auf das Haus zu; es ging sehr fröhlich zu

zugehörig; ein Auto mit den zugehörigen Papieren

der **Zügel;** des Zügels; die Zügel

zügellos; zügelloser; am zügellosesten

zügeln; du zügelst; er zügelte; er hat sein Klavier gezügelt; sie sind in eine andere Wohnung gezügelt; er konnte sich kaum zügeln (beherrschen)

der **Zuger** (Einwohner von Zug); des Zugers; die Zuger

die **Zugerin** (Einwohnerin von Zug); die Zugerinnen

zugerisch

der **Zugersee**

das **Zugeständnis;** des Zugeständnisses; die Zugeständnisse

zugestehen; sie gestand es ihm zu; sie hat ihm einen Rabatt zugestanden

zugig (windig); ein zugiger Hausflur

zügig (rasch, ohne Stockung); ein zügiges Tempo

die **Zugkraft** (Anziehungskraft)

zugkräftig; ein zugkräftiger (viel Publikum anziehender) Film

zugleich; schön und traurig zugleich

zugreifen; er griff zu; er hat zugegriffen

der **Zugriff;** des Zugriffs *oder* Zugriffes; die Zugriffe; Zugriff auf *oder* zu Daten

zugrunde *oder* **zu Grunde;** zugrunde *oder* zu Grunde gehen, legen; er ist dabei, sich zugrunde *oder* zu Grunde zu richten; der zugrunde liegende *oder* zu Grunde liegende *oder* zugrundeliegende Vertrag

zugunsten *oder* **zu Gunsten;** zugunsten *oder* zu Gunsten bedürftiger Kinder; ABER: dem Freund zugunsten *oder* zu Gunsten

zugut; etwas zugut *oder* zugute haben

zugutehalten (positiv anrechnen); man kann ihm seine Ehrlichkeit zugutehalten

zugutekommen (sich positiv für jemanden auswirken); ihre Sprachkenntnisse sind ihr bei der Bewerbung zugutegekommen

der **Zugvogel;** die Zugvögel

zuhalten; du hältst zu; sie hielt zu; sie hat die Türe zugehalten; er hat ihr einen Job zugehalten (verschafft)

zuhanden; zuhanden des Vorstands *oder* zuhanden vom Vorstand; *auch:* zu Händen; *Abkürzung:* z. H.

zuhause *oder* **zu Hause;** sie sind zuhause *oder* zu Hause

das **Zuhause;** sie freut sich auf ihr [schönes] Zuhause; er hat kein Zuhause mehr; *vergleiche aber:* zuhause

> Gross und in einem Wort schreibt man *Zuhause* nur, wenn ein Artikel oder ein Pronomen vorangeht: *mein, sein Zuhause / das Zuhause.* In allen anderen Fällen sind die Schreibungen *zuhause* oder *zu Hause* richtig.

zuhinterst; er stand zuhinterst in der Schlange

zuhören; du hörst zu; sie hörte zu; sie hat mir kaum zugehört

der **Zuhörer**

die **Zuhörerin**

die **Zuhörerschaft**

zukommen; er kam auf mich zu; ihm ist eine wichtige Rolle zugekommen; sie hat mir eine Nachricht zukommen lassen

die **Zukunft**

zukünftig; die zukünftige Chefin

die **Zukunftsaussichten** *Plural*

die **Zulage** (zusätzliche Zahlung; Zuschlag)

zulangen; du langst zu; er langte zu; er hat beim Essen kräftig zugelangt (sich reichlich genommen)

zulänglich (genügend, ausreichend); zulängliche Erfahrungen

zulassen; du lässt die Tür zu; der Richter liess die Frage zu; er hat die Demonstration zugelassen; sein Motorrad ist [noch] nicht zugelassen

zulässig; eine zulässige Frage

die **Zulassung;** die Zulassung zur Prüfung

zulasten *oder* **zu Lasten;** zulasten *oder*

zu Lasten des Angeklagten; ABER: die Kosten gehen zu ihren Lasten

der **Zulauf;** des Zulaufs *oder* Zulaufes; die Zuläufe; die Arztpraxis hat grossen Zulauf (viele Patienten und Patientinnen)

zulaufen; die Katze lief ihnen zu; sie ist ihnen zugelaufen

zuleid *oder* **zuleide** *und* **zu Leid** *oder* **zu Leide;** jemandem etwas zuleide *oder* zu Leide tun

die **Zuleitung;** die Zuleitung wurde aus Versehen unterbrochen

zuletzt; sie kam zuletzt; ABER: sie kam zu guter Letzt

zuliebe; er hat es ihr zuliebe getan

zum (zu dem); er ging zum Haus

zumachen; er machte die Tür zu; er hat sie fest zugemacht; er versuchte, die Tür zuzumachen

zumal (vor allem; besonders weil); alle, zumal die Fans, waren begeistert

zumeist (meistens); die Grippe ist zumeist harmlos

zumindest; ich erwarte zumindest Respekt; ABER: zum Mindesten

zumüllen; sie müllte mich mit Papieren zu; sie hat mich mit E-Mails zugemüllt

zumutbar; zumutbare Belastungen

zumute *oder* **zu Mute;** mir ist gut, schlecht zumute *oder* zu Mute

zumuten; sie mutete ihm zu viel zu; sich zumuten; sie hat sich zu viel zugemutet

die **Zumutung;** dieser Lärm ist eine Zumutung

zunächst; zunächst ging er nach Hause, dann trafen wir uns; zunächst dem Hause *oder* dem Hause zunächst (in unmittelbarer Nähe des Hauses)

die **Zunahme**

der **Zuname** (Familienname)

zündeln (mit Feuer spielen); du zündelst; die Kinder zündelten; sie haben gezündelt; zündle *oder* zündele nicht!

zünden; du zündest; er zündete; sie hat den Motor gezündet; zündende (begeisternde) Ideen

der **Zünder** (Vorrichtung bei Bomben u. Ä., die die Explosion auslöst); des Zünders; die Zünder

das **Zündholz;** die Zündhölzer

die **Zündkerze**

der **Zündschlüssel**

die **Zündung**

zunehmen; er nahm kräftig zu; er hat an Gewicht zugenommen

die **Zuneigung**

die **Zunft** (ein Berufsverband); die Zünfte

zünftig; ein zünftiges (ordentliches) Essen

die **Zunge**

züngeln; die Flamme züngelte; die Schlange hat gezüngelt

zunichte; zunichte (zerstört) sein; das Wetter hat all unsere Pläne zunichte gemacht *oder* zunichtegemacht (zerstört); zunichte werden *oder* zunichtewerden

zunutze *oder* **zu Nutze;** sich etwas zunutze *oder* zu Nutze machen

zuoberst; die Hemden lagen im Koffer zuoberst

zuordnen; du ordnest zu; er hat die Namen den Adressen zugeordnet; jedem X ist genau ein Y zugeordnet;

zupacken; er packte zu; jeder hat zugepackt

zupfen; ich zupfe; du zupfst; er zupfte; er hat ihn am Haar gezupft

zur (zu der); zur Schule gehen; zur Zeit Karls des Kühnen; ABER: zurzeit (gegenwärtig)

zurande *oder* **zu Rande;** er ist mit der Aufgabe nicht zurande *oder* zu Rande gekommen (er hat sie nicht bewältigt)

zurate *oder* **zu Rate;** sie hat ihn zurate *oder* zu Rate gezogen (um Rat gefragt)

der **Zürcher;** des Zürchers; die Zürcher

die **Zürcherin;** die Zürcherinnen

zürcherisch

das **Zürcher Oberland**

das **Zürcher Unterland**

zurechnungsfähig (bei [klarem] Verstand); ist er noch zurechnungsfähig?

die **Zurechnungsfähigkeit**

sich **zurechtfinden;** er fand sich zurecht; er hat sich gut zurechtgefunden

zurechtkommen (in den Griff bekommen; hinkriegen); sie kam zurecht; sie ist mit der Maschine zurechtgekommen

zurechtlegen; er legte sich das Werkzeug zurecht; er hat ihm alles zurechtgelegt; sich zurechtlegen; er hat sich die Sachen zurechtgelegt

zurechtmachen (herrichten; schön machen); sie macht sich einen Imbiss zurecht; er hat sich festlich zurechtgemacht

zurechtweisen (streng ermahnen); sie wies ihn zurecht; sie hat ihn deswegen zurechtgewiesen
zureden; er redete ihm zu; er hat ihm gut zugeredet
Zürich (Kanton; dessen Hauptstadt)
das **Zürichbiet** *oder* **Züribiet**
der **Zürichsee**
zürnen (zornig sein); du zürnst; sie zürnte; sie hat ihm, *auch:* mit ihm tagelang gezürnt
zurück; wieder zurück sein; ABER: es gibt kein Zurück mehr
zurückbehalten; er behielt etwas zurück; er hat den Betrag zurückbehalten
zurückbuchstabieren (Kompromisse machen; einen Rückzieher machen); sie hat widerwillig zurückbuchstabiert
zurückführen; es führte kein Weg zurück; sie hat die Gruppe zum Hotel zurückgeführt; das Unglück ist auf menschliches Versagen zurückzuführen
zurückgeben; sie gab das Buch zurück; sie hat mir den Schlüssel zurückgegeben
zurückgehen; er ging zurück; die Produktion ist zurückgegangen; diese Redensart geht auf Luther zurück
zurückhalten; sie hielt mich zurück; sie hat die Nachricht zurückgehalten
zurückhaltend (bescheiden); ein zurückhaltender Mensch
zurückkehren; er kehrte zurück; er ist in seine Heimat zurückgekehrt
zurückkommen; der Brief kam zurück; er ist endlich zurückgekommen
zurücklegen; sie legte den Kopf zurück; sie hat die Strecke zu Fuss zurückgelegt
zurücknehmen; der Verkäufer nahm das Gerät zurück; er hat seine Behauptung zurückgenommen
zurückschrecken; ich schrecke zurück; sie schreckte vor nichts zurück; sie ist davor zurückgeschreckt
zurücksetzen; der Fahrer setzte [den Wagen] zurück; man hat ihn immer zurückgesetzt (kränkend benachteiligt)
zurücktreten; der Minister trat gestern zurück; er ist einen Schritt zurückgetreten; er hat seinen Gegner zurückgetreten (ihn seinerseits getreten)
zurückziehen; sie zog ihre Hand zurück; sie hat den Antrag zurückgezogen; sich zurückziehen (entfernen); sie hat sich in ihr Zimmer zurückgezogen
der **Zuruf;** des Zurufs *oder* Zurufes; die Zurufe; anfeuernde Zurufe; der Hund gehorchte auf Zuruf
zurufen; er rief mir etwas zu; er hat mir etwas zugerufen
zurzeit (gegenwärtig); sie ist zurzeit krank; ABER: sie lebte zur Zeit Goethes
die **Zusage**
zusagen; das Zimmer sagte mir zu (gefiel mir); sie hat mir Hilfe zugesagt (versprochen)
zusammen; zusammen mit ihren Mitarbeiterinnen; zusammen sein; wir sind lange zusammen gewesen; solange wir zusammen sind, zusammen waren; ABER: das Zusammensein
die **Zusammenarbeit**
zusammenarbeiten (Hand in Hand arbeiten); sie arbeiteten zusammen; sie haben gut zusammengearbeitet; ABER: zusammen arbeiten; sie können nicht mehr zusammen (gemeinsam, in einem Raum) arbeiten
zusammenbrechen; die Brücke brach zusammen; die Frau ist plötzlich zusammengebrochen
der **Zusammenbruch**
zusammenfahren (vor Schreck zusammenzucken); bei dem Knall fuhr er zusammen; die Autos sind zusammengefahren (zusammengestossen); ABER: zusammen fahren; nach München sind sie zusammen (gemeinsam) gefahren
zusammenfassen; die Reporterin fasste die Ereignisse zusammen; sie hat den Inhalt zusammengefasst
die **Zusammenfassung**
zusammengesetzt; ein zusammengesetztes Wort
der **Zusammenhalt;** des Zusammenhalts *oder* Zusammenhaltes
zusammenhalten; wir hielten zusammen; wir haben immer fest zusammengehalten
der **Zusammenhang;** des Zusammenhangs *oder* Zusammenhanges; die Zusammenhänge; die beiden Punkte stehen im *oder* in Zusammenhang
zusammenhängen; er hängte die beiden Bilder zusammen; er hat die Bilder zu-

sammengehängt; ABER: die beiden Bilder hingen zusammen; die Krankheit hat mit dem Alter zusammengehangen; *vergleiche auch:* hängen

zusammenhangslos; zusammenhangslose Sätze

zusammenkommen; sie sind jeden Monat zusammengekommen; ABER: zu dem Treffen sind sie zusammen (gemeinsam) gekommen; es kam wieder einiges an Spenden zusammen

die **Zusammenkunft** (Treffen, Versammlung); die Zusammenkünfte

zusammenleben; sie lebten viele Jahre zusammen; sie haben lange Zeit zusammengelebt; sich zusammenleben; sie haben sich gut zusammengelebt (aufeinander eingestellt); ABER: das **Zusammenleben;** des Zusammenlebens

zusammennehmen; er nahm alle seine Kraft zusammen; er hat seinen ganzen Mut zusammengenommen; sich zusammennehmen (beherrschen); nimm dich gefälligst zusammen!; alles zusammengenommen macht es 50 Franken

zusammenpassen; die Farben passten gut zusammen; die beiden haben nicht zusammengepasst

der **Zusammenprall**

zusammenprallen; die Autos prallten zusammen; sie sind mitten auf der Kreuzung zusammengeprallt

zusammenschreiben (in einem Wort schreiben); diese beiden Wörter werden zusammengeschrieben; ABER: zusammen schreiben; das nächste Buch werden wir wieder zusammen (gemeinsam) schreiben

das **Zusammensein;** des Zusammenseins; ein gemütliches Zusammensein

zusammensetzen; er setzte das Puzzle zusammen; er hat die Teile zusammengesetzt; sich zusammensetzen; sie haben sich gestern zusammengesetzt

die **Zusammensetzung**

zusammenspannen (sich mit jemandem zusammentun; gemeinsame Sache mit jemandem machen); die beiden Musiker haben zusammengespannt

das **Zusammenspiel;** ein musikalisches Zusammenspiel

zusammenspielen; die Stürmer spielten gut zusammen; die Mannschaft hat gut zusammengespielt; ABER: zusammen spielen; die Kinder haben schön zusammen (gemeinsam) gespielt

zusammenstellen; die Gruppe stellte sich zusammen; die Köchin hat das Menü zusammengestellt

der **Zusammenstoss**

zusammenstossen; sie stiessen zusammen; sie sind zusammengestossen

zusammentreffen (begegnen); sie trafen vor dem Kino zusammen; sie sind gestern mit Freunden zusammengetroffen; ABER: das **Zusammentreffen**

zusammenzählen; sie zählte alles im Kopf zusammen; sie hat die Stimmen zusammengezählt; ABER: zusammen zählen; sie haben die Stimmen zusammen (gemeinsam) gezählt

zusammenziehen; die Haut zieht sich zusammen; sie zog die Brauen zusammen; er hat die Zahlen zusammengezogen; sie ist mit ihrem Freund zusammengezogen

zusammenzucken; er zuckte zusammen; er ist vor Angst zusammengezuckt

der **Zusatz;** des Zusatzes; die Zusätze

zusätzlich; zusätzliche Kosten

zuschanden *oder* **zu Schanden;** zuschanden *oder* zu Schanden machen, werden

zuschauen; ich schaue zu; sie schaute zu; sie hat mir dabei zugeschaut

der **Zuschauer;** des Zuschauers; die Zuschauer

die **Zuschauerin;** die Zuschauerinnen

der **Zuschlag;** die Zuschläge; für diesen Zug muss ein Zuschlag (ein zusätzlicher Betrag) bezahlt werden; der Meistbietende erhielt den Zuschlag (bei Versteigerungen Annahme des Höchstgebots)

zuschlagen; er schlug das Buch zu; er hat die Tür zugeschlagen; die Tür ist zugeschlagen; ABER: unsere Mannschaft war nicht zu schlagen

zuschliessen; sie schloss die Tür zu; sie hat zugeschlossen; ABER: ich habe vor, die Tür zu schliessen

zuschneiden; sie schnitt den Stoff für ein Kleid zu; sie hat den Stoff zugeschnitten; ABER: sie hat vergessen, das Brot zu schneiden der **Zuschnitt;** des Zuschnitts *oder* Zuschnittes; die Zuschnitte

die **Zuschrift;** die Zuschriften

zuschulden *oder* **zu Schulden;** sich etwas zuschulden *oder* zu Schulden kommen lassen

der **Zuschuss;** des Zuschusses; die Zuschüsse

zusehen; sie sah zu; sie hat dem Feuerwerk zugesehen

das **Zusehen;** auf Zusehen hin (bis auf Weiteres)

zusehends (so schnell, dass man fast dabei zusehen kann); er hat sich zusehends erholt

die **Züspa** = Genossenschaft Zürcher Spezialausstellung

zusperren; er sperrte das Fenster zu; er hat es zugesperrt

das **Zuspiel** *(Sport);* des Zuspiels *oder* Zuspieles; die Zuspiele

zuspielen; er spielte ihm den Ball steil zu; er hat ihm den Ball genau zugespielt

der **Zuspruch** (Trost; Zulauf); des Zuspruchs *oder* Zuspruches; Zuspruch brauchen

der **Zustand;** des Zustands *oder* Zustandes; die Zustände; in gutem Zustand sein; das ist doch kein Zustand (so kann es nicht bleiben)

zustande *oder* **zu Stande;** zustande *oder* zu Stande bringen, kommen; ABER: das **Zustandekommen**

zuständig; die zuständige Sachbearbeiterin

die **Zuständigkeit**

zustattenkommen (hilfreich, nützlich sein); das wird dir später zustattenkommen

zustehen; dieses Recht stand ihm zu; es hat ihm rechtmässig zugestanden

zusteigen ([als Mitfahrer] einsteigen); sie stieg am Rathaus zu; ist noch jemand zugestiegen?

zustellen; die Post stellte den Brief zu; sie hat ihr das Paket zugestellt

die **Zustellgebühr**

die **Zustellung**

zustimmen; sie stimmte mir zu; sie hat dem Plan zugestimmt; stimm *oder* stimme doch endlich zu!

zustossen; er stiess mit dem Messer zu; er hat die Tür zugestossen; es ist ihm etwas zugestossen (passiert)

der **Zustupf** (zusätzliche Einnahme); des Zustupfs *oder* Zustupfes; die Zustüpfe

zutage *oder* **zu Tage;** zutage *oder* zu Tage (zum Vorschein) bringen, fördern, treten

die **Zutat;** die Zutaten (beim Kochen) *meist Plural*

zuteilen; sie teilte ihm eine neue Aufgabe zu; man hat ihm seine Portion zugeteilt

zuteilwerden (gewährt werden); ihm ist eine hohe Ehre zuteilgeworden

zutiefst; sie war zutiefst beleidigt

zutragen; er trug ihr die Neuigkeit zu; er hat es ihr zugetragen; sich zutragen (ereignen); das hat sich damals so zugetragen; ABER: wir haben schwer zu tragen

zuträglich (günstig, hilfreich); das Rauchen ist der Gesundheit nicht zuträglich

zutrauen; er traute mir das zu; er hat es mir nicht zugetraut

das **Zutrauen** (Vertrauen; Zuversicht); des Zutrauens; Zutrauen zu jemandem haben

zutraulich; eine zutrauliche Katze

zutreffend (richtig); zutreffende Aussagen

das **Zutreffende;** des Zutreffenden; Zutreffendes ankreuzen

der **Zutritt;** des Zutritts *oder* Zutrittes; Zutritt verboten!

zutun (hinzufügen; schliessen); sie tat noch etwas Wasser zu; sie hat die ganze Nacht kein Auge zugetan; sich zutun; die Tür hat sich hinter ihm zugetan

das **Zutun** (Mitwirkung, Hilfe); ohne mein Zutun

zuungunsten *oder* **zu Ungunsten** *vergleiche:* zugunsten

zuunterst; etwas zuunterst in die Tasche packen

zuverlässig; eine zuverlässige Mitarbeiterin

die **Zuversicht** (Optimismus); Zuversicht ausstrahlen; voll *oder* voller Zuversicht sein

zuversichtlich; mit zuversichtlicher Miene

zuvor; am Abend zuvor

zuvorkommen (schneller sein); er kam mir zuvor; er ist mir zuvorgekommen; ABER: zuvor (zuerst) kommt sie dran

zuvorkommend (höflich); ein zuvorkommender Verkäufer

der **Zuwachs** (Vermehrung, Erhöhung); des Zuwachses; die Zuwächse

zuwege *oder* **zu Wege;** etwas zuwege *oder* zu Wege (zustande) bringen

zuweilen (manchmal); sie kann sich zuweilen sehr über Autofahrer aufregen

zuwenden; er wandte *oder* wendete sich seinem Nachbarn zu; er hat sich einem neuen Thema zugewandt *oder* zugewendet

die **Zuwendung** (Geldspende; freundliche Aufmerksamkeit)

zuwider; das Essen ist mir zuwider

zuwiderhandeln (Verbotenes tun); er handelt dem Befehl zuwider; er hat der Vorschrift zuwidergehandelt

zuzeiten (bisweilen); zuzeiten hat sie schlechte Laune; ABER: sie lebte zu Zeiten Karls des Grossen

zuziehen; sie zieht den Vorhang zu; sie hat ihn zugezogen; sich etwas zuziehen; sie hat sich einen Schnupfen zugezogen; sie ist neu zugezogen; ABER: versuche, daran zu ziehen

der **Zuzüger** (Zugezogener); des Zuzügers; die Zuzüger

die **Zuzügerin** (Zugezogene); die Zuzügerinnen

zuzüglich (unter Hinzurechnung); zuzüglich der, aller Kosten; *vergleiche:* abzüglich

das *oder* der **Zvieri** (Zwischenverpflegung am Nachmittag); des Zvieris; die Zvieri

der **Zwang;** des Zwangs *oder* Zwanges; die Zwänge

zwängeln (quengeln; hartnäckig auf etwas beharren); du zwängelst; er zwängelte; er hat gezwängelt

zwängen; er zwängte das Buch in den Rucksack; ich habe mich ins Abteil gezwängt

zwanglos; zwangloser; am zwanglosesten; ein zwangloses (entspanntes, lockeres) Gespräch; die Hefte erscheinen in zwangloser Folge (unregelmässig)

die **Zwangsarbeit**

zwangsläufig (nicht anders möglich; automatisch); eine zwangsläufige Entwicklung

zwanzig *vergleiche:* achtzig

der **Zwanziger** *vergleiche:* Achtziger

die **Zwanzigernote**

zwanzigjährig *vergleiche:* achtjährig

zwanzigmal *vergleiche:* achtmal

zwanzigste *vergleiche:* achte

das **Zwanzigstel** *vergleiche:* Achtel

zwar; er ist zwar alt, aber noch sehr rüstig; sie hat viel Obst, und zwar Äpfel, Birnen, Pflaumen

der **Zweck** (Sinn, Absicht); des Zwecks *oder* Zweckes; die Zwecke

zweckdienlich (dem Zweck förderlich); ein zweckdienlicher Winterdienst

zweckentsprechend; zweckentsprechende Kleidung; ABER: eine dem Zweck entsprechende Kleidung

zwecklos; das ist zweckloser Widerstand; es ist zwecklos, länger zu warten

zweckmässig; zweckmässige Kleidung

zwecks (zum Zwecke des); sie nahmen ihn zwecks einer Überprüfung mit

zwei; wir sind zu zweien *oder* zu zweit; herzliche Grüsse von uns zweien; die Meinung zweier Gutachter; *vergleiche:* acht

die **Zwei** (Zahl); die Zweien; sie hat in Geografie eine Zwei geschrieben; *vergleiche auch:* Acht

zweideutig; etwas zweideutig (unklar) formulieren; eine zweideutige (anzügliche) Bemerkung

zweidimensional; ein zweidimensionales Bild

zweieiig; zweieiige Zwillinge

zweieinhalb; in zweieinhalb Stunden

der **Zweier** *vergleiche:* Achter

der **Zweierbob** *(Sport)*

zweierlei; zweierlei Sorten

zweifach *vergleiche:* achtfach

der **Zweifel;** des Zweifels; die Zweifel; es besteht kein Zweifel, dass ...; es kamen ihr Zweifel, ob ...; ohne Zweifel (ganz bestimmt)

zweifelhaft; zweifelhafte (fragwürdige) Geschäfte; es ist zweifelhaft (unsicher), ob sie kommen kann

zweifellos; du hast zweifellos Recht

zweifeln; du zweifelst; er zweifelte; er hat gezweifelt

der **Zweifränkler;** des Zweifränklers; die Zweifränkler

der **Zweig;** des Zweigs *oder* Zweiges; die Zweige

zweigleisig; zweigleisige Bahnstrecken; zweigleisig fahren (zwei Wege, Möglichkeiten verfolgen)
zweigliederig *oder* **zweigliedrig;** ein zweigliederiges *oder* zweigliedriges Wort
die **Zweigstelle**
zweijährig (zwei Jahre dauernd); eine zweijährige (*mit Ziffer:* 2-jährige) Ausbildung; *vergleiche auch:* achtjährig
der **Zweikampf**
zweimal (*mit Ziffer:* 2-mal); ein- bis zweimal (*mit Ziffern:* 1- bis 2-mal); *vergleiche:* achtmal
das **Zweirad** (*Oberbegriff für:* Velo, Mofa, Roller usw.); des Zweirads; die Zweiräder
zweiräderig *oder* **zweirädrig;** ein zweiräd[e]riger Wagen
zweisprachig (zwei Sprachen sprechend; in zwei Sprachen); er ist zweisprachig aufgewachsen; ein zweisprachiges Wörterbuch
zweispurig; zweispurige Autobahnen
zweistellig; eine zweistellige Zahl
zweistimmig; zweistimmig singen
zweistöckig; zweistöckige Häuser
zweitägig; ein zweitägiges Openair
zweitbeste; sie ist die zweitbeste Schülerin; ABER: sie ist die Zweitbeste in der Klasse
zweite; er ist zweiter Geiger; sie singt die zweite Stimme; in zweiter Reihe stehen; etwas aus zweiter Hand (gebraucht) kaufen; im zweiten Stock; der zweite Bildungsweg; ABER: er hat wie kein Zweiter gearbeitet; jeder Zweite ist kurzsichtig; es ist noch ein Zweites zu erwähnen; zum Ersten, zum Zweiten, zum Dritten; der Zweite Weltkrieg; *vergleiche auch:* achte
zweiteilig; ein zweiteiliger Kurs
zweitens
zweitklassig; zweitklassige Vereine
die **Zweizimmerwohnung;** (*mit Ziffer:* 2-Zimmer-Wohnung)
das **Zwerchfell**
der **Zwerg;** des Zwergs *oder* Zwerges; die Zwerge
zwergenhaft; in dem Märchen traten zwergenhafte Gestalten auf
die **Zwergin;** die Zwerginnen
die **Zwetschge** (eine pflaumenähnliche Frucht); die Zwetschgen
zwicken; du zwickst; sie zwickte; sie hat mich gezwickt; zwick *oder* zwicke mich nicht!
die **Zwickmühle** (schwierige Lage); in einer Zwickmühle sein, stecken
der **Zwieback;** die Zwiebäcke *oder* Zwiebacke
die **Zwiebel;** die Zwiebeln
das **Zwiegespräch** (Gespräch zwischen zwei Personen)
das **Zwielicht** (Dämmerlicht)
zwielichtig (verdächtig); zwielichtige Gestalten
der **Zwiespalt** (innere Zerrissenheit); die Zwiespalte *oder* Zwiespälte
zwiespältig; zwiespältige Gefühle
die **Zwietracht** (Streit); Zwietracht säen
der **Zwilling;** des Zwillings; die Zwillinge; siamesische (miteinander verwachsene) Zwillinge
die **Zwinge** (ein Werkzeug)
zwingen; du zwingst; sie zwingt; sie zwang; sie hat uns dazu gezwungen
zwingend; zwingende Gründe
der **Zwinger** (fester Turm; Gehege, Käfig); des Zwingers; die Zwinger
zwinkern (blinzeln); ich zwinkere; du zwinkerst; er zwinkerte; er hat mit den Augen gezwinkert
zwirbeln (zwischen den Fingern zusammendrehen); du zwirbelst; er zwirbelte; er hat seinen Bart gezwirbelt
der **Zwirn** (ein Garn); des Zwirns *oder* Zwirnes; die Zwirne
der **Zwirnsfaden**
zwischen; der Abstand zwischen ihm und ihr (wo?); sie setzte sich zwischen ihn und seinen Cousin (wohin?)
zwischendrin (zwischendurch); etwas zwischendrin erledigen
zwischendurch; ein kleiner Imbiss für zwischendurch
der **Zwischenfall**
der **Zwischenhalt**
die **Zwischenlandung**
zwischenmenschlich; zwischenmenschliche Beziehungen
der **Zwischenraum**
der **Zwischenruf**
die **Zwischenzeit** (Zeit dazwischen; *Sport:* für eine Teilstrecke gemessene Zeit)
der **Zwist** (Streit); des Zwists *oder* Zwistes; die Zwiste

die **Zwistigkeit** (verbissen geführte Streitigkeit)
zwitschern; der Vogel zwitscherte; die Amsel hat gezwitschert
der **Zwitter** (Wesen mit weiblichen und männlichen Geschlechtsmerkmalen); des Zwitters; die Zwitter
zwölf; wir sind zu zwölfen *oder* zu zwölft; es ist fünf [Minuten] vor zwölf; die zwölf Apostel; *vergleiche:* acht, die Acht
die **Zwölf** (Zahl); die Zwölfen; *vergleiche:* Acht
zwölffach *vergleiche:* achtfach
zwölfjährig *vergleiche:* achtjährig
zwölfmal *vergleiche:* achtmal
zwölfstöckig; ein zwölfstöckiges Hochhaus
zwölftägig; eine zwölftägige Kreuzfahrt
zwölfte *vergleiche:* achte
zwölfteilig; ein zwölfteiliger Farbkreis
das **Zwölftel;** des Zwölftels; die Zwölftel; *vergleiche:* Achtel
zwölftens
das **Zyankali** (ein stark giftiges Salz); des Zyankalis
zyklisch (kreisförmig; regelmässig wiederkehrend); zyklische Bewegungen
der **Zyklon** (ein Wirbelsturm); des Zyklons; die Zyklone
der **Zyklop** (einäugiger Riese der griechischen Sage); des/dem/den Zyklopen; die Zyklopen
der **Zyklus** (Kreis, Kreislauf; Reihe); des Zyklus; die Zyklen
der **Zylinder** (geometrischer Körper; hoher Herrenhut); des Zylinders; die Zylinder
der **Zylinderhut**
zylindrisch; ein zylindrisches Glas
der **Zyniker** (ein grausamer Spötter); des Zynikers; die Zyniker
die **Zynikerin** (eine grausame Spötterin); die Zynikerinnen
zynisch (auf grausame Weise spöttisch); zynischer; am zynischsten; zynischer Humor
der **Zynismus** (zynische Einstellung; zynische Äusserung); des Zynismus; die Zynismen
Zypern (Insel und Staat im Mittelmeer)
der **Zyprer** *oder* **Zypriote;** des Zyprers *oder* des/dem/den Zyprioten; die Zyprer *oder* Zyprioten
die **Zyprerin** *oder* **Zypriotin;** die Zyprerinnen *oder* Zypriotinnen
die **Zypresse** (ein Nadelbaum); die Zypressen
zypriotisch *oder* **zyprisch**
die **Zyste** (krankhafter, mit Flüssigkeit gefüllter Hohlraum im Gewebe); die Zysten
zz. = zurzeit

Regeln zur deutschen Rechtschreibung[1]

A Buchstabenregeln (Wortschreibung im engeren Sinn)
B Regeln zur Getrennt- und Zusammenschreibung
C Regeln zur Schreibung mit Bindestrich
D Regeln zur Gross- und Kleinschreibung
E Regeln zur Zeichensetzung
F Regeln zur Silbentrennung (Trennung am Zeilenende)

A Buchstabenregeln

Bei den Buchstabenregeln geht es um die Wortschreibung im engeren Sinn. Die Buchstabenregeln legen beispielsweise fest, ob es *Beume* oder *Bäume, Wurtzel* oder *Wurzel, du sitzst* oder *du sitzt* heisst. Nicht zu den Buchstabenregeln gehören die Gross- und Kleinschreibung, die Getrennt- und Zusammenschreibung, die Schreibung mit Bindestrich, die Zeichensetzung sowie die Silbentrennung. Diese Gebiete der Rechtschreibung werden in eigenen Abschnitten behandelt.

Es gibt viele Buchstabenregeln und viele Ausnahmen dazu. Die folgende Auswahl beschränkt sich auf die **sicheren Regeln,** also auf die Regeln, zu denen es keine oder wenigstens nicht allzu viele Ausnahmen gibt.

Wenn diese Regeln bei einem Zweifelsfall nicht weiterhelfen, schlägt man am besten im Wörterbuchteil dieses Schülerdudens nach.

1 Die Wortstammregeln

1.1 **die Fart** oder **die Fahrt?** **du stelst** oder **du stellst?**

Manchmal weiss man nicht, ob ein Wort mit oder ohne *h* geschrieben oder ob ein Konsonant verdoppelt wird oder nicht. Bei Unsicherheiten dieser Art ist es oft hilfreich, nach dem **Wortstamm** zu fragen. Der Wortstamm ist der Kern der Wörter, an den die Vormorpheme (Vorsilben) oder Nachmorpheme (Endungen) gefügt werden.

Für die Schreibung des Wortstammes gilt die folgende Regel:

A 1 Ein **Wortstamm** wird in allen Wörtern, in denen er vorkommt, **gleich geschrieben:**

[1]Dieser Regelteil beruht im Wesentlichen auf: Peter Gallmann / Thomas Lindauer: Regeln zur deutschen Rechtschreibung. In: Schülerduden. Rechtschreibung und Wortkunde. Mannheim: Dudenverlag 1997. Er wurde an die neue Fassung des Regelwerks von 2006 angepasst und teilweise gekürzt oder auch erweitert.

stell...
stellen, ich stelle, du stellst, er/sie stellt; ich stellte; ich habe gestellt
Stellung, Gestell, Stellwand

Lautliche Unterschiede werden in der Schreibung möglichst wenig berücksichtigt (vergleiche dazu auch Regel A2):

fahr...
fahren, ich fahre, du fährst, er/sie fährt, wir sind gefahren
Fahrt, Vorfahrt, Schifffahrt, Fahrbahn, Autofahrerin

1.2 Felle oder Fälle? Leute oder Läute?

Oft ist unklar, ob ein Wort mit *e* oder *ä,* mit *eu* oder *äu* zu schreiben ist. Die Schreibung mit *e* und *eu* ist der Normalfall: Hier merkt man sich deshalb am besten, wann *ä* oder *äu* zu verwenden ist.

A 2 Eine Wortform wird mit ***ä*** geschrieben, wenn es ein **verwandtes Wort** mit ***a*** gibt. Ebenso schreibt man ***äu,*** wenn es ein verwandtes Wort mit ***au*** gibt:

die Hände (wegen: die Hand)
die Fälle (wegen: der Fall)
fällen, das Gefälle (wegen: fallen)
fälschen, der Geldfälscher (wegen: falsch)
die Stärke (wegen: stark)

läuten (wegen: laut)
die Bäume, das Bäumchen (wegen: der Baum)
bläulich (wegen: blau)
wiederkäuen (wegen: kauen)

Wenn es kein verwandtes Wort mit *a* oder *au* gibt, schreibt man *e* oder *eu:*

die Felle (wie: das Fell)
die Werke (wie: das Werk, werken)

die Leute
neulich (wie: neu)

Einige wenige Wörter haben *ä* oder *äu,* obwohl es im Deutschen keine verwandten Wörter mit *a* oder *au* gibt. Zum Beispiel:

ätzen, Bär, dämmern, fähig, Geländer, Hälfte, Käfig, Käse, Lärm, März, Schärpe, Wähe, -wärts (zum Beispiel: abwärts, aufwärts), zäh

Knäuel, Räude, sich räuspern, Säule, sich sträuben

2 Ergänzende Regeln für die Schreibung der Konsonanten

2.1 **greifen** oder **greiffen?** **stelen** oder **stellen?**

A 3 In einem Wortstamm wird nur nach einem **kurzen** und **betonten Vokal** ein einzelner **Konsonant** verdoppelt:

Ratte	aber mit langem Vokal:	rate!
Hütte	aber mit langem Vokal:	Hüte
Lamm	aber mit langem Vokal:	lahm
Stall	aber mit langem Vokal:	Tal
Mitte	aber mit langem Vokal:	Miete
stellen	aber mit langem Vokal:	stehlen
wessen	aber mit langem Vokal:	Wesen
treffen	aber mit langem Vokal:	ich traf
schaffen	aber mit langem Vokal:	ich schuf

! **Aus Regel A3 folgt:** Ein einzelner Konsonant wird nach zwei Vokalen nie verdoppelt:

greifen (aber: griff), kneifen (aber: kniff), Leiter, raufen, Raupe, Laute, Läufer, Meute

! **Aus Regel A3 folgt:** Wenn nach einem Vokal im Wortstamm mehrere Konsonanten folgen, wird nicht verdoppelt:

merken, Hirte, falsch, Sand, Halm, hart

! Ein Wortstamm wird in allen Wörtern, in denen er vorkommt, gleich geschrieben. Dies gilt auch dann, wenn auf den Wortstamm ein weiterer Konsonant folgt. Regel A1 ist also stärker als A3:

die Rente, aber: er rennt (wegen: rennen)
hart, aber: er harrt (wegen: harren)
der Wulst, aber: du willst (wegen: wollen, ich will ...)

In einigen häufig gebrauchten deutschen Wörtern wird der Konsonant nicht verdoppelt, obwohl der Vokal kurz und betont ist:

ab, an, dran, bis, das (Artikel, Pronomen; aber die Konjunktion: dass), des (aber: dessen), in, drin (aber: innen, drinnen), man, mit, ob, plus, um, was, wes (aber: wessen)
ich bin, er/sie hat (aber: hatte)

2.2 **Haken** oder **Hacken?** **Wurzel** oder **Wurtzel?**

Hier merkt man sich am besten, wann *ck* und *tz* zu schreiben ist.

A 4 In deutschen Wörtern steht nach einem **kurzen betonten** Vokal ***ck*** statt *kk* und ***tz*** statt *zz:*

hacken, ich hacke, er/sie hackt; erschrecken, du erschrickst; Fackel; dick; Schnecke

ritzen, er/sie ritzt; Dutzend; Platz, platzieren; Katze

In allen übrigen Fällen steht einfaches *k* oder *z:*

Man schreibt einfaches *k* oder *z,* wenn ein **langer Vokal** oder wenn **zwei Vokale** vorangehen:

langer Vokal:	Haken, Schnake, wir erschraken (aber mit kurzem Vokal: wir erschrecken), (jemanden) duzen
zwei Vokale:	Pauke, Schnauze, heikel, reizen

Man schreibt einfaches *k* oder *z,* wenn ein **Konsonant** vorangeht:

merken, winken, Balken
Wurzel, stanzen, Walze

In einigen Fremdwörtern werden *k* oder *z* nicht als *ck* oder *tz* geschrieben, sondern als *kk* oder *zz* verdoppelt:

Akku, Mokka, Sakko
Pizza, Razzia, Skizze

2.3 **drausen** oder **draussen?**

A 5 In der Schweiz werden alle scharfen s-Laute mit **ss** geschrieben, unabhängig davon, ob ein kurzer oder langer Vokal vorausgeht:

aussen, beissen, bloss, draussen, dreissig, fleissig, Floss, Fuss, Geiss, geniessen (aber: niesen), gross (aber «weich» gesprochen: das Grosi), grüssen, heiss, Meissel, Musse, reissen (aber «weich» gesprochen: reisen), Russ, sass, scheusslich, schliessen, Spiess, stossen, Strassen, süss, weiss (aber «weich» gesprochen: weise)

2.4 **Geheimnis** oder **Geheimniss?** **Freundinen** oder **Freundinnen?**

A 6 Bei den Nachmorphemen (Endungen) ***-in*** und ***-nis*** wird der letzte Konsonant nur dann verdoppelt, wenn ein weiteres Nachmorphem (eine Endung) angefügt wird:

-in:	die Ärztin → die Ärztinnen die Königin → die Königinnen
-nis:	das Geheimnis → des Geheimnisses, die Geheimnisse die Kenntnis → die Kenntnisse

Diese Regel gilt auch für viele Wörter auf *-as, -is, -os* und *-us:*

-as:	die Ananas → die Ananasse der Atlas → des Atlasses, die Atlasse (neben: die Atlanten)

-is:	der Iltis → die Iltisse der Kürbis → des Kürbisses, die Kürbisse
-os:	der Albatros → die Albatrosse das Rhinozeros → die Rhinozerosse
-us:	der Diskus → die Diskusse der Globus → die Globusse (neben: die Globen)

2.5 **Hexe** oder **Hegse?** **Axe** oder **Achse?**

A 7 Für die Lautverbindung [ks] schreibt man im Allgemeinen den Buchstaben ***x:***

Axt, boxen, Hexerei, mixen, Taxi, verflixt, Xylofon

! **Beachte:** In den folgenden Wörtern wird entgegen der Grundregel *chs* geschrieben:

Achse (aber: axial), Achsel, Büchse, Dachs, drechseln, Echse, Flachs, Fuchs, Hachse (auch: Haxe), Lachs, Luchs, Ochse, sechs, Wachs, wachsen, Wechsel, wichsen

! **Beachte:** Manchmal ist das *s* an einen Wortstamm angefügt, der auf *-g, -k* oder *-ck* ausgeht. Beispiele:

flugs (wegen: der Flug)
die Streiks (wegen: der Streik)
der Knicks (wegen: knicken)

2.6 **du sitzt** oder **du sitzst? du reisst** oder **du reissst?**

A 8 Wenn der Stamm eines Verbs auf einen s-Laut ausgeht, wird die Endung ***st*** zu ***t*** verkürzt:

reisen (Stamm: reis…) → du reist
hassen (Stamm: hass…) → du hasst
reissen (Stamm: reis…) → du reisst
mixen (Stamm: mix…) → du mixt
scherzen (Stamm: scherz…) → du scherzt
sitzen (Stamm: sitz…) → du sitzt

2.7 **das reizenste** oder **das reizendste Kleid?** **die trockenste** oder **die trockendste Wüste?**

Manchmal weiss man nicht, ob vor dem *-st* des **Superlativs,** der höchsten Steigerungs- oder Vergleichsstufe von Adjektiven, ein *d* oder ein *t* steht. In solchen Fällen hilft die folgende Regel weiter:

A 9 Die Schreibung des Superlativs leitet sich vom Positiv (von der Grundstufe) ab:

trocken:	die trockene Wüste → die trockenste Wüste
entlegen:	die entlegene Insel → die entlegenste Insel
reizend:	das reizende Kleid → das reizendste Kleid
bedeutend:	das bedeutende Werk → das bedeutendste Werk
erbittert:	die erbitterten Feinde → die erbittertsten Feinde
gemässigt:	die gemässigte Ansicht → die gemässigtste Ansicht

3 Ergänzende Regeln für die Schreibung der Vokale

3.1 **Sib** oder **Sieb?** **Tiger** oder **Tieger?**

Als Faustregel kann man sich merken:

A 10 Für den **lang gesprochenen i-Laut** schreibt man **ie:**

Knie, sie, wie, Sieb, Miete, Liebe, Tier, frieren, Diele, ziemlich, Biest, giessen…
Industrie, Magie, Batterie, Scharnier, Offizier, regieren, probieren, marschieren…

! **Beachte:** In den folgenden deutschen Wörtern wird für den lang gesprochenen i-Laut ein einfaches *i* geschrieben:

dir, mir, wir; gib, du gibst, er gibt (aber: ergiebig); Bibel, Biber, Bise, Brise, Fibel, Igel, Nische, Primel, Tiger

Zu unterscheiden sind gleich lautende, aber unterschiedlich geschriebene Wörter wie:

Lid (am Auge)	Lied (Gesangsstück)
Mine (Bergwerk; im Bleistift; Sprengkörper)	Miene (Gesichtsausdruck)
Stil (Bau-, Schreibart usw.)	Stiel (z. B. am Hammer)
wider (gegen)	wieder (erneut)

! **Beachte:** In einigen Fremdwörtern wird für den lang gesprochen i-Laut ein einfaches *i* geschrieben:

Krise, Ventil, stabil, Maschine, Turbine, Souvenir, Vampir, Benzin, Wesir…

! **Beachte:** Die Buchstabengruppe *ih* steht nur bei den folgenden Pronomen:

ihm, ihn, ihnen, ihr (→ ihre, ihren, ihrem …)

3.2 **Härchen** oder **Häärchen?**

A 11 Die Umlaute ***ä*** und ***ö*** werden **nie verdoppelt.**

Diese Regel gilt auch für Wörter und Wortformen, die zu Wörtern mit *aa* und *oo* gehören:

das Härchen (trotz: das Haar); das Pärchen (trotz: das Paar); die Säle (Mehrzahl von: der Saal); das Bötchen (trotz: das Boot)

3.3 **Weier** oder **Weiher?**
Keiser oder **Kaiser?**

A 12 Die Schreibung mit ***ei*** ist der **Normalfall.** Man muss sich also nur die Wörter mit ***eih*** und ***ai*** merken.

Beispiele für den Normalfall:

Blei, drei, schreien, Kleie, schneien, Feier

In den folgenden Wörtern wird *eih* geschrieben:

gedeihen, Geweih, leihen (c Laien), Reihe, Reiher, seihen, verzeihen, weihen, Weiher

In einigen Wörtern wird *ai* geschrieben. Beispiele:

Kaiser, Hai, Mai

Zu unterscheiden sind gleich gesprochene, aber unterschiedlich geschriebene Wortstämme wie:

Laib (zum Beispiel Brotlaib)	Leib (Körper)
Laich (zum Beispiel Froschlaich)	Leiche (toter Mensch)
Laie (Nichtfachmann)	leihen (ausleihen)
Saite (zum Beispiel bei der Geige)	Seite (im Buch)
Waise (elternloses Kind)	Weise (Art)

B Regeln zur Getrennt- und Zusammenschreibung

Ob ein Wort getrennt oder zusammengeschrieben wird, lässt sich nicht immer in Regeln festlegen. Im Folgenden wird deshalb nur eine Auswahl derjenigen Fälle gezeigt, die einigermassen sicher geregelt sind.

Bereiche, deren Regeln nicht eindeutig oder nur schwer handhabbar sind, werden teilweise vereinfacht oder nicht gezeigt. Grundlage bilden hier die Empfehlungen der EDK zur Vermittlung der neuen Rechtschreibung (2006).

Wenn Zweifel auftreten, ob eine Regel zutrifft oder nicht, schlägt man am besten im Wörterbuchteil nach.

1 Verbindungen mit Verben

1.1 spazieren gehen oder spazierengehen?

B 1 Der **Infinitiv** (die Grundform) des Verbs steht immer **getrennt** von einem folgenden Verb:

schwimmen lernen	Sie hat in den Ferien schwimmen gelernt.
spazieren gehen	Er ist im Park spazieren gegangen.
sitzen bleiben	Sie ist während der Pause im Schulzimmer sitzen geblieben. Er ist wegen seiner schlechten Mathekenntnisse sitzen geblieben.

Ebenso: sitzen lassen, stehen bleiben, stehen lassen, kennen lernen, fallen lassen

1.2 radfahren oder Rad fahren? anteilnehmen oder Anteil nehmen?

B 2 Man schreibt Verbindungen aus Nomen (Substantiv) und Verb meistens getrennt:

Anteil nehmen, Auto fahren, Folge leisten, Fuss fassen, Gefahr laufen, Klavier spielen, Posten stehen, Rad fahren, Schritt halten, Ski laufen, Tee trinken

Wenn die folgenden (zum Teil kaum noch als solche erkennbaren) Nomen mit einem Verb verbunden sind, wird jedoch immer zusammengeschrieben:

heim-	heimbringen, heimfahren, heimführen, heimgehen, heimkehren, heimleuchten, heimreisen, heimsuchen, heimzahlen …
irre-	irreführen, irreleiten; (ausserdem:) irrewerden
preis-	preisgeben
stand-	standhalten
statt-	stattfinden, stattgeben, statthaben
teil-	teilhaben, teilnehmen
wett-	wettmachen
wunder-	wundernehmen

Hinzu kommen weitere vier Einzelfälle:

eislaufen	aber: Eis auftauen, Eis schlecken; Schlittschuh laufen
kopfstehen	aber: Schlange stehen
leidtun	aber: Leid verursachen
nottun	aber: Not leiden

Diese Bestandteile werden auch dann kleingeschrieben, wenn sie allein am Satzende stehen (vergleiche Regel D7):

teilnehmen → Ich nehme am Rennen teil.
preisgeben → Gib diesen Vorteil nicht preis!
kopfstehen → Alle stehen vor Aufregung kopf.

1.3 **durch halten** oder **durchhalten?** **auf sein** oder **aufsein?**

B 3 Eine relativ überschaubare Liste von unveränderlichen Wörtern (Partikeln) wird mit einem folgenden Verb zusammengeschrieben:

ab-, an-, auf-, aus-, bei-, durch-, ein- (einkaufen usw.), entgegen-, entlang-, gegen-, gegenüber-, hinter-, in-, mit-, nach-, über-, um-, unter-, vor-, wider-, zu-, zuwider-, zwischen-

her-, herab-, herauf-, heraus-, herbei-, herein-, herüber-, herum-, herunter-, hervor-

hin-, hinab-, hinauf-, hinaus-, hinein-, hinter-, hinüber-, hinunter-

Beispiele:

Du kannst ihn nicht *aufhalten.*
Sie wurden einander *gegenübergestellt.*
Er hat dem Fest mit gemischten Gefühlen *entgegengesehen.*
Er möchte nicht *hereinkommen.*
Ihre Eltern haben ihr ein altes Haus *hinterlassen.*
Sie ist die Treppe ganz vorsichtig *hinuntergegangen.*

In allen anderen Fällen kann oft getrennt oder zusammengeschrieben werden. In Zweifelsfällen hilft der Wörterbuchteil weiter.

! **Beachte:** Verbindungen mit dem Verb *sein* schreibt man immer getrennt.

ab sein	Sie bemerkte zu spät, dass der Knopf *ab war.*
auf sein	Ohne Wecker wäre ich um elf Uhr noch nicht *auf gewesen.*
zu sein	Die Tür muss *zu sein.*

Ebenso: beisammen sein, vorbei sein, dabei sein, da sein; schade sein, pleite sein; los sein

1.4 **leer essen** oder **leeressen?**

In diesem Bereich gibt es keine eindeutig handhabbaren Regeln. Am besten hält man sich an folgende Faustregel:

B 4 **Faustregel:** Verbindungen aus Adjektiven und einem folgenden Verb schreibt man im Normalfall getrennt.

laut singen, tief schlafen, schnell fahren, schwarz anmalen, witzig erzählen, spannend schreiben, tot umfallen, heftig schlucken, langsam essen

! **Hinweis:** Es kann getrennt oder zusammengeschrieben werden, wenn das Adjektiv das Resultat einer Handlung nennt. Die Getrenntschreibung ist jedoch vorzuziehen, da sie dem Normalfall entspricht.

Sie wird ihren Teller diesmal leer essen. (→ Der Teller ist nachher leer.)
Er hat sein Spielzeug vor Wut kaputt gemacht. (→ Das Spielzeug ist nachher kaputt.)

! **Hinweis:** Kann das Adjektiv gesteigert oder erweitert werden, schreibt man es am bestem getrennt vom folgenden Verb:

Sie lässt sich die Haare beim nächsten Mal *kürzer schneiden.*
Er lässt sich die Haare beim nächsten Mal *[ganz kurz] schneiden.*

Es ist ihr diesmal deutlich *leichter gefallen* als beim ersten Mal.
Er hat ihr den Brief *[völlig krumm] genommen.*

! **Hinweis:** Wörter auf *-isch* oder *-lich* stehen getrennt von einem folgenden Verb.

freundlich grüssen, herzlich lachen, grünlich färben, gründlich säubern
mürrisch blicken, sich herrisch gebärden, spöttisch reden, kritisch denken

! **Beachte:** Bei einigen Verbindungen hat sich die Zusammenschreibung eingebürgert. Einige wichtige lernt man am besten auswendig, zum Beispiel:

grossschreiben (mit einem grossen Anfangsbuchstaben), kleinschreiben (mit einem kleinen Anfangsbuchstaben), [von aller Schuld] freisprechen, schwarzfahren (ohne Billet fahren), klarkommen, fernsehen

Im Zweifelsfall hilft der Wörterbuchteil dieses Schülerdudens weiter.

2 Verbindungen mit Adjektiven und Partizipien (Mittelwörtern)

2.1 **jahrelang** oder **Jahre lang?**

B 5 Man schreibt zusammen, wenn der erste Bestandteil aus einer Wortgruppe verkürzt worden ist:

jahrelang (= *mehrere* Jahre lang), butterweich (= weich *wie* Butter), blutverschmiert (= *mit* Blut verschmiert), herzergreifend (= *das* Herz ergreifend), angsterfüllt (= *von* Angst erfüllt), freudestrahlend (= *vor* Freude strahlend), nikotinabhängig (= *vom* Nikotin abhängig), schweissgebadet (= *in* Schweiss gebadet)

2.2 **gut gemeint** oder **gutgemeint?**

B 6 Verbindungen aus einem Adjektiv und einem weiteren Adjektiv oder Partizip (Mittelwort) können getrennt oder zusammengeschrieben werden:

allgemein gültige *oder* allgemeingültige Regeln, gut gemeinte *oder* gutgemeinte Ratschläge, eine dünn besiedelte *oder* dünnbesiedelte Gegend, schwer verständliche *oder* schwerverständliche Sätze, leicht verdauliche *oder* leichtverdauliche Speisen

Die Getrenntschreibung ist jedoch der Normalfall. Der folgende Hinweis kann hilfreich sein:

! **Hinweis:** Kann das erste Adjektiv näher bestimmt (gesteigert oder erweitert) werden, schreibt man es getrennt vom folgenden Adjektiv oder Partizip:

noch etwas *dünner* besiedelt
ein *[sehr schwer] verständlicher* Begriff
[ganz leicht] verdauliche Speisen

3 Zusammensetzungen mit Nomen (Substantiven)

3.1 Stein Treppe oder Steintreppe?

B 7 Zusammengesetzte Nomen (Substantive) schreibt man **zusammen:**

Steintreppe, Wochenplan, Altbau, Schwerindustrie, Fünfkampf, Ichsucht, Rastplatz, Rechenmaschine, Aussenpolitik, Nebeneingang

3.2 Achtzigerjahre oder achtziger Jahre?

B 8 Ableitungen von **Grundzahlen** (Kardinalzahlen) auf ***-er*** schreibt man mit einem folgenden Nomen (Substantiv) **zusammen:**

die Achterbahn, die Zehnergruppe, das Sechserpack

In Verbindung mit *Jahr* kann man auch getrennt schreiben, die Zusammenschreibung ist jedoch nach der Grundregel B7 vorzuziehen:

in den Achtzigerjahren

3.3 ein viertel Kilo oder ein Viertelkilo?

B 9 Wenn **Bruchzahlen auf *-tel*** oder ***-stel*** vor einer Massangabe stehen, schreibt man sie entweder getrennt und klein oder zusammen und gross:

ein viertel Kilogramm *oder* ein Viertelkilogramm
ein zehntel Millimeter *oder* ein Zehntelmillimeter
eine tausendstel Sekunde *oder* eine Tausendstelsekunde

3.4 die Schweizer Berge oder die Schweizerberge?

B 10 **Ableitungen** von geografischen Eigennamen auf **-er** stehen **getrennt** von einem folgenden Nomen (Substantiv).

Die Ableitung bezieht sich dann auf das betreffende Gebiet oder die betreffende Ortschaft. Beispiele:

die Schweizer Berge (= die Berge der Schweiz)
die Zürcher Verhältnisse (= die Verhältnisse im Kanton oder in der Stadt Zürich)
das Genfer Abkommen (= das Abkommen, das in Genf getroffen wurde)

Zur Regel B10 gibt es zwei Ausnahmen:

! **Beachte:** Man schreibt zusammen, wenn sich die Ableitung auf **Personen** bezieht:

die Schweizergarde (= die Garde des Papstes, die aus Schweizern besteht)
die Appenzellerwitze (= die Witze über Personen, die in Appenzell leben)
der Römerbrief (= Brief des Apostels Paulus an die Römer)

! **Beachte:** Zusammenschreibung gilt in der Schweiz auch für **See-** sowie **Strassennamen:**

Genfersee, Bielersee, Vierwaldstättersee

Glarnerstrasse (= Name einer Strasse, zum Beispiel in Wetzikon)
die Glarner Strassen (= die Strassen im Kanton Glarus; kein Strassenname)

3.5 **Beim Feuer anfachen** oder **beim Feueranfachen?**

B 11 Wortgruppen mit einem **Infinitiv** (einer Grundform) des Verbs kann man in Nomen (Substantive) umwandeln. Es entsteht dann jeweils ein einziges Nomen aus mehreren Teilen; man schreibt also zusammen:

Feuer anfachen → beim Feueranfachen
Schlange stehen → während des Schlangestehens
abhanden kommen → das Abhandenkommen
auseinander gehen → beim Auseinandergehen
sauber machen → beim Saubermachen
sitzen bleiben → das Sitzenbleiben

Wenn umfangreichere Fügungen mit einem Infinitiv als Nomen gebraucht werden, muss man den Bindestrich verwenden (vergleiche die Regeln C3 und D12):

Kastanien aus dem Feuer holen → das Kastanien-aus-dem-Feuer-Holen

C Regeln zur Schreibung mit Bindestrich

Bei den Regeln für den Bindestrich kann man sich zwei Anwendungsbereiche merken:

1) Der Bindestrich steht bei Zusammensetzungen und Ableitungen mit **Ziffern, Einzelbuchstaben** und **Abkürzungen.**

2) Mit dem Bindestrich kann man unübersichtliche Zusammensetzungen so gliedern, dass sie leichter zu verstehen sind.

1 Der Bindestrich bei Ziffern, Einzelbuchstaben und Abkürzungen

1.1 17jährig oder 17-jährig? Fussball EM oder Fussball-EM?

C 1 Der Bindestrich steht bei Zusammensetzungen und Ableitungen mit Ziffern, Einzelbuchstaben und Abkürzungen:

3-Tonner, 8-Zylinder; 5-mal, 100-prozentig, 1-zeilig, 17-jährig, der 17-Jährige

A-Dur, b-Moll, i-Punkt, S-Kurve, s-Laut, T-Shirt, x-beliebig, etwas x-Beliebiges, x-mal, y-Achse; Dativ-e; (ausserdem:) der x-te Versuch, zum x-ten Mal, die n-te Potenz

km-Bereich, VIP-Lounge, S-Bahn, Fussball-EM; H_2O-gesättigt, Na-haltig, UV-bestrahlt

! **Beachte:** Bei Abkürzungen und Ziffern, auf die nur ein **Nachmorphem** (eine Endung) folgt, setzt man keinen Bindestrich:

SBBler, der 15er, ein 32stel, 100%ig

Das gilt nicht für Einzelbuchstaben: Nach einem Einzelbuchstaben setzt man nach der Grundregel C1 einen Bindestrich:

der x-te Versuch, zum x-ten Mal

! **Beachte:** Wenn eine Verbindung aus Ziffern und Nachmorphem (Endung) den vorderen Teil einer Zusammensetzung bildet, setzt man nur nach dem Nachmorphem einen Bindestrich:

eine 5er-Gruppe, ein 6er-Pack, ein 100stel-Millimeter

1.2 3-Zimmerwohnung oder 3-Zimmer-Wohnung? S-Bahn Wagen oder S-Bahn-Wagen?

C 2 Bei mehrgliedrigen Zusammensetzungen mit **Ziffern, Abkürzungen** und **Einzelbuchstaben** steht zwischen allen Bestandteilen ein Bindestrich:

3-Zimmer-Wohnung (= eine Wohnung mit 3 Zimmern)
S-Bahn-Wagen (=ein Wagen der S-Bahn)
35-Stunden-Woche (= eine Woche mit 35 Arbeitsstunden)
400-m-Lauf (= ein Lauf über 400 m)

2 Der Bindestrich bei unübersichtlichen Zusammensetzungen

2.1 Haushaltmehrzweckküchenmaschine oder Haushalt-Mehrzweckküchenmaschine?

C 3 Zusammensetzungen, die unübersichtlich sind, können **durch den Bindestrich leichter lesbar** werden:

Haushalt-Mehrzweckküchenmaschine
Herrenkleiderfabrik-Direktorin
Kaffee-Ernte, Tee-Ei

Enthält die Zusammensetzung Bestandteile, die auf eine Wortgruppe zurückzuführen sind, setzt man den Bindestrich zwischen allen Bestandteilen:

sie rannten *Kopf an Kopf* → das *Kopf-an-Kopf*-Rennen
die Gespräche zwischen *Nord und Süd* → die *Nord-Süd*-Gespräche
etwas *ad hoc* bilden → die *Ad-hoc*-Bildung
die Strasse, die nach *Max Frisch* benannt wurde → die *Max-Frisch*-Strasse
Löcher in den Himmel starren → das ständige Löcher-in-den-Himmel-Starren
auf die lange Bank schieben → sein ewiges Auf-die-lange-Bank-Schieben

Vergleiche auch die Regeln B11 und D12.

D Regeln zur Gross- und Kleinschreibung

Grossschreibung tritt im Deutschen in vier Bereichen auf:

- am **Satzanfang** sowie bei Überschriften (Titeln)
- bei **Nomen** (Substantiven) sowie bei Wörtern, die wie Nomen gebraucht sind
- bei **Eigennamen**
- bei der höflichen **Anrede** *(Sie, Ihnen, Ihr …)*

1 Satzanfänge und Überschriften

1.1 Grundregel

D 1 **Satzanfänge** schreibt man **gross:**

Gestern hat es geregnet.
Vor dem Öffnen bitte Stecker ziehen.
Hat sie das wirklich gesagt?
Komm doch auch mit!
Guten Morgen!

1.2 Die Grossschreibung nach Doppelpunkt

D2 Nach einem **Doppelpunkt** schreibt man **gross,**
1. wenn eine direkte Rede folgt;
2. wenn ein eigenständiger Satz folgt.

Beispiele:

Sie fragte: «*Kommt* er heute?»
Er sagte: «*Wir* wissen es nicht.»
Alle baten: «*Bleibt* doch noch bis zum Essen!»

Beachten Sie bitte folgenden Hinweis: *Alle* Bänke sind frisch gestrichen.

Es ist nicht zu bestreiten: *Die* Arbeitslosigkeit nimmt weiter ab.
Aufgabe: *Setze* die fehlenden Wörter ein!

Die Regel gilt auch für Ausdrücke, die einem Satz nahe kommen, aber nicht die Form eines ausgebildeten Satzes haben:

Sie rief: «*Ja!*»
In der Anleitung steht: *Vor* dem Öffnen des Deckels bitte Stecker ziehen.

! **Beachte:** Folgt eine Aufzählung, schreibt man nach dem Doppelpunkt klein.

Die Packung enthält: *eine* Montageanleitung, zwanzig Schrauben sowie einen Schraubenzieher.

1.3 Überschriften (Titel)

D3 **Das erste Wort** einer Überschrift (eines Titels) schreibt man **gross:**

Mein Lieblingstier (Überschrift eines Aufsatzes)
Schweres Erdbeben in Pakistan (Titel einer Zeitungsnachricht)

Die Regel gilt auch, wenn Überschriften und Titel im laufenden Text genannt werden. Meist setzt man sie dann in Anführungszeichen (Regel E10):

Mir hat «*Das* kleine Gespenst» gut gefallen.

Im Artikel «*Schweres* Erdbeben in Pakistan» ist von vielen Toten und Schwerverletzten die Rede.

1.4 Liebe Anna ... Sehr geehrte Frau Beer ...

D4 Die **Anrede in Briefen** wird als frei stehende Zeile angeordnet. Das erste Wort der Anrede wird daher wie in Überschriften **grossgeschrieben.** Zusätzlich schreibt man das erste Wort des nachfolgenden Absatzes gross:

Liebe Anna *Ich* habe dir ja versprochen, noch diese Woche die besten Fotos zu schicken. Leider … Mit herzlichen Grüssen Oskar	*Sehr* geehrte Frau Beer *Entsprechend* unserer telefonischen Vereinbarung schicken wir Ihnen mit diesem Brief … Mit freundlichen Grüssen Oskar

2 Die Grossschreibung der Nomen (Substantive)

Grossschreibung gilt im Deutschen nicht nur für eigentliche **Nomen** (Substantive), sondern auch für **Nominalisierungen** (Substantivierungen). Darunter versteht man Wörter, die von ihrer Wortart her keine Nomen sind, aber wie Nomen gebraucht werden. Man schreibt sie beim nominalen Gebrauch wie Nomen gross.

2.1 Eigentliche Nomen

D5 **Grundregel:** Nomen (Substantive) schreibt man gross:

Die *Katze* sprang auf den *Baum.*
In der *Küche* roch es nach *Zimt.*
Im *Sommer* geniessen wir die *Wärme* und die frische *Luft.*
Sie zeigte *Verständnis* für meine *Lage.*
Ich komme heute *Abend* bei dir vorbei.

Nomen (Substantive), die Teil fester Wortverbindungen sind, werden ebenfalls grossgeschrieben:

in Bälde; in Bezug (auf eine Sache); (auf etwas) Bezug nehmen; Auto fahren; Rad fahren; Schlange stehen, etwas ausser Acht lassen; jemandem zu Hilfe kommen; etwas in Kauf nehmen; Angst haben; (auf etwas) Wert legen

2.2 Aus Nomen (Substantiven) entstandene andere Wörter

In einigen Verwendungsweisen werden ursprüngliche Nomen (Substantive) wie Wörter einer anderen Wortart gebraucht. Man schreibt sie dann klein.

Die Regeln D6 bis D10 zeigen die wichtigsten Fälle.

2.2.1 **an etwas Schuld sein** oder **an etwas schuld sein?**

D 6 In Verbindung mit den Verben ***sein, werden, bleiben*** schreibt man folgende Wörter **klein:**
angst (und bange), gram, leid, schuld.

Beispiele:

Mir wird angst und bange. Sie bleibt ihm gram. Sie ist diese Geschichte leid. Er ist schuld daran. (*Aber:* Es ist seine Schuld.)

In Verbindung mit anderen Verben gilt die Grundregel für Nomen (Regel D5). Man schreibt also gross:

Ich habe Angst. Du hast mir Angst gemacht. Sie hat keine Schuld. Sie trägt keine Schuld.

2.2.2 **ich nehme Teil** oder **ich nehme teil?**

D 7 Aus Nomen (Substantiven) entstandene **Verbzusätze** schreibt man klein:

teilnehmen → Ich nehme daran teil.
preisgeben → Wir geben unser Ziel nicht preis.
wundernehmen → Es nimmt mich wunder.

Vergleiche hierzu auch die Regel B2.

2.2.3 **abends** oder **Abends?**

D 8 Aus Nomen (Substantiven) entstandene **Wörter** auf ***-s*** und ***-ens*** schreibt man klein:

abends, morgens, nachts, dienstags, sonntags, anfangs, hungers (hungers sterben), willens; abseits, angesichts, mangels, mittels, namens, seitens; falls, teils … teils

Wenn einem Wort der bestimmte oder der unbestimmte Artikel vorangeht, handelt es sich um ein Nomen (Substantiv). Man schreibt es nach der Grundregel D5 gross:

eines Abends, des Nachts

2.2.4 **kraft ihres Amtes** oder **Kraft ihres Amtes?**

D 9 Die folgenden aus Nomen (Substantiven) entstandenen **Präpositionen** schreibt man klein:
dank, kraft, laut, statt, an … statt, trotz, wegen, von … wegen, um … willen, zeit.

Beispiele:

kraft ihres Amtes, laut seiner Behauptung, an Kindes statt, an seiner statt, von Amts wegen, zeit seines Lebens

2.2.5 **ein paar** oder **ein Paar?**

D 10 Die Wörter *ein bisschen, ein paar* und *ein wenig* sind Pronomen. Man muss sie daher kleinschreiben.

Beispiele:

Es kamen nur *ein paar* (= einige wenige) Leute. Mit diesen *paar* Leuten wird der Saal nicht voll.
Aber: Zum Glück hatte ich *ein Paar* (= zwei) Handschuhe bei mir.

Er hat *ein bisschen* übertrieben. Mit *ein bisschen* Geduld wird es dir gelingen!

2.3 Wie Nomen (Substantive) gebrauchte Verben

2.3.1 **das warten** oder **das Warten?** **beim tanzen** oder **beim Tanzen?**

D 11 **Grundregel:** Verben, die wie Nomen (Substantive) gebraucht sind, werden grossgeschrieben.

Dass ein Verb wie ein Nomen (Substantiv) gebraucht ist, lässt sich meist an einem der folgenden Merkmale erkennen:

a) Es geht ihm ein Wort wie *das, dem, dieses, ein* voran (= Begleiter).

b) Es geht ihm ein Wort wie *mit, für, am, im, ins, beim, zum* voran (= Präpositionen).

c) Man kann im fraglichen Satz ohne weiteres ein Wort wie *das, dem, dieses, ein* (= Begleiter) vor das Wort setzen.

Beispiele:

Das Warten fällt mir schwer.
Ich schenkte *diesem* lauten *Knistern* keine Beachtung.

Susanne ist *beim Tanzen* ein Missgeschick passiert.
Ich verbrachte viel Zeit *mit Nachdenken.*

Sie verabscheut *Rennen* und *Rasen* (= *das Rennen* und *das Rasen*).
Lesen und *Schreiben* fallen ihm schwer (= *das Lesen* und *das Schreiben*).

2.3.2 **Beim Feuer anfachen** oder **beim Feueranfachen?**

D 12 Verbindungen mit einem Verb können als Ganzes zu einem Nomen (Substantiv) gemacht werden. Man schreibt sie dann zusammen und gross:

Feuer anfachen → beim Feueranfachen
sauber machen → das Saubermachen
Holz hacken → das Holzhacken

Verbindungen aus drei oder mehr Wörtern sind unübersichtlich (Beispiel: das Kastanienausdemfeuerholen). Man gliedert sie deshalb mit dem Bindestrich und schreibt dann das erste und letzte Wort sowie alle Nomen dazwischen gross:

Kastanien aus dem Feuer holen → das *Kastanien*-aus-dem-*Feuer-Holen*
auf die lange Bank schieben → das *Auf*-die-lange-*Bank-Schieben*

Vergleiche hierzu auch die Regeln B11 und C3.

2.4 Wie Nomen (Substantive) gebrauchte Adjektive

2.4.1 **Die grossen fressen die kleinen** oder **Die Grossen fressen die Kleinen?**

D 13 **Grundregel:** Adjektive, die wie Nomen (Substantive) gebraucht sind, werden grossgeschrieben.

Dass ein Adjektiv wie ein Nomen (Substantiv) gebraucht ist, lässt sich meist an einem der folgenden Merkmale erkennen:

a) Es geht ihm ein Wort wie *das, dem, dieses, ein* voran (= Begleiter).
b) Es geht ihm ein Wort wie *mit, für, im, ins, beim, zum* voran (= Präpositionen).
c) Es geht ihm ein Wort wie *etwas, nichts, viel, wenig, alles* voran oder es kann ihm ein solches Wort vorangestellt werden.

Beispiele zu Gruppe a):

Die *Grossen* fressen *die Kleinen.*
Vor der Tür stand *ein Unbekannter.*
Sie ist *die Beste.*
Sie hat dies *des Langen* und *Breiten* erklärt.

Beispiele zu Gruppe b):

Die Texte sind *im Allgemeinen* nicht schlecht geworden.
Sie muss immer alles *ins Lächerliche* ziehen.
Er hat wieder viele Witze *zum Besten* gegeben.
Sie hat uns *aufs Herzlichste* begrüsst.

Es handelt sich um eine komplexe Gruppe: Vergleiche dazu auch die Regeln D17 und D18.

Beispiele zu Gruppe c):

Ich kann dir *etwas Neues* erzählen.
In der Zeitung stand *viel Interessantes.*
Es gab für mich *nichts Aufregenderes.*
Zum Dessert gab es *Süsses* und *Salziges* (→ … etwas *Süsses* und etwas *Salziges*).

Zu den Adjektiven gehören auch die **Ordnungszahlen** (Ordinalzahlen) sowie die verwandten Wörter *nächste* und *letzte;* diese Wörter können daher ebenfalls wie Nomen (Substantive) gebraucht werden:

Er kam als *Dritter* an die Reihe.
Trotz ihrer Verletzung wurde sie noch *Viertletzte.*
Jede *Fünfte* lehnte das Projekt ab.
Der *Nächste* bitte!
Liebe deine *Nächsten* wie dich selbst!
Als *Letztes* muss der Deckel angeschraubt werden.

Dieser Regel folgen Grundzahlen nicht: Man schreibt sie klein. Vergleiche dazu auch Regel D19.

Die Grundregel D13 kennt fünf Ausnahmen. Sie werden in den folgenden Regeln D14 bis D18 behandelt.

2.4.2 Die grossen Fische fressen die Kleinen oder Die grossen Fische fressen die kleinen?

D 14 Manchmal wird nach einem Adjektiv ein Nomen (Substantiv) **eingespart,** das im selben Satz (oder in einem vorangehenden Satz) schon an anderer Stelle auftritt. Man kann sich das betreffende Nomen aber immer noch hinzudenken. Das Adjektiv wird deshalb kleingeschrieben:

Die grossen Fische fressen die *kleinen* (= die *kleinen* Fische).
Alte Schuhe sind meist bequemer als *neue* (= als *neue* Schuhe).
Der Verkäufer zeigte mir seine Auswahl an Socken. Die *gestreiften* und *gepunkteten* (= die *gestreiften* und die *gepunkteten* Socken) gefielen mir am besten.

2.4.3 am Schnellsten oder am schnellsten?

D 15 **Superlative** (Vergleichsformen) mit ***am*** schreibt man klein, wenn man mit ***Wie?*** danach fragen kann:

Dieser Weg ist *am steilsten.* (Frage: *Wie* ist der Weg?)
Dieser Stift schreibt *am feinsten.* (Frage: *Wie* schreibt dieser Stift?)

! **Beachte:** Superlative mit *am,* die sich **nicht** mit *Wie?* erfragen lassen, sind nach der Grundregel D13 grosszuschreiben:

Es fehlt ihnen *am Nötigsten.* (Frage: *Woran* fehlt es ihnen?)

2.4.4 **die vielen** oder **die Vielen?** **etwas anderes** oder **etwas Anderes?**

D 16 Die vier Wörter ***viel, wenig, ein, ander*** werden im Allgemeinen kleingeschrieben:

Das haben schon *viele* (die meisten; wenige, die wenigsten) erlebt.
Sie hat das *wenige,* was noch da war, in einer Kiste versorgt.
Die *einen* kommen, die *anderen* gehen.
Sie hatte etwas *anderes* gesucht.

Man kann diese Wörter auch als Nomen (Substantive) auffassen und grossschreiben:

Er hat sich über das *wenige* oder *Wenige* gefreut.
Sie suchte nach etwas ganz *anderem* oder *Anderem.*

2.4.5 **seit langem** oder **seit Langem?** **von fern** oder **von Fern?**

Man schreibt Adjektive nach einer Präposition gemäss Grundregel D13 gross. Für folgende Adjektive gilt dies nicht:

D 17 Steht ein einzelnes Adjektiv ohne Nachmorphem (ohne Endung) bei einer Präposition, schreibt man es klein:

in bar, gegen bar (bezahlen); auf ewig; von fern; von früh auf, von früher her; von klein auf; von nah; (eine Anzeige) gegen unbekannt, nach unbekannt (verreisen)

! **Beachte:** Adjektive *mit* einem Nachmorphem (einer Endung), die wie Nomen gebraucht werden, schreibt man nach der Grundregel D13 gross:

vom Besten, aufs Schönste, ins Schwarze treffen, auf dem Laufenden sein
von Neuem, seit Langem, ohne Weiteres, vor Längerem

2.4.6 **von nah und fern** oder **von Nah und Fern?** **für jung und alt** oder **für Jung und Alt?**

Man schreibt Adjektive nach einer Präposition gemäss Grundregel D13 gross. Für folgende Paarformeln, das heisst Wendungen mit zwei Adjektiven, gilt dies nicht:

D 18 Adjektivische Paarformeln, die *keine* Personen bezeichnen, schreibt man klein:

durch dick und dünn; von nah und fern; von früh bis spät; über kurz oder lang
schwarz auf weiss (etwas schwarz auf weiss beweisen); blau in blau; grau in grau

! **Beachte:** Nach der Grundregel D13 wird grossgeschrieben, wenn die Paarformeln Personen bezeichnen:
für Jung und Alt, zwischen Jung und Alt, gegen Arme und Reiche

2.5 Wie Nomen (Substantive) gebrauchte andere Wörter

2.5.1 die ersten zehn oder die ersten Zehn? die böse dreizehn oder die böse Dreizehn?

D 19 Die **Grundzahlen** (Kardinalzahlen) von **0 bis 999 999** schreibt man **klein:**

Sie kam schliesslich doch noch unter die ersten *zehn.* Was *drei* wissen, wissen bald *dreissig.* Diese *drei* kommen mir bekannt vor. Sie rief um *fünf* an. Wir waren an die *zwanzig.* Er sollte die Summe durch *acht* teilen.

! **Beachte:** Man schreibt Grundzahlen (Kardinalzahlen) von 0 bis 999 999 nur dann gross, wenn sie die Ziffer oder den Zahlwert als solchen bezeichnen:

Sie fürchtete sich vor der bösen *Dreizehn.* Der Zeiger nähert sich der *Elf.* Sie hat lauter *Vieren* im Zeugnis. Er würfelt eine *Drei.*

Zahlen wie *Million, Milliarde* usw. sind Nomen (Substantive) und werden immer grossgeschrieben:

Diese Maschine kostet mehr als eine *Million Franken.*
Auf der Erde leben über sechs *Milliarden* Menschen.

2.5.2 das gewisse etwas oder das gewisse Etwas?

D 20 Pronomen, die wie Nomen (Substantive) gebraucht sind, werden grossgeschrieben:

Er hatte das gewisse *Etwas.*
Sie bot ihr das *Du* an.
Dieser Hund ist eine *Sie* und kein *Er.*
Jetzt stehen wir vor dem *Nichts.*

! **Beachte:** Pronomen, die als **Stellvertreter** gebraucht werden, schreibt man klein:

Kann mir *jemand* helfen?
In diesem Wald hat sich schon *mancher* verirrt.
So *etwas* kann *jedem* geschehen.
Sie hat *alles* aufgeschrieben.
Ich hatte noch *einiges* vor.

2.5.3 ein durcheinander oder ein Durcheinander? im nachhinein oder im Nachhinein?

D 21 Unveränderliche Wörter (Partikeln), die wie Nomen (Substantive) gebraucht sind, werden grossgeschrieben:

Es herrschte ein grosses *Durcheinander.*
Sie bekam im *Nachhinein* doch noch Recht.

Uns stört dieses ewige *Hin* und *Her.*
Der Ball flog ins *Aus.*
Er bestand die Prüfung mit *Ach* und *Krach.*

3 Die Grossschreibung der Eigennamen

3.1 Grundregel

D 22 Eigennamen schreibt man **gross.**

Einfache Eigennamen sind immer Nomen (Substantive). Man schreibt sie deshalb nach der Grundregel D5 für Nomen gross. Beispiele:

Da kommt *Anna.*
Sie reist nach *Genf.*

Daneben gibt es auch mehrteilige Eigennamen, die nicht nur aus einem Nomen bestehen, sondern oft auch ein Adjektiv bei sich haben. Für diese gilt die folgende Regel D23.

3.2 **das rote Kreuz** oder **das Rote Kreuz?** **das schwarze Brett** oder **das Schwarze Brett?**

D 23 In mehrteiligen Eigennamen schreibt man **Adjektive** ebenfalls gross, damit man die ganze Fügung als Eigennamen erkennt:

die *Rote* Zora, Holbein der *Jüngere,* Elisabeth die *Erste*
die *Vereinigten* Staaten, die *Schwäbische* Alb, der *Indische* Ozean
das *Rote* Kreuz, die *Deutsche* Bahn, die *Schweizerischen* Bundesbahnen

Von den mehrteiligen Eigennamen muss man die sogenannten festen Begriffe unterscheiden. Sie bezeichnen keine einzigartigen Gegebenheiten, sondern Gattungen von Personen, Dingen oder Handlungen. Für feste Begriffe gilt die folgende Grundregel:

D 24 In festen Begriffen schreibt man die Adjektive klein:

die innere Medizin, der erste Spatenstich, der schwarze Tee, das schwarze Brett, die schwarze Magie, das schwarze Schaf, die goldene Hochzeit, die schwedischen Gardinen, die höhere Mathematik, die höhere Schule, der italienische Salat

Zu dieser Regel gibt es Ausnahmen:

! **Beachte:** In vier Fallgruppen von festen Begriffen wird das Adjektiv grossgeschrieben:

1) **Titel und Ehrenbezeichnungen:**
der Heilige Vater, der Regierende Bürgermeister, der Technische Direktor

2) **klassifizierende Benennungen** in der Biologie (Botanik, Zoologie):
die Schwarze Witwe (eine Spinnenart), das Fleissige Lieschen (ein Blumenname), der Rote Milan (eine Vogelart)

3) **besondere Kalendertage:**
der Heilige Abend, der Internationale Frauentag, der Erste Mai

4) bestimmte **historische Ereignisse und Epochen:**
die Französische Revolution, der Zweite Weltkrieg, die Jüngere Steinzeit

3.3 **die schweizer Berge** oder **die Schweizer Berge?** **die schweizerischen Berge** oder **die Schweizerischen Berge?**

Eine weitere Ausnahme bilden Adjektive auf *-er,* die von Eigennamen abgeleitet sind:

D 25 **Ableitungen** von geografischen Eigennamen auf ***-er*** werden grossgeschrieben:

die Schweizer Berge, die Zürcher Restaurants, die Salzburger Festspiele, das St. Galler Kloster (*auch:* das Sankt Galler Kloster), die Berliner Theaterszene

Vergleiche hierzu auch die Regel B10.

! **Beachte:** Von Eigennamen abgeleitete Adjektive auf *-isch* schreibt man klein:
die schweizerischen Berge, ein zürcherisches Geschäft, die st. gallischen (*auch:* sankt-gallischen) Klosterschätze, die berlinerische Tradition, die darwinsche Evolutionstheorie

! **Beachte:** Wenn die ganze Fügung aus Adjektiv und Nomen einen Eigennamen bildet, wird nach der Regel D23 das Adjektiv grossgeschrieben:
die Schweizerischen Bundesbahnen, die Österreichische Nationalbank

4 Die höfliche Anrede *Sie*

D 26 Die Pronomen für die höfliche Anrede schreibt man gross: ***Sie, Ihnen, Ihr*** *(→ Ihre, Ihren, Ihrem …):*

Bitte rufen *Sie* mich bald an.
Ich danke *Ihnen* für *Ihren* Brief.
Die Nachbarin fragte: «Haben Sie *Ihre* Schlüssel wiedergefunden?»
Haben *Sie* sich entscheiden können?

Alle übrigen Anredepronomen schreibt man klein:

Ich danke *dir* für *deinen* Brief.
Ich danke *euch* für *euren* Brief.
Der Nachbar fragte: «Hast *du deinen* Schlüssel wieder gefunden?»

E Regeln zur Zeichensetzung

In diesem Abschnitt werden die folgenden Satzzeichen behandelt:

1) Satzschlusszeichen: Punkt, Fragezeichen, Ausrufezeichen

2) Komma

3) Anführungszeichen

Im Anschluss an diese Zeichen werden zwei weitere Zeichen behandelt. Sie gehören nicht zu den Satzzeichen im engeren Sinn. Es sind dies:

4) Apostroph (Auslassungszeichen)

5) Ergänzungsstrich

1 Die Satzschlusszeichen

E 1 Der **Schluss eines Satzes** kann mit einem Punkt, einem Fragezeichen oder einem Ausrufezeichen bezeichnet werden.
Normalerweise setzt man einen **Punkt.**
Nach Fragen steht ein **Fragezeichen.**
Nach Ausrufen und Aufforderungen setzt man ein **Ausrufezeichen.**

Beispiele:

Sie singt.
Sie ist fröhlich.

Wann kommst du zurück?
Habt ihr Durst?

Ihr habt wirklich keinen Durst?
Fertig?

Komm mit!
Du kommst jetzt mit!
Hurra!

! **Beachte:** Indirekte Fragesätze (Fragenebensätze) erhalten kein Fragezeichen:
Er erkundigte sich, wann sie kommen könne.
Sie fragte uns, ob wir wirklich keinen Durst hätten.

E 2 Der Punkt wird in bestimmten Fällen weggelassen.

Am Ende von Überschriften (Titeln):

Allmähliche Normalisierung im Erdbebengebiet
Schneeverwehungen behindern Autoverkehr

Bei Sätzen, die in einen anderen Satz eingebettet sind:

Eines Tages – es war mitten im Sommer – hagelte es.
«Dieses Gerät kann man sicher reparieren», meinte sie.
«Aller Anfang ist schwer» ist ein banaler Spruch.

Zur Kombination von Anführungszeichen und anderen Satzzeichen bei der direkten Rede vergleiche Regel E9.

2 Das Komma

Kommas stehen in drei Fällen:

1) bei **Reihungen** (Aufzählungen)
2) zwischen **Teilsätzen**
3) bei **Zusätzen**

2.1 Das Komma in Reihungen (Aufzählungen)

2.1.1 Grundregel

E3 Die Teile einer **Reihung** (Aufzählung) werden mit **Komma** abgetrennt:

Die Schachtel enthält eine Schere, einen Pinsel, zwei Farbtuben, einen Bostitch.
Die Musik wird leiser, der Vorhang hebt sich, das Spiel beginnt.

! **Beachte:** Bei mehreren Adjektiven setzt man nur dann ein Komma, wenn sie als Reihung aufgefasst werden:

ein dickes, schweres und sehr spannendes Buch (als Reihung aufgefasst)
ein grosser knochiger Mann (nicht als Reihung aufgefasst)

2.1.2 Reihungen mit «und», «oder»

E4 Es steht **kein Komma,** wenn die Teile der Reihung (Aufzählung) mit einem der folgenden Wörter (Konjunktionen) verbunden sind:
und, sowie, sowohl ... als auch, weder ... noch
oder, entweder ... oder, beziehungsweise (abgekürzt: bzw.)

Beispiele:

Sie kaufte *rote, grüne* **und** *gelbe* Peperoni.
Sie kaufte *rote* **sowie** *grüne* **und** *gelbe* Peperoni.
Er kaufte **weder** *rote Äpfel* **noch** *grüne Oliven* **oder** *Orangen.*
Kommst du mit **oder** *hast du schon etwas anderes vor?*

Zu Reihungen von Teilsätzen vergleiche auch Regel E6.

! **Beachte:** Nicht zu den oben stehenden Wörtern (Konjunktionen) gehören solche mit entgegensetzender Bedeutung wie: ***aber, sondern, doch, jedoch.*** Wenn diese Wörter in Reihungen auftreten, darf das Komma nicht fehlen:

Sie las ein *dickes, **aber** spannendes* Buch.
Er hat mir ein *süsses, **jedoch** wohlschmeckendes* Getränk eingeschenkt.
Sie reist *nicht nach Biel, **sondern** nach Sion.*

2.2 Das Komma bei Teilsätzen

2.2.1 Grundregel

E5 **Teilsätze** trennt man mit **Komma** voneinander ab.
Wenn die Teilsätze **eingeschoben** sind, muss man am **Anfang** und am **Schluss** des Einschubs ein Komma setzen!

Beispiele:

Sobald die Dämmerung **eintritt,** **jagen** die Fledermäuse nach Insekten.
Die Fledermäuse **jagen** nach Insekten, sobald die Dämmerung **eintritt.**
Die Fledermäuse **jagen,** sobald die Dämmerung **eintritt,** nach Insekten.
Sie **sah,** dass es **regnete,** und **holte** ihren Regenschrim.

Anreden und Ausrufewörter zählen für die Zeichensetzung wie Teilsätze:

Oskar, kauf gelbe Peperoni! – *Ja,* ich werde dir gelbe Peperoni bringen.

! **Beachte:** Teilsätze enthalten immer mindestens ein Verb. Fügungen mit ***als*** oder ***wie*** darf man daher nur dann mit **Komma** abtrennen, wenn sie ein **Verb** enthalten, also als Teilsätze anzusehen sind:

Gisela **rannte** noch schneller, als Sarah letzte Woche **gerannt war.**
Sarah **rannte** fast so schnell, wie Gisela eine Woche vorher **gerannt war.**
Er **kam** früher, als er dies sonst zu tun **pflegt,** von der Arbeit nach Hause.
Er **verteilte** das Geld, als **wäre** er ein Millionär.

Aber ohne Komma, da nur ein einziges Verb:

Gisela **rannte** noch schneller *als Sarah.*
Sarah **rannte** fast so schnell *wie Gisela.*
Er **kam** früher *als gewöhnlich* von der Arbeit nach Hause.
Er **verteilte** das Geld *wie ein Millionär.*

2.2.2 Teilsätze mit «und», «oder»

E6 Es steht kein Komma, wenn die Teilsätze mit einem der folgenden Wörter (Konjunktionen) verbunden sind:
und, sowie, wie, sowohl ... als auch, weder ... noch
oder, entweder ... oder, beziehungsweise (abgekürzt: bzw.)

Beispiele:

Anna liest ein Buch **und** Artan löst ein Kreuzworträtsel.

Er erkundigte sich, was es Neues gebe **und** ob Post gekommen sei.

! **Beachte:** Ist ein Teilsatz eingeschoben, setzt man am Anfang und am Schluss des Einschubs ein Komma, und zwar auch dann, wenn nachher noch ein *und* folgt. Vergleiche dazu auch Regel E5.

Sie sah, *dass es regnete,* **und** holte ihren Regenschirm.

! **Beachte:** Zwischen Teilsätzen kann man aber ein Komma setzen, wenn man die Gliederung des Satzes deutlich machen möchte:

Ich habe sie oft besucht[,] und wir sassen bis spät in die Nacht zusammen, wenn sie in guter Stimmung war.

! **Beachte:** Wenn die Teilsätze mit ***aber, sondern, doch, jedoch*** verbunden sind, darf das Komma nicht fehlen:

Er beeilte sich sehr, *aber* er kam schon wieder zu spät.
Sie weiss es zwar, *doch* sie handelt nicht danach.

2.2.3 Fügungen mit Infinitiven (Grundformen) und Partizipien (Mittelwörtern)

E7 Fügungen mit einem **Infinitiv** (Grundform) oder einem **Partizip** (Mittelwort) kommen Teilsätzen oft nahe. Man grenzt sie dann mit Komma vom Rest des Satzes ab.
Wenn die Fügungen **eingeschoben** sind, setzt man am **Anfang** und am **Schluss** ein Komma.

Beispiele für Fügungen mit einem Infinitiv (einer Grundform), die einem Nebensatz nahe kommen:

Er zögerte, den Schalter zu drehen.
Solche Flächen zu berechnen, ist nicht einfach.
Um auf diesem Bild etwas zu erkennen, brauchst du viel Fantasie.
Erinnere mich bitte daran, dir das Buch zurückzugeben.

Beispiele für Fügungen mit einem Partizip (einem Mittelwort), die einem Nebensatz nahe kommen:

Durch eine Tasse Kaffee gestärkt, werden wir die Arbeit fortsetzen.
Er sah sich, ihn laut und wütend beschimpfend, nach einem Fluchtweg um.

Beispiele für Fügungen mit einem Infinitiv (einer Grundform) und einem Partizip (einem Mittelwort), die einem Nebensatz nicht nahe kommen:

Sie pflegt oft zu singen.
Er hat das Gerät zu flicken versucht.
Sie sah sich laut schimpfend nach einem anderen Kopierer um.

! **Beachte:** Fügungen mit einem Infinitiv, die mit *um, ohne, als, statt, anstatt* oder *ausser* eingeleitet sind, kommen immer einem Nebensatz nahe. Man grenzt sie deshalb mit Komma ab:

Man braucht viel Fantasie, *um* auf dem Bild etwas zu erkennen.
Anstatt allein zuhause zu sitzen, verbrachte sie den Abend mit Freunden.

! **Beachte:** Fügungen mit einem Infinitiv (einer Grundform), die zu einem Nomen gehören, kommen immer einem Nebensatz nahe. Man grenzt sie deshalb mit Komma ab:

Der *Versuch,* die Schrift zu entziffern, gelang mir nicht.
Den *Plan,* nach Katmandu zu reisen, fasste sie schon vor Monaten.
Er hatte die berechtigte *Hoffnung,* mehr Geld zu verdienen.

! **Beachte:** Fügungen, auf die mit einem Wort wie *es, das, dies, daran, damit* verwiesen wird, werden immer mit Komma abgetrennt:

Sie rechnete *damit,* vor elf Uhr wieder zuhause zu sein.
Jeru liebt *es,* sonntags auszuschlafen.
Erinnere mich bitte *daran,* dir das Buch zurückzugeben.

2.3 Das Komma bei Zusätzen

E8 **Zusätze** trennt man mit **Komma** ab.
Wenn der Zusatz **eingeschoben** ist, muss man am **Anfang** und am **Schluss** des Zusatzes ein Komma setzen:

Sie isst gern Obst, *besonders Bananen.*
Obst, *besonders Bananen,* isst sie gern.

Durch den Sumpf watete ein Saurier, *ein Triceratops.*
Durch den Sumpf watete ein Saurier, *ein Triceratops,* und frass Schachtelhalme.

Der Patient rief nach einem Arzt, *ganz bleich im Gesicht.*
Der Patient, *ganz bleich im Gesicht,* rief nach einem Arzt.

Das Reh blieb stehen, *vom Scheinwerferlicht geblendet.*
Das Reh, *vom Scheinwerferlicht geblendet,* blieb stehen.

Das erste Training findet nächste Woche statt, *und zwar am Dienstag.*
Nächste Woche, *und zwar am Dienstag,* findet das erste Training statt.

Zusätze kann man oft statt mit Kommas auch mit Gedankenstrichen oder Klammern abgrenzen:

Seine Kopfbedeckung, *ein breitkrempiger Hut,* lag auf dem Tisch.
Seine Kopfbedeckung – *ein breitkrempiger Hut* – lag auf dem Tisch.
Seine Kopfbedeckung *(ein breitkrempiger Hut)* lag auf dem Tisch.

3 Die Anführungszeichen

3.1 Direkte Rede

E 9 Mit Anführungszeichen schliesst man etwas **wörtlich Wiedergegebenes** ein. Dies gilt insbesondere für die **direkte Rede:**

Sie sagte: «Geht nach Hause!»
«Geh nach Hause!», rief seine Mutter.
«Kommst du auch?», fragte Anna ihren Freund.
«Wenn ich nach Hause gehen muss», antwortete er, «dann komme ich morgen nicht.»

Für die Kombination von Anführungszeichen und anderen Satzzeichen kann man sich an die folgenden Muster halten:

1) Der Begleitsatz geht voran:

2) Der Begleitsatz steht am Ende:

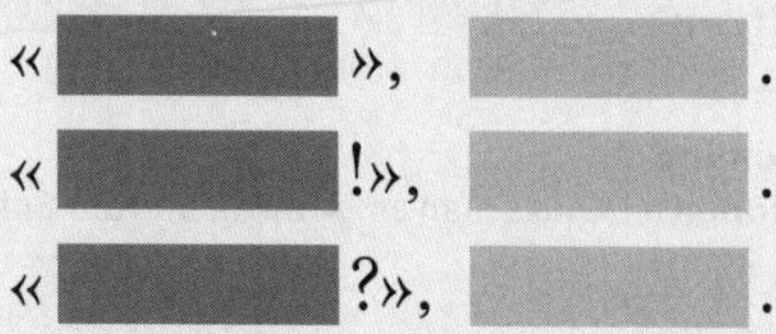

3) Der Begleitsatz ist eingeschoben:

4) Mischung aus 1) und 2): Ein Teil des Begleitsatzes geht voran, der Rest steht am Ende:

Beispielsätze zu Gruppe 1):

Sie sagte: «Ich komme auch.»
Er rief: «Komm doch auch!»
Simona fragte: «Kommt sie auch?»

Beispielsätze zu Gruppe 2):

«Ich komme auch», sagte sie.
«Komm doch auch!», rief er.
«Kommt sie auch?», fragte Luca.

Beispielsätze zu Gruppe 3):

«Ich bin nicht sicher», meinte sie, «ob ich auch kommen kann.»
«Ivanka», rief er, «komm doch auch!»
«Was», fragte sie, «kannst du wirklich nicht kommen?»

Beispielsätze zu Gruppe 4):

Sie sagte: «Ich komme auch», und zog die Schuhe an.
Er rief: «Komm doch auch!», und rannte los.
Er fragte: «Warum kommt sie nicht?», und begann zu packen.

3.2 Anführungszeichen zur Hervorhebung

E 10 Mit Anführungszeichen kann man Wörter oder Teile innerhalb eines Textes hervorheben und in bestimmten Fällen deutlich machen, dass man zu ihrer Verwendung Stellung nimmt, sich auf sie bezieht. Das betrifft zum Beispiel:

Überschriften, Werktitel, Namen von Zeitungen und dergleichen:

Sie las den Artikel «Chance für eine diplomatische Lösung» in der «Wochenpost».
Er liest Ulla Hahns Roman «Das verborgene Wort».

Äusserungen, Wortgruppen oder Wörter, über die man eine Aussage machen will:

Das Sprichwort «Eile mit Weile» hört man oft.
Ihr kritisches «Der Wein schmeckt nach Essig» ärgerte den Kellner.
Die Präposition «ohne» verlangt den Akkusativ.
Alle seine Freunde nannten ihn «Dickerchen».

Wörter oder Wortgruppen, die anders als sonst – zum Beispiel ironisch oder übertragen – verstanden werden sollen:

Und du willst ein «treuer Freund» sein? Er bekam wieder einmal seine «Grippe».
Sie sprang diesmal «nur» 6,60 Meter.

4 Der Apostroph (das Auslassungszeichen)

In gewöhnlichen Texten sollte man den Apostroph nur bei Eigennamen verwenden, an die man die Endung *-s* des Genitivs (Wesfalls) aus lautlichen Gründen nicht anfügen kann.

4.1 **Iris Vorschlag** oder **Iris' Vorschlag?** **Annas neue Pläne** oder **Anna's neue Pläne?**

E 11 Der **Apostroph** steht nur im Genitiv von Eigennamen, an die man die Endung *-s* aus lautlichen Gründen nicht anfügen kann:

Iris → *Iris'* Vorschlag
Felix → *Felix'* Mappe
Fritz → *Fritz'* Plan

! **Beachte:** Bei Eigennamen, an die man die Endung *-s* anfügen kann, setzt man besser keinen Apostroph:

Anna → *Annas* neue Pläne
Michael → *Michaels* Mappe

4.2 **Mir gehts gut** oder **Mir geht's gut?**

E 12 Wenn sich die Kurzform des Pronomens ***es*** an ein vorangehendes Wort anlehnt, kann man einen Apostroph setzen, man muss aber nicht:

Ohne Apostroph:

Wie gehts dir? Brings mir zurück! Er hat Angst, wenns donnert. Ich habs gehört.

Mit Apostroph:

Wie geht's dir? Bring's mir zurück! Er hat Angst, wenn's donnert. Ich hab's gehört.

4.3 **aufs Dach** oder **auf's Dach?**

E 13 Wenn ***das*** mit einem vorangehenden Wort verschmolzen ist, steht **kein Apostroph:**

in das Zimmer → *ins* Zimmer
auf das Dach → *aufs* Dach
um das Haus herum → *ums* Haus herum
hinter das Licht führen → *hinters* Licht führen

5 Der Ergänzungsstrich

E 14 Der Ergänzungsstrich zeigt an, dass man in einer Zusammensetzung oder einer Ableitung einen Bestandteil ausgelassen hat, der vom Leser oder der Leserin sinngemäss zu ergänzen ist.

Der letzte Bestandteil ist zu ergänzen:

Haupt- und Nebeneingang (= Haupt*eingang* und Nebeneingang)
Eisenbahn-, Strassen-, Luft- und Schiffsverkehr
saft- und kraftlos
ein- und ausladen
Natur- und synthetische Gewebe

Der erste Bestandteil ist zu ergänzen:

Verkehrslenkung und -überwachung (= Verkehrslenkung und *Verkehrs*überwachung)
Schulbücher, -hefte, -mappen und -utensilien
herbeitragen oder -schleppen
bergauf und -ab

Der erste und der letzte Bestandteil sind zu ergänzen:

Textilgross- und -einzelhandel (= Textilgross*handel* und *Textil*einzelhandel
Werkzeugmaschinen-Import- und -Exportgeschäfte

F Regeln zur Silbentrennung (Trennung am Zeilenende)

1 Einfache und abgeleitete Wörter

1.1 dro-hen oder droh-en? Schü-le-rin oder Schül-er-in?

F 1 Geschriebene Wörter trennt man am Zeilenende so, wie sie sich bei langsamem Sprechen oder Vorlesen in **Silben** zerlegen lassen:

Mau-er, Stu-be, frie-ren, dro-hen, Pa-ra-dies, Fre-quenz

! **Beachte:** Diese Regel gilt auch für Wörter, die Nachmorpheme (Endungen) aufweisen. Nachmorpheme, die mit einem Vokal anfangen, nehmen daher den vorangehenden Konsonanten auf die neue Zeile mit:

Schü-ler, Schü-le-rin, Schü-le-rin-nen
dro-hen, Dro-hung, Dro-hun-gen
Än-de-rung, Än-de-run-gen
nach-tei-lig

! **Beachte:** Ein einzelner Vokal am Wortanfang darf nicht abgetrennt werden. Manche Wörter lassen sich deshalb gar nicht trennen:

Ele-ment, Ope-ra-ti-on; Abend, ewig, üben

1.2 **stam-pfen** oder **stamp-fen?** **Schwe-ster** oder **Schwes-ter?**

F2 Von zwei oder mehr **Konsonanten** kommt nur der **letzte** auf die neue Zeile:

Was-ser, stamp-fen, schlüpf-rig, nied-rig, wack-lig, ei-gent-lich, Geg-ner, Schwes-ter, Kas-ten, fins-ter, Wes-pe, sit-zen, Sit-zung, Ach-sel, Quad-rat, möb-liert, Mag-net

Manche Fremdwörter können auch anders getrennt werden. Die Trennung nach Regel F2 ist aber immer richtig.

1.3 **Zuc-ker** oder **Zu-cker?** **kat-ho-lisch** oder **ka-tho-lisch?**

F3 Die **Buchstabengruppen *ck, ch, sch*** bleiben immer beisammen, in Fremdwörtern auch ***ph, rh, sh, th,*** sofern sie für einen einzelnen Laut stehen:

Zu-cker, ste-cken, dre-ckig
ste-chen, Kno-chen, Kö-chin
Fla-schen, zwi-schen, klat-schen, Fäl-schung
Stro-phe, Myr-rhe, Ca-shew-nuss, ka-tho-lisch

2 Zusammensetzungen und Wörter mit Vormorphemen (Vorsilben)

2.1 **Arm-ban-duhr** oder **Arm-band-uhr?** **Besch-luss** oder **Be-schluss?**

F4 **Zusammengesetzte Wörter** und Wörter mit **Vormorphemen** (Vorsilben) werden bei der Silbentrennung in ihre Bestandteile aufgelöst:

Zusammengesetzte Wörter:

Arm-band-uhr, Zimmer-pflanzen, Fenster-scheibe, Week-end, Sweat-shirt

Wörter mit Vormorphemen (Vorsilben):

Be-schluss, ver-stehen, miss-achten, zer-fetzen, Pro-gramm, Kon-sequenz

Die einzelnen Bestandteile können weiter nach den Regeln F1 bis F3 getrennt werden:

Zimmer-pflanzen → Zim-mer-pflan-zen
ver-stehen → ver-ste-hen
Kon-kurrentin → Kon-kur-ren-tin

In schwierigen Fällen hilft der Wörterbuchteil weiter.